麦读
MyRead

— 《中华人民共和国法律注释书系列》 —

作者简介 |

何 帆，1978 年生，湖北襄阳人，中国人民大学刑法学博士，曾从事经济犯罪侦查和刑事审判工作，现任职于最高人民法院。著有《刑事没收研究》（法律出版社，2007）、《刑民交叉案件审理的基本思路》（中国法制出版社，2007）、《大法官说了算：美国司法观察笔记》（中国法制出版社，2016）等，另译有法政题材著作若干部。

中华人民共和国法律注释书系列

TREATISES ON THE LAWS OF
THE PEOPLE'S REPUBLIC OF CHINA

刑　法
注释书

何　帆 编著

CRIMINAL
LAW
TREATISE

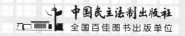
中国民主法制出版社
全国百佳图书出版单位

导　言

"智能时代"还需要工具书么？

法无明文不为罪。办理刑事案件，法典不能离手。对办案人员和刑辩律师来说，"两高"司法解释、意见批复、会议纪要、指导案例，手头得常备常新。"一本通""总整理""全厚细"等刑事工具书，也是必不可少。

当然，司法实践中，许多"疑难杂症"，无法直接从字面求解。例如，多次抢劫预备，能否认定"多次抢劫"？经营有偿讨债业务，是否属于"非法经营"？国有控股企业中，哪些人属于"国家工作人员"？上述问题，单查法条不够，有时得靠"立法释义"或"理解适用"支招，或者在《最高人民法院公报》《刑事审判参考》等出版物中寻找答案。问题是，这些释义、参考、案例分布甚广，体系庞大，查询不易，即使汇编整理，也是不易携带的"大部头"。

我任刑事法官时，曾想逐字梳理前述文献，从中提炼"干货"、归纳"规则"，编撰一本相对全面、实用的"小册子"。一是因为实务界确实有需求。二是受我国台湾地区类似工具书启发，如许玉秀教授主编的《新学林分科六法·刑法》，即囊括刑法法条、立法理由、解释理由、标杆判例、裁判要旨、检察署座谈纪要、"最高法院"刑事庭法官会议决议等；林钰雄教授亦编有《搜索扣押注释书》，逐条注释相关条文，有效串接理论实践。

然而，面对汹涌而来的人工智能大潮，我又开始犹豫：当所有法律法规、司法文件、裁判文书都可以在"超级数据库"内"一网查询"，当"智能类案推送"成为各类办案辅助系统的核心"卖点"，还有必要再去编一本法条注释书吗？一切交给数据和机器，问题是否就迎刃而解了？

"当然不可能全靠机器解决。"当我向法律科技界的朋友求教时，大家都给出否定答案。是的，按照现在的人工智能技术，计算机在语音识别、图文识别（OCR）、自然语言处理（NLP）方面进步神速，但具体到法律领域，还做不到真正意义上的"智能推送、精确回应"。

为什么呢？因为每一个刑事罪名背后，都隐藏着千百种"适用场景"，对应着各类成文或不成文规则。这其中，既有法律适用规则、量刑操作规则，也有证据审核规则、程序把关规则。如果没有法律专业人士去提炼、分类、整合，并作标准化处理，将之转化为算法嵌入系统，机器就只能回答"抢劫罪规定在刑法第几条？有哪几种加重处理情形？入户抢劫致人轻伤如何量刑？"等简单问题，无法就复杂案情作出反应。

什么是理想的"类案推送"？

以"类案推送"为例。法官办理"入户抢劫案"时，传统所谓"类案推送"系统，会识别"入户抢劫"标签，进而推送数据库内援引刑法第二百六十三条第（一）项作出的裁判文书。① 至于是什么形式的"入户"，是不是"入户盗窃"后因当场使用暴力转化的抢劫，"入户"后是否又存在"致人重伤、死亡"的情节，则在所不问。如此一来，法官面对的是仅因适用同一法条，就被"打包"推送的上百篇裁判文书，即使得空读上十来篇，也未必能找到有参考价值的判例。这样的所谓"推送"，与凭关键词检索没有本质差别，既不"智能"，也省不了"人工"。

那么，什么是理想的"类案推送"呢？回答这一问题之前，先假设一个虚拟案例，具体案情是：某甲以强奸为目的，潜入某单身女性住宅，未遂后恼羞成怒，实施抢劫。这种情况下，机器通过识别电子卷宗，可初步判定某甲涉嫌强奸罪、抢劫罪，但能否认定为"入户抢劫"，则需要借助具体规则。

首先，按照《最高人民法院关于审理抢劫案件具体应用法律若干问题的解释》（法释〔2000〕35 号，以下简称《抢劫解释》）第一条，"'入户抢劫'，是指为实施抢劫行为而进入他人生活的与外界相对隔离的住所

---

① 刑法第二百六十三条："以暴力、胁迫或者其他方法抢劫公私财物的，处三年以上十年以下有期徒刑，并处罚金；有下列情形之一的，处十年以上有期徒刑、无期徒刑或者死刑，并处罚金或者没收财产：（一）入户抢劫的；（二）在公共交通工具上抢劫的；（三）抢劫银行或者其他金融机构的；（四）多次抢劫或者抢劫数额巨大的；（五）抢劫致人重伤、死亡的；（六）冒充军警人员抢劫的；（七）持枪抢劫的；（八）抢劫军用物资或者抢险、救灾、救济物资的。"

……对于入户盗窃，因被发现而当场使用暴力或者以暴力相威胁的行为，应当认定为入户抢劫"。可见，除以抢劫为目的，或者抱持"能盗窃就盗窃，被发现就抢劫"想法者外，以其他不法目的入户，并实施抢劫行为的情形，不能认定为"入户抢劫"。

其次，再看《最高人民法院关于审理抢劫、抢夺刑事案件适用法律若干问题的意见》（法发〔2005〕8 号，以下简称《两抢意见》）。该意见明确，"进入他人住所须**以实施抢劫等犯罪为目的**。抢劫行为虽然发生在户内，但行为人不以实施抢劫等犯罪为目的进入他人住所，而是在户内临时起意实施抢劫的，不属于'入户抢劫'"。与《抢劫解释》不同的是，《两抢意见》在"入户目的"范围上增加了**"等"**字，但仍要求是实施"犯罪"行为。

那么，"等"字如何理解呢？《两抢意见》起草者在"理解与适用"中是这么解释的："这里的'抢劫等犯罪'，除了抢劫犯罪，还包括为**实施盗窃、诈骗、抢夺**而入户，为了窝藏赃物、抗拒抓捕或者毁灭罪证当场使用暴力或者以暴力相威胁的情形。至于行为人以为实施杀人、伤害等其他犯罪为目的侵入他人住所的，或者为了实施赌博、卖淫等违法行为侵入他人住所的，均不符合'入户目的非法性'的要件。"①

《刑事审判参考》（总第 70 集）则在第 580 号参考案例"虞正策强奸、抢劫案"的"裁判理由"中进一步明确："认定'入户抢劫'时，必须注意行为人进入他人住所须以实施抢劫等犯罪为目的。这里的'抢劫等犯罪'不宜理解为所有犯罪，仅应解释为**抢劫、盗窃、诈骗等图财类犯罪**。行为人以强奸为目的入户，在强奸过程中临时起意劫取财物的，不能认定为'入户抢劫'。"②

然而，《最高人民法院关于审理抢劫刑事案件适用法律若干问题的指导意见》（法发〔2016〕2 号，以下简称《抢劫指导意见》）印发后，裁判标准又起了变化。该意见明确："**以侵害户内人员的人身、财产为目的的，入户后实施抢劫，包括入户实施盗窃、诈骗等犯罪而转化为抢劫的，应当认定为'入户抢劫'。**"起草者在"理解与适用"中解释了这一规定的含义和意图："即使不以犯罪为目的，而只是**出于一般违法目的**，只要是'以侵害户内人员的人身、财产为目的'而入户，而后实施抢劫的，均可认定

---

① 顾保华：《〈关于审理抢劫、抢夺刑事案件适用法律若干问题的意见〉的理解与适用》，载《人民司法》2005 年第 10 期。

② 最高人民法院刑事审判第一、二、三、四、五庭主办：《刑事审判参考》（总第 70 集），法律出版社 2010 年版，第 40～45 页。

为入户抢劫。这样规定，有利于更有力地保护公民的住宅安全，更严厉地打击入户抢劫犯罪。"① 如果参照上述表述，虚拟案例设定的情形，应当认定为"入户抢劫"。②

既然《抢劫解释》、《两抢意见》和《抢劫指导意见》都是现行有效文件，相关条文又存在冲突，实践中到底该如何适用呢？《抢劫指导意见》起草者随后在《刑事审判参考》（总第109集）再次作了解读："三个文件中，凡是内容有发展变化的，均以发展变化了的后一个文件为依据。三个文件之间的关系是递进式的补充和完善，而不是简单的否定。"③

当然，即使有上述文件和解读，也无法涵盖司法实践中各类复杂情况。对"入户抢劫"的理解，有时得结合个案情形判断。例如，"以侵害户内人员的人身、财产为目的"，是否包括敲诈勒索、寻衅滋事、招摇撞骗等妨害社会管理秩序类犯罪？进入卖淫女出租房嫖宿后，又实施抢劫是否构成"入户抢劫"？④ 这些问题，有的已在《刑事审判参考》相关案例中得到解答，有的则需进一步归纳提炼。

分析完案例，理想的"类案推送"模式大致就能呈现出来了。它要求机器能够在完成下述判断基础上，推送相关判例或规则：

第一，相似性判断。 系统应当能够根据关键词，确定与本案案情最相似的"类案"。例如，前述虚拟案例的法律争议点是："入户目的"对构成"入户抢劫"的影响。机器识别案情后，应当优先选择"入户目的"为图财类犯罪之外情形的判例。

第二，有效性判断。 系统应当按照嵌入的算法规则，优先推送符合

---

① 陆建红、杨华、潘洁：《〈最高人民法院关于印发《关于审理抢劫刑事案件适用法律若干问题的指导意见》的通知〉的理解与适用》，载江必新主编：《最高人民法院司法解释与指导性案例理解与适用》（第五卷），人民法院出版社2017年版。

② 部分学者认为应当对"入户抢劫"中"入户"进行限制解释。如张明楷教授认为，只有以抢劫故意入户后实施抢劫的，才能认定为入户抢劫。具体包括三类情形：第一，入户目的是为实施刑法第二百六十三条规定的抢劫罪。第二，入户时具有能盗窃就盗窃、不能盗窃就抢劫的目的。第三，入户时具有事后抢劫的目的，即入户时具有实施准抢劫罪的目的，也属于以抢劫为目的入户。参见张明楷：《刑法的私塾》，北京大学出版社2017年版，第437~438页。

③ 陆建红：《审理抢劫案件几个疑难问题探讨：基于对〈关于审理抢劫刑事案件适用法律若干问题的指导意见〉的再次解读》，载最高人民法院刑事审判第一、二、三、四、五庭主办：《刑事审判参考》（总第109集），法律出版社2017年版，第179~180页。

④ 相关案例参见《黄卫松抢劫案——进入卖淫女出租房嫖宿后实施抢劫是否构成"入户抢劫"》，载最高人民法院刑事审判第一、二、三、四、五庭主办：《刑事审判参考》（总第91集），法律出版社2014年版，第25~29页。

《抢劫指导意见》及其解读意见的内容或判例，而非机械套用《抢劫解释》和《两抢意见》。

第三，相关性判断。系统应当优先选择与办案机关所处地域、审级关联性最强的法院所作的裁判。例如，如果该案由成都市中级人民法院审理，系统应当在满足相似性判断、有效性判断前提下，优先推送该院之前类似判例，或者四川省高级人民法院作出的类似裁判。当然，如果最高人民法院已有类似指导性案例、公报案例或参考案例的，也可以优先推送。

第四，技术性判断。系统应当结合罪名特点和个案情形，推送法官撰写裁判文书时应当注意的技术性提示。例如，转化型抢劫不是具体罪名，只是抢劫犯罪的一种特殊构成形式。裁判文书在论述犯罪构成时，应当对转化过程进行论述；在适用法条时，应当先援引刑法第二百六十九条，再适用第二百六十三条，而不是直接适用第二百六十三条。

行文至此，读者或许已能体会到法律专业人士在"类案推送"系统研发中的作用。机器若想"智能"，必须经过"深度学习"和"试错训练"，而学习的对象，并非法条或司法解释的简单堆砌，而是经过一线办案人员"精加工"过的法律适用规则。规则越是以"以问题为导向"，越是经过反复提炼、校正，机器的反应就越是灵敏，结果就越可能接近准确。正如行内对"人工智能"的解释："投入多少人工，就有多少智能。"

"知识图谱"与人工智能

即使进入"智能时代"，法律专业主义仍然必不可少。推动实现"智能辅助办案"，不仅需要工程师和程序员的孜孜努力，更离不开法律专业人士精心绘制的"知识图谱"。这里的"法律知识图谱"，是教会机器开展法律推理的基础。总体上看，它是法律法规、司法文件、法院判例、证据规则和案件事实的动态集合。具体而言，又可以细分到追诉标准、法律适用、取证指引、证据分析、量刑指南等各个领域。

2017年年底，因为工作关系，我参与了上海"刑事案件智能辅助办案系统"（又称"206工程"）的应用推广工作。"206工程"的初步目标，是对应刑法常用罪名，制定相应证据标准和规则，将之嵌入司法办案系统，实现对证据的统一提示指引、严格校验把关。

我国刑法有469个罪名，常用罪名102个。为做好这项工作，上海倾三级法院之力，研究制定了上海地区71个常见罪名的证据标准，并结合案件类型、诉讼流程进行细分。其中，仅故意杀人罪的证据模型就分为现场目击型命案、现场留痕型命案、认罪供述得到印证型命案、拒不认罪型命案四种情形。

经中央有关部门委托，后期又有 11 家高级人民法院承担了涉矿产资源犯罪、涉黑恶势力犯罪、涉拐卖妇女儿童犯罪等上海地区不常见罪名的证据标准指引制定工作。在 2018 年 4 月 9 日举办的证据标准指引制定培训班上，我根据工作安排，作了动员讲话。在发言中，我将这项工作比喻为一次"证据指引"的"众筹"，由全国法院群策群力，共同完成证据"知识图谱"的绘制工作。

证据指引工程庞大，必须以"众筹"形式完成。但法律适用规则的整理，其实是刑法知识的一次"精加工"，编辑者的逻辑编排、要旨提炼、观点选择，体现了个人的价值取向、学术判断、政策立场。既然如此，"联产"不如"单干"。因此，我决心利用业余时间，以一人之力完成夙愿，编撰一本聚合刑法法条、立法解释、司法解释、司法指导文件及其起草者解读，囊括各类有效判例规则的刑法注释书。

打造一本理想的刑法工具书

与德、日学者侧重以学说、理论注解法典的传统注释书不同，本书选择的注释工具，是立法释义、立法解释、立法解释性意见、司法解释、司法指导文件、指导性案例、公安文件、相关文件理解与适用等。也就是说，注释者原则上不进行创造性注解，只负责逻辑编排、提炼要旨，寻找与实务问题对应的条文、释义、判例。涉及条文效力、废立等问题，以编者注形式说明。所有注释均对应实务问题，保持层次上的递进，条文本身已足够清晰的，不再作重复性解读。

下面，就栏目分类和编辑原则介绍如下：

【修正情况】1997 年刑法实施至今，已经历过十次修正。具体到条文上，经历过三次修正的有两条，经历过两次修正的有十一条。本栏侧重提示修正要点，现行法条下也会附历次修正前条文，方便读者对照了解修正内容。

【立法·要点注释】1997 年，第八届全国人民代表大会对《中华人民共和国刑法》作了全面修订。[①] 当时，为便于广大读者及时了解、准确把

----

① 　关于刑法修订相关背景性解读和立法文献资料，参见高铭暄：《中华人民共和国刑法的孕育诞生和完善发展》，北京大学出版社 2012 年版。高铭暄、赵秉志主编：《新中国刑法立法文献资料总览》（上、下），中国人民公安大学出版社 1998 年版。高铭暄、赵秉志主编：《中国刑法立法文献资料精选》，法律出版社 2007 年版。

据刑法的内容和精神，全国人民代表大会常务委员会法制工作委员会参与刑法修订的人员编写了刑法逐条释义，之后根据历次修正和立法解释情况，不定期更新释义内容。① 本栏结合实践需要，提炼释义相关内容。例如，立法机关在解释刑法第三十七条之一"从业禁止"内容时提到，"对于依照本法第三十七条规定予以定罪，但免于刑事处罚的犯罪分子，不适用从业禁止的规定"。类似内容，有必要以要点形式提示。

【立法解释】是指全国人民代表大会常务委员会根据立法法就刑法适用问题作出的法律解释。② 如《全国人民代表大会常务委员会关于〈中华人民共和国刑法〉第三十条的解释》《全国人民代表大会常务委员会关于〈中华人民共和国刑法〉有关信用卡规定的解释》等。立法解释与刑法具有同等法律效力，可以在刑事裁判文书中直接援引。在有关出版物中，立法解释起草者也会就解释背景、立法原意作深度解读，如合同制民警是否构成渎职罪主体、为什么没有用"银行卡"替代刑法中的"信用卡"等。为方便读者阅读，本书将相关内容吸收到【立法·要点注释】栏目中。③

【立法解释性意见】是指全国人民代表大会常务委员会法制工作委员会及其刑法室就刑法适用问题作出的答复性意见。如《全国人民代表大会常务委员会法制工作委员会关于对被告人在罚金刑执行完毕前又犯新罪的罚金应否与未执行完毕的罚金适用数罪并罚问题的答复意见》（法工办复〔2017〕2号）、《全国人民代表大会常务委员会法制工作委员会刑法室关于挪用资金罪有关问题的答复》（法工委刑发〔2004〕28号）等。根据立法法第六十四条，全国人民代表大会常务委员会工作机构可以对有关具体问题的法律询问进行研究予以答复，并报常务委员会备案。相关答复具有准立法解释效力。刑法室等业务室作出的答复，具有适用参考价值，但不属

---

① 全国人民代表大会常务委员会法制工作委员会编：《中华人民共和国刑法释义》，法律出版社2015年版。全国人民代表大会常务委员会法制工作委员会刑法室：《〈中华人民共和国刑法修正案（八）〉：条文说明、立法理由及相关规定》，北京大学出版社2011年版。全国人民代表大会常务委员会法制工作委员会刑法室编：《〈中华人民共和国刑法修正案（九）〉：条文说明、立法理由及相关规定》，北京大学出版社2016年版。

② 立法法第四十五条："法律解释权属于全国人民代表大会常务委员会。法律有以下情况之一的，由全国人民代表大会常务委员会解释：（一）法律的规定需要进一步明确具体含义的；（二）法律制定后出现新的情况，需要明确适用法律依据的。"首部刑事立法解释是2000年4月29日由第九届全国人民代表大会常务委员会第十五次会议通过的《全国人民代表大会常务委员会关于〈中华人民共和国刑法〉第九十三条第二款的解释》。

③ 相关理解与适用集中收录于黄太云：《刑事立法的理解与适用：刑事立法背景、立法原意深度解读》，中国人民公安大学出版社2014年版。

于法律意义上的法律询问答复。

【司法解释】是指最高人民法院、最高人民检察院就刑法适用问题单独或联合作出的法律解释。根据《全国人民代表大会常务委员会关于加强法律解释工作的决议》（1981 年 6 月 10 日），凡属于法院审判工作中具体应用法律的问题，由最高人民法院进行解释；凡属于检察院检察工作中具体应用法律的问题，由最高人民检察院进行解释。实践中，刑法适用问题具有共性，通常会以"两高"名义共同发文解释。最高人民法院发布的司法解释，包括"解释""规定""批复""决定"四种形式，涉及区际司法协助的还有"安排"一类，① 一般编排"法释字"文号。最高人民检察院发布的司法解释，包括"解释""规则""规定""批复""决定"五种形式，一般编排"高检发释字"文号。司法解释作为对法律的解释，具有法律效力，可以在裁判文书中援引。

需要强调的是，2008 年以来，最高人民检察院会同公安部先后发布过三个刑事案件立案追诉标准规定、两个补充规定。② 按照文件要求，各级公安机关应当依照上述规定立案侦查，各级检察机关应当依照上述规定审查批捕、审查起诉。最高人民法院亦曾发文明确，对相关经济犯罪的定罪量刑标准没有规定的，人民法院在审理经济犯罪案件时，可以参照适用相关追诉标准的规定。③ 尽管上述规定编排的是"公通字"文号，本书仍将列入【司法解释】类别，但实际上属于司法解释性质文件，不是严格意义上的司法解释。实践中，追诉标准与最高人民法院司法解释内容冲突的，审理者应当以司法解释为准。本书亦秉持这一标准，对相关文件内容作了

---

① 如《最高人民法院关于内地与香港特别行政区法院就民商事案件相互委托提取证据的安排》（法释〔2017〕4 号）、《最高人民法院关于内地与澳门特别行政区相互认可和执行仲裁裁决的安排》（法释〔2007〕17 号）等。

② 即《最高人民检察院、公安部关于公安机关管辖的刑事案件立案追诉标准的规定（一）》（公通字〔2008〕36 号）、《最高人民检察院、公安部关于公安机关管辖的刑事案件立案追诉标准的规定（二）》（公通字〔2010〕23 号）、《最高人民检察院、公安部关于公安机关管辖的刑事案件立案追诉标准的规定（三）》（公通字〔2012〕26 号）、《最高人民检察院、公安部关于公安机关管辖的刑事案件立案追诉标准的规定（一）的补充规定》（公通字〔2017〕12 号）、《最高人民检察院、公安部关于公安机关管辖的刑事案件立案追诉标准的规定（二）的补充规定》（公通字〔2011〕47 号）。

③ 即《最高人民法院关于在经济犯罪审判中参照适用〈最高人民检察院、公安部关于公安机关管辖的刑事案件立案追诉标准的规定（二）〉的通知》（法发〔2010〕22 号）。

注解与取舍。①

【司法指导文件】除司法解释外，最高人民法院、最高人民检察院时常单独、联合或会同其他部委发布具有政策把握或办案指导性质的文件，主要包括各类"纪要""通知""意见"等，这些文件一般又称为司法性文件。司法性文件从性质上看，不是司法解释，但对办案工作同样有指导作用。实践中，最高人民法院相关刑事审判庭、研究室，最高人民检察院公诉厅、法律政策研究室针对法律适用问题作出的个案答复，也具有较强的办案指导价值。本书将上述文件，统一纳入【司法指导文件】类别。

裁判文书是否可以援引非司法解释类规范性文件，过去没有明确说法。特别是1997年之前，最高人民法院的司法解释形式不明确时，这类文件一般也被统称为司法解释。根据《最高人民法院关于裁判文书引用法律、法规等规范性法律文件的规定》（法释〔2009〕14号），司法性文件不是司法解释，不具备法律效力，不能直接引用作为裁判依据，但可以在说理部分引用作为说理依据。但是，1997年以前出台的部分司法性文件，一般作为司法解释对待，可以引用。②

【司法解释·注释】【司法指导文件·注释】是司法解释、司法指导文件起草者撰写的"理解与适用"中具有办案指导价值的要点内容。刑事司法解释、司法指导文件、指导性案例一般通过《最高人民法院公报》《最高人民检察院公报》公布，相关释义以"理解与适用"、"答记者问"或"文件解读"等形式散见于《人民司法》《人民法院报》《检察日报》《刑事审判参考》《刑事司法指南》等出版物。

实践中，起草者在撰写"理解与适用"时，除介绍起草背景、条文原意、观点取舍外，对重点内容还会使用"需要强调的是""需要补充的是"等语气加以提示，或者采取"本解释……虽未作出规定，但实践中倾向的

---

① 例如，关于非法提供麻醉药品、精神药品罪、容留他人吸毒罪的定罪标准，《最高人民检察院、公安部关于公安机关管辖的刑事案件立案追诉标准的规定（三）》作了规定，但《最高人民法院关于审理毒品犯罪案件适用法律若干问题的解释》（法释〔2016〕8号）结合审判实际，进行了相应调整，故本书不再收录追诉标准相关条文，并以编者注形式作了说明。

② 参见吴兆祥：《〈关于裁判文书引用法律、法规等规范性法律文件的规定〉的理解与适用》，载《人民司法·应用》2009年第23期。此外，按照《最高人民法院关于加强和规范裁判文书释法说理的指导意见》（法发〔2018〕10号），除依据法律法规、司法解释的规定外，法官可以运用最高人民法院发布的指导性案例、最高人民法院发布的非司法解释类审判业务规范性文件等论证裁判理由，以提高裁判结论的正当性和可接受性。

做法是……""关于……问题，实践中可参照……执行"等表述予以补充。因此，对于"理解与适用"内容，注释者并非照单全录，撷选、提炼的主要是阐释性、延伸性、补充性内容，针对的基本是实务中常见疑难问题。限于篇幅，本书不再逐一注明相关"理解与适用"的作者和出处。

【指导性案例·法院】【指导性案例·检察】是指最高人民法院、最高人民检察院以指导性案例形式分批发布的案例，各自经最高人民法院审判委员会、最高人民检察院检察委员会讨论通过。根据《〈最高人民法院关于案例指导工作的规定〉实施细则》（法〔2015〕130号），各级人民法院正在审理的案件，在基本案情和法律适用方面，与最高人民法院发布的指导性案例相类似的，应当参照相关指导性案例的裁判要点作出裁判。① 为节约篇幅，本书仅收录了"两高"指导性案例的"要旨"部分，未涵盖基本案情或者指导意义等内容。

【法院公报案例】【法院参考案例】是指《最高人民法院公报》和《刑事审判参考》刊登的案例。这些案例多数并非最高人民法院裁判，但经过最高人民法院相关部门编辑认可或点评，能够代表最高司法机关观点，具有司法指导意义，但不宜被称为"指导性案例"。为方便读者辨识，本书分别将之列入"公报案例"和"参考案例"两个栏目。《最高人民法院公报》案例均附有年份、期号和裁判要旨，读者可据此检索判决全文。《刑事审判参考》上的案例，则附上统一编号，列明对应实务问题、裁判规则指引，读者可根据案例编号，查询判例详情。

创办于1999年的《刑事审判参考》由最高人民法院各刑事审判庭主办，截至2018年9月，已出版112集，包含1235个参考案例，是全国影响力最大的刑事办案指导刊物。这些案例在事实认定、证据采信、法律适用、财物处理和定罪量刑方面，都具有重要指导意义，相关裁判要旨或规则意义亦有专著研究归纳。② 但是，必须承认，随着经济社会快速发展，刑法几经修订，司法政策、编辑人员亦有变迁，一些案例已经过时，一些案例

---

① 根据正文提到的实施细则，审理类似案件参照指导性案例的，应当将指导性案例作为裁判理由引述，但不作为裁判依据引用；在办理案件过程中，案件承办人员应当查询相关指导性案例。在裁判文书中引述相关指导性案例的，应在裁判理由部分引述指导性案例的编号和裁判要点；公诉机关、案件当事人及其辩护人、诉讼代理人引述指导性案例作为控（诉）辩理由的，案件承办人员应当在裁判理由中回应是否参照了该指导性案例并说明理由。

② 较常见的是陈兴良、张军、胡云腾主编：《人民法院刑事指导案例裁判要旨通纂（第二版）》（上、下），北京大学出版社2018年版。刘树德：《刑事裁判的指导规则与案例汇纂》，法律出版社2014年版。

的观点已被司法解释吸收或修正，部分案例内容甚至相互冲突，需要注释者重新取舍、提炼、归纳。

例如，关于被告人杀伤被害人后报警，见被害人未死，又将被害人杀死，并在现场等候公安机关人员到来，事后如实供述犯罪事实的行为是否应当认定为自首问题。〔**参考案例第 522 号：翁见武故意杀人案**〕认为应当构成自首。〔**参考案例第 831 号：李国仁故意杀人案**〕则认为，被告人打电话表示投案后，还继续实施犯罪，表明其主观上并未彻底放弃和终止继续犯罪的意图，缺乏自愿将自己置于司法机关的控制之下，接受审查和裁判的主观意愿，不属于自动投案，不具备自首的本质特征，故不构成自首。注释者在综合考虑刑事立法精神基础上，选择了参考案例第 831 号的观点。

【公安文件】收录了公安部及该部法制局、经济犯罪侦查局关于部分法律适用问题的相关规定、答复。这类文件有的征求了"两高"、中国人民银行、证监会或海关总署意见，有的系公安机关自行规定，仅供办案人员在实践中参考。①

打造一本"开放"的刑法工具书

受罪刑法定原则规制，刑法典是一个相对闭合的规范体系，最适合以注释方式编撰。与此同时，随着经济、社会、科技的快速发展，刑法及其司法解释也必须不断予以回应。按照《最高人民法院关于在司法解释中全面贯彻社会主义核心价值观的工作规划（2018—2023）》，未来五年，最高人民法院将修订完善生产销售伪劣商品犯罪、危害食品药品安全犯罪、涉野生动物和国家重点保护植物相关犯罪案件的司法解释、完善金融犯罪司法解释，适时出台防卫过当的认定标准、处罚原则。此外，各类具有指导性质的案例仍将陆续发布。可以说，任何一本纸质刑法工具书，从出版当日就"过时"了。

当然，随着科技发展，有很多方式可以弥补这一缺憾。例如，读者可以通过扫描二维码，在线获取修订、更新资讯。又或者，将注释书嵌入数据库，方便读者在线查询、使用。

"在线"，还可以激活沉睡数据，聚合众人视野、经验、智慧，打造一

---

①　为缩减篇幅，减少读者阅读负担，本书使用了大量缩略语，并于"凡例"部分例示说明，使用前请预先查阅，以明晰缩略语的具体指向。

本更加开放、与时俱进的线上刑法工具书。① 例如，本书关于"入户抢劫"裁判规则的梳理，仍停留在司法解释、司法指导文件和官方认可的判例基础上。实践中，可能已有法官审理过超越规范性文件、指导性案例所列情形的案件，并根据刑法精神，在裁判文书说理过程中确立了新的规则。如果依托注释书建立在线专业社群，由法律研究者或从业者适时提供生效判决文号或文本，不断丰富完善、调整校正相关裁判规则，将为推动立法、司法完善提供更多燃料和动力。这也是我将着手的一项探索。

总之，以注释书形式进行法律、释义、判例编撰，对我是一次全新尝试。逻辑编排、要点摘录、案例编选方面，难免会有错漏之处，尚请学界、实务界同仁不吝指正。我相信，即使法律人工智能已广泛投入运用，但只要注释者始终以现实问题为导向，始终秉持刑法正义精神，法律人的"情怀"和"匠心"，是无法被复制和替代的。

何　帆
2019 年 2 月于北京

---

① 关于数据在线的价值，参见王坚：《在线》，中信出版社 2016 年版。

凡　例

1. 【立法·要点注释】全国人大常委会法制工作委员会刑法室撰写的刑法条文说明摘要，以及历次修正的说明摘要。

2. 【相关立法】与刑法具体条文相关的法律、全国人大常委会作出的具有刑法性质的决定。

3. 【立法解释】全国人大常委会就刑法适用问题作出的解释。

4. 【立法解释性意见】全国人大常委会法制工作委员会及其刑法室就刑法适用问题作出的答复性意见。

5. 【司法解释】最高人民法院、最高人民检察院依法就具体应用法律问题作出的解释。"两高"制定并发布的司法解释具有法律效力。

6. 【司法指导文件】中央政法委，最高人民法院及其研究室、相关刑事审判庭，最高人民检察院及其法律政策研究室发布的对刑事办案工作具有指导意义的文件。

7. 【司法解释·注释】和【司法指导文件·注释】最高人民法院、最高人民检察院就相关司法解释、司法指导文件发布的理解与适用摘要。

8. 【司法解释Ⅰ·注释】是对【司法解释Ⅰ】的注释，依次递进，【司法解释Ⅱ·注释】对应【司法解释Ⅱ】，【司法解释Ⅲ·注释】对应【司法解释Ⅲ】，司法指导文件亦依此形式对应。

9. 【指导性案例·法院】最高人民法院审判委员会讨论通过的指导性案例的裁判要点。例如，〔潘玉梅、陈宁受贿案，FZD2011－3〕即指"潘玉梅、陈宁受贿案"，最高人民法院指导案例3号，2011年发布。

10. 【指导性案例·检察】最高人民检察院检察委员会讨论通过的指导性案例的要旨。例如，〔李泽强编造、故意传播虚假恐怖信息案，JZD2013 - 9〕即指"李泽强编造、故意传播虚假恐怖信息案"，最高人民检察院指导案例9号，2013年发布。

11.【法院公报案例】《最高人民法院公报》刊载的案例裁判摘要。例如，〔南京市玄武区人民检察院诉余刚等四人盗窃案，GB2005 - 8〕即指"南京市玄武区人民检察院诉余刚等四人盗窃案"，载《最高人民法院公报》2005年第8期。

12.【法院参考案例】《刑事审判参考》指导案例重要裁判理由提炼。例如，〔参考案例第325号：钱炳良盗窃案〕盗买盗卖股票的行为应如何定性？即指《刑事审判参考》第325号案例，"钱炳良盗窃案：盗买盗卖股票的行为应如何定性？"

13.【公安文件】公安部及该部法制局、经济犯罪侦查局相关规范性文件、答复意见。

14. 涉及刑法典、刑法修正案名称的，均省略"中华人民共和国"字样。例如，《中华人民共和国刑法》简称"刑法"，《中华人民共和国刑法修正案（八）》简称"刑法修正案（八）"。

15. 涉及立法解释、立法解释性意见的，附通过或印发日期；涉及司法解释、司法指导文件的，附文号与实施日期。例如，《最高人民法院关于处理自首和立功若干具体问题的意见》（法发〔2010〕60号，20101222）。

目　　录

第二编　分　则

第九章　渎职罪 980

附　则

附录

中华人民共和国刑法

(1979 年 7 月 1 日第五届全国人民代表大会第二次会议通过
1997 年 3 月 14 日第八届全国人民代表大会第五次会议修订
1997 年 3 月 14 日中华人民共和国主席令第 83 号公布
自 1997 年 10 月 1 日起施行)①

【司法解释 I 】

**《最高人民法院关于在裁判文书中
如何表述修正前后刑法条文的批复》**

(法释〔2012〕7 号，20120601)

近来，一些法院就在裁判文书中
引用修正前后刑法条文如何具体表述
问题请示我院。经研究，批复如下：

一、根据案件情况，裁判文书引
用 1997 年 3 月 14 日第八届全国人民
代表大会第五次会议修订的刑法条文，
应当根据具体情况分别表述：

（一）有关刑法条文在修订的刑
法施行后未经修正，或者经过修正，
但引用的是现行有效条文，表述为
"《中华人民共和国刑法》第××条"。

（二）有关刑法条文经过修正，
引用修正前的条文，表述为"1997 年
修订的《中华人民共和国刑法》第×
×条"。

（三）有关刑法条文经两次以上
修正，引用经修正、且为最后一次修
正前的条文，表述为"经×××年

---

① 根据 1998 年 12 月 29 日第九届全国人民代表大会常务委员会第六次会议通过的
《全国人民代表大会常务委员会关于惩治骗购外汇、逃汇和非法买卖外汇犯罪的决定》、
1999 年 12 月 25 日第九届全国人民代表大会常务委员会第十三次会议通过的《中华人民
共和国刑法修正案》、2001 年 8 月 31 日第九届全国人民代表大会常务委员会第二十三次
会议通过的《中华人民共和国刑法修正案（二）》、2001 年 12 月 29 日第九届全国人民代
表大会常务委员会第二十五次会议通过的《中华人民共和国刑法修正案（三）》、2002
年 12 月 28 日第九届全国人民代表大会常务委员会第三十一次会议通过的《中华人民共
和国刑法修正案（四）》、2005 年 2 月 28 日第十届全国人民代表大会常务委员会第十四
次会议通过的《中华人民共和国刑法修正案（五）》、2006 年 6 月 29 日第十届全国人民
代表大会常务委员会第二十二次会议通过的《中华人民共和国刑法修正案（六）》、2009
年 2 月 28 日第十一届全国人民代表大会常务委员会第七次会议通过的《中华人民共和国
刑法修正案（七）》、2009 年 8 月 27 日第十一届全国人民代表大会常务委员会第十次会
议《关于修改部分法律的决定》、2011 年 2 月 25 日第十一届全国人民代表大会常务委员
会第十九次会议通过的《中华人民共和国刑法修正案（八）》、2015 年 8 月 29 日第十二
届全国人民代表大会常务委员会第十六次会议通过的《中华人民共和国刑法修正案
（九）》、2017 年 11 月 4 日第十二届全国人民代表大会常务委员会第三十次会议通过的
《中华人民共和国刑法修正案（十）》修订。

《中华人民共和国刑法修正案（×）》修正的《中华人民共和国刑法》第××条"。

二、根据案件情况，裁判文书引用1997年3月14日第八届全国人民代表大会第五次会议修订前的刑法条文，应当表述为"1979年《中华人民共和国刑法》第××条"。

三、根据案件情况，裁判文书引用有关单行刑法条文，应当直接引用相应该条例、补充规定或者决定的具体条款。

四、《最高人民法院关于在裁判文书中如何引用修订前、后刑法名称的通知》（法〔1997〕192号）、《最高人民法院关于在裁判文书中如何引用刑法修正案的批复》（法释〔2007〕7号）不再适用。

【司法解释Ⅰ·注释】

本司法解释第一条明确了在裁判文书中引用1997年3月14日第八届全国人民代表大会第五次会议修订的刑法条文如何表述的问题。对于此种情形，应当区分三种情况分别表述：

1. 有关刑法条文在1997年10月1日后未经修正，或者经过修正，但引用的是现行有效条文，表述为"《中华人民共和国刑法》第××条"。例如，刑法第二百六十三条（抢劫罪）在1997年10月1日后未经修正，故引用该条文的，应当表述为"《中华人民共和国刑法》第二百六十三条"；又如，刑法第二百六十四条（盗窃罪）经2011年2月25日刑法修正案（八）修正，如根据案件情况和从旧兼从轻原则，对被告人应适用修正后即现行有效刑法条文的，也应表述为"《中华人民共和国刑法》第二百六十四条"。

2. 有关刑法条文在1997年10月1日后经过修正，引用修正前的条文，表述为"1997年修订的《中华人民共和国刑法》第××条"。例如，刑法第六十五条（一般累犯）曾经2011年2月25日刑法修正案（八）修正，如根据案件情况和从旧兼从轻原则，对被告人应适用修正前刑法条文的，则应表述为"1997年修订的《中华人民共和国刑法》第六十五条"。再如，刑法第一百九十一条（洗钱罪）曾经2001年12月29日刑法修正案（三）、2006年6月29日刑法修正案（六）两次修正，如根据案件情况和从旧兼从轻原则，对被告人应适用两次修正前，即1997年修订刑法时规定的第一百九十一条的，也应表述为"1997年修订的《中华人民共和国刑法》第一百九十一条"。

3. 有关刑法条文在1997年10月1日后经两次以上修正，引用经修正、且为最后一次修正前的条文，表述为"经×××年《中华人民共和国刑法修正案（×）》修正的《中华人民共和国刑法》第××条"。例如，刑法第二百二十五条（非法经营罪）曾经1999年12月25日刑法修正案、2009年2月28日刑法修正案（七）两次修正，如根据案件情况和从旧兼从轻原则，对被告人应适用经1999年刑法修正案修正后的刑法第二百二十五条的，则应表述为"经1999年《中华人民共和国刑法修正案》修正的《中华人民共和国刑法》第二百二十五条"。需要说明的是，截至目前（本司法解释公布时），有关刑法条文在1997年10月1日后经两次以上修正的只有7个条文，因此，按此种方式表述的应该极少。

【司法解释Ⅱ】

《最高人民法院关于裁判文书引用法律、法规等规范性法律文件的规定》（法释〔2009〕14号，20091104）

第一条 人民法院的裁判文书应当依法引用相关法律、法规等规范性法律文件作为裁判依据。引用时应当准确完整写明规范性法律文件的名称、条款序号，需要引用具体条文的，应当整条引用。

第二条 并列引用多个规范性法律文件的，引用顺序如下：法律及法律解释、行政法规、地方性法规、自治条例或者单行条例、司法解释。同时引用两部以上法律的，应当先引用基本法律，后引用其他法律。引用包括实体法和程序法的，先引用实体法，后引用程序法。

第三条 刑事裁判文书应当引用法律、法律解释或者司法解释。刑事附带民事诉讼裁判文书引用规范性法律文件，同时适用本规定第四条规定。

第四条 民事裁判文书应当引用法律、法律解释或者司法解释。对于应当适用的行政法规、地方性法规或者自治条例和单行条例，可以直接引用。

第六条 对于本规定第三条、第四条、第五条规定之外的规范性文件，根据审理案件的需要，经审查认定为合法有效的，可以作为裁判说理的依据。

第七条 人民法院制作裁判文书确需引用的规范性法律文件之间存在冲突，根据立法法等有关法律规定无法选择适用的，应当依法提请有决定权的机关做出裁决，不得自行在裁判文书中认定相关规范性法律文件的效力。

第八条 本院以前发布的司法解释与本规定不一致的，以本规定为准。

【司法指导文件Ⅰ】

《最高人民法院关于加强和规范裁判文书释法说理的指导意见》（法发〔2018〕10号，20180613）

十二、裁判文书引用规范性法律文件进行释法说理，应当适用《最高人民法院关于裁判文书引用法律、法规等规范性法律文件的规定》等相关规定，准确、完整地写明规范性法律文件的名称、条款项序号；需要加注引号引用条文内容的，应当表述准确和完整。

十三、除依据法律法规、司法解释的规定外，法官可以运用下列论据论证裁判理由，以提高裁判结论的正当性和可接受性：最高人民法院发布的指导性案例；最高人民法院发布的非司法解释类审判业务规范性文件；公理、情理、经验法则、交易惯例、民间规约、职业伦理；立法说明等立法材料；采取历史、体系、比较等法律解释方法时使用的材料；法理及通行学术观点；与法律、司法解释等规范性法律文件不相冲突的其他论据。

【司法指导文件Ⅱ】

《最高人民法院办公厅关于司法解释施行日期问题的通知》（法办发〔2019〕2 号,20190215）

一、司法解释的施行日期是司法解释时间效力的重要内容,司法解释应当在主文作出明确规定："本解释（规定或者决定）自×年×月×日起施行"。批复类解释在批复最后载明的发布日期作为施行日期。

……

四、发布司法解释公告中的施行日期应当与司法解释中的施行日期一致。

第一编　总　则

第一章　刑法的任务、基本原则和适用范围

第一条　【立法目的与根据】为了惩罚犯罪，保护人民，根据宪法，结合我国同犯罪作斗争的具体经验及实际情况，制定本法。

第二条　【刑法的任务】中华人民共和国刑法的任务，是用刑罚同一切犯罪行为作斗争，以保卫国家安全，保卫人民民主专政的政权和社会主义制度，保护国有财产和劳动群众集体所有的财产，保护公民私人所有的财产，保护公民的人身权利、民主权利和其他权利，维护社会秩序、经济秩序，保障社会主义建设事业的顺利进行。

第三条　【罪刑法定原则】法律明文规定为犯罪行为的，依照法律定罪处刑；法律没有明文规定为犯罪行为的，不得定罪处刑。

第四条　【适用刑法人人平等原则】对任何人犯罪，在适用法律上一律平等。不允许任何人有超越法律的特权。

第五条　【罪责刑相适应原则】刑罚的轻重，应当与犯罪分子所犯罪行和承担的刑事责任相适应。

第六条　【属地管辖权】凡在中华人民共和国领域内犯罪的，除法律有特别规定的以外，都适用本法。

凡在中华人民共和国船舶或者航空器内犯罪的，也适用本法。

犯罪的行为或者结果有一项发生在中华人民共和国领域内的，就认为是在中华人民共和国领域内犯罪。

【立法·要点注释】

本条第一款所谓"法律有特别规定的"，主要是指：刑法第十一条关于享有外交特权和豁免权的外国人的刑事责任的特别规定；刑法第九十条关于少数民族自治地区制定的变通或补充刑法的规定以及其他法律中作出的特别规定，如香港特别行政区基本法中的有关规定等。

【司法解释 I】

《最高人民法院关于适用〈中华人民共和国刑事诉讼法〉的解释》（法释〔2012〕21 号，20130101）

第四条　在中华人民共和国领域外的中国船舶内的犯罪，由该船舶最初停泊的中国口岸所在地的人民法院管辖。

第五条　在中华人民共和国领域外的中国航空器内的犯罪，由该航空器在中国最初降落地的人民法院管辖。

第六条　在国际列车上的犯罪，根据我国与相关国家签订的协定确定管辖；没有协定的，由该列车最初停

靠的中国车站所在地或者目的地的铁路运输法院管辖。

【司法解释Ⅱ】

《最高人民法院关于审理拐卖妇女案件适用法律有关问题的解释》（法释〔2000〕1号，20000125）

第二条　外国人或者无国籍人拐卖外国妇女到我国境内被查获的，应当根据刑法第六条的规定，适用我国刑法定罪处罚。

第七条　**【属人管辖权】**中华人民共和国公民在中华人民共和国领域外犯本法规定之罪的，适用本法，但是按本法规定的最高刑为三年以下有期徒刑的，可以不予追究。

中华人民共和国国家工作人员和军人在中华人民共和国领域外犯本法规定之罪的，适用本法。

【立法·要点注释】

中华人民共和国公民，是指具有中华人民共和国国籍的人，包括定居在外国而没有取得外国国籍的华侨、临时出国的人员，以及已经取得我国国籍的外国血统的人。根据我国国籍法的规定，我国不承认双重国籍，定居在国外的我国公民，凡自愿加入或取得外国国籍的，即自动丧失我国国籍，不再属于我国公民。

【法院参考案例】

〔参考案例第69号：袁闵钢、包华敏骗取出境证件案〕具有中国国籍又同时持有外国护照的被告人国籍如何确定？

我国政府不承认中国公民具有双重国籍。因此，在已依法确定被告人具有中国国籍后，我国政府不承认其具有其他国家国籍。人民法院在审查被告人身份时，对被告人是否具有或者是否丧失中国国籍，依法应当以我国公安部门确定的为准。我国公安部门已根据我国法律有关规定确认被告人只具有中国国籍的，人民法院应当以此作为认定被告人身份的依据。

第八条　**【保护管辖权】**外国人在中华人民共和国领域外对中华人民共和国国家或者公民犯罪，而按本法规定的最低刑为三年以上有期徒刑的，可以适用本法，但是按照犯罪地的法律不受处罚的除外。

【相关立法】

《中华人民共和国反恐怖主义法》（20160101）

第十一条　对在中华人民共和国领域外对中华人民共和国国家、公民或者机构实施的恐怖活动犯罪，或者实施的中华人民共和国缔结、参加的国际条约所规定的恐怖活动犯罪，中华人民共和国行使刑事管辖权，依法追究刑事责任。

【司法解释】

《最高人民法院关于适用〈中华人民共和国刑事诉讼法〉的解释》（法释〔2012〕21号，20130101）

第九条　外国人在中华人民共和国领域外对中华人民共和国国家或者公民犯罪，根据《中华人民共和国刑法》应当受处罚的，由该外国人入境地、入境后居住地或者被害中国公民离境前居住地的人民法院管辖。

第九条 【普遍管辖原则】对于中华人民共和国缔结或者参加的国际条约所规定的罪行，中华人民共和国在所承担条约义务的范围内行使刑事管辖权的，适用本法。

【法院参考案例】

〔参考案例第 245 号：阿丹·奈姆等抢劫案〕刑事普遍管辖权如何适用？

首先，普遍管辖原则在适用主体上具有限制，即不适用于享有外交特权和刑事管辖豁免权的外交代表。其次，普遍管辖原则在适用对象上，仅限于世界各国普遍认同的国际犯罪，而不是适用于任何犯罪。最后，普遍管辖原则在适用范围上具有限制，具体表现为：一是普遍管辖原则只能在有关国际条约的缔约国之间适用，而不是可以在任何国家间适用。且根据缔约国缔结的条约不同，其适用普遍管辖的国际犯罪的种类也不尽相同。二是缔约国只能在本国主权所及的范围内适用，即只能在本国主权所及的范围内对实施国际犯罪的罪犯予以刑事管辖，而不能在本国主权范围之外，无视别国主权去充当世界宪兵。

被告人在马来西亚海域抢劫泰国油轮的行为，属于国际犯罪中的海盗行为，根据我国参加签署的《联合国海洋法公约》和《制止危及海上航行安全非法行为公约》的有关规定，以及该规定确定的普遍管辖原则，我国可以对被告人在我国领域外实施的海上抢劫犯罪行为行使刑事管辖权。

第十条 【对已被外国刑事追究的领域外犯罪的处理】凡在中华人民共和国领域外犯罪，依照本法应当负刑事责任的，虽然经过外国审判，仍然可以依照本法追究，但是在外国已经受过刑罚处罚的，可以免除或者减轻处罚。

第十一条 【外交特权和豁免权】享有外交特权和豁免权的外国人的刑事责任，通过外交途径解决。

【立法·要点注释】

享有本条规定的"外交特权和豁免权"的外国人主要是指：1. 外国的国家元首、政府首脑、外交部长。2. 外国驻本国的外交代表、大使、公使、代办和同级别的人、具有外交官衔的使馆工作人员（一、二、三等秘书，随员，陆海空武官，商务、文化、新闻参赞或专员）以及他们的家属（配偶、未成年子女）等。3. 执行职务的外交使差。4. 根据我国同其他国家订立的条约、协定享受若干特权和豁免权的商务代表。5. 经我国外交部核定享受若干特权和豁免的下列人员：（1）途经或临时留在我国境内的各国驻第三国的外交官；（2）各国派来中国参加会议的代表；（3）各国政府来中国的高级官员；（4）按照联合国宪章规定和国际公约享受特权和豁免的其他人员。6. 总领事、领事、副领事、领事代理人、名誉领事和其他领馆人员。

上述享有外交特权和豁免权的外国人触犯我国刑法的行为，并非不构成犯罪，而是犯了罪不交付我国法院审判，他们的刑事责任通过外交途径解决。一般有下列几种方式：（1）要求派遣国召回；（2）建议派遣国依法处理；（3）对罪行严重的，由我国政府宣布其为"不受欢迎的人"，限期出境。

第十二条　【刑法的追溯力】中华人民共和国成立以后本法施行以前的行为，如果当时的法律不认为是犯罪的，适用当时的法律；如果当时的法律认为是犯罪的，依照本法总则第四章第八节的规定应当追诉的，按照当时的法律追究刑事责任，但是如果本法不认为是犯罪或者处刑较轻的，适用本法。

本法施行以前，依照当时的法律已经作出的生效判决，继续有效。

【司法解释 I 】

《最高人民法院关于适用刑法第十二条几个问题的解释》（法释〔1997〕12 号，19980113）

第一条　刑法第十二条规定的"处刑较轻"，是指刑法对某种犯罪规定的刑罚即法定刑比修订前刑法轻。法定刑较轻是指法定最高刑较轻；如果法定最高刑相同，则指法定最低刑较轻。

第二条　如果刑法规定的某一犯罪只有一个法定刑幅度，法定最高刑或者最低刑是指该法定刑幅度的最高刑或者最低刑；如果刑法规定的某一犯罪有两个以上的法定刑幅度，法定最高刑或者最低刑是指具体犯罪行为应当适用的法定刑幅度的最高刑或者最低刑。

第三条　1997 年 10 月 1 日以后审理 1997 年 9 月 30 日以前发生的刑事案件，如果刑法规定的定罪处刑标准、法定刑与修订前刑法相同的，应当适用修订前的刑法。

【司法解释 II 】

《最高人民法院关于适用刑法时间效力规定若干问题的解释》（法释〔1997〕5 号，19971001）

第一条　对于行为人 1997 年 9 月 30 日以前实施的犯罪行为，在人民检察院、公安机关、国家安全机关立案侦查或者在人民法院受理案件以后，行为人逃避侦查或者审判，超过追诉期限或者被害人在追诉期限内提出控告，人民法院、人民检察院、公安机关应当立案而不予立案，超过追诉期限的，是否追究行为人的刑事责任，适用修订前的刑法第七十七条的规定。

第二条　犯罪分子 1997 年 9 月 30 日以前犯罪，不具有法定减轻处罚情节，但是根据案件的具体情况需要在法定刑以下判处刑罚的，适用修订前的刑法第五十九条第二款的规定。

第三条　前罪判处的刑罚已经执行完毕或者赦免，在 1997 年 9 月 30 日以前又犯应当判处有期徒刑以上刑罚之罪，是否构成累犯，适用修订前的刑法第六十一条的规定；1997 年 10 月 1 日以后又犯应当判处有期徒刑以上刑罚之罪的，是否构成累犯，适用刑法第六十五条的规定。

第四条　1997 年 9 月 30 日以前被采取强制措施的犯罪嫌疑人、被告人或者 1997 年 9 月 30 日以前犯罪，1997 年 10 月 1 日以后仍在服刑的罪犯，如实供述司法机关还未掌握的本人其他罪行的，适用刑法第六十七条第二款的规定。

第五条　1997 年 9 月 30 日以前犯罪的犯罪分子，有揭发他人犯罪行为，或者提供重要线索，从而得以侦破其他案件等立功表现的，适用刑法第六十八条的规定。

第六条　1997 年 9 月 30 日以前犯罪被宣告缓刑的犯罪分子，在 1997 年 10 月 1 日以后的缓刑考验期间又犯新罪、被发现漏罪或者违反法律、行政法规或者国务院公安部门有关缓刑的监督管理规定，情节严重的，适用刑法第七十七条的规定，撤销缓刑。

第七条　1997 年 9 月 30 日以前犯罪，1997 年 10 月 1 日以后仍在服刑的犯罪分子，因特殊情况，需要不受执行刑期限制假释的，适用刑法第八十一条第一款的规定，报经最高人民法院核准。

第八条　1997 年 9 月 30 日以前犯罪，1997 年 10 月 1 日以后仍在服刑的累犯以及因杀人、爆炸、抢劫、强奸、绑架等暴力性犯罪被判处十年以上有期徒刑、无期徒刑的犯罪分子，适用修订前的刑法第七十三条的规定，可以假释。

第九条　1997 年 9 月 30 日以前被假释的犯罪分子，在 1997 年 10 月 1 日以后的假释考验期内，又犯新罪、被发现漏罪或者违反法律、行政法规或者国务院公安部门有关假释的监督管理规定的，适用刑法第八十六条的

规定，撤销假释。

第十条　按照审判监督程序重新审判的案件，适用行为时的法律。

【司法解释Ⅲ】

《最高人民法院关于〈中华人民共和国刑法修正案(八)〉时间效力问题的解释》(法释〔2011〕9 号，20110501)①

【司法解释Ⅳ】

《最高人民法院关于〈中华人民共和国刑法修正案(九)〉时间效力问题的解释》(法释〔2015〕19 号，20151101)②

【司法解释Ⅴ】

《最高人民检察院关于检察工作中具体适用修订刑法第十二条若干问题的通知》(高检发释字〔1997〕4 号，19971006)

一、如果当时的法律（包括 1979 年刑法，中华人民共和国惩治军人违反职责罪暂行条例，全国人大常委会关于刑事法律的决定、补充规定，民事、经济、行政法律中"依照"、"比照"刑法有关条款追究刑事责任的法律条文，下同）、司法解释认为是犯罪，修订刑法不认为是犯罪的，依法不再追究刑事责任。已经立案、侦查的，撤销案件；已批准逮捕的，撤销

---

①　该司法解释条文已分解至本法第三十八条、五十条、六十五条、六十六条、六十七条、六十八条、六十九条、七十二条、七十八条、八十一条的注释中。——编者注

②　该司法解释条文已分解至本法第三十七条之一、五十条、六十九条、二百六十条、二百四十六条、二百六十条、二百六十六条、二百八十四条之一、三百零七条之一、三百八十三条的注释中。——编者注

批准逮捕决定，并建议公安机关撤销案件；审查起诉的，作出不起诉决定；已经起诉的，建议人民法院退回案件，予以撤销；已经抗诉的，撤回抗诉。

二、如果当时的法律、司法解释认为是犯罪，修订刑法也认为是犯罪的，按从旧兼从轻的原则依法追究刑事责任：

1. 罪名、构成要件、情节以及法定刑没有变化的，适用当时的法律追究刑事责任。

2. 罪名、构成要件、情节以及法定刑已经变化的，根据从轻原则，确定适用当时的法律或者修订刑法追究刑事责任。

三、如果当时的法律不认为是犯罪，修订刑法认为是犯罪的，适用当时的法律；但行为连续或者继续到 1997 年 10 月 1 日以后的，对 10 月 1 日以后构成犯罪的行为适用修订刑法追究刑事责任。

【司法解释Ⅵ】

《最高人民检察院关于对跨越修订刑法施行日期的继续犯罪、连续犯罪以及其他同种数罪应如何具体适用刑法问题的批复》（高检发释字〔1998〕6 号，19981202）

对于开始于 1997 年 9 月 30 日以前，继续或者连续到 1997 年 10 月 1 日以后的行为，以及在 1997 年 10 月 1 日前后分别实施的同种类数罪，如果原刑法和修订刑法都认为是犯罪并且应当追诉，按照下列原则决定如何适用法律：

一、对于开始于 1997 年 9 月 30 日以前，继续到 1997 年 10 月 1 日以后终了的继续犯罪，应当适用修订刑法一并进行追诉。

二、对于开始于 1997 年 9 月 30 日以前，连续到 1997 年 10 月 1 日以后的连续犯罪，或者在 1997 年 10 月 1 日前后分别实施同种类数罪，其中罪名、构成要件、情节以及法定刑均没有变化的，应当适用修订刑法，一并进行追诉；罪名、构成要件、情节以及法定刑已经变化的，也应当适用修订刑法，一并进行追诉，但是修订刑法比原刑法所规定的构成要件和情节较为严格，或者法定刑较重的，在提起公诉时应当提出酌情从轻处理意见。

【司法解释Ⅶ】

《最高人民法院、最高人民检察院关于适用刑事司法解释时间效力问题的规定》（高检发释字〔2001〕5 号，20011217）

一、司法解释是最高人民法院对审判工作中具体应用法律问题和最高人民检察院对检察工作中具体应用法律问题所作的具有法律效力的解释，自发布或者规定之日起施行，效力适用于法律的施行期间。

二、对于司法解释实施前发生的行为，行为时没有相关司法解释，司法解释施行后尚未处理或者正在处理的案件，依照司法解释的规定办理。

三、对于新的司法解释实施前发生的行为，行为时已有相关司法解释，依照行为时的司法解释办理，但适用新的司法解释对犯罪嫌疑人、被告人有利的，适用新的司法解释。

四、对于在司法解释施行前已办结的案件，按照当时的法律和司法解释，认定事实和适用法律没有错误的，不再变动。

【司法指导文件Ⅰ】

《最高人民检察院关于认真贯彻执行〈中华人民共和国刑法修正案（四）〉和〈全国人大常委会关于《中华人民共和国刑法》第九章渎职罪主体适用问题的解释〉的通知》（高检发研字〔2003〕1号，20030114）

三、要准确把握刑法修正案（四）和《解释》的时间效力，正确适用法律。刑法修正案（四）是对《刑法》有关条文的修改和补充，实践中办理相关案件时，应当依照《刑法》第十二条规定的原则正确适用法律。对于1997年修订刑法施行以后、刑法修正案（四）施行以前发生的枉法执行判决、裁定犯罪行为，应当依照《刑法》第三百九十七条的规定追究刑事责任。根据《立法法》第四十七条的规定，法律解释的时间效力与它所解释的法律的时间效力相同。对于在1997年修订刑法施行以后、《解释》施行以前发生的行为，在《解释》施行以后尚未处理或者正在处理的案件，应当依照《解释》的规定办理。对于在《解释》施行前已经办结的案件，不再变动。

【司法指导文件Ⅱ】

《最高人民法院研究室关于假释时间效力法律适用问题的答复》（法研〔2011〕97号，20110715）

一、根据刑法第十二条的规定，应当以行为实施时，而不是审判时，作为新旧法选择适用的判断基础。故《最高人民法院关于适用刑法时间效力规定若干问题的解释》第八条规定的"1997年9月30日以前犯罪，1997年10月1日以后仍在服刑的累犯以及因杀人、爆炸、抢劫、强奸、绑架等暴力性犯罪被判处十年以上有期徒刑、无期徒刑的犯罪分子"，包括1997年9月30日以前犯罪，已被羁押尚未判决的犯罪分子。

【法院参考案例】

〔参考案例第328号：朱香海、左正红等非法买卖枪支、贪污案〕对于1997年刑法施行以后、司法解释公布施行以前实施的非法买卖枪支犯罪，是参照执行原有的司法解释还是适用新公布实施的司法解释？

对某一问题，1997年刑法施行前和施行后均有相关司法解释，如果行为发生在1997年刑法施行之后、相关司法解释颁布生效之前，不应当适用1997年刑法施行之前的司法解释，而应当适用刑法施行后的司法解释。

〔参考案例第1150号：耿三有受贿案〕二审期间因刑法修改及司法解释出台导致定罪量刑标准发生变化的，应如何适用法律？

司法解释的效力与其所解释的刑法效力同步，也即它的生效时间应与其所解释的刑法生效时间相同。对于新的司法解释实施前发生的行为，行为时已有相关司法解释，依照行为时的司法解释办理，但适用新的司法解释对犯罪嫌疑人、被告人有利的，适用新的司法解释。

第二章　犯　　罪

第一节　犯罪和刑事责任

第十三条　【犯罪的概念】一切危害国家主权、领土完整和安全，分裂国家、颠覆人民民主专政的政权和推翻社会主义制度，破坏社会秩序和经济秩序，侵犯国有财产或者劳动群众集体所有的财产，侵犯公民私人所有的财产，侵犯公民的人身权利、民主权利和其他权利，以及其他危害社会的行为，依照法律应当受刑罚处罚的，都是犯罪，但是情节显著轻微危害不大的，不认为是犯罪。

【司法指导文件Ⅰ】

《最高人民法院关于贯彻宽严相济刑事政策的若干意见》（法发〔2010〕9 号，20100208）

14. 宽严相济刑事政策中的从"宽"，主要是指对于情节较轻、社会危害性较小的犯罪，或者罪行虽然严重，但具有法定、酌定从宽处罚情节，以及主观恶性相对较小、人身危险性不大的被告人，可以依法从轻、减轻或者免除处罚；对于具有一定社会危害性，但情节显著轻微危害不大的行为，不作为犯罪处理；对于依法可不监禁的，尽量适用缓刑或者判处管制、单处罚金等非监禁刑。

【司法指导文件Ⅱ】

《最高人民检察院关于充分发挥检察职能依法保障和促进科技创新的意见》（高检发〔2016〕9 号，20160707）

7. 准确把握法律政策界限。……坚持罪刑法定原则和刑法谦抑性原则，禁止以刑事手段插手民事经济纠纷。对于法律和司法解释规定不明确、法律政策界限不明、罪与非罪界限不清的，不作为犯罪处理；对于认定罪与非罪争议较大的案件，及时向上级检察机关请示报告。

8. 切实贯彻宽严相济刑事政策。对于锐意创新探索，但出现决策失误、偏差，造成一定损失的行为，要区分情况慎重对待。没有徇私舞弊、中饱私囊，或者没有造成严重后果的，不作为犯罪处理。在科研项目实施中突破现有制度，但有利于实现创新预期成果的，应当予以宽容。在创新过程中发生轻微犯罪、过失犯罪但完成重大科研创新任务的，应当依法从宽处理。……

【法院公报案例】

〔张美华伪造居民身份证案，GB2004－12〕

被告人在未能补办遗失居民身份证的情况下，雇用他人以本人的真实身份资料伪造居民身份证，供自己在日常生活中使用的行为，虽然违反身份证管理的法律规定，但情节显著轻微，危害不大，根据刑法第十三条的规定，应认定不构成犯罪。

第十四条 【故意犯罪】明知自己的行为会发生危害社会的结果，并且希望或者放任这种结果发生，因而构成犯罪的，是故意犯罪。

故意犯罪，应当负刑事责任。

【法院参考案例】

〔参考案例第 432 号：杨某某故意伤害案〕明知先行行为会引发危害后果而不予以防止的行为是否构成故意犯罪？

明知其先行行为可能引发严重危害后果，能采取而不采取积极有效措施予以防止，其行为系不作为犯罪。被告人主观上具有间接伤害他人的犯罪故意，客观上不履行采取积极有效措施以防止危害后果发生的义务，给他人造成严重伤害后果的，构成（间接）故意伤害罪。

第十五条 【过失犯罪】应当预见自己的行为可能发生危害社会的结果，因为疏忽大意而没有预见，或者已经预见而轻信能够避免，以致发生这种结果的，是过失犯罪。

过失犯罪，法律有规定的才负刑事责任。

【立法·要点注释】

1. "应当预见"要求根据行为人的具体情况，行为人对自己的行为可能发生危害社会的结果能够作出正确的判断。所谓行为人的具体情况，主要是指行为人的年龄、责任能力、文

化程度、知识的广度和深度、职业专长、工作经验、社会经验等。上述情况不同，行为人对其行为可能发生危害结果的可认识能力也不同。

2. 疏忽大意过失的特征是：(1) 行为人对自己的行为可能发生危害社会的结果具有可认识的能力，即应当预见；（2）由于行为人主观上粗心大意，忽略了对行为后果的认真考虑，盲目实施了这种行为，以致发生了危害社会的结果。

3. 过于自信过失的特征是：(1) 行为人已经预见到自己的行为可能会发生危害社会的结果；（2）由于行为人过高地估计自己的能力，相信自己能够避免这种结果的发生，以致发生了这种危害结果。不论是疏忽大意过失还是过于自信过失，其共同特点是行为人都不希望危害社会的结果发生，即主观上都没有危害社会的意图。

【司法指导文件】

《最高人民法院关于贯彻宽严相济刑事政策的若干意见》（法发〔2010〕9 号，20100208）

32. 对于过失犯罪，如安全责任事故犯罪等，主要应当根据犯罪造成危害后果的严重程度、被告人主观罪过的大小以及被告人案发后的表现等，综合掌握处罚的宽严尺度。对于过失犯罪后积极抢救、挽回损失或者有效防止损失进一步扩大的，要依法从宽。对于造成的危害后果虽然不是特别严重，但情节特别恶劣或案发后故意隐瞒案情，甚至逃逸，给及时查明事故原因和迅速组织抢救造成贻误的，则

要依法从重处罚。

【法院参考案例】

〔参考案例第346号：朱家平过失致人死亡案〕如何区分疏忽大意的过失与意外事件？

意外事件与疏忽大意的过失区分的关键是判断行为人是否应当预见、能够预见。预见能力因人而异，有高低大小之分，需要进行具体的判断：（1）判断的基础，应当把行为人的智能水平、行为本身的危险性和行为时的客观环境结合起来；（2）判断的方法，要坚持从客观到主观，把对一般人的注意义务与具体行为人的智能水平结合起来；（3）判断的标准，应当在考察一般人预见能力的基础上充分考虑行为人的具体智能情况。

详言之，一方面，考察行为人所属的一般人能否预见结果的发生；另一方面，考虑行为人的智能水平是高于一般人还是低于一般人。如果一般人能够预见，但行为人智能水平低，则不宜认定过失；如果行为人的智能水平不低于一般人，则可以认定过失；如果一般人不能预见，而行为人的智能水平明显高于一般人，则可以认定为过失。

第十六条 【不可抗力与意外事件】行为在客观上虽然造成了损害结果，但是不是出于故意或者过失，而是由于不能抗拒或者不能预见的原因所引起的，不是犯罪。

【立法·要点注释】

"不能抗拒"是指不以行为人的意志为转移，行为人无法阻挡或控制损害结果的发生。如由于某种机械力量的撞击、自然灾害的阻挡、突发病的影响等行为人意志以外的原因，使其无法避免损害结果的发生。"不能预见"是指根据行为人的主观情况和发生损害结果当时的客观情况，行为人不具有能够预见的条件和能力，损害结果的发生完全出乎行为人的意料。

第十七条 【刑事责任年龄】已满十六周岁的人犯罪，应当负刑事责任。

已满十四周岁不满十六周岁的人，犯故意杀人、故意伤害致人重伤或者死亡、强奸、抢劫、贩卖毒品、放火、爆炸、投毒①罪的，应当负刑事责任。

已满十四周岁不满十八周岁的人犯罪，应当从轻或者减轻处罚。

因不满十六周岁不予刑事处罚的，责令他的家长或者监护人加以管教；在必要的时候，也可以由政府收容教养。

【立法解释性意见】

《全国人民代表大会常务委员会法制工作委员会关于已满十四周岁不满十六周岁的人承担刑事责任范围问题的答复意见》（法工委复字〔2002〕12号，20020724）

————

① 刑法修正案（三）对刑法第一百一十四条、第一百一十五条进行了修改，将"投毒"改为"投放毒害性、放射性、传染病病原体等物质"。因此，本款规定的"投毒"，应理解为"投放危险物质"。——编者注

刑法第十七条第二款规定的八种犯罪，是指具体犯罪行为而不是具体罪名。对于刑法第十七条中规定的"犯故意杀人、故意伤害致人重伤或者死亡"，是指只要故意实施了杀人、伤害行为并且造成了致人重伤、死亡后果的，都应负刑事责任。而不是指只有犯故意杀人罪、故意伤害罪的，才负刑事责任，绑架撕票，不负刑事责任。对司法实践中出现的已满十四周岁不满十六周岁的人绑架人质后杀害被绑架人、拐卖妇女、儿童而故意造成被拐卖妇女、儿童重伤或死亡的行为，依据刑法是应当追究其刑事责任的。

【司法解释I】

《最高人民法院关于审理未成年人刑事案件具体应用法律若干问题的解释》（法释〔2006〕1号，20060123）

第一条 本解释所称未成年人刑事案件，是指被告人实施被指控的犯罪时已满十四周岁不满十八周岁的案件。

第二条 刑法第十七条规定的"周岁"，按照公历的年、月、日计算，从周岁生日的第二天起算。

第三条 审理未成年人刑事案件，应当查明被告人实施被指控的犯罪时的年龄。裁判文书中应当写明被告人出生的年、月、日。

第四条 对于没有充分证据证明被告人实施被指控的犯罪时已经达到法定刑事责任年龄且确实无法查明的，应当推定其没有达到相应法定刑事责任年龄。

相关证据足以证明被告人实施被指控的犯罪时已经达到法定刑事责任年龄，但是无法准确查明被告人具体出生日期的，应当认定其达到相应法定刑事责任年龄。

第五条 已满十四周岁不满十六周岁的人实施刑法第十七条第二款规定以外的行为，如果同时触犯了刑法第十七条第二款规定的，应当依照刑法第十七条第二款的规定确定罪名，定罪处罚。

……

第十二条 行为人在达到法定刑事责任年龄前后均实施了危害社会的行为，只能依法追究其达到法定刑事责任年龄后实施的危害社会行为的刑事责任。

行为人在年满十八周岁前后实施了不同种犯罪行为，对其年满十八周岁以前实施的犯罪应当依法从轻或者减轻处罚。行为人在年满十八周岁前后实施了同种犯罪行为，在量刑时应当考虑对年满十八周岁以前实施的犯罪，适当给予从轻或者减轻处罚。

第十三条 未成年人犯罪只有罪行极其严重的，才可以适用无期徒刑。对已满十四周岁不满十六周岁的人犯罪一般不判处无期徒刑。

第十四条 除刑法规定"应当"附加剥夺政治权利外，对未成年罪犯一般不判处附加剥夺政治权利。

如果对未成年罪犯判处附加剥夺政治权利的，应当依法从轻判处。

对实施被指控犯罪时未成年、审判时已成年的罪犯判处附加剥夺政治权利，适用前款的规定。

第十五条　对未成年罪犯实施刑法规定的"并处"没收财产或者罚金的犯罪，应当依法判处相应的财产刑；对未成年罪犯实施刑法规定的"可以并处"没收财产或者罚金的犯罪，一般不判处财产刑。

对未成年罪犯判处罚金刑时，应当依法从轻或者减轻判处，并根据犯罪情节，综合考虑其缴纳罚金的能力，确定罚金数额。但罚金的最低数额不得少于五百元人民币。

对被判处罚金刑的未成年罪犯，其监护人或者其他人自愿代为垫付罚金的，人民法院应当允许。

第十六条　对未成年罪犯符合刑法第七十二条第一款规定的，可以宣告缓刑。如果同时具有下列情形之一，对其适用缓刑确实不致再危害社会的，应当宣告缓刑：

（一）初次犯罪；

（二）积极退赃或赔偿被害人经济损失；

（三）具备监护、帮教条件。

第十七条　未成年罪犯根据其所犯罪行，可能被判处拘役、三年以下有期徒刑，如果悔罪表现好，并具有下列情形之一的，应当依照刑法第三十七条的规定免予刑事处罚：

（一）系又聋又哑的人或者盲人；

（二）防卫过当或者避险过当；

（三）犯罪预备、中止或者未遂；

（四）共同犯罪中从犯、胁从犯；

（五）犯罪后自首或者有立功表现；

（六）其他犯罪情节轻微不需要判处刑罚的。

第十八条　对未成年罪犯的减刑、假释，在掌握标准上可以比照成年罪犯依法适度放宽。

未成年罪犯能认罪服法，遵守监规，积极参加学习、劳动的，即可视为"确有悔改表现"予以减刑，其减刑的幅度可以适当放宽，间隔的时间可以相应缩短。符合刑法第八十一条第一款规定的，可以假释。

未成年罪犯在服刑期间已经成年的，对其减刑、假释可以适用上述规定。

……

第二十条　本解释自公布之日起施行。

《最高人民法院关于办理未成年人刑事案件适用法律的若干问题的解释》（法发〔1995〕9号）自本解释公布之日起不再执行。

【司法解释Ⅰ·注释】

1. 已满十四周岁不满十六周岁的人实施了刑法第十七条第二款没有列举的行为时，如果同时实施了刑法第十七条第二款规定的故意杀人等八种犯罪行为的，比如在绑架中杀人的、在拐卖妇女儿童中强奸的等，在这种情况下应当对其追究刑事责任。主要理由是：该年龄段未成年人故意杀人、强奸的尚且应当负刑事责任，如果他同时有杀人和绑架或者拐卖妇女儿童和强奸两种行为，就更应当追究其刑事责任。

2. 该年龄段未成年人实施刑法第十七条第二款没有列举的行为，比如制造、走私毒品等行为，在刑法第十七条第二款中没有明确列举。在这种情况下，如果未成年人没有同时实施刑法第十七条所规定的贩卖毒品行为的，这种情形即便制造、走私毒品等行为性质和危害程度与刑法所列举行为相当甚至更为严重，也不应追究其刑事责任，否则就违反了刑法第十七条第二款的规定，与罪刑法定原则的要求不符。

3. 对绑架中杀人的或者拐卖妇女儿童中强奸等这类情形，应当按照与刑法第十七条第二款的规定相对应的八个罪名定罪处罚，比如绑架杀人的，应当定故意杀人罪；拐卖妇女儿童中强奸的，定强奸罪。主要理由是：如果对该年龄段的人绑架杀人的定绑架罪、拐卖妇女儿童中强奸的定拐卖妇女儿童罪，则势必导致客观上对该年龄段未成年人实施的绑架、拐卖妇女儿童行为追究刑事责任的结果，与刑法规定该年龄段的人为限制刑事责任主体的立法本意相悖。

【司法解释Ⅱ】

《最高人民检察院关于对涉嫌盗窃的不满16周岁未成年人采取刑事拘留强制措施是否违法问题的批复》（高检发释字〔2011〕1号，20110125）

根据刑法、刑事诉讼法、未成年人保护法等有关法律规定，对于实施犯罪时未满16周岁的未成年人，且未犯刑法第十七条第二款规定之罪的，公安机关查明犯罪嫌疑人实施犯罪时年龄确系未满16周岁依法不负刑事责任后仍予以刑事拘留的，检察机关应当及时提出纠正意见。

【司法指导文件Ⅰ】

《最高人民法院关于常见犯罪的量刑指导意见》（法发〔2017〕7号，20170401）

三、常见量刑情节的适用

1. 对于未成年人犯罪，应当综合考虑未成年人对犯罪的认识能力、实施犯罪行为的动机和目的、犯罪时的年龄、是否初犯、偶犯、悔罪表现、个人成长经历和一贯表现等情况，予以从宽处罚。

（1）已满十四周岁不满十六周岁的未成年人犯罪，减少基准刑的30%—60%；

（2）已满十六周岁不满十八周岁的未成年人犯罪，减少基准刑的10%—50%。

【司法指导文件Ⅱ】

《最高人民法院关于贯彻宽严相济刑事政策的若干意见》（法发〔2010〕9号，20100208）

20. 对于未成年人犯罪，在具体考虑其实施犯罪的动机和目的、犯罪性质、情节和社会危害程度的同时，还要充分考虑其是否属于初犯，归案后是否悔罪，以及个人成长经历和一贯表现等因素，坚持"教育为主、惩罚为辅"的原则和"教育、感化、挽救"的方针进行处理。对于偶尔盗窃、抢夺、诈骗，数额刚达到较大的标准，案发后能如实交代并积极退赃的，可以认定为情节显著轻微，不作为犯罪处理。对于罪行较轻的，可以依法适当多适用缓刑或者判处管制、单处罚金等非监禁刑；依法可免予刑事处罚的，应当免予刑事处罚。对于犯罪情节严重的未成年人，也应当依照刑法第十七条第三款的规定予以从轻或者减轻处罚。对于已满十四周岁不满十六周岁的未成年犯罪人，一般不判处无期徒刑。

【司法指导文件Ⅲ】

《最高人民法院、最高人民检察院、公安部、司法部关于印发〈社区矫正实施办法〉的通知》（司发通〔2012〕12号，20120301）

第三十三条　对未成年人实施社区矫正，应当遵循教育、感化、挽救的方针，按照下列规定执行：

（一）对未成年人的社区矫正应当与成年人分开进行；

（二）对未成年社区矫正人员给予身份保护，其矫正宣告不公开进行，其矫正档案应当保密；

（三）未成年社区矫正人员的矫正小组应当有熟悉青少年成长特点的人员参加；

（四）针对未成年人的年龄、心理特点和身心发育需要等特殊情况，采取有益于其身心健康发展的监督管理措施；

（五）采用易为未成年人接受的方式，开展思想、法制、道德教育和心理辅导；

（六）协调有关部门为未成年社区矫正人员就学、就业等提供帮助；

（七）督促未成年社区矫正人员的监护人履行监护职责，承担抚养、管教等义务；

（八）采取其他有利于未成年社区矫正人员改过自新、融入正常社会

生活的必要措施。

犯罪的时候不满十八周岁被判处五年有期徒刑以下刑罚的社区矫正人员，适用前款规定。

【司法指导文件Ⅳ】

《人民检察院办理未成年人刑事案件的规定》（高检发研字〔2013〕7号，20131227）

第二条　人民检察院办理未成年人刑事案件，实行教育、感化、挽救的方针，坚持教育为主、惩罚为辅和特殊保护的原则。在严格遵守法律规定的前提下，按照最有利于未成年人和适合未成年人身心特点的方式进行，充分保障未成年人合法权益。

……

第二十六条　对于犯罪情节轻微，具有下列情形之一，依照刑法规定不需要判处刑罚或者免除刑罚的未成年犯罪嫌疑人，一般应当依法作出不起诉决定：

（一）被胁迫参与犯罪的；

（二）犯罪预备、中止、未遂的；

（三）在共同犯罪中起次要或者辅助作用的；

（四）系又聋又哑的人或者盲人的；

（五）因防卫过当或者紧急避险过当构成犯罪的；

（六）有自首或者立功表现的；

（七）其他依照刑法规定不需要判处刑罚或者免除刑罚的情形。

第二十九条　对于犯罪时已满十四周岁不满十八周岁的未成年人，同时符合下列条件的，人民检察院可以

作出附条件不起诉决定：

（一）涉嫌刑法分则第四章、第五章、第六章规定的犯罪；

（二）根据具体犯罪事实、情节，可能被判处一年有期徒刑以下刑罚；

（三）犯罪事实清楚，证据确实、充分，符合起诉条件；

（四）具有悔罪表现。

……

第四十条　人民检察院决定附条件不起诉的，应当确定考验期。考验期为六个月以上一年以下，从人民检察院作出附条件不起诉的决定之日起计算。考验期不计入案件审查起诉期限。

考验期的长短应当与未成年犯罪嫌疑人所犯罪行的轻重、主观恶性的大小和人身危险性的大小、一贯表现及帮教条件等相适应，根据未成年犯罪嫌疑人在考验期的表现，可以在法定期限范围内适当缩短或者延长。

第四十一条　被附条件不起诉的未成年犯罪嫌疑人，应当遵守下列规定：

（一）遵守法律法规，服从监督；

（二）按照考察机关的规定报告自己的活动情况；

（三）离开所居住的市、县或者迁居，应当报经考察机关批准；

（四）按照考察机关的要求接受矫治和教育。

第四十二条　人民检察院可以要求被附条件不起诉的未成年犯罪嫌疑人接受下列矫治和教育：

（一）完成戒瘾治疗、心理辅导或者其他适当的处遇措施；

（二）向社区或者公益团体提供公益劳动；

（三）不得进入特定场所，与特定的人员会见或者通信，从事特定的活动；

（四）向被害人赔偿损失、赔礼道歉等；

（五）接受相关教育；

（六）遵守其他保护被害人安全以及预防再犯的禁止性规定。

……

第四十五条　考验期届满，办案人员应当制作附条件不起诉考察意见书，提出起诉或者不起诉的意见，经部门负责人审核，报请检察长决定。

人民检察院应当在审查起诉期限内作出起诉或者不起诉的决定。

作出附条件不起诉决定的案件，审查起诉期限自人民检察院作出附条件不起诉决定之日起中止计算，自考验期限届满之日或者人民检察院作出撤销附条件不起诉决定之日起恢复计算。

第四十六条　被附条件不起诉的未成年犯罪嫌疑人，在考验期内有下列情形之一的，人民检察院应当撤销附条件不起诉的决定，提起公诉：

（一）实施新的犯罪的；

（二）发现决定附条件不起诉以前还有其他犯罪需要追诉的；

（三）违反治安管理规定，造成严重后果，或者多次违反治安管理规定的；

（四）违反考察机关有关附条件不起诉的监督管理规定，造成严重后果，或者多次违反考察机关有关附条件不起诉的监督管理规定的。

第四十七条　对于未成年犯罪嫌疑人在考验期内实施新的犯罪或者在决定附条件不起诉以前还有其他犯罪需要追诉的，人民检察院应当移送侦查机关立案侦查。

第四十八条　被附条件不起诉的未成年犯罪嫌疑人，在考验期内没有本规定第四十六条规定的情形，考验期满的，人民检察院应当作出不起诉的决定。

……

第七十九条　本规定所称未成年人刑事案件，是指犯罪嫌疑人、被告人实施涉嫌犯罪行为时已满十四周岁、未满十八周岁的刑事案件，但在有关未成年人诉讼权利和体现对未成年人程序上特殊保护的条文中所称的未成年人，是指在诉讼过程中未满十八周岁的人。犯罪嫌疑人实施涉嫌犯罪行为时未满十八周岁，在诉讼过程中已满十八周岁的，人民检察院可以根据案件的具体情况适用本规定。

第八十条　实施犯罪行为的年龄，一律按公历的年、月、日计算。从周岁生日的第二天起，为已满××周岁。

第八十一条　未成年人刑事案件的法律文书和工作文书，应当注明未成年人的出生年月日、法定代理人或者到场的合适成年人、辩护人基本情况。

对未成年犯罪嫌疑人、被告人、未成年人罪犯的有关情况和办案人员开展教育感化工作的情况，应当记录在卷，随案移送。

……

第八十三条　本规定自发布之日起施行，最高人民检察院 2007 年 1 月 9 日发布的《人民检察院办理未成年人刑事案件的规定》同时废止。

【司法指导文件 V】

《最高人民法院对甘肃省高级人民法院〔2003〕甘行终字第98号请示的答复》（〔2004〕行他字第10号，20040715）

《刑法》第十七条第四款关于"因不满十六周岁不予刑事处罚的……在必要的时候，可以由政府收容教养"的规定，适用于因不满十四周岁不予刑事处罚的情形。

【司法指导文件 Ⅵ】

《最高人民检察院关于"骨龄鉴定"能否作为确定刑事责任年龄证据使用的批复》（高检发研字〔2000〕6 号，20000221）

犯罪嫌疑人不讲真实姓名、住址，年龄不明的，可以委托进行骨龄鉴定或其他科学鉴定，经审查，鉴定结论能够准确确定犯罪嫌疑人实施犯罪行为时的年龄的，可以作为判断犯罪嫌疑人年龄的证据使用。如果鉴定结论不能准确确定犯罪嫌疑人实施犯罪行为时的年龄，而且鉴定结论又表明犯罪嫌疑人年龄在刑法规定的应负刑事责任年龄上下的，应当依法慎重处理。

【法院公报案例】

〔上海市长宁区人民检察院诉李某某盗窃案，GB2016－8〕

未成年人犯罪案件的审理方式与成年人犯罪案件不同，应根据实际情况适用刑事诉讼法"未成年人刑事案件诉讼程序"专章中的相关规定，结合心理疏导、法律援助等方式，对犯罪的未成年人进行教育、感化和挽救，做到教育为主、惩罚为辅。同时通过加强社会调查，了解其个人成长经历、案外犯罪原因、羁押表现情况以及监护落实情况和社区矫治意见等，作为是否适用缓刑的量刑参考依据。

〔上海市长宁区人民检察院诉韩某某盗窃案，GB2018－1〕

刑事案件被告人年龄认定尤其是临界年龄认定发生争议，穷尽证据调查和证明手段仍无法查明，或者查实的证据有瑕疵、相互矛盾或者证明力较低的，一般采用以下规则处理：一是户籍优先原则。《出生医学证明》是户口登记机关登记出生的重要依据，公安机关作出确认当事人身份关系包括年龄的具体行政行为具有法律效力。在调取的户籍资料与其他书证如学籍资料记载的入学日期、与其他证人证言等存在相互矛盾时，以认定户籍登记资料为原则，对户籍登记资料不予采信为例外。

二是书证优先原则。有关部门存档的书证，尤其是在案发前形成的书证客观性较强，其证明的内容与证人证言存在相互矛盾时，以书证认定优于证人证言为原则，对书证不予采信为例外。

三是参考鉴定原则。司法骨龄鉴定意见对判断被鉴定人年龄有科学参考价值。如果骨龄鉴定意见不能准确确定被告人实施犯罪行为时的实际年龄，存在一定的跨龄鉴定幅度，该鉴定意见不能单独作为认定年龄的证据加以适用，应当结合其他证据且必须是有效证据慎重判断才能作出综合认定。不能排除证据之间的矛盾，无充分证据证明被告人实施被指控犯罪时已满十八周岁且确实无法查明的，应按有利于被告人的原则，推定其不满十八周岁。

【法院参考案例】

〔参考案例第480号：李春伟、史熠东抢劫案〕未成年人犯罪，法定刑为三年以上有期徒刑的，能否适用免予刑事处罚？

《最高人民法院关于审理未成年人刑事案件具体应用法律若干问题的解释》第十七条的规定并未涵括所有免予刑事处罚的情形，也未禁止对犯法定刑为三年以上有期徒刑之罪的未成年被告人免予刑事处罚，在适用第十七条决定是否免予刑事处罚时，要全面、有序地衡量各种从宽处罚情节，避免重复评价。

〔参考案例第659号：伍金洪、黄南燕绑架案〕户籍证明与其他证据材料互相矛盾时如何认定被告人的年龄？

户籍证明与其他证据材料存在矛盾时，如果其他证据材料能够相互印证，经审查能够证明被告人真实年龄的，可以排除户籍证明等法定证据，以其他证据来认定年龄；当户籍证明与其他证据材料的矛盾无法得到排除时，应当正确贯彻"有利于被告人"原则，准确认定被告人的年龄。

〔参考案例第684号：郭永明等绑架案〕被告人犯罪时是否年满十八周岁的证据存疑，且无法查清的，能否判处死刑？

死刑案件的严格证明标准要求必须查证清楚被告人的年龄，并应精确到具体的年月日。经过反复调查仍无法查清的，则应推定其犯罪时未满十八周岁，不能判处死刑。

〔参考案例第 851 号：乔某诈骗案〕公安机关的户籍材料存在重大瑕疵的，如何认定被告人犯罪时的年龄？

实践中，有关年龄认定的问题主要体现在以下四个方面：一是被告人以当地有以农历填报出生日期的习惯为由，主张户籍登记上的出生日期实际为农历；二是公安机关出具的证明材料与被告人的户籍登记信息存在冲突；三是当事人提供的有关书证、证人证言等证据材料证明的内容与户籍登记信息不一致；四是被告人身份信息不详，且骨龄鉴定对被告人犯罪时是否未成年存在正负差值的情况。对于上述问题，应当综合运用证据审查、逻辑判断、常识检验、科学鉴定等多种手段，去伪存真，依法对被告人的犯罪年龄进行认定。在具体案件中，一般坚持以下审查判断原则：

1. 穷尽原则。对被告人年龄证据的审查一般要穷尽一切司法调查取证手段，通过建议补充侦查、委托有关部门协查、实地走访调查、进行骨龄鉴定等多种形式，查找与被告人年龄有关的证据，最大限度查明被告人实施犯罪行为时的真实年龄。

2. 公文性书证优先原则。公文性书证一般指国家机关、企业事业单位、人民团体在法定权限范围内制作的文书，并以此文书作为证明案件有关情况的书证。与年龄有关的公文性书证，

一般包括公安机关的户籍信息材料、医院的出生证明、学校的学籍信息等。如果案件中存在多份内容不一致的公文性书证，则应当视具体情况予以认定：（1）以认定户籍登记信息为原则，以不采信户籍登记信息为例外。（2）医院的出生证明与户籍登记信息不一致的，如能作出合理解释，则出生证明的效力高于户籍登记信息，因为出生证明是户籍登记的基础。（3）在没有出生证明的情况下，户籍登记信息与医院的分娩病例或者被告人案发前的学籍信息、疫苗注射登记等原始信息不一致的，应当结合被告人的供述及家属证言，在能够得到合理解释的前提下，作出有利于被告人的认定。（4）公安机关出具的证明材料与户籍登记信息不一致的，原则上应当按照原始户籍登记信息来认定被告人的年龄，在公安机关能说明理由，并对被告人的户籍登记信息依法作出修改后，可以结合在案证据，依照变更后的年龄予以认定。公安机关无正当理由变更原始户籍登记中的出生日期，且变更后的信息与在案证据存在冲突的，应从证据合法性和有利于被告人的角度，严格进行审查判断。（5）村（居）委会、乡（镇）人民政府出具的证明材料如果没有加盖公安机关的户籍专用章，其证明力要低于公安机关出具的证明材料及户籍登记信息，且一般要与其他证据结合起来判定其证明效力。

3. 原始书证优先原则。有关年龄认定的原始证据，一般形成于案发之前，且直接来源于客观事实，具有较

强的证明力。但原始证据中的言词证据具有不稳定、不准确等特点，其效力要低于原始书证。如村（居）委会的原始户籍登记材料已经交给派出所或者因时间久远而丢失，村（居）委会的当事者根据记忆形成书面证明材料并加盖村（居）委会乃至（乡）镇人民政府的公章，由于原始书证已无法查找，故上述表面上属于书证的证明材料，实质上为证人证言，属于原始言词证据，其单独作为证据使用的证明力较低。

4. 言词证据与其他类型证据结合判断的原则。言词证据（被告人供述、证人证言等）具有易变、模糊等特征，如果与其他类型的证据（如书证、鉴定意见）存在不一致之处，原则上应当以其他类型的年龄证据为准。但考虑到我国部分地方受客观条件所限、户籍登记混乱等因素，即使户籍登记信息完全可采，仍有可能在其生成阶段发生错误。因此，如果结合其他类型证据，能够相互印证补强，对户籍登记信息形成合理质疑，那么就可以采纳补强的言词证据作为裁判依据。如当时当地确实存在按照农历填报出生日期的习惯，接生婆、邻居、同班同学出具的证言均证明被告人的出生日期系按农历计算，同时通过骨龄鉴定无法排除被告人犯罪时未成年可能性的，可以认定被告人犯罪时尚未成年。

5. 存疑有利于被告人的原则。对于没有充分证据证明被告人实施被指控的犯罪时已经达到法定刑事责任年龄且确实无法查明的，应当推定其没

有达到相应法定刑事责任年龄。相关证据足以证明被告人实施被指控的犯罪时已经达到法定刑事责任年龄，但是无法准确查明被告人具体出生日期的，应当认定其达到相应法定刑事责任年龄。但需要注意的是，只有在穷尽一切司法调查手段仍无法查清被告人的具体出生日期的情况下，才能适用上述推定原则。

第十七条之一　【老年人犯罪的刑事责任】已满七十五周岁的人故意犯罪的，可以从轻或者减轻处罚；过失犯罪的，应当从轻或者减轻处罚。

【修正说明】

本条由刑法修正案（八）第一条增设。

【立法·要点注释】

对于老年人故意犯罪的，不应一律从轻或者减轻处罚，而是应当根据案件的具体情况决定，当宽则宽，当严则严。

【法院参考案例】

〔参考案例第830号：胡金亭故意杀人案〕对已满七十五周岁的老年人犯罪是否适用无期徒刑，以及能否同时适用刑法第十七条之一的规定？

对年满七十五周岁的老年人罪犯，是否可以判处无期徒刑，取决于对年满七十五周岁的老年人故意犯罪是否适用从轻或者减轻处罚，而是否适用从轻或者减轻处罚，应当根据具体犯罪事实和犯罪情节予以综合认定。如果年满七十五周岁的老年人犯罪属于

可以从轻或者减轻处罚但最终未适用从轻或者减轻处罚的，无须同时适用；如果年满七十五周岁的老年人犯罪属于可以从轻或者减轻处罚且最终适用从轻或者减轻处罚的，或者属于应当从轻或者减轻处罚的，应当同时适用。

第十八条　【精神障碍与刑事责任能力】精神病人在不能辨认或者不能控制自己行为的时候造成危害结果，经法定程序鉴定确认的，不负刑事责任，但是应当责令他的家属或者监护人严加看管和医疗；在必要的时候，由政府强制医疗。

间歇性的精神病人在精神正常的时候犯罪，应当负刑事责任。

尚未完全丧失辨认或者控制自己行为能力的精神病人犯罪的，应当负刑事责任，但是可以从轻或者减轻处罚。

醉酒的人犯罪，应当负刑事责任。

【立法·要点注释】

1. "间歇性精神病人"，是指精神并非经常处于错乱而完全丧失辨认或者控制自己行为的能力的精神病人。间歇性精神病人造成危害结果，是否处于精神正常的状态，即确认行为人造成危害结果时有无辨认或者控制自己行为的能力，也适用第一款的规定，须经鉴定确认。

2. "尚未完全丧失辨认或者控制自己行为能力的精神病人"，主要是指病情尚未达到完全不能辨认或者不能控制自己行为的程度，还有部分识别

是非、善恶和控制自己行为的能力的精神病人。

3. 执行本条规定应当注意的是，确认行为人是否在不能辨认或者不能控制自己行为的时候造成的危害结果，必须严格依照刑事诉讼法规定的程序，在法定的鉴定部门进行鉴定，以保证鉴定的科学性，准确地认定行为人的责任能力，正确处理案件。

【指导性案例·法院】

〔徐加富强制医疗案，FZD2016－63〕

审理强制医疗案件，对被申请人或者被告人是否"有继续危害社会可能"，应当综合被申请人或者被告人所患精神病的种类、症状、案件审理时其病情是否已经好转，以及其家属或者监护人有无严加看管和自行送医治疗的意愿和能力等情况予以判定。必要时，可以委托相关机构或者专家进行评估。

【法院公报案例】

〔福州市人民检察院诉彭崧故意杀人案，GB2007－7〕

行为人因吸毒后产生神志异常而实施危害社会的行为，构成犯罪的，依法应当承担刑事责任。

【法院参考案例】

〔**参考案例第 610 号：侯卫春故意杀人案**〕在故意杀人犯罪中醉酒状态能否作为酌定从轻处罚情节？

对醉酒状态下实施故意杀人行为的人一般情况下应严格控制死刑的适用，但单纯的醉酒状态不足以作为一个酌定从轻处罚情节，是否予以从轻

处罚，应结合其他认罪、悔罪等情节予以综合认定。

〔**参考案例第554号：房国忠故意杀人案**〕醉酒状态下实施犯罪，量刑时可否酌情考虑导致行为人醉酒的原因？

醉酒的原因，有可能是行为人故意、过失所造成，也可能是某些不能预见、不可抗拒的因素。而根据主客观相一致原则，在造成同样后果的醉酒犯罪行为中，为实施犯罪而故意制造醉酒假象、借酒壮胆或明知自己会"酒后乱性"而饮酒等故意醉酒行为的主观恶性最为严重，过失醉酒次之，因不能预见或不可抗拒的原因醉酒者最轻。因此，在醉酒人犯罪的案件中，应当适当考察其醉酒的原因，对确有特殊情况的应当在量刑时予以酌情考虑，以实现罪责刑的均衡。

〔**参考案例第925号：杜成军故意杀人案**〕在严重暴力犯罪案件中，对具有轻度精神障碍，认识和控制能力所受影响不大的被告人，是否可以不从轻处罚？

精神障碍对行为人行为能力的影响也有大小轻重之分，对于有较大影响的，对行为人应当减轻处罚或者在法定刑幅度内从轻判处刑罚；对于影响较小的，对行为人可以不从轻判处刑罚。刑法并没有规定对限制行为能力人一律从轻处罚，对罪行极其严重且辨认和控制自己行为能力轻微减弱的犯罪人不予从轻处罚，并不违背立法本意。

第十九条 【**又聋又哑的人或者盲人犯罪的刑事责任**】又聋又哑的人或者盲人犯罪，可以从轻、减轻或者免除处罚。

【法院参考案例】

〔**参考案例第469号：苏同强、王男敲诈勒索案**〕如何理解与认定刑法第十九条规定的"盲人"犯罪？

实践中适用刑法第十九条关于对"盲人"被告人从宽处罚的规定，应在全面分析犯罪性质、情节和危害程度基础上，重点分析"盲人"身份对实施犯罪行为的具体影响：

1. 对于被告人实施犯罪行为与"盲人"身份有直接联系的，应依法从宽处罚。当被告人系过失犯罪时，如因目盲违反交通规则横穿马路，导致交通事故致人重伤或死亡，构成交通肇事罪的，应比正常人过失犯罪加大从宽幅度。如果被告人系故意犯罪，如因目盲丧失劳动能力，没有收入来源，偶尔实施诈骗、侵占等财产性犯罪的，可以从轻或减轻处罚，情节轻微的可免除处罚。对被害人因言语不当被盲人伤害的案件中，可考虑盲人的特别心理情况，从宽处罚。

2. 对于被告人实施犯罪行为与"盲人"身份无关或无直接关系的犯罪，并不必然适用刑法第十九条的从宽处罚规定。如被告人视力情况对其实施犯罪没有明显、具体影响的情况，或者盲人作为共同犯罪、有组织犯罪的起意者、策划者和组织者的情况。

第二十条 【**正当防卫**】为了使国家、公共利益、本人或者他人的人身、财产和其他权利免受正在进行的不法侵害，而采取的制止不法侵害的行为，对不法侵害人造成损害的，属于正当防卫，不负刑事责任。

正当防卫明显超过必要限度造成重大损害的，应当负刑事责任，但是应当减轻或者免除处罚。

对正在进行行凶、杀人、抢劫、强奸、绑架以及其他严重危及人身安全的暴力犯罪，采取防卫行为，造成不法侵害人伤亡的，不属于防卫过当，不负刑事责任。

【司法指导文件】

《最高人民法院、最高人民检察院、公安部、司法部关于依法办理家庭暴力犯罪案件的意见》（法发〔2015〕4 号，20150302）

19. 准确认定对家庭暴力的正当防卫。为了使本人或者他人的人身权利免受不法侵害，对正在进行的家庭暴力采取制止行为，只要符合刑法规定的条件，就应当依法认定为正当防卫，不负刑事责任。防卫行为造成施暴人重伤、死亡，且明显超过必要限度，属于防卫过当，应当负刑事责任，但是应当减轻或者免除处罚。

认定防卫行为是否"明显超过必要限度"，应当以足以制止并使防卫人免受家庭暴力不法侵害的需要为标准，根据施暴人正在实施家庭暴力的严重程度、手段的残忍程度、防卫人所处的环境、面临的危险程度、采取的制止暴力的手段、造成施暴人重大损害的程度，以及既往家庭暴力的严重程度等进行综合判断。

20. 充分考虑案件中的防卫因素和过错责任。对于长期遭受家庭暴力后，在激愤、恐惧状态下为了防止再次遭受家庭暴力，或者为了摆脱家庭暴力而故意杀害、伤害施暴人，被告人的行为具有防卫因素，施暴人在案件起因上具有明显过错或者直接责任的，可以酌情从宽处罚。……

【指导性案例·法院】

〔于欢故意伤害案，FZD2018－93〕

1. 对正在进行的非法限制他人人身自由的行为，应当认定为刑法第二十条第一款规定的"不法侵害"，可以进行正当防卫。

2. 对非法限制他人人身自由并伴有侮辱、轻微殴打的行为，不应当认定为刑法第二十条第三款规定的"严重危及人身安全的暴力犯罪"。

3. 判断防卫是否过当，应当综合考虑不法侵害的性质、手段、强度、危害程度，以及防卫行为的性质、时机、手段、强度、所处环境和损害后果等情节。对非法限制他人人身自由并伴有侮辱、轻微殴打，且并不十分紧迫的不法侵害，进行防卫致人死亡重伤的，应当认定为刑法第二十条第二款规定的"明显超过必要限度造成重大损害"。

4. 防卫过当案件，如系因被害人实施严重贬损他人人格尊严或者亵渎人伦的不法侵害引发的，量刑时对此应予充分考虑，以确保司法裁判既经得起法律检验，也符合社会公平正义观念。

【指导性案例·检察】

〔陈某正当防卫案，JZD2018-45〕

在被人殴打、人身权利受到不法侵害的情况下，防卫行为虽然造成了重大损害的客观后果，但是防卫措施并未明显超过必要限度的，不属于防卫过当，依法不负刑事责任。

一般防卫有限度要求，超过限度的属于防卫过当，需要负刑事责任。刑法规定的限度条件是"明显超过必要限度造成重大损害"，具体而言，行为人的防卫措施虽明显超过必要限度但防卫结果客观上并未造成重大损害，或者防卫结果虽客观上造成重大损害但防卫措施并未明显超过必要限度，均不能认定为防卫过当。

〔朱凤山故意伤害（防卫过当）案，JZD2018-46〕

在民间矛盾激化过程中，对正在进行的非法侵入住宅、轻微人身侵害行为，可以进行正当防卫，但防卫行为的强度不具有必要性并致不法侵害人重伤、死亡的，属于明显超过必要限度造成重大损害，应当负刑事责任，但是应当减轻或者免除处罚。

民间矛盾引发的案件极其复杂，涉及防卫性质争议的，应当坚持依法、审慎的原则，准确作出判断和认定，从而引导公民理性平和解决争端，避免在争议纠纷中不必要地使用武力。针对实践当中的常见情形，可注意把握以下几点：一是应作整体判断，即分清前因后果和是非曲直，根据查明的事实，当事人的行为具有防卫性质的，应当依法作出认定，不能惟结果

论，也不能因矛盾暂时没有化解等因素而不去认定或不敢认定；二是对于近亲属之间发生的不法侵害，对防卫强度必须结合具体案情作出更为严格的限制；三是对于被害人有无过错与是否正在进行的不法侵害，应当通过细节的审查、补查，作出准确的区分和认定。

〔于海明正当防卫案，JZD2018-47〕

对于犯罪故意的具体内容虽不确定，但足以严重危及人身安全的暴力侵害行为，应当认定为刑法第二十条第三款规定的"行凶"。行凶已经造成严重危及人身安全的紧迫危险，即使没有发生严重的实害后果，也不影响正当防卫的成立。

适用本款规定，"行凶"是认定的难点，对此应当把握以下两点：一是必须是暴力犯罪，对于非暴力犯罪或一般暴力行为，不能认定为行凶；二是必须严重危及人身安全，即对人的生命、健康构成严重危险。在具体案件中，有些暴力行为的主观故意尚未通过客观行为明确表现出来，或者行为人本身就是持概括故意予以实施，这类行为的故意内容虽不确定，但已表现出多种故意的可能，其中只要有现实可能造成他人重伤或死亡的，均应当认定为"行凶"。

正当防卫以不法侵害正在进行为前提。所谓正在进行，是指不法侵害已经开始但尚未结束。不法侵害行为多种多样、性质各异，判断是否正在进行，应就具体行为和现场情境作具体分析。判断标准不能机械地对刑法上的着手与既遂作出理解、判断，因

为着手与既遂侧重的是侵害人可罚性的行为阶段问题，而侵害行为正在进行，侧重的是防卫人的利益保护问题。所以，不能要求不法侵害行为已经加诸被害人身上，只要不法侵害的现实危险已经迫在眼前，或者已达既遂状态但侵害行为没有实施终了的，就应当认定为正在进行。

需要强调的是，特殊防卫不存在防卫过当的问题，因此不能作宽泛的认定。对于因民间矛盾引发、不法与合法对立不明显以及夹杂泄愤报复成分的案件，在认定特殊防卫时应当十分慎重。

〔侯雨秋正当防卫案，JZD2018－48〕

单方聚众斗殴的，属于不法侵害，没有斗殴故意的一方可以进行正当防卫。单方持械聚众斗殴，对他人的人身安全造成严重危险的，应当认定为刑法第二十条第三款规定的"其他严重危及人身安全的暴力犯罪"。

刑法第二十条第三款规定的"其他严重危及人身安全的暴力犯罪"的认定，除了在方法上，以本款列举的四种罪行为参照，通过比较暴力程度、危险程度和刑法给予惩罚的力度作出判断以外，还应当注意把握以下几点：一是不法行为侵害的对象是人身安全，即危害人的生命权、健康权、自由权和性权利。人身安全之外的财产权利、民主权利等其他合法权利不在其内，这也是特殊防卫区别于一般防卫的一个重要特征。二是不法侵害行为具有暴力性，且应达到犯罪的程度。对本款列举的杀人、抢劫、强奸、绑架作广义的理解，即不仅指这四种具体

犯罪行为，也包括以此种暴力行为作为手段，而触犯其他罪名的犯罪行为，如以抢劫为手段的抢劫枪支、弹药、爆炸物的行为，以绑架为手段的拐卖妇女、儿童的行为，以及针对人的生命、健康而采取的放火、爆炸、决水等行为。三是不法侵害行为应当达到一定的严重程度，即有可能造成他人重伤或死亡的后果。需要强调的是，不法侵害行为是否已经造成实际伤害后果，不必然影响特殊防卫的成立。此外，针对不法侵害行为对他人人身安全造成的严重危险，可以实施特殊防卫。

在共同不法侵害案件中，"行凶"与"其他严重危及人身安全的暴力犯罪"，在认定上可以有一定交叉，具体可结合全案行为特征和各侵害人的具体行为特征作综合判定。另外，对于寻衅滋事行为，不宜直接认定为"其他严重危及人身安全的暴力犯罪"，寻衅滋事行为暴力程度较高、严重危及他人人身安全的，可分别认定为刑法第二十条第三款规定中的行凶、杀人或抢劫。需要说明的是，侵害行为最终成立何种罪名，对防卫人正当防卫的认定没有影响。

【法院参考案例】

〔参考案例第127号：王长友过失致人死亡案〕假想防卫如何认定及处理？

1. 夜间误认来人为非法侵入住宅者而以防卫的故意暴力致对方死亡的，构成假想防卫。假想防卫不构成故意犯罪。

2. 假想防卫有四个基本特征：（1）行为人主观上存在着正当防卫意图，以为自己是对不法侵害人实施的正当防卫。（2）防卫对象的"不法侵害"实际上并不存在。但是，假想防卫中并不存在的所谓"不法侵害"或"不法侵害人"，是基于行为人主观想象或推测，但这种主观想象或推测，绝不是脱离实际情形的任意想象，而是需要一定的客观前提，也就是说，假想防卫人在实行假想防卫时，主观上误认为发生了某种实际并不存在的不法侵害，是要有一定合理的根据的。（3）防卫行为人的"防卫"行为客观上侵害了防卫对象的人身和其他权利。（4）行为人的防卫错误，产生了危害社会的结果。假想防卫虽然是故意行为，但这类故意一般不是刑法上的犯罪故意，假想防卫致人伤亡的，可按过失致人死亡罪或过失致人重伤罪处理。

〔**参考案例第133号：苏良才故意伤害案**〕〔**参考案例第433号：李明故意伤害案**〕如何区分正当防卫与互殴行为？

1. 区分正当防卫和互殴的关键在于有无防卫意图。互殴行为之所以不能构成正当防卫，正是因为斗殴双方缺乏防卫意图。在互相斗殴中，斗殴双方都具有殴击、伤害对方的故意，双方都以侵害对方为目的，并在此意图支配下积极实施侵害对方的行为，根本不存在正当防卫所要求的防卫意图，因此斗殴双方的任何一方均不得主张正当防卫的权利。

2. 实践中，判断某一行为属于互殴还是正当防卫，可以从行为人主观上的认识因素和意志因素两方面来进行。从认识因素来说，互殴行为一般多具有预谋性，行为人对互殴的时间、地点、相对人比较明确，有相对具体的计划，往往为之作出充分准备，并很可能携带互殴所需凶器等。而正当防卫行为一般多具有突发性，侵害事件突然发生，行为人对该侵害事件发生的时间、地点以及相对人事先往往并不明知，为了保护自己的合法权益，被迫采取措施进行抵御或者反击。从意志因素看，互殴行为具有主动性和不法侵害性，互殴行为人主观上都有侵害对方的故意，在此侵害对方的故意意图支配下，其行为往往表现出明显的主动性，斗殴双方一般会主动地采取促使其侵害意图达成的多种措施以使对方遭受侵害，并积极追求或放任对方伤害结果的发生。正当防卫行为则具有被动性和防卫性。在突遭他人不法侵害的情况下，防卫人往往没有选择余地，只能被动采取措施，加入事件中。其可能被动地防御，也可能主动地反击，但不管以何种方式，行为人的主观目的在于制止不法侵害，保护合法权益，行为往往表现出防卫性和一定节制性。

〔**参考案例第138号：张建国故意伤害案**〕互殴停止后又为制止他方突然袭击而防卫的行为是否属于正当防卫？

互殴停止后，一方突然袭击或继续实施侵害行为，另一方依法享有正当防卫的权利。被侵害人出于防卫目的而依法实施的制止不法侵害的行为，属于正当防卫。需要指出的是，由双方互殴转变为一方自动放弃斗殴或主动退出斗殴现场，应该具有彻底性，并表现出明显的阶段性，而不包括互殴双方打斗中的此消彼长、强弱转换的情形变化。

〔**参考案例第 224 号：胡咏平故意伤害案**〕〔**参考案例第 433 号：李明故意伤害案**〕当人身安全受到威胁后，为预防不法侵害而事先准备防卫工具的，是否影响正当防卫的成立？

公民受到不法人身威胁后，没有主动报案，而是事先准备防卫工具的，不影响其防卫行为的性质认定。但是，如果该行为不仅对不法侵害发生了效果，还造成其他无辜人员伤亡或者财产损失的，也不能成立正当防卫，应依具体情况对该危害行为追究相应的刑事责任。

〔**参考案例第 261 号：李小龙等故意伤害案**〕特殊防卫中"行凶"应如何理解？

"行凶"必须是一种已着手的暴力侵害行为，足以严重危及他人重大人身安全。一般情况下，"行凶"不只是拳脚相加之类的暴力侵害，只有持那种足以严重危及他人重大人身安全的凶器、器械伤人的行为，才可以认定为"行凶"，但对此也不能机械理解，如体壮者试图用手扼死体弱者，也可以视为"行凶"。

〔**参考案例第 297 号：赵泉华故意伤害案**〕对实施非法侵入住宅的行为人是否可以实行正当防卫？正当防卫仅致不法侵害人轻伤的是否负刑事责任？

1. 对实施非法侵入住宅的行为人可以实行正当防卫。

2. 行为人的防卫措施虽然明显超过必要限度但防卫结果客观上并未造成重大损害，或者防卫结果客观上虽造成严重损害，但防卫措施并不明显超过必要限度，均不能认定为防卫过当。如行为人采取防卫措施，造成一人轻伤一人轻微伤，不属于造成重大损害。

〔**参考案例第 353 号：范尚秀故意伤害案**〕对精神病人实施侵害行为的反击能否成立正当防卫？

无刑事责任能力的精神病人实施的侵害行为，也是危害社会的行为，仍属于不法侵害。对于不能辨认或者不能控制自己行为的精神病人实施的不法侵害行为，可以实施正当防卫，但应注意不能超过必要限度造成重大损害。

〔**参考案例第 569 号：韩霖故意伤害案**〕如何认定防卫过当？

认定防卫过当的标准在于防卫行为是否超过"必要限度"。从积极行使的方面说，防卫行为须是必要的，要综合分析不法侵害行为的危险程度、侵害者的主观心态以及侵害手段、强度、人员多少与强弱、现场所处客观环境与形势等。从消极限制的方面说，防卫行为必须是有限度的，因而所造成的危害是应有的、必需的，是制止不法侵害所需要的。防卫行为所保护的合法权益与防卫行为所造成的损害后果之间不能悬殊过大，不能为了保护微小权利而造成不法侵害人重伤或者死亡。当然，并非凡是超过必要限度的防卫行为都是过当，只有"明显"超过其必要性并造成重大损害的，才是防卫过当。为免受他人殴打，在逃离的过程中，捅刺追赶的不法侵害人，造成不法侵害人死亡的后果，构成防卫过当。

〔参考案例第1126号：李英俊故意伤害案〕在自家院内搜寻藏匿的不法侵害人时发生打斗，致人死亡的，是否构成正当防卫？

不法侵害人行凶被阻止后，藏匿在行为人院内，对行为人及其家人的安全仍有现实威胁，行为人在群众配合下持械搜寻不法侵害人的行为具有正当性、合理性，在遭遇持刀攻击时击打不法侵害人致死，符合刑法关于无过当防卫的规定，构成正当防卫。

第二十一条 【紧急避险】为了使国家、公共利益、本人或者他人的人身、财产和其他权利免受正在发生的危险，不得已采取的紧急避险行为，造成损害的，不负刑事责任。

紧急避险超过必要限度造成不应有的损害的，应当负刑事责任，但是应当减轻或者免除处罚。

第一款中关于避免本人危险的规定，不适用于职务上、业务上负有特定责任的人。

【立法·要点注释】

"职务上、业务上负有特定责任"是指担任的职务或者从事的业务要求其对一定的危险负有排除的职责，同一定危险作斗争是其职业义务。如负

有追捕持枪罪犯的公安人员，不能为了自己免受枪击而逃离现场；民航驾驶员不能因飞机发生故障有坠机危险，而不顾乘客的安危自己跳伞逃生，等等。为了避免个人遭受危险，不履行职业义务，而牺牲国家、公共利益或者他人利益的行为，是放弃职守的行为，造成危害后果，构成犯罪的，应当依法追究其刑事责任。

【法院参考案例】

〔参考案例第295号：王仁兴破坏交通设施案〕不履行因紧急避险行为引起的作为义务可以构成不作为犯罪？

刑法上的不作为，是指行为人应当履行某种特定的法律义务且有能力履行而不去履行。构成不作为犯，必须以行为人负有履行特定的法律义务为前提，即负有作为义务。实践中，行为人的作为义务主要来自三个方面：一是法律明文规定的义务；二是职务上或者业务上所要求必须承担的义务；三是行为人先行行为引起的义务。所谓先行行为引起的义务，是指由于行为人先前实施的行为，使某种合法权益处于危险状态时，该行为人负有采取有效措施积极防止危害结果发生的义务。行为人只要有能力履行而不履行该先行行为所引起的作为义务就可以构成不作为犯罪，先行行为是合法行为也不能免除行为人的作为义务。不履行因紧急避险行为引起的作为义务，可以构成不作为犯罪。

第二节　犯罪的预备、未遂和中止

第二十二条 【犯罪预备】为了犯罪，准备工具、制造条件的，是犯罪预备。

对于预备犯，可以比照既遂犯从轻、减轻处罚或者免除处罚。

【立法·要点注释】

"准备工具"是指准备为实施犯罪所必需的作案工具和其他物品。"准备"包括收集、购买、制造，以及非法获取等活动。"制造条件"是指除准备犯罪工具和其他物品以外的其他为顺利进行犯罪活动，达到犯罪目的而创造条件的行为。从准备工具对实施犯罪所起的作用来看，准备犯罪工具也是为实施犯罪制造条件。准备工具、制造条件，都是着手实施犯罪之前。

【法院参考案例】

〔参考案例第139号：黄斌等抢劫案〕犯罪预备应如何认定及处理？

除刑法条文规定的内容外，预备犯具有两个基本特征：一是尚未着手实行犯罪。二是未着手实行犯罪是由于行为人意志以外的原因。仅仅为实施犯罪准备根据，制造条件的，构成犯罪预备，对于预备犯，应当结合社会危害程度决定从轻、减轻或者免除处罚，情节显著轻微危害不大的，可不作为犯罪处理。

〔参考案例第467号：张正权等抢劫案〕如果同一行为同时构成两个罪名的预备行为，如何正确处理？

行为人预谋实施抢劫犯罪过程中，商量如遇有漂亮女性，则实施强奸。基于禁止重复评价原则，如果同一行为既为抢劫犯罪的预备行为，又为强奸犯罪的预备行为时，不能被抢劫、强奸的犯罪构成所同时评价，也就是说不能同时成立抢劫罪（犯罪预备）和强奸罪（犯罪预备）。

〔参考案例第643号：夏洪生抢劫、破坏电力设备案〕骗乘出租车欲到目的地抢劫，因唯恐被发觉而在中途放弃的，应如何认定？

骗乘出租车欲到目的地抢劫，因唯恐被发觉而在中途放弃的，应当认定为抢劫预备阶段的犯罪中止。

第二十三条 【犯罪未遂】已经着手实行犯罪，由于犯罪分子意志以外的原因而未得逞的，是犯罪未遂。

对于未遂犯，可以比照既遂犯从轻或者减轻处罚。

【司法指导文件】

《最高人民法院关于常见犯罪的量刑指导意见》（法发〔2017〕7号，20170401）

三、常见量刑情节的适用

2. 对于未遂犯，综合考虑犯罪行为的实行程度、造成损害的大小、犯罪未得逞的原因等情况，可以比照既遂犯减少基准刑的50%以下。

【指导性案例·法院】

〔王新明合同诈骗案，FZD2016-62〕

在数额犯中，犯罪既遂部分与未

遂部分分别对应不同法定刑幅度的，应当先决定对未遂部分是否减轻处罚，确定未遂部分对应的法定刑幅度，再与既遂部分对应的法定刑幅度进行比较，选择适用处罚较重的法定刑幅度，并酌情从重处罚；二者在同一量刑幅度的，以犯罪既遂酌情从重处罚。

【法院参考案例】

〔参考案例第 37 号：胡斌、张筠筠等故意杀人、运输毒品案〕误认尸块为毒品予以运输的行为如何定罪处刑？

对象不能犯中的相对不能犯，应当治罪处罚，但属于犯罪未遂，对其中行为的社会危害性小于欲犯之罪的，一般应当从轻或者减轻处罚，对其中行为的社会危害性大于欲犯之罪的，不应当从轻、减轻处罚。在决定不能犯未遂是否从轻处罚时，应当区分不同情况处理：

第一，对于行为的客观危害性相对较小的，如误把头痛粉当"白粉"（即海洛因）予以出售，因头痛粉对人体健康的危害不大，一般应依法予以从轻或者减轻处罚；

第二，对于行为的客观危害性虽比欲犯之罪较小，但也具有较为严重社会危害性的，如被告人转移、藏匿尸体的行为，客观上必然严重妨害刑事侦查活动，同样具有严重的社会危害性，可以适当予以从轻处罚；

第三，对于行为的客观危害性大于欲犯之罪的，如误把海洛因当作麝香进行走私，因走私毒品罪重于欲犯的走私珍贵动物制品罪，即欲犯较轻之罪而

实犯较重之罪，虽然应依法认定犯罪未遂，但一般不能予以从轻处罚。

〔参考案例第 132 号：曹成金故意杀人案〕间接故意犯罪是否存在未遂形态？

间接故意犯罪不存在未遂形态，行为人如果出于间接故意而实施危害行为，没有造成法定后果的，不构成相应犯罪的未遂。

第二十四条 【犯罪中止】 在犯罪过程中，自动放弃犯罪或者自动有效地防止犯罪结果发生的，是犯罪中止。

对于中止犯，没有造成损害的，应当免除处罚；造成损害的，应当减轻处罚。

【法院参考案例】

〔参考案例第 128 号：张烨等强奸、强制猥亵妇女案〕如何认定共同犯罪的中止？

强奸的帮助犯在实行犯实施强奸行为后，放弃对被害人实施奸淫的，不构成犯罪中止。

〔参考案例第 199 号：黄土保等故意伤害案〕如何认定教唆犯的犯罪中止？

教唆犯要构成犯罪中止，在教唆的预备阶段，只要放弃教唆意图即可，而在其将犯意灌输给他人后，则需要对被教唆人采取积极的补救措施，从而有效防止犯罪或犯罪结果的发生。教唆犯实施完教唆行为后，在其他被教唆人已经着手实施犯罪以后，虽其个人意图中止犯罪，但未能积极参与

有效阻止犯罪结果发生，不能认为该教唆犯成立犯罪中止。

〔**参考案例第 601 号：朱高伟强奸、故意杀人案**〕中止犯罪中的"损害"认定？

中止犯造成的"损害"，是建立在犯罪成立评价前提下的，不能等同于一般意义上的损伤。犯罪行为的危害结果如果尚未达到刑法惩处的严重程度，不能认定其犯罪中止造成了损害，对该犯罪行为应当免除处罚。

〔**参考案例第 611 号：李官容抢劫、故意杀人案**〕对既具有自动性又具有被迫性的放弃重复侵害行为，能否认定犯罪中止？

"放弃重复实施的侵害行为"的特征主要有主客观两方面的条件：一是客观上，已经实施的侵害行为未能发生预期的危害结果，而且，同时存在着继续实施犯罪行为的可能性；二是主观上，认识到可以重复继续实施自己的犯罪行为而放弃重复实施，并且行为人预期的法定结果始终没有发生。一般而言，自动放弃重复侵害行为可以认定为犯罪中止。因为行为人在客观上具备可以继续实施犯罪的条件，主观上对继续实施犯罪的可能性亦有清醒的认识，放弃本来可以继续实施的犯罪行为，表现出放弃犯罪的自觉性。

如果停止犯罪完全是出于被告人的本意，放弃本来可以继续实施的犯罪行为，自然应当认定为犯罪中止。但是，如果不是完全自动地放弃重复侵害行为，而是既有自动性，也有被迫性，就应当实事求是，客观分析判断究竟是自动性为主，还是被迫性为主，如果有足够依据判定行为人停止犯罪是以被迫性为主，则可以认定犯罪停止形态为未遂。

〔**参考案例第 750 号：韩江维等抢劫、强奸案**〕指认被害人住址并多次参与蹲守，但此后未参与实施抢劫的，是否属于犯罪中止？

指认被害人住址并多次参与蹲守，此后也未参与实施抢劫，但没有消除已提供的帮助与犯罪结果之间因果关系的，属于犯罪既遂。

第三节　共同犯罪

第二十五条　【共同犯罪的概念】共同犯罪是指二人以上共同故意犯罪。

二人以上共同过失犯罪，不以共同犯罪论处；应当负刑事责任的，按照他们所犯的罪分别处罚。

【法院公报案例】

〔天津市人民检察院第一分院诉李彬、袁南京、胡海珍等绑架案，GB2008 -8〕

根据刑法第二十五条的规定，共同犯罪是指二人以上共同故意犯罪，各共同犯罪人必须具有共同犯罪的故意。所谓共同犯罪的故意，是指各共同犯罪人通过意思联络，知道自己是和他人配合共同实施犯罪，认识到共同犯罪行为的性质以及该行为所导致的危害社会的结果，并且希望或者放任这种结果的发生。如果行为人并不了解他人真正的犯罪意图，不清楚他人所实施的犯罪行为的性质，而是被他人蒙骗或者出于自己的错误认识，在错误理解犯罪性质的情况下参与他人实施的犯罪，则不能认定该行为人与他人实施了共同犯罪，而应当依据该行为人的犯罪实际情况，按照主客观一致的原则正确定罪处罚。

【法院参考案例】

〔参考案例第 189 号：郭玉林等抢劫案〕在共同抢劫中，部分行为人引起的致人重伤、死亡后果，其余未在现场的行为人应否对此后果承担责任？

行为人虽未实施持刀杀害行为，但因抢劫罪所侵犯的系双重客体，对于其他共同犯罪人所致被害人死亡后果，并未超出其主观认识范围，故同样应承担致人死亡后果的刑事责任。

〔参考案例第 491 号：侯吉辉、匡家荣、何德权抢劫案〕在明知他人抢劫的情况下，于暴力行为结束后参与共同搜取被害人财物的行为如何定罪量刑？

事先无通谋，但行为人明知他人抢劫的情况下，于同伙暴力行为致被害人死亡后参与共同搜取被害人财物的，应以抢劫罪共犯论处，并应适用刑法第二百六十三条一般抢劫罪的规定量刑。

〔参考案例第 633 号：焦祥根、焦祥林故意杀人案〕以欺骗手段诱使他人产生犯意，并创造犯罪条件的，是否构成共同犯罪？

各行为人的犯罪动机是否一致，不影响共同犯罪的成立。在发生了危害结果的情况下，各行为人的行为作为一个整体与危害结果之间具有因果关系，故可以肯定各人的行为与危害

结果之间具有因果关系，各人均应对危害结果承担责任。

〔参考案例第 644 号：叶燕兵非法持有枪支案〕邀约非法持枪者携枪帮忙能否构成非法持有枪支罪的共犯？

为帮其他人解决纠纷而邀约持枪者携枪帮忙，主观上有非法控制、使用枪支的意图，客观上又通过持枪者实现了对枪支非法持有的状态，二人属于共同犯罪。

〔参考案例第 658 号：刘正波、刘海平强奸案〕欠缺犯意联络和协同行为的同时犯罪能否认定为共同犯罪？

共同犯罪行为人必须对共同犯罪具有故意，但如果各行为人之间欠缺相互协同实施特定犯罪行为的意思沟通，则不构成共同犯罪，只不过是同时犯，作为单独犯只对所实施的犯罪行为承担责任。

〔参考案例第 937 号：徐国桢等私分国有资产罪案〕在仅能由单位构成犯罪的情形下，能否认定非适格主体与单位构成共犯？

非适格主体可以成为由适格主体实施犯罪的共犯。对于共犯中非适格主体的量刑，一般按照普通主体适用刑罚或者以从犯身份适用刑罚。具体而言，在仅由适格主体实施的犯罪案件中，如果刑法规定对适格主体适用从重的刑罚，对不适格主体的共犯人，只能适用通常之刑罚。

第二十六条　【主犯、犯罪集团及其处罚原则】组织、领导犯罪集团进行犯罪活动的或者在共同犯罪中起主要作用的，是主犯。

三人以上为共同实施犯罪而组成的较为固定的犯罪组织，是犯罪集团。

对组织、领导犯罪集团的首要分子，按照集团所犯的全部罪行处罚。

对于第三款规定以外的主犯，应当按照其所参与的或者组织、指挥的全部犯罪处罚。

【司法指导文件 I 】

《最高人民法院关于贯彻宽严相济刑事政策的若干意见》（法发〔2010〕9 号，20100208）

30. 对于恐怖组织犯罪、邪教组织犯罪、黑社会性质组织犯罪和进行走私、诈骗、贩毒等犯罪活动的犯罪集团，在处理时要分别情况，区别对待：对犯罪组织或集团中的为首组织、指挥、策划者和骨干分子，要依法从严惩处，该判处重刑或死刑的要坚决判处重刑或死刑；对受欺骗、胁迫参加犯罪组织、犯罪集团或只是一般参加者，在犯罪中起次要、辅助作用的从犯，依法应当从轻或减轻处罚，符合缓刑条件的，可以适用缓刑。

对于群体性事件中发生的杀人、放火、抢劫、伤害等犯罪案件，要注意重点打击其中的组织、指挥、策划者和直接实施犯罪行为的积极参与者；对因被煽动、欺骗、裹胁而参加，情节较轻，经教育确有悔改表现的，应当依法从宽处理。

31. 对于一般共同犯罪案件，应当充分考虑各被告人在共同犯罪中的地位和作用，以及在主观恶性和人身

危险性方面的不同，根据事实和证据能分清主从犯的，都应当认定主从犯。有多名主犯的，应在主犯中进一步区分出罪行最为严重者。对于多名被告人共同致死一名被害人的案件，要进一步分清各被告人的作用，准确确定各被告人的罪责，以做到区别对待；不能以分不清主次为由，简单地一律判处重刑。

【司法指导文件 II 】

《最高人民法院、最高人民检察院、公安部、司法部关于办理黑恶势力犯罪案件若干问题的指导意见》（法发〔2018〕1 号，20180116）

三、依法惩处恶势力犯罪

14. 具有下列情形的组织，应当认定为"恶势力"：经常纠集在一起，以暴力、威胁或者其他手段，在一定区域或者行业内多次实施违法犯罪活动，为非作恶，欺压百姓，扰乱经济、社会生活秩序，造成较为恶劣的社会影响，但尚未形成黑社会性质组织的违法犯罪组织。恶势力一般为三人以上，纠集者相对固定，违法犯罪活动主要为强迫交易、故意伤害、非法拘禁、敲诈勒索、故意毁坏财物、聚众斗殴、寻衅滋事等，同时还可能伴随实施开设赌场、组织卖淫、强迫卖淫、贩卖毒品、运输毒品、制造毒品、抢劫、抢夺、聚众扰乱社会秩序、聚众扰乱公共场所秩序、交通秩序以及聚众"打砸抢"等。

在相关法律文书中的犯罪事实认定部分，可使用"恶势力"等表述加以描述。

15. 恶势力犯罪集团是符合犯罪集团法定条件的恶势力犯罪组织，其特征表现为：有三名以上的组织成员，有明显的首要分子，重要成员较为固定，组织成员经常纠集在一起，共同故意实施三次以上恶势力惯常实施的犯罪活动或者其他犯罪活动。

16. 公安机关、人民检察院、人民法院在办理恶势力犯罪案件时，应当依照上述规定，区别于普通刑事案件，充分运用《刑法》总则关于共同犯罪和犯罪集团的规定，依法从严惩处。

【指导性案例·检察】

〔张某、沈某某等七人抢劫案，JZD2014-19〕

1. 办理未成年人与成年人共同犯罪案件，一般应当将未成年人与成年人分案起诉，但对于未成年人系犯罪集团的组织者或者其他共同犯罪中的主犯，或者具有其他不宜分案起诉情形的，可以不分案起诉。

2. 办理未成年人与成年人共同犯罪案件，应当根据未成年人在共同犯罪中的地位、作用，综合考量未成年人实施犯罪行为的动机和目的、犯罪时的年龄、是否属于初犯、偶犯、犯罪后的悔罪表现、个人成长经历和一贯表现等因素，依法从轻或者减轻处罚。

3. 未成年人犯罪不构成累犯。

【法院参考案例】

〔参考案例第 413 号：练永伟等贩卖毒品案〕如何区分犯罪集团和普通共同犯罪？

犯罪集团的成立必须具备以下条件：（1）参加人数必须是三人以上。（2）具有较为明确的犯罪目的性，即犯罪集团是其成员以反复多次实施一种或几种犯罪为目的而组织起来的。（3）具有相当的稳固性，即犯罪集团的成员是为了在较长时期内多次进行犯罪活动而组织起来的，而不是临时或者偶尔纠合在一起的，有明显的首要分子，主要成员固定，一般在实施一次犯罪后，犯罪人之间的相互联系和组织形式仍然存在。（4）具有较强的组织性，即犯罪集团具有较严密的组织，表现在组织制度上，往往通过一定的成文或不成文的律规维系在一起，有较严格的组织纪律，明确的组织宗旨；在组织结构上，成员较为固定，并且内部之间有较明确、固定的组织分工和等级划分，存在领导与被领导的明显层级关系，可分为首要分子、骨干分子、一般成员分子等。当然，不同的犯罪集团在组织严密程度上各有不同，有的组织性很强，甚至有成文"纪律""帮规"来维系和约束集团成员的活动，而有的组织性则相对弱一些。但总体来说犯罪集团内部都具有较强的组织性和一定的稳定性，这是犯罪集团成立的必要条件，也是区别一般共同犯罪的主要特征。

〔参考案例第 634 号：龙世成、吴正跃故意杀人、抢劫案〕共同抢劫杀人致一人死亡案件，如何准确区分主犯之间的罪责？

如果各被告人均系主犯，且罪责相当，应从多种角度进一步区分主犯之间的罪责大小，进而准确适用刑罚。

第一，可以从各被告人在犯罪中的具体行为来分析其地位、作用。在犯罪预备阶段，通常包括提起犯意、选择犯罪对象、准备犯罪工具等环节。区分各被告人在这一阶段的具体作用，原则上以提起犯意者为主。通常，预谋过程中提起犯意的被告人往往会积极实施犯罪，且常常对共同犯罪行为有一定的控制力，故作用相对突出。对于起意后积极准备工具，直接参与实施抢劫和杀人行为的，即使其在实行阶段的作用与其他被告人相同甚至略小，可以认定其整体罪责较大。但是，如果二人均有犯意，仅是其中一人先说出，另一人"一拍即合"，并积极参与预谋，起意者在实行阶段作用不突出的，则不宜认定起意者罪责最大。实践中，证实有关犯罪预备事实，尤其是犯意提起这一事实的证据往往只有各被告供述，如果被告人供述一致，自然容易认定。但常有各被告人供述不一致、相互推诿的情形，这就要结合各被告人自身情况、与被害人的关系等因素，综合分析认定。在实行阶段，关键看谁的行为对造成被害人死亡的结果所起作用相对较大。大体上，实施抢劫和伤人行为越主动的，罪责越大，而使用暴力手段有所节制者，罪责相对较小。例如，各被告人均积极动手杀人，但有的连续捅刺多刀，有的仅捅刺一两刀，则捅刺刀数多的罪责较大；再如，一人击打或者捅刺的是被害人的胸腹部等要害部位，另一人捅刺的是腿部、臀部等次要部位，则捅刺要害部位的罪责较大；又如，两被告人一前一后用同样凶器伤及被害人的同样部位，伤害程度也基本相当，则先实施伤害行为的罪责相对大。在犯罪后续阶段，通常有毁灭罪证、分赃等环节。分析各被告人在这一阶段的具体行为，对于区分他们在共同犯罪中的作用具有补充作用，特别是在无法准确区分各被告人在前两个阶段的作用时，区分各被告人在此阶段的作用大小，有利于准确适用死刑。在一般情况下，可通过下列环节比较所起作用的大小：抛尸、分尸或实施其他毁灭罪证行为的被告人比没有参与这些行为的被告人作用大；主持分赃的被告人比其他被告人作用大；分赃多的被告人比分赃少的被告人作用大；负责分赃的被告人比其他被告人作用大。

第二，区分各被告人在主观恶性、人身危险性等方面的差异，是确定各被告人罪责的重要依据。如果通过比较犯罪的具体作用无法准确区分被告人罪责大小的，还应当考察各被告人自身情况、犯罪前后表现等因素，来确定各被告人的罪责。例如，一般情况下，成年人和未成年人共同犯罪的，成年人罪责较大；父子或者兄弟共同犯罪的，父亲或者兄长的罪责较大；有累犯、再犯情节或者违法记录的被告人，比素行良好的初犯的罪责更大。从犯罪后表现看，作案后自首、立功、认罪悔罪、积极赔偿、取得被害人谅解的比不具备这些情节的被告人的罪责要小。当然，对被告人最终罪责的认定，均是综合分析判断的结果。对于犯罪情节十分恶劣、犯罪后果极其严重的案件，如果被告人在预谋、实施、分赃方面作用明显较大，即使该犯罪后有自首或者立功表现，但该情节不足以从轻处罚的，也可以依法判处死刑。

〔参考案例第 790 号：张甲、张乙强奸案〕共谋轮奸，一人得逞，如何区分该类犯罪案件中的主、从犯地位？

对从犯的认定，应当根据犯意的形成、犯罪的共谋、是否参与了全部犯罪活动、是否实施了实行行为、实行行为在整个犯罪构成要件中的关键程度和所起的作用、危害后果的发生与其实行行为的关联程度、分赃情况等因素综合审查。强奸行为未得逞的行为人是否认定为共同犯罪的从犯，应当根据其在犯罪中的地位、作用等多方面因素综合认定。

第二十七条　【从犯及其处罚原则】 在共同犯罪中起次要或者辅助作用的，是从犯。

对于从犯，应当从轻、减轻处罚或者免除处罚。

【司法指导文件】

《最高人民法院关于常见犯罪的量刑指导意见》（法发〔2017〕7 号，20170401）

三、常见量刑情节的适用

3. 对于从犯，应当综合考虑其在共同犯罪中的地位、作用等情况，予以从宽处罚，减少基准刑的 20%—50%；犯罪较轻的，减少基准刑的 50% 以上或者依法免除处罚。

第二十八条　【胁从犯的处罚原则】 对于被胁迫参加犯罪的，应当按照他的犯罪情节减轻处罚或者免除处罚。

第二十九条　【教唆犯及其处罚原则】 教唆他人犯罪的，应当按照他在共同犯罪中所起的作用处罚。教唆不满十八周岁的人犯罪的，应当从重处罚。

如果被教唆的人没有犯被教唆的罪，对于教唆犯，可以从轻或者减轻处罚。

【法院参考案例】

〔参考案例第 200 号：吴学友故意伤害案〕被雇佣人实施的行为未达到犯罪的程度，对雇佣人如何定罪处罚？

对雇佣犯罪中的雇佣者而言，只要其具备了雇佣犯罪的意图，而且实施了雇佣犯罪的行为，不论被雇佣人有无按其雇佣要求实行雇佣犯罪行为，或实行到何种程度，一般都应按其所雇佣的犯罪罪名，追究其雇佣犯罪未遂的刑事责任。除非其雇佣犯罪情节显著轻微，可不认为是犯罪，或不需要判处刑罚。

〔参考案例第 409 号：王兴佰、韩涛、王永央故意伤害案〕共同故意伤害犯罪中如何判定实行过限行为？

在教唆犯罪的情形下，判定实行行为过限的基本原则是看被教唆人的行为是否超出了教唆范围。司法实践中，对于教唆故意范围的认定，主要看教唆者的教唆内容是否明确，即教唆犯对被教唆人的实行行为有无明确要求：或正面明确要求用什么犯罪手段达到什么犯罪后果，如明确要求用棍棒打断被害人的一条腿；或从反面明确禁止实行犯采用什么手段，不得达到什么犯罪结果等，如在伤害中不得使用刀具、不得击打被害人头部，不得将被害人打死等。如果教唆内容明确，则以教唆内容为标准判断实行者行为是否过限。如果教唆内容不明确，则属于一种盖然的内容，一般情况下不应认定实行行为过限，除非实行行为显而易见地超出教唆内容。

第四节　单位犯罪

第三十条　【单位犯罪的刑事责任】公司、企业、事业单位、机关、团体实施的危害社会的行为，法律规定为单位犯罪的，应当负刑事责任。

【立法解释】

《全国人民代表大会常务委员会关于〈中华人民共和国刑法〉第三十条的解释》（20140424）

公司、企业、事业单位、机关、团体等单位实施刑法规定的危害社会的行为，刑法分则和其他法律未规定追究单位的刑事责任的，对组织、策划、实施该危害社会行为的人依法追究刑事责任。

【司法解释Ⅰ】

《最高人民法院关于审理单位犯罪案件具体应用法律有关问题的解释》（法释〔1999〕14 号，19990703）

第一条　刑法第三十条规定的公司、企业、事业单位，既包括国有、集体所有的公司、企业、事业单位，也包括依法设立的合资经营、合作经营企业和具有法人资格的独资、私营

等公司、企业、事业单位。

第二条　个人为进行违法犯罪活动而设立的公司、企业、事业单位实施犯罪的，或者公司、企业、事业单位设立后，以实施犯罪为主要活动的，不以单位犯罪论处。

第三条　盗用单位名义实施犯罪，违法所得由实施犯罪的个人私分的，依照刑法有关自然人犯罪的规定定罪处罚。

【司法解释Ⅱ】

《最高人民法院关于审理单位犯罪案件对其直接负责的主管人员和其他直接责任人员是否区分主犯、从犯问题的批复》（法释〔2000〕31 号，20001010）

在审理单位故意犯罪案件时，对其直接负责的主管人员和其他直接责任人员，可不区分主犯、从犯，按照其在单位犯罪中所起的作用判处刑罚。

【司法解释Ⅲ】

《最高人民法院关于在审理经济纠纷案件中涉及经济犯罪嫌疑若干问题的规定》（法释〔1998〕7 号，19980429）

第二条　单位直接负责的主管人员和其他直接责任人员，以为单位骗取财物为目的，采取欺骗手段对外签订经济合同，骗取的财物被该单位占有、使用或处分构成犯罪的，除依法追究有关人员的刑事责任，责令该单位返还骗取的财物外，如给被害人造成经济损失的，单位应当承担赔偿责任。

第三条　单位直接负责的主管人员和其他直接责任人员，以该单位的名义对外签订经济合同，将取得的财

物部分或全部占为己有构成犯罪的，除依法追究行为人的刑事责任外，该单位对行为人因签订、履行该经济合同造成的后果，依法应当承担民事责任。

第四条 个人借用单位的业务介绍信、合同专用章或者盖有公章的空白合同书，以出借单位名义签订经济合同，骗取财物归个人占有、使用、处分或者进行其他犯罪活动，给对方造成经济损失构成犯罪的，除依法追究借用人的刑事责任外，出借业务介绍信、合同专用章或者盖有公章的空白合同书的单位，依法应当承担赔偿责任。但是，有证据证明被害人明知签订合同对方当事人是借用行为，仍与之签订合同的除外。

第五条 行为人盗窃、盗用单位的公章、业务介绍信、盖有公章的空白合同书，或者私刻单位的公章签订经济合同，骗取财物归个人占有、使用、处分或者进行其他犯罪活动构成犯罪，单位对行为人该犯罪行为所造成的经济损失不承担民事责任。

行为人私刻单位公章或者擅自使用单位公章、业务介绍信、盖有公章的空白合同书以签订经济合同的方法进行的犯罪行为，单位有明显过错，且该过错行为与被害人的经济损失之间具有因果关系的，单位对该犯罪行为所造成的经济损失，依法应当承担赔偿责任。

第六条 企业承包、租赁经营合同期满后，企业按规定办理了企业法定代表人的变更登记，而企业法人未采取有效措施收回其公章、业务介绍信、盖有公章的空白合同书，或者没有及时采取措施通知相对人，致原企业承包人、租赁人得以用原承包、租赁企业的名义签订经济合同，骗取财物占为己有构成犯罪的，该企业对被害人的经济损失，依法应当承担赔偿责任。但是，原承包人、承租人利用擅自保留的公章、业务介绍信、盖有公章的空白合同书以原承包、租赁企业的名义签订经济合同，骗取财物占为己有构成犯罪的，企业一般不承担民事责任。

单位聘用的人员被解聘后，或者受单位委托保管公章的人员被解除委托后，单位未及时收回其公章，行为人擅自利用保留的原单位公章签订经济合同，骗取财物占为己有构成犯罪，如给被害人造成经济损失的，单位应当承担赔偿责任。

第七条 单位直接负责的主管人员和其他直接责任人员，将单位进行走私或其他犯罪活动所得财物以签订经济合同的方法予以销售，买方明知或者应当知道的，如因此造成经济损失，其损失由买方自负。但是，如果买方不知该经济合同的标的物是犯罪行为所得财物而购买的，卖方对买方所造成的经济损失应当承担民事责任。

【司法解释Ⅳ】

《最高人民检察院关于涉嫌犯罪单位被撤销、注销、吊销营业执照或者宣告破产的应如何进行追诉问题的批复》（高检发释字〔2002〕4号，20020715）

涉嫌犯罪的单位被撤销、注销、吊销营业执照或者宣告破产的，应当根据刑法关于单位犯罪的相关规定，对实施犯罪行为的该单位直接负责的主管人员和其他直接责任人员追究刑事责任，对该单位不再追诉。

【司法指导文件Ⅰ】

《全国法院审理金融犯罪案件工作座谈会纪要》（法〔2001〕8号，20010121）

（一）关于单位犯罪问题

根据刑法和《最高人民法院关于审理单位犯罪案件具体应用法律有关问题的解释》的规定，以单位名义实施犯罪，违法所得归单位所有的，是单位犯罪。

1. 单位的分支机构或者内设机构、部门实施犯罪行为的处理。以单位的分支机构或者内设机构、部门的名义实施犯罪，违法所得亦归分支机构或者内设机构、部门所有的，应认定为单位犯罪。不能因为单位的分支机构或者内设机构、部门没有可供执行罚金的财产，就不将其认定为单位犯罪，而按照个人犯罪处理。

2. 单位犯罪直接负责的主管人员和其他直接责任人员的认定。直接负责的主管人员，是在单位实施的犯罪中起决定、批准、授意、纵容、指挥等作用的人员，一般是单位的主管负责人，包括法定代表人。其他直接责任人员，是在单位犯罪中具体实施犯罪并起较大作用的人员，既可以是单位的经营管理人员，也可以是单位的职工，包括聘任、雇佣的人员。应当注意的是，在单位犯罪中，对于受单位领导指派或奉命而参与实施了一定犯罪行为的人员，一般不宜作为直接责任人员追究刑事责任。对单位犯罪中的直接负责的主管人员和其他直接责任人员，应根据其在单位犯罪中的地位、作用和犯罪情节，分别处以相应的刑罚，主管人员与直接责任人员，在个案中，不是当然的主、从犯关系，有的案件，主管人员与直接责任人员在实施犯罪行为的主从关系不明显的，可不分主、从犯。但具体案件可以分清主、从犯，且不分清主、从犯，在同一法定刑档次、幅度内量刑无法做到罪刑相适应的，应当分清主、从犯，依法处罚。

3. 对未作为单位犯罪起诉的单位犯罪案件的处理。对于应当认定为单位犯罪的案件，检察机关只作为自然人犯罪案件起诉的，人民法院应及时与检察机关协商，建议检察机关对犯罪单位补充起诉。如检察机关不补充起诉的，人民法院仍应依法审理，对被起诉的自然人根据指控的犯罪事实、证据及庭审查明的事实，依法按单位犯罪中的直接负责的主管人员或者其他直接责任人员追究刑事责任，并应引用刑罚分则关于单位犯罪追究直接负责的主管人员和其他直接责任人员刑事责任的有关条款。

4. 单位共同犯罪的处理。两个以上单位以共同故意实施的犯罪，应根据各单位在共同犯罪中的地位、作用大小，确定犯罪单位的主、从犯。

【司法指导文件Ⅱ】

《最高人民法院、最高人民检察院、海关总署关于办理走私刑事案件适用法律若干问题的意见》（法〔2002〕139

号，20020708)

十七、关于单位走私犯罪案件诉讼代表人的确定及其相关问题

单位走私犯罪案件的诉讼代表人，应当是单位的法定代表人或者主要负责人。单位的法定代表人或者主要负责人被依法追究刑事责任或者因其他原因无法参与刑事诉讼的，人民检察院应当另行确定被告单位的其他负责人作为诉讼代表人参加诉讼。

接到出庭通知的被告单位的诉讼代表人应当出庭应诉。拒不出庭的，人民法院在必要的时候，可以拘传到庭。

对直接负责的主管人员和其他直接责任人员均无法归案的单位走私犯罪案件，只要单位走私犯罪的事实清楚、证据确实充分，且能够确定诉讼代表人代表单位参与刑事诉讼活动的，可以先行追究该单位的刑事责任。

被告单位没有合适人选作为诉讼代表人出庭的，因不具备追究该单位刑事责任的诉讼条件，可按照单位犯罪的条款先行追究单位犯罪中直接负责的主管人员或者其他直接责任人员的刑事责任。人民法院在对单位犯罪中直接负责的主管人员或者直接责任人员进行判决时，对于扣押、冻结的走私货物、物品、违法所得以及属于犯罪单位所有的走私犯罪工具，应当一并判决予以追缴、没收。

十八、关于单位走私犯罪及其直接负责的主管人员和直接责任人员的认定问题

具备下列特征的，可以认定为单位走私犯罪：（1）以单位的名义实施走私犯罪，即由单位集体研究决定，或者由单位的负责人或者被授权的其他人员决定、同意；（2）为单位谋取不正当利益或者违法所得大部分归单位所有。

依照《最高人民法院关于审理单位犯罪案件具体应用法律有关问题的解释》第二条的规定，个人为进行违法犯罪活动而设立的公司、企业、事业单位实施犯罪的，或者个人设立公司、企业、事业单位后，以实施犯罪为主要活动的，不以单位犯罪论处。单位是否以实施犯罪为主要活动，应根据单位实施走私行为的次数、频度、持续时间、单位进行合法经营的状况等因素综合考虑认定。

根据单位人员在单位走私犯罪活动中所发挥的不同作用，对其直接负责的主管人员和其他直接责任人员，可以确定为一人或者数人。对于受单位领导指派而积极参与实施走私犯罪行为的人员，如果其行为在走私犯罪的主要环节起重要作用的，可以认定为单位犯罪的直接责任人员。

十九、关于单位走私犯罪后发生分立、合并或者其他资产重组情形以及单位被依法注销、宣告破产等情况下，如何追究刑事责任的问题

单位走私犯罪后，单位发生分立、合并或者其他资产重组等情况的，只要承受该单位权利义务的单位存在，应当追究单位走私犯罪的刑事责任。走私单位发生分立、合并或者其他资产重组后，原单位名称发生更改的，仍以原单位（名称）作为被告单位。承受原单位权利义务的单位法定代表

人或者负责人为诉讼代理人。

单位走私犯罪后，发生分立、合并或者其他资产重组情形，以及被依法注销、宣告破产等情况的，无论承受该单位权利义务的单位是否存在，均应追究原单位直接负责的主管人员和其他直接责任人员的刑事责任。

人民法院对原走私单位判处罚金的，应当将承受原单位权利义务的单位作为被执行人。罚金超出新单位所承受的财产的，可在执行中予以减除。

二十、关于单位与个人共同走私普通货物、物品案件的处理问题

单位和个人（不包括单位直接负责的主管人员和其他直接责任人员）共同走私的，单位和个人均应对共同走私所偷逃应缴税额负责。

对单位和个人共同走私偷逃应缴税额为 5 万元以上不满 25 万元的，应当根据其在案件中所起的作用，区分不同情况做出处理。单位起主要作用的，对单位和个人均不追究刑事责任，由海关予以行政处理；个人起主要作用的，对个人依照刑法有关规定追究刑事责任，对单位由海关予以行政处理。无法认定单位或个人起主要作用的，对个人和单位分别按个人犯罪和单位犯罪的标准处理。

单位和个人共同走私偷逃应缴税额超过 25 万元且能区分主、从犯的，应当按照刑法关于主、从犯的有关规定，对从犯从轻、减轻处罚或者免除处罚。

【司法指导文件 Ⅲ】

《最高人民法院研究室关于外国公司、企业、事业单位在我国领域内犯罪如何适用法律问题的答复》（法研〔2003〕153 号，20031015）

符合我国法人资格条件的外国公司、企业、事业单位，在我国领域内实施危害社会的行为，依照我国《刑法》构成犯罪的，应当依照我国《刑法》关于单位犯罪的规定追究刑事责任。

个人为在我国领域内进行违法犯罪活动而设立的外国公司、企业、事业单位实施犯罪的，或者外国公司、企业、事业单位设立后在我国领域内以实施违法犯罪为主要活动的，不以单位犯罪论处。

【司法指导文件 Ⅳ】

《最高人民法院研究室关于企业犯罪后被合并应当如何追究刑事责任问题的答复》（19981118）

人民检察院起诉时该犯罪企业已被合并到一个新企业的，仍应依法追究原犯罪企业及其直接负责的主管人员和其他直接人员的刑事责任。人民法院审判时，对被告单位应列原犯罪企业名称，但注明已被并入新的企业，对被告单位所判处的罚金数额以其并入新的企业的财产及收益为限。

【公安文件】

《公安部关于村民委员会可否构成单位犯罪主体问题的批复》（公复字〔2007〕1 号，20070301）

根据刑法第三十条的规定，单位犯罪主体包括公司、企业、事业单位、机关、团体。按照村民委员会组织法第二条的规定，村民委员会是村民自

我管理、自我教育、自我服务的基层群众性自治组织，不属于刑法第三十条列举的范围。因此，对以村民委员会名义实施犯罪的，不应以单位犯罪论，可以依法追究直接负责的主管人员和其他直接责任人员的刑事责任。

【法院参考案例】

〔参考案例第455号：张俊等走私普通货物案〕单位责任人员在实施单位犯罪的同时，其个人又犯与单位犯罪相同之罪的，应如何处理？

单位责任人员在实施单位犯罪的同时，其个人又犯与单位犯罪相同之罪的，应数罪并罚。

〔参考案例第725号：上海新客派信息技术有限公司、王志强虚开增值税专用发票案〕依法成立的一人公司能否成为单位犯罪主体？

并不是所有的一人公司都可以成为单位犯罪的主体。只有依法成立，取得法人地位，具有独立人格的一人公司，才有可能成为单位犯罪的主体。

〔参考案例第726号：周敏合同诈骗案〕如何理解和把握一人公司单位犯罪主体的认定？

一人公司实施犯罪情况下，应从是否具有独立的财产利益、是否具有独立的意志、是否具有公司法所要求的法人治理结构、是否依照章程规定的宗旨运转、是否依照法定条件和程序成立等方面，综合判断一人公司是否具有独立人格。

第三十一条　【单位犯罪的处罚原则】单位犯罪的，对单位判处罚金，并对其直接负责的主管人员和其他直接责任人员判处刑罚。本法分则和其他法律另有规定的，依照规定。

【司法解释】

《最高人民法院关于适用〈中华人民共和国刑事诉讼法〉的解释》（法释〔2012〕21号，20130101）

第二百八十三条　对应当认定为单位犯罪的案件，人民检察院只作为自然人犯罪起诉的，人民法院应当建议人民检察院对犯罪单位补充起诉。人民检察院仍以自然人犯罪起诉的，人民法院应当依法审理，按照单位犯罪中的直接负责的主管人员或者其他直接责任人员追究刑事责任，并援引刑法分则关于追究单位犯罪中直接负责的主管人员和其他直接责任人员刑事责任的条款。

……

第二百八十六条　审判期间，被告单位被撤销、注销、吊销营业执照或者宣告破产的，对单位犯罪直接负责的主管人员和其他直接责任人员应当继续审理。

第二百八十七条　审判期间，被告单位合并、分立的，应当将原单位列为被告单位，并注明合并、分立情况。对被告单位所判处的罚金以其在新单位的财产及收益为限。

第三章　刑　　罚

第一节　刑罚的种类

第三十二条　【刑罚种类】刑罚分为主刑和附加刑。

【立法·要点注释】

"主刑"是对犯罪分子进行惩罚的主要刑种。它只能独立适用，不能相互附加适用。对一个犯罪，只能判处一个主刑。"附加刑"是补充主刑惩罚罪犯的刑种。它既能附加主刑适用，又可以独立适用。

第三十三条　【主刑的种类】主刑的种类如下：

（一）管制；

（二）拘役；

（三）有期徒刑；

（四）无期徒刑；

（五）死刑。

第三十四条　【附加刑的种类及其适用】附加刑的种类如下：

（一）罚金；

（二）剥夺政治权利；

（三）没收财产。

附加刑也可以独立适用。

【立法·要点注释】

"可以独立适用"是指依照刑法分则单处附加刑的规定适用，而不是随意适用。它适用于犯罪性质、情节

较轻的犯罪，罪行比较严重的，不独立适用附加刑，如果需要适用附加刑，只能附加适用。

【司法解释】

《最高人民法院关于刑事第二审判决改变第一审判决认定的罪名后能否加重附加刑的批复》（法释〔2008〕8号，20080612）

……第二审人民法院审判被告人或者他的法定代理人、辩护人、近亲属上诉的案件，不得加重被告人的刑罚。因此，第一审人民法院没有判处附加刑的，第二审人民法院判决改变罪名后，不得判处附加刑；第一审人民法院原判附加刑较轻的，第二审人民法院不得改判较重的附加刑，也不得以事实不清或者证据不足发回第一审人民法院重新审理；必须依法改判的，应当在第二审判决、裁定生效后，按照审判监督程序重新审判。

第三十五条　【驱逐出境】对于犯罪的外国人，可以独立适用或者附加适用驱逐出境。

【立法·要点注释】

"可以独立适用或者附加适用驱逐出境"是指对于犯罪的外国人不是一律适用驱逐出境，而是根据其犯罪的性质、情节及犯罪分子本人的情况，结合国际关系和形势等，可以适用驱

逐出境，也可以不驱逐出境；可以独立适用驱逐出境，也可以附加驱逐出境。

【司法指导文件】

《最高人民法院、最高人民检察院、公安部、司法部关于依法惩治性侵害未成年人犯罪的意见》（法发〔2013〕12号，20131023）

四、其他事项

29. 外国人在我国领域内实施强奸、猥亵未成年人等犯罪的，应当依法判处，在判处刑罚时，可以独立适用或者附加适用驱逐出境。对于尚不构成犯罪但构成违反治安管理行为的，或者因实施性侵害未成年人犯罪不适宜在中国境内继续停留居留的，公安机关可以依法适用限期出境或者驱逐出境。

第三十六条 【赔偿经济损失与民事优先原则】 由于犯罪行为而使被害人遭受经济损失的，对犯罪分子除依法给予刑事处罚外，并应根据情况判处赔偿经济损失。

承担民事赔偿责任的犯罪分子，同时被判处罚金，其财产不足以全部支付的，或者被判处没收财产的，应当先承担对被害人的民事赔偿责任。

【立法·要点注释】

1. "由于犯罪行为而使被害人遭受经济损失的"，既包括由犯罪行为直接造成被害人物质损失的，如毁坏财物、盗窃、诈骗等直接侵害财产的犯罪行为，也包括由于犯罪行为的侵害间接造成的被害人经济上的损失，如伤害行为，不仅使被害人身体健康受到损害，而且使被害人遭受支出医疗费用等经济损失。

2. "并应根据情况判处赔偿经济损失"是指人民法院在对犯罪分子判处刑事处罚的同时，根据犯罪分子的犯罪性质、情节、被害人遭受损失的程度，被告人的经济状况等具体情况，一并判处犯罪分子赔偿被害人遭受的经济损失。

【司法解释Ⅰ】

《最高人民法院关于刑事裁判涉财产部分执行的若干规定》（法释〔2014〕13号，20141106）

第十三条 被执行人在执行中同时承担刑事责任、民事责任，其财产不足以支付的，按照下列顺序执行：

（一）人身损害赔偿中的医疗费用；

（二）退赔被害人的损失；

（三）其他民事债务；

（四）罚金；

（五）没收财产。

债权人对执行标的依法享有优先受偿权，其主张优先受偿的，人民法院应当在前款第（一）项规定的医疗费用受偿后，予以支持。

【司法解释Ⅱ】

《最高人民法院关于审理人身损害赔偿案件适用法律若干问题的解释》（法释〔2003〕20号，20040501）

第一条 因生命、健康、身体遭受侵害，赔偿权利人起诉请求赔偿义务人赔偿财产损失和精神损害的，人民法院应予受理。

本条所称"赔偿权利人"，是指因侵权行为或者其他致害原因直接遭受人身损害的受害人、依法由受害人承担扶养义务的被扶养人以及死亡受害人的近亲属。

本条所称"赔偿义务人"，是指因自己或者他人的侵权行为以及其他致害原因依法应当承担民事责任的自然人、法人或者其他组织。

第二条　受害人对同一损害的发生或者扩大有故意、过失的，依照民法通则第一百三十一条的规定，可以减轻或者免除赔偿义务人的赔偿责任。但侵权人因故意或者重大过失致人损害，受害人只有一般过失的，不减轻赔偿义务人的赔偿责任。

适用民法通则第一百零六条第三款规定确定赔偿义务人的赔偿责任时，受害人有重大过失的，可以减轻赔偿义务人的赔偿责任。

第三条　二人以上共同故意或者共同过失致人损害，或者虽无共同故意、共同过失，但其侵害行为直接结合发生同一损害后果的，构成共同侵权，应当依照民法通则第一百三十条规定承担连带责任。

二人以上没有共同故意或者共同过失，但其分别实施的数个行为间接结合发生同一损害后果的，应当根据过失大小或者原因力比例各自承担相应的赔偿责任。

第四条　二人以上共同实施危及他人人身安全的行为并造成损害后果，不能确定实际侵害行为人的，应当依照民法通则第一百三十条规定承担连带责任。共同危险行为人能够证明损害后果不是由其行为造成的，不承担赔偿责任。

第五条　赔偿权利人起诉部分共同侵权人的，人民法院应当追加其他共同侵权人作为共同被告。赔偿权利人在诉讼中放弃对部分共同侵权人的诉讼请求的，其他共同侵权人对被放弃诉讼请求的被告应当承担的赔偿份额不承担连带责任。责任范围难以确定的，推定各共同侵权人承担同等责任。

人民法院应当将放弃诉讼请求的法律后果告知赔偿权利人，并将放弃诉讼请求的情况在法律文书中叙明。

第六条　从事住宿、餐饮、娱乐等经营活动或者其他社会活动的自然人、法人、其他组织，未尽合理限度范围内的安全保障义务致使他人遭受人身损害，赔偿权利人请求其承担相应赔偿责任的，人民法院应予支持。

因第三人侵权导致损害结果发生的，由实施侵权行为的第三人承担赔偿责任。安全保障义务人有过错的，应当在其能够防止或者制止损害的范围内承担相应的补充赔偿责任。安全保障义务人承担责任后，可以向第三人追偿。赔偿权利人起诉安全保障义务人的，应当将第三人作为共同被告，但第三人不能确定的除外。

第七条　对未成年人依法负有教育、管理、保护义务的学校、幼儿园或者其他教育机构，未尽职责范围内的相关义务致使未成年人遭受人身损害，或者未成年人致他人人身损害的，应当承担与其过错相应的赔偿责任。

第三人侵权致未成年人遭受人身损害的，应当承担赔偿责任。学校、幼儿园等教育机构有过错的，应当承担相应的补充赔偿责任。

第八条　法人或者其他组织的法定代表人、负责人以及工作人员，在执行职务中致人损害的，依照民法通则第一百二十一条的规定，由该法人或者其他组织承担民事责任。上述人员实施与职务无关的行为致人损害的，应当由行为人承担赔偿责任。

属于《国家赔偿法》赔偿事由的，依照《国家赔偿法》的规定处理。

第九条　雇员在从事雇佣活动中致人损害的，雇主应当承担赔偿责任；雇员因故意或者重大过失致人损害的，应当与雇主承担连带赔偿责任。雇主承担连带赔偿责任的，可以向雇员追偿。

前款所称"从事雇佣活动"，是指从事雇主授权或者指示范围内的生产经营活动或者其他劳务活动。雇员的行为超出授权范围，但其表现形式是履行职务或者与履行职务有内在联系的，应当认定为"从事雇佣活动"。

第十条　承揽人在完成工作过程中对第三人造成损害或者造成自身损害的，定作人不承担赔偿责任。但定作人对定作、指示或者选任有过失的，应当承担相应的赔偿责任。

第十一条　雇员在从事雇佣活动中遭受人身损害，雇主应当承担赔偿责任。雇佣关系以外的第三人造成雇员人身损害的，赔偿权利人可以请求第三人承担赔偿责任，也可以请求雇主承担赔偿责任。雇主承担赔偿责任后，可以向第三人追偿。

雇员在从事雇佣活动中因安全生产事故遭受人身损害，发包人、分包人知道或者应当知道接受发包或者分包业务的雇主没有相应资质或者安全生产条件的，应当与雇主承担连带赔偿责任。

属于《工伤保险条例》调整的劳动关系和工伤保险范围的，不适用本条规定。

第十二条　依法应当参加工伤保险统筹的用人单位的劳动者，因工伤事故遭受人身损害，劳动者或者其近亲属向人民法院起诉请求用人单位承担民事赔偿责任的，告知其按《工伤保险条例》的规定处理。

因用人单位以外的第三人侵权造成劳动者人身损害，赔偿权利人请求第三人承担民事赔偿责任的，人民法院应予支持。

第十三条　为他人无偿提供劳务的帮工人，在从事帮工活动中致人损害的，被帮工人应当承担赔偿责任。被帮工人明确拒绝帮工的，不承担赔偿责任。帮工人存在故意或者重大过失，赔偿权利人请求帮工人和被帮工人承担连带责任的，人民法院应予支持。

第十四条　帮工人因帮工活动遭受人身损害的，被帮工人应当承担赔偿责任。被帮工人明确拒绝帮工的，不承担赔偿责任；但可以在受益范围内予以适当补偿。

帮工人因第三人侵权遭受人身损害的，由第三人承担赔偿责任。第三人不能确定或者没有赔偿能力的，可以由被帮工人予以适当补偿。

第十五条　为维护国家、集体或者他人的合法权益而使自己受到人身损害，因没有侵权人、不能确定侵权人或者侵权人没有赔偿能力，赔偿权利人请求受益人在受益范围内予以适当补偿的，人民法院应予支持。

第十六条　下列情形，适用民法通则第一百二十六条的规定，由所有人或者管理人承担赔偿责任，但能够证明自己没有过错的除外：

（一）道路、桥梁、隧道等人工建造的构筑物因维护、管理瑕疵致人损害的；

（二）堆放物品滚落、滑落或者堆放物倒塌致人损害的；

（三）树木倾倒、折断或者果实坠落致人损害的。

前款第（一）项情形，因设计、施工缺陷造成损害的，由所有人、管理人与设计、施工者承担连带责任。

第十七条　受害人遭受人身损害，因就医治疗支出的各项费用以及因误工减少的收入，包括医疗费、误工费、护理费、交通费、住宿费、住院伙食补助费、必要的营养费，赔偿义务人应当予以赔偿。

受害人因伤致残的，其因增加生活上需要所支出的必要费用以及因丧失劳动能力导致的收入损失，包括残疾赔偿金、残疾辅助器具费、被扶养人生活费，以及因康复护理、继续治疗实际发生的必要的康复费、护理费、后续治疗费，赔偿义务人也应当予以赔偿。

受害人死亡的，赔偿义务人除应当根据抢救治疗情况赔偿本条第一款规定的相关费用外，还应当赔偿丧葬费、被扶养人生活费、死亡补偿费以及受害人亲属办理丧葬事宜支出的交通费、住宿费和误工损失等其他合理费用。

第十八条　受害人或者死者近亲属遭受精神损害，赔偿权利人向人民法院请求赔偿精神损害抚慰金的，适用《最高人民法院关于确定民事侵权精神损害赔偿责任若干问题的解释》予以确定。

精神损害抚慰金的请求权，不得让与或者继承。但赔偿义务人已经以书面方式承诺给予金钱赔偿，或者赔偿权利人已经向人民法院起诉的除外。

第十九条　医疗费根据医疗机构出具的医药费、住院费等收款凭证，结合病历和诊断证明等相关证据确定。赔偿义务人对治疗的必要性和合理性有异议的，应当承担相应的举证责任。

医疗费的赔偿数额，按照一审法庭辩论终结前实际发生的数额确定。器官功能恢复训练所必要的康复费、适当的整容费以及其他后续治疗费，赔偿权利人可以待实际发生后另行起诉。但根据医疗证明或者鉴定结论确定必然发生的费用，可以与已经发生的医疗费一并予以赔偿。

第二十条　误工费根据受害人的误工时间和收入状况确定。

误工时间根据受害人接受治疗的医疗机构出具的证明确定。受害人因伤致残持续误工的，误工时间可以计算至定残日前一天。

受害人有固定收入的，误工费按照实际减少的收入计算。受害人无固定收入的，按照其最近三年的平均收入计算；受害人不能举证证明其最近三年的平均收入状况的，可以参照受诉法院所在地相同或者相近行业上一年度职工的平均工资计算。

第二十一条　护理费根据护理人员的收入状况和护理人数、护理期限确定。

护理人员有收入的，参照误工费的规定计算；护理人员没有收入或者雇佣护工的，参照当地护工从事同等级别护理的劳务报酬标准计算。护理人员原则上为一人，但医疗机构或者鉴定机构有明确意见的，可以参照确定护理人员人数。

护理期限应计算至受害人恢复生活自理能力时止。受害人因残疾不能恢复生活自理能力的，可以根据其年龄、健康状况等因素确定合理的护理期限，但最长不超过二十年。

受害人定残后的护理，应当根据其护理依赖程度并结合配制残疾辅助器具的情况确定护理级别。

第二十二条　交通费根据受害人及其必要的陪护人员因就医或者转院治疗实际发生的费用计算。交通费应当以正式票据为凭；有关凭据应当与就医地点、时间、人数、次数相符合。

第二十三条　住院伙食补助费可以参照当地国家机关一般工作人员的出差伙食补助标准予以确定。

受害人确有必要到外地治疗，因客观原因不能住院，受害人本人及其陪护人员实际发生的住宿费和伙食费，其合理部分应予赔偿。

第二十四条　营养费根据受害人伤残情况参照医疗机构的意见确定。

第二十五条　残疾赔偿金根据受害人丧失劳动能力程度或者伤残等级，按照受诉法院所在地上一年度城镇居民人均可支配收入或者农村居民人均纯收入标准，自定残之日起按二十年计算。但六十周岁以上的，年龄每增加一岁减少一年；七十五周岁以上的，按五年计算。

受害人因伤致残但实际收入没有减少，或者伤残等级较轻但造成职业妨害严重影响其劳动就业的，可以对残疾赔偿金作相应调整。

第二十六条　残疾辅助器具费按照普通适用器具的合理费用标准计算。伤情有特殊需要的，可以参照辅助器具配制机构的意见确定相应的合理费用标准。

辅助器具的更换周期和赔偿期限参照配制机构的意见确定。

第二十七条　丧葬费按照受诉法院所在地上一年度职工月平均工资标准，以六个月总额计算。

第二十八条　被扶养人生活费根据扶养人丧失劳动能力程度，按照受诉法院所在地上一年度城镇居民人均消费性支出和农村居民人均年生活消费支出标准计算。被扶养人为未成年人的，计算至十八周岁；被扶养人无劳动能力又无其他生活来源的，计算二十年。但六十周岁以上的，年龄每增加一岁减少一年；七十五周岁以上的，按五年计算。

被扶养人是指受害人依法应当承

担扶养义务的未成年人或者丧失劳动能力又无其他生活来源的成年近亲属。被扶养人还有其他扶养人的，赔偿义务人只赔偿受害人依法应当负担的部分。被扶养人有数人的，年赔偿总额累计不超过上一年度城镇居民人均消费性支出额或者农村居民人均年生活消费支出额。

第二十九条 死亡赔偿金按照受诉法院所在地上一年度城镇居民人均可支配收入或者农村居民人均纯收入标准，按二十年计算。但六十周岁以上的，年龄每增加一岁减少一年；七十五周岁以上的，按五年计算。

第三十条 赔偿权利人举证证明其住所地或者经常居住地城镇居民人均可支配收入或者农村居民人均纯收入高于受诉法院所在地标准的，残疾赔偿金或者死亡赔偿金可以按照其住所地或者经常居住地的相关标准计算。

被扶养人生活费的相关计算标准，依照前款原则确定。

第三十一条 人民法院应当按照民法通则第一百三十一条以及本解释第二条的规定，确定第十九条至第二十九条各项财产损失的实际赔偿金额。

前款确定的物质损害赔偿金与按照第十八条第一款规定确定的精神损害抚慰金，原则上应当一次性给付。

第三十二条 超过确定的护理期限、辅助器具费给付年限或者残疾赔偿金给付年限，赔偿权利人向人民法院起诉请求继续给付护理费、辅助器具费或者残疾赔偿金的，人民法院应予受理。赔偿权利人确需继续护理、配制辅助器具，或者没有劳动能力和生活来源的，人民法院应当判令赔偿义务人继续给付相关费用五至十年。

第三十三条 赔偿义务人请求以定期金方式给付残疾赔偿金、被扶养人生活费、残疾辅助器具费的，应当提供相应的担保。人民法院可以根据赔偿义务人的给付能力和提供担保的情况，确定以定期金方式给付相关费用。但一审法庭辩论终结前已经发生的费用、死亡赔偿金以及精神损害抚慰金，应当一次性给付。

第三十四条 人民法院应当在法律文书中明确定期金的给付时间、方式以及每期给付标准。执行期间有关统计数据发生变化的，给付金额应当适时进行相应调整。

定期金按照赔偿权利人的实际生存年限给付，不受本解释有关赔偿期限的限制。

第三十五条 本解释所称"城镇居民人均可支配收入"、"农村居民人均纯收入"、"城镇居民人均消费性支出"、"农村居民人均年生活消费支出"、"职工平均工资"，按照政府统计部门公布的各省、自治区、直辖市以及经济特区和计划单列市上一年度相关统计数据确定。

"上一年度"，是指一审法庭辩论终结时的上一统计年度。

第三十六条 本解释自 2004 年 5 月 1 日起施行。2004 年 5 月 1 日后新受理的一审人身损害赔偿案件，适用本解释的规定。已经作出生效裁判的人身损害赔偿案件依法再审的，不适用本解释的规定。

在本解释公布施行之前已经生效

施行的司法解释，其内容与本解释不一致的，以本解释为准。

【司法解释Ⅲ】

《最高人民法院关于行政机关工作人员执行职务致人伤亡构成犯罪的赔偿诉讼程序问题的批复》（法释〔2002〕28 号，20020830）

一、行政机关工作人员在执行职务中致人伤、亡已构成犯罪，受害人或其亲属提起刑事附带民事赔偿诉讼的，人民法院对民事赔偿诉讼请求不予受理。但应当告知其可以依据《中华人民共和国国家赔偿法》的有关规定向人民法院提起行政赔偿诉讼。

二、本批复公布以前发生的此类案件，人民法院已作刑事附带民事赔偿处理，受害人或其亲属再提起行政赔偿诉讼的，人民法院不予受理。

【司法解释Ⅳ】

《最高人民法院关于审理未成年人刑事案件具体应用法律若干问题的解释》（法释〔2006〕1 号，20060123）

第十九条 刑事附带民事案件的未成年被告人有个人财产的，应当由本人承担民事赔偿责任，不足部分由监护人予以赔偿，但单位担任监护人的除外。

被告人对被害人物质损失的赔偿情况，可以作为量刑情节予以考虑。

【司法指导文件Ⅰ】

《最高人民法院关于常见犯罪的量刑指导意见》（法发〔2017〕7号，20170401）

三、常见量刑情节的适用

8. 对于退赃、退赔的，综合考虑犯罪性质，退赃、退赔行为对损害结果所能弥补的程度，退赃、退赔的数额及主动程度等情况，可以减少基准刑的30%以下。其中抢劫等严重危害社会治安犯罪的应从严掌握。

9. 对于积极赔偿被害人经济损失并取得谅解的，综合考虑犯罪性质、赔偿数额、赔偿能力以及认罪、悔罪程度等情况，可以减少基准刑的40%以下；积极赔偿但没有取得谅解的，可以减少基准刑的30%以下；尽管没有赔偿，但取得谅解的，可以减少基准刑的20%以下。其中抢劫、强奸等严重危害社会治安犯罪的应从严掌握。

10. 对于当事人根据刑事诉讼法……达成刑事和解协议的，综合考虑犯罪性质、赔偿数额、赔礼道歉以及真诚悔罪等情况，可以减少基准刑的50%以下；犯罪较轻的，可以减少基准刑的50%以上或者依法免除处罚。

【司法指导文件Ⅱ】

《全国法院维护农村稳定刑事审判工作座谈会纪要》（法〔1999〕217号，19991027）

（五）关于刑事附带民事诉讼问题

人民法院审理附带民事诉讼案件的受案范围，应只限于被害人因人身权利受到犯罪行为侵犯和财物被犯罪行为损毁而遭受的物质损失，不包括因犯罪分子非法占有、处置被害人财产而使其遭受的物质损失。对因犯罪分子非法占有、处置被害人财产而使其遭受的物质损失，应当根据刑法第六十四条的规定处理，即应通过追缴赃款赃物、责令退赔的途径解决。如赃款赃物尚在的，应一律追缴；已被用掉、毁坏或挥霍的，应责令退赔。无法退赔的，在决定刑罚时，应作为酌定从重处罚的情节予以考虑。

关于附带民事诉讼的赔偿范围，在没有司法解释规定之前，应注意把握以下原则：一是要充分运用现有法律规定，在法律许可的范围内最大限度地补偿被害人因被告人的犯罪行为而遭受的物质损失。物质损失应包括已造成的损失，也包括将来必然遭受的损失。二是赔偿只限于犯罪行为直接造成的物质损失，不包括精神损失和间接造成的物质损失。三是要适当考虑被告人的赔偿能力。被告人的赔偿能力包括现在的赔偿能力和将来的赔偿能力，对未成年被告人还应考虑到其监护人的赔偿能力，以避免数额过大的空判引起的负面效应，被告人的民事赔偿情况可作为量刑的酌定情节。四是要切实维护被害人的合法权益。附带民事原告人提出起诉的，对于没有构成犯罪的共同致害人，也要追究其民事赔偿责任。未成年致害人由其法定代理人或者监护人承担赔偿责任。但是，在逃的同案犯不应列为附带民事诉讼的被告人。关于赔偿责任的分担：共同致害人应当承担连带赔偿责任；在学校等单位内部发生犯罪造成受害人损失，在管理上有过错责任的学校等单位有赔偿责任，但不承担连带赔偿责任；交通肇事犯罪的车辆所有人（单位）在犯罪分子无赔偿能力的情况下，承担代为赔偿或者垫付的责任。

【司法指导文件Ⅲ】

《最高人民法院关于充分发挥刑事审判职能作用深入推进社会矛盾化解的若干意见》（法发〔2010〕63 号，20101231）

三、进一步做好附带民事诉讼审理工作

11. 审理附带民事诉讼案件，应当依照刑法的有关规定，根据情况判处赔偿经济损失。确定赔偿数额，要根据被害人因犯罪行为遭受的物质损失并适当考虑被告人的赔偿能力。附带民事诉讼当事人就民事赔偿问题达成的调解协议，只要不违反法律规定，应当予以确认，以有利社会矛盾化解，更好慰藉被害人一方。

12. 妥善处理附带民事赔偿与量刑的关系。被告人案发后对被害人积极赔偿，并认罪、悔罪的，依法可以作为酌定量刑情节予以考虑，对轻微刑事案件的被告人，应当考虑适用非监禁刑。被告人认罪、悔罪、赔礼道歉、积极赔偿，取得被害人谅解的，依法可以从宽处理。对于严重危害社会治安、人民群众反映强烈、依法应当从严惩处的犯罪，不能仅以经济赔偿作为决定从轻处罚的条件。

【司法指导文件Ⅳ】

《最高人民法院研究室关于对参加聚众斗殴受重伤或者死亡的人及其家属提出的民事赔偿请求能否予以支持问题的答复》（法研〔2004〕179 号，20041111）

根据刑法第二百九十二条第一款的规定，聚众斗殴的参加者，无论是否首要分子，均明知自己的行为有可能产生伤害他人以及自己被他人的行为伤害的后果，其仍然参加聚众斗殴的，应当自行承担相应的刑事和民事责任。根据刑法第二百九十二条第二款的规定，对于参加聚众斗殴，造成他人重伤或者死亡，行为性质发生变化，应认定为故意伤害罪或者故意杀人罪。聚众斗殴中受重伤或者死亡的人，既是故意伤害罪或者故意杀人罪的受害人，又是聚众斗殴犯罪的行为人。对于参加聚众斗殴受重伤或者死亡的人或其家属提出的民事赔偿请求，依法应予支持，并适用混合过错责任原则。

【司法指导文件 V】

《最高人民法院、最高人民检察院、公安部、司法部关于依法惩治性侵害未成年人犯罪的意见》（法发〔2013〕12号，20131023）

四、其他事项

31. 对于未成年人因被性侵害而造成的人身损害，为进行康复治疗所支付的医疗费、护理费、交通费、误工费等合理费用，未成年被害人及其法定代理人、近亲属提出赔偿请求的，人民法院依法予以支持。

32. 未成年人在幼儿园、学校或者其他教育机构学习、生活期间被性侵害而造成人身损害，被害人及其法定代理人、近亲属据此向人民法院起诉要求上述单位承担赔偿责任的，人民法院依法予以支持。

【司法指导文件 VI】

《最高人民法院研究室关于交通肇事刑事案件附带民事赔偿范围问题的答复》（法研〔2014〕30号，20140224）

……交通肇事刑事案件的附带民事诉讼当事人未能就民事赔偿问题达成调解、和解协议的，无论附带民事诉讼被告人是否投保机动车第三者强制责任保险，均可将死亡赔偿金、残疾赔偿金纳入判决赔偿的范围。

【法院参考案例】

〔**参考案例第 913 号：李广欣以危险方法危害公共安全案**〕醉酒驾驶机动车致使被害人遭受人身伤害的，被害方能否基于交通事故责任强制保险向相关保险公司主张赔偿责任？

行为人因醉驾、毒驾等原因发生交通事故的刑事案件中，被害方向相关保险公司在交强险责任范围内主张人身损害赔偿的，人民法院应予支持。被告人全额赔偿受害人损失的，保险公司无须再承担赔偿责任；若被告人未能足额赔偿受害人损失的，保险公司在交强险范围内仍须赔偿不足部分。

〔**参考案例第 1060 号：周凯章等人组织出卖人体器官案**〕在获得被害人承诺的犯罪案件中，如何确定被告人的附带民事赔偿责任？

对获得被害人承诺的犯罪，被害人仍可提起附带民事诉讼，可以适当减轻被告人的附带民事赔偿责任。

第三十七条 【免予刑事处罚与非刑罚处置措施】对于犯罪情节轻微不需要判处刑罚的，可以免予刑事处罚，但是可以根据案件的不同情况，予以训诫或者责令具结悔过、赔礼道歉、赔偿损失，或者由主管部门予以行政处罚或者行政处分。

【立法·要点注释】

"犯罪情节轻微"是指已经构成犯罪，但犯罪的性质、情节及危害后果都很轻。"不需要判处刑罚的"是指犯罪情节轻微，犯罪人认罪、悔罪，对其没有判处刑罚必要的。

【司法指导文件】

《最高人民法院关于贯彻宽严相济刑事政策的若干意见》（法发〔2010〕9 号，20100208）

15. 被告人的行为已经构成犯罪，但犯罪情节轻微，或者未成年人、在校学生实施的较轻犯罪，或者被告人具有犯罪预备、犯罪中止、从犯、胁从犯、防卫过当、避险过当等情节，依法不需要判处刑罚的，可以免予刑事处罚。对免予刑事处罚的，应当根据刑法第三十七条规定，做好善后、帮教工作或者交由有关部门进行处理，争取更好的社会效果。

【法院公报案例】

〔陕西省府谷县人民检察院诉郝卫东盗窃案，GB2011－5〕

《中华人民共和国刑法》第三十七条规定，对于犯罪情节轻微不需要判处刑罚的，可以免予刑事处罚。在审理盗窃案件中，盗窃数额是判断犯罪情节及社会危害性的重要依据，但不是唯一依据，还应综合考虑案件其他情节及被告人的主观恶性和人身危险性等因素。如果盗窃犯罪的案情特殊，综合判断犯罪情节确属轻微的，即使犯罪数额巨大，也可以免予刑事处罚。

判断某一盗窃犯罪行为是否属于刑法第三十七条的"情节轻微"，要根据刑法及相关司法解释的规定，综合考虑犯罪手段、犯罪对象、退赃情况及社会反应等情况，客观评价刑罚处罚的必要性。在案件具有特殊的事实、情节等情况下，要切实贯彻落实宽严相济的刑事政策，真正做到正确裁量、罪刑相当。

第三十七条之一　【从业禁止】 因利用职业便利实施犯罪，或者实施违背职业要求的特定义务的犯罪被判处刑罚的，人民法院可以根据犯罪情况和预防再犯罪的需要，禁止其自刑罚执行完毕之日或者假释之日起从事相关职业，期限为三年至五年。

被禁止从事相关职业的人违反人民法院依照前款规定作出的决定的，由公安机关依法给予处罚；情节严重的，依照本法第三百一十三条的规定定罪处罚。

其他法律、行政法规对其从事相关职业另有禁止或者限制性规定的，从其规定。

【修正说明】

本条由刑法修正案（九）第一条增设。

【立法·要点注释】

1. 实施违背职业要求的特定义务的犯罪，是指违背一些特定行业、领域有关特定义务的要求，违背职业道德、职业信誉所实施的犯罪。如从事食品行业的人实施生产、销售不符合安全标准的食品罪或生产、销售有毒、有害食品罪，从事工程建设施工、特种安全设备生产的人违背特定的义务要求实施重大安全事故罪或重大责任事故罪，从事化学品生产、销售、运输或者储存的人违反有关要求，实施有关污染环境罪或安全生产事故罪等。利用职业便利实施犯罪和实施违背职业要求的特定义务的犯罪两者之间，在范围上可能有相互覆盖、相互交叉的地方。

2. 对于依照本法第三十七条规定予以定罪，但免予刑事处罚的犯罪分子，不适用从业禁止的规定。

3. 从业禁止的预防性措施，其起始时间是自刑罚执行完毕或者假释之日起。从业禁止的效力当然适用于刑罚执行期间。对于被判处有期徒刑、无期徒刑被假释的犯罪分子，从业禁止从假释之日起计算。从业禁止的期限是三年至五年。人民法院可以根据犯罪情况和预防再犯罪的需要，在三年和五年之间，酌情确定从业禁止的具体期限。

4. "情节严重"，主要是指违反人民法院从业禁止决定，经有关方面劝告、纠正仍不改正的，因违反从业禁止决定受到行政处罚又违反的，或者违反从业禁止决定且在从业过程中又有违法行为的等情形。

【相关立法】

《中华人民共和国慈善法》(20160901)

第十六条 有下列情形之一的，不得担任慈善组织的负责人：

……

(二) 因故意犯罪被判处刑罚，自刑罚执行完毕之日起未逾五年的；

……

【司法解释Ⅰ】

《最高人民法院、最高人民检察院关于办理危害生产安全刑事案件适用法律若干问题的解释》(法释〔2015〕22号，20151216)

第十六条 对于实施危害生产安全犯罪适用缓刑的犯罪分子，可以根据犯罪情况，禁止其在缓刑考验期限内从事与安全生产相关联的特定活动；对于被判处刑罚的犯罪分子，可以根据犯罪情况和预防再犯罪的需要，禁止其自刑罚执行完毕之日或者假释之日起三年至五年内从事与安全生产相关的职业。

【司法解释Ⅰ·注释】

考虑到司法惯例，借鉴禁止令的裁判文书格式，从业禁止措施宜在裁判文书主文部分作为一项单独内容予以宣告，即不宜在裁判文书之外另行制定从业禁止措施文书。具体可考虑采取以下方式：

"一、被告人×××犯××罪，判处……（写明主刑、附加刑）。（刑期从判决执行之日起计算。判决以前先行羁押的，羁押一日折抵刑期一日，即自×××年××月××日起至×××年××月××日止）。

"二、禁止被告人×××在×××（写明期限）内……（写明禁止从事相关职业）（从业禁止期限从刑罚执行完毕或者假释之日起计算）。"

此外，适用从业禁止措施的，裁判文书应当引用相关法律条文，并说明理由。

【司法解释 II】

《最高人民法院关于〈中华人民共和国刑法修正案（九）〉时间效力问题的解释》（法释〔2015〕19 号，20151101）

第一条　对于 2015 年 10 月 31 日以前因利用职业便利实施犯罪，或者实施违背职业要求的特定义务的犯罪的，不适用修正后刑法第三十七条之一第一款的规定。其他法律、行政法规另有规定的，从其规定。

第二节　管　　制

第三十八条　【管制的期限、禁止令和社区矫正】管制的期限，为三个月以上二年以下。

判处管制，可以根据犯罪情况，同时禁止犯罪分子在执行期间从事特定活动，进入特定区域、场所，接触特定的人。

对判处管制的犯罪分子，依法实行社区矫正。

违反第二款规定的禁止令的，由公安机关依照《中华人民共和国治安管理处罚法》的规定处罚。

【修正前条文】

第三十八条　【管制的期限及执行机关】管制的期限，为三个月以上二年以下。

被判处管制的犯罪分子，由公安机关执行。

【修正说明】

刑法修正案（八）第二条对原条文作出下述修改：一是规定"对被判处管制的犯罪分子，依法实行社区矫正"；二是增加了对被判处管制的犯罪分子可以同时禁止其在执行期间从事特定活动，进入特定区域、场所，接触特定的人的规定；三是进一步明确了被判处管制的犯罪分子在管制期间违反上述禁止令的法律责任。

【立法·要点注释】

1. 法律规定"可以"根据案件情况作出禁止令，并非所有案件均要作出禁止令。是否作出禁止令，裁量权赋予人民法院，根据则在于根据案件情况确有需要，并非所有判处管制的案件均要作出禁止令。

2. 人民法院作出禁止令，可以只涉及一个方面的事项，如只禁止行为人从事特定活动，也可以同时涉及三个方面的事项，即同时禁止其从事特定活动，进入特定区域、场所，接触特定的人，具体根据案件情况和需要确定。

3. 何为"特定"，需要人民法院根据每一起案件的具体情况，主要是根据个案中犯罪的性质、情节，行为人犯罪的原因，维护社会秩序、保护被害人免遭再次侵害、预防行为人再次犯罪的需要等情况，在判决时作出具体的禁止性规定。

4. 社区矫正是一项综合性很强的工作，需要各有关部门分工配合，并充分动员社会各方面力量，共同做好工作。虽然刑法修正案（八）将刑法原来规定的"由公安机关执行"修改为"依法实行社区矫正",但这并非意味着公安机关不再承担对被判处管制的犯罪分子的监督管理职责。在正在试行的社区矫正工作中,公安机关承担重要的监督管理职责。将来出台社区矫正法以后,公安机关作为主要的社会治安管理部门,仍然需要承担相应的职责,发挥重要作用。

【相关立法】

《中华人民共和国治安管理处罚法》(20130101)

第六十条 有下列行为之一的,处五日以上十日以下拘留,并处二百元以上五百元以下罚款:

......

(四)被依法执行管制、剥夺政治权利或者在缓刑、暂予监外执行中的罪犯或者被依法采取刑事强制措施的人,有违反法律、行政法规或者国务院有关部门的监督管理规定的行为。

【司法解释】

《最高人民法院关于〈中华人民共和国刑法修正案(八)〉时间效力问题的解释》(法释〔2011〕9号,20110501)

第一条 对于2011年4月30日以前犯罪,依法应当判处管制或者宣告缓刑的,人民法院根据犯罪情况,认为确有必要同时禁止犯罪分子在管制期间或者缓刑考验期内从事特定活动,进入特定区域、场所,接触特定人的,适用修正后刑法第三十八条第二款或者第七十二条第二款的规定。

犯罪分子在管制期间或者缓刑考验期内,违反人民法院判决中的禁止令的,适用修正后刑法第三十八条第四款或者第七十七条第二款的规定。

【司法指导文件Ⅰ】

《最高人民法院、最高人民检察院、公安部、司法部关于对判处管制、宣告缓刑的犯罪分子适用禁止令有关问题的规定(试行)》(法发〔2011〕9号,20110501)

为正确适用《中华人民共和国刑法修正案(八)》,确保管制和缓刑的执行效果,根据刑法和刑事诉讼法的有关规定,现就判处管制、宣告缓刑的犯罪分子适用禁止令的有关问题规定如下:

第一条 对判处管制、宣告缓刑的犯罪分子,人民法院根据犯罪情况,认为从促进犯罪分子教育矫正、有效维护社会秩序的需要出发,确有必要禁止其在管制执行期间、缓刑考验期限内从事特定活动,进入特定区域、场所,接触特定人的,可以根据刑法第三十八条第二款、第七十二条第二款的规定,同时宣告禁止令。

第二条 人民法院宣告禁止令,应当根据犯罪分子的犯罪原因、犯罪性质、犯罪手段、犯罪后的悔罪表现、个人一贯表现等情况,充分考虑与犯罪分子所犯罪行的关联程度,有针对性地决定禁止其在管制执行期间、缓刑考验期限内"从事特定活动,进入特定区域、场所,接触特定的人"的一项或者几项内容。

第三条 人民法院可以根据犯罪情况,禁止判处管制、宣告缓刑的犯罪分子在管制执行期间、缓刑考验期限内从事以下一项或者几项活动：

（一）个人为进行违法犯罪活动而设立公司、企业、事业单位或者在设立公司、企业、事业单位后以实施犯罪为主要活动的，禁止设立公司、企业、事业单位；

（二）实施证券犯罪、贷款犯罪、票据犯罪、信用卡犯罪等金融犯罪的，禁止从事证券交易、申领贷款、使用票据或者申领、使用信用卡等金融活动；

（三）利用从事特定生产经营活动实施犯罪的，禁止从事相关生产经营活动；

（四）附带民事赔偿义务未履行完毕，违法所得未追缴、退赔到位，或者罚金尚未足额缴纳的，禁止从事高消费活动；

（五）其他确有必要禁止从事的活动。

第四条　人民法院可以根据犯罪情况，禁止判处管制、宣告缓刑的犯罪分子在管制执行期间、缓刑考验期限内进入以下一类或者几类区域、场所：

（一）禁止进入夜总会、酒吧、迪厅、网吧等娱乐场所；

（二）未经执行机关批准，禁止进入举办大型群众性活动的场所；

（三）禁止进入中小学校区、幼儿园园区及周边地区，确因本人就学、居住等原因，经执行机关批准的除外；

（四）其他确有必要禁止进入的区域、场所。

第五条　人民法院可以根据犯罪情况，禁止判处管制、宣告缓刑的犯罪分子在管制执行期间、缓刑考验期限内接触以下一类或者几类人员：

（一）未经对方同意，禁止接触被害人及其法定代理人、近亲属；

（二）未经对方同意，禁止接触证人及其法定代理人、近亲属；

（三）未经对方同意，禁止接触控告人、批评人、举报人及其法定代理人、近亲属；

（四）禁止接触同案犯；

（五）禁止接触其他可能遭受其侵害、滋扰的人或者可能诱发其再次危害社会的人。

第六条　禁止令的期限，既可以与管制执行、缓刑考验的期限相同，也可以短于管制执行、缓刑考验的期限，但判处管制的，禁止令的期限不得少于三个月，宣告缓刑的，禁止令的期限不得少于二个月。

判处管制的犯罪分子在判决执行以前先行羁押以致管制执行的期限少于三个月的，禁止令的期限不受前款规定的最短期限的限制。

禁止令的执行期限，从管制、缓刑执行之日起计算。

第七条　人民检察院在提起公诉时，对可能判处管制、宣告缓刑的被告人可以提出宣告禁止令的建议。当事人、辩护人、诉讼代理人可以就应否对被告人宣告禁止令提出意见，并说明理由。

公安机关在移送审查起诉时，可以根据犯罪嫌疑人涉嫌犯罪的情况，就应否宣告禁止令及宣告何种禁止令，向人民检察院提出意见。

第八条　人民法院对判处管制、

宣告缓刑的被告人宣告禁止令的，应当在裁判文书主文部分单独作为一项予以宣告。

第九条 禁止令由司法行政机关指导管理的社区矫正机构负责执行。

第十条 人民检察院对社区矫正机构执行禁止令的活动实行监督。发现有违反法律规定的情况，应当通知社区矫正机构纠正。

第十一条 判处管制的犯罪分子违反禁止令，或者被宣告缓刑的犯罪分子违反禁止令尚不属情节严重的，由负责执行禁止令的社区矫正机构所在地的公安机关依照《中华人民共和国治安管理处罚法》第六十条的规定处罚。

……

第十三条 被宣告禁止令的犯罪分子被依法减刑时，禁止令的期限可以相应缩短，由人民法院在减刑裁定中确定新的禁止令期限。

【司法指导文件I·注释】

1. 禁止令应当具有针对性和可行性。例如，犯罪分子是因长期在网吧上网，形成网瘾，进而走上犯罪道路的，可作出禁止其进入网吧的决定；如果犯罪分子是因为在夜总会、酒吧沾染恶习实施犯罪的，则可作出禁止其进入夜总会、酒吧的决定；犯罪分子在犯罪前后有滋扰证人行为的，可作出禁止其接触证人的决定；犯罪分子是在酒后犯罪，且有酗酒习性的，可作出禁止其饮酒的决定；等等。禁止令的内容不能妨害犯罪分子的正常生活。例如，不能作出"禁止进入公

共场所"等决定。

2. 关于禁止令的裁判文书格式。考虑到禁止令在性质上属于管制、缓刑的执行监管措施，宣告禁止令的，应当在裁判文书主文部分单独作为一项予以宣告。对此，要注意把握如下几点：一是宣告禁止令的，不能在裁判文书之外另行制作禁止令文书，而是应当作为裁判文书主文部分的单独一项内容，具体表述应采取以下方式：

"一、被告人×××犯××罪，判处……（写明主刑、附加刑）。（刑期从判决执行之日起计算。判决以前先行羁押的，羁押一日折抵刑期一日，即自××××年××月××日起至×××年××月××日止）。

"二、禁止被告人×××在×个月内……（写明禁止从事的活动，进入的区域、场所，接触的人）（禁止令期限从判决生效之日起计算）。"

二是宣告禁止令的，裁判文书应当援引相关法律和司法解释条文，并说明理由。

3. 关于人民法院、人民检察院、公安机关、司法行政机关如何分工负责，互相配合，互相制约。判决生效后，人民法院应当将裁判文书及时送达社区矫正机构，并抄送同级人民检察院。人民检察院在提起公诉时，对可能判处管制、宣告缓刑的被告人可以同时提出适用禁止令的建议。同时，对社区矫正机构执行禁止令的活动实行监督。发现有违反法律规定的情况，应当通知社区矫正机构纠正。公安机关在移送审查起诉时，可以根据犯罪嫌疑人涉嫌犯罪的情况，就应否宣告

禁止令及宣告何种禁止令，向人民检察院提出意见。对违反禁止令的管制犯，或者违反禁止令但情节不严重的缓刑犯，应当依照治安管理处罚法第六十条的规定给予处罚。

司法行政机关指导管理的社区矫正机构负责禁止令的执行，对被宣告禁止令的犯罪分子依法监督管理。对违反禁止令，情节严重的缓刑犯，应当依法提请撤销缓刑，执行原判刑罚。原作出缓刑裁判的人民法院应当自收到当地社区矫正机构提出的撤销缓刑建议书之日起一个月内依法作出裁定。人民法院撤销缓刑的裁定一经作出，立即生效。

【司法指导文件Ⅱ】

《最高人民法院、最高人民检察院、公安部、司法部关于印发〈社区矫正实施办法〉的通知》（司发通〔2012〕12号，20120301）

第二条 司法行政机关负责指导管理、组织实施社区矫正工作。

人民法院对符合社区矫正适用条件的被告人、罪犯依法作出判决、裁定或者决定。

人民检察院对社区矫正各执法环节依法实行法律监督。

公安机关对违反治安管理规定和重新犯罪的社区矫正人员及时依法处理。

第三条 县级司法行政机关社区矫正机构对社区矫正人员进行监督管理和教育帮助。司法所承担社区矫正日常工作。

社会工作者和志愿者在社区矫正机构的组织指导下参与社区矫正工作。

有关部门、村（居）民委员会、社区矫正人员所在单位、就读学校、家庭成员或者监护人、保证人等协助社区矫正机构进行社区矫正。

第四条 人民法院、人民检察院、公安机关、监狱对拟适用社区矫正的被告人、罪犯，需要调查其对所居住社区影响的，可以委托县级司法行政机关进行调查评估。

受委托的司法行政机关应当根据委托机关的要求，对被告人或者罪犯的居所情况、家庭和社会关系、一贯表现、犯罪行为的后果和影响、居住地村（居）民委员会和被害人意见、拟禁止的事项等进行调查了解，形成评估意见，及时提交委托机关。

……

第十一条 社区矫正人员应当定期向司法所报告遵纪守法、接受监督管理、参加教育学习、社区服务和社会活动的情况。发生居所变化、工作变动、家庭重大变故以及接触对其矫正产生不利影响人员的，社区矫正人员应当及时报告。

保外就医的社区矫正人员还应当每个月向司法所报告本人身体情况，每三个月向司法所提交病情复查情况。

第十二条 对于人民法院禁止令确定需经批准才能进入的特定区域或者场所，社区矫正人员确需进入的，应当经县级司法行政机关批准，并告知人民检察院。

第十三条 社区矫正人员未经批准不得离开所居住的市、县（旗）。

社区矫正人员因就医、家庭重大

变故等原因，确需离开所居住的市、县（旗），在七日以内的，应当报经司法所批准；超过七日的，应当由司法所签署意见后报经县级司法行政机关批准。返回居住地时，应当立即向司法所报告。社区矫正人员离开所居住市、县（旗）不得超过一个月。

第十四条　社区矫正人员未经批准不得变更居住的县（市、区、旗）。

社区矫正人员因居所变化确需变更居住地的，应当提前一个月提出书面申请，由司法所签署意见后报经县级司法行政机关审批。县级司法行政机关在征求社区矫正人员新居住地县级司法行政机关的意见后作出决定。

经批准变更居住地的，县级司法行政机关应当自作出决定之日起三个工作日内，将有关法律文书和矫正档案移交新居住地县级司法行政机关。有关法律文书应当抄送现居住地及新居住地县级人民检察院和公安机关。社区矫正人员应当自收到决定之日起七日内到新居住地县级司法行政机关报到。

第十五条　社区矫正人员应当参加公共道德、法律常识、时事政策等教育学习活动，增强法制观念、道德素质和悔罪自新意识。社区矫正人员每月参加教育学习时间不少于八小时。

第十六条　有劳动能力的社区矫正人员应当参加社区服务，修复社会关系，培养社会责任感、集体观念和纪律意识。社区矫正人员每月参加社区服务时间不少于八小时。

……

第二十三条　社区矫正人员有下列情形之一的，县级司法行政机关应当给予警告，并出具书面决定：

（一）未按规定时间报到的；

（二）违反关于报告、会客、外出、居住地变更规定的；

（三）不按规定参加教育学习、社区服务等活动，经教育仍不改正的；

（四）保外就医的社区矫正人员无正当理由不按时提交病情复查情况，或者未经批准进行就医以外的社会活动且经教育仍不改正的；

（五）违反人民法院禁止令，情节轻微的；

（六）其他违反监督管理规定的。

第二十四条　社区矫正人员违反监督管理规定或者人民法院禁止令，依法应予治安管理处罚的，县级司法行政机关应当及时提请同级公安机关依法给予处罚。公安机关应当将处理结果通知县级司法行政机关。

第二十五条　缓刑、假释的社区矫正人员有下列情形之一的，由居住地同级司法行政机关向原裁判人民法院提出撤销缓刑、假释建议书并附相关证明材料，人民法院应当自收到之日起一个月内依法作出裁定：

（一）违反人民法院禁止令，情节严重的；

（二）未按规定时间报到或者接受社区矫正期间脱离监管，超过一个月的；

（三）因违反监督管理规定受到治安管理处罚，仍不改正的；

（四）受到司法行政机关三次警告仍不改正的；

（五）其他违反有关法律、行政

法规和监督管理规定，情节严重的。

司法行政机关撤销缓刑、假释的建议书和人民法院的裁定书同时抄送社区矫正人员居住地同级人民检察院和公安机关。

第二十六条 暂予监外执行的社区矫正人员有下列情形之一的，由居住地县级司法行政机关向批准、决定机关提出收监执行的建议书并附相关证明材料，批准、决定机关应当自收到之日起十五日内依法作出决定：

（一）发现不符合暂予监外执行条件的；

（二）未经司法行政机关批准擅自离开居住的市、县（旗），经警告拒不改正，或者拒不报告行踪，脱离监管的；

（三）因违反监督管理规定受到治安管理处罚，仍不改正的；

（四）受到司法行政机关两次警告，仍不改正的；

（五）保外就医期间不按规定提交病情复查情况，经警告拒不改正的；

（六）暂予监外执行的情形消失后，刑期未满的；

（七）保证人丧失保证条件或者因不履行义务被取消保证人资格，又不能在规定期限内提出新的保证人的；

（八）其他违反有关法律、行政法规和监督管理规定，情节严重的。

司法行政机关的收监执行建议书和决定机关的决定书，应当同时抄送社区矫正人员居住地同级人民检察院和公安机关。

第二十七条 人民法院裁定撤销缓刑、假释或者对暂予监外执行罪犯决定收监执行的，居住地县级司法行政机关应当及时将罪犯送交监狱或者看守所，公安机关予以协助。

监狱管理机关对暂予监外执行罪犯决定收监执行的，监狱应当立即赴羁押地将罪犯收监执行。

公安机关对暂予监外执行罪犯决定收监执行的，由罪犯居住地看守所将罪犯收监执行。

第二十八条 社区矫正人员符合法定减刑条件的，由居住地县级司法行政机关提出减刑建议书并附相关证明材料，经地（市）级司法行政机关审核同意后提请社区矫正人员居住地的中级人民法院裁定。人民法院应当自收到之日起一个月内依法裁定；暂予监外执行罪犯的减刑，案情复杂或者情况特殊的，可以延长一个月。司法行政机关减刑建议书和人民法院减刑裁定书副本，应当同时抄送社区矫正人员居住地同级人民检察院和公安机关。

第二十九条 社区矫正期满前，社区矫正人员应当作出个人总结，司法所应当根据其在接受社区矫正期间的表现、考核结果、社区意见等情况作出书面鉴定，并对其安置帮教提出建议。

第三十条 社区矫正人员矫正期满，司法所应当组织解除社区矫正宣告。宣告由司法所工作人员主持，按照规定程序公开进行。

司法所应当针对社区矫正人员不同情况，通知有关部门、村（居）民委员会、群众代表、社区矫正人员所在单位、社区矫正人员的家庭成员或者监护人、保证人参加宣告。

宣告事项应当包括：宣读对社区矫正人员的鉴定意见；宣布社区矫正期限届满，依法解除社区矫正；对判处管制的，宣布执行期满，解除管制；对宣告缓刑的，宣布缓刑考验期满，原判刑罚不再执行；对裁定假释的，宣布考验期满，原判刑罚执行完毕。

县级司法行政机关应当向社区矫正人员发放解除社区矫正证明书，并书面通知决定机关，同时抄送县级人民检察院和公安机关。

暂予监外执行的社区矫正人员刑期届满的，由监狱、看守所依法为其办理刑满释放手续。

第三十一条　社区矫正人员死亡、被决定收监执行或者被判处监禁刑罚的，社区矫正终止。

社区矫正人员在社区矫正期间死亡的，县级司法行政机关应当及时书面通知批准、决定机关，并通报县级人民检察院。

第三十二条　对于被判处剥夺政治权利在社会上服刑的罪犯，司法行政机关配合公安机关，监督其遵守刑法第五十四条的规定，并及时掌握有关信息。被剥夺政治权利的罪犯可以自愿参加司法行政机关组织的心理辅导、职业培训和就业指导活动。

……

第四十条　本办法自 2012 年 3 月 1 日起施行。最高人民法院、最高人民检察院、公安部、司法部之前发布的有关社区矫正的规定与本办法不一致的，以本办法为准。

【司法指导文件Ⅲ】

《最高人民法院、最高人民检察院、公安部、司法部关于依法办理家庭暴力犯罪案件的意见》（法发〔2015〕4 号，20150302）

21. 充分运用禁止令措施。人民法院对实施家庭暴力构成犯罪被判处管制或者宣告缓刑的犯罪分子，为了确保被害人及其子女和特定亲属的人身安全，可以依照刑法第三十八条第二款、第七十二条第二款的规定，同时禁止犯罪分子再次实施家庭暴力，侵扰被害人的生活、工作、学习，进行酗酒、赌博等活动；经被害人申请且有必要的，禁止接近被害人及其未成年子女。

【指导性案例·法院】

〔董某某、宋某某抢劫案，FZD2013－14〕

对判处管制或者宣告缓刑的未成年被告人，可以根据其犯罪的具体情况以及禁止事项与所犯罪行的关联程度，对其适用"禁止令"。对于未成年人因上网诱发犯罪的，可以禁止其在一定期限内进入网吧等特定场所。

第三十九条　**【管制犯的义务和劳动报酬】**被判处管制的犯罪分子，在执行期间，应当遵守下列规定：

（一）遵守法律、行政法规，服从监督；

（二）未经执行机关批准，不得行使言论、出版、集会、结社、游行、示威自由的权利；

（三）按照执行机关规定报告自己的活动情况；

（四）遵守执行机关关于会客的规定；

（五）离开所居住的市、县或者迁居，应当报经执行机关批准。

对于被判处管制的犯罪分子，在劳动中应当同工同酬。

【司法指导文件 I】

《最高人民法院、最高人民检察院、公安部、劳动人事部关于被判处管制、剥夺政治权利和宣告缓刑、假释的犯罪分子能否外出经商等问题的通知》〔〔86〕高检会（三）字第 2 号，19861108〕

一、对被判处管制、剥夺政治权利和宣告缓刑、假释的犯罪分子，公安机关和有关单位要依法对其实行经常性的监督改造或考察。被管制、假释的犯罪分子，不能外出经商；被剥夺政治权利和宣告缓刑的犯罪分子，按现行规定，属于允许经商范围之内的，如外出经商，需事先经公安机关允许。

二、犯罪分子在被管制、剥夺政治权利、缓刑、假释期间，若原所在单位确有特殊情况不能安排工作的，在不影响对其实行监督考察的情况下，经工商管理部门批准，可以在常住户口所在地自谋生计；家在农村的，亦可就地从事或承包一些农副业生产。

三、犯罪分子在被管制、剥夺政治权利、缓刑、假释期间，不能担任国营或集体企事业单位的领导职务。

【司法指导文件 II】

《最高人民检察院关于被判处管制、剥夺政治权利和宣告缓刑、假释的犯罪分子能否担任中外合资、合作经营企业领导职务问题的答复》（高检发研字〔1991〕4 号，19910925）

最高人民法院、最高人民检察院、公安部、劳动人事部〔86〕高检会（三）字第 2 号《关于被判处管制、剥夺政治权利和宣告缓刑、假释的犯罪分子能否外出经商等问题的通知》第三条所规定的不能担任领导职务的原则，可适用于中外合资、中外合作企业（包括我方与港、澳、台客商合资、合作企业）。

第四十条 【解除管制】被判处管制的犯罪分子，管制期满，执行机关应即向本人和其所在单位或者居住地的群众宣布解除管制。

第四十一条 【管制刑期的计算和折抵】管制的刑期，从判决执行之日起计算；判决执行以前先行羁押的，羁押一日折抵刑期二日。

【相关立法】

《中华人民共和国刑事诉讼法》（20181026）

第七十六条 指定居所监视居住的期限应当折抵刑期。被判处管制的，监视居住一日折抵刑期一日；被判处拘役、有期徒刑的，监视居住二日折抵刑期一日。

【司法解释】

《最高人民法院关于刑事裁判文书中刑期起止日期如何表述问题的批复》（法释〔2000〕7 号，20000304）

根据刑法第四十一条、第四十四条、第四十七条和《法院刑事诉讼文书样式》（样本）的规定，判处管制、拘役、有期徒刑的，应当在刑事裁判文书中写明刑种、刑期和主刑刑期的起止日期及折抵办法。刑期从判决执行之日起计算。判决执行以前先行羁押的，羁押一日折抵刑期一日（判处管制刑的，羁押一日折抵刑期二日），即自×××年××月××日（羁押之日）起至×××年××月××日止。羁押期间取保候审的，刑期的终止日顺延。

【司法指导文件Ⅰ】

《最高人民法院研究室关于行政拘留日期折抵刑期问题的电话答复》（19880223）

我院 1957 年法研字第 20358 号批复规定："如果被告人被判处刑罚的犯罪行为和以前受行政拘留处分的行为系同一行为，其被拘留的日期，应予折抵刑期。"这里所说的"同一行为"，既可以是判决认定同一性质的全部犯罪行为，也可以是同一性质的部分犯罪行为。只要是以前受行政拘留处分的行为，后又作为犯罪事实的全部或者一部分加以认定，其行政拘留的日期即应予折抵刑期。

【司法指导文件Ⅱ】

《最高人民法院研究室关于因错判在服刑期"脱逃"后确有犯罪其错判服刑期限可否与后判刑期折抵问题的电话答复》（19830831）

……对被错判徒刑的在服刑期间"脱逃"的行为，可不以脱逃论罪判刑；但在脱逃期间犯罪的，应依法定罪判刑；对被错判已服刑的日期与后来犯罪所判处的刑期不宜折抵，可在量刑时酌情考虑从轻或减轻处罚。

第三节　拘　役

第四十二条　【拘役的期限】拘役的期限，为一个月以上六个月以下。

第四十三条　【拘役的执行】被判处拘役的犯罪分子，由公安机关就近执行。

在执行期间，被判处拘役的犯罪分子每月可以回家一天至两天；参加劳动的，可以酌量发给报酬。

【公安文件】

《公安部关于对被判处拘役的罪犯在执行期间回家问题的批复》（公复字〔2001〕2 号，20010131）

刑法第四十三条第二款规定，"在执行期间，被判处拘役的犯罪分子每月可以回家一至两天"。根据上述规定，是否准许被判处拘役的罪犯回家，应当根据其在服刑期间表现以及准许其回家是否会影响剩余刑期的继续执行等情况综合考虑，由负责执行的拘役所、看守所提出建议，报其所属的县级以上公安机关决定。被判处拘役的外国籍罪犯提出回家申请的，由地市级以上公安机关决定，并由决定机关将有关情况报上级公安机关备案。对于准许回家的，应当发给国家证明，告知其应当按时返回监管场所和不按时返回将要承担的法律责任，并将准许回家的决定送同级人民检察院。被判处拘役的罪犯在决定机关辖区内有固定住处的，可允许其回固定住处，没有固定住处的，可在决定机关为其指定的居所每月与其家人团聚一天至两天。拘役所、看守所根据被判处拘役的罪犯在服刑及回家期间表现，认为不宜继续准许其回家的，应当提出建议，报原决定机关决定。对于被判处拘役的罪犯在回家期间逃跑的，应当按照刑法第三百一十六条的规定以脱逃罪追究其刑事责任。

第四十四条　【拘役刑期的计算和折抵】拘役的刑期，从判决执行之日起计算；判决执行以前先行羁押的，羁押一日折抵刑期一日。

第四节　有期徒刑、无期徒刑

第四十五条　【有期徒刑的期限】有期徒刑的期限，除本法第五十条、第六十九条规定外，为六个月以上十五年以下。

第四十六条　【有期徒刑与无期徒刑的执行】被判处有期徒刑、无期徒刑的犯罪分子，在监狱或者其他执行场所执行；凡有劳动能力的，都应当参加劳动，接受教育和改造。

【司法解释Ⅰ】

《最高人民法院关于审理未成年人刑事案件具体应用法律若干问题的解释》（法释〔2006〕1号，20060123）

第十三条　未成年人犯罪只有罪行极其严重的，才可以适用无期徒刑。对已满十四周岁不满十六周岁的人犯罪一般不判处无期徒刑。

【司法解释Ⅱ】

《最高人民法院关于人民法院办理接收在台湾地区服刑的大陆居民回大陆服刑案件的规定》（法释〔2016〕11号，20160501）

第一条　人民法院办理接收在台湾地区服刑的大陆居民（以下简称被判刑人）回大陆服刑案件（以下简称接收被判刑人案件），应当遵循一个中国原则，遵守国家法律的基本原则，秉持人道和互惠原则，不得违反社会公共利益。

第二条　接收被判刑人案件由最高人民法院指定的中级人民法院管辖。

第三条　申请机关向人民法院申请接收被判刑人回大陆服刑，应当同时提交以下材料：

（一）申请机关制作的接收被判刑人申请书，其中应当载明：

1. 台湾地区法院认定的被判刑人实施的犯罪行为及判决依据的具体条文内容；

2. 该行为在大陆依据刑法也构成犯罪、相应的刑法条文、罪名及该行为未进入大陆刑事诉讼程序的说明；

3. 建议转换的具体刑罚；

4. 其他需要说明的事项。

（二）被判刑人系大陆居民的身份证明；

（三）台湾地区法院对被判刑人定罪处刑的裁判文书、生效证明和执行文书；

（四）被判刑人或其法定代理人申请或者同意回大陆服刑的书面意见，且法定代理人与被判刑人的意思表示一致；

（五）被判刑人或其法定代理人所作的关于被判刑人在台湾地区接受

公正审判的权利已获得保障的书面声明；

（六）两岸有关业务主管部门均同意被判刑人回大陆服刑的书面意见；

（七）台湾地区业务主管部门出具的有关刑罚执行情况的说明，包括被判刑人交付执行前的羁押期、已服刑期、剩余刑期，被判刑人服刑期间的表现、退赃退赔情况，被判刑人的健康状况、疾病与治疗情况；

（八）根据案件具体情况需要提交的其他材料。

申请机关提交材料齐全的，人民法院应当在七日内立案。提交材料不全的，应当通知申请机关在十五日内补送，至迟不能超过两个月；逾期未补送的，不予立案，并于七日内书面告知申请机关。

第四条　人民法院应当组成合议庭审理接收被判刑人案件。

第五条　人民法院应当在立案后一个月内就是否准予接收被判刑人作出裁定，情况复杂、特殊的，可以延长一个月。

人民法院裁定准予接收的，应当依据台湾地区法院判决认定的事实并参考其所定罪名，根据刑法就相同或者最相似犯罪行为规定的法定刑，按照下列原则对台湾地区法院确定的无期徒刑或者有期徒刑予以转换：

（一）原判处刑罚未超过刑法规定的最高刑，包括原判处刑罚低于刑法规定的最低刑的，以原判处刑罚作为转换后的刑罚；

（二）原判处刑罚超过刑法规定的最高刑的，以刑法规定的最高刑作

为转换后的刑罚；

（三）转换后的刑罚不附加适用剥夺政治权利。

前款所称的最高刑，如台湾地区法院认定的事实依据刑法应当认定为一个犯罪的，是指刑法对该犯罪规定的最高刑；如应当认定为多个犯罪的，是指刑法对数罪并罚规定的最高刑。

对人民法院立案前，台湾地区有关业务主管部门对被判刑人在服刑期间作出的减轻刑罚决定，人民法院应当一并予以转换，并就最终应当执行的刑罚作出裁定。

第六条　被判刑人被接收回大陆服刑前被实际羁押的期间，应当以一日折抵转换后的刑期一日。

第七条　被判刑人被接收回大陆前已在台湾地区被假释或保外就医的，或者被判刑人或其法定代理人在申请或者同意回大陆服刑的书面意见中同时申请暂予监外执行的，人民法院应当根据刑法、刑事诉讼法的规定一并审查，并作出是否假释或者暂予监外执行的决定。

第八条　人民法院作出裁定后，应当在七日内送达申请机关。裁定一经送达，立即生效。

第九条　被判刑人回大陆服刑后，有关减刑、假释、暂予监外执行、赦免等事项，适用刑法、刑事诉讼法及相关司法解释的规定。

第十条　被判刑人回大陆服刑后，对其在台湾地区已被判处刑罚的行为，人民法院不再审理。

第十一条　本规定自 2016 年 5 月 1 日起施行。

【司法解释Ⅱ·注释】

1. 第五条第二款第一项和第二项中规定的"刑法规定的最高刑"或"刑法规定的最低刑"是指法定最高刑或最低刑，而不是某一具体量刑幅度。如我国台湾地区法院对被判刑人走私毒品行为判处了十年有期徒刑，即使该行为依据大陆方面刑法第三百四十七条第四款规定本来最高只能判处七年有期徒刑，但依据该条规定，走私毒品罪的法定最高刑是死刑，故仍应按照台湾地区法院判处的十年有期徒刑转换刑罚。

2. 应当将我国台湾地区裁判文书确定的刑罚转换为刑法规定的最相类似的刑罚。原判刑种与人民法院应判处的刑种相同的，转换为相同的刑种；原判刑种与人民法院应判处的刑种不同时，转换后的刑罚应当符合刑法的规定。具体转换方法为：（1）原被判处无期徒刑的一个行为，人民法院依法也应判处无期徒刑的，转换为无期徒刑执行。（2）原被判处无期徒刑的一个行为，人民法院依法应判处有期徒刑的，转换为对该行为依法能判处的最重的有期徒刑执行，但最高刑期不得超过有期徒刑十五年。（3）原判处有期徒刑的一个行为，人民法院依法应判处无期徒刑的，转换为有期徒刑执行，但不能超过原判刑期且最高刑期不得超过有期徒刑十五年。（4）原被判处有期徒刑的一个行为，人民法院依法应判处有期徒刑的，转换为有期徒刑执行，但不能超过原判刑期且最高刑期不得超过有期徒刑十五年。（5）原被判处无期徒刑的数个行为，人民法院依法也应判处无期徒刑的，转换为无期徒刑执行。（6）原被判处无期徒刑的数个行为，人民法院依法应判处有期徒刑的，首先将原被判处无期徒刑的数个行为刑期逐一转换为对该行为依法能判处的最重的有期徒刑，然后在所有数个行为的总和刑期以下、数刑中最高刑期以上，酌情决定转换执行的有期徒刑刑期，但是总和刑期不满三十五年的，最高不能超过二十年，总和刑期在三十五年以上的，最高不能超过二十五年。（7）原被判处有期徒刑的数个行为，人民法院依法应判处无期徒刑或者有期徒刑的，首先将原被判处刑罚的数个行为的刑期逐一转换为对该行为依法能判处的最重的有期徒刑，然后在所有数个行为的总和刑期以下、数刑中最高刑期以上，酌情决定转换执行的有期徒刑刑期，但是总和刑期不满三十五年的，最高不能超过二十年，总和刑期在三十五年以上的，最高不能超过二十五年。以上转换执行的有期徒刑刑期不能超过原判处的刑期。

3. 第五条第二款第三项规定了"转换后的刑罚不附加适用剥夺政治权利"，主要是考虑到刑法第五十七条规定了对于被判处死刑、无期徒刑的犯罪分子，应当剥夺政治权利终身。因此，如果将台湾地区判处被判刑人的无期徒刑转换执行，势必面临是否应当附加剥夺政治权利的问题。从我国台湾地区有关规定来看，我国台湾地区"刑法"中有"褫夺公权"的从刑，主要内容是褫夺"为公务员之资格"和"为公职候选人之资格",同"法"第三十七条同时规定"宣告死刑或无期徒刑者,宣告褫夺公权终身",亦即如果我国台湾地区对被判刑人判处无期徒刑,也将同时附加适用"褫夺公权"刑。基于以下几点考虑,既不宜通过直接转换的方式也不宜通过附加适用的方式对被判刑人适用剥夺政治权利刑:第一,"剥夺政治权利"与"褫夺公权"并非完全等同,不宜直接转换。第二,"剥夺政治权利"与"褫夺公权"涉及问题较为敏感,不做转换较为稳妥。第三,在被判刑人移管实践中,一般也不规定资格刑、财产刑等附加刑之间的转换问题。第四,在不能直接转换的情况下,如果对被判刑人附加适用剥夺政治权利,相当于对其加重刑罚,不符合被判刑人移管制度理念。

【司法指导文件】

《最高人民法院研究室关于原判有期徒刑的罪犯被再审改判无期徒刑应如何计算实际执行刑期问题的研究意见》(2012)

原判有期徒刑的罪犯经再审改判为无期徒刑的,无期徒刑的执行期间从再审判决确定之日起计算。但是,改判前原判确定之日起已经执行的刑期,在决定假释时应当计算为无期徒刑实际执行的刑期。

第四十七条 【有期徒刑刑期的计算与折抵】有期徒刑的刑期,从判决执行之日起计算;判决执行以前先行羁押的,羁押一日折抵刑期一日。

【司法解释】

《最高人民法院关于撤销缓刑时罪犯在宣告缓刑前羁押的时间能否折抵刑期问题的批复》(法释〔2002〕11号,20020418)

根据刑法第七十七条的规定,对被宣告缓刑的犯罪分子撤销缓刑执行原判刑罚的,对其在宣告缓刑前羁押的时间应当折抵刑期。

【司法指导文件】

《最高人民法院研究室关于对刑罚已执行完毕,由于发现新的证据,又因同一事实被以新的罪名重新起诉的案件,应适用何种程序进行审理等问题的答复》(法研〔2002〕105号,20020731)

……对于先行判决且刑罚已经执行完毕,由于同案犯归案发现新的证据,又因同一事实被以新的罪名重新起诉的被告人,原判人民法院应当按照审判监督程序撤销原判决、裁定,并将案件移送有管辖权的人民法院,按照第一审程序与其他同案被告人并案审理。

该被告人已经执行完毕的刑罚,由收案的人民法院在对被指控的新罪作出判决时依法折抵,被判处有期徒刑的,原执行完毕的刑期可以折抵刑期。

【公安文件】

《公安部关于刑事拘留时间可否折抵行政拘留时间问题的批复》(20040304)

如果行为人依法被刑事拘留的行为与依法被行政拘留的行为系同一行为,公安机关在依法对其裁决行政拘留时，应当将其刑事拘留的时间折抵行政拘留时间。如果行为人依法被刑事拘留的时间已超过依法被裁决的行政拘留时间的，则其行政拘留不再执行，但必须将行政拘留裁决书送达被处罚人。

对没有犯罪事实或者没有事实证明有犯罪重大嫌疑的人错误刑事拘留的，应当依法给予国家赔偿。但是，如果因同一行为依法被裁决行政拘留，且刑事拘留时间已经折抵行政拘留时间的，已经折抵的刑事拘留时间不再给予国家赔偿。

自本批复下发之日起，《公安部关于对刑事拘留时间可否折抵治安拘留时间有关问题的批复》（公复字〔1997〕9号）同时废止。

第五节　死　　刑

第四十八条　【死刑的适用条件、执行方式和核准程序】死刑只适用于罪行极其严重的犯罪分子。对于应当判处死刑的犯罪分子，如果不是必须立即执行的，可以判处死刑同时宣告缓期二年执行。

死刑除依法由最高人民法院判决的以外，都应当报请最高人民法院核准。死刑缓期执行的，可以由高级人民法院判决或者核准。

【指导性案例·检察】

〔郭明先参加黑社会性质组织、故意杀人、故意伤害案，JZD2014－18〕

死刑依法只适用于罪行极其严重的犯罪分子。对故意杀人、故意伤害、绑架、爆炸等涉黑、涉恐、涉暴刑事案件中罪行极其严重，严重危害国家安全和公共安全、严重危害公民生命权，或者严重危害社会秩序的被告人，依法应当判处死刑，人民法院未判处死刑的，人民检察院应当依法提出抗诉。

第四十九条　【不适用死刑的情况及其例外】犯罪的时候不满十八周岁的人和审判的时候怀孕的妇女，不适用死刑。

审判的时候已满七十五周岁的人，不适用死刑，但以特别残忍手段致人死亡的除外。

【修正前条文】

第四十九条　【不适用死刑的情况】犯罪的时候不满十八周岁的人和审判的时候怀孕的妇女，不适用死刑。

【修正说明】

本条第二款由刑法修正案（八）第三条增设。

【立法·要点注释】

1. 不满十八周岁，是决定是否适用死刑的年龄界限，在司法实践中应当一律按公历年、月、日计算实足年龄。必须是过了十八岁生日的第二天起，才认为已满十八周岁。

2. "审判的时候怀孕的妇女"，是指在人民法院审判的时候被告人是怀孕的妇女，也包括审判前在羁押受审时已是怀孕的妇女。因此，对于犯罪的怀孕妇女，在她被羁押或者受审期间，无论其怀孕是否属于违反国家计划生育政策，也不论其是否自然流产或者经人工流产，以及流产后移送起诉或审判期间的长短，仍应视同审判时怀孕的妇女，不能适用死刑。

3. "审判的时候年满七十五周岁的人"，是指按照刑事诉讼法的规定，在人民法院审判的时候被告人是年满七十五周岁的老年人。"以特别残忍手段致人死亡"是指犯罪手段令人发指，如以肢解、残酷折磨、毁人容貌、挖人眼睛、砍掉人双脚等特别残忍的手段致使被害人死亡。只要被告人在人民法院作出判决前，已年满七十五周岁的，就应适用本条第二款规定。

【司法解释】

《最高人民法院关于对怀孕妇女在羁押期间自然流产审判时是否可以适用死刑问题的批复》（法释〔1998〕18号，19980813）

怀孕妇女因涉嫌犯罪在羁押期间自然流产后，又因同一事实被起诉、交付审判的，应当视为"审判的时候怀孕的妇女"，依法不适用死刑。

【司法指导文件】

《最高人民法院研究室关于如何理解"审判的时候怀孕的妇女不适用死刑"问题的电话答复》（19910318）

在羁押期间已是孕妇的被告人，无论其怀孕是否属于违反国家计划生育政策，也不论其是否自然流产或者经人工流产以及流产后移送起诉或审判期间的长短，仍应执行我院（83）法研字第18号《关于人民法院审判严重刑事犯罪案件中具体应用法律的若干问题的答复》中对第三个问题的答复："对于这类案件，应当按照刑法第四十四条和刑事诉讼法第一百五十四条①的规定办理，即：人民法院对'审判的时候怀孕的妇女，不适用死刑'。如果人民法院在审判时发现，在羁押受审时已是孕妇的，仍应依照上述法律规定，不适用死刑。"

【法院参考案例】

〔**参考案例第240号：张怡懿故意杀人案**〕公安机关待犯罪嫌疑人分娩后再采取强制措施的，能否视为审判时怀孕的妇女？

公安机关待犯罪嫌疑人分娩后再采取强制措施的，应视为"审判时怀孕的妇女"。

〔**参考案例第250号：韩雅利贩卖毒品、韩镇平窝藏毒品案**〕被告人在羁押期间做人工流产后脱逃，多年后又被抓获交付审判的，能否适用死刑？

所谓"审判时怀孕的妇女"，不仅包括审判时正在怀孕的妇女，而且也应包括因犯罪被羁押时已怀孕，但在审判前因某种原因自然或人工流产的妇女，即适用于刑事诉讼的整个过程。也就是说，只要刑事诉讼程序已经启动，尚未结束，对此期间怀孕的妇女，无论基于何种原因，均不适用死刑。羁押期间做人工流产后脱逃，多年后又被抓获交付审判的，不能适用死刑。

〔**参考案例第830号：胡金亭故意杀人案**〕如何理解和认定刑法第四十九条"以特别残忍手段致人死亡"？

1. 一般手段杀人与以特别残忍手

————
① 即现行刑法第四十九条和修正后的刑事诉讼法第二百六十二条。——编者注

段杀人，两者的相同之处在于侵害了被害人的生命权，两者的区别在于对善良风俗、伦理底线、人类恻隐心的侵犯程度不同。因此，对故意杀人罪中"特别残忍手段"的理解和认定，应当符合社会民众一般的观念。在具体案件中，对"特别残忍手段"可以综合从以下几个方面理解和认定：（1）杀人手段：使用焚烧、冷冻、油煎、毒蛇猛兽撕咬、分解肢体、剥皮等凶残狠毒方法杀死被害人的。（2）行为过程：犯罪行为持续时间长、次数频繁、折磨被害人的主观故意强。如用凶器数十次捅刺被害人的；长时间暴力折磨被害人，故意加重其痛苦程度的；在被害人失去反抗能力后求饶、逃跑、呼救的过程中，仍然执意追杀被害人的。（3）以其他让社会民众普遍难以接受的手段和方式杀害被害人的。

2. 实践中，对"特别残忍手段"与"情节特别恶劣"应当区别认定。"以特别残忍手段致人死亡"仅仅是"情节特别恶劣"的情形之一，"情节特别恶劣"涵盖的范围更广。如果将"以特别残忍手段致人死亡"替换为"情节特别恶劣"，无疑扩大了已满七十五周岁的老年人适用死刑的限制范围，有违刑法第四十九条第二款的立法初衷。

3. 在认定不属于"以特别残忍手段致人死亡"的前提下：对于年满七十五周岁的老年人故意犯罪无须同时适用刑法第十七条之一和第四十九条第二款规定的情形，可以对年满七十五周岁的老年人判处无期徒刑；对于

年满七十五周岁的老年人故意犯罪同时适用刑法第十七条之一和第四十九条第二款规定的情形，对年满七十五周岁的老年人不应判处无期徒刑。

第五十条 【死缓的法律后果】判处死刑缓期执行的，在死刑缓期执行期间，如果没有故意犯罪，二年期满以后，减为无期徒刑；如果确有重大立功表现，二年期满以后，减为二十五年有期徒刑；如果故意犯罪，情节恶劣的，报请最高人民法院核准后执行死刑；对于故意犯罪未执行死刑的，死刑缓期执行的期间重新计算，并报最高人民法院备案。

对被判处死刑缓期执行的累犯以及因故意杀人、强奸、抢劫、绑架、放火、爆炸、投放危险物质或者有组织的暴力性犯罪被判处死刑缓期执行的犯罪分子，人民法院根据犯罪情节等情况可以同时决定对其限制减刑。

【第二次修正前条文】

第五十条 【死缓的法律后果】判处死刑缓期执行的，在死刑缓期执行期间，如果没有故意犯罪，二年期满以后，减为无期徒刑；如果确有重大立功表现，二年期满以后，减为二十五年有期徒刑；如果故意犯罪，查证属实的，由最高人民法院核准，执行死刑。

对被判处死刑缓期执行的累犯以及因故意杀人、强奸、抢劫、绑架、放火、爆炸、投放危险物质或者有组

织的暴力性犯罪被判处死刑缓期执行的犯罪分子，人民法院根据犯罪情节等情况可以同时决定对其限制减刑。

【第一次修正前条文】

第五十条 【死缓的法律后果】判处死刑缓期执行的，在死刑缓期执行期间，如果没有故意犯罪，二年期满以后，减为无期徒刑；如果确有重大立功表现，二年期满以后，减为十五年以上二十年以下有期徒刑；如果故意犯罪，查证属实的，由最高人民法院核准，执行死刑。

【修正说明】

1. 刑法修正案（八）第四条对原条文作出下述修改：一是将原规定中确有重大立功表现，二年期满以后，"减为十五年以上二十年以下有期徒刑"修改为"减为二十五年有期徒刑"；二是增加规定第二款内容，即对被判处死刑缓期执行的累犯以及因故意杀人、强奸、抢劫、绑架、放火、爆炸、投放危险物质或者有组织的暴力性犯罪被判处死刑缓期执行的犯罪分子，人民法院根据犯罪情节等情况可以同时决定对其限制减刑。

2. 刑法修正案（九）第二条对本条进行第二次修订，对死刑缓期执行的罪犯执行死刑的条件作了修改，进一步提高了执行死刑的门槛，将死刑缓期执行期间"故意犯罪，查证属实的，由最高人民法院核准，执行死刑"修改为"故意犯罪，情节恶劣的，报请最高人民法院核准后执行死刑"。同时，增加规定对于故意犯罪未执行死刑的，死刑缓期执行的期间重新计算，

并报最高人民法院备案。

【立法·要点注释】

1. 第一款所谓"情节恶劣"，需要结合犯罪的动机、手段、危害、造成的后果等犯罪情节，以及罪犯在缓期执行期间的改造、悔罪表现等综合确定。对于故意犯罪、情节恶劣的，在认定构成故意犯罪的判决、裁定发生法律效力后，应当层报最高人民法院核准执行死刑后，执行死刑。

2. 第一款规定的故意犯罪，必须发生在死刑缓期执行期间，如果发生在死刑缓期执行期满后，不适用本款规定，而应当依照刑法第六十九条、第七十一条有关数罪并罚的规定处理。故意犯罪发生在死刑缓期执行期间，司法机关在缓期执行期满以后发现犯罪事实的，适用本款的规定。

3. 第二款中的"同时"，是指判处死刑缓期执行的同时，不是在死刑缓期执行二年期满以后减刑的"同时"。"限制减刑"是指对犯罪分子虽然可以适用减刑，但其实际执行刑期比其他死缓犯减刑后的实际执行刑期更长。

【司法解释 I】

《最高人民法院关于死刑缓期执行限制减刑案件审理程序若干问题的规定》（法释〔2011〕8号，20110501）

为正确适用《中华人民共和国刑法修正案（八）》关于死刑缓期执行限制减刑的规定，根据刑事诉讼法的有关规定，结合审判实践，现就相关案件审理程序的若干问题规定如下：

第一条 根据刑法第五十条第二

款的规定，对被判处死刑缓期执行的累犯以及因故意杀人、强奸、抢劫、绑架、放火、爆炸、投放危险物质或者有组织的暴力性犯罪被判处死刑缓期执行的犯罪分子，人民法院根据犯罪情节、人身危险性等情况，可以在作出裁判的同时决定对其限制减刑。

第二条　被告人对第一审人民法院作出的限制减刑判决不服的，可以提出上诉。被告人的辩护人和近亲属，经被告人同意，也可以提出上诉。

第三条　高级人民法院审理或者复核判处死刑缓期执行并限制减刑的案件，认为原判对被告人判处死刑缓期执行适当，但判决限制减刑不当的，应当改判，撤销限制减刑。

第四条　高级人民法院审理判处死刑缓期执行没有限制减刑的上诉案件，认为原判事实清楚、证据充分，但应当限制减刑的，不得直接改判，也不得发回重新审判。确有必要限制减刑的，应当在第二审判决、裁定生效后，按照审判监督程序重新审判。

高级人民法院复核判处死刑缓期执行没有限制减刑的案件，认为应当限制减刑的，不得以提高审级等方式对被告人限制减刑。

第五条　高级人民法院审理判处死刑的第二审案件，对被告人改判死刑缓期执行的，如果符合刑法第五十条第二款的规定，可以同时决定对其限制减刑。

高级人民法院复核判处死刑后没有上诉、抗诉的案件，认为应当改判死刑缓期执行并限制减刑的，可以提审或者发回重新审判。

第六条　最高人民法院复核死刑案件，认为对被告人可以判处死刑缓期执行并限制减刑的，应当裁定不予核准，并撤销原判，发回重新审判。

一案中两名以上被告人被判处死刑，最高人民法院复核后，对其中部分被告人改判死刑缓期执行的，如果符合刑法第五十条第二款的规定，可以同时决定对其限制减刑。

第七条　人民法院对被判处死刑缓期执行的被告人所作的限制减刑决定，应当在判决书主文部分单独作为一项予以宣告。

第八条　死刑缓期执行限制减刑案件审理程序的其他事项，依照刑事诉讼法和有关司法解释的规定执行。

【司法解释Ⅱ】

《最高人民法院关于〈中华人民共和国刑法修正案（八）〉时间效力问题的解释》（法释〔2011〕9 号，20110501）

第二条　2011 年 4 月 30 日以前犯罪，判处死刑缓期执行的，适用修正前刑法第五十条的规定。

被告人具有累犯情节，或者所犯之罪是故意杀人、强奸、抢劫、绑架、放火、爆炸、投放危险物质或者有组织的暴力性犯罪，罪行极其严重，根据修正前刑法判处死刑缓期执行不能体现罪刑相适应原则，而根据修正后刑法判处死刑缓期执行同时决定限制减刑可以罚当其罪的，适用修正后刑法第五十条第二款的规定。

【司法解释Ⅲ】

《最高人民法院关于〈中华人民共和国刑法修正案（九）〉时间效力

问题的解释》（法释〔2015〕19号，20151101）

第二条 对于被判处死刑缓期执行的犯罪分子，在死刑缓期执行期间，且在2015年10月31日以前故意犯罪的，适用修正后刑法第五十条第一款的规定。

【指导性案例·法院】

〔王志才故意杀人案，FZD2011-4〕

因恋爱、婚姻矛盾激化引发的故意杀人案件，被告人犯罪手段残忍，论罪应当判处死刑，但被告人具有坦白悔罪、积极赔偿等从轻处罚情节，同时被害人亲属要求严惩的，人民法院根据案件性质、犯罪情节、危害后果和被告人的主观恶性及人身危险性，可以依法判处被告人死刑，缓期二年执行，同时决定限制减刑，以有效化解社会矛盾，促进社会和谐。

〔李飞故意杀人案，FZD2012-12〕

对于因民间矛盾引发的故意杀人案件，被告人犯罪手段残忍，且系累犯，论罪应当判处死刑，但被告人亲属主动协助公安机关将其抓捕归案，并积极赔偿的，人民法院根据案件具体情节，从尽量化解社会矛盾角度考虑，可以依法判处被告人死刑，缓期二年执行，同时决定限制减刑。

【法院参考案例】

〔参考案例第402号：范昌平抢劫、盗窃案〕死刑缓期执行期间发现漏罪被判决后仍决定执行死刑缓期二年执行的是否要重新核准？

被判处死刑缓期二年执行的犯罪分子，在死缓执行期间发现判决宣告前还有其他犯罪没有判决，经对漏罪判决后，仍决定执行死刑缓期二年执行的，新的死缓判决应报请高级人民法院重新核准。被判处死刑缓期二年执行的犯罪分子，在死缓执行期间发现判决宣告前还有其他犯罪没有判决，经对漏罪判决后，仍决定执行死刑缓期二年执行的，死刑缓期执行的期间应从新的死缓判决确定之日起计算，已经执行的死缓期间不应计算在新的死缓判决的执行期间之内。

〔参考案例第739号：宋江平、平建卫抢劫、盗窃案〕对共同犯罪中判处死刑缓期执行的被告人如何决定限制减刑？

在有些案件中，数名主犯之间罪责差别不大，罪责相对略小的主犯被判处了死刑缓期执行。对这类主犯是否限制减刑，关键看其主观恶性和人身危险性的大小。如果被判处死刑缓期执行的被告人犯罪手段残忍，犯罪性质和情节恶劣，或者是累犯或者有前科，表现出较大的主观恶性和人身危险性的，在符合刑法第五十条第二款规定的前提下，可以决定对其限制减刑。反之，如果判处死刑缓期执行的被告人犯罪手段和情节一般，也没有前科，不能认定其主观恶性深、人身危险性大的，则判处死刑缓期执行就已经体现严惩，并能实现与判处死刑立即执行主犯之间的量刑平衡，自然也就不应当再对其限制减刑。

〔参考案例第775号：陈黎明故意伤害案〕死刑缓期执行期间因有漏罪而被起诉，在漏罪审理期间又故意犯新罪，是否属于死刑缓期执行期间故意犯罪情形?

在死刑缓期执行期间因有漏罪而被起诉,在漏罪审理期间又故意犯新罪,属于在死刑缓期执行期间故意犯罪情形,并不改变罪犯因前罪被判处死刑缓期执行期间的起算日期。

第五十一条 【死缓执行的期间及死缓减为有期徒刑的刑期计算】死刑缓期执行的期间,从判决确定之日起计算。死刑缓期执行减为有期徒刑的刑期,从死刑缓期执行期满之日起计算。

第六节　罚金

第五十二条 【罚金数额的确定】判处罚金,应当根据犯罪情节决定罚金数额。

【司法解释 I 】

《最高人民法院关于适用财产刑若干问题的规定》(法释〔2000〕45 号,20001219)

第一条　刑法规定"并处"没收财产或者罚金的犯罪,人民法院在对犯罪分子判处主刑的同时,必须依法判处相应的财产刑;刑法规定"可以并处"没收财产或者罚金的犯罪,人民法院应当根据案件具体情况及犯罪分子的财产状况,决定是否适用财产刑。

第二条　人民法院应当根据犯罪情节,如违法所得数额、造成损失的大小等,并综合考虑犯罪分子缴纳罚金的能力,依法判处罚金。刑法没有明确规定罚金数额标准的,罚金的最低数额不能少于一千元。

对未成年人犯罪应当从轻或者减轻判处罚金,但罚金的最低数额不能少于五百元。

……

第四条　犯罪情节较轻,适用单处罚金不致再危害社会并具有下列情形之一的,可以依法单处罚金:

(一) 偶犯或者初犯;

(二) 自首或者有立功表现的;

(三) 犯罪时不满十八周岁的;

(四) 犯罪预备、中止或者未遂的;

(五) 被胁迫参加犯罪的;

(六) 全部退赃并有悔罪表现的;

(七) 其他可以依法单处罚金的情形。

【司法解释 II 】

《最高人民法院关于审理未成年人刑事案件具体应用法律若干问题的解释》(法释〔2006〕1 号,20060123)

第十五条　对未成年罪犯实施刑法规定的"并处"没收财产或者罚金的犯罪,应当依法判处相应的财产刑;对未成年罪犯实施刑法规定的"可以并处"没收财产或者罚金的犯罪,一般不判处财产刑。

对未成年罪犯判处罚金刑时,应当依法从轻或者减轻判处,并根据犯罪情节,综合考虑其缴纳罚金的能力,确定罚金数额。但罚金的最低数额不得少于五百元人民币。

对被判处罚金刑的未成年罪犯,其监护人或者其他人自愿代为垫付罚金的,人民法院应当允许。

【司法指导文件Ⅰ】

《全国法院维护农村稳定刑事审判工作座谈会纪要》（法〔1999〕217号，19991027）

（四）关于财产刑问题

凡法律规定并处罚金或者没收财产的，均应当依法并处，被告人的执行能力不能作为是否判处财产刑的依据。确实无法执行或不能执行的，可以依法执行终结或者减免。对法律规定主刑有死刑、无期徒刑和有期徒刑，同时并处没收财产或罚金的，如决定判处死刑，只能并处没收财产；判处无期徒刑的，可以并处没收财产，也可以并处罚金；判处有期徒刑的，只能并处罚金。

对于法律规定有罚金刑的犯罪，罚金的具体数额应根据犯罪的情节确定。刑法和司法解释有明确规定的，按规定判处；没有规定的，各地可依照法律规定的原则和具体情况，在总结审判经验的基础上统一规定参照执行的数额标准。

对自由刑与罚金刑均可选择适用的案件，如盗窃罪，在决定刑罚时，既要避免以罚金刑代替自由刑，又要克服机械执法只判处自由刑的倾向。对于可执行财产刑且罪行又不严重的初犯、偶犯、从犯等，可单处罚金刑。对于应当并处罚金刑的犯罪，如被告人能积极缴纳罚金，认罪态度较好，且判处的罚金数量较大，自由刑可适当从轻，或考虑宣告缓刑。这符合罪刑相适应原则，因为罚金刑也是刑罚。

被告人犯数罪的，应避免判处罚金刑的同时，判处没收部分财产。对于判处没收全部财产，同时判处罚金刑的，应决定执行没收全部财产，不再执行罚金刑。

【司法指导文件Ⅱ】

《全国法院审理金融犯罪案件工作座谈会纪要》（法〔2001〕8号，20010121）

（五）财产刑的适用

金融犯罪是图利型犯罪，惩罚和预防此类犯罪，应当注重同时从经济上制裁犯罪分子。刑法对金融犯罪都规定了财产刑，人民法院应当严格依法判处。罚金的数额，应当根据被告人的犯罪情节，在法律规定的数额幅度内确定。对于具有从轻、减轻或者免除处罚情节的被告人，对于本应并处的罚金刑原则上也应当从轻、减轻或者免除。

单位金融犯罪中直接负责的主管人员和其他直接责任人员，是否适用罚金刑，应当根据刑法的具体规定。刑法分则条文规定有罚金刑，并规定对单位犯罪中直接负责的主管人员和其他直接责任人员依照自然人犯罪条款处罚的，应当判处罚金刑，但是对直接负责的主管人员和其他直接责任人员判处罚金的数额，应当低于对单位判处罚金的数额；刑法分则条文明确规定对单位犯罪中直接负责的主管人员和其他直接责任人员只判处自由刑的，不能附加判处罚金刑。

第五十三条 【罚金的缴纳】罚金在判决指定的期限内一次或者分期缴纳。期满不缴纳的，强制缴纳。对于不能全部缴纳罚金的，人民法院在任何时候发现被执行人有可以执行的财产，应当随时追缴。

由于遭遇不能抗拒的灾祸等原因缴纳确实有困难的，经人民法院裁定，可以延期缴纳、酌情减少或者免除。

【修正前条文】

第五十三条　【罚金的缴纳】罚金在判决指定的期限内一次或者分期缴纳。期满不缴纳的，强制缴纳。对于不能全部缴纳罚金的，人民法院在任何时候发现被执行人有可以执行的财产，应当随时追缴。如果由于遭遇不能抗拒的灾祸缴纳确实有困难的，可以酌情减少或者免除。

【修正说明】

刑法修正案（九）第三条对原条文作出下述修改：一是将可以减免罚金的情形由"遭遇不能抗拒的灾祸"修改为"遭遇不能抗拒的灾祸等原因"。二是增加了可以延期缴纳的规定；明确了由人民法院裁定的程序。三是将原条文由一款调整规定为两款。

【立法·要点注释】

1. 遭遇不能抗拒的灾祸等是延期缴纳或者减免罚金的条件，但并不是凡有上述情况都可以延期缴纳或者减免罚金。只有由于遭遇不可抗拒的灾祸等原因造成缴纳罚金确实有困难的，才可以延期缴纳、酌情减少罚金数额或者免除全部罚金。

2. "延期缴纳"，是指期满不能缴纳或者全部缴纳的，给予一定的延长期限缴纳罚金。具体延长多长时间，

由人民法院根据犯罪分子的犯罪情节、经济状况、缴纳困难原因预期消除的时间等因素确定。延期缴纳罚金、酌情减少罚金或者免除罚金，均涉及对原判决的变更，程序上应当严格。根据本款规定，罚金延期缴纳、减少或者免除，须经人民法院裁定。

3. 我国刑法不允许用缴纳罚金代替徒刑、拘役，同样也不允许用徒刑、拘役代替罚金。

【司法解释Ⅰ】

《最高人民法院关于适用财产刑若干问题的规定》（法释〔2000〕45号，20001219）

第五条　刑法第五十三条规定的"判决指定的期限"应当在判决书中予以确定；"判决指定的期限"应为从判决发生法律效力第二日起最长不超过三个月。

第六条　刑法第五十三条规定的"由于遭遇不能抗拒的灾祸缴纳确实有困难的"，主要是指因遭受火灾、水灾、地震等灾祸而丧失财产；罪犯因重病、伤残等而丧失劳动能力，或者需要罪犯抚养的近亲属患有重病，需支付巨额医药费等，确实没有财产可供执行的情形。

具有刑法第五十三条规定"可以酌情减少或者免除"事由的，由罪犯本人、亲属或者犯罪单位向负责执行的人民法院提出书面申请，并提供相应的证明材料。人民法院审查以后，根据实际情况，裁定减少或者免除应当缴纳的罚金数额。

……

第八条　罚金刑的数额应当以人民币为计算单位。

第九条　人民法院认为依法应当判处被告人财产刑的，可以在案件审理过程中，决定扣押或者冻结被告人的财产。

第十条　财产刑由第一审人民法院执行。

犯罪分子的财产在异地的，第一审人民法院可以委托财产所在地人民法院代为执行。

第十一条　自判决指定的期限届满第二日起，人民法院对于没有法定减免事由不缴纳罚金的，应当强制其缴纳。

对于隐藏、转移、变卖、损毁已被扣押、冻结财产情节严重的，依照刑法第三百一十四条的规定追究刑事责任。

【司法解释Ⅱ】

《最高人民法院关于刑事裁判涉财产部分执行的若干规定》（法释〔2014〕13 号，20141106）

第九条第二款　执行没收财产或罚金刑，应当参照被扶养人住所地政府公布的上年度当地居民最低生活费标准，保留被执行人及其所扶养家属的生活必需费用。

第七节　剥夺政治权利

第五十四条　【剥夺政治权利的内容】剥夺政治权利是剥夺下列权利：

（一）选举权和被选举权；

（二）言论、出版、集会、结社、游行、示威自由的权利；

（三）担任国家机关职务的权利；

（四）担任国有公司、企业、事业单位和人民团体领导职务的权利。

【立法·要点注释】

被剥夺政治权利的人可以在国有公司、企业、事业单位和人民团体中继续工作，但是不能担任领导职务。应当注意的是，被剥夺政治权利的人担任集体、私营公司、企业和事业单位领导职务的权利不属于剥夺政治权利的范围。

【司法解释】

《最高人民法院关于审理未成年人刑事案件具体应用法律若干问题的解释》（法释〔2006〕1 号，20060123）

第十四条　除刑法规定"应当"附加剥夺政治权利外，对未成年罪犯一般不判处附加剥夺政治权利。

如果对未成年罪犯判处附加剥夺政治权利的，应当依法从轻判处。

对实施被指控犯罪时未成年、审判时已成年的罪犯判处附加剥夺政治权利，适用前款的规定。

【司法指导文件】

《最高人民法院研究室关于剥夺政治权利期间是否可以获准出国定居的电话答复》（19871201）

……依照《中华人民共和国公民出境入境管理法》第八条的规定，被判处刑罚正在服刑的，不批准出境。剥夺政治权利虽属附加刑，仍是我国刑法规定的一种刑罚。该人虽已服完主刑，现对他开始执行附加刑，即执行剥夺政治权利二年的刑罚。因此，该人仍在服刑。

【法院参考案例】

〔参考案例第 101 号：方金青惠投毒案〕对犯罪的外国人能否附加剥夺政治权利？

对外国人不能附加剥夺政治权利。

第五十五条 【剥夺政治权利的期限】剥夺政治权利的期限，除本法第五十七条规定外，为一年以上五年以下。

判处管制附加剥夺政治权利的，剥夺政治权利的期限与管制的期限相等，同时执行。

第五十六条 【剥夺政治权利的适用对象】对于危害国家安全的犯罪分子应当附加剥夺政治权利；对于故意杀人、强奸、放火、爆炸、投毒、抢劫等严重破坏社会秩序的犯罪分子，可以附加剥夺政治权利。

独立适用剥夺政治权利的，依照本法分则的规定。

【司法解释 I】

《最高人民法院关于对故意伤害、盗窃等严重破坏社会秩序的犯罪分子能否附加剥夺政治权利问题的批复》（法释〔1997〕11 号，19980113）

根据刑法第五十六条规定，对于故意杀人、强奸、放火、爆炸、投毒、抢劫等严重破坏社会秩序的犯罪分子，可以附加剥夺政治权利。对故意伤害、盗窃等其他严重破坏社会秩序的犯罪，

犯罪分子主观恶性较深、犯罪情节恶劣、罪行严重的，也可以依法附加剥夺政治权利。

【司法解释 II】

《最高人民法院、最高人民检察院关于办理组织、利用邪教组织破坏法律实施等刑事案件适用法律若干问题的解释》（法释〔2017〕3 号，20170201）

第十四条　对于犯组织、利用邪教组织破坏法律实施罪、组织、利用邪教组织致人重伤、死亡罪，严重破坏社会秩序的犯罪分子，根据刑法第五十六条的规定，可以附加剥夺政治权利。

第五十七条 【被判处死刑、无期徒刑的罪犯附加适用剥夺政治权利】对于被判处死刑、无期徒刑的犯罪分子，应当剥夺政治权利终身。

在死刑缓期执行减为有期徒刑或者无期徒刑减为有期徒刑的时候，应当把附加剥夺政治权利的期限改为三年以上十年以下。

第五十八条 【剥夺政治权利的刑期计算、效力和执行】附加剥夺政治权利的刑期，从徒刑、拘役执行完毕之日或者从假释之日起计算；剥夺政治权利的效力当然施用于主刑执行期间。

被剥夺政治权利的犯罪分子，在执行期间，应当遵守法律、行政法规和国务院公安部门有关监督管理的规定，服从监督；不得行使本法第五十四条规定的各项权利。

【立法·要点注释】

判处有期徒刑、拘役而附加剥夺政治权利的，剥夺政治权利的刑期，从主刑执行完毕之日或者从假释之日起计算。但是，剥夺政治权利的效力则从主刑执行之日起开始发生，即在主刑执行期间，也应同时剥夺政治权利。在这种情况下，被附加剥夺政治权利的罪犯被实际剥夺政治权利的时间要比判决中确定的剥夺政治权利的期限长，等于罪犯主刑刑期和剥夺政治权利刑期的总和。应当注意的是，被判处有期徒刑、拘役而没有附加剥夺政治权利的，在刑罚执行期间仍应享有一定的政治权利。依照《全国人民代表大会常务委员会关于县级以下人民代表大会代表直接选举的若干规定》，应准许他们行使选举权。

第八节 没收财产

第五十九条 【没收财产】 没收财产是没收犯罪分子个人所有财产的一部或者全部。没收全部财产的，应当对犯罪分子个人及其扶养的家属保留必需的生活费用。

在判处没收财产的时候，不得没收属于犯罪分子家属所有或者应有的财产。

【司法解释】

《最高人民法院关于刑事裁判涉财产部分执行的若干规定》（法释〔2014〕13号，20141106）

第六条 刑事裁判涉财产部分的裁判内容，应当明确、具体。涉案财物或者被害人人数较多，不宜在判决主文中详细列明的，可以概括叙明并另附清单。

判处没收部分财产的，应当明确没收的具体财物或者金额。

……

第九条 判处没收财产的，应当执行刑事裁判生效时被执行人合法所有的财产。

执行没收财产或罚金刑，应当参照被扶养人住所地政府公布的上年度当地居民最低生活费标准，保留被执行人及其所扶养家属的生活必需费用。

【司法指导文件】

《最高人民法院研究室关于如何执行没收个人全部财产问题的研究意见》（2012）

作为附加刑的没收个人全部财产，应当是没收犯罪分子个人合法所有的全部财产。如相关财产属于违法所得，应通过追缴、退赔程序予以追回；如相关财产确属犯罪分子家属所有或者应有的财产，也不得作为没收对象。在没收财产前，如犯罪分子的财产与其他家庭成员的财产处于共有状态，应当从中分割出属于犯罪分子个人所有的财产后予以没收。

第六十条 【犯罪分子所负正当债务的偿还】 没收财产以前犯罪分子所负的正当债务，需要以没收的财产偿还的，经债权人请求，应当偿还。

【立法·要点注释】

根据本条规定，以没收的财产偿

还犯罪分子在没收财产以前所负的正当债务的条件有四个：（1）犯罪分子所负债务属于正当债务。（2）犯罪分子所负债务产生于人民法院没收其财产以前。（3）需要以没收的财产偿还。如果犯罪分子还有其他财产可用以偿还债务不是必须以被没收的财产偿还的，不应适用本条。（4）债权人提出申请。人民法院接到债权人的申请后，经审查属实且属于正当债务的，

应当予以偿还。

【司法解释】

《最高人民法院关于适用财产刑若干问题的规定》（法释〔2000〕45号，20001219）

第七条　刑法第六十条规定的"没收财产以前犯罪分子所负的正当债务"，是指犯罪分子在判决生效前所负他人的合法债务。

第四章　刑罚的具体运用

第一节　量　刑

第六十一条　【量刑原则】对于犯罪分子决定刑罚的时候，应当根据犯罪的事实、犯罪的性质、情节和对于社会的危害程度，依照本法的有关规定判处。

【司法指导文件Ⅰ】

《最高人民法院关于常见犯罪的量刑指导意见》（法发〔2017〕7 号，20170401）

为进一步规范刑罚裁量权，落实宽严相济刑事政策，增强量刑的公开性，实现量刑公正，根据刑法和刑事司法解释等有关规定，结合审判实践，制定本指导意见。

一、量刑的指导原则

1. 量刑应当以事实为根据，以法律为准绳，根据犯罪的事实、性质、情节和对于社会的危害程度，决定判处的刑罚。

2. 量刑既要考虑被告人所犯罪行的轻重，又要考虑被告人应负刑事责任的大小，做到罪责刑相适应，实现惩罚和预防犯罪的目的。

3. 量刑应当贯彻宽严相济的刑事政策，做到该宽则宽，当严则严，宽严相济，罚当其罪，确保裁判法律效果和社会效果的统一。

4. 量刑要客观、全面把握不同时期不同地区的经济社会发展和治安形势的变化，确保刑法任务的实现；对于同一地区同一时期、案情相似的案件，所判处的刑罚应当基本均衡。

二、量刑的基本方法

量刑时，应以定性分析为主，定量分析为辅，依次确定量刑起点、基准刑和宣告刑。

1. 量刑步骤

（1）根据基本犯罪构成事实在相应的法定刑幅度内确定量刑起点。

（2）根据其他影响犯罪构成的犯罪数额、犯罪次数、犯罪后果等犯罪事实，在量刑起点的基础上增加刑罚量确定基准刑。

（3）根据量刑情节调节基准刑，并综合考虑全案情况，依法确定宣告刑。

2. 调节基准刑的方法

（1）具有单个量刑情节的，根据量刑情节的调节比例直接调节基准刑。

（2）具有多个量刑情节的，一般根据各个量刑情节的调节比例，采用同向相加、逆向相减的方法调节基准刑；具有未成年人犯罪、老年人犯罪、限制行为能力的精神病人犯罪、又聋又哑的人或者盲人犯罪，防卫过当、避险过当、犯罪预备、犯罪未遂、犯罪中止，从犯、胁从犯和教唆犯等量刑情节的，先适用该量刑情节对基准刑进行调节，在此基础上，再适用其他量刑情节进行调节。

（3）被告人犯数罪，同时具有适用于各个罪的立功、累犯等量刑情节的，先适用该量刑情节调节个罪的基准刑，确定个罪所应判处的刑罚，再依法实行数罪并罚，决定执行的刑罚。

3. 确定宣告刑的方法

（1）量刑情节对基准刑的调节结果在法定刑幅度内，且罪责刑相适应的，可以直接确定为宣告刑；如果具有应当减轻处罚情节的，应依法在法定最低刑以下确定宣告刑。

（2）量刑情节对基准刑的调节结果在法定最低刑以下，具有法定减轻处罚情节，且罪责刑相适应的，可以直接确定为宣告刑；只有从轻处罚情节的，可以依法确定法定最低刑为宣告刑；但是根据案件的特殊情况，经最高人民法院核准，也可以在法定刑以下判处刑罚。

（3）量刑情节对基准刑的调节结果在法定最高刑以上的，可以依法确定法定最高刑为宣告刑。

（4）综合考虑全案情况，独任审判员或合议庭可以在 20% 的幅度内对调节结果进行调整，确定宣告刑。当调节后的结果仍不符合罪责刑相适应原则的，应提交审判委员会讨论，依法确定宣告刑。

（5）综合全案犯罪事实和量刑情节，依法应当判处无期徒刑以上刑罚、管制或者单处附加刑、缓刑、免刑的，应当依法适用。

三、常见量刑情节的适用

量刑时要充分考虑各种法定和酌定量刑情节，根据案件的全部犯罪事实以及量刑情节的不同情形，依法确定量刑情节的适用及其调节比例。对严重暴力犯罪、毒品犯罪等严重危害社会治安犯罪，在确定从宽的幅度时，应当从严掌握对犯罪情节较轻的犯罪，应当充分体现从宽。具体确定各个量刑情节的调节比例时，应当综合平衡调节幅度与实际增减刑罚量的关系，确保罪责刑相适应。

……

12. 对于有前科的，综合考虑前科的性质、时间间隔长短、次数、处罚轻重等情况，可以增加基准刑的 10% 以下。前科犯罪为过失犯罪和未成年人犯罪的除外。

13. 对于犯罪对象为未成年人、老年人、残疾人、孕妇等弱势人员的，综合考虑犯罪的性质、犯罪的严重程度等情况，可以增加基准刑的 20% 以下。

14. 对于在重大自然灾害、预防、控制突发传染病疫情等灾害期间故意犯罪的，根据案件的具体情况，可以增加基准刑的 20% 以下。

……

五、附则

1. 本指导意见规范上列十五种犯罪判处有期徒刑、拘役的案件。其他判处有期徒刑、拘役的案件，可以参照量刑的指导原则、基本方法和常见量刑情节的适用规范量刑。

2. 各高级人民法院应当结合当地实际制定实施细则。

3. 本指导意见自 2017 年 4 月 1 日起实施。《最高人民法院关于实施量刑规范化工作的通知》（法发〔2013〕14 号）同时废止。

【司法指导文件Ⅱ】

《最高人民法院关于贯彻宽严相济刑事政策的若干意见》（法发〔2010〕9 号，20100208）

二、准确把握和正确适用依法从"严"的政策要求

6. 宽严相济刑事政策中的从"严"，主要是指对于罪行十分严重、社会危害性极大，依法应当判处重刑或死刑的，要坚决地判处重刑或死刑；对于社会危害大或者具有法定、酌定从重处罚情节，以及主观恶性深、人身危险性大的被告人，要依法从严惩处。在审判活动中通过体现依法从"严"的政策要求，有效震慑犯罪分子和社会不稳定分子，达到有效遏制犯罪、预防犯罪的目的。

7. 贯彻宽严相济刑事政策，必须毫不动摇地坚持依法严惩严重刑事犯罪的方针。对于危害国家安全犯罪、恐怖组织犯罪、邪教组织犯罪、黑社会性质组织犯罪、恶势力犯罪、故意危害公共安全犯罪等严重危害国家政权稳固和社会治安的犯罪，故意杀人、故意伤害致人死亡、强奸、绑架、拐卖妇女儿童、抢劫、重大抢夺、重大盗窃等严重暴力犯罪和严重影响人民群众安全感的犯罪，走私、贩卖、运输、制造毒品等毒害人民健康的犯罪，要作为严惩的重点，依法从重处罚。尤其对于极端仇视国家和社会，以不特定人为侵害对象，所犯罪行特别严重的犯罪分子，该重判的要坚决依法重判，该判处死刑的要坚决依法判处死刑。

8. 对于国家工作人员贪污贿赂、滥用职权、失职渎职的严重犯罪，黑恶势力犯罪、重大安全责任事故、制售伪劣食品药品所涉及的国家工作人员职务犯罪，发生在社会保障、征地拆迁、灾后重建、企业改制、医疗、教育、就业等领域严重损害群众利益、社会影响恶劣、群众反映强烈的国家工作人员职务犯罪，发生在经济社会建设重点领域、重点行业的严重商业贿赂犯罪等，要依法从严惩处。

对于国家工作人员职务犯罪和商业贿赂犯罪中性质恶劣、情节严重、涉案范围广、影响面大的，或者案发后隐瞒犯罪事实、毁灭证据、订立攻守同盟、负案潜逃等拒不认罪悔罪的，要坚决依法从严惩处。

对于被告人犯罪所得数额不大，但对国家财产和人民群众利益造成重大损失、社会影响极其恶劣的职务犯罪和商业贿赂犯罪案件，也应依法从严惩处。

要严格掌握职务犯罪法定减轻处罚情节的认定标准与减轻处罚的幅度，严格控制依法减轻处罚后判处三年以下有期徒刑适用缓刑的范围，切实规范职务犯罪缓刑、免予刑事处罚的适用。

9. 当前和今后一段时期，对于集资诈骗、贷款诈骗、制贩假币以及扰乱、操纵证券、期货市场等严重危害金融秩序的犯罪，生产、销售假药、劣药、有毒有害食品等严重危害食品药品安全的犯罪，走私等严重侵害国家经济利益的犯罪，造成严重后果的重大安全责任事故犯罪，重大环境污染、非法采矿、盗伐林木等各种严重

破坏环境资源的犯罪等，要依法从严惩处，维护国家的经济秩序，保护广大人民群众的生命健康安全。

10. 严惩严重刑事犯罪，必须充分考虑被告人的主观恶性和人身危险性。对于事先精心预谋、策划犯罪的被告人，具有惯犯、职业犯等情节的被告人，或者因故意犯罪受过刑事处罚、在缓刑、假释考验期内又犯罪的被告人，要依法严惩，以实现刑罚特殊预防的功能。

11. 要依法从严惩处累犯和毒品再犯。凡是依法构成累犯和毒品再犯的，即使犯罪情节较轻，也要体现从严惩处的精神。尤其是对于前罪为暴力犯罪或被判处重刑的累犯，更要依法从严惩处。

……

三、准确把握和正确适用依法从"宽"的政策要求

14. 宽严相济刑事政策中的从"宽"，主要是指对于情节较轻、社会危害性较小的犯罪，或者罪行虽然严重，但具有法定、酌定从宽处罚情节，以及主观恶性相对较小、人身危险性不大的被告人，可以依法从轻、减轻或者免除处罚；对于具有一定社会危害性，但情节显著轻微危害不大的行为，不作为犯罪处理；对于依法可不监禁的，尽量适用缓刑或者判处管制、单处罚金等非监禁刑。

……

16. 对于所犯罪行不重、主观恶性不深、人身危险性较小、有悔改表现、不致再危害社会的犯罪分子，要依法从宽处理。对于其中具备条件的，

应当依法适用缓刑或者管制、单处罚金等非监禁刑。同时配合做好社区矫正，加强教育、感化、帮教、挽救工作。

……

19. 对于较轻犯罪的初犯、偶犯，应当综合考虑其犯罪的动机、手段、情节、后果和犯罪时的主观状态，酌情予以从宽处罚。对于犯罪情节轻微的初犯、偶犯，可以免予刑事处罚；依法应当予以刑事处罚的，也应当尽量适用缓刑或者判处管制、单处罚金等非监禁刑。

20. 对于未成年人犯罪，在具体考虑其实施犯罪的动机和目的、犯罪性质、情节和社会危害程度的同时，还要充分考虑其是否属于初犯，归案后是否悔罪，以及个人成长经历和一贯表现等因素，坚持"教育为主、惩罚为辅"的原则和"教育、感化、挽救"的方针进行处理。对于偶尔盗窃、抢夺、诈骗，数额刚达到较大的标准，案发后能如实交代并积极退赃的，可以认定为情节显著轻微，不作为犯罪处理。对于罪行较轻的，可以依法适当多适用缓刑或者判处管制、单处罚金等非监禁刑；依法可免予刑事处罚的，应当免予刑事处罚。对于犯罪情节严重的未成年人，也应当依照刑法第十七条第三款的规定予以从轻或者减轻处罚。对于已满十四周岁不满十六周岁的未成年犯罪人，一般不判处无期徒刑。

21. 对于老年人犯罪，要充分考虑其犯罪的动机、目的、情节、后果以及悔罪表现等，并结合其人身危险

性和再犯可能性，酌情予以从宽处罚。

22. 对于因恋爱、婚姻、家庭、邻里纠纷等民间矛盾激化引发的犯罪，因劳动纠纷、管理失当等原因引发、犯罪动机不属恶劣的犯罪，因被害方过错或者基于义愤引发的或者具有防卫因素的突发性犯罪，应酌情从宽处罚。

23. 被告人案发后对被害人积极进行赔偿，并认罪、悔罪的，依法可以作为酌定量刑情节予以考虑。因婚姻家庭等民间纠纷激化引发的犯罪，被害人及其家属对被告人表示谅解的，应当作为酌定量刑情节予以考虑。犯罪情节轻微，取得被害人谅解的，可以依法从宽处理，不需判处刑罚的，可以免予刑事处罚。

......

四、准确把握和正确适用宽严"相济"的政策要求

25. 宽严相济刑事政策中的"相济"，主要是指对各类犯罪依法处罚时，要善于综合运用宽和严两种手段，对不同的犯罪和犯罪分子区别对待，做到严中有宽、宽以济严；宽中有严、严以济宽。

26. 在对严重刑事犯罪依法从严惩处的同时，对被告人具有自首、立功、从犯等法定或酌定从宽处罚情节的，还要注意宽以济严，根据犯罪的具体情况，依法应当或可以从宽的，都应当在量刑上予以充分考虑。

27. 在对较轻刑事犯罪依法从轻处罚的同时，要注意严以济宽，充分考虑被告人是否具有屡教不改、严重滋扰社会、群众反映强烈等酌定从严处罚的情况，对于不从严不足以有效惩戒者，也应当在量刑上有所体现，做到济之以严，使犯罪分子受到应有处罚，切实增强改造效果。

28. 对于被告人同时具有法定、酌定从严和法定、酌定从宽处罚情节的案件，要在全面考察犯罪的事实、性质、情节和对社会危害程度的基础上，结合被告人的主观恶性、人身危险性、社会治安状况等因素，综合作出分析判断，总体从严，或者总体从宽。

......

第六十二条　【从重、从轻处罚】犯罪分子具有本法规定的从重处罚、从轻处罚情节的，应当在法定刑的限度以内判处刑罚。

第六十三条　【减轻处罚】犯罪分子具有本法规定的减轻处罚情节的，应当在法定刑以下判处刑罚；本法规定有数个量刑幅度的，应当在法定量刑幅度的下一个量刑幅度内判处刑罚。

犯罪分子虽然不具有本法规定的减轻处罚情节，但是根据案件的特殊情况，经最高人民法院核准，也可以在法定刑以下判处刑罚。

【修正前条文】

第六十三条　【减轻处罚】犯罪分子具有本法规定的减轻处罚情节的，应当在法定刑以下判处刑罚。

犯罪分子虽然不具有本法规定的减轻处罚情节，但是根据案件的特殊情况，经最高人民法院核准，也可以

在法定刑以下判处刑罚。

【修正说明】

刑法修正案（八）第五条对原条文第一款作了修改，明确规定：犯罪分子具有本法规定的减轻处罚情节的，应当在法定刑以下判处刑罚；本法规定有数个量刑幅度的，应当在法定量刑幅度的下一个量刑幅度内判处刑罚。

【立法·要点注释】

1. 关于"下一个量刑幅度内判处刑罚"。刑法规定此罪有两个以上量刑幅度的，减轻处罚只能在法定量刑幅度紧接着的下一个量刑幅度内判处刑罚，而不能跨越一个量刑幅度去判处刑罚。如果法定量刑幅度已经是最轻的一个量刑幅度，则减轻处罚也只能在此幅度内判处较轻或最轻的刑罚；对于已经确定予以减轻处罚，刑法只规定了一个量刑幅度的，则只能在此量刑幅度内判处较轻或最轻的刑罚。

2. "案件特殊情况"，主要是指案件本身的特殊性，如涉及政治、国防、外交等特殊情况。对于有上述特殊情况的案件，即使犯罪分子不具有本法规定的减轻处罚的情节，地方各级人民法院经报最高人民法院核准，也可以在法定刑以下判处刑罚。这是对减轻处罚的特殊规定。

【司法指导文件】

《最高人民法院研究室关于如何理解"在法定刑以下判处刑罚"问题的答复》（法研〔2012〕67号，20120530）

刑法第六十三条第一款规定的"在法定刑以下判处刑罚"，是指在法定量刑幅度的最低刑以下判处刑罚。

刑法分则中规定的"处十年以上有期徒刑、无期徒刑或者死刑"，是一个量刑幅度，而不是"十年以上有期徒刑"、"无期徒刑"和"死刑"三个量刑幅度。

【司法指导文件·注释】

1. "在法定刑以下判处刑罚"是指在法定量刑幅度的最低刑以下判处刑罚。《最高人民法院研究室关于如何理解和掌握"在法定刑以下减轻"处罚问题的电话答复》（19900427）曾经明确规定：减轻处罚是指"应当在法定刑以下判处刑罚"。这里所说的"法定刑"，是指根据被告人所犯罪行的轻重，应当分别适用的刑法规定的不同条款或者相应的量刑幅度。在同一法定刑幅度中适用较轻的刑种或者较低的刑期，是"从轻处罚"，不是"减轻处罚"。所以，当法定刑有幅度时，"在法定刑以下判处刑罚"，就是指在法定量刑幅度的最低刑以下判处刑罚。

2. 关于特殊情况下的酌定减轻处罚能否下二档处罚的问题。刑法第六十三条第二款规定："犯罪分子虽然不具有本法规定的减轻处罚情节，但是根据案件的特殊情况，经最高人民法院核准，也可以在法定刑以下判处刑罚。"有意见认为，鉴于报最高人民法院核准是个特殊程序，为了政治、外交、国防、宗教、统战等国家利益的需要，以及为了实现极特殊个案的公正，确有必要的，也可以下二档处罚。正如许霆虽没有法定减轻处罚情节，但经最高人民法院核准，对其下二档处罚，取得了很好的社会效果。

【法院参考案例】

〔**参考案例第1015号：周标受贿案**〕上一级人民法院同意在法定刑以下判处刑罚的应当制作何种文书？

上一级人民法院复核下级法院未上（抗）诉法定刑以下判处刑罚的案件，同意原判的，不必作出裁定，但应当制作书面报告层报最高人民法院核准。

〔**参考案例第829号：朱胜虎等非法经营案**〕如何依据法定情节对罚金刑减轻适用？

在对主刑选择从轻的同时，对罚金刑也可以适用减轻。制作裁判文书时，应当对罚金刑受量刑情节调节的结果进行表述，特别是在自由刑与罚金刑不同时，从轻、减轻处罚更应当表述清楚，以免引起不必要的争议。

第六十四条 【违禁品和涉案财物的处理】犯罪分子违法所得的一切财物，应当予以追缴或者责令退赔；对被害人的合法财产，应当及时返还；违禁品和供犯罪所用的本人财物，应当予以没收。没收的财物和罚金，一律上缴国库，不得挪用和自行处理。

【立法·要点注释】

1. "追缴"，是指将犯罪分子的违法所得强制收归国有。如在刑事诉讼过程中，对犯罪分子的违法所得进行追查、收缴；对于在办案过程中发现的犯罪分子已转移、隐藏的赃物追查下落，予以收缴。

2. "责令退赔"，是指犯罪分子已将违法所得使用、挥霍或者毁坏的，也要责令其按违法所得财物的价值退赔。

3. "供犯罪所用的本人财物"，是指供犯罪分子进行犯罪活动而使用的属于他本人所有的钱款和物品，如用于走私的运输工具、赌博用的赌具等。如果这些财物不是犯罪分子本人的，而是借用或者擅自使用的他人财物，财物所有人事前不知是供犯罪使用的也应当予以返还。但是，司法机关作为证据扣押的，应当等到案件审理结束后，再发还给财物所有人。

【司法解释 I 】①

《最高人民法院关于适用刑法第六十四条有关问题的批复》（法〔2013〕229号，20131021）

……被告人非法占有、处置被害人财产的，应当依法予以追缴或者责令退赔。……追缴或者责令退赔的具体内容，应当在判决主文中写明；其中，判决前已经发还被害人的财产，应当注明。被害人提起附带民事诉讼，或者另行提起民事诉讼请求返还被非法占有、处置的财产的，人民法院不予受理。

---

① 该批复未经最高人民法院审判委员会讨论，也未使用司法释号，不是司法解释，属于具有司法解释性质的规范性文件。考虑到该批复涉及的问题比较重要，故在本书中归入司法解释文件一类，但应注意其并不具有司法解释的效力。——编者注

【司法解释 I·注释】

1. 鉴于法律、司法解释已将被告人非法占有、处置被害人财产的情形排除在附带民事诉讼的受案范围之外，如不在判决主文中写明追缴或者责令退赔的有关内容，则无法有效维护被害人的合法权益。追缴或者责令退赔的具体内容，在判决主文中如何具体写明，可以根据不同情况处理：

（1）财产已经被查封、扣押、冻结的，不论是否随案移送，只要查明属于应当返还被害人的，都应当在判决主文中写明。涉案财物较多，不宜在判决主文中详细列明的，可以附清单。

（2）没有查封、扣押、冻结财产，或者查封、扣押、冻结的财产不足以弥补被害人损失的，比如，诈骗100 万元，扣押在案的财产只有 20 万元，就应当在判决将扣押的财产 20 万元发还被害人后，在判决主文中另写明责令被告人退赔被害人 80 万元。查封、扣押、冻结财产的价值在判决时难以确定的，判决主文可以这样表述：责令被告人退赔被害人 100 万元。扣押的财产×××发还被害人（以执行时的实际价值计入已退赔数额）。

（3）判决前已经发还被害人全部或者部分财产的，人民法院应当审查先行返还是否合理合法，尤其对于被告人、其他被害人或者第三人对先行返还提出异议的，应当在法庭上查证清楚，并在判决主文中予以明确。比如，诈骗100 万元，扣押在案的财产20 万元已经在判决前发还被害人，经审理认为先行返还合理合法的，判决主文可以这样表述：责令被告人退赔被害人 100 万元（其中 20 万元已发还）。

（4）赃款赃物虽然没有查封、扣押、冻结，但判决时赃款赃物尚在，且已经查明权属关系，依法应当追缴返还被害人的，判决主文中可以使用"追缴"一词。比如，盗窃一件文物，已经查清该物的具体流向和下落，且持有人不属于善意取得，依法应当追缴的，判决主文可以这样表述：向×××追缴×××（注明文物名称、特征等）发还被害人。

2. 对于追缴和责令退赔的区别，最高人民法院 1999 年 10 月 27 日《全国法院维护农村稳定刑事审判工作座谈会纪要》中规定："如赃款赃物尚在的，应一律追缴；已被用掉、毁坏或挥霍的，应责令退赔。"但在实践中，刑事审判部门往往因难以查清赃物持有人，或者难以查清是否属于善意取得，一般笼统判决继续追缴赃物发还被害人；而执行部门反映，如果没有具体写明向谁追缴，就无法执行，等于空判。因此，如果部分赃款赃物尚在部分赃款赃物已经不在的，判决主文可以不作区分，只写责令退赔；如果赃物虽然尚在但已被毁坏，或者不能排除第三方属于善意取得的，宜判决责令退赔。

3. 经过追缴或者退赔，赃物（原物）没有全部追缴，赃款（本金）没有全部退赔，或者兼而有之，被害人的损失仍未得到弥补。此种情形，一般表明赃物已无法追缴，被告人也无退赔能力，类似于无法执行的情况。但是，由于已经在刑事判决中判决继续追缴或者责令退赔，任何时候，只要发现被告人有财产，司法机关均可依法追缴或者强制执行。被害人另行提起民事诉讼的，人民法院应当不予受理，否则就会造成刑事判决和民事判决的重复、冲突。即使以前的刑事判决中没有继续追缴或者责令退赔的内容，也应当继续通过刑事诉讼途径予以弥补和解决，不宜通过民事诉讼程序解决。

【司法解释 II】

《最高人民法院关于刑事裁判涉财产部分执行的若干规定》（法释〔2014〕13 号，20141106）

第一条 本规定所称刑事裁判涉财产部分的执行，是指发生法律效力的刑事裁判主文确定的下列事项的执行：

（一）罚金、没收财产；

（二）责令退赔；

（三）处理随案移送的赃款赃物；

（四）没收随案移送的供犯罪所用本人财物；

（五）其他应当由人民法院执行的相关事项。

刑事附带民事裁判的执行，适用民事执行的有关规定。

……

第四条 人民法院刑事审判中可能判处被告人财产刑、责令退赔的，刑事审判部门应当依法对被告人的财产状况进行调查；发现可能隐匿、转移财产的，应当及时查封、扣押、冻

结其相应财产。

……

第六条 刑事裁判涉财产部分的裁判内容，应当明确、具体。涉案财物或者被害人人数较多，不宜在判决主文中详细列明的，可以概括叙明并另附清单。

判处没收部分财产的，应当明确没收的具体财物或者金额。

判处追缴或者责令退赔的，应当明确追缴或者退赔的金额或财物的名称、数量等相关情况。

……

第十条 对赃款赃物及其收益，人民法院应当一并追缴。

被执行人将赃款赃物投资或者置业，对因此形成的财产及其收益，人民法院应予追缴。

被执行人将赃款赃物与其他合法财产共同投资或者置业，对因此形成的财产中与赃款赃物对应的份额及其收益，人民法院应予追缴。

对于被害人的损失，应当按照刑事裁判认定的实际损失予以发还或者赔偿。

第十一条 被执行人将刑事裁判认定为赃款赃物的涉案财物用于清偿债务、转让或者设置其他权利负担，具有下列情形之一的，人民法院应予追缴：

（一）第三人明知是涉案财物而接受的；

（二）第三人无偿或者以明显低于市场的价格取得涉案财物的；

（三）第三人通过非法债务清偿或者违法犯罪活动取得涉案财物的；

（四）第三人通过其他恶意方式取得涉案财物的。

第三人善意取得涉案财物的，执行程序中不予追缴。作为原所有人的被害人对该涉案财物主张权利的，人民法院应当告知其通过诉讼程序处理。

……

第十五条　执行过程中，案外人或被害人认为刑事裁判中对涉案财物是否属于赃款赃物认定错误或者应予认定而未认定，向执行法院提出书面异议，可以通过裁定补正的，执行机构应当将异议材料移送刑事审判部门处理；无法通过裁定补正的，应当告知异议人通过审判监督程序处理。

……

【司法解释Ⅱ·注释】

1. 关于赃款赃物的继续追缴。对于判决继续追缴的执行主体，由于法律无明确规定，长期存在争议。《中共中央办公厅、国务院办公厅关于进一步规范刑事诉讼涉案财物处置工作的意见》规定，未查控在案的违法所得，应由人民法院判决继续追缴或责令退赔，并由人民法院负责执行，人民检察院、公安机关等相关部门予以配合。从维护判决严肃性的大局出发，规定第一条第一款第（五）项规定了"其他应当由人民法院执行的相关事项"，个别具备继续追缴条件的案件，人民法院可以引用此项规定执行追缴。

2. 关于责令退赔。"退赔"是指当犯罪分子因挥霍或者其他原因无法追回违法所得财物的情形下，要求其按照相应的折算价格进行退赔。因此，

责令退赔中的赔偿与财产刑均是执行被执行人的个人财产，两者执行并无实质性区别，并且与民事赔偿的执行相类似，应当由执行机构负责执行。其中"退"的部分，应当以赃款赃物的追缴为前提，与处置赃款赃物重合，应适用本规定第一条第一款第（三）项的规定。

3. 关于涉案财物的没收。对于随案移送的赃款赃物或者价值较大的供犯罪所用本人财物的没收，如走私船只、运输车辆等需要变现处置的，应当由执行机构负责执行。对于查控在案的违禁品或价值不大的作案工具，一般是由侦查机关直接销毁，其中作为证据使用而随案移送的，在案件审结后，亦由刑事审判部门移交有关部门销毁处理，无须移送执行，故未将违禁品的没收列入本规定的执行事项中。

4. 关于执行刑事追赃中适用善意取得制度。赃物系特定物，赃物的追缴能否适用善意取得制度，理论界和实务中尚有不同认识。规定明确赃物的追缴适用善意取得制度，是基于以下方面的考虑：（1）作为赃物原所有人的被害人与善意第三人为平等的民事主体，应当平等保护，在赃物已被善意第三人合法占有的情况下将赃物追回，对善意第三人显失公平。（2）从物权法规定看，善意取得问题集中规定在第九章"所有权取得的特别规定"中，该章第一百零六条首先对善意取得制度作出了一般性规定，之后分别在第一百零七条、第一百一十四条对遗失物和漂流物、埋藏物、

隐藏物的善意取得问题作出了特别规定，并未就犯罪所得财物的善意取得问题，作出特别规定或者除外规定。（3）2011年《最高人民法院、最高人民检察院关于办理诈骗刑事案件具体应用法律若干问题的解释》第十条的规定已将物权法善意取得的一般规定引入诈骗犯罪赃款赃物追缴程序中，鉴此，其他犯罪赃款赃物的追缴亦应适用善意取得制度。（4）执行实践中，在赃物已被转让、多次转让或者设置权利负担的情况下，采取"一追到底"的追缴原则不具现实性。（5）规定"第三人善意取得涉案财物的，执行程序中不予追缴"有利于维护既定的社会关系，促进社会稳定。

【司法解释Ⅲ】

《最高人民法院、最高人民检察院关于适用犯罪嫌疑人、被告人逃匿、死亡案件违法所得没收程序若干问题的规定》（法释〔2017〕1号，20170105）

第一条 下列犯罪案件，应当认定为刑事诉讼法第二百八十条①第一款规定的"犯罪案件"：

（一）贪污、挪用公款、巨额财产来源不明、隐瞒境外存款、私分国有资产、私分罚没财物犯罪案件；

（二）受贿、单位受贿、利用影响力受贿、行贿、对有影响力的人行贿、对单位行贿、介绍贿赂、单位行贿犯罪案件；

（三）组织、领导、参加恐怖组织，帮助恐怖活动，准备实施恐怖活动，宣扬恐怖主义、极端主义、煽动实施恐怖活动，利用极端主义破坏法律实施，强制穿戴宣扬恐怖主义、极端主义服饰、标志，非法持有宣扬恐怖主义、极端主义物品犯罪案件；

（四）危害国家安全、走私、洗钱、金融诈骗、黑社会性质的组织、毒品犯罪案件。

电信诈骗、网络诈骗犯罪案件，依照前款规定的犯罪案件处理。

第二条 在省、自治区、直辖市或者全国范围内具有较大影响，或者犯罪嫌疑人、被告人逃匿境外的，应当认定为刑事诉讼法第二百八十条第一款规定的"重大"。

第三条 犯罪嫌疑人、被告人为逃避侦查和刑事追究潜逃、隐匿，或者在刑事诉讼过程中脱逃的，应当认定为刑事诉讼法第二百八十条第一款规定的"逃匿"。

犯罪嫌疑人、被告人因意外事故下落不明满二年，或者因意外事故下落不明，经有关机关证明其不可能生存的，依照前款规定处理。

第四条 犯罪嫌疑人、被告人死亡，依照刑法规定应当追缴其违法所得及其他涉案财产的，人民检察院可以向人民法院提出没收违法所得的申请。

第五条 公安机关发布通缉令或者公安部通过国际刑警组织发布红色国际通报，应当认定为刑事诉讼法第二百八十条第一款规定的"通缉"。

第六条 通过实施犯罪直接或者

_____

① 本解释中提到的刑事诉讼法第二百八十条，为2018年修正后的刑事诉讼法第二百九十八条。——编者注

间接产生、获得的任何财产，应当认
定为刑事诉讼法第二百八十条第一款
规定的"违法所得"。

违法所得已经部分或者全部转变、
转化为其他财产的，转变、转化后的
财产应当视为前款规定的"违法
所得"。

来自违法所得转变、转化后的财
产收益，或者来自已经与违法所得相
混合财产中违法所得相应部分的收益，
应当视为第一款规定的"违法所得"。

第七条　刑事诉讼法第二百八十
一条①第三款规定的"利害关系人"
包括犯罪嫌疑人、被告人的近亲属和
其他对申请没收的财产主张权利的自
然人和单位。

刑事诉讼法第二百八十一条第二
款、第二百八十二条②第二款规定的
"其他利害关系人"是指前款规定的
"其他对申请没收的财产主张权利的自
然人和单位"。

第八条　人民检察院向人民法院
提出没收违法所得的申请，应当制作
没收违法所得申请书。

没收违法所得申请书应当载明以
下内容：

（一）犯罪嫌疑人、被告人的基
本情况；

（二）案由及案件来源；

（三）犯罪嫌疑人、被告人涉嫌
犯罪的事实及相关证据材料；

（四）犯罪嫌疑人、被告人逃匿、
被通缉、脱逃、下落不明、死亡的
情况；

（五）申请没收的财产的种类、
数量、价值、所在地以及已查封、扣

押、冻结财产清单和相关法律手续；

（六）申请没收的财产属于违法
所得及其他涉案财产的相关事实及证
据材料；

（七）提出没收违法所得申请的
理由和法律依据；

（八）有无利害关系人以及利害
关系人的姓名、身份、住址、联系
方式；

（九）其他应当载明的内容。

上述材料需要翻译件的，人民检
察院应当将翻译件随没收违法所得申
请书一并移送人民法院。

第九条　对于没收违法所得的申
请，人民法院应当在三十日内审查完
毕，并根据以下情形分别处理：

（一）属于没收违法所得申请受
案范围和本院管辖，且材料齐全、有
证据证明有犯罪事实的，应当受理；

（二）不属于没收违法所得申请
受案范围或者本院管辖的，应当退回
人民检察院；

（三）对于没收违法所得申请不
符合"有证据证明有犯罪事实"标准
要求的，应当通知人民检察院撤回申
请，人民检察院应当撤回；

（四）材料不全的，应当通知人
民检察院在七日内补送，七日内不能
补送的，应当退回人民检察院。

第十条　同时具备以下情形的，
应当认定为本规定第九条规定的"有

————————
①　即 2018 年修正后的刑事诉讼法第
二百九十九条。——编者注
②　即 2018 年修正后的刑事诉讼法第
三百条。——编者注

证据证明有犯罪事实":

（一）有证据证明发生了犯罪事实；

（二）有证据证明该犯罪事实是犯罪嫌疑人、被告人实施的；

（三）证明犯罪嫌疑人、被告人实施犯罪行为的证据真实、合法。

第十一条 人民法院受理没收违法所得的申请后，应当在十五日内发布公告，公告期为六个月。公告期间不适用中止、中断、延长的规定。

公告应当载明以下内容：

（一）案由、案件来源以及属于本院管辖；

（二）犯罪嫌疑人、被告人的基本情况；

（三）犯罪嫌疑人、被告人涉嫌犯罪的事实；

（四）犯罪嫌疑人、被告人逃匿、被通缉、脱逃、下落不明、死亡的情况；

（五）申请没收的财产的种类、数量、价值、所在地以及已查封、扣押、冻结财产的清单和相关法律手续；

（六）申请没收的财产属于违法所得及其他涉案财产的相关事实；

（七）申请没收的理由和法律依据；

（八）利害关系人申请参加诉讼的期限、方式以及未按照该期限、方式申请参加诉讼可能承担的不利法律后果；

（九）其他应当公告的情况。

第十二条 公告应当在全国公开发行的报纸、信息网络等媒体和最高人民法院的官方网站刊登、发布，并在人民法院公告栏张贴。必要时，公告可以在犯罪地、犯罪嫌疑人、被告人居住地或者被申请没收财产所在地张贴。公告最后被刊登、发布、张贴日期为公告日期。人民法院张贴公告的，应当采取拍照、录像等方式记录张贴过程。

人民法院已经掌握境内利害关系人联系方式的，应当直接送达含有公告内容的通知；直接送达有困难的，可以委托代为送达、邮寄送达。经受送达人同意的，可以采用传真、电子邮件等能够确认其收悉的方式告知其公告内容，并记录在案；人民法院已经掌握境外犯罪嫌疑人、被告人、利害关系人联系方式，经受送达人同意的，可以采用传真、电子邮件等能够确认其收悉的方式告知其公告内容，并记录在案；受送达人未作出同意意思表示，或者人民法院未掌握境外犯罪嫌疑人、被告人、利害关系人联系方式，其所在地国（区）主管机关明确提出应当向受送达人送达含有公告内容的通知的，受理没收违法所得申请案件的人民法院可以决定是否送达。决定送达的，应当将公告内容层报最高人民法院，由最高人民法院依照刑事司法协助条约、多边公约，或者按照对等互惠原则，请求受送达人所在地国（区）的主管机关协助送达。

第十三条 利害关系人申请参加诉讼的，应当在公告期间内提出，并提供与犯罪嫌疑人、被告人关系的证明材料或者证明其可以对违法所得及其他涉案财产主张权利的证据材料。

利害关系人可以委托诉讼代理人

参加诉讼。利害关系人在境外委托的，应当委托具有中华人民共和国律师资格并依法取得执业证书的律师，依照《最高人民法院关于适用〈中华人民共和国刑事诉讼法〉的解释》第四百零三条的规定对授权委托进行公证、认证。

利害关系人在公告期满后申请参加诉讼，能够合理说明理由的，人民法院应当准许。

第十四条　人民法院在公告期满后由合议庭对没收违法所得申请案件进行审理。

利害关系人申请参加及委托诉讼代理人参加诉讼的，人民法院应当开庭审理。利害关系人及其诉讼代理人无正当理由拒不到庭，且无其他利害关系人和其他诉讼代理人参加诉讼的，人民法院可以不开庭审理。

人民法院对没收违法所得申请案件开庭审理的，人民检察院应当派员出席。

人民法院确定开庭日期后，应当将开庭的时间、地点通知人民检察院、利害关系人及其诉讼代理人、证人、鉴定人员、翻译人员。通知书应当依照本规定第十二条第二款规定的方式至迟在开庭审理三日前送达；受送达人在境外的，至迟在开庭审理三十日前送达。

第十五条　出庭的检察人员应当宣读没收违法所得申请书，并在法庭调查阶段就申请没收的财产属于违法所得及其他涉案财产等相关事实出示、宣读证据。

对于确有必要出示但可能妨碍正在或者即将进行的刑事侦查的证据，针对该证据的法庭调查不公开进行。

利害关系人及其诉讼代理人对申请没收的财产属于违法所得及其他涉案财产等相关事实及证据有异议的，可以提出意见；对申请没收的财产主张权利的，应当出示相关证据。

第十六条　人民法院经审理认为，申请没收的财产属于违法所得及其他涉案财产的，除依法应当返还被害人的以外，应当予以没收；申请没收的财产不属于违法所得或者其他涉案财产的，应当裁定驳回申请，解除查封、扣押、冻结措施。

第十七条　申请没收的财产具有高度可能属于违法所得及其他涉案财产的，应当认定为本规定第十六条规定的"申请没收的财产属于违法所得及其他涉案财产"。

巨额财产来源不明犯罪案件中，没有利害关系人对违法所得及其他涉案财产主张权利，或者利害关系人对违法所得及其他涉案财产虽然主张权利但提供的相关证据没有达到相应证明标准的，应当视为本规定第十六条规定的"申请没收的财产属于违法所得及其他涉案财产"。

第十八条　利害关系人非因故意或者重大过失在第一审期间未参加诉讼，在第二审期间申请参加诉讼的，人民法院应当准许，并发回原审人民法院重新审判。

第十九条　犯罪嫌疑人、被告人逃匿境外，委托诉讼代理人申请参加诉讼，且违法所得或者其他涉案财产所在地国（区）主管机关明确提出意见予以支持的，人民法院可以准许。

人民法院准许参加诉讼的，犯罪嫌疑人、被告人的诉讼代理人依照本规定关于利害关系人的诉讼代理人的规定行使诉讼权利。

第二十条 人民检察院、利害关系人对第一审裁定认定的事实、证据没有争议的，第二审人民法院可以不开庭审理。

第二审人民法院决定开庭审理的，应当将开庭的时间、地点书面通知同级人民检察院和利害关系人。

第二审人民法院应当就上诉、抗诉请求的有关事实和适用法律进行审查。

第二十一条 第二审人民法院对不服第一审裁定的上诉、抗诉案件，经审理，应当按照下列情形分别处理：

（一）第一审裁定认定事实清楚和适用法律正确的，应当驳回上诉或者抗诉，维持原裁定；

（二）第一审裁定认定事实清楚，但适用法律有错误的，应当改变原裁定；

（三）第一审裁定认定事实不清的，可以在查清事实后改变原裁定，也可以撤销原裁定，发回原审人民法院重新审判；

（四）第一审裁定违反法定诉讼程序，可能影响公正审判的，应当撤销原裁定，发回原审人民法院重新审判。

第一审人民法院对于依照前款第三项规定发回重新审判的案件作出裁定后，第二审人民法院对不服第一审人民法院裁定的上诉、抗诉，应当依

法作出裁定，不得再发回原审人民法院重新审判。

第二十二条 违法所得或者其他涉案财产在境外的，负责立案侦查的公安机关、人民检察院等侦查机关应当制作查封、扣押、冻结的法律文书以及协助执行查封、扣押、冻结的请求函，层报公安、检察院等各系统最高上级机关后，由公安、检察院等各系统最高上级机关依照刑事司法协助条约、多边公约，或者按照对等互惠原则，向违法所得或者其他涉案财产所在地国（区）的主管机关请求协助执行。

被请求国（区）的主管机关提出，查封、扣押、冻结法律文书的制发主体必须是法院的，负责立案侦查的公安机关、人民检察院等侦查机关可以向同级人民法院提出查封、扣押、冻结的申请，人民法院经审查同意后制作查封、扣押、冻结令以及协助执行查封、扣押、冻结令的请求函，层报最高人民法院后，由最高人民法院依照刑事司法协助条约、多边公约，或者按照对等互惠原则，向违法所得或者其他涉案财产所在地国（区）的主管机关请求协助执行。

请求函应当载明以下内容：

（一）案由以及查封、扣押、冻结法律文书的发布主体是否具有管辖权；

（二）犯罪嫌疑人、被告人涉嫌犯罪的事实及相关证据，但可能妨碍正在或者即将进行的刑事侦查的证据除外；

（三）已发布公告的，发布公告

情况、通知利害关系人参加诉讼以及保障诉讼参与人依法行使诉讼权利等情况;

(四)请求查封、扣押、冻结的财产的种类、数量、价值、所在地等情况以及相关法律手续;

(五)请求查封、扣押、冻结的财产属于违法所得及其他涉案财产的相关事实及证据材料;

(六)请求查封、扣押、冻结财产的理由和法律依据;

(七)被请求国(区)要求载明的其他内容。

第二十三条 违法所得或者其他涉案财产在境外,受理没收违法所得申请案件的人民法院经审理裁定没收的,应当制作没收令以及协助执行没收令的请求函,层报最高人民法院后,由最高人民法院依照刑事司法协助条约、多边公约,或者按照对等互惠原则,向违法所得或者其他涉案财产所在地国(区)的主管机关请求协助执行。

请求函应当载明以下内容:

(一)案由以及没收令发布主体具有管辖权;

(二)属于生效裁定;

(三)犯罪嫌疑人、被告人涉嫌犯罪的事实及相关证据,但可能妨碍正在或者即将进行的刑事侦查的证据除外;

(四)犯罪嫌疑人、被告人逃匿、被通缉、脱逃、死亡的基本情况;

(五)发布公告情况、通知利害关系人参加诉讼以及保障诉讼参与人依法行使诉讼权利等情况;

(六)请求没收违法所得及其他涉案财产的种类、数量、价值、所在地等情况以及查封、扣押、冻结相关法律手续;

(七)请求没收的财产属于违法所得及其他涉案财产的相关事实及证据材料;

(八)请求没收财产的理由和法律依据;

(九)被请求国(区)要求载明的其他内容。

第二十四条 单位实施本规定第一条规定的犯罪后被撤销、注销,单位直接负责的主管人员和其他直接责任人员逃匿、死亡,导致案件无法适用刑事诉讼普通程序进行审理的,依照本规定第四条的规定处理。

第二十五条 本规定自2017年1月5日起施行。之前发布的司法解释与本规定不一致的,以本规定为准。

【司法解释IV】

《最高人民法院、最高人民检察院关于办理诈骗刑事案件具体应用法律若干问题的解释》(法释〔2011〕7号,20110408)

第九条 案发后查封、扣押、冻结在案的诈骗财物及其孳息,权属明确的,应当发还被害人;权属不明确的,可按被骗款物占查封、扣押、冻结在案的财物及其孳息总额的比例发还被害人,但已获退赔的应予扣除。

第十条 行为人已将诈骗财物用于清偿债务或者转让给他人,具有下列情形之一的,应当依法追缴:

(一)对方明知是诈骗财物而收

取的；

（二）对方无偿取得诈骗财物的；

（三）对方以明显低于市场的价格取得诈骗财物的；

（四）对方取得诈骗财物系源于非法债务或者违法犯罪活动的。

他人善意取得诈骗财物的，不予追缴。

【司法解释Ⅴ】

《最高人民法院、最高人民检察院关于办理贪污贿赂刑事案件适用法律若干问题的解释》（法释〔2016〕9号，20160418）

第十二条　贿赂犯罪中的"财物"，包括货币、物品和财产性利益。财产性利益包括可以折算为货币的物质利益如房屋装修、债务免除等，以及需要支付货币的其他利益如会员服务、旅游等。后者的犯罪数额，以实际支付或者应当支付的数额计算。

第十八条　贪污贿赂犯罪分子违法所得的一切财物，应当依照刑法第六十四条的规定予以追缴或者责令退赔，对被害人的合法财产应当及时返还。对尚未追缴到案或者尚未足额退赔的违法所得，应当继续追缴或者责令退赔。

【司法解释Ⅵ】

《最高人民法院、最高人民检察院关于办理非法采矿、破坏性采矿刑事案件适用法律若干问题的解释》（法释〔2016〕25号，20161201）

第十二条　对非法采矿、破坏性采矿犯罪的违法所得及其收益，应当依法追缴或者责令退赔。

对用于非法采矿、破坏性采矿犯罪的专门工具和供犯罪所用的本人财物，应当依法没收。

【司法指导文件Ⅰ】

《最高人民检察院、公安部关于公安机关办理经济犯罪案件的若干规定》（公通字〔2017〕25号，20171124）

第六章　涉案财物的控制和处置

第四十六条　查封、扣押、冻结以及处置涉案财物，应当依照法律规定的条件和程序进行。除法律法规和规范性文件另有规定以外，公安机关不得在诉讼程序终结之前处置涉案财物。严格区分违法所得、其他涉案财产与合法财产，严格区分企业法人财产与股东个人财产，严格区分犯罪嫌疑人个人财产与家庭成员财产，不得超权限、超范围、超数额、超时限查封、扣押、冻结，并注意保护利害关系人的合法权益。

对涉众型经济犯罪案件，需要追缴、返还涉案财物的，应当坚持统一资产处置原则。公安机关移送审查起诉时，应当将有关涉案财物及其清单随案移送人民检察院。人民检察院提起公诉时，应当将有关涉案财物及其清单一并移送受理案件的人民法院，并提出处理意见。

第四十七条　对依照有关规定可以分割的土地、房屋等涉案不动产，应当只对与案件有关的部分进行查封。

对不可分割的土地、房屋等涉案不动产或者车辆、船舶、航空器以及大型机器、设备等特定动产，可以查封、扣押、冻结犯罪嫌疑人提供的与涉案金额相当的其他财物。犯罪嫌疑人不能提供的，可以予以整体查封。

冻结涉案账户的款项数额，应当与涉案金额相当。

第四十八条　对自动投案时主动提交的涉案财物和权属证书等，公安机关可以先行接收，如实登记并出具接收财物凭证，根据立案和侦查情况决定是否查封、扣押、冻结。

第四十九条　已被依法查封、冻结的涉案财物，公安机关不得重复查封、冻结，但是可以轮候查封、冻结。

已被人民法院采取民事财产保全措施的涉案财物，依照前款规定办理。

第五十条　对不宜查封、扣押、冻结的经营性涉案财物，在保证侦查活动正常进行的同时，可以允许有关当事人继续合理使用，并采取必要的保值保管措施，以减少侦查办案对正常办公和合法生产经营的影响。必要时，可以申请当地政府指定有关部门或者委托有关机构代管。

第五十一条　对查封、扣押、冻结的涉案财物及其孳息，以及作为证据使用的实物，公安机关应当如实登记，妥善保管，随案移送，并与人民检察院及时交接，变更法律手续。

在查封、扣押、冻结涉案财物时，应当收集、固定与涉案财物来源、权属、性质等有关的证据材料并随案移送。对不宜移送或者依法不移送的实物，应当将其清单、照片或者其他证明文件随案移送。

第五十二条　涉嫌犯罪事实证据确实后，对有证据证明权属关系明确的被害人合法财产及其孳息，及时返还不损害其他被害人或者利害关系人的利益、不影响诉讼正常进行的，可以在登记、拍照或者录像、估价后，经县级以上公安机关负责人批准，开具发还清单，在诉讼程序终结之前返还被害人。办案人员应当在案卷中注明返还的理由，将原物照片、清单和被害人的领取手续存卷备查。

具有下列情形之一的，不得在诉讼程序终结之前返还：

（一）涉嫌犯罪事实尚未查清的；

（二）涉案财物及其孳息的权属关系不明确或者存在争议的；

（三）案件需要变更管辖的；

（四）可能损害其他被害人或者利害关系人利益的；

（五）可能影响诉讼程序正常进行的；

（六）其他不宜返还的。

第五十三条　有下列情形之一的，除依照有关法律法规和规范性文件另行处理的以外，应当立即解除对涉案财物的查封、扣押、冻结措施，并及时返还有关当事人：

（一）公安机关决定撤销案件或者对犯罪嫌疑人终止侦查的；

（二）人民检察院通知撤销案件或者作出不起诉决定的；

（三）人民法院作出生效判决、裁定应当返还的。

第五十四条　犯罪分子违法所得的一切财物及其孳息，应当予以追缴或者责令退赔。

发现犯罪嫌疑人将经济犯罪违法所得和其他涉案财物用于清偿债务、转让或者设定其他权利负担，具有下列情形之一的，应当依法查封、扣押、冻结：

（一）他人明知是经济犯罪违法所得和其他涉案财物而接受的；

（二）他人无偿或者以明显低于市场价格取得上述财物的；

（三）他人通过非法债务清偿或者违法犯罪活动取得上述财物的；

（四）他人通过其他恶意方式取得上述财物的。

他人明知是经济犯罪违法所得及其产生的收益，通过虚构债权债务关系、虚假交易等方式予以窝藏、转移、收购、代为销售或者以其他方法掩饰、隐瞒，构成犯罪的，应当依法追究刑事责任。

第五十五条 具有下列情形之一，依照刑法规定应当追缴其违法所得及其他涉案财物的，经县级以上公安机关负责人批准，公安机关应当出具没收违法所得意见书，连同相关证据材料一并移送同级人民检察院：

（一）重大的走私、金融诈骗、洗钱犯罪案件，犯罪嫌疑人逃匿，在通缉一年后不能到案的；

（二）犯罪嫌疑人死亡的；

（三）涉嫌重大走私、金融诈骗、洗钱犯罪的单位被撤销、注销，直接负责的主管人员和其他直接责任人员逃匿、死亡，导致案件无法适用普通刑事诉讼程序审理的。

犯罪嫌疑人死亡，现有证据证明其存在违法所得及其他涉案财物应当予以没收的，公安机关可以继续调查，并依法进行查封、扣押、冻结。

【司法指导文件 II】

《最高人民法院、最高人民检察院关于办理职务犯罪案件认定自首、立功等量刑情节若干问题的意见》（法发〔2009〕13 号，20090312）

四、关于赃款赃物追缴等情形的处理

贪污案件中赃款赃物全部或者大部分追缴的，一般应当考虑从轻处罚。

受贿案件中赃款赃物全部或者大部分追缴的，视具体情况可以酌定从轻处罚。

犯罪分子及其亲友主动退赃或者在办案机关追缴赃款赃物过程中积极配合的，在量刑时应当与办案机关查办案件过程中依职权追缴赃款赃物的有所区别。

职务犯罪案件立案后，犯罪分子及其亲友自行挽回的经济损失，司法机关或者犯罪分子所在单位及其上级主管部门挽回的经济损失，或者因客观原因减少的经济损失，不予扣减，但可以作为酌情从轻处罚的情节。

【司法指导文件 III】

《最高人民法院、最高人民检察院、公安部、司法部关于办理黑恶势力犯罪案件若干问题的指导意见》（法发〔2018〕1 号，20180116）

七、依法处置涉案财产

26. 公安机关、人民检察院、人民法院根据黑社会性质组织犯罪案件的诉讼需要，应当依法查询、查封、扣押、冻结全部涉案财产。公安机关侦查期间，要会同工商、税务、国土、住建、审计、人民银行等部门全面调查涉黑组织及其成员的财产状况。

对于不宜查封、扣押、冻结的经营性资产，可以申请当地政府指定有关部门或者委托有关机构代管或者托管。

对黑社会性质组织及其成员聚敛的财产及其孳息、收益的数额，办案单位可以委托专门机构评估；确实无法准确计算的，可以根据有关法律规定及查明的事实、证据合理估算。

27. 对于依法查封、冻结、扣押的黑社会性质组织涉案财产，应当全面收集、审查证明其来源、性质、用途、权属及价值大小的有关证据。符合下列情形之一的，应当依法追缴、没收：

（1）组织及其成员通过违法犯罪活动或其他不正当手段聚敛的财产及其孳息、收益；

（2）组织成员通过个人实施违法犯罪活动聚敛的财产及其孳息、收益；

（3）其他单位、组织、个人为支持该组织活动资助或主动提供的财产；

（4）通过合法的生产、经营活动获取的财产或者组织成员个人、家庭合法资产中，实际用于支持该组织活动的部分；

（5）组织成员非法持有的违禁品以及供犯罪所用的本人财物；

（6）其他单位、组织、个人利用黑社会性质组织及其成员的违法犯罪活动获取的财产及其孳息、收益；

（7）其他应当追缴、没收的财产。

28. 违法所得已用于清偿债务或者转让给他人，具有下列情形之一的，应当依法追缴：

（1）对方明知是通过违法犯罪活动或者其他不正当手段聚敛的财产及其孳息、收益的；

（2）对方无偿或者以明显低于市场价格取得的；

（3）对方是因非法债务或者违法犯罪活动而取得的；

（4）通过其他方式恶意取得的。

29. 依法应当追缴、没收的财产无法找到、被他人善意取得、价值灭失或者与其他合法财产混合且不可分割的，可以追缴、没收其他等值财产。

30. 黑社会性质组织犯罪嫌疑人、被告人逃匿，在通缉一年后不能到案，或者犯罪嫌疑人、被告人死亡的，应当依照法定程序没收其违法所得。

31. 对于依法查封、扣押、冻结的涉案财产，有证据证明确属被害人合法财产，或者确与黑社会性质组织及其违法犯罪活动无关的，应当予以返还。

【司法指导文件Ⅳ】

《最高人民法院、最高人民检察院、海关总署关于办理走私刑事案件适用法律若干问题的意见》（法〔2002〕139号，20020708）

二十三、关于走私货物、物品、走私违法所得以及走私犯罪工具的处理问题

在办理走私犯罪案件过程中，对发现的走私货物、物品、走私违法所得以及属于走私犯罪分子所有的犯罪工具，走私犯罪侦查机关应当及时追缴，依法予以查扣、冻结。在移送审

查起诉时应当将扣押物品文件清单、冻结存款证明文件等材料随案移送，对于扣押的危险品或者鲜活、易腐、易失效、易贬值等不宜长期保存的货物、物品，已经依法先行变卖、拍卖的，应当随案移送变卖、拍卖物品清单以及原物的照片或者录像资料；人民检察院在提起公诉时应当将上述扣押物品文件清单、冻结存款证明和变卖、拍卖物品清单一并移送；人民法院在判决走私罪案件时，应当对随案清单、证明文件中载明的款、物审查确认并依法判决予以追缴、没收；海关根据人民法院的判决和海关法的有关规定予以处理，上缴中央国库。

二十四、关于走私货物、物品无法扣押或者不便扣押情况下走私违法所得的追缴问题

在办理走私普通货物、物品犯罪案件中，对于走私货物、物品因流入国内市场或者投入使用，致使走私货物、物品无法扣押或者不便扣押的，应当按照走私货物、物品的进出口完税价格认定违法所得予以追缴；走私货物、物品实际销售价格高于进出口完税价格的，应当按照实际销售价格认定违法所得予以追缴。

【司法指导文件Ⅴ】

《最高人民法院关于严格执行有关走私案件涉案财物处理规定的通知》（法〔2006〕114号，20060430）

日前，据海关总署反映，有的地方法院在审理走私刑事案件中有不判或部分判决涉案赃款赃物的现象。对人民法院没有判决追缴、没收的涉案财物，

海关多以行政处罚的方式予以没收或收缴，从而导致行政诉讼等不良后果。为严肃规范执法，现就有关规定重申如下：

关于刑事案件赃款赃物的处理问题，相关法律、司法解释已经规定的很明确。《海关法》第九十二条规定，"海关依法扣留的货物、物品、运输工具，在人民法院判决或者海关处罚决定作出之前，不得处理"；"人民法院判决没收或者海关决定没收的走私货物、物品、违法所得、走私运输工具、特制设备，由海关依法统一处理，所得价款和海关决定处以的罚款，全部上缴中央国库。"《最高人民法院、最高人民检察院、海关总署关于办理走私刑事案件适用法律若干问题的意见》第二十三条规定，"人民法院在判决走私罪案件时，应当对随案清单、证明文件中载明的款、物审查确认并依法判决予以追缴、没收；海关根据人民法院的判决和海关法的有关规定予以处理，上缴中央国库。"

据此，地方各级人民法院在审理走私犯罪案件时，对涉案的款、物等，应当严格遵循并切实执行上述法律、司法解释的规定，依法作出追缴、没收的判决。对于在审理走私犯罪案件中遇到的新情况、新问题，要加强与海关等相关部门的联系和协调，对于遇到的适用法律的新问题，应当及时报告最高人民法院。

【司法指导文件Ⅵ】

《最高人民法院、最高人民检察院、公安部关于办理电信网络诈骗等

刑事案件适用法律若干问题的意见》（法发〔2016〕32号，20161219）

七、涉案财物的处理

（一）公安机关侦办电信网络诈骗案件，应当随案移送涉案赃款赃物，并附清单。人民检察院提起公诉时，应一并移交受理案件的人民法院，同时就涉案赃款赃物的处理提出意见。

（二）涉案银行账户或者涉案第三方支付账户内的款项，对权属明确的被害人的合法财产，应当及时返还。确因客观原因无法查实全部被害人，但有证据证明该账户系用于电信网络诈骗犯罪，且被告人无法说明款项合法来源的，根据刑法第六十四条的规定，应认定为违法所得，予以追缴。

（三）被告人已将诈骗财物用于清偿债务或者转让给他人，具有下列情形之一的，应当依法追缴：

1. 对方明知是诈骗财物而收取的；

2. 对方无偿取得诈骗财物的；

3. 对方以明显低于市场的价格取得诈骗财物的；

4. 对方取得诈骗财物系源于非法债务或者违法犯罪活动。

他人善意取得诈骗财物的，不予追缴。

【司法指导文件Ⅶ】

《最高人民法院关于充分发挥审判职能作用为企业家创新创业营造良好法治环境的通知》（法〔2018〕1号，20171229）

二、依法保护企业家的人身自由和财产权利。……严格区分企业家违法所得和合法财产，没有充分证据证明为违法所得的，不得判决追缴或者责令退赔。严格区分企业家个人财产和企业法人财产，在处理企业犯罪时不得牵连企业家个人合法财产和家庭成员财产。

【司法指导文件Ⅷ】

《最高人民法院研究室关于对诈骗后抵债的赃款能否判决追缴问题的电话答复》（19920826）

犯罪分子以诈骗手段，非法骗取的赃款，即使用以抵债归还了债权人的，也应依法予以追缴。追缴赃款赃物的方式法律规定有多种，判决追缴只是其中一种。根据最高人民法院、最高人民检察院、公安部、财政部1965年12月1日（65）法研字第40号《关于没收和处理赃款赃物若干问题的暂行规定》第三条关于"检察院、公安机关依法移送人民法院判处案件的赃款赃物，应该随案移送，由人民法院在判决时一并作出决定"的规定，人民法院对需要追缴的赃款赃物，通过判决予以追缴符合法律规定的原则。

【司法指导文件Ⅸ】

《最高人民法院关于被告人亲属主动为被告人退缴赃款应如何处理的批复》（法研复〔1987〕32号，19870826）

一、被告人是成年人，其违法所得都由自己挥霍，无法追缴的，应责令被告人退赔，其家属没有代为退赔的义务。

被告人在家庭共同财产中有其个人应有部分的，只能在其个人应有部分的范围内，责令被告人退赔。

二、如果被告人的违法所得有一部分用于家庭日常生活，对这部分违法所得，被告人和家属均有退赔义务。

三、如果被告人对责令其本人退赔的违法所得已无实际上的退赔能力，但其亲属应被告人的请求，或者主动提出并征得被告人同意，自愿代被告人退赔部分或者全部违法所得的，法院也可考虑其具体情况，收下其亲属自愿代被告人退赔的款项，并视为被告人主动退赔的款项。

四、属于以上三种情况，已作了退赔的，均可视为被告人退赃较好，可以依法适用从宽处罚。

五、如果被告人的罪行应当判处死刑，并必须执行，属于以上第一、二两种情况的，法院可以接收退赔的款项；属于以上第三种情况的，其亲属自愿代为退赔的款项，法院不应接收。

【公安文件】

《中国银监会、公安部关于印发电信网络新型违法犯罪案件冻结资金返还若干规定的通知》（银监发〔2016〕41号，20160918）

第二条 本规定所称电信网络新型违法犯罪案件，是指不法分子利用电信、互联网等技术，通过发送短信、拨打电话、植入木马等手段，诱骗（盗取）被害人资金汇（存）入其控制的银行账户，实施的违法犯罪案件。

本规定所称冻结资金，是指公安机关依照法律规定对特定银行账户实施冻结措施，并由银行业金融机构协助执行的资金。本规定所称被害人，包括自然人、法人和其他组织。

……

第四条 公安机关负责查清被害人资金流向，及时通知被害人，并作出资金返还决定，实施返还。

银行业监督管理机构负责督促、检查辖区内银行业金融机构协助查询、冻结、返还工作，并就执行中的问题与公安机关进行协调。

银行业金融机构依法协助公安机关查清被害人资金流向，将所涉资金返还至公安机关指定的被害人账户。

……

第五条 被害人在办理被骗（盗）资金返还过程中，应当提供真实有效的信息，配合公安机关和银行业金融机构开展相应的工作。

被害人应当由本人办理冻结资金返还手续。本人不能办理的，可以委托代理人办理；公安机关应当核实委托关系的真实性。

被害人委托代理人办理冻结资金返还手续的，应当出具合法的委托手续。

……

第八条 冻结资金以溯源返还为原则，由公安机关区分不同情况按以下方式返还：

（一）冻结账户内仅有单笔汇（存）款记录，可直接溯源被害人的，直接返还被害人；

（二）冻结账户内有多笔汇（存）款记录，按照时间戳记载可以直接溯源被害人的，直接返还被害人；

（三）冻结账户内有多笔汇（存）

款记录，按照时间戳记载无法直接溯源被害人的，按照被害人被骗（盗）金额占冻结在案资金总额的比例返还（返还计算公式见附件4）。

按比例返还的，公安机关应当发出公告，公告期为30日，公告期间内被害人、其他利害关系人可就返还冻结提出异议，公安机关依法进行审核。

冻结账户返还后剩余资金在原冻结期内继续冻结；公安机关根据办案需要可以在冻结期满前依法办理续冻手续。如查清新的被害人，公安机关可以按照本规定启动新的返还程序。

……

第十一条　立案地涉及多地，对资金返还存在争议的，应当由共同上级公安机关确定一个公安机关负责返还工作。

第二节　累　犯

第六十五条　【一般累犯】被判处有期徒刑以上刑罚的犯罪分子，刑罚执行完毕或者赦免以后，在五年以内再犯应当判处有期徒刑以上刑罚之罪的，是累犯，应当从重处罚，但是过失犯罪和不满十八周岁的人犯罪的除外。

前款规定的期限，对于被假释的犯罪分子，从假释期满之日起计算。

【修正前条文】

第六十五条　【累犯】被判处有期徒刑以上刑罚的犯罪分子，刑罚执行完毕或者赦免以后，在五年以内再犯应当判处有期徒刑以上刑罚之罪的，是累犯，应当从重处罚，但是过失犯

罪除外。

前款规定的期限，对于被假释的犯罪分子，从假释期满之日起计算。

【修正说明】

刑法修正案（八）第六条在原条文第一款基础上增加了有关未成年人犯罪不构成累犯的规定。

【立法·要点注释】

"刑罚执行完毕"应当是指有期徒刑以上的刑罚。对于有期徒刑以上的主刑已经执行完毕，但附加刑尚未执行完毕的，应以主刑执行完毕之日为累犯期间的起算时间。

【司法解释Ⅰ】

《最高人民法院关于适用刑法时间效力规定若干问题的解释》（法释〔1997〕5号，19971001）

第三条　前罪判处的刑罚已经执行完毕或者赦免，在1997年9月30日以前又犯应当判处有期徒刑以上刑罚之罪，是否构成累犯，适用修订前的刑法第六十一条的规定；1997年10月1日以后又犯应当判处有期徒刑以上刑罚之罪的，是否构成累犯，适用刑法第六十五条的规定。

【司法解释Ⅱ】

《最高人民法院关于〈中华人民共和国刑法修正案（八）〉时间效力问题的解释》（法释〔2011〕9号，20110501）

第三条第一款　被判处有期徒刑以上刑罚，刑罚执行完毕或者赦免以后，在2011年4月30日以前再犯应当判处有期徒刑以上刑罚之罪的，是

否构成累犯，适用修正前刑法第六十五条的规定；但是，前罪实施时不满十八周岁的，是否构成累犯，适用修正后刑法第六十五条的规定。

【司法指导文件Ⅰ】

《最高人民法院关于常见犯罪的量刑指导意见》（法发〔2017〕7 号，20170401）

三、常见量刑情节的适用

11. 对于累犯，应当综合考虑前后罪的性质、刑罚执行完毕或赦免以后至再犯罪时间的长短以及前后罪罪行轻重等情况，增加基准刑的 10%—40%，一般不少于 3 个月。

【司法指导文件Ⅱ】

《最高人民法院关于审理抢劫刑事案件适用法律若干问题的指导意见》（法发〔2016〕2 号，20160106）

六、累犯等情节的适用

根据刑法第六十五条第一款的规定，对累犯应当从重处罚。抢劫犯罪被告人具有累犯情节的，适用刑罚时要综合考虑犯罪的情节和后果，所犯前后罪的性质、间隔时间及判刑轻重等情况，决定从重处罚的力度。对于前罪系抢劫等严重暴力犯罪的累犯，应当依法加大从重处罚的力度。

对于虽不构成累犯，但具有抢劫犯罪前科的，一般不适用减轻处罚和缓刑。对于可能判处死刑的罪犯具有累犯情节的也应慎重，不能只要是累犯就一律判处死刑立即执行；被告人同时具有累犯和法定从宽处罚情节的，判处死刑立即执行应当综合考虑，从严掌握。

【法院参考案例】

〔**参考案例第 122 号：买买提盗窃案**〕如何理解累犯制度、数罪并罚制度中的"刑罚执行完毕"？

刑法第六十五条中规定的"刑罚"应当理解为是指"有期徒刑以上刑罚"，不能扩大理解为包括"主刑和附加刑"。数罪并罚制度中的"刑罚"包括主刑和附加刑，只要行为人所犯的后罪是在前罪被判处的刑罚，包括主刑和附加刑执行完毕之前的，在对后罪作出判决时，均应适用数罪并罚制度；只有行为人所犯的后罪是在前罪被判处的所有刑罚，包括主刑和附加刑都执行完毕之后，对后罪判决时才不适用数罪并罚制度。

〔**参考案例第 202 号：丁立军强奸、抢劫、盗窃案**〕在假释考验期间直至期满后连续实施犯罪是否应撤销假释并构成累犯？

被告人在假释考验期间直至期满后连续犯罪的，应撤销假释，数罪并罚。假释是附条件的提前释放，犯罪分子因犯新罪被撤销假释后，其前罪的余刑仍须执行，而不是前罪的"刑罚已经执行完毕"。因此，整个连续犯罪就缺乏构成累犯的前提条件，故不构成累犯。

〔**参考案例第 1068 号：周崇敏贩卖毒品案**〕二审裁判文书生效后，发现被告人在因一审判处的有期徒刑届满被取保候审期间又犯新罪的，在对新罪进行审判时是否应认定该被告人构成累犯？

1. 刑罚执行的内容是判决和裁

定，执行的前提条件是裁判发生法律效力，刑罚执行的起点是裁判发生法律效力之时。刑罚执行完毕，既包括有期徒刑实际执行完毕，也包括假释考验期满；被判处缓刑的犯人，在缓刑考验期满后再犯罪的，不构成累犯，系因缓刑考验期满意味着所判处的主刑不再执行，本质上区别于刑罚执行完毕。

2. 从我国刑法对数罪并罚的制度规定来看，被告人属于在判决生效前又犯新罪，表面上看似符合刑法第六十九条"判决宣告前犯数罪予以并罚"的情形，但在前罪二审裁定书宣告前，并未发现被告人另犯本案新罪的情况，且前罪判决生效时已无余刑可执行，故不具备实行数罪并罚的客观条件和必要性。

〔**参考案例第 1082 号：石加肆盗窃案**〕前罪刑罚被执行完毕后，因审判监督程序被加重刑罚，被告人在加重刑罚执行期间又犯新罪，是否构成累犯？

因被告人自己隐瞒个人信息而导致法院对前罪再审并增加了刑罚量的情况下，增量刑罚尚未执行完毕的，不能认定为前罪刑罚执行完毕。被告人的犯罪行为实施于前罪尚未执行完毕的期间内，不符合累犯构成的时间要件，不应认定为累犯。

〔**参考案例第 1173 号：钟某抢劫案**〕被告人前次犯罪跨越十八周岁且被判处有期徒刑，在刑罚执行完毕后五年内再犯应当判处有期徒刑以上刑罚之罪的，是否构成累犯？

行为人因多次盗窃被判处有期徒刑，而前次犯罪时年龄跨越十八周岁，其刑满释放后，在五年内故意犯罪的，应当依循下列原则办理：既不能因为前罪中有十八周岁前实施的犯罪，就一概认为不构成累犯，也不能完全不考虑十八周岁前后数罪的罪质及应判处的刑罚，只根据宣告刑或合并执行的刑罚是否是有期徒刑以上刑罚，来认定是否构成累犯。实践中，应当以十八周岁后实施的犯罪的罪质及应判处的刑罚为判断的侧重点，结合十八周岁前所犯之罪合并执行的刑罚执行完毕的期限，判断是否构成累犯。

例如，甲于十八周岁前实施抢劫，十八周岁后实施盗窃，其中所犯抢劫罪被判有期徒刑三年，盗窃罪被判处拘役五个月，合并决定执行有期徒刑三年二个月。如果甲在刑罚执行完毕以后五年以内又实施了新的故意犯罪被判有期徒刑，那么，鉴于甲在十八周岁后实施的盗窃罪仅判处拘役，就不能简单以前罪合并执行的刑罚系有期徒刑为依据，认定甲构成累犯。

如果前罪即十八周岁前后实施的数罪为同种数罪或连续犯，即使最终判处的刑罚不体现每起犯罪独立的宣告刑，也可以根据其数罪情节分别对应的量刑幅度，确定十八周岁后实施的犯罪是否应当判处有期徒刑以上刑罚。如果应当判处有期徒刑，在其他条件也符合的情况下，可以认定被告人系累犯。如果综合考虑被告人十八周岁前后所实施的全部罪行而对其判处有期徒刑，但单独考虑十八周岁后实施的部分犯罪行为的性质、情节，或者被告人具有自首、立功、从犯等从轻、减轻处罚情节，处于可判处有期徒刑与拘役或者管制、单处罚金等刑罚临界点的，从保护未成年人原则考虑，一般不宜认定为累犯。

第六十六条　【特别累犯】危害国家安全犯罪、恐怖活动犯罪、黑社会性质的组织犯罪的犯罪分子，在刑罚执行完毕或者赦免以后，在任何时候再犯上述任一类罪的，都以累犯论处。

【修正前条文】

第六十六条　　【特别累犯】危害国家安全的犯罪分子在刑罚执行完毕或者赦免以后，在任何时候再犯危害国家安全罪的，都以累犯论处。

【修正说明】

刑法修正案（八）第七条将恐怖活动犯罪、黑社会性质的组织犯罪也纳入了特殊累犯的范围。

【立法·要点注释】

本条不受本法第六十五条关于构成累犯的前罪和后罪都应是"判处有期徒刑以上刑罚"的条件限制。即前罪只要判处刑罚即可，后罪只要构成犯罪即可。

【司法解释】

《最高人民法院关于〈中华人民共和国刑法修正案（八）〉时间效力问题的解释》（法释〔2011〕9 号，20110501）

第三条第二款　曾犯危害国家安全犯罪，刑罚执行完毕或者赦免以后，在 2011 年 4 月 30 日以前再犯危害国家安全犯罪的，是否构成累犯，适用

修正前刑法第六十六条的规定。

第三条第三款　曾被判处有期徒刑以上刑罚，或者曾犯危害国家安全犯罪、恐怖活动犯罪、黑社会性质的组织犯罪，在 2011 年 5 月 1 日以后再犯罪的，是否构成累犯，适用修正后刑法第六十五条、第六十六条的规定。

第三节　自首和立功

第六十七条　【自首和坦白】犯罪以后自动投案，如实供述自己的罪行的，是自首。对于自首的犯罪分子，可以从轻或者减轻处罚。其中，犯罪较轻的，可以免除处罚。

被采取强制措施的犯罪嫌疑人、被告人和正在服刑的罪犯，如实供述司法机关还未掌握的本人其他罪行的，以自首论。

犯罪嫌疑人虽不具有前两款规定的自首情节，但是如实供述自己罪行的，可以从轻处罚；因其如实供述自己罪行，避免特别严重后果发生的，可以减轻处罚。

【修正前条文】

第六十七条　　【自首及其处罚】犯罪以后自动投案，如实供述自己的罪行的，是自首。对于自首的犯罪分子，可以从轻或者减轻处罚。其中，犯罪较轻的，可以免除处罚。

被采取强制措施的犯罪嫌疑人、被告人和正在服刑的罪犯，如实供述司法机关还未掌握的本人其他罪行的，以自首论。

【修正说明】

刑法修正案（八）第八条在原条

文基础上增设了第三款。

【立法·要点注释】

本条第三款"因其如实供述自己罪行，避免特别严重后果发生的"，是指行为人的行为已经实施，但犯罪结果还没有发生或者没有全部发生，由于行为人的供述，使得有关方面能够采取措施避免了特别严重后果发生的情况。

【司法解释 I】

《最高人民法院关于处理自首和立功具体应用法律若干问题的解释》（法释〔1998〕8 号，19980509）

第一条　根据刑法第六十七条第一款的规定，犯罪以后自动投案，如实供述自己的罪行的，是自首。

（一）自动投案，是指犯罪事实或者犯罪嫌疑人未被司法机关发觉，或者虽被发觉，但犯罪嫌疑人尚未受到讯问、未被采取强制措施时，主动、直接向公安机关、人民检察院或者人民法院投案。

犯罪嫌疑人向其所在单位、城乡基层组织或者其他有关负责人员投案的；犯罪嫌疑人因病、伤或者为了减轻犯罪后果，委托他人先代为投案，或者先以信电投案的；罪行未被司法机关发觉，仅因形迹可疑被有关组织或者司法机关盘问、教育后，主动交代自己的罪行的；犯罪后逃跑，在被通缉、追捕过程中，主动投案的；经查实确已准备去投案，或者正在投案途中，被公安机关捕获的，应当视为自动投案。

并非出于犯罪嫌疑人主动，而是经亲友规劝、陪同投案的；公安机关通知犯罪嫌疑人的亲友，或者亲友主动报案后，将犯罪嫌疑人送去投案的，也应当视为自动投案。

犯罪嫌疑人自动投案后又逃跑的，不能认定为自首。

（二）如实供述自己的罪行，是指犯罪嫌疑人自动投案后，如实交代自己的主要犯罪事实。

犯有数罪的犯罪嫌疑人仅如实供述所犯数罪中部分犯罪的，只对如实供述部分犯罪的行为，认定为自首。

共同犯罪案件中的犯罪嫌疑人，除如实供述自己的罪行，还应当供述所知的同案犯，主犯则应当供述所知其他同案的共同犯罪事实，才能认定为自首。

犯罪嫌疑人自动投案并如实供述自己的罪行后又翻供的，不能认定为自首，但在一审判决前又能如实供述的，应当认定为自首。

第二条　根据刑法第六十七条第二款的规定，被采取强制措施的犯罪嫌疑人、被告人和已宣判的罪犯，如实供述司法机关尚未掌握的罪行，与司法机关已掌握的或者判决确定的罪行属不同种罪行的，以自首论。

第三条　根据刑法第六十七条第一款的规定，对于自首的犯罪分子，可以从轻或者减轻处罚；对于犯罪较轻的，可以免除处罚。具体确定从轻、减轻还是免除处罚，应当根据犯罪轻重，并考虑自首的具体情节。

第四条　被采取强制措施的犯罪嫌疑人、被告人和已宣判的罪犯，如实供述司法机关尚未掌握的罪行，与司法机关已掌握的或者判决确定的罪行属同种罪行的，可以酌情从轻处罚；如实供述的同种罪行较重的，一般应当从轻处罚。

【司法解释 II】

《最高人民法院关于被告人对行为性质的辩解是否影响自首成立问题的批复》（法释〔2004〕2 号，20040401）

根据刑法第六十七条第一款和《最高人民法院关于处理自首和立功具体应用法律若干问题的解释》第一条的规定，犯罪以后自动投案，如实供述自己的罪行的，是自首。被告人对行为性质的辩解不影响自首的成立。

【司法解释 III】

《最高人民法院关于适用刑法时间效力规定若干问题的解释》（法释〔1997〕5 号，19971001）

第四条 1997 年 9 月 30 日以前被采取强制措施的犯罪嫌疑人、被告人或者 1997 年 9 月 30 日以前犯罪，1997 年 10 月 1 日以后仍在服刑的罪犯，如实供述司法机关还未掌握的本人其他罪行的，适用刑法第六十七条第二款的规定。

【司法解释 IV】

《最高人民法院关于〈中华人民共和国刑法修正案（八）〉时间效力问题的解释》（法释〔2011〕9 号，20110501）

第四条 2011 年 4 月 30 日以前犯罪，虽不具有自首情节，但是如实供述自己罪行的，适用修正后刑法第六十七条第三款的规定。

【司法解释 V】

《最高人民法院、最高人民检察院关于办理行贿刑事案件具体应用法律若干问题的解释》（法释〔2012〕22 号，20130101）

第八条 行贿人被追诉后如实供述自己罪行的，依照刑法第六十七条第三款的规定，可以从轻处罚；因其如实供述自己罪行，避免特别严重后果发生的，可以减轻处罚。

【司法指导文件 I】

《最高人民法院关于处理自首和立功若干具体问题的意见》（法发〔2010〕60 号，20101222）

一、关于"自动投案"的具体认定

《解释》① 第一条第（一）项规定七种应当视为自动投案的情形，体现了犯罪嫌疑人投案的主动性和自愿性。根据《解释》第一条第（一）项的规定，犯罪嫌疑人具有以下情形之一的，也应当视为自动投案：

1. 犯罪后主动报案，虽未表明自己是作案人，但没有逃离现场，在司法机关询问时交代自己罪行的；2. 明知他人报案而在现场等待，抓捕时无拒捕行为，供认犯罪事实的；3. 在司法机关未确定犯罪嫌疑人，尚在一般性排查询问时主动交代自己罪行的；4. 因特定违法行为被采取劳动教养、

---

① 即《最高人民法院关于处理自首和立功具体应用法律若干问题的解释》（法释〔1998〕8 号，19980509）。——编者注

行政拘留、司法拘留、强制隔离戒毒等行政、司法强制措施期间，主动向执行机关交代尚未被掌握的犯罪行为的；5. 其他符合立法本意，应当视为自动投案的情形。

罪行未被有关部门、司法机关发觉，仅因形迹可疑被盘问、教育后，主动交代了犯罪事实的，应当视为自动投案，但有关部门、司法机关在其身上、随身携带的物品、驾乘的交通工具等处发现与犯罪有关的物品的，不能认定为自动投案。

犯罪嫌疑人被亲友采用捆绑等手段送到司法机关，或者在亲友带领侦查人员前来抓捕时无拒捕行为，并如实供认犯罪事实，虽然不能认定为自动投案，但可以参照法律对自首的有关规定酌情从轻处罚。

二、关于"如实供述自己的罪行"的具体认定

《解释》第一条第（二）项规定如实供述自己的罪行，除供述自己的主要犯罪事实外，还应包括姓名、年龄、职业、住址、前科等情况。犯罪嫌疑人供述的身份等情况与真实情况虽有差别，但不影响定罪量刑的，应认定为如实供述自己的罪行。犯罪嫌疑人自动投案后隐瞒自己的真实身份等情况，影响对其定罪量刑的，不能认定为如实供述自己的罪行。

犯罪嫌疑人多次实施同种罪行的，应当综合考虑已交代的犯罪事实与未交代的犯罪事实的危害程度，决定是否认定为如实供述主要犯罪事实。虽然投案后没有交代全部犯罪事实，但如实交代的犯罪情节重于未交代的犯罪情节，或者如实交代的犯罪数额多于未交代的犯罪数额，一般应认定为如实供述自己的主要犯罪事实。无法区分已交代的与未交代的犯罪情节的严重程度，或者已交代的犯罪数额与未交代的犯罪数额相当，一般不认定为如实供述自己的主要犯罪事实。

犯罪嫌疑人自动投案时虽然没有交代自己的主要犯罪事实，但在司法机关掌握其主要犯罪事实之前主动交代的，应认定为如实供述自己的罪行。

三、关于"司法机关还未掌握的本人其他罪行"和"不同种罪行"的具体认定

犯罪嫌疑人、被告人在被采取强制措施期间，向司法机关主动如实供述本人的其他罪行，该罪行能否认定为司法机关已掌握，应根据不同情形区别对待。如果该罪行已被通缉，一般应以该司法机关是否在通缉令发布范围内作出判断，不在通缉令发布范围内的，应认定为还未掌握，在通缉令发布范围内的，应视为已掌握；如果该罪行已录入全国公安信息网络在逃人员信息数据库，应视为已掌握。如果该罪行未被通缉、也未录入全国公安信息网络在逃人员信息数据库，应以该司法机关是否已实际掌握该罪行为标准。

犯罪嫌疑人、被告人在被采取强制措施期间如实供述本人其他罪行，该罪行与司法机关已掌握的罪行属同种罪行还是不同种罪行，一般应以罪名区分。虽然如实供述的其他罪行的罪名与司法机关已掌握犯罪的罪名不同，但如实供述的其他犯罪与司法机

关已掌握的犯罪属选择性罪名或者在法律、事实上密切关联，如因受贿被采取强制措施后，又交代因受贿为他人谋取利益行为，构成滥用职权罪的，应认定为同种罪行。

……

七、关于自首、立功证据材料的审查

人民法院审查的自首证据材料，应当包括被告人投案经过、有罪供述以及能够证明其投案情况的其他材料。投案经过的内容一般应包括被告人投案时间、地点、方式等。证据材料应加盖接受被告人投案的单位的印章，并有接受人员签名。

人民法院经审查认为证明被告人自首、立功的材料不规范、不全面的，应当由检察机关、侦查机关予以完善或者提供补充材料。

上述证据材料在被告人被指控的犯罪一、二审审理时已形成的，应当经庭审质证。

八、关于对自首、立功的被告人的处罚

对具有自首、立功情节的被告人是否从宽处罚、从宽处罚的幅度，应当考虑其犯罪事实、犯罪性质、犯罪情节、危害后果、社会影响、被告人的主观恶性和人身危险性等。自首的还应考虑投案的主动性、供述的及时性和稳定性等。立功的还应考虑检举揭发罪行的轻重、被检举揭发的人可能或者已经被判处的刑罚、提供的线索对侦破案件或者协助抓捕其他犯罪嫌疑人所起作用的大小等。

具有自首或者立功情节的，一般应依法从轻、减轻处罚；犯罪情节较轻的，可以免除处罚。类似情况下，对具有自首情节的被告人的从宽幅度要适当宽于具有立功情节的被告人。

虽然具有自首或者立功情节，但犯罪情节特别恶劣、犯罪后果特别严重、被告人主观恶性深、人身危险性大，或者在犯罪前即为规避法律、逃避处罚而准备自首、立功的，可以不从宽处罚。

对于被告人具有自首、立功情节，同时又有累犯、毒品再犯等法定从重处罚情节的，既要考虑自首、立功的具体情节，又要考虑被告人的主观恶性、人身危险性等因素，综合分析判断，确定从宽或者从严处罚。累犯的前罪为非暴力犯罪的，一般可以从宽处罚，前罪为暴力犯罪或者前、后罪为同类犯罪的，可以不从宽处罚。

在共同犯罪案件中，对具有自首、立功情节的被告人的处罚，应注意共同犯罪人以及首要分子、主犯、从犯之间的量刑平衡。犯罪集团的首要分子、共同犯罪的主犯检举揭发或者协助司法机关抓捕同案地位、作用较次的犯罪分子的，从宽处罚与否应当从严掌握，如果从轻处罚可能导致全案量刑失衡的，一般不从轻处罚；如果检举揭发或者协助司法机关抓捕的是其他案件中罪行同样严重的犯罪分子，一般应依法从宽处罚。对于犯罪集团的一般成员、共同犯罪的从犯立功的，特别是协助抓捕首要分子、主犯的，应当充分体现政策，依法从宽处罚。

【司法指导文件 I·注释】

1. 关于"明知他人报案而在现场等待的情形"。如果犯罪嫌疑人系因受伤、醉酒、被群众包围等客观因素而未能逃跑，或者滞留现场是寻找作案机会、继续作案而非等待抓捕，则不能认定为自动投案。

2. 关于如实供述的时间限制。犯罪嫌疑人投案后一直未主动如实供述主要犯罪事实，如在侦查机关掌握证据后才交代；在一审庭审中才交代；在二审庭审或二审发回重审中才交代，这类情形不能认定为自首。

【司法指导文件 II】

《最高人民法院关于常见犯罪的量刑指导意见》（法发〔2017〕7 号，20170401）

三、常见量刑情节的适用

4. 对于自首情节，综合考虑自首的动机、时间、方式、罪行轻重、如实供述罪行的程度以及悔罪表现等情况，可以减少基准刑的 40% 以下；犯罪较轻的，可以减少基准刑的 40% 以上或者依法免除处罚。恶意利用自首规避法律制裁等不足以从宽处罚的除外。

5. 对于坦白情节，综合考虑如实供述罪行的阶段、程度、罪行轻重以及悔罪程度等情况，确定从宽的幅度。

（1）如实供述自己罪行的，可以减少基准刑的 20% 以下；

（2）如实供述司法机关尚未掌握的同种较重罪行的，可以减少基准刑的 10%—30%（因如实供述自己罪行，避免特别严重后果发生的，可以减少基准刑的 30%—50%）。

6. 对于当庭自愿认罪的，根据犯罪的性质、罪行的轻重、认罪程度以及悔罪表现等情况，可以减少基准刑的 10% 以下。依法认定自首、坦白的除外。

【司法指导文件 III】

《最高人民法院关于贯彻宽严相济刑事政策的若干意见》（法发〔2010〕9 号，20100208）

17. 对于自首的被告人，除了罪行极其严重、主观恶性极深、人身危险性极大，或者恶意地利用自首规避法律制裁者以外，一般均应当依法从宽处罚。

对于亲属以不同形式送被告人归案或协助司法机关抓获被告人而认定为自首的，原则上都应当依法从宽处罚；有的虽然不能认定为自首，但考虑到被告人亲属支持司法机关工作，促使被告人到案、认罪、悔罪，在决定对被告人具体处罚时，也应当予以充分考虑。

【司法指导文件 IV】

《最高人民法院、最高人民检察院关于办理职务犯罪案件认定自首、立功等量刑情节若干问题的意见》（法发〔2009〕13 号，20090312）

一、关于自首的认定和处理

根据刑法第六十七条第一款的规定，成立自首需同时具备自动投案和如实供述自己的罪行两个要件。犯罪事实或者犯罪分子未被办案机关掌握，或者虽被掌握，但犯罪分子尚未受到调查谈话、讯问，或者未被宣布采取调查措施或者强制措施时，向办案机关投案的，是自动投案。在此期间如实交代自己的主要犯罪事实的，应当认定为自首。

犯罪分子向所在单位等办案机关以外的单位、组织或者有关负责人员投案的，应当视为自动投案。

没有自动投案，在办案机关调查谈话、讯问、采取调查措施或者强制措施期间，犯罪分子如实交代办案机关掌握的线索所针对的事实的，不能认定为自首。

没有自动投案，但具有以下情形之一的，以自首论：（1）犯罪分子如实交代办案机关未掌握的罪行，与办案机关已掌握的罪行属不同种罪行的；（2）办案机关所掌握线索针对的犯罪事实不成立，在此范围外犯罪分子交代同种罪行的。

单位犯罪案件中，单位集体决定或者单位负责人决定而自动投案，如实交代单位犯罪事实的，或者单位直接负责的主管人员自动投案，如实交代单位犯罪事实的，应当认定为单位自首。单位自首的，直接负责的主管人员和直接责任人员未自动投案，但如实交代自己知道的犯罪事实的，可以视为自首；拒不交代自己知道的犯罪事实或者逃避法律追究的，不应当认定为自首。单位没有自首，直接责任人员自动投案并如实交代自己知道的犯罪事实的，对该直接责任人员应当认定为自首。

对于具有自首情节的犯罪分子，办案机关移送案件时应当予以说明并移交相关证据材料。

对于具有自首情节的犯罪分子，应当根据犯罪的事实、性质、情节和对于社会的危害程度，结合自动投案的动机、阶段、客观环境、交代犯罪事实的完整性、稳定性以及悔罪表现等具体情节，依法决定是否从轻、减轻或者免除处罚以及从轻、减轻处罚的幅度。

……

三、关于如实交代犯罪事实的认定和处理

犯罪分子依法不成立自首，但如实交代犯罪事实，有下列情形之一的，可以酌情从轻处罚：（1）办案机关掌握部分犯罪事实，犯罪分子交代了同种其他犯罪事实的；（2）办案机关掌握的证据不充分，犯罪分子如实交代有助于收集定案证据的。

犯罪分子如实交代犯罪事实，有下列情形之一的，一般应当从轻处罚：（1）办案机关仅掌握小部分犯罪事实，犯罪分子交代了大部分未被掌握的同种犯罪事实的；（2）如实交代对于定案证据的收集有重要作用的。

【司法指导文件Ⅴ】

《最高人民法院、最高人民检察院、海关总署关于办理走私刑事案件适用法律若干问题的意见》（法〔2002〕139号，20020708）

二十一、关于单位走私犯罪案件自首的认定问题

在办理单位走私犯罪案件中，对单位集体决定自首的，或者单位直接负责的主管人员自首的，应当认定单位自首。认定单位自首后，如实交代主要犯罪事实的单位负责的其他主管

人员和其他直接责任人员，可视为自首，但对拒不交代主要犯罪事实或逃避法律追究的人员，不以自首论。

【法院参考案例】

〔**参考案例第 59 号：庄保金抢劫案**〕犯罪嫌疑人一经传唤，即如实供认犯罪事实的，可否认定为自首？

如果行为人是因形迹可疑受到公安人员查问，如实供述自己的罪行，应认定为自首；如果行为人是被作为犯罪嫌疑人被侦查机关讯问，供认了犯罪事实的，不应认定为自首。

〔**参考案例第 66 号：姚伟林、刘宗培、庄晓华非法制造注册商标标识案**〕举报同案犯并如实交代自己参与共同犯罪事实的应否认定为自首？

被告人为泄私愤，向公安机关举报同案犯的共同犯罪事实，且查证属实，不属于有立功表现，但被告人在举报同案犯时如实供述自己参与共同犯罪的事实，应当认定有自首情节，并可从轻处罚。

〔**参考案例第 80 号：王洪斌故意杀人案**〕到公安机关报假案与自动投案的区别应如何把握？

案发后到公安机关报假案，编造虚假情况，欺骗司法机关，被识破后被抓获的，不属投案自首。

〔**参考案例第 134 号：明安华抢劫案**〕犯罪后到公安机关了解案情是否属于自动投案？

行为人没有投案动机，只是到公安机关了解被害人是否死亡等案情，被事先已掌握事实的公安机关抓获的，即便行为人事后如实供述主要犯罪事实，也不属于自动投案。

〔**参考案例第 172 号：刘某诉江某故意伤害案**〕自诉案件中的自首情节如何认定？

只要符合自首成立的法定条件，无论是公诉案件还是自诉案件，都应当认定为自首，不能因自诉案件的犯罪事实和犯罪嫌疑人容易被司法机关发现和掌握，就不适用刑法关于自首的规定。

〔**参考案例第 255 号：杜祖斌、周起才抢劫案**〕自动投案后没有如实供述同案犯是否构成自首？

共同实行犯成立自首，不仅要求其在自动投案后，如实供述自己直接实施的犯罪行为，还应如实供述与其共同实施犯罪的其他实行犯。否则，这种供述就是不彻底、不如实的，不成立自首。

〔**参考案例第 381 号：董保卫、李志林等盗窃、收购赃物案**〕投案动机和目的是否影响自首成立？

被告人基于获取赏金、报复同案犯等原因到有关部门投案并如实供述自己罪行的，不影响自首成立。

〔**参考案例第 394 号：陈国策故意伤害案**〕实施犯罪行为后，滞留犯罪现场等候警方处理的行为，能否认定自动投案？

被告人在故意伤害犯罪过程中多次用电话报警，但报警内容未涉及自己的犯罪行为，案发后滞留现场等候警方处理，并在警方讯问后如实供述主要犯罪事实的，应当认定为自首。

〔**参考案例第 411 号：何荣华强奸、盗窃案**〕如何理解"如实供述司法机关还未掌握的本人其他罪行"?

刑法第六十七条"如实供述司法机关还未掌握的本人其他罪行"中的"司法机关"不仅指正在侦查、起诉、审判的司法机关,也包括其他司法机关,实践中可分三种情况灵活掌握:

(1) 如果犯罪嫌疑人、被告人所犯余罪尚未被查明、通缉,或者虽已被通缉,但通缉资料不全面,内容不准确,正在侦查、起诉、审判当前犯罪的司法机关并不掌握,或者很难、几乎不可能通过比对查证等方式掌握犯罪嫌疑人所犯余罪的,此时的"司法机关"仅指直接办案机关。

(2) 如果犯罪嫌疑人所犯前罪已被通缉,正在侦查、起诉、审判当前犯罪的司法机关可以通过通缉资料掌握该犯罪嫌疑人、被告人所犯前罪的情况下,"司法机关"应当包括通缉令覆盖范围内的所有司法机关。

(3) 如果犯罪嫌疑人或被告人先行实施的犯罪行为虽已被其他司法机关掌握,但因地处偏僻、路途遥远或通信不便等原因,客观上使控制犯罪嫌疑人、被告人的司法机关在侦查、起诉、审判当前犯罪过程中,难以了解、发现之前犯罪事实的,可以将之前的犯罪事实视为司法机关还未掌握的罪行,这时的"司法机关"仍指直接办案的司法机关。

〔参考案例第 437 号:周建龙盗窃案〕向被害人投案的行为是否认定为自首?

仅向被害人承认作案,但没有接受司法机关处理意愿的行为,不能认定为自首。

〔参考案例第 465 号:刘兵故意杀人案〕如何认定自动投案中的"形迹可疑"?

判断行为人是否属于"形迹可疑",关键就是看司法机关能否依凭现有证据特别是客观性证据在行为人与具体案件之间建立起直接、明确、紧密的联系,依据当时证据行为人作案的可能性已经大大提高,达到了被确定为"犯罪嫌疑人"的程度。能建立起这种联系的,行为人就属于犯罪嫌疑人;建立不起这种联系,而主要是凭经验、直觉认为行为人有作案可能的,行为人就属于"形迹可疑"。行为人在因"形迹可疑"受到盘问、教育时主动交代自己所犯罪行的,应当认定为自动投案,构成自首。

〔参考案例第 468 号:沈利潮抢劫案〕行政拘留期间交代犯罪行为的能否认定为自首?

侦查机关以侦破刑事案件为目的,在已掌握部分犯罪线索的情况下,以行政违法为由将犯罪嫌疑人行政拘留,后者在行政拘留期间交代自己犯罪行为的,不能认定为自首。但是,如果侦查机关事先对犯罪行为不知情,仅因特定违法行为对某人行政拘留,后者主动交代侦查机关尚未掌握的犯罪事实,或者交代侦查机关尚未掌握的其他非同种犯罪事实,符合自首条件的,应当认定为自首。

〔参考案例第 476 号:赵春昌故意杀人案〕如何认定"经查实确已准备去投案"的自首?

"经查实确已准备去投案"的情形视为自动投案的,必须具备以下条件:

第一，从主观上讲，犯罪嫌疑人要有真实的投案意愿，即不论出于何种投案动机，犯罪嫌疑人本人必须具有自动投案的意志。具体而言，在认识因素方面，犯罪嫌疑人要具有主动到案接受司法机关处理的意思表示；在意志因素方面，准备投案的行为不违背其本人的意志。

第二，从客观上讲，犯罪嫌疑人要有准备投案的客观表现，这是认定准备投案的关键，如在投案自首之前准备钱物，妥善安排后事，在紧急情况下保护现场、抢救被害人等待警方到场等，当确有证据充分证明其有为投案而做准备的行为表现，才可认定准备投案。

第三，犯罪嫌疑人没有实施自动投案行为是因为被公安机关及时抓获，也就是说，如果没有公安机关的及时介入，犯罪嫌疑人将会实施向有关机关主动投案的行为。

第四，主、客观相一致，且必须有证据证实。尤其是对于尚未来得及向有关单位或有关负责人员表明投案意愿即被抓获的情况，对此，一般应从抓获时犯罪分子是否进行反抗、是否有准备外逃的迹象，其他证人关于犯罪嫌疑人被抓获前言行的证言、犯罪嫌疑人是否有准备投案的客观表现等方面进行综合审查判断。

总体上讲，"准备投案"不能仅是犯罪嫌疑人的一种纯心理活动，必须有一定的言语或行为表现来进行佐证。至于是否必须要有行为表示，则要看当时的具体情况，如果仅有愿意投案的言语表示，而时间和条件又允许，却在没有正当理由的情况下一直无任何去投案的行为迹象，就难以认定属于准备投案。

〔参考案例第525号：王秋明故意伤害案〕被告人在案发后电话报警的行为是否成立自首？

行为人作案后，以电话方式报警能否成立自首应当结合案情具体分析：（1）电话中明确表示投案意图，到案后如实供述犯罪事实的，成立自首；（2）电话报警时虽然没有明确投案意图，但在警方根据报警线索到达犯罪现场或抢救现场后，未通过调查将其列为犯罪嫌疑人或采取强制措施前，主动向警方供述犯罪事实的，或者属于因形迹可疑，经盘问主动如实供述罪行的，成立自首；（3）作案后主动电话报警但未明确供述其主要犯罪事实，或在警方到达后仍未主动供述主要犯罪事实。警方通过调查工作已将其列为犯罪嫌疑人后才如实供述罪行的，不能成立自首。

〔参考案例第565号：闫光富故意杀人案〕犯罪嫌疑人在公安机关通知后到案，但在公安机关掌握部分证据后始供述的，是否成立自首？

犯罪嫌疑人接到公安机关调查通知后到案，但未供述犯罪事实，在公安机关掌握了部分证据后始予供述的，不能构成自首。

〔参考案例第593号：彭佳升贩卖、运输毒品案〕因运输毒品被抓获后又如实供述司法机关未掌握的贩卖毒品罪是否成立自首？

对如实供述司法机关尚未掌握的选择性罪名中的某一罪行以自首论，

会导致量刑上的不均衡。因运输毒品被抓获后，又如实供述司法机关未掌握的贩卖毒品罪行，不构成自首。

〔参考案例第 598 号：张东生故意杀人案〕被告人具备自首要件，其亲属不配合抓捕的是否成立自首？

被告人具备自首要件，其亲属不配合抓捕的不影响自首的成立。

〔参考案例第 696 号：谭继伟交通肇事案〕交通肇事后报警并留在现场等候处理的，应认定为自动投案？

司法实践中，以下几类交通肇事后报警，并在现场等候处理的行为，均应认定为自首：（1）交通肇事后，立即报警、保护现场、抢救伤员和财产，归案后又如实供述自己罪行的；（2）交通肇事后，委托他人代为报警，自己忙于保护现场、抢救伤员和财产，归案后又如实供述自己罪行的；（3）交通肇事后，明知他人已经报警，自己在现场等候交警部门处理，归案后又如实供述自己罪行的。

〔参考案例第 698 号：熊华君故意伤害案〕现场待捕型自首如何认定？

考虑到犯罪嫌疑人投案的主动性和自愿性，认定现场待捕型自首还应该具备以下四个条件：

第一，现场待捕的非被动性。如果犯罪嫌疑人作案后由于被害人阻拦、群众围堵等客观情况而难以离去，或因受伤、突发疾病等自身缘故无法离开现场，或留在现场是为了继续犯罪，或类似列举情形的，都不应该视为自首。

第二，对于他人报案的明知性。只要行为人的精神、智力等同于常人，

也可推断行为人应当知道有人已经报案。例如，案发现场有大量围观群众，即使行为人没有听到、看到有人报案，但可以推断其有人已报案或者会报案。当然，对他人是否报案的合理推断，应当根据案件当时的实际情况，如案发的时间是白天还是晚上、案发当时是否有目击者、目击者的数量、目击者的行为表现等进行综合判断。犯罪嫌疑人明知他人已经报案，仍然留在现场等待抓捕，可以视为犯罪嫌疑人对他人报案行为的一种追认。

第三，被抓捕时行为的服从性。在公安人员到场后主动承认犯罪行为，表现为基于本人意志，自愿置身于司法控制之下：犯罪嫌疑人对于公安人员到现场的抓捕在行为上应表现为顺从配合，这种顺从配合不仅要表现在被抓捕时，还应表现在此后的押解过程中。

第四，供认犯罪事实的彻底性。犯罪嫌疑人应如实供述自身罪行，对犯罪事实供认不讳，这是自首"如实供述"条件的要求。

〔参考案例第 699 号：吕志明故意杀人、强奸、放火案〕如何认定"送亲归案"情形下的自动投案？

1. "自动投案"对于投案目的有特定要求，即行为人必须明确告知其到司法机关的目的是投案，接受司法机关的处理。如果行为人主动到司法机关的目的是为自己开脱罪责或者表明自己"清白"的，则不符合自动投案的本质要求，不能认定为自动投案。

2. 将"送亲归案"认定为自动投案的重要前提条件是，犯罪嫌疑人的

亲友已知道犯罪嫌疑人实施了一种或几种犯罪行为。即犯罪嫌疑人的亲友明知犯罪嫌疑人实施了犯罪行为，仍然主动联系有关机关或人员，亲自"陪首"或者"送首"，目的是将犯罪嫌疑人有效地置于司法机关的控制之下，使犯罪嫌疑人承担相应的法律后果。如果亲友并不明知犯罪嫌疑人实施了犯罪行为，亲友主动与司法机关联系的目的并不是让犯罪嫌疑人接受司法机关的处理，而是为了撇清犯罪嫌疑，则不应认定为自动投案。

〔**参考案例第 700 号：袁翌琳故意杀人案**〕对亲属报警并协助公安机关抓获被告人行为的认定？

1. 如果犯罪分子并不明知亲属已向公安机关报警或者公安机关正在前来抓捕，其主观方面的对抗性或非对抗性均无从体现，此种情形下即使犯罪分子没有拒捕行为，也不能认定为自动投案。

2. 只要亲属的行为产生了将犯罪分子置于司法机关控制之下的实际效果，即使犯罪分子不符合自首的条件，法院在量刑时也可将亲属的行为作为酌情从轻处罚的情节予以考虑，以体现刑法的谦抑性。

〔**参考案例第 701 号：周元军故意杀人案**〕不明知自己已被公安机关实际控制而投案的，是否成立自首？

1. 不明知自己已被公安机关实际控制而投案的，不认定为自首，但可酌情从轻处罚。

2. 自动投案中的"强制措施"与刑事诉讼法规定的"强制措施"既有区别又有联系，两者存在某种程度的交叉。前者是指对犯罪嫌疑人人身实施的实际控制或管控，尽管其不要求履行刑事诉讼法规定的程序，但对犯罪嫌疑人的实际控制也可能发生在已经对其适用刑事诉讼法规定的"强制措施"后，且这种情形在司法实践中发生的概率更高；另外，即使犯罪嫌疑人已被采取了刑事诉讼法规定的"强制措施"，其人身仍有可能并未被司法机关实际控制，如在犯罪嫌疑人被取保候审后脱保，监视居住后潜逃，或者羁押期间脱逃。在这些情况下，司法机关对犯罪嫌疑人并未形成事实上的控制，犯罪嫌疑人对其行为和活动仍作自由决定，只要其实施了投案行为，就应当认为其是在尚未被采取"强制措施"前的自动投案。

3. 司法实践中，还有一些因客观条件限制类似"逃无可逃"的情形，同样因为失去自动的客观前提，不能认定为自动投案。例如，自然环境与条件限制了犯罪人的行动自由，犯罪人作案后根本无条件和机会逃避抓捕，或者犯罪人在作案过程中遭遇生命、健康的重大危险，别无选择时报案求助于公安机关的，此类情况下，犯罪人处于"逃无可逃"、别无选择的情形，其投案并非主动、自愿所为，而是因客观条件使其别无选择，迫不得已而为之的，不能认定为自动投案。

〔**参考案例第 702 号：张某等抢劫、盗窃案**〕接受公安人员盘问时，当场被搜出与犯罪有关的物品后，才交代犯罪事实的，能否视为自动投案？

行为人因形迹可疑被盘问时，当场被搜出与犯罪有关的物品后，行为人已不属于"形迹可疑",而是具有"犯罪嫌疑"的明显证据,其罪行已被司法机关发觉,故交代犯罪事实对确定犯罪嫌疑人无实质意义,不能认定为投案自首。

〔**参考案例第 703 号:蒋文正爆炸、敲诈勒索案**〕余罪自首中如何认定"不同种罪行"?

行为人主动供述的公安机关未掌握的两起敲诈勒索罪行,与公安机关已掌握的爆炸后敲诈勒索罪行属同种罪行,不构成自首。

〔**参考案例第 705 号:李吉林故意杀人案**〕如实供述杀人罪行后,又翻供称被害人先实施严重伤害行为的,能否认定为对主要犯罪事实的翻供?

被告人如实供述杀人罪行后,又翻供称被害人先实施严重伤害行为的,应当视为对主要犯罪事实的翻供,不能构成自首。

〔**参考案例第 709 号:吴江、李晓光挪用公款案**〕职务犯罪中如何认定自首?

职务犯罪案件中,被告人须在监察部门对其采取明确的调查措施前投案,方能构成自动投案,在此前提下符合自首其他构成要件的,依法应认定为自首。

〔**参考案例第 718 号:张春亭故意杀人、盗窃案**〕交代司法机关尚未掌握的案发起因构成其他犯罪的,是否属于自首?

交代司法机关尚未掌握的案发起因构成其他犯罪,且两个罪行在法律、事实上并不具有密切关联的,应当认定为自首。

〔**参考案例第 747 号:汪某故意杀人、敲诈勒索案**〕如实供述的罪行与司法机关已经掌握的罪行在事实上密切关联的,是否构成自首?

在事实上密切关联的犯罪,是指不同犯罪之间在犯罪的时间、地点、方法(手段)、对象、结果等客观事实特征方面有密切联系。如某人用炸药报复杀人,其因故意杀人被捕后,主动供述了其购买了较大数量硝酸铵等原料制造炸药的行为,其行为又构成非法制造爆炸物罪,与司法机关此前掌握的故意杀人罪不是同一罪名,但因其在供述故意杀人犯罪事实时,必须如实供述作为犯罪工具的爆炸物的来源,因而,其所触犯的两个罪名在事实上有紧密关联,其主动供述制造炸药的行为不能认定为自首。

〔**参考案例第 755 号:刘某、姚某挪用公款案**〕如何认定职务犯罪案件中的自首及把握办案机关掌握的线索范围?

职务犯罪案件中"办案机关掌握的线索",不限于直接查证犯罪事实的线索,还包括与查证犯罪事实有关联的线索。"线索"本身是一个中性概念,线索不等于犯罪事实本身,有时甚至不能起到直接查证犯罪事实的作用。在刑事案件中,"线索"大致可以分为两种类型:一种是能够直接查证犯罪事实的线索;另一种是不能直接查证犯罪事实,但与查证犯罪事实有关联的线索。如果办案机关掌握了第一类线索,就应视为掌握了一定的犯罪事实,犯罪分子在被据此调查谈话时交代犯罪事实的,不能认定为自首。如果办案机关掌握了第二类线索，因该类线索不能直接查证犯罪事实，犯罪分子在被调查谈话期间交代犯罪事实的，是否构成自首存在争议。事实上，根据此类线索虽不能直接认定犯罪事实，但此类线索具有指向犯罪事实的作用。办案机关掌握此类线索后，能够研判行为人可能涉嫌的犯罪性质和类型。一般而言，办案机关找行为人调查谈话具有一定的针对性，行为人由此交待犯罪事实的，应该认定属于此线索针对的事实，不能认定为自首。

〔参考案例第 776 号：徐凤抢劫案〕公安机关确定犯罪嫌疑人并以其他名义通知其到案后，如实供述犯罪事实，但一审判决前翻供的，是否构成自首？

被告人到案后，在侦查、起诉阶段一直如实供述主要犯罪事实，但在一审庭审时翻供，不应认定为自首。

〔参考案例第 780 号：尚娟盗窃案〕明知他人报案而留在现场，抓捕时亦无拒捕行为，且如实供认犯罪事实的，是否构成自首？

1. 要将"明知他人报案而在现场等待"的情形认定为自动投案，必须是犯罪嫌疑人积极主动在现场等待，是有机会逃走而未选择逃走，即犯罪嫌疑人属于"能逃而不逃"的情形。

2. "能逃而不逃"应当依据客观条件进行认定。对客观上不具备逃走条件的犯罪嫌疑人，即使存在投案的主动性、自愿性，也不应认定为自首。如对实施盗窃后被人发现报警，不论是因害怕被追究刑事责任还是为了争

取从轻处罚，只要留在现场等待的，都应当视为自动投案；而对实施盗窃后被人发现报警并包围，而留在现场被抓获的，就不应视为自动投案。因为后一种情形中，犯罪嫌疑人客观上逃不掉，故不属于"能逃而不逃"的情形。

3. "明知他人报案而在现场等待"中的"现场"不限于作案现场。在作案现场以外的其他场合，如果犯罪嫌疑人明知他人报案，而自愿等待抓捕，且无拒捕行为，如实供述罪行的，同样体现了犯罪嫌疑人的主动性和自愿性，也应当认定为自首。

〔参考案例第 811 号：赵新正故意杀人案〕如何认定"已准备去投案"和"正在投案途中"？

"已准备去投案"表明主动、直接的投案行为尚未开始，只是在为投案做准备工作；"正在投案途中"表明投案的行为已经开始，即已经启程前往特定机关投案，只是由于时间和空间的差距而尚未完成投案即被抓获。

〔参考案例第 831 号：李国仁故意杀人案〕杀人后主动报警表示投案，等待抓捕期间又实施犯罪的，能否认定为自首？

犯罪嫌疑人在其打电话表示投案后，还继续实施犯罪，表明其主观上并未彻底放弃和终止继续犯罪的意图，缺乏自愿将自己置于司法机关的控制之下，接受审查和裁判的主观意愿，不属于自动投案，不具备自首的本质特征，不构成自首。

〔参考案例第 880 号：杨金凤、赵琪等诈骗案〕自动投案的行为发生在

犯罪嫌疑人被办案机关控制之后的是否成立自首？

犯罪嫌疑人被司法机关控制后，经允许脱离控制，又按指令自行到案并如实供述犯罪事实的，不构成自首。

〔**参考案例第 926 号：喻春等故意杀人案**〕在共同犯罪案件中如何认定"如实供述主要犯罪事实"？

在共同犯罪案件中，分析被告人是否如实供述主要犯罪事实，一是看交代同案犯关联事实的程度，是否如实供述其所知的同案犯实施的共同犯罪事实；二是看如实供述的时间节点，如果犯罪嫌疑人如实供述的时间节点是在其他同案犯已作相关供述之后，其是被迫作出如实供述的，那其实质上就不具有主动交付于司法机关监管的意愿，不符合自首制度设立的初衷，故不能认定构成自首。

〔**参考案例第 941 号：冯维达、周峰故意杀人案**〕行为人对其主观心态的辩解是否影响自首的成立？

"如实供述自己的罪行（主要犯罪事实）"不仅要求行为人如实供述客观行为，还要求如实供述其犯罪时的主观心态，否则就不能认定为自首。例如，行为人在自动投案后如实交代了持刀取得被害人财物的犯罪事实，但辩解其行为不构成抢劫罪，而是抢夺罪，这其实是行为人对行为法律性质的一种主观认识，认识的对错不能否认其如实供述了犯罪事实。反之，如果行为人自动投案后虽然承认从被害人处取得财物，但辩称是被害人归还给他的欠款，否认具有非法占有被害人财物的主观心态，则属于未如实

供述主要犯罪事实，不能认定为自首。

〔**参考案例第 942 号：张芳元故意杀人案**〕如何区分"形迹可疑人"与"犯罪嫌疑人"？

"形迹可疑"和"犯罪嫌疑"之间的区别主要在于：一是产生怀疑的依据不同。对"形迹可疑"的判断主要是依据工作经验和常识、常情、常理，有时甚至是依据直觉所形成的猜测；"犯罪嫌疑"则是对所掌握的证据分析、判断后形成的推定，有被合理怀疑的事实根据。二是对证据和线索的要求程度不同。"形迹可疑"仅是针对特定行为人的衣着、举止、言谈或者表情而产生的一般性怀疑，司法人员无须掌握任何与特定案件相关联的证据或线索；而"犯罪嫌疑"则是有针对性的怀疑，强调司法人员必须以一定的线索、证据为依据，将行为人与某种具体犯罪相联系。简言之，行为人如实供述罪行之前司法机关是否已经掌握足以合理怀疑行为人实施某种犯罪的证据或者线索，从而在行为人与具体案件之间建立起直接、明确的联系，是区分"形迹可疑"与"犯罪嫌疑"的关键。

〔**参考案例第 1037 号：杨文博非法持有毒品案**〕因形迹可疑被盘查时发现持有可疑物品，在被带至公安机关接受调查时如实供述了非法持有毒品事实的，是否成立自首？

因形迹可疑被盘查时发现随身携带的挎包内藏有可疑物品，在被带至公安机关接受调查时，如实供述了非法持有毒品事实的，不构成自首。

〔**参考案例第 1044 号：黄光故意**

杀人、诈骗案〕打电话报警但未承认自己实施犯罪行为的是否认定为自首？

被告人打电话报警，并不必然将自己置身于犯罪嫌疑人的身份。公安机关直到经过大量调查工作，取得一定证据后，才查明真相。被告人的报警行为与公安机关之后将其作为犯罪嫌疑人采取强制措施之间没有关联性，故不构成自首。

〔**参考案例第 1050 号：台州市黄岩恒光金属加工有限公司、周正友污染环境案**〕如何认定行政主管部门与公安机关联合执法案件中的自动投案？

1. 环保部门是污染环境罪的办案机关之一，环保部门在进行调查谈话时已经初步掌握了本案的犯罪事实，其接受谈话的行为不能认定自动投案。案件移送到公安机关后，被告人再主动投案，更不能认定为自动投案，从而不能成立自首。

2. 行政执法移送案件的自动投案主要有三种情形：（1）在犯罪事实和犯罪嫌疑人未被发现或者犯罪事实已被发觉，犯罪嫌疑人尚未被发觉以前，向公安、检察、法院等司法机关投案，或者向相关行政执法部门投案，都可以认定为自动投案。（2）犯罪事实和犯罪嫌疑人均已被发觉，但犯罪嫌疑人尚未受到办案机关调查谈话或者被宣布调查措施以前，向公安、检察、法院等司法机关投案，或者向相关行政执法部门投案，也可以认定为自动投案。（3）犯罪事实和犯罪嫌疑人均已在检查过程中被发觉，并已受到行政执法部门的调查，再到公安等司法机关投案的，不能视为自动投案。

〔**参考案例第 1059 号：韩永仁故意伤害案**〕"明知他人报案而在现场等待"情形的具体认定？

行为人根据现场情况，有合理依据判断有人及时报案的，属于"明知他人报案"；行为人在案发后有足够的时间、条件能逃跑而未逃跑，自愿在现场等待被抓捕的，属于"在现场等待"。具体来说，一是需要判断行为人在当时的情况下是否有条件逃走，如果行为人因为受伤、意识不清、被群众包围等客观因素而不得不留在现场，并非能够自由选择是否留在现场，则不能认定为自动投案。二是需要判断行为人不逃走的主观目的是什么，如果滞留现场是为了寻找作案机会、继续作案等而非等待抓捕，则不能认定为自动投案。

〔**参考案例第 1078 号：徐勇故意杀人案**〕关于自首情节中"确已准备去投案"的认定？

对"准备去投案"的认定，应当强调的不仅仅是被告人的心理活动，更重要的是已经为投案实施了一定的准备活动，客观行为已经能够清楚地反映准备投案的主观心态。具体而言，可以从以下几个方面认定被告人是否"确已准备去投案"：

第一，必须有准备投案的客观行为。被告人必须在投案意愿的支配下，为投案实施了一定的准备行为，并且有客观的事实、证据来加以证明。例如，被告人已向他人表示将要投案，但在时间和条件允许的情况下，却一直没有任何为投案做准备的行为，这种情形就不能认定为准备投案。

第二，准备行为必须是与投案相关的必要行为。从司法实践来看，可以归入投案准备的行为主要有两类：一是为投案准备工具、创造条件的情形，如了解投案对象和场所路线，为投案准备交通工具、生活用具，请求父母、亲友陪同投案，正在书写供词准备带去投案，因受伤等原因正在寻找他人代为投案，等等；二是为投案解除后顾之忧、安排后事的情形，如投案前与亲友告别，交代债权债务，安排赡养老人、抚养子女事宜，等等。一般来说，以上情形都可以认定为是与投案相关的必要行为。反之，对那些与投案并无直接关系亦非必要的情形，则不能认定为准备投案。如被告人归案后辩称，归案前正在四处查找同案犯下落，准备找到之后带着立功线索投案的，即便该辩解有其他证据支持，但由于此情形并非投案的必要准备行为，在投案时间上也不可预期，故一般不能认定为准备投案。

第三，准备行为必须能够清楚地反映投案意愿。即便准备行为是与投案相关的必要行为，也要对是否能够清楚地反映出被告人的投案意愿进行审查。有的准备行为能够较为明显地反映出被告人的投案意愿，如请求亲友陪同投案，但也有一些准备行为具有双重性质，如准备交通工具、与家人告别，既可能是为投案创造条件或者解除后顾之忧，也可能是为潜逃做准备。对这种情形，如果仅有被告人供述、缺乏其他证据有力印证的，由于所谓的准备行为并不能清楚地反映出投案意愿，一般就不能认定为准备

投案。

第四，投案意愿必须具有连续性。被告人的投案意愿必须具有连续性，产生投案意愿、准备投案之后又改变初衷的，或者犹豫不决的，一般不能认定为准备投案。例如，被告人在原籍地作案后外逃，在亲属的劝说下准备投案而返回原籍地，但返回后一个月一直未去投案，后被公安机关抓获，被告人辩称准备投案，其亲属也能证明说服被告人返回原籍地准备投案的过程。但是，所谓的"准备投案"竟然准备了一个月，这说明其投案意愿发生了变化。实际上，从客观行为看，被告人返回原籍地时确实是准备投案，但之后又放弃了投案意愿，所以不能认定为准备投案。又如，被告人确实是在准备投案途中被公安人员抓获，但在讯问时未能及时、如实供述犯罪事实，在多次讯问后才如实供述的，或者在抓捕时拒捕、逃跑的，都说明其投案意愿存在反复，一般也不能认定为准备投案。

第五，准备投案必须有相应的证据加以证明。对前述四个方面的审查认定，都离不开相应的证据。对此，可以从被告人准备投案行为的客观表现、归案后供述的主动性和及时性、相关证人对被告人归案前言行的证言等方面进行综合审查判断。一般来说，被告人辩称准备投案，却提不出相应的证据线索，司法机关经查证也未发现确能证明其已为投案做准备的证据的，不能认定为准备投案。在有被告人供述及相关证人证言等证据证明被告人准备投案的情形下，必须认真审

查言词证据的客观性、真实性、关联性，如分析供述与证言的印证关系、有无矛盾之处、供述与证言是否稳定、证言的制作时间、证人与被告人的亲疏利害关系，同时将言词证据与其他证据进行比对，审慎作出判断。

〔**参考案例第 1081 号：吴某强奸、故意伤害案**〕行为人在取保候审期间犯新罪而逃跑，被公安机关依法通缉后又自动投案并如实供述罪行的，是否认定全案构成自首？

行为人因涉嫌犯强奸罪而被取保候审，在此期间内逃跑，其后自动投案的行为不应认定为自首；因涉嫌犯故意伤害罪，在未被讯问、采取强制措施之前逃跑，后又自动投案并如实供述自己犯罪事实的，可以认定为自首。因此，对其所犯故意伤害罪可认定为自首，对其所犯强奸罪不应认定为自首。

〔**参考案例第 1084 号：周某非法持有毒品案**〕非法持有毒品者主动向公安机关上交毒品的，是否构成自首？

非法持有毒品者主动向公安机关上交毒品的，构成自首。

第六十八条　【立功】犯罪分子有揭发他人犯罪行为，查证属实的，或者提供重要线索，从而得以侦破其他案件等立功表现的，可以从轻或者减轻处罚；有重大立功表现的，可以减轻或者免除处罚。

【修正前条文】

第六十八条　【立功】犯罪分子有揭发他人犯罪行为，查证属实的，或者提供重要线索，从而得以侦破其

他案件等立功表现的，可以从轻或者减轻处罚；有重大立功表现的，可以减轻或者免除处罚。

犯罪后自首又有重大立功表现的，应当减轻或者免除处罚。

【修正说明】

刑法修正案（八）第九条删去了原条文第二款。

【司法解释 I】

《最高人民法院关于处理自首和立功具体应用法律若干问题的解释》（法释〔1998〕8 号，19980509）

第五条　根据刑法第六十八条第一款的规定，犯罪分子到案后有检举、揭发他人犯罪行为，包括共同犯罪案件中的犯罪分子揭发同案犯共同犯罪以外的其他犯罪，经查证属实；提供侦破其他案件的重要线索，经查证属实；阻止他人犯罪活动；协助司法机关抓捕其他犯罪嫌疑人（包括同案犯）；具有其他有利于国家和社会的突出表现的，应当认定为有立功表现。

第六条　共同犯罪案件的犯罪分子到案后，揭发同案犯共同犯罪事实的，可以酌情予以从轻处罚。

第七条　根据刑法第六十八条第一款的规定，犯罪分子有检举、揭发他人重大犯罪行为，经查证属实；提供侦破其他重大案件的重要线索，经查证属实；阻止他人重大犯罪活动；协助司法机关抓捕其他重大犯罪嫌疑人（包括同案犯）；对国家和社会有其他重大贡献等表现的，应当认定为有重大立功表现。

前款所称"重大犯罪"、"重大案

件"、"重大犯罪嫌疑人"的标准，一般是指犯罪嫌疑人、被告人可能被判处无期徒刑以上刑罚或者案件在本省、自治区、直辖市或者全国范围内有较大影响等情形。

【司法解释Ⅱ】

《最高人民法院关于适用刑法时间效力规定若干问题的解释》(法释〔1997〕5 号，19971001)

第五条　1997 年 9 月 30 日以前犯罪的犯罪分子，有揭发他人犯罪行为，或者提供重要线索，从而得以侦破其他案件等立功表现的，适用刑法第六十八条的规定。

【司法解释Ⅲ】

《最高人民法院关于〈中华人民共和国刑法修正案（八）〉时间效力问题的解释》(法释〔2011〕9 号，20110501)

第五条　2011 年 4 月 30 日以前犯罪，犯罪后自首又有重大立功表现的，适用修正前刑法第六十八条第二款的规定。

【司法解释Ⅳ】

《最高人民法院、最高人民检察院关于办理行贿刑事案件具体应用法律若干问题的解释》(法释〔2012〕22 号，20130101)

第九条　行贿人揭发受贿人与其行贿无关的其他犯罪行为，查证属实的，依照刑法第六十八条关于立功的规定，可以从轻、减轻或者免除处罚。

【司法指导文件Ⅰ】

《最高人民法院关于处理自首和立功若干具体问题的意见》(法发〔2010〕60 号，20101222)

四、关于立功线索来源的具体认定

犯罪分子通过贿买、暴力、胁迫等非法手段，或者被羁押后与律师、亲友会见过程中违反监管规定，获取他人犯罪线索并"检举揭发"的，不能认定为有立功表现。

犯罪分子将本人以往查办犯罪职务活动中掌握的，或者从负有查办犯罪、监管职责的国家工作人员处获取的他人犯罪线索予以检举揭发的，不能认定为有立功表现。

犯罪分子亲友为使犯罪分子"立功"，向司法机关提供他人犯罪线索、协助抓捕犯罪嫌疑人的，不能认定为犯罪分子有立功表现。

五、关于"协助抓捕其他犯罪嫌疑人"的具体认定

犯罪分子具有下列行为之一，使司法机关抓获其他犯罪嫌疑人的，属于《解释》第五条规定的"协助司法机关抓捕其他犯罪嫌疑人"：1. 按照司法机关的安排，以打电话、发信息等方式将其他犯罪嫌疑人（包括同案犯）约至指定地点的；2. 按照司法机关的安排，当场指认、辨认其他犯罪嫌疑人（包括同案犯）的；3. 带领侦查人员抓获其他犯罪嫌疑人（包括同案犯）的；4. 提供司法机关尚未掌握的其他案件犯罪嫌疑人的联络方式、藏匿地址的，等等。

犯罪分子提供同案犯姓名、住址、体貌特征等基本情况，或者提供犯罪前、犯罪中掌握、使用的同案犯联络

方式、藏匿地址，司法机关据此抓捕同案犯的，不能认定为协助司法机关抓捕同案犯。

六、关于立功线索的查证程序和具体认定

被告人在一、二审审理期间检举揭发他人犯罪行为或者提供侦破其他案件的重要线索，人民法院经审查认为该线索内容具体、指向明确的，应及时移交有关人民检察院或者公安机关依法处理。

侦查机关出具材料，表明在三个月内还不能查证并抓获被检举揭发的人，或者不能查实的，人民法院审理案件可不再等待查证结果。

被告人检举揭发他人犯罪行为或者提供侦破其他案件的重要线索经查证不属实，又重复提供同一线索，且没有提出新的证据材料的，可以不再查证。

根据被告人检举揭发破获的他人犯罪案件，如果已有审判结果，应当依据判决确认的事实认定是否查证属实；如果被检举揭发的他人犯罪案件尚未进入审判程序，可以依据侦查机关提供的书面查证情况认定是否查证属实。检举揭发的线索经查确有犯罪发生，或者确定了犯罪嫌疑人，可能构成重大立功，只是未能将犯罪嫌疑人抓获归案的，对可能判处死刑的被告人一般要留有余地，对其他被告人原则上应酌情从轻处罚。

被告人检举揭发或者协助抓获的人的行为构成犯罪，但因法定事由不追究刑事责任、不起诉、终止审理的，不影响对被告人立功表现的认定；被告人检举揭发或者协助抓获的人的行为应判处无期徒刑以上刑罚，但因具有法定、酌定从宽情节，宣告刑为有期徒刑或者更轻刑罚的，不影响对被告人重大立功表现的认定。

七、关于自首、立功证据材料的审查

人民法院审查的立功证据材料，一般应包括被告人检举揭发材料及证明其来源的材料、司法机关的调查核实材料、被检举揭发人的供述等。被检举揭发案件已立案、侦破，被检举揭发人被采取强制措施、公诉或者审判的，还应审查相关的法律文书。证据材料应加盖接收被告人检举揭发材料的单位的印章，并有接收人员签名。

八、关于对自首、立功的被告人的处罚（略）①

【司法指导文件 Ⅱ】

《最高人民法院关于常见犯罪的量刑指导意见》（法发〔2017〕7号，20170401）

三、常见量刑情节的适用

7. 对于立功情节，综合考虑立功的大小、次数、内容、来源、效果以及罪行轻重等情况，确定从宽的幅度。

（1）一般立功的，可以减少基准刑的20%以下。

（2）重大立功的，可以减少基准刑的20%—50%犯罪较轻的，减少基准刑的50%以上或者依法免除处罚。

----

① 参见本法第六十七条【司法指导文件Ⅰ】"关于对自首、立功的被告人的处罚"部分。——编者注

【司法指导文件Ⅲ】

《最高人民法院关于贯彻宽严相济刑事政策的若干意见》（法发〔2010〕9 号，20100208）

18. 对于被告人检举揭发他人犯罪构成立功的，一般均应当依法从宽处罚。对于犯罪情节不是十分恶劣，犯罪后果不是十分严重的被告人立功的，从宽处罚的幅度应当更大。

……

33. 在共同犯罪案件中，对于主犯或首要分子检举、揭发同案地位、作用较次犯罪分子构成立功的，从轻或者减轻处罚应当从严掌握，如果从轻处罚可能导致全案量刑失衡的，一般不予从轻处罚；如果检举、揭发的是其他犯罪案件中罪行同样严重的犯罪分子，或者协助抓获的是同案中的其他主犯、首要分子的，原则上应予依法从轻或者减轻处罚。对于从犯或犯罪集团中的一般成员立功，特别是协助抓获主犯、首要分子的，应当充分体现政策，依法从轻、减轻或者免除处罚。

【司法指导文件Ⅳ】

《全国部分法院审理毒品犯罪案件工作座谈会纪要》（法〔2008〕324 号，20081201）

七、毒品案件的立功问题

共同犯罪中同案犯的基本情况，包括同案犯姓名、住址、体貌特征、联络方式等信息，属于被告人应当供述的范围。公安机关根据被告人供述抓获同案犯的，不应认定其有立功表现。被告人在公安机关抓获同案犯过程中确实起到协助作用的，例如，经被告人现场指认、辨认抓获了同案犯；被告人带领公安人员抓获了同案犯；被告人提供了不为有关机关掌握或者有关机关按照正常工作程序无法掌握的同案犯藏匿的线索，有关机关据此抓获了同案犯；被告人交代了与同案犯的联系方式，又按要求与对方联络，积极协助公安机关抓获了同案犯等，属于协助司法机关抓获同案犯，应认定为立功。

关于立功从宽处罚的把握，应以功是否足以抵罪为标准。在毒品共同犯罪案件中，毒枭、毒品犯罪集团首要分子、共同犯罪的主犯、职业毒犯、毒品惯犯等，由于掌握同案犯、从犯、马仔的犯罪情况和个人信息，被抓获后往往能协助抓捕同案犯，获得立功或者重大立功。对其是否从宽处罚以及从宽幅度的大小，应当主要看功是否足以抵罪，即应结合被告人罪行的严重程度、立功大小综合考虑。要充分注意毒品共同犯罪人以及上、下家之间的量刑平衡。对于毒枭等严重毒品犯罪分子立功的，从轻或者减轻处罚应当从严掌握。如果其罪行极其严重，只有一般立功表现，功不足以抵罪的，可不予从轻处罚；如果其检举、揭发的是其他犯罪案件中罪行同样严重的犯罪分子，或者协助抓获的是同案中的其他首要分子、主犯，功足以抵罪的，原则上可以从轻或者减轻处罚；如果协助抓获的只是同案中的从犯或者马仔，功不足以抵罪，或者从轻处罚后全案处刑明显失衡的，不予从轻处罚。相反，对于从犯、马仔立功，特别是协助抓获毒枭、首要分子、主犯的，应当从轻处罚，直至依法减轻或者免除处罚。

被告人亲属为了使被告人得到从轻处罚，检举、揭发他人犯罪或者协助司法机关抓捕其他犯罪人的，不能视为被告人立功。同监犯将本人或者他人尚未被司法机关掌握的犯罪事实告知被告人，由被告人检举揭发的，如经查证属实，虽可认定被告人立功，但是否从宽处罚、从宽幅度大小，应与通常的立功有所区别。通过非法手段或者非法途径获取他人犯罪信息，如从国家工作人员处贿买他人犯罪信息，通过律师、看守人员等非法途径获取他人犯罪信息，由被告人检举揭发的，不能认定为立功，也不能作为酌情从轻处罚情节。

【司法指导文件Ⅳ·注释】

实践中要注意，凡被告人从非法渠道获得立功线索的，一律不认定为立功。"非法来源"的证明责任在司法机关，如没有证据证明立功线索来源非法的，就应当认定为立功。对于有关部门提供的证明被告人立功的书面材料，应当立足于刑法关于立功的规定，以有关材料是否足以证实被告人有立功表现为判断标准。例如，看守所、公安机关、检察机关或者纪检监察机关提供书面材料证明被告人有检举、揭发他人犯罪等表现的，必须同时提供被检举者犯罪的具体情况。对于只出具被告人有立功表现的书面证明，不提供或者不补充具体材料，致使法院无法作出准确判断的，依法不能认定立功。

【司法指导文件Ⅴ】

《最高人民法院、最高人民检察院关于办理职务犯罪案件认定自首、立功等量刑情节若干问题的意见》（法发〔2009〕13 号，20090312）

二、关于立功的认定和处理

立功必须是犯罪分子本人实施的行为。为使犯罪分子得到从轻处理，犯罪分子的亲友直接向有关机关揭发他人犯罪行为，提供侦破其他案件的重要线索，或者协助司法机关抓捕其他犯罪嫌疑人的，不应当认定为犯罪分子的立功表现。

据以立功的他人罪行材料应当指明具体犯罪事实；据以立功的线索或者协助行为对于侦破案件或者抓捕犯罪嫌疑人要有实际作用。犯罪分子揭发他人犯罪行为时没有指明具体犯罪事实的；揭发的犯罪事实与查实的犯罪事实不具有关联性的；提供的线索或者协助行为对于其他案件的侦破或者其他犯罪嫌疑人的抓捕不具有实际作用的，不能认定为立功表现。

犯罪分子揭发他人犯罪行为，提供侦破其他案件重要线索的，必须经查证属实，才能认定为立功。审查是否构成立功，不仅要审查办案机关的说明材料，还要审查有关事实和证据以及与案件定性处罚相关的法律文书，如立案决定书、逮捕决定书、侦查终结报告、起诉意见书、起诉或者判决书等。

据以立功的线索、材料来源有下列情形之一的，不能认定为立功：

（1）本人通过非法手段或者非法途径获取的；（2）本人因原担任的查禁犯罪等职务获取的；（3）他人违反监管规定向犯罪分子提供的；（4）负有查禁犯罪活动职责的国家机关工作人员或者其他国家工作人员利用职务便利提供的。

犯罪分子检举、揭发的他人犯罪，提供侦破其他案件的重要线索，阻止他人的犯罪活动，或者协助司法机关抓捕的其他犯罪嫌疑人，犯罪嫌疑人、被告人依法可能被判处无期徒刑以上刑罚的，应当认定为有重大立功表现。其中，可能被判处无期徒刑以上刑罚，是指根据犯罪行为的事实、情节可能判处无期徒刑以上刑罚。案件已经判决的，以实际判处的刑罚为准。但是，根据犯罪行为的事实、情节应当判处无期徒刑以上刑罚，因被判刑人有法定情节经依法从轻、减轻处罚后判处有期徒刑的，应当认定为重大立功。

对于具有立功情节的犯罪分子，应当根据犯罪的事实、性质、情节和对于社会的危害程度，结合立功表现所起作用的大小、所破获案件的罪行轻重、所抓获犯罪嫌疑人可能判处的法定刑以及立功的时机等具体情节，依法决定是否从轻、减轻或者免除处罚以及从轻、减轻处罚的幅度。

【司法指导文件Ⅵ】

《最高人民法院研究室关于带领被害方抓捕同案犯能否认定为有立功表现问题的研究意见》（2012）

共同犯罪嫌疑人带领被害方抓捕同案犯的行为，在同案犯被抓捕并被扭送司法机关的情况下，可以认定为有立功表现。

【法院参考案例】

〔**参考案例第 223 号：蔡勇、李光等故意伤害、窝藏案**〕被窝藏人主动供述他人窝藏犯罪的能否成立立功？

被窝藏人主动揭发他人对本人实施的窝藏行为的，不成立立功。

〔**参考案例第 249 号：梁延兵等贩卖、运输毒品案**〕如何认定被告人协助公安机关抓获同案犯构成立功问题？

能否认定"协助公安机关抓获同案犯"构成立功的判断标准是：如果没有被告人的协助，公安机关难以抓获同案犯；正是由于有了被告人的协助，才使公安机关得以抓获同案犯。

〔**参考案例第 331 号：陆骅、茅顺君抢劫案**〕带领侦查人员抓捕同案犯未果后，电话劝说对方自首的，是否属于有立功表现？

电话劝说同案犯自首的行为，可以认定为立功。

〔**参考案例第 414 号：田嫣、崔永林等贩卖毒品案**〕〔**参考案例第 713 号：冯绍龙等强奸案**〕被告人亲属协助公安机关抓获其他犯罪嫌疑人的，是否认定为立功，能否据此对被告人从轻处罚？

被告人亲属协助公安机关抓获其他犯罪嫌疑人的，不认定为立功，但在具备一定条件时，可酌情对被告人从轻处罚。这里的"具备一定条件"是指：（1）被告人亲属的立功结果是基于被告人提供的线索或者相关信息；（2）被告人及其亲属在获取线索来源及亲属在代为立功过程中，不能通过非法手段或有违法行为。在亲属代为立功过程中，要求被告人必须在某种程度上亲自参与，这是对其从轻处罚的前提；代为立功的整个过程具备合法性是对被告人从轻处罚的法定条件。如果被告人亲属为使被告人获得从轻处罚，而单方面地代为立功，因被告人并未参与，不能体现出被告人主观上是否有悔罪表现，故不能对被告人从轻处罚；或者被告人及其亲属的立功线索或机会系采取非法手段获得的，也不能认定被告人的行为系立功，不能据此对被告人从轻处罚。

〔**参考案例第 438 号：陈佳嵘等贩卖、运输毒品案**〕协助司法机关稳住被监控的犯罪嫌疑人，是否构成立功？

协助司法机关稳住被监控的犯罪嫌疑人，在协助抓捕其他犯罪嫌疑人中起到重要作用的，构成立功。

〔**参考案例第 499 号：吴灵玉等抢劫、盗窃、窝藏案**〕揭发型立功中"他人犯罪行为"如何认定？

对于窝藏犯罪而言，窝藏人主观上明知对方系"犯罪的人"即可，无须对被窝藏人的具体犯罪行为有明确的认识。因此，同为窝藏犯的 A 揭发被窝藏人 B 的具体抢劫行为的，超出了如实供述的范围，应认定为立功。

〔**参考案例第 539 号：马良波、魏正芝贩卖毒品案**〕被告人提供的在逃犯的藏匿地点与被告人亲属协助公安机关抓获该人的实际地点不一致的，能否认定为立功？

立功中协助抓捕的情形多种多样，并不以被告人亲自带领抓捕为要件。

如果被告人将准确线索转给亲属，由亲属根据该线索抓获犯罪嫌疑人，或者亲属协助公安机关根据该线索将犯罪嫌疑人抓获，可认定被告人立功。但是，如果被告人告知亲属的线索并不准确，亲属是根据其他线索将犯罪嫌疑人抓获并扭送公安机关，或被告人将不准确的线索提供给公安机关，公安机关是根据被告人亲属提供的其他线索抓获了犯罪嫌疑人，在这些情形下，虽然被告人也有提供线索的行为，但因该行为对抓获犯罪嫌疑人没有产生实际作用，故不能认定被告人构成立功。

〔**参考案例第 540 号：张树林等走私、贩卖、运输毒品案**〕〔**参考案例第 541 号：吴乃亲贩卖毒品案**〕罪行极其严重，虽有重大立功，但功不抵罪，如何处理？

对犯罪分子立功或重大立功是否从宽处罚，应结合被告人罪行的严重程度、立功大小综合考虑，即立功是否足以抵罪。在毒品犯罪中，被告人罪行极其严重，虽有立功但功不足以抵罪的，可对其不从轻处罚。

〔**参考案例第 607 号：汪光斌受贿案**〕没有利用查禁犯罪职责获取的线索是否构成立功？

被告人在担任看守所副所长期间获得的立功线索，只要线索来源不是基于职务获取，可依法认定为立功。

〔**参考案例第 614 号：张令、樊业勇抢劫、盗窃案**〕协助抓获盗窃同案犯，该同案犯因抢劫罪被判处死缓，能否认定为重大立功？

行为人明知对方与自己一同参与

盗窃、抢劫，隐瞒两人抢劫事实，但协助抓获盗窃同案犯，警方经事后调查得知两人抢劫罪行，且同案犯因抢劫罪被判处死缓的，行为人仅成立立功，但不成立重大立功。

〔参考案例第 706 号：王奕发、刘演平敲诈勒索案〕"协助司法机关抓捕其他犯罪嫌疑人"立功情节如何认定？

如果被告人只是提供了同案犯的姓名、住址、体貌特征等基本情况，或者提供犯罪前、犯罪中掌握、使用的同案犯联络方式、藏匿地址，而没有当场辨认、指认同案犯，或者没有按照司法机关的安排将同案犯约至指定地点，或者没有带领侦查人员抓获同案犯的，不能认定为"协助司法机关抓捕同案犯"。

〔参考案例第 707 号：沈同贵受贿案〕阻止他人犯罪活动，他人因未达刑事责任年龄而未被追究刑事责任的，行为人的阻止行为是否构成立功？

阻止他人犯罪活动，他人因未达刑事责任年龄而未被追究刑事责任的，行为人的阻止行为仍构成立功。需要注意的是：（1）只要某人的行为具有社会危害性，且具备了某种犯罪的客观外在表现，即可认定其行为是"犯罪活动"。（2）"阻止"不但要求有"阻"的行为，还要求有"止"的效果，即他人的犯罪活动停止，或者在特定时间内不再继续，或者法益受侵犯的状态或结果及时得到控制或消除。（3）这里的"他人"既包括自然人，也包括单位。（4）如果是在共同犯罪中阻止共犯犯罪，不属于立功适用

的范畴。

〔参考案例第 708 号：霍海龙等虚开用于抵扣税款发票案〕劝说、陪同同案犯自首的，是否认定为立功？

劝说、陪同同犯自首的情况，属于司法解释中"具有其他有利于国家和社会的突出表现的"的情形，构成立功表现。

〔参考案例第 710 号：石敬伟偷税、贪污案〕被羁押期间将他人串供字条交给监管人员，对进一步查证他人犯罪起了一定的协助作用，是否认定为立功？

被羁押期间将他人串供字条交给监管人员，对进一步查证他人犯罪起了一定的协助作用，虽不认定为立功，但可酌情从轻处罚。

〔参考案例第 711 号：胡国栋抢劫案〕自首后主动交代获悉的同案犯的关押场所并予以指认的，是否认定为立功？

对于司法机关根据被告人自首时交代的情况抓获同案犯的，能否同时认定其有立功表现，可以区分以下情形具体分析：

第一，被告人自首时交代同案犯的姓名或绰号、性别、年龄、体貌特征、住址、籍贯、联系电话、QQ 号等个人信息的，属于其应供述的范围，是成立自首所必备的条件。如果被告人自首时不交代或不如实交代同案犯的这些基本信息，则不能认定为如实交代，不能认定为自首。公安机关根据自首被告人交代的同案犯基本信息抓获同案犯的，不能在认定自首之外再认定被告人有立功表现，否则就是

评价过剩，属于适用法律不当。

第二，被告人自首时交代了同案犯的姓名、性别、年龄、体貌特征、住址、联系电话等基本信息，又提供了同案犯的可能藏匿地等线索，而该线索是司法机关通过正常工作程序能够掌握的，则也不能认定被告人有立功表现，仅应认定其有自首情节。

第三，被告人自首时交代了同案犯的罪行和基本信息，又提供了司法机关无法通过正常工作程序掌握的有关同案犯的线索，司法机关正是通过该线索将同案犯抓获归案的，那么，不论被告人是否带领公安机关前往现场抓捕，都应当认定其行为对司法机关抓获同案犯起到了必要的协助作用，构成立功。

第四，判断被告人提供的同案犯信息是否属于司法机关通过正常工作程序能够掌握的范围，应当立足于已然事实。对共同犯罪的被告人自首时所交代的案犯的罪行和基本信息超越了"如实供述"的范围，并对抓获同案犯确实起到必要的协助作用的，应同时认定具有自首和立功表现，依法从宽处罚。

〔**参考案例第712号：刘伟等抢劫案**〕带领公安人员抓捕同案犯，未指认同案犯及其住处的，是否认定为立功？

行为人带领公安人员抓捕同案犯过程中，未对同案犯住处及其本人进行指认，且公安机关是在当地警方和相关人员协助下抓获同案犯，带捕行为不构成立功。

〔**参考案例第714号：杨彦玲故意**

杀人案〕如实供述自己所参与的对合型犯罪中对方的犯罪行为，是否构成立功？

对合型犯罪分为三种情形：一是双方的罪名与法定刑相同，如重婚罪；二是双方的罪名与法定刑都不相同，如行贿罪和受贿罪、拐卖妇女罪与收买被拐卖的妇女罪；三是只处罚一方的行为，如贩卖淫秽物品牟利罪，只处罚贩卖者，不处罚购买者。犯罪分子检举、揭发自己所参与的对合型犯罪中对方的行为的，因为线索来源上不具有正当性，不能认定为立功。

〔**参考案例第720号：韩传记等抢劫案**〕提供同案犯的藏匿地点，但对抓捕同案犯未起到实质作用的，是否构成立功？

认定被告人提供同案犯的藏匿线索是否构成立功，可以从以下几个方面进行把握：（1）被告人提供的同案犯的藏匿信息应当真实、具体，而不是虚假或者漫无边际的。若提供的只是一个大概的藏匿方位，如藏在某一个城市或者某个街区，仅是为抓捕提供方向，公安机关是通过具体排查、技术侦查或者其他途径才抓获同案犯的，不能认定为立功。（2）被告人提供的线索对抓获同案犯起到了实质作用。被告人提供信息的行为与抓获同案犯的结果之间有因果关系，正是借助于被告人的信息，公安机关才得以及时抓获同案犯；如果没有被告人提供的信息，则难以抓获同案犯。（3）被告人提供的信息事先不为有关机关所掌握或者有关机关按照正常工作程序无法掌握。如果有关机关事先已经掌握或者按照正常工作程序能够掌握该信息，就说明被告人未真正起到协助作用。（4）有同案犯被抓获的实际结果。被告人虽然提供了同案犯的具体藏匿线索，但司法机关按照该线索未能将同案犯抓获的，不能认定为立功。只有同案犯已经被抓捕归案，才有立功成立与否的问题。这四个方面是一个有机统一的整体，必须同时满足才能认定被告人有立功表现。

〔参考案例第 753 号：魏光强等走私运输毒品案〕提供线索并协助查获大量案外毒品，但无法查明毒品持有人的，是否构成立功？

提供线索协助公安机关缴获数量巨大的毒品，虽未能查获该批毒品的持有人，但毕竟使数量巨大的毒品及时被缴获，没有流入社会，应当认定为"具有其他有利于国家和社会的突出表现"，构成重大立功。

〔参考案例第 801 号：胡俊波走私、贩卖、运输毒品，走私武器、弹药案〕毒品犯罪案件中如何具体认定立功情节？

如果被告人供述的上、下家罪行，经审查，与被告人所犯之罪并无关联，则属于检举他人犯罪行为的立功表现。如果仅如实供述上、下家涉案人员个人信息和涉及本案的犯罪情况，而没有协助抓获的行为，不属于立功表现。

〔参考案例第 934 号：康文清贩卖毒品案〕案发前，行为人检举揭发他人违法行为，公安机关根据该线索查获系行为人自己实施犯罪的，是否构成立功？

案发前，行为人自愿置于有关机关和个人控制之下，并提供线索检举、揭发他人违法线索，公安机关根据该线索查获系行为人自己实施犯罪行为的，不能构成立功。

〔参考案例第 1018 号：刘凯受贿案〕因受贿案发后又主动交代用受贿款向他人行贿事实，使其他贿赂案件得以侦破的，是否构成立功？

主动供述行贿事实并由此破获他人受贿案件的，其中揭发他人受贿犯罪的内容属于如实供述行贿事实的一部分，可构成行贿罪的自首，不构成立功。

〔参考案例第 1035 号：李梦杰、刘辉贩卖毒品案〕立功等从轻处罚事实的认定是适用严格证明标准还是优势证明标准？

1. 立功等从轻处罚事实的认定可以采用自由证明，而非一律适用最严格证明。对于由控诉机关提供的从重量刑事实的证明，从限制国家司法权的理念出发，仍应坚持适用最严格的证明标准；而被告方提供的从轻、减轻等有利于被告人量刑事实的证明，本着有利于被告人的原则，对此类量刑事实应当允许进行自由证明，质言之，在证据种类、提出和调查方式上不应进行苛刻要求。对于用于证明有利于被告人量刑事实的证据的证明能力不应作严格的限制。如证据种类方面，不局限于法定证据种类，对于有关机关出具的"情况说明"、民意的反映材料等也可纳入考量范畴；提出和调查方式方面，不拘泥于证据来源的方式，如通过查阅卷宗或者电话询问的方式取得的材料也可作为对被告人量刑的依据。

2. 立功等从轻处罚事实的认定可以适用优势证明标准。司法实践中，对于诸如立功等有利于被告人的量刑情节，通常由被告方提出。相应地，被告方通常会承担主要的证明责任。具体而言，被告方的这种证明责任需要达到优势证据的程度，并在达到这一程度之后，将证明责任再次转移给公诉方。公诉方此时要承担证明该项量刑情节不成立的责任，并为此证明到优势证据的程度。在被告方与公诉方的证明处于势均力敌的状态下，法庭根据对控辩双方量刑证据的权衡，最终裁断哪一方的证明达到了相对优势的程度。

〔参考案例第 1036 号：朱莎菲贩卖毒品案〕被告人协助公安机关抓获同案犯，但同案犯未被作为犯罪处理的，能否认定被告人构成立功？

实践中，对检举者的判决与被检举者的判决之间常常会出现较长的时间间隔。若一味强调只有人民法院判决才能确定被检举者的犯罪行为是否"查证属实"，无疑会错过对检举者在量刑阶段进行从宽处罚的时机，不利于保障犯罪人的正当权利。因此，从有利于被告人和便宜诉讼进程的角度考虑，可以由审理检举人的人民法院根据现有证据认定被检举人是否构成犯罪以及可能判处的刑罚，并据此认定检举人是否构成立功。

〔参考案例第 1125 号：李虎、李善东等故意伤害案〕故意隐瞒自己参与共同犯罪的事实，而以"证人"身份按照司法机关安排指认同案犯的行为是否构成立功？

1. 被告人故意隐瞒自己参与共同犯罪的事实，后以"证人"身份协助司法机关对同案犯进行指认，未体现任何"将功赎罪"的意愿，即使指认行为对司法机关抓捕同案犯起到一定协助作用，也不能认定是发生在"到案后"，其行为不构成立功。

2. 犯罪分子虽尚未置于有关机关控制之下（即现实到案），但有证据证实其确已准备投案或者在投案途中，其实施协助抓捕同案犯、向司法机关提供侦破其他案件的线索等符合立功客观要件行为的，对其应当认定为立功。例如，被告人伙同同案犯实施抢劫后潜逃，得知被通缉后，向公安机关打电话表示准备投案，同时应公安机关要求与同案犯进行联系并会面，配合公安机关抓获同案犯的，对被告人上述协助抓捕行为可以解释为是"到案后"所实施。

〔参考案例第 1170 号：曹显深、杨永旭、张剑等故意伤害案〕被告人投案后，委托家属动员同案人投案的，能否认定为立功行为？

被告人投案后，委托家属动员同案人投案的，不宜认定为立功行为。实践中，把握"协助抓捕其他犯罪嫌疑人"，应当注意两点：一看是否按照司法机关的安排而配合作出相应行为；二看将重要信息提供的对象是否是司法机关。这体现出对立功认定的谨慎态度：一方面，立法不鼓励"私力缉凶"模式；另一方面，也是为了防止饱受诟病的"串通买功"现象发生。

〔参考案例第 1216 号：刘哲骏等诈骗案〕积极救助同监室自杀人员的

能否认定为立功？

立功分为检举揭发型、提供线索型、协助抓捕型、阻止犯罪型和其他贡献型，其他贡献型立功，是指与刑事案件无关的，在日常生产生活中做出的有益于国家和社会的突出表现行为。救助意欲自杀人员的行为，属于"具有其他有利于国家和社会的突出表现"，应构成立功。在司法实践中，对此类行为的认定需要注意几个问题：（1）行为真实性问题。需要明确查实救助行为确实发生，且非犯罪人与被救助人之间故意制造救助事实的情况。（2）行为效用性问题。即救助行为与被救助结果的因果关系即作用力大小问题。救助行为之所以可以被认定为立功，并得到从宽处理，在于被救助人员的危险程度高和救助行为对降低该危险程度的直接积极作用。（3）行为比例性问题。司法实践中的部分救助行为系多人共同实施（不同于提供案件线索的立功情况，能够以时间先后认定立功），而相关机关在报送立功材料时又多为分别报送，导致一行为多立功的情况出现。对此，需要由报送机关对是否系共同救助、拟报送立功人数及相关人员具体实施的行为进行说明，这些事实的确定，对避免多人立功及对犯罪人从宽处理幅度的衡量均具有意义。

〔参考案例第1225号：张才文等抢劫、盗窃案〕检举本人与他人共同盗窃中他人超出犯意致人死亡的行为是否构成立功？

实行过限行为，属于被告人应当供述的与共同盗窃犯罪具有密切联系的关联行为，不属于"共同犯罪案件中的犯罪分子揭发同案犯共同犯罪以外的其他犯罪"的情形，不构成立功。

第四节　数罪并罚

第六十九条　【判决宣告前一人犯数罪的并罚】判决宣告以前一人犯数罪的，除判处死刑和无期徒刑的以外，应当在总和刑期以下、数刑中最高刑期以上，酌情决定执行的刑期，但是管制最高不能超过三年，拘役最高不能超过一年，有期徒刑总和刑期不满三十五年的，最高不能超过二十年，总和刑期在三十五年以上的，最高不能超过二十五年。

数罪中有判处有期徒刑和拘役的，执行有期徒刑。数罪中有判处有期徒刑和管制，或者拘役和管制的，有期徒刑、拘役执行完毕后，管制仍须执行。

数罪中有判处附加刑的，附加刑仍须执行，其中附加刑种类相同的，合并执行，种类不同的，分别执行。

【第二次修正前条文】

第六十九条　【判决宣告前一人犯数罪的并罚】判决宣告以前一人犯数罪的，除判处死刑和无期徒刑的以外，应当在总和刑期以下、数刑中最高刑期以上，酌情决定执行的刑期，但是管制最高不能超过三年，拘役最高不能超过一年，有期徒刑总和刑期不满三十五年的，最高不能超过二十年，总和刑期在三十五年以上的，最高不能超过二十五年。

数罪中有判处附加刑的，附加刑仍须执行，其中附加刑种类相同的，合并执行，种类不同的，分别执行。

【第一次修正前条文】

第六十九条　【判决宣告前一人犯数罪的并罚】判决宣告以前一人犯数罪的，除判处死刑和无期徒刑的以外，应当在总和刑期以下、数刑中最高刑期以上，酌情决定执行的刑期，但是管制最高不能超过三年，拘役最高不能超过一年，有期徒刑最高不能超过二十年。

如果数罪中有判处附加刑的，附加刑仍须执行。

【修正说明】

1. 刑法修正案（八）第十条对原条文作出下述修改：一是将第一款中"有期徒刑最高不能超过二十年"修改为"有期徒刑总和刑期不满三十五年的，最高不能超过二十年，总和刑期在三十五年以上的，最高不能超过二十五年"；二是在原第二款增加了"附加刑种类相同的，合并执行，种类不同的，分别执行"的规定。

2. 刑法修正案（九）第四条对本条再次作出下述修改：一是在本条中增加一款，作为第二款，规定"数罪中有判处有期徒刑和拘役的，执行有期徒刑。数罪中有判处有期徒刑和管制，或者拘役和管制的，有期徒刑、拘役执行完毕后，管制仍须执行"；二是将原第二款调整为第三款。

【立法·要点注释】

1. 对于犯罪分子犯有数罪的，都应对各罪分别作出判决，而不能"估堆"判处刑罚。对犯罪分子的各罪判处的刑罚中，有死刑或者无期徒刑的，由于死刑是最严厉的刑罚，而无期徒刑在自由刑中是最长的刑期，在适用本条第一款规定的并罚原则时，实际上死刑和无期徒刑就会吸收其他主刑，即在有死刑的数罪中实际执行死刑；在没有判处死刑，而有无期徒刑和其他主刑的数罪中实际执行无期徒刑。

2. 对于数个罪都是被判处有期徒刑的，将每个犯罪判处的有期徒刑刑期相加计算得出总和刑期，对于总和刑期不满三十五年的，数罪并罚的期限不能超过二十年，即在数刑中最高刑以上总和刑期（最长为二十年）以下决定执行的刑期。对于总和刑期等于或者超过三十五年的，数罪并罚的期限最高不能超过二十五年，即在数刑中最高刑以上二十五年以下决定执行的刑期；对于数个罪都是被判处管制的，不论管制的总和刑期多少年，决定执行的管制刑期最高不能超过三年；对于数个罪都是被判处拘役的，不论拘役的总和刑期多少年，决定执行的拘役刑期不能超过一年。

3. 对于一人因犯数罪被判处多个有期徒刑、多个拘役或者多个管制的，要先根据第一款的规定，对同种刑罚进行折算并罚，再根据第二款规定对不同种刑罚进行并罚确定执行的刑期。对于数罪中同时被判处有期徒刑、拘役和管制的，根据第二款的规定，执行有期徒刑，拘役不再执行，但管制仍须执行，也就是说，对该罪犯在执行有期徒刑后，再执行管制。

4．"合并执行"是指对于种类相同的多个附加刑，期限或者数额相加之后一并执行，如同时判处多个罚金刑的，罚金数额相加之后一并执行，同时判处多个剥夺政治权利的，将数个剥夺政治权利的期限相加执行。需要注意的是，相同种类的多个附加刑并不适用限制加重原则。

【司法解释Ⅰ】

《最高人民法院关于适用财产刑若干问题的规定》（法释〔2000〕45 号，20001219）

第三条　依法对犯罪分子所犯数罪分别判处罚金的，应当实行并罚，将所判处的罚金数额相加，执行总和数额。

一人犯数罪依法同时并处罚金和没收财产的，应当合并执行；但并处没收全部财产的，只执行没收财产刑。

【司法解释Ⅱ】

《最高人民法院关于〈中华人民共和国刑法修正案（八）〉时间效力问题的解释》（法释〔2011〕9 号，20110501）

第六条　2011 年 4 月 30 日以前一人犯数罪，应当数罪并罚的，适用修正前刑法第六十九条的规定；2011 年 4 月 30 日前后一人犯数罪，其中一罪发生在 2011 年 5 月 1 日以后的，适用修正后刑法第六十九条的规定。

【司法解释Ⅲ】

《最高人民法院关于〈中华人民共和国刑法修正案（九）〉时间效力问题的解释》（法释〔2015〕19 号，20151101）

第三条　对于 2015 年 10 月 31 日以前一人犯数罪，数罪中有判处有期徒刑和拘役，有期徒刑和管制，或者拘役和管制，予以数罪并罚的，适用修正后刑法第六十九条第二款的规定。

第七十条　【漏罪的数罪并罚】判决宣告以后，刑罚执行完毕以前，发现被判刑的犯罪分子在判决宣告以前还有其他罪没有判决的，应当对新发现的罪作出判决，把前后两个判决所判处的刑罚，依照本法第六十九条的规定，决定执行的刑罚。已经执行的刑期，应当计算在新判决决定的刑期以内。

【立法·要点注释】

1．"其他罪"，是指漏罪。漏罪发现的时间，必须是在判决宣告以后，刑罚执行完毕以前，即犯罪分子在服刑期间。发现的漏罪必须是司法机关判决宣告之前已经发生的犯罪，并且犯罪应当是依法判处刑罚而没有判处的其他罪，不是判决以后新犯的罪。

2．"发现"，是指通过司法机关侦查、他人揭发或犯罪分子自首等途径发现犯罪分子还有其他罪行。

3．"两个判决所判处的刑罚"，是指已经交付执行的判决确定的执行刑期和对犯罪分子在原判决宣告之前的漏罪所判处的刑期。

4．"已经执行的刑期，应当计算在新判决决定的刑期以内"，是指重新判决决定执行的刑期应当包括犯罪分子已经执行的刑期。

【司法解释】

《最高人民法院关于判决宣告后又发现被判刑的犯罪分子的同种漏罪是否实行数罪并罚问题的批复》（法复〔1993〕3号，19930416）

人民法院的判决宣告并已发生法律效力以后，刑罚还没有执行完毕以前，发现被判刑的犯罪分子在判决宣告以前还有其他罪没有判决的，不论新发现的罪与原判决的罪是否属于同种罪，都应当依照刑法第六十五条的规定实行数罪并罚。① 但如果在第一审人民法院的判决宣告以后，被告人提出上诉或者人民检察院提出抗诉，判决尚未发生法律效力的，第二审人民法院在审理期间，发现原审被告人在第一审判决宣告以前还有同种漏罪没有判决的，第二审人民法院应当依照刑事诉讼法的规定，裁定撤销原判，发回原审人民法院重新审判，第一审人民法院重新审判时，不适用刑法关于数罪并罚的规定。

【司法指导文件 I】

《最高人民法院关于罪犯因漏罪、新罪数罪并罚时原减刑裁定应如何处理的意见》（法〔2012〕44号，20120118）

罪犯被裁定减刑后，因被发现漏罪或者又犯新罪而依法进行数罪并罚时，经减刑裁定减去的刑期不计入已经执行的刑期。在此后对因漏罪数罪并罚的罪犯依法减刑，决定减刑的频次、幅度时，应当对其原经减刑裁定减去的刑期酌予考虑。

【司法指导文件 II】

《最高人民法院研究室关于罪犯在刑罚执行期间的发明创造能否按照重大立功表现作为对其漏罪审判时的量刑情节问题的答复》（法研〔2011〕79号，20110614）

罪犯在服刑期间的发明创造构成立功或者重大立功的，可以作为依法减刑的条件予以考虑，但不能作为追诉漏罪的法定量刑情节考虑。

【法院参考案例】

〔参考案例第1027号：沈青鼠、王威盗窃案〕〔参考案例第1028号：王雲盗窃案〕刑罚执行期间发现漏罪，判决作出时原判刑罚已执行完毕的情况如何处理？

在判决宣告以后、刑罚执行完毕以前，发现漏罪，无论漏罪判决作出时前罪原判刑罚是否已执行完毕，均应依法实行数罪并罚。

〔参考案例第1191号：陈菊玲非法进行节育手术案〕判决宣告前犯有同种数罪但被分案起诉，后罪判决时能否与前罪并罚？

判决宣告以前犯同种数罪的，一般应并案按照一罪处理，不实行并罚。在审理过程中，法院发现被告人犯有同种数罪但被人为分案处理的，可以建议检察机关并案起诉；检察机关不予并案处理的，应仅就起诉的犯罪事实作出裁判，在审理后起诉的犯罪事

---

① 此处指1979年刑法。——编者注

实时，可以适用刑法第七十条关于漏罪并罚的规定。对人为分案处理的同种数罪实行并罚时，决定执行的刑罚应当与并案一罪处理时所应判处的刑罚基本相当，不得加重被告人的处罚。

〔**参考案例第 1217 号：朱韩英、郭东云诈骗案**〕刑罚执行完毕后对以前未能依法并案处理的犯罪行为如何裁判？

在刑罚执行完毕后发现漏罪，不得适用刑法第七十条、第七十一条规定的数罪并罚制度，而应对漏罪单独定罪量刑。理由是：将刑罚执行完毕后发现的漏罪与前罪进行数罪并罚，不符合刑法第七十条规定的时间条件，即"判决宣告以后，刑罚执行完毕以前"，因此，不能适用刑法第七十条规定的并罚原则。

第七十一条 【新罪的数罪并罚】判决宣告以后，刑罚执行完毕以前，被判刑的犯罪分子又犯罪的，应当对新犯的罪作出判决，把前罪没有执行的刑罚和后罪所判处的刑罚，依照本法第六十九条的规定，决定执行的刑罚。

【立法·要点注释】

"刑罚执行完毕"应当是指主刑执行完毕，而不包括罚金、剥夺政治权利等附加刑。

【立法解释性意见】

《全国人民代表大会常务委员会法制工作委员会关于对被告人在罚金刑执行完毕前又犯新罪的罚金应否与未执行完毕的罚金适用数罪并罚问题的答复意见》（法工办复〔2017〕2 号，20171126）

刑法第七十一条中的"刑罚执行完毕以前"应是指主刑执行完毕以前。如果被告人主刑已执行完毕，只是罚金尚未执行完毕的，根据刑法第五十三条的规定，人民法院在任何时候发现有可以执行的财产，应当随时追缴。因此，被告人前罪主刑已执行完毕，罚金尚未执行完毕的，应当由人民法院继续执行尚未执行完毕的罚金，不必与新罪判处的罚金数罪并罚。

【司法解释】

《最高人民法院关于在执行附加刑剥夺政治权利期间犯新罪应如何处理的批复》（法释〔2009〕10 号，20090610）

一、对判处有期徒刑并处剥夺政治权利的罪犯，主刑已执行完毕，在执行附加刑剥夺政治权利期间又犯新罪，如果所犯新罪无须附加剥夺政治权利的，依照刑法第七十一条的规定数罪并罚。

二、前罪尚未执行完毕的附加刑剥夺政治权利的刑期从新罪的主刑有期徒刑执行之日起停止计算，并依照刑法第五十八条规定从新罪的主刑有期徒刑执行完毕之日或者假释之日起继续计算；附加刑剥夺政治权利的效力施用于新罪的主刑执行期间。

三、对判处有期徒刑的罪犯，主刑已执行完毕，在执行附加刑剥夺政治权利期间又犯新罪，如果所犯新罪也剥夺政治权利的，依照刑法第五十五条、第五十七条、第七十一条的规定并罚。

【司法指导文件】

《最高人民法院研究室关于对再审改判前因犯新罪被加刑的罪犯再审时如何确定执行的刑罚问题的电话答复》（19890524）

……对于再审改判前因犯新罪被加刑的罪犯，在对其前罪再审时，应当将罪犯犯新罪时的判决中关于前罪与新罪并罚的内容撤销，并把经再审改判后的前罪没有执行完的刑罚和新罪已判处的刑罚，按照刑法第六十六条的规定依法数罪并罚。① 关于原前罪与新罪并罚的判决由哪个法院撤销，应视具体情况确定：如果再审法院是对新罪作出判决的法院的上级法院，或者是对新罪作出判决的同一法院，可以由再审法院撤销；否则，应由对新罪作出判决的法院撤销。对于前罪经再审改判为无罪或者免予刑事处分的，其已执行的刑期可以折抵新罪的刑期。

【法院参考案例】

〔参考案例第 442 号：焦军盗窃案〕剥夺政治权利执行期间重新犯罪如何计算未执行完毕的剥夺政治权利的刑期？

剥夺政治权利的执行可以发生中止，在计算前罪尚未执行完毕的剥夺政治权利的刑期时，应以被告人重新犯罪的被羁押时间作为中止时间。

〔参考案例第 493 号：吴孔成盗窃案〕保外就医期间重新犯罪的如何计算前罪未执行的刑罚？

保外就医期间重新犯罪的，应以犯罪之日为起算未执行刑期的时点。

〔参考案例第 648 号：代海业盗窃案〕缓刑考验期内犯新罪如何数罪并罚？

第一，在缓刑考验期限内犯新罪与在判决宣告以后刑罚执行完毕以前犯新罪属于不同情形，两者不可混为一谈。在缓刑考验期限内犯新罪或者发现漏罪实行数罪并罚的，均不适用刑法第七十条或第七十一条有关数罪并罚的规定，而应适用刑法第七十七条的规定。

第二，对被告人前罪先行羁押的时间予以折抵，应当在数罪并罚执行的刑罚决定后进行。

第三，缓刑犯在缓刑期间犯新罪，表明其主观恶性较大，在处理上应当体现从重处罚原则。但刑法第七十七条规定的是撤销缓刑，"把前罪和后罪所判处的刑罚，依照本法第六十九条的规定，决定执行的刑罚"，可见，立法对缓刑犯又犯新罪的从重处罚主要体现在对其缓刑的撤销，而不在于实际执行刑期方面。

〔参考案例第 797 号：田友兵敲诈勒索案〕暂予监外执行期满后发现在暂予监外执行期间犯新罪的，是否应数罪并罚？

暂予监外执行期满应当视为刑罚已经执行完毕，无须进行数罪并罚。

〔参考案例第 900 号：吴升旭危险驾驶案〕在判处有期徒刑缓刑考验期内又犯危险驾驶罪的如何处理？

① 这里指 1979 年刑法第六十六条，对应现行刑法第七十一条。——编者注

刑法修正案（八）施行后，被宣告缓刑的犯罪分子在缓刑考验期限内在道路上醉酒驾驶机动车，构成危险驾驶罪的，属于又犯新罪，应当撤销缓刑，对危险驾驶罪作出判决，与前罪所判处的刑罚，依照刑法第六十九条关于数罪并罚的规定，决定执行的刑罚。

〔参考案例第 1085 号：沙学民容留他人吸毒案〕在暂予监外执行期间犯新罪被抓获，应如何计算前罪余刑？

被暂予监外执行的罪犯在监外执行期间犯新罪并被抓获，应以被告人被抓获之日为界点计算前罪的剩余刑期，并根据刑法第七十一条进行并罚。

〔参考案例第 1127 号：潘光荣、赖铭有抢劫案〕保外就医期限届满后未归监又重新犯罪的应如何计算余刑？

保外就医期限届满后未归监又重新犯罪的，应以被告人保外就医一年期满后第二日为界点计算前罪的剩余刑期，并根据刑法第七十一条进行并罚。

第五节　缓　　刑

第七十二条　【缓刑的对象、条件】对于被判处拘役、三年以下有期徒刑的犯罪分子，同时符合下列条件的，可以宣告缓刑，对其中不满十八周岁的人、怀孕的妇女和已满七十五周岁的人，应当宣告缓刑：

（一）犯罪情节较轻；

（二）有悔罪表现；

（三）没有再犯罪的危险；

（四）宣告缓刑对所居住社区没有重大不良影响。

宣告缓刑，可以根据犯罪情况，同时禁止犯罪分子在缓刑考验期限内从事特定活动，进入特定区域、场所，接触特定的人。

被宣告缓刑的犯罪分子，如果被判处附加刑，附加刑仍须执行。

【修正前条文】

第七十二条　【缓刑的对象、条件】对于被判处拘役、三年以下有期徒刑的犯罪分子，根据犯罪分子的犯罪情节和悔罪表现，适用缓刑确实不致再危害社会的，可以宣告缓刑。

被宣告缓刑的犯罪分子，如果被判处附加刑，附加刑仍须执行。

【修正说明】

刑法修正案（八）第十一条对原条文作出下述修改：一是对第一款适用缓刑的条件作了修改，将"根据犯罪分子的犯罪情节和悔罪表现，适用缓刑确实不致再危害社会的"修改为同时符合"犯罪情节较轻""有悔罪表现""没有再犯罪的危险""宣告缓刑对所居住社区没有重大不良影响"四项条件。二是明确对于符合缓刑条件的不满十八周岁的人、怀孕的妇女和已满七十五周岁的人三类主体，应当宣告缓刑。三是增加规定对宣告缓刑的犯罪分子，人民法院可以根据犯罪情况同时对其在缓刑考验期限内的行为做出限制，禁止其"从事特定活动，进入特定区域、场所，接触特定的人"。

【司法解释 I】

《最高人民法院关于审理未成年人

刑事案件具体应用法律若干问题的解释》（法释〔2006〕1号，20060123）

第十六条　对未成年罪犯符合刑法第七十二条第一款规定的，可以宣告缓刑。如果同时具有下列情形之一，对其适用缓刑确实不致再危害社会的，应当宣告缓刑：

（一）初次犯罪；

（二）积极退赃或赔偿被害人经济损失；

（三）具备监护、帮教条件。

【司法解释Ⅱ】

《最高人民法院关于〈中华人民共和国刑法修正案（八）〉时间效力问题的解释》（法释〔2011〕9号，20110501）

第一条第一款　对于2011年4月30日以前犯罪，依法应当判处管制或者宣告缓刑的，人民法院根据犯罪情况，认为确有必要同时禁止犯罪分子在管制期间或者缓刑考验期内从事特定活动，进入特定区域、场所，接触特定人的，适用修正后刑法第三十八条第二款或者第七十二条第二款的规定。

【司法指导文件Ⅰ】

《最高人民法院、最高人民检察院、公安部、司法部关于对判处管制、宣告缓刑的犯罪分子适用禁止令有关问题的规定（试行）》（法发〔2011〕9号，20110501）①

第十二条　被宣告缓刑的犯罪分子违反禁止令，情节严重的，应当撤销缓刑，执行原判刑罚。原作出缓刑裁判的人民法院应当自收到当地社区

矫正机构提出的撤销缓刑建议书之日起一个月内依法作出裁定。人民法院撤销缓刑的裁定一经作出，立即生效。

违反禁止令，具有下列情形之一的，应当认定为"情节严重"：

（一）三次以上违反禁止令的；

（二）因违反禁止令被治安管理处罚后，再次违反禁止令的；

（三）违反禁止令，发生较为严重危害后果的；

（四）其他情节严重的情形。

【司法指导文件Ⅱ】

《最高人民法院、最高人民检察院关于办理职务犯罪案件严格适用缓刑、免予刑事处罚若干问题的意见》（法发〔2012〕17号，20120808）②

【司法指导文件Ⅲ】

《最高人民检察院法律政策研究室关于对数罪并罚决定执行刑期为三年以下有期徒刑的犯罪分子能否适用缓刑问题的复函》（〔1998〕高检研发第16号，19980917）

根据刑法第七十二条的规定，可以适用缓刑的对象是被判处拘役、三年以下有期徒刑的犯罪分子；条件是根据犯罪分子的犯罪情节和悔罪表现，适用缓刑确实不致再危害社会。对于判决宣告以前犯数罪的犯罪分子，只

---

①　关于对判处管制、宣告缓刑的犯罪分子适用禁止令有关问题规定的其他内容，参见本法第三十八条【司法指导文件Ⅰ】。——编者注

②　全文参见本法分则第八章【司法指导文件Ⅰ】。——编者注

要判决执行的刑罚为拘役、三年以下有期徒刑，且符合根据犯罪分子的犯罪情节和悔罪表现，适用缓刑确实不致再危害社会的案件，依法可以适用缓刑。

【法院参考案例】

〔**参考案例第 1001 号：谭永民非法持有枪支案**〕作为情节加重犯适用条件的"情节严重"与缓刑适用条件中的"犯罪情节较轻"在适用时是否相矛盾？

认定缓刑适用条件的"犯罪情节较轻"所考虑的因素通常比认定情节加重犯所考虑的因素更为广泛，不能认为情节加重犯就必然是一种具有严重社会危害性的犯罪行为，就必然不符合缓刑适用条件。

特别是在非法持有枪支犯罪中，认定非法持有枪支犯罪是否"情节严重"，对照司法解释的列举式规定，标准十分清晰，对于应当判处实刑的案件来说，如何量刑不存在争议。但如果要判断对行为人应当判处实刑还是缓刑，只考虑司法解释列举的枪支性能和数量这些客观情节，显然会失之片面。行为人基于何种原因持有枪支，持有枪支时间长短，枪支流入社会或者被用于非法目的的可能性大小，以及是否具有未成年人、老年人、累犯等特殊身份等，均不同程度上影响到对该非法持有枪支犯罪行为社会危害性的判断。因此，虽然通常来说，具备加重情节的非法持有枪支犯罪，相对于只符合基本构成要件的犯罪，对公共安全的潜在危害更加严重，在是

否适用缓刑时要更加慎重把握，但不排除在一些特殊个案中，存在着其他可以被考虑为"犯罪情节较轻"的因素。

如果经综合权衡，对被告人宣告缓刑要比判处实刑，更有利于实现刑罚的目的和取得更好的法律、社会效果，也可以认定被告人符合刑法第七十二条第一款规定的缓刑适用条件。这样处理，对一些确实存在特殊情况的个案，可以避免出现如果严格依照司法解释列举的加重处罚情节对被告人升格法定刑，可能导致刑罚过于严苛而偏离罪责程度的极端情形发生。

第七十三条　【缓刑考验期限】拘役的缓刑考验期限为原判刑期以上一年以下，但是不能少于二个月。

有期徒刑的缓刑考验期限为原判刑期以上五年以下，但是不能少于一年。

缓刑考验期限，从判决确定之日起计算。

第七十四条　【累犯、犯罪集团首要分子不适用缓刑】对于累犯和犯罪集团的首要分子，不适用缓刑。

【修正前条文】

第七十四条　【累犯不适用缓刑】对于累犯，不适用缓刑。

【修正说明】

刑法修正案（八）第十二条增加了关于犯罪集团的首要分子不适用缓刑的规定。

第七十五条　【缓刑犯应遵守的

规定】被宣告缓刑的犯罪分子，应当遵守下列规定：

（一）遵守法律、行政法规，服从监督；

（二）按照考察机关的规定报告自己的活动情况；

（三）遵守考察机关关于会客的规定；

（四）离开所居住的市、县或者迁居，应当报经考察机关批准。

第七十六条　【社区矫正与缓刑考验合格的处理】对宣告缓刑的犯罪分子，在缓刑考验期限内，依法实行社区矫正，如果没有本法第七十七条规定的情形，缓刑考验期满，原判的刑罚就不再执行，并公开予以宣告。

【修正前条文】

第七十六条　【缓刑处理】被宣告缓刑的犯罪分子，在缓刑考验期限内，由公安机关考察，所在单位或者基层组织予以配合，如果没有本法第七十七条规定的情形，缓刑考验期满，原判的刑罚就不再执行，并公开予以宣告。

【修正说明】

刑法修正案（八）第十三条将原条文规定的"由公安机关考察"修改为"依法实行社区矫正"。

第七十七条　【缓刑考验不合格的处理】被宣告缓刑的犯罪分子，在缓刑考验期限内犯新罪或者发现判决宣告以前还有其他罪没有判决的，应当撤销缓刑，对新犯的罪或者新发现的罪作出判决，把前罪和后罪所判处的刑罚，依照本法第六十九条的规定，决定执行的刑罚。

被宣告缓刑的犯罪分子，在缓刑考验期限内，违反法律、行政法规或者国务院有关部门关于缓刑的监督管理规定，或者违反人民法院判决中的禁止令，情节严重的，应当撤销缓刑，执行原判刑罚。

【修正前条文】

第七十七条　【缓刑考验不合格的处理】被宣告缓刑的犯罪分子，在缓刑考验期限内犯新罪或者发现判决宣告以前还有其他罪没有判决的，应当撤销缓刑，对新犯的罪或者新发现的罪作出判决，把前罪和后罪所判处的刑罚，依照本法第六十九条的规定，决定执行的刑罚。

被宣告缓刑的犯罪分子，在缓刑考验期限内，违反法律、行政法规或者国务院公安部门有关缓刑的监督管理规定，情节严重的，应当撤销缓刑，执行原判刑罚。

【修正说明】

刑法修正案（八）第十四条对原条文第二款作出下述修改：一是将其中的"国务院公安部门有关缓刑的监督管理规定"修改为"国务院有关部门关于缓刑的监督管理规定"；二是在撤销缓刑的情形中增加了"违反人民法院判决中的禁止令"的规定。

【司法解释Ⅰ】

《最高人民法院关于适用刑法时间效

力规定若干问题的解释》(法释〔1997〕5号，19971001)

第六条　1997年9月30日以前犯罪被宣告缓刑的犯罪分子，在1997年10月1日以后的缓刑考验期间又犯新罪、被发现漏罪或者违反法律、行政法规或者国务院公安部门有关缓刑的监督管理规定，情节严重的，适用刑法第七十七条的规定，撤销缓刑。

【司法解释Ⅱ】

《最高人民法院关于撤销缓刑时罪犯在宣告缓刑前羁押的时间能否折抵刑期问题的批复》(法释〔2002〕11号，20020418)

根据刑法第七十七条的规定，对被宣告缓刑的犯罪分子撤销缓刑执行原判刑罚的，对其在宣告缓刑前羁押的时间应当折抵刑期。

【司法指导文件】

《中央社会治安综合治理委员会办公室、最高人民法院、最高人民检察院、公安部、司法部关于加强和规范监外执行工作的意见》(高检会〔2009〕3号，20090625)

15. 被宣告缓刑、假释的罪犯在缓刑、假释考验期间有下列情形之一的，由与原裁判人民法院同级的执行地公安机关提出撤销缓刑、假释的建议：

（1）人民法院、监狱、看守所已书面告知罪犯应当按时到执行地公安机关报到，罪犯未在规定的时间内报到，脱离监管三个月以上的；

（2）未经执行地公安机关批准擅自离开所居住的市、县或者迁居，脱

离监管三个月以上的；

（3）未按照执行地公安机关的规定报告自己的活动情况或者不遵守执行机关关于会客等规定，经过三次教育仍然拒不改正的；

（4）有其他违反法律、行政法规或者国务院公安部门有关缓刑、假释的监督管理规定行为，情节严重的。

【法院参考案例】

〔参考案例第238号：王园被撤销缓刑案〕撤销缓刑案件的羁押时间如何折抵？

1. 被宣告缓刑的犯罪分子在缓刑考验期内因再犯新罪或者发现漏罪依法被撤销缓刑的，首先应按照刑法第七十七条第一款的规定，对新罪作出判决，再依照刑法第六十九条确定应当实际执行的刑期。然后再将因前罪被先行羁押的时间和因新罪被先行羁押的时间一并从最后宣告的刑罚中予以折抵扣除。

2. 被宣告缓刑的犯罪分子在缓刑考验期内因违反法律、行政法规或者国务院有关部门缓刑监督管理规定，情节严重被依法撤销缓刑的，一般只应将因前罪被先行羁押的时间从撤销缓刑执行原判刑期中予以折抵扣除。缓刑犯在缓刑考验期内因违反法律、行政法规或者国务院有关部门缓刑监督管理规定，情节严重而被依法采取行政强制措施或行政处罚而羁押的时间，由于针对的是另一个行为，因此，不能从撤销缓刑后实际执行的刑期中予以折抵。

〔参考案例第515号：徐通等盗窃

案〕先前宣告的数个缓刑均符合撤销条件的，审判新罪的人民法院是否可以同时撤销缓刑？

对于适用缓刑的被告人又犯新罪并发现漏罪的，可能错误的缓刑宣告不需通过审判监督程序纠正。先前宣告的数个缓刑均符合撤销条件的，审判新罪的人民法院有权同时撤销先前的两个缓刑。直接撤销缓刑与通过再审纠正，实体效果相同，但在提高司法效率和节约司法成本等方面，前者无疑更有明显优势。

第六节 减 刑

第七十八条 【减刑条件】 被判处管制、拘役、有期徒刑、无期徒刑的犯罪分子，在执行期间，如果认真遵守监规，接受教育改造，确有悔改表现的，或者有立功表现的，可以减刑；有下列重大立功表现之一的，应当减刑：

（一）阻止他人重大犯罪活动的；

（二）检举监狱内外重大犯罪活动，经查证属实的；

（三）有发明创造或者重大技术革新的；

（四）在日常生产、生活中舍己救人的；

（五）在抗御自然灾害或者排除重大事故中，有突出表现的；

（六）对国家和社会有其他重大贡献的。

减刑以后实际执行的刑期不能少于下列期限：

（一）判处管制、拘役、有期徒刑的，不能少于原判刑期的二分之一；

（二）判处无期徒刑的，不能少于十三年；

（三）人民法院依照本法第五十条第二款规定限制减刑的死刑缓期执行的犯罪分子，缓期执行期满后依法减为无期徒刑的，不能少于二十五年，缓期执行期满后依法减为二十五年有期徒刑的，不能少于二十年。

【修正前条文】

第七十八条 **【减刑条件】** 被判处管制、拘役、有期徒刑、无期徒刑的犯罪分子，在执行期间，如果认真遵守监规，接受教育改造，确有悔改表现的，或者有立功表现的，可以减刑；有下列重大立功表现之一的，应当减刑：

（一）阻止他人重大犯罪活动的；

（二）检举监狱内外重大犯罪活动，经查证属实的；

（三）有发明创造或者重大技术革新的；

（四）在日常生产、生活中舍己救人的；

（五）在抗御自然灾害或者排除重大事故中，有突出表现的；

（六）对国家和社会有其他重大贡献的。

减刑以后实际执行的刑期，判处管制、拘役、有期徒刑的，不能少于原判刑期的二分之一；判处无期徒刑的，不能少于十年。

【修正说明】

刑法修正案（八）第十五条将被判处无期徒刑的犯罪分子的最低实际执行刑期由十年提高到十三年，并明确了限判减刑的死刑缓期执行犯罪分子缓期执行期满后减刑的最低实际执行刑期。

【立法·要点注释】

本法第二款规定的减刑后实际执行的刑期，是实际执行的最低刑期，即不能少于这个刑期，而不是只要执行了这些刑期，就释放犯罪分子。对犯罪分子的实际执行刑期，应在遵循本款规定的基础上，根据犯罪分子接受教育改造等具体情况确定。

【司法解释 I 】

《最高人民法院关于办理减刑、假释案件具体应用法律的规定》（法释〔2016〕23 号，20170101）

第一条 减刑、假释是激励罪犯改造的刑罚制度，减刑、假释的适用应当贯彻宽严相济刑事政策，最大限度地发挥刑罚的功能，实现刑罚的目的。

第二条 对于罪犯符合刑法第七十八条第一款规定"可以减刑"条件的案件，在办理时应当综合考察罪犯犯罪的性质和具体情节、社会危害程度、原判刑罚及生效裁判中财产性判项的履行情况、交付执行后的一贯表现等因素。

第三条 "确有悔改表现"是指同时具备以下条件：

（一）认罪悔罪；

（二）遵守法律法规及监规，接受教育改造；

（三）积极参加思想、文化、职业技术教育；

（四）积极参加劳动，努力完成劳动任务。

对职务犯罪、破坏金融管理秩序和金融诈骗犯罪、组织（领导、参加、包庇、纵容）黑社会性质组织犯罪等罪犯，不积极退赃、协助追缴赃款赃物、赔偿损失，或者服刑期间利用个人影响力和社会关系等不正当手段意图获得减刑、假释的，不认定其"确有悔改表现"。

罪犯在刑罚执行期间的申诉权利应当依法保护，对其正当申诉不能不加分析地认为是不认罪悔罪。

第四条 具有下列情形之一的，可以认定为有"立功表现"：

（一）阻止他人实施犯罪活动的；

（二）检举、揭发监狱内外犯罪活动，或者提供重要的破案线索，经查证属实的；

（三）协助司法机关抓捕其他犯罪嫌疑人的；

（四）在生产、科研中进行技术革新，成绩突出的；

（五）在抗御自然灾害或者排除重大事故中，表现积极的；

（六）对国家和社会有其他较大贡献的。

第（四）项、第（六）项中的技术革新或者其他较大贡献应当由罪犯在刑罚执行期间独立或者为主完成，并经省级主管部门确认。

第五条 具有下列情形之一的，

应当认定为有"重大立功表现"：

（一）阻止他人实施重大犯罪活动的；

（二）检举监狱内外重大犯罪活动，经查证属实的；

（三）协助司法机关抓捕其他重大犯罪嫌疑人的；

（四）有发明创造或者重大技术革新的；

（五）在日常生产、生活中舍己救人的；

（六）在抗御自然灾害或者排除重大事故中，有突出表现的；

（七）对国家和社会有其他重大贡献的。

第（四）项中的发明创造或者重大技术革新应当是罪犯在刑罚执行期间独立或者为主完成并经国家主管部门确认的发明专利，且不包括实用新型专利和外观设计专利；第（七）项中的其他重大贡献应当由罪犯在刑罚执行期间独立或为主完成，并经国家主管部门确认。

第六条 被判处有期徒刑的罪犯减刑起始时间为：不满五年有期徒刑的，应当执行一年以上方可减刑；五年以上不满十年有期徒刑的，应当执行一年六个月以上方可减刑；十年以上有期徒刑的，应当执行二年以上方可减刑。有期徒刑减刑的起始时间自判决执行之日起计算。

确有悔改表现或者有立功表现的，一次减刑不超过九个月有期徒刑；确有悔改表现并有立功表现的，一次减刑不超过一年有期徒刑；有重大立功表现的，一次减刑不超过一年六个月

有期徒刑；确有悔改表现并有重大立功表现的，一次减刑不超过二年有期徒刑。

被判处不满十年有期徒刑的罪犯，两次减刑间隔时间不得少于一年；被判处十年以上有期徒刑的罪犯，两次减刑间隔时间不得少于一年六个月。减刑间隔时间不得低于上次减刑减去的刑期。

罪犯有重大立功表现的，可以不受上述减刑起始时间和间隔时间的限制。

第七条 对符合减刑条件的职务犯罪罪犯，破坏金融管理秩序和金融诈骗犯罪罪犯，组织、领导、参加、包庇、纵容黑社会性质组织犯罪罪犯，危害国家安全犯罪罪犯，恐怖活动犯罪罪犯，毒品犯罪集团的首要分子及毒品再犯，累犯，确有履行能力而不履行或者不全部履行生效裁判中财产性判项的罪犯，被判处十年以下有期徒刑的，执行二年以上方可减刑，减刑幅度应当比照本规定第六条从严掌握，一次减刑不超过一年有期徒刑，两次减刑之间应当间隔一年以上。

对被判处十年以上有期徒刑的前款罪犯，以及因故意杀人、强奸、抢劫、绑架、放火、爆炸、投放危险物质或者有组织的暴力性犯罪被判处十年以上有期徒刑的罪犯，数罪并罚且其中两罪以上被判处十年以上有期徒刑的罪犯，执行二年以上方可减刑，减刑幅度应当比照本规定第六条从严掌握，一次减刑不超过一年有期徒刑，两次减刑之间应当间隔一年六个月以上。

罪犯有重大立功表现的,可以不受上述减刑起始时间和间隔时间的限制。

第八条 被判处无期徒刑的罪犯在刑罚执行期间,符合减刑条件的,执行二年以上,可以减刑。减刑幅度为:确有悔改表现或者有立功表现的,可以减为二十二年有期徒刑;确有悔改表现并有立功表现的,可以减为二十一年以上二十二年以下有期徒刑;有重大立功表现的,可以减为二十年以上二十一年以下有期徒刑;确有悔改表现并有重大立功表现的,可以减为十九年以上二十年以下有期徒刑。无期徒刑罪犯减为有期徒刑后再减刑时,减刑幅度依照本规定第六条的规定执行。两次减刑间隔时间不得少于二年。

罪犯有重大立功表现的,可以不受上述减刑起始时间和间隔时间的限制。

第九条 对被判处无期徒刑的职务犯罪罪犯,破坏金融管理秩序和金融诈骗犯罪罪犯,组织、领导、参加、包庇、纵容黑社会性质组织犯罪罪犯,危害国家安全犯罪罪犯,恐怖活动犯罪罪犯,毒品犯罪集团的首要分子及毒品再犯,累犯以及因故意杀人、强奸、抢劫、绑架、放火、爆炸、投放危险物质或者有组织的暴力性犯罪的罪犯,确有履行能力而不履行或者不全部履行生效裁判中财产性判项的罪犯,数罪并罚被判处无期徒刑的罪犯,符合减刑条件的,执行三年以上方可减刑,减刑幅度应当比照本规定第八条从严掌握,减刑后的刑期最低不得少于二十年有期徒

刑;减为有期徒刑后再减刑时,减刑幅度比照本规定第六条从严掌握,一次不超过一年有期徒刑,两次减刑之间应当间隔二年以上。

罪犯有重大立功表现的,可以不受上述减刑起始时间和间隔时间的限制。

第十条 被判处死刑缓期执行的罪犯减为无期徒刑后,符合减刑条件的,执行三年以上方可减刑。减刑幅度为:确有悔改表现或者有立功表现的,可以减为二十五年有期徒刑;确有悔改表现并有立功表现的,可以减为二十四年以上二十五年以下有期徒刑;有重大立功表现的,可以减为二十三年以上二十四年以下有期徒刑;确有悔改表现并有重大立功表现的,可以减为二十二年以上二十三年以下有期徒刑。

被判处死刑缓期执行的罪犯减为有期徒刑后再减刑时,比照本规定第八条的规定办理。

第十一条 对被判处死刑缓期执行的职务犯罪罪犯,破坏金融管理秩序和金融诈骗犯罪罪犯,组织、领导、参加、包庇、纵容黑社会性质组织犯罪罪犯,危害国家安全犯罪罪犯,恐怖活动犯罪罪犯,毒品犯罪集团的首要分子及毒品再犯,累犯以及因故意杀人、强奸、抢劫、绑架、放火、爆炸、投放危险物质或者有组织的暴力性犯罪的罪犯,确有履行能力而不履行或者不全部履行生效裁判中财产性判项的罪犯,数罪并罚被判处死刑缓期执行的罪犯,减为无期徒刑后,符合减刑条件的,执行三年以上方可减刑,一般减为二十五年

有期徒刑，有立功表现或者重大立功表现的，可以比照本规定第十条减为二十三年以上二十五年以下有期徒刑；减为有期徒刑后再减刑时，减刑幅度比照本规定第六条从严掌握，一次不超过一年有期徒刑，两次减刑之间应当间隔二年以上。

第十二条　被判处死刑缓期执行的罪犯经过一次或者几次减刑后，其实际执行的刑期不得少于十五年，死刑缓期执行期间不包括在内。

死刑缓期执行罪犯在缓期执行期间不服从监管、抗拒改造，尚未构成犯罪的，在减为无期徒刑后再减刑时应当适当从严。

第十三条　被限制减刑的死刑缓期执行罪犯，减为无期徒刑后，符合减刑条件的，执行五年以上方可减刑。减刑间隔时间和减刑幅度依照本规定第十一条的规定执行。

第十四条　被限制减刑的死刑缓期执行罪犯，减为有期徒刑后再减刑时，一次减刑不超过六个月有期徒刑，两次减刑间隔时间不得少于二年。有重大立功表现的，间隔时间可以适当缩短，但一次减刑不超过一年有期徒刑。

第十五条　对被判处终身监禁的罪犯，在死刑缓期执行期满依法减为无期徒刑的裁定中，应当明确终身监禁，不得再减刑或者假释。

第十六条　被判处管制、拘役的罪犯，以及判决生效后剩余刑期不满二年有期徒刑的罪犯，符合减刑条件的，可以酌情减刑，减刑起始时间可以适当缩短，但实际执行的刑期不得少于原判刑期的二分之一。

第十七条　被判处有期徒刑罪犯减刑时，对附加剥夺政治权利的期限可以酌减。酌减后剥夺政治权利的期限，不得少于一年。

被判处死刑缓期执行、无期徒刑的罪犯减为有期徒刑时，应当将附加剥夺政治权利的期限减为七年以上十年以下，经过一次或者几次减刑后，最终剥夺政治权利的期限不得少于三年。

第十八条　被判处拘役或者三年以下有期徒刑，并宣告缓刑的罪犯，一般不适用减刑。

前款规定的罪犯在缓刑考验期内有重大立功表现的，可以参照刑法第七十八条的规定予以减刑，同时应当依法缩减其缓刑考验期。缩减后，拘役的缓刑考验期限不得少于二个月，有期徒刑的缓刑考验期限不得少于一年。

第十九条　对在报请减刑前的服刑期间不满十八周岁，且所犯罪行不属于刑法第八十一条第二款规定情形的罪犯，认罪悔罪，遵守法律法规及监规，积极参加学习、劳动，应当视为确有悔改表现。

对上述罪犯减刑时，减刑幅度可以适当放宽，或者减刑起始时间、间隔时间可以适当缩短，但放宽的幅度和缩短的时间不得超过本规定中相应幅度、时间的三分之一。

第二十条　老年罪犯、患严重疾病罪犯或者身体残疾罪犯减刑时，应当主要考察其认罪悔罪的实际表现。

对基本丧失劳动能力，生活难以

自理的上述罪犯减刑时，减刑幅度可以适当放宽，或者减刑起始时间、间隔时间可以适当缩短，但放宽的幅度和缩短的时间不得超过本规定中相应幅度、时间的三分之一。

第二十一条 被判处有期徒刑、无期徒刑的罪犯在刑罚执行期间又故意犯罪，新罪被判处有期徒刑的，自新罪判决确定之日起三年内不予减刑；新罪被判处无期徒刑的，自新罪判决确定之日起四年内不予减刑。

罪犯在死刑缓期执行期间又故意犯罪，未被执行死刑的，死刑缓期执行的期间重新计算，减为无期徒刑后，五年内不予减刑。

被判处死刑缓期执行罪犯减刑后，在刑罚执行期间又故意犯罪的，依照第一款规定处理。

……

第三十二条 人民法院按照审判监督程序重新审理的案件，裁定维持原判决、裁定的，原减刑、假释裁定继续有效。

再审裁判改变原判决、裁定的，原减刑、假释裁定自动失效，执行机关应当及时报请有管辖权的人民法院重新作出是否减刑、假释的裁定。重新作出减刑裁定时，不受本规定有关减刑起始时间、间隔时间和减刑幅度的限制。重新裁定时应综合考虑各方面因素，减刑幅度不得超过原裁定减去的刑期总和。

再审改判为死刑缓期执行或者无期徒刑的，在新判决减为有期徒刑之时，原判决已经实际执行的刑期一并扣减。

再审裁判宣告无罪的，原减刑、假释裁定自动失效。

第三十三条 罪犯被裁定减刑后，刑罚执行期间因故意犯罪而数罪并罚时，经刑裁定减去的刑期不计入已经执行的刑期。原判死刑缓期执行减为无期徒刑、有期徒刑，或者无期徒刑减为有期徒刑的裁定继续有效。

第三十四条 罪犯被裁定减刑后，刑罚执行期间因发现漏罪而数罪并罚的，原减刑裁定自动失效。如漏罪系罪犯主动交代的，对其原减去的刑期，由执行机关报请有管辖权的人民法院重新作出减刑裁定，予以确认；如漏罪系有关机关发现或者他人检举揭发的，由执行机关报请有管辖权的人民法院，在原减刑裁定减去的刑期总和之内，酌情重新裁定。

第三十五条 被判处死刑缓期执行的罪犯，在死刑缓期执行期内被发现漏罪，依据刑法第七十条规定数罪并罚，决定执行死刑缓期执行的，死刑缓期执行期间自新判决确定之日起计算，已经执行的死刑缓期执行期间计入新判决的死刑缓期执行期间内，但漏罪被判处死刑缓期执行的除外。

第三十六条 被判处死刑缓期执行的罪犯，在死刑缓期执行期满后被发现漏罪，依据刑法第七十条规定数罪并罚，决定执行死刑缓期执行的，交付执行时对罪犯实际执行无期徒刑，死缓考验期不再执行，但漏罪被判处死刑缓期执行的除外。

在无期徒刑减为有期徒刑时，前罪死刑缓期执行减为无期徒刑之日起至新判决生效之日止已经实际执行的刑期，应当计算在减刑裁定决定执行的刑期以内。

原减刑裁定减去的刑期依照本规定第三十四条处理。

第三十七条　被判处无期徒刑的罪犯在减为有期徒刑后因发现漏罪，依据刑法第七十条规定数罪并罚，决定执行无期徒刑的，前罪无期徒刑生效之日起至新判决生效之日止已经实际执行的刑期，应当在新判决的无期徒刑减为有期徒刑时，在减刑裁定决定执行的刑期内扣减。

无期徒刑罪犯减为有期徒刑后因发现漏罪判处三年有期徒刑以下刑罚，数罪并罚决定执行无期徒刑的，在新判决生效后执行一年以上，符合减刑条件的，可以减为有期徒刑，减刑幅度依照本规定第八条、第九条的规定执行。

原减刑裁定减去的刑期依照本规定第三十四条处理。

……

第三十九条　本规定所称"老年罪犯"，是指报请减刑、假释时年满六十五周岁的罪犯。

本规定所称"患严重疾病罪犯"，是指因患有重病，久治不愈，而不能正常生活、学习、劳动的罪犯。

本规定所称"身体残疾罪犯"，是指因身体有肢体或者器官残缺、功能不全或者丧失功能，而基本丧失生活、学习、劳动能力的罪犯，但是罪犯犯罪后自伤致残的除外。

对刑罚执行机关提供的证明罪犯患有严重疾病或者有身体残疾的证明文件，人民法院应当审查，必要时可以委托有关单位重新诊断、鉴定。

第四十条　本规定所称"判决执行之日"，是指罪犯实际送交刑罚执行机关之日。

本规定所称"减刑间隔时间"，是指前一次减刑裁定送达之日起至本次减刑报请之日止的期间。

第四十一条　本规定所称"财产性判项"是指判决罪犯承担的附带民事赔偿义务判项，以及追缴、责令退赔、罚金、没收财产等判项。

第四十二条　本规定自 2017 年 1 月 1 日起施行。以前发布的司法解释与本规定不一致的，以本规定为准。

【司法解释Ⅱ】

《最高人民法院关于审理未成年人刑事案件具体应用法律若干问题的解释》（法释〔2006〕1 号，20060123）

第十八条　对未成年罪犯的减刑、假释，在掌握标准上可以比照成年罪犯依法适度放宽。

未成年罪犯能认罪服法，遵守监规，积极参加学习、劳动的，即可视为"确有悔改表现"予以减刑，其减刑的幅度可以适当放宽，间隔的时间可以相应缩短。符合刑法第八十一条第一款规定的，可以假释。

未成年罪犯在服刑期间已经成年的，对其减刑、假释可以适用上述规定。

【司法解释Ⅲ】

《最高人民法院关于〈中华人民共和国刑法修正案（八）〉时间效力问题的解释》（法释〔2011〕9 号，20110501）

第七条 2011年4月30日以前犯罪，被判处无期徒刑的罪犯，减刑以后或者假释前实际执行的刑期，适用修正前刑法第七十八条第二款、第八十一条第一款的规定。

【司法解释Ⅲ·注释】

对于2011年4月30日以前犯罪，已经终审判决判处死刑缓期执行的罪犯，由于修正前刑法并无限制减刑的规定，当时的裁判也不可能作出限制减刑的决定，当然不能依据修正后刑法对其限制减刑，延长其实际执行刑期。对这部分已在押的罪犯，应当根据其在死缓期间及死缓期满后的表现，适用修正前刑法第五十条、第七十八条的相关规定作出处理，即：如果其在死缓期间有重大立功表现的，仍应依据修正前刑法第五十条的规定，在死缓期满后减为十五年以上二十年以下有期徒刑；死缓期满后减为无期徒刑、有期徒刑的，仍适用修正前刑法第七十八条第二款及1997年10月29日《最高人民法院关于办理减刑、假释案件具体应用法律若干问题的规定》的相关规定。

【司法指导文件Ⅰ】

《中央政法委关于严格规范减刑、假释、暂予监外执行切实防止司法腐败的意见》（中政委〔2014〕5号，20140121）

为严格规范减刑、假释、暂予监外执行，切实防止徇私舞弊、权钱交易等腐败行为，坚决杜绝社会反映强烈的"有权人"、"有钱人"被判刑后减刑快、假释及暂予监外执行比例高、实际服刑时间偏短等现象，确保司法公正，提高司法公信力，根据法律规定和刑事政策精神，结合实际，现提出如下意见。

一、从严把握减刑、假释、暂予监外执行的实体条件

1. 对职务犯罪、破坏金融管理秩序和金融诈骗犯罪、组织（领导、参加、包庇、纵容）黑社会性质组织犯罪等罪犯（以下简称三类罪犯）减刑、假释，必须从严把握法律规定的"确有悔改表现"、"立功表现"、"重大立功表现"的标准。

对三类罪犯"确有悔改表现"的认定，不仅应当考察其是否认罪悔罪，认真遵守法律法规及监规、接受教育改造，积极参加思想、文化、职业技术教育，积极参加劳动、努力完成劳动任务，而且应当考察其是否通过主动退赃、积极协助追缴境外赃款赃物、主动赔偿损失等方式，积极消除犯罪行为所产生的社会影响。对服刑期间利用个人影响力和社会关系等不正当手段企图获得减刑、假释机会的，不认定其"确有悔改表现"。

对三类罪犯拟按法律规定的"在生产、科研中进行技术革新，成绩突出"或者"对国家和社会有其他贡献"认定为"立功表现"的，该技术革新或者其他贡献必须是该罪犯在服刑期间独立完成，并经省级主管部门确认。

对三类罪犯拟按法律规定的"有发明创造或者重大技术革新"认定为"重大立功表现"的，该发明创造或者重大技术革新必须是该罪犯在服刑

期间独立完成并经国家主管部门确认的发明专利，且不包括实用新型专利和外观设计专利；拟按法律规定的"对国家和社会有其他重大贡献"认定为"重大立功表现"的，该重大贡献必须是该罪犯在服刑期间独立完成并经国家主管部门确认的劳动成果。

2. 对三类罪犯与其他罪犯的计分考核应当平等、平衡。在三类罪犯计分考核项目和标准的设计上，不仅应当考虑对其他罪犯教育改造的普遍性要求，而且应当考虑对三类罪犯教育改造的特殊性要求，防止三类罪犯在考核中比其他罪犯容易得分。进一步限制、规范三类罪犯的加分项目，严格控制加分总量。对利用个人影响力和社会关系、提供虚假证明材料、贿赂等不正当手段企图获得加分的，不但不能加分，还要扣分。司法部应当根据上述要求，抓紧修改罪犯的计分考核办法。

3. 对依法可以减刑的三类罪犯，必须从严把握减刑的起始时间、间隔时间和幅度。被判处十年以下有期徒刑的，执行二年以上方可减刑，一次减刑不超过一年有期徒刑，两次减刑之间应当间隔一年以上。被判处十年以上有期徒刑的，执行二年以上方可减刑，一次减刑不超过一年有期徒刑，两次减刑之间应当间隔一年六个月以上。被判处无期徒刑的，执行三年以上方可减刑，可以减为二十年以上二十二年以下有期徒刑；减为有期徒刑后，一次减刑不超过一年有期徒刑，两次减刑之间应当间隔二年以上。死刑缓期执行罪犯减为无期徒刑后，执行三年以上方可减刑，可以减为二十五年有期徒刑；减为有期徒刑后，一次减刑不超过一年有期徒刑，两次减刑之间应当间隔二年以上。

确有阻止或检举他人重大犯罪活动、舍己救人、发明创造或者重大技术革新、在抗御自然灾害或者排除重大事故中表现突出等重大立功表现的，可以不受上述减刑起始时间和间隔时间的限制。

4. 对三类罪犯适用保外就医，必须从严把握严重疾病范围和条件。虽然患有高血压、糖尿病、心脏病等疾病，但经诊断在短期内不致危及生命的，或者不积极配合刑罚执行机关安排的治疗的，或者适用保外就医可能有社会危险性的，或者自伤自残的，一律不得保外就医。

5. 从2014年1月开始，以省、自治区、直辖市和新疆生产建设兵团为单位，各地职务犯罪罪犯减刑、假释、暂予监外执行的比例，不得明显高于其他罪犯的相应比例。中央政法相关单位应当积极指导和督促本系统落实相关比例要求。

二、完善减刑、假释、暂予监外执行的程序规定

6. 对三类罪犯的计分考核、行政奖励、立功表现等信息，应当在罪犯服刑场所及时公开；拟提请减刑、假释的，一律提前予以公示。拟提请暂予监外执行的，除病情严重必须立即保外就医的，应当提前予以公示。减刑、假释裁定书及暂予监外执行决定书，一律上网公开。

7. 对三类罪犯中因重大立功而提

请减刑、假释的案件，原县处级以上职务犯罪罪犯的减刑、假释案件，组织（领导、包庇、纵容）黑社会性质组织罪犯的减刑、假释案件，原判死刑缓期执行、无期徒刑的破坏金融管理秩序和金融诈骗犯罪罪犯的减刑、假释案件，一律开庭审理。

8. 健全检察机关对减刑、假释、暂予监外执行的同步监督制度。刑罚执行机关在决定提请减刑、假释、暂予监外执行前，审判机关在作出暂予监外执行决定前，应当征求检察机关意见。审判机关开庭审理减刑、假释案件，检察机关应当派员出庭并发表检察意见。刑罚执行机关、审判机关对检察机关提出的不同意见未予采纳的，应当予以回复或者在裁定书、决定书中说明理由。检察机关可以向有关单位和人员调查核实情况、调阅复制案卷材料、重新组织对病残罪犯的诊断鉴别，并依法作出处理。

9. 推进刑罚执行机关、审判机关、检察机关减刑、假释网上协同办案平台建设，对执法办案和考核奖惩中的重要事项、重点环节，实行网上录入、信息共享、"全程留痕"，从制度和技术上确保监督到位。

10. 对原厅局级以上职务犯罪罪犯减刑、假释、暂予监外执行的，裁定、决定或者批准后十日内，由省级政法机关向相应中央政法机关逐案报请备案审查。对原县处级职务犯罪罪犯减刑、假释、暂予监外执行的，裁定、决定或者批准后十日内，由地市级政法机关向相应省级政法机关逐案报请备案审查（省级政法机关裁定、决定或者批准的除外）。中央和省级政法机关对报请备案审查的减刑、假释、暂予监外执行案件，应当认真审查，发现问题的，立即责令下求政法机关依法纠正。

【司法指导文件Ⅱ】

《最高人民法院关于贯彻宽严相济刑事政策的若干意见》（法发〔2010〕9 号，20100208）

34. 对于危害国家安全犯罪、故意危害公共安全犯罪、严重暴力犯罪、涉众型经济犯罪等严重犯罪；恐怖组织犯罪、邪教组织犯罪、黑恶势力犯罪等有组织犯罪的领导者、组织者和骨干分子；毒品犯罪再犯的严重犯罪者；确有执行能力而拒不依法积极主动缴付财产执行财产刑或确有履行能力而不积极主动履行附带民事赔偿责任的，在依法减刑、假释时，应当从严掌握。对累犯减刑时，应当从严掌握。拒不交代真实身份或对减刑、假释材料弄虚作假，不符合减刑、假释条件的，不得减刑、假释。

对于因犯故意杀人、爆炸、抢劫、强奸、绑架等暴力犯罪，致人死亡或严重残疾而被判处死刑缓期二年执行或无期徒刑的罪犯，要严格控制减刑的频度和每次减刑的幅度，要保证其相对较长的实际服刑期限，维护公平正义，确保改造效果。

对于未成年犯、老年犯、残疾罪犯、过失犯、中止犯、胁从犯、积极主动缴付财产执行财产刑或履行民事赔偿责任的罪犯、因防卫过当或避险过当而判处徒刑的罪犯以及其他主观恶性不深、人身危险性不大的罪犯，在依法减刑、假释时，应当根据悔改表现予以从宽掌握。对认罪服法，遵守监规，积极参加学习、劳动，确有悔改表现的，依法予以减刑，减刑的幅度可以适当放宽，间隔的时间可以相应缩短。符合刑法第八十一条第一款规定的假释条件的，应当依法多适用假释。

第七十九条　【减刑程序】对于犯罪分子的减刑，由执行机关向中级以上人民法院提出减刑建议书。人民法院应当组成合议庭进行审理，对确有悔改或者立功事实的，裁定予以减刑。非经法定程序不得减刑。

【司法解释】

《最高人民法院关于减刑、假释案件审理程序的规定》（法释〔2014〕5号，20140601）

第一条　对减刑、假释案件，应当按照下列情形分别处理：

（一）对被判处死刑缓期执行的罪犯的减刑，由罪犯服刑地的高级人民法院在收到同级监狱管理机关审核同意的减刑建议书后一个月内作出裁定；

（二）对被判处无期徒刑的罪犯的减刑、假释，由罪犯服刑地的高级人民法院在收到同级监狱管理机关审核同意的减刑、假释建议书后一个月内作出裁定，案情复杂或情况特殊的，可以延长一个月；

（三）对被判处有期徒刑和被减为有期徒刑的罪犯的减刑、假释，由罪犯服刑地的中级人民法院在收到执行机关提出的减刑、假释建议书后一个月内作出裁定，案情复杂或者情况特殊的，可以延长一个月；

（四）对被判处拘役、管制的罪犯的减刑，由罪犯服刑地中级人民法院在收到同级执行机关审核同意的减刑、假释建议书后一个月内作出裁定。

对暂予监外执行罪犯的减刑，应当根据情况，分别适用前款的有关规定。

第二条　人民法院受理减刑、假释案件，应当审查执行机关移送的下列材料：

（一）减刑或者假释建议书；

（二）终审法院裁判文书、执行通知书、历次减刑裁定书的复印件；

（三）罪犯确有悔改或者立功、重大立功表现的具体事实的书面证明材料；

（四）罪犯评审鉴定表、奖惩审批表等；

（五）其他根据案件审理需要应予移送的材料。

报请假释的，应当附有社区矫正机构或者基层组织关于罪犯假释后对所居住社区影响的调查评估报告。

人民检察院对报请减刑、假释案件提出检察意见的，执行机关应当一并移送受理减刑、假释案件的人民法院。

经审查，材料齐备的，应当立案；材料不齐的，应当通知执行机关在三日内补送，逾期未补送的，不予立案。

第三条　人民法院审理减刑、假释案件，应当在立案后五日内将执行机关报请减刑、假释的建议书等材料依法向社会公示。

公示内容应当包括罪犯的个人情况、原判认定的罪名和刑期、罪犯历次减刑情况、执行机关的建议及依据。

公示应当写明公示期限和提出意见的方式。公示期限为五日。

第四条　人民法院审理减刑、假释案件，应当依法由审判员或者由审判员和人民陪审员组成合议庭进行。

第五条　人民法院审理减刑、假释案件，除应当审查罪犯在执行期间的一贯表现外，还应当综合考虑犯罪的具体情节、原判刑罚情况、财产刑执行情况、附带民事裁判履行情况、罪犯退赃退赔等情况。

人民法院审理假释案件，除应当审查第一款所列情形外，还应当综合考虑罪犯的年龄、身体状况、性格特征、假释后生活来源以及监管条件等影响再犯罪的因素。

执行机关以罪犯有立功表现或重大立功表现为由提出减刑的，应当审查立功或重大立功表现是否属实。涉及发明创造、技术革新或者其他贡献的，应当审查该成果是否系罪犯在执行期间独立完成，并经有关主管机关确认。

第六条　人民法院审理减刑、假释案件，可以采取开庭审理或者书面审理的方式。但下列减刑、假释案件，应当开庭审理：

（一）因罪犯有重大立功表现报请减刑的；

（二）报请减刑的起始时间、间隔时间或者减刑幅度不符合司法解释一般规定的；

（三）公示期间收到不同意见的；

（四）人民检察院有异议的；

（五）被报请减刑、假释罪犯系职务犯罪罪犯，组织（领导、参加、包庇、纵容）黑社会性质组织犯罪罪犯，破坏金融管理秩序和金融诈骗犯罪罪犯及其他在社会上有重大影响或社会关注度高的；

（六）人民法院认为其他应当开庭审理的。

第七条　人民法院开庭审理减刑、假释案件，应当通知人民检察院、执行机关及被报请减刑、假释罪犯参加庭审。

人民法院根据需要，可以通知证明罪犯确有悔改表现或者立功、重大立功表现的证人，公示期间提出不同意见的人，以及鉴定人、翻译人员等其他人员参加庭审。

第八条　开庭审理应当在罪犯刑罚执行场所或者人民法院确定的场所进行。有条件的人民法院可以采取视频开庭的方式进行。

在社区执行刑罚的罪犯因重大立功被报请减刑的，可以在罪犯服刑地或者居住地开庭审理。

第九条　人民法院对于决定开庭审理的减刑、假释案件，应当在开庭三日前将开庭的时间、地点通知人民检察院、执行机关、被报请减刑、假释罪犯和有必要参加庭审的其他人员，并于开庭三日前进行公告。

第十条　减刑、假释案件的开庭审理由审判长主持，应当按照以下程序进行：

（一）审判长宣布开庭，核实被

报请减刑、假释罪犯的基本情况；

（二）审判长宣布合议庭组成人员、检察人员、执行机关代表及其他庭审参加人；

（三）执行机关代表宣读减刑、假释建议书，并说明主要理由；

（四）检察人员发表检察意见；

（五）法庭对被报请减刑、假释罪犯确有悔改表现或立功表现、重大立功表现的事实以及其他影响减刑、假释的情况进行调查核实；

（六）被报请减刑、假释罪犯作最后陈述；

（七）审判长对庭审情况进行总结并宣布休庭评议。

第十一条　庭审过程中，合议庭人员对报请理由有疑问的，可以向被报请减刑、假释罪犯、证人、执行机关代表、检察人员提问。

庭审过程中，检察人员对报请理由有疑问的，在经审判长许可后，可以出示证据，申请证人到庭，向被报请减刑、假释罪犯及证人提问并发表意见。被报请减刑、假释罪犯对报请理由有疑问的，在经审判长许可后，可以出示证据，申请证人到庭，向证人提问并发表意见。

第十二条　庭审过程中，合议庭对证据有疑问需要进行调查核实，或者检察人员、执行机关代表提出申请的，可以宣布休庭。

第十三条　人民法院开庭审理减刑、假释案件，能够当庭宣判的应当当庭宣判；不能当庭宣判的，可以择期宣判。

第十四条　人民法院书面审理减刑、假释案件，可以就被报请减刑、假释罪犯是否符合减刑、假释条件进行调查核实或听取有关方面意见。

第十五条　人民法院书面审理减刑案件，可以提讯被报请减刑罪犯；书面审理假释案件，应当提讯被报请假释罪犯。

第十六条　人民法院审理减刑、假释案件，应当按照下列情形分别处理：

（一）被报请减刑、假释罪犯符合法律规定的减刑、假释条件的，作出予以减刑、假释的裁定；

（二）被报请减刑的罪犯符合法律规定的减刑条件，但执行机关报请的减刑幅度不适当的，对减刑幅度作出相应调整后作出予以减刑的裁定；

（三）被报请减刑、假释罪犯不符合法律规定的减刑、假释条件的，作出不予减刑、假释的裁定。

在人民法院作出减刑、假释裁定前，执行机关书面申请撤回减刑、假释建议的，是否准许，由人民法院决定。

第十七条　减刑、假释裁定书应当写明罪犯原判和历次减刑情况，确有悔改表现或者立功、重大立功表现的事实和理由，以及减刑、假释的法律依据。

裁定减刑的，应当注明刑期的起止时间；裁定假释的，应当注明假释考验期的起止时间。

裁定调整减刑幅度或者不予减刑、假释的，应当在裁定书中说明理由。

第十八条　人民法院作出减刑、假释裁定后，应当在七日内送达报请减刑、假释的执行机关、同级人民检察院以及罪犯本人。作出假释裁定的，还应当送达社区矫正机构或者基层组织。

第十九条 减刑、假释裁定书应当通过互联网依法向社会公布。

第二十条 人民检察院认为人民法院减刑、假释裁定不当，在法定期限内提出书面纠正意见的，人民法院应当在收到纠正意见后另行组成合议庭审理，并在一个月内作出裁定。

第二十一条 人民法院发现本院已经生效的减刑、假释裁定确有错误的，应当依法重新组成合议庭进行审理并作出裁定；上级人民法院发现下级人民法院已经生效的减刑、假释裁定确有错误的，应当指令下级人民法院另行组成合议庭审理，也可以自行依法组成合议庭进行审理并作出裁定。

第二十二条 最高人民法院以前发布的司法解释和规范性文件，与本规定不一致的，以本规定为准。

【司法指导文件Ⅰ】

《人民检察院办理减刑、假释案件规定》

（高检发监字〔2014〕8 号，20140801）

第二条 人民检察院依法对减刑、假释案件的提请、审理、裁定等活动是否合法实行法律监督。

第三条 人民检察院办理减刑、假释案件，应当按照下列情形分别处理：

（一）对减刑、假释案件提请活动的监督，由对执行机关承担检察职责的人民检察院负责；

（二）对减刑、假释案件审理、裁定活动的监督，由人民法院的同级人民检察院负责；同级人民检察院对

执行机关不承担检察职责的，可以根据需要指定对执行机关承担检察职责的人民检察院派员出席法庭；下级人民检察院发现减刑、假释裁定不当的，应当及时向作出减刑、假释裁定的人民法院的同级人民检察院报告。

第四条 人民检察院办理减刑、假释案件，依照规定实行统一案件管理和办案责任制。

第五条 人民检察院收到执行机关移送的下列减刑、假释案件材料后，应当及时进行审查：

（一）执行机关拟提请减刑、假释意见；

（二）终审法院裁判文书、执行通知书、历次减刑裁定书；

（三）罪犯确有悔改表现、立功表现或者重大立功表现的证明材料；

（四）罪犯评审鉴定表、奖惩审批表；

（五）其他应当审查的案件材料。

对拟提请假释案件，还应当审查社区矫正机构或者基层组织关于罪犯假释后对所居住社区影响的调查评估报告。

第六条 具有下列情形之一的，人民检察院应当进行调查核实：

（一）拟提请减刑、假释罪犯系职务犯罪罪犯，破坏金融管理秩序和金融诈骗犯罪罪犯，黑社会性质组织犯罪罪犯，严重暴力恐怖犯罪罪犯，或者其他在社会上有重大影响、社会关注度高的罪犯；

（二）因罪犯有立功表现或者重大立功表现拟提请减刑的；

（三）拟提请减刑、假释罪犯的

减刑幅度大、假释考验期长、起始时间早、间隔时间短或者实际执行刑期短的；

（四）拟提请减刑、假释罪犯的考核计分高、专项奖励多或者鉴定材料、奖惩记录有疑点的；

（五）收到控告、举报的；

（六）其他应当进行调查核实的。

第七条　人民检察院可以采取调阅复制有关材料、重新组织诊断鉴别、进行文证鉴定、召开座谈会、个别询问等方式，对下列情况进行调查核实：

（一）拟提请减刑、假释罪犯在服刑期间的表现情况；

（二）拟提请减刑、假释罪犯的财产刑执行、附带民事裁判履行、退赃退赔等情况；

（三）拟提请减刑罪犯的立功表现、重大立功表现是否属实，发明创造、技术革新是否系罪犯在服刑期间独立完成并经有关主管机关确认；

（四）拟提请假释罪犯的身体状况、性格特征、假释后生活来源和监管条件等影响再犯罪的因素；

（五）其他应当进行调查核实的情况。

第八条　人民检察院可以派员列席执行机关提请减刑、假释评审会议，了解案件有关情况，根据需要发表意见。

第九条　人民检察院发现罪犯符合减刑、假释条件，但是执行机关未提请减刑、假释的，可以建议执行机关提请减刑、假释。

第十条　人民检察院收到执行机关抄送的减刑、假释建议书副本后，应当逐案进行审查，可以向人民法院提出书面意见。发现减刑、假释建议不当或者提请减刑、假释违反法定程序的，应当在收到建议书副本后十日以内，依法向审理减刑、假释案件的人民法院提出书面意见，同时将检察意见书副本抄送执行机关。案情复杂或者情况特殊的，可以延长十日。

第十一条　人民法院开庭审理减刑、假释案件的，人民检察院应当指派检察人员出席法庭，发表检察意见，并对法庭审理活动是否合法进行监督。

第十二条　出席法庭的检察人员不得少于二人，其中至少一人具有检察官职务。

第十三条　检察人员应当在庭审前做好下列准备工作：

（一）全面熟悉案情，掌握证据情况，拟定法庭调查提纲和出庭意见；

（二）对执行机关提请减刑、假释有异议的案件，应当收集相关证据，可以建议人民法院通知相关证人出庭作证。

第十四条　庭审开始后，在执行机关代表宣读减刑、假释建议书并说明理由之后，检察人员应当发表检察意见。

第十五条　庭审过程中，检察人员对执行机关提请减刑、假释有疑问的，经审判长许可，可以出示证据，申请证人出庭作证，要求执行机关代表出示证据或者作出说明，向被提请减刑、假释的罪犯及证人提问并发表意见。

第十六条　法庭调查结束时，在被提请减刑、假释罪犯作最后陈述之前，经审判长许可，检察人员可以发表总结性意见。

第十七条　庭审过程中，检察人员认为需要进一步调查核实案件事实、证据，需要补充鉴定或者重新鉴定，或者需要通知新的证人到庭的，应当建议休庭。

第十八条　检察人员发现法庭审理活动违反法律规定的，应当在庭审后及时向本院检察长报告，依法向人民法院提出纠正意见。

第十九条　人民检察院收到人民法院减刑、假释裁定书副本后，应当及时审查下列内容：

（一）人民法院对罪犯裁定予以减刑、假释，以及起始时间、间隔时间、实际执行刑期、减刑幅度或者假释考验期是否符合有关规定；

（二）人民法院对罪犯裁定不予减刑、假释是否符合有关规定；

（三）人民法院审理、裁定减刑、假释的程序是否合法；

（四）按照有关规定应当开庭审理的减刑、假释案件，人民法院是否开庭审理；

（五）人民法院减刑、假释裁定书是否依法送达执行并向社会公布。

第二十条　人民检察院经审查认为人民法院减刑、假释裁定不当的，应当在收到裁定书副本后二十日以内，依法向作出减刑、假释裁定的人民法院提出书面纠正意见。

第二十一条　人民检察院对人民法院减刑、假释裁定提出纠正意见的，应当监督人民法院在收到纠正意见后一个月以内重新组成合议庭进行审理并作出最终裁定。

第二十二条　人民检察院发现人民法院已经生效的减刑、假释裁定确有错误的，应当向人民法院提出书面纠正意见，提请人民法院按照审判监督程序依法另行组成合议庭重新审理并作出裁定。

第二十三条　人民检察院收到控告、举报或者发现司法工作人员在办理减刑、假释案件中涉嫌违法的，应当依法进行调查，并根据情况，向有关单位提出纠正违法意见，建议更换办案人，或者建议予以纪律处分；构成犯罪的，依法追究刑事责任。

第二十四条　人民检察院办理职务犯罪罪犯减刑、假释案件，按照有关规定实行备案审查。

第二十五条　本规定自发布之日起施行。最高人民检察院以前发布的有关规定与本规定不一致的，以本规定为准。

【司法指导文件Ⅱ】

《最高人民法院关于对无期徒刑犯减刑后原审法院发现原判决确有错误予以改判，原减刑裁定应否撤销问题的批复》（法研复〔1989〕2 号，19890103）

被判处无期徒刑的罪犯由服刑地的高级人民法院依法裁定减刑后，原审人民法院发现原判决确有错误，并按照审判监督程序改判为有期徒刑的，应当将改判的判决书送达罪犯所在的劳改部门和罪犯服刑地的高级人民法院，按照改判的刑期执行，并由罪犯服刑地的高级人民法院裁定撤销原减刑裁定。如果罪犯在原判执行期间确有悔改或者立功表现，还需要依法减刑的，应当重新办理对改判后有期徒刑减刑的法律手续。

【司法指导文件Ⅲ】

《最高人民法院研究室关于有期徒刑犯减刑后又改判的原减刑裁定撤销后应如何办理减刑手续问题的电话答复》（19900405）

被判处有期徒刑的罪犯在服刑期间依法减刑后，原审人民法院发现原判决确有错误，应当按照审判监督程序给予改判，对已执行的刑期在改判后的刑期中予以折抵，并将改判的判决书送达罪犯所在的劳改执行机关和作出原减刑裁定的人民法院，由作出原减刑裁定的人民法院撤销原减刑裁定。然后，由有关的劳改机关和人民法院依照刑法第七十一条的规定，① 并参照最高人民法院、最高人民检察院、司法部、公安部 1980 年 12 月 26 日《关于罪犯减刑、假释和又犯罪等案件的管辖和处理程序问题的通知》，重新考虑是否减刑及办理有关手续。

【司法指导文件Ⅳ】

《最高人民法院研究室关于原判无期徒刑的罪犯经减刑后又改判应如何处理减刑问题的电话答复》（19920120）

对原判无期徒刑的罪犯，经两次减刑后，现法院拟将原判改判，对减刑应如何处理的问题，经研究，我们认为，对上述问题，请你们按照我院 1989 年法研复〔1989〕2 号《关于对无期徒刑犯减刑后又改判，原减刑裁定应否撤销问题的批复》的规定办理，我院 1964 年〔64〕法研字第 16 号

《关于劳改犯减刑后又改判应如何确定执行刑期问题的批复》不再适用。

【司法指导文件Ⅴ】

《最高人民法院研究室关于死缓犯和无期徒刑犯经几次减刑后又改判减刑裁定是否均应撤销问题的电话答复》（19920401）

……对原判死缓或者无期徒刑的犯罪分子，经几次减刑后，现按照审判监督程序将原判改为有期徒刑的，应当将原所有的减刑裁定一并撤销。如果根据罪犯已实际服刑的刑期或者他在原判执行期间的表现，应予以释放，或者还需要依法减刑、假释的，应当按照改判有期徒刑后的刑期再办理释放、重新减刑或者假释的法律手续。

【司法指导文件Ⅵ】

《最高人民法院研究室关于对无期徒刑犯减刑后原审法院发现原判决确有错误予以改判，原减刑裁定应如何适用法律条款予以撤销问题的答复》（19941107）

被判处无期徒刑的罪犯由服刑地的高级人民法院依法裁定减刑后，原审人民法院发现原判决确有错误并依照审判监督程序改判为有期徒刑的，应当撤销原减刑裁定。鉴于原减刑裁定是在无期徒刑基础上的减刑，既然原判无期徒刑已被认定为错判，那么原减刑裁定在认定事实和适用法律上亦应视为确有错误。由此，由罪犯服

---

① 此处指 1979 年刑法第七十一条，对应现行刑法第七十八条。——编者注

刑地的高级人民法院根据刑事诉讼法规定，按照审判监督程序撤销原减刑裁定是适宜的。

【司法指导文件Ⅶ】

《最高人民法院研究室关于有期徒刑罪犯减刑后又改判应如何确定执行刑期问题的答复》（19940614）

对原判有期徒刑的罪犯，已经法院裁定宣布减刑后，原审法院发现原判决确有错误，需要改判的，可将本来打算改判的刑期减去已裁定减刑的刑期，确定为应改判的刑期，并在改判的法律文书中说明改判的刑期已经扣除了改判前裁定减刑的刑期。

【司法指导文件Ⅷ】

《最高人民法院研究室关于原判有期徒刑的罪犯被裁定减刑后又经再审改判为无期徒刑应如何确定执行刑期问题的答复》（19951225）

一、原判处有期徒刑并已被裁定减刑的罪犯经再审改判为无期徒刑，再审法院应当将改判的判决书副本送达作出减刑裁定的人民法院，由该院依法裁定撤销原减刑裁定。如果罪犯在改判后符合无期徒刑减刑条件的，应当重新依法报请减刑。

二、再审改判无期徒刑的执行期间从再审判决确定之日起算。对改判前已执行的刑期，应在对无期徒刑裁定减刑时，折抵为无期徒刑已实际执行的刑期。

【司法指导文件Ⅸ】

《最高人民法院关于刘文占减刑一案的答复》（〔2006〕刑监他字第 7 号，20070811）

罪犯刘文占犯盗窃罪被判处无期徒刑，减为有期徒刑十八年之后，发现其在判决宣告之前犯有强奸罪、抢劫罪。沧州市中级人民法院作出新的判决，对刘文占以强奸罪、抢劫罪分别定罪量刑，数罪并罚，决定对罪犯刘文占执行无期徒刑是正确的。

现监狱报请为罪犯刘文占减刑，你院在计算刑期时，应将罪犯刘文占第一次减为有期徒刑十八年之后至漏罪判决之间已经执行的刑期予以扣除。

第八十条　【无期徒刑减为有期徒刑的刑期计算】 无期徒刑减为有期徒刑的刑期，从裁定减刑之日起计算。

第七节　假　　释

第八十一条　【假释的适用对象和条件】 被判处有期徒刑的犯罪分子，执行原判刑期二分之一以上，被判处无期徒刑的犯罪分子，实际执行十三年以上，如果认真遵守监规，接受教育改造，确有悔改表现，没有再犯罪的危险的，可以假释。如果有特殊情况，经最高人民法院核准，可以不受上述执行刑期的限制。

对累犯以及因故意杀人、强奸、抢劫、绑架、放火、爆炸、投放危险物质或者有组织的暴力性犯罪被判处十年以上有期徒刑、无期徒刑的犯罪分子，不得假释。

对犯罪分子决定假释时，应当考虑其假释后对所居住社区的影响。

【修正前条文】

第八十一条　【假释的适用对象和条件】被判处有期徒刑的犯罪分子，执行原判刑期二分之一以上，被判处无期徒刑的犯罪分子，实际执行十年以上，如果认真遵守监规，接受教育改造，确有悔改表现，假释后不致再危害社会的，可以假释。如果有特殊情况，经最高人民法院核准，可以不受上述执行刑期的限制。

对累犯以及因杀人、爆炸、抢劫、强奸、绑架等暴力性犯罪被判处十年以上有期徒刑、无期徒刑的犯罪分子，不得假释。

【修正说明】

刑法修正案（八）第十六条对原条文作出下述修改：一是将被判处无期徒刑的犯罪分子假释前实际执行的刑期，由十年以上提高到十三年以上；二是完善了假释的条件，进一步明确了对犯罪分子决定假释时，应当考虑其假释后对所居住社区的影响，修改了不得假释的人的范围。

【司法解释 I】

《最高人民法院关于办理减刑、假释案件具体应用法律的规定》（法释〔2016〕23 号，20170101）

第二十二条　办理假释案件，认定"没有再犯罪的危险"，除符合刑法第八十一条规定的情形外，还应当根据犯罪的具体情节、原判刑罚情况，在刑罚执行中的一贯表现，罪犯的年龄、身体状况、性格特征、假释后生活来源以及监管条件等因素综合考虑。

第二十三条　被判处有期徒刑的罪犯假释时，执行原判刑期二分之一的时间，应当从判决执行之日起计算，判决执行以前先行羁押的，羁押一日折抵刑期一日。

被判处无期徒刑的罪犯假释时，刑法中关于实际执行刑期不得少于十三年的时间，应当从判决生效之日起计算。判决生效以前先行羁押的时间不予折抵。

被判处死刑缓期执行的罪犯减为无期徒刑或者有期徒刑后，实际执行十五年以上，方可假释，该实际执行时间应当从死刑缓期执行期满之日起计算。死刑缓期执行期间不包括在内，判决确定以前先行羁押的时间不予折抵。

第二十四条　刑法第八十一条第一款规定的"特殊情况"，是指有国家政治、国防、外交等方面特殊需要的情况。

第二十五条　对累犯以及因故意杀人、强奸、抢劫、绑架、放火、爆炸、投放危险物质或者有组织的暴力性犯罪被判处十年以上有期徒刑、无期徒刑的罪犯，不得假释。

因前款情形和犯罪被判处死刑缓期执行的罪犯，被减为无期徒刑、有期徒刑后，也不得假释。

第二十六条　对下列罪犯适用假释时可以依法从宽掌握：

（一）过失犯罪的罪犯、中止犯罪的罪犯、被胁迫参加犯罪的罪犯；

（二）因防卫过当或者紧急避险过当而被判处有期徒刑以上刑罚的罪犯；

（三）犯罪时未满十八周岁的

罪犯;

（四）基本丧失劳动能力、生活难以自理，假释后生活确有着落的老年罪犯、患严重疾病罪犯或者身体残疾罪犯;

（五）服刑期间改造表现特别突出的罪犯;

（六）具有其他可以从宽假释情形的罪犯。

罪犯既符合法定减刑条件，又符合法定假释条件的，可以优先适用假释。

第二十七条　对于生效裁判中有财产性判项，罪犯确有履行能力而不履行或者不全部履行的，不予假释。

第二十八条　罪犯减刑后又假释的，间隔时间不得少于一年;对一次减去一年以上有期徒刑后，决定假释的，间隔时间不得少于一年六个月。

罪犯减刑后余刑不足二年，决定假释的，可以适当缩短间隔时间。

第二十九条　罪犯在假释考验期内违反法律、行政法规或者国务院有关部门关于假释的监督管理规定的，作出假释裁定的人民法院，应当在收到报请机关或者检察机关撤销假释建议书后及时审查，作出是否撤销假释的裁定，并送达报请机关，同时抄送人民检察院、公安机关和原刑罚执行机关。

罪犯在逃的，撤销假释裁定书可以作为对罪犯进行追捕的依据。

第三十条　依照刑法第八十六条规定被撤销假释的罪犯，一般不得再假释。但依照该条第二款被撤销假释的罪犯，如果罪犯对漏罪曾作如实供述但原判未予认定，或者漏罪系其自首，符合假释条件的，可以再假释。

被撤销假释的罪犯，收监后符合减刑条件的，可以减刑，但减刑起始时间自收监之日起计算。

第三十一条　年满八十周岁、身患疾病或者生活难以自理、没有再犯罪危险的罪犯，既符合减刑条件，又符合假释条件的，优先适用假释;不符合假释条件的，参照本规定第二十条有关的规定从宽处理。

【司法解释Ⅱ】

《最高人民法院关于〈中华人民共和国刑法修正案（八）〉时间效力问题的解释》（法释〔2011〕9号，20110501）

第八条　2011年4月30日以前犯罪，因具有累犯情节或者系故意杀人、强奸、抢劫、绑架、放火、爆炸、投放危险物质或者有组织的暴力性犯罪并被判处十年以上有期徒刑、无期徒刑的犯罪分子，2011年5月1日以后仍在服刑的，能否假释，适用修正前刑法第八十一条第二款的规定;2011年4月30日以前犯罪，因其他暴力性犯罪被判处十年以上有期徒刑、无期徒刑的犯罪分子，2011年5月1日以后仍在服刑的，能否假释，适用修正后刑法第八十一条第二款、第三款的规定。

【司法指导文件】

《最高人民法院研究室关于假释时间效力法律适用问题的答复》（法研〔2011〕97号，20110715）

二、经《中华人民共和国刑法修

正案（八）》修正前刑法第八十一条第二款规定的"暴力性犯罪"，不仅包括杀人、爆炸、抢劫、强奸、绑架五种，也包括故意伤害等其他暴力性犯罪。

第八十二条　【假释程序】对于犯罪分子的假释，依照本法第七十九条规定的程序进行。非经法定程序不得假释。

第八十三条　【假释考验期限】有期徒刑的假释考验期限，为没有执行完毕的刑期；无期徒刑的假释考验期限为十年。

假释考验期限，从假释之日起计算。

第八十四条　【假释犯应遵守的规定】被宣告假释的犯罪分子，应当遵守下列规定：

（一）遵守法律、行政法规，服从监督；

（二）按照监督机关的规定报告自己的活动情况；

（三）遵守监督机关关于会客的规定；

（四）离开所居住的市、县或者迁居，应当报经监督机关批准。

第八十五条　【假释考验期满如何处理】对假释的犯罪分子，在假释考验期限内，依法实行社区矫正，如果没有本法第八十六条规定的情形，假释考验期满，就认为原判刑罚已经执行完毕，并公开予以宣告。

【修正前条文】

第八十五条　【假释考验期满如何处理】被假释的犯罪分子，在假释考验期限内，由公安机关予以监督，如果没有本法第八十六条规定的情形，假释考验期满，就认为原判刑罚已经执行完毕，并公开予以宣告。

【修正说明】

刑法修正案（八）第十七条将原条文中对被假释的犯罪分子，在假释考验期限内，"由公安机关予以监督"修改为"依法实行社区矫正"。

第八十六条　【撤销假释条件】被假释的犯罪分子，在假释考验期限内犯新罪，应当撤销假释，依照本法第七十一条的规定实行数罪并罚。

在假释考验期限内，发现被假释的犯罪分子在判决宣告以前还有其他罪没有判决的，应当撤销假释，依照本法第七十条的规定实行数罪并罚。

被假释的犯罪分子，在假释考验期限内，有违反法律、行政法规或者国务院有关部门关于假释的监督管理规定的行为，尚未构成新的犯罪的，应当依照法定程序撤销假释，收监执行未执行完毕的刑罚。

【修正前条文】

第八十六条　【撤销假释条件】被假释的犯罪分子，在假释考验期限内犯新罪，应当撤销假释，依照本法第七十一条的规定实行数罪并罚。

在假释考验期限内，发现被假释

的犯罪分子在判决宣告以前还有其他罪没有判决的，应当撤销假释，依照本法第七十条的规定实行数罪并罚。

被假释的犯罪分子，在假释考验期限内，有违反法律、行政法规或者国务院公安部门有关假释的监督管理规定的行为，尚未构成新的犯罪的，应当依照法定程序撤销假释，收监执行未执行完毕的刑罚。

【修正说明】

刑法修正案（八）第十八条将原条文第三款中的"国务院公安部门"修改为"国务院有关部门"。

第八节 时 效

第八十七条 【犯罪追诉时效期限】 犯罪经过下列期限不再追诉：

（一）法定最高刑为不满五年有期徒刑的，经过五年；

（二）法定最高刑为五年以上不满十年有期徒刑的，经过十年；

（三）法定最高刑为十年以上有期徒刑的，经过十五年；

（四）法定最高刑为无期徒刑、死刑的，经过二十年。如果二十年以后认为必须追诉的，须报请最高人民检察院核准。

【立法·要点注释】

1. 法定最高刑不是指罪犯应判决的具体刑期，而是根据犯罪分子的犯罪性质和法定情节，与其所犯罪行相对应的刑法分则条文规定的处刑档次中的最高刑。

2. 法定最高刑也不是指某种性质犯罪全部刑罚的最高刑，而是指某种性质犯罪中与该犯罪情况基本相适应的某一档处刑的最高刑。即对犯罪分子应在该档量刑幅度内处刑的档次最高刑。例如，犯故意杀人罪，法定最高刑有两档：一档是死刑；一档为十年，应根据犯罪情节确定最高法定刑是十年还是死刑。

【司法指导文件】

《最高人民检察院关于办理核准追诉案件若干问题的规定》（高检发侦监字〔2012〕21 号，20121009）

第二条 办理核准追诉案件应当严格依法、从严控制。

第三条 法定最高刑为无期徒刑、死刑的犯罪，已过二十年追诉期限的，不再追诉。如果认为必须追诉的，须报请最高人民检察院核准。

第四条 须报请最高人民检察院核准追诉的案件在核准之前，侦查机关可以依法对犯罪嫌疑人采取强制措施。

侦查机关报请核准追诉并提请逮捕犯罪嫌疑人，人民检察院经审查认为必须追诉而且符合法定逮捕条件的，可以依法批准逮捕，同时要求侦查机关在报请核准追诉期间不停止对案件的侦查。

未经最高人民检察院核准，不得对案件提起公诉。

第五条 报请核准追诉的案件应当同时符合下列条件：

（一）有证据证明存在犯罪事实，且犯罪事实是犯罪嫌疑人实施的；

（二）涉嫌犯罪的行为应当适用

的法定量刑幅度的最高刑为无期徒刑或者死刑的；

（三）涉嫌犯罪的性质、情节和后果特别严重，虽然已过二十年追诉期限，但社会危害性和影响依然存在，不追诉会严重影响社会稳定或者产生其他严重后果，而必须追诉的；

（四）犯罪嫌疑人能够及时到案接受追诉的。

第六条　侦查机关报请核准追诉的案件，由同级人民检察院受理并层报最高人民检察院审查决定。

……

第十一条　最高人民检察院决定核准追诉的案件，最初受理案件的人民检察院应当监督侦查机关及时开展侦查取证。

最高人民检察院决定不予核准追诉，侦查机关未及时撤销案件的，同级人民检察院应当予以监督纠正。犯罪嫌疑人在押的，应当立即释放。

第十二条　人民检察院直接立案侦查的案件报请最高人民检察院核准追诉的，参照本规定办理。

第十三条　本规定自发布之日起施行。

【指导性案例·检察】

〔马世龙（抢劫）核准追诉案，JZD2015-20〕

故意杀人、抢劫、强奸、绑架、爆炸等严重危害社会治安的犯罪，经过二十年追诉期限，仍然严重影响人民群众安全感，被害方、案发地群众、基层组织等强烈要求追究犯罪嫌疑人刑事责任，不追诉可能影响社会稳定或者产生其他严重后果的，对犯罪嫌疑人应当追诉。

〔杨菊云（故意杀人）不核准追诉案，JZD2015-22〕

1. 因婚姻家庭等民间矛盾激化引发的犯罪，经过二十年追诉期限，犯罪嫌疑人没有再犯罪危险性，被害人及其家属对犯罪嫌疑人表示谅解，不追诉有利于化解社会矛盾、恢复正常社会秩序，同时不会影响社会稳定或者产生其他严重后果的，对犯罪嫌疑人可以不再追诉。

2. 须报请最高人民检察院核准追诉的案件，侦查机关在核准之前可以依法对犯罪嫌疑人采取强制措施。侦查机关报请核准追诉并提请逮捕犯罪嫌疑人，人民检察院经审查认为必须追诉而且符合法定逮捕条件的，可以依法批准逮捕。

〔蔡金星、陈国辉等（抢劫）不核准追诉案，JZD2015-23〕

1. 涉嫌犯罪已过二十年追诉期限，犯罪嫌疑人没有再犯罪危险性，并且通过赔礼道歉、赔偿损失等方式积极消除犯罪影响，被害方对犯罪嫌疑人表示谅解，犯罪破坏的社会秩序明显恢复，不追诉不会影响社会稳定或者产生其他严重后果的，对犯罪嫌疑人可以不再追诉。

2. 1997年9月30日以前实施的共同犯罪，已被司法机关采取强制措施的犯罪嫌疑人逃避侦查或者审判的，不受追诉期限限制。司法机关在追诉期限内未发现或者未采取强制措施的犯罪嫌疑人，应当受追诉期限限制；涉嫌犯罪应当适用的法定量刑幅度的最高刑为无期徒刑、死刑，犯罪行为发生二十年以后认为必须追诉的，须报请最高人民检察院核准。

【法院参考案例】

〔**参考案例第 1200 号：袁明祥、王汉恩故意杀人案**〕对共同犯罪案件如何分别确定被告人的追诉期限？

对于共同犯罪中，部分被告人的追诉期限延长或中断，或者不受追诉期限限制，是否必然影响共同犯罪中其他被告人的追诉期限，法律没有明确规定。实践中，应当对共同犯罪中各被告人的追诉时效分别评价判断，主要理由是：追诉时效是依照法律规定对犯罪分子追究刑事责任的有效期限，是解决某一犯罪行为经过一定的时限，是否还需要对犯罪分子起诉追究其刑事责任，设立时效制度的一项重要考虑是稳定既有的社会关系。追诉时效期限的长短，是根据犯罪分子所犯罪行对应的法定最高刑进行确定。是否受追诉期限限制，考察的是犯罪分子是否具有逃避侦查或者审判的情形，必然要求结合各被告人的具体情况进行个别化判断。

第八十八条　【**不受追诉时效限制的特别规定**】在人民检察院、公安机关、国家安全机关立案侦查或者在人民法院受理案件以后，逃避侦查或者审判的，不受追诉期限的限制。

被害人在追诉期限内提出控告，人民法院、人民检察院、公安机关应当立案而不予立案的，不受追诉期限的限制。

【立法·要点注释】

本条规定"立案侦查"和"受理案件"是指在追诉时效的期限内，对于已过了追诉时效才开始的立案侦查和审判活动，不适用本条规定，而是应分别采取撤销案件、不起诉或者宣告无罪的方法处理，不再追究刑事责任。

【公安文件】

《**公安部关于刑事追诉期限有关问题的批复**》（公复字〔2000〕11 号，20001025）

根据从旧兼从轻原则，对 1997 年 9 月 30 日以前实施的犯罪行为，追诉期限问题应当适用 1979 年刑法第七十七条的规定，即在人民法院、人民检察院、公安机关采取强制措施以后逃避侦查或者审判的，不受追诉期限的限制。

【指导性案例·检察】

〔丁国山等（故意伤害）核准追诉案，JZD2015 - 21〕

涉嫌犯罪情节恶劣、后果严重，并且犯罪后积极逃避侦查，经过二十年追诉期限，犯罪嫌疑人没有明显悔罪表现，也未通过赔礼道歉、赔偿损失等获得被害方谅解，犯罪造成的社会影响没有消失，不追诉可能影响社会稳定或者产生其他严重后果的，对犯罪嫌疑人应当追诉。

第八十九条　【**追诉时效期限的计算**】追诉期限从犯罪之日起计算；犯罪行为有连续或者继续状态的，从犯罪行为终了之日起计算。

在追诉期限以内又犯罪的，前罪追诉的期限从犯后罪之日起计算。

【立法·要点注释】

1. 一般情况下追诉期限的起算时间是从犯罪之日起计算。"犯罪之日"是指犯罪行为完成或停止之日。如运输毒品，在路途上用了三天，应以第三天将毒品运到转交他人起开始计算运输毒品犯罪的追诉期限。

2. 特殊情况下追诉期限的起算时间，有三种情形：

（1）犯罪行为处于连续状态的，从犯罪行为终了之日起计算。就是说犯罪人连续实施同一罪名的犯罪，时效期限从其最后一个犯罪行为施行完毕时开始计算。"连续状态"是指犯罪人在一定时期，以一个故意连续实施数个独立的犯罪行为触犯同一罪名的。如某罪犯多次在汽车上扒窃，其连续扒窃行为即是盗窃罪的"连续"状态。

（2）犯罪行为处于继续状态的，从犯罪行为终了之日起计算。就是犯罪人的犯罪行为在一定时间处于持续状态的，时效期限自这种持续状态停止的时候起开始计算。"继续状态"也就是持续状态，是指犯罪人实施的同一犯罪行为在一定时间内处于接连不断的状态。如非法拘禁他人，在被害人脱离拘禁以前，该犯罪就一直属于继续状态。

（3）在追诉期限内又犯罪的，前一犯罪的追诉期限从后罪的犯罪行为完成或停止之日计算。这里的前罪和后罪并未限定为同一种罪名，只要构成犯罪即可。只要再犯新罪，前罪开始计算的时效期限就归于无效，而从犯后罪之日起计算。

【司法解释】

《最高人民检察院关于对跨越修订刑法施行日期的继续犯罪、连续犯罪以及其他同种数罪应如何具体适用刑法问题的批复》（高检发释字〔1998〕6号，19981202）

对于开始于1997年9月30日以前，继续或者连续到1997年10月1日以后的行为，以及在1997年10月1日前后分别实施的同种类数罪，如果原刑法和修订刑法都认为是犯罪并且应当追诉，按照下列原则决定如何适用法律：

一、对于开始于1997年9月30日以前，继续到1997年10月1日以后终了的继续犯罪，应当适用修订刑法一并进行追诉。

二、对于开始于1997年9月30日以前，连续到1997年10月1日以后的连续犯罪，或者在1997年10月1日前后分别实施同种类数罪，其中罪名、构成要件、情节以及法定刑均没有变化的，应当适用修订刑法，一并进行追诉；罪名、构成要件、情节以及法定刑已经变化的，也应当适用修订刑法，一并进行追诉，但是修订刑法比原刑法所规定的构成要件和情节较为严格，或者法定刑较重的，在提起公诉时应当提出酌情从轻处理意见。

第五章　其他规定

第九十条　【民族自治地方的变通、补充规定】民族自治地方不能全部适用本法规定的，可以由自治区或者省的人民代表大会根据当地民族的政治、经济、文化的特点和本法规定的基本原则，制定变通或者补充的规定，报请全国人民代表大会常务委员会批准施行。

第九十一条　【公共财产的范围】本法所称公共财产，是指下列财产：

（一）国有财产；

（二）劳动群众集体所有的财产；

（三）用于扶贫和其他公益事业的社会捐助或者专项基金的财产。

在国家机关、国有公司、企业、集体企业和人民团体管理、使用或者运输中的私人财产，以公共财产论。

【立法·要点注释】

1. 国有财产，即国家所有的财产。主要包括国家机关、国有公司、企业、国有事业单位、人民团体中的财产。

2. 劳动群众集体所有的财产。主要包括集体所有制的公司、企业、事业单位、经济组织中的财产。在经济活动中，公民多人合伙经营积累的财产，属于合伙人共有，不属于集体所有的财产。集体所有的土地依照法律属于村农民集体所有，由村农业生产合作社等农业集体经济组织或者村民委员会经营、管理。已经属于乡（镇）农民集体经济组织所有的，可以属于乡（镇）农民集体所有。集体所有的财产受法律保护，禁止任何组织或者个人侵占、哄抢、私分、破坏或者非法查封、扣押、冻结、没收。

3. 用于扶贫和其他公益事业的社会捐助或者专项基金的财产。"公益事业"，主要是指服务于社会公益的非营利性事项。根据公益事业捐赠法第三条的规定，"公益事业"是指非营利的下列事项：（1）救助灾害、救济贫困、扶助残疾人等困难的社会群体和个人的活动；（2）教育、科学、文化、卫生、体育事业；（3）环境保护、社会公共设施建设；（4）促进社会发展和进步的其他社会公共和福利事业。"社会捐助"是指个人、组织或单位向社会公益事业以及向贫困地区所捐赠、赞助的款物。"专项基金"是指专门用于上述公益事业的各种基金。

第九十二条　【公民私人所有财产】本法所称公民私人所有的财产，是指下列财产：

（一）公民的合法收入、储蓄、房屋和其他生活资料；

（二）依法归个人、家庭所有的生产资料；

（三）个体户和私营企业的合法财产；

（四）依法归个人所有的股份、股票、债券和其他财产。

【立法解释性意见】

《全国人民代表大会常务委员会法制工作委员会对关于公司人员利用职务上的便利采取欺骗等手段非法占有股东股权的行为如何定性处理的批复的意见》（法工委发函〔2005〕105 号，20051201）

根据刑法第九十二条的规定，股份属于财产。采用各种非法手段侵吞、占有他人依法享有的股份，构成犯罪的，适用刑法有关非法侵犯他人财产的犯罪规定。

第九十三条　【国家工作人员】 本法所称国家工作人员，是指国家机关中从事公务的人员。

国有公司、企业、事业单位、人民团体中从事公务的人员和国家机关、国有公司、企业、事业单位委派到非国有公司、企业、事业单位、社会团体从事公务的人员，以及其他依照法律从事公务的人员，以国家工作人员论。

【立法·要点注释】

1. "国家机关"，是指国家的权力机关、行政机关、司法机关以及军事机关。实践中，有些机关在编制上属于事业编制而不是行政编制。如中国证券监督管理委员会，虽然其编制属于国有事业单位，但实际上行使了国家机关的职责，依照法律对全国证券市场进行统一监管，并具有行政处罚权。有的国家机关内部既包括一部分行政编制，又含有一部分事业编制，而且各地的具体做法也不尽相同。比如有的地方的房地产管理局、技术监督局、工商所等整建制的属于事业编制。有的地方的原国家商检部门改为商检中心等。必须指出，国家机关的设立和对国家机关中工作人员的编制管理是性质不同的两个问题，因此只要是依法设立的行使一定国家管理职权的组织就是国家机关，至于组织人事部门在编制上对其是按照行政编制还是事业编制进行管理，并不影响其作为国家机关的性质。

2. "从事公务的人员"，是指在上述国家机关中行使一定职权、履行一定职务的人员。在上述国家机关中从事劳务性工作的人员，如司机、门卫、炊事员、清洁工等勤杂人员以及部队战士等，不属于国家工作人员范畴。

3. "以国家工作人员论"，主要包括三个方面：一是在国有公司、企业、事业单位、人民团体中从事公务的人员。这里规定的"从事公务的人员"，是指在公司、企业等单位中具有经营、管理职责，或履行一定职务的人员，在公司、企业等上述单位中不具有管理职责的一般工人、临时工等其他勤杂人员，不属于本条规定的从事公务的人员。二是国家机关、国有公司、企业、事业单位委派到非国有公司、企业、事业单位、社会团体从事公务的人员。"委派"主要是指在一些具有国有资产成分的中外合资企业、合作企业、股份制企业当中，国有公司、企业或其他有关国有单位为了行使对所参与的国有资产的管理权，而派驻的管理人员。这里也包括有的国家机关、国有事业单位委派一些人员到非国有事业单位、社会团体中从事公务的人员。三是其他依照法律从事公务的人员，这些人虽不是上述单位的人员，但依照法律规定从事国家事务工作的人员。一般情况下国家工作人员是指上述具有正式国家工作人员身份的人，但是在特殊情况下，一些虽不具正式国家工作人员身份的人员，如果因临时委托、授权等法律上的原因而实际上依法承担了国家事务的管理职责的，应当认定其依法履行该职责时，应作为国家工作人员看待，如果有渎职等犯罪行为的，应依法追究相应的刑事责任。如协助人民政府从事行政管理事务的村委会等村基层组织人员，受委托看管犯人的狱医等人员，只要实际负有国家管理职责的人员在依法履行相应的职责的过程中有渎职、滥用职权等行为，均应以国家工作人员论，构成犯罪的，依法追究相应的刑事责任。

【立法解释】

《全国人民代表大会常务委员会关于〈中华人民共和国刑法〉第九十三条第二款的解释》（20090827）

全国人民代表大会常务委员会讨论了村民委员会等村基层组织人员在从事哪些工作时属于刑法第九十三条第二款规定的"其他依照法律从事公务的人员"，解释如下：

村民委员会等村基层组织人员协助人民政府从事下列行政管理工作时，属于刑法第九十三条第二款规定的"其他依照法律从事公务的人员"：

（一）救灾、抢险、防汛、优抚、扶贫、移民、救济款物的管理；

（二）社会捐助公益事业款物的管理；

（三）国有土地的经营和管理；

（四）土地征收、征用补偿费用的管理；

（五）代征、代缴税款；

（六）有关计划生育、户籍、征兵工作；

（七）协助人民政府从事的其他行政管理工作。

村民委员会等村基层组织人员从事前款规定的公务，利用职务上的便利，非法占有公共财物、挪用公款、索取他人财物或者非法收受他人财物，构成犯罪的，适用刑法第三百八十二条和第三百八十三条贪污罪、第三百八十四条挪用公款罪、第三百八十五条和第三百八十六条受贿罪的规定。

【立法解释·注释】

1."村民委员会等村基层组织人员"，主要指村党支部、村委会、村经联社、经济合作社、农工商联合企业等掌管村经济活动的组织的人员。因为他们是农村中掌握权力，可能协助政府从事行政管理工作的人员。

2.村委会等村基层组织人员在管理村务时，利用职务之便，非法占有村集体财物或挪用集体款项的，不适用本解释，构成犯罪的，可以职务侵占罪、挪用资金罪定罪处罚。

【司法解释 I 】

《最高人民法院关于在国有资本控股、参股的股份有限公司中从事管理工作的人员利用职务便利非法占有本公司财物如何定罪问题的批复》（法释〔2001〕17 号，20010526）

在国有资本控股、参股的股份有限公司中从事管理工作的人员，除受国家机关、国有公司、企业、事业单位委派从事公务的以外，不属于国家工作人员。对其利用职务上的便利，将本单位财物非法占为己有，数额较大的，应当依照刑法第二百七十一条第一款的规定，以职务侵占罪定罪处罚。

【司法解释 II 】

《最高人民法院关于如何认定国有控股、参股股份有限公司中的国有公司、企业人员的解释》（法释〔2005〕10 号，20050811）

国有公司、企业委派到国有控股、参股公司从事公务的人员，以国有公司、企业人员论。

【司法指导文件 I 】

《全国法院审理经济犯罪案件工作座谈会纪要》（法〔2003〕167 号，20031113）

一、关于贪污贿赂犯罪和渎职犯罪的主体

（一）国家机关工作人员的认定

刑法中所称的国家机关工作人员，是指在国家机关中从事公务的人员，包括在各级国家权力机关、行政机关、司法机关和军事机关中从事公务的人员。

根据有关立法解释的规定，在依照法律、法规规定行使国家行政管理职权的组织中从事公务的人员，或者在受国家机关委托代表国家行使职权的组织中从事公务的人员、或者虽未列入国家机关人员编制但在国家机关中从事公务的人员，视为国家机关工作人员。在乡（镇）以上中国共产党机关、人民政协机关中从事公务的人员，司法实践中也应当视为国家机关工作人员。

（二）国家机关、国有公司、企业、事业单位委派到非国有公司、企业、事业单位、社会团体从事公务的人员的认定

所谓委派，即委任、派遣，其形式多种多样，如任命、指派、提名、批准等。不论被委派的人身份如何，只要是接受国家机关、国有公司、企业、事业单位委派，代表国家机关、国有公司、企业、事业单位在非国有公司、企业、事业单位、社会团体中从事组织、领导、监督、管理等工作，都可以认定为国家机关、国有公司、企业、事业单位委派到非国有公司、企业、事业单位、社会团体从事公务的人员。如国家机关、国有公司、企业、事业单位委派在国有控股或者参股的股份有限公司从事组织、领导、监督、管理等工作的人员，应当以国家工作人员论；国有公司、企业改制为股份有限公司后原国有公司、企业

的工作人员和股份有限公司新任命的人员中，除代表国有投资主体行使监督、管理职权的人外不以国家工作人员论。

（三）"其他依照法律从事公务的人员"的认定

刑法第九十三条第二款规定的"其他依照法律从事公务的人员"应当具有两个特征：一是在特定条件下行使国家管理职能；二是依照法律规定从事公务。具体包括：（1）依法履行职责的各级人民代表大会代表；（2）依法履行审判职责的人民陪审员；（3）协助乡镇人民政府、街道办事处从事行政管理工作的村民委员会、居民委员会等农村和城市基层组织人员；（4）其他由法律授权从事公务的人员。

（四）关于"从事公务"的理解

从事公务，是指代表国家机关、国有公司、企业事业单位、人民团体等履行组织、领导、监督、管理等职责。公务主要表现为与职权相联系的公共事务以及监督、管理国有财产的职务活动。如国家机关工作人员依法履行职责，国有公司的董事、经理、监事、会计、出纳人员等管理、监督国有财产等活动，属于从事公务。那些不具备职权内容的劳务活动、技术服务工作，如售货员、售票员等所从事的工作，一般不认为是公务。

【司法指导文件Ⅱ】

《最高人民检察院关于贯彻执行全国人民代表大会常务委员会关于〈中华人民共和国刑法〉第九十三条第二

款的解释的通知》（高检发研字〔2000〕12 号，20000605）

三、各级检察机关在依法查处村民委员会等村基层组织人员贪污、受贿、挪用公款犯罪案件过程中，要根据《解释》① 和其他有关法律的规定，严格把握界限，准确认定村民委员会等村基层组织人员的职务活动是否属于协助人民政府从事《解释》所规定的行政管理工作，并正确把握刑法第三百八十二条、第三百八十三条贪污罪、第三百八十四条挪用公款罪和第三百八十五条、第三百八十六条受贿罪的构成要件。对村民委员会等村基层组织人员从事属于村民自治范围的经营、管理活动不能适用《解释》的规定。

【司法指导文件Ⅲ】

《最高人民检察院关于〈全国人民代表大会常务委员会关于《中华人民共和国刑法》第九十三条第二款的解释〉的时间效力的批复》（高检发研字〔2000〕15 号，20000629）

《全国人民代表大会常务委员会关于〈中华人民共和国刑法〉第九十三条第二款的解释》是对刑法第九十三条第二款关于"其他依照法律从事公务的人员"规定的进一步明确，并不是对刑法的修改。因此，该《解释》的效力适用于修订刑法的施行日期，其溯及力适用修订刑法第十二条的

---

① 即《全国人民代表大会常务委员会关于〈中华人民共和国刑法〉第九十三条第二款的解释》（20000429）。——编者注

规定。

【司法指导文件Ⅳ】

《最高人民检察院法律政策研究室关于国家机关、国有公司、企业委派到非国有公司、企业从事公务但尚未依照规定程序获取该单位职务的人员是否适用刑法第九十三条第二款问题的答复》（〔2004〕高检研发第 17 号，20041103）

对于国家机关、国有公司、企业委派到非国有公司、企业从事公务但尚未依照规定程序获取该单位职务的人员，涉嫌职务犯罪的，可以依照刑法第九十三条第二款关于"国家机关、国有公司、企业委派到非国有公司、企业、事业单位、社会团体从事公务的人员"，"以国家工作人员论"的规定追究刑事责任。

【司法指导文件Ⅴ】

《最高人民检察院对〈关于中国证监会主体认定的请示〉的答复函》（高检发法字〔2000〕7 号，20000430）

中国证券监督管理委员会为国务院直属事业单位，是全国证券期货市场的主管部门。其主要职责是统一管理证券期货市场，按规定对证券期货监管机构实行垂直领导，所以，它是具有行政职责的事业单位。据此，北京证券监督管理委员会干部应视同为国家机关工作人员。

【司法指导文件Ⅵ】

《最高人民检察院对〈关于中国保险监督管理委员会主体认定的请示〉的答复》（20001008）

对于中国保险监督管理委员会可参照对国家机关的办法进行管理。据此，中国保险监督管理委员会干部应视同国家机关工作人员。

【司法指导文件Ⅶ】

《最高人民检察院关于镇财政所所长是否适用国家机关工作人员的批复》（高检发研字〔2000〕9 号，20000504）

对于属行政执法事业单位的镇财政所中按国家机关在编干部管理的工作人员，在履行政府行政公务活动中，滥用职权或玩忽职守构成犯罪的，应以国家机关工作人员论。

【司法指导文件Ⅷ】

《最高人民检察院法律政策研究室关于集体性质的乡镇卫生院院长利用职务之便收受他人财物的行为如何适用法律问题的答复》（〔2003〕高检研发第 9 号，20030402）

经过乡镇政府或者主管行政机关任命的乡镇卫生院院长，在依法从事本区域卫生工作的管理与业务技术指导，承担医疗预防保健服务工作等公务活动时，属于刑法第九十三条第二款规定的其他依照法律从事公务的人员。对其利用职务上的便利，索取他人财物的，或者非法收受他人财物，为他人谋取利益的，应当依照刑法第三百八十五条、第三百八十六条的规定，以受贿罪追究刑事责任。

【司法指导文件Ⅸ】

《最高人民检察院法律政策研究室关于佛教协会工作人员能否构成受贿罪或者公司、企业人员受贿罪主体问

题的答复》（〔2003〕高检研发第2号，20030113）

佛教协会属于社会团体，其工作人员除符合刑法第九十三条第二款的规定属于受委托从事公务的人员外，既不属于国家工作人员，也不属于公司、企业人员。根据刑法的规定，对非受委托从事公务的佛教协会的工作人员利用职务之便收受他人财物，为他人谋取利益的行为，不能按受贿罪或者公司、企业人员受贿罪追究刑事责任。

【司法指导文件X】

《最高人民法院研究室关于国家工作人员在农村合作基金会兼职从事管理工作如何认定身份问题的答复》〔法（研）明传〔2000〕12号，20000629〕

国家工作人员自行到农村合作基金会兼职从事管理工作的，因其兼职工作与国家工作人员身份无关，应认定为农村合作基金会一般从业人员；国家机关、国有公司、企业、事业单位委派到农村合作基金会兼职从事管理工作的人员，以国家工作人员论。

【法院参考案例】

〔参考案例第1233号：朱思亮非国家工作人员受贿案〕如何认定"受委派从事公务"？

从刑法第九十三条第二款的立法目的看，"受委派从事公务"人员作为国家工作人员认定主要是保护国有资产。受委派人员是否属于从事公务，与接受委派的公司是否包含国有资产具有直接关联。国有资产所在，即是受委派人员的公务所在。一般情况下，只有非国有公司中有国有资产，才存在委派；若无国有资产，既无委派必要，亦无委派可能。

第九十四条 【司法工作人员】本法所称司法工作人员，是指有侦查、检察、审判、监管职责的工作人员。

【立法·要点注释】

1. 本条关于"司法工作人员"的概念不同于一般所说的司法机关工作人员的概念。不是所有在公安机关、国家安全机关、人民检察院、人民法院以及看守所、监狱等监管机关工作的人员都属于司法工作人员，只有担负本条规定的四种职责之一的，才能被认定为是本法所说的"司法工作人员"。

2. 本条所说的具有侦查、检察、审判、监管职责的人员不是只限于直接做上述工作的人员，在公安机关、国家安全机关、人民检察院、人民法院以及看守所、监狱等监管机关中负责侦查、检察、审判、监管工作的领导人员也都属于司法工作人员。

第九十五条 【重伤】本法所称重伤，是指有下列情形之一的伤害：

（一）使人肢体残废或者毁人容貌的；

（二）使人丧失听觉、视觉或者其他器官机能的；

（三）其他对于人身健康有重大伤害的。

【立法·要点注释】

1. 使人肢体残废或者毁人容貌的。"肢体残废"是指由各种致伤因素致使肢体缺失，或者肢体虽然完整但已丧失功能。例如，二肢以上离断或者缺失（上肢腕关节以上、下肢踝关节以上），二肢六大关节功能完全丧失，四肢任一大关节强直畸形或者功能丧失50%以上，膝关节挛缩畸形屈曲30°以上，一足离断或者缺失50%以上，足跟离断或者缺失50%以上，一足第一趾及其相连的跖骨离断或者缺失，双手离断、缺失或者功能完全丧失，手功能丧失累计达一手功能36%等；"毁人容貌"是指毁损他人面容，致使面容显著变形、丑陋或者功能障碍。根据有关规定，面部瘢痕畸形，并有以下六项中四项者，属于重度容貌毁损：（1）眉毛缺失；（2）双睑外翻或者缺失；（3）外耳缺失；（4）鼻缺失；（5）上、下唇外翻或者小口畸形；（6）颈颏粘连。具有以下六项中三项者，属于中度容貌毁损，具有以下六项中二项者，属于轻度容貌毁损：（1）眉毛部分缺失；（2）双睑外翻或者部分缺失；（3）耳廓部分缺失；（4）鼻翼部分缺失；（5）唇外翻或者小口畸形；（6）颈部瘢痕畸形。

2. 使人丧失听觉、视觉或者其他器官机能的。"丧失听觉"是指损伤后，一耳听力障碍（≥91dB HL）；一耳听力障碍（≥81dB HL），另一耳听力障碍（≥41dB HL）；一耳听力障碍（≥81dB HL），伴同侧前庭平衡功能障碍；双耳听力障碍（≥61dB HL）；双侧前庭平衡功能丧失，睁眼行走困难，不能并足站立等。"丧失视觉"是指损伤后，一眼盲目3级；双眼盲目4级等。丧失"其他器官机能"是指丧失听觉、视觉之外的其他器官的

功能或者功能严重障碍。例如，女性两侧乳房损伤丧失哺乳能力；肾损伤并发肾性高血压、肾功能严重障碍等。

3. 其他对于人身健康有重大伤害的。这种情况主要是指上述几种重伤之外的，在受伤当时危及生命或者在损伤过程中能够引起威胁生命的并发症，以及其他严重影响人体健康的损伤。例如，开放性颅脑损伤；心脏损伤；胸部大血管损伤；胃、肠、胆道系统穿孔、破裂；烧、烫伤后出现休克等。

关于"重伤"的概念和范围，2013年8月30日最高人民法院、最高人民检察院、公安部、国家安全部、司法部发布《人体损伤程度鉴定标准》，自2014年1月1日起施行。该标准对人体损伤程度鉴定的原则、方法、内容和等级划分作了详细的规定，将重伤分为重伤一级和重伤二级，分别针对不同情况，制定了具体的认定标准。办理关于重伤的刑事案件，应以本条和该文件作为衡量是否构成重伤的具体标准。

在办理刑事案件时，应注意对于有多处损伤的，其中必须有一处符合重伤鉴定标准的规定才能构成重伤，而不能以多处轻伤相加，作为重伤看待。

第九十六条　【违反国家规定】本法所称违反国家规定，是指违反全国人民代表大会及其常务委员会制定的法律和决定，国务院制定的行政法规、规定的行政措施、发布的决定和命令。

【立法·要点注释】

1. 违反全国人大及其常委会制定的法律和决定，包括由全国人大通过的法律，如宪法及其他基本法律，由全国人大常委会通过的法律、决定以及对现行法律的修改和补充的规定。

2. 违反国务院制定的行政法规、规定的行政措施、发布的决定和命令，既包括由国务院直接制定的行政法规、规定的行政措施、发布的决定和命令，也包括由国务院直属的有关部委制定，经国务院批准并以国务院名义发布的行政措施、决定和命令。

3. 本条仅限于全国人大及其常委会制定的法律和决定，国务院制定的行政法规、规定的行政措施、发布的决定和命令。各级地方人大及其常委会制定的地方性法规以及国务院各部委制定的规章和发布的决定和命令都不属于本法所指的国家规定。

【司法指导文件】

《最高人民法院关于准确理解和适用刑法中"国家规定"的有关问题的通知》（法发〔2011〕155 号，20110408）

日前，国务院法制办就国务院办公厅文件的有关规定是否可以认定为刑法中的"国家规定"予以统一、规范。为切实做好相关刑事案件审判工作，准确把握刑法有关条文规定的"违反国家规定"的认定标准，依法惩治犯罪，统一法律适用，现就有关问题通知如下：

一、根据刑法第九十六条的规定，刑法中的"国家规定"，是指全国人民代表大会及其常务委员会制定的法律和决定，国务院制定的行政法规、规定的行政措施、发布的决定和命令。其中，"国务院规定的行政措施"应当由国务院决定，通常以行政法规或者国务院制发文件的形式加以规定。以国务院办公厅名义制发的文件，符合以下条件的，亦应视为刑法中的"国家规定"：（1）有明确的法律依据或者同相关行政法规不相抵触；（2）经国务院常务会议讨论通过或者经国务院批准；（3）在国务院公报上公开发布。

二、各级人民法院在刑事审判工作中，对有关案件所涉及的"违反国家规定"的认定，要依照相关法律、行政法规及司法解释的规定准确把握。对于规定不明确的，要按照本通知的要求审慎认定。对于违反地方性法规、部门规章的行为，不得认定为"违反国家规定"。对被告人的行为是否"违反国家规定"存在争议的，应当作为法律适用问题，逐级向最高人民法院请示。

三、各级人民法院审理非法经营犯罪案件，要依法严格把握刑法第二百二十五条第（四）项的适用范围。对被告人的行为是否属于刑法第二百二十五条第（四）项规定的"其他严重扰乱市场秩序的非法经营行为"，有关司法解释未作明确规定的，应当作为法律适用问题，逐级向最高人民法院请示。

第九十七条　【首要分子的概念】本法所称首要分子，是指在犯罪集团或者聚众犯罪中起组织、策划、指挥作用的犯罪分子。

第九十八条 【告诉才处理】本法所称告诉才处理，是指被害人告诉才处理。如果被害人因受强制、威吓无法告诉的，人民检察院和被害人的近亲属也可以告诉。

第九十九条 【以上、以下、以内之界定】本法所称以上、以下、以内，包括本数。

第一百条 【前科报告制度】依法受过刑事处罚的人，在入伍、就业的时候，应当如实向有关单位报告自己曾受过刑事处罚，不得隐瞒。

犯罪的时候不满十八周岁被判处五年有期徒刑以下刑罚的人，免除前款规定的报告义务。

【修正前条文】

第一百条 **【前科报告制度】**依法受过刑事处罚的人，在入伍、就业的时候，应当如实向有关单位报告自己曾受过刑事处罚，不得隐瞒。

【修正说明】

本条第二款由刑法修正案（八）第十九条增设。

【立法·要点注释】

1. "依法受过刑事处罚的人"，是指依照我国的刑事法律，行为人的行为构成犯罪，并经人民法院判处刑罚。经人民法院判处刑罚，包括被人民法院依法判处刑法规定的各种主刑和附加刑。例如，某犯罪分子被人民法院判处有期徒刑一年，宣告缓刑一年，在缓刑考验期内遵守刑法的有关规定，缓刑考验期满，原判的刑罚不再执行，这种情况也属于依法受过刑事处罚。如果某行为人虽曾受到司法机关的追诉，但其行为符合刑法规定的不需要判处刑罚或者免除刑罚的情况，因而人民法院决定免予刑罚处罚的，则不属于"受过刑事处罚的人"。同样，如果检察机关对上述情况依照刑事诉讼法的规定决定不予起诉的，也不在"受过刑事处罚"之列。

2. 如实报告仅限于在入伍、就业的时候。"入伍"是指加入中国人民解放军或者中国人民武装警察部队。"就业"包括参加任何种类的工作，如进入国家机关，各种公司、企业、事业单位，各种团体等。"向有关单位报告"，是指向自己参加工作的单位报告。法律这样规定，是为了便于用人单位掌握本单位职工的情况，便于安置工作以及对该有关人员开展帮助和教育。

3. 第二款的规定有两个条件：一是被免除前科报告义务的主体是犯罪时已满十四周岁不满十八周岁的人，既包括入伍、就业时未满十八周岁的未成年人，也包括入伍、就业时已满十八周岁的成年人，只要其犯罪时不满十八周岁，就构成适用本条规定的条件之一；二是被判处五年有期徒刑以下刑罚，包括被判处五年以下有期徒刑、拘役、管制、单науchose附加刑以及适用缓刑的情形。需要注意的是，以上两个条件须同时具备才能适用本款的规定，犯罪时不满十八周岁的人如果被判处五年有期徒刑以上刑罚（不包括五年有期徒刑），则不适用本款的规定。

4. 第二款的规定只是免除了犯罪的时候不满十八周岁被判处五年有期徒刑以下刑罚的人的前科报告义务，这些人在入伍和就业时，征兵部门和招录单位依照招录的有关规定仍然可以对其进行考察。这些被免除前科报告义务的人，司法机关仍会保留其犯罪记录；但会对这些记录予以封存。2018 年修正的刑事诉讼法第二百八十六条规定，犯罪的时候不满十八周岁，被判处五年有期徒刑以下刑罚的，应当对相关犯罪记录予以封存。犯罪记录被封存的，不得向任何单位和个人提供，但司法机关为办案需要或者有关单位根据国家规定进行查询的除外。依法进行查询的单位，应当对被封存的犯罪记录的情况予以保密。

第一百零一条 【总则的适用】本法总则适用于其他有刑罚规定的法律，但是其他法律有特别规定的除外。

第二编 分则

第一章　危害国家安全罪

第一百零二条　【背叛国家罪】勾结外国，危害中华人民共和国的主权、领土完整和安全的，处无期徒刑或者十年以上有期徒刑。

与境外机构、组织、个人相勾结，犯前款罪的，依照前款的规定处罚。

第一百零三条　【分裂国家罪】组织、策划、实施分裂国家、破坏国家统一的，对首要分子或者罪行重大的，处无期徒刑或者十年以上有期徒刑；对积极参加的，处三年以上十年以下有期徒刑；对其他参加的，处三年以下有期徒刑、拘役、管制或者剥夺政治权利。

【煽动分裂国家罪】煽动分裂国家、破坏国家统一的，处五年以下有期徒刑、拘役、管制或者剥夺政治权利；首要分子或者罪行重大的，处五年以上有期徒刑。

【司法解释Ⅰ】

《最高人民法院关于审理非法出版物刑事案件具体应用法律若干问题的解释》（法释〔1998〕30号，19981223）

第一条　明知出版物中载有煽动分裂国家、破坏国家统一或者煽动颠覆国家政权、推翻社会主义制度的内容，而予以出版、印刷、复制、发行、传播的，依照刑法第一百零三条第二款或者第一百零五条第二款的规定，以煽动分裂国家罪或者煽动颠覆国家政权罪定罪处罚。

【司法解释Ⅱ】

《最高人民法院、最高人民检察院关于办理妨害预防、控制突发传染病疫情等灾害的刑事案件具体应用法律若干问题的解释》（法释〔2003〕8号，20030515）

第十条第二款　利用突发传染病疫情等灾害，制造、传播谣言，煽动分裂国家、破坏国家统一，或者煽动颠覆国家政权、推翻社会主义制度的，依照刑法第一百零三条第二款、第一百零五条第二款的规定，以煽动分裂国家罪或者煽动颠覆国家政权罪定罪处罚。

【司法解释Ⅲ】

《最高人民法院、最高人民检察院关于办理组织、利用邪教组织破坏法律实施等刑事案件适用法律若干问题的解释》（法释〔2017〕3号，20170201）

第十条　组织、利用邪教组织破坏国家法律、行政法规实施过程中，又有煽动分裂国家、煽动颠覆国家政权或者侮辱、诽谤他人等犯罪行为的，依照数罪并罚的规定定罪处罚。

【司法指导文件】

《最高人民法院、最高人民检察院、公安

部关于办理暴力恐怖和宗教极端刑事案件适用法律若干问题的意见》（公通字〔2014〕34 号，20140909）

二、准确认定案件性质

（三）实施下列行为之一，煽动分裂国家、破坏国家统一的，以煽动分裂国家罪定罪处罚：

1. 组织、纠集他人，宣扬、散布、传播宗教极端、暴力恐怖思想的；

2. 出版、印刷、复制、发行载有宣扬宗教极端、暴力恐怖思想内容的图书、期刊、音像制品、电子出版物或者制作、印刷、复制载有宣扬宗教极端、暴力恐怖思想内容的传单、图片、标语、报纸的；

3. 通过建立、开办、经营、管理网站、网页、论坛、电子邮件、博客、微博、即时通讯工具、群组、聊天室、网络硬盘、网络电话、手机应用软件及其他网络应用服务，或者利用手机、移动存储介质、电子阅读器等登载、张贴、复制、发送、播放、演示载有宗教极端、暴力恐怖思想内容的图书、文稿、图片、音频、视频、音像制品及相关网址，宣扬、散布、传播宗教极端、暴力恐怖思想的；

4. 制作、编译、编撰、编辑、汇编或者从境外组织、机构、个人、网站直接获取载有宣扬宗教极端、暴力恐怖思想内容的图书、文稿、图片、音像制品等，供他人阅读、观看、收听、出版、印刷、复制、发行、传播的；

5. 设计、制造、散发、邮寄、销售、展示含有宗教极端、暴力恐怖思想内容的标识、标志物、旗帜、徽章、服饰、器物、纪念品的；

6. 以其他方式宣扬宗教极端、暴力恐怖思想的。

实施上述行为，煽动民族仇恨、民族歧视，情节严重的，以煽动民族仇恨、民族歧视罪定罪处罚。同时构成煽动分裂国家罪的，依照处罚较重的规定定罪处罚。

……

（六）明知图书、文稿、图片、音像制品、移动存储介质、电子阅读器中载有利用宗教极端、暴力恐怖思想煽动分裂国家、破坏国家统一或者煽动民族仇恨、民族歧视的内容，而提供仓储、邮寄、投递、运输、传输及其他服务的，以煽动分裂国家罪或者煽动民族仇恨、民族歧视罪的共同犯罪定罪处罚。……

（七）网站、网页、论坛、电子邮件、博客、微博、即时通讯工具、群组、聊天室、网络硬盘、网络电话、手机应用软件及其他网络应用服务的建立、开办、经营、管理者，明知他人散布、宣扬利用宗教极端、暴力恐怖思想煽动分裂国家、破坏国家统一或者煽动民族仇恨、民族歧视的内容，允许或者放任他人在其网站、网页、论坛、电子邮件、博客、微博、即时通讯工具、群组、聊天室、网络硬盘、网络电话、手机应用软件及其他网络应用服务上发布的，以煽动分裂国家罪或者煽动民族仇恨、民族歧视罪的共同犯罪定罪处罚。

三、明确认定标准

（二）对是否"明知"的认定，应当结合案件具体情况，坚持重证据，重调查研究，以行为人实施的客观行为为基础，结合其一贯表现，具体行为、程度、手段、事后态度，以及年龄、认知和受教育程度、所从事的职业等综合判断。曾因实施暴力恐怖、宗教极端违法犯罪行为受到行政、刑事处罚、免予刑事处罚，或者被责令改正后又实施的，应当认定为明知。其他共同犯罪嫌疑人、被告人或者其他知情人供认、指证，行为人不承认其主观上"明知"，但又不能作出合理解释的，依据其行为本身和认知程度，足以认定其确实"明知"或者应当"明知"的，应当认定为明知。

第一百零四条　【武装叛乱、暴乱罪】组织、策划、实施武装叛乱或者武装暴乱的，对首要分子或者罪行重大的，处无期徒刑或者十年以上有期徒刑；对积极参加的，处三年以上十年以下有期徒刑；对其他参加的，处三年以下有期徒刑、拘役、管制或者剥夺政治权利。

策动、胁迫、勾引、收买国家机关工作人员、武装部队人员、人民警察、民兵进行武装叛乱或者武装暴乱的，依照前款的规定从重处罚。

【立法·要点注释】

1. "武装"，是指叛乱者或暴乱者在实施犯罪行为中，携带或使用了枪炮等武器，与国家和政府进行对抗。如果只是使用一般暴力，如投掷砖头、石块等，不能构成本罪。

2. "武装叛乱"，是指采取武装对抗形式，以投靠境外组织或境外敌对势力为背景，或者意图投靠境外组织或境外敌对势力，而反叛国家和政府的行为。"武装暴乱"，是指采取武装形式，与国家和政府进行对抗的行为。二者的区别在于是否以境外组织或境外敌对势力为背景。当然，武装暴乱过程中，犯罪分子也可能会与境外敌对势力勾结，但其叛乱活动主要是针对政府，而武装叛乱者的主要目的是投靠境外组织或境外敌对势力。

第一百零五条　【颠覆国家政权罪】组织、策划、实施颠覆国家政权、推翻社会主义制度的，对首要分子或者罪行重大的，处无期徒刑或者十年以上有期徒刑；对积极参加的，处三年以上十年以下有期徒刑；对其他参加的，处三年以下有期徒刑、拘役、管制或者剥夺政治权利。

【煽动颠覆国家政权罪】以造谣、诽谤或者其他方式煽动颠覆国家政权，推翻社会主义制度的，处五年以下有期徒刑、拘役、管制或者剥夺政治权利；首要分子或者罪行重大的，处五年以上有期徒刑。

【立法·要点注释】

1. "颠覆国家政权、推翻社会主义制度"，是指以除武装暴动外的各种非法手段推翻国家政权，改变人民民主专政的政权性质和社会主义制度的行为。对于以武装暴乱形式颠覆国家政权的，应按武装叛乱、暴乱罪处理。

2. "煽动"，是指以造谣、诽谤或者其他方式诱惑、鼓动群众的行为。

其中，"造谣、诽谤"主要指无中生有，编造不存在的事情或者对事实进行严重歪曲，达到诋毁国家政权和社会主义制度的目的。

【司法解释】

　　参见本法第一百零三条【司法解释Ⅰ】和【司法解释Ⅱ】。

　　第一百零六条　【与境外机构、组织、个人相勾结进行危害国家安全犯罪】与境外机构、组织、个人相勾结，实施本章第一百零三条、第一百零四条、第一百零五条规定之罪的，依照各该条的规定从重处罚。

　　第一百零七条　【资助危害国家安全犯罪活动罪】境内外机构、组织或者个人资助实施本章第一百零二条、第一百零三条、第一百零四条、第一百零五条规定之罪的，对直接责任人员，处五年以下有期徒刑、拘役、管制或者剥夺政治权利；情节严重的，处五年以上有期徒刑。

【修正前条文】

　　第一百零七条　【资助危害国家安全犯罪活动罪】境内外机构、组织或者个人资助境内组织或者个人实施本章第一百零二条、第一百零三条、第一百零四条、第一百零五条规定之罪的，对直接责任人员，处五年以下有期徒刑、拘役、管制或者剥夺政治权利；情节严重的，处五年以上有期徒刑。

【修正说明】

　　本条由刑法修正案（八）第二十条修正，删除了关于受资助者必须是"境内组织或者个人"的限制。

【立法·要点注释】

　　1. "资助"，是指明知他人进行危害国家安全的犯罪活动，而向其提供金钱、物资、通信器材、交通工具等，以用于危害国家安全的犯罪，如果只是在精神、舆论上提供帮助、支持，不能适用本条。

　　2. "直接责任人"，包括资助行为的决策人以及实际实施的人员。如果资助属个人行为，行为人即为直接责任人员。

　　第一百零八条　【投敌叛变罪】投敌叛变的，处三年以上十年以下有期徒刑；情节严重或者带领武装部队人员、人民警察、民兵投敌叛变的，处十年以上有期徒刑或者无期徒刑。

【立法·要点注释】

　　1. "投敌叛变"，是指背叛国家，投靠敌国、敌方，出卖国家和人民利益的变节行为。"敌"是广义的，既包括交战状态下公开的敌国、敌方等，也包括其他公然敌视中华人民共和国的政权和制度的敌对营垒。在和平时代，对"敌"的把握必须慎重。

　　2. "情节严重"是指带领众人投敌叛变的手段特别恶劣，给国家和人民利益造成严重损失或者造成恶劣的政治影响。

　　3. "带领武装部队人员、人民警察、民兵投敌叛变"是指带领成建制的武装部队投敌叛变，或者带领人数较多的人民警察、民兵投敌叛变的行为。

第一百零九条 【叛逃罪】 国家机关工作人员在履行公务期间，擅离岗位，叛逃境外或者在境外叛逃的，处五年以下有期徒刑、拘役、管制或者剥夺政治权利；情节严重的，处五年以上十年以下有期徒刑。

掌握国家秘密的国家工作人员叛逃境外或者在境外叛逃的，依照前款的规定从重处罚。

【修正前条文】

第一百零九条 【叛逃罪】 国家机关工作人员在履行公务期间，擅离岗位，叛逃境外或者在境外叛逃，危害中华人民共和国国家安全的，处五年以下有期徒刑、拘役、管制或者剥夺政治权利；情节严重的，处五年以上十年以下有期徒刑。

掌握国家秘密的国家工作人员犯前款罪的，依照前款的规定从重处罚。

【修正说明】

刑法修正案（八）第二十一条对原条文作出下述修改：一是删除了第一款中"危害中华人民共和国国家安全"的规定；二是将第二款中的"掌握国家秘密的国家工作人员犯前款罪的"修改为"掌握国家秘密的国家工作人员叛逃境外或者在境外叛逃的"。

【立法·要点注释】

"履行公务期间"，是指在职的国家机关工作人员在执行公务期间，如国家机关出访的代表团、我国驻外使领馆的外交人员以及国家派驻国外进行公务活动或执行某项工作任务的人员等。国家机关工作人员离职在境外学习，或者到境外探亲访友的，不属于"履行公务期间"。

第一百一十条 【间谍罪】 有下列间谍行为之一，危害国家安全的，处十年以上有期徒刑或者无期徒刑；情节较轻的，处三年以上十年以下有期徒刑：

（一）参加间谍组织或者接受间谍组织及其代理人的任务的；

（二）为敌人指示轰击目标的。

【相关立法】

《中华人民共和国反间谍法》（20141101）

第二十七条 境外机构、组织、个人实施或者指使、资助他人实施，或者境内机构、组织、个人与境外机构、组织、个人相勾结实施间谍行为，构成犯罪的，依法追究刑事责任。

实施间谍行为，有自首或者立功表现的，可以从轻、减轻或者免除处罚；有重大立功表现的，给予奖励。

第二十八条 在境外受胁迫或者受诱骗参加敌对组织、间谍组织，从事危害中华人民共和国国家安全的活动，及时向中华人民共和国驻外机构如实说明情况，或者入境后直接或者通过所在单位及时向国家安全机关、公安机关如实说明情况，并有悔改表现的，可以不予追究。

……

第三十八条 本法所称间谍行为，是指下列行为：

（一）间谍组织及其代理人实施

或者指使、资助他人实施，或者境内外机构、组织、个人与其相勾结实施的危害中华人民共和国国家安全的活动；

（二）参加间谍组织或者接受间谍组织及其代理人的任务的；

（三）间谍组织及其代理人以外的其他境外机构、组织、个人实施或者指使、资助他人实施，或者境内机构、组织、个人与其相勾结实施的窃取、刺探、收买或者非法提供国家秘密或者情报，或者策动、引诱、收买国家工作人员叛变的活动；

（四）为敌人指示攻击目标的；

（五）进行其他间谍活动的。

第一百一十一条 【为境外窃取、刺探、收买、非法提供国家秘密、情报罪】 为境外的机构、组织、人员窃取、刺探、收买、非法提供国家秘密或者情报的，处五年以上十年以下有期徒刑；情节特别严重的，处十年以上有期徒刑或者无期徒刑；情节较轻的，处五年以下有期徒刑、拘役、管制或者剥夺政治权利。

【立法·要点注释】

"情报"是指除国家秘密以外的关系到国家安全和利益，但尚未公开，或依照有关规定不应公开的事项。应当注意的是，对于情报的范围，法律未作出具体规定，司法实践中要根据具体案件作具体分析，从严掌握。一不能把所有未公开的内部情况，都列入"情报"范围，避免扩大打击面；二要注意与正常的信息情报交流区分开。

【司法解释】

《最高人民法院关于审理为境外窃取、刺探、收买、非法提供国家秘密、情报案件具体应用法律若干问题的解释》（法释〔2001〕4 号，20010122）

第一条 刑法第一百一十一条规定的"国家秘密"，是指《中华人民共和国保守国家秘密法》第二条、第八条①以及《中华人民共和国保守国家秘密法实施办法》第四条确定的事项。

刑法第一百一十一条规定的"情报"，是指关系国家安全和利益、尚未公开或者依照有关规定不应公开的事项。

对为境外机构、组织、人员窃取、刺探、收买、非法提供国家秘密之外的情报的行为，以为境外窃取、刺探、收买、非法提供情报罪定罪处罚。

第二条 为境外窃取、刺探、收买、非法提供国家秘密或者情报，具有下列情形之一的，属于"情节特别严重"，处十年以上有期徒刑、无期徒刑，可以并处没收财产：

（一）为境外窃取、刺探、收买、非法提供绝密级国家秘密的；

（二）为境外窃取、刺探、收买、非法提供三项以上机密级国家秘密的；

（三）为境外窃取、刺探、收买、非法提供国家秘密或者情报，对国家安全和利益造成其他特别严重损害的。

---

① 这里的第八条现为 2010 年修订后的保守国家秘密法第九条。——编者注

实施前款行为，对国家和人民危害特别严重、情节特别恶劣的，可以判处死刑，并处没收财产。

第三条 为境外窃取、刺探、收买、非法提供国家秘密或者情报，具有下列情形之一的，处五年以上十年以下有期徒刑，可以并处没收财产：

（一）为境外窃取、刺探、收买、非法提供机密级国家秘密的；

（二）为境外窃取、刺探、收买、非法提供三项以上秘密级国家秘密的；

（三）为境外窃取、刺探、收买、非法提供国家秘密或者情报，对国家安全和利益造成其他严重损害的。

第四条 为境外窃取、刺探、收买、非法提供秘密级国家秘密或者情报，属于"情节较轻"，处五年以下有期徒刑、拘役、管制或者剥夺政治权利，可以并处没收财产。

第五条 行为人知道或者应当知道没有标明密级的事项关系国家安全和利益，而为境外窃取、刺探、收买、非法提供的，依照刑法第一百一十一条的规定以为境外窃取、刺探、非法提供国家秘密罪定罪处罚。

第六条 通过互联网将国家秘密或者情报非法发送给境外的机构、组织、个人的，依照刑法第一百一十一条的规定定罪处罚；将国家秘密通过互联网予以发布，情节严重的，依照刑法第三百九十八条的规定定罪处罚。

第七条 审理为境外窃取、刺探、收买、非法提供国家秘密案件，需要对有关事项是否属于国家秘密以及属于何种密级进行鉴定的，由国家保密工作部门或者省、自治区、直辖市保密工作部门鉴定。

【司法解释·注释】

1. "情报"，是指关系国家安全和利益、尚未公开或者依照有关规定不应公开的事项。"尚未公开"，是指单位内部的资料没有对外公开，比如没有标明密级，但上有"内部使用、严禁外传"字样的文字、统计资料、电话本等。"不应公开"，是指依照有关规定不应公开，如有关部门规定，"文革"材料不能向境外提供等。

2. 对已经公开的资料进行分析、综合、研究后得出的信息，如收集某一中级法院门口公告栏的死刑数字，进行汇总后得出的死刑总数向国外提供的，不应视为提供"情报"。

3. 一般公民因不知情而将没有标明密级的事项向国外提供的，不追究其为境外非法提供国家秘密罪的刑事责任。

【司法指导文件】

《最高人民法院、国家保密局关于执行〈关于审理为境外窃取、刺探、收买、非法提供国家秘密、情报案件具体应用法律若干问题的解释〉有关问题的通知》（法发〔2001〕117号，20010822）

人民法院审理为境外窃取、刺探、收买、非法提供情报案件，需要对有关事项是否属于情报进行鉴定的，由国家保密工作部门或者省、自治区、直辖市保密工作部门鉴定。

第一百一十二条 【资敌罪】战时供给敌人武器装备、军用物资资敌的，处十年以上有期徒刑或者无期徒刑；情节较轻的，处三年以上十年以下有期徒刑。

第一百一十三条　【对危害国家安全罪判处刑罚的特殊情形】本章上述危害国家安全罪行中，除第一百零三条第二款、第一百零五条、第一百零七条、第一百零九条外，对国家和人民危害特别严重、情节特别恶劣的，可以判处死刑。

犯本章之罪的，可以并处没收财产。

第二章 危害公共安全罪

第一百一十四条 【放火罪】【决水罪】【爆炸罪】【投放危险物质罪】【以危险方法危害公共安全罪】放火、决水、爆炸以及投放毒害性、放射性、传染病病原体等物质或者以其他危险方法危害公共安全，尚未造成严重后果的，处三年以上十年以下有期徒刑。

【修正前条文】

第一百一十四条 【放火罪】【决水罪】【爆炸罪】【投毒罪】【以危险方法危害公共安全罪】放火、决水、爆炸、投毒或者以其他危险方法破坏工厂、矿场、油田、港口、河流、水源、仓库、住宅、森林、农场、谷场、牧场、重要管道、公共建筑物或者其他公私财产，危害公共安全，尚未造成严重后果的，处三年以上十年以下有期徒刑。

【修正说明】

刑法修正案（三）第一条对原条文作出下述修改：一是将"投毒"修改为"投放毒害性、放射性、传染病病原体等物质"；二是删去了"破坏工厂、矿场、油田、港口、河流、水源、仓库、住宅、森林、农场、谷场、牧场、重要管道、公共建筑物或者其他公私财产"的规定。

【司法解释 I】

《最高人民法院、最高人民检察院关于办理组织、利用邪教组织破坏法律实施等刑事案件适用法律若干问题的解释》（法释〔2017〕3 号，20170201）

第十二条 邪教组织人员以自焚、自爆或者其他危险方法危害公共安全的，依照刑法第一百一十四条、第一百一十五条的规定，以放火罪、爆炸罪、以危险方法危害公共安全罪等定罪处罚。

【司法解释 II】

《最高人民法院、最高人民检察院关于办理妨害预防、控制突发传染病疫情等灾害的刑事案件具体应用法律若干问题的解释》（法释〔2003〕8 号，20030515）

第一条第一款 故意传播突发传染病病原体，危害公共安全的，依照刑法第一百一十四条、第一百一十五条第一款的规定，按照以危险方法危害公共安全罪定罪处罚。

【司法解释 III】

《最高人民法院关于审理破坏野生动物资源刑事案件具体应用法律若干问题的解释》（法释〔2000〕37 号，20001211）

第七条 使用爆炸、投毒、设置电网等危险方法破坏野生动物资源，构成非法猎捕、杀害珍贵、濒危野生动物罪或者非法狩猎罪，同时构成刑法第一百一十四条或者第一百一十五条规定之罪的，依照处罚较重的规定定罪处罚。

【司法指导文件 I】

《**最高人民法院关于醉酒驾车犯罪法律适用问题的意见**》（法发〔2009〕47 号，20090911）

一、准确适用法律，依法严惩醉酒驾车犯罪

刑法规定，醉酒的人犯罪，应当负刑事责任。行为人明知酒后驾车违法、醉酒驾车会危害公共安全，却无视法律醉酒驾车，特别是在肇事后继续驾车冲撞，造成重大伤亡，说明行为人主观上对持续发生的危害结果持放任态度，具有危害公共安全的故意。对此类醉酒驾车造成重大伤亡的，应依法以危险方法危害公共安全罪定罪。

2009 年 9 月 8 日公布的两起醉酒驾车犯罪案件中，被告人黎景全和被告人孙伟铭都是在严重醉酒状态下驾车肇事，连续冲撞，造成重大伤亡。其中，黎景全驾车肇事后，不顾伤者及劝阻他的众多村民的安危，继续驾车行驶，致 2 人死亡、1 人轻伤；孙伟铭长期无证驾驶，多次违反交通法规，在醉酒驾车与其他车辆追尾后，为逃逸继续驾车超限速行驶，先后与 4 辆正常行驶的轿车相撞，造成 4 人死亡、1 人重伤。被告人黎景全和被告人孙伟铭在醉酒驾车发生交通事故后，继续驾车冲撞行驶，其主观上对他人伤亡的危害结果明显持放任态度，

具有危害公共安全的故意。二被告人的行为均已构成以危险方法危害公共安全罪。

二、贯彻宽严相济刑事政策，适当裁量刑罚

根据刑法第一百一十五条第一款的规定，醉酒驾车，放任危害结果发生，造成重大伤亡事故，构成以危险方法危害公共安全罪的，应处以十年以上有期徒刑、无期徒刑或者死刑。具体决定对被告人的刑罚时，要综合考虑此类犯罪的性质、被告人的犯罪情节、危害后果及其主观恶性、人身危险性。一般情况下，醉酒驾车构成本罪的，行为人在主观上并不希望、也不追求危害结果的发生，属于间接故意犯罪，行为的主观恶性与以制造事端为目的而恶意驾车撞人并造成重大伤亡后果的直接故意犯罪有所不同，因此，在决定刑罚时，也应当有所区别。此外，醉酒状态下驾车，行为人的辨认和控制能力实际有所减弱，量刑时也应酌情考虑。

被告人黎景全和被告人孙伟铭醉酒驾车犯罪案件，依法没有适用死刑，而是分别判处无期徒刑，主要考虑到二被告人均系间接故意犯罪，与直接故意犯罪相比，主观恶性不是很深，人身危险性不是很大；犯罪时驾驶车辆的控制能力有所减弱；归案后认罪、悔罪态度较好，积极赔偿被害方的经济损失，一定程度上获得了被害方的谅解。广东省高级人民法院和四川省高级人民法院的终审裁判对二被告人的量刑是适当的。

三、统一法律适用，充分发挥司

法审判职能作用

为依法严肃处理醉酒驾车犯罪案件，遏制酒后和醉酒驾车对公共安全造成的严重危害，警示、教育潜在违规驾驶人员，今后，对醉酒驾车，放任危害结果的发生，造成重大伤亡的，一律按照本意见规定，并参照附发的典型案例，依法以危险方法危害公共安全罪定罪量刑。

为维护生效裁判的既判力，稳定社会关系，对于此前已经处理过的将特定情形的醉酒驾车认定为交通肇事罪的案件，应维持终审裁判，不再变动。

本意见执行中有何情况和问题，请及时层报最高人民法院。

【司法指导文件 I·注释】

1. 认定酒后驾车犯罪的罪过形式时，应根据"主观支配客观，客观反映主观"的基本刑法原理，结合案件的具体情况认定。具体而言，应结合行为人是否具有驾驶能力、是否正常行驶、行驶速度快慢、所驾车辆车况、案发地点车辆及行人多少、肇事后的表现，以及行为人案发后关于主观心态的供述、相关证人的证言等方面，进行综合分析认定。事实上，案件情况不同，行为人对醉酒驾车造成的危害结果所持的心态也不相同，故不能说醉酒驾车行为主观上对危害结果的发生一概是故意或过失，进而一律以以危险方法危害公共安全罪或交通肇事罪定罪。

2. 醉酒驾车行为在何种情况下与放火、决水、爆炸、投放危险物质的危险性相当，要在具体案件中，根据行为的时间、地点、方式、环境等具体情况来判断，不能单纯以危害后果来判断醉酒驾车行为是否构成以危险方法危害公共安全罪。

【司法指导文件 II】

《最高人民法院、最高人民检察院、公安部关于依法惩治妨害公共交通工具安全驾驶违法犯罪行为的指导意见》（公通字〔2019〕1号，20190108）

一、准确认定行为性质，依法从严惩处妨害安全驾驶犯罪

（一）乘客在公共交通工具行驶过程中，抢夺方向盘、变速杆等操纵装置，殴打、拉拽驾驶人员，或者有其他妨害安全驾驶行为，危害公共安全，尚未造成严重后果的，依照刑法第一百一十四条的规定，以以危险方法危害公共安全罪定罪处罚；致人重伤、死亡或者使公私财产遭受重大损失的，依照刑法第一百一十五条第一款的规定，以以危险方法危害公共安全罪定罪处罚。

实施前款规定的行为，具有以下情形之一的，从重处罚：

1. 在夜间行驶或者恶劣天气条件下行驶的公共交通工具上实施的；

2. 在临水、临崖、急弯、陡坡、高速公路、高架道路、桥隧路段及其他易发生危险的路段实施的；

3. 在人员、车辆密集路段实施的；

4. 在实际载客 10 人以上或者时速 60 公里以上的公共交通工具上实施的；

5. 经他人劝告、阻拦后仍然继续实施的;

6. 持械袭击驾驶人员的;

7. 其他严重妨害安全驾驶的行为。

实施上述行为，即使尚未造成严重后果，一般也不得适用缓刑。

(二)乘客在公共交通工具行驶过程中，随意殴打其他乘客，追逐、辱骂他人，或者起哄闹事，妨害公共交通工具运营秩序，符合刑法第二百九十三条规定的，以寻衅滋事罪定罪处罚;妨害公共交通工具安全行驶，危害公共安全的，依照刑法第一百一十四条、第一百一十五条第一款的规定，以以危险方法危害公共安全罪定罪处罚。

(三)驾驶人员在公共交通工具行驶过程中，与乘客发生纷争后违规操作或者擅离职守，与乘客厮打、互殴，危害公共安全，尚未造成严重后果的，依照刑法第一百一十四条的规定，以以危险方法危害公共安全罪定罪处罚;致人重伤、死亡或者使公私财产遭受重大损失的，依照刑法第一百一十五条第一款的规定，以以危险方法危害公共安全罪定罪处罚。

(四)对正在进行的妨害安全驾驶的违法犯罪行为，乘客等人员有权采取措施予以制止。制止行为造成违法犯罪行为人损害，符合法定条件的，应当认定为正当防卫。

(五)正在驾驶公共交通工具的驾驶人员遭到妨害安全驾驶行为侵害时，为避免公共交通工具倾覆或者人员伤亡等危害后果发生，采取紧急制动或者躲避措施，造成公共交通工具、交通设施损坏或者人身损害，符合法定条件的，应当认定为紧急避险。

(六)以暴力、威胁方法阻碍国家机关工作人员依法处置妨害安全驾驶违法犯罪行为、维护公共交通秩序的，依照刑法第二百七十七条的规定，以妨害公务罪定罪处罚;暴力袭击正在依法执行职务的人民警察的，从重处罚。

(七)本意见所称公共交通工具，是指公共汽车、公路客运车，大、中型出租车等车辆。

二、加强协作配合，有效维护公共交通安全秩序

……

在办理案件过程中，人民法院、人民检察院和公安机关要综合考虑公共交通工具行驶速度、通行路段情况、载客情况、妨害安全驾驶行为的严重程度及对公共交通安全的危害大小、行为人认罪悔罪表现等因素，全面准确评判，充分彰显强化保障公共交通安全的价值导向。

……

【公安文件】

《公安部关于公安机关处置信访活动中违法犯罪行为适用法律的指导意见》(公通字〔2013〕25号，20130719)

二、对危害公共安全违法犯罪行为的处理

1. 为制造社会影响、发泄不满情绪、实现个人诉求，驾驶机动车在公共场所任意冲闯，危害公共安全，符合《刑法》第一百一十四条、第一百

一十五条第一款规定的，以以危险方法危害公共安全罪追究刑事责任。

4. 采取放火、爆炸或者以其他危险方法自伤、自残、自杀，危害公共安全，符合《刑法》第一百一十四条和第一百一十五条第一款规定的，以放火罪、爆炸罪、以危险方法危害公共安全罪追究刑事责任。

【法院公报案例】

〔江苏省泰州市人民检察院诉王桂平以危险方法危害公共安全、销售伪劣产品、虚报注册资本案，GB2009－1〕

行为人明知会发生危害他人身体健康的后果，但基于非法牟利的目的，放任这种结果的发生，向药品生产企业销售假冒的药用辅料用于生产药品，致使药品投入市场后发生致人重伤、死亡的严重后果，其行为构成以危险方法危害公共安全罪。

【法院参考案例】

〔参考案例第 17 号：李某等投毒案〕毒死耕牛后再出售有毒牛肉的案件应如何定性？

为倒卖死牛牟利毒死不特定耕牛的，构成投放危险物质罪；毒死特定耕牛的行为不构成投放危险物质罪；毒死耕牛后，将有毒牛肉出卖的，以销售有毒食品罪与破坏生产经营罪并罚。

〔参考案例第 24 号：于光平爆炸案〕明知爆炸物危害后果而意图威胁他人放任危害结果发生的，是否构成爆炸罪？

明知手榴弹爆炸的危害后果，却仍拧开手榴弹的后盖，持弹威胁他人，放任危害后果发生的行为，构成间接故意的爆炸罪。

〔参考案例第 101 号：方金青惠投毒案〕针对特定的被害人投放毒物致死致伤多人的行为应如何定性？

仅针对特定被害人投放毒物，致死致伤多人的行为，构成故意杀人罪。

〔参考案例第 137 号：赖贵勇爆炸案〕以报复特定人为目的而实施的不计危害后果的爆炸行为如何定性？

如果行为人以爆炸为手段来杀害特定的人，而不危及公共安全的，其行为构成故意杀人罪；如果行为人以爆炸为手段来杀害特定的人，而结果却危及或足以危及公共安全的，且对其危害公共安全的后果持追求或放任的态度，应当按照爆炸罪处理。

〔参考案例第 150 号：王新生等放火案〕以诈骗保险金为目的放火烧毁投保汽车的行为如何定罪？

以诈骗保险金为目的放火烧毁投保汽车，客观上足以危害公共安全，但主体上不具备保险诈骗罪特殊主体资格的，仅构成放火罪不构成保险诈骗罪。

〔参考案例第 197 号：陆某某、张某某以危险方法危害公共安全、交通肇事案〕公交车司机离开驾驶岗位与乘客斗殴引发交通事故的如何定性？

公交车司机在车辆行驶中，擅离职守足以危及公共安全的行为，构成危险方法危害公共安全罪。

〔参考案例第 239 号：叶朝红等放火案〕以盗窃为目的放火烧毁货物列车的行为应如何定罪？

行为人虽以盗窃为目的，但所采

取的手段行为却符合放火罪的特征，根据牵连犯择一重罪处罚的原则，应认定为放火罪。如果行为人主观上明知在火车站放火会危及公共安全，客观上又实施了该行为，不应定为故意毁坏财物罪。

〔**参考案例第 276 号：陈美娟投放危险物质案**〕往被害人户外种植的丝瓜中注射农药危及他人生命的行为，应当如何定性？

如果行为人所实施的投放危险物质的行为，除可能造成其意图杀害的特定少数人死亡的结果外，还可能威胁或危害到其他不特定人的生命、健康或者财产安全，且行为人对此又有认识，则说明行为人在积极追求特定少数人死亡结果发生的同时，还存在放任危害公共安全结果发生的心态，此时，行为人的行为属于（间接故意）投放危险物质罪与（直接故意）故意杀人罪的想象竞合犯，依照想象竞合犯之"从一重处断"原则，应当对其以投放危险物质罪论处。反之，如果行为人的投放危险物质行为在客观上并不具有威胁或危害其他不特定人生命、健康或者财产安全的性质，或者虽具有这种性质，但行为人对此没有认识，则其行为不符合投放危险物质罪的构成，应当认定其构成故意杀人罪。

〔**参考案例第 319 号：祝久平以危险方法危害公共安全案**〕殴打正在驾驶的公交车司机，争夺公交车操控权的，如何定性？

殴打正在驾驶的公交车司机，争夺公交车操控权，妨害车辆正常行驶，并危及乘客及车辆安全的，构成以危险方法危害公共安全罪。以危险方法危害公共安全罪系危险犯，即行为人所实施的危险方法或行为足以导致对公共安全产生现实的危险，即便未造成致人重伤、死亡或公私财产重大损失等严重后果的，也构成该罪的既遂。

〔**参考案例第 358 号：古计明、方振华投放危险物质案**〕利用放射性同位素工业探伤机对人照射，致使多人受到辐射性伤害的行为如何定性？

被告人出于泄愤动机，为报复被害人，利用铱射线工业探伤机对被害人进行照射，致被害人重伤。此外，由于工业探伤机被置于公共场所，当其开机照射被害人时，不可避免地将照射与被害人相邻的他人，其犯罪行为侵害了不特定多数人的生命健康，构成投放危险物质罪。

〔**参考案例第 503 号：王桂平以危险方法危害公共安全、销售伪劣产品、虚报注册资本案**〕向药品生产企业销售假冒的药品辅料的行为如何定性？

被告人以二甘醇冒充药用丙二醇销售给制药企业，致使制药企业生产出来的药品投入市场后，造成多名患者病情加重、死亡的严重后果的行为，构成以危险方法危害公共安全罪。需要指出的是，以二甘醇冒充药用丙二醇进行销售，属于以一种工业用产品冒充药品辅料进行销售，其行为既不属于销售"假药"，也不属于销售"按假药处理的药品"。

〔**参考案例第 587 号：李跃等以危险方法危害公共安全案**〕在城市主干

路采用故意驾驶机动车撞击他人车辆制造交通事故的手段勒索钱财的行为如何定罪？

在城市主干路采用故意驾驶机动车撞击他人车辆制造交通事故的手段勒索钱财，构成以危险方法危害公共安全罪。但是，发生在道路交通事故中的"碰瓷"案件情况多样，不能一概认定为危害公共安全犯罪。对于利用道路混乱、机动车停车起步阶段以及违规行驶等，用身体故意或假装与机动车发生碰撞而声称受伤，要求对方"赔偿"，以及在居民区、行人稀少的街道等场所，车流量少，行车速度慢，驾驶机动车制造"碰瓷"事故的，其发生危及不特定或多数人安全的结果之可能性很小，不具有危及公共安全的现实危险，故一般不能以危险方法危害公共安全罪论处，应根据行为人的主观故意，以敲诈勒索罪、诈骗罪或者保险诈骗罪等来定罪处罚。

〔参考案例第764号：刘飞抢劫案〕驾驶机动车"碰瓷"行为在什么情况下按危害公共安全犯罪罪论处？

关于"碰瓷"是否足以严重危害公共安全，应当以认识和判断力处于正常、平均水平的人来判断，综合考虑时间、路段、路况、车速、"碰瓷"方式等诸多因素，判断是否足以构成高度危险。例如，行为人在高速路、城市主干道等人流、车流集中、车速快的路段驾车故意冲撞被害车辆，如果不及时采取有效措施，就有可能使受到撞击的车辆失去控制，进而造成与其他机动车碰撞、追尾等重大交通事故的发生，这样的"碰瓷"就属于

危害公共安全的行为。但如果是在夜间，通行车辆较少，碰撞发生后，行为人或被害人及时设置路障标识，或采取防范措施，那么，其"碰瓷"行为就不足以严重危害公共安全。因此，是否严重危害公共安全，必须综合考虑"碰瓷"发生时的各种情状谨慎判断。

〔参考案例第907号：杜军交通肇事案〕对酒后驾驶仅仅发生一次冲撞行为，但造成重大伤亡的案件，如何区分交通肇事罪与以危险方法危害公共安全罪？

对于被告人酒后肇事，且仅发生一次冲撞行为的情形，并非绝对排除构成以危险方法危害公共安全罪的可能。对于具有以下情形之一，确有证据证实行为人明知酒后驾车可能发生交通事故，仍不管不顾执意驾车，导致一次冲撞发生重大伤亡的，仍然可能依法构成以危险方法危害公共安全罪：（1）行为人曾有酒后驾车交通肇事经历的；（2）在车辆密集的繁华地段故意实施超速50%以上驾驶、违反交通信号灯驾驶、逆向行驶等严重威胁道路交通安全的行为；（3）驾车前遭到他人竭力劝阻，仍执意醉驾的等。这些情节在一定程度上反映出行为人对危害后果可能持放任心态。

〔参考案例第909号：任寒青以危险方法危害公共安全案〕为逃避酒驾检查，驾车冲撞警察和他人车辆的行为如何定性？

为逃避酒驾检查，驾车冲撞警察和他人车辆的行为，不但侵害了执法人员的人身安全，还对其他不特定多

数人的人身、财产安全构成危害，以以危险方法危害公共安全罪定罪处罚，可以完整评价任寒青实施的全部行为。为避免重复评价，对妨害公务罪、故意伤害罪不宜另行认定。

〔**参考案例第 910 号：黄世华以危险方法危害公共安全案**〕如何理解危害公共安全犯罪中的"不特定多数人"？

在实施针对特定对象的犯罪过程中，无视不特定多数人的生命、健康和财产安全，并实际造成了不特定多数人的伤亡和重大财产损失，故其之前针对特定对象和之后造成不特定对象伤亡的行为应当从整体上评价为一个法律行为，以以危险方法危害公共安全罪一罪论处。

〔**参考案例第 917 号：叶丹以危险方法危害公共安全案**〕因吸毒长期处于精神障碍状态，在病情缓解期再次吸毒并驾驶机动车，致使发生交通事故的，如何认定行为人的刑事责任能力以及主观罪过？

因吸毒长期处于精神障碍状态，在病情缓解期再次吸毒陷于精神障碍过程中驾驶机动车，受被害妄想影响行为失控，在道路上高速驾车连续冲撞车辆的，应当评定为限定刑事责任能力，构成以危险方法危害公共安全罪。

〔**参考案例第 1072 号：郑小教以危险方法危害公共安全案**〕如何理解以危险方法危害公共安全罪中的"不特定多数人"？

在拆迁现场采用驾车撞人的危险方法冲向不特定多数人，对危害不特定多数人生命健康安全持放任态度，

应当认定为以危险方法危害公共安全罪。虽然现场拆迁人员是相对特定的，但一方面现场拆迁人员本身就人数众多，另一方面现场还有被告人的邻居和亲属，即使其行为针对的是相对特定的对象，由于最终侵害的对象及造成的后果均无法控制和预料，应当认定其侵犯的仍是"不特定多数人"。

第一百一十五条 【放火罪】【决水罪】【爆炸罪】【投放危险物质罪】【以危险方法危害公共安全罪】放火、决水、爆炸以及投放毒害性、放射性、传染病病原体等物质或者以其他危险方法致人重伤、死亡或者使公私财产遭受重大损失的，处十年以上有期徒刑、无期徒刑或者死刑。

【失火罪】【过失决水罪】【过失爆炸罪】【过失投放危险物质罪】【过失以危险方法危害公共安全罪】过失犯前款罪的，处三年以上七年以下有期徒刑；情节较轻的，处三年以下有期徒刑或者拘役。

【修正前条文】

第一百一十五条 【放火罪】【决水罪】【爆炸罪】【投毒罪】【以危险方法危害公共安全罪】放火、决水、爆炸、投毒或者以其他危险方法致人重伤、死亡或者使公私财产遭受重大损失的，处十年以上有期徒刑、无期徒刑或者死刑。

【失火罪】【过失决水罪】【过失爆炸罪】【过失投毒罪】【过失以危险方法危害公共安全罪】过失犯前款罪

的，处三年以上七年以下有期徒刑；情节较轻的，处三年以下有期徒刑或者拘役。

【修正说明】

刑法修正案（三）第二条将原条文中的"投毒"修改为"投放毒害性、放射性、传染病病原体等物质"。

【司法解释 I 】

《最高人民检察院、公安部关于公安机关管辖的刑事案件立案追诉标准的规定（一）》（公通字〔2008〕36 号，20080625）

第一条〔失火案（刑法第一百一十五条第二款）〕过失引起火灾，涉嫌下列情形之一的，应予立案追诉：

（一）造成死亡一人以上，或者重伤三人以上的；

（二）造成公共财产或者他人财产直接经济损失五十万元以上的；

（三）造成十户以上家庭的房屋以及其他基本生活资料烧毁的；

（四）造成森林火灾，过火有林地面积二公顷以上，或者过火疏林地、灌木林地、未成林地、苗圃地面积四公顷以上的；

（五）其他造成严重后果的情形。

本条和本规定第十五条规定的"有林地"、"疏林地"、"灌木林地"、"未成林地"、"苗圃地"，按照国家林业主管部门的有关规定确定。

【司法解释 II 】

《最高人民法院、最高人民检察院关于办理妨害预防、控制突发传染病疫情等灾害的刑事案件具体应用法律若干问题的解释》（法释〔2003〕8 号，20030515）

第一条 故意传播突发传染病病原体，危害公共安全的，依照刑法第一百一十四条、第一百一十五条第一款的规定，按照以危险方法危害公共安全罪定罪处罚。

患有突发传染病或者疑似突发传染病而拒绝接受检疫、强制隔离或者治疗，过失造成传染病传播，情节严重，危害公共安全的，依照刑法第一百一十五条第二款的规定，按照过失以危险方法危害公共安全罪定罪处罚。

【法院参考案例】

〔参考案例第 1041 号：许小渠过失以危险方法危害公共安全案〕

食品销售人员对亚硝酸盐未尽妥善保管义务，没有及时将这种危险物质放回、保管好，导致亚硝酸盐被他人混入食品中出售，致人伤亡的，构成过失以危险方法危害公共安全罪。

第一百一十六条 【破坏交通工具罪】破坏火车、汽车、电车、船只、航空器，足以使火车、汽车、电车、船只、航空器发生倾覆、毁坏危险，尚未造成严重后果的，处三年以上十年以下有期徒刑。

【立法·要点注释】

"足以使火车、汽车、电车、船只、航空器发生倾覆、毁坏危险"，是指该种破坏行为有造成火车、汽车、电车、船只、航空器的倾覆、毁坏的现实可能性和威胁。应当注意的是，在实践中如何判断某种破坏行为是否已达到"现实可能性和威胁"的程度，主要应从以下几个方面来判定：（1）交通工具是否在使用过程中的待用期间。这不仅包括正在行驶和飞行期间，也包括使用过程中的待用期间。如果破坏的是尚未交付使用或者正在修理的交通工具，一般不会危及公共安全，故不构成本罪。（2）破坏的是不是交通工具的关键部位。如果行为人破坏的是交通工具的次要部位，如破坏的是交通工具的座椅、卫生设备或者其他不影响安全行驶的辅助设备等，则不足以使火车、汽车、电车、船只、航空器发生倾覆、毁坏危险，故同样不能构成本罪。

第一百一十七条　【破坏交通设施罪】 破坏轨道、桥梁、隧道、公路、机场、航道、灯塔、标志或者进行其他破坏活动，足以使火车、汽车、电车、船只、航空器发生倾覆、毁坏危险，尚未造成严重后果的，处三年以上十年以下有期徒刑。

【立法·要点注释】

"破坏"，不仅包括使交通设施遭受有形的损坏，也包括对交通设施正常功能的损害，如发出无线电干扰信号，使正常行驶中的交通工具与指挥、导航系统不能联系，致使该交通工具处于极大风险之中的行为等。"其他破坏活动"，是指破坏上述未列举的其他交通设施和虽然没有直接破坏上述交通设施，但却足以使火车、汽车、电车、船只、航空器发生倾覆、毁坏危险的行为。如乱发指示信号、干扰无线电通

信、导航，在铁轨上放置障碍物等。

【法院参考案例】

〔参考案例第 295 号：王仁兴破坏交通设施案〕为紧急避险解开航标船钢缆绳，之后未消除危险状态的，是否构成破坏交通设施罪？

在渔船存在翻沉的现实危险下，不得已解开航标船钢缆绳来保护人身及财产安全的行为，虽系紧急避险，但行为人在危险消除后，明知航标船漂离会造成船舶发生倾覆、毁坏危险，而未采取相应积极救济措施消除危险状态，属不作为，构成破坏交通设施罪，应负刑事责任。

第一百一十八条　【破坏电力设备罪】【破坏易燃易爆设备罪】 破坏电力、燃气或者其他易燃易爆设备，危害公共安全，尚未造成严重后果的，处三年以上十年以下有期徒刑。

【立法·要点注释】

破坏易燃易爆设备的行为，必须是危害了公共安全，如果上述破坏行为仅局限在一些特定的范围，没有危及公共安全，则不应按本罪处罚。

【司法解释Ⅰ】

《最高人民法院关于审理破坏电力设备刑事案件具体应用法律若干问题的解释》（法释〔2007〕15 号，20070821）

第三条　盗窃电力设备，危害公共安全，但不构成盗窃罪的，以破坏电力设备罪定罪处罚；同时构成盗窃罪和破坏电力设备罪的，依照刑法处罚较重的规定定罪处罚。

盗窃电力设备，没有危及公共安

全，但应当追究刑事责任的，可以根据案件的不同情况，按照盗窃罪等犯罪处理。

第四条 本解释所称电力设备，是指处于运行、应急等使用中的电力设备；已经通电使用，只是由于枯水季节或电力不足等原因暂停使用的电力设备；已经交付使用但尚未通电的电力设备。不包括尚未安装完毕，或者已经安装完毕但尚未交付使用的电力设备。

本解释中直接经济损失的计算范围，包括电量损失金额，被毁损设备材料的购置、更换、修复费用，以及因停电给用户造成的直接经济损失等。

【司法解释Ⅱ】

《最高人民法院、最高人民检察院关于办理盗窃油气、破坏油气设备等刑事案件具体应用法律若干问题的解释》（法释〔2007〕3 号，20070119）

第一条 在实施盗窃油气等行为过程中，采用切割、打孔、撬砸、拆卸、开关等手段破坏正在使用的油气设备的，属于刑法第一百一十八条规定的"破坏燃气或者其他易燃易爆设备"的行为；危害公共安全，尚未造成严重后果的，依照刑法第一百一十八条的规定定罪处罚。

……

第四条 盗窃油气同时构成盗窃罪和破坏易燃易爆设备罪的，依照刑法处罚较重的规定定罪处罚。

……

第八条 本解释所称的"油气"，是指石油、天然气。其中，石油包括原油、成品油；天然气包括煤层气。

本解释所称"油气设备"，是指用于石油、天然气生产、储存、运输等易燃易爆设备。

【司法指导文件】

《最高人民法院、最高人民检察院、公安部关于办理盗窃油气、破坏油气设备等刑事案件适用法律若干问题的意见》（法发〔2018〕18 号，20180928）

一、关于危害公共安全的认定

在实施盗窃油气等行为过程中，破坏正在使用的油气设备，具有下列情形之一的，应当认定为刑法第一百一十八条规定的"危害公共安全"：

（一）采用切割、打孔、撬砸、拆卸手段的，但是明显未危害公共安全的除外；

（二）采用开、关等手段，足以引发火灾、爆炸等危险的。

【司法指导文件·注释】

如果盗窃油气人员采取了切割、打孔、撬砸、拆卸、开、关以外的其他手段，也需要根据实际情况判断是否"足以引发火灾、爆炸等危险"，从而对是否"危害公共安全"作出准确认定。

【法院参考案例】

〔参考案例第 219 号：彭定安破坏电力设备案〕盗割铁路电气化接触网回流线的行为如何定性？

铁路电气化接触网回流线作为输电线路，属于广义交通设施中的附属电力设备。被告人盗割接触网回流线，既构成盗窃罪，又构成破坏电力设备罪，系想象竞合犯，按择一重罪处罚原则，应以破坏电力设备罪追究其刑事责任。

〔参考案例第 504 号：冯留民破坏电力设备、盗窃案〕如何判断盗窃电力设备行为中的"危害公共安全"？

如果盗割的是正在使用中的高压输电线路备用线，或者用于医疗、交通、抢险、生产、养殖等领域的正在使用中的电路，往往会危害公共安全，而对于一般生活用电、景观照明等用电线路则要视其损害的范围及时间，以及是否造成了严重后果而定。因此，在没有相关证据直接证明其对公共安全造成实际损害的情况下，就只能通过其所偷窃的电力设备的地点和用途来判断其对于公共安全的危害程度。行为人如果采用破坏性的手段盗不属于正在使用中的电力设备或者正在使用中的电力设备的附属部件，但没有危及危害公共安全的，则不构成破坏电力设备罪，应当以盗窃罪论处。

〔参考案例第 575 号：杨辉、石磊等破坏电力设备案〕盗窃电力设备过程中，以暴力手段控制无抓捕意图的过往群众的如何定性？

1. 若行为人实施暴力，控制过往群众的行为只是手段行为，剪取电缆才是目的行为，其行为特征符合破坏电力设备罪和故意伤害罪的牵连犯，应择一重罪处罚。

2. 盗窃电力设备过程中，为抗拒抓捕而当场使用暴力或者以暴力相威胁的，构成抢劫罪。当对盗窃行为选择破坏电力设备罪处罚较重，而盗窃行为又具备转化型抢劫罪的构成时，

对行为人应在破坏电力设备罪和抢劫罪中择一重罪处罚。

第一百一十九条 【破坏交通工具罪】【破坏交通设施罪】【破坏电力设备罪】【破坏易燃易爆设备罪】破坏交通工具、交通设施、电力设备、燃气设备、易燃易爆设备，造成严重后果的，处十年以上有期徒刑、无期徒刑或者死刑。

【过失损坏交通工具罪】【过失损坏交通设施罪】【过失损坏电力设备罪】【过失损坏易燃易爆设备罪】过失犯前款罪的，处三年以上七年以下有期徒刑；情节较轻的，处三年以下有期徒刑或者拘役。

【司法解释 I】

《最高人民法院关于审理破坏电力设备刑事案件具体应用法律若干问题的解释》(法释〔2007〕15 号，20070821)

第一条 破坏电力设备，具有下列情形之一的，属于刑法第一百一十九条第一款规定的"造成严重后果"，以破坏电力设备罪判处十年以上有期徒刑、无期徒刑或者死刑：

（一）造成一人以上死亡、三人以上重伤或者十人以上轻伤的；

（二）造成一万以上用户电力供应中断六小时以上，致使生产、生活受到严重影响的；

（三）造成直接经济损失一百万元以上的；

（四）造成其他危害公共安全严重后果的。

第二条 过失损坏电力设备，造

成本解释第一条规定的严重后果的，依照刑法第一百一十九条第二款的规定，以过失损坏电力设备罪判处三年以上七年以下有期徒刑；情节较轻的，处三年以下有期徒刑或者拘役。

【司法解释Ⅱ】

《最高人民法院、最高人民检察院关于办理盗窃油气、破坏油气设备等刑事案件具体应用法律若干问题的解释》（法释〔2007〕3号，20070119）

第二条　实施本解释第一条规定的行为，具有下列情形之一的，属于刑法第一百一十九条第一款规定的"造成严重后果"，依照刑法第一百一十九条第一款的规定定罪处罚：

（一）造成一人以上死亡、三人以上重伤或者十人以上轻伤的；

（二）造成井喷或者重大环境污染事故的；

（三）造成直接经济损失数额在五十万元以上的；

（四）造成其他严重后果的。

第一百二十条　【组织、领导、参加恐怖组织罪】组织、领导恐怖活动组织的，处十年以上有期徒刑或者无期徒刑，并处没收财产；积极参加的，处三年以上十年以下有期徒刑，并处罚金；其他参加的，处三年以下有期徒刑、拘役、管制或者剥夺政治权利，可以并处罚金。

犯前款罪并实施杀人、爆炸、绑架等犯罪的，依照数罪并罚的规定处罚。

【第二次修正前条文】

第一百二十条　【组织、领导、参加恐怖组织罪】组织、领导恐怖活动组织的，处十年以上有期徒刑或者无期徒刑；积极参加的，处三年以上十年以下有期徒刑；其他参加的，处三年以下有期徒刑、拘役、管制或者剥夺政治权利。

犯前款罪并实施杀人、爆炸、绑架等犯罪的，依照数罪并罚的规定处罚。

【第一次修正前条文】

第一百二十条　【组织、领导、参加恐怖组织罪】组织、领导和积极参加恐怖活动组织的，处三年以上十年以下有期徒刑；其他参加的，处三年以下有期徒刑、拘役或者管制。

犯前款罪并实施杀人、爆炸、绑架等犯罪的，依照数罪并罚的规定处罚。

【修正说明】

刑法修正案（三）第三条将原条文第一款中组织、领导恐怖活动组织犯罪的法定刑由"三年以上十年以下有期徒刑"提高为"十年以上有期徒刑或者无期徒刑"。刑法修正案（九）第五条增设了财产刑。

【相关立法】

《中华人民共和国反恐怖主义法》（20160101）

第三条　本法所称恐怖主义，是指通过暴力、破坏、恐吓等手段，制造社会恐慌、危害公共安全、侵犯人身财产，或者胁迫国家机关、国际组织，以实现其政治、意识形态等目的的主张和行为。

本法所称恐怖活动，是指恐怖主

义性质的下列行为：

（一）组织、策划、准备实施、实施造成或者意图造成人员伤亡、重大财产损失、公共设施损坏、社会秩序混乱等严重社会危害的活动的；

（二）宣扬恐怖主义，煽动实施恐怖活动，或者非法持有宣扬恐怖主义的物品，强制他人在公共场所穿戴宣扬恐怖主义的服饰、标志的；

（三）组织、领导、参加恐怖活动组织的；

（四）为恐怖活动组织、恐怖活动人员、实施恐怖活动或者恐怖活动培训提供信息、资金、物资、劳务、技术、场所等支持、协助、便利的；

（五）其他恐怖活动。

本法所称恐怖活动组织，是指三人以上为实施恐怖活动而组成的犯罪组织。

本法所称恐怖活动人员，是指实施恐怖活动的人和恐怖活动组织的成员。

本法所称恐怖事件，是指正在发生或者已经发生的造成或者可能造成重大社会危害的恐怖活动。

……

第三十条　对恐怖活动罪犯和极端主义罪犯被判处徒刑以上刑罚的，监狱、看守所应当在刑满释放前根据其犯罪性质、情节和社会危害程度，服刑期间的表现，释放后对所居住社区的影响等进行社会危险性评估。进行社会危险性评估，应当听取有关基层组织和原办案机关的意见。经评估具有社会危险性的，监狱、看守所应当向罪犯服刑地的中级人民法院提出

安置教育建议，并将建议书副本抄送同级人民检察院。

罪犯服刑地的中级人民法院对于确有社会危险性的，应当在罪犯刑满释放前作出责令其在刑满释放后接受安置教育的决定。决定书副本应当抄送同级人民检察院。被决定安置教育的人员对决定不服的，可以向上一级人民法院申请复议。

安置教育由省级人民政府组织实施。安置教育机构应当每年对被安置教育人员进行评估，对于确有悔改表现，不致再危害社会的，应当及时提出解除安置教育的意见，报决定安置教育的中级人民法院作出决定。被安置教育人员有权申请解除安置教育。

人民检察院对安置教育的决定和执行实行监督。

【司法指导文件】

《**最高人民法院、最高人民检察院、公安部关于办理暴力恐怖和宗教极端刑事案件适用法律若干问题的意见**》（公通字〔2014〕34 号，20140909）

二、准确认定案件性质

（一）为制造社会恐慌、危害公共安全或者胁迫国家机关、国际组织，组织、纠集他人，策划、实施下列行为之一，造成或者意图造成人员伤亡、重大财产损失、公共设施损坏、社会秩序混乱的，以组织、领导、参加恐怖组织罪定罪处罚：①

1. ……

————

① 此处略去与刑法修正案（九）冲突的条文内容。——编者注

2. ……

3. 在恐怖活动组织成立以后，利用宗教极端、暴力恐怖思想控制组织成员，指挥组织成员进行恐怖活动的；

4. 对特定或者不特定的目标进行爆炸、放火、杀人、伤害、绑架、劫持、恐吓、投放危险物质及其他暴力活动的；

5. 制造、买卖、运输、储存枪支、弹药、爆炸物的；

6. 设计、制造、散发、邮寄、销售、展示含有暴力恐怖思想内容的标识、标志物、旗帜、徽章、服饰、器物、纪念品的；

7. ……

组织、领导、参加恐怖活动组织，同时实施杀人、放火、爆炸、非法制造爆炸物、绑架、抢劫等犯罪的，以组织、领导、参加恐怖组织罪和故意杀人罪、放火罪、爆炸罪、非法制造爆炸物罪、绑架罪、抢劫罪等数罪并罚。

（二）参加或者纠集他人参加恐怖活动组织的，或者为参加恐怖活动组织、接受其训练、出境或者组织、策划、煽动、拉拢他人出境，或者在境内跨区域活动，进行犯罪准备行为的，以参加恐怖组织罪定罪处罚。

【法院参考案例】

〔参考案例第 1220 号：依斯坎达尔·艾海提等组织、领导、参加恐怖组织、故意杀人案〕如何把握恐怖活动组织成员的罪责认定？

应当客观、正确对待恐怖活动组织成员地位与其应当承担的刑事责任的关系，不能为了判处重刑或者因为

组织者、领导者已死亡或在逃而将积极参加者拔高认定为组织者、领导者；同时，即便只是积极参加者，如果在实施杀人、放火、爆炸等恐怖活动时行为积极、作用突出，而相关恐怖活动造成严重后果，仍可根据其实施的恐怖活动的行为性质以故意杀人罪、放火罪、爆炸罪等罪名依法判处重刑乃至死刑。

第一百二十条之一　【帮助恐怖活动罪】 资助恐怖活动组织、实施恐怖活动的个人的，或者资助恐怖活动培训的，处五年以下有期徒刑、拘役、管制或者剥夺政治权利，并处罚金；情节严重的，处五年以上有期徒刑，并处罚金或者没收财产。

为恐怖活动组织、实施恐怖活动或者恐怖活动培训招募、运送人员的，依照前款的规定处罚。

单位犯前两款罪的，对单位判处罚金，并对其直接负责的主管人员和其他直接责任人员，依照第一款的规定处罚。

【修正前条文】

第一百二十条之一　【资助恐怖活动罪】 资助恐怖活动组织或者实施恐怖活动的个人的，处五年以下有期徒刑、拘役、管制或者剥夺政治权利，并处罚金；情节严重的，处五年以上有期徒刑，并处罚金或者没收财产。

单位犯前款罪的，对单位判处罚金，并对其直接负责的主管人员和其他直接责任人员，依照前款的规定处罚。

【修正说明】

本罪由刑法修正案（三）第四条增设，后由刑法修正案（九）第六条作出下述修改：一是在第一款的罪状中增加"资助恐怖活动培训的"的表述，将资助恐怖活动培训的行为明确纳入本罪。二是增加了一款，作为第二款，规定："为恐怖活动组织、实施恐怖活动或者恐怖活动培训招募、运送人员的，依照前款的规定处罚。"三是将原第二款改为第三款，并对其作了相应的文字修改。

【立法·要点注释】

1. 构成本罪主观上必须是故意，不知道对方是恐怖活动组织或者实施恐怖活动的个人或者是由于受其欺骗而为其提供资助的不构成本罪。提供资助的犯罪动机是多种多样的，有的是出于同情，有的是出于政治或者宗教目的，但不同动机不影响本罪的构成。

2. "恐怖活动组织"既包括在我国境内的恐怖活动组织，也包括在境外其他国家或者地区的恐怖活动组织。"实施恐怖活动的个人"，是指已经实施了恐怖活动或者将要实施恐怖活动的个人，包括我国公民、外国人和无国籍人。

3. 如果行为人与恐怖活动组织或者实施恐怖活动的个人通谋，为其提供物资、资金、账号、证明，或者为其提供运输、保管或者其他方便的，属于共同犯罪，根据刑法总则关于共同犯罪的有关规定进行惩处。

4. 本罪在主观上必须是故意，即犯罪分子知道或者应当知道对方是恐怖活动组织、实施恐怖活动或者恐怖活动培训而为其招募、运送人员。对于不明真相，或者因上当受骗而为其提供招募、运送服务的，不构成本条规定的犯罪。

【司法解释 I 】

《最高人民检察院、公安部关于公安机关管辖的刑事案件立案追诉标准的规定（二）》（公通字〔2010〕23号，20100507）

第一条〔资助恐怖活动案（刑法第一百二十条之一）〕资助恐怖活动组织或者实施恐怖活动的个人的，应予立案追诉。

本条规定的"资助"，是指为恐怖活动组织或者实施恐怖活动的个人筹集、提供经费、物资或者提供场所以及其他物质便利的行为。"实施恐怖活动的个人"，包括预谋实施、准备实施和实际实施恐怖活动的个人。

【司法解释 II 】

《最高人民法院关于审理洗钱等刑事案件具体应用法律若干问题的解释》（法释〔2009〕15号，20091111）

第五条　刑法第一百二十条之一规定的"资助"，是指为恐怖活动组织或者实施恐怖活动的个人筹集、提供经费、物资或者提供场所以及其他物质便利的行为。

刑法第一百二十条之一规定的"实施恐怖活动的个人"，包括预谋实施、准备实施和实际实施恐怖活动的个人。

【司法指导文件】

《最高人民法院、最高人民检察院、公安

部关于办理暴力恐怖和宗教极端刑事案件适用法律若干问题的意见》（公通字〔2014〕34 号，20140909）

二、准确认定案件性质

（四）明知是恐怖活动组织或者实施恐怖活动人员而为其提供经费，或者提供器材、设备、交通工具、武器装备等物质条件，或者提供场所以及其他物质便利的，以资助恐怖活动罪定罪处罚。

通过收取宗教课税募捐，为暴力恐怖、宗教极端犯罪活动筹集经费的，以相应犯罪的共同犯罪定罪处罚；构成资助恐怖活动罪的，以资助恐怖活动罪定罪处罚。

第一百二十条之二 【准备实施恐怖活动罪】 有下列情形之一的，处五年以下有期徒刑、拘役、管制或者剥夺政治权利，并处罚金；情节严重的，处五年以上有期徒刑，并处罚金或者没收财产：

（一）为实施恐怖活动准备凶器、危险物品或者其他工具的；

（二）组织恐怖活动培训或者积极参加恐怖活动培训的；

（三）为实施恐怖活动与境外恐怖活动组织或者人员联络的；

（四）为实施恐怖活动进行策划或者其他准备的。

有前款行为，同时构成其他犯罪的，依照处罚较重的规定定罪处罚。

【修正说明】

本罪由刑法修正案（九）第七条增设。

【立法·要点注释】

1. "恐怖活动培训"，在内容上，既可以是传授、灌输恐怖主义思想、主张，使恐怖活动人员形成更顽固的思想，也可以是进行心理、体能训练或者传授、训练制造工具、武器、炸弹等方面的犯罪技能和方法，还可以是进行恐怖活动的实战训练等。在具体的组织方式上，包括当面讲授、开办培训班、组建训练营、开办论坛、组织收听观看含有恐怖主义内容的音视频材料、在网上注册成员建立共同的交流指导平台等。

2. "情节严重"，是指准备凶器、危险品数量巨大，培训人员数量众多，与境外恐怖活动组织频繁联络，策划袭击可能造成重大人员伤亡以及重大目标破坏等情形。

第一百二十条之三 【宣扬恐怖主义、极端主义、煽动实施恐怖活动罪】 以制作、散发宣扬恐怖主义、极端主义的图书、音频视频资料或者其他物品，或者通过讲授、发布信息等方式宣扬恐怖主义、极端主义的，或者煽动实施恐怖活动的，处五年以下有期徒刑、拘役、管制或者剥夺政治权利，并处罚金；情节严重的，处五年以上有期徒刑，并处罚金或者没收财产。

【修正说明】

本罪由刑法修正案（九）第七条增设。

【立法·要点注释】

1. 对于在私人场合或者秘密场

合，在家庭、朋友之间，或者通过投寄信件、利用不开放的网络论坛或者聊天室等进行的宣扬、煽动行为，也属于本条规定的犯罪，应当依法追究其刑事责任。

2. 不指向具体的恐怖活动，而是概括性地煽动实施恐怖活动的，属于本条规定的煽动行为。对于鼓动、要求、怂恿他人参加或者实施特定的恐怖活动的，则应当按照刑法关于教唆的规定定罪处罚。如果既有煽动行为也有教唆行为，两者出现竞合的情形，应当按照处罚较重的规定定罪量刑。

第一百二十条之四　【利用极端主义破坏法律实施罪】 利用极端主义煽动、胁迫群众破坏国家法律确立的婚姻、司法、教育、社会管理等制度实施的，处三年以下有期徒刑、拘役或者管制，并处罚金；情节严重的，处三年以上七年以下有期徒刑，并处罚金；情节特别严重的，处七年以上有期徒刑，并处罚金或者没收财产。

【修正说明】

本罪由刑法修正案（九）第七条增设。

【立法·要点注释】

"利用极端主义"是构成本罪的一个要件。对于煽动、胁迫他人破坏国家法律制度实施但没有利用极端主义的，应当根据具体情况分别处理。对于组织、利用会道门、邪教组织或者利用迷信破坏国家法律、行政法规实施，构成犯罪的，依照刑法第三百

条的规定定罪处罚。有些人由于狭隘思想或者愚昧等原因，对宗教教义、民族风俗习惯产生不正确的理解，并进而破坏国家法律实施的，如果构成犯罪，可以按照刑法的其他规定定罪处罚；不构成犯罪的，依法予以行政处罚或者进行批评、教育。

第一百二十条之五　【强制穿戴宣扬恐怖主义、极端主义服饰、标志罪】 以暴力、胁迫等方式强制他人在公共场所穿着、佩戴宣扬恐怖主义、极端主义服饰、标志的，处三年以下有期徒刑、拘役或者管制，并处罚金。

【修正说明】

本罪由刑法修正案（九）第七条增设。

【立法·要点注释】

"宣扬恐怖主义、极端主义服饰、标志"，指的是穿着、佩戴的服饰、标志包含了恐怖主义、极端主义的符号、旗帜、徽记、文字、口号、标语、图形或者带有恐怖主义、极端主义的色彩，容易使人联想到恐怖主义、极端主义。实践中比较普遍的是穿着模仿恐怖活动组织统一着装的衣物，穿着印有恐怖主义、极端主义符号、旗帜等标志的衣物，佩戴恐怖活动组织标志或者恐怖主义、极端主义标志，留有象征恐怖主义、极端主义的特定发型等。

第一百二十条之六　【非法持有宣扬恐怖主义、极端主义物品罪】 明知是宣扬恐怖主义、极端主义的

图书、音频视频资料或者其他物品而非法持有，情节严重的，处三年以下有期徒刑、拘役或者管制，并处或者单处罚金。

【修正说明】

本罪由刑法修正案（九）第七条增设。

【立法·要点注释】

1. 对是否"明知"的认定，应当结合案件的具体情况和有关证据材料进行全面分析。要坚持重证据、重调查研究，以行为人实施的客观行为为基础，结合其一贯表现，具体行为、程度、手段、事后态度，以及年龄、认知和受教育程度、所从事的职业、所生活的环境、所接触的人群等综合作出判断。比如，对曾因实施暴力恐怖、极端主义违法犯罪行为受过行政、刑事处罚的，或者被责令改正后又实施的，应当认定为明知。有其他共同犯罪嫌疑人、被告人或者其他知情人供认、指证，虽然行为人不承认其主观上"明知"，但又不能作出合理解释的，依据其行为本身和认知程度，足以认定其确实知道或者应当知道的，应当认定为明知。但是，结合行为人的认知程度和客观条件，如果确实属于不明知所持有物品为宣扬恐怖主义、极端主义图书、音频视频资料等物品的，不能认定为本罪。比如，捡拾到保存有宣扬恐怖主义、极端主义音频视频资料的手机、U盘或者其他存储介质的；维修电脑的人员为修理电脑而暂时保管他人送修的存有宣扬恐怖

主义、极端主义音频视频资料，而事先未被告知，待公安机关查办案件时才发现的；等等。

2. 实践中有一些合法持有的情形，如查办案件的人民警察查封、扣押宣扬恐怖主义、极端主义的图书、音频视频资料等物品因而持有的；研究反恐怖主义问题的专家学者为进行学术研究而持有少量恐怖主义、极端主义宣传品的，则不能认定为犯罪。

第一百二十一条　【劫持航空器罪】 以暴力、胁迫或者其他方法劫持航空器的，处十年以上有期徒刑或者无期徒刑；致人重伤、死亡或者使航空器遭受严重破坏的，处死刑。

【立法·要点注释】

本条中的"其他方法"，是指犯罪分子使用除暴力、威胁方法以外的方法劫持航空器的行为。如航空器的驾驶人员，利用驾驶航空器的便利条件，违反规定直接驾机非法出逃境外，危害公众安全的行为。

第一百二十二条　【劫持船只、汽车罪】 以暴力、胁迫或者其他方法劫持船只、汽车的，处五年以上十年以下有期徒刑；造成严重后果的，处十年以上有期徒刑或者无期徒刑。

【立法·要点注释】

本条规定的劫持船只、汽车行为的目的不是为了抢劫或者实施海盗行为，对于以抢劫为目的的劫持船只、汽车的，应当依照抢劫罪的规定定罪处

罚。本条规定的劫持船只、汽车的目的与第一百二十一条劫持航空器的目的是基本一致的，主要是为了逃避法律追究，让船只、汽车开往其指定的地点，或者以劫持车船作为要挟手段，让政府答应其提出的某项条件等。

第一百二十三条 【暴力危及飞行安全罪】对飞行中的航空器上的人员使用暴力，危及飞行安全，尚未造成严重后果的，处五年以下有期徒刑或者拘役；造成严重后果的，处五年以上有期徒刑。

【立法·要点注释】

1. "飞行中"，是指从飞机加速进行起飞时，到飞机着陆后减慢速度为止。

2. 本条中的"使用暴力"，较劫持航空器罪的范围要宽，包括乘客之间、乘客与机组人员之间的暴力事件。

3. "造成严重后果的"，是指因行为人在航空器中使用暴力的行为，致使航空器不能正常航行，以致迫降、坠毁等。

第一百二十四条 【破坏广播电视设施、公用电信设施罪】破坏广播电视设施、公用电信设施，危害公共安全的，处三年以上七年以下有期徒刑；造成严重后果的，处七年以上有期徒刑。

【过失损坏广播电视设施、公用电信设施罪】过失犯前款罪的，处三年以上七年以下有期徒刑；情节较轻的，处三年以下有期徒刑或者拘役。

【司法解释 I】

《最高人民法院关于审理破坏公用电信设施刑事案件具体应用法律若干问题的解释》（法释〔2004〕21 号，20050111）

第一条　采用截断通信线路、损毁通信设备或者删除、修改、增加电信网计算机信息系统中存储、处理或者传输的数据和应用程序等手段，故意破坏正在使用的公用电信设施，具有下列情形之一的，属于刑法第一百二十四条规定的"危害公共安全"，依照刑法第一百二十四条第一款规定，以破坏公用电信设施罪处三年以上七年以下有期徒刑：

（一）造成火警、匪警、医疗急救、交通事故报警、救灾、抢险、防汛等通信中断或者严重障碍，并因此贻误救助、救治、救灾、抢险等，致使人员死亡一人、重伤三人以上或者造成财产损失三十万元以上的；

（二）造成二千以上不满一万用户通信中断一小时以上，或者一万以上用户通信中断不满一小时的；

（三）在一个本地网范围内，网间通信全阻、关口局至某一局向全部中断或网间某一业务全部中断不满二小时或者直接影响范围不满五万（用户×小时）的；

（四）造成网间通信严重障碍，一日内累计二小时以上不满十二小时的；

（五）其他危害公共安全的情形。

第二条　实施本解释第一条规定的行为，具有下列情形之一的，属于刑法第一百二十四条第一款规定的"严重后果"，以破坏公用电信设施罪处七年以上有期徒刑；

（一）造成火警、匪警、医疗急救、交通事故报警、救灾、抢险、防汛等通信中断或者严重障碍，并因此贻误救助、救治、救灾、抢险等，致使人员死亡二人以上、重伤六人以上或者造成财产损失六十万元以上的；

（二）造成一万以上用户通信中断一小时以上的；

（三）在一个本地网范围内，网间通信全阻、关口局至某一局向全部中断或网间某一业务全部中断二小时以上或者直接影响范围五万（用户×小时）以上的；

（四）造成网间通信严重障碍，一日内累计十二小时以上的；

（五）造成其他严重后果的。

第三条　故意破坏正在使用的公用电信设施尚未危害公共安全，或者故意毁坏尚未投入使用的公用电信设施，造成财物损失，构成犯罪的，依照刑法第二百七十五条规定，以故意毁坏财物罪定罪处罚。

盗窃公用电信设施价值数额不大，但是构成危害公共安全犯罪的，依照刑法第一百二十四条的规定定罪处罚；盗窃公用电信设施同时构成盗窃罪和破坏公用电信设施罪的，依照处罚较重的规定定罪处罚。

第四条　指使、组织、教唆他人实施本解释规定的故意犯罪行为的，按照共犯定罪处罚。

第五条　本解释中规定的公用电信设施的范围、用户数、通信中断和

严重障碍的标准和时间长度，依据国家电信行业主管部门的有关规定确定。

【司法解释Ⅱ】

《最高人民法院关于审理破坏广播电视设施等刑事案件具体应用法律若干问题的解释》（法释〔2011〕13 号，20110613）

第一条　采取拆卸、毁坏设备，剪割缆线，删除、修改、增加广播电视设备系统中存储、处理、传输的数据和应用程序，非法占用频率等手段，破坏正在使用的广播电视设施，具有下列情形之一的，依照刑法第一百二十四条第一款的规定，以破坏广播电视设施罪处三年以上七年以下有期徒刑：

（一）造成救灾、抢险、防汛和灾害预警等重大公共信息无法发布的；

（二）造成县级、地市（设区的市）级广播电视台中直接关系节目播出的设施无法使用，信号无法播出的；

（三）造成省级以上广播电视传输网内的设施无法使用，地市（设区的市）级广播电视传输网内的设施无法使用三小时以上，县级广播电视传输网内的设施无法使用十二小时以上，信号无法传输的；

（四）其他危害公共安全的情形。

第二条　实施本解释第一条规定的行为，具有下列情形之一的，应当认定为刑法第一百二十四条第一款规定的"造成严重后果"，以破坏广播电视设施罪处七年以上有期徒刑：

（一）造成救灾、抢险、防汛和灾害预警等重大公共信息无法发布，

因此贻误排除险情或者疏导群众，致使一人以上死亡、三人以上重伤或者财产损失五十万元以上，或者引起严重社会恐慌、社会秩序混乱的；

（二）造成省级以上广播电视台中直接关系节目播出的设施无法使用，信号无法播出的；

（三）造成省级以上广播电视传输网内的设施无法使用三小时以上，地市（设区的市）级广播电视传输网内的设施无法使用十二小时以上，县级广播电视传输网内的设施无法使用四十八小时以上，信号无法传输的；

（四）造成其他严重后果的。

第三条　过失损坏正在使用的广播电视设施，造成本解释第二条规定的严重后果的，依照刑法第一百二十四条第二款的规定，以过失损坏广播电视设施罪处三年以上七年以下有期徒刑；情节较轻的，处三年以下有期徒刑或者拘役。

过失损坏广播电视设施构成犯罪，但能主动向有关部门报告，积极赔偿损失或者修复被损坏设施的，可以酌情从宽处罚。

第四条　建设、施工单位的管理人员、施工人员，在建设、施工过程中，违反广播电视设施保护规定，故意或者过失损毁正在使用的广播电视设施，构成犯罪的，以破坏广播电视设施罪或者过失损坏广播电视设施罪定罪处罚。其定罪量刑标准适用本解释第一至三条的规定。

第五条　盗窃正在使用的广播电视设施，尚未构成盗窃罪，但具有本解释第一条、第二条规定情形的，以破坏广播电视设施罪定罪处罚；同时构成盗窃罪和破坏广播电视设施罪的，依照处罚较重的规定定罪处罚。

第六条　破坏正在使用的广播电视设施未危及公共安全，或者故意毁坏尚未投入使用的广播电视设施，造成财物损失数额较大或者有其他严重情节的，以故意毁坏财物罪定罪处罚。

第七条　实施破坏广播电视设施犯罪，并利用广播电视设施实施煽动分裂国家、煽动颠覆国家政权、煽动民族仇恨、民族歧视或者宣扬邪教等行为，同时构成其他犯罪的，依照处罚较重的规定定罪处罚。

第八条　本解释所称广播电视台中直接关系节目播出的设施、广播电视传输网内的设施，参照国家广播电视行政主管部门和其他相关部门的有关规定确定。

【司法指导文件 I】

《最高人民法院、最高人民检察院、公安部、国家安全部关于依法办理非法生产销售使用"伪基站"设备案件的意见》（公通字〔2014〕13 号，20140314）

一、准确认定行为性质

（二）非法使用"伪基站"设备干扰公用电信网络信号，危害公共安全的，依照《刑法》第一百二十四条第一款的规定，以破坏公用电信设施罪追究刑事责任；同时构成虚假广告罪、非法获取公民个人信息罪①、破

————————

① 该罪罪名已经调整为侵犯公民个人信息罪。——编者注

坏计算机信息系统罪、扰乱无线电通讯管理秩序罪的，依照处罚较重的规定追究刑事责任。

除法律、司法解释另有规定外，利用"伪基站"设备实施诈骗等其他犯罪行为，同时构成破坏公用电信设施罪的，依照处罚较重的规定追究刑事责任。

【司法指导文件Ⅱ】

《最高人民法院研究室关于非法生产、销售、使用"伪基站"行为定性的研究意见》（2014）

二、……行为人利用"伪基站"设备，以非法占用电信频率的方式，破坏正在使用中的公用无线通信网络，在较大范围内较长时间造成用户通信中断，严重危害公共安全的，可以以破坏公用电信设施罪定罪处罚。

第一百二十五条　【非法制造、买卖、运输、邮寄、储存枪支、弹药、爆炸物罪】 非法制造、买卖、运输、邮寄、储存枪支、弹药、爆炸物的，处三年以上十年以下有期徒刑；情节严重的，处十年以上有期徒刑、无期徒刑或者死刑。

【非法制造、买卖、运输、储存危险物质罪】 非法制造、买卖、运输、储存毒害性、放射性、传染病病原体等物质，危害公共安全的，依照前款的规定处罚。

单位犯前两款罪的，对单位判处罚金，并对其直接负责的主管人员和其他直接责任人员，依照第一款的规定处罚。

【修正前条文】

第一百二十五条　【非法制造、买卖、运输、邮寄、储存枪支、弹药、爆炸物罪】 非法制造、买卖、运输、邮寄、储存枪支、弹药、爆炸物的，处三年以上十年以下有期徒刑；情节严重的，处十年以上有期徒刑、无期徒刑或者死刑。

【非法买卖、运输核材料罪】 非法买卖、运输核材料的，依照前款的规定处罚。

单位犯前两款罪的，对单位判处罚金，并对其直接负责的主管人员和其他直接责任人员，依照第一款的规定处罚。

【修正说明】

刑法修正案（三）第五条将原条文中的"核材料"修改为"毒害性、放射性、传染病病原体等物质"。

【立法·要点注释】

1. "非法"，既包括违反法律、法规，也包括违反国家有关部门发布的规章、通告等规范性文件。

2. "运输"与"邮寄"的主要区别是运输的方式，一个通过交通工具，另一个是通过邮政系统，"运输"一般较"邮寄"的数量要多。

3. "枪支"，是指以火药或者压缩气体等为动力，利用管状器具发射金属弹丸或者其他物质，足以致人伤亡或者丧失知觉的各种枪支。包括军用的手枪、步枪、冲锋枪、机枪以及射击运动用的各种枪支，还有各种民用的狩猎用枪等。"弹药"，是指上述枪支所使用的子弹、火药等；"爆炸物"，是指具有爆破性并对人体造成杀伤的物品，如手榴弹、炸药以及雷管、爆破筒、地雷等。

【司法解释 I】

《最高人民检察院、公安部关于公安机关管辖的刑事案件立案追诉标准的规定（一）》（公通字〔2008〕36号，20080625）

第二条 〔非法制造、买卖、运输、储存危险物质案（刑法第一百二十五条第二款）〕非法制造、买卖、运输、储存毒害性、放射性、传染病病原体等物质，危害公共安全，涉嫌下列情形之一的，应予立案追诉：

（一）造成人员重伤或者死亡的；

（二）造成直接经济损失十万元以上的；

（三）非法制造、买卖、运输、储存毒鼠强、氟乙酰胺、氟乙酰钠、毒鼠硅、甘氟原粉、原液、制剂五十克以上，或者饵料二千克以上的；

（四）造成急性中毒、放射性疾病或者造成传染病流行、暴发的；

（五）造成严重环境污染的；

（六）造成毒害性、放射性、传染病病原体等危险物质丢失、被盗、被抢或者被他人利用进行违法犯罪活动的；

（七）其他危害公共安全的情形。

【司法解释 II】

《最高人民法院关于审理非法制造、买卖、运输枪支、弹药、爆炸物等刑事案件具体应用法律若干问题的解释》（原法释〔2001〕15号，根据法释〔2009〕18号修正，20100101）

第一条 个人或者单位非法制造、买卖、运输、邮寄、储存枪支、弹药、爆炸物，具有下列情形之一的，依照刑法第一百二十五条第一款的规定，以非法制造、买卖、运输、邮寄、储存枪支、弹药、爆炸物罪定罪处罚：

（一）非法制造、买卖、运输、邮寄、储存军用枪支一支以上的；

（二）非法制造、买卖、运输、邮寄、储存以火药为动力发射枪弹的非军用枪支一支以上或者以压缩气体等为动力的其他非军用枪支二支以上的；

（三）非法制造、买卖、运输、邮寄、储存军用子弹十发以上、气枪铅弹五百发以上或者其他非军用子弹一百发以上的；

（四）非法制造、买卖、运输、邮寄、储存手榴弹一枚以上的；

（五）非法制造、买卖、运输、邮寄、储存爆炸装置的；

（六）非法制造、买卖、运输、邮寄、储存炸药、发射药、黑火药一千克以上或者烟火药三千克以上、雷管三十枚以上或者导火索、导爆索三十米以上的；

（七）具有生产爆炸物品资格的单位不按照规定的品种制造，或者具有销售、使用爆炸物品资格的单位超过限额买卖炸药、发射药、黑火药十千克以上或者烟火药三十千克以上、雷管三百枚以上或者导火索、导爆索三百米以上的；

（八）多次非法制造、买卖、运输、邮寄、储存弹药、爆炸物的；

（九）虽未达到上述最低数量标准，但具有造成严重后果等其他恶劣情节的。

介绍买卖枪支、弹药、爆炸物的，以买卖枪支、弹药、爆炸物罪的共犯论处。

第二条 非法制造、买卖、运输、邮寄、储存枪支、弹药、爆炸物，具有下列情形之一的，属于刑法第一百二十五条第一款规定的"情节严重"：

（一）非法制造、买卖、运输、邮寄、储存枪支、弹药、爆炸物的数量达到本解释第一条第（一）、（二）、（三）、（六）、（七）项规定的最低数量标准五倍以上的；

（二）非法制造、买卖、运输、邮寄、储存手榴弹三枚以上的；

（三）非法制造、买卖、运输、邮寄、储存爆炸装置，危害严重的；

（四）达到本解释第一条规定的最低数量标准，并具有造成严重后果等其他恶劣情节的。

……

第七条 非法制造、买卖、运输、邮寄、储存、盗窃、抢夺、持有、私藏、携带成套枪支散件的，以相应数量的枪支计；非成套枪支散件以每三十件为一成套枪支散件计。

第八条 刑法第一百二十五条第一款规定的"非法储存"，是指明知是他人非法制造、买卖、运输、邮寄的枪支、弹药而为其存放的行为，或者非法存放爆炸物的行为。

第九条 因筑路、建房、打井、整修宅基地和土地等正常生产、生活需要，以及因从事合法的生产经营活动而非法制造、买卖、运输、邮寄、储存爆炸物，数量达到本解释第一条规定标准，没有造成严重社会危害，并确有悔改表现的，可依法从轻处罚；情节轻微的，可以免除处罚。

具有前款情形，数量虽达到本解释第二条规定标准的，也可以不认定为刑法第一百二十五条第一款规定的"情节严重"。

在公共场所、居民区等人员集中区域非法制造、买卖、运输、邮寄、储存爆炸物，或者因非法制造、买卖、运输、邮寄、储存爆炸物三年内受到两次以上行政处罚又实施上述行为，数量达到本解释规定标准的，不适用前两款量刑的规定。

第十条 实施非法制造、买卖、运输、邮寄、储存、盗窃、抢夺、持有、私藏其他弹药、爆炸物品等行为，参照本解释有关条文规定的定罪量刑标准处罚。

【司法解释Ⅲ】

《最高人民法院、最高人民检察院关于涉以压缩气体为动力的枪支、气枪铅弹刑事案件定罪量刑问题的批复》
（法释〔2018〕8 号，20180330）

近来，部分高级人民法院、省级人民检察院就如何对非法制造、买卖、运输、邮寄、储存、持有、私藏、走私以压缩气体为动力的枪支、气枪铅弹（用铅、铅合金或者其他金属加工的气枪弹）行为定罪量刑的问题提出请示。经研究，批复如下：

一、对于非法制造、买卖、运输、邮寄、储存、持有、私藏、走私以压缩气体为动力且枪口比动能较低的枪支的行为，在决定是否追究刑事责任以及如何裁量刑罚时，不仅应当考虑涉案枪支的数量，而且应当充分考虑涉案枪支的外观、材质、发射物、购买场所和渠道、价格、用途、致伤力大小、是否易于通过改制提升致伤力，以及行为人的主观认知、动机目的、一贯表现、违法所得、是否规避调查等情节，综合评估社会危害性，坚持主客观相统一，确保罪责刑相适应。

二、对于非法制造、买卖、运输、邮寄、储存、持有、私藏、走私气枪铅弹的行为，在决定是否追究刑事责任以及如何裁量刑罚时，应当综合考虑气枪铅弹的数量、用途以及行为人的动机目的、一贯表现、违法所得、是否规避调查等情节，综合评估社会危害性，确保罪责刑相适应。

【司法解释Ⅲ·注释】

1. 关于非法制造、买卖、运输、邮寄、储存、持有、私藏、走私以压缩气体为动力且枪口比动能较低的枪支的定罪量刑。对于非法制造、买卖、运输、邮寄、储存、持有、私藏、走私以压缩气体为动力且枪口比动能较低的枪支案件，在决定是否追究刑事责任以及如何裁量刑罚时，不应当唯枪支数量论，而应当根据案件情况综合评估社会危害性。具体而言，除涉案枪支的数量外，还应当充分考虑如下情况：

一是涉案枪支的外观、材质、发射物、购买场所和渠道、价格。这主要是考虑到实践中一些以压缩气体为动力且枪口比动能较低的枪支，虽然经鉴定枪口比动能达到了枪支认定标准，但是从其外观看一般人明显不会认识到系枪支（如玩具枪），材质通常不同于一般枪支（如使用材质较差的塑料），发射物明显致伤力较小（如发射 BB 弹），就购买场所和渠道而言一般人认为购买不到枪支的地方（如玩具市场），就价格而言一般人认为不可能是枪支的对价（如仅花费了几十元钱）。对于上述情形，在决定是否追究刑事责任以及如何裁量刑罚时，就应当根据相应情节作出特别考虑。

二是涉案枪支的致伤力大小、是否易于通过改制提升致伤力。以压缩气体为动力的枪支的枪口比动能区间较大，且由于发射物不同，枪支致伤力存在明显差异。因此，在办理具体案件时，应当要求公安机关做好涉案枪支的鉴定工作，涉案枪支的鉴定意见要载明枪支的数量、发射物、枪口比动能的具体数值等情况，以便判断其致伤力大小。此外，此类枪支中的部分枪支，其本身致伤力不大，但易于通过改制达到较大致伤力，具有更大的社会危害性。对于是否易于通过改制提升致伤力，应当由公诉机关予以证明，必要时可以通过鉴定人、有专门知识的人出庭作证的方式作进一步判断。

三是涉案枪支的用途和行为人的主观认知、动机目的、一贯表现、违法所得、是否规避调查等情节。这主要侧重从行为人角度对社会危害性进行考量。特别是，要坚持主客观相统一，防止"客观归罪"，即只要涉案枪支经鉴定认定为枪支即追究刑事责任，而对行为人主观上是否明知涉案物品系枪支置之不顾。根据主客观相统一原则的要求，对于此类案件的处理，要根据在案证据对行为人主观明知作出准确认定，对于不能认定行为人主观上明知涉案物品系枪支的，不认定为犯罪。例如，赵某某、朱某某夫妇在集贸市场内销售"玩具枪"，公安机关从其作为玩具出售的枪状物中起获 43 支，经鉴定均以弹簧为动力转化为压缩气体发射球形弹丸，其中有 18 支符合枪支标准。在本案的审查起诉阶段，检察机关认为，对赵某某、朱某某夫妇在集贸市场内销售"玩具枪"的行为，没有充分的证据证明其主观上明知出售的物品系枪支并具有非法买卖枪支的故意，故依法作出存疑不起诉处理。该案的处理，正是从主观明知方面作了准确判断，体现了主客观相统一原则的基本要求。

四是对于以收藏、娱乐为目的，非法购买、持有以压缩气体为动力、枪口比动能较低且不属于易于通过改制提升致伤力的枪支的，社会危害性相对较小，应当依法从宽处罚；如果行为人系初犯，确有悔改表现，没有造成严重后果的，可以依法不起诉或者免予刑事处罚；情节显著轻微危害不大的，不以犯罪论处；确有必要判处刑罚的，可以非法持有枪支罪依法从宽处罚。对行为人是否规避调查的考量，主要考虑行为人是否采用伪装、隐藏等有意规避有关部门调查的方式实施上述涉枪违法犯罪的行为。

需要注意的是，在本批复起草过程中，对于是否应当明确"枪口比动能较低"的具体数值，存在不同认识。经慎重研究认为，涉以压缩气体为动力的枪支的案件情况非常复杂，在决定是否追究刑事责任以及如何裁量刑罚时，需要考虑枪口比动能这一重要因素，但更须根据案件情况综合考量。在此背景下，如对"枪口比动能较低"的具体数值作出规定，恐会导致对具体案件的处理陷入"一刀切"的困境，不符合批复所确立的综合考量精神。例如，涉案枪支的枪口比动能虽然较低，但是易于通过改制提升致伤力，社会危害性大，如受制于"枪口比动能较低"的具体数值，可能难以依法严惩；相反，涉案枪支的枪口比动能虽然达到一定数值，比如达到 11 焦耳/平方厘米，但综合考虑购买场所和渠道、价格、用途等因素，综合评估认为社会危害性不大的，若受制于"枪口比动能较低"的具体数值，可能出现处理过苛、处罚过严的问题。基于上述考虑，本批复最终未对"枪口比动能较低"的具体数值作出明确，司法实践中，应当根据案件具体情况，在综合考虑其他相关情节的基础上，妥当把握"枪口比动能较低"的认定。

顺带提及的是，司法实践中对于涉"火柴枪"等其他致伤力较低的枪支的案件的处理，同样存在类似的问题。鉴于相关问题尚待进一步总结司法经验，本批复未作明确规定。但是，处理具体案件时，可以根据本批复的精神，在决定是否追究刑事责任以及如何裁量刑罚时，综合评估社会危害性，坚持主客观相统一，实现罪责刑相适应。

2. 对于非法制造、买卖、运输、邮寄、储存、持有、私藏、走私气枪铅弹的定罪量刑。对于非法制造、买卖、运输、邮寄、储存、持有、私藏、走私气枪铅弹的行为，也要避免唯数量论，而应当根据案件情况综合评估社会危害性，妥当决定是否追究刑事责任以及如何裁量刑罚，确保罪责刑相适应。除气枪铅弹外，用其他金属加工的气枪弹与气枪铅弹可能具有大致相当的致伤力。因此，为避免司法实践中对"气枪铅弹"作机械把握，本批复明确气枪铅弹是指"用铅、铅合金或者其他金属加工的气枪弹"。

【司法解释Ⅳ】

《最高人民法院、最高人民检察院关于办理非法制造、买卖、运输、储存毒鼠强等禁用剧毒化学品刑事案件具体应用法律若干问题的解释》（法释〔2003〕14 号，20031001）

第一条 非法制造、买卖、运输、储存毒鼠强等禁用剧毒化学品，危害公共安全，具有下列情形之一的，依照刑法第一百二十五条的规定，以非法制造、买卖、运输、储存危险物质罪，处三年以上十年以下有期徒刑：

（一）非法制造、买卖、运输、储存原粉、原液、原药制剂 50 克以上，或者饵料 2 千克以上的；

（二）在非法制造、买卖、运输、储存过程中致人重伤、死亡或者造成公私财产损失 10 万元以上的。

第二条 非法制造、买卖、运输、储存毒鼠强等禁用剧毒化学品，具有下列情形之一的，属于刑法第一百二十五条规定的"情节严重"，处十年以上有期徒刑、无期徒刑或者死刑：

（一）非法制造、买卖、运输、储存原粉、原液、制剂 500 克以上，或者饵料 20 千克以上的；

（二）在非法制造、买卖、运输、储存过程中致 3 人以上重伤、死亡，或者造成公私财产损失 20 万元以上的；

（三）非法制造、买卖、运输、储存原粉、原药、制剂 50 克以上不满 500 克，或者饵料 2 千克以上不满 20 千克，并具有其他严重情节的。

第三条 单位非法制造、买卖、运输、储存毒鼠强等禁用剧毒化学品的，依照本解释第一条、第二条规定的定罪量刑标准执行。

……

第五条 本解释施行以前，确因生产、生活需要而非法制造、买卖、运输、储存毒鼠强等禁用剧毒化学品饵料自用，没有造成严重社会危害的，可以依照刑法第十三条的规定，不作为犯罪处理。

本解释施行以后，确因生产、生活需要而非法制造、买卖、运输、储存毒鼠强等禁用剧毒化学品饵料自用，构成犯罪，但没有造成严重社会危害，经教育确有悔改表现的，可以依法从轻、减轻或者免除处罚。

第六条 本解释所称"毒鼠强等禁用剧毒化学品"，是指国家明令禁止的毒鼠强、氟乙酰胺、氟乙酸钠、毒鼠硅、甘氟。

【司法指导文件 I 】

《最高人民法院关于处理涉枪、涉爆申诉案件有关问题的通知》(法〔2003〕8 号，20030115)

我院于 2001 年 9 月 17 日发出《对执行〈关于审理非法制造、买卖、运输枪支、弹药、爆炸物等刑事案件具体应用法律若干问题的解释〉有关问题的通知》（以下简称《通知》)①后，一些高级人民法院向我院请示，对于符合《通知》的要求，但是已经依照我院于 2001 年 5 月 16 日公布的《关于审理非法制造、买卖、运输枪支、弹药、爆炸物等刑事案件具体应用法律若干问题的解释》（以下简称《解释》）作出生效裁判的案件，当事人提出申诉的，人民法院能否根据《通知》精神再审改判等问题。为准确适用法律和司法解释，现就有关问题通知如下：

《解释》公布后，人民法院经审理并已作出生效裁判的非法制造、买卖、运输枪支、弹药、爆炸物等刑事案件，当事人依法提出申诉，经审查认为生效裁判不符合《通知》规定的，人民法院可以根据案件的具体情况，按照审判监督程序重新审理，并依照《通知》规定的精神予以改判。

【司法指导文件 II 】

《最高人民法院关于九七刑法实施后发生的非法买卖枪支案件，审理时新的司法解释尚未作出，是否可以参照 1995 年 9 月 20 日最高人民法院〈关于办理非法制造、买卖、运输非军用枪支、弹药刑事案件适用法律问题的解释〉的

规定审理案件请示的复函》(〔2003〕刑立他字第 8 号，20030729)

原审被告人侯磊非法买卖枪支的行为发生在修订后的《刑法》实施以后，而该案审理时《最高人民法院关于审理非法制造、买卖、运输枪支、弹药、爆炸物等刑事案件具体应用法律若干问题的解释》尚未颁布，因此，依照我院法发〔1997〕3 号《关于认真学习宣传贯彻修订的〈中华人民共和国刑法〉的通知》的精神，该案应参照 1995 年 9 月 20 日最高人民法院法发〔1995〕20 号《关于办理非法制造、买卖、运输非军用枪支、弹药刑事案件适用法律问题的解释》的规定办理。

【司法指导文件 III 】

《最高人民法院、最高人民检察院、公安部、国家安全监管总局关于依法加强对涉嫌犯罪的非法生产经营烟花爆竹行为刑事责任追究的通知》(安监总管三〔2012〕116 号，20120906)

一、非法生产、经营烟花爆竹及相关行为涉及非法制造、买卖、运输、邮寄、储存黑火药、烟火药，构成非法制造、买卖、运输、邮寄、储存爆炸物罪的，应当依照刑法第一百二十五条的规定定罪处罚；非法生产、经营烟花爆竹及相关行为涉及生产、销售伪劣产品或不符合安全标准产品，构成生产、销售伪劣产品罪或生产、销售不符合安全标准产品罪的，应当依照刑法第一百四十条、第一百四十

---

① 该通知已被废止。——编者注

六条的规定定罪处罚；非法生产、经营烟花爆竹及相关行为构成非法经营罪的，应当依照刑法第二百二十五条的规定定罪处罚。上述非法生产经营烟花爆竹行为的定罪量刑和立案追诉标准，分别按照《最高人民法院关于审理非法制造、买卖、运输枪支、弹药、爆炸物等刑事案件具体应用法律若干问题的解释》（法释〔2009〕18号）、《最高人民法院、最高人民检察院关于办理生产、销售伪劣商品刑事案件具体应用法律若干问题的解释》（法释〔2001〕10号）、《最高人民检察院、公安部关于公安机关管辖的刑事案件立案追诉标准的规定（一）》（公通字〔2008〕36号）、《最高人民检察院、公安部关于公安机关管辖的刑事案件立案追诉标准的规定（二）》（公通字〔2010〕23号）等有关规定执行。

【司法指导文件Ⅳ】

《最高人民检察院法律政策研究室关于非法制造、买卖、运输、储存以火药为动力发射弹药的大口径武器的行为如何适用法律问题的答复》（〔2004〕高检研发第18号，20041103）

对于非法制造、买卖、运输、储存以火药为动力发射弹药的大口径武器的行为，应当依照刑法第一百二十五条第一款的规定，以非法制造、买卖、运输、储存枪支罪追究刑事责任。

【司法指导文件Ⅴ】

《最高人民法院研究室关于非法买卖气枪铅弹行为是否构成犯罪的研究意见》（2012）

非法买卖气枪铅弹，数量达到《最高人民法院关于审理非法制造、买卖、运输枪支、弹药、爆炸物等刑事案件具体应用法律若干问题的解释》规定的定罪量刑标准，应当以非法买卖弹药罪定罪处罚。但考虑到社会上非法买卖气枪铅弹的行为主要是为了娱乐或者供他人娱乐，如果没有造成严重危害后果，行为人主观恶性不深，具有悔罪表现，可结合案情对被告人从宽处理。

【司法指导文件Ⅵ】

《最高人民法院研究室关于磷化铝是否属于刑法规定的毒害性物质的研究意见》（2012）

磷化铝片剂属于刑法中规定的毒害性物质，但是结合磷化铝在粮食储存中被广泛使用以及案件的具体情况，可以对被告人从宽处理。

【公安文件Ⅰ】

《公安部关于对以气体等为动力发射金属弹丸或者其他物质的仿真枪认定问题的批复》（公复字〔2006〕5号，20061011）

依据《中华人民共和国枪支管理法》第四十六条的规定，利用气瓶、弹簧、电机等形成压缩气体为动力、发射金属弹丸或者其他物质并具有杀伤力的"仿真枪"，具备制式气枪的本质特征，应认定为枪支，并按气枪进行管制处理。对非法制造、买卖、运输、储存、邮寄、持有、携带和走私此类枪支的，应当依照《中华人民共和国枪支管理法》、《中华人民共和国刑法》、《中华人民共和国治安管理处罚法》的有关规定追究当事人的法律责任。对不具有杀伤力但符合仿真枪认定规定的，应认定为仿真枪；对非法制造、销售此类仿真枪的，应当依照《中华人民共和国枪支管理法》的有关规定，予以处罚。

【公安文件Ⅱ】

《仿真枪认定标准》（公通字〔2008〕8 号，20080219）

一、凡符合以下条件之一的，可以认定为仿真枪：

1. 符合《中华人民共和国枪支管理法》规定的枪支构成要件，所发射金属弹丸或其他物质的枪口比动能小于 1.8 焦耳/平方厘米（不含本数）、大于 0.16 焦耳/平方厘米（不含本数）的；

2. 具备枪支外形特征，并且具有与制式枪支材质和功能相似的枪管、枪机、机匣或者击发等机构之一的；

3. 外形、颜色与制式枪支相同或者近似，并且外形长度尺寸介于相应制式枪支全枪长度尺寸的二分之一与一倍之间的。

二、枪口比动能的计算，按照《枪支致伤力的法庭科学鉴定判据》规定的计算方法执行。

三、术语解释

1. 制式枪支：国内制造的制式枪支是指已完成定型试验，并且经军队或国家有关主管部门批准投入装备、使用（含外贸出口）的各类枪支。国外制造的制式枪支是指制造商已完成定型试验，并且装备、使用或投入市场销售的各类枪支。

2. 全枪长：是指从枪管口部至枪托或枪机框（适用于无枪托的枪支）底部的长度。

【公安文件Ⅲ】

《公安部关于仿真枪认定标准有关问题的批复》（公复字〔2011〕1 号，20110108）

一、关于仿真枪与制式枪支的比例问题

公安部《仿真枪认定标准》第一条第三项规定的"外形长度尺寸介于相应制式枪支全枪长度尺寸的二分之一与一倍之间"，其中的"一倍"是指比相应制式枪支全枪长度尺寸长出一倍；其中的二分之一与一倍均不包含本数。

二、关于仿真枪仿制式枪支年代问题

鉴于转轮手枪等一些手动、半自动枪械均属于第一次世界大战以前就已问世的产品。因此，制式枪支的概念不能以第一次世界大战来划定，仍应当按照《仿真枪认定标准》的有关规定执行。但绳枪、燧发枪等古代前装枪不属于制式枪支的范畴。

【公安文件Ⅳ】

《公安部关于对彩弹枪按照枪支进行管理的通知》（公治〔2002〕82 号，20020607）

彩弹枪射击运动，是一项利用彩弹枪进行对抗射击的娱乐活动。目前彩弹枪正逐步向小口径化方向发展，所发射的彩弹也由软质向硬质转化，且初速越来越快，威力越来越大，近距离射击可对人体构成伤害。为加强对彩弹枪的管理，特通知如下：

彩弹枪的结构符合《中华人民共和国枪支管理法》第四十六条有关枪支定义规定的要件，且其发射彩弹时枪口动能平均值达到 93 焦耳，已超过国家军用标准规定的对人体致伤动能的标准（78 焦耳）。各地要按照《中华人民共和国枪支管理法》的有关规定对彩弹枪进行管理，以维护社会治安秩序，保障公共安全。

【公安文件Ⅴ】

《公安部关于对空包弹管理有关问题的批复》（公复字〔2011〕3 号，20110922）

空包弹是一种能够被枪支击发的无弹头特种枪弹。鉴于空包弹易被犯罪分子改制成枪弹，并且发射时其枪口冲击波在一定距离内，仍能够对人员造成伤害。因此，应当依据《中华人民共和国枪支管理法》将空包弹纳入枪支弹药管理范畴。其中，对中国人民解放军、武装警察部队需要配备使用的各类空包弹，纳入军队、武警部队装备枪支弹药管理范畴予以管理；对公务用枪配备单位需要使用的各类空包弹，纳入公务用枪管理范畴予以管理；对民用枪支配置、影视制作等单位需要配置使用的各类空包弹，纳入民用枪支弹药管理范畴予以管理。

对于射钉弹、发令弹的口径与制式枪支口径相同的，应当作为民用枪支弹药进行管理；口径与制式枪支口径不同的，对制造企业应当作为民用爆炸物品使用单位进行管理，其销售、购买应当实行实名登记管理。

【公安文件Ⅵ】

《公安部关于涉弩违法犯罪行为的处理及性能鉴定问题的批复》（公复字〔2006〕2 号，20060525）

一、弩是一种具有一定杀伤能力的运动器材，但其结构和性能不符合《中华人民共和国枪支管理法》对枪支的定义，不属于枪支范畴。因此，不能按照《最高人民法院关于审理非法制造、买卖、运输枪支、弹药、爆炸物等刑事案件具体应用法律若干问题的解释》追究刑事责任，仍应按照《公安部、国家工商行政管理局关于加强弩管理的通知》（公治〔1999〕1646 号）的规定，对非法制造、销售、运输、持有弩的登记收缴，消除社会治安隐患。

二、对弩的鉴定工作，不能参照公安部《公安机关涉案枪支弹药性能鉴定工作规定》（公通字〔2001〕68 号）进行。鉴于目前社会上非法制造、销售、运输、持有的弩均为制式产品，不存在非制式弩的情况，因此不需要进行技术鉴定。

【指导性案例·法院】

〔王召成等非法买卖、储存危险物质案，FZD2013 - 13〕

1. 国家严格监督管理的氰化钠等剧毒化学品，易致人中毒或者死亡，对人体、环境具有极大的毒害性和危险性，属于刑法第一百二十五条第二款规定的"毒害性"物质。

2. "非法买卖"毒害性物质，是指违反法律和国家主管部门规定，未经有关主管部门批准许可，擅自购买或者出售毒害性物质的行为，并不需要兼有买进和卖出的行为。

【法院公报案例】

〔铜陵市狮子山区人民检察院诉查从余、黄保根非法买卖爆炸物案，GB2005－5〕

被告人非法买卖炸药的行为，已构成非法买卖爆炸物罪，但鉴于其确因生活所需非法买卖炸药，没有造成严重社会危害，经教育确有悔改表现，可以在法定刑以下判处刑罚。

【法院参考案例】

〔参考案例第360号：徐钦朋非法买卖爆炸物案〕确因生产、生活所需非法买卖爆炸物的，应当如何适用刑罚？

行为人确因生产、生活所需而非法买卖爆炸物，没有造成严重社会危害，经教育确有悔改表现的，可依法免除或者从轻处罚。

〔参考案例第361号：吴传贵等非法制造、买卖爆炸物案〕非法制造、买卖大量炸药，炸药在买方存储中发生爆炸的，应当如何量刑？

刑法第一百二十五条规定的"情节严重"，与非法制造、买卖、运输、邮寄、存储爆炸物之间应当是直接的因果关系。炸药的爆炸是在炸药卖出后的存储中发生，非法制造、买卖炸药的行为与爆炸的发生不是典型的直接的因果关系。即非法制造炸药的行为与炸药发生爆炸这一后果之间的距离比典型的因果关系之间的距离远，相应地，行为人承担这一后果的刑事责任也应当从轻。

〔参考案例第463号：庄木根、刘平平、郑斌非法买卖枪支、贩卖毒品案〕非法买卖枪支时以毒品冲抵部分价款行为如何定性？

以毒品冲抵部分买卖枪支价款的行为构成贩卖毒品罪；与非法买卖枪支罪不构成牵连犯从一重处断，应当以贩卖毒品罪与非法买卖枪支罪数罪并罚。

〔参考案例第631号：吴芝桥非法制造、买卖枪支、弹药案〕如何认定非法制造、买卖枪支、弹药罪的"情节严重"？

《最高人民法院关于审理非法制造、买卖、运输枪支、弹药、爆炸物等刑事案件具体应用法律若干问题的解释》第二条第（四）项规定："达到本解释第一条规定的最低数量标准，并具有造成严重后果等其他恶劣情节的"，属于刑法第一百二十五条第一款规定的"情节严重"。这里的"造成严重后果等其他恶劣情节"包括：枪支弹药流散到社会后是否造成人身伤亡的结果；是否针对妇女、儿童等特定对象犯罪；非法制造、买卖的枪支、弹药是否被他人用于犯罪活动；是否出于自己实施犯罪的目的或者意图为犯罪分子提供枪支、弹药而非法制造、买卖枪支弹药等。

〔参考案例第940号：戴永光走私弹药、非法持有枪支案〕气枪铅弹是否属于刑法中的"弹药"？

气枪铅弹属于刑法中的"弹药"，但行为人出于兴趣爱好走私或者非法持有的，量刑时应当有别于一般非军用子弹。

第一百二十六条 【**违规制造、销售枪支罪**】依法被指定、确定的枪支制造企业、销售企业，违反枪支管理规定，有下列行为之一的，对单位判处罚金，并对其直接负责的主管人员和其他直接责任人员，处五年以下有期徒刑；情节严重的，处五年以上十年以下有期徒刑；情节特别严重的，处十年以上有期徒刑或者无期徒刑：

（一）以非法销售为目的，超过限额或者不按照规定的品种制造、配售枪支的；

（二）以非法销售为目的，制造无号、重号、假号的枪支的；

（三）非法销售枪支或者在境内销售为出口制造的枪支的。

【立法·要点注释】

1. "依法"，是指枪支管理法和有关部门依据枪支管理法制定的有关规定。

2. "被指定、确定的枪支制造企业"，是指根据枪支管理法由国家和有关部门指定、确定的允许制造枪支的企业。枪支管理法第十四条规定，公务用枪，即部队、警察、民兵以及其他特殊部门所装备的各种军用枪支，由国家指定的企业制造；民用枪支，即猎枪、麻醉注射枪、射击运动枪等其他非军用枪支，由国务院有关主管部门提出，由国务院公安部门确定。同时，制造民用枪支的企业，由国务院、公安部门核发民用枪支制造许可证件，有效期三年，期满需要继续制造民用枪支的，应当重新申请领取许可证件。

3. "被指定、确定的枪支销售企业"，是指根据枪支管理法及国家有关部门的规定，由国务院有关部门确定的有权销售枪支的企业。根据枪支管理法的规定，配售民用枪支的企业，由省级人民政府公安机关确定；并由省级人民政府的公安机关核发民用枪支配售许可证件，有效期为三年，期满需继续配售民用枪支的，应当重新申请领取许可证件。

4. "以非法销售为目的"，是指其生产活动、经营活动是以非法出售枪支获得非法利润为目的。

5. "超过限额制造、配售枪支的"，是指枪支制造企业、销售企业超过国家有关主管部门下达的生产或配售枪支的数量指标或者任务，而擅自制造、配售枪支的行为。根据枪支管理法及有关主管部门的规定，制造、销售枪支的企业，每年的生产任务、销售总数都由各级公安部门及其他有关主管部门统一下达任务指标。

6. "不按照规定的品种"，是指生产枪支的企业没有按照国家规定的技术标准生产枪支或者配售枪支的企业不按照国家规定的配售枪支的品种、型号去配售枪支。

7. "制造无号、重号、假号的枪支"，是指生产枪支的企业，为了逃避检查，规避法律，在生产枪支过程中有意制造一批没有编号或者重复编号或者虚假编号的枪支，用以非法销售牟利的行为。根据枪支管理法的规定，公安部门对生产的民用枪支必须在生产前确定并统一编制枪支的序号，下达到制造民用枪支的企业。生产企业必须在民用枪支指定的部位铸印制造厂的厂名、枪种代码和公安部门统一编制的枪支序号。如果制造无号、重号或者假号的枪支，就可以逃避有关主管机关的检查，而达到非法牟利的目的。

【司法解释Ⅰ】

《最高人民检察院、公安部关于公安机关管辖的刑事案件立案追诉标准的规定（一）》（公通字〔2008〕36号，20080625）

第三条　〔违规制造、销售枪支案（刑法第一百二十六条）〕依法被指定、确定的枪支制造企业、销售企业，违反枪支管理规定，以非法销售为目的，超过限额或者不按照规定的品种制造、配售枪支，或者以非法销售为目的，制造无号、重号、假号的枪支，或者非法销售枪支或者在境内销售为出口制造的枪支，涉嫌下列情形之一的，应予立案追诉：

（一）违规制造枪支五支以上的；

（二）违规销售枪支二支以上的；

（三）虽未达到上述数量标准，但具有造成严重后果等其他恶劣情节的。

本条和本规定第四条、第七条规定的"枪支"，包括枪支散件。成套枪支散件，以相应数量的枪支计；非成套枪支散件，以每三十件为一成套枪支散件计。

【司法解释Ⅱ】

《最高人民法院关于审理非法制造、买卖、运输枪支、弹药、爆炸物等刑事案件具体应用法律若干问题的解释》（原法释〔2001〕15号，根据法释〔2009〕18号修正，20100101）

第三条　依法被指定或者确定的枪支制造、销售企业，实施刑法第一百二十六条规定的行为，具有下列情形之一的，以违规制造、销售枪支罪定罪处罚：

（一）违规制造枪支五支以上的；

（二）违规销售枪支二支以上的；

（三）虽未达到上述最低数量标准，但具有造成严重后果等其他恶劣情节的。

具有下列情形之一的，属于刑法第一百二十六条规定的"情节严重"：

（一）违规制造枪支二十支以上的；

（二）违规销售枪支十支以上的；

（三）达到本条第一款规定的最低数量标准，并具有造成严重后果等其他恶劣情节的。

具有下列情形之一的，属于刑法第一百二十六条规定的"情节特别严重"：

（一）违规制造枪支五十支以上的；

（二）违规销售枪支三十支以上的；

（三）达到本条第二款规定的最低数量标准，并具有造成严重后果等其他恶劣情节的。

第一百二十七条　【盗窃、抢夺枪支、弹药、爆炸物、危险物质罪】盗窃、抢夺枪支、弹药、爆炸物的，或者盗窃、抢夺毒害性、放射性、传染病病原体等物质，危害公共安全的，处三年以上十年以下有期徒刑；情节严重的，处十年以上有期徒刑、无期徒刑或者死刑。

【抢劫枪支、弹药、爆炸物、危险物质罪】【盗窃、抢夺枪支、弹药、爆炸物罪】抢劫枪支、弹药、爆炸物的，或者抢劫毒害性、放射性、传染病病原体等物质，危害公共安全的，或者盗窃、抢夺国家机关、军警人员、民兵的枪支、弹药、爆炸物的，处十年以上有期徒刑、无期徒刑或者死刑。

【修正前条文】

第一百二十七条　【盗窃、抢夺枪支、弹药、爆炸物罪】盗窃、抢夺枪支、弹药、爆炸物的，处三年以上十年以下有期徒刑；情节严重的，处十年以上有期徒刑、无期徒刑或者死刑。

【抢劫枪支、弹药、爆炸物罪】【盗窃、抢夺枪支、弹药、爆炸物罪】抢劫枪支、弹药、爆炸物或者盗窃、抢夺国家机关、军警人员、民兵的枪支、弹药、爆炸物的，处十年以上有期徒刑、无期徒刑或者死刑。

【修正说明】

刑法修正案（三）第六条将“危险物质”增列为犯罪对象。

【司法解释】

《最高人民法院关于审理非法制造、买卖、运输枪支、弹药、爆炸物等刑事案件具体应用法律若干问题的解释》（原法释〔2001〕15 号，根据法释〔2009〕18 号修正，20100101）

第四条　盗窃、抢夺枪支、弹药、爆炸物，具有下列情形之一的，依照刑法第一百二十七条第一款的规定，以盗窃、抢夺枪支、弹药、爆炸物罪定罪处罚：

（一）盗窃、抢夺以火药为动力的发射枪弹非军用枪支一支以上或者以压缩气体等为动力的其他非军用枪支二支以上的；

（二）盗窃、抢夺军用子弹十发以上、气枪铅弹五百发以上或者其他非军用子弹一百发以上的；

（三）盗窃、抢夺爆炸装置的；

（四）盗窃、抢夺炸药、发射药、黑火药一千克以上或者烟火药三千克以上、雷管三十枚以上或者导火索、导爆索三十米以上的；

（五）虽未达到上述最低数量标准，但具有造成严重后果等其他恶劣情节的。

具有下列情形之一的，属于刑法第一百二十七条第一款规定的“情节严重”：

（一）盗窃、抢夺枪支、弹药、爆炸物的数量达到本条第一款规定的最低数量标准五倍以上的；

（二）盗窃、抢夺军用枪支的；

（三）盗窃、抢夺手榴弹的；

（四）盗窃、抢夺爆炸装置，危害严重的；

（五）达到本条第一款规定的最低数量标准，并具有造成严重后果等其他恶劣情节的。

第一百二十八条 【非法持有、私藏枪支、弹药罪】违反枪支管理规定，非法持有、私藏枪支、弹药的，处三年以下有期徒刑、拘役或者管制；情节严重的，处三年以上七年以下有期徒刑。

【非法出租、出借枪支罪】依法配备公务用枪的人员，非法出租、出借枪支的，依照前款的规定处罚。

【非法出租、出借枪支罪】依法配置枪支的人员，非法出租、出借枪支，造成严重后果的，依照第一款的规定处罚。

单位犯第二款、第三款罪的，对单位判处罚金，并对其直接负责的主管人员和其他直接责任人员，依照第一款的规定处罚。

【立法·要点注释】

1. "非法持有"，是指不符合配备、配置枪支、弹药条件的人员，违反枪支管理法律、法规的规定，擅自持有枪支、弹药的行为。

2. "私藏"，是指依法配备、配置枪支、弹药的人员，在配备、配置枪支、弹药的条件消失后，违反枪支管理法律、法规的规定，私自藏匿所配备、配置的枪支、弹药且拒不交出的行为。

3. "依法配备公务用枪的人员"，是指公安机关、国家安全机关、监狱、劳动教养机关的人民警察、人民法院的司法警察、人民检察院的司法警察和担负案件侦查任务的检察人员，以及海关的缉私人员，在依法履行职责

时确有必要使用枪支的，还有国家重要的军工、金融、仓储、科研等单位的专职守护、押运人员在执行守护、押运任务时确有必要使用枪支等人员。"公务用枪"，即指各种军用枪支，如手枪、冲锋枪、机枪等。

4. "非法出租"，是指以牟利为目的，将配备给自己的枪支租给他人的行为；"非法出借"，是指擅自将配备给自己的枪支借给他人的行为。行为人若明知他人使用枪支进行犯罪活动仍出租、出借的，则应定为共犯，不能适用本款定罪处刑。

5. "依法配置枪支的人员"中的"枪支"，是指民用枪支，如猎枪、麻醉注射枪、射击运动枪等。对于配置上述民用枪支的范围，枪支管理法已作了明确规定。构成本条第三款之罪的，必须是造成严重后果的非法出租、出借行为，如使用人利用该枪支打伤、打死人等情况。

【司法解释 I】

《最高人民检察院、公安部关于公安机关管辖的刑事案件立案追诉标准的规定（一）》（公通字〔2008〕36号，20080625）

第四条 〔非法持有、私藏枪支、弹药案（刑法第一百二十八条第一款）〕违反枪支管理规定，非法持有、私藏枪支、弹药，涉嫌下列情形之一的，应予立案追诉：

（一）非法持有、私藏军用枪支一支以上的；

（二）非法持有、私藏以火药为动力发射枪弹的非军用枪支一支以上，

或者以压缩气体等为动力的其他非军用枪支二支以上的；

（三）非法持有、私藏军用子弹二十发以上、气枪铅弹一千发以上或者其他非军用子弹二百发以上的；

（四）非法持有、私藏手榴弹、炸弹、地雷、手雷等具有杀伤性弹药一枚以上的；

（五）非法持有、私藏的弹药造成人员伤亡、财产损失的。

本条规定的"非法持有"，是指不符合配备、配置枪支、弹药条件的人员，擅自持有枪支、弹药的行为；"私藏"，是指依法配备、配置枪支、弹药的人员，在配备、配置枪支、弹药的条件消除后，私自藏匿所配备、配置的枪支、弹药且拒不交出的行为。

第五条　〔非法出租、出借枪支案（刑法第一百二十八条第二、三、四款）〕依法配备公务用枪的人员或单位，非法将枪支出租、出借给未取得公务用枪配备资格的人员或单位，或者将公务用枪用作借债质押物的，应予立案追诉。

依法配备公务用枪的人员或单位，非法将枪支出租、出借给具有公务用枪配备资格的人员或单位，以及依法配置民用枪支的人员或单位，非法出租、出借民用枪支，涉嫌下列情形之一的，应予立案追诉：

（一）造成人员轻伤以上伤亡事故的；

（二）造成枪支丢失、被盗、被抢的；

（三）枪支被他人利用进行违法犯罪活动的；

（四）其他造成严重后果的情形。

【司法解释Ⅱ】①

《最高人民法院关于审理非法制造、买卖、运输枪支、弹药、爆炸物等刑事案件具体应用法律若干问题的解释》（原法释〔2001〕15 号，根据法释〔2009〕18 号修正，20100101）

第五条　具有下列情形之一的，依照刑法第一百二十八条第一款的规定，以非法持有、私藏枪支、弹药罪定罪处罚：

（一）非法持有、私藏军用枪支一支的；

（二）非法持有、私藏以火药为动力发射枪弹的非军用枪支一支或者以压缩气体等为动力的其他非军用枪支二支以上的；

（三）非法持有、私藏军用子弹二十发以上，气枪铅弹一千发以上或者其他非军用子弹二百发以上的；

（四）非法持有、私藏手榴弹一枚以上的；

（五）非法持有、私藏的弹药造成人员伤亡、财产损失的。

具有下列情形之一的，属于刑法第一百二十八条第一款规定的"情节严重"：

（一）非法持有、私藏军用枪支二支以上的；

（二）非法持有、私藏以火药为动力发射枪弹的非军用枪支二支以上

————————

① 在适用本司法解释时，应参照本法第一百二十五条【司法解释Ⅲ】。——编者注

或者以压缩气体等为动力的其他非军用枪支五支以上的;

（三）非法持有、私藏军用子弹一百发以上，气枪铅弹五千发以上或者其他非军用子弹一千发以上的;

（四）非法持有、私藏手榴弹三枚以上的;

（五）达到本条第一款规定的最低数量标准，并具有造成严重后果等其他恶劣情节的。

第八条第二款 刑法第一百二十八条第一款规定的"非法持有"，是指不符合配备、配置枪支、弹药条件的人员，违反枪支管理法律、法规的规定，擅自持有枪支、弹药的行为。

第八条第三款 刑法第一百二十八条第一款规定的"私藏"，是指依法配备、配置枪支、弹药的人员，在配备、配置枪支、弹药的条件消除后，违反枪支管理法律、法规的规定，私自藏匿所配备、配置的枪支、弹药且拒不交出的行为。

【司法解释Ⅲ】

《最高人民检察院关于将公务用枪用作借债质押的行为如何适用法律问题的批复》（高检发释字〔1998〕4号，19981103）

依法配备公务用枪的人员，违反法律规定，将公务用枪用作借债质押物，使枪支处于非依法持枪人的控制、使用之下，严重危害公共安全，是刑法第一百二十八条第二款所规定的非法出借枪支行为的一种形式，应以非法出借枪支罪追究刑事责任;对接受枪支质押的人员，构成犯罪的，根据

刑法第一百二十八条第一款的规定，应以非法持有枪支罪追究其刑事责任。

【法院参考案例】

〔**参考案例第 644 号：叶燕兵非法持有枪支案**〕邀约非法持枪者携枪帮忙能否构成非法持有枪支罪的共犯?

为帮其他人解决纠纷而邀约持枪者携枪帮忙，主观上有非法控制、使用枪支的意图，客观上又通过持枪者实现了对枪支非法持有的状态，二人属于共同犯罪。

第一百二十九条 【丢失枪支不报罪】依法配备公务用枪的人员，丢失枪支不及时报告，造成严重后果的，处三年以下有期徒刑或者拘役。

【立法·要点注释】

"丢失枪支"，主要是指依法配备公务用枪的人员的枪支被盗、被抢或者遗失等情况。现实中丢失枪支的情况很复杂，有的行为人有过错，有的行为人没有过错，但无论枪支如何丢失，都构成本罪的前提条件。

【司法解释】

《最高人民检察院、公安部关于公安机关管辖的刑事案件立案追诉标准的规定（一）》（公通字〔2008〕36号，20080625）

第六条 〔丢失枪支不报案（刑法第一百二十九条）〕依法配备公务用枪的人员，丢失枪支不及时报告，涉嫌下列情形之一的，应予立案追诉:

（一）丢失的枪支被他人使用造成人员轻伤以上伤亡事故的;

（二）丢失的枪支被他人利用进行违法犯罪活动的；

（三）其他造成严重后果的情形。

第一百三十条　【非法携带枪支、弹药、管制刀具、危险物品危及公共安全罪】非法携带枪支、弹药、管制刀具或者爆炸性、易燃性、放射性、毒害性、腐蚀性物品，进入公共场所或者公共交通工具，危及公共安全，情节严重的，处三年以下有期徒刑、拘役或者管制。

【立法·要点注释】

1. "管制刀具"，是指国家依法进行管制，只能由特定人员持有、使用，禁止私自生产、买卖、持有的刀具，如匕首、三棱刮刀、弹簧刀以及类似的单刃刀、双刃刀和三棱尖刀等。

2. "公共场所"，主要是指大众进行公开活动的场所，如商店、影剧院、体育场、街道等。"公共交通工具"，是指火车、轮船、长途客运汽车、公共电车、汽车、民用航空器等。

【司法解释 I】

《最高人民检察院、公安部关于公安机关管辖的刑事案件立案追诉标准的规定（一）》（公通字〔2008〕36号，20080625）

第七条　〔非法携带枪支、弹药、管制刀具、危险物品危及公共安全案（刑法第一百三十条）〕非法携带枪支、弹药、管制刀具或者爆炸性、易燃性、放射性、毒害性、腐蚀性物品，进入公共场所或者公共交通工具，危及公共安全，涉嫌下列情形之一的，

应予立案追诉：

（一）携带枪支一支以上或者手榴弹、炸弹、地雷、手雷等具有杀伤性弹药一枚以上的；

（二）携带爆炸装置一套以上的；

（三）携带炸药、发射药、黑火药五百克以上或者烟火药一千克以上、雷管二十枚以上或者导火索、导爆索二十米以上，或者虽未达到上述数量标准，但拒不交出的；

（四）携带的弹药、爆炸物在公共场所或者公共交通工具上发生爆炸或者燃烧，尚未造成严重后果的；

（五）携带管制刀具二十把以上，或者虽未达到上述数量标准，但拒不交出，或者用来进行违法活动尚未构成其他犯罪的；

（六）携带的爆炸性、易燃性、放射性、毒害性、腐蚀性物品在公共场所或者公共交通工具上发生泄漏、遗洒，尚未造成严重后果的；

（七）其他情节严重的情形。

【司法解释 II】

《最高人民法院关于审理非法制造、买卖、运输枪支、弹药、爆炸物等刑事案件具体应用法律若干问题的解释》（原法释〔2001〕15号，根据法释〔2009〕18号修正，20100101）

第六条　非法携带枪支、弹药、爆炸物进入公共场所或者公共交通工具，危及公共安全，具有下列情形之一的，属于刑法第一百三十条规定的"情节严重"：

（一）携带枪支或者手榴弹的；

（二）携带爆炸装置的；

（三）携带炸药、发射药、黑火药五百克以上或者烟火药一千克以上、雷管二十枚以上或者导火索、导爆索二十米以上的；

（四）携带的弹药、爆炸物在公共场所或者公共交通工具上发生爆炸或者燃烧，尚未造成严重后果的；

（五）具有其他严重情节的。

行为人非法携带本条第一款第（三）项规定的爆炸物进入公共场所或者公共交通工具，虽未达到上述数量标准，但拒不交出的，依照刑法第一百三十条的规定定罪处罚；携带的数量达到最低数量标准，能够主动、全部交出的，可不以犯罪论处。

【公安文件 I】

《公安部关于对少数民族人员佩带刀具乘坐火车如何处理问题的批复》

（公复字〔2001〕6 号，20010428）

根据国务院批准、公安部发布的《对部分刀具实行管制的暂行规定》（〔83〕公发（治）31 号）的规定，管制刀具是指匕首、三棱刀（包括机械加工用的三棱刮刀）、带有自锁装置的弹簧刀（跳刀）以及其他相类似的单刃、双刃、三棱尖刀。任何人不得非法制造、销售、携带和私自保存管制刀具。少数民族人员只能在民族自治地区佩带、销售和使用藏刀、腰刀、靴刀等民族刀具；在非民族自治地区，只要少数民族人员所携带的刀具属于管制刀具范围，公安机关就应当严格按照相应规定予以管理。凡公安工作中涉及的此类有关少数民族的政策、法律规定，各级公安机关应当积极采

取多种形式广泛宣传，特别是要加大在车站等人员稠密的公共场所及公共交通工具上的宣传力度。

少数民族人员违反《中华人民共和国铁路法》和《铁路运输安全保护条例》携带管制刀具进入车站、乘坐火车的，由公安机关依法予以没收，但在本少数民族自治地区携带具有特别纪念意义或者比较珍贵的民族刀具进入车站的，可以由携带人交其亲友带回或者交由车站派出所暂时保存并出具相应手续，携带人返回时领回；对不服从管理，构成违反治安管理行为的，依法予以治安处罚；构成犯罪的，依法追究其刑事责任。

【公安文件 II】

《公安部关于公安机关处置信访活动中违法犯罪行为适用法律的指导意见》

（公通字〔2013〕25 号，20130719）

二、对危害公共安全违法犯罪行为的处理

3. 在信访接待场所、其他国家机关或者公共场所、公共交通工具上非法携带枪支、弹药、弓弩、匕首等管制器具，或者爆炸性、毒害性、放射性、腐蚀性等危险物质的，应当及时制止，收缴枪支、弹药、管制器具、危险物质；符合《治安管理处罚法》第三十二条、第三十条规定的，以非法携带枪支、弹药、管制器具、非法携带危险物质依法予以治安管理处罚；情节严重，符合《刑法》第一百三十条规定的，以非法携带枪支、弹药、管制刀具、危险物品危及公共安全罪追究刑事责任。

【公安文件Ⅲ】

《公安部关于将陶瓷类刀具纳入管制刀具管理问题的批复》(公复字〔2010〕1 号,20100407)

陶瓷类刀具具有超高硬度、超高耐磨、刃口锋利等特点,其技术特性已达到或超过了部分金属刀具的性能,对符合《管制刀具认定标准》(公通字〔2007〕2 号)规定的刀具类型、刀刃长度和刀尖角度等条件的陶瓷类刀具,应当作为管制刀具管理。

【法院参考案例】

〔参考案例第 368 号:孔德明非法携带危险物品危及公共安全罪〕如何区分非法运输、储存爆炸物罪和非法携带危险物品危及公共安全罪?

行为人一直将用于水下施工爆破而以合法手续领取的炸药存放在船上,其驾船行驶的目的是装运货物,而非将炸药从一地运至另一地,将此行为认定为运输炸药不符合主客观一致原则,应当以非法携带危险物品危及公共安全罪定罪处罚。

第一百三十一条 【重大飞行事故罪】航空人员违反规章制度,致使发生重大飞行事故,造成严重后果的,处三年以下有期徒刑或者拘役;造成飞机坠毁或者人员死亡的,处三年以上七年以下有期徒刑。

【立法·要点注释】

1. "航空人员",是指从事民用航空活动的空勤人员和地面人员。空勤人员包括驾驶员、领航员、飞行机械人员、飞行通信员和乘务员;地面人员包括航空指挥人员、航空器维修人员、空中交通管制员、飞行签派员和航空电台通信员等。

2. "违反规章制度",是指违反了对民用航空器的维修、操作管理、空域管理、运输管理及安全飞行管理等方面的规章制度。如民用航空器不按照空中交通管制单位指定的航路和飞行高度飞行,民用航空器机组人员的飞行时间、执勤时间大大超过国务院民用航空主管部门规定的时限等。

3. "重大飞行事故",是指在航空器飞行过程中发生的航空器严重毁坏、破损造成人身伤亡的事件等。

4. "造成严重后果",是指造成人员重伤或者航空器严重损坏以及承运的货物毁坏等重大损失的情形。

第一百三十二条 【铁路运营安全事故罪】铁路职工违反规章制度,致使发生铁路运营安全事故,造成严重后果的,处三年以下有期徒刑或者拘役;造成特别严重后果的,处三年以上七年以下有期徒刑。

【立法·要点注释】

1. "铁路职工",是指从事铁路管理、运输、维修等工作的人员,既包括工人,也包括管理人员。

2. "铁路运营安全事故",是指铁路在运输过程中发生的火车倾覆、出轨、撞车等造成人员伤亡、机车毁坏以及致使公私财产遭受重大损失的严重事件,不包括列车晚点、不能正点发车或到达等非安全事故。

3. "造成严重后果",是指造成人员伤亡和公私财产遭受重大损失等结果。

【司法解释】

《最高人民法院、最高人民检察院关于办理危害生产安全刑事案件适用法律若干问题的解释》（法释〔2015〕22 号，20151216）

第六条 实施刑法第一百三十二条……规定的行为，因而发生安全事故，具有下列情形之一的，应当认定为"造成严重后果"或者"发生重大伤亡事故或者造成其他严重后果"，对相关责任人员，处三年以下有期徒刑或者拘役：

（一）造成死亡一人以上，或者重伤三人以上的；

（二）造成直接经济损失一百万元以上的；

（三）其他造成严重后果或者重大安全事故的情形。

第七条 实施刑法第一百三十二条……规定的行为，因而发生安全事故，具有下列情形之一的，对相关责任人员，处三年以上七年以下有期徒刑：

（一）造成死亡三人以上或者重伤十人以上，负事故主要责任的；

（二）造成直接经济损失五百万元以上，负事故主要责任的；

（三）其他造成特别严重后果、情节特别恶劣或者后果特别严重的情形。

……

第十二条 实施刑法第一百三十二条……规定的犯罪行为，具有下列情形之一的，从重处罚：

（一）未依法取得安全许可证件或者安全许可证件过期、被暂扣、吊销、注销后从事生产经营活动的；

（二）关闭、破坏必要的安全监控和报警设备的；

（三）已经发现事故隐患，经有关部门或者个人提出后，仍不采取措施的；

（四）一年内曾因危害生产安全违法犯罪活动受过行政处罚或者刑事处罚的；

（五）采取弄虚作假、行贿等手段，故意逃避、阻挠负有安全监督管理职责的部门实施监督检查的；

（六）安全事故发生后转移财产意图逃避承担责任的；

（七）其他从重处罚的情形。

实施前款第五项规定的行为，同时构成刑法第三百八十九条规定的犯罪的，依照数罪并罚的规定处罚。

第十三条 实施刑法第一百三十二条……规定的犯罪行为，在安全事故发生后积极组织、参与事故抢救，或者积极配合调查、主动赔偿损失的，可以酌情从轻处罚。

第一百三十三条 【交通肇事罪】违反交通运输管理法规，因而发生重大事故，致人重伤、死亡或者使公私财产遭受重大损失的，处三年以下有期徒刑或者拘役；交通运输肇事后逃逸或者有其他特别恶劣情节的，处三年以上七年以下有期徒刑；因逃逸致人死亡的，处七年以上有期徒刑。

【立法·要点注释】

"交通运输肇事后逃逸"，是指行

为人交通肇事构成犯罪，在发生交通事故后，为逃避法律追究而逃跑的行为。行为人交通肇事未造成严重后果而逃逸的，不属于本条所规定的情况，可作为行政处罚的从重情节考虑。

【相关立法】

《中华人民共和国道路交通安全法》（20110501）

第九十一条　饮酒后驾驶机动车的，处暂扣六个月机动车驾驶证，并处一千元以上二千元以下罚款。因饮酒后驾驶机动车被处罚，再次饮酒后驾驶机动车的，处十日以下拘留，并处一千元以上二千元以下罚款，吊销机动车驾驶证。

醉酒驾驶机动车的，由公安机关交通管理部门约束至酒醒，吊销机动车驾驶证，依法追究刑事责任；五年内不得重新取得机动车驾驶证。

饮酒后驾驶营运机动车的，处十五日拘留，并处五千元罚款，吊销机动车驾驶证，五年内不得重新取得机动车驾驶证。

醉酒驾驶营运机动车的，由公安机关交通管理部门约束至酒醒，吊销机动车驾驶证，依法追究刑事责任；十年内不得重新取得机动车驾驶证，重新取得机动车驾驶证后，不得驾驶营运机动车。

饮酒后或者醉酒驾驶机动车发生重大交通事故，构成犯罪的，依法追究刑事责任，并由公安机关交通管理部门吊销机动车驾驶证，终生不得重新取得机动车驾驶证。

【司法解释 I】

《最高人民法院关于审理交通肇事刑事案件具体应用法律若干问题的解释》（法释〔2000〕33 号，20001121）

第一条　从事交通运输人员或者非交通运输人员，违反交通运输管理法规发生重大交通事故，在分清事故责任的基础上，对于构成犯罪的，依照刑法第一百三十三条的规定定罪处罚。

第二条　交通肇事具有下列情形之一的，处三年以下有期徒刑或者拘役：

（一）死亡一人或者重伤三人以上，负事故全部或者主要责任的；

（二）死亡三人以上，负事故同等责任的；

（三）造成公共财产或者他人财产直接损失，负事故全部或者主要责任，无能力赔偿数额在三十万元以上的。

交通肇事致一人以上重伤，负事故全部或者主要责任，并具有下列情形之一的，以交通肇事罪定罪处罚：

（一）酒后、吸食毒品后驾驶机动车辆的；

（二）无驾驶资格驾驶机动车辆的；

（三）明知是安全装置不全或者安全机件失灵的机动车辆而驾驶的；

（四）明知是无牌证或者已报废的机动车辆而驾驶的；

（五）严重超载驾驶的；

（六）为逃避法律追究逃离事故现场的。

第三条　"交通运输肇事后逃逸"，是指行为人具有本解释第二条第一款规定和第二款第（一）至（五）项规定的情形之一，在发生交通事故后，为逃避法律追究而逃跑的行为。

第四条　交通肇事具有下列情形之一的，属于"有其他特别恶劣情节"，处三年以上七年以下有期徒刑：

（一）死亡二人以上或者重伤五人以上，负事故全部或者主要责任的；

（二）死亡六人以上，负事故同等责任的；

（三）造成公共财产或者他人财产直接损失，负事故全部或者主要责任，无能力赔偿数额在六十万元以上的。

第五条　"因逃逸致人死亡"，是指行为人在交通肇事后为逃避法律追究而逃跑，致使被害人因得不到救助而死亡的情形。

交通肇事后，单位主管人员、机动车辆所有人、承包人或者乘车人指使肇事人逃逸，致使被害人因得不到救助而死亡的，以交通肇事罪的共犯论处。

第六条　行为人在交通肇事后为逃避法律追究，将被害人带离事故现场后隐藏或者遗弃，致使被害人无法得到救助而死亡或者严重残疾的，应当分别依照刑法第二百三十二条、第二百三十四条第二款的规定，以故意杀人罪或者故意伤害罪定罪处罚。

第七条　单位主管人员、机动车辆所有人或者机动车辆承包人指使、强令他人违章驾驶造成重大交通事故，具有本解释第二条规定情形之一的，以交通肇事罪定罪处罚。

第八条　在实行公共交通管理的范围内发生重大交通事故的，依照刑法第一百三十三条和本解释的有关规定办理。

在公共交通管理的范围外，驾驶机动车辆或者使用其他交通工具致人伤亡或者致使公共财产或者他人财产遭受重大损失，构成犯罪的，分别依照刑法第一百三十四条、第一百三十五条、第二百三十三条等规定定罪处罚。

第九条　各省、自治区、直辖市高级人民法院可以根据本地实际情况，在三十万元至六十万元、六十万元至一百万元的幅度内，确定本地区执行本解释第二条第一款第（三）项、第四条第（三）项的起点数额标准，并报最高人民法院备案。

【司法解释 I·注释】

1. 交通肇事后逃逸的前提条件界定为"逃避法律追究"。实践中，肇事人逃跑的目的大多是逃避法律追究，但也有少数人之所以逃跑，是害怕受害方或者其他围观者对其进行殴打，等等。同样是逃跑，但这些人往往在逃离现场后，能够通过报告单位领导或者报警等方式，接受法律的处理。因此，对逃跑行为作适度区分是必要的，以保证准确适用法律，不枉不纵。

2. "逃跑"并没有时间和场所的限定。实践中，有的肇事人并未在肇事后立即逃离现场，而是在将伤者送至医院后或者等待交管部门处理的时候逃跑。因此，只要是在肇事后为逃避法律追究而逃跑的行为，都应视为"交通肇事后逃逸"。

【司法解释 II】

《最高人民法院关于被盗机动车辆肇事后由谁承担损害赔偿责任问题的批复》（法释〔1999〕13 号，19990703）

使用盗窃的机动车辆肇事，造成被害人物质损失的，肇事人应当依法承担损害赔偿责任，被盗机动车辆的所有人不承担损害赔偿责任。

【司法指导文件 I】

《最高人民法院关于常见犯罪的量刑指导意见》（法发〔2017〕7 号，20170401）

（一）交通肇事罪

1. 构成交通肇事罪的，可以根据下列不同情形在相应的幅度内确定量刑起点：

（1）致人重伤、死亡或者使公私财产遭受重大损失的，可以在二年以下有期徒刑、拘役幅度内确定量刑起点。

（2）交通运输肇事后逃逸或者有其他特别恶劣情节的，可以在三年至五年有期徒刑幅度内确定量刑起点。

（3）因逃逸致一人死亡的，可以在七年至十年有期徒刑幅度内确定量刑起点。

2. 在量刑起点的基础上，可以根据事故责任、致人重伤、死亡的人数或者财产损失的数额以及逃逸等其他影响犯罪构成的犯罪事实增加刑罚量，确定基准刑。

【司法指导文件 II】

《最高人民法院关于处理自首和立功若干具体问题的意见》（法发〔2010〕60 号，20101222）

一、关于"自动投案"的具体认定

交通肇事后保护现场、抢救伤者，并向公安机关报告的，应认定为自动投案，构成自首的，因上述行为同时系犯罪嫌疑人的法定义务，对其是否从宽、从宽幅度要适当从严掌握。交通肇事逃逸后自动投案，如实供述自己罪行的，应认定为自首，但应依法以较重法定刑为基准，视情决定对其是否从宽处罚以及从宽处罚的幅度。

【司法指导文件 III】

《最高人民法院研究室关于交通肇事刑事案件附带民事赔偿范围问题的答复》（法研〔2014〕30 号，20140224）

……交通肇事刑事案件的附带民事诉讼当事人未能就民事赔偿问题达成调解、和解协议的，无论附带民事诉讼被告人是否投保机动车第三者强制责任保险，均可将死亡赔偿金、残疾赔偿金纳入判决赔偿的范围。

【司法指导文件 IV】

《最高人民法院研究室关于遇害者下落不明的水上交通肇事案件应如何适用法律问题的电话答复》（19921030）

水上交通肇事案件中，如有遇害者下落不明的，不能推定其已经死亡，而应根据被告人的行为造成被害人下落不明的案件事实，依照刑法定罪处罚，民事诉讼应另行提起，并经过宣告失踪人死亡程序后，根据法律和事实处理赔偿等民事纠纷。

【司法指导文件 V】

《最高人民法院研究室关于纵容他人醉酒驾驶造成重大交通事故定性问题的研究意见》（2012）

对"纵容他人在道路上醉酒驾驶机动车造成重大交通事故"的，不宜以交通肇事罪追究刑事责任。主要考虑：将机动车交由醉酒者驾驶与指使、强令他人违章驾驶相比，行为人的主观故意明显不同，以交通肇事罪追究将机动车交由醉酒者驾驶的人的刑事责任，不符合共同犯罪原理，当事人之间对危害后果不存在共同罪过。

【司法指导文件 VI】

《最高人民法院研究室关于对运输货车自行滑坡造成他人死亡如何定性处理问题的研究意见》（2012）

有关部门就对运输货车自行滑坡造成他人死亡如何定性处理问题征求最高人民法院研究室意见。最高人民法院研究室经研究认为：行为人严重超载与事故发生之间如有因果关系，行为人的行为已符合交通肇事罪的构成，但考虑到本案发生具有一定的偶发性，如通过民事赔偿能够化解矛盾，被害方不坚持追诉，也可不追究行为人的刑事责任。如行为人严重超载与事故发生之间不能认定存在因果关系，则应认定为意外事件。

【法院公报案例】

〔安徽省颍上县人民检察院诉龚德田交通肇事案，GB2017－6〕

交通肇事案件中，已作为入罪要件的逃逸行为，不能再作为对被告人加重处罚的量刑情节而予以重复评价。

【法院参考案例】

〔参考案例第 84 号：梁应金、周守金等交通肇事案〕肇事交通工具的单位主管人员能否构成交通肇事罪？

肇事船舶的单位主管人员未按规定配足船员，将不具备适航条件的船舶投入运营，导致发生重大交通事故的，构成交通肇事罪。

〔参考案例第 176 号：周立杰交通肇事案〕如何准确认定"交通肇事后逃逸"？

司法实践中，对肇事后已离开事故现场还没有来得及投案即被抓获或是扭送的肇事人，应当根据客观情形准确判断他们的主观目的。肇事后运送伤者去医院抢救，在未来得及报案前，就在途中或医院被抓获的，一般应认定为无逃避法律追究的目的。若是在将伤者送到医院后又偷偷离开的，有报案条件和可能而不予报案，事后又被抓获的，应当认定为有逃避法律追究的目的。在基于临时躲避被害人亲属加害的情况下，如确无条件和可能及时报案即被抓获的，不属于肇事后逃逸；反之，在临时躲避情形消失后，在有报案条件及可能的情况下，仍不予报案而继续逃避的，其性质又转化为肇事后逃逸。

〔参考案例第 220 号：倪庆国交通肇事案〕如何准确把握"交通肇事后将被害人带离事故现场而后遗弃，致使被害人无法得到救助而死亡"的情形？

以故意杀人罪或者故意伤害罪追

究刑事责任的交通肇事案件，必须同时具备以下条件：（1）行为人必须有在交通肇事后将被害人带离事故现场，并予以隐藏或遗弃的行为；（2）行为人实施上述行为的目的是为逃避法律追究；（3）被害人最终死亡或者造成严重残疾，且该结果系由被隐藏或遗弃而无法得到救助所致。这包含两层意思：一是如果被害人虽被隐藏或遗弃，但因有他力救助或其他原因而没有发生死亡或严重残疾的结果，则不能以故意杀人罪或故意伤害罪追究肇事人责任；二是被害人死亡或者严重残疾的结果在没被带离现场隐藏或遗弃之前已经发生，如事故当场即死亡或因伤势严重，被隐藏或遗弃前后不可避免地要发生死亡的，同样不能以故意杀人罪或故意伤害罪追究肇事人责任。

〔**参考案例第 243 号：李满英过失致人死亡案**〕驾驶交通工具在非公共交通范围内撞人死亡的应如何定罪？

所谓公共交通管理范围内，应当是指纳入公安交通管理机关管理范围内的道路。一般而言，机关、企事业单位、厂矿、学校、封闭的住宅小区等内部道路均不属于公共交通管理范围。在上述区域道路上因使用交通工具致人死亡，在排除行为人出于主观故意以及不能构成过失以危险方法危害公共安全罪的情况下，如构成过失犯罪，需要定罪处罚的，不能按交通肇事罪处理。原则上讲，一般应首先考虑以过失致人死亡罪追究刑事责任，如行为同时又符合重大责任事故罪或重大劳动安全事故罪的构成要件，则应按特别法条优于普通法条的适用原则，以重大责任事故罪或重大劳动安全事故罪等罪名追究刑事责任。

〔**参考案例第 342 号：钱竹平交通肇事案**〕交通肇事"因逃逸致人死亡"的司法认定？

1. "因逃逸致人死亡"的认定必须以逃逸行为的存在为前提。

2. 在客观上，逃逸行为与死亡结果之间应当具有因果关系。实践中要注意考察救助行为是否能够阻止死亡结果的发生。如果从被害人的伤情看，及时送往医院也不能避免被害人死亡的，或者被害人死亡结果的最终发生并非肇事者逃逸行为所致，那么，不能认定肇事者的逃逸行为与被害人死亡结果之间具有因果关系，不能认定为"因逃逸致人死亡"，只能按照"交通运输肇事后逃逸"处罚。同时，在时间上，死亡必然发生在逃逸行为过程中或者逃逸之后。如果先前的交通肇事行为发生时已经致被害人死亡的，即使肇事者实施逃逸行为，仍然属于"交通运输后逃逸"，而不能认定为"因逃逸致人死亡"。

3. 司法解释所规定的"救助"没有特定的指向，因此应该理解为既可以是肇事者的救助，也可以是其他人的救助。及时的"救助"是确定逃逸与死亡之间是否存在刑法上的因果关系的一个中介。

〔**参考案例第 415 号：孙贤玉交通肇事案**〕交通肇事后逃离现场又投案自首的行为能否认定"肇事逃逸"？

1. 认定肇事人"逃逸"不能仅看肇事人是否离开现场，其关键在于肇事人是否同时具备"积极履行救助义务"和"立即投案"的行为特征。如果肇事人肇事后积极对被害人进行救助，如拦截车辆将被害人送往医院，并立即报案在医院守候等待公安机关的审查处理，虽然其离开了肇事现场，但系为了救助被害人所致，当然不属于交通肇事后"逃逸"。反之，如果肇事人积极履行救助义务后没有立即投案，如将被害人送往医院后而逃跑的；或者虽然肇事人立即投案但有能力履行却没有积极履行救助义务，均属于肇事后"为逃避法律追究"的"逃逸"行为。

2. 如果肇事人"逃离现场"后没有立即投案，而是经过一段时间后"事后投案"，则说明肇事人的"逃离"与"投案"分属两个独立的行为，这种"事后投案"不能成为否定其肇事后"逃逸"的理由。应认定为"逃逸"。至于是"立即投案"还是"事后投案"，应当根据投案路途远近、投案时间间隔长短等案件当时的客观情况，结合日常生活经验来认定。

〔**参考案例第588号：胡斌交通肇事案**〕超速驾车撞死人行道内行人的如何定罪？

被告人属于在城市主要道路上严重超速驾驶，但在驾车过程中未违反交通信号灯指令，遇红灯时能够停车，只是因为没有注意观察前方路面情况而撞上在人行横道上行走的被害人，可见，其当晚驾车除违反交通法规超速行驶外还是能够基本遵守交通规则的。被告人发现撞人后，立即踩刹车并下车查看被害人伤势情况，随即拨打了120急救电话以及122报警电话，

并留在现场等候处理。这一系列行为反映其肇事时主观上不希望交通事故的发生，也没有放任交通事故发生的表现，对被害人的死亡其内心是持否定和排斥态度的，应当属于过失心态，因此，被告人行为不能构成以危险方法危害公共安全罪，应认定为交通肇事罪。

〔**参考案例第696号：谭继伟交通肇事案**〕交通肇事后报警并留在现场等候处理的，是否应认定为自动投案？

司法实践中，以下几类交通肇事后报警，并在现场等候处理的行为，均应认定为自动投案：（1）交通肇事后，立即报警，保护现场、抢救伤员和财产，归案后又如实供述自己罪行的；（2）交通肇事后，委托他人代为报警，自己忙于保护现场、抢救伤员和财产，归案后又如实供述自己罪行的；（3）交通肇事后，明知他人已经报警，自己在现场等候交警部门处理，归案后又如实供述自己罪行的。

〔**参考案例第697号：王友彬交通肇事案**〕在交通肇事后擅自离开就诊医院，十余小时后才到交警部门接受调查处理，是否构成"交通肇事后逃逸"？

在接受交警部门首次处理前，为逃避法律追究擅自离开与其肇事行为具有紧密联系的抢救医院，构成交通肇事后的逃逸行为，且一经实施即告成立。即使逃离抢救场所后又主动到交警部门接受处理，仍不影响认定其成立"交通肇事后逃逸"。

〔**参考案例第788号：刘本露交通肇事案**〕交通肇事后，行为人因受伤

在医院治疗，公安机关向其询问案情时，拒不交代肇事经过，并虚构身份信息，后逃离医院的行为，是否应当认定为"交通肇事后逃逸"？

"交通肇事后逃逸"行为不宜仅限定于事故现场。交通肇事后，行为人因受伤在医院治疗，公安机关向其询问案情时，拒不交代肇事经过，并虚构身份信息，后逃离医院的行为，应认定为交通肇事后逃逸。

〔参考案例第 857 号：龚某交通肇事案〕肇事者接受公安机关处理后，在取保候审或者被监视居住期间逃跑的，是否属于"交通肇事后逃逸"行为？

肇事者已经履行道路交通安全法规定的肇事者必须履行的法定义务，接受公安机关处理后，在侦查、起诉、审判阶段逃离，或者经传唤不到案，取保候审或者被监视居住期间逃跑，行为人只是违背刑事诉讼法规定的法定义务的，不能认定为"交通肇事后逃逸"。

〔参考案例第 858 号：马国旺交通肇事案〕对致人重伤交通肇事案件中的逃逸行为如何评价？

被告人有多个违反交通运输管理法规的行为时，如果肇事后逃逸作为认定交通肇事罪的依据的，根据禁止重复评价原则，不得再作为加重处罚情节；如果其他违章行为足以认定构成交通肇事罪的基本犯，则交通肇事后逃逸应当认定为加重处罚情节。

〔参考案例第 890 号：李启铭交通肇事案〕校园道路是否属于道路交通安全法规定的"道路"？

2004 年公布施行的道路交通安全法修改了"道路"的含义，扩大了公共交通管理的范围，将"道路"的范围明确为"公路、城市道路和虽在单位管辖范围但允许社会机动车通行的地方，包括广场、公共停车场等用于公众通行的场所"，因此，允许社会车辆通行的校园道路属于道路交通安全法规定的"道路"。被告人在大学校园醉驾肇事的行为构成交通肇事罪。

〔参考案例第 908 号：陆华故意杀人案〕在醉酒驾驶致人死亡的案件中如何区分交通肇事罪与（间接）故意杀人罪？

被告人在实施交通肇事行为后，为逃避法律追究，明知有异物被拖拽于汽车底下，继续驾车行驶可能会导致被害人死亡结果的发生，而继续驾车逃逸，放任这种危害结果的发生，并最终导致被害人死亡的，其行为属于间接故意杀人，构成故意杀人罪。

〔参考案例第 916 号：张超泽交通肇事案〕吸毒后驾驶机动车致使发生交通事故的行为如何定性以及是否属于刑法第一百三十三条规定的"其他特别恶劣情节"？

被告人吸毒后驾驶机动车致使发生交通事故的，结合该案证据认定被告人主观上系过失，客观行为属于交通肇事，应当认定为交通肇事罪。一般情况下，"死亡二人以上或者重伤五人以上，负事故全部或者主要责任的"属于"其他特别恶劣情节"，对于具有毒驾情节的，可比照该项规定适当降低致人伤亡的程度。如果毒驾肇事致一人以上死亡、多人受伤的，可以考虑认定为"其他特别恶劣情节"。

〔**参考案例第 923 号：李中海故意杀人案**〕如何认定交通肇事逃逸案件中的间接故意杀人犯罪？

行为人先前的交通肇事行为虽是出于过失，但当其明知被害人在凌晨时分因自己驾车肇事导致受伤摔倒在交通干线的机动车道上无法动弹，存在被后续车辆碾压致死的高度危险时，仍未采取任何救助措施或者防范措施，而是选择了自行逃逸，最终导致被害人死亡，这一行为属于典型的放任危害结果发生的情形，其罪过形式属于间接故意，应当构成故意杀人罪。

〔**参考案例第 1118 号：邵大平交通肇事案**〕交通肇事撞伤他人后逃离现场，致被害人被后续车辆碾压致死的如何定性？

1. "因逃逸致人死亡"的认定，不以逃逸前的交通肇事行为构成犯罪为前提，也不以行为人在逃逸前的交通肇事行为中的责任大小为前提条件。

2. 在二次碰撞事故中，应重点考量被害人因何种原因处于危险状态、危险程度、被害人对逃逸者的依赖程度、逃逸者履行义务的难易程度、逃逸者不履行义务对结果的原因力、将结果仅归责于逃逸是否合适等因素，综合判断逃逸行为与故意杀人间是否具有等价性。

〔**参考案例第 1169 号：赵双江故意杀人、赵文齐交通肇事案**〕如何理解"交通肇事后逃逸"中"为逃避法律追究而逃跑"的要件？车辆所有人在交通肇事后将被害人隐藏致使被害人无法得到救助而死亡的如何定性？

1. 认定"交通肇事后逃逸"，应当定位于"逃避法律追究而逃跑"，且"逃跑"并不限于"当即从现场逃跑"。

2. 车辆所有人在交通肇事后将被害人隐藏致使被害人无法得到救助而死亡的，应当以故意杀人罪论处。

第一百三十三条之一 【**危险驾驶罪**】在道路上驾驶机动车，有下列情形之一的，处拘役，并处罚金：

（一）追逐竞驶，情节恶劣的；

（二）醉酒驾驶机动车的；

（三）从事校车业务或者旅客运输，严重超过额定乘员载客，或者严重超过规定时速行驶的；

（四）违反危险化学品安全管理规定运输危险化学品，危及公共安全的。

机动车所有人、管理人对前款第三项、第四项行为负有直接责任的，依照前款的规定处罚。

有前两款行为，同时构成其他犯罪的，依照处罚较重的规定定罪处罚。

【**修正前条文**】

第一百三十三条之一 【**危险驾驶罪**】在道路上驾驶机动车追逐竞驶，情节恶劣的，或者在道路上醉酒驾驶机动车的，处拘役，并处罚金。

有前款行为，同时构成其他犯罪的，依照处罚较重的规定定罪处罚。

【**修正说明**】

本罪由刑法修正案（八）第二十二条增设。刑法修正案（九）第八条对原条文作出下述修改：一是增加规定从事校车业务或者旅客运输，严重超过额定乘员载客，或者严重超过规定时速行驶的；以及违反危险化学品安全管理规定运输危险化学品，危及公共安全的，构成危险驾驶罪。二是明确机动车所有人、管理人对这两类危险驾驶行为负有直接责任的，依照危险驾驶罪的规定追究其刑事责任。

【立法·要点注释】

1. 本条第一款中的"道路"，根据道路交通安全法第一百一十九条的规定是指：公路、城市道路和虽在单位管辖范围但允许社会机动车通行的地方，包括广场、公共停车场等用于公众通行的场所。同样，根据该条规定，"机动车"是指以动力装置驱动或者牵引，上道路行驶的供人员乘坐或者用于运送物品以及进行工程专项作业的轮式车辆。

2. "追逐竞驶"就是平常所说的"飙车"，是指在道路上，以同行的其他车辆为竞争目标，追逐行驶。具体情形包括在道路上进行汽车驾驶"计时赛"，或者若干车辆在同时行进中互相追赶等，既包括超过限定时速的追逐竞驶，也包括未超过限定时速的追逐竞驶。根据本条规定，在道路上追逐竞驶，情节恶劣的才构成犯罪。判断是否"情节恶劣"，应从追逐竞驶造成的危害程度，以及危害后果等方面进行认定。

3. 关于在道路上醉酒驾驶机动车。根据原国家质量监督检验检疫总局 2004 年 5 月 31 日发布的《车辆驾驶人员血液、呼气酒精含量阈值与检

验》（GB19522－2004）的规定，饮酒驾车是指车辆驾驶人员血液中的酒精含量大于或者等于 20mg/100ml，小于 80mg/100ml 的驾驶行为；醉酒驾车是指车辆驾驶人员血液中的酒精含量大于或者等于 80mg/100ml 的驾驶行为。实践中，执法部门应依据这一标准来判断酒后驾车和醉酒驾车两种行为。

4. 关于未取得校车业务营运资格者的刑事责任。有的从事校车业务的车辆并未取得许可，有的从事旅客运输的车辆不具备营运资格，还有一些未取得客运道路运输经营许可非法从事旅客运输的车辆，甚至还有货车违反规定载人、拖拉机载人的；有的从业人员并不具备相关资质，如有的校车驾驶员就是由幼儿园的管理人员担任的，有的客运车辆驾驶员并不具备相应的驾驶资格。但是，未取得许可或者不具备相关资质，不影响本罪刑事责任的认定，只要是从事了校车业务或者旅客运输，严重超过额定乘员载客，或者严重超过规定时速行驶的，都应当依照本条规定追究刑事责任。

5. 关于运输危险化学品是否"危及公共安全"的判断。应当结合运输的危险化学品的性质、品种及数量，运输的时间、路线，违反安全管理规定的具体内容及严重程度，一旦发生事故可能造成的损害后果等综合作出判断。

6. 关于"毒驾"者的刑事责任。对吸食、注射毒品后驾驶机动车的，可依法采取注销机动车驾驶证、强制隔离戒毒等措施，对"毒驾"造成严重后果的，还可以根据案件的具体情

况追究其交通肇事、以危险方法危害公共安全的刑事责任。

【司法指导文件】

《最高人民法院、最高人民检察院、公安部关于办理醉酒驾驶机动车刑事案件适用法律若干问题的意见》（法发〔2013〕15 号，20131218）

一、在道路上驾驶机动车，血液酒精含量达到 80 毫克/100 毫升以上的，属于醉酒驾驶机动车，依照刑法第一百三十三条之一第一款的规定，以危险驾驶罪定罪处罚。

前款规定的"道路""机动车"，适用道路交通安全法的有关规定。

二、醉酒驾驶机动车，具有下列情形之一的，依照刑法第一百三十三条之一第一款的规定，从重处罚：

（一）造成交通事故且负事故全部或者主要责任，或者造成交通事故后逃逸，尚未构成其他犯罪的；

（二）血液酒精含量达到 200 毫克/100 毫升以上的；

（三）在高速公路、城市快速路上驾驶的；

（四）驾驶载有乘客的营运机动车的；

（五）有严重超员、超载或者超速驾驶，无驾驶资格驾驶机动车，使用伪造或者变造的机动车牌证等严重违反道路交通安全法的行为的；

（六）逃避公安机关依法检查，或者拒绝、阻碍公安机关依法检查尚未构成其他犯罪的；

（七）曾因酒后驾驶机动车受过行政处罚或者刑事追究的；

（八）其他可以从重处罚的情形。

三、醉酒驾驶机动车，以暴力、威胁方法阻碍公安机关依法检查，又构成妨害公务罪等其他犯罪的，依照数罪并罚的规定处罚。

四、对醉酒驾驶机动车的被告人判处罚金，应当根据被告人的醉酒程度、是否造成实际损害、认罪悔罪态度等情况，确定与主刑相适应的罚金数额。

五、公安机关在查处醉酒驾驶机动车的犯罪嫌疑人时，对查获经过、呼气酒精含量检验和抽取血样过程应当制作记录；有条件的，应当拍照、录音或者录像；有证人的，应当收集证人证言。

六、血液酒精含量检验鉴定意见是认定犯罪嫌疑人是否醉酒的依据。犯罪嫌疑人经呼气酒精含量检验达到本意见第一条规定的醉酒标准，在抽取血样之前脱逃的，可以以呼气酒精含量检验结果作为认定其醉酒的依据。

犯罪嫌疑人在公安机关依法检查时，为逃避法律追究，在呼气酒精含量检验或者抽取血样前又饮酒，经检验其血液酒精含量达到本意见第一条规定的醉酒标准的，应当认定为醉酒。

七、办理醉酒驾驶机动车刑事案件，应当严格执行刑事诉讼法的有关规定，切实保障犯罪嫌疑人、被告人的诉讼权利，在法定诉讼期限内及时侦查、起诉、审判。

对醉酒驾驶机动车的犯罪嫌疑人、被告人，根据案件情况，可以拘留或者取保候审。对符合取保候审条件，但犯罪嫌疑人、被告人不能提出保证人，也不交纳保证金的，可以监视居住。对违反取保候审、监视居住规定的犯罪嫌疑人、被告人，情节严重的，可以予以逮捕。

【公安文件】

《公安部关于公安机关办理醉酒驾驶机动车犯罪案件的指导意见》（公交管〔2011〕190 号，20110919）

三、进一步规范立案侦查

8. 从严掌握立案标准。经检验驾驶人血液酒精含量达到醉酒驾驶机动车标准的，一律以涉嫌危险驾驶罪立案侦查；未达到醉酒驾驶机动车标准的，按照道路交通安全法有关规定给予行政处罚。当事人被查获后，为逃避法律追究，在呼气酒精测试或者提取血样前又饮酒，经检验其血液酒精含量达到醉酒驾驶机动车标准的，应当立案侦查。当事人经呼气酒精测试达到醉酒驾驶机动车标准，在提取血样前脱逃的，应当以呼气酒精含量为依据立案侦查。

9. 全面客观收集证据。对已经立案的醉酒驾驶机动车案件，应当全面、客观地收集、调取犯罪证据材料，并严格审查、核实。要及时检查、核实车辆和人员基本情况及机动车驾驶人违法犯罪信息，详细记录现场查获醉酒驾驶机动车的过程、人员车辆基本特征以及现场采取呼气酒精测试、实施强制措施、提取血样、口头传唤、固定证据等情况。讯问犯罪嫌疑人时，应当对犯罪嫌疑人是否有罪以及情节轻重等情况作重点讯问，并听取无罪辩解。要及时收集能够证明犯罪嫌疑

人是否醉酒驾驶机动车的证人证言、视听资料等其他证据材料。

【指导性案例·法院】

〔张某某、金某危险驾驶案，FZD2014-32〕

1. 机动车驾驶人员出于竞技、追求刺激、斗气或者其他动机，在道路上曲折穿行、快速追赶行驶的，属于《中华人民共和国刑法》第一百三十三条之一规定的"追逐竞驶"。

2. 追逐竞驶虽未造成人员伤亡或财产损失，但综合考虑超过限速、闯红灯、强行超车、抗拒交通执法等严重违反道路交通安全法的行为，足以威胁他人生命、财产安全的，属于危险驾驶罪中"情节恶劣"的情形。

【法院公报案例】

〔上海市浦东新区人民检察院诉张纪伟、金鑫危险驾驶案，GB2013-12〕

根据《中华人民共和国刑法》第一百三十三条之一的规定，行为人在道路上驾驶机动车追逐竞驶，情节恶劣的，以危险驾驶罪定罪处罚。

【法院参考案例】

〔参考案例第 760 号：谢忠德危险驾驶案〕"乡间小道"能否被认定为危险驾驶罪中的"道路"？

对危险驾驶罪中"道路"的理解，应重点把握驾驶行为发生地是否具有"公共性"，只要具有"公共性"，就应当认定为"道路"。近年来，随着经济发展，农村的一些道路出现了明显的公路化演变，行驶的机动车数量大量增多，机动车在农村道

路上发生的交通事故也大幅增加。因此，将农村中具有一定规模和较强公共性的农村道路纳入"道路"范畴，不仅符合立法价值取向，而且也顺应了司法实践发展需要。

〔参考案例第 891 号：廖开田危险驾驶案〕在小区道路醉驾是否构成危险驾驶罪？

社会车辆只要登记车牌号或者交纳一定费用，即可在小区内进出、停放的，在该管理模式下的小区道路、停车场属于道路交通安全法规定的"道路"。被告人在该小区内醉酒驾驶机动车，属于在道路上醉酒驾驶，其行为构成危险驾驶罪。

〔参考案例第 892 号：林某危险驾驶案〕醉酒驾驶超标电动自行车的，是否构成危险驾驶罪？

不宜将超标电动自行车认定为"机动车"，在道路上醉酒驾驶超标电动自行车的，不构成危险驾驶罪。如果行为人驾驶超标电动自行车超速行驶的（超过 15km/h），可以对其处以警告、罚款或者扣留车辆的行政处罚。如果发生轻微交通事故，可以通过民事赔偿予以补救。如果发生重大交通事故，符合交通肇事罪构成要件的，可以依法处理。

〔参考案例第 893 号：唐浩彬危险驾驶案〕醉酒后在道路上挪动车位的行为是否构成危险驾驶罪？

行为人只要在道路上醉酒驾驶机动车，即具有法律拟制的危险性，符合危险驾驶罪的客观要件。对于为挪动车位而在道路上醉酒驾驶机动车，且行驶距离较短、速度较慢的、未发

生严重后果的，可以不作为犯罪处理。

就为挪车而短距离醉驾的案件而言，如果没有发生实际危害结果或者仅发生轻微碰、擦后果的，可以根据具体情节，认定犯罪情节显著轻微，适用"但书"条款，不作为犯罪处理，或者作免予刑事处罚。如果仅发生轻微的交通事故，致使车辆刮擦、致人轻微伤等，且行为人认罪、悔罪，积极赔偿被害人损失并取得谅解的，可以不作为犯罪处理或者作免予刑事处罚处理。如果发生致人轻伤以上的交通事故，一般不宜认为犯罪情节显著轻微，但结合具体案情、行为人的认罪、悔罪表现和赔偿情况，为体现从宽处罚精神，可以对被告人适用缓刑。

〔参考案例第 894 号：吴晓明危险驾驶案〕如何认定醉驾型危险驾驶案件中的犯罪情节轻微？

在醉驾型危险驾驶案件中，以行为和行为人为视角，可将量刑情节分为两类：

关于行为方面，主要有以下几种情节：（1）醉驾的时空环境，即时间、路段、距离。包括：醉驾的时间是深夜车辆较少还是白天车流高峰期，醉驾持续的时间有多长，饮酒与驾驶之间间隔的时间长短；醉驾的路段是繁华闹市还是人迹稀少的区域，是普通道路还是城市快速路、高速公路；被查获时醉驾的距离，离目的地的剩余距离。（2）醉驾的机动车车况。包括：是"铁包肉"的汽车还是"肉包铁"的普通摩托车；是私家车还是正在营运的客车；是符合安全技

术条件的机动车还是改装车、报废车；是独自醉驾还是载有亲友醉驾。（3）是否还有其他违反道路交通安全法的行为。包括：无证驾驶或者准驾车型不符；严重超速、超载、超员；违反交通信号；吸毒后驾驶；伪造、变造、遮挡号牌等。（4）醉驾的后果，即是否发生交通事故以及造成后果的严重程度。

关于行为人方面，主要有以下几种情节：（1）醉酒程度，即行为人的血液酒精含量是刚超过认定醉酒驾驶的标准 80 毫克/100 毫升，还是超出很高。（2）犯罪态度。包括：是否有主动停止醉驾、自首、坦白、立功或者积极赔偿等法定或者酌定从宽处罚情节；是否有拒不配合检查、弃车逃匿，甚至殴打、驾车冲撞执法人员、冲卡等恶劣行为。（3）犯罪动机或者对醉驾行为本身的认识。包括：是否有违法性认识，误以为休息数小时或者隔夜之后会醒酒而醉驾；是忽视醉驾对公共安全造成的危险而执意醉驾，还是出于救助他人而不得已醉驾；是否采取避免措施；等等。（4）行为人的一贯表现。如是否有醉驾、酒驾以及其他前科劣迹。

上述情形，基本能够准确反映出醉驾行为的社会危害程度以及行为人的人身危害大小，是决定对行为人从重或者从轻处罚的重要参考因素。就从宽处罚而言，由于危险驾驶罪是刑法分则中唯一一个主刑设置为拘役的罪名，其轻罪的罪质特点决定了对行为人从宽处罚时，往往需要在缓刑、免予刑事处罚、不作为犯罪处理三者

中权衡，为此就有必要准确区分何种情形属于犯罪情节较轻、犯罪情节轻微、犯罪情节显著轻微。仅从上述列举的几类情形中，就可以看出醉驾犯罪情况比较复杂，对何种情形属于情节较轻、轻微或者显著轻微，需要在司法实践中不断探索。这也是最高人民法院、最高人民检察院、公安部未在其联合制定的《关于办理醉酒驾驶机动车刑事案件适用法律若干问题的意见》中明确相关认定标准的一个重要原因。

审判实践中，可以尝试从醉驾行为的社会危害程度和行为人的人身危险性大小入手，以"定性＋定量"的方式明确以下区分原则：

一是对于没有发生交通事故，行为人认罪、悔罪，且无其他法定或者酌定从轻、从重处罚情节的，一般可以认定为醉驾情节较轻；对于虽然发生交通事故，但只造成轻微人身伤害或者财产损失，且被告人积极赔偿取得谅解，无其他从重处罚情节的，也可以认定为醉驾情节较轻；对于既有从轻处罚情节又有从重处罚情节的，是否整体上认定为醉驾情节较轻，应当从严掌握。根据刑法第七十二条的规定，醉驾情节较轻的，依法可以适用缓刑。

二是犯罪情节轻微可以免予刑事处罚的，除不低于缓刑的适用条件外，还应当同时具备以下条件：（1）被告人无从重处罚情节，原则上没有发生交通事故，即便发生交通事故，也仅造成轻微财产损失，或者轻微人身伤害，且被告人积极赔偿，取得被害人

谅解;(2) 至少具备一项法定或者酌定从宽处罚情节,如自首、坦白、立功、自动停止醉驾等;(3) 醉酒程度一般,血液酒精含量在 160 毫克/100 毫升以下;(4) 有符合情理的醉驾理由,如为救治病人而醉驾、在休息较长时间后误以为醒酒而醉驾、为挪动车位而短距离醉驾等。

三是犯罪情节显著轻微可以不认为是犯罪的,除不低于免予刑事处罚的适用条件外,在"量"上应当更加严格把握,要求同时具备:(1) 没有发生交通事故或者仅造成特别轻微财产损失或者人身伤害;(2) 血液酒精含量在 100 毫克/100 毫升以下;(3) 醉驾的时间和距离极短,根据一般人的经验判断,几乎没有发生交通事故的可能性。

〔参考案例第 895 号:魏海涛危险驾驶案〕在醉驾型危险驾驶案件中如何把握缓刑适用标准?

危险驾驶罪的犯罪情节较轻,不以是否发生交通事故为划分标准。对于虽然发生交通事故,但事故后果并不严重,且被告人积极赔偿、认罪、悔罪的,综合考虑全案情节,仍可以认定为犯罪情节较轻,对被告人依法可以宣告缓刑。为达到有效遏制、预防醉驾犯罪的目的,对缓刑的适用也不能失之过宽。对具有发生交通事故、肇事后逃逸、严重超速超载、无证驾驶、逃避或者阻碍公安机关依法检查等从重处罚情节的被告人,适用缓刑时应当从严掌握,一般不适用缓刑。

〔参考案例第 897 号:黄建忠危险驾驶案〕如何认定醉驾型危险驾驶犯罪案件中的自首以及如何根据具体的自首情形决定对被告人的从宽处罚程度?

被告人在得知对方当事人报警后,在人身未受到控制情况下选择了未逃离现场,自愿留在现场等候警方处理,应当认定为"自动投案"。在公安人员到来后,主动交代其在驾车前饮酒的事实,并配合公安人员对其进行呼气酒精含量测试和抽取血样,应当认定其如实供述自己的罪行,应当认定构成"自首"。危险驾驶罪本身属于轻罪,故被告人具有自首情节的,一般可以从轻处罚。但如前所述,醉驾案件中被告人自动投案的情形不同,有主动报警的,也有他人报警的,故在从轻处罚的程度上应当有所区别。如果被告人主动报警的,一般应当从轻处罚,其中没有发生交通事故的,或者只是造成轻微财产损失,没有人员伤亡的,可以不作为犯罪处理或者免除处罚。在他人报警的情况下,如果被告人未逃离现场,是因为精神上受到一定程度的强制而不敢逃逸,则从轻处罚的幅度可以小于其主动报警的情况;如果造成较为严重的交通事故(尚不构成交通肇事罪),亦可以考虑不予从轻处罚。对于被告人交通肇事逃逸后自动投案,如实供述自己罪行,构成自首的,可视具体情形决定是否对其从轻处罚以及从轻处罚的幅度,一般不能免除处罚。

〔参考案例第 898 号:郑帮巧危险驾驶案〕醉酒驾驶机动车致使本人重伤的是否构成交通肇事罪?

交通肇事罪司法解释"致一人以

上重伤"中的"人"不包括肇事者本人。行为人醉酒驾驶机动车致使本人受伤的不构成交通肇事罪，但在道路上醉酒驾车的构成危险驾驶罪。

〔**参考案例第 901 号：于岗危险驾驶、妨害公务案**〕醉酒驾驶并抗拒检查的是应当从一重处还是数罪并罚？

醉酒驾驶并抗拒检查，分别符合危险驾驶罪和妨害公务罪构成特征的，应当按照数罪并罚的原则予以并罚。

〔**参考案例第 902 号：孔某危险驾驶案**〕醉驾逃逸后找人"顶包"并指使他人提供虚假证言，导致无法及时检验血液酒精含量的案件如何处理？

1. 醉驾逃逸后找人"顶包"，并指使他人提供虚假证言，导致无法及时检验血液酒精含量的，应当以危险驾驶罪、妨害作证罪数罪并罚。

2. 醉驾入刑后，酒后驾驶抗拒、逃避检查、交通肇事后逃逸的现象逐渐增多，网络上甚至出现了专门为醉酒驾驶行为支招逃避刑事追究的"醉驾肇事逃逸攻略"。这些所谓的"攻略"致使一些醉酒驾驶行为人心存侥幸，误以为只要及时逃脱，待酒精挥发、分解、消化、排泄，血液酒精含量就会大幅度下降甚至消失，如此就能够逃避刑法处罚。因此，在绝大多数情况下，应当要求公诉机关提供血液酒精含量的鉴定意见，但同时应当保留一定的例外。如果在任何情况下都要求将血液酒精含量鉴定意见作为认定醉酒的唯一依据，既不利于遏制和预防醉驾犯罪，甚至还会纵容醉驾肇事逃逸的行为。司法实践中，根据间接证据定案的情况不在少数，只

要间接证据达到确实、充分的证明程度，能够排除合理怀疑的，仍可认定为醉酒驾驶。只是在这种情形下，对取证要求更高，要穷尽一切手段收集能够证明行为人在驾驶时处于醉酒状态的各类证据。

具体包括以下几类：一是证实行为人在驾驶前曾经饮酒或者肇事时呈现醉态的证人证言、被害人陈述。例如，与行为人一同饮酒的人和饭店工作人员关于行为人喝酒的时间、品种、数量、度数以及驾车时的状态等情节的证言，目击证人或者被害人描述行为人肇事后步态、神态等状况的证言。二是证实行为人饮酒、驾车离开时的饭店监控录像、道路监控录像等视听资料。三是专业人员的鉴定意见。对于行为人逃逸不久即被抓获，体内还能检出血液酒精含量值，但低于 80 毫克/100 毫升的，可以委托专业人员按照业内通行的 10 毫克/（100 毫升·小时）的血液清除率往回推算行为人驾驶时的血液酒精含量。四是侦查实验。根据有关证人证言、监控录像等证据证实的行为人饮酒的时间、品种、数量、度数以及距驾驶的时间等情节进行侦查实验，"还原"行为人驾驶时的状态后，提取其血样送检。如果血液酒精含量达到 80 毫克/100 毫升的，结合上述证据，可以认定行为人驾驶时呈醉酒状态。需要强调的是，鉴于血液酒精含量检验鉴定意见的重要性以及缺失后的不可弥补性，根据间接证据定案，是迫不得已的做法，应当极为慎重。

〔**参考案例第 905 号：孟令悟危险**

驾驶案〕对涉嫌犯危险驾驶罪的犯罪嫌疑人、被告人能否直接采取逮捕强制措施以及判决文书如何表述刑期起止日期？

对于涉嫌犯危险驾驶罪的犯罪嫌疑人、被告人不能直接采取逮捕强制措施，除非在取保候审、监视居住期间严重违反相关规定。由于刑期起止日期与判决执行前被告人是否被羁押密切相关，在危险驾驶案件的判决书中表述刑期起止日期时，应当区分羁押和未被羁押两种情形：

1. 作出判决时，被告人被取保候审或者监视居住的，判决执行之日不能确定，刑期的起止日期也不能确定，判决结果的刑期部分可表述为："刑期从判决执行之日起计算，判决执行前先行羁押的，羁押一日折抵刑期一日（未采取拘留措施的，略去加着重号部分）"，并将"即自×××年××月××日起至×××年××月××日止"略去。待判决生效后，将罪犯交付执行机关执行之日即为刑期开始日期，再根据先行羁押日期计算折抵后的刑期终止日期，填写在执行通知书中。本案因未对被告人孟令悟采取逮捕措施，法院在判决书中略去刑期起止日期的做法是正确的。

2. 作出判决时，被告人因违反取保候审、监视居住的规定被逮捕的，虽然不能确定判决执行之日，但经折抵先行羁押日期，刑期的起止日期是确定的，判决结果的刑期部分应当写明"刑期从判决执行之日起计算，判决执行前先行羁押的，羁押一日折抵刑期一日，即自×××年××月××日

起至×××年××月××日止"。

〔**参考案例第 917 号：杨某危险驾驶案**〕醉酒驾驶仅致本人受伤的如何处理？

对于危险驾驶仅致本人受伤且不具有从重处罚情节的，从刑罚的谦抑精神出发，可以酌情从宽处罚。实践中，因驾驶摩托车属于"肉包铁"，常发生醉酒驾驶摩托车撞到树上、掉进沟里、跌倒在地等致行为人本人自伤的后果。在这种情况下，行为人的身体和精神已经因其犯罪行为付出了一定程度的代价，如果再施以严厉的刑罚，有违刑罚谦抑精神。特别是在有的案件中，行为人承担着家庭主要经济来源，因本人遭受伤残而支出的医疗费用已是一笔沉重的负担，加上失去主要经济来源的家庭，容易转化为社会负担和不稳定因素。这种情形下，对仅导致自伤的醉驾行为人科以刑罚或者重罚，社会效果并不好。当然，在具体把握处罚幅度时，应当主要考虑行为人在道路上醉酒驾驶机动车有无法定从重处罚情节，是否属于犯罪情节较轻、情节轻微或者显著轻微，避免单纯将行为人本人受伤作为判断其醉驾情节轻微与否的主要因素。

第一百三十四条　【重大责任事故罪】在生产、作业中违反有关安全管理的规定，因而发生重大伤亡事故或者造成其他严重后果的，处三年以下有期徒刑或者拘役；情节特别恶劣的，处三年以上七年以下有期徒刑。

【强令违章冒险作业罪】强令他人违章冒险作业，因而发生重大伤亡事故或者造成其他严重后果的，处五年以下有期徒刑或者拘役；情节特别恶劣的，处五年以上有期徒刑。

【修正前条文】

第一百三十四条 【重大责任事故罪】工厂、矿山、林场、建筑企业或者其他企业、事业单位的职工，由于不服管理、违反规章制度，或者强令工人违章冒险作业，因而发生重大伤亡事故或者造成其他严重后果的，处三年以下有期徒刑或者拘役；情节特别恶劣的，处三年以上七年以下有期徒刑。

【修正说明】

刑法修正案（六）第一条对原条文作了如下修改：一是将犯罪主体从原来的企业、事业单位的职工扩大到从事生产、作业的所有人员；二是将"强令他人违章冒险作业"与一般的违章生产、作业分开，作为第二款单独规定，并将其刑罚从最高七年有期徒刑提高到十五年有期徒刑。

【立法·要点注释】

1. 本罪主体是在各类生产经营活动中从事生产、作业及其指挥管理的人员，既包括工厂、矿山、林场、建筑企业或者其他企业、事业单位的职工，也包括其他生产、经营单位的人员、个体经营户、群众合作经营组织的生产、管理人员，甚至违法经营单位、无照经营单位的生产、作业及其指挥管理人员等。

2. "违反有关安全管理的规定"的行为往往具有不同的形式。普通职工主要表现为不服管理、不听指挥、不遵守操作规程和工艺设计要求或者盲目蛮干、擅离岗位等。生产管理人员主要表现为违背客观规律在现场瞎指挥，或者作出不符合安全生产、作业要求的工作安排等。

3. 实践中，有些企业、事业单位或者群众合作经营组织、个体经营户招用从业人员，不经技术培训，也不进行必要的安全教育，直接安排其从事生产、作业，使职工在不了解安全管理规定的情况下违反安全管理规定，因而发生重大责任事故，对于生产、作业人员不宜认定为犯罪，但对发生事故的单位和经营组织、经营户的直接责任人员，则应当按照本罪定罪处罚。

4. "情节特别恶劣"，是指造成伤亡人数特别多；造成直接经济损失特别大，或者其他违反安全管理规定非常恶劣的情况。比如，经常违反规章制度，屡教不改；明知没有安全保证，不听劝阻；发生过事故不引以为戒，继续蛮干；违章行为特别恶劣，如已因违反规章制度受到批评教育或行政处罚而不改正，再次违反安全管理规定，造成重大事故；已发现事故苗头，仍然不听劝阻、一意孤行，拒不采纳工人和技术人员的意见，导致事故发生的；通过恶劣手段掩盖安全生产隐患，蒙骗工人作业，在出现险情的情况下仍然继续生产、作业或者指挥工人生产、作业的等。

5. "强令他人违章冒险作业"中的"强令",不一定表现在恶劣的态度、强硬的语言或者行动,只要是能够对工人产生精神强制,使其不敢违抗命令,不得不违章冒险作业的,均构成"强令"。该款中的"情节特别恶劣",是指用恶劣手段强令工人违章冒险作业,或者已经出现事故苗头或者已经发生事故,仍然强令冒险作业的等。

6. 自然事故,是指不依人的意志为转移的自然原因造成的事故,如雷电、暴风雨造成电路故障而引起的人员伤亡或经济损失。如果无人违章,纯属自然事故,不构成犯罪。

7. 技术事故,是指由于技术手段或者设备条件所限而无法避免的人员伤亡或经济损失。比如,在生产和科学实验中,总会因为科技水平和设备条件的限制,不可避免地出现一些事故,造成一些损失,这不是犯罪问题,但是,如果凭借现有的科技和设备条件,经过努力本来可以避免事故发生,由于疏忽大意或者过于自信未能避免的,则可能构成重大责任事故罪。

【司法解释 I 】

《最高人民检察院、公安部关于公安机关管辖的刑事案件立案追诉标准的规定(一)》(公通字〔2008〕36号,20080625)

第八条〔重大责任事故案(刑法第一百三十四条第一款)〕在生产、作业中违反有关安全管理的规定,涉嫌下列情形之一的,应予立案追诉:

(一)造成死亡一人以上,或者重伤三人以上;

(二)造成直接经济损失五十万元以上的;

(三)发生矿山生产安全事故,造成直接经济损失一百万元以上的;

(四)其他造成严重后果的情形。

第九条〔强令违章冒险作业案(刑法第一百三十四条第二款)〕强令他人违章冒险作业,涉嫌下列情形之一的,应予立案追诉:

(一)造成死亡一人以上,或者重伤三人以上;

(二)造成直接经济损失五十万元以上的;

(三)发生矿山生产安全事故,造成直接经济损失一百万元以上的;

(四)其他造成严重后果的情形。

【司法解释 II 】

《最高人民法院、最高人民检察院关于办理危害生产安全刑事案件适用法律若干问题的解释》(法释〔2015〕22 号,20151216)

第一条 刑法第一百三十四条第一款规定的犯罪主体,包括对生产、作业负有组织、指挥或者管理职责的负责人、管理人员、实际控制人、投资人等人员,以及直接从事生产、作业的人员。

第二条 刑法第一百三十四条第二款规定的犯罪主体,包括对生产、作业负有组织、指挥或者管理职责的负责人、管理人员、实际控制人、投资人等人员。

……

第五条 明知存在事故隐患、继

续作业存在危险，仍然违反有关安全管理的规定，实施下列行为之一的，应当认定为刑法第一百三十四条第二款规定的"强令他人违章冒险作业"：

（一）利用组织、指挥、管理职权，强制他人违章作业的；

（二）采取威逼、胁迫、恐吓等手段，强制他人违章作业的；

（三）故意掩盖事故隐患，组织他人违章作业的；

（四）其他强令他人违章作业的行为。

第六条 实施刑法第一百三十二条、第一百三十四条第一款、第一百三十五条、第一百三十五条之一、第一百三十六条、第一百三十九条规定的行为，因而发生安全事故，具有下列情形之一的，应当认定为"造成严重后果"或者"发生重大伤亡事故或者造成其他严重后果"，对相关责任人员，处三年以下有期徒刑或者拘役：

（一）造成死亡一人以上，或者重伤三人以上的；

（二）造成直接经济损失一百万元以上的；

（三）其他造成严重后果或者重大安全事故的情形。

实施刑法第一百三十四条第二款规定的行为，因而发生安全事故，具有本条第一款规定情形的，应当认定为"发生重大伤亡事故或者造成其他严重后果"，对相关责任人员，处五年以下有期徒刑或者拘役。

……

第七条 实施刑法第一百三十二条、第一百三十四条第一款、第一百三十五条、第一百三十五条之一、第一百三十六条、第一百三十九条规定的行为，因而发生安全事故，具有下列情形之一的，对相关责任人员，处三年以上七年以下有期徒刑：

（一）造成死亡三人以上或者重伤十人以上，负事故主要责任的；

（二）造成直接经济损失五百万元以上，负事故主要责任的；

（三）其他造成特别严重后果、情节特别恶劣或者后果特别严重的情形。

实施刑法第一百三十四条第二款规定的行为，因而发生安全事故，具有本条第一款规定情形的，对相关责任人员，处五年以上有期徒刑。

……

第十条 在安全事故发生后，直接负责的主管人员和其他直接责任人员故意阻挠开展抢救，导致人员死亡或者重伤，或者为了逃避法律追究，对被害人进行隐藏、遗弃，致使被害人因无法得到救助而死亡或者重度残疾的，分别依照刑法第二百三十二条、第二百三十四条的规定，以故意杀人罪或者故意伤害罪定罪处罚。

第十一条 生产不符合保障人身、财产安全的国家标准、行业标准的安全设备，或者明知安全设备不符合保障人身、财产安全的国家标准、行业标准而进行销售，致使发生安全事故，造成严重后果的，依照刑法第一百四十六条的规定，以生产、销售不符合安全标准的产品罪定罪处罚。

第十二条 实施刑法第一百三十二条、第一百三十四条至第一百三十九条之一规定的犯罪行为，具有下列情形之一的，从重处罚：

（一）未依法取得安全许可证件或者安全许可证件过期、被暂扣、吊销、注销后从事生产经营活动的；

（二）关闭、破坏必要的安全监控和报警设备的；

（三）已经发现事故隐患，经有关部门或者个人提出后，仍不采取措施的；

（四）一年内曾因危害生产安全违法犯罪活动受过行政处罚或者刑事处罚的；

（五）采取弄虚作假、行贿等手段，故意逃避、阻挠负有安全监督管理职责的部门实施监督检查的；

（六）安全事故发生后转移财产意图逃避承担责任的；

（七）其他从重处罚的情形。

实施前款第五项规定的行为，同时构成刑法第三百八十九条规定的犯罪的，依照数罪并罚的规定处罚。

第十三条 实施刑法第一百三十二条、第一百三十四条至第一百三十九条之一规定的犯罪行为，在安全事故发生后积极组织、参与事故抢救，或者积极配合调查、主动赔偿损失的，可以酌情从轻处罚。

第十四条 国家工作人员违反规定投资入股生产经营，构成本解释规定的有关犯罪的，或者国家工作人员的贪污、受贿犯罪行为与安全事故发生存在关联性的，从重处罚；同时构成贪污、受贿犯罪和危害生产安全犯罪的，依照数罪并罚的规定处罚。

......

第十六条 对于实施危害生产安全犯罪适用缓刑的犯罪分子，可以根据犯罪情况，禁止其在缓刑考验期限内从事与安全生产相关联的特定活动；对于被判处刑罚的犯罪分子，可以根据犯罪情况和预防再犯罪的需要，禁止其自刑罚执行完毕之日或者假释之日起三年至五年内从事与安全生产相关的职业。

第十七条 本解释自 2015 年 12 月 16 日起施行。本解释施行后，《最高人民法院、最高人民检察院关于办理危害矿山生产安全刑事案件具体应用法律若干问题的解释》（法释〔2007〕5 号）同时废止。最高人民法院、最高人民检察院此前发布的司法解释和规范性文件与本解释不一致的，以本解释为准。

【司法解释Ⅱ·注释】

本解释第五条第（三）项主要是指，有的生产经营单位管理人员在明知存在事故隐患、继续作业存在危险的情况下，采用关闭、破坏相关的安全监控和报警设备等方式，故意掩盖工作环境中存在事故隐患的事实，使一线作业者放松心理戒备，进行违章作业，此类行为的社会危险性极大，实质上与采用强制手段或者利用自身职务身份要求他人违章冒险作业的行为没有根本性区别，也应认定为"强令"。

【司法指导文件Ⅰ】

《最高人民法院关于进一步加强危害生产安全刑事案件审判工作的意见》（法发〔2011〕20 号，20111230）

二、危害生产安全刑事案件审判

工作的原则

3. 严格依法，从严惩处。对严重危害生产安全犯罪，尤其是相关职务犯罪，必须始终坚持严格依法、从严惩处。对于人民群众广泛关注、社会反映强烈的案件要及时审结，回应人民群众关切，维护社会和谐稳定。

4. 区分责任，均衡量刑。危害生产安全犯罪，往往涉案人员较多，犯罪主体复杂，既包括直接从事生产、作业的人员，也包括对生产、作业负有组织、指挥或者管理职责的负责人、管理人员、实际控制人、投资人等，有的还涉及国家机关工作人员渎职犯罪。对相关责任人的处理，要根据事故原因、危害后果、主体职责、过错大小等因素，综合考虑全案，正确划分责任，做到罪责刑相适应。

5. 主体平等，确保公正。审理危害生产安全刑事案件，对于所有责任主体，都必须严格落实法律面前人人平等的刑法原则，确保刑罚适用公正，确保裁判效果良好。

三、正确确定责任

6. 审理危害生产安全刑事案件，政府或相关职能部门依法对事故原因、损失大小、责任划分作出的调查认定，经庭审质证后，结合其他证据，可作为责任认定的依据。

7. 认定相关人员是否违反有关安全管理规定，应当根据相关法律、行政法规，参照地方性法规、规章及国家标准、行业标准，必要时可参考公认的惯例和生产经营单位制定的安全生产规章制度、操作规程。

8. 多个原因行为导致生产安全事故发生的，在区分直接原因与间接原因的同时，应当根据原因行为在引发事故中所具作用的大小，分清主要原因与次要原因，确认主要责任和次要责任，合理确定罪责。

一般情况下，对生产、作业负有组织、指挥或者管理职责的负责人、管理人员、实际控制人、投资人，违反有关安全生产管理规定，对重大生产安全事故的发生起决定性、关键性作用的，应当承担主要责任。

对于直接从事生产、作业的人员违反安全管理规定，发生重大生产安全事故的，要综合考虑行为人的从业资格、从业时间、接受安全生产教育培训情况、现场条件、是否受到他人强令作业、生产经营单位执行安全生产规章制度的情况等因素认定责任，不能将直接责任简单等同于主要责任。

对于负有安全生产管理、监督职责的工作人员，应根据其岗位职责、履职依据、履职时间综合考察工作职责、监管条件、履职能力、履职情况等，合理确定罪责。

四、准确适用法律

9. 严格把握危害生产安全犯罪与以其他危险方法危害公共安全罪的界限，不应将生产经营中违章违规的故意不加区别地视为对危害后果发生的故意。

10. 以行贿方式逃避安全生产监督管理，或者非法、违法生产、作业，导致发生重大生产安全事故，构成数罪的，依照数罪并罚的规定处罚。

违反安全生产管理规定，非法采矿、破坏性采矿或排放、倾倒、处置有害物质严重污染环境，造成重大伤亡事故或者其他严重后果，同时构成危害生产安全犯罪和破坏环境资源保护犯罪的，依照数罪并罚的规定处罚。

……

五、准确把握宽严相济刑事政策

13. 审理危害生产安全刑事案件，应综合考虑生产安全事故所造成的伤亡人数、经济损失、环境污染、社会影响、事故原因与被告人职责的关联程度、被告人主观过错大小、事故发生后被告人的施救表现、履行赔偿责任情况等，正确适用刑罚，确保裁判法律效果和社会效果相统一。

14. 造成《关于办理危害矿山生产安全刑事案件具体应用法律若干问题的解释》第四条规定的"重大伤亡事故或者其他严重后果"，同时具有下列情形之一的，也可以认定为刑法第一百三十四条、第一百三十五条规定的"情节特别恶劣"：

（一）非法、违法生产的；

（二）无基本劳动安全设施或未向生产、作业人员提供必要的劳动防护用品，生产、作业人员劳动安全无保障的；

（三）曾因安全生产设施或者安全生产条件不符合国家规定，被监督管理部门处罚或责令改正，一年内再次违规生产致使发生重大生产安全事故的；

（四）关闭、故意破坏必要安全警示设备的；

（五）已发现事故隐患，未采取有效措施，导致发生重大事故的；

（六）事故发生后不积极抢救人员，或者毁灭、伪造、隐藏影响事故调查的证据，或者转移财产逃避责任的；

（七）其他特别恶劣的情节。①

15. 相关犯罪中，具有以下情形之一的，依法从重处罚：

（一）国家工作人员违反规定投资入股生产经营企业，构成危害生产安全犯罪的；

（二）贪污贿赂行为与事故发生存在关联性的；

（三）国家工作人员的职务犯罪与事故存在直接因果关系的；

（四）以行贿方式逃避安全生产监督管理，或者非法、违法生产、作业的；

（五）生产安全事故发生后，负有报告职责的国家工作人员不报或者谎报事故情况，贻误事故抢救，尚未构成不报、谎报安全事故罪的；

（六）事故发生后，采取转移、藏匿、毁灭遇难人员尸体，或者毁灭、伪造、隐藏影响事故调查的证据，或者转移财产，逃避责任的；

（七）曾因安全生产设施或者安全生产条件不符合国家规定，被监督管理部门处罚或责令改正，一年内再次违规生产致使发生重大生产安全事故的。

16. 对于事故发生后，积极施救，

---

① 《最高人民法院关于办理危害矿山生产安全刑事案件具体应用法律若干问题的解释》已被废止，但第十四条、第十五条所列情形，属于第十八条"原则上不适用缓刑"的情形，故予以保留。——编者注

努力挽回事故损失，有效避免损失扩大；积极配合调查，赔偿受害人损失的，可依法从宽处罚。

六、依法正确适用缓刑和减刑、假释

17. 对于危害后果较轻，在责任事故中不负主要责任，符合法律有关缓刑适用条件的，可以依法适用缓刑，但应注意根据案件具体情况，区别对待，严格控制，避免适用不当造成的负面影响。

18. 对于具有下列情形的被告人，原则上不适用缓刑：

（一）具有本意见第 14 条、第 15 条所规定的情形的；

（二）数罪并罚的。

19. 宣告缓刑，可以根据犯罪情况，同时禁止犯罪分子在缓刑考验期限内从事与安全生产有关的特定活动。

20. 办理与危害生产安全犯罪相关的减刑、假释案件，要严格执行刑法、刑事诉讼法和有关司法解释规定。是否决定减刑、假释，既要看罪犯服刑期间的悔改表现，还要充分考虑原判认定的犯罪事实、性质、情节、社会危害程度等情况。

……

【司法指导文件Ⅱ】

《最高人民法院关于充分发挥审判职能作用切实维护公共安全的若干意见》（法发〔2015〕12 号，20150916）

三、依法惩治危害安全生产犯罪，促进安全生产形势根本好转

7. 准确把握打击重点。结合当前形势并针对犯罪原因，既要重点惩治发生在危险化学品、民爆器材、烟花爆竹、电梯、煤矿、非煤矿山、油气运送管道、建筑施工、消防、粉尘涉爆等重点行业领域企业，以及港口、码头、人员密集场所等重点部位的危害安全生产犯罪，更要从严惩治发生在这些犯罪背后的国家机关工作人员贪污贿赂和渎职犯罪。既要依法追究直接造成损害的从事生产、作业的责任人员，更要依法从严惩治对生产、作业负有组织、指挥或者管理职责的负责人、管理人、实际控制人、投资人。既要加大对各类安全生产犯罪的惩治力度，更要从严惩治因安全生产条件不符合国家规定被处罚而又违规生产，关闭或者故意破坏安全警示设备，事故发生后不积极抢救人员或者毁灭、伪造、隐藏影响事故调查证据，通过行贿非法获取相关生产经营资质等情节的危害安全生产的犯罪。

8. 依法妥善审理与重大责任事故有关的赔偿案件。对当事人因重大责任事故遭受人身、财产损失而提起诉讼要求赔偿的，应当依法及时受理，保障当事人诉权。对两人以上实施危及他人人身、财产安全的行为，其中一人或者数人的行为造成他人损害，能够确定具体责任人的，由责任人承担赔偿责任，不能确定具体责任人的，由行为人承担连带责任。被告人因重大责任事故既承担刑事、行政责任，又承担民事责任的，其财产应当优先承担民事责任。原告因重大责任事故遭受损失而无法及时履行赡养、抚养等义务，申请先予执行的，应当依法支持。

第一百三十五条 【重大劳动安全事故罪】安全生产设施或者安全生产条件不符合国家规定，因而发生重大伤亡事故或者造成其他严重后果的，对直接负责的主管人员和其他直接责任人员，处三年以下有期徒刑或者拘役；情节特别恶劣的，处三年以上七年以下有期徒刑。

【修正前条文】

第一百三十五条 【重大劳动安全事故罪】工厂、矿山、林场、建筑企业或者其他企业、事业单位的劳动安全设施不符合国家规定，经有关部门或者单位职工提出后，对事故隐患仍不采取措施，因而发生重大伤亡事故或者造成其他严重后果的，对直接责任人员，处三年以下有期徒刑或者拘役；情节特别恶劣的，处三年以上七年以下有期徒刑。

【修正说明】

刑法修正案（六）第二条对原条文作了如下修改：一是删去了关于主体的规定；二是将"不符合国家规定"的对象范围从"安全生产设施"扩大到"安全生产条件"；三是删去了关于"经有关部门或者单位职工提出后，对事故隐患仍不采取措施"的规定；四是将原条文中"直接责任人员"修改规定为"直接负责的主管人员和其他直接责任人员"。

【立法·要点注释】

1. "安全生产设施"，主要是指用于安全生产的各种设施和设备。主要包括安全牢固的生产用房设施、符合安全标准的各种机器设备及隔离栏、防护网、危险标志、用于逃生的安全通道等。

2. "安全生产条件"，主要是指劳动生产者在进行劳动生产时所处的环境条件及用于保护劳动者安全生产作业必不可少的安全防护用品和措施。

3. "或者造成其他严重后果的"，是指造成重大伤亡事故以外的其他严重后果的情况。如给国家财产或集体财产造成严重损失或者造成国家有关的重要工程、生产计划不能如期完工的严重后果等情况。

4. "情节特别恶劣"，是指由于有关直接负责的主管人员和其他直接责任人员，对长期存在的生产安全隐患，不及时进行治理或者明知是不符合国家规定的安全生产设施而安装或者使用的等情况。

【司法解释 I】

《最高人民检察院、公安部关于公安机关管辖的刑事案件立案追诉标准的规定（一）》（公通字〔2008〕36号，20080625）

第十条〔重大劳动安全事故案（刑法第一百三十五条）〕安全生产设施或者安全生产条件不符合国家规定，涉嫌下列情形之一的，应予立案追诉：

（一）造成死亡一人以上，或者重伤三人以上；

（二）造成直接经济损失五十万元以上的；

（三）发生矿山生产安全事故，造成直接经济损失一百万元以上的；

（四）其他造成严重后果的情形。

【司法解释Ⅱ】

《最高人民法院、最高人民检察院关于办理危害生产安全刑事案件适用法律若干问题的解释》（法释〔2015〕22 号，20151216）

第三条　刑法第一百三十五条规定的"直接负责的主管人员和其他直接责任人员"，是指对安全生产设施或者安全生产条件不符合国家规定负有直接责任的生产经营单位负责人、管理人员、实际控制人、投资人，以及其他对安全生产设施或者安全生产条件负有管理、维护职责的人员。①

【司法指导文件】

《最高人民法院研究室关于被告人阮某重大劳动安全事故案有关法律适用问题的答复》（法研〔2009〕228 号，20091225）

用人单位违反职业病防治法的规定，职业病危害预防设施不符合国家规定，因而发生重大伤亡事故或者造成其他严重后果的，对直接负责的主管人员和其他直接责任人员，可以依照刑法第一百三十五条的规定，以重大劳动安全事故罪定罪处罚。

【法院参考案例】

〔**参考案例第 505 号：尚知国等重大劳动安全事故案**〕重大劳动安全事故罪与重大责任事故罪出现竞合时应如何处理？

司法实践中，当工厂、矿山、林场、建筑企业或者其他企业、事业单位发生重大伤亡事故或者造成其他严重后果，当重大责任事故罪与重大劳动安全事故罪的客观方面和主体都出现竞合时，应当按照下列原则处理：

第一，在完全是由于安全生产设施或者安全生产条件不符合国家规定的情况下进行生产、作业，因而发生重大伤亡事故或者造成其他严重后果的情况下，应当以重大劳动安全事故罪定罪量刑。

第二，在安全生产设施或者安全生产条件不符合国家规定的情况下，在生产、作业中又违反具体的安全管理规定，因而发生重大伤亡事故或者造成其他严重后果的，应区分不同情况选择较为妥当的罪名定罪量刑：当二罪中某一罪的情节明显重于另一罪时，应按情节较重的罪名定罪量刑；当二罪的情节基本相当的情况下，对于实际控制人、投资人，他们对安全生产设施或者安全生产条件是否符合国家规定负有直接责任，在无法查清对生产、作业是否负有组织、指挥或者管理职责时，以重大劳动安全事故罪定罪量刑。如果对生产、作业同时负有组织、指挥或者管理职责时，一般仍以重大劳动安全事故罪定罪为宜，而将"在生产、作业中违反有关安全管理的规定"的行为作为从重处罚的情节；对于负责人、管理人员，他们既对生产、作业负有组织、指挥或者管理职责，又对安全生产设施或者安全生产条件是否符合国家规定负

---

①　关于本罪处罚规定，参见本法第一百三十四条项下**【司法解释Ⅱ】**第六条第一款、第七条第一款、第十二条、第十三条之规定。——编者注

有直接责任。对他们一般也以重大劳动安全事故罪定罪为宜，而将"在生产、作业中违反有关安全管理的规定"的行为作为从重处罚的情节。对于"对安全生产设施或者安全生产条件负有管理、维护职责的电工、瓦斯检查工等人员"，亦参照上述原则处理。

第一百三十五条之一　【大型群众性活动重大安全事故罪】举办大型群众性活动违反安全管理规定，因而发生重大伤亡事故或者造成其他严重后果的，对直接负责的主管人员和其他直接责任人员，处三年以下有期徒刑或者拘役；情节特别恶劣的，处三年以上七年以下有期徒刑。

【修正说明】

本罪由刑法修正案（六）第三条增设。

【立法·要点注释】

构成本罪的客观行为要同时具备两个条件：一是"违反安全管理规定"。这里的"安全管理规定"是广义的，不仅包括举办大型群众性活动应当具备的各种安全防范设施，还包括举办大型群众性活动涉及的人员管理的各种安全规定。如参加者人数大大超出场地人员的核定容量，没有迅速疏散人员的应急预案等存在严重安全隐患，不符合举办大型群众性活动的安全要求，可能危及参加者人身财产安全等情况。二是举办的是"大型群众性活动"。所谓"大型群众性活动"，是指组织者举办的活动的人数和规模。根据我国有关法律、法规的规定，所谓"大型"，一般是指参加人数在 1000 人以上的。

【司法解释】

《最高人民检察院、公安部关于公安机关管辖的刑事案件立案追诉标准的规定（一）》（公通字〔2008〕36号，20080625）

第十一条〔大型群众性活动重大安全事故案（刑法第一百三十五条之一）〕举办大型群众性活动违反安全管理规定，涉嫌下列情形之一的，应予立案追诉：

（一）造成死亡一人以上，或者重伤三人以上；

（二）造成直接经济损失五十万元以上的；

（三）其他造成严重后果的情形。①

第一百三十六条　【危险物品肇事罪】违反爆炸性、易燃性、放射性、毒害性、腐蚀性物品的管理规定，在生产、储存、运输、使用中发生重大事故，造成严重后果的，处三年以下有期徒刑或者拘役；后果特别严重的，处三年以上七年以下有期徒刑。

【司法解释】

《最高人民检察院、公安部关于公

---

①　关于本罪处罚规定，参见本法第一百三十四条项下【司法解释Ⅱ】第六条第一款、第七条第一款、第十二条、第十三条之规定。——编者注

安机关管辖的刑事案件立案追诉标准的规定（一）》（公通字〔2008〕36号，20080625）

第十二条〔危险物品肇事案（刑法第一百三十六条）〕违反爆炸性、易燃性、放射性、毒害性、腐蚀性物品的管理规定，在生产、储存、运输、使用中发生重大事故，涉嫌下列情形之一的，应予立案追诉：

（一）造成死亡一人以上，或者重伤三人以上；

（二）造成直接经济损失五十万元以上的；

（三）其他造成严重后果的情形。①

【法院公报案例】

〔淮安市人民检察院诉康兆永、王刚危险物品肇事案，GB2006 - 8〕

一、有危险货物运输从业资格的人员，明知使用具有安全隐患的机动车超载运输剧毒化学品，有可能引发危害公共安全的事故，却轻信能够避免，以致这种事故发生并造成严重后果的，构成刑法第一百三十六条规定的危险物品肇事罪。

二、从事剧毒化学品运输工作的专业人员，在发生交通事故致使剧毒化学品泄漏后，有义务利用随车配备的应急处理器材和防护用品抢救对方车辆上的受伤人员，有义务在现场附近设置警戒区域，有义务及时报警并在报警时主动说明危险物品的特征、可能发生的危害，以及需要采取何种救助工具与救助方式才能防止、减轻以至消除危害，有义务在现场等待抢险人员的到来，利用自己对剧毒危险

化学品的专业知识以及对运输车辆构造的了解，协助抢险人员处置突发事故。从事剧毒化学品运输工作的专业人员不履行这些义务，应当对由此造成的特别严重后果承担责任。

第一百三十七条 【工程重大安全事故罪】建设单位、设计单位、施工单位、工程监理单位违反国家规定，降低工程质量标准，造成重大安全事故的，对直接责任人员，处五年以下有期徒刑或者拘役，并处罚金；后果特别严重的，处五年以上十年以下有期徒刑，并处罚金。

【司法解释 I】

《最高人民检察院、公安部关于公安机关管辖的刑事案件立案追诉标准的规定（一）》（公通字〔2008〕36号，20080625）

第十三条〔工程重大安全事故案（刑法第一百三十七条）〕建设单位、设计单位、施工单位、工程监理单位违反国家规定，降低工程质量标准，涉嫌下列情形之一的，应予立案追诉：

（一）造成死亡一人以上，或者重伤三人以上；

（二）造成直接经济损失五十万元以上的；

（三）其他造成严重后果的情形。

【司法解释 II】

《最高人民法院、最高人民检察院

---

① 关于本罪处罚规定，参见本法第一百三十四条项下【司法解释 II】第六条第一款、第七条第一款、第十二条、第十三条之规定。——编者注

关于办理危害生产安全刑事案件适用法律若干问题的解释》（法释〔2015〕22 号，20151216）

第六条第一款 实施刑法第一百三十二条、第一百三十四条第一款、第一百三十五条、第一百三十五条之一、第一百三十六条、第一百三十九条规定的行为，因而发生安全事故，具有下列情形之一的，应当认定为"造成严重后果"或者"发生重大伤亡事故或者造成其他严重后果"，对相关责任人员，处三年以下有期徒刑或者拘役：

（一）造成死亡一人以上，或者重伤三人以上的；

（二）造成直接经济损失一百万元以上的；

（三）其他造成严重后果或者重大安全事故的情形。

第六条第三款 实施刑法第一百三十七条规定的行为，因而发生安全事故，具有本条第一款规定情形的，应当认定为"造成重大安全事故"，对直接责任人员，处五年以下有期徒刑或者拘役，并处罚金。

第七条第一款 实施刑法第一百三十二条、第一百三十四条第一款、第一百三十五条、第一百三十五条之一、第一百三十六条、第一百三十九条规定的行为，因而发生安全事故，具有下列情形之一的，对相关责任人员，处三年以上七年以下有期徒刑：

（一）造成死亡三人以上或者重伤十人以上，负事故主要责任的；

（二）造成直接经济损失五百万元以上，负事故主要责任的；

（三）其他造成特别严重后果、情节特别恶劣或者后果特别严重的情形。

第七条第三款 实施刑法第一百三十七条规定的行为，因而发生安全事故，具有本条第一款规定情形的，对直接责任人员，处五年以上十年以下有期徒刑，并处罚金。①

第一百三十八条 【教育设施重大安全事故罪】明知校舍或者教育教学设施有危险，而不采取措施或者不及时报告，致使发生重大伤亡事故的，对直接责任人员，处三年以下有期徒刑或者拘役；后果特别严重的，处三年以上七年以下有期徒刑。

【司法解释Ⅰ】

《最高人民检察院、公安部关于公安机关管辖的刑事案件立案追诉标准的规定（一）》（公通字〔2008〕36 号，20080625）

第十四条 〔教育设施重大安全事故案（刑法第一百三十八条）〕明知校舍或者教育教学设施有危险，而不采取措施或者不及时报告，涉嫌下列情形之一的，应予立案追诉：

（一）造成死亡一人以上、重伤三人以上或者轻伤十人以上的；

（二）其他致使发生重大伤亡事故的情形。

---

① 关于本罪从重、从轻处罚的规定，参见本法第一百三十四条项下【司法解释Ⅱ】第十二条、第十三条之规定。——编者注

【司法解释Ⅱ】

《最高人民法院、最高人民检察院关于办理危害生产安全刑事案件适用法律若干问题的解释》（法释〔2015〕22 号，20151216）

第六条第一款　实施刑法第一百三十二条、第一百三十四条第一款、第一百三十五条、第一百三十五条之一、第一百三十六条、第一百三十九条规定的行为，因而发生安全事故，具有下列情形之一的，应当认定为"造成严重后果"或者"发生重大伤亡事故或者造成其他严重后果"，对相关责任人员，处三年以下有期徒刑或者拘役：

（一）造成死亡一人以上，或者重伤三人以上的；

（二）造成直接经济损失一百万元以上的；

（三）其他造成严重后果或者重大安全事故的情形。

第六条第四款　实施刑法第一百三十八条规定的行为，因而发生安全事故，具有本条第一款第一项规定情形的，应当认定为"发生重大伤亡事故"，对直接责任人员，处三年以下有期徒刑或者拘役。

第七条第一款　实施刑法第一百三十二条、第一百三十四条第一款、第一百三十五条、第一百三十五条之一、第一百三十六条、第一百三十九条规定的行为，因而发生安全事故，具有下列情形之一的，对相关责任人员，处三年以上七年以下有期徒刑：

（一）造成死亡三人以上或者重伤十人以上，负事故主要责任的；

（二）造成直接经济损失五百万元以上，负事故主要责任的；

（三）其他造成特别严重后果、情节特别恶劣或者后果特别严重的情形。

第七条第四款　实施刑法第一百三十八条规定的行为，因而发生安全事故，具有下列情形之一的，对直接责任人员，处三年以上七年以下有期徒刑：

（一）造成死亡三人以上或者重伤十人以上，负事故主要责任的；

（二）具有本解释第六条第一款第一项规定情形，同时造成直接经济损失五百万元以上并负事故主要责任的，或者同时造成恶劣社会影响的。①

【法院公报案例】

〔高知先、乔永杰过失致人死亡案，GB2005 - 1〕

幼儿教育单位的负责人明知本单位接送幼儿的专用车辆有安全隐患，不符合行车要求，而不采取必要的检修措施，仍让他人使用该车接送幼儿，以至在车辆发生故障后，驾驶人员违规操作引起车辆失火，使被接送的幼儿多人伤亡，该负责人的行为构成刑法第一百三十八条规定的教育设施重大安全事故罪。

第一百三十九条　【消防责任事

————————

① 关于本罪从重、从轻处罚的规定，参见本法第一百三十四条项下【司法解释Ⅱ】第十二条、第十三条之规定。——编者注

故罪】违反消防管理法规，经消防监督机构通知采取改正措施而拒绝执行，造成严重后果的，对直接责任人员，处三年以下有期徒刑或者拘役；后果特别严重的，处三年以上七年以下有期徒刑。

【司法解释】

《最高人民检察院、公安部关于公安机关管辖的刑事案件立案追诉标准的规定（一）》（公通字〔2008〕36号，20080625）

第十五条〔消防责任事故案（刑法第一百三十九条）〕违反消防管理法规，经消防监督机构通知采取改正措施而拒绝执行，涉嫌下列情形之一的，应予立案追诉：

（一）造成死亡一人以上，或者重伤三人以上；

（二）造成直接经济损失五十万元以上的；

（三）造成森林火灾，过火有林地面积二公顷以上，或者过火疏林地、灌木林地、未成林地、苗圃地面积四公顷以上的；

（四）其他造成严重后果的情形。①

第一百三十九条之一 【不报、谎报安全事故罪】在安全事故发生后，负有报告职责的人员不报或者谎报事故情况，贻误事故抢救，情节严重的，处三年以下有期徒刑或者拘役；情节特别严重的，处三年以上七年以下有期徒刑。

【修正说明】

本条由刑法修正案（六）第四条增设。

【司法解释Ⅰ】

《最高人民检察院、公安部关于公安机关管辖的刑事案件立案追诉标准的规定（一）》〔公通字〔2008〕36号，20080625，经 2017 年 4 月 27 日发布的《最高人民检察院、公安部关于公安机关管辖的刑事案件立案追诉标准的规定（一）的补充规定》（公通字〔2017〕12 号）修正〕

第十五条之一〔不报、谎报安全事故案（刑法第一百三十九条之一）〕在安全事故发生后，负有报告职责的人员不报或者谎报事故情况，贻误事故抢救，涉嫌下列情形之一的，应予立案追诉：

（一）导致事故后果扩大，增加死亡 1 人以上，或者增加重伤 3 人以上，或者增加直接经济损失 100 万元以上的；

（二）实施下列行为之一，致使不能及时有效开展事故抢救的：

1. 决定不报、迟报、谎报事故情况或者指使、串通有关人员不报、迟报、谎报事故情况的；

2. 在事故抢救期间擅离职守或者逃匿的；

3. 伪造、破坏事故现场，或者转移、藏匿、毁灭遇难人员尸体，或者转移、藏匿受伤人员的；

---

① 关于本罪处罚规定，参见本法第一百三十四条项下【司法解释Ⅱ】第六条第一款、第七条第一款、第十二条、第十三条之规定。——编者注

4. 毁灭、伪造、隐匿与事故有关的图纸、记录、计算机数据等资料以及其他证据的;

(三) 其他不报、谎报安全事故情节严重的情形。

【司法解释Ⅱ】

《最高人民法院、最高人民检察院关于办理危害生产安全刑事案件适用法律若干问题的解释》(法释〔2015〕22 号, 20151216)

第四条　刑法第一百三十九条之一规定的"负有报告职责的人员",是指负有组织、指挥或者管理职责的负责人、管理人员、实际控制人、投资人,以及其他负有报告职责的人员。

……

第八条　在安全事故发生后,负有报告职责的人员不报或者谎报事故情况,贻误事故抢救,具有下列情形之一的,应当认定为刑法第一百三十九条之一规定的"情节严重":

(一) 导致事故后果扩大,增加死亡一人以上,或者增加重伤三人以上,或者增加直接经济损失一百万元以上的;

(二) 实施下列行为之一,致使不能及时有效开展事故抢救的:

1. 决定不报、迟报、谎报事故情况或者指使、串通有关人员不报、迟报、谎报事故情况的;

2. 在事故抢救期间擅离职守或者逃匿的;

3. 伪造、破坏事故现场,或者转移、藏匿、毁灭遇难人员尸体,或者转移、藏匿受伤人员的;

4. 毁灭、伪造、隐匿与事故有关的图纸、记录、计算机数据等资料以及其他证据的;

(三) 其他情节严重的情形。

具有下列情形之一的,应当认定为刑法第一百三十九条之一规定的"情节特别严重":

(一) 导致事故后果扩大,增加死亡三人以上,或者增加重伤十人以上,或者增加直接经济损失五百万元以上的;

(二) 采用暴力、胁迫、命令等方式阻止他人报告事故情况,导致事故后果扩大的;

(三) 其他情节特别严重的情形。

第九条　在安全事故发生后,与负有报告职责的人员串通,不报或者谎报事故情况,贻误事故抢救,情节严重的,依照刑法第一百三十九条之一的规定,以共犯论处。①

———

① 关于本罪从重、从轻处罚的规定,参见本法第一百三十四条项下【司法解释Ⅱ】第十二条、第十三条之规定。——编者注

第三章　破坏社会主义市场经济秩序罪

【司法指导文件 I 】

《最高人民检察院、公安部关于公安机关办理经济犯罪案件的若干规定》（公通字〔2017〕25 号，20171124）

第二十二条　涉嫌经济犯罪的案件与人民法院正在审理或者作出生效裁判文书以及仲裁机构作出裁决的民事案件有关联但不属同一法律事实的，公安机关可以立案侦查，但是不得以刑事立案为由要求人民法院移送案件、裁定驳回起诉、中止诉讼、判决驳回诉讼请求、中止执行或者撤销判决、裁定，或者要求人民法院撤销仲裁裁决。

第二十三条　人民法院在办理民事案件过程中，认为该案件不属于民事纠纷而有经济犯罪嫌疑需要追究刑事责任，并将涉嫌经济犯罪的线索、材料移送公安机关的，接受案件的公安机关应当立即审查，并在十日以内决定是否立案。公安机关不立案的，应当及时告知人民法院。

第二十四条　人民法院在办理民事案件过程中，发现与民事纠纷虽然不是同一事实但是有关联的经济犯罪线索、材料，并将涉嫌经济犯罪的线索、材料移送公安机关的，接受案件的公安机关应当立即审查，并在十日以内决定是否立案。公安机关不立案的，应当及时告知人民法院。

……

第二十九条　人民检察院发现公安机关在办理经济犯罪案件过程中适用另案处理存在违法或者不当的，可以向公安机关提出书面纠正意见或者检察建议。公安机关应当认真审查，并将结果及时反馈人民检察院。没有采纳的，应当说明理由。

……

第七十六条　本规定所称的"经济犯罪案件"，主要是指公安机关经济犯罪侦查部门按照有关规定依法管辖的各种刑事案件，但以资助方式实施的帮助恐怖活动案件，不适用本规定。

公安机关其他办案部门依法管辖刑法分则第三章规定的破坏社会主义市场经济秩序犯罪有关案件的，适用本规定。

【司法指导文件 II 】

《最高人民法院关于充分发挥审判职能作用为企业家创新创业营造良好法治环境的通知》（法〔2018〕1 号，20171229）

二、依法保护企业家的人身自由和财产权利。严格执行刑事法律和司法解释，坚决防止利用刑事手段干预经济纠纷。坚持罪刑法定原则，对企业家在生产、经营、融资活动中的创新创业行为，只要不违反刑事法律的规定，不得以犯罪论处。严格非法经营罪、合同诈骗罪的构成要件，防止随意扩大适用。对于在合同签订、履行过程中的民事争议，如无确实充分的证据证明符合犯罪构成的，不得作为刑事案件处理。严格区分企业家违法所得和合法财产，没有充分证据证明为违法所得的，不得判决追缴或者责令退赔。严格区分企业家个人财产和企业法人财产，在处理企业犯罪时不得牵连企业家个人合法财产和家庭成员财产。

【司法指导文件Ⅲ】

《最高人民法院关于在经济犯罪审判中参照适用〈最高人民检察院、公安部关于公安机关管辖的刑事案件立案追诉标准的规定（二）〉的通知》（法发〔2010〕22 号，20100621）

今年 5 月 18 日，最高人民检察院、公安部印发了《最高人民检察院、公安部关于公安机关管辖的刑事案件立案追诉标准的规定（二）》（以下简称《标准二》）。《标准二》规定了公安机关经济犯罪侦查部门管辖的 86 种刑事案件的立案追诉标准。为切实做好经济犯罪审判工作，及时、准确打击经济犯罪，有效维护市场经济秩序，现就人民法院在审理经济犯罪案件中参照适用《标准二》的有关问题通知如下：

一、最高人民法院对相关经济犯罪的定罪量刑标准没有规定的，人民法院在审理经济犯罪案件时，可以参照适用《标准二》的规定。

二、各级人民法院在参照适用《标准二》的过程中，如认为《标准二》的有关规定不能适应案件审理需要的，要结合案件具体情况和本地实际，依法审慎稳妥处理好案件的法律适用和政策把握，争取更好的社会效果。

【公安文件】

《公安部办公厅关于若干经济犯罪案件如何统计涉案总价值、挽回经济损失数额的批复》（公经〔2008〕214 号，20081105）

五、挽回经济损失额按照实际追缴的赃款以及赃物折价统计。

第一节　生产、销售伪劣商品罪

第一百四十条　【生产、销售伪劣产品罪】 生产者、销售者在产品中掺杂、掺假，以假充真，以次充好或者以不合格产品冒充合格产品，销售金额五万元以上不满二十万元的，处二年以下有期徒刑或者拘役，并处或者单处销售金额百分之五十以上二倍以下罚金；销售金额二十万元以上不满五十万元的，处二年以上七年以下有期徒刑，并处销售金额百分之五十以上二倍以下罚金；销售金额五十万元以上不满二百万元的，处七年以上有期徒刑，并处销售金额百分之五十以上二倍以下罚金；销售金额二百万元以上的，处十五年有期徒刑或者无期徒刑，并处销售金额百分之五十以上二倍以下罚金或者没收财产。

【司法解释Ⅰ】

《最高人民检察院、公安部关于公

安机关管辖的刑事案件立案追诉标准的规定（一）》（公通字〔2008〕36号，20080625）

第十六条〔生产、销售伪劣产品案（刑法第一百四十条）〕生产者、销售者在产品中掺杂、掺假，以假充真，以次充好或者以不合格产品冒充合格产品，涉嫌下列情形之一的，应予立案追诉：

（一）伪劣产品销售金额五万元以上的；

（二）伪劣产品尚未销售，货值金额十五万元以上的；

（三）伪劣产品销售金额不满五万元，但将已销售金额乘以三倍后，与尚未销售的伪劣产品货值金额合计十五万元以上的。

本条规定的"掺杂、掺假"，是指在产品中掺入杂质或者异物，致使产品质量不符合国家法律、法规或者产品明示质量标准规定的质量要求，降低、失去应有使用性能的行为；"以假充真"，是指以不具有某种使用性能的产品冒充具有该种使用性能的产品的行为；"以次充好"，是指以低等级、低档次产品冒充高等级、高档次产品，或者以残次、废旧零配件组合、拼装后冒充正品或者新产品的行为；"不合格产品"，是指不符合《中华人民共和国产品质量法》规定的质量要求的产品。

对本条规定的上述行为难以确定的，应当委托法律、行政法规规定的产品质量检验机构进行鉴定。本条规定的"销售金额"，是指生产者、销售者出售伪劣产品后所得和应得的全部违法收入；"货值金额"，以违法生产、销售的伪劣产品的标价计算；没有标价的，按照同类合格产品的市场中间价格计算。货值金额难以确定的，按照《扣押、追缴、没收物品估价管理办法》的规定，委托估价机构进行确定。

【司法解释Ⅱ】

《最高人民法院、最高人民检察院关于办理危害食品安全刑事案件适用法律若干问题的解释》（法释〔2013〕12 号，20130504）

第十条　生产、销售不符合食品安全标准的食品添加剂，用于食品的包装材料、容器、洗涤剂、消毒剂，或者用于食品生产经营的工具、设备等，构成犯罪的，依照刑法第一百四十条的规定以生产、销售伪劣产品罪定罪处罚。

【司法解释Ⅲ】

《最高人民法院、最高人民检察院关于办理非法生产、销售烟草专卖品等刑事案件具体应用法律若干问题的解释》（法释〔2010〕7 号，20100326）

第一条第一款　生产、销售伪劣卷烟、雪茄烟等烟草专卖品，销售金额在五万元以上的，依照刑法第一百四十条的规定，以生产、销售伪劣产品罪定罪处罚。

第二条　伪劣卷烟、雪茄烟等烟草专卖品尚未销售，货值金额达到刑法第一百四十条规定的销售金额定罪起点数额标准的三倍以上的，或者销售金额未达到五万元，但与未销售货值金额合计达到十五万元以上的，以生产、销售伪劣产品罪（未遂）定罪处罚。

销售金额和未销售货值金额分别达到不同的法定刑幅度或者均达到同一法定刑幅度的，在处罚较重的法定刑幅度内酌情从重处罚。

查获的未销售的伪劣卷烟、雪茄烟，能够查清销售价格的，按照实际销售价格计算。无法查清实际销售价格，有品牌的，按照该品牌卷烟、雪茄烟的查获地省级烟草专卖行政主管部门出具的零售价格计算；无品牌的，按照查获地省级烟草专卖行政主管部门出具的上年度卷烟平均零售价格计算。

……

第四条　非法经营烟草专卖品，能够查清销售或者购买价格的，按照其销售或者购买的价格计算非法经营数额。无法查清销售或者购买价格的，按照下列方法计算非法经营数额：

（一）查获的卷烟、雪茄烟的价格，有品牌的，按照该品牌卷烟、雪茄烟的查获地省级烟草专卖行政主管部门出具的零售价格计算；无品牌的，按照查获地省级烟草专卖行政主管部门出具的上年度卷烟平均零售价格计算；

（二）查获的复烤烟叶、烟叶的价格按照查获地省级烟草专卖行政主管部门出具的上年度烤烟调拨平均基准价格计算；

（三）烟丝的价格按照第（二）项规定价格计算标准的一点五倍计算；

（四）卷烟辅料的价格，有品牌的，按照该品牌辅料的查获地省级烟

草专卖行政主管部门出具的价格计算；无品牌的，按照查获地省级烟草专卖行政主管部门出具的上年度烟草行业生产卷烟所需该类卷烟辅料的平均价格计算；

（五）非法生产、销售、购买烟草专用机械的价格按照国务院烟草专卖行政主管部门下发的全国烟草专用机械产品指导价格目录进行计算；目录中没有该烟草专用机械的，按照省级以上烟草专卖行政主管部门出具的目录中同类烟草专用机械的平均价格计算。

第五条　行为人实施非法生产、销售烟草专卖品犯罪，同时构成生产、销售伪劣产品罪、侵犯知识产权犯罪、非法经营罪的，依照处罚较重的规定定罪处罚。

第六条　明知他人实施本解释第一条所列犯罪，而为其提供贷款、资金、账号、发票、证明、许可证件，或者提供生产、经营场所、设备、运输、仓储、保管、邮寄、代理进出口等便利条件，或者提供生产技术、卷烟配方的，应当按照共犯追究刑事责任。

第七条　办理非法生产、销售烟草专卖品等刑事案件，需要对伪劣烟草专卖品鉴定的，应当委托国务院产品质量监督管理部门和省、自治区、直辖市人民政府产品质量监督管理部门指定的烟草质量检测机构进行。

第八条　以暴力、威胁方法阻碍烟草专卖执法人员依法执行职务，构成犯罪的，以妨害公务罪追究刑事责任。

煽动群众暴力抗拒烟草专卖法律

实施，构成犯罪的，以煽动暴力抗拒法律实施罪追究刑事责任。

第九条 本解释所称"烟草专卖品"，是指卷烟、雪茄烟、烟丝、复烤烟叶、烟叶、卷烟纸、滤嘴棒、烟用丝束、烟草专用机械。

本解释所称"卷烟辅料"，是指卷烟纸、滤嘴棒、烟用丝束。

本解释所称"烟草专用机械"，是指由国务院烟草专卖行政主管部门烟草专用机械名录所公布的，在卷烟、雪茄烟、烟丝、复烤烟叶、烟叶、卷烟纸、滤嘴棒、烟用丝束的生产加工过程中，能够完成一项或者多项特定加工工序，可以独立操作的机械设备。

本解释所称"同类烟草专用机械"，是指在卷烟、雪茄烟、烟丝、复烤烟叶、烟叶、卷烟纸、滤嘴棒、烟用丝束的生产加工过程中，能够完成相同加工工序的机械设备。

第十条 以前发布的有关规定与本解释不一致的，以本解释为准。

【司法解释Ⅳ】

《最高人民检察院关于办理非法经营食盐刑事案件具体应用法律若干问题的解释》（高检发释字〔2002〕6号，20020913）

第四条 以非碘盐充当碘盐或者以工业用盐等非食盐充当食盐进行非法经营，同时构成非法经营罪和生产、销售伪劣产品罪、生产、销售不符合卫生标准的食品罪、生产、销售有毒、有害食品罪等其他犯罪的，依照处罚较重的规定追究刑事责任。

【司法解释Ⅴ】

《最高人民法院、最高人民检察院关于办理妨害预防、控制突发传染病疫情等灾害的刑事案件具体应用法律若干问题的解释》（法释〔2003〕8号，20030515）

第二条 在预防、控制突发传染病疫情等灾害期间，生产、销售伪劣的防治、防护产品、物资，或者生产、销售用于防治传染病的假药、劣药，构成犯罪的，分别依照刑法第一百四十条、第一百四十一条、第一百四十二条的规定，以生产、销售伪劣产品罪，生产、销售假药罪或者生产、销售劣药罪定罪，依法从重处罚。

……

第十七条 人民法院、人民检察院办理有关妨害预防、控制突发传染病疫情等灾害的刑事案件，对于有自首、立功等悔罪表现的，依法从轻、减轻、免除处罚或者依法作出不起诉决定。

【司法解释Ⅵ】

《最高人民法院、最高人民检察院关于办理生产、销售伪劣商品刑事案件具体应用法律若干问题的解释》（法释〔2001〕10号，20010410）

第一条 刑法第一百四十条规定的"在产品中掺杂、掺假"，是指在产品中掺入杂质或者异物，致使产品质量不符合国家法律、法规或者产品明示质量标准规定的质量要求，降低、失去应有使用性能的行为。

刑法第一百四十条规定的"以假充真"，是指以不具有某种使用性能的产品冒充具有该种使用性能的产品的行为。

刑法第一百四十条规定的"以次充好",是指以低等级、低档次产品冒充高等级、高档次产品,或者以残次、废旧零配件组合、拼装后冒充正品或者新产品的行为。

刑法第一百四十条规定的"不合格产品",是指不符合《中华人民共和国产品质量法》第二十六条第二款规定的质量要求的产品。

对本条规定的上述行为难以确定的,应当委托法律、行政法规规定的产品质量检验机构进行鉴定。

第二条　刑法第一百四十条、第一百四十九条规定的"销售金额",是指生产者、销售者出售伪劣产品后所得和应得的全部违法收入。

伪劣产品尚未销售,货值金额达到刑法第一百四十条规定的销售金额三倍以上的,以生产、销售伪劣产品罪(未遂)定罪处罚。

货值金额以违法生产、销售的伪劣产品的标价计算;没有标价的,按照同类合格产品的市场中间价格计算。货值金额难以确定的,按照国家计划委员会、最高人民法院、最高人民检察院、公安部1997年4月22日联合发布的《扣押、追缴、没收物品估价管理办法》的规定,委托指定的估价机构确定。

多次实施生产、销售伪劣产品行为,未经处理的,伪劣产品的销售金额或者货值金额累计计算。

……

第九条　知道或者应当知道他人实施生产、销售伪劣商品犯罪,而为其提供贷款、资金、账号、发票、证明、许可证件,或者提供生产、经营场所或者运输、仓储、保管、邮寄等便利条件,或者提供制假生产技术的,以生产、销售伪劣商品犯罪的共犯论处。

第十条　实施生产、销售伪劣商品犯罪,同时构成侵犯知识产权、非法经营等其他犯罪的,依照处罚较重的规定定罪处罚。

第十一条　实施刑法第一百四十条至第一百四十八条规定的犯罪,又以暴力、威胁方法抗拒查处,构成其他犯罪的,依照数罪并罚的规定处罚。

第十二条　国家机关工作人员参与生产、销售伪劣商品犯罪的,从重处罚。

【司法解释Ⅵ·注释】

1. "以假充真"本质上是以不具有某种使用性能的产品冒充具有某种性能产品的行为。如以萝卜冒充人参,以土豆冒充天麻等。实践中,假冒他人的品牌、产地、厂名、厂址的行为,不宜认定为"以假充真"。

2. "销售金额",是指生产者、销售者出售伪劣产品后所得和应得的全部违法收入。全部违法收入不应该扣除成本及各种费用,包括所得的和应得的两种违法收入。前者指行为人出售伪劣商品后已经得到的违法收入;后者指行为人已经出售伪劣商品按照合同或者约定将要得到的违法收入。

【司法指导文件Ⅰ】

《最高人民法院、最高人民检察

院、公安部、国家安全监管总局关于依法加强对涉嫌犯罪的非法生产经营烟花爆竹行为刑事责任追究的通知》（安监总管三〔2012〕116 号，20120906）

一、非法生产、经营烟花爆竹及相关行为涉及非法制造、买卖、运输、邮寄、储存黑火药、烟火药，构成非法制造、买卖、运输、邮寄、储存爆炸物罪的，应当依照刑法第一百二十五条的规定定罪处罚；非法生产、经营烟花爆竹及相关行为涉及生产、销售伪劣产品或不符合安全标准产品，构成生产、销售伪劣产品罪或生产、销售不符合安全标准产品罪的，应当依照刑法第一百四十条、第一百四十六条的规定定罪处罚；非法生产、经营烟花爆竹及相关行为构成非法经营罪的，应当依照刑法第二百二十五条的规定定罪处罚。上述非法生产经营烟花爆竹行为的定罪量刑和立案追诉标准，分别按照《最高人民法院关于审理非法制造、买卖、运输枪支、弹药、爆炸物等刑事案件具体应用法律若干问题的解释》（法释〔2009〕18号）、《最高人民法院最高人民检察院关于办理生产、销售伪劣商品刑事案件具体应用法律若干问题的解释》（法释〔2001〕10号）、《最高人民检察院、公安部关于公安机关管辖的刑事案件立案追诉标准的规定（一）》（公通字〔2008〕36号）、《最高人民检察院、公安部关于公安机关管辖的刑事案件立案追诉标准的规定（二）》（公通字〔2010〕23号）等有关规定执行。

【司法指导文件Ⅱ】

《最高人民法院、最高人民检察院、公安部、国家烟草专卖局关于办理假冒伪劣烟草制品等刑事案件适用法律问题座谈会纪要》（商检会〔2003〕4号，20031223）

一、关于生产、销售伪劣烟草制品行为适用法律问题

（二）关于非法生产、拼装、销售烟草专用机械行为定罪处罚问题

非法生产、拼装、销售烟草专用机械行为，依照刑法第一百四十条的规定，以生产、销售伪劣产品罪追究刑事责任。

……

四、关于共犯问题

知道或者应当知道他人实施本《纪要》第一条至第三条规定的犯罪行为，仍实施下列行为之一的，应认定为共犯，依法追究刑事责任：

1. 直接参与生产、销售假冒伪劣烟草制品或者销售假冒烟用注册商标的烟草制品或者直接参与非法经营烟草制品并在其中起主要作用的；

2. 提供房屋、场地、设备、车辆、贷款、资金、账号、发票、证明、技术等设施和条件，用于帮助生产、销售、储存、运输假冒伪劣烟草制品、非法经营烟草制品的；

3. 运输假冒伪劣烟草制品的。

上述人员中有检举他人犯罪经查证属实，或者提供重要线索，有立功表现的，可以从轻或减轻处罚；有重大立功表现的，可以减轻或者免除处罚。

五、国家机关工作人员参与实施本《纪要》第一条至第三条规定的犯罪行为的处罚问题

根据《最高人民法院、最高人民检察院关于办理生产、销售伪劣商品刑事案件具体应用法律若干问题的解释》的规定，国家机关工作人员参与实施本《纪要》第一条至第三条规定的犯罪行为的，从重处罚。

六、关于一罪与数罪问题

行为人的犯罪行为同时构成生产、销售伪劣产品罪、销售假冒注册商标的商品罪、非法经营罪等罪的，依照处罚较重的规定定罪处罚。

……

十一、关于烟草制品、卷烟的范围

本纪要所称烟草制品指卷烟、雪茄烟、烟丝、复烤烟叶、烟叶、卷烟纸、滤嘴棒、烟用丝束。

本纪要所称卷烟包括散支烟和成品烟。

【司法指导文件Ⅲ】

《最高人民法院关于审理生产、销售伪劣商品刑事案件有关鉴定问题的通知》（法〔2001〕70 号，20010521）

一、对于提起公诉的生产、销售伪劣产品、假冒商标、非法经营等严重破坏社会主义市场经济秩序的犯罪案件，所涉生产、销售的产品是否属于"以假充真"、"以次充好"、"以不合格产品冒充合格产品"难以确定的，应当根据《最高人民法院、最高人民检察院关于办理生产、销售伪劣商品刑事案件具体应用法律若干问题的解

释》第一条第五款的规定，由公诉机关委托法律、行政法规规定的产品质量检验机构进行鉴定。

……

三、经鉴定确系伪劣商品，被告人的行为既构成生产、销售伪劣产品罪，又构成生产、销售假药罪或者生产、销售不符合卫生标准的食品罪①，或者同时构成侵犯知识产权、非法经营等其他犯罪的，根据刑法第一百四十九条第二款和《最高人民法院、最高人民检察院关于办理生产、销售伪劣商品刑事案件具体应用法律若干问题的解释》第十条的规定，应当依照处罚较重的规定定罪处罚。

【指导性案例·检察】

〔**柳立国等人生产、销售有毒、有害食品，生产、销售伪劣产品案**，JZD2014 - 12〕

……明知油脂经销者向饲料生产企业和药品生产企业等单位销售豆油等食用油，仍将用餐厨废弃油加工而成的劣质油脂销售给对方，导致劣质油脂流向饲料生产企业和药品生产企业等单位的，构成生产、销售伪劣产品罪。

【法院参考案例】

〔**参考案例第 8 号：王洪成生产、销售伪劣产品案**〕对于生产、销售不具有生产者、销售者所许诺的使用性能的新产品的行为如何适用法律？

《中华人民共和国标准化法》规

————

① 此罪名已变更为"生产、销售不符合安全标准的食品罪"。——编者注

定了产品质量标准。该法将我国的产品质量标准分为国际标准、国家标准、行业标准、地方标准和企业标准。对于没有国际标准、国家标准、行业标准、地方标准可供执行的"新产品"，应执行企业标准。根据企业标准生产、销售的产品，应当具备其许诺的使用性能。如果不具有生产者、销售者所许诺的性能，就是不合格产品，属于我国刑法生产、销售伪劣产品罪中的"伪劣产品"，行为人的行为构成该罪的，应当以该罪处罚。

〔**参考案例第 143 号：韩俊杰、付安生、韩军生生产伪劣产品案**〕为他人加工伪劣产品的行为如何定罪处罚？

明知他人以销售的目的委托加工伪劣产品，而为其加工的行为构成生产、销售伪劣产品罪；仅有伪劣产品的加工生产行为，但没有销售行为的，应以生产、销售伪劣产品罪定罪。

第一百四十一条 【生产、销售假药罪】 生产、销售假药的，处三年以下有期徒刑或者拘役，并处罚金；对人体健康造成严重危害或者有其他严重情节的，处三年以上十年以下有期徒刑，并处罚金；致人死亡或者有其他特别严重情节的，处十年以上有期徒刑、无期徒刑或者死刑，并处罚金或者没收财产。

本条所称假药，是指依照《中华人民共和国药品管理法》的规定属于假药和按假药处理的药品、非药品。

【修正前条文】

第一百四十一条 【生产、销售假药罪】 生产、销售假药，足以严重危害人体健康的，处三年以下有期徒刑或者拘役，并处或者单处销售金额百分之五十以上二倍以下罚金；对人体健康造成严重危害的，处三年以上十年以下有期徒刑，并处销售金额百分之五十以上二倍以下罚金；致人死亡或者对人体健康造成特别严重危害的，处十年以上有期徒刑、无期徒刑或者死刑，并处销售金额百分之五十以上二倍以下罚金或者没收财产。

本条所称假药，是指依照《中华人民共和国药品管理法》的规定属于假药和按假药处理的药品、非药品。

【修正说明】

刑法修正案（八）第二十三条对原条文作出下述修改：一是降低了本罪的入罪门槛。在修改后的规定中，本罪为行为犯，只要实施生产、销售假药的行为就构成犯罪。二是在加重处罚的情节中增加了关于有其他严重情节和特别严重情节的规定。三是删除了罚金刑中关于数额的具体规定。四是删除了本条中单处罚金的规定。

【立法·要点注释】

"假药"，是指依照药品管理法的规定，属于假药和按假药处理的药品、非药品。根据药品管理法第四十八条的规定，假药包括：（1）药品所含成分与国家药品标准规定的成分不符的；（2）以非药品冒充药品或者以他种药品冒充此种药品的。有下列情形之一的药品，按假药论处：（1）国务院药品监督管理部门规定禁止使用的；（2）依照该法必须批准而未经批准生产、进口，或者依照该法必须检验而未经检验即销售的；（3）变质的；（4）被污染的；（5）使用依照该法必须取得批准文号而未取得批准文号的原料药生产的；（6）所标明的适应症或者功能主治超出规定范围的。

【司法解释 I】

《最高人民检察院、公安部关于公安机关管辖的刑事案件立案追诉标准的规定（一）》〔公通字〔2008〕36号，20080625，经 2017 年 4 月 27 日发布的《最高人民检察院、公安部关于公安机关管辖的刑事案件立案追诉标准的规定（一）的补充规定》（公通字〔2017〕12 号）修正〕

第十七条〔生产、销售假药案（刑法第一百四十一条）〕生产、销售假药的，应予立案追诉。但销售少量根据民间传统配方私自加工的药品，或者销售少量未经批准进口的国外、境外药品，没有造成他人伤害后果或者延误诊治，情节显著轻微危害不大的除外。

以生产、销售假药为目的，具有下列情形之一的，属于本条规定的"生产"：

（一）合成、精制、提取、储存、加工炮制药品原料的；

（二）将药品原料、辅料、包装材料制成成品过程中，进行配料、混合、制剂、储存、包装的；

（三）印制包装材料、标签、说明书的。

医疗机构、医疗机构工作人员明知是假药而有偿提供给他人使用，或者为出售而购买、储存的，属于本条规定的"销售"。

本条规定的"假药"，是指依照《中华人民共和国药品管理法》的规定属于假药和按假药处理的药品、非药品。是否属于假药难以确定的，可以根据地市级以上药品监督管理部门出具的认定意见等相关材料进行认定。必要时，可以委托省级以上药品监督管理部门设置或者确定的药品检验机构进行检验。

【司法解释 II】

《最高人民法院、最高人民检察院关于办理药品、医疗器械注册申请材料造假刑事案件适用法律若干问题的解释》（法释〔2017〕15 号，20170901）

第一条 药物非临床研究机构、药物临床试验机构、合同研究组织的工作人员，故意提供虚假的药物非临床研究报告、药物临床试验报告及相关材料的，应当认定为刑法第二百二十九条规定的"故意提供虚假证明文件"。

实施前款规定的行为，具有下列情形之一的，应当认定为刑法第二百二十九条规定的"情节严重"，以提供虚假证明文件罪处五年以下有期徒刑或者拘役，并处罚金：

（一）在药物非临床研究或者药物临床试验过程中故意使用虚假试验用药品的；

（二）瞒报与药物临床试验用药品相关的严重不良事件的；

（三）故意损毁原始药物非临床研究数据或者药物临床试验数据的；

（四）编造受试动物信息、受试者信息、主要试验过程记录、研究数据、检测数据等药物非临床研究数据或者药物临床试验数据，影响药品安全性、有效性评价结果的；

（五）曾因在申请药品、医疗器械注册过程中提供虚假证明材料受过刑事处罚或者二年内受过行政处罚，又提供虚假证明材料的；

（六）其他情节严重的情形。

......

第三条 药品注册申请单位的工作人员，故意使用符合本解释第一条第二款规定的虚假药物非临床研究报告、药物临床试验报告及相关材料，骗取药品批准证明文件生产、销售药品的，应当依照刑法第一百四十一条规定，以生产、销售假药罪定罪处罚。

【司法解释Ⅲ】

《最高人民法院、最高人民检察院关于办理危害药品安全刑事案件适用法律若干问题的解释》（法释〔2014〕14 号，20141201）

第一条 生产、销售假药，具有下列情形之一的，应当酌情从重处罚：

（一）生产、销售的假药以孕产妇、婴幼儿、儿童或者危重病人为主要使用对象的；

（二）生产、销售的假药属于麻醉药品、精神药品、医疗用毒性药品、放射性药品、避孕药品、血液制品、疫苗的；

（三）生产、销售的假药属于注射剂药品、急救药品的；

（四）医疗机构、医疗机构工作人员生产、销售假药的；

（五）在自然灾害、事故灾难、公共卫生事件、社会安全事件等突发事件期间，生产、销售用于应对突发事件的假药的；

（六）两年内曾因危害药品安全违法犯罪活动受过行政处罚或者刑事处罚的；

（七）其他应当酌情从重处罚的情形。

第二条 生产、销售假药，具有下列情形之一的，应当认定为刑法第一百四十一条规定的"对人体健康造成严重危害"：

（一）造成轻伤或者重伤的；

（二）造成轻度残疾或者中度残疾的；

（三）造成器官组织损伤导致一般功能障碍或者严重功能障碍的；

（四）其他对人体健康造成严重危害的情形。

第三条 生产、销售假药，具有下列情形之一的，应当认定为刑法第一百四十一条规定的"其他严重情节"：

（一）造成较大突发公共卫生事件的；

（二）生产、销售金额二十万元以上不满五十万元的；

（三）生产、销售金额十万元以上不满二十万元，并具有本解释第一条规定情形之一的；

（四）根据生产、销售的时间、数量、假药种类等，应当认定为情节严重的。

第四条 生产、销售假药，具有

下列情形之一的，应当认定为刑法第一百四十一条规定的"其他特别严重情节"：

（一）致人重度残疾的；

（二）造成三人以上重伤、中度残疾或者器官组织损伤导致严重功能障碍的；

（三）造成五人以上轻度残疾或者器官组织损伤导致一般功能障碍的；

（四）造成十人以上轻伤的；

（五）造成重大、特别重大突发公共卫生事件的；

（六）生产、销售金额五十万元以上的；

（七）生产、销售金额二十万元以上不满五十万元，并具有本解释第一条规定情形之一的；

（八）根据生产、销售的时间、数量、假药种类等，应当认定为情节特别严重的。

……

第六条　以生产、销售假药、劣药为目的，实施下列行为之一的，应当认定为刑法第一百四十一条、第一百四十二条规定的"生产"：

（一）合成、精制、提取、储存、加工炮制药品原料的行为；

（二）将药品原料、辅料、包装材料制成成品过程中，进行配料、混合、制剂、储存、包装的行为；

（三）印制包装材料、标签、说明书的行为。

医疗机构、医疗机构工作人员明知是假药、劣药而有偿提供给他人使用，或者为出售而购买、储存的行为，应当认定为刑法第一百四十一条、第一百四十二条规定的"销售"。

……

第八条　明知他人生产、销售假药、劣药，而有下列情形之一的，以共同犯罪论处：

（一）提供资金、贷款、账号、发票、证明、许可证件的；

（二）提供生产、经营场所、设备或者运输、储存、保管、邮寄、网络销售渠道等便利条件的；

（三）提供生产技术或者原料、辅料、包装材料、标签、说明书的；

（四）提供广告宣传等帮助行为的。

……

第十条　实施生产、销售假药、劣药犯罪，同时构成生产、销售伪劣产品、侵犯知识产权、非法经营、非法行医、非法采供血等犯罪的，依照处罚较重的规定定罪处罚。

第十一条　对实施本解释规定之罪的犯罪分子，应当依照刑法规定的条件，严格缓刑、免予刑事处罚的适用。对于适用缓刑的，应当同时宣告禁止令，禁止犯罪分子在缓刑考验期内从事药品生产、销售及相关活动。

销售少量根据民间传统配方私自加工的药品，或者销售少量未经批准进口的国外、境外药品，没有造成他人伤害后果或者延误诊治，情节显著轻微危害不大的，不认为是犯罪。

第十二条　犯生产、销售假药罪的，一般应当依法判处生产、销售金额二倍以上的罚金。共同犯罪的，对各共同犯罪人合计判处的罚金应当在生产、销售金额的二倍以上。

第十三条 单位犯本解释规定之罪的，对单位判处罚金，并对直接负责的主管人员和其他直接责任人员，依照本解释规定的自然人犯罪的定罪量刑标准处罚。

第十四条 是否属于刑法第一百四十一条、第一百四十二条规定的"假药""劣药"难以确定的，司法机关可以根据地市级以上药品监督管理部门出具的认定意见等相关材料进行认定。必要时，可以委托省级以上药品监督管理部门设置或者确定的药品检验机构进行检验。

第十五条 本解释所称"生产、销售金额"，是指生产、销售假药、劣药所得和可得的全部违法收入。

第十六条 本解释规定的"轻伤""重伤"按照《人体损伤程度鉴定标准》进行鉴定。

本解释规定的"轻度残疾""中度残疾""重度残疾"按照相关伤残等级评定标准进行评定。

第十七条 本解释发布施行后，《最高人民法院、最高人民检察院关于办理生产、销售假药、劣药刑事案件具体应用法律若干问题的解释》（法释〔2009〕9号）同时废止；之前发布的司法解释和规范性文件与本解释不一致的，以本解释为准。

【司法指导文件】

《最高人民检察院法律政策研究室对〈关于具有药品经营资质的企业通过非法渠道从私人手中购进药品后销售的如何适用法律问题的请示〉的答复》（高检研〔2015〕19号，20151026）

司法机关应当根据《中华人民共和国药品管理法》的有关规定，对具有药品经营资质的企业通过非法渠道从私人手中购销的药品的性质进行认定，区分不同情况，分别定性处理：一是对于经认定属于假药、劣药，且达到"两高"《关于办理危害药品安全刑事案件适用法律若干问题的解释》（以下简称《药品解释》）规定的销售假药罪、销售劣药罪的定罪量刑标准的，应当以销售假药罪、销售劣药罪依法追究刑事责任。……三是对于无法认定属于假药、劣药的，可以由药品监督管理部门依照《中华人民共和国药品管理法》的规定给予行政处罚，不宜以非法经营罪追究刑事责任。

【法院参考案例】

〔参考案例第 1074 号：杨智勇销售假药案〕联系制作假药销售网站的行为是否构成生产、销售假药罪的共犯？

明知他人生产、销售假药、劣药，仍提供广告宣传等帮助行为的，以共同犯罪论处。司法实践中，如果行为人辩称主观上不明知生产、销售的系假药，就需要结合行为人具体实施的行为以及涉案各环节其他行为人的供述、相关证人证言和鉴定意见等证据进行全面分析，综合认定。具体可从以下方面入手进行分析：（1）对药品生产、经营资格准入制度的认知；（2）自身对药品真假的鉴别能力和资质的认知；（3）行为人在制售假药过程中违法追逐暴利的思想和行为表现；（4）销售环节行为人对药品真实性的怀疑或者应当引起的怀疑；（5）行为人涉足药品行业的时间和对药品常识及假药危害的知晓；（6）违法制售假药过程中各行为人供述及相关证人证言对犯罪事实的相互印证；（7）行为人的年龄、文化程度、职业、阅历等方面综合情况。

第一百四十二条 【生产、销售劣药罪】 生产、销售劣药，对人体健康造成严重危害的，处三年以上十年以下有期徒刑，并处销售金额百分之五十以上二倍以下罚金；后果特别严重的，处十年以上有期徒刑或者无期徒刑，并处销售金额百分之五十以上二倍以下罚金或者没收财产。

本条所称劣药，是指依照《中华人民共和国药品管理法》的规定属于劣药的药品。

【立法·要点注释】

1. 实践中，应注意本罪与神汉、巫婆利用迷信手段骗取财物的区别：二罪除犯罪主体不同外，在客观方面，神汉、巫婆只是利用迷信手段，把根本不具备药品效能和外观、包装的物品当成药品诈骗钱财，其所利用的不是人们认为药品可以治病的科学心理，而是利用人们的愚昧、迷信心理。

2. 如果生产、销售劣药行为同时触犯了两种罪名，则按处刑较重的罪处罚：如果生产、销售劣药，没有对人体造成严重危害的后果，而销售金额在五万元以上的，则不构成生产、销售劣药罪，而应以生产、销售伪劣

产品罪处罚。

3. 所谓劣药，是指药品成份的含量不符合国家药品标准的药品。有下列情形之一的药品，按劣药论处：未标明有效期或者更改有效期的；不注明或者更改生产批号的；超过有效期的；直接接触药品的包装材料和容器未经批准的；擅自添加着色剂、防腐剂、香料、矫味剂及辅料的；其他不符合药品标准规定的。

【司法解释 I】

《最高人民检察院、公安部关于公安机关管辖的刑事案件立案追诉标准的规定（一）》（公通字〔2008〕36号，20080625）

第十八条〔生产、销售劣药案（刑法第一百四十二条）〕生产（包括配制）、销售劣药，涉嫌下列情形之一的，应予立案追诉：

（一）造成人员轻伤、重伤或者死亡的；

（二）其他对人体健康造成严重危害的情形。

本条规定的"劣药"，是指依照《中华人民共和国药品管理法》的规定，药品成份的含量不符合国家药品标准的药品和按劣药论处的药品。

【司法解释 II】

《最高人民法院、最高人民检察院关于办理危害药品安全刑事案件适用法律若干问题的解释》（法释〔2014〕14号，20141201）

第五条 生产、销售劣药，具有本解释第二条规定情形之一的，应当认定为刑法第一百四十二条规定的

"对人体健康造成严重危害"。

生产、销售劣药，致人死亡，或者具有本解释第四条第一项至第五项规定情形之一的，应当认定为刑法第一百四十二条规定的"后果特别严重"。

生产、销售劣药，具有本解释第一条规定情形之一的，应当酌情从重处罚。

【司法解释Ⅲ】

《最高人民法院、最高人民检察院关于办理妨害预防、控制突发传染病疫情等灾害的刑事案件具体应用法律若干问题的解释》（法释〔2003〕8号，20030515）

第二条　在预防、控制突发传染病疫情等灾害期间，生产、销售伪劣的防治、防护产品、物资，或者生产、销售用于防治传染病的假药、劣药，构成犯罪的，分别依照刑法第一百四十条、第一百四十一条、第一百四十二条的规定，以生产、销售伪劣产品罪，生产、销售假药罪或者生产、销售劣药罪定罪，依法从重处罚。

【司法指导文件Ⅰ】

《最高人民法院关于充分发挥审判职能作用切实维护公共安全的若干意见》（法发〔2015〕12号，20150916）

三、依法惩治危害安全生产犯罪，促进安全生产形势根本好转

10. 依法惩治危害食品药品安全犯罪。……要充分认识此类犯罪的严重社会危害，严格缓刑、免刑等非监禁刑的适用。要采取有效措施依法追缴违法犯罪所得，充分适用财产刑，坚决让犯罪分子在经济上无利可图、

得不偿失。要依法适用禁止令，有效防范犯罪分子再次危害社会。

【司法指导文件Ⅱ】

《最高人民检察院关于全面履行检察职能为推进健康中国建设提供有力司法保障的意见》（高检发〔2016〕12号，20160929）

二、依法惩治食品药品领域犯罪，维护人民群众身体健康和生命安全

4. 依法惩治危害药品安全犯罪，促进解决医药领域乱象。……对于销售少量根据民间传统配方私自加工的药品，或者销售少量未经批准进口的国外、境外药品，没有造成他人伤害后果或者延误诊治的行为，以及病患者实施的不以营利为目的带有自救、互助性质的制售药品行为，不作为犯罪处理。对于认定罪与非罪争议较大的案件，及时向上级检察机关请示报告。

【司法指导文件Ⅲ】

《最高人民检察院法律政策研究室对〈关于具有药品经营资质的企业通过非法渠道从私人手中购进药品后销售的如何适用法律问题的请示〉的答复》（高检研〔2015〕19号，20151026）

司法机关应当根据《中华人民共和国药品管理法》的有关规定，对具有药品经营资质的企业通过非法渠道从私人手中购销的药品的性质进行认定，区分不同情况，分别定性处理：一是对于经认定属于假药、劣药，且达到"两高"《关于办理危害药品安全刑事案件适用法律若干问题的解释》（以下简称《药品解释》）规定的销售

假药罪、销售劣药罪的定罪迳刑标准的，应当以销售假药罪、销售劣药罪依法追究刑事责任。二是对于经认定属于劣药，但尚未达到《药品解释》规定的销售劣药罪的定罪量刑标准的，可以依据刑法第一百四十九条、第一百四十条的规定，以销售伪劣产品罪追究刑事责任。三是对于无法认定属于假药、劣药的，可以由药品监督管理部门依照《中华人民共和国药品管理法》的规定给予行政处罚，不宜以非法经营罪追究刑事责任。

第一百四十三条　【生产、销售不符合安全标准的食品罪】 生产、销售不符合食品安全标准的食品，足以造成严重食物中毒事故或者其他严重食源性疾病的，处三年以下有期徒刑或者拘役，并处罚金；对人体健康造成严重危害或者有其他严重情节的，处三年以上七年以下有期徒刑，并处罚金；后果特别严重的，处七年以上有期徒刑或者无期徒刑，并处罚金或者没收财产。

【修正前条文】

第一百四十三条　【生产、销售不符合卫生标准的食品罪】 生产、销售不符合卫生标准的食品，足以造成严重食物中毒事故或者其他严重食源性疾患的，处三年以下有期徒刑或者拘役，并处或者单处销售金额百分之五十以上二倍以下罚金；对人体健康造成严重危害的，处三年以上七年以下有期徒刑，并处销售金额百分之五十以上二倍以下罚金；后果特别严重

的，处七年以上有期徒刑或者无期徒刑，并处销售金额百分之五十以上二倍以下罚金或者没收财产。

【修正说明】

刑法修正案（八）第二十四条对原条文作出下述修改：一是将"卫生标准"修改为"食品安全标准"，将"食源性疾患"改为"食源性疾病"。二是在第二档刑罚中，增加了"其他严重情节"的构成条件。三是取消了单处罚金刑。四是将具体罚金数额，即销售金额百分之五十以上二倍以下罚金的规定改为不再具体规定罚金数额。

【司法解释 I】

《最高人民检察院、公安部关于公安机关管辖的刑事案件立案追诉标准的规定（一）》〔公通字〔2008〕36号，20080625，经 2017 年 4 月 27 日发布的《最高人民检察院、公安部关于公安机关管辖的刑事案件立案追诉标准的规定（一）的补充规定》（公通字〔2017〕12 号）修正〕

第十九条〔生产、销售不符合安全标准的食品案（刑法第一百四十三条）〕生产、销售不符合食品安全标准的食品，涉嫌下列情形之一的，应予立案追诉：

（一）食品含有严重超出标准限量的致病性微生物、农药残留、兽药残留、重金属、污染物质以及其他危害人体健康的物质的；

（二）属于病死、死因不明或者检验检疫不合格的畜、禽、兽、水产动物及其肉类、肉类制品的；

（三）属于国家为防控疾病等特殊需要明令禁止生产、销售的食品的；

（四）婴幼儿食品中生长发育所需营养成分严重不符合食品安全标准的；

（五）其他足以造成严重食物中毒事故或者严重食源性疾病的情形。

在食品加工、销售、运输、贮存等过程中，违反食品安全标准，超限量或者超范围滥用食品添加剂，足以造成严重食物中毒事故或者其他严重食源性疾病，应予立案追诉。

在食用农产品种植、养殖、销售、运输、贮存等过程中，违反食品安全标准，超限量或者超范围滥用添加剂、农药、兽药等，足以造成严重食物中毒事故或者其他严重食源性疾病的，应予立案追诉。

【司法解释Ⅱ】

《最高人民法院、最高人民检察院关于办理危害食品安全刑事案件适用法律若干问题的解释》（法释〔2013〕12 号，20130504）

第一条　生产、销售不符合食品安全标准的食品，具有下列情形之一的，应当认定为刑法第一百四十三条规定的"足以造成严重食物中毒事故或者其他严重食源性疾病"：

（一）含有严重超出标准限量的致病性微生物、农药残留、兽药残留、重金属、污染物质以及其他危害人体健康的物质的；

（二）属于病死、死因不明或者检验检疫不合格的畜、禽、兽、水产动物及其肉类、肉类制品的；

（三）属于国家为防控疾病等特殊需要明令禁止生产、销售的；

（四）婴幼儿食品中生长发育所需营养成分严重不符合食品安全标准的；

（五）其他足以造成严重食物中毒事故或者严重食源性疾病的情形。

第二条　生产、销售不符合食品安全标准的食品，具有下列情形之一的，应当认定为刑法第一百四十三条规定的"对人体健康造成严重危害"：

（一）造成轻伤以上伤害的；

（二）造成轻度残疾或者中度残疾的；

（三）造成器官组织损伤导致一般功能障碍或者严重功能障碍的；

（四）造成十人以上严重食物中毒或者其他严重食源性疾病的；

（五）其他对人体健康造成严重危害的情形。

第三条　生产、销售不符合食品安全标准的食品，具有下列情形之一的，应当认定为刑法第一百四十三条规定的"其他严重情节"：

（一）生产、销售金额二十万元以上的；

（二）生产、销售金额十万元以上不满二十万元，不符合食品安全标准的食品数量较大或者生产、销售持续时间较长的；

（三）生产、销售金额十万元以上不满二十万元，属于婴幼儿食品的；

（四）生产、销售金额十万元以上不满二十万元，一年内曾因危害食品安全违法犯罪活动受过行政处罚或者刑事处罚的；

（五）其他情节严重的情形。

第四条　生产、销售不符合食品安全标准的食品，具有下列情形之一的，应当认定为刑法第一百四十三条规定的"后果特别严重"：

（一）致人死亡或者重度残疾的；

（二）造成三人以上重伤、中度残疾或者器官组织损伤导致严重功能障碍的；

（三）造成十人以上轻伤、五人以上轻度残疾或者器官组织损伤导致一般功能障碍的；

（四）造成三十人以上严重食物中毒或者其他严重食源性疾病的；

（五）其他特别严重的后果。

……

第八条　在食品加工、销售、运输、贮存等过程中，违反食品安全标准，超限量或者超范围滥用食品添加剂，足以造成严重食物中毒事故或者其他严重食源性疾病的，依照刑法第一百四十三条的规定以生产、销售不符合安全标准的食品罪定罪处罚。

……

第十三条　生产、销售不符合食品安全标准的食品，有毒、有害食品，符合刑法第一百四十三条、第一百四十四条规定的，以生产、销售不符合安全标准的食品罪或者生产、销售有毒、有害食品罪定罪处罚。同时构成其他犯罪的，依照处罚较重的规定定罪处罚。

……

第十四条　明知他人生产、销售不符合食品安全标准的食品，有毒、有害食品，具有下列情形之一的，以生产、销售不符合安全标准的食品罪或者生产、销售有毒、有害食品罪的共犯论处：

（一）提供资金、贷款、账号、发票、证明、许可证件的；

（二）提供生产、经营场所或者运输、贮存、保管、邮寄、网络销售渠道等便利条件的；

（三）提供生产技术或者食品原料、食品添加剂、食品相关产品的；

（四）提供广告等宣传的。

……

第十七条　犯生产、销售不符合安全标准的食品罪，生产、销售有毒、有害食品罪，一般应当依法判处生产、销售金额二倍以上的罚金。

第十八条　对实施本解释规定之犯罪的犯罪分子，应当依照刑法规定的条件严格适用缓刑、免予刑事处罚。根据犯罪事实、情节和悔罪表现，对于符合刑法规定的缓刑适用条件的犯罪分子，可以适用缓刑，但是应当同时宣告禁止令，禁止其在缓刑考验期限内从事食品生产、销售及相关活动。

第十九条　单位实施本解释规定的犯罪的，依照本解释规定的定罪量刑标准处罚。

……

第二十一条　"足以造成严重食物中毒事故或者其他严重食源性疾病""有毒、有害非食品原料"难以确定的，司法机关可以根据检验报告并结合专家意见等相关材料进行认定。必要时，人民法院可以依法通知有关专家出庭作出说明。

第二十二条　最高人民法院、最

高人民检察院此前发布的司法解释与本解释不一致的，以本解释为准。

【司法解释Ⅲ】

《最高人民法院、最高人民检察院关于办理生产、销售伪劣商品刑事案件具体应用法律若干问题的解释》（法释〔2001〕10 号，20010410）

第四条　经省级以上卫生行政部门确定的机构鉴定，食品中含有可能导致严重食物中毒事故或者其他严重食源性疾患的超标准的有害细菌或者其他污染物的，应认定为刑法第一百四十三条规定的"足以造成严重食物中毒事故或者其他严重食源性疾患"。

生产、销售不符合卫生标准的食品被食用后，造成轻伤、重伤或者其他严重后果的，应认定为"对人体健康造成严重危害"。

生产、销售不符合卫生标准的食品被食用后，致人死亡、严重残疾、三人以上重伤、十人以上轻伤或者造成其他特别严重后果的，应认定为"后果特别严重"。

【法院参考案例】

〔参考案例第 1205 号：田井伟、谭亚琼生产、销售不符合安全标准的食品案〕在生产、销售的食品中超限量加入食品添加剂并造成严重后果的行为如何定性？

1. "亚硝酸钠"不属于法律、法规禁止在食品生产经营活动中添加、使用的物质，也不是《食品中可能违法添加的非食用物质名单》上的物质，故亚硝酸钠不属于刑法第一百四十四条所规定的"有毒、有害的非食品原

料"。虽然卫生部、国家食品药品监督管理局于 2012 年 5 月 28 日下发的"2012 年第 10 号公告"，明令禁止餐饮服务单位采购、贮存、使用食品添加剂亚硝酸盐（亚硝酸钠、亚硝酸钾），但亚硝酸钠本身的属性仍属于食品添加剂，这在国家有关食品添加剂的标准中是明确的。

2. 只有行为人往食品中掺入的是有毒、有害的非食品原料，才可以构成生产、销售有毒、有害食品罪；否则，不能构成生产、销售有毒、有害食品罪，如果"足以造成严重食物中毒事故或者其他严重食源性疾病"，可以构成生产、销售不符合安全标准的食品罪。

第一百四十四条　【生产、销售有毒、有害食品罪】在生产、销售的食品中掺入有毒、有害的非食品原料的，或者销售明知掺有有毒、有害的非食品原料的食品的，处五年以下有期徒刑，并处罚金；对人体健康造成严重危害或者有其他严重情节的，处五年以上十年以下有期徒刑，并处罚金；致人死亡或者有其他特别严重情节的，依照本法第一百四十一条的规定处罚。

【修正前条文】

第一百四十四条　【生产、销售有毒、有害食品罪】在生产、销售的食品中掺入有毒、有害的非食品原料的，或者销售明知掺有有毒、有害的非食品原料的食品的，处五年以下有期徒刑或者拘役，并处或者单处销售

金额百分之五十以上二倍以下罚金；造成严重食物中毒事故或者其他严重食源性疾患，对人体健康造成严重危害，处五年以上十年以下有期徒刑，并处销售金额百分之五十以上二倍以下罚金；致人死亡或者对人体健康造成特别严重危害的，依照本法第一百四十一条的规定处罚。

【修正说明】

刑法修正案（八）第二十五条对原条文作出下述修改：一是取消了单处罚金刑和拘役刑。二是将第二档刑处刑情节"造成严重食物中毒事故或者其他严重食源性疾患，对人体健康造成严重危害"修改为"对人体健康造成严重危害或者有其他严重情节"，将第三档刑处刑情节"致人死亡或者对人体健康造成特别严重危害"修改为"致人死亡或者有其他特别严重情节"。三是将具体罚金数额，即销售金额百分之五十以上二倍以下罚金的规定改为不再具体规定罚金数额。

【立法·要点注释】

"有毒、有害的非食品原料"，是指对人体具有生理毒性，食用后会引起不良反应，损害机体健康的不能食用的原料。如制酒时加入工业酒精，在饮料中加入国家严禁使用的非食用色素等。如果掺入的是食品原料，由于污染、腐败变质而具有了毒害性，不构成本罪。

【相关立法】

《中华人民共和国食品安全法》
（20151001）

第一百三十五条第二款　因食品安全犯罪被判处有期徒刑以上刑罚的，终身不得从事食品生产经营管理工作，也不得担任食品生产经营企业食品安全管理人员。

【司法解释 I】

《最高人民检察院、公安部关于公安机关管辖的刑事案件立案追诉标准的规定（一）》〔公通字〔2008〕36号，20080625，经 2017 年 4 月 27 日发布的《最高人民检察院、公安部关于公安机关管辖的刑事案件立案追诉标准的规定（一）的补充规定》（公通字〔2017〕12 号）修正〕

第二十条〔生产、销售有毒、有害食品案（刑法第一百四十四条）〕在生产、销售的食品中掺入有毒、有害的非食品原料的，或者销售明知掺有有毒、有害的非食品原料的食品的，应予立案追诉。

在食品加工、销售、运输、贮存等过程中，掺入有毒、有害的非食品原料，或者使用有毒、有害的非食品原料加工食品的，应予立案追诉。

在食用农产品种植、养殖、销售、运输、贮存等过程中，使用禁用农药、兽药等禁用物质或者其他有毒、有害物质的，应予立案追诉。

在保健食品或者其他食品中非法添加国家禁用药物等有毒、有害物质的，应予立案追诉。

下列物质应当认定为本条规定的"有毒、有害的非食品原料"：

（一）法律、法规禁止在食品生产经营活动中添加、使用的物质；

（二）国务院有关部门公布的《食品中可能违法添加的非食用物质名单》《保健食品中可能非法添加的物质名单》中所列物质；

（三）国务院有关部门公告禁止使用的农药、兽药以及其他有毒、有害物质；

（四）其他危害人体健康的物质。

【司法解释Ⅱ】

《最高人民法院、最高人民检察院关于办理危害食品安全刑事案件适用法律若干问题的解释》（法释〔2013〕12 号，20130504）

第五条　生产、销售有毒、有害食品，具有本解释第二条规定情形之一的，应当认定为刑法第一百四十四条规定的"对人体健康造成严重危害"。

第六条　生产、销售有毒、有害食品，具有下列情形之一的，应当认定为刑法第一百四十四条规定的"其他严重情节"：

（一）生产、销售金额二十万元以上不满五十万元的；

（二）生产、销售金额十万元以上不满二十万元，有毒、有害食品的数量较大或者生产、销售持续时间较长的；

（三）生产、销售金额十万元以上不满二十万元，属于婴幼儿食品的；

（四）生产、销售金额十万元以上不满二十万元，一年内曾因危害食品安全违法犯罪活动受过行政处罚或者刑事处罚的；

（五）有毒、有害的非食品原料毒害性强或者含量高的；

（六）其他情节严重的情形。

第七条　生产、销售有毒、有害食品，生产、销售金额五十万元以上，或者具有本解释第四条规定的情形之一的，应当认定为刑法第一百四十四条规定的"致人死亡或者有其他特别严重情节"。

……

第九条　在食品加工、销售、运输、贮存等过程中，掺入有毒、有害的非食品原料，或者使用有毒、有害的非食品原料加工食品的，依照刑法第一百四十四条的规定以生产、销售有毒、有害食品罪定罪处罚。

……

第十三条第一款　生产、销售不符合食品安全标准的食品，有毒、有害食品，符合刑法第一百四十三条、第一百四十四条规定的，以生产、销售不符合安全标准的食品罪或者生产、销售有毒、有害食品罪定罪处罚。同时构成其他犯罪的，依照处罚较重的规定定罪处罚。

……

第二十条　下列物质应当认定为"有毒、有害的非食品原料"：

（一）法律、法规禁止在食品生产经营活动中添加、使用的物质；

（二）国务院有关部门公布的《食品中可能违法添加的非食用物质名单》《保健食品中可能非法添加的物质名单》上的物质；

（三）国务院有关部门公告禁止使用的农药、兽药以及其他有毒、有害物质；

（四）其他危害人体健康的物质。

【司法解释Ⅲ】

《最高人民法院、最高人民检察院关于办理非法生产、销售、使用禁止在饲料和动物饮用水中使用的药品等刑事案件具体应用法律若干问题的解释》（法释〔2002〕26 号，20020823）

第三条　使用盐酸克仑特罗等禁止在饲料和动物饮用水中使用的药品或者含有该类药品的饲料养殖供人食用的动物，或者销售明知是使用该类药品或者含有该类药品的饲料养殖的供人食用的动物，依照刑法第一百四十四条的规定，以生产、销售有毒、有害食品罪追究刑事责任。

第四条　明知是使用盐酸克仑特罗等禁止在饲料和动物饮用水中使用的药品或者含有该类药品的饲料养殖的供人食用的动物，而提供屠宰等加工服务，或者销售其制品的，依照刑法第一百四十四条的规定，以生产、销售有毒、有害食品罪追究刑事责任。

第五条　实施本解释规定的行为，同时触犯刑法规定的两种以上犯罪的，依照处罚较重的规定追究刑事责任。

第六条　禁止在饲料和动物饮用水中使用的药品，依照国家有关部门公告的禁止在饲料和动物饮用水中使用的药物品种目录确定。

【司法解释Ⅳ】

《最高人民法院、最高人民检察院关于办理生产、销售伪劣商品刑事案件具体应用法律若干问题的解释》（法释〔2001〕10 号，20010410）

第五条　生产、销售的有毒、有害食品被食用后，造成轻伤、重伤或者其他严重后果的，应认定为刑法第一百四十四条规定的"对人体健康造成严重危害"。

生产、销售的有毒、有害食品被食用后，致人严重残疾、三人以上重伤、十人以上轻伤或者造成其他特别严重后果的，应认定为"对人体健康造成特别严重危害"。

【司法指导文件】

《最高人民法院、最高人民检察院、公安部关于依法严惩"地沟油"犯罪活动的通知》（公通字〔2012〕1 号，20120109）

一、依法严惩"地沟油"犯罪，切实维护人民群众食品安全

"地沟油"犯罪，是指用餐厨垃圾、废弃油脂、各类肉及肉制品加工废弃物等非食品原料，生产、加工"食用油"，以及明知是利用"地沟油"生产、加工的油脂而作为食用油销售的行为。……

二、准确理解法律规定，严格区分犯罪界限

（一）对于利用"地沟油"生产"食用油"的，依照刑法第 144 条生产有毒、有害食品罪的规定追究刑事责任。

（二）明知是利用"地沟油"生产的"食用油"而予以销售的，依照刑法第 144 条销售有毒、有害食品罪的规定追究刑事责任。认定是否"明知"，应当结合犯罪嫌疑人、被告人的认知能力，犯罪嫌疑人、被告人及其同案人的供述和辩解，证人证言，产

品质量，进货渠道及进货价格、销售渠道及销售价格等主、客观因素予以综合判断。

（三）对于利用"地沟油"生产的"食用油"，已经销售出去没有实物，但是有证据证明系已被查实生产、销售有毒、有害食品犯罪事实的上线提供的，依照刑法第 144 条销售有毒、有害食品罪的规定追究刑事责任。

（四）虽无法查明"食用油"是否系利用"地沟油"生产、加工，但犯罪嫌疑人、被告人明知该"食用油"来源可疑而予以销售的，应分别情形处理：经鉴定，检出有毒、有害成分的，依照刑法第 144 条销售有毒、有害食品罪的规定追究刑事责任；属于不符合安全标准的食品的，依照刑法第 143 条销售不符合安全标准的食品罪追究刑事责任；属于以假充真、以次充好、以不合格产品冒充合格产品或者假冒注册商标，构成犯罪的，依照刑法第 140 条销售伪劣产品罪或者第 213 条假冒注册商标罪、第 214 条销售假冒注册商标的商品罪追究刑事责任。

（五）知道或应当知道他人实施以上第（一）、（二）、（三）款犯罪行为，而为其掏捞、加工、贩运"地沟油"，或者提供贷款、资金、账号、发票、证明、许可证件，或者提供技术、生产、经营场所、运输、仓储、保管等便利条件的，依照本条第（一）、（二）、（三）款犯罪的共犯论处。

（六）对违反有关规定，掏捞、加工、贩运"地沟油"，没有证据证明用于生产"食用油"的，交由行政部门处理。

（七）对于国家工作人员在食用油安全监管和查处"地沟油"违法犯罪活动中滥用职权、玩忽职守、徇私枉法，构成犯罪的，依照刑法有关规定追究刑事责任。

三、准确把握宽严相济刑事政策在食品安全领域的适用

在对"地沟油"犯罪定罪量刑时，要充分考虑犯罪数额、犯罪分子主观恶性及其犯罪手段、犯罪行为对人民群众生命安全和身体健康的危害、对市场经济秩序的破坏程度、恶劣影响等。对于具有累犯、前科、共同犯罪的主犯、集团犯罪的首要分子等情节，以及犯罪数额巨大、情节恶劣、危害严重，群众反映强烈，给国家和人民利益造成重大损失的犯罪分子，依法严惩，罪当判处死刑的，要坚决依法判处死刑。对在同一条生产销售链上的犯罪分子，要在法定刑幅度内体现严惩源头犯罪的精神，确保生产环节与销售环节量刑的整体平衡。对于明知是"地沟油"而非法销售的公司、企业，要依法从严追究有关单位和直接责任人员的责任。对于具有自首、立功、从犯等法定情节的犯罪分子，可以依法从宽处理。要严格把握适用缓刑、免予刑事处罚的条件。对依法必须适用缓刑的，一般同时宣告禁止令，禁止其在缓刑考验期内从事与食品生产、销售等有关的活动。

【指导性案例·法院】

〔北京阳光一佰生物技术开发有限公司、习文有等生产、销售有毒、有

害食品案，FZD2016－70〕

行为人在食品生产经营中添加的虽然不是国务院有关部门公布的《食品中可能违法添加的非食用物质名单》和《保健食品中可能非法添加的物质名单》中的物质，但如果该物质与上述名单中所列物质具有同等属性，并且根据检验报告和专家意见等相关材料能够确定该物质对人体具有同等危害的，应当认定为《中华人民共和国刑法》第一百四十四条规定的"有毒、有害的非食品原料"。

【指导性案例·检察】

〔柳立国等人生产、销售有毒、有害食品，生产、销售伪劣产品案，JZD2014－12〕

明知对方是食用油经销商，仍将用餐厨废弃油（俗称"地沟油"）加工而成的劣质油脂销售给对方，导致劣质油脂流入食用油市场供人食用的，构成生产、销售有毒、有害食品罪……

〔徐孝伦等人生产、销售有害食品案，JZD2014－13〕

在食品加工过程中，使用有毒、有害的非食品原料加工食品并出售的，应当认定为生产、销售有毒、有害食品罪；明知是他人使用有毒、有害的非食品原料加工出的食品仍然购买并出售的，应当认定为销售有毒、有害食品罪。

〔孙建亮等人生产、销售有毒、有害食品案，JZD2014－14〕

明知盐酸克伦特罗（俗称"瘦肉精"）是国家禁止在饲料和动物饮用水中使用的药品，而用以养殖供人食用的动物并出售的，应当认定为生产、销售有毒、有害食品罪。明知盐酸克伦特罗是国家禁止在饲料和动物饮用水中使用的药品，而买卖和代买盐酸克伦特罗片，供他人用以养殖供人食用的动物的，应当认定为生产、销售有毒、有害食品罪的共犯。

〔胡林贵等人生产、销售有毒、有害食品，行贿；骆梅等人销售伪劣产品；朱伟全等人生产、销售伪劣产品；黎达文等人受贿，食品监管渎职案，JZD2014－15〕

实施生产、销售有毒、有害食品犯罪，为逃避查处向负有食品安全监管职责的国家工作人员行贿的，应当以生产、销售有毒、有害食品罪和行贿罪实行数罪并罚……

【法院公报案例】

〔江苏省扬州市广陵区人民检察院诉北京阳光一佰生物技术开发有限公司、习文有等生产、销售有毒、有害食品案，GB2017－2〕

食品安全法明确规定，禁止在食品中添加食品添加剂以外的化学物质和其他可能危害人体健康的物质。行为人在食品中掺入国家禁止使用的化学物质，虽然不属于司法解释中明确的有毒、有害物质，但具有同等危害性的，应当确定为有毒有害物质，依照生产、销售有毒、有害食品罪定罪处罚。

【法院参考案例】

〔参考案例第 94 号：林烈群、何华平等销售有害食品案〕以工业用猪油冒充食用猪油予以销售致人死亡的行为如何定性？

行为人明知销售的非食用猪油掺有有害食品原料，为牟取非法利益而放任严重危害后果的发生，构成销售有害食品罪。实践中，若行为人销售有毒、有害食品的主观目的是为了牟利，但同时又放任严重危害后果发生的，应定生产、销售有毒、有害食品罪；若行为人出于各种动机，如造成当地治安混乱、人心恐慌，主观目的就是追求严重危害后果发生的，应定以危险方法危害公共安全罪。

〔参考案例第 166 号：俞亚春生产、销售有毒食品案〕销售以"瘦肉精"饲养的肉猪致多人中毒的行为如何定性？

"瘦肉精"属于有毒的食品原料，使用"瘦肉精"喂养肉猪的实际结果，就是导致猪肉中含有有毒物质，与在猪肉中掺入有毒物质并无二致，因此，销售以"瘦肉精"饲养的肉猪致多人中毒的行为，可以按生产、销售有毒食品罪定罪处罚。

〔参考案例第 715 号：王岳超等生产、销售有毒、有害食品案〕办理生产、销售有毒、有害食品犯罪案件时对行为人主观"明知"的认定？

1. 在认定生产、销售有毒、有害食品罪的主观要件时，必须把握"明知"的要件。总则中的"明知"是对犯罪故意成立的总要求，而分则中的"明知"，其内容则较为特定。分则中"明知"不能局限于犯罪故意的认定，还涉及定罪量刑标准等问题。

2. 刑法第一百四十四条规定：

"在生产、销售的食品中掺入有毒、有害的非食品原料的，或者销售明知掺有有毒、有害的非食品原料的食品的，处五年以下有期徒刑，并处罚金……"刑法虽然只对销售行为规定了明知要件，但这不意味着生产行为不需要明知要件。实践中，在被告人拒不承认"明知"的情况下，可注重从以下五个方面把握：一是买卖双方的成交价格；二是货物来源渠道是否正当；三是行为人对食品的认识程度；四是是否在有关部门禁止或发出安全预警的情况下继续生产、销售；五是根据行为人的年龄、经历、学识、职业、职务、职责、素质等方面。上述五个方面应当综合考虑。

〔参考案例第 1002 号：张联新、郑荷芹生产、销售有毒、有害食品，李阿明、何金友生产有毒、有害食品，王一超等销售有毒、有害食品案〕"新型地沟油"的司法认定与法律适用。

刑法第一百四十四条规定的"掺入"的行为不仅限于指向产品本身，还可能针对产品的原料、半成品等，甚至还可以指向食品添加剂本身，即在食品添加剂内掺入有毒、有害物质。而所谓"有毒、有害的非食品原料"，是指对人体具有生理毒性，食用后会引起不良反应，损害机体健康的不能食用的原料。利用含有淋巴的花油、含有伤肉的膘肉碎、"肚下塌"等肉制品加工废弃物生产、加工的"食用油"，应当视为"新型地沟油"；惩治危害食品安全的犯罪，尚不能完全依赖于鉴定机构的鉴定，对"地沟油"

的鉴定意见不应是司法机关认定"有毒、有害食品"的唯一依据。实践中，应当结合技术标准和法学标准对"有毒、有害食品"进行判定。

第一百四十五条　【生产、销售不符合标准的医用器材罪】生产不符合保障人体健康的国家标准、行业标准的医疗器械、医用卫生材料，或者销售明知是不符合保障人体健康的国家标准、行业标准的医疗器械、医用卫生材料，足以严重危害人体健康的，处三年以下有期徒刑或者拘役，并处销售金额百分之五十以上二倍以下罚金；对人体健康造成严重危害的，处三年以上十年以下有期徒刑，并处销售金额百分之五十以上二倍以下罚金；后果特别严重的，处十年以上有期徒刑或者无期徒刑，并处销售金额百分之五十以上二倍以下罚金或者没收财产。

【修正前条文】

第一百四十五条　【生产、销售不符合标准的医用器材罪】生产不符合保障人体健康的国家标准、行业标准的医疗器械、医用卫生材料，或者销售明知是不符合保障人体健康的国家标准、行业标准的医疗器械、医用卫生材料，对人体健康造成严重危害的，处五年以下有期徒刑，并处销售金额百分之五十以上二倍以下罚金；后果特别严重的，处五年以上十年以下有期徒刑，并处销售金额百分之五十以上二倍以下罚金，其中情节特别

恶劣的，处十年以上有期徒刑或者无期徒刑，并处销售金额百分之五十以上二倍以下罚金或者没收财产。

【修正说明】

刑法修正案（四）第一条对原条文作出下述修改：一是将结果犯改为危险犯；二是对于"对人体健康造成严重危害"的犯罪行为加重了处罚。

【立法·要点注释】

"医疗器械"，是指用于人体疾病诊断、治疗、预防，调节人体生理功能或者替代人体器官的仪器、设备、材料、植入物和相关物品，如注射器、心脏起搏器、超声波诊断仪等。"医用卫生材料"，是指用于诊断、治疗、预防人的疾病，调节人的生理功能的辅助材料，如医用纱布、药棉等。

【司法解释 I】

《最高人民检察院、公安部关于公安机关管辖的刑事案件立案追诉标准的规定（一）》（公通字〔2008〕36号，20080625）

第二十一条〔生产、销售不符合标准的医用器材案（刑法第一百四十五条）〕生产不符合保障人体健康的国家标准、行业标准的医疗器械、医用卫生材料，或者销售明知是不符合保障人体健康的国家标准、行业标准的医疗器械、医用卫生材料，涉嫌下列情形之一的，应予立案追诉：

（一）进入人体的医疗器械的材料中含有超过标准的有毒有害物质的；

（二）进入人体的医疗器械的有效性指标不符合标准要求，导致治疗、

替代、调节、补偿功能部分或者全部丧失，可能造成贻误诊治或者人体严重损伤的；

（三）用于诊断、监护、治疗的有源医疗器械的安全指标不符合强制性标准要求，可能对人体构成伤害或者潜在危害的；

（四）用于诊断、监护、治疗的有源医疗器械的主要性能指标不合格，可能造成贻误诊治或者人体严重损伤的；

（五）未经批准，擅自增加功能或者适用范围，可能造成贻误诊治或者人体严重损伤的；

（六）其他足以严重危害人体健康或者对人体健康造成严重危害的情形。

医疗机构或者个人知道或者应当知道是不符合保障人体健康的国家标准、行业标准的医疗器械、医用卫生材料而购买并有偿使用的，视为本条规定的"销售"。

【司法解释Ⅱ】

《最高人民法院、最高人民检察院关于办理妨害预防、控制突发传染病疫情等灾害的刑事案件具体应用法律若干问题的解释》（法释〔2003〕8号，20030515）

第三条　在预防、控制突发传染病疫情等灾害期间，生产用于防治传染病的不符合保障人体健康的国家标准、行业标准的医疗器械、医用卫生材料，或者销售明知是用于防治传染病的不符合保障人体健康的国家标准、行业标准的医疗器械、医用卫生材料，

不具有防护、救治功能，足以严重危害人体健康的，依照刑法第一百四十五条的规定，以生产、销售不符合标准的医用器材罪定罪，依法从重处罚。

医疗机构或者个人，知道或者应当知道系前款规定的不符合保障人体健康的国家标准、行业标准的医疗器械、医用卫生材料而购买并有偿使用的，以销售不符合标准的医用器材罪定罪，依法从重处罚。

【司法解释Ⅲ】

《最高人民法院、最高人民检察院关于办理生产、销售伪劣商品刑事案件具体应用法律若干问题的解释》（法释〔2001〕10号，20010410）

第六条　生产、销售不符合标准的医疗器械、医用卫生材料，致人轻伤或者其他严重后果的，应认定为刑法第一百四十五条规定的"对人体健康造成严重危害"。

生产、销售不符合标准的医疗器械、医用卫生材料，造成感染病毒性肝炎等难以治愈的疾病、一人以上重伤、三人以上轻伤或者其他严重后果的，应认定为"后果特别严重"。

生产、销售不符合标准的医疗器械、医用卫生材料，致人死亡、严重残疾、感染艾滋病、三人以上重伤、十人以上轻伤或者造成其他特别严重后果的，应认定为"情节特别恶劣"。

医疗机构或者个人，知道或者应当知道是不符合保障人体健康的国家标准、行业标准的医疗器械、医用卫生材料而购买、使用，对人体健康造成严重危害的，以销售不符合标准的

医用器材罪定罪处罚。

没有国家标准、行业标准的医疗器械，注册产品标准可视为"保障人体健康的行业标准"。①

第一百四十六条　【生产、销售不符合安全标准的产品罪】 生产不符合保障人身、财产安全的国家标准、行业标准的电器、压力容器、易燃易爆产品或者其他不符合保障人身、财产安全的国家标准、行业标准的产品，或者销售明知是以上不符合保障人身、财产安全的国家标准、行业标准的产品，造成严重后果的，处五年以下有期徒刑，并处销售金额百分之五十以上二倍以下罚金；后果特别严重的，处五年以上有期徒刑，并处销售金额百分之五十以上二倍以下罚金。

【司法解释Ⅰ】

《最高人民检察院、公安部关于公安机关管辖的刑事案件立案追诉标准的规定（一）》（公通字〔2008〕36号，20080625）

第二十二条〔生产、销售不符合安全标准的产品案（刑法第一百四十六条）〕生产不符合保障人身、财产安全的国家标准、行业标准的电器、压力容器、易燃易爆或者其他不符合保障人身、财产安全的国家标准、行业标准的产品，或者销售明知是以上不符合保障人身、财产安全的国家标准、行业标准的产品，涉嫌下列情形之一的，应予立案追诉：

（一）造成人员重伤或者死亡的；

（二）造成直接经济损失十万元以上的；

（三）其他造成严重后果的情形。

【司法解释Ⅱ】

《最高人民法院、最高人民检察院关于办理危害生产安全刑事案件适用法律若干问题的解释》（法释〔2015〕22号，20151216）

第十一条　生产不符合保障人身、财产安全的国家标准、行业标准的安全设备，或者明知安全设备不符合保障人身、财产安全的国家标准、行业标准而进行销售，致使发生安全事故，造成严重后果的，依照刑法第一百四十六条的规定，以生产、销售不符合安全标准的产品罪定罪处罚。

第一百四十七条　【生产、销售伪劣农药、兽药、化肥、种子罪】 生产假农药、假兽药、假化肥，销售明知是假的或者失去使用效能的农药、兽药、化肥、种子，或者生产者、销售者以不合格的农药、兽药、化肥、种子冒充合格的农药、兽药、化肥、种子，使生产遭受较大损失的，处三年以下有期徒刑或者拘役，并处或者单处销售金额百分之五十以上二倍以下罚金；使生产遭受重大损失的，处三年以上七年以下有期徒刑，并处销售金额百分之五十以上二倍以下罚金；使生

---

①　本罪已调整为危险犯，实践中应当结合修正后的条文适用本解释。——编者注

产遭受特别重大损失的,处七年以上有期徒刑或者无期徒刑,并处销售金额百分之五十以上二倍以下罚金或者没收财产。

【相关立法】

《中华人民共和国种子法》(20160101)

第七十五条第二款 因生产经营假种子犯罪被判处有期徒刑以上刑罚的,种子企业或者其他单位的法定代表人、直接负责的主管人员自刑罚执行完毕之日起五年内不得担任种子企业的法定代表人、高级管理人员。

第七十六条第二款 因生产经营劣种子犯罪被判处有期徒刑以上刑罚的,种子企业或者其他单位的法定代表人、直接负责的主管人员自刑罚执行完毕之日起五年内不得担任种子企业的法定代表人、高级管理人员。

【司法解释Ⅰ】

《最高人民检察院、公安部关于公安机关管辖的刑事案件立案追诉标准的规定(一)》(公通字〔2008〕36号,20080625)

第二十三条〔生产、销售伪劣农药、兽药、化肥、种子案(刑法第一百四十七条)〕生产假农药、假兽药、假化肥,销售明知是假的或者失去使用效能的农药、兽药、化肥、种子,或者生产者、销售者以不合格的农药、兽药、化肥、种子冒充合格的农药、兽药、化肥、种子,涉嫌下列情形之一的,应予立案追诉:

(一)使生产遭受损失二万元以上的;

(二)其他使生产遭受较大损失的情形。

【司法解释Ⅱ】

《最高人民法院、最高人民检察院关于办理生产、销售伪劣商品刑事案件具体应用法律若干问题的解释》(法释〔2001〕10号,20010410)

第七条 刑法第一百四十七条规定的生产、销售伪劣农药、兽药、化肥、种子罪中“使生产遭受较大损失”,一般以二万元为起点;“重大损失”,一般以十万元为起点;“特别重大损失”,一般以五十万元为起点。

【法院参考案例】

〔参考案例第109号:李云平销售伪劣种子案〕以此种品种种子冒充他种品种种子的行为如何定性?

行为人将自己培育的玉米种冒充“鲁单50号”玉米种进行销售,属于“以此种品种种子冒充他种品种种子”的销售假种子行为,构成销售伪劣种子罪。

第一百四十八条 【生产、销售不符合卫生标准的化妆品罪】生产不符合卫生标准的化妆品,或者销售明知是不符合卫生标准的化妆品,造成严重后果的,处三年以下有期徒刑或者拘役,并处或者单处销售金额百分之五十以上二倍以下罚金。

【司法解释】

《最高人民检察院、公安部关于公安机关管辖的刑事案件立案追诉标准的规定(一)》(公通字〔2008〕36号,20080625)

第二十四条〔生产、销售不符合卫生标准的化妆品案（刑法第一百四十八条）〕生产不符合卫生标准的化妆品，或者销售明知是不符合卫生标准的化妆品，涉嫌下列情形之一的，应予立案追诉：

（一）造成他人容貌毁损或者皮肤严重损伤的；

（二）造成他人器官组织损伤导致严重功能障碍的；

（三）致使他人精神失常或者自杀、自残造成重伤、死亡的；

（四）其他造成严重后果的情形。

第一百四十九条 【犯本节之罪的其他情形】生产、销售本节第一百四十一条至第一百四十八条所列产品，不构成各该条规定的犯罪，但是销售金额在五万元以上的，依照本节第一百四十条的规定定罪处罚。

生产、销售本节第一百四十一条至第一百四十八条所列产品，构成各该条规定的犯罪，同时又构成本节第一百四十条规定之罪的，依照处罚较重的规定定罪处罚。

第一百五十条 【对单位犯本节之罪的处罚】单位犯本节第一百四十条至第一百四十八条规定之罪的，对单位判处罚金，并对其直接负责的主管人员和其他直接责任人员，依照各该条的规定处罚。

第二节　走私罪

【司法解释】

《最高人民法院、最高人民检察院关于办理走私刑事案件适用法律若干问题的解释》（法释〔2014〕10号，20140910）

第二十条　直接向走私人非法收购走私进口的货物、物品，在内海、领海、界河、界湖运输、收购、贩卖国家禁止进出口的物品，或者没有合法证明，在内海、领海、界河、界湖运输、收购、贩卖国家限制进出口的货物、物品，构成犯罪的，应当按照走私货物、物品的种类，分别依照刑法第一百五十一条、第一百五十二条、第一百五十三条、第三百四十七条、第三百五十条的规定定罪处罚。

刑法第一百五十五条第二项规定的"内海"，包括内河的入海口水域。

第二十一条　未经许可进出口国家限制进出口的货物、物品，构成犯罪的，应当依照刑法第一百五十一条、第一百五十二条的规定，以走私国家禁止进出口的货物、物品罪等罪名定罪处罚；偷逃应缴税额，同时又构成走私普通货物、物品罪的，依照处罚较重的规定定罪处罚。

……

第二十二条　在走私的货物、物品中藏匿刑法第一百五十一条、第一百五十二条、第三百四十七条、第三百五十条规定的货物、物品，构成犯罪的，以实际走私的货物、物品定罪处罚；构成数罪的，实行数罪并罚。

第二十三条　实施走私犯罪，具有下列情形之一的，应当认定为犯罪既遂：

（一）在海关监管现场被查获的；

（二）以虚假申报方式走私，申报行为实施完毕的；

（三）以保税货物或者特定减税、免税进口的货物、物品为对象走私，在境内销售的，或者申请核销行为实施完毕的。

第二十四条　单位犯刑法第一百五十一条、第一百五十二条规定之罪，依照本解释规定的标准定罪处罚。

单位犯走私普通货物、物品罪，偷逃应缴税额在二十万元以上不满一百万元的，应当依照刑法第一百五十三条第二款的规定，对单位判处罚金，并对其直接负责的主管人员和其他直接责任人员，处三年以下有期徒刑或者拘役；偷逃应缴税额在一百万元以上不满五百万元的，应当认定为"情节严重"；偷逃应缴税额在五百万元以上的，应当认定为"情节特别严重"。

第二十五条　本解释发布实施后，《最高人民法院关于审理走私刑事案件具体应用法律若干问题的解释》（法释〔2000〕30号）、《最高人民法院关于审理走私刑事案件具体应用法律若干问题的解释（二）》（法释〔2006〕9号）同时废止。之前发布的司法解释与本解释不一致的，以本解释为准。

【司法解释·注释】

1. 监管现场查获情形的既未遂认定。在海关监管现场被查获的，应当认定为犯罪既遂。适用该规定时需要

注意以下两点：一是适用范围。该规定适用于各种形式的走私犯罪，不以通关走私为限。海关监管现场包括多种场所，既可能是通关场所，也可能是绕关场所，不管是通关走私还是绕关走私，凡是在海关监管现场被查获的，均按犯罪既遂处理。二是海关监管现场的理解。海关有权执法的地域空间并不限于海关监管区，在有权执法的地域行使执法权力时查获走私犯罪，均应认定为在海关监管现场被查获。

2. 虚假申报通关走私的既未遂认定。以虚假申报方式走私，申报行为实施完毕的，应当认定为犯罪既遂。适用该规定时需要注意以下两点：一是行为人的申报行为独立于海关的查验行为，申报行为是否实施完毕的判断不受是否进入查验环节以及查验是否通过的影响。查验行为属于不受行为人控制的海关监管活动，报关行为实施完毕，在法律上即可视同为行为人的走私行为已经实施完毕。二是申报行为实施完毕标准与海关监管现场被查获标准并行不悖。在通关走私当中，实施申报行为与海关监管现场被查获的时间不具有同步性和必然的先后顺序。申报行为尚未实施完毕即在海关监管现场被查获，只要根据相关证据足以认定构成走私犯罪的，同样应认定为走私既遂。

3. 后续走私的既未遂认定。以保税货物或者特定减税、免税进口的货物、物品为对象走私，在境内销售的，或者申请核销行为实施完毕的，应认定为犯罪既遂。这里明确的是刑法第

一百五十四条规定的后续走私犯罪的既未遂认定意见。适用本规定时需要注意以下三点：一是是否实际牟利不影响既未遂的认定。刑法第一百五十四条规定的"销售牟利"的落脚点在于销售而非牟利，牟利系后续走私犯罪的主观目的要件而非客观要件，牟利目的实现与否不影响后续走私犯罪既未遂的认定。二是销售行为需要客观实施，但不要求销售行为实施完毕，销售行为是后续走私犯罪的一个重要客观行为。同时，本着与前述其他走私犯罪未遂标准相协调的要求，走私犯罪的既遂，不要求销售行为实行完毕或者完成货物、物品的交付。在销售过程中被查获的，也应认定为犯罪既遂。三是尚未实施销售行为但申请核销行为已经实施完毕的，以犯罪既遂论处。较之于销售行为，申请核销行为对于后续走私犯罪的完成更具实质性意义，与前述虚假申报通关走私的道理相同，尚未着手销售但已经申请核销的，同样应认定为既遂，而不以实际骗取核销为条件。

【司法指导文件】

《最高人民法院、最高人民检察院、海关总署关于办理走私刑事案件适用法律若干问题的意见》（法〔2002〕139号，20020708）

五、关于走私犯罪嫌疑人、被告人主观故意的认定问题

行为人明知自己的行为违反国家法律法规，逃避海关监管，偷逃进出境货物、物品的应缴税额，或者逃避国家有关进出境的禁止性管理，并且

希望或者放任危害结果发生的，应认定为具有走私的主观故意。

走私主观故意中的"明知"是指行为人知道或者应当知道所从事的行为是走私行为。具有下列情形之一的，可以认定为"明知"，但有证据证明确属被蒙骗的除外：

（一）逃避海关监管，运输、携带、邮寄国家禁止进出境的货物、物品的；

（二）用特制的设备或者运输工具走私货物、物品的；

（三）未经海关同意，在非设关的码头、海（河）岸、陆路边境等地点，运输（驳载）、收购或者贩卖非法进出境货物、物品的；

（四）提供虚假的合同、发票、证明等商业单证委托他人办理通关手续的；

（五）以明显低于货物正常进（出）口的应缴税额委托他人代理进（出）口业务的；

（六）曾因同一种走私行为受过刑事处罚或者行政处罚的；

（七）其他有证据证明的情形。

六、关于行为人对其走私的具体对象不明确的案件的处理问题

走私犯罪嫌疑人主观上具有走私犯罪故意，但对其走私的具体对象不明确的，不影响走私犯罪构成，应当根据实际的走私对象定罪处罚。但是，确有证据证明行为人因受蒙骗而对走私对象发生认识错误的，可以从轻处罚。

……

十一、关于伪报价格走私犯罪案

件中实际成交价格的认定问题

走私犯罪案件中的伪报价格行为，是指犯罪嫌疑人、被告人在进出口货物、物品时，向海关申报进口或者出口的货物、物品的价格低于或者高于进出口货物的实际成交价格。

对实际成交价格的认定，在无法提取真、伪两套合同、发票等单证的情况下，可以根据犯罪嫌疑人、被告人的付汇渠道、资金流向、会计账册、境内外收发货人的真实交易方式，以及其他能够证明进出口货物实际成交价格的证据材料综合认定。

十二、关于出售走私货物已缴纳的增值税应否从走私偷逃应缴税额中扣除的问题

走私犯罪嫌疑人为出售走私货物而开具增值税专用发票并缴纳增值税，是其走私行为既遂后在流通领域获违法所得的一种手段，属于非法开具增值税专用发票。对走私犯罪嫌疑人因出售走私货物而实际缴纳走私货物增值税的，在核定走私货物偷逃应缴税额时，不应当将其已缴纳的增值税额从其走私偷逃应缴税额中扣除。

……

十七、关于单位走私犯罪案件诉讼代表人的确定及其相关问题

单位走私犯罪案件的诉讼代表人，应当是单位的法定代表人或者主要负责人。单位的法定代表人或者主要负责人被依法追究刑事责任或者因其他原因无法参与刑事诉讼的，人民检察院应当另行确定被告单位的其他负责人作为诉讼代表人参加诉讼。

接到出庭通知的被告单位的诉讼代表人应当出庭应诉。拒不出庭的，人民法院在必要的时候，可以拘传到庭。

对直接负责的主管人员和其他直接责任人员均无法归案的单位走私犯罪案件，只要单位走私犯罪的事实清楚、证据确实充分，且能够确定诉讼代表人代表单位参与刑事诉讼活动的，可以先行追究该单位的刑事责任。

被告单位没有合适人选作为诉讼代表人出庭的，因不具备追究该单位刑事责任的诉讼条件，可按照单位犯罪的条款先行追究单位犯罪中直接负责的主管人员或者其他直接责任人员的刑事责任。人民法院在对单位犯罪中直接负责的主管人员或者直接责任人员进行判决时，对于扣押、冻结的走私货物、物品、违法所得以及属于犯罪单位所有的走私犯罪工具，应当一并判决予以追缴、没收。

十八、关于单位走私犯罪及其直接负责的主管人员和直接责任人员的认定问题

具备下列特征的，可以认定为单位走私犯罪：（1）以单位的名义实施走私犯罪，即由单位集体研究决定，或者由单位的负责人或者被授权的其他人员决定、同意；（2）为单位谋取不正当利益或者违法所得大部分归单位所有。

依照《最高人民法院关于审理单位犯罪案件具体应用法律有关问题的解释》第二条的规定，个人为进行违法犯罪活动而设立的公司、企业、事业单位实施犯罪的，或者个人设立公司、企业、事业单位后，以实施犯罪

为主要活动的，不以单位犯罪论处。单位是否以实施犯罪为主要活动，应根据单位实施走私行为的次数、频度、持续时间、单位进行合法经营的状况等因素综合考虑认定。

根据单位人员在单位走私犯罪活动中所发挥的不同作用，对其直接负责的主管人员和其他直接责任人员，可以确定为一人或者数人。对于受单位领导指派而积极参与实施走私犯罪行为的人员，如果其行为在走私犯罪的主要环节起重要作用的，可以认定为单位犯罪的直接责任人员。

十九、关于单位走私犯罪后发生分立、合并或者其他资产重组情形以及单位被依法注销、宣告破产等情况下，如何追究刑事责任的问题

单位走私犯罪后，单位发生分立、合并或者其他资产重组等情况的，只要承受该单位权利义务的单位存在，应当追究单位走私犯罪的刑事责任。走私单位发生分立、合并或者其他资产重组后，原单位名称发生更改的，仍以原单位（名称）作为被告单位。承受原单位权利义务的单位法定代表人或者负责人为诉讼代表人。

单位走私犯罪后，发生分立、合并或者其他资产重组情形，以及被依法注销、宣告破产等情况的，无论承受该单位权利义务的单位是否存在，均应追究原单位直接负责的主管人员和其他直接责任人员的刑事责任。

人民法院对原走私单位判处罚金的，应当将承受原单位权利义务的单位作为被执行人。罚金超出新单位所承受的财产的，可在执行中予以减除。

……

二十一、关于单位走私犯罪案件自首的认定问题

在办理单位走私犯罪案件中，对单位集体决定自首的，或者单位直接负责的主管人员自首的，应当认定单位自首。认定单位自首后，如实交代主要犯罪事实的单位负责的其他主管人员和其他直接责任人员，可视为自首，但对拒不交代主要犯罪事实或逃避法律追究的人员，不以自首论。

二十二、关于共同走私犯罪案件如何判处罚金刑问题

审理共同走私犯罪案件时，对各共同犯罪人判处罚金的总额应掌握在共同走私行为偷逃应缴税额的一倍以上五倍以下。

第一百五十一条 【走私武器、弹药罪】【走私核材料罪】【走私假币罪】 走私武器、弹药、核材料或者伪造的货币的，处七年以上有期徒刑，并处罚金或者没收财产；情节特别严重的，处无期徒刑，并处没收财产；情节较轻的，处三年以上七年以下有期徒刑，并处罚金。

【走私文物罪】【走私贵重金属罪】【走私珍贵动物、珍贵动物制品罪】 走私国家禁止出口的文物、黄金、白银和其他贵重金属或者国家禁止进出口的珍贵动物及其制品的，处五年以上十年以下有期徒刑，并处罚金；情节特别严重的，处十年以上有期徒刑或者无期徒刑，并处没收财产；情节较轻的，处五年以下有期徒刑，并处罚金。

【走私国家禁止进出口的货物、物品罪】走私珍稀植物及其制品等国家禁止进出口的其他货物、物品的，处五年以下有期徒刑或者拘役，并处或者单处罚金；情节严重的，处五年以上有期徒刑，并处罚金。

单位犯本条规定之罪的，对单位判处罚金，并对其直接负责的主管人员和其他直接责任人员，依照本条各款的规定处罚。

【第三次修正前条文】

第一百五十一条　【走私武器、弹药罪】【走私核材料罪】【走私假币罪】走私武器、弹药、核材料或者伪造的货币的，处七年以上有期徒刑，并处罚金或者没收财产；情节特别严重的，处无期徒刑或者死刑，并处没收财产；情节较轻的，处三年以上七年以下有期徒刑，并处罚金。

【走私文物罪】【走私贵重金属罪】【走私珍贵动物、珍贵动物制品罪】走私国家禁止出口的文物、黄金、白银和其他贵重金属或者国家禁止进出口的珍贵动物及其制品的，处五年以上十年以下有期徒刑，并处罚金；情节特别严重的，处十年以上有期徒刑或者无期徒刑，并处没收财产；情节较轻的，处五年以下有期徒刑，并处罚金。

【走私国家禁止进出口的货物、物品罪】走私珍稀植物及其制品等国家禁止进出口的其他货物、物品的，处五年以下有期徒刑或者拘役，并处或者单处罚金；情节严重的，处五年以上有期徒刑，并处罚金。

单位犯本条规定之罪的，对单位判处罚金，并对其直接负责的主管人员和其他直接责任人员，依照本条各款的规定处罚。

【第二次修正前条文】

第一百五十一条　【走私武器、弹药罪】【走私核材料罪】【走私假币罪】走私武器、弹药、核材料或者伪造的货币的，处七年以上有期徒刑，并处罚金或者没收财产；情节较轻的，处三年以上七年以下有期徒刑，并处罚金。

【走私文物罪】【走私贵重金属罪】【走私珍贵动物、珍贵动物制品罪】走私国家禁止出口的文物、黄金、白银和其他贵重金属或者国家禁止进出口的珍贵动物及其制品的，处五年以上有期徒刑，并处罚金；情节较轻的，处五年以下有期徒刑，并处罚金。

【走私国家禁止进出口的货物、物品罪】走私珍稀植物及其制品等国家禁止进出口的其他货物、物品的，处五年以下有期徒刑或者拘役，并处或者单处罚金；情节严重的，处五年以上有期徒刑，并处罚金。

犯第一款、第二款罪，情节特别严重的，处无期徒刑或者死刑，并处没收财产。

单位犯本条规定之罪的，对单位判处罚金，并对其直接负责的主管人员和其他直接责任人员，依照本条各款的规定处罚。

【第一次修正前条文】

第一百五十一条　【走私武器、弹药罪】【走私核材料罪】【走私假币罪】走私武器、弹药、核材料或者伪造的货币的，处七年以上有期徒刑，并处罚金或者没收财产；情节较轻的，处三年以上七年以下有期徒刑，并处罚金。

【走私文物罪】【走私贵重金属罪】【走私珍贵动物、珍贵动物制品罪】走私国家禁止出口的文物、黄金、白银和其他贵重金属或者国家禁止进出口的珍贵动物及其制品的，处五年以上有期徒刑，并处罚金；情节较轻的，处五年以下有期徒刑，并处罚金。

【走私珍稀植物罪】【走私珍稀植物制品罪】走私国家禁止进出口的珍稀植物及其制品的，处五年以下有期徒刑，并处或者单处罚金；情节严重的，处五年以上有期徒刑，并处罚金。

犯第一款、第二款罪，情节特别严重的，处无期徒刑或者死刑，并处没收财产。

单位犯本条规定之罪的，对单位判处罚金，并对其直接负责的主管人员和其他直接责任人员，依照本条各款的规定处罚。

【修正说明】

1. 刑法修正案（七）第一条将原条文第三款"走私国家禁止进出口的珍稀植物及其制品的"修改为"走私珍稀植物及其制品等国家禁止进出口的其他货物、物品的"。

2. 刑法修正案（八）第二十六条将走私文物罪、走私贵重金属罪、走私珍贵动物罪、走私珍贵动物制品罪一般情节的量刑由"五年以上有期徒刑，并处罚金"修改为"五年以上十

年以下有期徒刑，并处罚金"；"情节特别严重"的量刑由"无期徒刑或者死刑，并处没收财产"修改为"十年以上有期徒刑或者无期徒刑，并处没收财产"。

3. 刑法修正案（九）第九条对原条文作出下述修改：一是取消走私文物罪、走私贵重金属罪、走私珍贵动物、珍贵动物制品罪的死刑。二是对走私文物罪、走私贵重金属罪、走私珍贵动物、珍贵动物制品罪取消死刑后相应调整了这类犯罪的处刑，将原"处五年以上有期徒刑"的规定修改为"五年以上十年以下有期徒刑"，将原"无期徒刑"的规定修改为"十年以上有期徒刑或者无期徒刑"。

【立法解释】

《全国人民代表大会常务委员会关于〈中华人民共和国刑法〉有关文物的规定适用于具有科学价值的古脊椎动物化石、古人类化石的解释》（20051229）

刑法有关文物的规定，适用于具有科学价值的古脊椎动物化石、古人类化石。

【司法解释 I】

《最高人民检察院、公安部关于公安机关管辖的刑事案件立案追诉标准的规定（二）》（公通字〔2010〕23号，20100507）

第二条〔走私假币案（刑法第一百五十一条第一款）〕走私伪造的货币，总面额在二千元以上或者币量在二百张（枚）以上的，应予立案追诉。

【司法解释Ⅱ】①

《最高人民法院、最高人民检察院关于办理走私刑事案件适用法律若干问题的解释》（法释〔2014〕10 号，20140910）

第一条　走私武器、弹药，具有下列情形之一的，可以认定为刑法第一百五十一条第一款规定的"情节较轻"：

（一）走私以压缩气体等非火药为动力发射枪弹的枪支二支以上不满五支的；

（二）走私气枪铅弹五百发以上不满二千五百发，或者其他子弹十发以上不满五十发的；

（三）未达到上述数量标准，但属于犯罪集团的首要分子，使用特种车辆从事走私活动，或者走私的武器、弹药被用于实施犯罪等情形的；

（四）走私各种口径在六十毫米以下常规炮弹、手榴弹或者枪榴弹等分别或者合计不满五枚的。

具有下列情形之一的，依照刑法第一百五十一条第一款的规定处七年以上有期徒刑，并处罚金或者没收财产：

（一）走私以火药为动力发射枪弹的枪支一支，或者以压缩气体等非火药为动力发射枪弹的枪支五支以上不满十支的；

（二）走私第一款第二项规定的弹药，数量在该项规定的最高数量以上不满最高数量五倍的；

（三）走私各种口径在六十毫米以下常规炮弹、手榴弹或者枪榴弹等分别或者合计达到五枚以上不满十枚，或者各种口径超过六十毫米以上常规炮弹合计不满五枚的；

（四）达到第一款第一、二、四项规定的数量标准，且属于犯罪集团的首要分子，使用特种车辆从事走私活动，或者走私的武器、弹药被用于实施犯罪等情形的。

具有下列情形之一的，应当认定为刑法第一百五十一条第一款规定的"情节特别严重"：

（一）走私第二款第一项规定的枪支，数量超过该项规定的数量标准的；

（二）走私第一款第二项规定的弹药，数量在该项规定的最高数量标准五倍以上的；

（三）走私第二款第三项规定的弹药，数量超过该项规定的数量标准，或者走私具有巨大杀伤力的非常规炮弹一枚以上的；

（四）达到第二款第一项至第三项规定的数量标准，且属于犯罪集团的首要分子，使用特种车辆从事走私活动，或者走私的武器、弹药被用于实施犯罪等情形的。

走私其他武器、弹药，构成犯罪的，参照本条各款规定的标准处罚。

第二条　刑法第一百五十一条第一款规定的"武器、弹药"的种类，参照《中华人民共和国进口税则》及《中华人民共和国禁止进出境物品表》

----

①　适用本司法解释第一至五条时，应参照本法第一百二十五条【司法解释Ⅲ】。——编者注

的有关规定确定。

第三条　走私枪支散件，构成犯罪的，依照刑法第一百五十一条第一款的规定，以走私武器罪定罪处罚。成套枪支散件以相应数量的枪支计，非成套枪支散件以每三十件为一套枪支散件计。

第四条　走私各种弹药的弹头、弹壳，构成犯罪的，依照刑法第一百五十一条第一款的规定，以走私弹药罪定罪处罚。具体的定罪量刑标准，按照本解释第一条规定的数量标准的五倍执行。

走私报废或者无法组装并使用的各种弹药的弹头、弹壳，构成犯罪的，依照刑法第一百五十三条的规定，以走私普通货物、物品罪定罪处罚；属于废物的，依照刑法第一百五十二条第二款的规定，以走私废物罪定罪处罚。

弹头、弹壳是否属于前款规定的"报废或者无法组装并使用"或者"废物"，由国家有关技术部门进行鉴定。

第五条　走私国家禁止或者限制进出口的仿真枪、管制刀具，构成犯罪的，依照刑法第一百五十一条第三款的规定，以走私国家禁止进出口的货物、物品罪定罪处罚。具体的定罪量刑标准，适用本解释第十一条第一款第六、七项和第二款的规定。

走私的仿真枪经鉴定为枪支，构成犯罪的，依照刑法第一百五十一条第一款的规定，以走私武器罪定罪处罚。不以牟利或者从事违法犯罪活动为目的，且无其他严重情节的，可以

依法从轻处罚；情节轻微不需要判处刑罚的，可以免予刑事处罚。

第六条　走私伪造的货币，数额在二千元以上不满二万元，或者数量在二百张（枚）以上不满二千张（枚）的，可以认定为刑法第一百五十一条第一款规定的"情节较轻"。

具有下列情形之一的，依照刑法第一百五十一条第一款的规定处七年以上有期徒刑，并处罚金或者没收财产：

（一）走私数额在二万元以上不满二十万元，或者数量在二千张（枚）以上不满二万张（枚）的；

（二）走私数额或者数量达到第一款规定的标准，且具有走私的伪造货币流入市场等情节的。

具有下列情形之一的，应当认定为刑法第一百五十一条第一款规定的"情节特别严重"：

（一）走私数额在二十万元以上，或者数量在二万张（枚）以上的；

（二）走私数额或者数量达到第二款第一项规定的标准，且属于犯罪集团的首要分子，使用特种车辆从事走私活动，或者走私的伪造货币流入市场等情形的。

第七条　刑法第一百五十一条第一款规定的"货币"，包括正在流通的人民币和境外货币。伪造的境外货币数额，折合成人民币计算。

……

第九条　走私国家一、二级保护动物未达到本解释附表中（一）规定的数量标准，或者走私珍贵动物制品数额不满二十万元的，可以认定为刑

法第一百五十一条第二款规定的"情节较轻"。

具有下列情形之一的，依照刑法第一百五十一条第二款的规定处五年以上十年以下有期徒刑，并处罚金：

（一）走私国家一、二级保护动物达到本解释附表中（一）规定的数量标准的；

（二）走私珍贵动物制品数额在二十万元以上不满一百万元的；

（三）走私国家一、二级保护动物未达到本解释附表中（一）规定的数量标准，但具有造成该珍贵动物死亡或者无法追回等情节的。

具有下列情形之一的，应当认定为刑法第一百五十一条第二款规定的"情节特别严重"：

（一）走私国家一、二级保护动物达到本解释附表中（二）规定的数量标准的；

（二）走私珍贵动物制品数额在一百万元以上的；

（三）走私国家一、二级保护动物达到本解释附表中（一）规定的数量标准，且属于犯罪集团的首要分子、使用特种车辆从事走私活动，或者造成该珍贵动物死亡、无法追回等情形的。

不以牟利为目的，为留作纪念而走私珍贵动物制品进境，数额不满十万元的，可以免予刑事处罚；情节显著轻微的，不作为犯罪处理。

第十条　刑法第一百五十一条第二款规定的"珍贵动物"，包括列入《国家重点保护野生动物名录》中的国家一、二级保护野生动物，《濒危野

生动植物种国际贸易公约》附录Ⅰ、附录Ⅱ中的野生动物，以及驯养繁殖的上述动物。

走私本解释附表中未规定的珍贵动物的，参照附表中规定的同属或者同科动物的数量标准执行。

走私本解释附表中未规定珍贵动物的制品的，按照《最高人民法院、最高人民检察院、国家林业局、公安部、海关总署关于破坏野生动物资源刑事案件中涉及的 CITES 附录Ⅰ和附录Ⅱ所列陆生野生动物制品价值核定问题的通知》（林濒发〔2012〕239号）的有关规定核定价值。

第十一条　走私国家禁止进出口的货物、物品，具有下列情形之一的，依照刑法第一百五十一条第三款的规定处五年以下有期徒刑或者拘役，并处或者单处罚金：

（一）走私国家一级保护野生植物五株以上不满二十五株，国家二级保护野生植物十株以上不满五十株，或者珍稀植物、珍稀植物制品数额在二十万元以上不满一百万元的；

（二）走私重点保护古生物化石或者未命名的古生物化石不满十件，或者一般保护古生物化石十件以上不满五十件的；

（三）走私禁止进出口的有毒物质一吨以上不满五吨，或者数额在二万元以上不满十万元的；

（四）走私来自境外疫区的动植物及其产品五吨以上不满二十五吨，或者数额在五万元以上不满二十五万元的；

（五）走私木炭、硅砂等妨害环

境、资源保护的货物、物品十吨以上不满五十吨，或者数额在十万元以上不满五十万元的；

（六）走私旧机动车、切割车、旧机电产品或者其他禁止进出口的货物、物品二十吨以上不满一百吨，或者数额在二十万元以上不满一百万元的；

（七）数量或者数额未达到本款第一项至第六项规定的标准，但属于犯罪集团的首要分子，使用特种车辆从事走私活动，造成环境严重污染，或者引起甲类传染病传播、重大动植物疫情等情形的。

具有下列情形之一的，应当认定为刑法第一百五十一条第三款规定的"情节严重"：

（一）走私数量或者数额超过前款第一项至第六项规定的标准的；

（二）达到前款第一项至第六项规定的标准，且属于犯罪集团的首要分子，使用特种车辆从事走私活动，造成环境严重污染，或者引起甲类传染病传播、重大动植物疫情等情形的。

第十二条　刑法第一百五十一条第三款规定的"珍稀植物"，包括列入《国家重点保护野生植物名录》《国家重点保护野生药材物种名录》《国家珍贵树种名录》中的国家一、二级保护野生植物、国家重点保护的野生药材、珍贵树木，《濒危野生动植物种国际贸易公约》附录Ⅰ、附录Ⅱ中的野生植物，以及人工培育的上述植物。

本解释规定的"古生物化石"，按照《古生物化石保护条例》的规定予以认定。走私具有科学价值的古脊椎动物化石、古人类化石，构成犯罪的，依照刑法第一百五十一条第二款的规定，以走私文物罪定罪处罚。

【司法解释Ⅲ】

《最高人民法院、最高人民检察院关于办理妨害文物管理等刑事案件适用法律若干问题的解释》（法释〔2015〕23 号，20160101）

第一条　刑法第一百五十一条规定的"国家禁止出口的文物"，依照《中华人民共和国文物保护法》规定的"国家禁止出境的文物"的范围认定。

走私国家禁止出口的二级文物的，应当依照刑法第一百五十一条第二款的规定，以走私文物罪处五年以上十年以下有期徒刑，并处罚金；走私国家禁止出口的一级文物的，应当认定为刑法第一百五十一条第二款规定的"情节特别严重"；走私国家禁止出口的三级文物的，应当认定为刑法第一百五十一条第二款规定的"情节较轻"。

走私国家禁止出口的文物，无法确定文物等级，或者按照文物等级定罪量刑明显过轻或者过重的，可以按照走私的文物价值定罪量刑。走私的文物价值在二十万元以上不满一百万元的，应当依照刑法第一百五十一条第二款的规定，以走私文物罪处五年以上十年以下有期徒刑，并处罚金；文物价值在一百万元以上的，应当认定为刑法第一百五十一条第二款规定的"情节特别严重"；文物价值在五万元以上不满二十万元的，应当认定为刑法第一百五十一条第二款规定的"情节较轻"。

……

第十五条 在行为人实施有关行为前，文物行政部门已对涉案文物及其等级作出认定的，可以直接对有关案件事实作出认定。

对案件涉及的有关文物鉴定、价值认定等专门性问题难以确定的，由司法鉴定机构出具鉴定意见，或者由国务院文物行政部门指定的机构出具报告。其中，对于文物价值，也可以由有关价格认证机构作出价格认证并出具报告。

第十六条第一款 实施本解释第一条、第二条、第六条至第九条规定的行为，虽已达到应当追究刑事责任的标准，但行为人系初犯，积极退回或者协助追回文物，未造成文物损毁，并确有悔罪表现的，可以认定为犯罪情节轻微，不起诉或者免予刑事处罚。

第十七条 走私、盗窃、损毁、倒卖、盗掘或者非法转让具有科学价值的古脊椎动物化石、古人类化石的，依照刑法和本解释的有关规定定罪量刑。

【法院参考案例】

〔**参考案例第 938 号：戴永光走私弹药、非法持有枪支案**〕走私气枪铅弹构成犯罪，量刑标准是否应当有别于一般的走私非军用子弹？

气枪铅弹虽然借助气枪等武器可发射至目标区域，具有一定杀伤力，但没有火药、炸药等装填物，因此杀

伤力有限。走私"气枪铅弹"对法益的侵害程度，自然也小于走私同样数量的一般非军用子弹。因此，将两者在量刑标准上区别对待，符合罪责刑相适应原则。

第一百五十二条 【走私淫秽物品罪】 以牟利或者传播为目的，走私淫秽的影片、录像带、录音带、图片、书刊或者其他淫秽物品的，处三年以上十年以下有期徒刑，并处罚金；情节严重的，处十年以上有期徒刑或者无期徒刑，并处罚金或者没收财产；情节较轻的，处三年以下有期徒刑、拘役或者管制，并处罚金。

【走私废物罪】 逃避海关监管将境外固体废物、液态废物和气态废物运输进境，情节严重的，处五年以下有期徒刑，并处或者单处罚金；情节特别严重的，处五年以上有期徒刑，并处罚金。

单位犯前两款罪的，对单位判处罚金，并对其直接负责的主管人员和其他直接责任人员，依照前两款的规定处罚。

【修正前条文】

第一百五十二条 【走私淫秽物品罪】 以牟利或者传播为目的，走私淫秽的影片、录像带、录音带、图片、书刊或者其他淫秽物品的，处三年以上十年以下有期徒刑，并处罚金；情节严重的，处十年以上有期徒刑或者无期徒刑，并处罚金或者没收财产；情节较轻的，处三年以下有期徒刑、

拘役或者管制，并处罚金。

单位犯前款罪的，对单位判处罚金，并对其直接负责的主管人员和其他直接责任人员，依照前款的规定处罚。

【修正说明】

刑法修正案（四）第二条将原刑法第一百五十五条第（三）项"逃避海关监管将境外固体废物运输进境的"内容移至本条第二款，并增加了将液态废物和气态废物运输进境的规定，原第二款变更为第三款。

【立法·要点注释】

以牟利为目的，是指行为人走私淫秽物品是为了出卖、出租或者通过其他方式牟取非法利润；以传播为目的，是指行为人走私淫秽物品是为了在社会上传播、扩散。如果行为人携带少量的淫秽物品入境，目的是为了自己使用，则不宜按走私淫秽物品罪处理。如果行为人走私大量淫秽物品，显然超出了自用的范围，就可以认定是以牟利或者传播为目的，至于"牟利"或者"传播"的目的是否实现，并不影响本罪的成立。

【司法解释Ⅰ】

《最高人民检察院、公安部关于公安机关管辖的刑事案件立案追诉标准的规定（一）》（公通字〔2008〕36号，20080625）

第二十五条〔走私淫秽物品案（刑法第一百五十二条第一款）〕以牟利或者传播为目的，走私淫秽的影片、录像带、录音带、图片、书刊或者其他通过文字、声音、形象等形式表现淫秽内容的影碟、音碟、电子出版物等物品，涉嫌下列情形之一的，应予立案追诉：

（一）走私淫秽录像带、影碟五十盘（张）以上的；

（二）走私淫秽录音带、音碟一百盘（张）以上的；

（三）走私淫秽扑克、书刊、画册一百副（册）以上的；

（四）走私淫秽照片、画片五百张以上的；

（五）走私其他淫秽物品相当于上述数量的；

（六）走私淫秽物品数量虽未达到本条第（一）项至第（四）项规定标准，但分别达到其中两项以上标准的百分之五十以上的。

【司法解释Ⅱ】

《最高人民法院、最高人民检察院关于办理走私刑事案件适用法律若干问题的解释》（法释〔2014〕10号，20140910）

第十三条　以牟利或者传播为目的，走私淫秽物品，达到下列数量之一的，可以认定为刑法第一百五十二条第一款规定的"情节较轻"：

（一）走私淫秽录像带、影碟五十盘（张）以上不满一百盘（张）的；

（二）走私淫秽录音带、音碟一百盘（张）以上不满二百盘（张）的；

（三）走私淫秽扑克、书刊、画册一百副（册）以上不满二百副

（册）的；

（四）走私淫秽照片、画片五百张以上不满一千张的；

（五）走私其他淫秽物品相当于上述数量的。

走私淫秽物品在前款规定的最高数量以上不满最高数量五倍的，依照刑法第一百五十二条第一款的规定处三年以上十年以下有期徒刑，并处罚金。

走私淫秽物品在第一款规定的最高数量五倍以上，或者在第一款规定的最高数量以上不满五倍，但属于犯罪集团的首要分子、使用特种车辆从事走私活动等情形的，应当认定为刑法第一百五十二条第一款规定的"情节严重"。

第十四条 走私国家禁止进口的废物或者国家限制进口的可用作原料的废物，具有下列情形之一的，应当认定为刑法第一百五十二条第二款规定的"情节严重"：

（一）走私国家禁止进口的危险性固体废物、液态废物分别或者合计达到一吨以上不满五吨的；

（二）走私国家禁止进口的非危险性固体废物、液态废物分别或者合计达到五吨以上不满二十五吨的；

（三）走私国家限制进口的可用作原料的固体废物、液态废物分别或者合计达到二十吨以上不满一百吨的；

（四）未达到上述数量标准，但属于犯罪集团的首要分子、使用特种车辆从事走私活动，或者造成环境严重污染等情形的。

具有下列情形之一的，应当认定为刑法第一百五十二条第二款规定的"情节特别严重"：

（一）走私数量超过前款规定的标准的；

（二）达到前款规定的标准，且属于犯罪集团的首要分子、使用特种车辆从事走私活动，或者造成环境严重污染等情形的；

（三）未达到前款规定的标准，但造成环境严重污染且后果特别严重的。

走私置于容器中的气态废物，构成犯罪的，参照前两款规定的标准处罚。

第十五条 国家限制进口的可用作原料的废物的具体种类，参照国家有关部门的规定确定。

第一百五十三条 【走私普通货物、物品罪】走私本法第一百五十一条、第一百五十二条、第三百四十七条规定以外的货物、物品的，根据情节轻重，分别依照下列规定处罚：

（一）走私货物、物品偷逃应缴税额较大或者一年内曾因走私被给予二次行政处罚后又走私的，处三年以下有期徒刑或者拘役，并处偷逃应缴税额一倍以上五倍以下罚金。

（二）走私货物、物品偷逃应缴税额巨大或者有其他严重情节的，处三年以上十年以下有期徒刑，并处偷逃应缴税额一倍以上五倍以下罚金。

（三）走私货物、物品偷逃应缴税额特别巨大或者有其他特别严重情节的，处十年以上有期徒刑或者无期徒刑，并处偷逃应缴税额一倍以上五倍以下罚金或者没收财产。

单位犯前款罪的，对单位判处罚金，并对其直接负责的主管人员和其他直接责任人员，处三年以下有期徒刑或者拘役；情节严重的，处三年以上十年以下有期徒刑；情节特别严重的，处十年以上有期徒刑。

对多次走私未经处理的，按照累计走私货物、物品的偷逃应缴税额处罚。

【修正前条文】

第一百五十三条 　【走私普通货物、物品罪】走私本法第一百五十一条、第一百五十二条、第三百四十七条规定以外的货物、物品的，根据情节轻重，分别依照下列规定处罚：

（一）走私货物、物品偷逃应缴税额在五十万元以上的，处十年以上有期徒刑或者无期徒刑，并处偷逃应缴税额一倍以上五倍以下罚金或者没收财产；情节特别严重的，依照本法第一百五十一条第四款的规定处罚。

（二）走私货物、物品偷逃应缴税额在十五万元以上不满五十万元的，处三年以上十年以下有期徒刑，并处偷逃应缴税额一倍以上五倍以下罚金；情节特别严重的，处十年以上有期徒刑或者无期徒刑，并处偷逃应缴税额一倍以上五倍以下罚金或者没收财产。

（三）走私货物、物品偷逃应缴税额在五万元以上不满十五万元的，处三年以下有期徒刑或者拘役，并处

偷逃应缴税额一倍以上五倍以下罚金。

单位犯前款罪的，对单位判处罚金，并对其直接负责的主管人员和其他直接责任人员，处三年以下有期徒刑或者拘役；情节严重的，处三年以上十年以下有期徒刑；情节特别严重的，处十年以上有期徒刑。

对多次走私未经处理的，按照累计走私货物、物品的偷逃应缴税额处罚。

【修正说明】

刑法修正案（八）第二十七条对原条文第一款作出下述修改：一是取消了走私普通货物、物品罪的死刑规定。二是将一年内曾因走私被给予二次行政处罚后又走私的行为规定为犯罪。三是将"偷逃应缴税额在五万元以上不满十五万元"改为"偷逃应缴税额较大"，将"偷逃应缴税额在十五万元以上不满五十万元"改为"偷逃应缴税额巨大或者有其他严重情节"，将"偷逃应缴税额在五十万元以上"改为"偷逃应缴税额特别巨大或者有其他特别严重情节"。四是调整处罚顺序，由重到轻改为由轻到重；并整合刑档次，将五档处刑改为三档处刑。

【司法解释Ⅰ】

《最高人民法院、最高人民检察院关于办理走私刑事案件适用法律若干问题的解释》（法释〔2014〕10 号，20140910）

第十六条 　走私普通货物、物品，偷逃应缴税额在十万元以上不满五十万元的，应当认定为刑法第一百五十

三条第一款规定的"偷逃应缴税额较大";偷逃应缴税额在五十万元以上不满二百五十万元的,应当认定为"偷逃应缴税额巨大";偷逃应缴税额在二百五十万元以上的,应当认定为"偷逃应缴税额特别巨大"。

走私普通货物、物品,具有下列情形之一,偷逃应缴税额在三十万元以上不满五十万元的,应当认定为刑法第一百五十三条第一款规定的"其他严重情节";偷逃应缴税额在一百五十万元以上不满二百五十万元的,应当认定为"其他特别严重情节":

（一）犯罪集团的首要分子;

（二）使用特种车辆从事走私活动的;

（三）为实施走私犯罪,向国家机关工作人员行贿的;

（四）教唆、利用未成年人、孕妇等特殊人群走私的;

（五）聚众阻挠缉私的。

第十七条　刑法第一百五十三条第一款规定的"一年内曾因走私被给予二次行政处罚后又走私"中的"一年内",以因走私第一次受到行政处罚的生效之日与"又走私"行为实施之日的时间间隔计算确定;"被给予二次行政处罚"的走私行为,包括走私普通货物、物品以及其他货物、物品;"又走私"行为仅指走私普通货物、物品。

第十八条　刑法第一百五十三条规定的"应缴税额",包括进出口货物、物品应当缴纳的进出口关税和进口环节海关代征税的税额。应缴税额以走私行为实施时的税则、税率、汇率和完税价格计算;多次走私的,以每次走私行为实施时的税则、税率、汇率和完税价格逐票计算;走私行为实施时间不能确定的,以案发时的税则、税率、汇率和完税价格计算。

刑法第一百五十三条第三款规定的"多次走私未经处理",包括未经行政处理和刑事处理。

......

第二十四条　单位犯刑法第一百五十一条、第一百五十二条规定之罪,依照本解释规定的标准定罪处罚。

单位犯走私普通货物、物品罪,偷逃应缴税额在二十万元以上不满一百万元的,应当依照刑法第一百五十三条第二款的规定,对单位判处罚金,并对其直接负责的主管人员和其他直接责任人员,处三年以下有期徒刑或者拘役;偷逃应缴税额在一百万元以上不满五百万元的,应当认定为"情节严重";偷逃应缴税额在五百万元以上的,应当认定为"情节特别严重"。

【司法解释Ⅱ】

《最高人民检察院关于擅自销售进料加工保税货物的行为法律适用问题的解释》（高检发释字〔2000〕3 号,20001016）

保税货物是指经海关批准未办理纳税手续进境,在境内储存、加工、装配后复运出境的货物。经海关批准进口的进料加工的货物属于保税货物。未经海关许可并且未补缴应缴税额,擅自将批准进口的进料加工的原材料、零件、制成品、设备等保税货物,在境内销售牟利,偷逃应缴税额在五万元以上的，依照刑法第一百五十四条、第一百五十三条的规定，以走私普通货物、物品罪追究刑事责任。①

【司法指导文件】

《最高人民法院、最高人民检察院、海关总署关于办理走私刑事案件适用法律若干问题的意见》（法〔2002〕139 号，20020708）

九、关于利用购买的加工贸易登记手册、特定减免税批文等涉税单证进口货物行为的定性处理问题

加工贸易登记手册、特定减免税批文等涉税单证是海关根据国家法律法规以及有关政策性规定，给予特定企业用于保税货物经营管理和减免税优惠待遇的凭证。利用购买的加工贸易登记手册、特定减免税批文等涉税单证进口货物，实质是将一般贸易货物伪报为加工贸易保税货物或者特定减免税货物进口，以达到偷逃应缴税款的目的，应当适用刑法第一百五十三条以走私普通货物、物品罪定罪处罚。如果行为人与走私分子通谋出售上述涉税单证，或者在出卖批文后又以提供印章、向海关伪报保税货物、特定减免税货物等方式帮助买方办理进口通关手续的，对卖方依照刑法第一百五十六条以走私罪共犯定罪处罚。买卖上述涉税单证情节严重尚未进口货物的，依照刑法第二百八十条的规定定罪处罚。

十、关于在加工贸易活动中骗取海关核销行为的认定问题

在加工贸易经营活动中，以假出口、假结转或者利用虚假单证等方式骗取海关核销，致使保税货物、物品脱离海关监管，造成国家税款流失，情节严重的，依照刑法第一百五十三条的规定，以走私普通货物、物品罪追究刑事责任。但有证据证明因不可抗力原因导致保税货物脱离海关监管，经营人无法办理正常手续而骗取海关核销的，不认定为走私犯罪。

……

二十、关于单位与个人共同走私普通货物、物品案件的处理问题

单位和个人（不包括单位直接负责的主管人员和其他直接责任人员）共同走私的，单位和个人均应对共同走私所偷逃应缴税额负责。

对单位和个人共同走私偷逃应缴税额为 5 万元以上不满 25 万元的，应当根据其在案件中所起的作用，区分不同情况做出处理。单位起主要作用的，对单位和个人均不追究刑事责任，由海关予以行政处理；个人起主要作用的，对个人依照刑法有关规定追究刑事责任，对单位由海关予以行政处理。无法认定单位或个人起主要作用的，对个人和单位分别按个人犯罪和单位犯罪的标准处理。

单位和个人共同走私偷逃应缴税额超过 25 万元且能区分主、从犯的，应当按照刑法关于主、从犯的有关规定，对从犯从轻、减轻处罚或者免除处罚。

---

① 实践中，对偷逃应缴税额标准，应参照《最高人民法院、最高人民检察院关于办理走私刑事案件适用法律若干问题的解释》（法释〔2014〕10 号）第十六条的规定执行。——编者注

【法院公报案例】

〔上海市人民检察院第一分院诉应志敏、陆毅走私废物、走私普通货物案，GB2014－5〕

在走私犯罪案件中，应当根据案情综合判断行为人对夹藏物品是否具有走私的故意。行为人不具有走私的概括故意，对于走私物品中还夹藏有其他不同种类走私物品确实不明知的，不能适用相关规范性文件中"根据实际的走私对象定罪处罚"的规定进行数罪并罚，而应当根据主客观相统一原则，以行为人主观认知的走私对象性质加以定罪处罚。对于客观上走私了夹藏的其他物品的，可作为行为人所构成特定走私犯罪的量刑情节予以评价，以体现罪责刑相适应原则。

【法院参考案例】

〔参考案例第 267 号：宋世璋被控走私普通货物案〕在代理转口贸易中未如实报关的行为是否构成走私罪？

为进行转口贸易将普通货物暂时转运进境，在表面上虽采用了不如实报关的手段逃避海关监管，但由于在客观上没有偷逃税款，亦不会给国家造成关税损失，因此，不应以走私普通货物罪论处。

〔参考案例第 1119 号：舟山市某远洋渔业有限公司、李某某走私普通货物案〕冒用远洋渔业项目确认的船舶名义，将自捕水产品作为不征税货物报关入境的行为如何定性？

违反海关法规，冒用远洋自捕水产品免税资格，逃避海关监管，侵害了海关监管秩序，偷逃应缴税额较大

的，构成走私普通货物罪。

〔参考案例第 1199 号：吕丽玲走私普通物品案〕携带贵金属纪念币入境的行为应如何定性？走私关税为零的普通货物、物品的行为是否构成走私罪？如何计算被告人的偷逃税款额？

纪念币属于商品，可以成为走私普通货物、物品罪的对象。在关税为零的情况下，可以将在进出口时偷逃其他税款的行为认定为走私罪。纪念币体现更多的是一种商品属性，以纪念币的市场价格作为计核偷逃税款的基础较为合理。

第一百五十四条 【走私普通货物、物品罪】 下列走私行为，根据本节规定构成犯罪的，依照本法第一百五十三条的规定定罪处罚：

（一）未经海关许可并且未补缴应缴税额，擅自将批准进口的来料加工、来件装配、补偿贸易的原材料、零件、制成品、设备等保税货物，在境内销售牟利的；

（二）未经海关许可并且未补缴应缴税额，擅自将特定减税、免税进口的货物、物品，在境内销售牟利的。

【司法解释Ⅰ】

《最高人民法院、最高人民检察院关于办理走私刑事案件适用法律若干问题的解释》（法释〔2014〕10 号，20140910）

第十九条 刑法第一百五十四条规定的"保税货物"，是指经海关批准，未办理纳税手续进境，在境内储

存、加工、装配后应予复运出境的货物，包括通过加工贸易、补偿贸易等方式进口的货物，以及在保税仓库、保税工厂、保税区或者免税商店内等储存、加工、寄售的货物。

【司法解释Ⅱ】

《最高人民检察院关于擅自销售进料加工保税货物的行为法律适用问题的解释》（高检发释字〔2000〕3 号，20001016）

保税货物是指经海关批准未办理纳税手续进境，在境内储存、加工、装配后复运出境的货物。经海关批准进口的进料加工的货物属于保税货物。未经海关许可并且未补缴应缴税额，擅自将批准进口的进料加工的原材料、零件、制成品、设备等保税货物，在境内销售牟利，偷逃应缴税额在五万元以上的，依照刑法第一百五十四条、第一百五十三条的规定，以走私普通货物、物品罪追究刑事责任。①

【司法指导文件】

《最高人民法院、最高人民检察院、海关总署关于办理走私刑事案件适用法律若干问题的意见》（法〔2002〕139 号，20020708）

十三、关于刑法第一百五十四条规定的"销售牟利"的理解问题

刑法第一百五十四条第（一）、（二）项规定的"销售牟利"，是指行为人主观上为了牟取非法利益而擅自销售海关监管的保税货物、特定减免税货物。该种行为是否构成犯罪，应当根据偷逃的应缴税额是否达到刑法第一百五十三条及相关司法解释规定

的数额标准予以认定。实际获利与否或者获利多少并不影响其定罪。

第一百五十五条 【以走私罪论处的情形】 下列行为，以走私罪论处，依照本节的有关规定处罚：

（一）直接向走私人非法收购国家禁止进口物品的，或者直接向走私人非法收购走私进口的其他货物、物品，数额较大的；

（二）在内海、领海、界河、界湖运输、收购、贩卖国家禁止进出口物品的，或者运输、收购、贩卖国家限制进出口货物、物品，数额较大，没有合法证明的。

【修正前条文】

第一百五十五条 【以走私罪论处的情形】 下列行为，以走私罪论处，依照本节的有关规定处罚：

（一）直接向走私人非法收购国家禁止进口物品的，或者直接向走私人非法收购走私进口的其他货物、物品，数额较大的；

（二）在内海、领海运输、收购、贩卖国家禁止进出口物品的，或者运输、收购、贩卖国家限制进出口货物、物品，数额较大，没有合法证明的；

（三）逃避海关监管将境外固体废物运输进境的。

---

① 实践中，对偷逃应缴税额标准，应参照《最高人民法院、最高人民检察院关于办理走私刑事案件适用法律若干问题的解释》（法释〔2014〕10 号）第十六条的规定执行。——编者注

【修正说明】

刑法修正案（四）第三条对原条文作出下述修改：一是删去了第（三）项规定；二是增加了在界河、界湖运输、收购、贩卖国家禁止进出口或者限制进出口货物、物品的犯罪行为。

【立法·要点注释】

1. "直接"，即所谓"第一手交易"。如果不是直接向走私分子收购走私进境的货物、物品，而是经过第二手、第三手甚至更多的收购环节后收购的，即使收购人明知是走私货物、物品，也不能以走私罪论处。

2. "合法证明"，是指有关主管部门颁发的进出口货物、物品许可证、准运证等能证明其来源、用途合法的证明文件。

【司法解释】

《最高人民法院、最高人民检察院关于办理走私刑事案件适用法律若干问题的解释》（法释〔2014〕10 号，20140910）

第二十条　直接向走私人非法收购走私进口的货物、物品，在内海、领海、界河、界湖运输、收购、贩卖国家禁止进出口的物品，或者没有合法证明，在内海、领海、界河、界湖运输、收购、贩卖国家限制进出口的货物、物品，构成犯罪的，应当按照走私货物、物品的种类，分别依照刑法第一百五十一条、第一百五十二条、第一百五十三条、第三百四十七条、第三百五十条的规定定罪处罚。

刑法第一百五十五条第二项规定的"内海"，包括内河的入海口水域。

【司法指导文件】

《最高人民法院、最高人民检察院、海关总署关于办理走私刑事案件适用法律若干问题的意见》（法〔2002〕139 号，20020708）

十四、关于海上走私犯罪案件如何追究运输人的刑事责任问题

对刑法第一百五十五条第（二）项规定的实施海上走私犯罪行为的运输人、收购人或者贩卖人应当追究刑事责任。对运输人，一般追究运输工具的负责人或者主要责任人的刑事责任，但对于事先通谋的、集资走私的、或者使用特殊的走私运输工具从事走私犯罪活动的，可以追究其他参与人员的刑事责任。

第一百五十六条　【走私罪共犯】 与走私罪犯通谋，为其提供贷款、资金、账号、发票、证明，或者为其提供运输、保管、邮寄或者其他方便的，以走私罪的共犯论处。

【司法指导文件】

《最高人民法院、最高人民检察院、海关总署关于办理走私刑事案件适用法律若干问题的意见》（法〔2002〕139 号，20020708）

十五、关于刑法第一百五十六条规定的"与走私罪犯通谋"的理解问题

通谋是指犯罪行为人之间事先或者事中形成的共同的走私故意。下列情形可以认定为通谋：

（一）对明知他人从事走私活动而同意为其提供贷款、资金、账号、发票、证明、海关单证，提供运输、保管、邮寄或者其他方便的；

（二）多次为同一走私犯罪分子的走私行为提供前项帮助的。

第一百五十七条　【武装掩护走私、抗拒缉私的犯罪】武装掩护走私的，依照本法第一百五十一条第一款的规定从重处罚。

以暴力、威胁方法抗拒缉私的，以走私罪和本法第二百七十七条规定的阻碍国家机关工作人员依法执行职务罪，依照数罪并罚的规定处罚。

【修正前条文】

第一百五十七条　【武装掩护走私、抗拒缉私的犯罪】武装掩护走私的，依照本法第一百五十一条第一款、第四款的规定从重处罚。

以暴力、威胁方法抗拒缉私的，以走私罪和本法第二百七十七条规定的阻碍国家机关工作人员依法执行职务罪，依照数罪并罚的规定处罚。

【修正说明】

刑法修正案（八）第二十八条对原条文作出下述修改：一是删除其第四款的规定，取消了走私文物罪，走私贵重金属罪，走私珍贵动物、珍贵动物制品罪等走私犯罪的死刑。二是在第一款中增加了"情节特别严重的，处无期徒刑或者死刑，并处没收财产"的规定。由于刑法修正案（八）删除了原第一百五十一条第四款，原刑法

第一百五十七条第一款中"依照一百五十一条第四款从重处罚"的规定也就不再适用，刑法修正案（八）因此作了相应修改，删除了"依照一百五十一条第一款、第四款从重处罚"中的"第四款"。

【立法·要点注释】

在实际执行中应当注意的是，行为人必须是走私分子，而且其走私行为已经构成犯罪，又有以暴力、威胁方法抗拒缉私的行为，才能以数罪并罚的规定处罚。根据刑法第六十九条的规定，数罪并罚，是指对两个以上独立的犯罪实行并罚。如果行为人的走私行为尚不构成走私罪，但使用暴力、威胁方法抗拒缉私的，则只能按刑法第二百七十七条阻碍国家机关工作人员依法执行职务罪定罪处罚。

第三节　妨害对公司、企业的管理秩序罪

【司法解释】

《最高人民法院关于如何认定国有控股、参股股份有限公司中的国有公司、企业人员的解释》（法释〔2005〕10 号，20050811）

国有公司、企业委派到国有控股、参股公司从事公务的人员，以国有公司、企业人员论。

【司法指导文件】

《最高人民法院、最高人民检察院关于办理国家出资企业中职务犯罪案件具体应用法律若干问题的意见》（法发〔2010〕49 号，20101126）

六、关于国家出资企业中国家工作人员的认定

经国家机关、国有公司、企业、事业单位提名、推荐、任命、批准等，在国有控股、参股公司及其分支机构中从事公务的人员，应当认定为国家工作人员。具体的任命机构和程序，不影响国家工作人员的认定。

经国家出资企业中负有管理、监督国有资产职责的组织批准或者研究决定，代表其在国有控股、参股公司及其分支机构中从事组织、领导、监督、经营、管理工作的人员，应当认定为国家工作人员。

国家出资企业中的国家工作人员，在国家出资企业中持有个人股份或者同时接受非国有股东委托的，不影响其国家工作人员身份的认定。

七、关于国家出资企业的界定

本意见所称"国家出资企业"，包括国家出资的国有独资公司、国有独资企业，以及国有资本控股公司、国有资本参股公司。

是否属于国家出资企业不清楚的，应遵循"谁投资、谁拥有产权"的原则进行界定。企业注册登记中的资金来源与实际出资不符的，应根据实际出资情况确定企业的性质。企业实际出资情况不清楚的，可以综合工商注册、分配形式、经营管理等因素确定企业的性质。

第一百五十八条　【虚报注册资本罪】申请公司登记使用虚假证明文件或者采取其他欺诈手段虚报注册资本，欺骗公司登记主管部门，取得公司登记，虚报注册资本数额巨大、后果严重或者有其他严重情节的，处三年以下有期徒刑或者拘役，并处或者单处虚报注册资本金额百分之一以上百分之五以下罚金。

单位犯前款罪的，对单位判处罚金，并对其直接负责的主管人员和其他直接责任人员，处三年以下有期徒刑或者拘役。

【立法·要点注释】

1. "证明文件"，主要是指依法设立的注册会计师事务所和审计师事务所等法定验资机构依法对申请公司登记的人的出资所出具的验资报告、资产评估报告、验资证明等材料。"其他欺诈手段"，主要是指采取贿赂等非法手段收买有关机关和部门的工作人员，恶意串通，虚报注册资本，或者采用其他隐瞒事实真相的方法欺骗公司登记主管部门的行为。"公司登记主管部门"，是指工商行政管理机关。

2. 无论使用虚假证明文件还是采取其他欺诈手段，其目的是虚报注册资本，欺骗公司登记主管机关。如果使用虚假证明文件或者其他欺诈手段是为了夸大公司员工的人数或生产经营条件，虚构生产经营场所等，与虚报注册资本无关，不构成本罪。如果使用虚假的证明文件或者采取其他欺诈手段，没有到工商行政管理机关去申请公司设立登记，而是去欺骗另一方当事人，签订经济合同，诈骗钱财，也不构成本罪，对其行为应当依照刑法其他有关条款进行处罚。

3. 行为人必须取得了公司登记，

而且虚报注册资本数额巨大、后果严重或者有其他严重情节的，才构成犯罪。"取得公司登记"，是指经工商行政管理部门核准并发给《企业法人营业执照》，还包括取得公司设立登记和变更登记的情况。如果在申请登记过程中，工商行政管理部门发现其使用的是虚假的证明文件或者采取了欺诈手段，没有予以登记，不构成本罪。因此，"取得公司登记"是区分罪与非罪的一个重要界限。

4. 除法律、行政法规和国务院另有规定实行注册资本实缴登记制的公司以外，对于实行注册资本认缴登记制的公司，法律已不再将实收资本作为公司登记的法定条件。实践中如果出现股东有虚假出资、抽逃出资等行为的，除应当按照公司章程规定向公司足额缴纳出资外，还应当依法承担相应的违约责任等，对此可由其他股东依法主张权利，可以不再依照刑法第一百五十八条、第一百五十九条的规定追究刑事责任。对于法律、行政法规和国务院规定实行注册资本实缴登记制的公司，刑法第一百五十八条、第一百五十九条的规定仍然适用。2014 年 4 月 24 日全国人民代表大会常务委员会通过了《关于〈中华人民共和国刑法〉第一百五十八条、第一百五十九条的解释》，明确刑法第一百五十八条、第一百五十九条的规定，只适用于依法实行注册资本实缴登记制的公司。

5. 第二款所说"单位"，是指不是以个人名义而是代表一个单位去申请登记的情况。

【立法解释】

《全国人民代表大会常务委员会关于〈中华人民共和国刑法〉第一百五十八条、第一百五十九条的解释》（20140424）

全国人民代表大会常务委员会讨论了公司法修改后刑法第一百五十八条、第一百五十九条对实行注册资本实缴登记制、认缴登记制的公司的适用范围问题，解释如下：

刑法第一百五十八条、第一百五十九条的规定，只适用于依法实行注册资本实缴登记制的公司。

【司法解释】

《最高人民检察院、公安部关于公安机关管辖的刑事案件立案追诉标准的规定（二）》（公通字〔2010〕23号，20100507）

第三条〔虚报注册资本案（刑法第一百五十八条）〕申请公司登记使用虚假证明文件或者采取其他欺诈手段虚报注册资本，欺骗公司登记主管部门，取得公司登记，涉嫌下列情形之一的，应予立案追诉：

（一）超过法定出资期限，实缴注册资本不足法定注册资本最低限额，有限责任公司虚报数额在三十万元以上并占其应缴出资数额百分之六十以上的，股份有限公司虚报数额在三百万元以上并占其应缴出资数额百分之三十以上的；

（二）超过法定出资期限，实缴注册资本达到法定注册资本最低限额，但仍虚报注册资本，有限责任公司虚报数额在一百万元以上并占其应缴出资数额百分之六十以上的，股份有限公司虚报数额在一千万元以上并占其应缴出资数额百分之三十以上的；

（三）造成投资者或者其他债权人直接经济损失累计数额在十万元以上的；

（四）虽未达到上述数额标准，但具有下列情形之一的：

1. 两年内因虚报注册资本受过行政处罚二次以上，又虚报注册资本的；

2. 向公司登记主管人员行贿的；

3. 为进行违法活动而注册的。

（五）其他后果严重或者有其他严重情节的情形。

【司法指导文件】

《最高人民检察院、公安部关于严格依法办理虚报注册资本和虚假出资抽逃出资刑事案件的通知》（公经〔2014〕247 号，20140520）

二、严格把握罪与非罪的界限。根据新修改的公司法和全国人大常委会立法解释，自 2014 年 3 月 1 日起，除依法实行注册资本实缴登记制的公司〔参见《国务院关于印发注册资本登记制度改革方案的通知》（国发〔2014〕7 号）〕以外，对申请公司登记的单位和个人不得以虚报注册资本罪追究刑事责任；对公司股东、发起人不得以虚假出资、抽逃出资罪追究刑事责任。对依法实行注册资本实缴登记制的公司涉嫌虚报注册资本和虚假出资、抽逃出资犯罪的，各级公安机关、检察机关依照刑法和《立案追诉标准（二）》的相关规定追究刑事责任时，应当认真研究行为性质和危害后果，确保执法办案的法律效果和社会效果。

三、依法妥善处理跨时限案件。各级公安机关、检察机关对发生在 2014 年 3 月 1 日以前尚未处理或者正在处理的虚报注册资本和虚假出资、抽逃出资刑事案件，应当按照刑法第十二条规定的精神处理：除依法实行注册资本实缴登记制的公司以外，依照新修改的公司法不再符合犯罪构成要件的案件，公安机关已经立案侦查的，应当撤销案件；检察机关已经批准逮捕的，应当撤销批准逮捕决定，并监督公安机关撤销案件；检察机关审查起诉的，应当作出不起诉决定；检察机关已经起诉的，应当撤回起诉并作出不起诉决定；检察机关已经抗诉的，应当撤回抗诉。

【公安文件】

《公安部办公厅关于若干经济犯罪案件如何统计涉案总价值、挽回经济损失数额的批复》（公经〔2008〕214 号，20081105）

一、虚报注册资本案按照虚报数额统计涉案总价值；虚假出资、抽逃出资案按照虚假或抽逃的出资数额统计涉案总价值。

【法院参考案例】

〔参考案例第 130 号：薛玉泉虚报注册资本案〕开具假银行进账单虚报注册资本的行为如何定性？

行为人未将公款的实际控制权转移，而以单位临时账户的银行进账单作为个人公司的注册资本进行验资、骗取公司登记的行为，不构成挪用公款罪，构成虚报注册资本罪；虚报注册资本罪是否成立，应以是否取得公司登记结果为标准。

〔参考案例第 774 号：卜毅冰虚报注册资本案〕对委托他人代为垫资骗取公司登记的行为，如何定性？

在公司设立登记过程中，未交付货币，采用他人垫资的欺诈方式骗取验资证明，进而取得公司登记，后又抽逃出资的行为，构成虚报注册资本罪。

第一百五十九条　【虚假出资、抽逃出资罪】公司发起人、股东违反公司法的规定未交付货币、实物或者未转移财产权，虚假出资，或者在公司成立后又抽逃其出资，数额巨大、后果严重或者有其他严重情节的，处五年以下有期徒刑或者拘役，并处或者单处虚假出资金额或者抽逃出资金额百分之二以上百分之十以下罚金。

单位犯前款罪的，对单位判处罚金，并对其直接负责的主管人员和其他直接责任人员，处五年以下有期徒刑或者拘役。

【立法·要点注释】

1. "虚假出资"主要是指对以实物、工业产权、非专利技术或者土地使用权出资的，在评估作价时，故意高估或者低估作价，然后再作为出资等情况。实践中发生最多的是对个人或非国有资产作为出资额时高估作价，而对国有资产故意低估作价。

2. "公司成立后又抽逃其出资"一般包括两种情况：一种是为达到设立公司的目的，通过向其他企业借款或者向银行贷款等手段取得资金，作为自己的出资，待公司登记成立后，又抽回这些资金；另一种是在公司设立时，依法缴纳了自己的出资，但当公司成立后，又将其出资撤回。

3. 实践中应注意抽逃出资与转让出资的区别。公司发起人、股东在公司成立后如需收回或减少自己的资本，可以依照法律规定采取转让出资或适当减少注册资本的方式，这与抽逃出资的行为是根本不同的。

【立法解释】

《全国人民代表大会常务委员会关于〈中华人民共和国刑法〉第一百五十八条、第一百五十九条的解释》（20140424）

全国人民代表大会常务委员会讨论了公司法修改后刑法第一百五十八条、第一百五十九条对实行注册资本实缴登记制、认缴登记制的公司的适用范围问题，解释如下：

刑法第一百五十八条、第一百五十九条的规定，只适用于依法实行注册资本实缴登记制的公司。

【司法解释】

《最高人民检察院、公安部关于公安机关管辖的刑事案件立案追诉标准的规定（二）》（公通字〔2010〕23 号，20100507）

第四条〔虚假出资、抽逃出资案（刑法第一百五十九条）〕公司发起人、股东违反公司法的规定未交付货币、实物或者未转移财产权，虚假出资，或者在公司成立后又抽逃其出资，涉嫌下列情形之一的，应予立案追诉：

（一）超过法定出资期限，有限责任公司股东虚假出资数额在三十万元以上并占其应缴出资数额百分之六十以上的，股份有限公司发起人、股东虚假出资数额在三百万元以上并占其应缴出资数额百分之三十以上的；

（二）有限责任公司股东抽逃出资数额在三十万元以上并占其实缴出资数额百分之六十以上的，股份有限公司发起人、股东抽逃出资数额在三百万元以上并占其实缴出资数额百分之三十以上的；

（三）造成公司、股东、债权人的直接经济损失累计数额在十万元以上的；

（四）虽未达到上述数额标准，但具有下列情形之一的：

1. 致使公司资不抵债或者无法正常经营的；

2. 公司发起人、股东合谋虚假出资、抽逃出资的；

3. 两年内因虚假出资、抽逃出资受过行政处罚二次以上，又虚假出资、抽逃出资的；

4. 利用虚假出资、抽逃出资所得资金进行违法活动的。

（五）其他后果严重或者有其他严重情节的情形。

第一百六十条　【欺诈发行股票、债券罪】在招股说明书、认股书、公司、企业债券募集办法中隐瞒重要事实或者编造重大虚假内容，发行股票或者公司、企业债券，数额巨大、后果严重或者有其他严重情节的，处五年以下有期徒刑或者拘役，并处或者单处非法募集资金金额百分之一以上百分之五以下罚金。

单位犯前款罪的，对单位判处罚金，并对其直接负责的主管人员和其他直接责任人员，处五年以下有期徒刑或者拘役。

【立法·要点注释】

1. "在招股说明书、认股书、公司、企业债券募集办法中隐瞒重要事实或者编造虚假内容"，是指违反公司法及其有关法律、法规的规定，制作的招股说明书、认股书、公司、企业债券募集办法的内容全部都是虚构的，或者对其中重要的事项和部分内容作虚假的陈述或记载，或者对某些重要事实进行夸大或者隐瞒，或者故意遗漏有关的重要事项等。例如虚构发起人认购股份数额；故意夸大公司、企业生产经营利润和公司、企业净资产额；对所筹资金的使用提出虚假的计划和虚假的经营生产项目；故意隐瞒公司、企业所负债务和正在进行的重大诉讼；故意遗漏公司、企业签订的重要合同等。

2. "发行股票或者公司、企业债券"，是指实际已经发行了股票或者公司、企业债券，如果制作了虚假的招股说明书、认股书、公司、企业债券募集办法，但只锁在办公室抽屉里，或者还未来得及发行就被阻止，未实施向社会发行股票或公司、企业债券的行为的，不构成犯罪。

3. 如果有限责任公司、股份有限公司和其他企业法人的直接负责的主管人员和其他有直接责任的人员将非法募集的资金中饱私囊，落入个人腰包，则属于贪污行为或侵占行为，构成犯罪的，应当分别依照刑法贪污罪、侵占罪的规定定罪处罚。

【司法解释】

《最高人民检察院、公安部关于公安机关管辖的刑事案件立案追诉标准的规定（二）》（公通字〔2010〕23 号，20100507）

第五条〔欺诈发行股票、债券案（刑法第一百六十条）〕在招股说明书、认股书、公司、企业债券募集办法中隐瞒重要事实或者编造重大虚假内容，发行股票或者公司、企业债券，涉嫌下列情形之一的，应予立案追诉：

（一）发行数额在五百万元以上的；

（二）伪造、变造国家机关公文、有效证明文件或者相关凭证、单据的；

（三）利用募集的资金进行违法活动的；

（四）转移或者隐瞒所募集资金的；

（五）其他后果严重或者有其他严重情节的情形。

第一百六十一条【违规披露、不披露重要信息罪】依法负有信息披露义务的公司、企业向股东和社会公众提供虚假的或者隐瞒重要事实的财务会计报告，或者对依法应当披露的其他重要信息不按照规定披露，严重损害股东或者其他人利益的，或者有其他严重情节的，对其直接负责的主管人员和其他直接责任人员，处三年以下有期徒刑或者拘役，并处或者单处二万元以上二十万元以下罚金。

【修正前条文】

第一百六十一条【提供虚假财会报告罪】公司向股东和社会公众提供虚假的或者隐瞒重要事实的财务会计报告，严重损害股东或者其他人利益的，对其直接负责的主管人员和其他直接责任人员，处三年以下有期徒刑或者拘役，并处或者单处二万元以上二十万元以下罚金。

【修正说明】

刑法修正案（六）第五条对原条文作出下述修改：一是将主体扩大为"依法负有信息披露义务的公司、企业"；二是增加了"对依法应当披露的其他重要信息不按照规定披露"的行为方式；三是增设了"有其他严重情节"的定罪标准。

【立法·要点注释】

"依法应当披露的其他重要信息不按照规定披露的行为"是指违反法律、行政法规和国务院证券管理部门对信息披露的规定，对除财务会计报告以外的其他重要信息不披露或者进行虚假披露，如作虚假记载、误导性陈述或者有重大遗漏等。根据相关法律、法规的规定，"依法应当披露的其他重要信息"包括：招股说明书、债券募集办法、财务会计报告、上市报告等文件，上市公司中期报告、年度报告、临时报告及其他信息披露资料；金融机构财务会计报告、风险管理状况、董事和高级管理人员变更以及其他重大事项等信息及基金信息等。

【司法解释】

《最高人民检察院、公安部关于公安机关管辖的刑事案件立案追诉标准的规定（二）》（公通字〔2010〕23号，20100507）

第六条〔违规披露、不披露重要信息案（刑法第一百六十一条）〕依法负有信息披露义务的公司、企业向股东和社会公众提供虚假的或者隐瞒重要事实的财务会计报告，或者对依法应当披露的其他重要信息不按照规定披露，涉嫌下列情形之一的，应予立案追诉：

（一）造成股东、债权人或者其他人直接经济损失数额累计在五十万元以上的；

（二）虚增或者虚减资产达到当期披露的资产总额百分之三十以上的；

（三）虚增或者虚减利润达到当期披露的利润总额百分之三十以上的；

（四）未按照规定披露的重大诉讼、仲裁、担保、关联交易或者其他重大事项所涉及的数额或者连续十二个月的累计数额占净资产百分之五十以上的；

（五）致使公司发行的股票、公司债券或者国务院依法认定的其他证券被终止上市交易或者多次被暂停上市交易的；

（六）致使不符合发行条件的公司、企业骗取发行核准并且上市交易的；

（七）在公司财务会计报告中将亏损披露为盈利，或者将盈利披露为亏损的；

（八）多次提供虚假的或者隐瞒重要事实的财务会计报告，或者多次对依法应当披露的其他重要信息不按照规定披露的；

（九）其他严重损害股东、债权人或者其他人利益，或者有其他严重情节的情形。

【法院参考案例】

〔**参考案例第 285 号：董博等提供虚假财会报告案**〕提供虚假财会报告罪中直接责任人员的认定。

提供虚假财会报告罪中承担刑事责任的直接负责的主管人员和其他直接责任人员，既包括对公司财务会计报告的真实性、可靠性负有直接责任的公司董事长、董事、总经理、经理、监事，同时还包括直接参与虚假财务会计报告制作的工作人员。

〔**参考案例第 824 号：于在青违规不披露重要信息案**〕依法负有披露义务的公司、企业对依法应披露的重要信息不按规定披露的，对直接负责的主管人员以及上市公司直接负责的主管人员如何处理？违规向不具有清偿能力的控股股东提供担保的行为如何定性？

1. 依法负有披露义务的公司、企业对依法应当披露的重要信息不按规定披露的，对直接负责的主管人员以违规不披露重要信息罪论处。

2. 上市公司直接负责的主管人员

违规向不具有清偿能力的控股股东提供担保，未造成实际损失的，不构成背信损害上市公司利益罪。

第一百六十二条　【妨害清算罪】公司、企业进行清算时，隐匿财产，对资产负债表或者财产清单作虚伪记载或者在未清偿债务前分配公司、企业财产，严重损害债权人或者其他人利益的，对其直接负责的主管人员和其他直接责任人员，处五年以下有期徒刑或者拘役，并处或者单处二万元以上二十万元以下罚金。

【立法·要点注释】

1. 本罪主体在一般情况下，是进行清算的公司、企业法人。但如果清算组成员与公司、企业相勾结共同实施本条规定的行为，也应以共同犯罪依照本条规定追究刑事责任。

2. "隐匿财产"，是指将公司、企业财产予以转移、隐藏。公司、企业的财产既包括资金，也包括工具、设备、产品、货物等各种财物。

3. "对资产负债表或者财产清单作虚伪记载"，是指公司、企业在制作资产负债表或者财产清单时，故意采取隐瞒或者欺骗等方法，对资产负债或者财产清单进行虚报，以达到逃避公司、企业债务的目的。虚报公司、企业的财产，有时可能采用少报、低报的手段，故意隐瞒或者缩小公司、企业的实际财产的数额；有时也可能采取夸大的手段，多报公司、企业的实际资产，如将公司、企业的厂房、

设备、产品的实际价值高估高报，用以抵消或者偿还债务；也有的对公司、企业现有债务状况进行夸张或不实记载；等等。

【司法解释】

《最高人民检察院、公安部关于公安机关管辖的刑事案件立案追诉标准的规定（二）》（公通字〔2010〕23号，20100507）

第七条〔妨害清算案（刑法第一百六十二条）〕公司、企业进行清算时，隐匿财产，对资产负债表或者财产清单作虚伪记载或者在未清偿债务前分配公司、企业财产，涉嫌下列情形之一的，应予立案追诉：

（一）隐匿财产价值在五十万元以上的；

（二）对资产负债表或者财产清单作虚伪记载涉及金额在五十万元以上的；

（三）在未清偿债务前分配公司、企业财产价值在五十万元以上的；

（四）造成债权人或者其他人直接经济损失数额累计在十万元以上的；

（五）虽未达到上述数额标准，但应清偿的职工的工资、社会保险费用和法定补偿金得不到及时清偿，造成恶劣社会影响的；

（六）其他严重损害债权人或者其他人利益的情形。

第一百六十二条之一　【隐匿、故意销毁会计凭证、会计账簿、财务会计报告罪】隐匿或者故意销毁依法应当保存的会计凭证、会计账簿、财务会计报告，情节严重的，

处五年以下有期徒刑或者拘役，并处或者单处二万元以上二十万元以下罚金。

单位犯前款罪的，对单位判处罚金，并对其直接负责的主管人员和其他直接责任人员，依照前款的规定处罚。

【修正说明】

本罪由刑法修正案第一条增设。

【立法解释性意见】

《全国人民代表大会常务委员会法制工作委员会关于对"隐匿、销毁会计凭证、会计账簿、财务会计报告构成犯罪的主体范围"问题的答复意见》（法工委复字〔2002〕3 号，20020114）

根据全国人大常委会 1999 年 12 月 25 日刑法修正案第一条的规定，任何单位和个人在办理会计事务时对依法应当保存的会计凭证、会计账簿、财务会计报告，进行隐匿、销毁，情节严重的，构成犯罪，应当依法追究其刑事责任。……

【司法解释】

《最高人民检察院、公安部关于公安机关管辖的刑事案件立案追诉标准的规定（二）》（公通字〔2010〕23 号，20100507）

第八条〔隐匿、故意销毁会计凭证、会计账簿、财务会计报告案（刑法第一百六十二条之一）〕隐匿或者故意销毁依法应当保存的会计凭证、会计账簿、财务会计报告，涉嫌下列情形之一的，应予立案追诉：

（一）隐匿、故意销毁的会计凭证、会计账簿、财务会计报告涉及金额在五十万元以上的；

（二）依法应当向司法机关、行政机关、有关主管部门等提供而隐匿、故意销毁或者拒不交出会计凭证、会计账簿、财务会计报告的；

（三）其他情节严重的情形。

【法院参考案例】

〔参考案例第 1206 号：林垦、金敏隐匿会计凭证、会计账簿、财务会计报告，非法持有枪支、弹药案〕未实施对抗监管部门监督检查的"隐匿"行为是否构成隐匿会计凭证、会计账簿、财务会计报告罪？

为了逃避有关监督检查部门依法实施的监督检查而实施的隐匿，才可能构成会计法意义上的"隐匿"。会计法规定的隐匿会计凭证、会计账簿、财务报告的目的，应当成为评价某一隐匿行为是否能够进入刑事处罚领域的依据。因而，评价某一行为是否构成隐匿会计凭证、会计账簿、财务报告罪，首先需要判断行为人所实施的隐匿行为是否为了逃避有关监督检查部门依法实施的监督检查。未实施对抗监管部门监督检查的"隐匿"行为不构成隐匿会计凭证、会计账簿、财务会计报告罪。

第一百六十二条之二　【虚假破产罪】 公司、企业通过隐匿财产、承担虚构的债务或者以其他方法转移、处分财产，实施虚假破产，严重损害债权人或者其他人利益的，对其直接负责的主管人员和其他直接责任人员，处五年以下有期徒刑或者拘役，并处或者单处二万元以上二十万元以下罚金。

【修正说明】

本罪由刑法修正案（六）第六条增设。

【立法·要点注释】

1. "隐匿财产"是指将公司、企业的财产予以转移、隐藏，或者对公司、企业的财产清单和资产负债表作虚假记载，或者采用少报、低报的手段，故意隐瞒、缩小公司、企业财产的实际数额。公司、企业的财产既包括资金，也包括工具、设备、产品、货物等各种财物。

2. "承担虚构的债务"是指夸大公司、企业的负债状况，目的是造成公司资不抵债的假象。

3. "以其他方法转移、处分财产"是指以隐匿财产、承担虚构的债务以外的方法转移、处分公司、企业的财产，如将公司、企业财产无偿或者以明显不合理的低价转让，以明显高于市场的价格受让财产，放弃公司、企业的债权等。

4. 是否进入清算程序是区分本罪和妨害清算罪的关键。"实施虚假破产"的时间界限于公司、企业提出破产申请并进入清算程序之前，或者因为公司、企业资不抵债，由债权人提出破产申请并进入清算程序之前。

【司法解释】

《最高人民检察院、公安部关于公安机关管辖的刑事案件立案追诉标准的规定（二）》（公通字〔2010〕23号，20100507）

第九条〔虚假破产案（刑法第一百六十二条之二）〕公司、企业通过隐匿财产、承担虚构的债务或者以其他方法转移、处分财产，实施虚假破产，涉嫌下列情形之一的，应予立案追诉：

（一）隐匿财产价值在五十万元以上的；

（二）承担虚构的债务涉及金额在五十万元以上的；

（三）以其他方法转移、处分财产价值在五十万元以上的；

（四）造成债权人或者其他人直接经济损失数额累计在十万元以上的；

（五）虽未达到上述数额标准，但应清偿的职工的工资、社会保险费用和法定补偿金得不到及时清偿，造成恶劣社会影响的；

（六）其他严重损害债权人或者其他人利益的情形。

第一百六十三条 【非国家工作人员受贿罪】公司、企业或者其他单位的工作人员利用职务上的便利，索取他人财物或者非法收受他人财物，为他人谋取利益，数额较大的，处五年以下有期徒刑或者拘役；数额巨大的，处五年以上有期徒刑，可以并处没收财产。

公司、企业或者其他单位的工作人员在经济往来中，利用职务上的便利，违反国家规定，收受各种名义的回扣、手续费，归个人所有的，依照前款的规定处罚。

【受贿罪】国有公司、企业或者其他国有单位中从事公务的人员和国有公司、企业或者其他国有单位委派到非国有公司、企业以及其他单位从事公务的人员有前两款行为的，依照本法第三百八十五条、第三百八十六条的规定定罪处罚。

【修正前条文】

第一百六十三条　【公司、企业人员受贿罪】公司、企业的工作人员利用职务上的便利，索取他人财物或者非法收受他人财物，为他人谋取利益，数额较大的，处五年以下有期徒刑或者拘役；数额巨大的，处五年以上有期徒刑，可以并处没收财产。

公司、企业的工作人员在经济往来中，违反国家规定，收受各种名义的回扣、手续费，归个人所有的，依照前款的规定处罚。

【受贿罪】国有公司、企业中从事公务的人员和国有公司、企业委派到非国有公司、企业从事公务的人员有前两款行为的，依照本法第三百八十五条、第三百八十六条的规定定罪处罚。

【修正说明】

刑法修正案（六）第七条扩大了本罪主体，增加了关于"其他单位的工作人员"的规定。

【立法·要点注释】

1. "利用职务上的便利"，是指利用自己职务上组织、领导、监管、主管、经管、负责某项工作的便利条件。

2. "为他人谋取利益"，从谋取利益的性质上看，既包括他人应得的合法、正当利益，也包括他人不应当得到的非法的、不正当的利益；从利益的实现方面看，包括已为他人谋取的利益、意图谋取或者正在谋取，但尚未谋取到的利益。如果非法收受他人财物，没有利用职务之便或者没有谋取利益，不构成本罪。

3. "回扣"，是指在商品或者劳务活动中，由卖方从所收到的价款中，按照一定的比例扣出一部分返还给买方或者其经办人的款项。"手续费"，是指在经济活动中，除了回扣以外，其他违反国家规定支付给公司、企业或者其他单位的工作人员的各种名义的钱，如信息费、顾问费、劳务费、辛苦费、好处费，等等。违反国家规定，收取各种名义的回扣、手续费，是否归个人所有，是区分罪与非罪的主要界限，如果收取的回扣、手续费，都上交给公司、企业或者本单位的，不构成犯罪；只有将收取的回扣、手续费归个人所有的，才构成犯罪。

【相关立法】

《中华人民共和国反不正当竞争法》（20180101）

第七条　经营者不得采用财物或者其他手段贿赂下列单位或者个人，以谋取交易机会或者竞争优势：

（一）交易相对方的工作人员；

（二）受交易相对方委托办理相关事务的单位或者个人；

（三）利用职权或者影响力影响交易的单位或者个人。

经营者在交易活动中，可以以明示方式向交易相对方支付折扣，或者向中间人支付佣金。经营者向交易相对方支付折扣、向中间人支付佣金的，应当如实入账。接受折扣、佣金的经营者也应当如实入账。

经营者的工作人员进行贿赂的，应当认定为经营者的行为；但是，经营者有证据证明该工作人员的行为与为经营者谋取交易机会或者竞争优势无关的除外。

【司法解释 I】

《最高人民检察院、公安部关于公安机关管辖的刑事案件立案追诉标准的规定（二）》（公通字〔2010〕23号，20100507）

第十条〔非国家工作人员受贿案（刑法第一百六十三条）〕公司、企业或者其他单位的工作人员利用职务上的便利，索取他人财物或者非法收受他人财物，为他人谋取利益，或者在经济往来中，利用职务上的便利，违反国家规定，收受各种名义的回扣、手续费，归个人所有，数额在五千元以上的，应予立案追诉。

【司法解释 II】

《最高人民法院、最高人民检察院关于办理贪污贿赂刑事案件适用法律若干问题的解释》（法释〔2016〕9号，20160418）

第十一条第一款　刑法第一百六十三条规定的非国家工作人员受贿罪、第二百七十一条规定的职务侵占罪中的"数额较大""数额巨大"的数额起点，按照本解释关于受贿罪、贪污罪相对应的数额标准规定的二倍、五倍执行。①

【司法指导文件】

《最高人民法院、最高人民检察院关于办理商业贿赂刑事案件适用法律若干问题的意见》（法发〔2008〕33号，20081120）

一、商业贿赂犯罪涉及刑法规定的以下八种罪名：（1）非国家工作人员受贿罪（刑法第一百六十三条）；（2）对非国家工作人员行贿罪（刑法第一百六十四条）；（3）受贿罪（刑法第三百八十五条）；（4）单位受贿罪（刑法第三百八十七条）；（5）行贿罪（刑法第三百八十九条）；（6）对单位行贿罪（刑法第三百九十一条）；（7）介绍贿赂罪（刑法第三百九十二条）；（8）单位行贿罪（刑法第三百九十三条）。

二、刑法第一百六十三条、第一百六十四条规定的"其他单位"，既包括事业单位、社会团体、村民委员会、居民委员会、村民小组等常设性的组织，也包括为组织体育赛事、文艺演出或者其他正当活动而成立的组委会、筹委会、工程承包队等非常设性的组织。

三、刑法第一百六十三条、第一百六十四条规定的"公司、企业或者其他单位的工作人员"，包括国有公

---

① 根据本司法解释，认定非国家工作人员受贿"数额较大"的起点为六万元，认定非国家工作人员受贿"数额巨大"的起点为一百万元。——编者注

司、企业以及其他国有单位中的非国家工作人员。

四、……医疗机构中的非国家工作人员，有前款行为，数额较大的，依照刑法第一百六十三条的规定，以非国家工作人员受贿罪定罪处罚。

医疗机构中的医务人员，利用开处方的职务便利，以各种名义非法收受药品、医疗器械、医用卫生材料等医药产品销售方财物，为医药产品销售方谋取利益，数额较大的，依照刑法第一百六十三条的规定，以非国家工作人员受贿罪定罪处罚。

五、……学校及其他教育机构中的非国家工作人员，有前款行为，数额较大的，依照刑法第一百六十三条的规定，以非国家工作人员受贿罪定罪处罚。

学校及其他教育机构中的教师，利用教学活动的职务便利，以各种名义非法收受教材、教具、校服或者其他物品销售方财物，为教材、教具、校服或者其他物品销售方谋取利益，数额较大的，依照刑法第一百六十三条的规定，以非国家工作人员受贿罪定罪处罚。

六、依法组建的评标委员会、竞争性谈判采购中谈判小组、询价采购中询价小组的组成人员，在招标、政府采购等事项的评标或者采购活动中，索取他人财物或者非法收受他人财物，为他人谋取利益，数额较大的，依照刑法第一百六十三条的规定，以非国家工作人员受贿罪定罪处罚。……

七、商业贿赂中的财物，既包括金钱和实物，也包括可以用金钱计算数额的财产性利益，如提供房屋装修、含有金额的会员卡、代币卡（券）、旅游费用等。具体数额以实际支付的资费为准。

八、收受银行卡的，不论受贿人是否实际取出或者消费，卡内的存款数额一般应全额认定为受贿数额。使用银行卡透支的，如果由给予银行卡的一方承担还款责任，透支数额也应当认定为受贿数额。

九、在行贿犯罪中，"谋取不正当利益"，是指行贿人谋取违反法律、法规、规章或者政策规定的利益，或者要求对方违反法律、法规、规章、政策、行业规范的规定提供帮助或者方便条件。……

十、办理商业贿赂犯罪案件，要注意区分贿赂与馈赠的界限。主要应当结合以下因素全面分析、综合判断：（1）发生财物往来的背景，如双方是否存在亲友关系及历史上交往的情形和程度；（2）往来财物的价值；（3）财物往来的缘由、时机和方式，提供财物方对于接受方有无职务上的请托；（4）接受方是否利用职务上的便利为提供方谋取利益。

十一、非国家工作人员与国家工作人员通谋，共同收受他人财物，构成共同犯罪的，根据双方利用职务便利的具体情形分别定罪追究刑事责任：

（1）利用国家工作人员的职务便利为他人谋取利益的，以受贿罪追究刑事责任。

（2）利用非国家工作人员的职务便利为他人谋取利益的，以非国家工作人员受贿罪追究刑事责任。

（3）分别利用各自的职务便利为他人谋取利益的，按照主犯的犯罪性质追究刑事责任，不能分清主从犯的，可以受贿罪追究刑事责任。

【司法指导文件·注释】

1. 本条中的"其他单位"，既包括事业单位、社会团体、村民委员会、居民委员会、村民小组等常设性的组织，也包括为组织体育赛事、文艺演出或者其他正当活动而成立的组委会、筹委会、工程承包队等临时性的组织。其他没有列举的临时性组织，如债权人会议、清算组等是否属于其他单位，需要在实践中具体把握。在具体认定中，由于单位的组织形式多样，对单位成立的要求不尽相同，那些完全具备单位的实质特征，只是由于没有依法登记或者没有经主管部门依法批准或备案，形式上存在瑕疵的，不影响对其属于"其他单位"的认定。

2. 关于医生的处方行为。医生的处方行为虽然是一种职务行为，但不具有从事公务的性质，因而不符合受贿罪的主体特征，应当按非国家工作人员受贿罪论处。但是，医院科室主任在接受医药产品销售方请托向院里推荐或者建议采购该医药产品的行为，属于从事公务的行为。对非国有医院而言，除认定为国家工作人员的外，均应按非国家工作人员受贿罪处理。

3. 关于"财物"。从司法层面看，在原则上坚持贿赂为财物的同时，当前对于贿赂范围的理解和掌握实际上有一定程度的突破，部分可以直接物化的财产性利益如免费旅游、无偿劳务、债务免除、消费权证等有时也会视具体情况被认定为贿赂。至于非财产性利益如招工提干、调换工作、迁移户口、晋升职务等则一般不被视为贿赂。

4. 关于收受银行卡的受贿行为。行贿人提供了完全充分的信息，足以保证受贿人完全取出卡内余额或者消费，由于银行方面的原因，如技术故障导致受贿人暂时不能全额取出存款或者消费的，或者由于受贿人自身操作技术问题，如记错密码、操作错误导致其暂时不能全额取出存款或者消费的，或者由于受贿人认识错误如认为已经将卡内存款用完而没有完全取出或者消费的，未取出或者未消费的卡内存款余额应当认定为受贿数额。另外，行贿人送卡后抽回存款或者以挂失等方式阻碍受贿人取款或者消费的，受贿数额以实际取款或者消费的数额计算。因行贿人的上述行为未能实际取款或者消费的，按受贿未遂论处。

【法院参考案例】

〔**参考案例第 320 号：杨志华非国家工作人员受贿案**〕筹建中的企业工作人员利用职务便利为他人谋取利益非法收受、索取财物的如何定性？

筹建中的企业工作人员利用职务便利，为他人谋取利益非法收受、索取财物，数额较大的，可以按非国家工作人员受贿罪定罪处罚。

〔**参考案例第 935 号：陈凯旋受贿案**〕省农村信用合作社联合社委派到市、县、乡、镇农村信用合作社联合社、农村信用合作联社的人员是否属于"以国家工作人员论"的范围？

仅具有受国有单位委派的形式特征，但无"从事公务"这一认定国家工作人员的实质内容的，不能认定为国家工作人员。

〔**参考案例第 957 号：宋涛非国家工作人员受贿案**〕如何认定国有控股企业中一般中层管理干部的国家工作人员身份？

1. 在国有控股、参股公司等国家出资企业中，国家工作人员的认定，需具备负有管理、监督国有资产职责的组织批准或决定的形式要件。"负有管理、监督国有资产职责的组织"一般是指上级或者本级国家出资企业领导部门和联席会议。根据有关组织原则，改制后的国家出资企业一般仍设有领导部门，并由本级或者上级领导部门决定人事任免。由其任命并代表其从事公务的人员，应当认定为国家工作人员。而国家出资公司的股东会、董事会、监事会，包括公司的人事组织部门，均不是适格的任命主体。

2. 在国有控股、参股公司中国家工作人员身份的认定中，除了需要审查行为人的任命程序，还需要考核实其所从事的工作性质，看其是否"代表负有管理、监督国有资产职责的组织"，从事"组织、领导、监督、经营、管理工作"。从实质层面而言，国有出资企业中"代表人员"认定为国家工作人员，还要求其所从事的工作同时具备以下两大特征：（1）代表性。作为授权方的负有管理、监督国有资产职责的组织，与作为被授权方

的国家工作人员，通过批准、研究决定等方式，产生一种委托法律关系。换言之，在国家出资企业中，国家工作人员系代表国有资产的监督、管理组织从事工作，这种代表性是认定国家工作人员身份的首要特征。（2）公务性。在实践认定中，要注意考察公务与职权的关联性。公务首先是管理性的事务，而不是一般的技术性、业务性的活动，与劳务相比其具有明显的管理属性。值得注意的是，在国有出资企业中，公务有公司性的公务和国家性的公务之分。前者代表公司整体利益的行为，而后者仅代表国有资产组织管理的行为。

3. 实践中，一般做法是，行为人的身份如果符合形式要件，即经国家出资企业中负有管理、监督国有资产职责的组织批准或者研究决定，即使从事的是公司性的公务，也应以国家工作人员从事公务论。因为在国家出资企业中，国家性的公务必然包含在公司性的公务中。如果行为人的身份不符合形式要件，但从事的本质上属于国家性的公务，原则上也应以国家工作人员从事公务论。刑事实体法，对犯罪概念的界定更强调实质原则。强调这一原则的主要考虑是为了防止行为人规避法律。如果行为人实质从事国有资产的监督、管理，仅因为缺少形式要件或者故意使形式要件不成就，就不以国家工作人员从事公务论，则必然助长国家出资企业中的犯罪之风，不利于国有资产的保护。

〔**参考案例第 958 号：高世银非国家工作人员受贿案**〕村民委员会主任

在村自行修建道路中收受他人贿赂的如何定性?

只有依法把村农民集体土地转为国有土地,在该土地上修建道路等公共设施才属于公务活动,系"政府工程"。反之,相关建设活动仍然属于村民自治范围内的事务,建设主体为村集体经济组织或者村民委员会。从事村民自治范围经营、管理活动的村民委员会人员,不属于其他依照法律从事公务的人员。如果该类人员利用上述便利条件,非法收受他人财物,为他人谋取利益构成犯罪的,应当以非国家工作人员受贿罪追究刑事责任。

〔参考案例第 1055 号:王海洋非国家工作人员受贿、挪用资金案〕如何认定国家出资企业中工作人员的主体身份?

对公司性质的认定,不能仅凭公司的工商注册登记或者公司自身所做的理解与适用,而应当严格依照《国家出资企业意见》第七条的规定,遵循"谁投资,谁拥有产权"的原则,从公司的实际出资情况进行认定。

〔参考案例第 1207 号:周根强、朱江华非国家工作人员受贿案〕受国家机关委托行使行政管理职权的公司将相关职权再次委托给其他人员,相关人员的滥用职权行为和收受财物行为如何认定?

1. 受国有公司的委托管理相关事务的主体因为并非直接接受国家机关的委托而不属于国家机关工作人员和国家工作人员的范畴,不属于滥用职权罪和受贿罪的适格主体,故对行为人收受财物的行为应以非国家工作人

员受贿罪定罪处罚。

2. 受贿罪的主体不包括受委托管理、经营国有财产的人员。

第一百六十四条　【对非国家工作人员行贿罪】为谋取不正当利益,给予公司、企业或者其他单位的工作人员以财物,数额较大的,处三年以下有期徒刑或者拘役,并处罚金;数额巨大的,处三年以上十年以下有期徒刑,并处罚金。

【对外国公职人员、国际公共组织官员行贿罪】为谋取不正当商业利益,给予外国公职人员或者国际公共组织官员以财物的,依照前款的规定处罚。

单位犯前两款罪的,对单位判处罚金,并对其直接负责的主管人员和其他直接责任人员,依照第一款的规定处罚。

行贿人在被追诉前主动交待行贿行为的,可以减轻处罚或者免除处罚。

【第三次修正前条文】

第一百六十四条　【对非国家工作人员行贿罪】为谋取不正当利益,给予公司、企业或者其他单位的工作人员以财物,数额较大的,处三年以下有期徒刑或者拘役;数额巨大的,处三年以上十年以下有期徒刑,并处罚金。

【对外国公职人员、国际公共组织官员行贿罪】为谋取不正当商业利益,给予外国公职人员或者国际公共组织官员以财物的,依照前款的规定处罚。

单位犯前两款罪的，对单位判处罚金，并对其直接负责的主管人员和其他直接责任人员，依照第一款的规定处罚。

行贿人在被追诉前主动交待行贿行为的，可以减轻处罚或者免除处罚。

【第二次修正前条文】

第一百六十四条　【对非国家工作人员行贿罪】为谋取不正当利益，给予公司、企业或者其他单位的工作人员以财物，数额较大的，处三年以下有期徒刑或者拘役；数额巨大的，处三年以上十年以下有期徒刑，并处罚金。

单位犯前款罪的，对单位判处罚金，并对其直接负责的主管人员和其他直接责任人员。依照前款的规定处罚。

行贿人在被追诉前主动交待行贿行为的，可以减轻处罚或者免除处罚。

【第一次修正前条文】

第一百六十四条　【对非国家工作人员行贿罪】为谋取不正当利益，给予公司、企业的工作人员以财物，数额较大的，处三年以下有期徒刑或者拘役；数额巨大的，处三年以上十年以下有期徒刑，并处罚金。

单位犯前款罪的，对单位判处罚金，并对其直接负责的主管人员和其他直接责任人员。依照前款的规定处罚。

行贿人在被追诉前主动交待行贿行为的，可以减轻处罚或者免除处罚。

【修正说明】

1. 刑法修正案（六）第七条将向公司、企业以外的"其他单位"的非国家工作人员行贿行为规定为犯罪。

2. 刑法修正案（八）第二十九条将"为谋取不正当商业利益，给予外国公职人员或者国际公共组织官员以财物"的行为增加规定为犯罪。

3. 刑法修正案（九）第十条对为谋取不正当利益，给予公司、企业或者其他单位的工作人员以财物，数额较大的，在处三年以下有期徒刑或者拘役的同时，增加了"并处罚金"的规定。

【司法解释Ⅰ】

《最高人民检察院、公安部关于公安机关管辖的刑事案件立案追诉标准的规定（二）》〔公通字〔2010〕23号，20100507，经2011年11月14日发布的《最高人民检察院、公安部关于公安机关管辖的刑事案件立案追诉标准的规定（二）的补充规定》（公通字〔2011〕47号）修正〕

第十一条〔对非国家工作人员行贿案（刑法第一百六十四条）〕为谋取不正当利益，给予公司、企业或者其他单位的工作人员以财物，个人行贿数额在一万元以上的，单位行贿数额在二十万元以上的，应予立案追诉。

第十一条之一〔对外国公职人员、国际公共组织官员行贿案（刑法第一百六十四条第二款）〕为谋取不正当商业利益，给予外国公职人员或者国际公共组织官员以财物，个人行贿数额在一万元以上的，单位行贿数额在二十万元以上的，应予立案追诉。

【司法解释Ⅱ】

《最高人民法院、最高人民检察院关于办理贪污贿赂刑事案件适用法律若干问题的解释》（法释〔2016〕9 号，20160418）

第十一条第三款　刑法第一百六十四条第一款规定的对非国家工作人员行贿罪中的"数额较大""数额巨大"的数额起点，按照本解释第七条、第八条第一款关于行贿罪的数额标准规定的二倍执行。①

【司法指导文件Ⅰ】

《最高人民法院、最高人民检察院关于办理商业贿赂刑事案件适用法律若干问题的意见》（法发〔2008〕33 号，20081120）

九、在行贿犯罪中，"谋取不正当利益"，是指行贿人谋取违反法律、法规、规章或者政策规定的利益，或者要求对方违反法律、法规、规章、政策、行业规范的规定提供帮助或者方便条件。

在招标投标、政府采购等商业活动中，违背公平原则，给予相关人员财物以谋取竞争优势的，属于"谋取不正当利益"。

【司法指导文件Ⅱ】

《最高人民法院研究室关于向非国家工作人员介绍贿赂行为如何定性问题的研究意见》（2012）

对于向非国家工作人员介绍贿赂行为，根据罪刑法定原则，不宜定罪处罚。但对于确已明显构成行贿共犯或者受贿共犯的，予以定罪处罚，也

依法有据，并不违反罪刑法定原则。

【公安文件】

《公安部经济犯罪侦查局关于对××商业贿赂案如何定性的批复》（公经〔2002〕1299 号，20021025）

认定对公司、企业人员行贿案的必要条件是为获取不正当利益。不正当利益是指获取的利益违反法律、法规、国家政策、规章制度。在推销药品过程中，采用宴请、送礼券、现金和实物等手段，扩大药品的市场销售量，由此获取的利益违反了《中华人民共和国反不正当竞争法》第八条和第二十二条的规定，属不正当利益。②

【法院参考案例】

〔参考案例第 1136 号：张建军、刘祥伟对非国家工作人员行贿案〕在国有建设用地使用权挂牌出让过程中串通竞买的行为应如何定性？

1. 在国有建设用地使用权挂牌出让过程中，通过贿赂指使参与竞买的其他人放弃竞买、串通报价，最终使请托人竞买成功的，构成对非国家工作人员行贿罪。

---

① 根据本司法解释，行贿六万元以上或者具有特定情节、行贿二万元以上，可认定为对非国家工作人员行贿"数额较大"；行贿二百万元以上或者具有特定情节、行贿一百万元以上，可认定为对非国家工作人员行贿"数额巨大"。——编者注
② 即2017 年11 月4 日修订的反不正当竞争法第七条和第十九条。按照该法第七条的表述，"为谋取不正当利益"可以理解为"谋取交易机会或者竞争优势"。——编者注

2. 挂牌出让固然与招投标有相似之处，但二者无论是在概念文义，还是适用范围、操作程序、出让人否决权等方面都存在显著差异，二者的差异性远大于相似性。尽管从实质上看，挂牌出让中的串通竞买行为也具有社会危害性，但在刑法明确将串通投标罪的犯罪主体界定为投标人、招标人的情况下，不得将挂牌出让解释为招投标从而予以定罪。

第一百六十五条　【非法经营同类营业罪】 国有公司、企业的董事、经理利用职务便利，自己经营或者为他人经营与其所任职公司、企业同类的营业，获取非法利益，数额巨大的，处三年以下有期徒刑或者拘役，并处或者单处罚金；数额特别巨大的，处三年以上七年以下有期徒刑，并处罚金。

【立法·要点注释】

1. "利用职务便利"，是指利用自己在国有公司、企业任董事、经理掌管材料、物资、市场、计划、销售等便利条件。

2. "自己经营"包括以私人名义另行注册公司，或者以亲友的名义出面注册公司、企业，或者是在他人经办的公司、企业中入股进行经营。

3. "经营与其所任职公司、企业同类的营业"，是指从事与其所任职国有公司、企业相同或者相近似的业务。行为人利用其在国有公司任职所获得的在产、供、销、市场、物资、信息等方面的优势，利用其所任职公司、企业的人力、资金、物质，信息资源、客户渠道等，在市场竞争中占据有利地位，排挤所任职的国有公司企业，损害国有公司、企业的利益。

【司法解释】

《最高人民检察院、公安部关于公安机关管辖的刑事案件立案追诉标准的规定（二）》（公通字〔2010〕23号，20100507）

第十二条〔非法经营同类营业案（刑法第一百六十五条）〕国有公司、企业的董事、经理利用职务便利，自己经营或者为他人经营与其所任职公司、企业同类的营业，获取非法利益，数额在十万元以上的，应予立案追诉。

【法院参考案例】

〔参考案例第 187 号：杨文康非法经营同类营业案〕国有公司、企业的部门经理等中层管理人员，是否构成非法经营同类营业罪的主体？

非法经营同类营业罪的主体是特殊主体，即国有公司、企业的董事、经理。实践中，一些国有公司、企业将其中层管理人员也称作经理，如部门经理、业务经理、项目经理等，有的还称为科长、处长、部长等，这类经理因系日常称谓，而非法律用语，且其负责的不是整个公司、企业的管理，而是对某一部门、某一项目、某一项业务的管理，其经营、管理权有限，故公司法未对其作竞业禁止性规定。作为法定犯，非法经营同类营业罪的主体要件应直接援引相关法律规定，而不宜作出扩大解释。国有公司、企业的部门经理等中层管理人员，一般不构成非法经营同类营业罪的主体。

第一百六十六条 【为亲友非法牟利罪】国有公司、企业、事业单位的工作人员，利用职务便利，有下列情形之一，使国家利益遭受重大损失的，处三年以下有期徒刑或者拘役，并处或者单处罚金；致使国家利益遭受特别重大损失的，处三年以上七年以下有期徒刑，并处罚金：

（一）将本单位的盈利业务交由自己的亲友进行经营的；

（二）以明显高于市场的价格向自己的亲友经营管理的单位采购商品或者以明显低于市场的价格向自己的亲友经营管理的单位销售商品的；

（三）向自己的亲友经营管理的单位采购不合格商品的。

【司法解释】

《最高人民检察院、公安部关于公安机关管辖的刑事案件立案追诉标准的规定（二）》（公通字〔2010〕23号，20100507）

第十三条〔为亲友非法牟利案（刑法第一百六十六条）〕国有公司、企业、事业单位的工作人员，利用职务便利，为亲友非法牟利，涉嫌下列情形之一的，应予立案追诉：

（一）造成国家直接经济损失数额在十万元以上的；

（二）使其亲友非法获利数额在二十万元以上的；

（三）造成有关单位破产、停业、

停产六个月以上，或者被吊销许可证和营业执照、责令关闭、撤销、解散的；

（四）其他致使国家利益遭受重大损失的情形。

第一百六十七条 【签订、履行合同失职被骗罪】国有公司、企业、事业单位直接负责的主管人员，在签订、履行合同过程中，因严重不负责任被诈骗，致使国家利益遭受重大损失的，处三年以下有期徒刑或者拘役；致使国家利益遭受特别重大损失的，处三年以上七年以下有期徒刑。

【立法·要点注释】

"严重不负责任"在实践中表现为各种各样的行为：有的盲目轻信，不认真审查对方当事人的合同主体资格、资信情况；有的不认真审查对方的履约能力和货源情况；有的贪图个人私利，关心的不是产品的质量和价格，而是个人能否得到回扣，从中捞取多少利益。在得到好处后，在质量上舍优求劣，在价格上舍低就高，在路途上舍近求远，在供货来源上舍公取私；销售商品时则对并非滞销甚至是紧俏的商品，让价出售或赊销。以权谋私，导致被骗；有的无视规章制度和工作纪律，擅自越权，签订或者履行经济合同；有的急于推销产品，上当受骗；有的不辨真假，盲目吸收投资，同国外商签订引资合作协议等；有的违反规定为他人签订经济合同提供担保，导致发生纠纷时承担保证责任。

【相关立法】

《全国人民代表大会常务委员会关于惩治骗购外汇、逃汇和非法买卖外汇犯罪的决定》（19981229）

七、金融机构、从事对外贸易经营活动的公司、企业的工作人员严重不负责任，造成大量外汇被骗购或者逃汇，致使国家利益遭受重大损失的，依照刑法第一百六十七条的规定定罪处罚。

【司法解释】

《最高人民检察院、公安部关于公安机关管辖的刑事案件立案追诉标准的规定（二）》（公通字〔2010〕23号，20100507）

第十四条〔签订、履行合同失职被骗案（刑法第一百六十七条）〕国有公司、企业、事业单位直接负责的主管人员，在签订、履行合同过程中，因严重不负责任被诈骗，涉嫌下列情形之一的，应予立案追诉：

（一）造成国家直接经济损失数额在五十万元以上的；

（二）造成有关单位破产、停业、停产六个月以上，或者被吊销许可证和营业执照、责令关闭、撤销、解散的；

（三）其他致使国家利益遭受重大损失的情形。

金融机构、从事对外贸易经营活动的公司、企业的工作人员严重不负责任，造成一百万美元以上外汇被骗购或者逃汇一千万美元以上的，应予立案追诉。

本条规定的"诈骗"，是指对方当事人的行为已经涉嫌诈骗犯罪，不以对方当事人已经被人民法院判决构成诈骗犯罪作为立案追诉的前提。

【司法指导文件】

《最高人民法院刑事审判第二庭关于签订、履行合同失职被骗犯罪是否以对方当事人的行为构成诈骗犯罪为要件的意见》（2001）

认定签订、履行合同失职被骗罪和国家机关工作人员签订、履行合同失职罪应当以对方当事人涉嫌诈骗，行为构成犯罪为前提。

但司法机关在办理或者审判行为人被指控犯有上述两罪的案件过程中，不能以对方当事人已经被人民法院判决构成诈骗犯罪作为认定本案当事人构成签订、履行合同失职被骗罪或者国家机关工作人员签订、履行合同失职罪的前提。

也就是说，司法机关在办理案件过程中，只要认定对方当事人的行为已经涉嫌构成诈骗犯罪，就可依法认定行为人构成签订、履行合同失职被骗罪或者国家机关工作人员签订、履行合同失职罪，而不需要搁置或者中止审理，直至对方当事人被人民法院审理并判决构成诈骗犯罪。

【法院参考案例】

〔参考案例第270号：高原、梁汉钊信用证诈骗，签订、履行合同失职被骗案〕如何理解签订、履行合同失职被骗罪的客观条件？

本罪中的"诈骗"指犯罪行为，不能将一般民事欺诈行为理解为诈骗，但是，在认定时，无须以合同相对方已被人民法院以诈骗类犯罪定罪为前提，只需要在程序上认定对方已涉嫌诈骗犯罪即可。

第一百六十八条 【国有公司、企业、事业单位人员失职罪】【国有公司、企业、事业单位人员滥用职权罪】国有公司、企业的工作人员，由于严重不负责任或者滥用职权，造成国有公司、企业破产或者严重损失，致使国家利益遭受重大损失的，处三年以下有期徒刑或者拘役；致使国家利益遭受特别重大损失的，处三年以上七年以下有期徒刑。

国有事业单位的工作人员有前款行为，致使国家利益遭受重大损失的，依照前款的规定处罚。

国有公司、企业、事业单位的工作人员，徇私舞弊，犯前两款罪的，依照第一款的规定从重处罚。

【修正前条文】

第一百六十八条 【徇私舞弊造成破产、亏损罪】国有公司、企业直接负责的主管人员，徇私舞弊，造成国有公司、企业破产或者严重亏损，致使国家利益遭受重大损失的，处三年以下有期徒刑或者拘役。

【修正说明】

刑法修正案第二条对原条文作出下述修改：一是将犯罪主体由原来的"国有公司、企业直接负责的主管人员"扩大为"国有公司、企业的工作人员"；二是将行为构成要件从"徇私舞弊，造成国有公司、企业破产或者严重亏损，致使国家利益遭受重大损失" 修改为"由于严重不负责任或者滥用职权，造成国有公司、企业破产或者严重损失，致使国家利益遭受重大损失"；三是将原条文中的"严重亏损"改为"严重损失"。

【司法解释 I】

《最高人民检察院、公安部关于公安机关管辖的刑事案件立案追诉标准的规定（二）》（公通字〔2010〕23号，20100507）

第十五条〔国有公司、企业、事业单位人员失职案（刑法第一百六十八条）〕国有公司、企业、事业单位的工作人员，严重不负责任，涉嫌下列情形之一的，应予立案追诉：

（一）造成国家直接经济损失数额在五十万元以上的；

（二）造成有关单位破产，停业、停产一年以上，或者被吊销许可证和营业执照、责令关闭、撤销、解散的；

（三）其他致使国家利益遭受重大损失的情形。

第十六条〔国有公司、企业、事业单位人员滥用职权案（刑法第一百六十八条）〕国有公司、企业、事业单位的工作人员，滥用职权，涉嫌下列情形之一的，应予立案追诉：

（一）造成国家直接经济损失数额在三十万元以上的；

（二）造成有关单位破产，停业、停产六个月以上，或者被吊销许可证和营业执照、责令关闭、撤销、解散的；

（三）其他致使国家利益遭受重大损失的情形。

【司法解释Ⅱ】

《最高人民法院、最高人民检察院关于办理妨害预防、控制突发传染病疫情等灾害的刑事案件具体应用法律若干问题的解释》（法释〔2003〕8号，20030515）

第四条 国有公司、企业、事业单位的工作人员，在预防、控制突发传染病疫情等灾害的工作中，由于严重不负责任或者滥用职权，造成国有公司、企业破产或者严重损失，致使国家利益遭受重大损失的，依照刑法第一百六十八条的规定，以国有公司、企业、事业单位人员失职罪或者国有公司、企业、事业单位人员滥用职权罪定罪处罚。

【司法解释Ⅲ】

《最高人民法院关于审理扰乱电信市场管理秩序案件具体应用法律若干问题的解释》（法释〔2000〕12号，20000524）

第六条 国有电信企业的工作人员，由于严重不负责任或者滥用职权，造成国有电信企业破产或者严重损失，致使国家利益遭受重大损失的，依照刑法第一百六十八条的规定定罪处罚。

【司法指导文件Ⅰ】

《最高人民法院、最高人民检察院关于办理国家出资企业中职务犯罪案件具体应用法律若干问题的意见》（法发〔2010〕49号，20101126）

四、关于国家工作人员在企业改制过程中的渎职行为的处理

国家出资企业中的国家工作人员在公司、企业改制或者国有资产处置过程中严重不负责任或者滥用职权，致使国家利益遭受重大损失的，依照刑法第一百六十八条的规定，以国有公司、企业人员失职罪或者国有公司、企业人员滥用职权罪定罪处罚。

【司法指导文件Ⅱ】

《最高人民法院刑事审判第二庭关于国有公司人员滥用职权犯罪追溯期限等问题的答复》（20050113）

二、国有公司人员滥用职权或失职罪的追诉期限应从损失结果发生之日起计算。就本案而言，追诉期限应以法律意义上的损失发生为标准，即以人民法院民事终审判决之日起计算。

【司法指导文件Ⅲ】

《最高人民检察院研究室关于中国农业发展银行及其分支机构的工作人员法律适用问题的答复》（〔2002〕高检研发第16号，20020923）

中国农业发展银行及其分支机构的工作人员严重不负责任或者滥用职权，构成犯罪的，应当依照刑法第一百六十八条的规定追究刑事责任。

【公安文件Ⅰ】

《公安部经济犯罪侦查局关于能否对章××进行立案侦查的批复》（公经〔2002〕446号，20020409）

国有企业人员失职案的追诉标准，应按失职行为造成的直接经济损失计算，案发后司法机关追回的赃款和犯罪嫌疑人主动退回的赃款数额，只是量刑的情节，不影响定罪。如果按上述标准计算，符合追诉标准的，应予

立案侦查。

【公安文件 II】

《公安部经济犯罪侦查局关于对国有控股、参股的金融部门及其分支机构有关人员失职或者滥用职权可否适用刑法第 168 条的批复》（公经〔2012〕269 号，20120327）

国有控股或参股的公司、企业，不属于刑法规定中的国有公司、企业，但国有控股、参股公司、企业的工作人员在一定条件下可以适用刑法第 168 条的规定。

【法院参考案例】

〔参考案例第 1234 号：工商银行神木支行、童某等国有公司企业人员滥用职权案〕国家控股、参股公司、企业是否属于私分国有资产罪中的"国有公司、企业"？国家控股、参股公司、企业工作人员私分本公司、企业资产的行为如何定性？

1. 对私分国有资产罪与单位受贿罪中的"国有公司、企业"均应作限制解释，即仅指国有独资公司、企业。

2. 国家控股、参股公司、企业工作人员私分本公司、企业国有资产的行为依法可以构成国有公司人员滥用职权罪。

第一百六十九条 【徇私舞弊低价折股、出售国有资产罪】 国有公司、企业或者其上级主管部门直接负责的主管人员，徇私舞弊，将国有资产低价折股或者低价出售，致使国家利益遭受重大损失的，处三年以下有期徒刑或者拘役；致使国家利益遭受特别重大损失的，处三年以上七年以下有期徒刑。

【立法・要点注释】

1. 将"国有资产低价折股或者低价出售"，具体表现为：在合资、合营、股份制改革过程，对国有财产不进行资产评估，或者虽进行资产评估，但背离所评估资产的价值低价折股；低估实物资产；国有资产未按重置价格折股，未计算其增值部分，只是按账面原值折股；对公司、企业的商标、信誉等无形资产未计入国家股；不经主管部门批准，不经评估组织作价，擅自将属于企业的土地、厂房低价卖给小团体或私营业主，从中收取回扣。

2. 如果国有公司、企业或者其上级主管部门直接负责的主管人员因索取收受好处费、回扣，而将国有资产低价折股或者低价出售的，应数罪并罚。

【司法解释】

《最高人民检察院、公安部关于公安机关管辖的刑事案件立案追诉标准的规定（二）》（公通字〔2010〕23 号，20100507）

第十七条 〔徇私舞弊低价折股、出售国有资产案（刑法第一百六十九条）〕国有公司、企业或者其上级主管部门直接负责的主管人员，徇私舞弊，将国有资产低价折股或者低价出售，涉嫌下列情形之一的，应予立案追诉：

（一）造成国家直接经济损失数额在三十万元以上的；

（二）造成有关单位破产、停业、

停产六个月以上，或者被吊销许可证和营业执照、责令关闭、撤销、解散的；

（三）其他致使国家利益遭受重大损失的情形。

【司法指导文件】

《最高人民法院、最高人民检察院关于办理国家出资企业中职务犯罪案件具体应用法律若干问题的意见》（法发〔2010〕49 号，20101126）

四、关于国家工作人员在企业改制过程中的渎职行为的处理

国家出资企业中的国家工作人员在公司、企业改制或者国有资产处置过程中徇私舞弊，将国有资产低价折股或者低价出售给其本人未持有股份的公司、企业或者其他个人，致使国家利益遭受重大损失的，依照刑法第一百六十九条的规定，以徇私舞弊低价折股、出售国有资产罪定罪处罚。

第一百六十九条之一　【背信损害上市公司利益罪】 上市公司的董事、监事、高级管理人员违背对公司的忠实义务，利用职务便利，操纵上市公司从事下列行为之一，致使上市公司利益遭受重大损失的，处三年以下有期徒刑或者拘役，并处或者单处罚金；致使上市公司利益遭受特别重大损失的，处三年以上七年以下有期徒刑，并处罚金：

（一）无偿向其他单位或者个人提供资金、商品、服务或者其他资产的；

（二）以明显不公平的条件，提供或者接受资金、商品、服务或者其他资产的；

（三）向明显不具有清偿能力的单位或者个人提供资金、商品、服务或者其他资产的；

（四）为明显不具有清偿能力的单位或者个人提供担保，或者无正当理由为其他单位或者个人提供担保的；

（五）无正当理由放弃债权、承担债务的；

（六）采用其他方式损害上市公司利益的。

上市公司的控股股东或者实际控制人，指使上市公司董事、监事、高级管理人员实施前款行为的，依照前款的规定处罚。

犯前款罪的上市公司的控股股东或者实际控制人是单位的，对单位判处罚金，并对其直接负责的主管人员和其他直接责任人员，依照第一款的规定处罚。

【修正说明】

本罪由刑法修正案（六）第九条增设。

【立法·要点注释】

实践中，行为人之所以在公司经营活动中千方百计损害本公司利益，往往是因为其为交易对方所收买、控制，或者其本身就是交易对方利用大股东地位或者控制关系安排到上市公司中，实际代表的正是上市公司的大股东或者实际控制人的利益。但认定本罪并不需要证明行为人的动机，

只要行为人有利用职务便利，操纵上市公司损害自身利益的行为即可。

【司法解释】

《最高人民检察院、公安部关于公安机关管辖的刑事案件立案追诉标准的规定（二）》（公通字〔2010〕23号，20100507）

第十八条〔背信损害上市公司利益案（刑法第一百六十九条之一）〕上市公司的董事、监事、高级管理人员违背对公司的忠实义务，利用职务便利，操纵上市公司从事损害上市公司利益的行为，以及上市公司的控股股东或者实际控制人，指使上市公司董事、监事、高级管理人员实施损害上市公司利益的行为，涉嫌下列情形之一的，应予立案追诉：

（一）无偿向其他单位或者个人提供资金、商品、服务或者其他资产，致使上市公司直接经济损失数额在一百五十万元以上的；

（二）以明显不公平的条件，提供或者接受资金、商品、服务或者其他资产，致使上市公司直接经济损失数额在一百五十万元以上的；

（三）向明显不具有清偿能力的单位或者个人提供资金、商品、服务或者其他资产，致使上市公司直接经济损失数额在一百五十万元以上的；

（四）为明显不具有清偿能力的单位或者个人提供担保，或者无正当理由为其他单位或者个人提供担保，致使上市公司直接经济损失数额在一百五十万元以上的；

（五）无正当理由放弃债权、承担债务，致使上市公司直接经济损失数额在一百五十万元以上的；

（六）致使公司发行的股票、公司债券或者国务院依法认定的其他证券被终止上市交易或者多次被暂停上市交易的；

（七）其他致使上市公司利益遭受重大损失的情形。

第四节　破坏金融管理秩序罪

【公安文件Ⅰ】

《公安部办公厅关于若干经济犯罪案件如何统计涉案总价值、挽回经济损失数额的批复》（公经〔2008〕214号，20081105）

三、走私假币案、伪造货币案、出售、购买、运输假币案、金融工作人员购买假币、以假币换取货币案、持有、使用假币案、变造货币案，按照已经查证属实的伪造、变造的货币的面值统计涉案总价值。

伪造、变造的外国货币以及香港、澳门、台湾地区货币的面值，按照立案时国家外汇管理机关公布的外汇牌价折算成人民币后统计。

【公安文件Ⅱ】

《公安部经济犯罪侦查局关于小额贷款公司是否属于金融机构的批复》（公经金融〔2011〕153号，20110817）

根据《中华人民共和国商业银行法》、《非法金融机构和非法金融业务取缔办法》等法律、行政法规的规定，我国境内（不含港、澳、台地区）的金融机构必须是由金融监督管理机构批准设立并监管、领取金融业务牌照、从事特许金融业务活动的机构。根据《中国银行业监督管理委员会、中国人民银行关于小额贷款公司试点的指导意见》（银监发〔2008〕23 号），小额贷款公司是由自然人、企业法人与其他社会组织依照《中华人民共和国公司法》投资设立、不吸收公众存款、经营小额贷款业务的有限责任公司或股份有限公司，省级人民政府承担小额贷款公司风险处置责任，并明确一个主管部门（金融办或相关机构）负责对小额贷款公司的监督管理。因此，从现行金融法律规定来看，小额贷款公司属非持牌的工商企业，目前不宜界定为金融机构。

第一百七十条　【伪造货币罪】 伪造货币的，处三年以上十年以下有期徒刑，并处罚金；有下列情形之一的，处十年以上有期徒刑或者无期徒刑，并处罚金或者没收财产：

（一）伪造货币集团的首要分子；

（二）伪造货币数额特别巨大的；

（三）有其他特别严重情节的。

【修正前条文】

　　第一百七十条　【伪造货币罪】 伪造货币的，处三年以上十年以下有期徒刑，并处五万元以上五十万元以下罚金；有下列情形之一的，处十年以上有期徒刑、无期徒刑或者死刑，并处五万元以上五十万元以下罚金或者没收财产：

　　（一）伪造货币集团的首要分子；

（二）伪造货币数额特别巨大的；

（三）有其他特别严重情节的。

【修正说明】

　　刑法修正案（九）第十一条对原条文作出下述修改：一是取消了伪造货币犯罪的死刑；二是对本条的罚金刑做了修改完善，由原来的具体数额规定改为原则性规定。

【司法解释 I】

　　《最高人民检察院、公安部关于公安机关管辖的刑事案件立案追诉标准的规定（二）》（公通字〔2010〕23 号，20100507）

　　第十九条〔伪造货币案（刑法第一百七十条）〕伪造货币，涉嫌下列情形之一的，应予立案追诉：

　　（一）伪造货币，总面额在二千元以上或者币量在二百张（枚）以上的；

　　（二）制造货币版样或者为他人伪造货币提供版样的；

　　（三）其他伪造货币应予追究刑事责任的情形。

　　本规定中的"货币"是指流通的以下货币：

　　（一）人民币（含普通纪念币、贵金属纪念币）、港元、澳门元、新台币；

　　（二）其他国家及地区的法定货币。

　　贵金属纪念币的面额以中国人民银行授权中国金币总公司的初始发售价格为准。

【司法解释 II】

　　《最高人民法院关于审理伪造货币

等案件具体应用法律若干问题的解释》
（法释〔2000〕26 号，20000914）

第一条　伪造货币的总面额在二千元以上不满三万元或者币量在二百张（枚）以上不足三千张（枚）的，依照刑法第一百七十条的规定，处三年以上十年以下有期徒刑……

伪造货币的总面额在三万元以上的，属于"伪造货币数额特别巨大"。

行为人制造货币版样或者与他人事前通谋，为他人伪造货币提供版样的，依照刑法第一百七十条的规定定罪处罚。

……

第七条　本解释所称"货币"是指可在国内市场流通或者兑换的人民币和境外货币。

货币面额应当以人民币计算，其他币种以案发时国家外汇管理机关公布的外汇牌价折算成人民币。

【司法解释Ⅲ】

《最高人民法院关于审理伪造货币等案件具体应用法律若干问题的解释（二）》
（法释〔2010〕14 号，20101103）

第一条　仿照真货币的图案、形状、色彩等特征非法制造假币，冒充真币的行为，应当认定为刑法第一百七十条规定的"伪造货币"。

对真货币采用剪贴、挖补、揭层、涂改、移位、重印等方法加工处理，改变真币形态、价值的行为，应当认定为刑法第一百七十三条规定的"变造货币"。

第二条　同时采用伪造和变造手段，制造真伪拼凑货币的行为，依照刑法第一百七十条的规定，以伪造货币罪定罪处罚。

第三条　以正在流通的境外货币为对象的假币犯罪，依照刑法第一百七十条至第一百七十三条的规定定罪处罚。

假境外货币犯罪的数额，按照案发当日中国外汇交易中心或者中国人民银行授权机构公布的人民币对该货币的中间价折合成人民币计算。中国外汇交易中心或者中国人民银行授权机构未公布汇率中间价的境外货币，按照案发当日境内银行人民币对该货币的中间价折算成人民币，或者该货币在境内银行、国际外汇市场对美元汇率，与人民币对美元汇率中间价进行套算。

第四条　以中国人民银行发行的普通纪念币和贵金属纪念币为对象的假币犯罪，依照刑法第一百七十条至第一百七十三条的规定定罪处罚。

假普通纪念币犯罪的数额，以面额计算；假贵金属纪念币犯罪的数额，以贵金属纪念币的初始发售价格计算。

第五条　以使用为目的，伪造停止流通的货币，或者使用伪造的停止流通的货币的，依照刑法第二百六十六条的规定，以诈骗罪定罪处罚。

第六条　此前发布的司法解释与本解释不一致的，以本解释为准。

【司法指导文件】

《全国法院审理金融犯罪案件工作座谈会纪要》（法〔2001〕8 号，20010121）

（二）关于破坏金融管理秩序罪

2. 关于假币犯罪

假币犯罪的认定。假币犯罪是一种严重破坏金融管理秩序的犯罪。只要有证据证明行为人实施了出售、购买、运输、使用假币行为，且数额较大，就构成犯罪。伪造货币的，只要实施了伪造行为，不论是否完成全部印制工序，即构成伪造货币罪；对于尚未制造出成品，无法计算伪造、销售假币面额的，或者制造、销售用于伪造货币的版样的，不认定犯罪数额，依据犯罪情节决定刑罚。明知是伪造的货币而持有，数额较大，根据现有证据不能认定行为人是为了进行其他假币犯罪的，以持有假币罪定罪处罚；如果有证据证明其持有的假币已构成其他假币犯罪的，应当以其他假币罪定罪处罚。

假币犯罪罪名的确定。假币犯罪案件中犯罪分子实施数个相关行为的，在确定罪名时应把握以下原则：

（1）对同一宗假币实施了法律规定为选择性罪名的行为，应根据行为人所实施的数个行为，按相关罪名刑法规定的排列顺序并列确定罪名，数额不累计计算，不实行数罪并罚；

（2）对不同宗假币实施法律规定为选择性罪名的行为，并列确定罪名，数额按全部假币面额累计计算，不实行数罪并罚。

（3）对同一宗假币实施了刑法没有规定为选择性罪名的数个犯罪行为，择一重罪从重处罚。如伪造货币或者购买假币后使用的，以伪造货币罪或购买假币罪定罪，从重处罚。

（4）对不同宗假币实施了刑法没有规定为选择性罪名的数个犯罪行为，

分别定罪，数罪并罚。

出售假币被查获部分的处理。在出售假币时被抓获的，除现场查获的假币应认定为出售假币的犯罪数额外，现场之外在行为人住所或者其他藏匿地查获的假币，亦应认定为出售假币的犯罪数额。但有证据证实后者是行为人有实施其他假币犯罪的除外。

制造或者出售伪造的台币行为的处理。对于伪造台币的，应当以伪造货币罪定罪处罚；出售伪造的台币的，应当以出售假币罪定罪处罚。

【公安文件Ⅰ】

《公安部经济犯罪侦查局关于伪造缅甸货币行为定性问题的批复》（公经〔2004〕493 号，20040331）

鉴于缅甸货币在中缅边境地区可以与人民币兑换，伪造缅甸货币的行为应以伪造货币罪定罪处罚。

【公安文件Ⅱ】

《公安部经济犯罪侦查局关于对制贩假贵金属纪念币行为性质认定问题的批复》（公经〔2007〕2548 号，20071102）

根据《中华人民共和国人民币管理条例》规定，贵金属纪念币是人民币的有机组成部分，是国家法定货币。制贩假贵金属纪念币的行为，应以《中华人民共和国刑法》170 条、171 条等规定的伪造货币罪，出售、购买、运输假币罪等罪定罪处罚。其犯罪金额认定应以中国人民银行授权中国金币总公司初始发售价格为依据标准。

【公安文件Ⅲ】

《公安部经济犯罪侦查局关于制

造、销售用于伪造货币的版样的行为如何定性问题的批复》（公经〔2003〕660 号，20030619）

根据《最高人民法院关于审理伪造货币等案件具体应用法律若干问题的解释》（法释〔2000〕26 号）以及《全国法院审理金融犯罪案件工作座谈会纪要》的有关规定，对制造、销售用于伪造货币的版样的行为以伪造货币罪定罪处罚。

【法院参考案例】

〔参考案例第 23 号：杨吉茂伪造货币案〕本罪中的"其他特别严重情节"如何认定？伪造未发行过货币的行为如何定性？

1. 伪造货币罪中的"其他特别严重情节"，实践中一般包括：（1）以暴力抗拒检查、拘留、逮捕，情节严重的；（2）以机械印刷的方法伪造货币的；（3）金融、财政工作人员利用工作之便伪造货币的；（4）因伪造货币受过刑罚处罚后，又实施伪造货币行为的；（5）伪造货币投放市场后，严重扰乱社会秩序的。

2. 伪造外币构成伪造货币罪；伪造半成品货币构成伪造货币罪，但可酌情从轻处罚；伪造已不流通或者从来没有发行过的货币不构成伪造货币罪。

第一百七十一条 【出售、购买、运输假币罪】 出售、购买伪造的货币或者明知是伪造的货币而运输，数额较大的，处三年以下有期徒刑或者拘役，并处二万元以上二十万元以下罚金；数额巨大的，处三年以上十年以下有期徒刑，并处五万元以上五十万元以下罚金；数额特别巨大的，处十年以上有期徒刑或者无期徒刑，并处五万元以上五十万元以下罚金或者没收财产。

【金融工作人员购买假币、以假币换取货币罪】 银行或者其他金融机构的工作人员购买伪造的货币或者利用职务上的便利，以伪造的货币换取货币的，处三年以上十年以下有期徒刑，并处二万元以上二十万元以下罚金；数额巨大或者有其他严重情节的，处十年以上有期徒刑或者无期徒刑，并处二万元以上二十万元以下罚金或者没收财产；情节较轻的，处三年以下有期徒刑或者拘役，并处或者单处一万元以上十万元以下罚金。

伪造货币并出售或者运输伪造的货币的，依照本法第一百七十条的规定定罪从重处罚。

【司法解释 I】

《最高人民检察院、公安部关于公安机关管辖的刑事案件立案追诉标准的规定（二）》（公通字〔2010〕23 号，20100507）

第二十条〔出售、购买、运输假币案（刑法第一百七十一条第一款）〕出售、购买伪造的货币或者明知是伪造的货币而运输，总面额在四千元以上或者币量在四百张（枚）以上的，应予立案追诉。

在出售假币时被抓获的，除现场查获的假币应认定为出售假币的数额外，现场之外在行为人住所或者其他藏匿地查获的假币，也应认定为出售假币的数额。

第二十一条〔金融工作人员购买假币、以假币换取货币案（刑法第一百七十一条第二款）〕银行或者其他金融机构的工作人员购买伪造的货币或者利用职务上的便利，以伪造的货币换取货币，总面额在二千元以上或者币量在二百张（枚）以上的，应予立案追诉。

【司法解释Ⅱ】

《最高人民法院关于审理伪造货币等案件具体应用法律若干问题的解释》（法释〔2000〕26号，20000914）

第二条　行为人购买假币后使用，构成犯罪的，依照刑法第一百七十一条的规定，以购买假币罪定罪，从重处罚。

行为人出售、运输假币构成犯罪，同时有使用假币行为的，依照刑法第一百七十一条、第一百七十二条的规定，实行数罪并罚。

第三条　出售、购买假币或者明知是假币而运输，总面额在四千元以上不满五万元的，属于"数额较大"；总面额在五万元以上不满二十万元的，属于"数额巨大"；总面额在二十万元以上的，属于"数额特别巨大"，依照刑法第一百七十一条第一款的规定定罪处罚。

第四条　银行或者其他金融机构的工作人员购买假币或者利用职务上的便利，以假币换取货币，总面额在四千元以上不满五万元或者币量在四

百张（枚）以上不足五千张（枚）的，处三年以上十年以下有期徒刑，并处二万元以上二十万元以下罚金；总面额在五万元以上或者币量在五千张（枚）以上或者有其他严重情节的，处十年以上有期徒刑或者无期徒刑，并处二万元以上二十万元以下罚金或者没收财产；总面额不满人民币四千元或者币量不足四百张（枚）或者具有其他情节较轻情形的，处三年以下有期徒刑或者拘役，并处或者单处一万元以上十万元以下罚金。

第一百七十二条　**【持有、使用假币罪】**明知是伪造的货币而持有、使用，数额较大的，处三年以下有期徒刑或者拘役，并处或者单处一万元以上十万元以下罚金；数额巨大的，处三年以上十年以下有期徒刑，并处二万元以上二十万元以下罚金；数额特别巨大的，处十年以上有期徒刑，并处五万元以上五十万元以下罚金或者没收财产。

【立法·要点注释】

1. "持有"，不仅指行为人随身携带有伪造的货币，还包括行为人在自己家中、亲属朋友处保存伪造的货币，自己或者通过他人传递伪造的货币等行为。

2. "使用"，包括行为人出于各种目的，以各种方式将伪造的货币作为货币流通的行为，如使用伪造的货币购买商品；将伪造的货币存入银行；用伪造的外币在境内进行兑换；以伪造的货币清偿债务等行为。

【司法解释 I】

《最高人民检察院、公安部关于公安机关管辖的刑事案件立案追诉标准的规定（二）》（公通字〔2010〕23号，20100507）

第二十二条〔持有、使用假币案（刑法第一百七十二条）〕明知是伪造的货币而持有、使用，总面额在四千元以上或者币量在四百张（枚）以上的，应予立案追诉。

【司法解释 II】

《最高人民法院关于审理伪造货币等案件具体应用法律若干问题的解释》（法释〔2000〕26号，20000914）

第五条 明知是假币而持有、使用，总面额在四千元以上不满五万元的，属于"数额较大"；总面额在五万元以上不满二十万元的，属于"数额巨大"；总面额在二十万元以上的，属于"数额特别巨大"，依照刑法第一百七十二条的规定定罪处罚。

【法院参考案例】

〔参考案例第 188 号：张顺发持有、使用假币案〕购买假币后使用的，使用假币的数额如何认定？

购买假币后使用的，"使用"的金额不能仅理解为业已使用的假币数额，还应包括准备使用但因各种原因未使用出去的假币数额。

第一百七十三条 【变造货币罪】变造货币，数额较大的，处三年以下有期徒刑或者拘役，并处或者单处一万元以上十万元以下罚金；数额巨大的，处三年以上十年以下有期徒刑，并处二万元以上二十万元以下罚金。

【立法·要点注释】

变造货币的行为与伪造货币的行为是不同的，变造货币的行为是在货币的基础上进行的加工处理，以增加原货币的面值，伪造货币的行为不是对货币进行加工处理，而是将非货币的一些物质经过加工后伪造成为货币，有的伪造货币的行为要利用货币，如采用彩色复印机伪造货币的。变造的货币在某种程度上有原货币的成分，如原货币的纸张、金属防伪线、油墨等。伪造的货币则不具有原货币的成分。

【司法解释 I】

《最高人民检察院、公安部关于公安机关管辖的刑事案件立案追诉标准的规定（二）》（公通字〔2010〕23号，20100507）

第二十三条〔变造货币案（刑法第一百七十三条）〕变造货币，总面额在二千元以上或者币量在二百张（枚）以上的，应予立案追诉。

【司法解释 II】

《最高人民法院关于审理伪造货币等案件具体应用法律若干问题的解释》（法释〔2000〕26号，20000914）

第六条 变造货币的总面额在二千元以上不满三万元的，属于"数额较大"；总面额在三万元以上的，属于"数额巨大"，依照刑法第一百七十三条的规定定罪处罚。

【司法解释Ⅲ】

《最高人民法院关于审理伪造货币等案件具体应用法律若干问题的解释(二)》(法释〔2010〕14 号，20101103)

第一条第二款　对真货币采用剪贴、挖补、揭层、涂改、移位、重印等方法加工处理，改变真币形态、价值的行为，应当认定为刑法第一百七十三条规定的"变造货币"。

【司法指导文件】

《最高人民法院研究室关于对外国残损、变形硬币进行加工修复是否属于"变造货币"问题的研究意见》(2012)

对从废旧金属、洋垃圾中分拣的外国残损、变形硬币进行加工修复行为所涉情形较为复杂，应当区分情况处理：对其中内芯、外圈分离的硬币进行重新拼装，加工修复的，可以认定为"变造货币"；对分拣出的外国硬币进行清洗、挑选，或者对扭曲变形的外国硬币进行敲打、压平，不应认定为"变造货币"。

【公安文件】

《公安部经济犯罪侦查局关于马××变造货币案中变造货币数额认定问题的批复》(公经〔2003〕1329 号，20031112)

犯罪嫌疑人以货币为基本材料，采用挖补、撕贴、拼凑等方法，改变货币的外在形态，变造货币的数额应以实际变造出的货币的票面数额计算，包括被因挖补、撕贴而改变了外在形态的货币，但已灭失的货币除外。

第一百七十四条　【擅自设立金融机构罪】未经国家有关主管部门批准，擅自设立商业银行、证券交易所、期货交易所、证券公司、期货经纪公司、保险公司或者其他金融机构的，处三年以下有期徒刑或者拘役，并处或者单处二万元以上二十万元以下罚金；情节严重的，处三年以上十年以下有期徒刑，并处五万元以上五十万元以下罚金。

【伪造、变造、转让金融机构经营许可证、批准文件罪】伪造、变造、转让商业银行、证券交易所、期货交易所、证券公司、期货经纪公司、保险公司或者其他金融机构的经营许可证或者批准文件的，依照前款的规定处罚。

单位犯前两款罪的，对单位判处罚金，并对其直接负责的主管人员和其他直接责任人员，依照第一款的规定处罚。

【修正前条文】

第一百七十四条　【擅自设立金融机构罪】未经中国人民银行批准，擅自设立商业银行或者其他金融机构的，处三年以下有期徒刑或者拘役，并处或者单处二万元以上二十万元以下罚金；情节严重的，处三年以上十年以下有期徒刑，并处五万元以上五十万元以下罚金。

【伪造、变造、转让金融机构经营许可证罪】伪造、变造、转让商业银行或者其他金融机构经营许可证的，依照前款的规定处罚。

单位犯前两款罪的，对单位判处罚金，并对其直接负责的主管人员和其他直接责任人员，依照第一款的规定处罚。

【修正说明】

刑法修正案第三条将原条文中的"未经中国人民银行批准，擅自设立商业银行或者其他金融机构"，修改为"未经国家有关主管部门批准，擅自设立商业银行、证券交易所、期货交易所、证券公司、期货经纪公司、保险公司或者其他金融机构"。另外，在第二款增加了"批准文件"。

【立法·要点注释】

有些商业银行、证券公司、期货经纪公司、保险公司或者其他金融机构，为了扩展业务，不向主管机关申报而擅自扩建营业网点、增设分支机构，或者虽向主管机关申报，但在主管机关尚未批准前就擅自设立分支机构进行营业活动，虽然这些行为也都属于违法，但与那些未取得金融业务经营资格的单位或者个人违反法律、法规的规定擅自设立商业银行、证券交易所、期货交易所、证券公司、期货经纪公司、保险公司或者其他金融机构的行为在本质上是有区别的。前者应由有关主管部门查处后按违纪行为处理，如责令取消未经批准设立和扩建的营业网点和分支机构等，而不应当按照犯罪处理。

【司法解释】

《最高人民检察院、公安部关于公安机关管辖的刑事案件立案追诉标准的规定（二）》（公通字〔2010〕23号，20100507）

第二十四条〔擅自设立金融机构案（刑法第一百七十四条第一款）〕未经国家有关主管部门批准，擅自设立金融机构，涉嫌下列情形之一的，应予立案追诉：

（一）擅自设立商业银行、证券交易所、期货交易所、证券公司、期货公司、保险公司或者其他金融机构的；

（二）擅自设立商业银行、证券交易所、期货交易所、证券公司、期货公司、保险公司或者其他金融机构筹备组织的。

第二十五条〔伪造、变造、转让金融机构经营许可证、批准文件案（刑法第一百七十四条第二款）〕伪造、变造、转让商业银行、证券交易所、期货交易所、证券公司、期货公司、保险公司或者其他金融机构的经营许可证或者批准文件的，应予立案追诉。

第一百七十五条 【高利转贷罪】以转贷牟利为目的，套取金融机构信贷资金高利转贷他人，违法所得数额较大的，处三年以下有期徒刑或者拘役，并处违法所得一倍以上五倍以下罚金；数额巨大的，处三年以上七年以下有期徒刑，并处违法所得一倍以上五倍以下罚金。

单位犯前款罪的，对单位判处罚金，并对其直接负责的主管人员和其他直接责任人员，处三年以下有期徒刑或者拘役。

【司法解释】

《最高人民检察院、公安部关于公安机关管辖的刑事案件立案追诉标准的规定（二）》（公通字〔2010〕23 号，20100507）

第二十六条〔高利转贷案（刑法第一百七十五条）〕以转贷牟利为目的，套取金融机构信贷资金高利转贷他人，涉嫌下列情形之一的，应予立案追诉：

（一）高利转贷，违法所得数额在十万元以上的；

（二）虽未达到上述数额标准，但两年内因高利转贷受过行政处罚二次以上，又高利转贷的。

【法院参考案例】

〔**参考案例第 487 号：姚凯高利转贷案**〕套取银行的承兑汇票是否属于套取银行信贷资金？

行为人采取欺骗手段，套取银行承兑汇票后，将汇款交给用款人，然后由用款人向银行贴现，实质上就是利用承兑汇票贴现套取银行信贷资金的行为，应以高利转贷罪定罪。实践中，对利率标准的掌握不应过于苛严，只要违法所得较大，且转贷利率高于银行贷款利率，即可认定为高利转贷罪。

第一百七十五条之一 【骗取贷款、票据承兑、金融票证罪】 以欺骗手段取得银行或者其他金融机构贷款、票据承兑、信用证、保函等，给银行或者其他金融机构造成重大损失或者有其他严重情节的，处三年以下有期徒刑或者拘役，并处或者单处罚金；给银行或者其他金融机构造成特别重大损失或者有其他特别严重情节的，处三年以上七年以下有期徒刑，并处罚金。

单位犯前款罪的，对单位判处罚金，并对其直接负责的主管人员和其他直接责任人员，依照前款的规定处罚。

【修正说明】

本罪由刑法修正案（六）第十条增设。

【立法·要点注释】

"欺骗手段"，是指行为人在取得银行或者其他金融机构的贷款、票据承兑、信用证、保函等信贷资金、信用时，采用的是虚构事实、隐瞒真相等手段，掩盖了客观事实，骗取了银行或者其他金融机构的信任。只要申请人在申请贷款的过程中有虚构事实、掩盖真相的情节，或者说在申请贷款过程中，只要提供假证明、假材料，或者贷款资金没有按申请时的用途去用，都符合这一条件。

【司法解释】

《最高人民检察院、公安部关于公安机关管辖的刑事案件立案追诉标准的规定（二）》（公通字〔2010〕23 号，20100507）

第二十七条〔骗取贷款、票据承兑、金融票证案（刑法第一百七十五条之一）〕以欺骗手段取得银行或者其他金融机构贷款、票据承兑、信用证、保函等，涉嫌下列情形之一的，应予立案追诉：

（一）以欺骗手段取得贷款、票据承兑、信用证、保函等，数额在一百万元以上的；

（二）以欺骗手段取得贷款、票据承兑、信用证、保函等，给银行或者其他金融机构造成直接经济损失数额在二十万元以上的；

（三）虽未达到上述数额标准，但多次以欺骗手段取得贷款、票据承兑、信用证、保函等的；

（四）其他给银行或者其他金融机构造成重大损失或者有其他严重情节的情形。

【公安文件】

《公安部经济犯罪侦查局关于骗取贷款罪和违法发放贷款罪立案追诉标准问题的批复》（公经〔2009〕314号，20090724）

二、关于给银行或者其他金融机构"造成重大损失"的认定问题

如果银行或者其他金融机构仅仅出具"形成不良贷款数额"的结论，不宜认定为"重大经济损失数额"。根据目前国有独资银行、股份制商业银行实行的贷款五级分类制，商业贷款分为正常、关注、次级、可疑、损失五类，其中后三类称为不良贷款，不良贷款尽管"不良"，但并不一定形成了既成的损失，因此"不良贷款"不等于"经济损失"，也不能将"形成不良贷款数额"等同于"重大经济损失数额"。

三、关于骗取贷款具有"其他严重情节"的认定问题

骗取贷款是否具有"其他严重情节"，应当是其社会危害性与《最高人民检察院、公安部关于公安机关管辖的刑事案件立案追诉标准的规定（二）》中已列明的各具体情节大体相当的情节，可根据此原则，结合案件具体情况分析，依法办理。例如，多次以欺骗手段取得银行或者其他金融机构贷款的行为，反映了行为人主观恶性程度，因此这种情形属于有"其他严重情节"。通过向工作人员行贿骗取贷款、票据承兑、金融票证的行为，如果行贿行为不单独构成犯罪，可以认定骗取贷款等行为的"其他严重情节"；如果行贿行为的情节为构成犯罪，则不应再作为其他行为的情节来认定。通过持续"借新还旧"以及民间借贷方式偿还贷款的行为，不能简单认定为"其他严重情节"。

第一百七十六条　【非法吸收公众存款罪】非法吸收公众存款或者变相吸收公众存款，扰乱金融秩序的，处三年以下有期徒刑或者拘役，并处或者单处二万元以上二十万元以下罚金；数额巨大或者有其他严重情节的，处三年以上十年以下有期徒刑，并处五万元以上五十万元以下罚金。

单位犯前款罪的，对单位判处罚金，并对其直接负责的主管人员和其他直接责任人员，依照前款的规定处罚。

【立法·要点注释】

1. "非法吸收公众存款"，是指

行为人违反国家法律、法规的规定在社会上以存款的形式公开吸收公众资金的行为。一般包含两种情况：一是行为人不具有吸收存款的主体资格而吸收公众存款、破坏金融秩序的行为。二是行为人具有吸收存款的主体资格，但是，其吸收公众存款所采用的方法是违法的。如有的银行和其他金融机构为争揽储户，违反中国人民银行关于利率的规定，采用擅自提高利率的方式吸收存款，进行恶意竞争，破坏了国家的利率政策，扰乱金融秩序的行为。对后一种情况，商业银行法已具体规定了行政处罚，一般不宜作为犯罪处理。但如果在吸收存款的过程中有其他犯罪行为，例如有刑法第一百八十七条规定的行为，应当依法追究刑事责任。

2. "变相吸收公众存款"，是指行为人不以存款的名义而是通过其他形式吸收公众资金，从而达到吸收公众存款的目的的行为。如有些单位和个人，未经批准成立各种基金会吸收公众的资金，或者以投资、集资入股等名义吸收公众资金，但并不按正常投资的形式分配利润、股息，而是以一定的利息进行支付的行为。

【司法解释Ⅰ】

《最高人民检察院、公安部关于公安机关管辖的刑事案件立案追诉标准的规定（二）》（公通字〔2010〕23号，20100507）

第二十八条〔非法吸收公众存款案（刑法第一百七十六条）〕非法吸收公众存款或者变相吸收公众存款，扰乱金融秩序，涉嫌下列情形之一的，应予立案追诉：

（一）个人非法吸收或者变相吸收公众存款数额在二十万元以上的，单位非法吸收或者变相吸收公众存款数额在一百万元以上的；

（二）……①

（三）个人非法吸收或者变相吸收公众存款给存款人造成直接经济损失数额在十万元以上的，单位非法吸收或者变相吸收公众存款给存款人造成直接经济损失数额在五十万元以上的；

（四）造成恶劣社会影响的；

（五）其他扰乱金融秩序情节严重的情形。

【司法解释Ⅱ】

《最高人民法院关于审理非法集资刑事案件具体应用法律若干问题的解释》（法释〔2010〕18号，20110104）

第一条 违反国家金融管理法律规定，向社会公众（包括单位和个人）吸收资金的行为，同时具备下列四个条件的，除刑法另有规定的以外，应当认定为刑法第一百七十六条规定的"非法吸收公众存款或者变相吸收公众存款"：

（一）未经有关部门依法批准或者借用合法经营的形式吸收资金；

（二）通过媒体、推介会、传单、

① 该项内容已被2010年12月印发的《最高人民法院关于审理非法集资刑事案件具体应用法律若干问题的解释》第三条变相废止。——编者注

手机短信等途径向社会公开宣传;

（三）承诺在一定期限内以货币、实物、股权等方式还本付息或者给付回报;

（四）向社会公众即社会不特定对象吸收资金。

未向社会公开宣传,在亲友或者单位内部针对特定对象吸收资金的,不属于非法吸收或者变相吸收公众存款。

第二条 实施下列行为之一,符合本解释第一条第一款规定的条件的,应当依照刑法第一百七十六条的规定,以非法吸收公众存款罪定罪处罚:

（一）不具有房产销售的真实内容或者不以房产销售为主要目的,以返本销售、售后包租、约定回购、销售房产份额等方式非法吸收资金的;

（二）以转让林权并代为管护等方式非法吸收资金的;

（三）以代种植（养殖）、租种植（养殖）、联合种植（养殖）等方式非法吸收资金的;

（四）不具有销售商品、提供服务的真实内容或者不以销售商品、提供服务为主要目的,以商品回购、寄存代售等方式非法吸收资金的;

（五）不具有发行股票、债券的真实内容,以虚假转让股权、发售虚构债券等方式非法吸收资金的;

（六）不具有募集基金的真实内容,以假借境外基金、发售虚构基金等方式非法吸收资金的;

（七）不具有销售保险的真实内容,以假冒保险公司、伪造保险单据等方式非法吸收资金的;

（八）以投资入股的方式非法吸收资金的;

（九）以委托理财的方式非法吸收资金的;

（十）利用民间"会"、"社"等组织非法吸收资金的;

（十一）其他非法吸收资金的行为。

第三条 非法吸收或者变相吸收公众存款,具有下列情形之一的,应当依法追究刑事责任:

（一）个人非法吸收或者变相吸收公众存款,数额在 20 万元以上的,单位非法吸收或者变相吸收公众存款,数额在 100 万元以上的;

（二）个人非法吸收或者变相吸收公众存款对象 30 人以上的,单位非法吸收或者变相吸收公众存款对象 150 人以上的;

（三）个人非法吸收或者变相吸收公众存款,给存款人造成直接经济损失数额在 10 万元以上的,单位非法吸收或者变相吸收公众存款,给存款人造成直接经济损失数额在 50 万元以上的;

（四）造成恶劣社会影响或者其他严重后果的。

具有下列情形之一的,属于刑法第一百七十六条规定的"数额巨大或者有其他严重情节":

（一）个人非法吸收或者变相吸收公众存款,数额在 100 万元以上的,单位非法吸收或者变相吸收公众存款,数额在 500 万元以上的;

（二）个人非法吸收或者变相吸收公众存款对象 100 人以上的,单位非法吸收或者变相吸收公众存款对象 500 人以上的；

（三）个人非法吸收或者变相吸收公众存款，给存款人造成直接经济损失数额在 50 万元以上的，单位非法吸收或者变相吸收公众存款，给存款人造成直接经济损失数额在 250 万元以上的；

（四）造成特别恶劣社会影响或者其他特别严重后果的。

非法吸收或者变相吸收公众存款的数额，以行为人所吸收的资金全额计算。案发前后已归还的数额，可以作为量刑情节酌情考虑。

非法吸收或者变相吸收公众存款，主要用于正常的生产经营活动，能够及时清退所吸收资金，可以免予刑事处罚；情节显著轻微的，不作为犯罪处理。

……

第八条 广告经营者、广告发布者违反国家规定，利用广告为非法集资活动相关的商品或者服务作虚假宣传，具有下列情形之一的，依照刑法第二百二十二条的规定，以虚假广告罪定罪处罚：

（一）违法所得数额在 10 万元以上的；

（二）造成严重危害后果或者恶劣社会影响的；

（三）二年内利用广告作虚假宣传，受过行政处罚二次以上的；

（四）其他情节严重的情形。

明知他人从事欺诈发行股票、债券、非法吸收公众存款，擅自发行股票、债券，集资诈骗或者组织、领导传销活动等集资犯罪活动，为其提供广告等宣传的，以相关犯罪的共犯论处。

第九条 此前发布的司法解释与本解释不一致的，以本解释为准。

【司法解释Ⅱ·注释】

1. 关于涉及非法集资行为的罪名。本解释第一条规定，"除刑法另有规定的以外，应当认定为刑法第一百七十六条规定的'非法吸收公众存款或者变相吸收公众存款'"。根据该规定并结合本解释第七条、第八条第二款规定以及实践做法，刑法中涉及非法集资犯罪的罪名共计七个，分别是刑法第一百六十条规定的欺诈发行股票、债券罪，第一百七十四条第一款规定的擅自设立金融机构罪，第一百七十六条规定的非法吸收公众存款罪，第一百七十九条规定的擅自发行股票、公司、企业债券罪，第一百九十二条规定的集资诈骗罪，第二百二十四条之一规定的组织、领导传销活动罪以及刑法第二百二十五条规定的非法经营罪。其中，擅自设立金融机构（商业银行）可以视为是非法集资的准备行为，或者说是广义上的非法集资行为；非法吸收公众存款，欺诈发行股票、债券，擅自发行股票、债券，组织、领导传销活动，非法证券、基金当中的非法经营五个罪名属于刑法上处理非法集资犯罪的主体罪名；在五个主体罪名中，非法吸收公众存款罪具有基础性意义，属于非法集资犯罪的一般法规定，其他四个罪名则属特别法规定；集资诈骗罪是非法集资犯罪的加重罪名。

2. 区分界定正常经营活动与变相吸收公众存款行为，关键在于两个方面：一是有无真实的商品或者服务内容；二是是否以未来的回报为目的。基于此，本解释第二条第（四）项对"不具有销售商品、提供服务的真实内容或者不以销售商品、提供服务为主要目的"予以特别强调。

3. 非法吸收公众存款罪属于破坏金融管理秩序犯罪，非法吸收公众存款罪的认定依据必须是融资管理法律规定，而不能是其他法律规定。对于其他法律规定的违反，在一定情况下对于判断是否违反融资管理规定具有一定的参考意义，但不能以对其他法律规定的违法性判断替代融资管理规定的违法性判断。以本解释第二条第（一）项规定为例，《商品房销售管理办法》规定，商品房预售实行预售许可制度；房地产开发企业不得采取返本销售或者变相返本销售的方式销售商品房，不得采取售后包租或者变相售后包租的方式销售未竣工商品房；商品住宅按套销售，不得分割拆零销售。但是，违反这些规定的房产销售行为并不直接意味着就是非法集资，只有实质上实施了向社会公众融资的行为，而又未依法履行相关融资法律程序的，才具有非法集资所要求的非法性。

4. 并非所有的融资行为均受融资管理法律规定调控，只有融资管理法律规定明确禁止的吸收资金行为才有违法性，实践中应注意避免不当地扩大理解。比如，民间借贷、私募基金

等虽然也体现为吸收资金，并且往往也约定回报，但不属于公开地向社会公众吸收资金，因而并不违法。即便约定高额利息，也只是超出规定部分的利息不受法律保护而已，不能据此将之认定为非法集资。

5. 关于非法吸收公众存款的数额计算。吸收公众存款的数额应为实际吸收的金额，约定的利息不应计入犯罪数额。比如，对于实际吸收资金 80 万元，约定利息 20 万元，登记吸收资金 100 万元的，应当实事求是地认定吸收存款 80 万元。

6. 关于人数的理解。在 2001 年《全国法院审理金融犯罪案件工作座谈会纪要》的规定中采用的计算依据是"户"。实践中普遍反映，"户"的概念不够明确、也很难统计，为便于实践理解和操作，本解释将计算依据修改为"人"。需要注意的是，首先，"人"不同于"人次"，对于一人多次的情形不得重复计算；其次，实践中大量存在"人传人"等多层次的情形，对此，一般应当将不同层次的人累加计算。

【司法指导文件 I】

《最高人民法院、最高人民检察院、公安部关于办理非法集资刑事案件若干问题的意见》（高检会〔2019〕2 号，20190130）

一、关于非法集资的"非法性"认定依据问题

人民法院、人民检察院、公安机关认定非法集资的"非法性"，应当以国家金融管理法律法规作为依据。

对于国家金融管理法律法规仅作原则性规定的,可以根据法律规定的精神并参考中国人民银行、中国银行保险监督管理委员会、中国证券监督管理委员会等行政主管部门依照国家金融管理法律法规制定的部门规章或者国家有关金融管理的规定、办法、实施细则等规范性文件的规定予以认定。

二、关于单位犯罪的认定问题

单位实施非法集资犯罪活动,全部或者大部分违法所得归单位所有的,应当认定为单位犯罪。

个人为进行非法集资犯罪活动而设立的单位实施犯罪的,或者单位设立后,以实施非法集资犯罪活动为主要活动的,不以单位犯罪论处,对单位中组织、策划、实施非法集资犯罪活动的人员应当以自然人犯罪依法追究刑事责任。

判断单位是否以实施非法集资犯罪活动为主要活动,应当根据单位实施非法集资的次数、频度、持续时间、资金规模、资金流向、投入人力物力情况、单位进行正当经营的状况以及犯罪活动的影响、后果等因素综合考虑认定。

三、关于涉案下属单位的处理问题

办理非法集资刑事案件中,人民法院、人民检察院、公安机关应当全面查清涉案单位,包括上级单位(总公司、母公司)和下属单位(分公司、子公司)的主体资格、层级、关系、地位、作用、资金流向等,区分情况依法作出处理。

上级单位已被认定为单位犯罪,下属单位实施非法集资犯罪活动,且全部或者大部分违法所得归下属单位所有的,对该下属单位也应当认定为单位犯罪。上级单位和下属单位构成共同犯罪的,应当根据犯罪单位的地位、作用,确定犯罪单位的刑事责任。

上级单位已被认定为单位犯罪,下属单位实施非法集资犯罪活动,但全部或者大部分违法所得归上级单位所有的,对下属单位不单独认定为单位犯罪。下属单位中涉嫌犯罪的人员,可以作为上级单位的其他直接责任人员依法追究刑事责任。

上级单位未被认定为单位犯罪,下属单位被认定为单位犯罪的,对上级单位中组织、策划、实施非法集资犯罪的人员,一般可以与下属单位按照自然人与单位共同犯罪处理。

上级单位与下属单位均未被认定为单位犯罪的,一般以上级单位与下属单位中承担组织、领导、管理、协调职责的主管人员和发挥主要作用的人员作为主犯,以其他积极参加非法集资犯罪的人员作为从犯,按照自然人共同犯罪处理。

四、关于主观故意的认定问题

认定犯罪嫌疑人、被告人是否具有非法吸收公众存款的犯罪故意,应当依据犯罪嫌疑人、被告人的任职情况、职业经历、专业背景、培训经历、本人因同类行为受到行政处罚或者刑事追究情况以及吸收资金方式、宣传推广、合同资料、业务流程等证据,结合其供述,进行综合分析判断。

犯罪嫌疑人、被告人使用诈骗方法非法集资,符合《最高人民法院关于审理非法集资刑事案件具体应用法律若干问题的解释》第四条规定的，可以认定为集资诈骗罪中"以非法占有为目的"。

办案机关在办理非法集资刑事案件中，应当根据案件具体情况注意收集运用涉及犯罪嫌疑人、被告人的以下证据：是否使用虚假身份信息对外开展业务；是否虚假订立合同、协议；是否虚假宣传，明显超出经营范围或者夸大经营、投资、服务项目及盈利能力；是否吸收资金后隐匿、销毁合同、协议、账目；是否传授或者接受规避法律、逃避监管的方法，等等。

五、关于犯罪数额的认定问题

非法吸收或者变相吸收公众存款构成犯罪，具有下列情形之一的，向亲友或者单位内部人员吸收的资金应当与向不特定对象吸收的资金一并计入犯罪数额：

（一）在向亲友或者单位内部人员吸收资金的过程中，明知亲友或者单位内部人员向不特定对象吸收资金而予以放任的；

（二）以吸收资金为目的，将社会人员吸收为单位内部人员，并向其吸收资金的；

（三）向社会公开宣传，同时向不特定对象、亲友或者单位内部人员吸收资金的。

非法吸收或者变相吸收公众存款的数额，以行为人所吸收的资金全额计算。集资参与人收回本金或者获得回报后又重复投资的数额不予扣除，但可以作为量刑情节的情考虑。

六、关于宽严相济刑事政策把握

问题

办理非法集资刑事案件，应当贯彻宽严相济刑事政策，依法合理把握追究刑事责任的范围，综合运用刑事手段和行政手段处置和化解风险，做到惩处少数、教育挽救大多数。要根据行为人的客观行为、主观恶性、犯罪情节及其地位、作用、层级、职务等情况，综合判断行为人的责任轻重和刑事追究的必要性，按照区别对待原则分类处理涉案人员，做到罚当其罪、罪责刑相适应。

重点惩处非法集资犯罪活动的组织者、领导者和管理人员，包括单位犯罪中的上级单位（总公司、母公司）的核心层、管理层和骨干人员，下属单位（分公司、子公司）的管理层和骨干人员，以及其他发挥主要作用的人员。

对于涉案人员积极配合调查、主动退赃退赔、真诚认罪悔罪的，可以依法从轻处罚；其中情节轻微的，可以免除处罚；情节显著轻微、危害不大的，不作为犯罪处理。

七、关于管辖问题

跨区域非法集资刑事案件按照《国务院关于进一步做好防范和处置非法集资工作的意见》（国发〔2015〕59 号）确定的工作原则办理。如果合并侦查、诉讼更为适宜的，可以合并办理。

办理跨区域非法集资刑事案件，如果多个公安机关都有权立案侦查的，一般由主要犯罪地公安机关作为案件主办地，对主要犯罪嫌疑人立案侦查和移送审查起诉；由其他犯罪地公安机关作为案件分办地根据案件具体情况，对本地区犯罪嫌疑人立案侦查和移送审查起诉。

管辖不明或者有争议的，按照有利于查清犯罪事实、有利于诉讼的原则，由其共同的上级公安机关协调确定或者指定有关公安机关作为案件主办地立案侦查。需要提请批准逮捕、移送审查起诉、提起公诉的，由分别立案侦查的公安机关所在地的人民检察院、人民法院受理。

对于重大、疑难、复杂的跨区域非法集资刑事案件，公安机关应当在协调确定或者指定案件主办地立案侦查的同时，通报同级人民检察院、人民法院。人民检察院、人民法院参照前款规定，确定主要犯罪地作为案件主办地，其他犯罪地作为案件分办地，由所在地的人民检察院、人民法院负责起诉、审判。

本条规定的"主要犯罪地"，包括非法集资活动的主要组织、策划、实施地，集资行为人的注册地、主要营业地、主要办事机构所在地，集资参与人的主要所在地等。

八、关于办案工作机制问题

案件主办地和其他涉案地办案机关应当密切沟通协调，协同推进侦查、起诉、审判、资产处置工作，配合有关部门最大限度追赃挽损。

案件主办地办案机关应当统一负责主要犯罪嫌疑人、被告人涉嫌非法集资全部犯罪事实的立案侦查、起诉、审判，防止遗漏犯罪事实；并应就全案处理政策、追诉主要犯罪嫌疑人、被告人的证据要求及诉讼时限、追赃

挽损、资产处置等工作要求，向其他涉案地办案机关进行通报。其他涉案地办案机关应当对本地区犯罪嫌疑人、被告人涉嫌非法集资的犯罪事实及时立案侦查、起诉、审判，积极协助主办地处置涉案资产。

案件主办地和其他涉案地办案机关应当建立和完善证据交换共享机制。对涉及主要犯罪嫌疑人、被告人的证据，一般由案件主办地办案机关负责收集，其他涉案地提供协助。案件主办地办案机关应当及时通报接收涉及主要犯罪嫌疑人、被告人的证据材料的程序及要求。其他涉案地办案机关需要案件主办地提供证据材料的，应当向案件主办地办案机关提出证据需求，由案件主办地收集并依法移送。无法移送证据原件的，应当在移送复制件的同时，按照相关规定作出说明。

九、关于涉案财物追缴处置问题

办理跨区域非法集资刑事案件，案件主办地办案机关应当及时归集涉案财物，为统一资产处置做好基础性工作。其他涉案地办案机关应当及时查明涉案财物，明确其来源、去向、用途、流转情况，依法办理查封、扣押、冻结手续，并制作详细清单，对扣押款项应当设立明细账，在扣押后立即存入办案机关唯一合规账户，并将有关情况提供案件主办地办案机关。

人民法院、人民检察院、公安机关应当严格依照刑事诉讼法和相关司法解释的规定，依法移送、审查、处理查封、扣押、冻结的涉案财物。对审判时尚未追缴到案或者尚未足额退赔的违法所得，人民法院应当判决继

续追缴或者责令退赔，并由人民法院负责执行，处置非法集资职能部门、人民检察院、公安机关等应当予以配合。

人民法院对涉案财物依法作出判决后，有关地方和部门应当在处置非法集资职能部门统筹协调下，切实履行协作义务，综合运用多种手段，做好涉案财物清运、财产变现、资金归集、资金清退等工作，确保最大限度减少实际损失。

根据有关规定，查封、扣押、冻结的涉案财物，一般应在诉讼终结后返还集资参与人。涉案财物不足全部返还的，按照集资参与人的集资额比例返还。退赔集资参与人的损失一般优先于其他民事债务以及罚金、没收财产的执行。

十、关于集资参与人权利保障问题

集资参与人，是指向非法集资活动投入资金的单位和个人，为非法集资活动提供帮助并获取经济利益的单位和个人除外。

人民法院、人民检察院、公安机关应当通过及时公布案件进展、涉案资产处置情况等方式，依法保障集资参与人的合法权利。集资参与人可以推选代表人向人民法院提出相关意见和建议；推选不出代表人的，人民法院可以指定代表人。人民法院可以视案件情况决定集资参与人代表人参加或者旁听庭审，对集资参与人提起附带民事诉讼等请求不予受理。

十一、关于行政执法与刑事司法衔接问题

处置非法集资职能部门或者有关行政主管部门，在调查非法集资行为或者行政执法过程中，认为案情重大、疑难、复杂的，可以商请公安机关就追诉标准、证据固定等问题提出咨询或者参考意见；发现非法集资行为涉嫌犯罪的，应当按照《行政执法机关移送涉嫌犯罪案件的规定》等规定，履行相关手续，在规定的期限内将案件移送公安机关。

人民法院、人民检察院、公安机关在办理非法集资刑事案件过程中，可商请处置非法集资职能部门或者有关行政主管部门指派专业人员配合开展工作，协助查阅、复制有关专业资料，就案件涉及的专业问题出具认定意见。涉及需要行政处理的事项，应当及时移交处置非法集资职能部门或者有关行政主管部门依法处理。

十二、关于国家工作人员相关法律责任问题

国家工作人员具有下列行为之一，构成犯罪的，应当依法追究刑事责任：

（一）明知单位和个人所申请机构或者业务涉嫌非法集资，仍为其办理行政许可或者注册手续的；

（二）明知所主管、监管的单位有涉嫌非法集资行为，未依法及时处理或者移送处置非法集资职能部门的；

（三）查处非法集资过程中滥用职权、玩忽职守、徇私舞弊的；

（四）徇私舞弊不向司法机关移交非法集资刑事案件的；

（五）其他通过职务行为或者利用职务影响，支持、帮助、纵容非法集资的。

【司法指导文件Ⅱ】

《最高人民法院、最高人民检察院、公安部关于办理非法集资刑事案件适用法律若干问题的意见》（公通字〔2014〕16号，20140325）

一、关于行政认定的问题

行政部门对于非法集资的性质认定，不是非法集资刑事案件进入刑事诉讼程序的必经程序。行政部门未对非法集资作出性质认定的，不影响非法集资刑事案件的侦查、起诉和审判。

公安机关、人民检察院、人民法院应当依法认定案件事实的性质，对于案情复杂、性质认定疑难的案件，可参考有关部门的认定意见，根据案件事实和法律规定作出性质认定。

二、关于"向社会公开宣传"的认定问题

《最高人民法院关于审理非法集资刑事案件具体应用法律若干问题的解释》第一条第一款第二项中的"向社会公开宣传"，包括以各种途径向社会公众传播吸收资金的信息，以及明知吸收资金的信息向社会公众扩散而予以放任等情形。

三、关于"社会公众"的认定问题

下列情形不属于《最高人民法院关于审理非法集资刑事案件具体应用法律若干问题的解释》第一条第二款规定的"针对特定对象吸收资金"的行为，应当认定为向社会公众吸收资金：

（一）在向亲友或者单位内部人员吸收资金的过程中，明知亲友或者单位内部人员向不特定对象吸收资金而予以放任的；

（二）以吸收资金为目的，将社会人员吸收为单位内部人员，并向其吸收资金的。

四、关于共同犯罪的处理问题

为他人向社会公众非法吸收资金提供帮助，从中收取代理费、好处费、返点费、佣金、提成等费用，构成非法集资共同犯罪的，应当依法追究刑事责任。能够及时退缴上述费用的，可依法从轻处罚；其中情节轻微的，可以免除处罚；情节显著轻微、危害不大的，不作为犯罪处理。

五、关于涉案财物的追缴和处置问题

向社会公众非法吸收的资金属于违法所得。以吸收的资金向集资参与人支付的利息、分红等回报，以及向帮助吸收资金人员支付的代理费、好处费、返点费、佣金、提成等费用，应当依法追缴。集资参与人本金尚未归还的，所支付的回报可予折抵本金。

将非法吸收的资金及其转换财物用于清偿债务或者转让给他人，有下列情形之一的，应当依法追缴：

（一）他人明知是上述资金及财物而收取的；

（二）他人无偿取得上述资金及财物的；

（三）他人以明显低于市场的价格取得上述资金及财物的；

（四）他人取得上述资金及财物系源于非法债务或者违法犯罪活动的；

（五）其他依法应当追缴的情形。

查封、扣押、冻结的易贬值及保

管、养护成本较高的涉案财物，可以在诉讼终结前依照有关规定变卖、拍卖。所得价款由查封、扣押、冻结机关予以保管，待诉讼终结后一并处置。

查封、扣押、冻结的涉案财物，一般应在诉讼终结后，返还集资参与人。涉案财物不足全部返还的，按照集资参与人的集资额比例返还。

六、关于证据的收集问题

办理非法集资刑事案件中，确因客观条件的限制无法逐一收集集资参与人的言词证据的，可结合已收集的集资参与人的言词证据和依法收集并查证属实的书面合同、银行账户交易记录、会计凭证及会计账簿、资金收付凭证、审计报告、互联网电子数据等证据，综合认定非法集资对象人数和吸收资金数额等犯罪事实。

七、关于涉及民事案件的处理问题

对于公安机关、人民检察院、人民法院正在侦查、起诉、审理的非法集资刑事案件，有关单位或者个人就同一事实向人民法院提起民事诉讼或者申请执行涉案财物的，人民法院应当不予受理，并将有关材料移送公安机关或者检察机关。

人民法院在审理民事案件或者执行过程中，发现有非法集资犯罪嫌疑的，应当裁定驳回起诉或者中止执行，并及时将有关材料移送公安机关或者检察机关。

公安机关、人民检察院、人民法院在侦查、起诉、审理非法集资刑事案件中，发现与人民法院正在审理的民事案件属同一事实，或者被申请执行的财物属于涉案财物的，应当及时通报相关人民法院。人民法院经审查认为确属涉嫌犯罪的，依照前款规定处理。

八、关于跨区域案件的处理问题

跨区域非法集资刑事案件，在查清犯罪事实的基础上，可以由不同地区的公安机关、人民检察院、人民法院分别处理。

对于分别处理的跨区域非法集资刑事案件，应当按照统一制定的方案处置涉案财物。

国家机关工作人员违反规定处置涉案财物，构成渎职等犯罪的，应当依法追究刑事责任。

【司法指导文件 Ⅲ】

《最高人民法院关于非法集资刑事案件性质认定问题的通知》（法〔2011〕262 号，20110818）

一、行政部门对于非法集资的性质认定，不是非法集资案件进入刑事程序的必经程序。行政部门未对非法集资作出性质认定的，不影响非法集资刑事案件的审判。

二、人民法院应当依照刑法和《最高人民法院关于审理非法集资刑事案件具体应用法律若干问题的解释》等有关规定认定案件事实的性质，并认定相关行为是否构成犯罪。

三、对于案情复杂、性质认定疑难的案件，人民法院可以在有关部门关于是否符合行业技术标准的行政认定意见的基础上，根据案件事实和法律规定作出性质认定。

【司法指导文件Ⅳ】

《最高人民检察院关于办理涉互联网金融犯罪案件有关问题座谈会纪要》

（高检诉〔2017〕14 号，20170601）

6. 涉互联网金融活动在未经有关部门依法批准的情形下，公开宣传并向不特定公众吸收资金，承诺在一定期限内还本付息的，应当依法追究刑事责任。其中，应重点审查互联网金融活动相关主体是否存在归集资金、沉淀资金，致使投资人资金存在被挪用、侵占等重大风险等情形。

7. 互联网金融的本质是金融，判断其是否属于"未经有关部门依法批准"，即行为是否具有非法性的主要法律依据是《商业银行法》、《非法金融机构和非法金融业务活动取缔办法》（国务院令第 247 号）等现行有效的金融管理法律规定。

8. 对以下网络借贷领域的非法吸收公众资金的行为，应当以非法吸收公众存款罪分别追究相关行为主体的刑事责任：

（1）中介机构以提供信息中介服务为名，实际从事直接或间接归集资金、甚至自融或变相自融等行为，应当依法追究中介机构的刑事责任。特别要注意识别变相自融行为，如中介机构通过拆分融资项目期限、实行债权转让等方式为自己吸收资金的，应当认定为非法吸收公众存款。

（2）中介机构与借款人存在以下情形之一的，应当依法追究刑事责任：①中介机构与借款人合谋或者明知借款人存在违规情形，仍为其非法吸收公众存款提供服务的；中介机构与借款人合谋，采取向出借人提供信用担保、通过电子渠道以外的物理场所开展借贷业务等违规方式向社会公众吸收资金的；②双方合谋通过拆分融资项目期限、实行债权转让等方式为借款人吸收资金的。在对中介机构、借款人进行追诉时，应根据各自在非法集资中的地位、作用确定其刑事责任。中介机构虽然没有直接吸收资金，但是通过大肆组织借款人开展非法集资并从中收取费用数额巨大、情节严重的，可以认定为主犯。

（3）借款人故意隐瞒事实，违反规定，以自己名义或借用他人名义利用多个网络借贷平台发布借款信息，借款总额超过规定的最高限额，或将吸收资金用于明确禁止的投资股票、场外配资、期货合约等高风险行业，造成重大损失和社会影响的，应当依法追究借款人的刑事责任。对于借款人将借款主要用于正常的生产经营活动，能够及时清退所吸收资金，不作为犯罪处理。

9. 在非法吸收公众存款罪中，原则上认定主观故意并不要求以明知法律的禁止性规定为要件。特别是具备一定涉金融活动相关从业经历、专业背景或在犯罪活动中担任一定管理职务的犯罪嫌疑人，应当知晓相关金融法律管理规定，如果有证据证明其实际从事的行为应当批准而未经批准，行为在客观上具有非法性，原则上就可以认定其具有非法吸收公众存款的主观故意。在证明犯罪嫌疑人的主观故意时，可以收集运用犯罪嫌疑人的任职情况、职业经历、专业背景、培训经历、此前任职单位或者其本人因从事同类行为受到处罚情况等证据，证明犯罪嫌疑人提出的"不知道相关行为被法律所禁止，故不具有非法吸收公众存款的主观故意"等辩解不能成立。除此之外，还可以收集运用以下证据进一步印证犯罪嫌疑人知道或应当知道其所从事行为具有非法性，比如犯罪嫌疑人故意规避法律以逃避监管的相关证据：自己或要求下属与投资人签订虚假的亲友关系确认书，频繁更换宣传用语逃避监管，实际推介内容与宣传用语、实际经营状况不一致，刻意向投资人夸大公司兑付能力，在培训课程中传授或接受规避法律的方法，等等。

10. 对于无相关职业经历、专业背景，且从业时间短暂，在单位犯罪中层级较低，纯属执行单位领导指令的犯罪嫌疑人提出辩解的，如确实无其他证据证明其具有主观故意的，可以不作为犯罪处理。另外，实践中还存在犯罪嫌疑人提出因信赖行政主管部门出具的相关意见而陷入错误认识的辩解。如果上述辩解确有证据证明，不应作为犯罪处理，但应当对行政主管部门出具的相关意见及其出具过程进行查证，如存在以下情形之一，仍应认定犯罪嫌疑人具有非法吸收公众存款的主观故意：

（1）行政主管部门出具意见所涉及的行为与犯罪嫌疑人实际从事的行为不一致的；

（2）行政主管部门出具的意见未对是否存在非法吸收公众存款问题进

行合法性审查，仅对其他合法性问题进行审查的；

（3）犯罪嫌疑人在行政主管部门出具意见时故意隐瞒事实、弄虚作假的；

（4）犯罪嫌疑人与出具意见的行政主管部门的工作人员存在利益输送行为的；

（5）犯罪嫌疑人存在其他影响和干扰行政主管部门出具意见公正性的情形的。

对于犯罪嫌疑人提出因信赖专家学者、律师等专业人士、主流新闻媒体宣传或有关行政主管部门工作人员的个人意见而陷入错误认识的辩解，不能作为犯罪嫌疑人判断自身行为合法性的根据和排除主观故意的理由。

11. 负责或从事吸收资金行为的犯罪嫌疑人非法吸收公众存款金额，根据其实际参与吸收的全部金额认定。但以下金额不应计入该犯罪嫌疑人的吸收金额：

（1）犯罪嫌疑人自身及其近亲属所投资的资金金额；

（2）记录在犯罪嫌疑人名下，但其未实际参与吸收且未从中收取任何形式好处的资金。

吸收金额经过司法会计鉴定的，可以将前述不计入部分直接扣除。但是，前述两项所涉金额仍应计入相对应的上一级负责人及所在单位的吸收金额。

12. 投资人在每期投资结束后，利用投资账户中的资金（包括每期投资结束后归还的本金、利息）进行反复投资的金额应当累计计算，但对反复投资的数额应当作出说明。对负责或从事行政管理、财务会计、技术服务等辅助工作的犯罪嫌疑人，应当按照其参与的犯罪事实，结合其在犯罪中的地位和作用，依法确定刑事责任范围。

13. 确定犯罪嫌疑人的吸收金额时，应当重点审查、运用以下证据：

（1）涉案主体自身的服务器或第三方服务器上存储的交易记录等电子数据；

（2）会计账簿和会计凭证；

（3）银行账户交易记录、POS 机支付记录；

（4）资金收付凭证、书面合同等书证。仅凭投资人报案数据不能认定吸收金额。

【司法指导文件 V】

《最高人民法院研究室关于认定非法吸收公众存款罪主体问题的复函》（法研〔2001〕71 号，20010910）

金融机构及其工作人员不能构成非法吸收公众存款罪的犯罪主体。对于银行或者其他金融机构及其工作人员以牟利为目的，采用吸收客户资金不入账并将资金用于非法拆借、发放贷款，构成犯罪的，依照刑法有关规定定罪处罚。

【法院公报案例】

〔陕西省渭南市人民检察院诉渭南市尤湖塔园有限责任公司、惠庆祥、陈创、冯振达非法吸收公众存款，惠庆祥挪用资金案，GB2008－6〕

未经中国人民银行批准，不以吸收公众存款的名义，向社会不特定对象吸收资金，但承诺履行的义务与吸收公众存款性质相同，即承诺在一定期限内返本付息的，属于刑法第一百七十六条规定的"变相吸收公众存款"。只要行为人实施了非法吸收公众存款的行为，无论采取何种非法吸收公众存款的手段、方式，均不影响非法吸收公众存款罪的成立。

【法院参考案例】

〔**参考案例 1188 号：毛肖东等非法吸收公众存款案**〕非法吸收公众存款罪中的"数额巨大"与"其他严重情节"如何区分评价？

区分非法吸收公众存款罪中的"数额巨大"与"其他严重情节"，意在说明两者在缓刑适用的可能性方面应予区别对待：对于纯粹因"数额巨大"而提档处罚的，可在符合条件时考虑缓刑适用；对于具有"其他严重情节的"，则基于对司法裁判的社会可接受性等社会效果考虑，纵然在三年有期徒刑的起点刑量刑，一般也不宜对其适用缓刑。

第一百七十七条 【伪造、变造金融票证罪】 有下列情形之一，伪造、变造金融票证的，处五年以下有期徒刑或者拘役，并处或者单处二万元以上二十万元以下罚金；情节严重的，处五年以上十年以下有期徒刑，并处五万元以上五十万元以下罚金；情节特别严重的，处十年以上有期徒刑或者无期徒刑，并处五万元以上五十万元以下罚金或者没收财产：

（一）伪造、变造汇票、本票、支票的；

（二）伪造、变造委托收款凭证、汇款凭证、银行存单等其他银行结算凭证的；

（三）伪造、变造信用证或者附随的单据、文件的；

（四）伪造信用卡的。

单位犯前款罪的，对单位判处罚金，并对其直接负责的主管人员和其他直接责任人员，依照前款的规定处罚。

【立法解释】

《全国人民代表大会常务委员会关于〈中华人民共和国刑法〉有关信用卡规定的解释》（20041229）

刑法规定的"信用卡"，是指由商业银行或者其他金融机构发行的具有消费支付、信用贷款、转账结算、存取现金等全部功能或者部分功能的电子支付卡。

【司法解释 I 】

《最高人民检察院、公安部关于公安机关管辖的刑事案件立案追诉标准的规定（二）》（公通字〔2010〕23 号，20100507）

第二十九条〔伪造、变造金融票证案（刑法第一百七十七条）〕伪造、变造金融票证，涉嫌下列情形之一的，应予立案追诉：

（一）伪造、变造汇票、本票、支票，或者伪造、变造委托收款凭证、汇款凭证、银行存单等其他银行结算凭证，或者伪造、变造信用证或者附

随的单据、文件，总面额在一万元以上或者数量在十张以上的；

（二）伪造信用卡一张以上，或者伪造空白信用卡十张以上的。

【司法解释 II 】

《最高人民法院、最高人民检察院关于办理妨害信用卡管理刑事案件具体应用法律若干问题的解释》（原法释〔2009〕19 号，根据法释〔2018〕19 号修正，20181201）

第一条　复制他人信用卡、将他人信用卡信息资料写入磁条介质、芯片或者以其他方法伪造信用卡一张以上的，应当认定为刑法第一百七十七条第一款第四项规定的"伪造信用卡"，以伪造金融票证罪定罪处罚。

伪造空白信用卡十张以上的，应当认定为刑法第一百七十七条第一款第四项规定的"伪造信用卡"，以伪造金融票证罪定罪处罚。

伪造信用卡，有下列情形之一的，应当认定为刑法第一百七十七条规定的"情节严重"：

（一）伪造信用卡五张以上不满二十五张的；

（二）伪造的信用卡内存款余额、透支额度单独或者合计数额在二十万元以上不满一百万元的；

（三）伪造空白信用卡五十张以上不满二百五十张的；

（四）其他情节严重的情形。

伪造信用卡，有下列情形之一的，应当认定为刑法第一百七十七条规定的"情节特别严重"：

（一）伪造信用卡二十五张以

上的；

（二）伪造的信用卡内存款余额、透支额度单独或者合计数额在一百万元以上的；

（三）伪造空白信用卡二百五十张以上的；

（四）其他情节特别严重的情形。

本条所称"信用卡内存款余额、透支额度"，以信用卡被伪造后发卡行记录的最高存款余额、可透支额度计算。

……

第十三条 单位实施本解释规定的行为，适用本解释规定的相应自然人犯罪的定罪量刑标准。

【司法指导文件】

《最高人民法院研究室关于对贩卖假金融票证行为如何适用法律问题的复函》（法研〔2002〕21 号，200202）

明知是伪造、变造的金融票证而贩卖，或者明知他人实施金融诈骗行为而为其提供伪造、变造的金融票证的，以伪造、变造金融票证罪或者金融诈骗犯罪的共犯论处。

【公安文件 I】

《公安部经济犯罪侦查局关于银行现金缴款单是否属金融票证的批复》（公经〔2006〕2697 号，20061124）

现金缴款单是客户到银行办理现金缴存业务的专用凭证，证明银行与客户之间发生了资金收付关系，应为银行结算凭证的一种，属于金融票证的范畴。

【公安文件 II】

《公安部经济犯罪侦查局关于伪造银行履约保函的行为是否构成伪造、变造金融票证罪的批复》（公经〔2006〕2769 号，20061201）

银行履约保函是保函的一种，属于刑法第一百八十八条所列的金融票证的范畴。但只有在经济活动中具有给付货币和资金清算作用，并表明银行与客户之间已受理或已办结相关支付结算业务的凭据，才能认定为银行结算凭证。因此，刑法第一百七十七条"伪造、变造金融票证罪"规定的金融票证种类中并未包括银行履约保函。

【公安文件 III】

《公安部经济犯罪侦查局关于对伪造、变造金融凭证罪法律适用问题的批复》（公经〔2007〕1900 号，20070822）

一、刑法意义上的伪造、变造金融票证行为，其核心是对金融票证的物理性状进行改变。本案中犯罪嫌疑人先将资金存入××信用分社取得存单，再假称存单丢失，通过办理存单挂失手续将存款提现的方法取得已挂失的存单，犯罪嫌疑人的行为不属于刑法规定的伪造、变造金融票证的范畴。

二、银行质押凭证止付通知书不属于刑法第一百七十七条中的金融票证。

【公安文件 IV】

《公安部经济犯罪侦查局关于银行进账单、支票存根联、支付系统专用凭证、转账贷方传票是否属于银行结算凭证的批复》（公经金融〔2008〕116 号，20080722）

银行进账单、支付系统专用凭证、转账贷方传票属于银行结算凭证，而支票存根联是出票人自行留存、用于核对账务的内部凭证，不属于银行结算凭证。

【公安文件 V】

《公安部经济犯罪侦查局关于银行现金缴款单和进账单是否属于银行结算凭证的批复》（公经金融〔2009〕96 号，20090331）

银行现金缴款单、进账单均属于刑法第一百七十七条所指的银行结算凭证。

【公安文件 VI】

《公安部经济犯罪侦查局关于网上银行电子回单是否属于金融票证的批复》（公经金融〔2013〕69 号，20130730）

根据《支付结算办法》（银发〔1997〕393 号，以下简称《办法》）的规定，结算凭证是办理支付结算的工具，是办理支付结算和现金收付的重要依据，未按《办法》规定填写的结算凭证，银行有权不予受理。因而，结算凭证一般可理解为银行在办理支付结算活动中所使用的，据以执行客户支付指令、办理资金划转的凭证。根据《电子支付指引（第一号）》（中国人民银行公告〔2005〕第 23 号）第五条、第十九条和《办法》第一百七十四条的规定，电子支付指令与纸质支付凭证具有同等效力，而网上银行电子回单（包括纸质形式）可理解为银行对电子支付指令进行确认后，向客户提供的用以证明银行受理了相关业务的单证，并非办理支付结算业务和资金划转的依据，也不能证明有关的货币给付或资金清算已经完成。综上，网上银行电子回单（包括纸质形式）不属于结算凭证，也不属于金融票证。

【公安文件 VII】

《公安部经济犯罪侦查局关于票据诈骗案件有关法律问题的批复》（公经金融〔2012〕182 号，20121031）

一、涉案的 PROMISSORY NOTE（英译为本票）及附随英文确认书系商业本票。根据我国《票据法》第七十三条第二款"本票是指银行本票"之规定，该商业本票不符合我国票据法对本票的概念，也不属于《刑法》第一百七十七条、第一百九十四条关于本票的范畴。

二、涉案的商业承兑汇票（不可撤销）保证函、不可撤销的还款担保函属于银行履约保函的一种。根据我局 2006 年 12 月 1 日《关于伪造银行履约保函的行为是否构成伪造、变造金融票证罪的批复》（公经〔2006〕2769 号），银行履约保函是保函的一种，属于刑法第一百八十八条所列的金融票证的范畴。但只有在经济活动中具有给付货币和资金清算作用，并表明银行与客户之间已受理或已办结相关支付结算业务的凭证，才能认定为银行结算凭证。因此，刑法第一百七十七条"伪造、变造金融票证罪"规定的金融票证种类中并未包括银行履约保函。

【公安文件Ⅷ】

《公安部经济犯罪侦查局关于转中国人民银行办公厅银办函〔2003〕469号复函的通知》（公经〔2003〕1094号，20030923）

一、在来函所述的案件中，甲行行长先在票据上加盖私刻印章，事后又补盖了真章。对此，我们认为，甲行行长加盖私刻印章的行为属于伪造票据签章的行为。《中华人民共和国票据法》第十四条规定，"票据上有伪造、变造的签章的，不影响票据上其他真实签章的效力"，因此，即使票据上有伪造、变造的签章，只要票据的制作、签发和承兑真实有效，该票据仍属有效票据，而不是伪造的票据。

二、甲行行长事后补盖真章的行为属于对以前票据行为的追认，属于有效的票据行为。

第一百七十七条之一　【妨害信用卡管理罪】 有下列情形之一，妨害信用卡管理的，处三年以下有期徒刑或者拘役，并处或者单处一万元以上十万元以下罚金；数量巨大或者有其他严重情节的，处三年以上十年以下有期徒刑，并处二万元以上二十万元以下罚金：

（一）明知是伪造的信用卡而持有、运输的，或者明知是伪造的空白信用卡而持有、运输，数量较大的；

（二）非法持有他人信用卡，数量较大的；

（三）使用虚假的身份证明骗领信用卡的；

（四）出售、购买、为他人提供伪造的信用卡或者以虚假的身份证明骗领的信用卡的。

【窃取、收买、非法提供信用卡信息罪】 窃取、收买或者非法提供他人信用卡信息资料的，依照前款规定处罚。

银行或者其他金融机构的工作人员利用职务上的便利，犯第二款罪的，从重处罚。

【修正说明】

本罪由刑法修正案（五）第一条增设。

【司法解释Ⅰ】

《最高人民检察院、公安部关于公安机关管辖的刑事案件立案追诉标准的规定（二）》（公通字〔2010〕23号，20100507）

第三十条〔妨害信用卡管理案（刑法第一百七十七条之一第一款）〕妨害信用卡管理，涉嫌下列情形之一的，应予立案追诉：

（一）明知是伪造的信用卡而持有、运输的；

（二）明知是伪造的空白信用卡而持有、运输，数量累计在十张以上的；

（三）非法持有他人信用卡，数量累计在五张以上的；

（四）使用虚假的身份证明骗领信用卡的；

（五）出售、购买、为他人提供伪造的信用卡或者以虚假的身份证明骗领的信用卡的。

违背他人意愿，使用其居民身份证、军官证、士兵证、港澳居民往来内地通行证、台湾居民来往大陆通行证、护照等身份证明申领信用卡的，或者使用伪造、变造的身份证明申领信用卡的，应当认定为"使用虚假的身份证明骗领信用卡"。

第三十一条〔窃取、收买、非法提供信用卡信息案（刑法第一百七十七条之一第二款）〕窃取、收买或者非法提供他人信用卡信息资料，足以伪造可进行交易的信用卡，或者足以使他人以信用卡持卡人名义进行交易，涉及信用卡一张以上的，应予立案追诉。

【司法解释Ⅱ】

《最高人民法院、最高人民检察院关于办理妨害信用卡管理刑事案件具体应用法律若干问题的解释》（原法释〔2009〕19 号，根据法释〔2018〕19 号修正，20181201）

第二条　明知是伪造的空白信用卡而持有、运输 10 张以上不满 100 张的，应当认定为刑法第一百七十七条之一第一款第（一）项规定的"数量较大"；非法持有他人信用卡 5 张以上不满 50 张的，应当认定为刑法第一百七十七条之一第一款第（二）项规定的"数量较大"。

有下列情形之一的，应当认定为刑法第一百七十七条之一第一款规定的"数量巨大"：

（一）明知是伪造的信用卡而持有、运输 10 张以上的；

（二）明知是伪造的空白信用卡而持有、运输 100 张以上的；

（三）非法持有他人信用卡 50 张以上的；

（四）使用虚假的身份证明骗领信用卡 10 张以上的；

（五）出售、购买、为他人提供伪造的信用卡或者以虚假的身份骗领的信用卡 10 张以上的。

违背他人意愿，使用其居民身份证、军官证、士兵证、港澳居民往来内地通行证、台湾居民来往大陆通行证、护照等身份证明申领信用卡的，或者使用伪造、变造的身份证明申领信用卡的，应当认定为刑法第一百七十七条之一第一款第（三）项规定的"使用虚假的身份证明骗领信用卡"。

第三条　窃取、收买、非法提供他人信用卡信息资料，足以伪造可进行交易的信用卡，或者足以使他人以信用卡持卡人名义进行交易，涉及信用卡 1 张以上不满 5 张的，依照刑法第一百七十七条之一第二款的规定，以窃取、收买、非法提供信用卡信息罪定罪处罚；涉及信用卡 5 张以上的，应当认定为刑法第一百七十七条之一第一款规定的"数量巨大"。

【司法指导文件】

《最高人民法院、最高人民检察院、公安部关于办理电信网络诈骗等刑事案件适用法律若干问题的意见》（法发〔2016〕32 号，20161219）

三、全面惩处关联犯罪

（四）非法持有他人信用卡，没有证据证明从事电信网络诈骗犯罪活动，符合刑法第一百七十七条之一第一款第（二）项规定的，以妨害信用卡管理罪追究刑事责任。

【公安文件】

《公安部经济犯罪侦查局关于对以虚假的工作单位证明及收入证明骗领信用卡是否可以认定为妨害信用卡管理罪请示的批复》（公经金融〔2008〕107号，20080701）

以虚假的工作单位证明及收入证明骗领信用卡不能认定为妨害信用卡管理罪。

第一百七十八条 【伪造、变造国家有价证券罪】 伪造、变造国库券或者国家发行的其他有价证券，数额较大的，处三年以下有期徒刑或者拘役，并处或者单处二万元以上二十万元以下罚金；数额巨大的，处三年以上十年以下有期徒刑，并处五万元以上五十万元以下罚金；数额特别巨大的，处十年以上有期徒刑或者无期徒刑，并处五万元以上五十万元以下罚金或者没收财产。

【伪造、变造股票、公司、企业债券罪】 伪造、变造股票或者公司、企业债券，数额较大的，处三年以下有期徒刑或者拘役，并处或者单处一万元以上十万元以下罚金；数额巨大的，处三年以上十年以下有期徒刑，并处二万元以上二十万元以下罚金。

单位犯前两款罪的，对单位判处罚金，并对其直接负责的主管人员和其他直接责任人员，依照前两款的规定处罚。

【司法解释】

《最高人民检察院、公安部关于公安机关管辖的刑事案件立案追诉标准的规定（二）》（公通字〔2010〕23号，20100507）

第三十二条〔伪造、变造国家有价证券案（刑法第一百七十八条第一款）〕伪造、变造国库券或者国家发行的其他有价证券，总面额在二千元以上的，应予立案追诉。

第三十三条〔伪造、变造股票、公司、企业债券案（刑法第一百七十八条第二款）〕伪造、变造股票或者公司、企业债券，总面额在五千元以上的，应予立案追诉。

第一百七十九条 【擅自发行股票、公司、企业债券罪】 未经国家有关主管部门批准，擅自发行股票或者公司、企业债券，数额巨大、后果严重或者有其他严重情节的，处五年以下有期徒刑或者拘役，并处或者单处非法募集资金金额百分之一以上百分之五以下罚金。

单位犯前款罪的，对单位判处罚金，并对其直接负责的主管人员和其他直接责任人员，处五年以下有期徒刑或者拘役。

【司法解释Ⅰ】

《最高人民检察院、公安部关于公安机关管辖的刑事案件立案追诉标准的规定（二）》（公通字〔2010〕23号，20100507）

第三十四条〔擅自发行股票、公

司、企业债券案（刑法第一百七十九条）〕未经国家有关主管部门批准，擅自发行股票或者公司、企业债券，涉嫌下列情形之一的，应予立案追诉：

（一）发行数额在五十万元以上的；

（二）虽未达到上述数额标准，但擅自发行致使三十人以上的投资者购买了股票或者公司、企业债券的；

（三）不能及时清偿或者清退的；

（四）其他后果严重或者有其他严重情节的情形。

【司法解释Ⅱ】

《最高人民法院关于审理非法集资刑事案件具体应用法律若干问题的解释》（法释〔2010〕18 号，20110104）

第六条　未经国家有关主管部门批准，向社会不特定对象发行、以转让股权等方式变相发行股票或者公司、企业债券，或者向特定对象发行、变相发行股票或者公司、企业债券累计超过 200 人的，应当认定为刑法第一百七十九条规定的"擅自发行股票、公司、企业债券"。构成犯罪的，以擅自发行股票、公司、企业债券罪定罪处罚。

【司法解释Ⅱ·注释】

1. 具体适用本条规定时，应注意与本解释第二条第（五）项"不具有发行股票、债券的真实内容，以虚假转让股权、发售虚构债券等方式非法吸收资金的"行为之区分。两者的不同之处在于是否真实发行股票或者债券。本条规定仅适用于违法但真实发行股票、债券的情形，对于不具有发

行股票、债券的真实内容，以虚假转让股权、发售虚构债券等方式非法吸收资金，构成犯罪的，应以非法吸收公众存款罪定罪处罚。

2. 关于中介机构非法经营证券业务的定性处理问题。本解释在起草过程中形成了以下倾向性意见：中介机构违反国家规定代理买卖非上市公司股票，情节严重的，依照刑法第二百二十五条的规定，以非法经营罪定罪处罚；非上市公司和中介机构共谋擅自发行股票，同时构成刑法第一百七十九条和第二百二十五条规定的犯罪的，以处罚较重的犯罪的共犯论处。鉴于该问题在讨论当中意见分歧较大，故未作规定。司法实践中遇到此类问题，可以参照《最高人民法院、最高人民检察院、公安部、中国证券监督管理委员会关于整治非法证券活动有关问题的通知》的相关规定依法处理。

【司法指导文件】

《最高人民法院、最高人民检察院、公安部、中国证券监督管理委员会关于整治非法证券活动有关问题的通知》（证监发〔2008〕1 号，20080102）

二、明确法律政策界限，依法打击非法证券活动

（一）关于公司及其股东向社会公众擅自转让股票行为的性质认定。《证券法》第十条第三款规定："非公开发行证券，不得采用广告、公开劝诱和变相公开方式。"国办发 99 号文规定："严禁任何公司股东自行或委托他人以公开方式向社会公众转让股票。向特定对象转让股票，未依法报经证

监会核准的，转让后，公司股东累计不得超过200人。"公司、公司股东违反上述规定，擅自向社会公众转让股票，应当追究其擅自发行股票的责任。公司与其股东合谋，实施上述行为的，公司与其股东共同承担责任。

（二）关于擅自发行证券的责任追究。未经依法核准，擅自发行证券，涉嫌犯罪的，依照《刑法》第一百七十九条之规定，以擅自发行股票、公司、企业债券罪追究刑事责任。未经依法核准，以发行证券为幌子，实施非法证券活动，涉嫌犯罪的，依照《刑法》第一百七十六条、第一百九十二条等规定，以非法吸收公众存款罪、集资诈骗罪等罪名追究刑事责任。未构成犯罪的，依照《证券法》和有关法律的规定给予行政处罚。

（三）关于非法经营证券业务的责任追究。任何单位和个人经营证券业务，必须经证监会批准。未经批准的，属于非法经营证券业务，应予以取缔；涉嫌犯罪的，依照《刑法》第二百二十五条之规定，以非法经营罪追究刑事责任。对于中介机构非法代理买卖非上市公司股票，涉嫌犯罪的，应当依照《刑法》第二百二十五条之规定，以非法经营罪追究刑事责任；所代理的非上市公司涉嫌擅自发行股票，构成犯罪的，应当依照《刑法》第一百七十九条之规定，以擅自发行股票罪追究刑事责任。非上市公司和中介机构共谋擅自发行股票，构成犯罪的，以擅自发行股票罪的共犯论处。未构成犯罪的，依照《证券法》和有关法律的规定给予行政处罚。

……

（五）关于修订后的《证券法》与修订前的《证券法》中针对擅自发行股票和非法经营证券业务规定的衔接。修订后的《证券法》与修订前的《证券法》针对擅自发行股票和非法经营证券业务的规定是一致的，是相互衔接的，因此在修订后的《证券法》实施之前发生的擅自发行股票和非法经营证券业务行为，也应予以追究。

【法院公报案例】

〔上海市浦东新区人民检察院诉上海安基生物科技股份有限公司、郑戈擅自发行股票案，GB2010-9〕

非上市股份有限公司为筹集经营资金，在未经证券监管部门批准的情况下，委托中介机构向不特定社会公众转让公司股东的股权，其行为属于未经批准擅自发行股票的行为，数额巨大、后果严重或者有其他严重情节的，应当以擅自发行股票罪定罪处罚。

第一百八十条　【内幕交易、泄露内幕信息罪】证券、期货交易内幕信息的知情人员或者非法获取证券、期货交易内幕信息的人员，在涉及证券的发行，证券、期货交易或者其他对证券、期货交易价格有重大影响的信息尚未公开前，买入或者卖出该证券，或者从事与该内幕信息有关的期货交易，或者泄露该信息，或者明示、暗示他人从事上述交易活动，情节严重的，处五年以下有期徒刑或者拘役，并处或者单处违法所得一倍以上五倍以下罚金；情节特别严重的，处五年以上十年以下有期徒刑，并处违法所得一倍以上五倍以下罚金。

单位犯前款罪的，对单位判处罚金，并对其直接负责的主管人员和其他直接责任人员，处五年以下有期徒刑或者拘役。

内幕信息、知情人员的范围，依照法律、行政法规的规定确定。

【利用未公开信息交易罪】证券交易所、期货交易所、证券公司、期货经纪公司、基金管理公司、商业银行、保险公司等金融机构的从业人员以及有关监管部门或者行业协会的工作人员，利用因职务便利获取的内幕信息以外的其他未公开的信息，违反规定，从事与该信息相关的证券、期货交易活动，或者明示、暗示他人从事相关交易活动，情节严重的，依照第一款的规定处罚。

【第二次修正前条文】

第一百八十条　【内幕交易、泄露内幕信息罪】证券、期货交易内幕信息的知情人员或者非法获取证券、期货交易内幕信息的人员，在涉及证券的发行，证券、期货交易或者其他对证券、期货交易价格有重大影响的信息尚未公开前，买入或者卖出该证券，或者从事与该内幕信息有关的期货交易，或者泄露该信息，情节严重的，处五年以下有期徒刑或者拘役，并处或者单处违法所得一倍以上五倍以下罚金；情节特别严重的，处五年以上十年以下有期徒刑，并处违法所得一倍以上五倍以下罚金。

单位犯前款罪的，对单位判处罚金，并对其直接负责的主管人员和其他直接责任人员，处五年以下有期徒刑或者拘役。

内幕信息、知情人员的范围，依照法律、行政法规的规定确定。

【第一次修正前条文】

第一百八十条　【内幕交易、泄露内幕信息罪】证券交易内幕信息的知情人员或者非法获取证券交易内幕信息的人员，在涉及证券的发行、交易或者其他对证券的价格有重大影响的信息尚未公开前，买入或者卖出该证券，或者泄露该信息，情节严重的，处五年以下有期徒刑或者拘役，并处或者单处违法所得一倍以上五倍以下罚金；情节特别严重的，处五年以上十年以下有期徒刑，并处违法所得一倍以上五倍以下罚金。

单位犯前款罪的，对单位判处罚金，并对其直接负责的主管人员和其他直接责任人员，处五年以下有期徒刑或者拘役。

内幕信息的范围，依照法律、行政法规的规定确定。

知情人员的范围，依照法律、行政法规的规定确定。

【修正说明】

1. 刑法修正案第四条在原条文基础上增加了处罚期货内幕交易、泄露期货内幕信息的规定。

2. 刑法修正案（七）第二条对本

条第一款进行了第二次修订，增加了处罚"明示、暗示他人从事上述交易活动"的规定，并增列了第四款关于利用未公开信息交易罪的内容。

【相关立法】

《中华人民共和国证券法》(20140831)

第七十四条 证券交易内幕信息的知情人包括：

（一）发行人的董事、监事、高级管理人员；

（二）持有公司百分之五以上股份的股东及其董事、监事、高级管理人员，公司的实际控制人及其董事、监事、高级管理人员；

（三）发行人控股的公司及其董事、监事、高级管理人员；

（四）由于所任公司职务可以获取公司有关内幕信息的人员；

（五）证券监督管理机构工作人员以及由于法定职责对证券的发行、交易进行管理的其他人员；

（六）保荐人、承销的证券公司、证券交易所、证券登记结算机构、证券服务机构的有关人员；

（七）国务院证券监督管理机构规定的其他人。

【司法解释Ⅰ】

《最高人民检察院、公安部关于公安机关管辖的刑事案件立案追诉标准的规定（二）》(公通字〔2010〕23号，20100507)

第三十五条〔内幕交易、泄露内幕信息案（刑法第一百八十条第一款）〕证券、期货交易内幕信息的知情人员、单位或者非法获取证券、期货交易内幕信息的人员、单位，在涉及证券的发行，证券、期货交易或者其他对证券、期货交易价格有重大影响的信息尚未公开前，买入或者卖出该证券，或者从事与该内幕信息有关的期货交易，或者泄露该信息，或者明示、暗示他人从事上述交易活动，涉嫌下列情形之一的，应予立案追诉：

（一）证券交易成交额累计在五十万元以上的；

（二）期货交易占用保证金数额累计在三十万元以上的；

（三）获利或者避免损失数额累计在十五万元以上的；

（四）多次进行内幕交易、泄露内幕信息的；

（五）其他情节严重的情形。

第三十六条〔利用未公开信息交易案（刑法第一百八十条第四款）〕证券交易所、期货交易所、证券公司、期货公司、基金管理公司、商业银行、保险公司等金融机构的从业人员以及有关监管部门或者行业协会的工作人员，利用因职务便利获取的内幕信息以外的其他未公开的信息，违反规定，从事与该信息相关的证券、期货交易活动，或者明示、暗示他人从事相关交易活动，涉嫌下列情形之一的，应予立案追诉：

（一）证券交易成交额累计在五十万元以上的；

（二）期货交易占用保证金数额累计在三十万元以上的；

（三）获利或者避免损失数额累计在十五万元以上的；

（四）多次利用内幕信息以外的

其他未公开信息进行交易活动的；

（五）其他情节严重的情形。

【司法解释Ⅱ】

《最高人民法院、最高人民检察院关于办理内幕交易、泄露内幕信息刑事案件具体应用法律若干问题的解释》

（法释〔2012〕6 号，20120601）

第一条　下列人员应当认定为刑法第一百八十条第一款规定的"证券、期货交易内幕信息的知情人员"：

（一）证券法第七十四条规定的人员；

（二）期货交易管理条例第八十五条第十二项规定的人员。

第二条　具有下列行为的人员应当认定为刑法第一百八十条第一款规定的"非法获取证券、期货交易内幕信息的人员"：

（一）利用窃取、骗取、套取、窃听、利诱、刺探或者私下交易等手段获取内幕信息的；

（二）内幕信息知情人员的近亲属或者其他与内幕信息知情人员关系密切的人员，在内幕信息敏感期内，从事或者明示、暗示他人从事，或者泄露内幕信息导致他人从事与该内幕信息有关的证券、期货交易，相关交易行为明显异常，且无正当理由或者正当信息来源的；

（三）在内幕信息敏感期内，与内幕信息知情人员联络、接触，从事或者明示、暗示他人从事，或者泄露内幕信息导致他人从事与该内幕信息有关的证券、期货交易，相关交易行为明显异常，且无正当理由或者正当

信息来源的。

第三条　本解释第二条第二项、第三项规定的"相关交易行为明显异常"，要综合以下情形，从时间吻合程度、交易背离程度和利益关联程度等方面予以认定：

（一）开户、销户、激活资金账户或者指定交易（托管）、撤销指定交易（转托管）的时间与该内幕信息形成、变化、公开时间基本一致的；

（二）资金变化与该内幕信息形成、变化、公开时间基本一致的；

（三）买入或者卖出与内幕信息有关的证券、期货合约时间与内幕信息的形成、变化和公开时间基本一致的；

（四）买入或者卖出与内幕信息有关的证券、期货合约时间与获悉内幕信息的时间基本一致的；

（五）买入或者卖出证券、期货合约行为明显与平时交易习惯不同的；

（六）买入或者卖出证券、期货合约行为，或者集中持有证券、期货合约行为与该证券、期货公开信息反映的基本面明显背离的；

（七）账户交易资金进出与该内幕信息知情人员或者非法获取人员有关联或者利害关系的；

（八）其他交易行为明显异常情形。

第四条　具有下列情形之一的，不属于刑法第一百八十条第一款规定的从事与内幕信息有关的证券、期货交易：

（一）持有或者通过协议、其他安排与他人共同持有上市公司百分之

五以上股份的自然人、法人或者其他组织收购该上市公司股份的；

（二）按照事先订立的书面合同、指令、计划从事相关证券、期货交易的；

（三）依据已被他人披露的信息而交易的；

（四）交易具有其他正当理由或者正当信息来源的。

第五条 本解释所称"内幕信息敏感期"是指内幕信息自形成至公开的期间。

证券法第六十七条第二款所列"重大事件"的发生时间，第七十五条规定的"计划"、"方案"以及期货交易管理条例第八十五条第十一项规定的"政策"、"决定"等的形成时间，应当认定为内幕信息的形成之时。

影响内幕信息形成的动议、筹划、决策或者执行人员，其动议、筹划、决策或者执行初始时间，应当认定为内幕信息的形成之时。

内幕信息的公开，是指内幕信息在国务院证券、期货监督管理机构指定的报刊、网站等媒体披露。

第六条 在内幕信息敏感期内从事或者明示、暗示他人从事或者泄露内幕信息导致他人从事与该内幕信息有关的证券、期货交易，具有下列情形之一的，应当认定为刑法第一百八十条第一款规定的"情节严重"：

（一）证券交易成交额在五十万元以上的；

（二）期货交易占用保证金数额在三十万元以上的；

（三）获利或者避免损失数额在十五万元以上的；

（四）三次以上的；

（五）具有其他严重情节的。

第七条 在内幕信息敏感期内从事或者明示、暗示他人从事或者泄露内幕信息导致他人从事与该内幕信息有关的证券、期货交易，具有下列情形之一的，应当认定为刑法第一百八十条第一款规定的"情节特别严重"：

（一）证券交易成交额在二百五十万元以上的；

（二）期货交易占用保证金数额在一百五十万元以上的；

（三）获利或者避免损失数额在七十五万元以上的；

（四）具有其他特别严重情节的。

第八条 二次以上实施内幕交易或者泄露内幕信息行为，未经行政处理或者刑事处理的，应当对相关交易数额依法累计计算。

第九条 同一案件中，成交额、占用保证金额、获利或者避免损失额分别构成情节严重、情节特别严重的，按照处罚较重的数额定罪处罚。

构成共同犯罪的，按照共同犯罪行为人的成交总额、占用保证金总额、获利或者避免损失总额定罪处罚，但判处各被告人罚金的总额应掌握在获利或者避免损失总额的一倍以上五倍以下。

第十条 刑法第一百八十条第一款规定的"违法所得"，是指通过内幕交易行为所获利益或者避免的损失。

内幕信息的泄露人员或者内幕交易的明示、暗示人员未实际从事内幕交易的，其罚金数额按照因泄露而获悉内幕信息人员或者被明示、暗示人员从事内幕交易的违法所得计算。

第十一条　单位实施刑法第一百八十条第一款规定的行为，具有本解释第六条规定情形之一的，按照刑法第一百八十条第二款的规定定罪处罚。

【司法解释Ⅱ·注释】

1. 被动型获悉内幕信息的人员从事内幕交易或者泄露内幕信息的情形又十分复杂，实践中难以准确把握，出于审慎起见，本解释未将被动型获悉内幕信息的人员明确规定为非法获取内幕信息的人员。如果被动获悉内幕信息的人员与传递信息的人员具有犯意联络，则可能构成内幕交易、泄露内幕信息罪的共犯。

2. 本解释第四条第（一）项规定的"持有或者通过协议、其他安排与他人共同持有上市公司百分之五以上股份的自然人、法人或者其他组织收购该上市公司股份的"援引了证券法第七十六条第二款前半部分的规定。有观点提出，证券法第七十六条第二款同时规定了"本法另有规定的适用其规定"，因此，只有在排除适用证券法其他相关规定的前提下，才可将"持有或者通过协议、其他安排与他人共同持有上市公司百分之五以上股份的自然人、法人或者其他组织收购该上市公司股份的"行为认定为内幕交易犯罪的阻却事由。上述观点是对证券法第七十六条第二款的误读。该款行为无须附加任何其他条件，就应当认定为内幕交易犯罪的阻却事由。证券法第七十六条第一款是禁止性规定，

第二款相当于除外规定，第二款中的"本法另有规定"所明确的正是该类行为属于正当、合法交易。

3. 对本解释第四条第（一）项的适用，要注意从以下三个方面严格把握：一是关于收购人的把握。如果是单独持有上市公司百分之五以上的股份，收购人仅限单独持有人。如果是共同持有上市公司百分之五以上的股份，则收购人仅限共同持有人。二是关于收购信息的把握。如果是单独持有，收购信息指的是单独持有人拟收购上市公司的信息。如果是共同持有，则收购信息指的是共同持有人之间达成的拟收购上市公司的信息。三是关于收购行为的把握。只有收购人利用收购信息收购上市公司股票、期货的，才能适用本解释第四条第（一）项的规定。收购人以外或者收购人利用收购信息以外的信息的，不能适用该项规定。如 B 公司拟收购 A 上市公司，A 上市公司百分之五以上的股东曹某获知此消息后，利用其控制的账户购入大量 A 上市公司股票。曹某与 B 公司显然不是一致行动，B 公司拟收购 A 公司的信息属于曹某收购 A 公司股份信息之外的信息，因此，曹某的行为不能适用本解释第四条第（一）项的规定。

4. 本解释第四条第（三）项规定的"他人披露"是指强制披露信息以外的其他人在国务院证券监管机构指定的报刊、媒体以外的报刊、媒体披露相关信息。换言之，是他人在非指定报刊、媒体披露的信息促使行为人从事相关股票、期货交易。广大股民

对国务院证券监管机构指定的报刊、媒体披露的信息的信赖程度要远高于非指定报刊、媒体披露的信息。由于依据非指定报刊、媒体披露的信息从事股票、期货交易，实质上具有很大博弈的成分，所以，即便从非指定报刊、媒体获悉的信息与后来指定报刊、媒体公布的内幕信息相同，行为人也可以基于这一事由主张自己的行为不构成犯罪。值得强调的是，如果行为人在交易过程中同时从内幕信息的知情人员处获取了内幕信息，且真正促使行为人从事相关证券、期货交易的是行为人对内幕信息知情人员泄露的信息的信赖，则不能适用本解释第四条第（三）项的规定。

5. 关于单次证券交易成交额、期货交易占用保证金数额的认定。买入金额、卖出金额均能体现行为的社会危害程度。在有的案件中，买入金额最能准确体现行为的社会危害大小，而在有的案件中，卖出金额最能准确体现行为的社会危害大小。考虑到具体案件中情况比较复杂，本解释对此未确立一个统一的原则。实践中，对于单次买入金额、卖出金额不同的，比较普遍的做法是按照"从一重处断"原则，即将数量大的认定为成交额（占用保证金数额）。

6. 获利或者避免损失数额的认定。考虑到实际情况纷繁多变，本解释未对获利或者避免损失数额的认定确立一个总的原则。实践中比较倾向的观点是，对已抛售的股票按照实际所得计算，对未抛售的股票按照账面所得计算，但对为逃避处罚而卖亏的股票，应当按照账面所得计算。对于涉案股票暂不宜抛售的，在认定获利或者避免损失数额时，应当按照查封股票账户时的账面所得计算，但在具体追缴财产或退赔财产时，可按最终实际所得认定获利或者避免损失数额。

7. 关于对二手以上的内幕信息传递行为是否追究刑事责任。并非所有存在二传、三传的案件都难以认定泄露内幕信息人员的责任，即便难以认定，在能够认定的限度内也应追究泄露内幕信息人员的责任。对于泄露内幕信息行为，即如二传、三传不是从内幕信息知情人员那里获悉信息，但如果泄露内幕信息人员知晓有二传、三传乃至之后的人在利用其泄露的内幕信息进行交易而不加制止或未有效制止，那么其就应当对这些从事内幕交易的行为承担责任。

8. 关于无获利且未避免损失情形的罚金刑适用。实践中，比较倾向的做法是对行为人判处一千元的罚金，即以罚金刑的下限作为判处行为人的罚金数额，如此解决了具体案件中无违法所得又无罚金参照标准与刑法规定的并处罚金又必须判处罚金之间的矛盾。

【公安文件】

《公安部经济犯罪侦查局关于转证监会〈关于韩×等人涉嫌利用未公开信息交易案有关问题的认定函〉的通知》（公证券〔2010〕86 号，20100831）

一、本案涉及的"未公开信息"是指韩×担任××基金管理有限公司××证券投资基金（以下简称××基金）经理期间，因管理该基金而掌握的有关投资决策、交易等方面的重要信息，包括××基金投资股票的名称、数量、价格、盈利预期以及投资（买卖）时点等。

二、本案有关证券交易账户利用"未公开信息"所进行的股票交易与××基金投资的关联性是指涉案账户和××基金在股票交易品种及交易时机上的关联，即涉案账户先于或同步于××基金买入或卖出同一只股票。

【指导性案例·法院】

〔马乐利用未公开信息交易案，FZD2016 - 61〕

刑法第一百八十条第四款规定的利用未公开信息交易罪援引法定刑的情形，应当是对第一款内幕交易、泄露内幕信息罪全部法定刑的引用，即利用未公开信息交易罪应有"情节严重""情节特别严重"两种情形和两个量刑档次。

【指导性案例·检察】

〔马乐利用未公开信息交易案，JZD2016 - 24〕

刑法第一百八十条第四款利用未公开信息交易罪为援引法定刑的情形，应当是对第一款法定刑的全部援引。其中，"情节严重"是入罪标准，在处罚上应当依照本条第一款内幕交易、泄露内幕信息罪的全部法定刑处罚，即区分不同情形分别依照第一款规定的"情节严重"和"情节特别严重"两个量刑档次处罚。

【法院公报案例】

〔上海市静安区人民检察院诉许春

茂利用未公开信息交易案，GB2012 - 10〕

行为人在担任基金经理期间，违反规定，利用掌握的未公开的信息，从事与该信息相关的证券交易活动，先于或同步多次买入、卖出相同个股，情节严重，应当按照《中华人民共和国刑法》第一百八十条第四款的规定，以利用未公开信息交易罪定罪处罚。

〔江苏省南通市人民检察院诉刘宝春、陈巧玲内幕交易案，GB2013 - 1〕

国家工作人员因履行工作职责而获取对证券交易价格具有重大影响的、尚未公开的信息的，属于内幕信息的知情人员。在内幕信息敏感期内，知情人员与关系密切人共同从事证券交易活动，情节严重的，应当以内幕交易罪定罪处罚。

【法院参考案例】

〔参考案例第 756 号：肖时庆受贿、内幕交易案〕因获取让壳重组信息而指使他人购买让壳公司股票，后借壳公司改变的，是否影响内幕信息的认定？对于既利用了专业知识判断，又利用获取的内幕信息而从事有关的证券、期货交易的行为，如何定性？

1. 因获取让壳重组信息而指使他人购买让壳公司股票，后借壳公司改变的，不影响内幕信息的认定。

2. 对于具有专业知识的人员，即使是利用专业知识掌握了内幕信息的内容，只要其进行专业知识判断时依据其利用职务或工作便利获取的信息，也应当认定为内幕信息的知情人员。对于具有专业知识的人员，如果其通过非法手段获取了内幕信息，同时在此过程中也通过其专业知识加强了其判断，或者是先通过专业知识预判出重组对象，后通过获取内幕信息加强了对其预判的确信，原则上只要其从事与内幕信息有关的证券、期货交易，情节严重的，就应当追究内幕交易的刑事责任。

〔**参考案例第 757 号：杜兰库、刘乃华泄露内幕信息案**〕如何判定内幕信息的知情人员？

对于具有专业知识的人员，不论其是否是利用专业知识掌握了内幕信息的内容，原则上只要其判断时依据了因其职务或工作获取的信息，就应当认定为内幕信息的知情人员。否则，就给证券、期货领域中具有证券、期货专业的人员开辟了一条绿色通道。这样的认定也符合当前打击证券、期货违法犯罪的政策精神。

第一百八十一条 【**编造并传播证券、期货交易虚假信息罪**】编造并且传播影响证券、期货交易的虚假信息，扰乱证券、期货交易市场，造成严重后果的，处五年以下有期徒刑或者拘役，并处或者单处一万元以上十万元以下罚金。

【**诱骗投资者买卖证券、期货合约罪**】证券交易所、期货交易所、证券公司、期货经纪公司的从业人员，证券业协会、期货业协会或者证券期货监督管理部门的工作人员，故意提供虚假信息或者伪造、变造、销毁交易记录，诱骗投资者买卖证券、期货合约，造成严重后果的，处五年以下有期徒刑或者拘役，并处或者单处一万元以上十万元以下罚金；情节特别恶劣的，处五年以上十年以下有期徒刑，并处二万元以上二十万元以下罚金。

单位犯前两款罪的，对单位判处罚金，并对其直接负责的主管人员和其他直接责任人员，处五年以下有期徒刑或者拘役。

【**修正前条文**】

第一百八十一条 【**编造并传播证券交易虚假信息罪**】编造并且传播影响证券交易的虚假信息，扰乱证券交易市场，造成严重后果的，处五年以下有期徒刑或者拘役，并处或者单处一万元以上十万元以下罚金。

【**诱骗投资者买卖证券罪**】证券交易所、证券公司的从业人员，证券业协会或者证券管理部门的工作人员，故意提供虚假信息或者伪造、变造、销毁交易记录，诱骗投资者买卖证券，造成严重后果的，处五年以下有期徒刑或者拘役，并处或者单处一万元以上十万元以下罚金；情节特别恶劣的，处五年以上十年以下有期徒刑，并处二万元以上二十万元以下罚金。

单位犯前两款罪的，对单位判处罚金，并对其直接负责的主管人员和其他直接责任人员，处五年以下有期徒刑或者拘役。

【**修正说明**】

刑法修正案第五条将编造并传播期货交易虚假信息和诱骗投资者买卖期货合约的行为增列为犯罪。

【**司法解释**】

《最高人民检察院、公安部关于公

安机关管辖的刑事案件立案追诉标准的规定（二）》（公通字〔2010〕23号，20100507）

第三十七条〔编造并传播证券、期货交易虚假信息案（刑法第一百八十一条第一款）〕编造并且传播影响证券、期货交易的虚假信息，扰乱证券、期货交易市场，涉嫌下列情形之一的，应予立案追诉：

（一）获利或者避免损失数额累计在五万元以上的；

（二）造成投资者直接经济损失数额在五万元以上的；

（三）致使交易价格和交易量异常波动的；

（四）虽未达到上述数额标准，但多次编造并且传播影响证券、期货交易的虚假信息的；

（五）其他造成严重后果的情形。

第三十八条〔诱骗投资者买卖证券、期货合约案（刑法第一百八十一条第二款）〕证券交易所、期货交易所、证券公司、期货公司的从业人员，证券业协会、期货业协会或者证券期货监督管理部门的工作人员，故意提供虚假信息或者伪造、变造、销毁交易记录，诱骗投资者买卖证券、期货合约，涉嫌下列情形之一的，应予立案追诉：

（一）获利或者避免损失数额累计在五万元以上的；

（二）造成投资者直接经济损失数额在五万元以上的；

（三）致使交易价格和交易量异常波动的；

（四）其他造成严重后果的情形。

第一百八十二条　【操纵证券、期货市场罪】有下列情形之一，操纵证券、期货市场，情节严重的，处五年以下有期徒刑或者拘役，并处或者单处罚金；情节特别严重的，处五年以上十年以下有期徒刑，并处罚金：

（一）单独或者合谋，集中资金优势、持股或者持仓优势或者利用信息优势联合或者连续买卖，操纵证券、期货交易价格或者证券、期货交易量的；

（二）与他人串通，以事先约定的时间、价格和方式相互进行证券、期货交易，影响证券、期货交易价格或者证券、期货交易量的；

（三）在自己实际控制的账户之间进行证券交易，或者以自己为交易对象，自买自卖期货合约，影响证券、期货交易价格或者证券、期货交易量的；

（四）以其他方法操纵证券、期货市场的。

单位犯前款罪的，对单位判处罚金，并对其直接负责的主管人员和其他直接责任人员，依照前款的规定处罚。

【第二次修正前条文】

第一百八十二条　【操纵证券、期货交易价格罪】有下列情形之一，操纵证券、期货交易价格，获取不正当利益或者转嫁风险，情节严重的，处五年以下有期徒刑或者拘役，并处或者单处违法所得一倍以上五倍以下罚金：

（一）单独或者合谋，集中资金优势、持股或者持仓优势或者利用信息优势联合或者连续买卖，操纵证券、期货交易价格的；

（二）与他人串通，以事先约定的时间、价格和方式相互进行证券、期货交易，或者相互买卖并不持有的证券，影响证券、期货交易价格或者证券、期货交易量的；

（三）以自己为交易对象，进行不转移证券所有权的自买自卖，或者以自己为交易对象，自买自卖期货合约，影响证券、期货交易价格或者证券、期货交易量的；

（四）以其他方法操纵证券、期货交易价格的。

单位犯前款罪的，对单位判处罚金，并对其直接负责的主管人员和其他直接责任人员，处五年以下有期徒刑或者拘役。

【第一次修正前条文】

第一百八十二条 【操纵证券交易价格罪】有下列情形之一，操纵证券交易价格，获取不正当利益或者转嫁风险，情节严重的，处五年以下有期徒刑或者拘役，并处或者单处违法所得一倍以上五倍以下罚金：

（一）单独或者合谋，集中资金优势、持股优势或者利用信息优势联合或者连续买卖，操纵证券交易价格的；

（二）与他人串通，以事先约定的时间、价格和方式相互进行证券交易或者相互买卖并不持有的证券，影

响证券交易价格或者证券交易量的；

（三）以自己为交易对象，进行不转移证券所有权的自买自卖，影响证券交易价格或者证券交易量的；

（四）以其他方法操纵证券交易价格的。

单位犯前款罪的，对单位判处罚金，并对其直接负责的主管人员和其他直接责任人员，处五年以下有期徒刑或者拘役。

【修正说明】

1. 刑法修正案第六条对原条文作出第一次修改，增加了关于操纵期货市场的犯罪。

2. 刑法修正案（六）第十一条对原条文作出下述修改：一是将原第一款中的"操纵证券、期货交易价格"修改为"操纵证券、期货交易市场"，同时删去了"获取不正当利益或者转嫁风险"的规定；二是就处罚幅度增加了一档刑，即情节特别严重的，处五年以上十年以下有期徒刑，并处罚金，且将原第一款中规定的"处一倍以上五倍以下罚金"修改为"罚金"；三是删去了原第（二）项中的"或者相互买卖并不持有的证券"的规定；四是在原第（三）项中增加了"在自己实际控制的账户之间进行证券交易"，同时，删去了"以自己为交易对象，进行不转移证券所有权的自买自卖"行为的规定；五是将第二款对单位犯罪的直接负责的主管人员和其他直接责任人员的处罚，由原来直接规定的处自由刑修改为依照自然人犯罪的规定处罚，既处自由刑也处

财产刑。

【立法·要点注释】

"以其他方法操纵证券、期货市场的",指除了本条明示的三种情形以外其他操纵证券、期货市场的方法。行为人不管采用什么手法,也不问其主观动机是什么,只要客观上造成了操纵证券、期货市场的结果,就属于操纵证券、期货市场的行为。以其他方法操纵证券、期货市场的行为,目前有利用职务便利操纵证券、期货市场,主要是证券交易所、期货交易所、证券公司、期货经纪公司及其从业人员,利用手中掌握的证券、期货委托、报价交易等职务便利,人为地压低或者抬高证券、期货价格,从中牟取暴利,其表现形式包括:擅自篡改证券、期货行情记录,引起证券、期货价格波动;委托交易中,利用时间差,进行强买强卖故意引起价格波动;串通客户,为客户融资或给予透支共同进行操纵证券、期货价格;证券、期货代理过程中,有意接受多个客户的全权委托,并实际操纵客户的交易行为;会员单位或客户利用多个会员或客户的账户与注册编码,规避交易所持股、持仓量或交易头寸的限制超量持股、持仓以及借股、借仓交易等操纵价格的行为;交易所会员或客户在现货市场上超越自身经营范围或实际需求,囤积居奇,企图或实际严重影响期货市场价格的;交易所会员或客户超越自身经营范围或实际要求,控制大量交易所指定仓库标准仓单,企图或实际严重影响期货市场价格的;交易所会员故意阻止、延误或改变客户某一方向的交易指令,或擅自下达交易指令或诱导、强制客户按照自己的意志进行交易,操纵证券、期货交易价格的,等等。

【司法解释】

《最高人民检察院、公安部关于公安机关管辖的刑事案件立案追诉标准的规定 (二)》（公通字〔2010〕23号,20100507）

第三十九条〔操纵证券、期货市场案 (刑法第一百八十二条)〕操纵证券、期货市场,涉嫌下列情形之一的,应予立案追诉:

(一) 单独或者合谋,持有或者实际控制证券的流通股份数达到该证券的实际流通股份总量百分之三十以上,且在该证券连续二十个交易日内联合或者连续买卖股份数累计达到该证券同期总成交量百分之三十以上的;

(二) 单独或者合谋,持有或者实际控制期货合约的数量超过期货交易所业务规则限定的持仓量百分之五十以上,且在该期货合约连续二十个交易日内联合或者连续买卖期货合约数累计达到该期货合约同期总成交量百分之三十以上的;

(三) 与他人串通,以事先约定的时间、价格和方式相互进行证券或者期货合约交易,且在该证券或者期货合约连续二十个交易日内成交量累计达到该证券或者期货合约同期总成交量百分之二十以上的;

(四) 在自己实际控制的账户之间进行证券交易,或者以自己为交易对象，自买自卖期货合约，且在该证券或者期货合约连续二十个交易日内成交量累计达到该证券或者期货合约同期总成交量百分之二十以上的；

（五）单独或者合谋，当日连续申报买入或者卖出同一证券、期货合约并在成交前撤回申报，撤回申报量占当日该种证券总申报量或者该种期货合约总申报量百分之五十以上的；

（六）上市公司及其董事、监事、高级管理人员、实际控制人、控股股东或者其他关联人单独或者合谋，利用信息优势，操纵该公司证券交易价格或者证券交易量的；

（七）证券公司、证券投资咨询机构、专业中介机构或者从业人员，违背有关从业禁止的规定，买卖或者持有相关证券，通过对证券或者其发行人、上市公司公开作出评价、预测或者投资建议，在该证券的交易中谋取利益，情节严重的；

（八）其他情节严重的情形。

【指导性案例·检察】

〔朱炜明操纵证券市场案，JZD2018－39〕

1. 证券公司、证券咨询机构、专业中介机构及其工作人员违背从业禁止规定，买卖或者持有证券，并在对相关证券作出公开评价、预测或者投资建议后，通过预期的市场波动反向操作，谋取利益，情节严重的，以操纵证券市场罪追究其刑事责任。

2. 证券公司、证券咨询机构、专业中介机构及其工作人员，违反规定买卖或者持有相关证券后，对该证券或者其发行人、上市公司作出公开评价、预测或者提出投资建议，通过期待的市场波动谋取利益的，构成"抢帽子"交易操纵行为。发布投资咨询意见的机构或者证券从业人员往往具有一定的社会知名度，他们借助影响力较大的传播平台发布诱导性信息，容易对普通投资者交易决策产生影响。其在发布信息后，又利用证券价格波动实施与投资者反向交易的行为获利，破坏了证券市场管理秩序，违反了证券市场公开、公平、公正原则，具有较大的社会危害性，情节严重的，构成操纵证券市场罪。

3. 证券犯罪具有专业性、隐蔽性、间接性等特征，检察机关办理该类案件时，应当根据证券犯罪案件特点，引导公安机关从证券交易记录、资金流向等问题切入，全面收集涉及犯罪的书证、电子数据、证人证言等证据，并结合案件特点开展证据审查。对书证，要重点审查涉及证券交易记录的凭据，有关交易数量、交易额、成交价格、资金走向等证据。对电子数据，要重点审查收集程序是否合法，是否采取必要的保全措施，是否经过篡改，是否感染病毒等。对证人证言，要重点审查证人与犯罪嫌疑人的关系，证言能否与客观证据相印证等。

4. 办案中，犯罪嫌疑人或被告人及其辩护人经常会提出涉案账户实际控制人及操作人非其本人的辩解。对此，检察机关可以通过行为人资金往来记录，MAC 地址（硬件设备地址）、IP 地址与互联网访问轨迹的重合度与连贯性，身份关系和资金关系的紧密度，涉案股票买卖与公开荐股在时间及资金比例上的高度关联性，相关证人证言在细节上是否吻合等方面入手，构建严密证据体系，确定被告人与涉案账户的实际控制关系。

5. 非法证券活动涉嫌犯罪的案件，来源往往是证券监管部门向公安机关移送。审查案件过程中，人民检察院可以与证券监管部门加强联系和沟通。证券监管部门在行政执法和查办案件中收集的物证、书证、视听资料、电子数据等证据材料，在刑事诉讼中可以作为证据使用。检察机关通过办理证券犯罪案件，可以建议证券监管部门针对案件反映出的问题，加强资本市场监管和相关制度建设。

第一百八十三条　【职务侵占罪】 保险公司的工作人员利用职务上的便利，故意编造未曾发生的保险事故进行虚假理赔，骗取保险金归自己所有的，依照本法第二百七十一条的规定定罪处罚。

【贪污罪】 国有保险公司工作人员和国有保险公司委派到非国有保险公司从事公务的人员有前款行为的，依照本法第三百八十二条、第三百八十三条的规定定罪处罚。

【立法·要点注释】

如果行为人虽然有利用职务上的便利，故意编造未曾发生的保险事故进行虚假理赔，但其虚假理赔的行为被及时揭穿，骗取保险金的阴谋未能得逞，就不宜作为犯罪处理，其性质属于违反保险法的违法行为。

第一百八十四条　【非国家工作人员受贿罪】 银行或者其他金融机构的工作人员在金融业务活动中索取他人财物或者非法收受他人财物，为他人谋取利益的，或者违反国家规定，收受各种名义的回扣、手续费，归个人所有的，依照本法第一百六十三条的规定定罪处罚。

【受贿罪】 国有金融机构工作人员和国有金融机构委派到非国有金融机构从事公务的人员有前款行为的，依照本法第三百八十五条、第三百八十六条的规定定罪处罚。

【司法解释】

《最高人民法院关于农村合作基金会从业人员犯罪如何定性问题的批复》（法释〔2000〕10 号，20000512）

农村合作基金会从业人员，除具有金融机构现职工作人员身份的以外，不属于金融机构工作人员，对其实施的犯罪行为，应当依照刑法的有关规定定罪处罚。

第一百八十五条　【挪用资金罪】 商业银行、证券交易所、期货交易所、证券公司、期货经纪公司、保险公司或者其他金融机构的工作人员利用职务上的便利，挪用本单位或者客户资金的，依照本法第二百七十二条的规定定罪处罚。

【挪用公款罪】 国有商业银行、证券交易所、期货交易所、证券公司、期货经纪公司、保险公司或者其他国有金融机构的工作人员和国有商业银行、证券交易所、期货交易所、证券公司、期货经纪公司、保险公司或者其他国有金融机构委派到前款规定中的非国有机构从事公务的人员有前款行为的，依照本法第三百八十四条的规定定罪处罚。

【修正前条文】

第一百八十五条 【挪用资金罪】银行或者其他金融机构的工作人员利用职务上的便利，挪用本单位或者客户资金的，依照本法第二百七十二条的规定定罪处罚。

【挪用公款罪】国有金融机构工作人员和国有金融机构委派到非国有金融机构从事公务的人员有前款行为的，依照本法第三百八十四条的规定定罪处罚。

【修正说明】

刑法修正案第七条将本条犯罪主体进一步明确规定为"商业银行、证券交易所、期货交易所、证券公司、期货经纪公司、保险公司或者其他金融机构的工作人员"。

第一百八十五条之一 【背信运用受托财产罪】商业银行、证券交易所、期货交易所、证券公司、期货经纪公司、保险公司或者其他金融机构，违背受托义务，擅自运用客户资金或者其他委托、信托的财产，情节严重的，对单位判处罚金，并对其直接负责的主管人员和其他直接责任人员，处三年以下有期徒刑或者拘役，并处三万元以上三十万元以下罚金；情节特别严重的，处三年以上十年以下有期徒刑，并

处五万元以上五十万元以下罚金。

【违法运用资金罪】社会保障基金管理机构、住房公积金管理机构等公众资金管理机构，以及保险公司、保险资产管理公司、证券投资基金管理公司，违反国家规定运用资金的，对其直接负责的主管人员和其他直接责任人员，依照前款的规定处罚。

【修正说明】

本罪由刑法修正案（六）第十二条增设。

【司法解释】

《最高人民检察院、公安部关于公安机关管辖的刑事案件立案追诉标准的规定（二）》（公通字〔2010〕23号，20100507）

第四十条〔背信运用受托财产案（刑法第一百八十五条之一第一款）〕商业银行、证券交易所、期货交易所、证券公司、期货公司、保险公司或者其他金融机构，违背受托义务，擅自运用客户资金或者其他委托、信托的财产，涉嫌下列情形之一的，应予立案追诉：

（一）擅自运用客户资金或者其他委托、信托的财产数额在三十万元以上的；

（二）虽未达到上述数额标准，但多次擅自运用客户资金或者其他委托、信托的财产，或者擅自运用多个客户资金或者其他委托、信托的财产的；

（三）其他情节严重的情形。

第四十一条〔**违法运用资金案**（刑法第一百八十五条之一第二款）〕社会保障基金管理机构、住房公积金管理机构等公众资金管理机构，以及保险公司、保险资产管理公司、证券投资基金管理公司，违反国家规定运用资金，涉嫌下列情形之一的，应予立案追诉：

（一）违反国家规定运用资金数额在三十万元以上的；

（二）虽未达到上述数额标准，但多次违反国家规定运用资金的；

（三）其他情节严重的情形。

第一百八十六条　【**违法发放贷款罪**】银行或者其他金融机构的工作人员违反国家规定发放贷款，数额巨大或者造成重大损失的，处五年以下有期徒刑或者拘役，并处一万元以上十万元以下罚金；数额特别巨大或者造成特别重大损失的，处五年以上有期徒刑，并处二万元以上二十万元以下罚金。

银行或者其他金融机构的工作人员违反国家规定，向关系人发放贷款的，依照前款的规定从重处罚。

单位犯前两款罪的，对单位判处罚金，并对其直接负责的主管人员和其他直接责任人员，依照前两款的规定处罚。

关系人的范围，依照《中华人民共和国商业银行法》和有关金融法规确定。

【修正前条文】

第一百八十六条　【**违法向关系人发放贷款罪**】【**违法发放贷款罪**】银行或者其他金融机构的工作人员违反法律、行政法规规定，向关系人发放信用贷款或者发放担保贷款的条件优于其他借款人同类贷款的条件，造成较大损失的，处五年以下有期徒刑或者拘役，并处一万元以上十万元以下罚金；造成重大损失的，处五年以上有期徒刑，并处二万元以上二十万元以下罚金。

银行或者其他金融机构的工作人员违反法律、行政法规规定，向关系人以外的其他人发放贷款，造成重大损失的，处五年以下有期徒刑或者拘役，并处一万元以上十万元以下罚金；造成特别重大损失的，处五年以上有期徒刑，并处二万元以上二十万元以下罚金。

单位犯前两款罪的，对单位判处罚金，并对其直接负责的主管人员和其他直接责任人员，依照前两款的规定处罚。

关系人的范围，依照《中华人民共和国商业银行法》和有关金融法规确定。

【修正说明】

刑法修正案（六）第十三条对原条文作了下述修改：一是将"法律、行政法规"修改为"国家规定"；二是删除了第二款中的"向关系人以外的其他人"；三是将"造成较大损失的"修改为"数额巨大或者造成重大损失的"；四是删除了第二款中的具体处罚规定，修改为"依照前款的规定从重处罚"。

【相关立法】

《中华人民共和国商业银行法》（20151001）

第四十条　商业银行不得向关系人发放信用贷款；向关系人发放担保贷款的条件不得优于其他借款人同类贷款的条件。

前款所称关系人是指：

（一）商业银行的董事、监事、管理人员、信贷业务人员及其近亲属；

（二）前项所列人员投资或者担任高级管理职务的公司、企业和其他经济组织。

【司法解释】

《最高人民检察院、公安部关于公安机关管辖的刑事案件立案追诉标准的规定（二）》（公通字〔2010〕23号，20100507）

第四十二条〔违法发放贷款案（刑法第一百八十六条）〕银行或者其他金融机构及其工作人员违反国家规定发放贷款，涉嫌下列情形之一的，应予立案追诉：

（一）违法发放贷款，数额在一百万元以上的；

（二）违法发放贷款，造成直接经济损失数额在二十万元以上的。

【公安文件Ⅰ】

《公安部经济犯罪侦查局关于以信用卡透支协议的形式进行借款可否视为贷款问题的批复》（公经〔2001〕1021号，20010907）

根据中国人民银行《银行卡业务管理办法》的规定，信用卡只能在规定的限额内透支。信用卡超限额透支的金额，属于贷款性质。若该行为造成了重大损失，符合违法发放贷款罪的构成要件，则构成违法发放贷款罪。

【公安文件Ⅱ】

《公安部经济犯罪侦查局关于对中国银行××支行行长潘×等人行为如何适用法律问题的通知》（公经〔2006〕1655号，20060801）

依据中国人民银行颁布的《贷款通则》，票据贴现应属贷款种类之一。违反法律、法规规定，制作贴现凭证，办理贴现业务，致使所贴现的资金无法追回，造成重大损失的，涉嫌违法发放贷款罪。

【公安文件Ⅲ】

《公安部经济犯罪侦查局关于对违法发放贷款案件中损失认定问题的批复》（公经〔2007〕1458号，20070727）

在案件侦办过程中，如有证据证明犯罪嫌疑人实施了违法、违规发放贷款的行为，只要发生贷款已无法收回的情况且达到追诉标准的，就应视为刑法第一百八十六条所规定的造成损失。案中提及的未到期贷款及其利息，如确定不能追回，应视为犯罪损失。

【公安文件Ⅳ】

《公安部经济犯罪侦查局关于对郭××涉嫌违法放贷犯罪性质认定请示的批复》（公经金融〔2011〕4号，20110104）

根据2004年7月16日银监会发布的《商业银行授信工作尽职指引》

第十五条、第十六条、第二十七条、第二十八条、第二十九条、第五十一条的规定，我们认为，郭××作为原中国银行工作人员，在审查××化工有限公司贷款过程中，未按规定履行对该公司的贷款资料和担保单位的担保能力进行全面核实和实地审核的尽职调查义务即发放贷款，致使××化工有限公司利用虚假的贷款资料和伪造的担保合同取得贷款，并给银行造成巨额损失，其行为违反了国家有关规定涉嫌违法发放贷款犯罪。

第一百八十七条　【吸收客户资金不入账罪】 银行或者其他金融机构的工作人员吸收客户资金不入账，数额巨大或者造成重大损失的，处五年以下有期徒刑或者拘役，并处二万元以上二十万元以下罚金；数额特别巨大或者造成特别重大损失的，处五年以上有期徒刑，并处五万元以上五十万元以下罚金。

单位犯前款罪的，对单位判处罚金，并对其直接负责的主管人员和其他直接责任人员，依照前款的规定处罚。

【修正前条文】

第一百八十七条　【用账外客户资金非法拆借、发放贷款罪】 银行或者其他金融机构的工作人员以牟利为目的，采取吸收客户资金不入账的方式，将资金用于非法拆借、发放贷款，造成重大损失的，处五年以下有期徒刑或者拘役，并处二万元以上二十万元以下罚金；造成特别重大损失的，

处五年以上有期徒刑，并处五万元以上五十万元以下罚金。

单位犯前款罪的，对单位判处罚金，并对其直接负责的主管人员和其他直接责任人员，依照前款的规定处罚。

【修正说明】

刑法修正案（六）第十四条对原条文作出下述修改：一是删去了"以牟利为目的"的规定；二是删去了"将资金用于非法拆借、发放贷款"的规定；三是增加了"数额巨大"这一构成要件。

【司法解释】

《最高人民检察院、公安部关于公安机关管辖的刑事案件立案追诉标准的规定（二）》（公通字〔2010〕23号，20100507）

第四十三条〔吸收客户资金不入账案〔刑法第一百八十七条）〕银行或者其他金融机构及其工作人员吸收客户资金不入账，涉嫌下列情形之一的，应予立案追诉：

（一）吸收客户资金不入账，数额在一百万元以上的；

（二）吸收客户资金不入账，造成直接经济损失数额在二十万元以上的。

【司法指导文件】

《全国法院审理金融犯罪案件工作座谈会纪要》（法〔2001〕8号，20010121）

（二）关于破坏金融管理秩序罪

3.用账外客户资金非法拆借、发放贷款行为的认定和处罚

……吸收客户资金不入账，是指不记入金融机构的法定存款账目，以逃避国家金融监管，至于是否记入法定账目以外设立的账目不影响该罪成立。

【公安文件】

《公安部经济犯罪侦查局关于对吸收客户资金不入账犯罪法律适用问题的批复》（公经金融〔2010〕272号，20101217）

保险费属于刑法第一百八十七条规定的客户资金，保险公司及其工作人员收到保险费不入账，数额巨大或者造成重大损失的，应按吸收客户资金不入账犯罪追究刑事责任。

第一百八十八条 **【违规出具金融票证罪】**银行或者其他金融机构的工作人员违反规定，为他人出具信用证或者其他保函、票据、存单、资信证明，情节严重的，处五年以下有期徒刑或者拘役；情节特别严重的，处五年以上有期徒刑。

单位犯前款罪的，对单位判处罚金，并对其直接负责的主管人员和其他直接责任人员，依照前款的规定处罚。

【修正前条文】

第一百八十八条 **【非法出具金融票证罪】**银行或者其他金融机构的工作人员违反规定，为他人出具信用证或者其他保函、票据、存单、资信证明，造成较大损失的，处五年以下有期徒刑或者拘役；造成重大损失的，处五年以上有期徒刑。

单位犯前款罪的，对单位判处罚金，并对其直接负责的主管人员和其他直接责任人员，依照前款的规定处罚。

【修正说明】

刑法修正案（六）第十五条将原条文第一款中的"造成较大损失"修改为"情节严重"。

【立法·要点注释】

"情节严重"不仅包括给金融机构造成了较大损失，还包括虽然还没有造成较大损失，但非法出具金融票证涉及金额巨大，或者多次非法出具金融票证等情形。如果行为人有以上违反规定的行为，但被及时发现并制止，情节不严重的，可作为违法行为处理，不宜以犯罪论处。

【司法解释】

《最高人民检察院、公安部关于公安机关管辖的刑事案件立案追诉标准的规定（二）》（公通字〔2010〕23号，20100507）

第四十四条〔违规出具金融票证案（刑法第一百八十八条）〕银行或者其他金融机构及其工作人员违反规定，为他人出具信用证或者其他保函、票据、存单、资信证明，涉嫌下列情形之一的，应予立案追诉：

（一）违反规定为他人出具信用证或者其他保函、票据、存单、资信证明，数额在一百万元以上的；

（二）违反规定为他人出具信用证或者其他保函、票据、存单、资信证明，造成直接经济损失数额在二十

万元以上的;

（三）多次违规出具信用证或者其他保函、票据、存单、资信证明的;

（四）接受贿赂违规出具信用证或者其他保函、票据、存单、资信证明的;

（五）其他情节严重的情形。

【公安文件Ⅰ】

《公安部关于对涉嫌非法出具金融凭证犯罪案件涉及的部分法律问题的批复》（公经〔2003〕88 号，20030127）

一、关于损失的认定问题

对于借款人有下列情形之一，其借款不能归还的，应认定为损失:

（一）法院宣布借款人破产，已清算完毕的;

（二）借款人被依法撤销、关闭、解散，并终止法人资格的;

（三）借款人虽未被终止法人资格，但生产经营活动已停止，借款人已名存实亡的;

（四）借款人的经营活动虽未停止，但公司、企业已亏损严重，资不抵债的;

（五）其他应认定为损失的情形。

关于损失的认定时间，应分为定罪损失和量刑损失两种情形来考虑:定罪损失是立案损失、成罪损失，应以公安机关立案时为标准;量刑损失是法院审理案件时的实际损失，以确定最终量刑幅度。

【公安文件Ⅱ】

《公安部经济犯罪侦查局关于民间借贷合同加盖金融机构公章能否视为保函有关问题的批复》（公经金融

〔2009〕295 号，20091104）

银行保函是指银行应委托人的申请而向受益人开立的有担保性质的书面承诺文件，一旦委托人未按其与受益人签订的合同的约定偿还债务或履行约定义务时，由银行按照与委托人签订的《保函委托书》履行担保责任。而本案中，犯罪嫌疑人杨××违反规定，利用其担任中国建设银行郑州市××支行行长便利，私自在河南××纸业股份有限公司向辛××个人借款 1360 万元的民间借贷合同上加盖本行印章，由于单纯公章印章本身不具备保函的形式要件，不能视为保函。同时，对杨××的行为应按照主客观相统一的原则，查明其是否存在职务犯罪等情况。

【公安文件Ⅲ】

《公安部经济犯罪侦查局关于认定"5·15"案件性质的答复》（公经〔2000〕722 号，20000704）

刑法第 188 条非法出具金融票证罪规定的"为他人出具信用证"中的"他人"，是指银行或者其他金融机构以外的个人或者单位。银行内部机构的工作人员以本部门与他人合办的公司为受益人，违反规定开具信用证，属于为他人非法出具信用证。

【公安文件Ⅳ】

《公安部经济犯罪侦查局关于单位定期存款开户证实书性质的批复》（公经〔2000〕1329 号，20001219）

"单位定期存款开户证实书"是接受存款的金融机构向存款单位开具的人民币定期存款权利凭证，其性质上是一种金融凭证，它与存单同样起到存款证明作用，只是不能作为质押的权利凭证。

【公安文件Ⅴ】

《公安部经济犯罪侦查局关于"12·24"票据诈骗案件有关法律问题的批复》（公经金融〔2012〕182号，20121031）

二、涉案的商业承兑汇票（不可撤销）保证函、不可撤销的还款担保函属于银行履约保函的一种。根据我局2006年12月1日《关于伪造银行履约保函的行为是否构成伪造、变造金融票证罪的批复》（公经〔2006〕2769号），银行履约保函是保函的一种，属于《刑法》第一百八十八条所列的金融票证的范畴。但只有在经济活动中具有给付货币和资金清算作用，并表明银行与客户之间已受理或已办结相关支付结算业务的凭证，才能认定为银行结算凭证。因此，《刑法》第一百七十七条"伪造、变造金融票证罪"规定的金融票证种类中并未包括银行履约保函。

第一百八十九条　【对违法票据承兑、付款、保证罪】银行或者其他金融机构的工作人员在票据业务中，对违反票据法规定的票据予以承兑、付款或者保证，造成重大损失的，处五年以下有期徒刑或者拘役；造成特别重大损失的，处五年以上有期徒刑。

单位犯前款罪的，对单位判处罚金，并对其直接负责的主管人员和其他直接责任人员，依照前款的规定处罚。

【司法解释】

《最高人民检察院、公安部关于公安机关管辖的刑事案件立案追诉标准的规定（二）》（公通字〔2010〕23号，20100507）

第四十五条〔对违法票据承兑、付款、保证案（刑法第一百八十九条）〕银行或者其他金融机构及其工作人员在票据业务中，对违反票据法规定的票据予以承兑、付款或者保证，造成直接经济损失数额在二十万元以上的，应予立案追诉。

第一百九十条　【逃汇罪】公司、企业或者其他单位，违反国家规定，擅自将外汇存放境外，或者将境内的外汇非法转移到境外，数额较大的，对单位判处逃汇数额百分之五以上百分之三十以下罚金，并对其直接负责的主管人员和其他直接责任人员处五年以下有期徒刑或者拘役；数额巨大或者有其他严重情节的，对单位判处逃汇数额百分之五以上百分之三十以下罚金，并对其直接负责的主管人员和其他直接责任人员处五年以上有期徒刑。

【修正前条文】

第一百九十条　【逃汇罪】国有公司、企业或者其他国有单位，违反国家规定，擅自将外汇存放境外，或者将境内的外汇非法转移到境外，情节严重的，对单位判处罚金，并对其直接负责的主管人员和其他直接责任人员，处五年以下有期徒刑或者拘役。

【修正说明】

《全国人民代表大会常务委员会关于惩治骗购外汇、逃汇和非法买卖外汇犯罪的决定》（以下简称《决定》）第三条对原条文作出下述修订：一是扩大了犯罪主体；二是提高了法定刑；三是增加了对罚金数额的规定。此外，《决定》第一条还增设了骗购外汇罪。

【相关立法】

《全国人民代表大会常务委员会关于惩治骗购外汇、逃汇和非法买卖外汇犯罪的决定》（19981229）

第一条　【骗购外汇罪】有下列情形之一，骗购外汇，数额较大的，处五年以下有期徒刑或者拘役，并处骗购外汇数额百分之五以上百分之三十以下罚金；数额巨大或者有其他严重情节的，处五年以上十年以下有期徒刑，并处骗购外汇数额百分之五以上百分之三十以下罚金；数额特别巨大或者有其他特别严重情节的，处十年以上有期徒刑或者无期徒刑，并处骗购外汇数额百分之五以上百分之三十以下罚金或者没收财产：

（一）使用伪造、变造的海关签发的报关单、进口证明、外汇管理部门核准件等凭证和单据的；

（二）重复使用海关签发的报关单、进口证明、外汇管理部门核准件等凭证和单据的；

（三）以其他方式骗购外汇的。

伪造、变造海关签发的报关单、进口证明、外汇管理部门核准件等凭证和单据，并用于骗购外汇的，依照

前款的规定从重处罚。

明知用于骗购外汇而提供人民币资金的，以共犯论处。

单位犯前三款罪的，对单位依照第一款的规定判处罚金，并对其直接负责的主管人员和其他直接责任人员，处五年以下有期徒刑或者拘役；数额巨大或者有其他严重情节的，处五年以上十年以下有期徒刑；数额特别巨大或者有其他特别严重情节的，处十年以上有期徒刑或者无期徒刑。

……

第五条　海关、外汇管理部门以及金融机构、从事对外贸易经营活动的公司、企业或者其他单位的工作人员与骗购外汇或者逃汇的行为人通谋，为其提供购买外汇的有关凭证或者其他便利的，或者明知是伪造、变造的凭证和单据而售汇、付汇的，以共犯论，依照本决定从重处罚。

【司法解释】

《最高人民检察院、公安部关于公安机关管辖的刑事案件立案追诉标准的规定（二）》（公通字〔2010〕23号，20100507）

第四十六条〔逃汇案（刑法第一百九十条）〕公司、企业或者其他单位，违反国家规定，擅自将外汇存放境外，或者将境内的外汇非法转移到境外，单笔在二百万美元以上或者累计数额在五百万美元以上的，应予立案追诉。

第四十七条〔骗购外汇案（全国人民代表大会常务委员会《关于惩治骗购外汇、逃汇和非法买卖外汇犯罪

的决定》第一条）〕骗购外汇，数额在五十万美元以上的，应予立案追诉。

【司法指导文件】

《最高人民法院、最高人民检察院、公安部关于印发〈办理骗汇、逃汇犯罪案件联席会议纪要〉的通知》（公通字〔1999〕39 号，19990607）

二、《全国人民代表大会常务委员会关于惩治骗购外汇、逃汇和非法买卖外汇犯罪的决定》（以下简称《决定》）公布施行后发生的犯罪行为，应当依照《决定》办理；对于《决定》公布施行前发生的公布后尚未处理或者正在处理的行为，依照修订后的刑法第十二条第一款规定的原则办理。

第一百九十一条 **【洗钱罪】** 明知是毒品犯罪、黑社会性质的组织犯罪、恐怖活动犯罪、走私犯罪、贪污贿赂犯罪、破坏金融管理秩序犯罪、金融诈骗犯罪的所得及其产生的收益，为掩饰、隐瞒其来源和性质，有下列行为之一的，没收实施以上犯罪的所得及其产生的收益，处五年以下有期徒刑或者拘役，并处或者单处洗钱数额百分之五以上百分之二十以下罚金；情节严重的，处五年以上十年以下有期徒刑，并处洗钱数额百分之五以上百分之二十以下罚金：

（一）提供资金账户的；

（二）协助将财产转换为现金、金融票据、有价证券的；

（三）通过转账或者其他结算方式协助资金转移的；

（四）协助将资金汇往境外的；

（五）以其他方法掩饰、隐瞒犯罪所得及其收益的来源和性质的。

单位犯前款罪的，对单位判处罚金，并对其直接负责的主管人员和其他直接责任人员，处五年以下有期徒刑或者拘役；情节严重的，处五年以上十年以下有期徒刑。

【第二次修正前条文】

第一百九十一条 **【洗钱罪】** 明知是毒品犯罪、黑社会性质的组织犯罪、恐怖活动犯罪、走私犯罪的违法所得及其产生的收益，为掩饰、隐瞒其来源和性质，有下列行为之一的，没收实施以上犯罪的违法所得及其产生的收益，处五年以下有期徒刑或者拘役，并处或者单处洗钱数额百分之五以上百分之二十以下罚金；情节严重的，处五年以上十年以下有期徒刑，并处洗钱数额百分之五以上百分之二十以下罚金：

（一）提供资金账户的；

（二）协助将财产转换为现金或者金融票据的；

（三）通过转账或者其他结算方式协助资金转移的；

（四）协助将资金汇往境外的；

（五）以其他方法掩饰、隐瞒犯罪的违法所得及其收益的来源和性质的。

单位犯前款罪的，对单位判处罚金，并对其直接负责的主管人员和其他直接责任人员，处五年以下有期徒刑或者拘役；情节严重的，处五年以上十年以下有期徒刑。

【第一次修正前条文】

第一百九十一条　【洗钱罪】明知是毒品犯罪、黑社会性质的组织犯罪、走私犯罪的违法所得及其产生的收益，为掩饰、隐瞒其来源和性质，有下列行为之一的，没收实施以上犯罪的违法所得及其产生的收益，处五年以下有期徒刑或者拘役，并处或者单处洗钱数额百分之五以上百分之二十以下罚金；情节严重的，处五年以上十年以下有期徒刑，并处洗钱数额百分之五以上百分之二十以下罚金：

（一）提供资金账户的；

（二）协助将财产转换为现金或者金融票据的；

（三）通过转账或者其他结算方式协助资金转移的；

（四）协助将资金汇往境外的；

（五）以其他方法掩饰、隐瞒犯罪的违法所得及其收益的性质和来源的。

单位犯前款罪的，对单位判处罚金，并对其直接负责的主管人员和其他直接责任人员，处五年以下有期徒刑或者拘役。

【修正说明】

1. 刑法修正案（三）第七条对原条文进行第一次修改，将恐怖活动犯罪增列为本罪的上游犯罪，提高了单位犯罪的法定刑。

2. 刑法修正案（六）第十六条对本条进行第二次修改，将贪污贿赂犯罪、破坏金融管理秩序犯罪、金融诈骗犯罪增列为上游犯罪，将"协助将财产转换为有价证券"的行为列为洗钱方式之一。

【司法解释 I】

《最高人民检察院、公安部关于公安机关管辖的刑事案件立案追诉标准的规定（二）》（公通字〔2010〕23号，20100507）

第四十八条〔洗钱案（刑法第一百九十一条）〕明知是毒品犯罪、黑社会性质的组织犯罪、恐怖活动犯罪、走私犯罪、贪污贿赂犯罪、破坏金融管理秩序犯罪、金融诈骗犯罪的所得及其产生的收益，为掩饰、隐瞒其来源和性质，涉嫌下列情形之一的，应予立案追诉：

（一）提供资金账户的；

（二）协助将财产转换为现金、金融票据、有价证券的；

（三）通过转账或者其他结算方式协助资金转移的；

（四）协助将资金汇往境外的；

（五）以其他方法掩饰、隐瞒犯罪所得及其收益的来源和性质的。

【司法解释 II】

《最高人民法院关于审理洗钱等刑事案件具体应用法律若干问题的解释》（法释〔2009〕15号，20091111）

第一条　刑法第一百九十一条、第三百一十二条规定的"明知"，应当结合被告人的认知能力，接触他人犯罪所得及其收益的情况，犯罪所得及其收益的种类、数额，犯罪所得及其收益的转换、转移方式以及被告人的供述等主、客观因素进行认定。

具有下列情形之一的，可以认定

被告人明知系犯罪所得及其收益，但有证据证明确实不知道的除外：

（一）知道他人从事犯罪活动，协助转换或者转移财物的；

（二）没有正当理由，通过非法途径协助转换或者转移财物的；

（三）没有正当理由，以明显低于市场的价格收购财物的；

（四）没有正当理由，协助转换或者转移财物，收取明显高于市场的"手续费"的；

（五）没有正当理由，协助他人将巨额现金散存于多个银行账户或者在不同银行账户之间频繁划转的；

（六）协助近亲属或者其他关系密切的人转换或者转移与其职业或者财产状况明显不符的财物的；

（七）其他可以认定行为人明知的情形。

被告人将刑法第一百九十一条规定的某一上游犯罪的犯罪所得及其收益误认为刑法第一百九十一条规定的上游犯罪范围内的其他犯罪所得及其收益的，不影响刑法第一百九十一条规定的"明知"的认定。

第二条 具有下列情形之一的，可以认定为刑法第一百九十一条第一款第（五）项规定的"以其他方法掩饰、隐瞒犯罪所得及其收益的来源和性质"：

（一）通过典当、租赁、买卖、投资等方式，协助转移、转换犯罪所得及其收益的；

（二）通过与商场、饭店、娱乐场所等现金密集型场所的经营收入相混合的方式，协助转移、转换犯罪所得及其收益的；

（三）通过虚构交易、虚设债权债务、虚假担保、虚报收入等方式，协助将犯罪所得及其收益转换为"合法"财物的；

（四）通过买卖彩票、奖券等方式，协助转换犯罪所得及其收益的；

（五）通过赌博方式，协助将犯罪所得及其收益转换为赌博收益的；

（六）协助将犯罪所得及其收益携带、运输或者邮寄出入境的；

（七）通过前述规定以外的方式协助转移、转换犯罪所得及其收益的。

第三条 明知是犯罪所得及其产生的收益而予以掩饰、隐瞒，构成刑法第三百一十二条规定的犯罪，同时又构成刑法第一百九十一条或者第三百四十九条规定的犯罪的，依照处罚较重的规定定罪处罚。

第四条 刑法第一百九十一条、第三百一十二条、第三百四十九条规定的犯罪，应当以上游犯罪事实成立为认定前提。上游犯罪尚未依法裁判，但查证属实的，不影响刑法第一百九十一条、第三百一十二条、第三百四十九条规定的犯罪的审判。

上游犯罪事实可以确认，因行为人死亡等原因依法不予追究刑事责任的，不影响刑法第一百九十一条、第三百一十二条、第三百四十九条规定的犯罪的认定。

上游犯罪事实可以确认，依法以其他罪名定罪处罚的，不影响刑法第一百九十一条、第三百一十二条、第三百四十九条规定的犯罪的认定。

本条所称"上游犯罪"，是指产

生刑法第一百九十一条、第三百一十二条、第三百四十九条规定的犯罪所得及其收益的各种犯罪行为。

【法院参考案例】

〔参考案例第 471 号：潘儒民等洗钱案〕上游犯罪行为人尚未定罪判刑的如何认定洗钱罪？

上游犯罪行为人虽未定罪判刑，证明洗钱行为的证据确实、充分的，可以认定洗钱罪。

第五节　金融诈骗罪

【司法指导文件】

《全国法院审理金融犯罪案件工作座谈会纪要》(法〔2001〕8 号，20010121)

（三）关于金融诈骗罪

1. 金融诈骗罪中非法占有目的的认定

金融诈骗犯罪都是以非法占有为目的的犯罪。在司法实践中，认定是否具有非法占有为目的，应当坚持主客观相一致的原则，既要避免单纯根据损失结果客观归罪，也不能仅凭被告人自己的供述，而应当根据案件具体情况具体分析。根据司法实践，对于行为人通过诈骗的方法非法获取资金，造成数额较大资金不能归还，并具有下列情形之一的，可以认定为具有非法占有的目的：

（1）明知没有归还能力而大量骗取资金的；

（2）非法获取资金后逃跑的；

（3）肆意挥霍骗取资金的；

（4）使用骗取的资金进行违法犯罪活动的；

（5）抽逃、转移资金、隐匿财产，以逃避返还资金的；

（6）隐匿、销毁账目，或者搞假破产、假倒闭，以逃避返还资金的；

（7）其他非法占有资金、拒不返还的行为。但是，在处理具体案件的时候，对于有证据证明行为人不具有非法占有目的的，不能单纯以财产不能归还就按金融诈骗罪处罚。

……

4. 金融诈骗犯罪定罪量刑的数额标准和犯罪数额的计算。金融诈骗的数额不仅是定罪的重要标准，也是量刑的主要依据。……在具体认定金融诈骗犯罪的数额时，应当以行为人实际骗取的数额计算。对于行为人为实施金融诈骗活动而支付的中介费、手续费、回扣等，或者用于行贿、赠与等费用，均应计入金融诈骗的犯罪数额。但应当将案发前已归还的数额扣除。

……

（五）财产刑的适用

金融犯罪是图利型犯罪，惩罚和预防此类犯罪，应当注重同时从经济上制裁犯罪分子。刑法对金融犯罪都规定了财产刑，人民法院应当严格依法判处。罚金的数额，应当根据被告人的犯罪情节，在法律规定的数额幅度内确定。对于具有从轻、减轻或者免除处罚情节的被告人，对于本应并处的罚金刑原则上也应当从轻、减轻或者免除。

单位金融犯罪中直接负责的主管人员和其他直接责任人员，是否适用罚金刑，应当根据刑法的具体规定。刑法分则条文规定有罚金刑，并规定对单位犯罪中直接负责的主管人员和其他直接责任人员依照自然人犯罪条款处罚的，应当判处罚金刑，但是对直接负责的主管人员和其他直接责任人员判处罚金的数额，应当低于对单位判处罚金的数额；刑法分则条文明确规定对单位犯罪中直接负责的主管人员和其他直接责任人员只判处自由刑的，不能附加判处罚金刑。

第一百九十二条　【集资诈骗罪】以非法占有为目的，使用诈骗方法非法集资，数额较大的，处五年以下有期徒刑或者拘役，并处二万元以上二十万元以下罚金；数额巨大或者有其他严重情节的，处五年以上十年以下有期徒刑，并处五万元以上五十万元以下罚金；数额特别巨大或者有其他特别严重情节的，处十年以上有期徒刑或者无期徒刑，并处五万元以上五十万元以下罚金或者没收财产。

【司法解释Ⅰ】

《最高人民检察院、公安部关于公安机关管辖的刑事案件立案追诉标准的规定（二）》（公通字〔2010〕23号，20100507）

第四十九条〔集资诈骗案（刑法第一百九十二条）〕以非法占有为目的，使用诈骗方法非法集资，涉嫌下列情形之一的，应予立案追诉：

（一）个人集资诈骗，数额在十万元以上的；

（二）单位集资诈骗，数额在五十万元以上的。

【司法解释Ⅱ】

《最高人民法院关于审理非法集资刑事案件具体应用法律若干问题的解释》（法释〔2010〕18号，20110104）

第二条　实施下列行为之一，符合本解释第一条第一款规定的条件的，应当依照刑法第一百七十六条的规定，以非法吸收公众存款罪定罪处罚：

（一）不具有房产销售的真实内容或者不以房产销售为主要目的，以返本销售、售后包租、约定回购、销售房产份额等方式非法吸收资金的；

（二）以转让林权并代为管护等方式非法吸收资金的；

（三）以代种植（养殖）、租种植（养殖）、联合种植（养殖）等方式非法吸收资金的；

（四）不具有销售商品、提供服务的真实内容或者不以销售商品、提供服务为主要目的，以商品回购、寄存代售等方式非法吸收资金的；

（五）不具有发行股票、债券的真实内容，以虚假转让股权、发售虚构债券等方式非法吸收资金的；

（六）不具有募集基金的真实内容，以假借境外基金、发售虚构基金等方式非法吸收资金的；

（七）不具有销售保险的真实内容，以假冒保险公司、伪造保险单据等方式非法吸收资金的；

（八）以投资入股的方式非法吸收资金的；

（九）以委托理财的方式非法吸

收资金的；

（十）利用民间"会"、"社"等组织非法吸收资金的；

（十一）其他非法吸收资金的行为。

……

第四条　以非法占有为目的，使用诈骗方法实施本解释第二条规定所列行为的，应当依照刑法第一百九十二条的规定，以集资诈骗罪定罪处罚。

使用诈骗方法非法集资，具有下列情形之一的，可以认定为"以非法占有为目的"：

（一）集资后不用于生产经营活动或者用于生产经营活动与筹集资金规模明显不成比例，致使集资款不能返还的；

（二）肆意挥霍集资款，致使集资款不能返还的；

（三）携带集资款逃匿的；

（四）将集资款用于违法犯罪活动的；

（五）抽逃、转移资金、隐匿财产，逃避返还资金的；

（六）隐匿、销毁账目，或者搞假破产、假倒闭，逃避返还资金的；

（七）拒不交代资金去向，逃避返还资金的；

（八）其他可以认定非法占有目的的情形。

集资诈骗罪中的非法占有目的，应当区分情形进行具体认定。行为人部分非法集资行为具有非法占有目的的，对该部分非法集资行为所涉集资款以集资诈骗罪定罪处罚；非法集资共同犯罪中部分行为人具有非法占有

目的，其他行为人没有非法占有集资款的共同故意和行为的，对具有非法占有目的的行为人以集资诈骗罪定罪处罚。

第五条　个人进行集资诈骗，数额在 10 万元以上的，应当认定为"数额较大"；数额在 30 万元以上的，应当认定为"数额巨大"；数额在 100 万元以上的，应当认定为"数额特别巨大"。

单位进行集资诈骗，数额在 50 万元以上的，应当认定为"数额较大"；数额在 150 万元以上的，应当认定为"数额巨大"；数额在 500 万元以上的，应当认定为"数额特别巨大"。

集资诈骗的数额以行为人实际骗取的数额计算，案发前已归还的数额应予扣除。行为人为实施集资诈骗活动而支付的广告费、中介费、手续费、回扣，或者用于行贿、赠与等费用，不予扣除。行为人为实施集资诈骗活动而支付的利息，除本金未归还可予折抵本金以外，应当计入诈骗数额。

【司法解释 II·注释】

1. 关于集资诈骗数额的理解。司法实践中，非法集资的规模或者非法集资的标的数额可以作为量刑情节适当予以考虑，但是，"诈骗数额"应以行为人实际骗取的数额计算。据此，集资诈骗犯罪当中已返还部分不应计入诈骗数额。

2. 利息的计算。与返还本金不同，支付利息本质上属于对其实际骗取资金的处分，而且，利息是否计入诈骗数额还涉及赃款的认定、追缴以

及其他受害人的公平受偿问题，故原则上应当计入诈骗数额。同时规定"本金未归还可予折抵本金"，主要是出于实践可操作性和避免矛盾激化的考虑。因为，集资诈骗案案发后能够追回的案款毕竟有限，很难要求本金尚未得到偿付的集资群众先将利息退出后再按比统一偿付。而且，实践中支付本金时往往已经扣除了利息部分，比如名义上支付了 100 万元的本金，扣除高息 20 万元，仅实际支付 80 万元，对此实事求是地认定本金 80 万元也更为可取。

【司法指导文件 I 】

《最高人民法院、最高人民检察院、公安部关于办理非法集资刑事案件若干问题的意见》（高检会〔2019〕2 号，20190130）

四、关于主观故意的认定问题

……

犯罪嫌疑人、被告人使用诈骗方法非法集资，符合《最高人民法院关于审理非法集资刑事案件具体应用法律若干问题的解释》第四条规定的，可以认定为集资诈骗罪中"以非法占有为目的"。

……

【司法指导文件 II 】

《全国法院审理金融犯罪案件工作座谈会纪要》（法〔2001〕8 号，20010121）

（三）关于金融诈骗罪

3. 集资诈骗罪的认定和处理：集资诈骗罪和欺诈发行股票、债券罪、非法吸收公众存款罪在客观上均表现为向社会公众非法募集资金。区别的

关键在于行为人是否具有非法占有的目的。对于以非法占有为目的而非法集资，或者在非法集资过程中产生了非法占有他人资金的故意，均构成集资诈骗罪。但是，在处理具体案件时要注意以下两点：一是不能仅凭较大数额的非法集资款不能返还的结果，推定行为人具有非法占有的目的；二是行为人将大部分资金用于投资或生产经营活动，而将少量资金用于个人消费或挥霍的，不应仅以此便认定具有非法占有的目的。

【指导性案例·检察】

〔周辉集资诈骗案，JZD2018-40〕

1. 网络借贷信息中介机构或其控制人，利用网络借贷平台发布虚假信息，非法建立资金池募集资金，所得资金大部分未用于生产经营活动，主要用于借新还旧和个人挥霍，无法归还所募资金数额巨大，应认定为具有非法占有目的，以集资诈骗罪追究刑事责任。

2. 是否具有非法占有目的，是正确区分非法吸收公众存款罪和集资诈骗罪的关键。对非法占有目的的认定，应当围绕融资项目真实性、资金去向、归还能力等事实、证据进行综合判断。行为人将所吸收资金大部分未用于生产经营活动，或名义上投入生产经营，但又通过各种方式抽逃转移资金，或供其个人肆意挥霍，归还本息主要通过借新还旧来实现，造成数额巨大的募集资金无法归还的，可以认定具有非法占有的目的。

3. 集资诈骗罪是近年来检察机关

重点打击的金融犯罪之一。对该类犯罪，检察机关应着重从以下几个方面开展工作：一是强化证据审查。非法集资类案件由于参与人数多、涉及面广，受主客观因素影响，取证工作易出现瑕疵和问题。检察机关对重大复杂案件要及时介入侦查、引导取证。在审查案件中要强化对证据的审查，需要退回补充侦查或者自行补充侦查的，要及时退查或补查，建立起完整、牢固的证据锁链，夯实认定案件事实的证据基础。二是在法庭审理中要突出指控和证明犯罪的重点。要紧紧围绕集资诈骗罪构成要件，特别是行为人主观上具有非法占有目的、客观上以欺骗手段非法集资的事实梳理组合证据，运用完整的证据体系对认定犯罪的关键事实予以清晰证明。三是要将办理案件与追赃挽损相结合。检察机关办理相关案件，要积极配合公安机关、人民法院依法开展追赃挽损、资产处置等工作，最大限度减少人民群众的实际损失。四是要结合办案开展以案释法，增强社会公众的法治观念和风险防范意识，有效预防相关犯罪的发生。

【法院公报案例】

〔江苏省南京市人民检察院诉许官成、许冠卿、马茹梅集资诈骗案，GB2009 - 10〕

行为人以非法占有为目的，采取虚构集资用途，以虚假的证明文件和高回报率为诱饵，未经有权机关批准，向社会公众非法募集资金，骗取集资款的行为，构成刑法第一百九十二条规定的集资诈骗罪。在认定行为人是否具有非法占有目的时，应当坚持主客观相统一的认定标准，既要避免单纯根据损失结果客观归罪，也不能仅凭被告人自己的供述，应当根据案件具体情况全面分析行为人无法偿还集资款的原因，若行为人没有进行实体经营或实体经营的比例极小，根本无法通过正常经营偿还前期非法募集的本金及约定利息，将募集的款项隐匿、挥霍的，应当认定行为人具有非法占有的目的。

【法院参考案例】

〔**参考案例第 167 号：袁鹰、欧阳湘、李巍集资诈骗案**〕非法传销过程中携传销款潜逃的行为如何处理？

传销或者非法传销活动虽然具有价格欺诈等特征，但与非法集资行为存在区别：一是非法集资行为人往往是承诺以定期利息、红利等形式返还巨额利益相引诱；而传销的利益主要是靠传销人自己层层发展下线来获取，没有下线就没有利益。二是非法集资一般没有或者很少有货物经营行为；而传销行为存在货物买卖行为，基本上是上线低价买进再高价卖给下线。三是非法集资的结果往往是几个主要责任人骗取大量非法资金，受害人数众多；而传销中往往是最底层、最后发展的下线、加盟者遭受损失，上线和先加入者一般不会有损失。因此，对于非法传销过程中携传销款潜逃的行为，由于有买卖货物的行为，是在非法经营活动中进行诈骗活动，没有侵犯金融管理秩序，主要侵犯的是传销参与者的财产权和市场经济秩序，因此应以诈骗罪或者合同诈骗罪定罪处罚。

第一百九十三条 【贷款诈骗罪】 有下列情形之一，以非法占有为目的，诈骗银行或者其他金融机构的贷款，数额较大的，处五年以下有期徒刑或者拘役，并处二万元以上二十万元以下罚金；数额巨大或者有其他严重情节的，处五年以上十年以下有期徒刑，并处五万元以上五十万元以下罚金；数额特别巨大或者有其他特别严重情节的，处十年以上有期徒刑或者无期徒刑，并处五万元以上五十万元以下罚金或者没收财产：

（一）编造引进资金、项目等虚假理由的；

（二）使用虚假的经济合同的；

（三）使用虚假的证明文件的；

（四）使用虚假的产权证明作担保或者超出抵押物价值重复担保的；

（五）以其他方法诈骗贷款的。

【司法解释】

《最高人民检察院、公安部关于公安机关管辖的刑事案件立案追诉标准的规定（二）》（公通字〔2010〕23号，20100507）

第五十条〔贷款诈骗案（刑法第一百九十三条）〕以非法占有为目的，诈骗银行或者其他金融机构的贷款，数额在二万元以上的，应予立案追诉。

【司法指导文件 I】

《全国法院审理金融犯罪案件工作座谈会纪要》（法〔2001〕8号，20010121）

（三）关于金融诈骗罪

2. 贷款诈骗罪的认定和处理。贷款诈骗犯罪是目前案发较多的金融诈骗犯罪之一。审理贷款诈骗犯罪案件，应当注意以下两个问题：

一是单位不能构成贷款诈骗罪。根据刑法第三十条和第一百九十三条的规定，单位不构成贷款诈骗罪。对于单位实施的贷款诈骗行为，不能以贷款诈骗罪定罪处罚，也不能以贷款诈骗罪追究直接负责的主管人员和其他直接责任人员的刑事责任。但是，在司法实践中，对于单位十分明显地以非法占有为目的，利用签订、履行借款合同诈骗银行或其他金融机构贷款，符合刑法第二百二十四条规定的合同诈骗罪构成要件的，应当以合同诈骗罪定罪处罚。①

二是要严格区分贷款诈骗与贷款纠纷的界限。对于合法取得贷款后，没有按规定的用途使用贷款，到期没有归还贷款的，不能以贷款诈骗罪定罪处罚；对于确有证据证明行为人不具有非法占有的目的，因不具备贷款的条件而采取了欺骗

① 根据2014年4月24日通过的《全国人民代表大会常务委员会关于〈中华人民共和国刑法〉第三十条的解释》，公司、企业、事业单位、机关、团体等单位实施刑法规定的危害社会的行为，刑法分则和其他法律未规定追究单位的刑事责任的，对组织、策划、实施该危害社会行为的人依法追究刑事责任，因此，可以贷款诈骗罪追究直接负责的主管人员和其他直接责任人员的刑事责任。——编者注

手段获取贷款，案发时有能力履行还贷义务，或者案发时不能归还贷款是因为意志以外的原因，如因经营不善、被骗、市场风险等，不应以贷款诈骗罪定罪处罚。

【司法指导文件Ⅱ】

《最高人民检察院关于办理涉互联网金融犯罪案件有关问题座谈会纪要》（高检诉〔2017〕14 号，20170601）

14. 以非法占有为目的，使用诈骗方法非法集资，是集资诈骗罪的本质特征。是否具有非法占有目的，是区分非法吸收公众存款罪和集资诈骗罪的关键要件，对此要重点围绕融资项目真实性、资金去向、归还能力等事实进行综合判断。犯罪嫌疑人存在以下情形之一的，原则上可以认定具有非法占有目的：

（1）大部分资金未用于生产经营活动，或名义上投入生产经营但又通过各种方式抽逃转移资金的；

（2）资金使用成本过高，生产经营活动的盈利能力不具有支付全部本息的现实可能性的；

（3）对资金使用的决策极度不负责任或肆意挥霍造成资金缺口较大的；

（4）归还本息主要通过借新还旧来实现的；

（5）其他依照有关司法解释可以认定为非法占有目的的情形。

15. 对于共同犯罪或单位犯罪案件中，不同层级的犯罪嫌疑人之间存在犯罪目的的发生转化或者犯罪目的明显不同的，应当根据犯罪嫌疑人的犯罪目的分别认定。

（1）注意区分犯罪目的的发生转变的时间节点。犯罪嫌疑人在初始阶段仅具有非法吸收公众存款的故意，不具有非法占有目的的，但在发生经营失败、资金链断裂等问题后，明知没有归还能力仍然继续吸收公众存款的，这一时间节点之后的行为应当认定为集资诈骗罪，此前的行为应当认定为非法吸收公众存款罪。

（2）注意区分犯罪嫌疑人的犯罪目的的差异。在共同犯罪或单位犯罪中，犯罪嫌疑人由于层级、职责分工、获取收益方式、对全部犯罪事实的知情程度等不同，其犯罪目的也存在不同。在非法集资犯罪中，有的犯罪嫌疑人具有非法占有的目的，有的则不具有非法占有目的的，对此，应当分别认定为集资诈骗罪和非法吸收公众存款罪。

16. 证明主观上是否具有非法占有目的，可以重点收集、运用以下客观证据：

（1）与实施集资诈骗整体行为模式相关的证据：投资合同、宣传资料、培训内容等；

（2）与资金使用相关的证据：资金往来记录、会计账簿和会计凭证、资金使用成本（包括利息和佣金等）、资金决策使用过程、资金主要用途、财产转移情况等；

（3）与归还能力相关的证据：吸收资金所投资项目内容、投资实际经营情况、盈利能力、归还本息资金的主要来源、负债情况、是否存在虚构业绩或虚假宣传行为等；

（4）其他涉及欺诈等方面的证

据：虚构融资项目进行宣传、隐瞒资金实际用途、隐匿销毁账簿；等等。司法会计鉴定机构对相关数据进行鉴定时，办案部门可以根据查证犯罪事实的需要提出重点鉴定的项目，保证司法会计鉴定意见与待证的构成要件事实之间的关联性。

17. 集资诈骗的数额，应当以犯罪嫌疑人实际骗取的金额计算。犯罪嫌疑人为吸收公众资金制造还本付息的假象，在诈骗的同时对部分投资人还本付息的，集资诈骗的金额以案发时实际未兑付的金额计算。案发后，犯罪嫌疑人主动退还集资款项的，不能从集资诈骗的金额中扣除，但可以作为量刑情节考虑。

【公安文件】

《公安部经济犯罪侦查局关于转发〈中国人民银行办公厅关于进出口押汇垫款认定事宜的复函〉的通知》（公经〔2002〕751 号，20020624）

进、出口押汇属于贸易融资业务。进口押汇是银行根据客户要求在进口结算业务中给予客户资金融通的业务活动。出口押汇是银行凭出口商提供的出口单据向出口商融通资金的业务活动。押汇垫款是贸易项下融资的一种方式，其性质应属于贷款。

【法院参考案例】

〔**参考案例第 88 号：郭建升被控贷款诈骗案**〕贷款中使用欺诈手段的是否一律构成贷款诈骗罪？

利用含有虚假项目的财务报表进行申请贷款，能否认定为"以其他方法诈骗贷款"而构成贷款诈骗罪，关

键在于结合案件其他事实来证明行为人主观上是否具备"非法占有贷款的目的"。实践中，应正确区分贷款诈骗罪（刑事违法行为）与贷款诈欺（民事违法行为）在主观方面的界限。

〔**参考案例第 95 号：吴晓丽贷款诈骗案**〕〔**参考案例第 306 号：张福顺贷款诈骗案**〕如何区分贷款诈骗罪和贷款纠纷？

判断行为人主观上具有非法占有贷款的目的，必须同时具备以下客观事实：其一，行为人是通过欺诈的手段来取得贷款的；其二，行为人到期没有归还贷款；其三，行为人贷款时即明知不具有归还能力或者贷款后实施了某种特定行为，如携款逃跑，肆意挥霍贷款，抽逃、转移资金，隐匿财产以逃避返还贷款，等等。只有在借款人同时具备上述三个条件时，才能认定借款人在主观上具有非法占有贷款的目的。若借款人所实施的行为欠缺上述条件之一的，一般不能认定其主观上具有非法占有的目的。

〔**参考案例第 192 号：潘勇、王伟职务侵占、虚报注册资本、贷款诈骗案**〕以非法侵占物进行抵押贷款、逾期不还贷行为如何定性？

以非法侵占物进行抵押贷款、逾期不还贷行为，不构成贷款诈骗罪。

〔**参考案例第 1208 号：钢浓公司、武建钢骗取贷款、诈骗案**〕使用虚假资料获取银行贷款的，如何认定行为人的非法占有目的？

区分骗取贷款罪和贷款诈骗罪，主要根据以下三方面情况来判断行为人的主观故意：

第一，贷款之前的经济状况。通常情况下，借款人贷款之前的经济状况并不能直接反映借款人是否存有非法占有目的。但其经济状况和借款缘由可以在一定程度上反映借款人的后期还款能力和借款用途的真实性。如果借款人有正常经营的业务，经济能力较强，虽然使用了虚假资料获取贷款，但借款用途真实，后因正常经营风险无力还款，认定借款人有非法占有目的要慎重；如果借款人并无真实经营业务，资不抵债甚至长期负债，可以推定其主观上可能具有非法占有之目的，同时结合其申请贷款时的具体行为和实际造成的后果进一步界定其主观故意。

第二，获取贷款后的款项用途。一般而言，非法占有具有很强的主观性，很难通过客观事实直接证明，但行为人获取贷款后的用款方式、有无擅自改变贷款用途的行为可以在一定程度上反映行为人的主观状态。对于严格遵照贷款协议约定的贷款用途，真实诚信的使用所借款项，确因正常经营风险无力偿还贷款的，即使在申请贷款时使用了虚假资料或有其他民事欺诈行为，亦应首先考虑贷款纠纷，确实给银行等金融机构造成重大损失或者有其他严重情节的，可以结合案件事实以骗取贷款罪论处，不能简单采取客观归罪的方式直接以诈骗犯罪处理。对于擅自改变贷款用途，导致贷款资金脱离银行等金融机构所能预期的经营状况，后因正常经营风险无力偿还的，既要考虑实际用款项目的正常盈利可能，也要结合行为人贷款

前的实际经济状况，申请贷款时有无欺诈行为等具体情节，结合证人证言、被告人供述等言辞证据准确界定行为人是否具有非法占有之故意。对于获取贷款后，将资金用于偿还个人债务、赌博、挥霍，后又实际未能偿还贷款的，除有证据证明行为人确有可靠资金来源保证偿贷能力，后因不可抗力或者意外事件等难以预料的因素导致偿贷资金灭失的，一般可以推定其主观上具有非法占有目的。

第三，款项到期后的还款意愿和实际还款效果。按照主观见之于客观的原则，借款人在款项到期后的还款意愿和实际还款效果，一方面反映借款人的客观行为所造成的实际后果，另一方面也能直接反映行为人对所借款项是否具有非法占有的主观故意。在民商事法律关系中，按期还款是借款人应当履行的义务，逾期还款承担相应的违约责任。但违约责任的成立并不必然导致刑事责任的承担。一般而言，款项到期后，行为人虽一时不具备还款能力，但能够积极筹措资金，实际归还了全部或者大部分贷款的；或者虽无还款资金，但能够提供相应的无权属争议的担保物保证还款的，后又实际归还了全部或者大部分贷款的；或者有其他类似的积极还款行为以及保证还款措施的，均不宜认定行为人有非法占有的主观恶意。对于抽逃、转移资金，隐匿财产，或者隐匿销毁账目，或者以假破产、假倒闭等方式，逃避还贷，以及获取贷款后逃跑的，实际造成数额较大的资金不能偿还的，可以认定行为人有非法占

有的目的。

第一百九十四条 【票据诈骗罪】有下列情形之一，进行金融票据诈骗活动，数额较大的，处五年以下有期徒刑或者拘役，并处二万元以上二十万元以下罚金；数额巨大或者有其他严重情节的，处五年以上十年以下有期徒刑，并处五万元以上五十万元以下罚金；数额特别巨大或者有其他特别严重情节的，处十年以上有期徒刑或者无期徒刑，并处五万元以上五十万元以下罚金或者没收财产：

（一）明知是伪造、变造的汇票、本票、支票而使用的；

（二）明知是作废的汇票、本票、支票而使用的；

（三）冒用他人的汇票、本票、支票的；

（四）签发空头支票或者与其预留印鉴不符的支票，骗取财物的；

（五）汇票、本票的出票人签发无资金保证的汇票、本票或者在出票时作虚假记载，骗取财物的。

【金融凭证诈骗罪】使用伪造、变造的委托收款凭证、汇款凭证、银行存单等其他银行结算凭证的，依照前款的规定处罚。

【立法·要点注释】

1. "冒用"是指行为人擅自以合法持票人的名义，支配、使用、转让自己不具备支配权利的他人的票据的行为。这里所说的"冒用"通常表现为以下几种情况：一是指行为人以非

法手段获取的票据，如以欺诈、偷盗或者胁迫等手段取得的票据，或者明知是以上述手段取得的票据而使用，进行欺诈活动。二是指没有代理权而以被代理人名义进行活动或者代理人超越代理权限的行为。三是指用他人委托代为保管的或者捡拾他人遗失的票据进行使用，骗取财物的行为。此外，行为人冒用他人票据的行为必须是故意的。有些情况下，可能会出现有些行为人冒用他人的票据是在不知情的情况下所为，如有持票人所持票据是其前手诈骗或者窃取的；有的行为人是受他人委托并使用委托人提供的票据，进行购物、支付、结算等活动，而该票据本身是冒用的。委托人为了逃避追查，隐瞒了该票据持有人的真实情况，请他人代为使用。在这种行为人不知票据是冒用的情况下，其主观上当然也就不具有诈骗的故意。

2. "空头支票"是指出票人所签发的支票金额超过其付款时在付款人处实有的存款金额的支票。所谓付款人就是指签发空头支票人开立账户的银行或者其他金融机构。简单地说，出票人签发的支票金额超过其在银行现有的存款金额，这样的支票就是空头支票。签发与其预留印鉴不符的支票，是指票据签发人在其签发的支票上加盖与其预留存在银行或者其他金融机构处印鉴不一致的财务公章或者支票签发人的名章。这里所说的"与其预留印鉴"不符，可以是与其预留的某一个印鉴不符，也可以是与所有预留印鉴都不符。实践中出现签发空头支票或者与其预留印鉴不符的支票

的情况比较复杂，造成这种情况的原因很多。有些是由于企业内部缺乏管理的原因，有些则是由于资金转让、结算等方法的原因。如有的银行、金融机构的办理结算、汇款等业务中"压单""压票"情况比较严重，使原本按正常期限应当到账的款项被拖延，单位在这种情况下，可能会误认为钱已到账而开出空头支票。在这种情况下，不能认定行为人具有犯罪故意。有的企业因一时资金周转不过来签发了空头支票，事后及时在账上补充资金。这种情况下行为人主观上没有骗取财物的目的，只是违反了票据法及有关行政法规，应受到行政处罚，但不构成犯罪。

【司法解释】

《最高人民检察院、公安部关于公安机关管辖的刑事案件立案追诉标准的规定（二）》（公通字〔2010〕23号，20100507）

第五十一条〔票据诈骗案（刑法第一百九十四条第一款）〕进行金融票据诈骗活动，涉嫌下列情形之一的，应予立案追诉：

（一）个人进行金融票据诈骗，数额在一万元以上的；

（二）单位进行金融票据诈骗，数额在十万元以上的。

第五十二条〔金融凭证诈骗案（刑法第一百九十四条第二款）〕使用伪造、变造的委托收款凭证、汇款凭证、银行存单等其他银行结算凭证进行诈骗活动，涉嫌下列情形之一的，应予立案追诉：

（一）个人进行金融凭证诈骗，数额在一万元以上的；

（二）单位进行金融凭证诈骗，数额在十万元以上的。

【法院公报案例】

〔曹娅莎、刘锦祥金融凭证诈骗案，GB1999 - 3〕

以非法占有为目的，使用变造的银行存单诈骗资金，诈骗数额特别巨大，其行为构成金融凭证诈骗罪，而非票据诈骗罪。

〔张奇金融凭证诈骗案，GB2001 - 1〕

被告人伙同他人使用伪造的银行信汇凭证，骗取储户存款，诈骗数额特别巨大，其行为构成金融凭证诈骗罪。

【法院参考案例】

〔参考案例第 96 号：季某票据诈骗、合同诈骗案〕骗取货物后以空头支票付款的行为如何定罪？

诈骗罪与合同诈骗罪、票据诈骗罪是法条竞合关系，一般应择一重处。骗取货物与使用空头支票付款的先后不应影响票据诈骗罪的成立。

〔参考案例第 145 号：姚建林票据诈骗案〕票据诈骗罪是否属于以非法占有为目的的犯罪？

票据诈骗罪是从传统的诈骗罪中分离出来的犯罪，构成票据诈骗罪需要具有非法占有目的。

〔参考案例第 168 号：刘岗、王小军、庄志德金融凭证诈骗案〕变造银行存单并使用的行为如何定性？

变造银行存单并使用的，应以金融凭证诈骗罪定罪处罚。

〔参考案例第 277 号：周大伟票据诈骗（未遂）案〕盗取空白现金支票伪造后使用的应如何定性？

盗取空白现金支票伪造后予以使用的，构成票据诈骗罪。

〔参考案例第 307 号：李兰香票据诈骗案〕利用保管他公司工商登记、经营证章的便利条件，以他公司名义申领、签发支票并非法占有他公司财物行为的定性？

利用保管的公司相关证章擅自签发支票并加以使用，从而将该公司资金非法据为己有的行为，同时触犯了伪造金融票证罪和票据诈骗罪两个罪名，但因两者存在手段和目的之间的牵连关系，按照牵连犯的一般适用原则，应以票据诈骗罪一罪处理。

〔参考案例第 387 号：王世清票据诈骗案〕勾结银行工作人员使用已贴现的真实票据质押贷款的行为如何处理？

以非法占有为目的，使用已经贴现的真实票据质押贷款的行为，属于刑法第一百九十四条第一款第（三）项规定的"冒用他人的汇票"进行诈骗活动，应当以票据诈骗罪定罪处罚。

〔参考案例第 424 号：张北海等人贷款诈骗、金融凭证诈骗案〕伪造企业网上银行转账授权书骗取资金的行为如何定罪处罚？

网上银行企业客户账户查询、转账授权书属于金融凭证，行为人伪造企业网上银行转账授权书骗取资金的行为，应构成金融凭证诈骗罪。

〔参考案例第 425 号：李路军金融凭证诈骗案〕金融机构工作人员利用工作之便，以换折方式支取储户资金的行为构成盗窃罪还是金融凭证诈骗罪？

行为人利用窃取的他人存款信息资料伪造银行存折的行为，构成伪造金融票证罪，其后使用该伪造的存折到信用社取款的行为构成金融凭证诈骗罪。两行为之间具有手段与目的的牵连关系，成立牵连犯，应从一重处。

〔参考案例第 653 号：张平票据诈骗案〕盗窃银行承兑汇票并使用，骗取数额较大财物的行为是构成盗窃罪还是票据诈骗罪？

盗窃银行承兑汇票并使用，骗取数额巨大财物的行为，构成票据诈骗罪。行为人盗窃银行承兑汇票时，并未实现对银行承兑汇票项下款项的控制，其获取巨额财产的关键手段是其盗窃后的骗取行为，因此不宜认定为盗窃罪。

〔参考案例第 861 号：颜强票据诈骗案〕城市信用社工作人员，采取欺骗手段取得客户印鉴后，以现金支票的形式将客户账户内的资金取出非法占有的行为如何定性？？

城市信用社工作人员，采取欺骗手段取得客户印鉴后，以现金支票的形式将客户账户内的资金取出非法占有，数额较大的，应以票据诈骗罪追究其刑事责任。

第一百九十五条 【信用证诈骗罪】 有下列情形之一，进行信用证诈骗活动的，处五年以下有期徒刑或者拘役，并处二万元以上二十万元以下罚金；数额巨大或者有其他严重情节的，处五年以上十年以下有期徒刑，并处五万元以上五十万元以下罚金；数额特别巨大或者有其他特别严重情节的，处十年以上有期徒刑或者无期徒刑，并处五万元以上五十万元以下罚金或者没收财产：

（一）使用伪造、变造的信用证或者附随的单据、文件的；

（二）使用作废的信用证的；

（三）骗取信用证的；

（四）以其他方法进行信用证诈骗活动的。

【立法·要点注释】

"以其他方法进行信用证诈骗活动"的手段很多，如利用"软条款"信用证进行诈骗活动。所谓"软条款"信用证，是指在开立信用证时，故意制造一些隐蔽性条款，这些条款实际上赋予开证人或开证行单方面的主动权，从而使信用证随时因开证行或开证申请人单方面的行为而解除，以达到骗取财物的目的。有些不法分子如利用远期信用证诈骗。由于采用远期信用证支付时，进口商是先取货后付款，在信用证到期付款前存有一段时间，犯罪分子就利用这段时间，制造付款障碍，以达到骗取货物的目的。有的是取得货物后，将财产转移，宣布企业破产。有的则是与银行勾结，在信用证到期付款前，将银行资金转移，宣布银行破产。甚至有的国外小银行，其本身的资金就少于信用证所开出的金额，仍以开证行名义为进口商开具信用证，待进口商取得货物后，宣告资不抵债。

【司法解释】

《最高人民检察院、公安部关于公安机关管辖的刑事案件立案追诉标准的规定（二）》（公通字〔2010〕23号，20100507）

第五十三条〔信用证诈骗案（刑法第一百九十五条）〕进行信用证诈骗活动，涉嫌下列情形之一的，应予立案追诉：

（一）使用伪造、变造的信用证或者附随的单据、文件的；

（二）使用作废的信用证的；

（三）骗取信用证的；

（四）以其他方法进行信用证诈骗活动的。

第一百九十六条　【信用卡诈骗罪】有下列情形之一，进行信用卡诈骗活动，数额较大的，处五年以下有期徒刑或者拘役，并处二万元以上二十万元以上罚金；数额巨大或者有其他严重情节的，处五年以上十年以下有期徒刑，并处五万元以上五十万元以下罚金；数额特别巨大或者有其他特别严重情节的，处十年以上有期徒刑或者无期徒刑，并处五万元以上五十万元以下罚金或者没收财产：

（一）使用伪造的信用卡，或者使用以虚假的身份证明骗领的信用卡的；

（二）使用作废的信用卡的；

（三）冒用他人信用卡的；

（四）恶意透支的。

前款所称恶意透支，是指持卡人以非法占有为目的，超过规定限额或者规定期限透支，并且经发卡银行催收后仍不归还的行为。

【盗窃罪】盗窃信用卡并使用的，依照本法第二百六十四条的规定定罪处罚。

【修正前条文】

第一百九十六条　【信用卡诈骗罪】有下列情形之一，进行信用卡诈骗活动，数额较大的，处五年以下有期徒刑或者拘役，并处二万元以上二十万元以下罚金；数额巨大或者有其他严重情节的，处五年以上十年以下有期徒刑，并处五万元以上五十万元以下罚金；数额特别巨大或者有其他特别严重情节的，处十年以上有期徒刑或者无期徒刑，并处五万元以上五十万元以下罚金或者没收财产：

（一）使用伪造的信用卡的；

（二）使用作废的信用卡的；

（三）冒用他人信用卡的；

（四）恶意透支的。

前款所称恶意透支，是指持卡人以非法占有为目的，超过规定限额或者规定期限透支，并且经发卡银行催收后仍不归还的行为。

【盗窃罪】盗窃信用卡并使用的，依照本法第二百六十四条的规定定罪处罚。

【修正说明】

刑法修正案（五）第二条将使用以虚假身份证明骗领的信用卡的行为增列为犯罪。

【立法·要点注释】

1. 一些信用卡申领人为了顺利取得信用卡，或者获得较高的授信额度，而在申请信用卡时对自己的收入状况等作了不实陈述的行为，因为其主观上并无非法占有目的，性质不同于骗领信用卡的行为，不应作为犯罪处理。

2. 有的信用卡持有人将自己的信用卡借给他人使用，如借给自己的亲属、朋友等，虽然这种行为违反信用卡使用规定，但使用人主观上不是以非法占有持卡人财物为目的，因此不具备诈骗罪的本质特征。在这种情况下可以对其进行纠正或者按照有关规定处理，不能以"冒用他人信用卡"处理。

【立法解释】

《全国人民代表大会常务委员会关于〈中华人民共和国刑法〉有关信用卡规定的解释》（20041229）

刑法规定的"信用卡"，是指由商业银行或者其他金融机构发行的具有消费支付、信用贷款、转账结算、存取现金等全部功能或者部分功能的电子支付卡。

【司法解释 I】

《最高人民检察院、公安部关于公安机关管辖的刑事案件立案追诉标准的规定（二）》（公通字〔2010〕23号，20100507）

第五十四条〔信用卡诈骗案（刑法第一百九十六条）〕进行信用卡诈骗活动，涉嫌下列情形之一的，应予立案追诉：

（一）使用伪造的信用卡，或者使用以虚假的身份证明骗领的信用卡，或者使用作废的信用卡，或者冒用他人信用卡，进行诈骗活动，数额在五千元以上的；

（二）恶意透支，数额在一万元以上的。

本条规定的"恶意透支"，是指持卡人以非法占有为目的，超过规定限额或者规定期限透支，并且经发卡银行两次催收后超过三个月仍不归还的。

恶意透支，数额在一万元以上不满十万元的，在公安机关立案前已偿还全部透支款息，情节显著轻微的，可以依法不追究刑事责任。

【司法解释Ⅱ】

《最高人民法院、最高人民检察院关于办理妨害信用卡管理刑事案件具体应用法律若干问题的解释》（原法释〔2009〕19 号，根据法释〔2018〕19 号修正，20181201）

第五条　使用伪造的信用卡、以虚假的身份证明骗领的信用卡、作废的信用卡或者冒用他人信用卡，进行信用卡诈骗活动，数额在五千元以上不满五万元的，应当认定为刑法第一百九十六条规定的"数额较大"；数额在五万元以上不满五十万元的，应当认定为刑法第一百九十六条规定的"数额巨大"；数额在五十万元以上的，应当认定为刑法第一百九十六条规定的"数额特别巨大"。

刑法第一百九十六条第一款第三项所称"冒用他人信用卡"，包括以下情形：

（一）拾得他人信用卡并使用的；

（二）骗取他人信用卡并使用的；

（三）窃取、收买、骗取或者以其他非法方式获取他人信用卡信息资料，并通过互联网、通讯终端等使用的；

（四）其他冒用他人信用卡的情形。

第六条　持卡人以非法占有为目的，超过规定限额或者规定期限透支，经发卡银行两次有效催收后超过三个月仍不归还的，应当认定为刑法第一百九十六条规定的"恶意透支"。

对于是否以非法占有为目的，应当综合持卡人信用记录、还款能力和意愿、申领和透支信用卡的状况、透支资金的用途、透支后的表现、未按规定还款的原因等情节作出判断。不得单纯依据持卡人未按规定还款的事实认定非法占有目的。

具有以下情形之一的，应当认定为刑法第一百九十六条第二款规定的"以非法占有为目的"，但有证据证明持卡人确实不具有非法占有目的的除外：

（一）明知没有还款能力而大量透支，无法归还的；

（二）使用虚假资信证明申领信用卡后透支，无法归还的；

（三）透支后通过逃匿、改变联系方式等手段，逃避银行催收的；

（四）抽逃、转移资金，隐匿财产，逃避还款的；

（五）使用透支的资金进行犯罪活动的；

（六）其他非法占有资金，拒不归还的情形。

第七条 催收同时符合下列条件的，应当认定为本解释第六条规定的"有效催收"：

（一）在透支超过规定限额或者规定期限后进行；

（二）催收应当采用能够确认持卡人收悉的方式，但持卡人故意逃避催收的除外；

（三）两次催收至少间隔三十日；

（四）符合催收的有关规定或者约定。

对于是否属于有效催收，应当根据发卡银行提供的电话录音、信息送达记录、信函送达回执、电子邮件送达记录、持卡人或者其家属签字以及其他催收原始证据材料作出判断。

发卡银行提供的相关证据材料，应当有银行工作人员签名和银行公章。

第八条 恶意透支，数额在五万元以上不满五十万元的，应当认定为刑法第一百九十六条规定的"数额较大"；数额在五十万元以上不满五百万元的，应当认定为刑法第一百九十六条规定的"数额巨大"；数额在五百万元以上的，应当认定为刑法第一百九十六条规定的"数额特别巨大"。

第九条 恶意透支的数额，是指公安机关刑事立案时尚未归还的实际透支的本金数额，不包括利息、复利、滞纳金、手续费等发卡银行收取的费用。归还或者支付的数额，应当认定为归还实际透支的本金。

检察机关在审查起诉、提起公诉时，应当根据发卡银行提供的交易明细、分类账单（透支账单、还款账单）等证据材料，结合犯罪嫌疑人、被告人及其辩护人所提辩解、辩护意见及相关证据材料，审查认定恶意透支的数额；恶意透支的数额难以确定的，应当依据司法会计、审计报告，结合其他证据材料审查认定。人民法院在审判过程中，应当在对上述证据材料查证属实的基础上，对恶意透支的数额作出认定。

发卡银行提供的相关证据材料，应当有银行工作人员签名和银行公章。

第十条 恶意透支数额较大，在提起公诉前全部归还或者具有其他情节轻微情形的，可以不起诉；在一审判决前全部归还或者具有其他情节轻微情形的，可以免予刑事处罚。但是，曾因信用卡诈骗受过两次以上处罚的除外。

第十一条 发卡银行违规以信用卡透支形式变相发放贷款，持卡人未按规定归还的，不适用刑法第一百九十六条'恶意透支'的规定。构成其他犯罪的，以其他犯罪论处。

第十二条 违反国家规定，使用销售点终端机具（POS 机）等方法，以虚构交易、虚开价格、现金退货等方式向信用卡持卡人直接支付现金，情节严重的，应当依据刑法第二百二十五条的规定，以非法经营罪定罪处罚。

实施前款行为，数额在一百万元以上的，或者造成金融机构资金二十万元以上逾期未还的，或者造成金融机构经济损失十万元以上的，应当认定为刑法第二百二十五条规定的"情节严重"；数额在五百万元以上的，或者造成金融机构资金一百万元以上逾期未还的，或者造成金融机构经济损失五十万元以上的，应当认定为刑法第二百二十五条规定的"情节特别严重"。

持卡人以非法占有为目的，采用上述方式恶意透支，应当追究刑事责任的，依照刑法第一百九十六条的规定，以信用卡诈骗罪定罪处罚。

第十三条　单位实施本解释规定的行为，适用本解释规定的相应自然人犯罪的定罪量刑标准。

【司法解释Ⅱ·注释】

1. 关于"以非法占有为目的"的综合考量。对非法占有目的应当根据案件的具体情况综合认定，具体可以从如下几个方面考量：申领信用卡时提交材料是否真实，有无严重弄虚作假；使用信用卡时是否具有相对稳定的还款能力，如是否具有稳定合法的工作或者收入来源等；透支情况与收入水平是否基本相符；涉案信用卡是否存在大量套现情况；透支款项用途是否合法，是否用于违法犯罪活动；是否存在持续且有效的还款行为；透支后是否与发卡银行保持联系、积极沟通，是否存在故意逃避催收的情况；等等。对于持卡人原有合法、稳定收入来源，长期正常使用信用卡，信用记录良好，但在正常透支消费后，因突发重大疾病或者其他客观原因，导致一时无力还款，事后与发卡银行积极沟通说明情况、尽力筹措还款资金的，不应认定为以非法占有为目的。

2. 关于"有效催收"的认定标准。对于"有效催收"，应当从催收的时间、效果、间隔、合法性等方面加以认定。具体而言：（1）在透支超过规定限额或者规定期限后进行。持卡人的透支尚未超过规定限额或者规定期限的，属于对信用卡的合法使用，此时的所谓催收，本质上属于《中国银行业监督管理委员会商业银行信用卡业务监督管理办法》（以下简称《信用卡管理办法》）第六十七条"发卡银行应当及时就即将到期的透支金额、还款日期等信息提醒持卡人"中的"提醒"，不属于催收，故明确催收应当在透支超过规定限额或者规定期限"后"进行。（2）催收应当采用能够确认持卡人收悉的方式，但持卡人故意逃避催收的除外。这是"有效催收"的本质要求，以将持卡人由于搬迁或者出差等原因，没有收到银行催收以致未能按时还款的情况排除在外。需要注意的问题有三：一是这里的"确认持卡人收悉"，并非仅指持卡人实际知晓催收内容，也包括司法机关根据一般生活经验，判断持卡人确实收悉催收的情况，例如发卡银行按照约定，将催收短信送达持卡人的手机，即使不能证明持卡人已实际阅读，也可以认定有效催收。二是有的持卡人通过变更联系方式不通知发卡银行等方式故意逃避催收的，要求发卡银行的催收现实、确定被故意逃避催收的持卡人知悉，显然不符合现实情况。考虑发卡银行催收与人民法院民事送达有一定的相似性，故参考《最高人民法院关于进一步加强民事送达工作的若干意见》(法发〔2017〕19号)第六条"当事人变更送达地址，应当以书面方式告知人民法院。当事人未书面变更的，以其确认的地址为送达地址"的规定，明确对于有证据证明持卡人故意逃避催收的，不需要发卡银行的催收必须采用能够确认其收悉的方式，只要发卡银行按照与持卡人约定的方式进行了催收，例如向故意逃避催收的持卡人预留的手机号码发送催收短信的，也可以认定为有效催收。三是催收方式。2010年《最高人民法院研究室关于信用卡犯罪法律适用若干问题的复函》(法研〔2010〕108号)明确要求"两次催收"一般应分别采用电话、信函、上门等两种以上催收形式。对此，司法实践反映良好。修改决定未吸收上述规定，主要是考虑随着信息技术的发展，催收的方式更加灵活多样，例如近年开始出现"短信""微信""电子邮件"等催收方式，司法解释难以全面列举；而且，修正后的司法解释已经明确规定"催收应当采用能够确认持卡人收悉的方式"的情况下，对催收形式再作限制，亦无必要。(3) 两次催收至少间隔三十日。作此规定，同样是为了确保持卡人能够收悉发卡银行的催收，避免短时间内连续催收造成把两次催收实质上合并为一次催收的情况。之所以确定为"三十日"，是参考了信用卡对账单的生成周期一般为三十日的做法。(4) 符合催收的有关规定或者约定。此处规定的"约定"，是指持卡人与发卡银行就催收达成的合意，主要表现为持卡人同意发

卡银行的信用卡章程中有关催收的条款。至于"规定"，目前主要是指《信用卡管理办法》第六十八条至第七十条的相关规定，如"不得对与债务无关的第三人进行催收""对催收过程应当进行录音，录音资料至少保存二年备查"等。下一步关于催收的相关规定如有调整的，从其规定。

3. 关于持卡人与实际透支人不一致时的催收对象及相关问题。具体操作中，可以根据实际透支人获得信用卡的不同方式分别作出处理：(1) 违背持卡人真实意愿情形的处理。以拾得、骗取、窃取、收买，甚至抢劫、盗窃等方式获取他人信用卡后恶意透支，根据刑法和司法解释的有关规定，可以盗窃罪、信用卡诈骗罪（冒用他人信用卡）等规定定罪处罚，不需要催收。(2) 未违背持卡人的真实意愿情形的处理。持卡人明知、甚至与实际透支人共谋，共同使用自己的信用卡恶意透支的，对持卡人进行催收即可。因为此种情形下，持卡人与实际透支人一般存在某种关联，且双方违反了《中国人民银行银行卡业务管理办法》（银发〔1999〕17号）第二十八条"银行卡及其帐户只限经发卡银行批准的持卡人本人使用，不得出租和转借"的规定。需要特别强调，此处只是明确催收对象是持卡人，但是否构成恶意透支型信用卡诈骗罪，以及追究的刑事责任具体主体，还需要根据案件具体情况作出判断。

4. 有意见提出，恶意透支是信用卡诈骗罪的类型之一，与信用卡诈骗罪的其他类型（使用伪造的信用卡；

使用以虚假的身份证明骗领的信用卡；使用作废的信用卡；冒用他人信用卡）没有本质区别，恶意透支定罪量刑的数额标准提高后，其他类型信用卡诈骗定罪量刑的数额标准宜作相应提高。经慎重考虑，暂未采纳这一意见。主要考虑是：恶意透支是信用卡诈骗罪的绝对多数类型，其定罪量刑的数额标准，是当前办理信用卡诈骗刑事案件面临的最为突出问题之一，有必要重点解决，而其他类型信用卡诈骗的定罪量刑数额标准未见突出问题，实施情况较好，可以继续适用。特别是，恶意透支主要属于持卡人与发卡银行的债权债务纠纷，危害相对较小，风险相对可控，其定罪量刑的数额标准，可以而且有必要与信用卡诈骗罪的其他类型保持较大差别。

5. 有意见提出，恶意透支定罪量刑的数额标准，能否以及如何与信用卡诈骗罪其他类型的定罪量刑数额标准相互折抵，建议作出明确。经研究认为，恶意透支与信用卡诈骗罪的其他类型虽然适用同一罪名，但性质有所不同，不宜相互折抵，分别计算似更为适宜。

6. 关于恶意透支数额的认定，应当着重把握如下三个方面的问题：(1) 恶意透支的数额是指"实际透支的本金数额"。恶意透支的犯罪对象主要是发卡银行的本金，而"利息、复利、滞纳金、手续费等发卡银行收取的费用"属于发卡银行的市场收入，通过民事等其他法律手段加以保护更为妥当。(2) 计算恶意透支数额的时间节点为"公安机关刑事立案时"。

这是实践中的普遍做法，能够鼓励持卡人还款，有助于发卡银行及时挽回损失。(3) 归还或者支付的数额，应当认定为归还实际透支的本金。实践中，持卡人逾期后归还的款项，是"还本"还是"付息"，认识不一，故此处明确为"还本"。如不作此规定，可能导致将发卡银行收取的费用变相计入恶意透支的数额，明显不当。需要强调，"归还或者支付的数额，应当认定为归还实际透支的本金"的规定，是公安、司法机关计算恶意透支犯罪数额的方法，而《信用卡管理办法》第五十七条"逾期 1—90 天（含）的，按照先应收利息或各项费用、后本金的顺序进行冲还；逾期 91 天以上的，按照先本金、后应收利息或各项费用的顺序进行冲还"的规定，则属于银行的信用卡业务规则，二者的法律依据、适用范围、制度目的等均不相同，应当并行但不能混同。

7. 关于认定恶意透支数额的证据标准。检察机关在审查起诉、提起公诉时，即应当收集、调取发卡银行提供的交易明细、分类账单（透支账单、还款账单）等证据材料，审查认定恶意透支的数额。在一些案件中，恶意透支的数额难以确定的，检察机关应当要求有关部门出具司法会计报告或者审计报告，并结合案件其他证据审查认定恶意透支的数额，以提升恶意透支数额认定的准确性和案件处理的效率。

8. 关于名为透支信用卡实为贷款情形的处理规则。司法实践中，个别发卡银行不采用传统的抵押担保等具有较高安全性的贷款发放方式，而是以信用卡透支的形式发放贷款，既降低了银行发放贷款的审查要求，又可以将"持卡人"透支不还的行为认定恶意透支以通过刑事手段追索贷款，从而将银行的审慎义务转移给司法机关和"持卡人"。实践中，对于此种情况能否认定为刑法第一百九十六条规定的恶意透支，存在较大争议。经研究认为，该行为实质上是借用信用卡的形式发放贷款，所发放的"信用卡"的主要功能是作为贷款载体而非用于透支消费，不符合信用卡的本质特征，此种情况下"持卡人"透支不还的行为主要属于不及时归还贷款，不应适用恶意透支的规定定罪处罚。当然，如果符合刑法第一百七十五条之一规定的骗取贷款罪、第一百九十三条规定的贷款诈骗罪等其他犯罪的，可以依照其他犯罪定罪处罚。

【司法解释Ⅲ】

《最高人民检察院关于拾得他人信用卡并在自动柜员机（ATM 机）上使用的行为如何定性问题的批复》（高检发释字〔2008〕1 号，20080507）

拾得他人信用卡并在自动柜员机（ATM 机）上使用的行为，属于刑法第一百九十六条第一款第（三）项规定的"冒用他人信用卡"的情形，构成犯罪的，以信用卡诈骗罪追究刑事责任。

【司法指导文件】

《最高人民法院、最高人民检察院、公安部关于信用卡诈骗犯罪管辖有关问题的通知》（公通字〔2011〕

29 号，20110808）

近年来，信用卡诈骗流窜作案逐年增多，受害人在甲地申领的信用卡，被犯罪嫌疑人在乙地盗取了信用卡信息，并在丙地被提现或消费。犯罪嫌疑人企图通过空间的转换逃避刑事打击。为及时有效打击此类犯罪，现就有关案件管辖问题通知如下：

对以窃取、收买等手段非法获取他人信用卡信息资料后在异地使用的信用卡诈骗犯罪案件，持卡人信用卡申领地的公安机关、人民检察院、人民法院可以依法立案侦查、起诉、审判。

【公安文件】

《公安部经济犯罪侦查局关于对以虚假的工作单位证明及收入证明骗领信用卡是否可以认定为妨害信用卡管理罪请示的批复》（公经金融〔2008〕107 号，20080701）

以虚假的工作单位证明及收入证明骗领信用卡不能认定为妨害信用卡管理罪。

【法院参考案例】

〔**参考案例第 472 号：张国涛信用卡诈骗案**〕如何认定信用卡诈骗罪中的信用卡范围？

针对银行或者其他金融机构发行的电子支付卡，只要其具备消费支付、信用贷款、转账结算、存取现金等全部功能或者部分功能的，都属于刑法意义上的信用卡。我国刑法中的信用卡，既包括国际通行意义上具有透支功能的信用卡，也包括了不具有透支功能的银行借记卡。

〔**参考案例第 841 号：陈自渝信用卡诈骗案**〕恶意透支型信用卡诈骗案件中对透支本金产生的费用如何处理？

恶意透支型信用卡诈骗罪是一种数额犯，只有恶意透支到一定数额时才对恶意透支的行为追究刑事责任。在恶意透支型信用卡诈骗罪中，行为人犯罪时所指向的对象只是透支的本金部分，至于后来透支本金所产生的各种费用并不是其犯罪时意图占有的部分。透支本金所产生的复利，包括正常利息和罚息以及其他费用，不能认定为银行的直接损失。对于透支本金所产生的复利、滞纳金等间接损失，不能通过附带民事诉讼解决。确有正当理由，应当通过民事救济途径解决的，被害人可以另行提起民事诉讼。

〔**参考案例第 874 号：王立军等信用卡诈骗案**〕窃取他人开卡邮件并激活信用卡使用的行为如何定性？

窃取他人信用卡后激活并使用的行为构成信用卡诈骗罪。私自激活他人信用卡并使用属于冒用他人信用卡行为。

〔**参考案例第 1120 号：梁保权、梁博艺信用卡诈骗案**〕透支信用卡用于经营活动导致无法归还的是否构成信用卡诈骗罪？

1. 行为人将透支款项用于合法经营，因客观原因导致无法归还透支款项的不能认定"以非法占有为目的"。

2. 恶意透支被停卡后至催收后未满 3 个月期间所偿还款项应视为偿还本金且应从犯罪数额中予以扣除。

第一百九十七条 【有价证券诈骗罪】使用伪造、变造的国库券或者国家发行的其他有价证券，进行诈骗活动，数额较大的，处五年以下有期徒刑或者拘役，并处二万元以上二十万元以下罚金；数额巨大或者有其他严重情节的，处五年以上十年以下有期徒刑，并处五万元以上五十万元以下罚金；数额特别巨大或者有其他特别严重情节的，处十年以上有期徒刑或者无期徒刑，并处五万元以上五十万元以下罚金或者没收财产。

【司法解释】

《**最高人民检察院、公安部关于公安机关管辖的刑事案件立案追诉标准的规定（二）**》（公通字〔2010〕23 号，20100507）

第五十五条 〔有价证券诈骗案（刑法第一百九十七条）〕使用伪造、变造的国库券或者国家发行的其他有价证券进行诈骗活动，数额在一万元以上的，应予立案追诉。

第一百九十八条 【保险诈骗罪】有下列情形之一，进行保险诈骗活动，数额较大的，处五年以下有期徒刑或者拘役，并处一万元以上十万元以下罚金；数额巨大或者有其他严重情节的，处五年以上十年以下有期徒刑，并处二万元以上二十万元以下罚金；数额特别巨大或者有其他特别严重情节的，处十年以上有期徒刑，并处二万元以上二十万元以下罚金或者没收财产：

（一）投保人故意虚构保险标

的，骗取保险金的；

（二）投保人、被保险人或者受益人对发生的保险事故编造虚假的原因或者夸大损失的程度，骗取保险金的；

（三）投保人、被保险人或者受益人编造未曾发生的保险事故，骗取保险金的；

（四）投保人、被保险人故意造成财产损失的保险事故，骗取保险金的；

（五）投保人、受益人故意造成被保险人死亡、伤残或者疾病，骗取保险金的。

有前款第四项、第五项所列行为，同时构成其他犯罪的，依照数罪并罚的规定处罚。

单位犯第一款罪的，对单位判处罚金，并对其直接负责的主管人员和其他直接责任人员，处五年以下有期徒刑或者拘役；数额巨大或者有其他严重情节的，处五年以上十年以下有期徒刑；数额特别巨大或者有其他特别严重情节的，处十年以上有期徒刑。

保险事故的鉴定人、证明人、财产评估人故意提供虚假的证明文件，为他人诈骗提供条件的，以保险诈骗的共犯论处。

【立法·要点注释】

行为人为达到保险诈骗的目的，其采取的方法已构成独立的犯罪，如杀人、纵火等。其所要进行的保险诈骗行为由于各种原因没有或者未能继

续实施下去，或者未能得逞，在这种情况下，其保险诈骗罪不能成立，但并不因此而影响对其实施的杀人、纵火等行为追究刑事责任。

【司法解释】

《最高人民检察院、公安部关于公安机关管辖的刑事案件立案追诉标准的规定（二）》（公通字〔2010〕23号，20100507）

第五十六条〔保险诈骗案（刑法第一百九十八条）〕进行保险诈骗活动，涉嫌下列情形之一的，应予立案追诉：

（一）个人进行保险诈骗，数额在一万元以上的；

（二）单位进行保险诈骗，数额在五万元以上的。

【司法指导文件】

《最高人民检察院法律政策研究室关于保险诈骗未遂能否按犯罪处理问题的答复》（〔1998〕高检研发第20号，19981127）

行为人已经着手实施保险诈骗行为，但由于其意志以外的原因未能获得保险赔偿的，是诈骗未遂，情节严重的，应依法追究刑事责任。

【法院参考案例】

〔参考案例第296号：曾劲青、黄剑新保险诈骗、故意伤害案〕以骗取数额巨大的保险费为目的，因意志以外原因未得逞的，是否构成保险诈骗罪？

以骗取数额巨大的保险费为目的，虽因意志以外原因未得逞，也可以构

成保险诈骗罪。

〔**参考案例第479号：徐开雷保险诈骗案**〕被保险车辆的实际所有人利用挂靠单位的名义实施保险诈骗行为，是否构成保险诈骗罪？

挂靠车辆的实际所有者作为实际投保人和被保险人，对于保险标的具有直接的保险利益关系，可以成为保险诈骗罪的主体。行为人利用挂靠单位从保险公司骗得盗窃险保险金的行为，属于隐名被保险人（实际投保人）利用显名被保险人（名义投保人）名义实施的保险诈骗行为，构成保险诈骗罪的间接正犯。

第一百九十九条　【已删除】

【**第二次修正前条文**】

第一百九十九条　【部分金融诈骗罪的死刑规定】犯本节第一百九十二条规定之罪，数额特别巨大并且给国家和人民利益造成特别重大损失的，处无期徒刑或者死刑，并处没收财产。

【**第一次修正前条文**】

第一百九十九条　【部分金融诈骗罪的死刑规定】犯本节第一百九十二条、第一百九十四条、第一百九十五条规定之罪，数额特别巨大并且给国家和人民利益造成特别重大损失的，处无期徒刑或者死刑，并处没收财产。

【**修正说明**】

原条文经刑法修正案（八）第三十条修正，后由刑法修正案（九）第十二条删除。

第二百条　【对单位犯金融诈骗罪的处罚】单位犯本节第一百九十二条、第一百九十四条、第一百九十五条规定之罪的，对单位判处罚金，并对其直接负责的主管人员和其他直接责任人员，处五年以下有期徒刑或者拘役，可以并处罚金；数额巨大或者有其他严重情节的，处五年以上十年以下有期徒刑，并处罚金；数额特别巨大或者有其他特别严重情节的，处十年以上有期徒刑或者无期徒刑，并处罚金。

【**修正前条文**】

第二百条　【对单位犯金融诈骗罪的处罚】单位犯本节第一百九十二条、第一百九十四条、第一百九十五条规定之罪的，对单位判处罚金，并对其直接负责的主管人员和其他直接责任人员，处五年以下有期徒刑或者拘役；数额巨大或者有其他严重情节的，处五年以上十年以下有期徒刑；数额特别巨大或者有其他特别严重情节的，处十年以上有期徒刑或者无期徒刑。

【**修正说明**】

刑法修正案（八）第三十一条增设了相应单位犯罪的罚金刑。

第六节　危害税收征管罪

【**公安文件**】

《公安部办公厅关于若干经济犯罪案件如何统计涉案总价值、挽回经济损失数额的批复》（公经〔2008〕214号，20081105）

四、危害税收征管案按照以下方

法统计涉案总价值：

（一）偷税案按照偷税数额统计涉案总价值。

（二）抗税案按照拒缴税款额统计涉案总价值。

（三）逃避追缴欠税案按照欠缴税款额统计涉案总价值。

（四）骗取出口退税案按照骗取税款额统计涉案总价值。

（五）虚开增值税专用发票、用于骗取出口退税、抵扣税款发票案按照价税合计额统计涉案总价值。

（六）伪造、出售伪造的增值税专用发票案、非法出售增值税专用发票案、非法购买增值税专用发票、购买伪造的增值税专用发票、发票案，发票已经填开或打印金额的，按照价税合计额统计涉案总价值；发票未填开或打印金额的，不统计涉案总价值。

（七）非法制造、出售非法制造的用于骗取出口退税、抵扣税款发票案、非法出售用于骗取出口退税、抵扣税款发票案，发票已经填开或打印、印刷金额的，按照票面金额统计涉案总价值；票面既有价款额又有税款额的，按照价税合计额统计涉案总价值；发票未填开或打印、印刷金额的，不统计涉案总价值。

（八）非法制造、出售非法制造的发票案、非法出售发票案，发票已经填开或打印、印刷金额的，按照票面金额统计涉案总价值；发票未填开或打印、印刷金额的，不统计涉案总价值。

五、挽回经济损失额按照实际追缴的赃款以及赃物折价统计。

第二百零一条 【逃税罪】纳税人采取欺骗、隐瞒手段进行虚假纳税申报或者不申报，逃避缴纳税款数额较大并且占应纳税额百分之十以上的，处三年以下有期徒刑或者拘役，并处罚金；数额巨大并且占应纳税额百分之三十以上的，处三年以上七年以下有期徒刑，并处罚金。

扣缴义务人采取前款所列手段，不缴或者少缴已扣、已收税款，数额较大的，依照前款的规定处罚。

对多次实施前两款行为，未经处理的，按照累计数额计算。

有第一款行为，经税务机关依法下达追缴通知后，补缴应纳税款，缴纳滞纳金，已受行政处罚的，不予追究刑事责任；但是，五年内因逃避缴纳税款受过刑事处罚或者被税务机关给予二次以上行政处罚的除外。

【修正前条文】

第二百零一条 【偷税罪】纳税人采取伪造、变造、隐匿、擅自销毁账簿、记账凭证，在账簿上多列支出或者不列、少列收入，经税务机关通知申报而拒不申报或者进行虚假的纳税申报的手段，不缴或者少缴应纳税款，偷税数额占应纳税额的百分之十以上不满百分之三十并且偷税数额在一万元以上不满十万元的，或者因偷税被税务机关给予二次行政处罚又偷税的，处三年以下有期徒刑或者拘役，并处偷税数额一倍以上五倍以下罚金；

偷税数额占应纳税额的百分之三十以上并且偷税数额在十万元以上的，处三年以上七年以下有期徒刑，并处偷税数额一倍以上五倍以下罚金。

扣缴义务人采取前款所列手段，不缴或者少缴已扣、已收税款，数额占应缴税额的百分之十以上并且数额在一万元以上的，依照前款的规定处罚。

对多次犯有前两款行为，未经处理的，按照累计数额计算。

【修正说明】

本条由刑法修正案（七）第三条修正。

【立法·要点注释】

1. 无论是构成逃税罪的数额还是判处罚金的数额，本条只是作出原则规定，具体数额可由司法机关根据社会经济发展状况等因素通过司法解释规定。

2. 本条宽大处理的规定仅针对初犯者，五年内曾因逃避缴纳税款受过刑事处罚或者被税务机关给予二次以上行政处罚的除外，如果达到第一款规定的逃税数额和比例，即作为涉嫌犯罪移交公安机关立案处理。

【司法解释】

《最高人民检察院、公安部关于公安机关管辖的刑事案件立案追诉标准的规定（二）》（公通字〔2010〕23号，20100507）

第五十七条〔逃税案（刑法第二百零一条）〕逃避缴纳税款，涉嫌下列情形之一的，应予立案追诉：

（一）纳税人采取欺骗、隐瞒手段进行虚假纳税申报或者不申报，逃避缴纳税款，数额在五万元以上并且占各税种应纳税总额百分之十以上，经税务机关依法下达追缴通知后，不补缴应纳税款、不缴纳滞纳金或者不接受行政处罚的；

（二）纳税人五年内因逃避缴纳税款受到刑事处罚或者被税务机关给予二次以上行政处罚，又逃避缴纳税款，数额在五万元以上并且占各税种应纳税总额百分之十以上的；

（三）扣缴义务人采取欺骗、隐瞒手段，不缴或者少缴已扣、已收税款，数额在五万元以上的。

纳税人在公安机关立案后再补缴应纳税款、缴纳滞纳金或者接受行政处罚的，不影响刑事责任的追究。

【司法指导文件Ⅰ】

《最高人民法院研究室关于对三种涉税行为法律适用问题意见的复函》（法研〔2003〕175号，20031120）

二、行为人使用非法制造的发票的行为，应当具体情形具体分析。如果行为人不知道是非法制造的发票，主观上也没有偷逃税款的目的，即使客观上使用了该发票，也不能按照犯罪处理。如果行为人明知是非法制造的发票而使用，且偷逃税额达到了法定数额、比例要求，根据刑法第二百零一条的规定，应当以偷税罪追究刑事责任。①

———————

① 刑法修正案（七）通过后，"偷税罪"一律改为"逃税罪"。下同。——编者注

三、行为人没有实施其他违法犯罪行为，仅仅持有非法制造的发票的行为，不宜按照犯罪处理。

【司法指导文件Ⅱ】

《最高人民法院研究室关于税收通用完税证和车辆购置税完税证是否属于发票问题的回函》（法研〔2010〕140号，20100817）

对伪造税务机关征税专用章，非法制造税收通用完税证和车辆购置税完税证对外出售的，视情可以伪造国家机关印章罪论处；对非法购买上述两种伪造的完税证，逃避缴纳税款的，视情可以逃税罪论处。

【公安文件Ⅰ】

《公安部关于如何理解〈刑法〉第二百零一条规定的"应纳税额"问题的批复》（公复字〔1999〕4号，19991123）

《刑法》第二百零一条规定的"应纳税额"是指某一法定纳税期限或者税务机关依法核定的纳税期间内应纳税额的总和。偷税行为涉及两个以上税种的，只要其中一个税种的偷税数额、比例达到法定标准的，即构成偷税罪，其他税种的偷税数额累计计算。

【公安文件Ⅱ】

《公安部关于对未依法办理税务登记的纳税人能否成为偷税犯罪主体问题的批复》（公复字〔2007〕3号，20070523）

根据《中华人民共和国税收管理法》第四条、第三十七条的规定，未

按照规定办理税务登记的从事生产、经营的纳税人以及临时从事经营的纳税人，可以构成偷税罪的犯罪主体。其行为触犯《中华人民共和国刑法》第二百零一条规定的，公安机关应当以偷税罪立案侦查，依法追究刑事责任。

2002年1月23日公安部《关于无证经营的行为人能否成为偷税主体问题的批复》（公复字〔2002〕1号）不再适用。

【公安文件Ⅲ】

《公安部经济犯罪侦查局关于挂靠单位和个人是否符合偷税犯罪主体特征请示的答复》（公经〔2003〕819号，20030722）

现就承包、挂靠两种经营形式纳税人认定的原则性问题答复如下：

虽然税法没有明确规定挂靠和承包两种经营形式的纳税主体，但是，税法的立法精神与原则以及其他有关规定已对该两种经营形式的纳税主体作了原则性的规定。

1. 偷税犯罪主体是特殊主体，即必须是纳税人或扣缴义务人。纳税人，是税法中规定的直接负有纳税义务的单位和个人。每一种税都有关于纳税义务的规定，通过规定纳税义务人落实税收任务和法律责任。一般分为两种：一是自然人，依法享有民事权利，并承担民事义务的公民个人；二是法人，依法成立，能够独立地支配财产，并能以自己的名义享有民事权利和承担民事义务的社会组织。所具备的资格条件：依法成立，有一定的财产和

资金，有自己的名称、组织或机构；能够独立承担民事上的财产义务以及能以自己的名义参加民事活动和诉讼。扣缴义务人是指根据税法规定负有代扣代缴义务的单位和个人。不具有纳税义务或扣缴义务的单位和个人不能独立构成偷税罪主体。

2. 如果纳税企业单位改变经营方式，其全部或部分被个人、其他企业、单位实行承租经营的，确定其纳税人视情况处理：

（1）凡承租经营后，未改变被承租企业名称，未变更工商登记，仍以被承租企业名义对外从事生产经营活动，不论被承租企业与承租方如何分配经营成果，均以被承租企业为纳税义务人。

（2）承租经营后，承租方重新办理工商登记，并以承租方的名义对外从事生产经营活动，以重新办理工商登记的企业、单位为纳税义务人。

（3）承租经营后，承租方虽重新办理工商登记，但是，仍然以被承租方的名义从事生产经营活动，且资金往来均以被承租方的名义进行，则要看承租双方是否有协议规定，如果有，按照协议规定确定纳税义务人；如果没有，则以被承租方为纳税义务人。如果承租方以被承租方名义从事生产经营活动，但是没有得到被承租方的认可，则有实际获得生产经营活动收益方为纳税义务人。

3. 如果单位和个人以挂靠他单位的形式从事生产经营活动，确定其纳税人的原则同承租经营形式，视情况处理：

（1）凡挂靠方，未改变被挂靠企业名称，未办理工商登记，仍以被挂靠单位名义对外从事生产经营活动，不论挂靠双方如何分配经营成果，均以被挂靠方为纳税义务人。

（2）挂靠方办理工商登记，并以挂靠方的名义对外从事生产经营活动，以办理工商登记的挂靠方为纳税义务人。

（3）挂靠方虽办理工商登记，但仍以被挂靠方的名义从事生产经营活动，且资金往来均以被挂靠方的名义进行，则要看挂靠双方是否有协议规定，如果有，按照协议规定确定纳税义务人；如果没有，则以被挂靠方为纳税义务人。如果挂靠方以被挂靠方名义从事生产经营活动，但是没有得到被挂靠方的认可，则有实际获得生产经营活动收益方为纳税义务人。

4. 营业税法规规定：建筑安装企业实行分包或转包的，以总承包人为扣缴义务人。非跨省工程的分包或转包，由扣缴人在工程所在地代扣代缴；跨省工程的分包或转包，由扣缴人向被扣缴人机构所在地税务机关交纳。

【公安文件Ⅳ】

《公安部经济犯罪侦查局关于偷逃契税能否定性为偷税问题的批复》（公经〔2005〕1040 号，20050621）

纳税人采取刑法第 201 条所列举的手段，不缴或少缴契税，达到偷税罪追诉标准的，应以涉嫌偷税罪定罪论处。

【法院参考案例】

〔参考案例第 447 号：黄春发等偷

税案〕行为人购进货物时应当取得增值税发票而未索要，销售货物后没有按照增值税征管规定纳税，从而偷逃应纳税额的，应如何计算偷税数额？

行为人购进货物时应当取得增值税发票而未索要，销售货物后没有按照增值税征管规定纳税，从而偷逃应纳税额的，在计算偷税数额时，应当减除按照增值税征管规定可以申报抵扣的税额。

第二百零二条　【抗税罪】以暴力、威胁方法拒不缴纳税款的，处三年以下有期徒刑或者拘役，并处拒缴税款一倍以上五倍以下罚金；情节严重的，处三年以上七年以下有期徒刑，并处拒缴税款一倍以上五倍以下罚金。

【司法解释 I】

《最高人民检察院、公安部关于公安机关管辖的刑事案件立案追诉标准的规定（二）》（公通字〔2010〕23号，20100507）

第五十八条〔抗税案（刑法第二百零二条）〕以暴力、威胁方法拒不缴纳税款，涉嫌下列情形之一的，应予立案追诉：

（一）造成税务工作人员轻微伤以上的；

（二）以给税务工作人员及其亲友的生命、健康、财产等造成损害为威胁，抗拒缴纳税款的；

（三）聚众抗拒缴纳税款的；

（四）以其他暴力、威胁方法拒不缴纳税款的。

【司法解释 II】

《最高人民法院关于审理偷税抗税刑事案件具体应用法律若干问题的解释》（法释〔2002〕33号，20021107）

第五条　实施抗税行为具有下列情形之一的，属于刑法第二百零二条规定的"情节严重"：

（一）聚众抗税的首要分子；

（二）抗税数额在十万元以上的；

（三）多次抗税的；

（四）故意伤害致人轻伤的；

（五）具有其他严重情节。

第六条　实施抗税行为致人重伤、死亡，构成故意伤害罪、故意杀人罪的，分别依照刑法第二百三十四条第二款、第二百三十二条的规定定罪处罚。

与纳税人或者扣缴义务人共同实施抗税行为的，以抗税罪的共犯依法处罚。

第二百零三条　【逃避追缴欠税罪】纳税人欠缴应纳税款，采取转移或者隐匿财产的手段，致使税务机关无法追缴欠缴的税款，数额在一万元以上不满十万元的，处三年以下有期徒刑或者拘役，并处或者单处欠缴税款一倍以上五倍以下罚金；数额在十万元以上的，处三年以上七年以下有期徒刑，并处欠缴税款一倍以上五倍以下罚金。

【司法解释】

《最高人民检察院、公安部关于公安机关管辖的刑事案件立案追诉标准的规定（二）》（公通字〔2010〕23

号，20100507）

第五十九条〔逃避追缴欠税案（刑法第二百零三条）〕纳税人欠缴应纳税款，采取转移或者隐匿财产的手段，致使税务机关无法追缴欠缴的税款，数额在一万元以上的，应予立案追诉。

第二百零四条 【骗取出口退税罪】以假报出口或者其他欺骗手段，骗取国家出口退税款，数额较大的，处五年以下有期徒刑或者拘役，并处骗取税款一倍以上五倍以下罚金；数额巨大或者有其他严重情节的，处五年以上十年以下有期徒刑，并处骗取税款一倍以上五倍以下罚金；数额特别巨大或者有其他特别严重情节的，处十年以上有期徒刑或者无期徒刑，并处骗取税款一倍以上五倍以下罚金或者没收财产。

【逃税罪】纳税人缴纳税款后，采取前款规定的欺骗方法，骗取所缴纳的税款的，依照本法第二百零一条的规定定罪处罚；骗取税款超过所缴纳的税款部分，依照前款的规定处罚。

【司法解释 I 】

《最高人民检察院、公安部关于公安机关管辖的刑事案件立案追诉标准的规定（二）》（公通字〔2010〕23号，20100507）

第六十条〔骗取出口退税案（刑法第二百零四条第一款）〕以假报出口或者其他欺骗手段，骗取国家出口退税款，数额在五万元以上的，应予

立案追诉。

【司法解释 II 】

《最高人民法院关于审理骗取出口退税刑事案件具体应用法律若干问题的解释》（法释〔2002〕30 号，20020923）

第一条　刑法第二百零四条规定的"假报出口"，是指以虚构已税货物出口事实为目的，具有下列情形之一的行为：

（一）伪造或者签订虚假的买卖合同；

（二）以伪造、变造或者其他非法手段取得出口货物报关单、出口收汇核销单、出口货物专用缴款书等有关出口退税单据、凭证；

（三）虚开、伪造、非法购买增值税专用发票或者其他可以用于出口退税的发票；

（四）其他虚构已税货物出口事实的行为。

第二条　具有下列情形之一的，应当认定为刑法第二百零四条规定的"其他欺骗手段"：

（一）骗取出口货物退税资格的；

（二）将未纳税或者免税货物作为已税货物出口的；

（三）虽有货物出口，但虚构该出口货物的品名、数量、单价等要素，骗取未实际纳税部分出口退税款的；

（四）以其他手段骗取出口退税款的。

第三条　骗取国家出口退税款 5万元以上的，为刑法第二百零四条规定的"数额较大"；骗取国家出口退税款 50 万元以上的，为刑法第二百零

四条规定的"数额巨大";骗取国家出口退税款 250 万元以上的,为刑法第二百零四条规定的"数额特别巨大"。

第四条 具有下列情形之一的,属于刑法第二百零四条规定的"其他严重情节":

(一)造成国家税款损失 30 万元以上并且在第一审判决宣告前无法追回的;

(二)因骗取国家出口退税行为受过行政处罚,两年内又骗取国家出口退税款数额在 30 万元以上的;

(三)情节严重的其他情形。

第五条 具有下列情形之一的,属于刑法第二百零四条规定的"其他特别严重情节":

(一)造成国家税款损失 150 万元以上并且在第一审判决宣告前无法追回的;

(二)因骗取国家出口退税行为受过行政处罚,两年内又骗取国家出口退税款数额在 150 万元以上的;

(三)情节特别严重的其他情形。

第六条 有进出口经营权的公司、企业,明知他人意欲骗取国家出口退税款,仍违反国家有关进出口经营的规定,允许他人自带客户、自带货源、自带汇票并自行报关,骗取国家出口退税款的,依照刑法第二百零四条第一款、第二百一十一条的规定定罪处罚。

第七条 实施骗取国家出口退税行为,没有实际取得出口退税款的,可以比照既遂犯从轻或者减轻处罚。

第八条 国家工作人员参与实施骗取出口退税犯罪活动的,依照刑法第二百零四条第一款的规定从重处罚。

第九条 实施骗取出口退税犯罪,同时构成虚开增值税专用发票罪等其他犯罪的,依照刑法处罚较重的规定定罪处罚。

【法院参考案例】

〔参考案例第 287 号:中国包装进出口陕西公司、侯万万骗取出口退税案〕"明知他人意欲骗取出口退税款"的司法认定?

如果在察觉对方手续不全、单证虚假的情况下,即使不见出口商品、不见供货货主、不见外商,仍然通过允许他人自带客户、自带货源、自带汇票并自行报关等"四自三不见"方式为对方办理退税,不管出于何种动机,至少在主观上具有放任他人实施骗取出口退税行为的故意。

〔参考案例第 329 号:杨康林、曹培强等骗取出口退税案〕如何认定明知他人具有骗取国家出口退税款的主观故意?

有进出口经营权的公司在"四自三不见"的情况下,将代理出口业务伪造为自营出口业务,致使国家税款被骗的,应当认定具有骗取国家出口退税款的主观故意。

第二百零五条 【虚开增值税专用发票、用于骗取出口退税、抵扣税款发票罪】虚开增值税专用发票或者虚开用于骗取出口退税、抵扣税款的其他发票的,处三年以下有期徒刑或者拘役,并处二万元以上二十万元以下罚金;虚开的税款数额较大或者有其他严重情节的，处三年以上十年以下有期徒刑，并处五万元以上五十万元以下罚金；虚开的税款数额巨大或者有其他特别严重情节的，处十年以上有期徒刑或者无期徒刑，并处五万元以上五十万元以下罚金或者没收财产。

单位犯本条规定之罪的，对单位判处罚金，并对其直接负责的主管人员和其他直接责任人员，处三年以下有期徒刑或者拘役；虚开的税款数额较大或者有其他严重情节的，处三年以上十年以下有期徒刑；虚开的税款数额巨大或者有其他特别严重情节的，处十年以上有期徒刑或者无期徒刑。

虚开增值税专用发票或者虚开用于骗取出口退税、抵扣税款的其他发票，是指有为他人虚开、为自己虚开、让他人为自己虚开、介绍他人虚开行为之一的。

【修正前条文】

第二百零五条 【虚开增值税专用发票、用于骗取出口退税、抵扣税款发票罪】虚开增值税专用发票或者虚开用于骗取出口退税、抵扣税款的其他发票的，处三年以下有期徒刑或者拘役，并处二万元以上二十万元以下罚金；虚开的税款数额较大或者有其他严重情节的，处三年以上十年以下有期徒刑，并处五万元以上五十万元以下罚金；虚开的税款数额巨大或者有其他特别严重情节的，处十年以上有期徒刑或者无期徒刑，并处五万

元以上五十万元以下罚金或者没收财产。

有前款行为骗取国家税款，数额特别巨大，情节特别严重，给国家利益造成特别重大损失的，处无期徒刑或者死刑，并处没收财产。

单位犯本条规定之罪的，对单位判处罚金，并对其直接负责的主管人员和其他直接责任人员，处三年以下有期徒刑或者拘役；虚开的税款数额较大或者有其他严重情节的，处三年以上十年以下有期徒刑；虚开的税款数额巨大或者有其他特别严重情节的，处十年以上有期徒刑或者无期徒刑。

虚开增值税专用发票或者虚开用于骗取出口退税、抵扣税款的其他发票，是指有为他人虚开、为自己虚开、让他人为自己虚开、介绍他人虚开行为之一的。

【修正说明】

刑法修正案（八）第三十二条删去了原条文第二款，废除了本条犯罪的死刑规定。

【立法解释】

《全国人民代表大会常务委员会关于〈中华人民共和国刑法〉有关出口退税、抵扣税款的其他发票规定的解释》（20051229）

刑法规定的"出口退税、抵扣税款的其他发票"，是指除增值税专用发票以外的，具有出口退税、抵扣税款功能的收付款凭证或者完税凭证。

【司法解释】

《最高人民检察院、公安部关于公

安机关管辖的刑事案件立案追诉标准的规定 （二）》（公通字〔2010〕23号，20100507）

第六十一条〔虚开增值税专用发票、用于骗取出口退税、抵扣税款发票案（刑法第二百零五条）〕虚开增值税专用发票或者虚开用于骗取出口退税、抵扣税款的其他发票，虚开的税款数额在一万元以上或者致使国家税款被骗数额在五千元以上的，应予立案追诉。

【司法指导文件 I】

《最高人民法院关于虚开增值税专用发票定罪量刑标准有关问题的通知》（法〔2018〕226号，20180822）

为正确适用刑法第二百零五条关于虚开增值税专用发票罪的有关规定，确保罪责刑相适应，现就有关问题通知如下：

一、自本通知下发之日起，人民法院在审判工作中不再参照执行《最高人民法院关于适用〈全国人民代表大会常务委员会关于惩治虚开、伪造和非法出售增值税专用发票犯罪的决定〉的若干问题的解释》 （法发〔1996〕30号）第一条规定的虚开增值税专用发票罪的定罪量刑标准。

二、在新的司法解释颁行前，对虚开增值税专用发票刑事案件定罪量刑的数额标准，可以参考《最高人民法院关于审理骗取出口退税刑事案件具体应用法律若干问题的解释》（法释〔2002〕30号）第三条的规定执行，即虚开的税款数额在五万元以上的，以虚开增值税专用发票罪处三年

以下有期徒刑或者拘役，并处二万元以上二十万元以下罚金；虚开的税款金额在五十万元以上的，认定为刑法第二百零五条规定的 “数额较大”；虚开的税款数额在二百五十万元以上的，认定为刑法第二百零五条规定的 “数额巨大”。

【司法指导文件 II】

《最高人民法院关于对〈审计署关于咨询虚开增值税专用发票罪问题的函〉的复函》（法函〔2001〕66号，20011017）

地方税务机关实施 “高开低征” 或者 “开大征小” 等违规开具增值税专用发票的行为，不属于刑法第二百零五条规定的虚开增值税专用发票的犯罪行为，造成国家税款重大损失的，对有关主管部门的国家机关工作人员，应当根据刑法有关渎职罪的规定追究刑事责任。

【司法指导文件 III】

《最高人民法院研究室关于对三种涉税行为法律适用问题意见的复函》（法研〔2003〕175号，20031120）

一、行为人购买非法制造的用于抵扣税款的其他发票又虚开的行为，根据刑法第二百零五条的规定，构成犯罪的，以虚开用于抵扣税款发票罪追究刑事责任。

【司法指导文件 IV】

《最高人民法院研究室〈关于如何认定以 “挂靠” 有关公司名义实施经营活动并让有关公司为自己虚开增值税专用发票行为的性质〉征求意见的复函》

（法研〔2015〕58 号，20150611）

一、挂靠方以挂靠方式向受票方实际销售货物，被挂靠方向受票方开局增值税专用发票的，不属于刑法第二百零五条规定的"虚开增值税专用发票"。

二、行为人利用他人的名义从事经营活动，并以他人名义开具增值税专用发票的，即便行为人与该他人之间不存在挂靠关系，但如行为人进行了实际的经营活动，主观上并无骗取抵扣税款的故意，客观上也未造成国家增值税款损失的，不宜认定为刑法第二百零五条规定的"虚开增值税专用发票"；符合逃税罪等其他犯罪构成条件的，可以其他犯罪论处。

【司法指导文件 V】

《最高人民法院研究室关于如何适用法发〔1996〕30 号司法解释数额标准问题的电话答复》（法研〔2014〕179 号，20141127）

为了贯彻罪刑相当原则，对虚开增值税专用发票案件的量刑数额标准，可以不再参照适用 1996 年《最高人民法院关于适用〈全国人民代表大会常务委员会关于惩治虚开、伪造和非法出售增值税专用发票犯罪的决定〉的若干问题的解释》。在新的司法解释制定前，对于虚开增值税专用发票案件的定罪量刑标准，可以参照《最高人民法院关于审理骗取出口退税刑事案件具体应用法律若干问题的解释》的有关规定执行。

【司法指导文件 VI】

《最高人民检察院法律政策研究室关于税务机关工作人员通过企业以"高开低征"的方法代开增值税专用发票的行为如何适用法律问题的答复》（高检研发〔2004〕6 号，20040317）

税务机关及其工作人员将不具备条件的小规模纳税人虚报为一般纳税人，并让其采用"高开低征"的方法为他人代开增值税专用发票的行为，属于虚开增值税专用发票。对于造成国家税款损失，构成犯罪的，应当依照刑法第二百零五条的规定追究刑事责任。

【法院参考案例】

〔参考案例第 110 号：芦才兴虚开抵扣税款发票案〕虚开可以用于抵扣税款的发票冲减营业额偷逃税款的行为如何定性？

1. 只有为增值税纳税人虚开或者介绍他人为增值税纳税人虚开可以用于抵扣税款发票的，才能以虚开抵扣税款发票定罪处罚。

2. 行为人没有抵扣税款的故意，即使实施了虚开抵扣税款发票的行为，也不能以虚开抵扣税款发票罪定罪处罚。在这里，对刑法第二百零五条中的"用于抵扣税款"的理解不能过于宽泛，"用于"应指主观上想用于和客观上实际用于，而不包括虽然可以用于但行为人主观上不想用于，客观上也没有用于，也不能将行为人使用发票意图不明的视为准备用于。

3. 虚开可以用于抵扣税款的发票，不是为了抵扣税款，而是出于其他目的，应当结合行为人的犯罪故意和实施的客观行为择定其他罪名定罪处罚，符合逃税罪构成要件的，以逃税罪定罪处罚。

〔**参考案例第 231 号：吴彩森、郭家春等虚开增值税专用发票案**〕税务机关利用代管监开的增值税专用发票"高开低征"的行为如何定罪处罚？

税务机关利用代管监开的增税专用发票"高开低征"的行为，应以虚开增值税专用发票罪定罪量刑。

〔**参考案例第 1209 号：王小禹、鞠井田虚开增值税专用发票案**〕介绍他人开具、让他人为自己开具无真实货物购销的增值税专用发票的行为如何定罪量刑？

1. 介绍他人开具、让他人为自己开具无真实货物购销的增值税专用发票的行为构成虚开增值税专用发票罪。

2. 关于虚开增值税专用发票罪与非法出售增值税专用发票罪、非法购买增值税专用发票罪、出售伪造的增值税专用发票罪、购买伪造的增值税专用发票罪等相关增值税专用发票犯罪之间如何区分的问题，各罪名之间各有其适用的空间。具体而言：（1）非法出售真实的空白增值税专用发票的，认定为非法出售增值税专用发票。出售伪造的空白增值税专用发票的，认定为出售伪造的增值税专用发票罪。（2）非法购买真实的空白增值税专用发票的，认定为非法购买增值税专用发票。购买伪造的空白增值税专用发票的，认定为购买伪造的增值税专用发票罪。（3）非法购买真实的定额增值税专用发票的，认定为非法购买增值税专用发票罪。出售真实的定额增值税专用发票的，认定为非法出售增值税专用

发票罪。（4）非法购买伪造的定额增值税专用发票的，认定为购买伪造增值税专用发票罪。出售伪造的定额增值税专用发票的，认定为出售伪造的增值税专用发票罪。（5）为他人开、为自己开、让他人为自己开、介绍他人开增值税专用发票，符合司法解释规定的虚开行为的，认定为虚开增值税专用发票罪。需要注意的是，在犯罪过程中，一般会存在买卖的行为，但依照刑法第二百零八条第二款规定，应直接以虚开增值税专用发票罪处罚。（6）伪造增值税专用发票的，认定为伪造增值税专用发票罪。（7）购买增值税专用发票，但无证据证明是为了虚开而购买的，认定为非法购买增值税专用发票罪；有证据证明为了虚开而购买的，则认定为虚开增值税专用发票罪。

3. 虚开的"税款数额"是虚开增值税专用发票罪定罪量刑的主要依据。这里的"税款数额"应指税额，而不是货额或者价税合计额。从本质上来说，增值税是对货物或应税服务的最终销售按照不含税价征收的比例税款，认定虚开税额，应当以该部分虚开实际或者可能让国家税款流失的数额为限。增值税专用发票不同于普通发票，其可以用于抵扣税款。抵扣税款，会直接造成国家税收损失，这也正是对增值税发票犯罪行为从重打击的原因。所以，"虚开的税款数额"应是指增值税专用发票造成的国家税收的损失，也就是抵扣的税款额，即票面载明的税额。

第二百零五条之一　【虚开发票罪】虚开本法第二百零五条规定以外的其他发票，情节严重的，处二年以下有期徒刑、拘役或者管制，并处罚金；情节特别严重的，处二年以上七年以下有期徒刑，并处罚金。

单位犯前款罪的，对单位判处罚金，并对其直接负责的主管人员和其他直接责任人员，依照前款的规定处罚。

【修正说明】

本罪由刑法修正案（八）第三十三条增设。

【司法解释】

《最高人民检察院、公安部关于公安机关管辖的刑事案件立案追诉标准的规定（二）》〔公通字〔2010〕23号，20100507，经 2011 年 11 月 14 日发布的《最高人民检察院、公安部关于公安机关管辖的刑事案件立案追诉标准的规定（二）的补充规定》（公通字〔2011〕47 号）修正〕

第六十一条之一〔虚开发票案（刑法第二百零五条之一）〕虚开刑法第二百零五条规定以外的其他发票，涉嫌下列情形之一的，应予立案追诉：

（一）虚开发票一百份以上或者虚开金额累计在四十万元以上的；

（二）虽未达到上述数额标准，但五年内因虚开发票行为受过行政处罚二次以上，又虚开发票的；

（三）其他情节严重的情形。

第二百零六条　【伪造、出售伪造的增值税专用发票罪】伪造或者出售伪造的增值税专用发票的，处三年以下有期徒刑、拘役或者管制，并处二万元以上二十万元以下罚金；数量较大或者有其他严重情节的，处三年以上十年以下有期徒刑，并处五万元以上五十万元以下罚金；数量巨大或者有其他特别严重情节的，处十年以上有期徒刑或者无期徒刑，并处五万元以上五十万元以下罚金或者没收财产。

单位犯本条规定之罪的，对单位判处罚金，并对其直接负责的主管人员和其他直接责任人员，处三年以下有期徒刑、拘役或者管制；数量较大或者有其他严重情节的，处三年以上十年以下有期徒刑；数量巨大或者有其他特别严重情节的，处十年以上有期徒刑或者无期徒刑。

【修正前条文】

第二百零六条　【伪造、出售伪造的增值税专用发票罪】伪造或者出售伪造的增值税专用发票的，处三年以下有期徒刑、拘役或者管制，并处二万元以上二十万元以下罚金；数量较大或者有其他严重情节的，处三年以上十年以下有期徒刑，并处五万元以上五十万元以下罚金；数量巨大或者有其他特别严重情节的，处十年以上有期徒刑或者无期徒刑，并处五万元以上五十万元以下罚金或者没收财产。

伪造并出售伪造的增值税专用发票，数量特别巨大，情节特别严重，严重破坏经济秩序的，处无期徒刑或者死刑，并处没收财产。

单位犯本条规定之罪的，对单位判处罚金，并对其直接负责的主管人员和其他直接责任人员，处三年以下有期徒刑、拘役或者管制；数量较大或者有其他严重情节的，处三年以上十年以下有期徒刑；数量巨大或者有其他特别严重情节的，处十年以上有期徒刑或者无期徒刑。

【修正说明】

刑法修正案（八）第三十四条删去原条文第二款，废除了本条犯罪的死刑规定。

【立法·要点注释】

构成本罪，只要具有伪造或者出售伪造的增值税专用发票的其中一种行为即可，不要求同时具备两种行为。如果同一主体同时具有伪造和出售伪造的增值税专用发票的行为，则应以伪造、出售伪造的增值税专用发票罪定罪处刑，而不数罪并罚，但出售行为应作为量刑情节在量刑时予以考虑。

【司法解释】

《最高人民检察院、公安部关于公安机关管辖的刑事案件立案追诉标准的规定（二）》（公通字〔2010〕23号，20100507）

第六十二条〔伪造、出售伪造的增值税专用发票案（刑法第二百零六条）〕伪造或者出售伪造的增值税专用发票二十五份以上或者票面额累计在十万元以上的，应予立案追诉。

【法院参考案例】

〔参考案例第 252 号：曾珠玉等伪造增值税专用发票案〕购买伪造的增值税专用发票又出售的行为如何定罪处罚？制造、销售用于伪造增值税专用发票（普通发票）的印刷模板等印制工具的行为如何定罪处罚？

1. 购买伪造的增值税专用发票又出售的行为，应以出售伪造的增值税专用发票罪定罪处罚。

2. 对于制造、销售伪造增值税专用发票（普通发票）的印刷模板等印制工具的行为，应以伪造增值税专用发票（普通发票）罪定罪处罚。

第二百零七条 【非法出售增值税专用发票罪】 非法出售增值税专用发票的，处三年以下有期徒刑、拘役或者管制，并处二万元以上二十万元以下罚金；数量较大的，处三年以上十年以下有期徒刑，并处五万元以上五十万元以下罚金；数量巨大的，处十年以上有期徒刑或者无期徒刑，并处五万元以上五十万元以下罚金或者没收财产。

【立法·要点注释】

对于盗窃或骗取增值税专用发票后又非法出售的行为如何定罪处罚，刑法并没有明确规定。在刑法理论上，这两种行为应当属于牵连关系，其中，目的行为是非法出售增值税专用发票，而方法行为触犯盗窃罪、诈骗罪，按照牵连犯的处罚原则，应从一重罪从重处罚。

【司法解释】

《最高人民检察院、公安部关于公安机关管辖的刑事案件立案追诉标准的规定（二）》（公通字〔2010〕23号，20100507）

第六十三条〔非法出售增值税专用发票案（刑法第二百零七条）〕非法出售增值税专用发票二十五份以上或者票面额累计在十万元以上的，应予立案追诉。

【法院参考案例】

〔参考案例第337号：邓冬蓉非法出售增值税专用发票案〕非法出售增值税专用发票的份数和票面额分别达到不同的量刑档次的如何量刑？

对于非法出售增值税专用发票的份数和票面额分别达到不同量刑档次的，应适用处罚较重之规定进行量刑。

第二百零八条　**【非法购买增值税专用发票、购买伪造的增值税专用发票罪】** 非法购买增值税专用发票或者购买伪造的增值税专用发票的，处五年以下有期徒刑或者拘役，并处或者单处二万元以上二十万元以下罚金。

【虚开增值税专用发票罪】【出售伪造的增值税专用发票罪】【非法出售增值税专用发票罪】 非法购买增值税专用发票或者购买伪造的增值税专用发票又虚开或者出售的，分别依照本法第二百零五条、第二百零六条、第二百零七条的规定定罪处罚。

【司法解释】

《最高人民检察院、公安部关于公安机关管辖的刑事案件立案追诉标准的规定（二）》（公通字〔2010〕23号，20100507）

第六十四条〔非法购买增值税专用发票、购买伪造的增值税专用发票案（刑法第二百零八条第一款）〕非法购买增值税专用发票或者购买伪造的增值税专用发票二十五份以上或者票面额累计在十万元以上的，应予立案追诉。

第二百零九条　**【非法制造、出售非法制造的用于骗取出口退税、抵扣税款发票罪】** 伪造、擅自制造或者出售伪造、擅自制造的可以用于骗取出口退税、抵扣税款的其他发票的，处三年以下有期徒刑、拘役或者管制，并处二万元以上二十万元以下罚金；数量巨大的，处三年以上七年以下有期徒刑，并处五万元以上五十万元以下罚金；数量特别巨大的，处七年以上有期徒刑，并处五万元以上五十万元以下罚金或者没收财产。

【非法制造、出售非法制造的发票罪】 伪造、擅自制造或者出售伪造、擅自制造的前款规定以外的其他发票的，处二年以下有期徒刑、拘役或者管制，并处或者单处一万元以上五万元以下罚金；情节严重的，处二年以上七年以下有期徒刑，并处五万元以上五十万元以下罚金。

【非法出售用于骗取出口退税、

抵扣税款发票罪】非法出售可以用于骗取出口退税、抵扣税款的其他发票的，依照第一款的规定处罚。

【非法出售发票罪】非法出售第三款规定以外的其他发票的，依照第二款的规定处罚。

【立法解释性意见】

《全国人民代表大会常务委员会法制工作委员会刑法室关于对变造、出售变造普通发票行为的定性问题的意见》（刑发〔2005〕1 号，20050117）

刑法第二百零九条第二款规定的"伪造、擅自制造或者出售伪造、擅自制造的前款规定以外的其他发票"的行为，包括变造、出售变造的普通发票的行为。

【司法解释】

《最高人民检察院、公安部关于公安机关管辖的刑事案件立案追诉标准的规定（二）》（公通字〔2010〕23 号，20100507）

第六十五条〔非法制造、出售非法制造的用于骗取出口退税、抵扣税款发票案（刑法第二百零九条第一款）〕伪造、擅自制造或者出售伪造、擅自制造的可以用于骗取出口退税、抵扣税款的非增值税专用发票五十份以上或者票面额累计在二十万元以上的，应予立案追诉。

第六十六条〔非法制造、出售非法制造的发票案（刑法第二百零九条第二款）〕伪造、擅自制造或者出售伪造、擅自制造的不具有骗取出口退税、抵扣税款功能的普通发票一百份

以上或者票面额累计在四十万元以上的，应予立案追诉。

第六十七条〔非法出售用于骗取出口退税、抵扣税款发票案（刑法第二百零九条第三款）〕非法出售可以用于骗取出口退税、抵扣税款的非增值税专用发票五十份以上或者票面额累计在二十万元以上的，应予立案追诉。

第六十八条〔非法出售发票案（刑法第二百零九条第四款）〕非法出售普通发票一百份以上或者票面额累计在四十万元以上的，应予立案追诉。

【司法指导文件】

《最高人民法院、最高人民检察院、公安部、国家工商行政管理局关于依法查处盗窃、抢劫机动车案件的规定》（公通字〔1998〕31 号，19980508）

六、非法出售机动车有关发票的，或者伪造、擅自制造或者出售伪造、擅自制造的机动车有关发票的，依照刑法第二百零九条的规定处罚。

【公安文件Ⅰ】

《公安部经济犯罪侦查局关于对非法出售过期普通发票行为定性问题的批复》（公经〔2007〕2290 号，20071008）

非法出售过期普通发票，属于《中华人民共和国发票管理办法》第三十八条规定的私自倒卖发票的行为。非法出售过期普通发票，达到刑事追诉标准的，公安机关应当按照《中华人民共和国刑法》第二百零九条第四款的规定，依法追究其刑事责任。

【公安文件Ⅱ】

《公安部经济犯罪侦查局关于交通

工具意外伤害保险单认定问题的批复》（公经财税〔2010〕31 号，20100209）

保险行业开具发票方式是在提供保单之外另行开具单独的保险业发票。交通工具意外伤害保险单，虽然包含了缴纳保费的内容，但就其印制监制、主要用途和管理方式而言，仍然是作为保险单使用，不应认定为发票。

【公安文件Ⅲ】

《公安部经济犯罪侦查局关于两种完税凭证不属于发票问题的批复》（公经〔2010〕356 号，20100611）

《中华人民共和国税收通用完税证》和《车辆购置税完税证明》不具备发票功能，不属于发票。

【公安文件Ⅳ】

《公安部经济犯罪侦查局关于航空运输代理机构虚开、销售虚假航空行程单行为如何定性问题的批复》（公经财税〔2010〕137 号，20100623）

航空行程单属于《税收征收管理法》和《发票管理办法》规定的发票。航空票务代理机构购买非法印制的空白航空行程单并出售的，或者购买非法印制的空白航空行程单后，为他人虚开并收取手续费的，其行为符合刑法第二百零九条第二款的规定，构成犯罪的，应按照出售非法制造的发票罪追究相关机构和人员的刑事责任。航空票务代理机构的主管人员或直接责任人员与他人相互勾结，为他人利用虚开的航空行程单实施贪污、侵占等犯罪行为提供帮助的，应以相应犯罪的共犯论处。

航空票务代理机构购买非法印制的空白航空行程单，并在非法印制的航空行程单上按真实票价额填开后出具给乘机者的，或者应乘机者的要求，在非法印制的航空行程单上填开虚增的票价额后出具给乘机者的，属于使用不符合规定的发票的行为，应按照《税收征收管理法》和《发票管理办法》相关规定，由税务机关予以行政处罚。

【公安文件Ⅴ】

《公安部经济犯罪侦查局关于对江西省高速公路联网收费专用收据定性问题的批复》（公经财税〔2013〕43 号，20130528）

伪造的财政性专用收据不具备发票监制章、发票代码、发票号码等发票基本要素，不属于假发票。

【公安文件Ⅵ】

《公安部经济犯罪侦查局关于××公司私自印制的客运车票是否属于假发票问题的批复》（公经财税〔2010〕55 号，20100318）

××运输有限责任公司私自印制的客运车票，不具备全国统一发票监制章、发票代码、发票号码等发票基本要素，不属于发票范畴，不能认定为假发票。

【法院参考案例】

〔参考案例第 826 号：管怀霞、高松祥出售非法制造的发票案〕如何认定出售非法制造的发票罪的"情节严重"？

实践中，出售非法制造的发票大致可分为以下两种类型：一是出售非法制造无数额记载的空白发票。由于空白发票给社会造成的危害性大小在客观上难以估量，对这种类型加重情节的认定以其出售的发票份数为标准较为客观，也较为合理，便于司法实务部门操作，实践中意见也较为一致。二是出售非法制造的发票既有票面金额，又有份数。对这种出售非法制造的发票行为，应当结合所开发票份数与票面金额和其他相关因素认定其社会危害程度，不能唯发票份数或者票面金额一个标准论。

现实生活中，不少停车场的管理人员也存在开具假发票的情形，一份发票票面额有的 5 元，有的甚至 1 元，100 份发票亦不过 500 元，甚至只有 100 元。对该类情形是否有必要定罪处罚，实践中争议较大，绝大多数观点主张不应纳入刑法的调整范围：因此，在发票份数与累计金额均固定的情况下，在尚未有司法解释对该罪"情节严重"的认定标准作出明确规定时，以发票份数或者累计金额为标准认定"情节严重"时要特别慎重。在进行认定时，要始终围绕行为是否具有与其法定刑相当的社会危害性这一内核。

第二百一十条　【盗窃罪】盗窃增值税专用发票或者可以用于骗取出口退税、抵扣税款的其他发票的，依照本法第二百六十四条的规定定罪处罚。

【诈骗罪】使用欺骗手段骗取增值税专用发票或者可以用于骗取出口退税、抵扣税款的其他发票的，依照本法第二百六十六条的规定定罪处罚。

第二百一十条之一　【持有伪造的发票罪】明知是伪造的发票而持有，数量较大的，处二年以下有期徒刑、拘役或者管制，并处罚金；数量巨大的，处二年以上七年以下有期徒刑，并处罚金。

单位犯前款罪的，对单位判处罚金，并对其直接负责的主管人员和其他直接责任人员，依照前款的规定处罚。

【修正说明】

本罪由刑法修正案（八）第三十五条增设。

【司法解释】

《最高人民检察院、公安部关于公安机关管辖的刑事案件立案追诉标准的规定（二）》〔公通字〔2010〕23 号，20100507，经 2011 年 11 月 14 日发布的《最高人民检察院、公安部关于公安机关管辖的刑事案件立案追诉标准的规定（二）的补充规定》（公通字〔2011〕47 号）修正〕

第六十八条之一〔持有伪造的发票案（刑法第二百一十条之一）〕明知是伪造的发票而持有，具有下列情形之一的，应予立案追诉：

（一）持有伪造的增值税专用发票五十份以上或者票面额累计在二十万元以上的，应予立案追诉；

（二）持有伪造的可以用于骗取出口退税、抵扣税款的其他发票一百份以上或者票面额累计在四十万元以上的，应予立案追诉；

（三）持有伪造的第（一）项、第（二）项规定以外的其他发票二百份以上或者票面额累计在八十万元以上的，应予立案追诉。

第二百一十一条 【对单位犯危害税收征管罪的处罚】单位犯本节第二百零一条、第二百零三条、第二百零四条、第二百零七条、第二百零八条、第二百零九条规定之罪的，对单位判处罚金，并对其直接负责的主管人员和其他直接责任人员，依照各该条的规定处罚。

第二百一十二条 【涉税犯罪所涉税款优先追缴】犯本节第二百零一条至第二百零五条规定之罪，被判处罚金、没收财产的，在执行前，应当先由税务机关追缴税款和所骗取的出口退税款。

第七节　侵犯知识产权罪

【司法解释 I】

《最高人民法院、最高人民检察院关于办理侵犯知识产权刑事案件具体应用法律若干问题的解释》（法释〔2004〕19 号，20041222）

第十二条　本解释所称"非法经营数额"，是指行为人在实施侵犯知识产权行为过程中，制造、储存、运输、销售侵权产品的价值。已销售的侵权产品的价值，按照实际销售的价格计算。制造、储存、运输和未销售的侵权产品的价值，按照标价或者已经查清的侵权产品的实际销售平均价格计

算。侵权产品没有标价或者无法查清其实际销售价格的，按照被侵权产品的市场中间价格计算。

多次实施侵犯知识产权行为，未经行政处理或者刑事处罚的，非法经营数额、违法所得数额或者销售金额累计计算。

……

第十六条　明知他人实施侵犯知识产权犯罪，而为其提供贷款、资金、账号、发票、证明、许可证件，或者提供生产、经营场所或者运输、储存、代理进出口等便利条件、帮助的，以侵犯知识产权犯罪的共犯论处。

第十七条　以前发布的有关侵犯知识产权犯罪的司法解释，与本解释相抵触的，自本解释施行后不再适用。

【司法解释 II】

《最高人民法院、最高人民检察院关于办理侵犯知识产权刑事案件具体应用法律若干问题的解释（二）》（法释〔2007〕6 号，20070405）

第三条　侵犯知识产权犯罪，符合刑法规定的缓刑条件的，依法适用缓刑。有下列情形之一的，一般不适用缓刑：

（一）因侵犯知识产权被刑事处罚或者行政处罚后，再次侵犯知识产权构成犯罪的；

（二）不具有悔罪表现的；

（三）拒不交出违法所得的；

（四）其他不宜适用缓刑的情形。

第四条　对于侵犯知识产权犯罪的，人民法院应当综合考虑犯罪的违法所得、非法经营数额、给权利人造

成的损失、社会危害性等情节，依法判处罚金。罚金数额一般在违法所得的一倍以上五倍以下，或者按照非法经营数额的50%以上一倍以下确定。

第五条　被害人有证据证明的侵犯知识产权刑事案件，直接向人民法院起诉的，人民法院应当依法受理；严重危害社会秩序和国家利益的侵犯知识产权刑事案件，由人民检察院依法提起公诉。

……

第七条　以前发布的司法解释与本解释不一致的，以本解释为准。

【司法指导文件】

《最高人民法院、最高人民检察院、公安部关于办理侵犯知识产权刑事案件适用法律若干问题的意见》（法发〔2011〕3号，20110110）

一、关于侵犯知识产权犯罪案件的管辖问题

侵犯知识产权犯罪案件由犯罪地公安机关立案侦查。必要时，可以由犯罪嫌疑人居住地公安机关立案侦查。侵犯知识产权犯罪案件的犯罪地，包括侵权产品制造地、储存地、运输地、销售地，传播侵权作品、销售侵权产品的网站服务器所在地、网络接入地、网站建立者或者管理者所在地，侵权作品上传者所在地，权利人受到实际侵害的犯罪结果发生地。对有多个侵犯知识产权犯罪地的，由最初受理的公安机关或者主要犯罪地公安机关管辖。多个侵犯知识产权犯罪地的公安机关对管辖有争议的，由共同的上级公安机关指定管辖，需要提请批准逮捕、移送审查起诉、提起公诉的，由该公安机关所在地的同级人民检察院、人民法院受理。

对于不同犯罪嫌疑人、犯罪团伙跨地区实施的涉及同一批侵权产品的制造、储存、运输、销售等侵犯知识产权犯罪行为，符合并案处理要求的，有关公安机关可以一并立案侦查，需要提请批准逮捕、移送审查起诉、提起公诉的，由该公安机关所在地的同级人民检察院、人民法院受理。

二、关于办理侵犯知识产权刑事案件中行政执法部门收集、调取证据的效力问题

行政执法部门依法收集、调取、制作的物证、书证、视听资料、检验报告、鉴定结论、勘验笔录、现场笔录，经公安机关、人民检察院审查，人民法院庭审质证确认，可以作为刑事证据使用。

行政执法部门制作的证人证言、当事人陈述等调查笔录，公安机关认为有必要作为刑事证据使用的，应当依法重新收集、制作。

三、关于办理侵犯知识产权刑事案件的抽样取证问题和委托鉴定问题

公安机关在办理侵犯知识产权刑事案件时，可以根据工作需要抽样取证，或者商请同级行政执法部门、有关检验机构协助抽样取证。法律、法规对抽样机构或者抽样方法有规定的，应当委托规定的机构并按照规定方法抽取样品。

公安机关、人民检察院、人民法院在办理侵犯知识产权刑事案件时，对于需要鉴定的事项，应当委托国家

认可的有鉴定资质的鉴定机构进行鉴定。

公安机关、人民检察院、人民法院应当对鉴定结论进行审查，听取权利人、犯罪嫌疑人、被告人对鉴定结论的意见，可以要求鉴定机构作出相应说明。

四、关于侵犯知识产权犯罪自诉案件的证据收集问题

人民法院依法受理侵犯知识产权刑事自诉案件，对于当事人因客观原因不能取得的证据，在提起自诉时能够提供有关线索，申请人民法院调取的，人民法院应当依法调取。

……

十四、关于多次实施侵犯知识产权行为累计计算数额问题

依照《最高人民法院、最高人民检察院关于办理侵犯知识产权刑事案件具体应用法律若干问题的解释》第十二条第二款的规定，多次实施侵犯知识产权行为，未经行政处理或者刑事处罚的，非法经营数额、违法所得数额或者销售金额累计计算。

二年内多次实施侵犯知识产权违法行为，未经行政处理，累计数额构成犯罪的，应当依法定罪处罚。实施侵犯知识产权犯罪行为的追诉期限，适用刑法的有关规定，不受前述二年的限制。

十五、关于为他人实施侵犯知识产权犯罪提供原材料、机械设备等行为的定性问题

明知他人实施侵犯知识产权犯罪，而为其提供生产、制造侵权产品的主要原材料、辅助材料、半成品、包装

材料、机械设备、标签标识、生产技术、配方等帮助，或者提供互联网接入、服务器托管、网络存储空间、通讯传输通道、代收费、费用结算等服务的，以侵犯知识产权犯罪的共犯论处。

十六、关于侵犯知识产权犯罪竞合的处理问题

行为人实施侵犯知识产权犯罪，同时构成生产、销售伪劣商品犯罪的，依照侵犯知识产权犯罪与生产、销售伪劣商品犯罪中处罚较重的规定定罪处罚。

第二百一十三条 【假冒注册商标罪】 未经注册商标所有人许可，在同一种商品上使用与其注册商标相同的商标，情节严重的，处三年以下有期徒刑或者拘役，并处或者单处罚金；情节特别严重的，处三年以上七年以下有期徒刑，并处罚金。

【司法解释 I】

《最高人民检察院、公安部关于公安机关管辖的刑事案件立案追诉标准的规定（二）》（公通字〔2010〕23号，20100507）

第六十九条〔假冒注册商标案（刑法第二百一十三条）〕未经注册商标所有人许可，在同一种商品上使用与其注册商标相同的商标，涉嫌下列情形之一的，应予立案追诉：

（一）非法经营数额在五万元以上或者违法所得数额在三万元以上的；

（二）假冒两种以上注册商标，

非法经营数额在三万元以上或者违法所得数额在二万元以上的；

（三）其他情节严重的情形。

【司法解释Ⅱ】

《最高人民法院、最高人民检察院关于办理侵犯知识产权刑事案件具体应用法律若干问题的解释》（法释〔2004〕19 号，20041222）

第一条　未经注册商标所有人许可，在同一种商品上使用与其注册商标相同的商标，具有下列情形之一的，属于刑法第二百一十三条规定的"情节严重"，应当以假冒注册商标罪判处三年以下有期徒刑或者拘役，并处或者单处罚金：

（一）非法经营数额在五万元以上或者违法所得数额在三万元以上的；

（二）假冒两种以上注册商标，非法经营数额在三万元以上或者违法所得数额在二万元以上的；

（三）其他情节严重的情形。

具有下列情形之一的，属于刑法第二百一十三条规定的"情节特别严重"，应当以假冒注册商标罪判处三年以上七年以下有期徒刑，并处罚金：

（一）非法经营数额在二十五万元以上或者违法所得数额在十五万元以上的；

（二）假冒两种以上注册商标，非法经营数额在十五万元以上或者违法所得数额在十万元以上的；

（三）其他情节特别严重的情形。

……

第八条　刑法第二百一十三条规定的"相同的商标"，是指与被假冒的注册商标完全相同，或者与被假冒的注册商标在视觉上基本无差别、足以对公众产生误导的商标。

刑法第二百一十三条规定的"使用"，是指将注册商标或者假冒的注册商标用于商品、商品包装或者容器以及产品说明书、商品交易文书，或者将注册商标或者假冒的注册商标用于广告宣传、展览以及其他商业活动等行为。

……

第十三条　实施刑法第二百一十三条规定的假冒注册商标犯罪，又销售该假冒注册商标的商品，构成犯罪的，应当依照刑法第二百一十三条的规定，以假冒注册商标罪定罪处罚。

实施刑法第二百一十三条规定的假冒注册商标犯罪，又销售明知是他人的假冒注册商标的商品，构成犯罪的，应当实行数罪并罚。

【司法解释Ⅲ】

《最高人民法院、最高人民检察院关于办理非法生产、销售烟草专卖品等刑事案件具体应用法律若干问题的解释》（法释〔2010〕7 号，20100326）

第一条第二款　未经卷烟、雪茄烟等烟草专卖品注册商标所有人许可，在卷烟、雪茄烟等烟草专卖品上使用与其注册商标相同的商标，情节严重的，依照刑法第二百一十三条的规定，以假冒注册商标罪定罪处罚。

【司法指导文件Ⅰ】

《最高人民法院、最高人民检察院、公安部关于办理侵犯知识产权刑事案件适用法律若干问题的意见》

（法发〔2011〕3 号，20110110）

五、关于刑法第二百一十三条规定的"同一种商品"的认定问题

名称相同的商品以及名称不同但指同一事物的商品，可以认定为"同一种商品"。"名称"是指国家工商行政管理总局商标局在商标注册工作中对商品使用的名称，通常即《商标注册用商品和服务国际分类》中规定的商品名称。"名称不同但指同一事物的商品"是指在功能、用途、主要原料、消费对象、销售渠道等方面相同或者基本相同，相关公众一般认为是同一种事物的商品。

认定"同一种商品"，应当在权利人注册商标核定使用的商品和行为人实际生产销售的商品之间进行比较。

六、关于刑法第二百一十三条规定的"与其注册商标相同的商标"的认定问题

具有下列情形之一，可以认定为"与其注册商标相同的商标"：

（一）改变注册商标的字体、字母大小写或者文字横竖排列，与注册商标之间仅有细微差别的；

（二）改变注册商标的文字、字母、数字等之间的间距，不影响体现注册商标显著特征的；

（三）改变注册商标颜色的；

（四）其他与注册商标在视觉上基本无差别、足以对公众产生误导的商标。

七、关于尚未附着或者尚未全部附着假冒注册商标标识的侵权产品价值是否计入非法经营数额的问题

在计算制造、储存、运输和未销售的假冒注册商标侵权产品价值时，对于已经制作完成但尚未附着（含加贴）或者尚未全部附着（含加贴）假冒注册商标标识的产品，如果有确实、充分证据证明该产品将假冒他人注册商标，其价值计入非法经营数额。

【司法指导文件 II】

《最高人民法院刑事审判第二庭关于集体商标是否属于我国刑法的保护范围问题的复函》（〔2009〕刑二函字第 28 号，20090410）

一、我国商标法第三条规定："经商标局核准注册的商标为注册商标，包括商品商标、服务商标和集体商标、证明商标；商标注册人享有商标专用权，受法律保护。"因此，刑法第二百一十三条至二百一十五条所规定的"注册商标"应当涵盖"集体商标"。

二、商标标识中注明了自己的注册商标的同时，又使用了他人注册为集体商标的地理名称，可以认定为刑法规定的"相同的商标"。……

【公安文件 I】

《公安部经济犯罪侦查局关于重点商标是否等同于驰名商标问题的批复》（公经〔2002〕108 号，20020121）

驰名商标并不等同于重点商标。驰名商标是由国家工商总局商标局依据法律而认定的商标；重点商标是由国家工商总局商标局根据工作需要，对一些有较高知名度且遭受跨省（市、区）严重侵权而确定的予以特别保护的商标。

【公安文件 II】

《公安部经济犯罪侦查局关于对假

冒"四季沐歌"商标案件的批复》（公经知产〔2012〕164 号，20120702）

在办理侵犯商标权刑事案件中，对于犯罪嫌疑人所使用的商标是否与注册商标相同等问题，行政主管部门的认定意见不是刑事认定的必经程序，公安司法机关可依照刑法、商标法等法律、法规和司法解释的规定，并综合具体案件事实和各方面证据进行认定。必要时，公安司法机关可以就相关专业性问题咨询有关主管部门意见。对于确实需要进行鉴定的事项，应当委托国家认可的有鉴定资质的鉴定机构进行鉴定。

【指导性案例·法院】

〔郭明升、郭明锋、孙淑标假冒注册商标案，FZD2017-87〕

假冒注册商标犯罪的非法经营数额、违法所得数额，应当综合被告人供述、证人证言、被害人陈述、网络销售电子数据、被告人银行账户往来记录、送货单、快递公司电脑系统记录、被告人等所作记账等证据认定。被告人辩解称网络销售记录存在刷信誉的不真实交易，但无证据证实的，对其辩解不予采纳。

【法院参考案例】

〔**参考案例第 674 号：孙国强等假冒注册商标案**〕如何认定假冒注册商标罪中的同一种商品？对于已经制作完成但尚未附着或加贴假冒注册商标标识的产品，其价值是否应当计入非法经营数额？

1. 未列入权利人注册商标核定使用范围内的商品，不应当被认定为假冒注册商标罪中的同一种商品。

2. 当言词证据与物证能够相互印证，证明尚未附着或加贴假冒注册商标标识的产品将附着或加贴相关商标标识的，应当将产品价值计入非法经营数额。

〔**参考案例第 859 号：李清假冒注册商标案**〕假冒注册商标后又销售该假冒商品，但销售价格无法查清的，如何认定非法经营数额？

侦查机关扣押的行为人电脑中虽然没有其实际销售商品的价格记录，但行为人在将不同批次不同款式的假冒注册商标的商品照片放在不同价格名称的文件夹中的做法，基本反映出其主观上出售假冒注册商标的商品的出售价格。故以电脑主机中记载的不同批次不同款式假冒注册商标的商品上标注的平均价格认定非法经营数额，更符合本案实际。

第二百一十四条 【销售假冒注册商标的商品罪】 销售明知是假冒注册商标的商品，销售金额数额较大的，处三年以下有期徒刑或者拘役，并处或者单处罚金；销售金额数额巨大的，处三年以上七年以下有期徒刑，并处罚金。

【立法·要点注释】

"假冒注册商标"是指假冒他人已经注册了的商标。如果是将还未有人注册过的商标冒充已经注册的商标在商品上使用，不构成本条规定的犯罪，属于违反注册商标管理的行为。

【司法解释 I】

《最高人民检察院、公安部关于公

安机关管辖的刑事案件立案追诉标准的规定（二）》（公通字〔2010〕23号，20100507）

第七十条〔销售假冒注册商标的商品案（刑法第二百一十四条）〕销售明知是假冒注册商标的商品，涉嫌下列情形之一的，应予立案追诉：

（一）销售金额在五万元以上的；

（二）尚未销售，货值金额在十五万元以上的；

（三）销售金额不满五万元，但已销售金额与尚未销售的货值金额合计在十五万元以上的。

【司法解释Ⅱ】

《最高人民法院、最高人民检察院关于办理侵犯知识产权刑事案件具体应用法律若干问题的解释》（法释〔2004〕19 号，20041222）

第二条　销售明知是假冒注册商标的商品，销售金额在五万元以上的，属于刑法第二百一十四条规定的"数额较大"，应当以销售假冒注册商标的商品罪判处三年以下有期徒刑或者拘役，并处或者单处罚金。

销售金额在二十五万元以上的，属于刑法第二百一十四条规定的"数额巨大"，应当以销售假冒注册商标的商品罪判处三年以上七年以下有期徒刑，并处罚金。

……

第九条　刑法第二百一十四条规定的"销售金额"，是指销售假冒注册商标的商品后所得和应得的全部违法收入。

具有下列情形之一的，应当认定为属于刑法第二百一十四条规定的"明知"：

（一）知道自己销售的商品上的注册商标被涂改、调换或者覆盖的；

（二）因销售假冒注册商标的商品受到过行政处罚或者承担过民事责任、又销售同一种假冒注册商标的商品的；

（三）伪造、涂改商标注册人授权文件或者知道该文件被伪造、涂改的；

（四）其他知道或者应当知道是假冒注册商标的商品的情形。

【司法解释Ⅲ】

《最高人民法院、最高人民检察院关于办理非法生产、销售烟草专卖品等刑事案件具体应用法律若干问题的解释》（法释〔2010〕7 号，20100326）

第一条第三款　销售明知是假冒他人注册商标的卷烟、雪茄烟等烟草专卖品，销售金额较大的，依照刑法第二百一十四条的规定，以销售假冒注册商标的商品罪定罪处罚。

【司法指导文件Ⅰ】

《最高人民法院、最高人民检察院、公安部关于办理侵犯知识产权刑事案件适用法律若干问题的意见》（法发〔2011〕3 号，20110110）

八、关于销售假冒注册商标的商品犯罪案件中尚未销售或者部分销售情形的定罪量刑问题

销售明知是假冒注册商标的商品，具有下列情形之一的，依照刑法第二百一十四条的规定，以销售假冒注册商标的商品罪（未遂）定罪处罚：

（一）假冒注册商标的商品尚未销售，货值金额在十五万元以上的；

（二）假冒注册商标的商品部分销售，已销售金额不满五万元，但与尚未销售的假冒注册商标的商品的货值金额合计在十五万元以上的。

假冒注册商标的商品尚未销售，货值金额分别达到十五万元以上不满二十五万元、二十五万元以上的，分别依照刑法第二百一十四条规定的各法定刑幅度定罪处罚。

销售金额和未销售货值金额分别达到不同的法定刑幅度或者均达到同一法定刑幅度的，在处罚较重的法定刑或者同一法定刑幅度内酌情从重处罚。

【司法指导文件Ⅱ】

《最高人民法院、最高人民检察院、公安部、国家烟草专卖局关于办理假冒伪劣烟草制品等刑事案件适用法律问题座谈会纪要》（商检会〔2003〕4 号，20031223）

二、关于销售明知是假冒烟用注册商标的烟草制品行为中的"明知"问题

根据刑法第二百一十四条的规定，销售明知是假冒烟用注册商标的烟草制品，销售金额较大的，构成销售假冒注册商标的商品罪。

"明知"，是指知道或应当知道。有下列情形之一的，可以认定为"明知"：

1. 以明显低于市场价格进货的；

2. 以明显低于市场价格销售的；

3. 销售假冒烟用注册商标的烟草制品被发现后转移、销毁物证或者提供虚假证明、虚假情况的；

4. 其他可以认定为明知的情形。

……

四、关于共犯问题

知道或者应当知道他人实施本《纪要》第一条至第三条规定的犯罪行为，仍实施下列行为之一的，应认定为共犯，依法追究刑事责任：

1. 直接参与生产、销售假冒伪劣烟草制品或者销售假冒烟用注册商标的烟草制品或者直接参与非法经营烟草制品并在其中起主要作用的；

2. 提供房屋、场地、设备、车辆、贷款、资金、账号、发票、证明、技术等设施和条件，用于帮助生产、销售、储存、运输假冒伪劣烟草制品、非法经营烟草制品的；

3. 运输假冒伪劣烟草制品的。

上述人员中有检举他人犯罪经查证属实，或者提供重要线索，有立功表现的，可以从轻或减轻处罚；有重大立功表现的，可以减轻或者免除处罚。

【法院参考案例】

〔参考案例第 456 号：杨永胜销售假冒注册商标的商品案〕销售假冒注册商标的商品未遂的如何确定销售金额数额？

销售假冒注册商标商品未遂的，如果假冒注册商标的商品没有标价，也无法查清实际销售价格，应当按照被侵权产品的市场中间价格计算。

〔参考案例第 860 号：顾娟、张立峰销售假冒注册商标的商品案〕如何

认定商标权利人出具商品真伪鉴定意见的证据属性？

商标权利人在侵犯商标权刑事犯罪案件中，处于被害人地位，其就假冒商品或者商标所作的真伪辨别属于被害人陈述而非鉴定意见，无须鉴定资质的要求。

〔**参考案例第 922 号：王译辉销售假冒注册商标的商品案**〕如何计算假冒注册商标的商品的货值金额？

1. 在有证据证明存在实际销售行为的情况下，应当尽可能利用现有证据查明实际销售的平均价格，以准确评价被告人的罪行轻重。

2. 认定侵权产品价值时，应当结合在案其他证据，审慎判断被侵权单位出具的正品价格证明及价格鉴定意见的证明力。与被侵权单位出具的正品价格证明相比，中介机构出具的价格鉴定意见无疑具有较高的公信力，其证明力明显高于前者。司法实践中，由于价格鉴定意见的出具比较便捷，且鉴定结果往往能够得到法庭的支持，对于查获的侵权产品，侦查机关一般都交由价格鉴定机构出具价格鉴定意见，作为指控、认定犯罪数额的依据。但是，鉴定意见并不当然具有客观性、合理性，如果鉴定机构不负责任，其出具的鉴定意见也难以体现公平。特别是当鉴定机构出具的鉴定价格与被侵权单位提供的价格完全一致时，极易引发被告人、辩护人对鉴定意见客观性、公正性的质疑。因此，鉴定意见能否作为定案的根据，需要结合案件具体情况和其他证据审查判断。具体而言，应当调取证明被侵权单位实

际销售情况的证据，如销售合同、销售单据、产品市场定价等，用以证实被侵权单位提供价格的真实性。必要时，应当对鉴定的程序、依据等情况进行审查。只有这样，才能准确认定犯罪数额，作出令人信服的判决。

第二百一十五条 【非法制造、销售非法制造的注册商标标识罪】伪造、擅自制造他人注册商标标识或者销售伪造、擅自制造的注册商标标识，情节严重的，处三年以下有期徒刑、拘役或者管制，并处或者单处罚金；情节特别严重的，处三年以上七年以下有期徒刑，并处罚金。

【司法解释 I】

《最高人民检察院、公安部关于公安机关管辖的刑事案件立案追诉标准的规定（二）》（公通字〔2010〕23 号，20100507）

第七十一条〔非法制造、销售非法制造的注册商标标识案（刑法第二百一十五条）〕伪造、擅自制造他人注册商标标识或者销售伪造、擅自制造的注册商标标识，涉嫌下列情形之一的，应予立案追诉：

（一）伪造、擅自制造或者销售伪造、擅自制造的注册商标标识数量在二万件以上，或者非法经营数额在五万元以上，或者违法所得数额在三万元以上的；

（二）伪造、擅自制造或者销售伪造、擅自制造两种以上注册商标标识数量在一万件以上，或者非法经营

数额在三万元以上，或者违法所得数额在二万元以上的；

（三）其他情节严重的情形。

【司法解释Ⅱ】

《最高人民法院、最高人民检察院关于办理侵犯知识产权刑事案件具体应用法律若干问题的解释》（法释〔2004〕19 号，20041222）

第三条　伪造、擅自制造他人注册商标标识或者销售伪造、擅自制造的注册商标标识，具有下列情形之一的，属于刑法第二百一十五条规定的"情节严重"，应当以非法制造、销售非法制造的注册商标标识罪判处三年以下有期徒刑、拘役或者管制，并处或者单处罚金：

（一）伪造、擅自制造或者销售伪造、擅自制造的注册商标标识数量在二万件以上，或者非法经营数额在五万元以上，或者违法所得数额在三万元以上的；

（二）伪造、擅自制造或者销售伪造、擅自制造两种以上注册商标标识数量在一万件以上，或者非法经营数额在三万元以上，或者违法所得数额在二万元以上的；

（三）其他情节严重的情形。

具有下列情形之一的，属于刑法第二百一十五条规定的"情节特别严重"，应当以非法制造、销售非法制造的注册商标标识罪判处三年以上七年以下有期徒刑，并处罚金：

（一）伪造、擅自制造或者销售伪造、擅自制造的注册商标标识数量在十万件以上，或者非法经营数额在

二十五万元以上，或者违法所得数额在十五万元以上的；

（二）伪造、擅自制造或者销售伪造、擅自制造两种以上注册商标标识数量在五万件以上，或者非法经营数额在十五万元以上，或者违法所得数额在十万元以上的；

（三）其他情节特别严重的情形。

【司法解释Ⅲ】

《最高人民法院、最高人民检察院关于办理非法生产、销售烟草专卖品等刑事案件具体应用法律若干问题的解释》（法释〔2010〕7 号，20100326）

第一条第四款　伪造、擅自制造他人卷烟、雪茄烟注册商标标识或者销售伪造、擅自制造的卷烟、雪茄烟注册商标标识，情节严重的，依照刑法第二百一十五条的规定，以非法制造、销售非法制造的注册商标标识罪定罪处罚。

【司法指导文件】

《最高人民法院、最高人民检察院、公安部关于办理侵犯知识产权刑事案件适用法律若干问题的意见》（法发〔2011〕3 号，20110110）

九、关于销售他人非法制造的注册商标标识犯罪案件中尚未销售或者部分销售情形的定罪问题

销售他人伪造、擅自制造的注册商标标识，具有下列情形之一的，依照刑法第二百一十五条的规定，以销售非法制造的注册商标标识罪（未遂）定罪处罚：

（一）尚未销售他人伪造、擅自制造的注册商标标识数量在六万件以

上的;

（二）尚未销售他人伪造、擅自制造的两种以上注册商标标识数量在三万件以上的;

（三）部分销售他人伪造、擅自制造的注册商标标识,已销售标识数量不满二万件,但与尚未销售标识数量合计在六万件以上的;

（四）部分销售他人伪造、擅自制造的两种以上注册商标标识,已销售标识数量不满一万件,但与尚未销售标识数量合计在三万件以上的。

【法院参考案例】

〔参考案例第 678 号: 王学保非法制造注册商标标识案〕将回收的空旧酒瓶、包装物与购买的假冒注册商标标识进行组装的行为, 如何定性?

商标标识是指与商品配套一同进入流通领域的带有商标的有形载体。带有注册商标的空旧酒瓶、包装物应属注册商标标识;将回收的空旧酒瓶、包装物与购买的假冒注册商标标识进行组装的行为属于简单的物理组合行为,但仍符合制造的本质特征,应当定性为"制造",故将回收的空旧酒瓶、包装物与购买的假冒注册商标标识进行组装的行为构成非法制造注册商标标识罪。

第二百一十六条 【假冒专利罪】假冒他人专利,情节严重的,处三年以下有期徒刑或者拘役,并处或者单处罚金。

【立法·要点注释】

根据专利法的规定,任何单位或者个人实施他人专利,必须与专利权人订立书面实施许可合同,向专利权人支付专利使用费。被许可人无权许可合同规定以外的任何单位或个人实施该专利。这里规定的"许可"不是一般的口头同意,而是要签订专利许可合同。专利许可意味着专利权人允许被许可人有权在专利权期限内,在其效力所及的范围内对该发明创造加以利用。如果行为人已经得到专利权人同意,只是还未签订书面许可合同,或者还未向专利权人支付使用费,不构成犯罪。

【司法解释Ⅰ】

《最高人民检察院、公安部关于公安机关管辖的刑事案件立案追诉标准的规定（二）》（公通字〔2010〕23号,20100507）

第七十二条〔假冒专利案（刑法第二百一十六条）〕假冒他人专利,涉嫌下列情形之一的,应予立案追诉:

（一）非法经营数额在二十万元以上或者违法所得数额在十万元以上的;

（二）给专利权人造成直接经济损失在五十万元以上的;

（三）假冒两项以上他人专利,非法经营数额在十万元以上或者违法所得数额在五万元以上的;

（四）其他情节严重的情形。

【司法解释Ⅱ】

《最高人民法院、最高人民检察院关于办理侵犯知识产权刑事案件具体应用法律若干问题的解释》（法释〔2004〕19号,20041222）

第四条　假冒他人专利，具有下列情形之一的，属于刑法第二百一十六条规定的"情节严重"，应当以假冒专利罪判处三年以下有期徒刑或者拘役，并处或者单处罚金：

（一）非法经营数额在二十万元以上或者违法所得数额在十万元以上的；

（二）给专利权人造成直接经济损失五十万元以上的；

（三）假冒两项以上他人专利，非法经营数额在十万元以上或者违法所得数额在五万元以上的；

（四）其他情节严重的情形。

……

第十条　实施下列行为之一的，属于刑法第二百一十六条规定的"假冒他人专利"的行为：

（一）未经许可，在其制造或者销售的产品、产品的包装上标注他人专利号的；

（二）未经许可，在广告或者其他宣传材料中使用他人的专利号，使人将所涉及的技术误认为是他人专利技术的；

（三）未经许可，在合同中使用他人的专利号，使人将合同涉及的技术误认为是他人专利技术的；

（四）伪造或者变造他人的专利证书、专利文件或者专利申请文件的。

第二百一十七条　【侵犯著作权罪】以营利为目的，有下列侵犯著作权情形之一，违法所得数额较大或者有其他严重情节的，处三年以下有期徒刑或者拘役，并处或者单处罚金；违法所得数额巨大或者有其他特别严重情节的，处三年以上七年以下有期徒刑，并处罚金：

（一）未经著作权人许可，复制发行其文字作品、音乐、电影、电视、录像作品、计算机软件及其他作品的；

（二）出版他人享有专有出版权的图书的；

（三）未经录音录像制作者许可，复制发行其制作的录音录像的；

（四）制作、出售假冒他人署名的美术作品的。

【司法解释I】

《最高人民检察院、公安部关于公安机关管辖的刑事案件立案追诉标准的规定（一）》（公通字〔2008〕36号，20080625）

第二十六条〔侵犯著作权案（刑法第二百一十七条）〕以营利为目的，未经著作权人许可，复制发行其文字作品、音乐、电影、电视、录像作品、计算机软件及其他作品，或者出版他人享有专有出版权的图书，或者未经录音录像制作者许可，复制发行其制作的录音录像，或者制作、出售假冒他人署名的美术作品，涉嫌下列情形之一的，应予立案追诉：

（一）违法所得数额三万元以上的；

（二）非法经营数额五万元以上的；

（三）未经著作权人许可，复制发行其文字作品、音乐、电影、电视、录像作品、计算机软件及其他作品，复制品数量合计五百张（份）以上的；

（四）未经录音录像制作者许可，复制发行其制作的录音录像制品，复制品数量合计五百张（份）以上的；

（五）其他情节严重的情形。

以刊登收费广告等方式直接或者间接收取费用的情形，属于本条规定的"以营利为目的"。

本条规定的"未经著作权人许可"，是指没有得到著作权人授权或者伪造、涂改著作权人授权许可文件或者超出授权许可范围的情形。

本条规定的"复制发行"，包括复制、发行或者既复制又发行的行为。

通过信息网络向公众传播他人文字作品、音乐、电影、电视、录像作品、计算机软件及其他作品，或者通过信息网络传播他人制作的录音录像制品的行为，应当视为本条规定的"复制发行"。

侵权产品的持有人通过广告、征订等方式推销侵权产品的，属于本条规定的"发行"。

本条规定的"非法经营数额"，是指行为人在实施侵犯知识产权行为过程中，制造、储存、运输、销售侵权产品的价值。已销售的侵权产品的价值，按照实际销售的价格计算。制造、储存、运输和未销售的侵权产品的价值，按照标价或者已经查清的侵权产品的实际销售平均价格计算。侵权产品没有标价或者无法查清其实际销售价格的，按照被侵权产品的市场中间价格计算。

【司法解释 II】

《最高人民法院、最高人民检察院关于办理侵犯知识产权刑事案件具体应用法律若干问题的解释》（法释〔2004〕19 号，20041222）

第五条 以营利为目的，实施刑法第二百一十七条所列侵犯著作权行为之一，违法所得数额在三万元以上的，属于"违法所得数额较大"；具有下列情形之一的，属于"有其他严重情节"，应当以侵犯著作权罪判处三年以下有期徒刑或者拘役，并处或者单处罚金：

（一）非法经营数额在五万元以上的；

（二）……

（三）其他严重情节的情形。

以营利为目的，实施刑法第二百一十七条所列侵犯著作权行为之一，违法所得数额在十五万元以上的，属于"违法所得数额巨大"；具有下列情形之一的，属于"有其他特别严重情节"，应当以侵犯著作权罪判处三年以上七年以下有期徒刑，并处罚金：

（一）非法经营数额在二十五万元以上的；

（二）……

（三）其他特别严重情节的情形。

……

第十一条 以刊登收费广告等方式直接或者间接收取费用的情形，属于刑法第二百一十七条规定的"以营利为目的"。

刑法第二百一十七条规定的"未经著作权人许可"，是指没有得到著作权人授权或者伪造、涂改著作权人授权许可文件或者超出授权许可范围的情形。

通过信息网络向公众传播他人文字作品、音乐、电影、电视、录像作品、计算机软件及其他作品的行为，应当视为刑法第二百一十七条规定的"复制发行"。

……

第十四条　实施刑法第二百一十七条规定的侵犯著作权犯罪，又销售该侵权复制品，构成犯罪的，应当依照刑法第二百一十七条的规定，以侵犯著作权罪定罪处罚。

实施刑法第二百一十七条规定的侵犯著作权犯罪，又销售明知是他人的侵权复制品，构成犯罪的，应当实行数罪并罚。

【司法解释Ⅲ】

《最高人民法院、最高人民检察院关于办理侵犯知识产权刑事案件具体应用法律若干问题的解释（二）》（法释〔2007〕6 号，20070405）

第一条　以营利为目的，未经著作权人许可，复制发行其文字作品、音乐、电影、电视、录像作品、计算机软件及其他作品，复制品数量合计在五百张（份）以上的，属于刑法第二百一十七条规定的"有其他严重情节"；复制品数量在二千五百张（份）以上的，属于刑法第二百一十七条规定的"有其他特别严重情节"。

第二条　刑法第二百一十七条侵犯著作权罪中的"复制发行"，包括复制、发行或者既复制又发行的行为。

侵权产品的持有人通过广告、征订等方式推销侵权产品的，属于刑法第二百一十七条规定的"发行"。

非法出版、复制、发行他人作品，侵犯著作权构成犯罪的，按照侵犯著作权罪定罪处罚。

【司法解释Ⅳ】

《最高人民法院关于审理非法出版物刑事案件具体应用法律若干问题的解释》（法释〔1998〕30 号，19981223）

第二条　以营利为目的，实施刑法第二百一十七条所列侵犯著作权行为之一，个人违法所得数额在五万元以上，单位违法所得数额在二十万元以上的，属于"违法所得数额较大"；具有下列情形之一的，属于"有其他严重情节"：

（一）因侵犯著作权曾经两次以上被追究行政责任或者民事责任，两年内又实施刑法第二百一十七条所列侵犯著作权行为之一的；

（二）个人非法经营数额在二十万元以上，单位非法经营数额在一百万元以上的；

（三）造成其他严重后果的。

以营利为目的，实施刑法第二百一十七条所列侵犯著作权行为之一，个人违法所得数额在二十万元以上，单位违法所得数额在一百万元以上的，属于"违法所得数额巨大"；具有下列情形之一的，属于"有其他特别严重情节"：

（一）个人非法经营数额在一百万元以上，单位非法经营数额在五百万元以上的；

（二）造成其他特别严重后果的。

第三条　刑法第二百一十七条第（一）项中规定的"复制发行"，是指行为人以营利为目的，未经著作权人许可而实施的复制、发行或者既复制又发行其文字作品、音乐、电影、电视、录像作品、计算机软件及其他作品的行为。

……

第五条　实施刑法第二百一十七条规定的侵犯著作权行为，又销售该侵权复制品，违法所得数额巨大的，只定侵犯著作权罪，不实行数罪并罚。

实施刑法第二百一十七条规定的侵犯著作权的犯罪行为，又明知是他人的侵权复制品而予以销售，构成犯罪的，应当实行数罪并罚。

……

第十七条　本解释所称"经营数额"，是指以非法出版物的定价数额乘以行为人经营的非法出版物数量所得的数额。

本解释所称"违法所得数额"，是指获利数额。

非法出版物没有定价或者以境外货币定价的，其单价数额应当按照行为人实际出售的价格认定。

【司法解释Ⅴ】

《最高人民法院、最高人民检察院关于办理侵犯著作权刑事案件中涉及录音录像制品有关问题的批复》（法释〔2005〕12 号，20051018）

……未经录音录像制作者许可，通过信息网络传播其制作的录音录像制品的行为，应当视为刑法第二百一十七条第（三）项规定的"复制发行"。

【司法指导文件】

《最高人民法院、最高人民检察院、公安部关于办理侵犯知识产权刑事案件适用法律若干问题的意见》（法发〔2011〕3 号，20110110）

十、关于侵犯著作权犯罪案件"以营利为目的"的认定问题

除销售外，具有下列情形之一的，可以认定为"以营利为目的"：

（一）以在他人作品中刊登收费广告、捆绑第三方作品等方式直接或者间接收取费用的；

（二）通过信息网络传播他人作品，或者利用他人上传的侵权作品，在网站或者网页上提供刊登收费广告服务，直接或者间接收取费用的；

（三）以会员制方式通过信息网络传播他人作品，收取会员注册费或者其他费用的；

（四）其他利用他人作品牟利的情形。

十一、关于侵犯著作权犯罪案件"未经著作权人许可"的认定问题

"未经著作权人许可"一般应当依据著作权人或者其授权的代理人、著作权集体管理组织、国家著作权行政管理部门指定的著作权认证机构出具的涉案作品版权认证文书，或者证明出版者、复制发行者伪造、涂改授权许可文件或者超出授权许可范围的证据，结合其他证据综合予以认定。

在涉案作品种类众多且权利人分散的案件中，上述证据确实难以一一

取得，但有证据证明涉案复制品系非法出版、复制发行的，且出版者、复制发行者不能提供获得著作权人许可的相关证明材料的，可以认定为"未经著作权人许可"。但是，有证据证明权利人放弃权利、涉案作品的著作权不受我国著作权法保护，或者著作权保护期限已经届满的除外。

十二、关于刑法第二百一十七条规定的"发行"的认定及相关问题

"发行"，包括总发行、批发、零售、通过信息网络传播以及出租、展销等活动。

非法出版、复制、发行他人作品，侵犯著作权构成犯罪的，按照侵犯著作权罪定罪处罚，不认定为非法经营罪等其他犯罪。

十三、关于通过信息网络传播侵权作品行为的定罪处罚标准问题

以营利为目的，未经著作权人许可，通过信息网络向公众传播他人文字作品、音乐、电影、电视、美术、摄影、录像作品、录音录像制品、计算机软件及其他作品，具有下列情形之一的，属于刑法第二百一十七条规定的"其他严重情节"：

（一）非法经营数额在五万元以上的；

（二）传播他人作品的数量合计在五百件（部）以上的；

（三）传播他人作品的实际被点击数达到五万次以上的；

（四）以会员制方式传播他人作品，注册会员达到一千人以上的；

（五）数额或者数量虽未达到第（一）项至第（四）项规定标准，但

分别达到其中两项以上标准一半以上的；

（六）其他严重情节的情形。

实施前款规定的行为，数额或者数量达到前款第（一）项至第（五）项规定标准五倍以上的，属于刑法第二百一十七条规定的"其他特别严重情节"。

【公安文件 I 】

《公安部关于对侵犯著作权案件中尚未印制完成的侵权复制品如何计算非法经营数额问题的批复》（公复字〔2003〕2 号，20030620）

根据《最高人民法院关于审理非法出版物刑事案件具体应用法律若干问题的解释》第十七条的规定，侵犯著作权案件，应以非法出版物的定价数额乘以行为人经营的非法出版物数量所得的数额计算其经营数额。因此，对于行为人尚未印制完成侵权复制品的，应当以侵权复制品的定价数额乘以承印数量所得的数额计算其经营数额。但由于上述行为属于犯罪未遂，对于需要追究刑事责任的，公安机关应当在起诉意见书中予以说明。

【公安文件 II 】

《公安部经济犯罪侦查局关于对"××视频"网站涉嫌侵犯著作权案如何适用法律问题的批复》（公经〔2010〕663 号，20101102）

一、根据最高人民法院、最高人民检察院《关于办理侵犯知识产权刑事案件具体应用法律若干问题的解释（二）》（法释〔2007〕6 号）、《关于办理侵犯著作权刑事案件中涉及录音

录像制品有关问题的批复》（法释〔2005〕12 号）等有关规定，以营利为目的，未经著作权人许可，通过信息网络向公众提供他人影视作品下载或在线观看，侵权影视作品数量合计在五百份以上的，以侵犯著作权罪定罪处罚。其中，包含一部及以上电影，或一集及以上电视剧的一个视频文件视为一份。

二、根据最高人民法院、最高人民检察院《关于办理侵犯知识产权刑事案件具体应用法律若干问题的解释》（法释〔2004〕19 号）等有关规定，通过信息网络向公众提供侵权影视作品下载或在线观看，以刊登收费广告等方式直接或间接收取的费用，应当计入违法所得数额、非法经营数额等犯罪数额。

有关广告在侵权影视作品及非侵权作品中均有刊登的，或者刊登广告的网页上同时提供侵权影视作品和其他非侵权作品的，应当根据广告刊登方式、刊登位置、收费方式等因素合理确定其犯罪数额。无法查清的，可以参照有关广告费用乘以广告在侵权影视作品中播放、显示的次数占全部广告播放、显示次数的比例所得之积计算；或者参照有关广告费用乘以侵权影视作品的实际被点击次数占有关作品、网页实际被点击总次数的比例所得之积计算。上述方法均无法计算的，对于以播放影视作品为主的视频网站，可以参照有关广告费用乘以侵权影视作品占网站所有影视作品的比例所得之积计算。

【法院公报案例】

〔江苏省苏州市虎丘区人民检察院诉成都共软网络科技有限公司、孙显忠等人侵犯著作权案，GB2010－9〕

行为人未经著作权人许可复制其计算机软件，通过修改相应程序捆绑其他软件后在互联网上发布供他人下载，并因此获取广告费等收益的，属于刑法第二百一十七条规定的"以营利为目的"的"复制发行"行为。

〔江苏省无锡市滨湖区人民检察院诉鞠文明、徐路路、华轶侵犯著作权案，GB2012－1〕

行为人通过非法手段获取他人享有著作权的计算机软件中的目标程序并与特定硬件产品相结合，用于生产同类侵权产品，在某些程序、代码方面虽有不同，但只要实现硬件产品功能的目标程序或功能性代码与他人享有著作权的计算机软件"实质相同"，即属于非法复制发行计算机软件的行为，应以侵犯著作权罪定罪处罚。

如果涉案侵权产品的价值主要在于实现其产品功能的软件程序，即软件著作权价值为其主要价值构成，应以产品整体销售价格作为非法经营数额的认定依据。

【法院参考案例】

〔参考案例第 679 号：凌永超侵犯著作权、贩卖淫秽物品牟利案〕如何认定"未经著作权人许可"？

对于有证据证明涉案复制品系非法复制发行，且复制发行者不能提供获得著作权人许可的相关证明材料的，可以认定为"未经著作权人许可"。

〔**参考案例第 680 号：张顺等人侵犯著作权案**〕销售他人享有专有出版权的图书是否构成侵犯著作权罪？

行为人销售《十七大报告》单行本、《党章》等他人享有专有出版权图书，侵犯了他人的专有出版权，而不是著作权，不构成侵犯著作权罪。

〔**参考案例第 942 号：余刚等侵犯著作权案**〕复制部分实质性相同的计算机程序文件并加入自行编写的脚本文件形成新的外挂程序后运用的行为是否属于刑法意义上的"复制发行"？

复制部分实质性相同的计算机程序文件并加入自行编写的脚本文件形成新的外挂程序后运用的行为，属于侵犯著作权罪中的"复制发行"。脱机型外挂，是一种需要了解、掌握游戏客户端和服务器之间的通讯数据包完整内容后才能制作完成的程序，与其他外挂需挂接到客户端程序不同，它可以脱离游戏的客户端程序，模拟官方的客户端进行登录、游戏，并能实现官方客户端所没有的一些功能，如自动打怪、交易等。因此，脱机型外挂系脱胎于官方客户端程序，除非掌握该游戏的内部技术秘密，一般技术层面很难完成。这种复制部分实质性相同的程序文件并加入自行编写的脚本文件形成新的外挂程序后运用的行为，应当认定为刑法意义上的"复制发行"。虽然行为人销售的是"复制发行"侵权软件衍生的游戏金币，但这只是牟利行为在形式上的延伸，实质上与"复制发行"侵权软件本身的使用价值无异。

第二百一十八条　【销售侵权复制品罪】以营利为目的，销售明知是本法第二百一十七条规定的侵权复制品，违法所得数额巨大的，处三年以下有期徒刑或者拘役，并处或者单处罚金。

【司法解释Ⅰ】

《最高人民检察院、公安部关于公安机关管辖的刑事案件立案追诉标准的规定（一）》（公通字〔2008〕36 号，20080625）

第二十七条〔销售侵权复制品案（刑法第二百一十八条）〕以营利为目的，销售明知是刑法第二百一十七条规定的侵权复制品，涉嫌下列情形之一的，应予立案追诉：

（一）违法所得数额十万元以上的；

（二）违法所得数额虽未达到上述数额标准，但尚未销售的侵权复制品货值金额达到三十万元以上的。

【司法解释Ⅱ】

《最高人民法院、最高人民检察院关于办理侵犯知识产权刑事案件具体应用法律若干问题的解释》（法释〔2004〕19 号，20041222）

第六条　以营利为目的，实施刑法第二百一十八条规定的行为，违法所得数额在十万元以上的，属于"违法所得数额巨大"，应当以销售侵权复制品罪判处三年以下有期徒刑或者拘役，并处或者单处罚金。

……

第十四条　实施刑法第二百一十

七条规定的侵犯著作权犯罪，又销售该侵权复制品，构成犯罪的，应当依照刑法第二百一十七条的规定，以侵犯著作权罪定罪处罚。

实施刑法第二百一十七条规定的侵犯著作权犯罪，又销售明知是他人的侵权复制品，构成犯罪的，应当实行数罪并罚。

【司法解释Ⅲ】

《最高人民法院关于审理非法出版物刑事案件具体应用法律若干问题的解释》(法释〔1998〕30 号，19981223)

第四条　以营利为目的，实施刑法第二百一十八条规定的行为，个人违法所得数额在十万元以上，单位违法所得数额在五十万元以上的，依照刑法第二百一十八条的规定，以销售侵权复制品罪定罪处罚。

【法院公报案例】

〔上海市人民检察院第二分院诉顾然地等人非法经营案，GB2005 - 9〕

根据刑法第二百一十八条的规定，被告人以营利为目的，在未取得《音像制品经营许可证》的情况下，低价购进明知是侵权的音像复制品后高价向境外售出，违法所得数额巨大，构成了销售侵权复制品罪。

第二百一十九条　【侵犯商业秘密罪】有下列侵犯商业秘密行为之一，给商业秘密的权利人造成重大损失的，处三年以下有期徒刑或者拘役，并处或者单处罚金；造成特别严重后果的，处三年以上七年以下有期徒刑，并处罚金：

（一）以盗窃、利诱、胁迫或者其他不正当手段获取权利人的商业秘密的；

（二）披露、使用或者允许他人使用以前项手段获取的权利人的商业秘密的；

（三）违反约定或者违反权利人有关保守商业秘密的要求，披露、使用或者允许他人使用其所掌握的商业秘密的。

明知或者应知前款所列行为，获取、使用或者披露他人的商业秘密的，以侵犯商业秘密论。

本条所称商业秘密，是指不为公众所知悉，能为权利人带来经济利益，具有实用性并经权利人采取保密措施的技术信息和经营信息。

本条所称权利人，是指商业秘密的所有人和经商业秘密所有人许可的商业秘密使用人。

【立法·要点注释】

商业秘密包括技术信息和经营信息。"技术信息"是指技术配方、技术诀窍、工艺流程等。"经营信息"是指采取什么方式进行经营等有关经营的重大决策以及与自己有业务往来的客户的情况等。作为商业秘密，首先权利人对其采取了保密措施。权利人将某种技术信息和经营信息作为商业秘密，采取特殊的防范措施，防止外人轻而易举地获取。其次具有一定的经济价值。侵犯商业秘密的目的，是获得他人的经济利益。因此，该信息必须能给权利人带来经济效益。最后，该信息不为公众所知，只限于一部分人知道。如果通过其他资料就轻易可以获得的信息，不能认为是商业秘密。

【司法解释Ⅰ】

《最高人民检察院、公安部关于公安机关管辖的刑事案件立案追诉标准的规定（二）》（公通字〔2010〕23号，20100507）

第七十三条〔侵犯商业秘密案（刑法第二百一十九条）〕侵犯商业秘密，涉嫌下列情形之一的，应予立案追诉：

（一）给商业秘密权利人造成损失数额在五十万元以上的；

（二）因侵犯商业秘密违法所得数额在五十万元以上的；

（三）致使商业秘密权利人破产的；

（四）其他给商业秘密权利人造成重大损失的情形。

【司法解释Ⅱ】

《最高人民法院、最高人民检察院关于办理侵犯知识产权刑事案件具体应用法律若干问题的解释》（法释〔2004〕19号，20041222）

第七条 实施刑法第二百一十九条规定的行为之一，给商业秘密的权利人造成损失数额在五十万元以上的，属于"给商业秘密的权利人造成重大损失"，应当以侵犯商业秘密罪判处三年以下有期徒刑或者拘役，并处或者单处罚金。

给商业秘密的权利人造成损失数额在二百五十万元以上的，属于刑法第二百一十九条规定的"造成特别严重后果"，应当以侵犯商业秘密罪判处三年以上七年以下有期徒刑，并处罚金。

【公安文件】

《公安部经济犯罪侦查局关于对侵犯商业秘密案件如何计算权利人损失问题的批复》（公经知产〔2013〕299号，20130911）

对于侵犯技术信息的商业秘密刑事案件，行为人已将权利人商业秘密用于生产侵权产品的，在计算权利人损失数额时，可以参照商业秘密、专利民事司法解释中规定的损害赔偿额的计算方法进行。侵犯商业秘密的产品系另一产品的零部件的，应当根据该侵犯商业秘密的产品本身的价值及其在实现整个成品利润中的作用等因素合理确定权利人的损失数额。

【法院公报案例】

〔上海市人民检察院第二分院诉周德隆等人侵犯商业秘密案，GB2005-3〕

一、违反与原单位的保密约定，伙同他人利用原单位专利技术以外不为公众知悉的工艺技术信息，生产与原单位相同的产品，并给原单位造成重大经济损失的，应根据刑法第二百一十九条第一款第（三）项和第二款的规定，按侵犯商业秘密罪论处。

二、明知他人违反与原单位的保密约定，仍伙同其利用掌握原单位专利技术以外不为公众知悉的工艺技术信息，生产与其原单位相同的产品，并给其原单位造成重大经济损失的，应根据刑法第二百一十九条第一款第（三）项和第二款的规定，按侵犯商业秘密罪论处。

〔西安市人民检察院诉裴国良侵犯商业秘密案，GB2006-12〕

一、行为人窃取他人技术秘密供自己所在的公司使用，从而给技术秘密权利人造成特别严重后果的，在追究行为人侵犯商业秘密罪的刑事责任时，可以根据附带民事诉讼原告人的请求，将行为人所在公司列为附带民事诉讼被告人一并追究侵权的民事赔偿责任。

二、权利人因技术秘密被窃取而遭受的物质损失，包括已经遭受的实际损失和必然遭受的市场份额被削减、竞争力减弱等损失。侵权人利用窃取的技术秘密履行与他人签订的技术合同，从而谋取巨额利润的，应当将侵权人在侵权期间因侵权所获得的利润额确定为给技术秘密权利人的赔偿额。只能认定侵权人签订的合同总金额，无法确定侵权人在侵权期间因侵权所获得的利润的，可以按照该行业平均利润标准计算侵权人所获得的利润。

【法院参考案例】

〔参考案例第 233 号：项军、孙晓斌侵犯商业秘密案〕非法披露计算机软件源代码的行为是否属于侵犯商业秘密？

源代码是用源语言编制的计算机程序，一旦被公开，软件的核心技术即泄露，因此，源代码作为一种技术信息，当属商业秘密范畴。被告人违反合同约定义务，向他人提供权利人软件源代码，属于侵犯商业秘密的行为；明知被告人以不正当手段获取权

利人的商业秘密仍加以使用，以侵犯商业秘密论。以权利人已经销出的涉案软件的销售价格来认定被告人的侵权行为给商业秘密权利人所造成的损失数额，是一种合理、合法的计算办法。

〔参考案例第 609 号：杨俊杰、周智平侵犯商业秘密案〕商业秘密是否区分公知技术与非公知技术？如何认定侵犯商业秘密造成重大损失？

1. 对商业秘密区分公知技术与非公知技术是针对特定情形或者特定案件而言的，不具有普遍性。涂料配方应作为一个整体认定为商业秘密加以法律保护，不应区分公知技术和非公知技术。

2. 计算侵犯商业秘密造成的重大损失可遵循以下原则：（1）对于能够计算权利人损失的，以权利人的实际损失数额作为被告人应当赔偿的损失数额；（2）权利人的损失数额难以计算的，以侵权人在侵权期间因侵犯商业秘密所获得的实际利润计算权利人的损失数额。

〔参考案例第 1005 号：伊特克斯公司、郭书周等侵犯商业秘密案〕如何理解和把握侵犯商业秘密刑事案件中"重大损失"的计算依据？

在侵犯商业秘密罪案件中，重大损失的计算主要存在四种方式，即权利人的实际损失、侵权人的获利、商业秘密许可费的倍数以及商业秘密的商业价值。之所以不能将人民法院酌定赔偿方式作为商业秘密刑事案件重大损失的计算方法，主要是因为刑事诉讼与民事诉讼证据标准不同。刑

事诉讼实行确实、充分的证据标准，而民事诉讼实行高度盖然性的证据标准，在商业秘密刑事案件中，"重大损失"是决定被告人行为罪与非罪的重要依据，数额必须有确实、充分的证据予以证明。

第二百二十条　【对单位犯侵犯知识产权罪的处罚】 单位犯本节第二百一十三条至第二百一十九条规定之罪的，对单位判处罚金，并对其直接负责的主管人员和其他直接责任人员，依照本节各该条的规定处罚。

【司法解释】

《最高人民法院、最高人民检察院关于办理侵犯知识产权刑事案件具体应用法律若干问题的解释（二）》（法释〔2007〕6号，20070405）

第六条　单位实施刑法第二百一十三条至第二百一十九条规定的行为，按照《最高人民法院、最高人民检察院关于办理侵犯知识产权刑事案件具体应用法律若干问题的解释》和本解释规定的相应个人犯罪的定罪量刑标准定罪处罚。

第八节　扰乱市场秩序罪

第二百二十一条　【损害商业信誉、商品声誉罪】 捏造并散布虚伪事实，损害他人的商业信誉、商品声誉，给他人造成重大损失或者有其他严重情节的，处二年以下有期徒刑或者拘役，并处或者单处罚金。

【立法·要点注释】

1. "捏造"，既包括完全虚构，

也包括在真实情况基础上的部分虚构、歪曲事实真相。"散布"，既包括口头散布，也包括以书面方式散布，如宣传媒介、信函等。

2. "他人的商业信誉"主要是指他人在从事商业活动中的信用程度和名誉等。如他人在信守合约或履行合同中的信誉度，他人的生产能力和资金状况是否良好等；"他人的商品声誉"主要是指他人商品在质量等方面的可信赖程度和经过长期良好的生产、经营所形成的知名度等。

3. 造成损害他人的商业信誉、商品声誉的后果可以是多方面的，既可以是直接的，也可以是潜在的。如使他人的商业信用降低、无法签订合同或无法开展正常的商业活动等；或者使他人的商品声誉遭到破坏，产品大量积压，无法销售等。

【司法解释Ⅰ】

《最高人民检察院、公安部关于公安机关管辖的刑事案件立案追诉标准的规定（二）》（公通字〔2010〕23号，20100507）

第七十四条〔损害商业信誉、商品声誉案（刑法第二百二十一条）〕捏造并散布虚伪事实，损害他人的商业信誉、商品声誉，涉嫌下列情形之一的，应予立案追诉：

（一）给他人造成直接经济损失数额在五十万元以上的；

（二）虽未达到上述数额标准，但具有下列情形之一的：

1. 利用互联网或者其他媒体公开损害他人商业信誉、商品声誉的；

2. 造成公司、企业等单位停业、停产六个月以上，或者破产的。

（三）其他给他人造成重大损失或者有其他严重情节的情形。

【司法解释Ⅱ】

《最高人民法院、最高人民检察院关于办理利用信息网络实施诽谤等刑事案件适用法律若干问题的解释》（法释〔2013〕21 号，20130910）

第九条　利用信息网络实施诽谤、寻衅滋事、敲诈勒索、非法经营犯罪，同时又构成刑法第二百二十一条规定的损害商业信誉、商品声誉罪，第二百七十八条规定的煽动暴力抗拒法律实施罪，第二百九十一条之一规定的编造、故意传播虚假恐怖信息罪等犯罪的，依照处罚较重的规定定罪处罚。

【法院公报案例】

〔上海市奉贤区人民检察院诉陈恩等人损害商品声誉案，GB2004 - 6〕

被告人为诋毁他人商品的声誉，故意歪曲、夸大事实，在公共场所砸毁他人商品，对他人的生产经营活动造成重大损失的，根据刑法第二百二十一条的规定，其行为构成损害商品声誉罪。

【法院参考案例】

〔参考案例第 85 号：王宗达损害商业信誉、商品声誉案〕损害商业信誉、商品声誉罪中的"重大损失"如何认定？罪名如何确定？

1. "重大损失"一般是指直接经济损失，但间接经济损失也是应当考虑的量刑情节。其中，造成直接经济损失的情形包括商品严重滞销、产品被大量退回、合同被停止履行、企业商誉显著降低、驰名产品声誉受到严重侵损、销售额和利润严重减少、应得收入大量减少、上市公司股票价格大幅度下跌、商誉以及其他无形资产的价值显著降低等。但对于被害人为了恢复受到损害的商业信誉和商品声誉所投入的资金（如广告费用等）或者为制止不法侵害事件而扩大的开支（如诉讼费用）等间接经济损失，不应认定为损害商业信誉、商品声誉所造成的损失，一般只在量刑或者附带民事诉讼赔偿时酌情加以考虑。

2. 损害商业信誉、商品声誉罪是选择性罪名。因此，在处理损害商业信誉、商品声誉案件时，应根据案件具体事实具体认定被告人的行为侵犯的是商业信誉，还是商品声誉，抑或是商业信誉和商品声誉，确定相应的罪名。例如，行为人捏造并散布的虚伪事实是关于他人在信守合约或履行合同中的信誉度或者他人的生产能力和资金状况方面等内容，则只侵害了他人的商业信誉，罪名就应确定为"损害商业信誉罪"；行为人捏造并散布的虚伪事实是关于他人的产品在质量、等级、效果、方法、价格等方面的内容，则只侵害了他人的商品声誉，罪名就应确定为"损害商品声誉罪"；行为人捏造并散布的虚伪事实既针对他人的商业信誉又针对他人的商品声誉的，罪名则应确定为"损害商业信誉、商品声誉罪"。

〔参考案例第 597 号：訾北佳损害商品声誉案〕如何认定损害商品声誉

罪中的"他人"？

损害商品声誉罪中的"他人"应当具备一定的特定性，但对这种特定性的理解不能过于僵化，侵犯一个市场主体的商业信誉、商品声誉可以构成犯罪，如果侵害了一类市场主体的商业信誉、商品声誉，社会危害性更大，举轻以明重，自然应当构成犯罪。

第二百二十二条　【虚假广告罪】广告主、广告经营者、广告发布者违反国家规定，利用广告对商品或者服务作虚假宣传，情节严重的，处二年以下有期徒刑或者拘役，并处或者单处罚金。

【司法解释 I】

《最高人民检察院、公安部关于公安机关管辖的刑事案件立案追诉标准的规定（二）》（公通字〔2010〕23号，20100507）

第七十五条〔虚假广告案（刑法第二百二十二条）〕广告主、广告经营者、广告发布者违反国家规定，利用广告对商品或者服务作虚假宣传，涉嫌下列情形之一的，应予立案追诉：

（一）违法所得数额在十万元以上的；

（二）给单个消费者造成直接经济损失数额在五万元以上的，或者给多个消费者造成直接经济损失数额累计在二十万元以上的；

（三）假借预防、控制突发事件的名义，利用广告作虚假宣传，致使多人上当受骗，违法所得数额在三万元以上的；

（四）虽未达到上述数额标准，

但两年内因利用广告作虚假宣传，受过行政处罚二次以上，又利用广告作虚假宣传的；

（五）造成人身伤残的；

（六）其他情节严重的情形。

【司法解释 II】

《最高人民法院、最高人民检察院关于办理妨害预防、控制突发传染病疫情等灾害的刑事案件具体应用法律若干问题的解释》（法释〔2003〕8号，20030515）

第五条　广告主、广告经营者、广告发布者违反国家规定，假借预防、控制突发传染病疫情等灾害的名义，利用广告对所推销的商品或者服务作虚假宣传，致使多人上当受骗，违法所得数额较大或者有其他严重情节的，依照刑法第二百二十二条的规定，以虚假广告罪定罪处罚。

【司法解释 III】

《最高人民法院关于审理非法集资刑事案件具体应用法律若干问题的解释》（法释〔2010〕18号，20110104）

第八条　广告经营者、广告发布者违反国家规定，利用广告为非法集资活动相关的商品或者服务作虚假宣传，具有下列情形之一的，依照刑法第二百二十二条的规定，以虚假广告罪定罪处罚：

（一）违法所得数额在 10 万元以上的；

（二）造成严重危害后果或者恶劣社会影响的；

（三）二年内利用广告作虚假宣传，受过行政处罚二次以上的；

（四）其他情节严重的情形。

明知他人从事欺诈发行股票、债券，非法吸收公众存款，擅自发行股票、债券，集资诈骗或者组织、领导传销活动等集资犯罪活动，为其提供广告等宣传的，以相关犯罪的共犯论处。

【司法解释Ⅳ】

《最高人民法院、最高人民检察院关于办理危害食品安全刑事案件适用法律若干问题的解释》（法释〔2013〕12 号，20130504）

第十五条　广告主、广告经营者、广告发布者违反国家规定，利用广告对保健食品或者其他食品作虚假宣传，情节严重的，依照刑法第二百二十二条的规定以虚假广告罪定罪处罚。

【司法解释Ⅴ】

《最高人民法院、最高人民检察院关于办理危害药品安全刑事案件适用法律若干问题的解释》（法释〔2014〕14 号，20141201）

第九条　广告主、广告经营者、广告发布者违反国家规定，利用广告对药品作虚假宣传，情节严重的，依照刑法第二百二十二条的规定以虚假广告罪定罪处罚。

第二百二十三条　【串通投标罪】投标人相互串通投标报价，损害招标人或者其他投标人利益，情节严重的，处三年以下有期徒刑或者拘役，并处或者单处罚金。

投标人与招标人串通投标，损害国家、集体、公民的合法利益的，

依照前款的规定处罚。

【立法·要点注释】

1. "相互串通投标报价"，是指投标人在投标过程中，包括投标前和投标过程中，串通一气，商量好抬高标价或者压低标价等行为，既包括多方相互串通，也包括多方串通。

2. "损害招标人或者其他投标人利益"，是指由于投标人相互串通投标报价而使招标人无法达到最佳的竞标结果或者其他投标人无法在公平竞争的条件下参与投标竞争而受到损害的情况。包括已经造成损害的和造成潜在的损害两种情况。

3. "招标人"，是指主持招标活动的操办人。"串通投标"，是指投标人与招标人私下串通，事先根据招标底价确定投标报价、中标价格，而不是在公平竞争的条件下确定的中标价格，从而破坏招标公正的行为。

【司法解释】

《最高人民检察院、公安部关于公安机关管辖的刑事案件立案追诉标准的规定（二）》（公通字〔2010〕23 号，20100507）

第七十六条〔串通投标案（刑法第二百二十三条）〕投标人相互串通投标报价，或者投标人与招标人串通投标，涉嫌下列情形之一的，应予立案追诉：

（一）损害招标人、投标人或者国家、集体、公民的合法利益，造成直接经济损失数额在五十万元以上的；

（二）违法所得数额在十万元以上的；

（三）中标项目金额在二百万元以上的；

（四）采取威胁、欺骗或者贿赂等非法手段的；

（五）虽未达到上述数额标准，但两年内因串通投标，受过行政处罚二次以上，又串通投标的；

（六）其他情节严重的情形。

第二百二十四条 【合同诈骗罪】 有下列情形之一，以非法占有为目的，在签订、履行合同过程中，骗取对方当事人财物，数额较大的，处三年以下有期徒刑或者拘役，并处或者单处罚金；数额巨大或者有其他严重情节的，处三年以上十年以下有期徒刑，并处罚金；数额特别巨大或者有其他特别严重情节的，处十年以上有期徒刑或者无期徒刑，并处罚金或者没收财产：

（一）以虚构的单位或者冒用他人名义签订合同的；

（二）以伪造、变造、作废的票据或者其他虚假的产权证明作担保的；

（三）没有实际履行能力，以先履行小额合同或者部分履行合同的方法，诱骗对方当事人继续签订和履行合同的；

（四）收受对方当事人给付的货物、货款、预付款或者担保财产后逃匿的；

（五）以其他方法骗取对方当事人财物的。

【司法解释】

《最高人民检察院、公安部关于公安机关管辖的刑事案件立案追诉标准的规定（二）》（公通字〔2010〕23号，20100507）

第七十七条〔合同诈骗案（刑法第二百二十四条）〕以非法占有为目的，在签订、履行合同过程中，骗取对方当事人财物，数额在二万元以上的，应予立案追诉。

【法院公报案例】

〔吴联大合同诈骗案，GB2003 - 1〕

行为人签订和履行合同过程的一些行为具有一定欺骗性，但其主观上不具有以欺骗手段非法占有对方公司财产的目的，客观上具备一定履约能力，也有积极履行合同的诚意和行动，拒退保证金是事出有因，并不是企图骗取对方公司的财产，不属于"明知自己没有履行合同的能力而采取欺骗手段骗取他人财物的"或者"隐匿合同保证金等担保合同履行的财产，拒不返还"的情形，不构成合同诈骗罪。

【法院参考案例】

〔参考案例第 211 号：程庆合同诈骗案〕通过欺骗手段兼并企业后恶意处分企业财产的行为如何定性？

行为人通过签订"兼并"协议控制被兼并企业财产后恶意处分的行为，是否构成合同诈骗罪，关键取决于以下两个因素的认定：一是行为人在签订、履行兼并合同过程中是否采取了欺骗手段，二是行为人是否具有非法占有的目的。实践中，行为人不仅没有履行兼并合同的能力，而且在以零价格实施"兼并"后，并未按照兼并合同约定履行义务，而是恶意处分被兼并企业财产，其行为充分证明其主观上无任何履行兼并协议规定义务的诚意，应当认定行为人具有非法占有被"兼并"企业财产的主观故意，并以合同诈骗罪定罪处罚。

〔**参考案例第 403 号：王贺军合同诈骗案**〕以签订虚假的工程施工合同为诱饵骗取钱财的行为是诈骗罪还是合同诈骗罪？

行为人假冒国家工作人员，伪造工程批文，假借承揽项目需要活动经费的名义骗取他人财物的行为，都是在签订合同之前实施的，即在与被害人签订所谓施工承包合同之前，其诈骗行为已经实施完毕，被害人的财物已经被被告人非法占有，其虚构事实骗取钱财的犯罪目的已经实现。此外，行为人骗取钱财的行为并没有伴随合同的签订、履行，其非法侵占的财物亦不是合同的标的物或其他与合同相关的财物。虽然行为人事后也与他人签订了一个虚假的工程施工承包合同，但这仅仅是掩盖其诈骗行为的手段，而不是签订、履行合同的附随结果，是否签订合同已经并不能影响其骗取财物行为的完成。可以看出，行为人虚构身份，以许诺给他人介绍承包虚假的工程项目为诱饵，借承揽工程需要各种费用为名目，利用他人想承揽有关工程项目的心理，骗取各被害人钱财的行为完全符合诈骗罪的特征，应当以诈骗罪定罪处罚。

〔**参考案例第 457 号：宗爽合同诈骗案**〕以签订出国"聘请顾问协议书"为名骗取他人钱财的行为如何定性？

行为人与他人签订"聘请顾问协议书"，以自己承包的公司及自己成立的公司的名义，对外承揽出国签证咨询业务，收取他人钱款，许诺如办不成出国签证，再如数退还钱款。行为人所签订的"聘请顾问协议书"，表面上像一个咨询性质的协议，具有技术服务性质，但根据其提供的所谓服务内容，实质上是一个代办出国签证性质的委托代理合同。这种委托代理合同，具有一定的代理服务内容并体现了一定市场经济活动性质，利用这种合同实施的诈骗犯罪严重扰乱了正常的代办出国签证的市场秩序，因此应认定为与经济活动有关的合同。行为人的诈骗行为发生在合同的签订、履行过程之中，骗取的钱款正是合同约定的报酬标的，在没有为他人办成出国签证的情况下，携款潜逃，可以认定具有非法占有目的，因此行为人的诈骗行为，应构成合同诈骗罪。

〔**参考案例第 577 号：谭某合同诈骗案**〕业务员冒用公司名义与他人签订合同违规收取货款的行为如何定性？

以非法占有为目的，冒用他人名义签订合同，在履行合同过程中，明知自己没有实际履行合同的能力，以先部分履行合同的方法，诱骗他人与其继续签订、履行合同，骗取他人财物的行为，构成合同诈骗罪。

〔**参考案例第 645 号：曹戈合同诈骗案**〕伪造购销合同，通过与金融机构签订承兑合同，将获取的银行资金用于偿还其他个人债务，后因合同到期无力偿还银行债务而逃匿，致使反担保人遭受巨额财产损失的行为，如何定性？

以非法占有为目的，伪造购销合同，骗取银行与担保人、反担保人的信任，以办理银行承兑汇票的方式获取银行资金后，因合同到期不能偿还银行债务而逃匿，致使反担保人代为偿还债务，侵害了反担保人的财产权益，应构成合同诈骗罪。

〔**参考案例第 646 号：刘恺基合同诈骗案**〕如何认定合同诈骗犯罪中行为人具有非法占有目的？

对行为人是否具有非法占有之目的，可以从以下几个方面进行分析：行为人是否具有签订、履行合同的条件，是否创造虚假条件；行为人在签订合同时有无履约能力；行为人在签订和履行合同过程中有无诈骗行为；行为人在签订合同后有无履行合同的实际行为；行为人对取得财物的处置情况，是否有挥霍、挪用及携款潜逃等行为。

〔**参考案例第 716 号：杨永承合同诈骗案**〕以公司代理人的身份，通过骗取方式将收取的公司货款据为己有，是构成诈骗罪、职务侵占罪还是挪用资金罪？

职务是一项由单位分配给行为人从事的一种持续的、反复进行的工作，担当职务应当具有相对稳定性的特点，而非单位临时一次性地委托行为人从事某项事务。行为人并不是公司聘用的职工，而仅系公司临时一次性授权的、只负责某项业务洽谈的代理人，故其身份不符合职务侵占犯罪、挪用资金犯罪所要求的主体身份，不能认定其犯罪行为系利用职务上的便利而

实施。行为人行为以非法占有为目的，在履行其与公司的协议过程中，采用虚构事实、隐瞒真相的方法，骗取公司财产，数额特别巨大，其行为构成合同诈骗罪。

〔**参考案例第 807 号：张海岩等合同诈骗案**〕承运过程中承运人将承运货物暗中调包的行为如何定性？如何理解合同诈骗罪中的"合同"？

1. 承运过程中为非法占有财物而偷偷调包的行为应当构成诈骗类犯罪。

2. 合同诈骗罪中的"合同"必须是能够体现一定的市场秩序，体现财产转移或者交易关系，为行为人带来财产利益的合同。第一，合同诈骗罪中的"合同"主要是经济合同，诸如监护、收养、抚养等有关身份关系的合同，应当排除在外。第二，签订合同的主体可以是自然人或者单位。实践中相当多的经济实体往往以个人名义签订合同，如果将以个人名义签订的合同一概排除在合同诈骗罪的合同之外，不符合平等保护市场主体的原则。第三，合同不管是以口头形式还是书面形式签订，只要能够具备合同的本质特征，即属于合同诈骗罪中的"合同"。

3. 承运合同是市场经济中较为常见的一类合同，行为人事先签订合同，并在履行合同过程中将承运的优质豆粕暗中调换为劣质豆粕，事后又按合同约定运送至约定地点，其正是利用合同实施了诈骗活动，不但侵害了他人财物的所有权，而且严重扰乱了正常的市场经济秩序。行为人系出于非法占有他人财物的目的，利用签订、

履行合同实施诈骗犯罪活动，因此应当按照合同诈骗罪定罪处罚。

〔**参考案例第 808 号：吴某合同诈骗案**〕挂靠轮船公司的个体船主，在履行承运合同过程中采用以次充好的方式骗取收货方收货并向货主足额支付货款及运费的，该行为如何定性？

挂靠人员是否属于运输公司员工，可以通过挂靠人员与运输公司之间是否具有劳资关系、雇佣关系综合认定。承运合同是市场经济中较为常见的一种要式合同，事先签订合同，并在履行合同过程中实施诈骗活动，不但侵害了他人财物的所有权，而且严重扰乱了正常的市场经济秩序。因此，行为人出于非法占有他人财物的目的，利用签订、履行合同实施诈骗犯罪活动，应当按照合同诈骗罪定罪处罚。

〔**参考案例第 876 号：周有文、陈巧芳合同诈骗案**〕通过支付预付款获得他人房产后以抵押方式向第三人借款的，既有欺骗卖房人的行为，也有欺骗抵押权人的行为，应当如何认定被害人？

通过支付预付款获得他人房产后以抵押方式获得第三人借款过程中，既有欺骗卖房人的行为，也有欺骗抵押权人的行为，应当认定原房主为被害人。

〔**参考案例第 1020 号：王新明合同诈骗案**〕在数额犯中，行为既遂部分与未遂部分并存且分别构成犯罪的，如何准确量刑？

在既、未遂并存且均单独构成犯罪的情况下，首先应当根据刑法第二十三条第二款的规定就未遂部分比照

既遂犯确定对应的法定刑幅度，该款具有量刑情节及确定未遂部分法定刑幅度的双重功能，是对以既遂形态设置的法定刑幅度的补充；既未遂并存且分别构成犯罪的应当贯彻择一重处的原则，不能以犯罪总数额或者一概以既遂数额确定法定刑幅度；未遂部分的未遂情节应当仅适用于未遂部分，不能适用于整个犯罪，应当根据未遂情节决定对未遂部分是否减轻处罚后，即先确定未遂部分对应的法定刑幅度，再与既遂部分进行比较。

〔**参考案例第 1056 号：陈景雷等合同诈骗案**〕以适格农民名义低价购买农机出售而骗取国家农机购置补贴款的行为如何定性？

1. 合同诈骗罪中的"合同"必须能够体现一定的市场秩序，与市场秩序无关以及主要不受市场调整的各种"合同""协议"，通常情况下不应视为合同诈骗罪中的"合同"。

2. 以非法占有为目的，采取欺骗手段，以符合农机补贴条件的农民名义，与农机主管部门签订购机补贴协议，以低价购得农机具并出售，骗取国家的农机购置补贴款，其行为构成诈骗罪。

第二百二十四条之一 【组织、领导传销活动罪】组织、领导以推销商品、提供服务等经营活动为名，要求参加者以缴纳费用或者购买商品、服务等方式获得加入资格，并按照一定顺序组成层级，直接或者间接以发展人员的数量作为计酬或者返利依据，引诱、胁迫参加者继

续发展他人参加，骗取财物，扰乱经济社会秩序的传销活动的，处五年以下有期徒刑或者拘役，并处罚金；情节严重的，处五年以上有期徒刑，并处罚金。

【修正说明】

本罪由刑法修正案（七）第四条增设。

【司法解释】

《最高人民检察院、公安部关于公安机关管辖的刑事案件立案追诉标准的规定（二）》（公通字〔2010〕23号，20100507）

第七十八条〔组织、领导传销活动案（刑法第二百二十四条之一）〕组织、领导以推销商品、提供服务等经营活动为名，要求参加者以缴纳费用或者购买商品、服务等方式获得加入资格，并按照一定顺序组成层级，直接或者间接以发展人员的数量作为计酬或者返利依据，引诱、胁迫参加者继续发展他人参加，骗取财物，扰乱经济社会秩序的传销活动，涉嫌组织、领导的传销活动人员在三十人以上且层级在三级以上的，对组织者、领导者，应予立案追诉。

本条所指的传销活动的组织者、领导者，是指在传销活动中起组织、领导作用的发起人、决策人、操纵人，以及在传销活动中担负策划、指挥、布置、协调等重要职责，或者在传销活动实施中起到关键作用的人员。

【司法指导文件】

《最高人民法院、最高人民检察院、公安部关于办理组织领导传销活动刑事案件适用法律若干问题的意见》（公通字〔2013〕37号，20131114）

一、关于传销组织层级及人数的认定问题

以推销商品、提供服务等经营活动为名，要求参加者以缴纳费用或者购买商品、服务等方式获得加入资格，并按照一定顺序组成层级，直接或者间接以发展人员的数量作为计酬或者返利依据，引诱、胁迫参加者继续发展他人参加，骗取财物，扰乱经济社会秩序的传销组织，其组织内部参与传销活动人员在三十人以上且层级在三级以上的，应当对组织者、领导者追究刑事责任。

组织、领导多个传销组织，单个或者多个组织中的层级已达三级以上的，可将在各个组织中发展的人数合并计算。

组织者、领导者形式上脱离原传销组织后，继续从原传销组织获取报酬或者返利的，原传销组织在其脱离后发展人员的层级数和人数，应当计算为其发展的层级数和人数。

办理组织、领导传销活动刑事案件中，确因客观条件的限制无法逐一收集参与传销活动人员的言词证据的，可以结合依法收集并查证属实的缴纳、支付费用及计酬、返利记录，视听资料，传销人员关系图，银行账户交易记录，互联网电子数据，鉴定意见等证据，综合认定参与传销的人数、层级数等犯罪事实。

二、关于传销活动有关人员的认定和处理问题下列人员可以认定为传销活动的组织者、领导者：

（一）在传销活动中起发起、策划、操纵作用的人员；

（二）在传销活动中承担管理、协调等职责的人员；

（三）在传销活动中承担宣传、培训等职责的人员；

（四）曾因组织、领导传销活动受过刑事处罚，或者一年以内因组织、领导传销活动受过行政处罚，又直接或者间接发展参与传销活动人员在十五人以上且层级在三级以上的人员；

（五）其他对传销活动的实施、传销组织的建立、扩大等起关键作用的人员。

以单位名义实施组织、领导传销活动犯罪的，对于受单位指派，仅从事劳务性工作的人员，一般不予追究刑事责任。

三、关于"骗取财物"的认定问题

传销活动的组织者、领导者采取编造、歪曲国家政策，虚构、夸大经营、投资、服务项目及盈利前景，掩饰计酬、返利真实来源或者其他欺诈手段，实施刑法第二百二十四条之一规定的行为，从参与传销活动人员缴纳的费用或者购买商品、服务的费用中非法获利的，应当认定为骗取财物。参与传销活动人员是否认为被骗，不影响骗取财物的认定。

四、关于"情节严重"的认定问题

对符合本意见第一条第一款规定的传销组织的组织者、领导者，具有下列情形之一的，应当认定为刑法第二百二十四条之一规定的"情节严重"：

（一）组织、领导的参与传销活动人员累计达一百二十人以上的；

（二）直接或者间接收取参与传销活动人员缴纳的传销资金数额累计达二百五十万元以上的；

（三）曾因组织、领导传销活动受过刑事处罚，或者一年以内因组织、领导传销活动受过行政处罚，又直接或者间接发展参与传销活动人员累计达六十人以上的；

（四）造成参与传销活动人员精神失常、自杀等严重后果的；

（五）造成其他严重后果或者恶劣社会影响的。

五、关于"团队计酬"行为的处理问题

传销活动的组织者或者领导者通过发展人员，要求传销活动的被发展人员发展其他人员加入，形成上下线关系，并以下线的销售业绩为依据计算和给付上线报酬，牟取非法利益的，是"团队计酬"式传销活动。

以销售商品为目的、以销售业绩为计酬依据的单纯的"团队计酬"式传销活动，不作为犯罪处理。形式上采取"团队计酬"方式，但实质上属于"以发展人员的数量作为计酬或者返利依据"的传销活动，应当依照刑法第二百二十四条之一的规定，以组织、领导传销活动罪定罪处罚。

六、关于罪名的适用问题

以非法占有为目的，组织、领导传销活动，同时构成组织、领导传销活动罪和集资诈骗罪的，依照处罚较重的规定定罪处罚。

犯组织、领导传销活动罪，并实施故意伤害、非法拘禁、敲诈勒索、妨害公务、聚众扰乱社会秩序、聚众冲击国家机关、聚众扰乱公共场所秩序、交通秩序等行为，构成犯罪的，依照数罪并罚的规定处罚。

七、其他问题

本意见所称"以上"、"以内"，包括本数。

本意见所称"层级"和"级"，系指组织者、领导者与参与传销活动人员之间的上下线关系层次，而非组织者、领导者在传销组织中的身份等级。

对传销组织内部人数和层级数的计算，以及对组织者、领导者直接或者间接发展参与传销活动人员人数和层级数的计算，包括组织者、领导者本人及其本层级在内。

【指导性案例·检察】

〔叶经生等组织、领导传销活动案，JZD2018 - 41〕

1. 组织者或者经营者利用网络发展会员，要求被发展人员以缴纳或者变相缴纳"入门费"为条件，获得提成和发展下线的资格。通过发展人员组成层级关系，并以直接或者间接发展的人员数量作为计酬或者返利的依据，引诱被发展人员继续发展他人参加，骗取财物，扰乱经济社会秩序的，以组织、领导传销活动罪追究刑事责任。

2. 随着互联网技术的广泛应用，微信、语音视频聊天室等社交平台作为新的营销方式被广泛运用。传销组织在手段上借助互联网不断翻新，打着"金融创新"的旗号，以"资本运作""消费投资""网络理财""众筹""慈善互助"等为名从事传销活动。常见的表现形式有：组织者、经营者注册成立电子商务企业，以此名义建立电子商务网站。以网络营销、网络直销等名义，变相收取入门费，设置各种返利机制，激励会员发展下线，上线从直接或者间接发展的下线的销售业绩中计酬，或以直接或者间接发展的人员数量为依据计酬或者返利。这类行为，不管其手段如何翻新，只要符合传销组织骗取财物、扰乱市场经济秩序本质特征的，应以组织、领导传销活动罪论处。

3. 检察机关办理组织、领导传销活动犯罪案件，要紧扣传销活动骗取财物的本质特征和构成要件，收集、审查、运用证据。特别要注意针对传销网站的经营特征与其他合法经营网站的区别，重点收集涉及入门费、设层级、拉人头等传销基本特征的证据及企业资金投入、人员组成、资金来源去向、网站功能等方面的证据，揭示传销犯罪没有创造价值，经营模式难以持续，用后加入者的财物支付给先加入者，通过发展下线牟利骗取财物的本质特征。

【法院参考案例】

〔**参考案例第 842 号：王艳组织、领导传销活动案**〕传销与单层次直销如何区分？

单层次直销是商品和服务的生产者将生产的产品通过专卖店或者营销人员直接把产品销售给终端客户，且给予服务的销售方式，是一种合法且受法律保护的经营行为。它与传销具有本质的区别，主要表现在以下几个方面：（1）是否以销售产品为企业营运的基础。直销以销售产品或者提供服务作为公司收益的来源。而传销则以拉人头牟利或者借销售伪劣或质次价高的产品变相拉人头牟利，有的传销甚至根本无销售产品可言。（2）是否收取高额入门费。单层次直销企业的推销员无须缴付任何高额入门费，也不会被强制认购货品。而在传销中，参加者通过缴纳高额入门费或者被要求先认购一定数量质次价高（通常情况下价格严重高于产品价值）的产品以变相缴纳高额入门费作为参与的条件，进而刺激下线人员不择手段地拉人加入以赚取利润。（3）是否拥有经营场所。单层次直销企业都有自己的经营场所，有自己的产品和服务，销售人员都直接与公司签订合同，其从业行为直接接受公司的规范与管理。而传销的"经营者"没有自己的经营场所，也没有从事销售产品或者提供服务的经营活动，只是假借"经营活动"骗取他人信任和逃避有关机关的管理和打击，通过收取高额入门费为整个传销组织的组织者和领导者攫取暴利，其本身不会产生任何的利润和收益，也不会为国家和社会创造任何的经济价值。（4）是否遵循价值规律分配报酬。单层次直销企业的工作人员主要通过销售商品、提供服务获取利润，其薪酬的高低主要与工作人员的销售业绩相挂钩。而通过以高额回报为诱饵招揽人员从事"变相销售"的传销行为，因为其不存在销售行为，故不会产生任何的销售收入，其报酬全部来源于高额的会员费。更主要的是，并非所有传销人员都能够获取报酬，从整体上看，只有处于组织核心和顶层的领导者和组织者才能获取暴利，其余人员均是损失的承担者，不会获取任何收入。（5）是否具有完善的售后服务保障制度。单层次直销企业作为正规经营的经济体，有合格、规范、快捷的售后服务操作流程，通常能够为顾客提供完善的退货保障。而传销活动绝大部分没有产品和服务，即便提供也通常强制约定不可退货或者退货条件非常苛刻。再者，传销组织一般也不会设立专门的售后服务部门，消费者已购的产品难以退货，遇到质量问题也得不到解决，消费者退货和投诉无门的情况普遍存在。（6）是否实行制度化的人员管理。单层次直销形式下，企业对工作人员的管理模式正规、科学，有健全的工会组织，充分尊重人员的自由，保障员工的合法权益。而在传销组织中，上线主要通过非法拘禁、诱骗，甚至在某种情况下采取非常暴力的手段控制下线，并以此对下线产生威慑进而使其继续发展下线；因而在传销活动中，传销人员尤其是处于底层的人员没有人身自由，合法权益难以得到保障。正因如此，传销活动往往诱发其他类型的犯罪，给正常的社会秩序和公民的生命财产安全带来严重影响。

第二百二十五条　【非法经营罪】违反国家规定，有下列非法经营行为之一，扰乱市场秩序，情节严重的，处五年以下有期徒刑或者拘役，并处或者单处违法所得一倍以上五倍以下罚金；情节特别严重的，处五年以上有期徒刑，并处违法所得一倍以上五倍以下罚金或者没收财产：

（一）未经许可经营法律、行政法规规定的专营、专卖物品或者其他限制买卖的物品的；

（二）买卖进出口许可证、进出口原产地证明以及其他法律、行政法规规定的经营许可证或者批准文件的；

（三）未经国家有关主管部门批准非法经营证券、期货、保险业务的，或者非法从事资金支付结算业务的；

（四）其他严重扰乱市场秩序的非法经营行为。

【第二次修正前条文】

第二百二十五条　【非法经营罪】违反国家规定，有下列非法经营行为之一。扰乱市场秩序，情节严重的，处五年以下有期徒刑或者拘役，并处或者单处违法所得一倍以上五倍以下罚金；情节特别严重的，处五年以上有期徒刑，并处违法所得一倍以上五倍以下罚金或者没收财产：

（一）未经许可经营法律、行政法规规定的专营、专卖物品或者其他限制买卖的物品的；

（二）买卖进出口许可证、进出口原产地证明以及其他法律、行政法规规定的经营许可证或者批准文件的；

（三）未经国家有关主管部门批准，非法经营证券、期货或者保险业务的；

（四）其他严重扰乱市场秩序的非法经营行为。

【第一次修正前条文】

第二百二十五条　【非法经营罪】违反国家规定，有下列非法经营行为之一，扰乱市场秩序，情节严重的，处五年以下有期徒刑或者拘役，并处或者单处违法所得一倍以上五倍以下罚金；情节特别严重的，处五年以上有期徒刑，并处违法所得一倍以上五倍以下罚金或者没收财产：

（一）未经许可经营法律、行政法规规定的专营、专卖物品或者其他限制买卖的物品的；

（二）买卖进出口许可证、进出口原产地证明以及其他法律、行政法规规定的经营许可证或者批准文件的；

（三）其他严重扰乱市场秩序的非法经营行为。

【修正说明】

1. 刑法修正案第八条增加了第（三）项关于"未经国家有关主管部门批准，非法经营证券、期货或者保险业务的"规定，将原条文第（三）项改为第（四）项。

2. 刑法修正案（七）第五条在第（三）项增加了"非法从事资金支付结算业务的"规定。

【相关立法】

《全国人民代表大会常务委员会关

于惩治骗购外汇、逃汇和非法买卖外汇犯罪的决定》（19981229）

四、在国家规定的交易场所以外非法买卖外汇，扰乱市场秩序，情节严重的，依照刑法第二百二十五条的规定定罪处罚。

单位犯前款罪的，依照刑法第二百三十一条的规定处罚。

【司法解释 I】

《最高人民检察院、公安部关于公安机关管辖的刑事案件立案追诉标准的规定（二）》（公通字〔2010〕23号，20100507）

第七十九条〔非法经营案（刑法第二百二十五条）〕违反国家规定，进行非法经营活动，扰乱市场秩序，涉嫌下列情形之一的，应予立案追诉：

（一）违反国家有关盐业管理规定，非法生产、储运、销售食盐，扰乱市场秩序，具有下列情形之一的：

1. 非法经营食盐数量在二十吨以上的；

2. 曾因非法经营食盐行为受过二次以上行政处罚又非法经营食盐，数量在十吨以上的。

（二）违反国家烟草专卖管理法律法规，未经烟草专卖行政主管部门许可，无烟草专卖生产企业许可证、烟草专卖批发企业许可证、特种烟草专卖经营企业许可证、烟草专卖零售许可证等许可证明，非法经营烟草专卖品，具有下列情形之一的：

1. 非法经营数额在五万元以上，或者违法所得数额在二万元以上的；

2. 非法经营卷烟二十万支以上的；

3. 曾因非法经营烟草专卖品三年内受过二次以上行政处罚，又非法经营烟草专卖品且数额在三万元以上的。

（三）未经国家有关主管部门批准，非法经营证券、期货、保险业务，或者非法从事资金支付结算业务，具有下列情形之一的：

1. 非法经营证券、期货、保险业务，数额在三十万元以上的；

2. 非法从事资金支付结算业务，数额在二百万元以上的；

3. 违反国家规定，使用销售点终端机具（POS 机）等方法，以虚构交易、虚开价格、现金退货等方式向信用卡持卡人直接支付现金，数额在一百万元以上的，或者造成金融机构资金二十万元以上逾期未还的，或者造成金融机构经济损失十万元以上的；

4. 违法所得数额在五万元以上的。

（四）非法经营外汇，具有下列情形之一的：

1. 在外汇指定银行和中国外汇交易中心及其分中心以外买卖外汇，数额在二十万美元以上的，或者违法所得数额在五万元以上的；

2. 公司、企业或者其他单位违反有关外贸代理业务的规定，采用非法手段，或者明知是伪造、变造的凭证、商业单据，为他人向外汇指定银行骗购外汇，数额在五百万美元以上或者违法所得数额在五十万元以上的；

3. 居间介绍骗购外汇，数额在一百万美元以上或者违法所得数额在十万元以上的。

（五）出版、印刷、复制、发行严重危害社会秩序和扰乱市场秩序的非法出版物，具有下列情形之一的：

1. 个人非法经营数额在五万元以上的，单位非法经营数额在十五万元以上的；

2. 个人违法所得数额在二万元以上的，单位违法所得数额在五万元以上的；

3. 个人非法经营报纸五千份或者期刊五千本或者图书二千册或者音像制品、电子出版物五百张（盒）以上的，单位非法经营报纸一万五千份或者期刊一万五千本或者图书五千册或者音像制品、电子出版物一千五百张（盒）以上的；

4. 虽未达到上述数额标准，但具有下列情形之一的：

（1）两年内因出版、印刷、复制、发行非法出版物受过行政处罚二次以上的，又出版、印刷、复制、发行非法出版物的；

（2）因出版、印刷、复制、发行非法出版物造成恶劣社会影响或者其他严重后果的。

（六）非法从事出版物的出版、印刷、复制、发行业务，严重扰乱市场秩序，具有下列情形之一的：

1. 个人非法经营数额在十五万元以上的，单位非法经营数额在五十万元以上的；

2. 个人违法所得数额在五万元以上的，单位违法所得数额在十五万元以上的；

3. 个人非法经营报纸一万五千份或者期刊一万五千本或者图书五千册或者音像制品、电子出版物一千五百张（盒）以上的，单位非法经营报纸五万份或者期刊五万本或者图书一万五千册或者音像制品、电子出版物五千张（盒）以上的；

4. 虽未达到上述数额标准，两年内因非法从事出版物的出版、印刷、复制、发行业务受过行政处罚二次以上的，又非法从事出版物的出版、印刷、复制、发行业务的。

（七）采取租用国际专线、私设转接设备或者其他方法，擅自经营国际电信业务或者涉港澳台电信业务进行营利活动，扰乱电信市场管理秩序，具有下列情形之一的：

1. 经营去话业务数额在一百万元以上的；

2. 经营来话业务造成电信资费损失数额在一百万元以上的；

3. 虽未达到上述数额标准，但具有下列情形之一的：

（1）两年内因非法经营国际电信业务或者涉港澳台电信业务行为受过行政处罚二次以上，又非法经营国际电信业务或者涉港澳台电信业务的；

（2）因非法经营国际电信业务或者涉港澳台电信业务行为造成其他严重后果的。

（八）从事其他非法经营活动，具有下列情形之一的：

1. 个人非法经营数额在五万元以上，或者违法所得数额在一万元以上的；

2. 单位非法经营数额在五十万元以上，或者违法所得数额在十万元以上的；

3. 虽未达到上述数额标准，但两年内因同种非法经营行为受过二次以上行政处罚，又进行同种非法经营行为的；

4. 其他情节严重的情形。

【司法解释 II】

《最高人民法院、最高人民检察院关于办理非法从事资金支付结算业务、非法买卖外汇刑事案件适用法律若干问题的解释》（法释〔2019〕1 号，20190201）

第一条　违反国家规定，具有下列情形之一的，属于刑法第二百二十五条第三项规定的"非法从事资金支付结算业务"：

（一）使用受理终端或者网络支付接口等方法，以虚构交易、虚开价格、交易退款等非法方式向指定付款方支付货币资金的；

（二）非法为他人提供单位银行结算账户套现或者单位银行结算账户转个人账户服务的；

（三）非法为他人提供支票套现服务的；

（四）其他非法从事资金支付结算业务的情形。

第二条　违反国家规定，实施倒买倒卖外汇或者变相买卖外汇等非法买卖外汇行为，扰乱金融市场秩序，情节严重的，依照刑法第二百二十五条第四项的规定，以非法经营罪定罪处罚。

第三条　非法从事资金支付结算业务或者非法买卖外汇，具有下列情形之一的，应当认定为非法经营行为"情节严重"：

（一）非法经营数额在五百万元以上的；

（二）违法所得数额在十万元以上的。

非法经营数额在二百五十万元以上，或者违法所得数额在五万元以上，且具有下列情形之一的，可以认定为非法经营行为"情节严重"：

（一）曾因非法从事资金支付结算业务或者非法买卖外汇犯罪行为受过刑事追究的；

（二）二年内因非法从事资金支付结算业务或者非法买卖外汇违法行为受过行政处罚的；

（三）拒不交代涉案资金去向或者拒不配合追缴工作，致使赃款无法追缴的；

（四）造成其他严重后果的。

第四条　非法从事资金支付结算业务或者非法买卖外汇，具有下列情形之一的，应当认定为非法经营行为"情节特别严重"：

（一）非法经营数额在二千五百万元以上的；

（二）违法所得数额在五十万元以上的。

非法经营数额在一千二百五十万元以上，或者违法所得数额在二十五万元以上，且具有本解释第三条第二款规定的四种情形之一的，可以认定为非法经营行为"情节特别严重"。

第五条　非法从事资金支付结算业务或者非法买卖外汇，构成非法经营罪，同时又构成刑法第一百二十条之一规定的帮助恐怖活动罪或者第一百九十一条规定的洗钱罪的，依照处罚较重的规定定罪处罚。

第六条　二次以上非法从事资金支付结算业务或者非法买卖外汇，依法应予行政处理或者刑事处理而未经处理的，非法经营数额或者违法所得数额累计计算。

同一案件中，非法经营数额、违法所得数额分别构成情节严重、情节特别严重的，按照处罚较重的数额定罪处罚。

第七条　非法从事资金支付结算业务或者非法买卖外汇违法所得数额难以确定的，按非法经营数额的千分之一认定违法所得数额，依法并处或者单处违法所得一倍以上五倍以下罚金。

第八条　符合本解释第三条规定的标准，行为人如实供述犯罪事实，认罪悔罪，并积极配合调查，退缴违法所得的，可以从轻处罚；其中犯罪情节轻微的，可以依法不起诉或者免予刑事处罚。

符合刑事诉讼法规定的认罪认罚从宽适用范围和条件的，依照刑事诉讼法的规定处理。

第九条　单位实施本解释第一条、第二条规定的非法从事资金支付结算业务、非法买卖外汇行为，依照本解释规定的定罪量刑标准，对单位判处罚金，并对其直接负责的主管人员和其他直接责任人员定罪处罚。

第十条　非法从事资金支付结算业务、非法买卖外汇刑事案件中的犯罪地，包括犯罪嫌疑人、被告人用于犯罪活动的账户开立地、资金接收地、资金过渡账户开立地、资金账户操作地，以及资金交易对手资金交付和汇出地等。

第十一条　涉及外汇的犯罪数额，按照案发当日中国外汇交易中心或者中国人民银行授权机构公布的人民币对该货币的中间价折合成人民币计算。中国外汇交易中心或者中国人民银行授权机构未公布汇率中间价的境外货币，按照案发当日境内银行人民币对该货币的中间价折算成人民币，或者该货币在境内银行、国际外汇市场对美元汇率，与人民币对美元汇率中间价进行套算。

第十二条　本解释自 2019 年 2 月 1 日起施行。《最高人民法院关于审理骗购外汇、非法买卖外汇刑事案件具体应用法律若干问题的解释》（法释〔1998〕20 号）与本解释不一致的，以本解释为准。

【司法解释Ⅲ】

《最高人民法院、最高人民检察院关于办理扰乱无线电通讯管理秩序等刑事案件适用法律若干问题的解释》（法释〔2017〕11 号，20170701）

第四条　非法生产、销售"黑广播""伪基站"、无线电干扰器等无线电设备，具有下列情形之一的，应当认定为刑法第二百二十五条规定的"情节严重"：

（一）非法生产、销售无线电设备三套以上的；

（二）非法经营数额五万元以上的；

（三）其他情节严重的情形。

实施前款规定的行为，数量或者

数额达到前款第一项、第二项规定标准五倍以上，或者具有其他情节特别严重的情形的，应当认定为刑法第二百二十五条规定的"情节特别严重"。

在非法生产、销售无线电设备窝点查扣的零件，以组装完成的套数以及能够组装的套数认定；无法组装为成套设备的，每三套广播信号调制器（激励器）认定为一套"黑广播"设备，每三块主板认定为至一套"伪基站"设备。

【司法解释Ⅳ】

《最高人民法院、最高人民检察院关于办理环境污染刑事案件适用法律若干问题的解释》（法释〔2016〕29号，20170101）

第六条　无危险废物经营许可证从事收集、贮存、利用、处置危险废物经营活动，严重污染环境的，按照污染环境罪定罪处罚；同时构成非法经营罪的，依照处罚较重的规定定罪处罚。

实施前款规定的行为，不具有超标排放污染物、非法倾倒污染物或者其他违法造成环境污染的情形的，可以认定为非法经营情节显著轻微危害不大，不认为是犯罪；构成生产、销售伪劣产品等其他犯罪的，以其他犯罪论处。

【司法解释Ⅴ】

《最高人民法院、最高人民检察院关于办理危害药品安全刑事案件适用法律若干问题的解释》（法释〔2014〕14号，20141201）

第七条　违反国家药品管理法律法规，未取得或者使用伪造、变造的药品经营许可证，非法经营药品，情节严重的，依照刑法第二百二十五条的规定以非法经营罪定罪处罚。

以提供给他人生产、销售药品为目的，违反国家规定，生产、销售不符合药用要求的非药品原料、辅料，情节严重的，依照刑法第二百二十五条的规定以非法经营罪定罪处罚。

实施前两款行为，非法经营数额在十万元以上，或者违法所得数额在五万元以上的，应当认定为刑法第二百二十五条规定的"情节严重"；非法经营数额在五十万元以上，或者违法所得数额在二十五万元以上的，应当认定为刑法第二百二十五条规定的"情节特别严重"。

实施本条第二款行为，同时又构成生产、销售伪劣产品罪、以危险方法危害公共安全罪等犯罪的，依照处罚较重的规定定罪处罚。

【司法解释Ⅵ】

《最高人民法院、最高人民检察院关于办理利用信息网络实施诽谤等刑事案件适用法律若干问题的解释》（法释〔2013〕21号，20130910）

第七条　违反国家规定，以营利为目的，通过信息网络有偿提供删除信息服务，或者明知是虚假信息，通过信息网络有偿提供发布信息等服务，扰乱市场秩序，具有下列情形之一的，属于非法经营行为"情节严重"，依照刑法第二百二十五条第（四）项的规定，以非法经营罪定罪处罚：

（一）个人非法经营数额在五万

元以上，或者违法所得数额在二万元以上的；

（二）单位非法经营数额在十五万元以上，或者违法所得数额在五万元以上的。

实施前款规定的行为，数额达到前款规定的数额五倍以上的，应当认定为刑法第二百二十五条规定的"情节特别严重"。

【司法解释Ⅶ】

《最高人民法院、最高人民检察院关于办理危害食品安全刑事案件适用法律若干问题的解释》（法释〔2013〕12 号，20130504）

第十一条 以提供给他人生产、销售食品为目的，违反国家规定，生产、销售国家禁止用于食品生产、销售的非食品原料，情节严重的，依照刑法第二百二十五条的规定以非法经营罪定罪处罚。

违反国家规定，生产、销售国家禁止生产、销售、使用的农药、兽药、饲料、饲料添加剂，或者饲料原料、饲料添加剂原料，情节严重的，依照前款的规定定罪处罚。

实施前两款行为，同时又构成生产、销售伪劣产品罪，生产、销售伪劣农药、兽药罪等其他犯罪的，依照处罚较重的规定定罪处罚。

第十二条 违反国家规定，私设生猪屠宰厂（场），从事生猪屠宰、销售等经营活动，情节严重的，依照刑法第二百二十五条的规定以非法经营罪定罪处罚。

实施前款行为，同时又构成生产、

销售不符合安全标准的食品罪，生产、销售有毒、有害食品罪等其他犯罪的，依照处罚较重的规定定罪处罚

【司法解释Ⅷ】

《最高人民法院关于审理非法集资刑事案件具体应用法律若干问题的解释》（法释〔2010〕18 号，20110104）

第七条 违反国家规定，未经依法核准擅自发行基金份额募集基金，情节严重的，依照刑法第二百二十五条的规定，以非法经营罪定罪处罚。

【司法解释Ⅸ】

《最高人民法院、最高人民检察院关于办理非法生产、销售烟草专卖品等刑事案件具体应用法律若干问题的解释》（法释〔2010〕7 号，20100326）

第一条第五款 违反国家烟草专卖管理法律法规，未经烟草专卖行政主管部门许可，无烟草专卖生产企业许可证、烟草专卖批发企业许可证、特种烟草专卖经营企业许可证、烟草专卖零售许可证等许可证明，非法经营烟草专卖品，情节严重的，依照刑法第二百二十五条的规定，以非法经营罪定罪处罚。

……

第三条 非法经营烟草专卖品，具有下列情形之一的，应当认定为刑法第二百二十五条规定的"情节严重"：

（一）非法经营数额在五万元以上的，或者违法所得数额在二万元以上的；

（二）非法经营卷烟二十万支以上的；

（三）曾因非法经营烟草专卖品三年内受过二次以上行政处罚，又非法经营烟草专卖品且数额在三万元以上的。

具有下列情形之一的，应当认定为刑法第二百二十五条规定的"情节特别严重"：

（一）非法经营数额在二十五万元以上，或者违法所得数额在十万元以上的；

（二）非法经营卷烟一百万支以上的①。

第四条　非法经营烟草专卖品，能够查清销售或者购买价格的，按照其销售或者购买的价格计算非法经营数额。无法查清销售或者购买价格的，按照下列方法计算非法经营数额：

（一）查获的卷烟、雪茄烟的价格，有品牌的，按照该品牌卷烟、雪茄烟的查获地省级烟草专卖行政主管部门出具的零售价格计算；无品牌的，按照查获地省级烟草专卖行政主管部门出具的上年度卷烟平均零售价格计算；

（二）查获的复烤烟叶、烟叶的价格按照查获地省级烟草专卖行政主管部门出具的上年度烤烟调拨平均基准价格计算；

（三）烟丝的价格按照第（二）项规定价格计算标准的一点五倍计算；

（四）卷烟辅料的价格，有品牌的，按照该品牌辅料的查获地省级烟草专卖行政主管部门出具的价格计算；无品牌的，按照查获地省级烟草专卖行政主管部门出具的上年度烟草行业生产卷烟所需该类卷烟辅料的平均价

格计算；

（五）非法生产、销售、购买烟草专用机械的价格按照国务院烟草专卖行政主管部门下发的全国烟草专用机械产品指导价格目录进行计算；目录中没有该烟草专用机械的，按照省级以上烟草专卖行政主管部门出具的目录中同类烟草专用机械的平均价格计算。

第五条　行为人实施非法生产、销售烟草专卖品犯罪，同时构成生产、销售伪劣产品罪、侵犯知识产权犯罪、非法经营罪的，依照处罚较重的规定定罪处罚。

第六条　明知他人实施本解释第一条所列犯罪，而为其提供贷款、资金、账号、发票、证明、许可证件，或者提供生产、经营场所、设备、运输、仓储、保管、邮寄、代理进出口等便利条件，或者提供生产技术、卷烟配方的，应当按照共犯追究刑事责任。

……

第九条　本解释所称"烟草专卖品"，是指卷烟、雪茄烟、烟丝、复烤烟叶、烟叶、卷烟纸、滤嘴棒、烟用丝束、烟草专用机械。

---

① 2003 年 12 月 23 日印发的《最高人民法院、最高人民检察院、公安部和国家烟草专卖局关于办理假冒伪劣烟草制品等刑事案件适用法律问题座谈会纪要》中，对涉烟类非法经营罪的个人与单位定罪量刑标准存在差异。本司法解释不再区分个人犯罪与单位犯罪的定罪数额标准，实践中应当以本司法解释为准，而非会议纪要。——编者注

本解释所称"卷烟辅料",是指卷烟纸、滤嘴棒、烟用丝束。

本解释所称"烟草专用机械",是指由国务院烟草专卖行政主管部门烟草专用机械名录所公布的,在卷烟、雪茄烟、烟丝、复烤烟叶、烟叶、卷烟纸、滤嘴棒、烟用丝束的生产加工过程中,能够完成一项或者多项特定加工工序,可以独立操作的机械设备。

本解释所称"同类烟草专用机械",是指在卷烟、雪茄烟、烟丝、复烤烟叶、烟叶、卷烟纸、滤嘴棒、烟用丝束的生产加工过程中,能够完成相同加工工序的机械设备。

【司法解释 X】

《最高人民法院、最高人民检察院关于办理妨害信用卡管理刑事案件具体应用法律若干问题的解释》(原法释〔2009〕19 号,根据法释〔2018〕19 号修正,20181201)

第十二条 违反国家规定,使用销售点终端机具(POS 机)等方法,以虚构交易、虚开价格、现金退货等方式向信用卡持卡人直接支付现金,情节严重的,应当依照刑法第二百二十五条的规定,以非法经营罪定罪处罚。

实施前款行为,数额在一百万元以上的,或者造成金融机构资金二十万元以上逾期未还的,或者造成金融机构经济损失十万元以上的,应当认定为刑法第二百二十五条规定的"情节严重";数额在五百万元以上的,或者造成金融机构资金一百万元以上逾期未还的,或者造成金融机构经济损失五十万元以上的,应当认定为刑法第二百二十五条规定的"情节特别严重"。

持卡人以非法占有为目的,采用上述方式恶意透支,应当追究刑事责任的,依照刑法第一百九十六条的规定,以信用卡诈骗罪定罪处罚。

第十三条 单位实施本解释规定的行为,适用本解释规定的相应自然人犯罪的定罪量刑标准。

【司法解释 XI】

《最高人民法院、最高人民检察院关于办理赌博刑事案件具体应用法律若干问题的解释》(法释〔2005〕3 号,20050513)

第六条 未经国家批准擅自发行、销售彩票,构成犯罪的,依照刑法第二百二十五条第(四)项的规定,以非法经营罪定罪处罚。

【司法解释 XII】

《最高人民法院、最高人民检察院关于办理妨害预防、控制突发传染病疫情等灾害的刑事案件具体应用法律若干问题的解释》(法释〔2003〕8 号,20030515)

第六条 违反国家在预防、控制突发传染病疫情等灾害期间有关市场经营、价格管理等规定,哄抬物价、牟取暴利,严重扰乱市场秩序,违法所得数额较大或者有其他严重情节的,依照刑法第二百二十五条第(四)项的规定,以非法经营罪定罪,依法从重处罚。

【司法解释 XIII】

《最高人民检察院关于非法经营国

际或港澳台地区电信业务行为法律适
用问题的批复》（高检发释字〔2002〕
1 号，20020211）

违反《中华人民共和国电信条
例》规定，采取租用电信国际专线、
私设转接设备或者其他方法，擅自经
营国际或者香港特别行政区、澳门特
别行政区和台湾地区电信业务进行营
利活动，扰乱电信市场管理秩序，情
节严重的，应当依照《刑法》第二百
二十五条第（四）项的规定，以非法
经营罪追究刑事责任。

【司法解释ⅩⅣ】

《最高人民检察院关于办理非法经
营食盐刑事案件具体应用法律若干问
题的解释》（高检发释字〔2002〕6
号，20020913）

第一条　违反国家有关盐业管理
规定，非法生产、储运、销售食盐，
扰乱市场秩序，情节严重的，应当依
照刑法第二百二十五条的规定，以非
法经营罪追究刑事责任。

第二条　非法经营食盐，具有下
列情形之一的，应当依法追究刑事
责任：

（一）非法经营食盐数量在二十
吨以上的；

（二）曾因非法经营食盐行为受
过二次以上行政处罚又非法经营食盐，
数量在十吨以上的。

第三条　非法经营食盐行为未经
处理的；其非法经营的数量累计计算；
行为人非法经营行为是否盈利，不影
响犯罪的构成。

第四条　以非碘盐充当碘盐或者
以工业用盐等非食盐充当食盐进行非
法经营，同时构成非法经营罪和生产、
销售伪劣产品罪、生产、销售不符合
卫生标准的食品罪①、生产、销售有
毒、有害食品罪等其他犯罪的，依照
处罚较重的规定追究刑事责任。

第五条　以暴力、威胁方法阻碍
行政执法人员依法行使盐业管理职务
的，依照刑法第二百七十七条规定，
以妨害公务罪追究刑事责任；其非法
经营行为已构成犯罪的，依照数罪并
罚的规定追究刑事责任。

【司法解释ⅩⅤ】

《最高人民法院、最高人民检察院
关于办理非法生产、销售、使用禁止
在饲料和动物饮用水中使用的药品等
刑事案件具体应用法律若干问题的解
释》（法释〔2002〕26 号，20020823）

第一条　未取得药品生产、经营
许可证件和批准文号，非法生产、销
售盐酸克仑特罗等禁止在饲料和动物
饮用水中使用的药品，扰乱药品市场
秩序，情节严重的，依照刑法第二百
二十五条第（一）项的规定，以非法
经营罪追究刑事责任。

第二条　在生产、销售的饲料中
添加盐酸克仑特罗等禁止在饲料和动
物饮用水中使用的药品，或者销售明
知是添加有该类药品的饲料，情节严
重的，依照刑法第二百二十五条第
（四）项的规定，以非法经营罪追究
刑事责任。

---

①　该罪名已变更为"生产、销售不
符合安全标准的食品罪"。——编者注

【司法解释 XVI】

《最高人民法院关于审理扰乱电信市场管理秩序案件具体应用法律若干问题的解释》（法释〔2000〕12 号，20000524）

第一条　违反国家规定，采取租用国际专线、私设转接设备或者其他方法，擅自经营国际电信业务或者涉港澳台电信业务进行营利活动，扰乱电信市场管理秩序，情节严重的，依照刑法第二百二十五条第（四）项的规定，以非法经营罪定罪处罚。

第二条　实施本解释第一条规定的行为，具有下列情形之一的，属于非法经营行为"情节严重"：

（一）经营去话业务数额在一百万元以上的；

（二）经营来话业务造成电信资费损失数额在一百万元以上的。

具有下列情形之一的，属于非法经营行为"情节特别严重"：

（一）经营去话业务数额在五百万元以上的；

（二）经营来话业务造成电信资费损失数额在五百万元以上的。

第三条　实施本解释第一条规定的行为，经营数额或者造成电信资费损失数额接近非法经营行为"情节严重"、"情节特别严重"的数额起点标准，并具有下列情形之一的，可以分别认定为非法经营行为"情节严重"、"情节特别严重"：

（一）两年内因非法经营国际电信业务或者涉港澳台电信业务行为受过行政处罚两次以上的；

（二）因非法经营国际电信业务或者涉港澳台电信业务行为造成其他严重后果的。

第四条　单位实施本解释第一条规定的行为构成犯罪的，对单位判处罚金，并对其直接负责的主管人员和其他直接责任人员，依照本解释第二条、第三条的规定处罚。

第五条　违反国家规定，擅自设置、使用无线电台（站），或者擅自占用频率，非法经营国际电信业务或者涉港澳台电信业务进行营利活动，同时构成非法经营罪和刑法第二百八十八条规定的扰乱无线电通讯管理秩序罪的，依照处罚较重的规定定罪处罚。

……

第十条　本解释所称"经营去话业务数额"，是指以行为人非法经营国际电信业务或者涉港澳台电信业务的总时长（分钟数）乘以行为人每分钟收取的用户使用费所得的数额。

本解释所称"电信资费损失数额"，是指以行为人非法经营国际电信业务或者涉港澳台电信业务的总时长（分钟数）乘以在合法电信业务中我国应当得到的每分钟国际结算价格所得的数额。

【司法解释 XVII】

《最高人民法院关于审理非法出版物刑事案件具体应用法律若干问题的解释》（法释〔1998〕30 号，19981223）

第十一条　违反国家规定，出版、印刷、复制、发行本解释第一条至第十条规定以外的其他严重危害社会秩序和扰乱市场秩序的非法出版物，情节严重的，依照刑法第二百二十五条第（三）项①的规定，以非法经营罪定罪处罚。

第十二条　个人实施本解释第十一条规定的行为，具有下列情形之一的，属于非法经营行为"情节严重"：

（一）经营数额在五万元至十万元以上的；

（二）违法所得数额在二万元至三万元以上的；

（三）经营报纸五千份或者期刊五千本或者图书二千册或者音像制品、电子出版物五百张（盒）以上的。

具有下列情形之一的，属于非法经营行为"情节特别严重"：

（一）经营数额在十五万元至三十万元以上的；

（二）违法所得数额在五万元至十万元以上的；

（三）经营报纸一万五千份或者期刊一万五千本或者图书五千册或者音像制品、电子出版物一千五百张（盒）以上的。

第十三条　单位实施本解释第十一条规定的行为，具有下列情形之一的，属于非法经营行为"情节严重"：

（一）经营数额在十五万元至三十万元以上的；

（二）违法所得数额在五万元至十万元以上的；

（三）经营报纸一万五千份或者期刊一万五千本或者图书五千册或者音像制品、电子出版物一千五百张（盒）以上的。

具有下列情形之一的，属于非法经营行为"情节特别严重"：

（一）经营数额在五十万元至一百万元以上的；

（二）违法所得数额在十五万元至三十万元以上的；

（三）经营报纸五万份或者期刊五万本或者图书一万五千册或者音像制品、电子出版物五千张（盒）以上的。

第十四条　实施本解释第十一条规定的行为，经营数额、违法所得数额或者经营数量接近非法经营行为"情节严重"、"情节特别严重"的数额、数量起点标准，并具有下列情形之一的，可以认定为非法经营行为"情节严重"、"情节特别严重"：

（一）两年内因出版、印刷、复制、发行非法出版物受过行政处罚两次以上的；

（二）因出版、印刷、复制、发行非法出版物造成恶劣社会影响或者其他严重后果的。

第十五条　非法从事出版物的出版、印刷、复制、发行业务，严重扰乱市场秩序，情节特别严重，构成犯罪的，可以依照刑法第二百二十五条第（三）项②的规定，以非法经营罪定罪处罚。

第十六条　出版单位与他人事前通谋，向其出售、出租或者以其他形式转让该出版单位的名称、书号、刊号、版号，他人实施本解释第二条、

---

①　应为修正后的刑法第二百二十五条第（四）项。——编者注
②　应为修正后的刑法第二百二十五条第（四）项。——编者注

第四条、第八条、第九条、第十条、第十一条规定的行为，构成犯罪的，对该出版单位应当以共犯论处。

第十七条 本解释所称"经营数额"，是指以非法出版物的定价数额乘以行为人经营的非法出版物数量所得的数额。

本解释所称"违法所得数额"，是指获利数额。

非法出版物没有定价或者以境外货币定价的，其单价数额应当按照行为人实际出售的价格认定。

【司法解释 XVIII】

《最高人民法院关于审理骗购外汇、非法买卖外汇刑事案件具体应用法律若干问题的解释》（法释〔1998〕20 号，19980901）

第三条 在外汇指定银行和中国外汇交易中心及其分中心以外买卖外汇，扰乱金融市场秩序，具有下列情形之一的，按照刑法第二百二十五条第（三）项①的规定定罪处罚：

（一）非法买卖外汇二十万美元以上的；

（二）违法所得五万元人民币以上的。

第四条 公司、企业或者其他单位，违反有关外贸代理业务的规定，采用非法手段，或者明知是伪造、变造的凭证、商业单据，为他人向外汇指定银行骗购外汇，数额在五百万美元以上或者违法所得五十万元人民币以上的，按照刑法第二百二十五条第（三）项的规定定罪处罚。

居间介绍骗购外汇一百万美元以上或者违法所得十万元人民币以上的，按照刑法第二百二十五条第（三）项的规定定罪处罚。

第五条 海关、银行、外汇管理机关工作人员与骗购外汇的行为人通谋，为其提供购买外汇的有关凭证，或者明知是伪造、变造的凭证和商业单据而出售外汇，构成犯罪的，按照刑法的有关规定从重处罚。

第六条 实施本解释规定的行为，同时触犯二个以上罪名的，择一重罪从重处罚。

第七条 根据刑法第六十四条规定，骗购外汇、非法买卖外汇的，其违法所得予以追缴，用于骗购外汇、非法买卖外汇的资金予以没收，上缴国库。

第八条 骗购、非法买卖不同币种的外汇的，以案发时国家外汇管理机关制定的统一折算率折合后依照本解释处罚。

【司法指导文件 I】

《最高人民检察院关于办理涉互联网金融犯罪案件有关问题座谈会纪要》（高检诉〔2017〕14 号，20170601）

18. 支付结算业务（也称支付业务）是商业银行或者支付机构在收付款人之间提供的货币资金转服务。非银行机构从事支付结算业务，应当经中国人民银行批准取得《支付业务许可证》，成为支付机构。未取得支付业务许可从事该业务的行为，违反《非

————————

① 应为修正后的刑法第二百二十五条第（四）项。——编者注

法金融机构和非法金融业务活动取缔办法》第四条第一款第（三）、（四）项的规定，破坏了支付结算业务许可制度，危害支付市场秩序和安全，情节严重的，适用刑法第二百二十五条第（三）项，以非法经营罪追究刑事责任。具体情形：

（1）未取得支付业务许可经营基于客户支付账户的网络支付业务。无证网络支付机构为客户非法开立支付账户，客户先把资金支付到该支付账户，再由无证机构根据订单信息从支付账户平台将资金结算到收款人银行账户。

（2）未取得支付业务许可经营多用途预付卡业务。无证发卡机构非法发行可跨地区、跨行业、跨法人使用的多用途预付卡，聚集大量的预付卡销售资金，并根据客户订单信息向商户划转结算资金。

19. 在具体办案时，要深入剖析相关行为是否具备资金支付结算的实质特征，准确区分支付工具的正常商业流转与提供支付结算服务、区分单用途预付卡与多用途预付卡业务，充分考虑具体行为与"地下钱庄"等同类犯罪在社会危害方面的相当性以及刑事处罚的必要性，严格把握入罪和出罪标准。

【司法指导文件Ⅱ】

《全国法院毒品犯罪审判工作座谈会纪要》（法〔2015〕129号，20150518）

二、（七）非法贩卖麻醉药品、精神药品行为的定性问题

……

行为人出于医疗目的，违反有关药品管理的国家规定，非法贩卖上述麻醉药品或者精神药品，扰乱市场秩序，情节严重的，以非法经营罪定罪处罚。

【司法指导文件Ⅲ】

《最高人民法院、最高人民检察院、公安部、国家新闻出版广电总局关于依法严厉打击非法电视网络接收设备违法犯罪活动的通知》（新广电发〔2015〕229号，20150918）

二、正确把握法律政策界限，依法严厉打击非法电视网络接收设备违法犯罪活动

各级公安、检察、审判机关和新闻出版广电行政主管部门要高度重视查办非法电视网络接收设备违法犯罪案件，正确把握法律政策界限，严格执行法律法规的有关规定，坚决依法严厉打击非法电视网络接收设备违法犯罪活动。非法电视网络接收设备主要包括三类："电视棒"等网络共享设备；非法互联网电视接收设备，包括但不限于内置含有非法电视、非法广播等非法内容的定向接收软件或硬件模块的机顶盒、电视机、投影仪、显示器；用于收看非法电视、收听非法广播的网络软件、移动互联网客户端软件和互联网电视客户端软件。根据刑法和司法解释的规定，违反国家规定，从事生产、销售非法电视网络接收设备（含软件），以及为非法广播电视接收软件提供下载服务、为非法广播电视节目频道接收提供链接服务等营利性活动，扰乱市场秩序，个

人非法经营数额在五万元以上或违法所得数额在一万元以上，单位非法经营数额在五十万元以上或违法所得数额在十万元以上，按照非法经营罪追究刑事责任。对于利用生产、销售、安装非法电视网络接收设备传播淫秽色情节目、实施危害国家安全等行为的，根据其行为的性质，依法追究刑事责任。对非法电视网络接收设备犯罪行为，涉及数个罪名的，按照相关原则，择一重罪处罚或数罪并罚。在追究犯罪分子刑事责任的同时，还要依法追缴违法所得，没收其犯罪所用的本人财物。对于实施上述行为尚不构成犯罪的，由新闻出版广电等相关行政主管部门依法给予行政处罚；构成违反治安管理行为的，依法给予治安管理处罚。

【司法指导文件Ⅳ】

《最高人民法院、最高人民检察院、公安部、国家安全部关于依法办理非法生产、销售、使用"伪基站"设备案件的意见》（公通字〔2014〕13 号，20140314）

一、准确认定行为性质

（一）非法生产、销售"伪基站"设备，具有以下情形之一的，依照《刑法》第二百二十五条的规定，以非法经营罪追究刑事责任：

……①

非法生产、销售"伪基站"设备，经鉴定为专用间谍器材的，依照《刑法》第二百八十三条的规定，以非法生产、销售间谍专用器材罪②追究刑事责任；同时构成非法经营罪的，以非法经营罪追究刑事责任。

（二）非法使用"伪基站"设备干扰公用电信网络信号，危害公共安全的，依照《刑法》第一百二十四条第一款的规定，以破坏公用电信设施罪追究刑事责任；同时构成虚假广告罪、非法获取公民个人信息罪③、破坏计算机信息系统罪、扰乱无线电通讯管理秩序罪的，依照处罚较重的规定追究刑事责任。

除法律、司法解释另有规定外，利用"伪基站"设备实施诈骗等其他犯罪行为，同时构成破坏公用电信设施罪的，依照处罚较重的规定追究刑事责任。

（三）明知他人实施非法生产、销售"伪基站"设备，或者非法使用"伪基站"设备干扰公用电信网络信号等犯罪，为其提供资金、场所、技术、设备等帮助的，以共同犯罪论处。

（四）对于非法使用"伪基站"设备扰乱公共秩序，侵犯他人人身权利、财产权利，情节较轻，尚不构成犯罪，但构成违反治安管理行为的，依法予以治安管理处罚。

二、严格贯彻宽严相济刑事政策

---

① 该意见关于"情节严重""情节特别严重"的认定，与 2017 年 6 月 27 日实施的《最高人民法院、最高人民检察院关于办理扰乱无线电通讯管理秩序等刑事案件适用法律若干问题的解释》第四条不一致，故本书未收录，实践中应当以后者为准。——编者注

② 该罪名已变更为"非法生产、销售专用间谍器材罪"。——编者注

③ 该罪名已变更为"侵犯公民个人信息罪"。——编者注

对犯罪嫌疑人、被告人的处理，应当结合其主观恶性大小；行为危害程度以及在案件中所起的作用等因素，切实做到区别对待。对组织指挥、实施非法生产、销售、使用"伪基站"设备的首要分子、积极参加的犯罪分子，以及曾因非法生产、销售、使用"伪基站"设备受到行政处罚或者刑事处罚，又实施非法生产、销售、使用"伪基站"设备的犯罪分子，应当作为打击重点依法予以严惩；对具有自首、立功、从犯等法定情节的犯罪分子，可以依法从宽处理。对情节显著轻微、危害不大的，依法不作为犯罪处理。

【司法指导文件 V】

《最高人民法院、最高人民检察院、公安部关于办理利用赌博机开设赌场案件适用法律若干问题的意见》（公通字〔2014〕17 号，20140326）

四、关于生产、销售赌博机的定罪量刑标准

以提供给他人开设赌场为目的，违反国家规定，非法生产、销售具有退币、退分、退钢珠等赌博功能的电子游戏设施设备或者其专用软件，情节严重的，依照刑法第二百二十五条的规定，以非法经营罪定罪处罚。

实施前款规定的行为，具有下列情形之一的，属于非法经营行为"情节严重"：

（一）个人非法经营数额在五万元以上，或者违法所得数额在一万元以上的；

（二）单位非法经营数额在五十万元以上，或者违法所得数额在十万元以上的；

（三）虽未达到上述数额标准，但两年内因非法生产、销售赌博机行为受过二次以上行政处罚，又进行同种非法经营行为的；

（四）其他情节严重的情形。

具有下列情形之一的，属于非法经营行为"情节特别严重"：

（一）个人非法经营数额在二十五万元以上，或者违法所得数额在五万元以上的；

（二）单位非法经营数额在二百五十万元以上，或者违法所得数额在五十万元以上的。

【司法指导文件 VI】

《最高人民检察院法律政策研究室关于买卖银行承兑汇票行为如何适用法律问题的答复意见》（高检研函字〔2013〕58 号）

根据票据行为的无因性以及票据法关于汇票可背书转让的规定，汇票买卖不同于支付结算行为，将二者等同可能会造成司法实践的混乱。实践中，买卖银行承兑汇票的情况比较复杂，对于单纯买卖银行承兑汇票的行为不宜以非法经营罪追究刑事责任。①

---

① 根据本答复，实践中不宜再援引《公安部经济犯罪侦查局关于对倒卖银行承兑汇票行为性质认定意见的批复》（公经金融〔2009〕253 号，20090918）、《公安部经济犯罪侦查局关于对徐×等人经营银行承兑汇票贴现业务定性问题的批复》（公经金融〔2010〕135 号，20100706）关于将倒卖银行承兑汇票活动认定为"非法从事资金支付结算业务"的结论。——编者注

【司法指导文件Ⅶ】

《最高人民法院、最高人民检察院、公安部、农业部、食品药品监管总局关于进一步加强麻黄草管理严厉打击非法买卖麻黄草等违法犯罪活动的通知》（公通字〔2013〕16号，20130521）

三、依法查处非法采挖、买卖麻黄草等犯罪行为

（四）违反国家规定采挖、销售、收购麻黄草，没有证据证明以制造毒品或者走私、非法买卖制毒物品为目的，依照刑法第二百二十五条的规定构成犯罪的，以非法经营罪定罪处罚。

【司法指导文件Ⅷ】

《最高人民法院、最高人民检察院、公安部、国家安全监管总局关于依法加强对涉嫌犯罪的非法生产经营烟花爆竹行为刑事责任追究的通知》（安监总管三〔2012〕116号，20120906）

一、非法生产、经营烟花爆竹及相关行为涉及非法制造、买卖、运输、邮寄、储存黑火药、烟火药，构成非法制造、买卖、运输、邮寄、储存爆炸物罪的，应当依照刑法第一百二十五条的规定定罪处罚；非法生产、经营烟花爆竹及相关行为涉及生产、销售伪劣产品或不符合安全标准产品，构成生产、销售伪劣产品罪或生产、销售不符合安全标准产品罪的，应当依照刑法第一百四十条、第一百四十六条的规定罪处罚；非法生产、经营烟花爆竹相关行为构成非法经营罪的，应当依照刑法第二百二十五条的规定定罪处罚。非法生产经营烟花爆竹行

为的定罪和立案追诉标准，分别按照《最高人民法院关于审理非法制造、买卖、运输枪支、弹药、爆炸物等刑事案件具体应用法律若干问题的解释》（法释〔2009〕18号）、《最高人民法院最高人民检察院关于办理生产、销售伪劣商品刑事案件具体应用法律若干问题的解释》（法释〔2001〕10号）、《最高人民检察院、公安部关于公安机关管辖的刑事案件立案追诉标准的规定（一）》（公通字〔2008〕36号）、《最高人民检察院、公安部关于公安机关管辖的刑事案件立案追诉标准的规定（二）》（公通字〔2010〕23号）等有关规定执行。

【司法指导文件Ⅸ】

《最高人民法院关于准确理解和适用刑法中"国家规定"的有关问题的通知》（法发〔2011〕155号，20110408）

三、各级人民法院审理非法经营犯罪案件，要依法严格把握刑法第二百二十五条第（四）的适用范围。对被告人的行为是否属于刑法第二百二十五条第（四）规定的"其他严重扰乱市场秩序的非法经营行为"，有关司法解释未作明确规定的，应当作为法律适用问题，逐级向最高人民法院请示。

【司法指导文件Ⅹ】

《最高人民法院关于被告人何伟光、张勇泉等非法经营案的批复》（〔2012〕刑他字第136号，20120226）

被告人何伟光、张勇泉等人发放高利贷的行为具有一定的社会危害性，但此类行为是否属于刑法第二百二十五条规定的"其他严重扰乱市场秩序

的非法经营行为"，相关立法解释和司法解释尚无明确规定，故对何伟光、张勇泉等人的行为不宜以非法经营罪定罪处罚。

【司法指导文件ⅪⅠ】

《最高人民法院关于被告人李明华非法经营请示一案的批复》（〔2011〕刑他字第 21 号，20110506）

被告人李明华持有烟草专卖零售许可证，但多次实施批发业务，而且从非指定烟草专卖部门进货的行为，属于超范围和地域经营的情形，不宜按照非法经营罪处理，应由相关主管部门进行处理。

【司法指导文件ⅫⅠ】

《最高人民法院关于被告人缪绿伟非法经营一案的批复》（刑他字〔2008〕86 号，20081128）

《盐业管理条例》第二十条虽然规定盐的批发业务由各级盐业公司统一经营，但并无相应法律责任的规定，1995 年国家计委、国家经贸委下发的《关于改进工业盐供销和价格管理办法的通知》明确取消了工业盐准运证和准运章制度，工业盐已不再属于国家限制买卖的物品。因此，被告人缪绿伟经营工业盐的行为不构成非法经营犯罪。

【司法指导文件ⅫⅡ】

《最高人民法院、最高人民检察院、公安部、中国证券监督管理委员会关于整治非法证券活动有关问题的通知》（证监发〔2008〕1 号，20080102）

二、明确法律政策界限，依法打击非法证券活动

（三）关于非法经营证券业务的责任追究。任何单位和个人经营证券业务，必须经证监会批准。未经批准的，属于非法经营证券业务，应予以取缔；涉嫌犯罪的，依照刑法第二百二十五条之规定，以非法经营罪追究刑事责任。对于中介机构非法代理买卖非上市公司股票，涉嫌犯罪的，应当依照刑法第二百二十五条之规定，以非法经营罪追究刑事责任；……

【司法指导文件ⅩⅣ】

《最高人民法院刑事审判第二庭关于对未经行政许可审批经营成品油批发业务是否构成非法经营罪的意见》（〔2008〕刑二函字第 108 号，20081201）

在未取得合法有效的《成品油批发经营批准证书》的情况下，进行成品油批发经营业务，属于违反国家规定，未经许可经营法律、行政法规规定限制买卖的物品的行为。对于扰乱市场秩序，情节严重的，可以非法经营罪追究刑事责任。

【司法指导文件ⅩⅤ】

《最局人民法院、最高人民检察院、公安部关于依法开展打击淫秽色情网站专项行动有关工作的通知》（公通字〔2004〕53 号，20040716）

对于违反国家规定，擅自设立互联网上网服务营业场所，或者擅自从事互联网上网服务经营活动，情节严重，构成犯罪的，以非法经营罪追究刑事责任。

【司法指导文件ⅩⅥ】

《最高人民法院、最高人民检察

院、公安部、国家烟草专卖局关于办理假冒伪劣烟草制品等刑事案件适用法律问题座谈会纪要》(商检会〔2003〕4 号，20031223)

四、关于共犯问题

知道或者应当知道他人实施本《纪要》第一条至第三条规定的犯罪行为，仍实施下列行为之一的，应认定为共犯，依法追究刑事责任：

1. 直接参与生产、销售假冒伪劣烟草制品或者销售假冒烟用注册商标的烟草制品或者直接参与非法经营烟草制品并在其中起主要作用的；

2. 提供房屋、场地、设备、车辆、贷款、资金、账号、发票、证明、技术等设施和条件，用于帮助生产、销售、储存、运输假冒伪劣烟草制品、非法经营烟草制品的；

······

六、关于一罪与数罪问题

行为人的犯罪行为同时构成生产、销售伪劣产品罪、销售假冒注册商标的商品罪、非法经营罪等罪的，依照处罚较重的规定定罪处罚。

【司法指导文件XVII】

《最高人民检察院法律政策研究室关于1998年4月18日以前的传销或者变相传销行为如何处理的答复》(高检研发〔2003〕第 7 号，20030321)

对 1998 年 4 月 18 日国务院发布《关于禁止传销经营活动的通知》以前的传销或者变相传销行为，不宜以非法经营罪追究刑事责任。行为人在传销或者变相传销活动中实施销售假冒伪劣产品、诈骗、非法集资、虚报注册资本、偷税[1]等行为，构成犯罪的，应当依照刑法的相关规定追究刑事责任。

【司法指导文件XVIII】

《最高人民法院、最高人民检察院、公安部办理非法经营国际电信业务犯罪案件联席会议纪要》(公通字〔2002〕29 号，20030422)

二、《解释》[2]第一条规定："违反国家规定，采取租用国际专线、私设转接设备或者其他方法，擅自经营国际电信业务或者涉港澳台电信业务进行营利活动，扰乱电信市场管理秩序，情节严重的，依照刑法第二百二十五条第（四）项的规定，以非法经营罪定罪处罚。"对于未取得国际电信业务（含涉港澳台电信业务，下同）经营许可证而经营，或被终止国际电信业务经营资格后继续经营，应认定为"擅自经营国际电信业务或者涉港澳台电信业务"；情节严重的，应按上述规定以非法经营罪追究刑事责任。

《解释》第一条所称"其他方法"，是指在边境地区私自架设跨境通信线路；利用互联网跨境传送 IP 话音并设立转接设备，将国际话务转接至我境内公用电话网或转接至其他国家或地区；在境内以租用、托管、代维等方式设立转接平台；私自设置国际

---

[1] 应为"逃税"。——编者注
[2] 这里指《最高人民法院关于审理扰乱电信市场管理秩序案件具体应用法律若干问题的解释》(法释〔2000〕12 号)。——编者注

通信出入口等方法。

三、获得国际电信业务经营许可的经营者（含涉港澳台电信业务经营者）明知他人非法从事国际电信业务，仍违反国家规定，采取出租、合作、授权等手段，为他人提供经营和技术条件，利用现有设备或另设国际话务转接设备并从中营利，情节严重的，应以非法经营罪的共犯追究刑事责任。

【司法指导文件 XIX】

《最高人民检察院法律政策研究室关于非法经营行为界定有关问题的复函》（〔2002〕高检研发第 24 号，20021025）

一、关于经营违法音像制品行为的处理问题。对于经营违法音像制品行为，构成犯罪的，应当根据案件的具体情况，分别依照最高人民法院《关于审理非法出版物刑事案件具体应用法律若干问题的解释》……相关规定办理。

二、关于非法经营行为的界定问题，同意你部的意见，即：只要行为人明知是违法音像制品而进行经营即属于非法经营行为，其是否具有音像制品合法经营资格并不影响非法经营行为的认定；非法经营行为包括一系列环节，经营者购进违法音像制品并存放于仓库等场所的行为属于经营行为的中间环节，对此也可以认定为是非法经营行为。

【司法指导文件 XX】

《最高人民法院研究室关于对既涉嫌非法经营又涉嫌偷税的经济犯罪案件如何适用法律问题的意见函》（法研〔2001〕24 号，20010314）

行为人在实施非法经营犯罪过程中，又涉嫌偷税构成犯罪的，应以处罚较重的犯罪依法追究刑事责任，不实行数罪并罚。

【司法指导文件 XXI】

《最高人民检察院法律政策研究室关于对居间贩卖假金融票证行为如何认定问题的意见》（20011227）

对居间贩卖假金融票证的行为，首先应当考虑该行为是否构成伪造、变造金融票证或者金融诈骗犯罪的共犯；如果不能认定共同犯罪，也不构成其他犯罪，而只能以非法经营罪追究刑事责任的，应当依照《最高人民检察院、公安部关于经济犯罪案件追诉标准的规定》有关非法经营罪的规定办理，而不宜对此再掌握不同的追诉标准。

【司法指导文件 XXII】

《最高人民法院、最高人民检察院、公安部办理骗汇、逃汇犯罪案件联席会议纪要》（公通字〔1999〕39 号，19990607）

二、全国人大常委会《关于惩治骗购外汇、逃汇和非法买卖外汇犯罪的决定》（以下简称《决定》）公布施行后发生的犯罪行为，应当依照《决定》办理；对于《决定》公布施行前发生的公布后尚未处理或者正在处理的行为，依照修订后的刑法第十二条第一款规定的原则办理。

最高人民法院 1998 年 8 月 28 日

发布的《关于审理骗购外汇、非法买卖外汇刑事案件具体应用法律若干问题的解释》（以下简称《解释》），是对具体应用修订后的刑法有关问题的司法解释，适用于依照修订后的刑法判处的案件。各执法部门对于《解释》应当准确理解，严格执行。

《解释》第四条规定："公司、企业或者其他单位，违反有关外贸代理业务的规定，采用非法手段、或者明知是伪造、变造的凭证、商业单据，为他人向外汇指定银行骗购外汇，数额在五百万美元以上或者违法所得五十万元人民币以上的，按照刑法第二百二十五条第（三）项的规定定罪处罚；居间介绍骗购外汇一百万美元以上或者违法所得十万元人民币以上的，按照刑法第二百二十五条第（三）项的规定定罪处罚。"上述所称"采用非法手段"，是指有国家批准的进出口经营权的外贸代理企业在经营代理进口业务时，不按国家经济主管部门有关规定履行职责，放任被代理方自带客户、自带货源、自带汇票、自行报关，在不见进口产品、不见供货货主、不见外商的情况下代理进口业务，或者采取法律、行政法规和部门规章禁止的其他手段代理进口业务。

认定《解释》第四条所称的"明知"，要结合案件的具体情节予以综合考虑，不能仅仅因为行为人不供述就不予认定。报关行为先于签订外贸代理协议的，或者委托方提供的购汇凭证明显与真实凭证、商业单据不符的，应当认定为明知。

《解释》第四条所称"居间介绍骗购外汇"，是指收取他人人民币、以虚假购汇凭证委托外贸公司、企业骗购外汇，获取非法收益的行为。

【司法指导文件XXⅢ】

《最高人民法院研究室关于明确〈关于办理妨害信用卡管理刑事案件具体应用法律若干问题的解释〉溯及力的复函》（法研〔2010〕70 号，20100416）

对 1997 年刑法施行后、《2009 年两高关于办理妨害信用卡管理刑事案件具体应用法律若干问题的解释》施行前发生的利用信用卡非法套现行为，如未超过法定追诉时效，社会危害重大的，可以依法追究。

【司法指导文件XXⅣ】

《最高人民法院研究室关于非法经营黄金案件移送起诉期间国务院出台〈国务院关于取消第二批行政审批项目和改变一批行政审批项目管理方式的决定〉如何适用法律问题的答复》（法研〔2005〕80 号）

国务院〔2003〕5 号文件发布后，个人收购、销售黄金的行为，不构成非法经营罪。对于该文件发布前个人收购、销售黄金的行为，应按照《中华人民共和国刑法》第十二条的规定处理。

【司法指导文件XXⅤ】

《最高人民法院研究室关于非法生产、销售、使用"伪基站"行为定性的研究意见》（2014）

三、关于利用"伪基站"设备经营广告短信群发业务的定性。利用"伪基站"设备经营广告短信群发业务的行为，属于未经许可从事电信业务经营活动的行为，但根据《电信条例》第六十七条、第六十八条的规定，只有利用电信网络制作、复制、发布、传播第五十七条所列含有法律、行政法规禁止的内容的信息，实施第五十八条所列危害电信网络安全和信息安全的行为，以及实施第五十九条第二、三、四项所列扰乱电信市场秩序的行为，构成犯罪的，才能追究刑事责任。利用"伪基站"经营广告短信群发业务，不在上述范围内，故依法不能以非法经营罪论处。

【司法指导文件XXVI】

《最高人民法院研究室关于非法经营罪中"违法所得"认定问题的研究意见》（2013）

非法经营罪中的"违法所得"，应是指获利数额，即以行为人违法生产、销售商品或者提供服务所获得的全部收入（即非法经营数额），扣除其直接用于经营活动的合理支出部分后剩余的数额。

【司法指导文件XXVII】

《最高人民法院研究室关于制作、销售网络游戏外挂程序如何处理问题的研究意见》（2012）

对于制作、销售网络游戏外挂程序的行为，要全面综合判断行为的社会危害性，秉持刑法的谦抑性，慎用刑事制裁手段。对于社会危险性严重、确需追究刑事责任的制作、销售互联网游戏外挂程序行为，也应妥善选择适用罪名。对制作、销售网络游戏外挂程序的行为应以侵犯著作权罪定罪处罚，不宜适用非法经营罪、破坏计算机信息系统罪等其他罪名。

【司法指导文件XXVIII】

《最高人民法院研究室关于经营彩票"优化"、"缩水"业务定性问题的研究意见》（2012）

经营彩票"优化"、"缩水"业务是为彩民提供咨询服务的营利活动，由于目前国家有关彩票经营的规定并未禁止此种经营行为，不宜认定为犯罪。如果此种行为属于未经许可的擅自经营行为，可由行政机关予以行政处罚。

【公安文件I】

《公安部经济犯罪侦查局关于对未经行政许可零售经营成品油行为是否构成非法经营罪的批复》（公经〔2012〕106 号，20120130）

《国务院对确需保留的行政审批项目设定行政许可的决定》（国务院第412 号令，以下简称《决定》）规定，石油成品油批发、仓储、零售经营资格审批由商务部、省级人民政府商务行政主管部门进行审批。违反《决定》规定，未经审批从事石油成品油批发、仓储、零售经营即构成"违反国家规定"，至于由什么级别的部门具体负责实施该项国家规定，不影响对该行为"违反国家规定"性质的认定。

【公安文件Ⅱ】

《公安部经济犯罪侦查局关于未经行政许可审批经营成品油是否涉嫌非法经营罪的批复》（公经法〔2008〕309 号，20081210）

珠海××石油化工有限公司违反了商务部制定的《成品油市场管理办法》，在未取得合法有效的《成品油批发经营批准证书》的情况下，非法经营成品油批发业务，属于违反国家规定，未经许可经营法律、行政法规规定限制买卖的物品的行为。对于扰乱市场秩序，情节严重的，可以非法经营罪追究刑事责任。

【公安文件Ⅲ】

《公安部经济犯罪侦查局关于对四川××、陕西××等公司代理转让未上市公司股权行为定性的批复》（公经〔2006〕1789 号，20060815）

一、四川××公司南充分公司、陕西××公司及南充、德阳分公司代理未上市公司股票向不特定社会公众转让的行为，属于证券法规定的证券业务。根据证券法第一百九十七条规定，未经中国证监会批准，其行为构成非法经营证券业务。如其非法经营数额达到刑事追诉标准，则涉嫌构成刑法第二百二十五条规定的非法经营罪。

【公安文件Ⅳ】

《公安部关于对侵犯著作权案件中尚未印制完成的侵权复制品如何计算非法经营数额问题的批复》（公复字〔2003〕2 号，20030620）

根据《最高人民法院关于审理非法出版物刑事案件具体应用法律若干问题的解释》（法释〔1998〕30 号）第 17 条的规定，侵犯著作权案件，应以非法出版物的定价数额乘以行为人经营的非法出版物数量所得的数额计算其经营数额。因此，对于行为人尚未印制完成侵权复制品的，应当以侵权制品的定价数额乘以承印数量所得的数额计算其经营数额。但由于上述行为属于犯罪未遂，对于需要追究刑事责任的，公安机关应当在起诉意见书中予以说明。

【公安文件Ⅴ】

《公安部关于涂××等人从事非法金融业务行为性质认定问题的批复》（公经〔2003〕385 号，20030408）

涂××等人或假借中国农业银行武汉市××支行及未经批准成立的武汉市××区工商联互助基金会之名，或用武汉市××贸易有限责任公司或个人的名义，以武汉市××贸易有限责任公司或个人资金，向他人非法发放高息贷款的行为，属于从事非法金融业务活动。1998 年 6 月国务院发布施行的《非法金融机构和非法金融业务活动取缔办法》第二十二条规定："设立非法金融或者从事非法金融业务活动，构成犯罪的，依法追究刑事责任。"涂××等人从事非法金融业务活动，数额巨大，其行为属于刑法第二百二十五条第（四）项所规定的"其他严重扰乱市场秩序的非法经营行为"，应以涉嫌非法经营罪立案侦查。

【公安文件Ⅵ】

《公安部经济犯罪侦查局关于打击非法经营销售国内机票有关问题的批复》（公经〔2002〕928 号，20020809）

一、《关于坚决打击暗扣销售和非法经营销售国内机票行为规范航空运输市场秩序的通知》（民航财发〔2002〕101 号）中的"国内机票"、"民航国内航班机票"是指"国内航空公司的国内航线机票"。

二、根据 1993 年 8 月 3 日经国务院批准发布施行的《民用航空运输销售代理业管理规定》（民航总局第 37 号令）第三十三条的规定，非法代理销售国内航空公司国际航线机票属于非法经营行为，情节严重的，应当根据刑法第二百二十五条的规定，以非法经营罪立案侦查。

【公安文件Ⅶ】

《公安部办公厅关于销售印有本·拉登头像的商品如何处理问题的答复》（公办〔2001〕162 号，20011231）

二、根据《刑法》第 225 条和《最高人民法院关于审理非法出版物刑事案件具体应用法律若干问题的解释》（法释〔1998〕30 号）的规定，个人或单位违反国家规定，出版、印刷、复制、发行印有本·拉登头像的音像制品、电子出版物 500 或 1500 张（盒）以上的，或者经营数额在 5 万元或 15 万元以上的，公安机关可以涉嫌非法经营罪立案侦查。

三、公安机关对出版、销售印有本·拉登头像的出版物、音像制品的行为以涉嫌非法经营罪立案查处的，应当事先与人民检察院、人民法院进行沟通，必要时提请当地政法委协调。

【公安文件Ⅷ】

《公安部经济犯罪侦查局关于刘××等人利用银行账户为他人转移资金行为定性问题的批复》（公经〔2008〕164 号，20080901）

根据国务院 1998 年 7 月 13 日发布实施的《非法金融机构和非法金融业务活动取缔办法》第四条规定，刘××等犯罪嫌疑人未经国务院银行业监督管理机构及其派出机构批准，以营利为目的，大量使用虚假身份或冒用他人身份，注册成立无经营地址、无从业人员、无经营活动的"三无公司"，在银行开立单位基本账户并开通网上银行业务，在没有真实交易的情况下接受性质不明的巨额资金，获取大量非法利益，该行为属于非法办理结算业务。刘××等犯罪嫌疑人的行为应认定为从事非法金融业务活动，并依法追究刑事责任。

【公安文件Ⅸ】

《公安部经济犯罪侦查局关于对艾××等人有关行为定性问题的批复》（公经反洗钱〔2008〕585 号，20081124）

根据《外汇管理条例》（国务院第 532 号令）第四十五条规定，艾××等人将委托人的外汇资金假借外商投资的名义汇入境内，骗取银行结汇后，按照委托人要求支付给指定的境内收款人，并依据汇入外汇资金数量向委托人收取报酬的行为，属于非法买卖外汇违法犯罪行为，应依法追究刑事责任。

【公安文件 X】

《公安部经济犯罪侦查局关于顾××等人有关行为性质认定意见的批复》（公经反洗钱〔2009〕188 号，20090413）

犯罪嫌疑人顾××等人为获取非法利益，注册成立空壳公司并在银行开立基本账户，在无任何实际贸易背景的情况下，专门从事为他人提供支票套现服务并收取手续费，非法获利数额巨大，其行为严重扰乱正常的金融管理秩序，根据《非法金融机构和非法金融业务活动取缔办法》（国务院令第 247 号）第四条第四项的规定，顾××等犯罪嫌疑人的行为可以认定为其他非法金融业务活动。

【公安文件 XI】

《公安部经济犯罪侦查局关于南京××公司从事非法票据贴现业务认定意见的批复》（公经金融〔2009〕315 号，20091127）

犯罪嫌疑人王×等人注册成立多家空壳公司，并雇人寻找需要贴现票据的企业，通过伪造购销合同和增值税发票等，以上述空壳公司的名义通过银行为企业进行票据贴现，收取手续费的行为，数额巨大，严重扰乱正常的票据管理秩序，可以认定为刑法修正案（七）第五条规定的"非法从事资金支付结算业务"的活动。

【公安文件 XII】

《公安部经济犯罪侦查局关于闻丽×等人有关行为定性问题的批复》（公经反洗钱〔2010〕84 号，20100308）

犯罪嫌疑人闻丽×等人按照新加坡"××快速汇款公司"（以下简称"××公司"）授意，在境内私设××公司办事处，由××公司在新加坡收取客户新加坡元，后指示闻丽×等人按照约定汇率在境内将相应人民币汇入客户指定的账户（或现金交付）。根据《中华人民共和国外汇管理条例》（国务院第 532 号令）第四十五条规定及相关证据，闻丽×等人的行为属于非法买卖外汇行为。

【公安文件 XIII】

《公安部经济犯罪侦查局关于利用转账支票为他人套现行为性质认定的批复》（公经〔2014〕172 号，20140409）

行为人在无真实贸易背景的情况下，为牟取不法利益，利用空壳公司账户等手段协助他人套取巨额现金的行为，违反了《人民币银行结算账户管理办法》（中国人民银行令〔2013〕第 5 号）第三十九条的规定，属于《中华人民共和国现金管理暂行条例》第二十一条第五项和第八项规定的"用转账凭证套换现金"、"利用账户替其他单位和个人套取现金"的违规情形，扰乱了市场秩序，具有明显的社会危害性，其行为构成非法从事资金支付结算业务。

【公安文件 XIV】

《公安部经济犯罪侦查局关于对新疆××公司使用配额许可证行为性质的批复》（公经〔2006〕2115 号，20060922）

2004 年 4 月 26 日，新疆××国际经贸股份有限公司（以下简称新疆××公司）与山西省大同市××煤焦化有限责任公司签订了出口 10000 吨焦炭的供货协议，之后新疆××公司又与××国际贸易股份有限公司签订了合作出口协议书及此后为履行上述两协议而进行的有关商品交易行为和通关、外汇收汇核销等手续，符合国家有关法律法规的规定，也是我国对外贸易企业从事出口经营的惯常做法，即不构成倒卖或变相倒卖出口配额许可证的行为。

【公安文件XV】

《公安部禁毒局关于非法滥用、买卖复方曲马多片处理意见的通知》（公禁毒传发〔2012〕188 号，20120626）

个人非法买卖复方曲马多片经营数额在五万元以上，或者违法所得数额在一万元以上的；或者单位非法买卖复方曲马多片经营数额在五十万元以上，或者违法所得数额在十万元以上的；或者虽未达到上述数额标准，但两年内因同种非法经营行为受过二次以上行政处罚，又进行同种非法经营行为的，应按照《最高人民检察院、公安部关于公安机关管辖的刑事案件立案追诉标准的规定（二）》第七十九条第（八）项以"非法经营案"移交公安机关立案追诉。

【指导性案例·法院】

〔王力军非法经营再审改判无罪案，FZD2018-97〕

1. 对于刑法第二百二十五条第四项规定的"其他严重扰乱市场秩序的非法经营行为"的适用，应当根据相关行为是否具有与刑法第二百二十五条前三项规定的非法经营行为相当的社会危害性、刑事违法性和刑事处罚

必要性进行判断。

2. 判断违反行政管理有关规定的经营行为是否构成非法经营罪，应当考虑该经营行为是否属于严重扰乱市场秩序。对于虽然违反行政管理有关规定，但尚未严重扰乱市场秩序的经营行为，不应当认定为非法经营罪。

【法院公报案例】

〔浙江省宁波市人民检察院诉宁波利百代投资咨询有限公司、陈宗纬、王文泽、郑淳中非法经营案，GB2009-1〕

行为人为非法经营证券业务而设立公司，超越工商行政管理部门核准登记的公司经营范围，未经法定机关批准，向不特定的社会公众代理销售非上市股份有限公司的股权（股票），其行为属未经批准非法经营证券业务、扰乱国家证券市场的非法经营行为，情节严重的，应当以非法经营罪定罪处罚。

〔江苏省南京市江宁区人民检察院诉董杰、陈珠非法经营案，GB2012-2〕

利用"外挂"软件"代练升级"从事非法经营活动，情节严重的，属于刑法第二百二十五条中规定的"其他严重扰乱市场秩序的非法经营行为"，应以非法经营罪定罪处罚。

【法院参考案例】

〔参考案例第 212 号：高秋生、林适应等非法经营案〕非法经营假冒台湾产香烟的行为如何定性？

非法经营假冒台湾产香烟，情节严重的，构成非法经营罪。

〔参考案例第 330 号：高国华非法经营案〕非法从事外汇按金交易的行

为如何处理？

对于非法从事外汇按金交易，扰乱市场秩序，情节严重的，应当以非法经营罪定罪处罚。由于外汇按金交易是一种远期外汇买卖方式，只要交付了部分的按金（保证金），就可以进行交易，未交付全部交易现金并不影响外汇按金交易的进行。至于没有实际占有非法获利款，并不影响非法经营罪的成立。

〔**参考案例第 378 号：郭金元、肖东梅非法经营案**〕被行政处罚过的非法经营数额应否计入犯罪金额？

对于行政机关未超越职权范围予以行政处罚的非法经营数额，不得累计计算犯罪数额。对于行政机关超越职权"以罚代刑"处置的非法经营数额，应作为未经处理的犯罪金额重新计算。

〔**参考案例第 564 号：周新桥等非法经营案**〕刑法修正案颁布实施前未经国家有关主管部门批准，非法经营期货业务的行为是否构成非法经营罪？

在未经国家有关主管部门批准的前提下，非法经营股市指数期货业务和国内商品期货业务，构成非法经营罪。

〔**参考案例第 663 号：梁俊涛非法经营案**〕对于制售有严重政治问题的非法出版物行为应如何定性？

违反国家规定，出版、印刷、复制、发行政治性非法出版物行为应认定为非法经营罪。

〔**参考案例第 727 号：刘溪、聂明湛、原维达非法经营案**〕以现货投资名义非法代理境外黄金合约买卖的行为，如何定性？

1. 以介绍现货黄金投资为名义，未经批准招揽国内客户参与境外市场的黄金合约买卖，属于组织变相期货交易活动，其行为构成非法经营罪。

2. 人民法院在办理变相期货交易案件时，应当重点关注以下几个方面：（1）审慎认定交易手法是否符合国务院《期货交易管理条例》中变相期货交易的行为特征。（2）综合全案证据及事实，判断交易目的是否是对冲合约获取风险利润。（3）如果所交易的合约到期应当被依法、全面、适当履行，当事人既不能擅自变更或者解除，也不能通过对冲替代履行，并且交易不具备变相期货交易的特征或者特征不明显的，则是现货交易。（4）在必要时征询、参考行政主管部门的意见。（5）留意我国特定时期的黄金市场监管政策。总之，应当综合平衡司法介入经济活动与打击经济犯罪之间的关系，既要保护灵活、新型、合法的投资手段，又要维护正常的黄金、期货市场秩序，注重保护投资者的合法利益。

〔**参考案例第 863 号：张虹飚等非法经营案**〕利用 POS 终端机非法套现的行为如何定性？如何认定此类非法经营行为的犯罪数额？

1. 行为人为自己或者实际控制的信用卡套取现金，情节严重的，均构成非法经营罪，且套现数额均应计入非法经营犯罪数额。

2. 用后次所套取现金归还前次套取现金的，应当累计为非法经营数额。

3. 明知他人为非法套现借用 POS

机，无偿出借期间套现数额应当计入非法经营犯罪数额。

4. 租用 POS 机从事非法套现的行为人为作为出租人的持卡人非法套现的数额应当计入非法经营犯罪数额。

〔**参考案例第 864 号：王后平非法经营案**〕挂靠具有经营资质的企业从事药品经营且不建立真实购销记录的，如何定性？

挂靠经营药品行为违反了国家规定，应当认定为刑法第二百二十五条规定的非法经营行为；在非法经营药品过程中故意不建立真实购销记录的不属于刑法第二百二十五条规定的非法经营行为，但可以作为认定情节严重的参考因素。

〔**参考案例第 1021 号：钟小云非法经营案**〕未经许可经营现货黄金延期交收业务的行为如何定性？

未经许可经营现货黄金延期交收业务的行为，不构成诈骗罪或者合同诈骗罪，属于刑法规制的非法经营行为。

〔**参考案例第 1042 号：翁士喜非法经营案**〕未经许可在城区违法搭建商铺并以招商为名收取租金的行为如何定性？

未经许可擅自开工违章搭建商铺，并对外招租收取租金的行为构成非法经营罪。

〔**参考案例第 1043 号：王丹、沈玮婷非法经营、虚报注册资本案**〕不具备证券从业资格的公司与具备资格的公司合作开展证券咨询业务，是否构成非法经营罪？

无证券咨询资格的公司与具备资格的公司之间的合作协议不能规避其应当接受审批与监管的义务，相关合作行为可以构成非法经营罪。

〔**参考案例第 1057 号：吴名强、黄桂荣等非法经营案**〕非法生产、经营国家管制的第二类精神药品盐酸曲马多，应如何定性？

行为人没有贩卖、制造毒品的故意，仅有生产、销售假药的故意，而其生产、销售国家管制的精神药品的行为同时又构成非法经营罪，生产、销售假药罪与非法经营罪发生竞合，应择一重罪处罚。比较两罪的法定刑，在没有出现致人体健康严重危害后果或其他严重情节的情况下，生产、销售假药罪的法定刑幅度较低，而且以生产、销售假药罪来定罪不能充分评价生产、销售盐酸曲马多的社会危害性，定非法经营罪更合适，能恰当地体现此类行为的本质在于违反国家禁止性管理制度。

〔**参考案例第 1077 号：李彦生、胡文龙非法经营案**〕如何认定刑法中的"国家规定"？经营有偿讨债业务宜否认定为刑法第二百二十五条第（四）项规定的"其他严重扰乱市场秩序的非法经营行为"？

1. 刑法中的"国家规定"主要包括以下三个方面：（1）全国人民代表大会及其常务委员会通过的法律、带有单行法性质的决定，以及以修正案、立法解释等形式对现行法律作出的修改、补充的规定。全国人民代表大会常务委员会的内设机构如法制工作委员会等发布的文件不属于"国家规定"。（2）国务院制定的行政法规、规定的行政措施、发布的决定和命令。(3) 国务院办公厅制发（即"国办发"）的部分文件。国务院办公厅作为协助国务院领导同志处理国务院日常工作的机构，有权以"国办发"的名义制发文件，部分"国办发"文件会就行政措施作出规定，这部分文件虽然法律位阶低于以国务院的名义发布的规范性文件，但只要有明确的法律依据或者不与行政法规的规定相抵触，经国务院同意并公开向社会发布，其效力和适用范围通常情况下应当高于地方性法规和部门规章，可视为国务院"规定的行政措施、发布的决定和命令"。所以，以国务院办公厅名义制发的文件，符合以下条件的，亦应视为刑法中的"国家规定"：有明确的法律依据或者同相关行政法规不相抵触。经国务院常务会议讨论通过或者经国务院批准。在国务院公报上公开发布。

2. 国家经济贸易委员会、公安部、国家工商行政管理局于 2000 年 6 月 15 日联合发布的《关于取缔各类讨债公司严厉打击非法讨债活动的通知》（国经贸综合〔2000〕568 号）虽然系"经报请国务院同意"，但从制发主体以及发布形式来看，均不属于刑法第九十六条中的"国家规定"。

3. 有偿讨债行为的社会危害性主要体现在对公民个人隐私和正常工作、生活秩序的破坏和干扰，对于正常的市场经济秩序虽有一定的危害，但并非主要方面。如果行为人在讨债过程中采取了非法获取公民个人信息、寻衅滋事、限制人身自由、暴力、威胁等手段且情节严重的，可按照其所触犯的具体罪名如侵犯公民个人信息罪、寻衅滋事罪、非法拘禁罪、非法侵入住宅罪、故意杀人罪、故意伤害罪等罪名予以处理。在市场经济条件下，债权人既可以通过诉讼、仲裁、调解等途径实现债权，也可以在不违法或不损害公序良俗的前提下自行向债务人追讨，这些手段为国家、社会所鼓励和认可。但是，社会生活的复杂性决定了一些债权人或是由于债务人的躲避，或是出于节约时间，或是不方便通过诉讼等途径实现债权等原因，往往通过支付一定报酬的方式请他人帮助向债务人追讨。只要行为人在追讨时未采取违法犯罪手段，或是虽有违法行为但程度较轻，其社会危害性是有限的，被侵害的对象可以通过追究行为人的民事侵权责任来维护自身的合法权益，国家相关部门也可以对行为人适用治安管理处罚措施予以制裁。这样的处理方式符合刑法的谦抑性原则，即刑法的适用对象只能是具备严重社会危害性的违法行为，作为破坏社会主义市场经济秩序罪的非法经营罪，在适用时更应注意坚持这一原则。

〔参考案例第 1121 号：欧敏、关树锦非法从事长途大巴客运经营案〕

未取得道路运输经营许可擅自从事长途大巴客运经营的行为如何定性？

未取得道路运输经营许可擅自从事长途大巴客运经营活动，违反了国家规定。非法从事长途大巴客运经营活动属于"其他严重扰乱市场秩序的非法经营行为"。鉴于目前社会上出现的非法营运行为较为普遍，且原因复杂，在司法实践中一定要把握好是否追究刑事责任和追究刑事责任的范围问题。以非法经营罪追究刑事责任，主要是针对非法营运的出资者、组织者和主要管理者，特别是要打击那些欺行霸市、采取非法手段裹挟国家行政执法人员，带有黑社会性质的从事非法营运的团伙和人员。对于个人自驾"黑车"或者少数几个人联合从事非法营运，营运时间短、经营数额不大以及受雇用参与非法营运的，一般不予追究刑事责任，可以行政处罚等方式追究其行政违法责任。

〔参考案例第 1122 号：喻江、李强非法从事出租汽车经营活动案〕未取得道路运输经营许可集合社会车辆对不特定的旅客招揽生意、拉客，从事出租汽车经营的行为如何定性？

1. 未取得道路运输经营许可证、出租汽车经营资格证，擅自从事出租汽车经营活动，违反了国家规定。

2. 非法从事出租汽车营运活动是否属于严重扰乱市场秩序的非法经营行为，核心要看其经营行为的违法性以及扰乱市场秩序的严重程度，即要从其社会危害性认定其行为性质。从当前各地案发情况来看，非法从事出租汽车营运活动主要危害体现在：（1）所从事的经营行为严重危害人民群众的生命财产安全。非法营运车辆大都车况不佳、安全性能差、从业人员驾驶技术和交通安全意识良莠不齐，从而导致交通事故多发、频发。（2）引发社会不稳定因素。非法营运车主和合法营运车主经常发生冲突，

近年来，不少地方因非法营运引发正规营运车主多次停运、罢工、上访。且非法营运车辆多数无保险，在营运中一旦发生事故，乘客的合法权益得不到保障，给相关部门处理事故造成极大的难度，甚至容易激发上访、闹访等群体性事件，严重影响当地社会稳定。（3）破坏正常的营运秩序。非法营运公司不缴纳税费，造成国家的税收流失；争抢客源、抢夺市场份额，使正规客运站点和合法营运者收入减少，损害合法营运车辆的正当权益，影响行业稳定；由于其没有纳入正常的管理体系，相关部门平时也无法对其进行有效管理。（4）严重影响城市形象。非法营运车辆不仅车容不整，容易造成城市的视觉污染，而且在城区主要路口及繁华地段聚集候客，或者沿街随意乱停乱靠招客，严重影响道路交通安全。（5）因非法营运利润率极高，绝大多数非法营运车主一直在观望，如果此类行为不能得到有效遏制，将会激发更多非法营运车辆加入非法营运团伙。可见，非法从事出租汽车营运活动，严重扰乱道路运输市场秩序和出租汽车行业秩序，危害人民群众的生命财产安全，侵害出租汽车从业人员的合法权益，影响出租汽车行业和社会的稳定，属于刑法第二百二十五条规定的"其他严重扰乱市场秩序的非法经营行为"。

〔参考案例第 1210 号：朱海林、周汝胜、谢从军非法经营案〕未经许可生产摩托车的行为如何定性？

无证生产摩托车的行为构成非法经营罪。考虑到实践中无证生产以及

采用"大排小标"方式生产摩托车的行为具有一定普遍性，是否按照犯罪处理，应结合具体案情综合考量，只能对"情节严重"的非法经营行为定罪处罚。要避免将一般的行政违法行为当作刑事犯罪处理，以犯罪论处的非法经营行为应当具有相当的社会危害性和刑事处罚的必要性。

第二百二十六条 【强迫交易罪】以暴力、威胁手段，实施下列行为之一，情节严重的，处三年以下有期徒刑或者拘役，并处或者单处罚金；情节特别严重的，处三年以上七年以下有期徒刑，并处罚金：

（一）强买强卖商品的；

（二）强迫他人提供或者接受服务的；

（三）强迫他人参与或者退出投标、拍卖的；

（四）强迫他人转让或者收购公司、企业的股份、债券或者其他资产的；

（五）强迫他人参与或者退出特定的经营活动的。

【修正前条文】

第二百二十六条 【强迫交易罪】以暴力、威胁手段强买强卖商品、强迫他人提供服务或者强迫他人接受服务，情节严重的，处三年以下有期徒刑或者拘役，并处或者单处罚金。

【修正说明】

刑法修正案（八）第三十六条对原条文作出下述修改：一是增加了三种新的犯罪行为，即强迫他人参与或者退出投标、拍卖的行为；强迫他人转让或者收购公司、企业的股份、债券或者其他资产的行为；强迫他人参与或者退出特定的经营活动的行为。二是该罪的法定最高刑由原来的三年提高到七年。

【司法解释 I】

《最高人民检察院、公安部关于公安机关管辖的刑事案件立案追诉标准的规定（一）》［公通字〔2008〕36号，20080625，经 2017 年 4 月 27 日发布的《最高人民检察院、公安部关于公安机关管辖的刑事案件立案追诉标准的规定（一）的补充规定》（公通字〔2017〕12 号）修正］

第二十八条 〔强迫交易案（刑法第二百二十六条）〕以暴力、威胁手段强买强卖商品，强迫他人提供服务或者接受服务，涉嫌下列情形之一的，应予立案追诉：

（一）造成被害人轻微伤的；

（二）造成直接经济损失二千元以上的；

（三）强迫交易三次以上或者强迫三人以上交易的；

（四）强迫交易数额一万元以上，或者违法所得数额二千元以上的；

（五）强迫他人购买伪劣商品数额五千元以上，或者违法所得数额一千元以上的；

（六）其他情节严重的情形。

以暴力、威胁手段强迫他人参与或者退出投标、拍卖，强迫他人转让或者收购公司、企业的股份、债券或者其他资产，强迫他人参与或者退出特定的经营活动，具有多次实施、手段恶劣、造成严重后果或者恶劣社会影响等情形之一的，应予立案追诉。

【司法解释Ⅱ】

《最高人民检察院关于强迫借贷行为适用法律问题的批复》（高检发释字〔2014〕1 号，20140417）

以暴力、胁迫手段强迫他人借贷，属于刑法第二百二十六条第二项规定的"强迫他人提供或者接受服务"，情节严重的，以强迫交易罪追究刑事责任；同时构成故意伤害罪等其他犯罪的，依照处罚较重的规定定罪处罚。……

【司法指导文件】

《最高人民法院、最高人民检察院、公安部、司法部关于办理黑恶势力犯罪案件若干问题的指导意见》（法发〔2018〕1 号，20180116）

四、依法惩处利用"软暴力"实施的犯罪

17. 黑恶势力为谋取不法利益或形成非法影响，有组织地采用滋扰、纠缠、哄闹、聚众造势等手段侵犯人身权利、财产权利，破坏经济秩序、社会秩序，构成犯罪的，应当分别依照《刑法》相关规定处理：

（1）有组织地采用滋扰、纠缠、哄闹、聚众造势等手段扰乱正常的工作、生活秩序，使他人产生心理恐惧或者形成心理强制，分别属于《刑法》第二百九十三条第一款第（二）项规定的"恐吓"、《刑法》第二百二十六规定的"威胁"，同时符合其他犯罪构成条件的，应分别以寻衅滋事罪、强迫交易罪定罪处罚。

……

（2）……雇佣、指使他人有组织地采用上述手段强迫交易、敲诈勒索，构成强迫交易罪、敲诈勒索罪的，对雇佣者、指使者，一般应当以共同犯罪中的主犯论处。……

【法院公报案例】

〔重庆市渝中区人民检察院诉朱波伟、雷秀平抢劫案，GB2006－4〕

出租车驾驶员在正常营运过程中，为牟取非法利益，采用暴力、威胁手段，强行向乘客索取与合理价格相差悬殊的高额出租车服务费，情节严重的，其行为构成刑法第二百二十六条规定的强迫交易罪，不应以抢劫罪定罪处罚。

【法院参考案例】

〔参考案例第 278 号：宋东亮、陈二永强迫交易、故意伤害案〕在共同强迫交易过程中，一人突发持刀重伤他人，对其他参与共同强迫交易的被告人应如何定罪处罚？

在共同实施强迫交易的犯罪过程中，一人突然持刀重伤他人，超出了实施强迫交易犯罪活动中所形成的共同犯罪故意，被害人被刺而受重伤的后果只能由实施重伤行为的人承担。对其他参与共同强迫交易的被告人，应以强迫交易罪定罪处罚。

第二百二十七条 【伪造、倒卖伪造的有价票证罪】 伪造或者倒卖伪造的车票、船票、邮票或者其他有价票证，数额较大的，处二年以下有期徒刑、拘役或者管制，并处或者单处票证价额一倍以上五倍以下罚金；数额巨大的，处二年以上七年以下有期徒刑，并处票证价额一倍以上五倍以下罚金。

【倒卖车票、船票罪】倒卖车票、船票，情节严重的，处三年以下有期徒刑、拘役或者管制，并处或者单处票证价额一倍以上五倍以下罚金。

【司法解释 I 】

《最高人民法院关于审理倒卖车票刑事案件有关问题的解释》（法释〔1999〕17 号，19990914）

第一条　高价、变价、变相加价倒卖车票或者倒卖坐席、卧铺签字号及订购车票凭证，票面数额在五千元以上，或者非法获利数额在二千元以上的，构成刑法第二百二十七条第二款规定的"倒卖车票情节严重"。

第二条　对于铁路职工倒卖车票或者与其他人员勾结倒卖车票；组织倒卖车票的首要分子；曾因倒卖车票受过治安处罚两次以上或者被劳动教养一次以上，两年内又倒卖车票，构成倒卖车票罪的，依法从重处罚。

【司法解释 II 】

《最高人民法院关于对变造、倒卖变造邮票行为如何适用法律问题的解释》（法释〔2000〕41 号，20001209）

对变造或者倒卖变造的邮票数额较大的，应当依照刑法第二百二十七条第一款的规定定罪处罚。

【司法指导文件】

《最高人民检察院法律政策研究室关于非法制作、出售、使用 IC 电话卡行为如何适用法律问题的答复》（高检研发〔2003〕第 10 号，20030402）

非法制作或者出售非法制作的 IC 电话卡，数额较大的，应当依照刑法第二百二十七条第一款的规定，以伪造、倒卖伪造的有价票证罪追究刑事责任，犯罪数额可以根据销售数额认定；明知是非法制作的 IC 电话卡而使用或者购买并使用，造成电信资费损失数额较大的，应当依照刑法第二百六十四条的规定，以盗窃罪追究刑事责任。

【法院参考案例】

〔参考案例第 170 号：赵志刚伪造有价票证案〕伪造洗澡票的行为如何定性？

经工商部门核准登记的营业性公共浴池洗澡票，是经当地物价部门核定并在当地社会上流通使用，具有确定面额的一种书面凭证，尽管其在发行、使用范围上具有地域性，但从性质上讲，与车票、船票、邮票等具有相同的属性，应当属于刑法规定的"其他有价票证"。

〔参考案例第 213 号：董佳、岑炯等伪造有价票证、职务侵占案〕国家认可的旅游景点门票是否属于有价票证？

有价票证应当理解为由有关国家机关、公司、企业、事业单位依法印刷，并向社会公众发放、销售，具有一定票面金额，可以在一定范围内流通或者使用，能够证明持票人享有要求发票人支付一定数额财物或者提供特定服务的权利，或者能够证明其已经履行相关法律义务的书面凭证。在具体认定时，应从有价票证制作发行的有权性、票面的有价性、流通使用的公共性及权利内容的凭证性等方面来加以把握，诸如演出（电影、球赛）、旅游景点、博物馆门票（入场券、观光券）等均属有价票证。

〔参考案例第 379 号：刘建场、李向华倒卖车票案〕以出售牟利为目的购买大量车票尚未售出的行为如何处理？

以出售牟利为目的购买车票的行为符合倒卖车票罪的客观特征，情节严重的，应认定具备倒卖车票罪的犯罪构成要件，以犯罪既遂处理，但在量刑上应有所区别。

〔参考案例第 426 号：王珂伪造、倒卖伪造的有价票证，蔡明喜倒卖伪造的有价票证案〕刑法第二百二十七条中的"其他有价票证"如何认定？

1. 刑法二百二十七条中的"其他有价票证"，不要求具备与所列举的"车票、船票、邮票"完全相同的特征，铁路乘车证及相关证件可认定为有价票证。对于行为人伪造、倒卖的乘车证被他人免票乘车给铁路企业造成的价款损失，由于乘车证本身无票面价额，其价额应依使用情况定，即使用人乘坐相应车次、铺席的票价即是乘车证的价额。如果是无人使用，则乘车证有价但尚无价额，被害方也无财产损失，不宜认定为犯罪数额。

2. 对于无票面价额的有价票证，可以结合伪造或者倒卖伪造有价票证的张数，给国家、企业、公民个人等

造成的损失，非法所得数额，伪造、倒卖伪造相关证件、证明文件的数量等综合认定。

第二百二十八条 【非法转让、倒卖土地使用权罪】 以牟利为目的，违反土地管理法规，非法转让、倒卖土地使用权，情节严重的，处三年以下有期徒刑或者拘役，并处或者单处非法转让、倒卖土地使用权价额百分之五以上百分之二十以下罚金；情节特别严重的，处三年以上七年以下有期徒刑，并处非法转让、倒卖土地使用权价额百分之五以上百分之二十以下罚金。

【立法解释】

《全国人民代表大会常务委员会关于〈中华人民共和国刑法〉第二百二十八条、第三百四十二条、第四百一十条的解释》（20010831）

刑法第二百二十八条、第三百四十二条、第四百一十条规定的"违反土地管理法规"，是指违反土地管理法、森林法、草原法等法律以及有关行政法规中关于土地管理的规定。

【司法解释 I】

《最高人民检察院、公安部关于公安机关管辖的刑事案件立案追诉标准的规定（二）》（公通字〔2010〕23号，20100507）

第八十条〔非法转让、倒卖土地使用权案（刑法第二百二十八条）〕以牟利为目的，违反土地管理法规，非法转让、倒卖土地使用权，涉嫌下列情形之一的，应予立案追诉：

（一）非法转让、倒卖基本农田五亩以上的；

（二）非法转让、倒卖基本农田以外的耕地十亩以上的；

（三）非法转让、倒卖其他土地二十亩以上的；

（四）违法所得数额在五十万元以上的；

（五）虽未达到上述数额标准，但因非法转让、倒卖土地使用权受过行政处罚，又非法转让、倒卖土地的；

（六）其他情节严重的情形。

【司法解释Ⅱ】

《最高人民法院关于审理破坏土地资源刑事案件具体应用法律若干问题的解释》（法释〔2000〕14 号，20000622）

第一条 以牟利为目的，违反土地管理法规，非法转让、倒卖土地使用权，具有下列情形之一的，属于非法转让、倒卖土地使用权"情节严重"，依照刑法第二百二十八条的规定，以非法转让、倒卖土地使用权罪定罪处罚：

（一）非法转让、倒卖基本农田五亩以上的；

（二）非法转让、倒卖基本农田以外的耕地十亩以上的；

（三）非法转让、倒卖其他土地二十亩以上的；

（四）非法获利五十万元以上的；

（五）非法转让、倒卖土地接近上述数量标准并具有其他恶劣情节的，如曾因非法转让、倒卖土地使用权受过行政处罚或者造成严重后果等。

第二条 实施第一条规定的行为，

具有下列情形之一的，属于非法转让、倒卖土地使用权"情节特别严重"：

（一）非法转让、倒卖基本农田十亩以上的；

（二）非法转让、倒卖基本农田以外的耕地二十亩以上的；

（三）非法转让、倒卖其他土地四十亩以上的；

（四）非法获利一百万元以上的；

（五）非法转让、倒卖土地接近上述数量标准并具有其他恶劣情节，如造成严重后果等。

……

第八条 单位犯非法转让、倒卖土地使用权罪、非法占有耕地罪的定罪量刑标准，依照本解释第一条、第二条、第三条的规定执行。

第九条 多次实施本解释规定的行为依法应当追诉的，或者一年内多次实施本解释规定的行为未经处理的，按照累计的数量、数额处罚。

【公安文件】

《公安部经济犯罪侦查局关于对程××的行为是否涉嫌非法转让、倒卖土地使用权犯罪的批复》（公经法〔2008〕29 号，20080125）

程××的行为是否涉嫌非法转让、倒卖土地使用权，关键是看甲公司和乙公司于 2000 年 2 月 1 日签订的合同的性质。从合同约定的权利义务关系以及合同的实际履行情况来看，所谓"买断"指的不是该土地的土地使用权，而是对该地块的开发经营收益权，即双方通过合作开发、销售房地产取得收益。从该块国有土地转移的过程看，是经人民政府批准将原划拨给××集团的土地使用权收回后出让给乙公司，而并非出让给甲公司后再转让给乙公司。因此，该合同的性质不是土地使用权买卖性质。综上，程××的行为不能认定为非法转让、倒卖土地使用权。

第二百二十九条 【提供虚假证明文件罪】承担资产评估、验资、验证、会计、审计、法律服务等职责的中介组织的人员故意提供虚假证明文件，情节严重的，处五年以下有期徒刑或者拘役，并处罚金。

前款规定的人员，索取他人财物或者非法收受他人财物，犯前款罪的，处五年以上十年以下有期徒刑，并处罚金。

【出具证明文件重大失实罪】第一款规定的人员，严重不负责任，出具的证明文件有重大失实，造成严重后果的，处三年以下有期徒刑或者拘役，并处或者单处罚金。

【司法解释 I 】

《最高人民检察院、公安部关于公安机关管辖的刑事案件立案追诉标准的规定（二）》（公通字〔2010〕23号，20100507）

第八十一条〔提供虚假证明文件案（刑法第二百二十九条第一款、第二款）〕承担资产评估、验资、验证、会计、审计、法律服务等职责的中介组织的人员故意提供虚假证明文件，涉嫌下列情形之一的，应予立案追诉：

（一）给国家、公众或者其他投资者造成直接经济损失数额在五十万元以上的；

（二）违法所得数额在十万元以上的；

（三）虚假证明文件虚构数额在一百万元且占实际数额百分之三十以上的；

（四）虽未达到上述数额标准，但具有下列情形之一的：

1. 在提供虚假证明文件过程中索取或者非法接受他人财物的；

2. 两年内因提供虚假证明文件，受过行政处罚二次以上，又提供虚假证明文件的。

（五）其他情节严重的情形。

第八十二条〔出具证明文件重大失实案（刑法第二百二十九条第三款）〕承担资产评估、验资、验证、会计、审计、法律服务等职责的中介组织的人员严重不负责任，出具的证明文件有重大失实，涉嫌下列情形之一的，应予立案追诉：

（一）给国家、公众或者其他投资者造成直接经济损失数额在一百万元以上的；

（二）其他造成严重后果的情形。

【司法解释 II 】

《最高人民法院、最高人民检察院关于办理妨害信用卡管理刑事案件具体应用法律若干问题的解释》（原法释〔2009〕19号，根据法释〔2018〕19号修正，20181201）

第四条第二款　承担资产评估、验资、验证、会计、审计、法律服务等职责的中介组织或其人员，为信用卡申请人提供虚假的财产状况、收入、职务等资信证明材料，应当追究刑事责任的，依照刑法第二百二十九条的规定，分别以提供虚假证明文件罪和出具证明文件重大失实罪定罪处罚。

【司法解释Ⅲ】

《最高人民法院、最高人民检察院关于办理环境污染刑事案件适用法律若干问题的解释》（法释〔2016〕29号，20170101）

第九条　环境影响评价机构或其人员，故意提供虚假环境影响评价文件，情节严重的，或者严重不负责任，出具的环境影响评价文件存在重大失实，造成严重后果的，应当依照刑法第二百二十九条、第二百三十一条的规定，以提供虚假证明文件罪或者出具证明文件重大失实罪定罪处罚。

【司法解释Ⅳ】

《最高人民法院、最高人民检察院关于办理药品、医疗器械注册申请材料造假刑事案件适用法律若干问题的解释》（法释〔2017〕15号，20170901）

第一条　药物非临床研究机构、药物临床试验机构、合同研究组织的工作人员，故意提供虚假的药物非临床研究报告、药物临床试验报告及相关材料的，应当认定为刑法第二百二十九条规定的"故意提供虚假证明文件"。

实施前款规定的行为，具有下列情形之一的，应当认定为刑法第二百二十九条规定的"情节严重"，以提供虚假证明文件罪处五年以下有期徒刑或者拘役，并处罚金：

（一）在药物非临床研究或者药物临床试验过程中故意使用虚假试验用药品的；

（二）瞒报与药物临床试验用药品相关的严重不良事件的；

（三）故意损毁原始药物非临床研究数据或者药物临床试验数据的；

（四）编造受试动物信息、受试者信息、主要试验过程记录、研究数据、检测数据等药物非临床研究数据或者药物临床试验数据，影响药品安全性、有效性评价结果的；

（五）曾因在申请药品、医疗器械注册过程中提供虚假证明材料受过刑事处罚或者二年内受过行政处罚，又提供虚假证明材料的；

（六）其他情节严重的情形。

第二条　实施本解释第一条规定的行为，索取或者非法收受他人财物的，应当依照刑法第二百二十九条第二款规定，以提供虚假证明文件罪处五年以上十年以下有期徒刑，并处罚金；同时构成提供虚假证明文件罪和受贿罪、非国家工作人员受贿罪的，依照处罚较重的规定定罪处罚。

第三条　药品注册申请单位的工作人员，故意使用符合本解释第一条第二款规定的虚假药物非临床研究报告、药物临床试验报告及相关材料，骗取药品批准证明文件生产、销售药品的，应当依照刑法第一百四十一条规定，以生产、销售假药罪定罪处罚。

第四条　药品注册申请单位的工作人员指使药物非临床研究机构、药物临床试验机构、合同研究组织的工作人员提供本解释第一条第二款规定的虚假药物非临床研究报告、药物临床试验报告及相关材料的，以提供虚假证明文件罪的共同犯罪论处。

具有下列情形之一的，可以认定为前款规定的"指使"，但有相反证据的除外：

（一）明知有关机构、组织不具备相应条件或者能力，仍委托其进行药物非临床研究、药物临床试验的；

（二）支付的价款明显异于正常费用的。

药品注册申请单位的工作人员和药物非临床研究机构、药物临床试验机构、合同研究组织的工作人员共同实施第一款规定的行为，骗取药品批准证明文件生产、销售药品，同时构成提供虚假证明文件罪和生产、销售假药罪的，依照处罚较重的规定定罪处罚。

第五条　在医疗器械注册申请中，故意提供、使用虚假的医疗器械临床试验报告及相关材料的，参照适用本解释第一条至第四条规定。

第六条　单位犯本解释第一条至第五条规定之罪的，对单位判处罚金，并依照本解释规定的相应自然人犯罪的定罪量刑标准对直接负责的主管人员和其他直接责任人员定罪处罚。

......

第八条　对是否属于虚假的药物非临床研究报告、药物或者医疗器械临床试验报告及相关材料，是否影响药品或者医疗器械安全性、有效性评价结果，以及是否属于严重不良事件等专门性问题难以确定的，可以根据国家药品监督管理部门设置或者指定的药品、医

疗器械审评等机构出具的意见，结合其他证据作出认定。

第九条　本解释所称"合同研究组织"，是指受药品或者医疗器械注册申请单位、药物非临床研究机构、药物或者医疗器械临床试验机构的委托，从事试验方案设计、数据统计、分析测试、监查稽查等与非临床研究或者临床试验相关活动的单位。

第十条　本解释自 2017 年 9 月 1 日起施行。

【司法解释Ⅴ】

《最高人民检察院关于地质工程勘测院和其他履行勘测职责的单位及其工作人员能否成为刑法第二百二十九条规定的有关犯罪主体的批复》（高检发释字〔2015〕4 号，20151112）

地质工程勘测院和其他履行勘测职责的单位及其工作人员在履行勘察、勘查、测绘职责过程中，故意提供虚假工程地质勘察报告等证明文件，情节严重的，依照刑法第二百二十九条第一款和第二百三十一条的规定，以提供虚假证明文件罪追究刑事责任；地质工程勘测院和其他履行勘测职责的单位及其工作人员在履行勘察、勘查、测绘职责过程中，严重不负责任，出具的工程地质勘察报告等证明文件有重大失实，造成严重后果的，依照刑法第二百二十九条第三款和第二百三十一条的规定，以出具证明文件重大失实罪追究刑事责任。

【司法解释Ⅵ】

《最高人民检察院关于公证员出具公证书有重大失实行为如何适用法律

问题的批复》（高检发释字〔2009〕1号，20090115）

《中华人民共和国公证法》施行以后，公证员在履行公证职责过程中，严重不负责任，出具的公证书有重大失实，造成严重后果的，依照刑法第二百二十九条第三款的规定，以出具证明文件重大失实罪追究刑事责任。

第二百三十条 【逃避商检罪】违反进出口商品检验法的规定，逃避商品检验，将必须经商检机构检验的进口商品未报经检验而擅自销售、使用，或者将必须经商检机构检验的出口商品未报经检验合格而擅自出口，情节严重的，处三年以下有期徒刑或者拘役，并处或者单处罚金。

【司法解释】

《最高人民检察院、公安部关于公安机关管辖的刑事案件立案追诉标准的规定（二）》（公通字〔2010〕23号，20100507）

第八十三条〔逃避商检案（刑法第二百三十条）〕违反进出口商品检验法的规定，逃避商品检验，将必须经商检机构检验的进口商品未报经检验而擅自销售、使用，或者将必须经商检机构检验的出口商品未报经检验合格而擅自出口，涉嫌下列情形之一的，应予立案追诉：

（一）给国家、单位或者个人造成直接经济损失数额在五十万元以上的；

（二）逃避商检的进出口货物货值金额在三百万元以上的；

（三）导致病疫流行、灾害事故的；

（四）多次逃避商检的；

（五）引起国际经济贸易纠纷，严重影响国家对外贸易关系，或者严重损害国家声誉的；

（六）其他情节严重的情形。

第二百三十一条 【对单位犯扰乱市场秩序罪的处罚】单位犯本节第二百二十一条至第二百三十条规定之罪的，对单位判处罚金，并对其直接负责的主管人员和其他直接责任人员，依照本节各该条的规定处罚。

第四章　　侵犯公民人身权利、民主权利罪

第二百三十二条　【故意杀人罪】故意杀人的，处死刑、无期徒刑或者十年以上有期徒刑；情节较轻的，处三年以上十年以下有期徒刑。

【立法·要点注释】

"情节较轻"，主要是指防卫过当致使他人死亡、出于义愤杀人等情况。考虑到故意杀人罪是一种非常严重的侵犯公民人身权利的犯罪，必须予以严厉打击，本条对刑罚作了比较特殊的表述，按照从重刑到轻刑的顺序列举，因此，在司法实践中，对于犯故意杀人罪的罪犯，在量刑时应当首先考虑重刑。

【司法解释 I】

《最高人民法院、最高人民检察院关于办理组织、利用邪教组织破坏法律实施等刑事案件适用法律若干问题的解释》（法释〔2017〕3 号，20170201）

第十一条　组织、利用邪教组织，制造、散布迷信邪说，组织、策划、煽动、胁迫、教唆、帮助其成员或者他人实施自杀、自伤的，依照刑法第二百三十二条、第二百三十四条的规定，以故意杀人罪或者故意伤害罪定罪处罚。

【司法解释 II】

《最高人民法院关于审理交通肇事刑事案件具体应用法律若干问题的解释》（法释〔2000〕33 号，20001121）

第六条　行为人在交通肇事后为逃避法律追究，将被害人带离事故现场后隐藏或者遗弃，致使被害人无法得到救助而死亡或者严重残疾的，应当分别依照刑法第二百三十二条、第二百三十四条第二款的规定，以故意杀人罪或者故意伤害罪定罪处罚。

【司法解释 III】

《最高人民法院、最高人民检察院关于办理危害生产安全刑事案件适用法律若干问题的解释》（法释〔2015〕22 号，20151216）

第十条　在安全事故发生后，直接负责的主管人员和其他直接责任人员故意阻挠开展抢救，导致人员死亡或者重伤，或者为了逃避法律追究，对被害人进行隐藏、遗弃，致使被害人因无法得到救助而死亡或者重度残疾的，分别依照刑法第二百三十二条、第二百三十四条的规定，以故意杀人罪或者故意伤害罪定罪处罚。

【司法指导文件 I】

《全国法院维护农村稳定刑事审判工作座谈会纪要》（法〔1999〕217 号，19991027）

（一）关于故意杀人、故意伤害案件

要准确把握故意杀人犯罪适用死

刑的标准。对故意杀人犯罪是否判处死刑，不仅要看是否造成了被害人死亡结果，还要综合考虑案件的全部情况。对于因婚姻家庭、邻里纠纷等民间矛盾激化引发的故意杀人犯罪，适用死刑一定要十分慎重，应当与发生在社会上的严重危害社会治安的其他故意杀人犯罪案件有所区别。对于被害人一方有明显过错或对矛盾激化负有直接责任，或者被告人有法定从轻处罚情节的，一般不应判处死刑立即执行。

要注意严格区分故意杀人罪与故意伤害罪的界限。在直接故意杀人与间接故意杀人案件中，犯罪人的主观恶性程度是不同的，在处刑上也应有所区别。间接故意杀人与故意伤害致人死亡，虽然都造成了死亡后果，但行为人故意的性质和内容是截然不同的。不注意区分犯罪的性质和故意的内容，只要有死亡后果就判处死刑的做法是错误的，这在今后的工作中，应当予以纠正。

【司法指导文件Ⅱ】

《**最高人民法院、最高人民检察院、公安部、司法部关于依法办理家庭暴力犯罪案件的意见**》（法发〔2015〕4 号，20150302）

20. 充分考虑案件中的防卫因素和过错责任。对于长期遭受家庭暴力后，在激愤、恐惧状态下为了防止再次遭受家庭暴力，或者为了摆脱家庭暴力而故意杀害、伤害施暴人，被告人的行为具有防卫因素，施暴人在案件起因上具有明显过错或者直接责任

的，可以酌情从宽处罚。对于因遭受严重家庭暴力，身体、精神受到重大损害而故意杀害施暴人；或者因不堪忍受长期家庭暴力而故意杀害施暴人，犯罪情节不是特别恶劣，手段不是特别残忍的，可以认定为刑法第二百三十二条规定的故意杀人"情节较轻"。在服刑期间确有悔改表现的，可以根据其家庭情况，依法放宽减刑的幅度，缩短减刑的起始时间与间隔时间；符合假释条件的，应当假释。被杀害施暴人的近亲属表示谅解的，在量刑、减刑、假释时应当予以充分考虑。

【司法指导文件Ⅲ】

《**最高人民法院研究室关于醉酒后在公共场所持刀连续捅刺，致多人死伤行为如何定性问题的研究意见**》（2012）

醉酒后在公共场所持刀连续捅刺，致多人死伤的行为，宜定性为故意杀人罪（故意伤害罪被吸收）。

【法院参考案例】

〔**参考案例第 35 号：宋有福、许朝相故意杀人案**〕农村邻里纠纷引发的间接故意杀人如何量刑？

农村因邻里纠纷引发的间接故意杀人，如果不是手段特别残忍、情节特别恶劣，可以不判处死刑立即执行。

〔**参考案例第 50 号：杨政锋故意杀人案**〕驾车故意挤占车道致使追赶车辆车毁人亡的行为如何定性？

行为人为逃避行政处罚，驾车故意挤占车道，导致追赶的路政执法人员车毁人亡，不构成破坏交通工具罪，应按故意杀人罪定罪处罚。

〔**参考案例第 104 号：王彬故意杀**

人案〕对在盗取自己被公安机关依法查扣的机动车辆过程中致人伤亡的行为应如何定性？

行为人在盗取自己被公安机关依法查扣的机动车辆过程中致人伤亡的，不构成抢劫罪，可视行为人主观故意情况按故意杀人罪或故意伤害罪处理。

〔参考案例第 153 号：计永欣故意杀人案〕故意杀人后又取走被害人财物的如何定性？

行为人未以抢劫为目的，故意杀人后，临时起意，窃取被害人财物的，应当以故意杀人罪与盗窃罪数罪并罚。

〔参考案例第 171 号：李春林故意杀人案〕为逃避债务故意杀人后又拿走被害人财物的行为如何定性？

为逃避债务故意杀人的行为构成故意杀人罪，而非抢劫罪。事后临时起意非法占有被害人财物的，应定盗窃罪。上述情形可按故意杀人罪、盗窃罪数罪并罚。

〔参考案例第 198 号：王志峰、王志生故意杀人、保险诈骗案〕为骗取保险金而杀害非被保险人的应如何定罪？

投保人、受益人故意杀害被保险人，骗取保险金的，应当以保险诈骗罪和故意杀人罪，实行数罪并罚。如果投保人、受益人故意杀害非被保险人，骗取保险金的，构成保险诈骗罪与故意杀人罪的牵连犯，应从一重处，即以故意杀人罪论处。

〔参考案例第 474 号：吴江故意杀人案〕如何处理因恋爱矛盾激化引发的故意杀人犯罪？

对因恋爱矛盾激化引发的故意杀人案件，可以参照因婚姻家庭矛盾激化引发的故意杀人案件予以处理。此类案件适用死刑标准的考量因素有：第一，产生矛盾的原因是否可以归责于被害人，即被害人一方是否有明显过错或对矛盾激化负有直接责任。第二，行为人是否具有法定或酌定从轻处罚的情节。此外，以下情节，也是考量此类案件是否适用死刑的重要因素：一是行为人的一贯表现；二是行为人行为时的主观故意内容；三是行为人的行为方式；四是行为人的悔罪表现。

〔参考案例第 475 号：颜克于等故意杀人案〕殴打小偷致小偷跳水而不施救的行为如何定性？

虽然被害人偷窃自行车有过错，但被告人对被害人实施的殴打行为不属正当、合法行为，由此行为而致害人自己跳入河中处于危险境地，负有法律上的救助义务；被告人目睹被害人挣扎，并沉入水中，却不实施任何救助行为，其对被害人的死亡具有放任故意，构成不作为的故意杀人罪。

〔参考案例第 490 号：肖明明故意杀人案〕在盗窃过程中为灭口杀害被害人的应如何定性？

行为人在盗窃时被人发现，恐事情败露，杀人灭口的，应当以故意杀人罪追究其刑事责任，不构成抢劫罪。

〔参考案例第 555 号：胡忠、胡学飞、童峰峰故意杀人案〕如何确定雇凶者与受雇者的罪责？

雇凶者和被雇佣者所处的地位和所起的作用，应当根据雇凶者雇凶犯罪的目的和意图、希望达到的结果、是否直接实施犯罪行为以及参与实施犯罪的程度，被雇佣者实施犯罪行为的手段、情节以及犯罪实际造成的危害后果等综合考虑决定，不能片面判断。从审判实际看，雇凶犯罪不外乎有两种形式：一是"只动口不动手"的情形，二是"既动口又动手"的情形。

"只动口不动手"的雇凶者一般要比实施犯罪行为的被雇佣者的罪责要小，但也不完全排除某些情况下雇凶者的罪责也是极其严重的，如雇凶者出于极其卑劣的动机、不惜巨资、杀害多人或伤害致多人死亡的，在这种情况下，尽管被雇佣者的罪责最重，但并不能因此而减轻雇凶者的罪责。对于"既动口又动手"的雇凶者，如果雇凶者与被雇佣者都积极实施致人死亡的犯罪行为，那么，雇凶者既是犯意提起者，又是行为实施者，在致人死亡的罪责相当或者确难以分清的情况下，其罪责显然要比被雇佣者重。

〔**参考案例第 556 号：刘宝利故意杀人案**〕如何认定被害人过错？

被害人过错需要具备的条件主要有：（1）过错方系被害人，被告人的犯罪行为针对的必须是有过错行为的被害人。（2）被害人必须出于故意，由于被害人过错通常出现在互动性明显的故意杀人、故意伤害等犯罪中，单纯的过失行为或者不可归咎于被害人的其他行为，不能认定为被害人过错。（3）被害人须实施了较为严重的违背社会伦理或违反法律的行为。"明显过错"是否明显，通常应以社会一般人的认识判断为标准。（4）被害人的过错行为须侵犯了被告人的合法权利或者正当利益。（5）被害人的过错行为须引起被告人实施了犯罪行为或者激化了加害行为的危害程度。诸如被害人疏于防范、误入犯罪圈套等行为，不属于刑法意义上的被害人过错。确认被害人过错时，不仅要分析是否具备以上五点，还应当全面考察案件的来龙去脉、发案背景，具体情况具体分析，不可简单套用。

〔**参考案例第 647 号：姚国英故意杀人案**〕〔**参考案例第 1124 号：吴某某、郑某某故意杀人案**〕故意杀人罪中的"情节较轻"应当如何认定？激情杀人或者义愤杀人能否认定为"情节较轻"？

1. 理论界和实务界通常将以下情形视为"情节较轻"：（1）防卫过当的故意杀人，指正当防卫超过必要限度而故意将不法侵害者杀死的情形。（2）义愤杀人，指行为人或者其近亲属受被害人的虐待、侮辱或迫害，因不能忍受，为摆脱所受的虐待、侮辱、迫害而实施故意杀人的行为。（3）激情杀人，即本无杀人故意，因被害人的严重过错，在被害人的刺激、挑逗下而失去理智，当场实施故意杀人的行为。（4）受嘱托帮助他人自杀，即基于被害人的请求、自愿而帮助其自杀的行为。（5）生父母溺婴，即父母出于无力抚养、怜悯等不太恶劣的主观动机而将亲生婴儿杀死的行为。上述五种情形又以前三种较为常见和值得探讨，这三类情形有一个共通点，即被害人在案发起因上有严重过错。具体而言，是指被害人出于主观上的故意或过失，侵犯他人合法权益，对诱发被告人的犯意、激发被告人实施犯罪具有直接或间接作用。

2. 对于激情杀人或者义愤杀人等情形，能否认定为"情节较轻"通常要考虑以下几个因素：一是被告人的主观恶性，包括被害人在案发起因上是否有重大过错、被告人犯罪动机是否卑劣等；二是杀人手段属于一般还是残忍，如以特别残忍手段杀人，则通常不宜认定为"情节较轻"；三是犯罪后果是否严重，如导致二人以上死亡的严重后果，通常不能认定为"情节较轻"；四是被害方及社会公众特别是当地群众对被告人行为作出的社会评价。

〔**参考案例第 746 号：刘祖枝故意杀人案**〕提供农药由丈夫自行服下后未采取任何救助措施，导致丈夫中毒身亡的，如何定罪处罚？

如果帮助者主观上明知他人有强烈的自杀倾向，客观上仍通过言行进一步强化他人自杀的决意，并提供自杀工具或者帮助他人完成自杀行为的，应当认定帮助行为与他人死亡后果之间具有刑法上的因果关系，对帮助者应当以故意杀人罪追究刑事责任。

〔**参考案例第 810 号：邓明建故意杀人案**〕对直系亲属间帮助自杀的行为如何定性？

被告人帮助自杀的行为虽然系在死者的请求下实施，但由于其侵害的生命权超过了被害人承诺可处分的范围，故不能排除其行为的刑事违法性，仍然构成故意杀人罪。

〔**参考案例第 992 号：乐燕故意杀人案**〕具有抚养义务的人，因防止婴幼儿外出将婴幼儿留置在与外界完全隔绝的房间，为了满足其他欲求而放任婴幼儿死亡危险的，如何定罪处罚？

在"遗弃"没有独立生活能力婴幼儿的情形下，遗弃罪与故意杀人罪的区别主要在于，在特定的时空条件下，被害人之生命安危是否依赖于对其负有特定抚养义务的行为人，如果存在这种支配依赖关系，而行为人不仅自己不履行抚养义务，还切断、排除了其他人对被害人进行救助的可能，主观上对被害人死亡结果持放任态度，那么，行为人就构成故意杀人罪；相反，抚养义务的不履行如果不会给被害人生命带来必然的、紧迫的现实危险，客观上仍存在其他人介入履行抚养义务的可能，行为人主观上既不希望、也不放任死亡结果的发生，那么，行为人就属于遗弃罪。例如，将婴儿扔在有人经常路过的地方，婴儿有可能被人施救，生命面临的危险尚不紧迫，行为人有合理依据相信婴儿无生命危险的，就属于遗弃行为；反之，如果将婴儿扔在偏僻处所，婴儿难以被人施救，生命面临必然、紧迫的现实危险的，那么，行为人对可能造成的婴儿死亡后果持无所谓的放任态度，就应当认定为故意杀人。

〔**参考案例第 993 号：万道龙等故意杀人案**〕拒不履行扶养义务，将出生不久的女婴遗弃在获救希望渺茫的深山野林的，如何定性？

区分遗弃罪与以遗弃方式的故意杀人罪的关键点在于：行为人实施遗弃行为时，其是否考虑并给予了被害人获得救助的机会。如果是，则可以遗弃罪定罪；否则，应当以故意杀人罪来定罪。拒不履行抚养义务，将出生不久的女婴遗弃在获救希望渺茫的深山野林的，应当以故意杀人罪定性。

〔**参考案例第 1045 号：张静故意杀人案**〕玩"危险游戏"致人死亡案件中，如何认定行为人主观心态？

被告人与被害人相约做"用绳子勒脖子产生快感"的游戏，被告人作为成年人，理应对勒颈可致人死亡的常识有所认识，且当被害人被勒颈时反应激烈，伴有脚踢床板、喊叫救命等行为时，更应明知其行为可能会产生致人死亡的结果，但其仍放任被害人死亡结果的发生，其行为符合故意杀人罪的特征，应当以（间接）故意杀人罪对其定罪处罚。

〔**参考案例第 1224 号：郭光伟、李涛抢劫案**〕在雇凶杀人、伤害案中如何认定罪责最严重的主犯？

1. 在雇凶杀人、伤害致一人死亡的案件中，一般不宜同时判处雇凶者与受雇者死刑立即执行，应根据雇凶犯罪的不同情况，准确认定罪责最严重的主犯。

2. 下列情形可以认定雇凶者是罪责最严重的主犯：（1）雇凶者不仅雇用他人犯罪，而且与受雇者共同直接实施；（2）雇凶者虽没有直接实施犯罪，但参与了共同犯罪的策划，实施了具体组织、指挥行为的；（3）雇凶者雇用未成年人实施犯罪的；（4）多名受雇者地位作用相当，责任相对分散或者责任难以分清，雇凶者应对全案负责，应认定雇凶者为罪行最严重

的主犯。

3. 下列情形可以认定受雇者是罪责最严重的主犯：（1）雇凶者只是笼统提出犯意，没有实施组织、指挥行为，而系受雇者积极主动实施杀人、伤害行为的；（2）受雇者明显超出雇凶者授意范围实施故意杀人、故意伤害犯罪，因行为过限造成更严重危害后果的。

第二百三十三条 【过失致人死亡罪】过失致人死亡的，处三年以上七年以下有期徒刑；情节较轻的，处三年以下有期徒刑。本法另有规定的，依照规定。

【立法·要点注释】

本条在实践中应当注意区分过于自信的过失致人死亡与间接故意杀人的区别。虽然二者行为人都预见到可能发生他人死亡的后果，但前者行为人并不希望或放任这种结果发生，而只是轻信能够避免；后者行为人则对结果的发生采取放任、听之任之和漠不关心的态度。

【司法解释】

《最高人民法院关于审理交通肇事刑事案件具体应用法律若干问题的解释》（法释〔2000〕33 号，20001121）

第八条第二款 在公共交通管理的范围外，驾驶机动车辆或者使用其他交通工具致人伤亡或者致使公共财产或者他人财产遭受重大损失，构成犯罪的，分别依照刑法第一百三十四条、第一百三十五条、第二百三十三条等规定定罪处罚。

【法院参考案例】

〔**参考案例第 243 号：李满英过失致人死亡案**〕驾驶交通工具在非公共交通范围内撞人死亡的应如何定罪？

所谓公共交通管理范围内，应当是指纳入公安交通管理机关管理范围内的道路。一般而言，机关、企事业单位、厂矿、学校、封闭的住宅小区等内部道路均不属于公共交通管理范围。在上述区域道路上因使用交通工具致人死亡，在排除行为人出于主观故意以及不能构成过失以危险方法危害公共安全罪的情况下，如构成过失犯罪，需要定罪处罚的，不能按交通肇事罪处理。原则上讲，一般应首先考虑以过失致人死亡罪追究刑事责任，如行为同时又符合重大责任事故罪或重大劳动安全事故罪的构成要件，则应按特别法条优于普通法条的适用原则，以重大责任事故罪或重大劳动安全事故罪等罪名追究刑事责任。

1. 在工厂、矿山、林场、建筑企业或其他企业、事业单位内部交通范围内，单位职工使用交通工具违章生产作业，因而发生重大伤亡事故或者造成其他严重后果的，应以重大责任事故罪追究刑事责任；如该职工使用交通工具但并非是从事单位的生产作业，虽造成重大伤亡事故或其他严重后果的，应以过失致人死亡罪追究刑事责任。

2. 在工厂、矿山、林场、建筑企业或其他企业、事业单位内部交通范围内，该单位用于生产、运输的交通工具不符合国家劳动安全规定，经有关部门或人员提出后，仍不采取措施，因而发生重大伤亡事故或者造成其他严重后果的，应以重大劳动安全事故罪追究相关责任人的刑事责任；如不符合上述情况，虽因使用交通工具造成重大伤亡事故或其他严重后果的，仍应以过失致人死亡罪追究行为人的刑事责任。

〔**参考案例第 996 号：肖某过失致人死亡案**〕对家长体罚子女致子女死亡的行为如何定罪处罚？

对于家长体罚致子女死亡的案件，应从以下几方面，在考察客观行为的基础上，结合动机和案发后的表现来分析研判被告人的主观意图，最终准确定性。

首先，考察客观行为特征。在体罚致子女重伤、死亡的案件中，要着重考察行为本身的危险性和强度，是否足以造成致人伤亡的后果。具体而言，应审查行为的打击强度、持续时间、是否使用工具、所使用工具致人伤亡的危险程度、打击方式、击打部位等。审查时应以凶器等物证、尸体鉴定意见、现场勘验检查笔录为依据，结合被告人供述及证人证言等证据加以分析研判。在综合上述因素的基础上，判断行为的危险性和强度，考量其有无超出社会大众理解的管教子女体罚行为应有的限度。

其次，查明案发起因及家庭环境。考察行为人出于何种动机，是为了管教，还是肆意打骂凌虐，抑或出于个人泄愤等原因，还应查明行为人与被害人的身份关系、生活中的相处关系，是否存在经常性打骂、虐待，综合上述情况以确定案发起因。不能因为出现了伤亡结果，就将家长出于管教子女的善良动机而采取的一般程度的殴打、体罚，均认定为故意伤害犯罪。

最后，分析案发后行为。案发后行为是反映行为人作案时主观心态的一项参考因素。例如，在发现行为导致被害人生命健康受损害后，是予以二次加害，还是置之不理，抑或是马上积极施救，可不同程度反映行为人实施体罚时的主观心态。

在综合前述三个方面予以判断的基础上，尤其要注重对实行行为特征的考察，此系定性的最重要因素。案发动机与案发后态度，并不具有单独的证明意义，只有与客观行为相结合才对定性有辅助的证明价值。具体而言，对出于恶意动机而以较大强度暴力殴打子女，导致子女伤亡的，无疑应认定为故意伤害罪甚至故意杀人罪。对于因管教目的实施体罚，发现子女伤亡后积极施救的，虽然从情理上分析，一般可反映出行为人不追求故意伤害的结果，但不能一概对具有类似情节的均认定为过失致人死亡罪，还应结合客观行为分情况处理：（1）在行为人动机无恶意，造成伤亡后果后悔罪救助的前提下，若其体罚子女的手段毫无节制，大大超出了年幼子女所能承受的程度，足以造成重伤或死亡后果的，就不排除认定行为人主观上对伤害结果具有间接故意，从而认定为故意伤害罪。（2）在无恶意动机且案后悔罪救助的前提下，如果体罚子女只是一般的轻微殴打行为，本不足以导致轻伤以上后果，但由于被害人

自身隐性体质问题或者其他偶然因素介入导致重伤或死亡的情况下（如被害人患有心脏疾病受激下致心功能衰竭，或掌推被害人跌倒后磕碰石块），若行为人对此并不明知，则一般应认定为过失致人死亡。另外，即使行为人知道被害人有疾病，但若之前曾有过轻微的打骂行为并未造成被害人身体伤害，而案发时类似的行为却发生了伤亡后果的情况下（如被害人该段时间感染心肌炎，行为人的强烈呵斥或轻微击打致其心梗死亡），则无法认定行为人具有追求和放任危害结果发生的意图，通常也认为构成过失致人死亡。

〔**参考案例第1079号：都某过失致人死亡案**〕实施一般殴打导致特异体质被害人死亡的行为如何定性？

在一般争执和殴打致人死亡案件中，被告人的行为并未直接造成被害人轻伤以上的后果，而是因被害人具有特异体质、原有病症发作等复杂因素导致死亡，因果关系方面具有"多因一果"的特征，死亡结果具有某种程度偶发性，对此种情形以过失致人死亡罪定罪处罚，更能获得社会认同。

〔**参考案例第1080号：张润博过失致人死亡案**〕轻微暴力致人死亡案件如何定性？

1. 实施拳打脚踢等轻微殴打行为，导致被害人摔倒磕碰死亡或原有病症发作而死亡的，需结合个案事实具体分析，再决定如何定性。首先，要从事实层面入手，分析、判断涉案行为与死亡结果之间是否存在因果关系。如果因果关系得以确认，则要从

规范层面入手，结合行为人的主观罪过，确定其是否应当对死亡结果承担刑事责任，以及承担何种刑事责任。

2. 轻微暴力致人死亡的案件较为复杂，除意图对被害人造成轻微痛苦而实施攻击行为的情况外，还有行为人意图摆脱被害人控制或拉扯而实施的强力甩手、转身等防御行为造成他人倒地磕碰或引起原有病症发作死亡的情况。一般而言，后者的危险性较小，有的属于本能之举，亦可能不以犯罪论处，除非争执发生在马路边、行进的公共交通工具中等极易摔倒磕碰的场合或者对年老体弱者及幼童等特殊对象实施。此外，虽然是采用拳打脚踢、掌推等徒手方式殴打被害人，但打击没有节制或者当时场所特殊而具有高度危险性的，如长时间殴打，或者在楼梯口、车辆穿行的马路边猛推、追赶被害人的，在一定情况下也可以认定行为人具有伤害故意。

第二百三十四条　【故意伤害罪】故意伤害他人身体的，处三年以下有期徒刑、拘役或者管制。

犯前款罪，致人重伤的，处三年以上十年以下有期徒刑；致人死亡或者以特别残忍手段致人重伤造成严重残疾的，处十年以上有期徒刑、无期徒刑或者死刑。本法另有规定的，依照规定。

【立法·要点注释】

所谓"特别残忍手段"，是指故意要造成他人严重残疾，而采用毁容、挖人眼睛、剁掉人双脚等特别残忍的手段伤害他人的行为。

【司法解释】

《最高人民法院、最高人民检察院关于办理组织、强迫、引诱、容留、介绍卖淫刑事案件适用法律若干问题的解释》（法释〔2017〕13 号，20170725）

第十二条第二款　具有下列情形之一，致使他人感染艾滋病病毒的，认定为刑法第九十五条第三项"其他对于人身健康有重大伤害"所指的"重伤"，依照刑法第二百三十四条第二款的规定，以故意伤害罪定罪处罚：

（一）明知自己感染艾滋病病毒而卖淫、嫖娼的；

（二）明知自己感染艾滋病病毒，故意不采取防范措施而与他人发生性关系的。

【司法指导文件 I】

《最高人民法院关于常见犯罪的量刑指导意见》（法发〔2017〕7 号，20170401）

四、常见犯罪的量刑

（二）故意伤害罪

1. 构成故意伤害罪的，可以根据下列不同情形在相应的幅度内确定量刑起点：

（1）故意伤害致一人轻伤的，可以在二年以下有期徒刑、拘役幅度内确定量刑起点。

（2）故意伤害致一人重伤的，可以在三年至五年有期徒刑幅度内确定量刑起点。

（3）以特别残忍手段故意伤害致一人重伤，造成六级严重残疾的，可以在十年至十三年有期徒刑幅度内确定量刑起点。依法应当判处无期徒刑以上刑罚的除外。

2. 在量刑起点的基础上，可以根据伤害后果、伤残等级、手段残忍程度等其他影响犯罪构成的犯罪事实增加刑罚量，确定基准刑。

故意伤害致人轻伤的，伤残程度可在确定量刑起点时考虑，或者作为调节基准刑的量刑情节。

【司法指导文件Ⅱ】

《全国法院维护农村稳定刑事审判工作座谈会纪要》（法〔1999〕217 号，19991027）

（一）关于故意杀人、故意伤害案件

……对于故意伤害致人死亡，手段特别残忍，情节特别恶劣的，才可以判处死刑。

要准确把握故意伤害致人重伤造成"严重残疾"的标准。参照 1996 年国家技术监督局颁布的《职工工伤与职业病致残程度鉴定标准》（以下简称"工伤标准"），刑法第二百三十四条第二款规定的"严重残疾"是指下列情形之一：被害人身体器官大部缺损、器官明显畸形、身体器官有中等功能障碍、造成严重并发症等。残疾程度可以分为一般残疾（十至七级）、严重残疾（六至三级）、特别严重残疾（二至一级），六级以上视为"严重残疾"。在有关司法解释出台前，可统一参照"工伤标准"确定残疾等级。① 实践中，并不是只要达到"严重残疾"就判处死刑，还要根据伤害致人"严重残疾"的具体情况，综合考虑犯罪情节和危害后果来决定刑罚。

故意伤害致重伤造成严重残疾，只有犯罪手段特别残忍，后果特别严重的，才能考虑适用死刑（包括死刑，缓期二年执行）。

【司法指导文件Ⅲ】

《最高人民法院关于执行〈人体损伤程度鉴定标准〉有关问题的通知》（法〔2014〕3 号，20140102）

《最高人民法院、最高人民检察院、公安部、国家安全部、司法部关于发布〈人体损伤程度鉴定标准〉的公告》已于 2013 年 8 月 30 日发布，《人体损伤程度鉴定标准》（以下简称《损伤标准》）自 2014 年 1 月 1 日起施行。《人体重伤鉴定标准》（司发〔1990〕070 号）、《人体轻伤鉴定标准（试行）》（法（司）发〔1990〕6 号）和《人体轻微伤的鉴定》（GA/T146－1996）同时废止。为正确适用《损伤标准》，做好涉人体损伤案件审判工作，现就执行《损伤标准》有关问题通知如下：

一、致人损伤的行为发生在 2014 年 1 月 1 日之前，尚未审判或者正在审判的案件，需要进行损伤程度鉴定的，适用原鉴定标准。但按照《损伤标准》不构成损伤或者损伤程度较轻的，适用《损伤标准》。

二、致人损伤的行为发生在 2014 年 1 月 1 日之后，需要进行损伤程度

---

① 2017 年 1 月 1 日之后，司法鉴定机构和司法鉴定人统一适用最高人民法院、最高人民检察院、公安部、国家安全部、司法部印发的《人体损伤致残程度分级》确定残疾等级。——编者注

鉴定的，适用《损伤标准》。

三、2014 年 1 月 1 日前已发生法律效力的判决、裁定，按照当时的法律和司法解释，认定事实和适用法律没有错误的，不再变动。当事人及其法定代理人、近亲属以《损伤程度》的相关规定发生变更为由申请再审的，人民法院不予受理。

四、对于正在审理案件需要进行损伤程度鉴定的，司法技术部门应做好前期技术审核工作，在对外委托时应明确向鉴定机构提出适用标准。

【公安文件 I 】

《公安机关办理伤害案件规定》
（公通字〔2005〕98 号，20060201）

第二十八条 被害人伤情构成轻伤、重伤或者死亡，需要追究犯罪嫌疑人刑事责任的，依照《中华人民共和国刑事诉讼法》的有关规定办理。

第二十九条 根据《中华人民共和国刑法》第十三条及《中华人民共和国刑事诉讼法》第十五条第一项①规定，对故意伤害他人致轻伤，情节显著轻微、危害不大，不认为是犯罪的，以及被害人伤情达不到轻伤的，应当依法予以治安管理处罚。

第三十条 对于因民间纠纷引起的殴打他人或者故意伤害他人身体的行为，情节较轻尚不够刑事处罚，具有下列情形之一的，经双方当事人同意，公安机关可以依法调解处理：

（一）亲友、邻里或者同事之间因琐事发生纠纷，双方均有过错的；

（二）未成年人、在校学生殴打他人或者故意伤害他人身体的；

（三）行为人的侵害行为系由被害人事前的过错行为引起的；

（四）其他适用调解处理更易化解矛盾的。

第三十一条 有下列情形之一的，不得调解处理：

（一）雇凶伤害他人的；

（二）涉及黑社会性质组织的；

（三）寻衅滋事的；

（四）聚众斗殴的；

（五）累犯；

（六）多次伤害他人身体的；

（七）其他不宜调解处理的。

第三十二条 公安机关调解处理的伤害案件，除下列情形外，应当公开进行：

（一）涉及个人隐私的；

（二）行为人为未成年人的；

（三）行为人和被害人都要求不公开调解的。

【公安文件 II 】

《公安部关于公安机关处置信访活动中违法犯罪行为适用法律的指导意见》
（公通字〔2013〕25 号，20130719）

三、对侵犯人身权利、财产权利违法犯罪行为的处理

1. 殴打他人或者故意伤害他人身体，符合《治安管理处罚法》第四十三条规定的，以殴打他人、故意伤害依法予以治安管理处罚；符合刑法第二百三十四条规定的，以故意伤害罪追究刑事责任。明知患有艾滋病或者

---

① 即 2018 年修正后的刑事诉讼法第十六条第一项。——编者注

其他严重传染疾病，故意以撕咬、抓挠等方式伤害他人，符合刑法第二百三十四条规定的，以故意伤害罪追究刑事责任。

【法院公报案例】

〔邢台市人民检察院诉陈文兵故意伤害案，GB2005－7〕

被告人受雇佣，召集并带领其他人去伤害被害人，已构成故意伤害罪，依法应予惩处。但鉴于被告人没有直接实施伤害被害人的行为，他人实施的致被害人死亡的行为超出被告人的犯意，且被告人归案后认罪态度好，对其判处死刑可不立即执行。

【法院参考案例】

〔参考案例第 90 号：蒋志华故意伤害案〕使用暴力手段向债务人的亲属索要欠债致人伤害应如何定性？

行为人为索要欠债，对债务人的亲属实施暴力行为，造成被害人轻伤以上后果的，应当以故意伤害罪论处。

〔参考案例第 225 号：杨安等故意伤害案〕寻衅滋事随意殴打他人致人重伤、死亡的应如何定罪？

寻衅滋事致人轻伤的，以寻衅滋事罪论处，寻衅滋事致人重伤或死亡的，应根据具体情况，以故意伤害罪或故意杀人罪追究行为人刑事责任，不再以寻衅滋事罪、故意伤害罪数罪并罚。但对其他参与共同殴打的人，是否一律以故意伤害罪或故意杀人罪来论处，则不宜一概而论，关键是要看各行为人之间在共同殴打过程中所形成的临时共同故意中是否包含伤害的内容，以及他们各自的行为与被害人的重伤、死亡是否具有相当的因果关系。

〔参考案例第 298 号：赖忠、苏绍俊等故意伤害案〕抢回赌资致人轻伤的行为如何定性？

行为人为抢回赌资，致人轻伤的行为，构成故意伤害罪。

〔参考案例第 410 号：蔡世祥故意伤害案〕虐待过程中又实施故意伤害行为致人死亡的如何定罪？

行为人对被虐待人有故意伤害行为，但没有对被害人造成轻伤以上伤害后果的，应将故意伤害行为视为虐待方法之一，认定为虐待罪。在经常性虐待过程中，行为人某一次明知其行为会给被害人身体造成伤害，客观上已经给被害人造成伤害后果的，应当认定为故意伤害罪。如果将该伤害行为分离出来独立评价后，其他虐待行为能够满足虐待罪构成要件的，应当以虐待罪、故意伤害罪两罪并罚。如果将伤害行为分离出来后，其余虐待行为不构成虐待罪的，只能以行为人犯故意伤害罪一罪处罚。

〔参考案例第 434 号：赵金明等故意伤害案〕持刀追砍致使他人泅水逃避导致溺水死亡的如何定罪？

被告人持刀追赶被害人时已具有伤害故意，且已着手实施犯罪，该伤害行为本身具有致人死亡的高度危险，被害人泅水逃避的行为，是一种在当时特定条件下正常的自救行为。被害人溺水身亡在特定条件下具有较高现实可能性，故被告人的持刀追砍行为与被害人溺水死亡之间具有刑法意义上的因果关系，根据主客观相一致的定罪原则，可以对被告人以故意伤害罪定罪处罚。

〔参考案例第 568 号：张化故意伤害案〕聚众斗殴致人死亡的应如何定罪？

聚众斗殴中发生致人死亡结果时，应当在判断死亡结果是否是行为人实施的犯罪行为所致的基础上，判断行为人对死亡结果所持的主观心态。行为人只能对有杀人故意（包括直接故意杀人和间接故意杀人）的行为承担故意杀人的罪责；行为人仅有伤害故意时，虽致被害人死亡，也只能承担故意伤害（致死）的罪责。据此，死亡结果虽是行为人所致，但不能仅凭结果发生来认定行为人的犯罪故意内容，也即不能说致人死亡就有杀人故意，没有致人死亡的就没有杀人故意。

第二百三十四条之一 【组织出卖人体器官罪】组织他人出卖人体器官的，处五年以下有期徒刑，并处罚金；情节严重的，处五年以上有期徒刑，并处罚金或者没收财产。

【故意伤害罪】【故意杀人罪】未经本人同意摘取其器官，或者摘取不满十八周岁的人的器官，或者强迫、欺骗他人捐献器官的，依照本法第二百三十四条、第二百三十二条的规定定罪处罚。

【盗窃、侮辱、故意毁坏尸体、尸骨、骨灰罪】违背本人生前意愿摘取其尸体器官，或者本人生前未表示同意，违反国家规定，违背其近亲属意愿摘取其尸体器官的，依照本法第三百零二条的规定定罪处罚。

【修正说明】

本罪由刑法修正案（八）第三十七条增设。

【立法·要点注释】

1. 本条第二款中的"摘取"，不包括出于医学治疗需要摘取、切除，而是指违反国家规定，非医学治疗需要的摘取人体器官。"未经本人同意摘取其器官"，是指在没有得到被摘取器官的本人的同意，就摘取其器官的行为。包括在本人不明真相的情况下摘取其器官和未经本人同意，采取强制手段摘取其器官两种情况。"摘取未满十八周岁的人的器官"，是指摘取未满十八周岁的未成年人的器官。不论未成年人本人是否同意，只要是非医学救治的需要而摘取其器官就构成了犯罪。"强迫、欺骗他人捐献器官的"，是指采取强迫、欺骗的手段，使他人捐献器官的行为。

2. 本条第三款中的"违背本人生前意愿摘取其器官"，是指虽然已故公民在生前已经明确表示死后不愿意捐献人体器官，但仍违背其生前意愿摘取其器官的行为。"违反国家规定，违背其近亲属意愿摘取其尸体器官的"，是指违反了国务院《人体器官移植条例》的规定，即"公民生前未表示不同意捐献其人体器官的，该公民死亡后，其配偶、成年子女、父母可以以书面形式共同表示同意捐献该公民人体器官的意愿"。因此，对没有在生前留下捐献器官意愿的死者，在没有其近亲属以书面形式共同表示同意摘取其器官的情况下，如果摘取其器官，也是被禁止的，也就构成了本条规定的犯罪。

【法院参考案例】

〔参考案例第 931 号：王海涛等组织出卖人体器官案〕组织出卖人体器官罪既、未遂以及情节严重如何认定？

组织出卖人体器官罪属于典型的行为犯，行为人只要基于出卖人体器官的目的，实施了指挥、策划、招揽、控制自愿出卖器官的人的行为，即构成本罪的既遂，不以人体器官实际摘取作为既遂、未遂的标准。

第二百三十五条　【过失致人重伤罪】过失伤害他人致人重伤的，处三年以下有期徒刑或者拘役。本法另有规定的，依照规定。

【立法·要点注释】

行为人的过失行为，只有造成他人重伤的才能构成犯罪，造成他人轻伤的不构成犯罪。如果行为人主观上没有过失，而是由于其无法预见的原因导致他人重伤的，属于意外事故，行为人不负刑事责任。

第二百三十六条　【强奸罪】以暴力、胁迫或者其他手段强奸妇女的，处三年以上十年以下有期徒刑。

奸淫不满十四周岁的幼女的，以强奸论，从重处罚。

强奸妇女、奸淫幼女，有下列情形之一的，处十年以上有期徒刑、无期徒刑或者死刑：

（一）强奸妇女、奸淫幼女情节恶劣的；

（二）强奸妇女、奸淫幼女多人的；

（三）在公共场所当众强奸妇女的；

（四）二人以上轮奸的；

（五）致使被害人重伤、死亡或者造成其他严重后果的。

【立法·要点注释】

"致使被害人重伤、死亡"，是指因强奸妇女、奸淫幼女导致被害人性器官严重损伤，或者造成其他严重伤害，甚至死亡的。

【司法指导文件 I】

《最高人民法院关于常见犯罪的量刑指导意见》（法发〔2017〕7 号，20170401）

（三）强奸罪

1. 构成强奸罪的，可以根据下列不同情形在相应的幅度内确定量刑起点：

（1）强奸妇女一人的，可以在三年至六年有期徒刑幅度内确定量刑起点。奸淫幼女一人的，可以在四年至七年有期徒刑幅度内确定量刑起点。

（2）有下列情形之一的，可以在十年至十三年有期徒刑幅度内确定量刑起点：强奸妇女、奸淫幼女情节恶劣的；强奸妇女、奸淫幼女三人的；在公共场所当众强奸妇女的；二人以上轮奸妇女的；强奸致被害人重伤或者造成其他严重后果的。依法应当判处无期徒刑以上刑罚的除外。

2. 在量刑起点的基础上，可以根据强奸妇女、奸淫幼女情节恶劣程度、强奸人数、致人伤害后果等其他影响犯罪构成的犯罪事实增加刑罚量,确定基准刑。

强奸多人多次的,以强奸人数作为增加刑罚量的事实,强奸次数作为调节基准刑的量刑情节。

【司法指导文件Ⅱ】

《最高人民法院、最高人民检察院、公安部、司法部关于依法惩治性侵害未成年人犯罪的意见》(法发〔2013〕12号,20131023)

三、准确适用法律

19. 知道或者应当知道对方是不满十四周岁的幼女,而实施奸淫等性侵害行为的,应当认定行为人"明知"对方是幼女。

对于不满十二周岁的被害人实施奸淫等性侵害行为的,应当认定行为人"明知"对方是幼女。

对于已满十二周岁不满十四周岁的被害人,从其身体发育状况、言谈举止、衣着特征、生活作息规律等观察可能是幼女,而实施奸淫等性侵害行为的,应当认定行为人"明知"对方是幼女。

20. 以金钱财物等方式引诱幼女与自己发生性关系的;知道或者应当知道幼女被他人强迫卖淫而仍与其发生性关系的,均以强奸罪论处。

21. 对幼女负有特殊职责的人员与幼女发生性关系的,以强奸罪论处。

对已满十四周岁的未成年女性负有特殊职责的人员,利用其优势地位或者被害人孤立无援的境地,迫使未成年被害人就范,而与其发生性关系

的,以强奸罪定罪处罚。

……

23. 在校园、游泳馆、儿童游乐场等公共场所对未成年人实施强奸、猥亵犯罪,只要有其他多人在场,不论在场人员是否实际看到,均可以依照刑法第二百三十六条第三款、第二百三十七条的规定,认定为在公共场所"当众"强奸妇女,强制猥亵、侮辱妇女,猥亵儿童。

24. 介绍、帮助他人奸淫幼女、猥亵儿童的,以强奸罪、猥亵儿童罪的共犯论处。

25. 针对未成年人实施强奸、猥亵犯罪的,应当从重处罚,具有下列情形之一的,更要依法从严惩处:

(1) 对未成年人负有特殊职责的人员、与未成年人有共同家庭生活关系的人员、国家工作人员或者冒充国家工作人员,实施强奸、猥亵犯罪的;

(2) 进入未成年人住所、学生集体宿舍实施强奸、猥亵犯罪的;

(3) 采取暴力、胁迫、麻醉等强制手段实施奸淫幼女、猥亵儿童犯罪的;

(4) 对不满十二周岁的儿童、农村留守儿童、严重残疾或者精神智力发育迟滞的未成年人,实施强奸、猥亵犯罪的;

(5) 猥亵多名未成年人,或者多次实施强奸、猥亵犯罪的;

(6) 造成未成年被害人轻伤、怀孕、感染性病等后果的;

(7) 有强奸、猥亵犯罪前科劣迹的。

……

27. 已满十四周岁不满十六周岁的人偶尔与幼女发生性关系，情节轻微、未造成严重后果的，不认为是犯罪。

四、其他事项

28. 对于强奸未成年人的成年犯罪分子判处刑罚时，一般不适用缓刑。

对于性侵害未成年人的犯罪分子确定是否适用缓刑，人民法院、人民检察院可以委托犯罪分子居住地的社区矫正机构，就对其宣告缓刑对所居住社区是否有重大不良影响进行调查。受委托的社区矫正机构应当及时组织调查，在规定的期限内将调查评估意见提交委托机关。

对于判处刑罚同时宣告缓刑的，可以根据犯罪情况，同时宣告禁止令，禁止犯罪分子在缓刑考验期内从事与未成年人有关的工作、活动，禁止其进入中小学校区、幼儿园园区及其他未成年人集中的场所，确因本人就学、居住等原因，经执行机关批准的除外。

29. 外国人在我国领域内实施强奸、猥亵未成年人等犯罪的，应当依法判处，在判处刑罚时，可以独立适用或者附加适用驱逐出境。对于尚不构成犯罪但构成违反治安管理行为的，或者因实施性侵害未成年人犯罪不适宜在中国境内继续停留居留的，公安机关可以依法适用限期出境或者驱逐出境。

【法院参考案例】

〔参考案例第 20 号：白俊峰强奸案〕〔参考案例第 51 号：王卫明强奸案〕丈夫可否成为强奸罪的主体？

如果在合法婚姻存续期间，丈夫不顾妻子反对，甚至采用暴力与妻子强行发生性关系的行为，不属刑法意义上的违背妇女意志与妇女进行性行为，不能构成强奸罪。同理，如果是非法婚姻关系，或者已经进入离婚诉讼程序，婚姻关系实际已处于不确定状态，丈夫违背妻子意志，以暴力手段强行与其发生性关系的行为，可以认定为强奸罪。

〔参考案例第 228 号：曹占宝强奸案〕强奸导致被害人自杀是否属于"强奸致人死亡"？

因强奸妇女或奸淫幼女导致被害人自杀、精神失常等严重危害妇女或幼女身心健康后果的，应当属于刑法第二百三十六条第三款中的因强奸"造成其他严重后果"。

〔参考案例第 280 号：李尧强奸案〕与未满刑事责任年龄的人轮流奸淫同一幼女的是否成立轮奸？

所谓轮奸，是指两个以上的行为人基于共同认识，在一段时间内，先后连续、轮流地对同一名妇女（或幼女）实施奸淫的行为。轮奸作为强奸罪中的一种情形，并不要求实施轮奸的人之间必须构成强奸共同犯罪。换言之，即使是与未满刑事责任年龄的人轮流奸淫同一妇女或幼女，仍然成立轮奸。

〔参考案例第 281 号：唐胜海、杨勇强奸案〕轮奸案件中一人强奸既遂一人未遂的应如何处理？

轮奸案件中，一人强奸既遂一人未遂的，对实行犯和其他共犯都应按强奸罪既遂处理，但在量刑时可予以区分。

〔参考案例第 395 号：滕开林、董洪元强奸案〕通奸后帮助他人强奸是否构成共犯？

被告人与被害人通奸后又帮助他人强奸被害人，是强奸犯罪的帮助犯，与他人的行为构成强奸共同犯罪。

〔参考案例第 495 号：谭荣财、罗进东强奸、抢劫、盗窃案〕强迫他人性交供其观看的行为如何定性？

行为人持刀胁迫男女两名被害人，强迫男被害人与女被害人性交，其行为构成间接实行犯，应当按实行正犯处理，以强奸罪追究刑事责任。男被害人在生命受到现实威胁的情况下，被迫与他人性交的行为，系紧急避险行为，不构成犯罪。

〔参考案例第 514 号：陆振泉强奸案〕如何认定强奸致被害人重伤、死亡或者造成其他严重后果？

被告人实施强奸行为后，被害人不慎溺水死亡，其死亡与强奸行为间不具有直接的因果关系，不属于刑法规定的"强奸致被害人重伤、死亡"的情形。若被告人的强奸行为是导致被害人溺水死亡的原因之一，则属于刑法规定的"强奸造成其他严重后果"的情形。

〔参考案例第 790 号：张甲、张乙强奸案〕共谋轮奸，一人得逞，未得逞的人是否认定为从犯？

在轮奸犯罪案件中，未得逞者的强奸行为对被害妇女或者幼女的身心健康直接造成的危害程度低于已得逞者，但对未得逞者是否认定为从犯，应当结合案件实际情况，综合未得逞者在案件中的分工、地位、作用、实际参与程度等多方面因素予以全面分析，不应仅仅从其是否完成自身的强奸行为进行片面认定。

〔参考案例第 792 号：苑建民、李佳等绑架、强奸案〕行为人实施强奸行为完毕离开现场后，其他帮助犯起意并对同一被害人实施轮奸行为的，能否认定该行为人构成轮奸？

行为人实施强奸行为完毕离开现场后，其他帮助犯临时起意并对同一被害人实施轮奸行为的，之前的行为人不构成轮奸，但其他帮助犯（哪怕仅有一人）构成轮奸。

〔参考案例第 843 号：王鑫等强奸、寻衅滋事、故意伤害、抢劫案〕轮奸幼女的，是否同时适用轮奸加重处罚和奸淫幼女从重处罚情节？

轮奸幼女的行为，应当同时适用刑法第二百三十六条第三款第（三）项和该条第二款的规定，在加重处罚的同时要求从重处罚，上述两款同时适用不存在重复评价的问题。

〔参考案例第 834 号：韦凤强奸、故意杀人案〕被害人因躲避强奸在逃离过程中失足落水，行为人未实施救助，导致被害人溺水死亡的事实是认定为强奸罪的加重情节还是单独认定为故意杀人罪？

被害人因躲避强奸在逃离过程中失足落水，行为人未实施救助，导致被害人溺水死亡，应当以强奸罪（未遂）和故意杀人罪两罪并罚。

〔参考案例第 978 号：何某强奸案〕奸淫幼女案件中如何判断行为人"应当知道"被害人系幼女？

对已满十二周岁不满十四周岁的

幼女实施奸淫等性侵害行为，若无极其特殊的例外情况，一般都应当认定行为人"明知"被害人是幼女。极其特殊的例外情况具体可以从以下三个方面把握：一是必须确有证据或者合理依据证明行为人根本不可能知道被害人是幼女；二是行为人已经足够谨慎行事，仍然对幼女年龄产生了误认，即使其他一般人处在行为人的场合，也难以避免这种错误判断；三是客观上被害人身体发育状况、言谈举止、衣着、生活作息规律等特征明显更像已满十四周岁。例如，与发育较早、貌似成人、虚报年龄的已满十二周岁不满十四周岁的幼女在谈恋爱和正常交往过程中，双方自愿发生了性行为，确有证据证实行为人不可能知道对方是幼女的，才可以采纳其不明知的辩解。相反，如果行为人采取引诱、欺骗等方式，或者根本不考虑被害人是不是幼女，而甘冒风险对被害人进行奸淫等性侵害行为的，一般都应当认定行为人明知被害人是幼女，以实现对幼女的特殊保护，堵塞惩治犯罪的漏洞。

〔**参考案例第 979 号：卓智成等强奸案**〕行为人明知他人系采取暴力、胁迫手段迫使被害人表面"同意"与其发生性关系的，如何定性？指使他人物色幼女供其奸淫后给付金钱财物的行为如何定性？

1. 行为人明知他人系采取暴力、胁迫手段迫使被害人表面"同意"与其发生性关系的，视为行为人违背被害人意志发生性关系。

2. 指使他人物色幼女供其奸淫，事后给付中间人金钱财物的行为构成强奸罪，中间人构成强奸罪的共犯。

〔**参考案例第 980 号：谈朝贵强奸案**〕如何界定"共同家庭生活关系"？与幼女有共同家庭生活关系的人多次奸淫幼女致其怀孕，是否属于奸淫幼女"情节恶劣"？

1. 与幼女具有"共同家庭生活关系"，包括由法定关系组成的家庭，如父母与子女（包括婚生或非婚生子女、合法的养子女和继子女等），也有与之相当但又不存在法定关系的人组成的共同生活单位。如：孤儿或者生父母无力抚养的子女；由生父母的亲属、朋友抚养。上述人员共同生活在一起，相互之间也会产生与法定权利和义务类似的权利和义务，具备家庭的形式与实质。因此，在实践中，考察是否具有"共同家庭生活关系"，应当立足家庭的概念，准确把握"共同家庭生活关系"内涵中具有的"质"和"量"的要求。从"质"上来说，需要形成实际上的共同生活关系，如事实上的抚养关系、监护关系等；从"量"上来说，需要具有共同生活的长期性、确定性和稳定性，如果仅有几次的共同居住或者较短时间的共同居住，就不属于这里所指的"共同家庭生活关系"。

2. 一般而言，对于奸淫幼女致其怀孕的情况，如果同时还具有《最高人民法院、最高人民检察院、公安部、司法部关于依法惩治性侵害未成年人犯罪的意见》第二十五条所列的其他"更要依法从严惩处"的某一项或者某几项情形，可以考虑认定为属于

"情节恶劣"，予以加重处罚。例如，对幼女负有特殊职责的人员、与幼女有共同家庭生活关系的人员，长期多次奸淫幼女致其怀孕的，具有强奸、猥亵犯罪前科劣迹的人，奸淫幼女致其怀孕的，或者奸淫幼女致其轻伤、感染性病，同时导致幼女怀孕的，可以认定为属于"情节恶劣"。但并不是说，只要奸淫幼女致其怀孕，并同时具有第二十五条所列的某一项情节，就必然认定为"情节恶劣"。例如，进入学生集体宿舍奸淫一名幼女，致该幼女怀孕，如果作案手段一般，也没有其他严重情形的，就未必达到"情节恶劣"的程度。总之，因司法实践的复杂性，"奸淫幼女致其怀孕"在何种情况下属于"情节恶劣"，应当根据社会常识、常情，综合考虑犯罪主体、犯罪对象、犯罪地点、犯罪手段、犯罪后果等诸多因素，准确判断，以确保罪责刑相适应。

〔**参考案例第 983 号：李明明强奸案**〕共同犯罪人未经共谋在不同地点先后强奸同一被害人的是否构成轮奸？如何认定强奸罪中的"情节恶劣"？

1. 同案犯未经共谋，在不同地点先后强奸同一被害人的，不构成轮奸。

2. 认定强奸罪"情节恶劣"的标准，应当与刑法第二百三十六条第三款第（二）项至第（五）项所列情形的严重性相当，实践中可以从以下几个方面来把握：（1）选择特定犯罪对象实施强奸，被害人不具有一般人的反抗能力或者反抗能力极弱，如强奸无辨认能力的精神病人，强奸行动不便的孕妇，强奸身患重病、无法抵抗

的重症患者；（2）在公共场所公然劫持被害人后实施强奸，对抗社会意图明显；（3）采用残忍的暴力手段或者在强奸过程中以十分下流的手段肆意蹂躏等损害被害人身心健康的方式实施强奸，如强奸被害人过程中施以凌辱、虐待等；（4）长期多次对同一被害人进行强奸，即行为人在某段相对较长时期内连续多次反复强奸同一人，通常有"霸占"被害人为本人性工具的意图；（5）其他具有相当危害程度的情形，如《最高人民法院、最高人民检察院、公安部、司法部关于依法惩治性侵害未成年人犯罪的意见》第25 条所规定的对未成年人负有特殊职责的人员、与未成年人有共同家庭生活关系的人员、国家工作人员利用职务便利强奸未成年人，造成未成年被害人轻伤、怀孕、感染性病等后果，等等。总之，因司法实践的复杂性，判断是否属于强奸"情节恶劣"，应当结合案件具体事实、情节，社会危害程度，从犯罪主体、犯罪对象、犯罪地点、犯罪手段、犯罪后果等诸多方面综合判断。

〔**参考案例第 981 号：刘某强奸案**〕对未成年人与幼女正常交往过程中自愿发生性关系的，如何把握刑事政策？如何适用缓刑？

1. 对未成年人与幼女在正常交往过程中自愿发生性关系，在确定罪与非罪的界限时，应当注意把握以下三点：

第一，行为人一般应当处于已满十四周岁不满十六周岁的年龄阶段。考虑到司法实际情况的复杂性，并非

已满十六周岁的未成年人与幼女发生性关系的，就一律以强奸罪论处。例如，行为人不满十六周岁时与已满十三周岁不满十四周岁的幼女在恋爱交往中自愿发生性关系，至行为人刚满十六周岁时，二人仍然保持两性关系，后因幼女父母报案而案发。如果综合全案考察，不宜机械地以十六周岁为界限，对十六周岁前的行为不以犯罪论处，而对刚满十六周岁以后实施的行为即以强奸罪论处。但对于已满十六周岁的未成年人事实类似行为的案件认定不构成强奸罪，相对于不满十六周岁的人，在把握上应当更为严格。

第二，行为人应当是与年龄相当的幼女在正常交往、恋爱过程中基于幼女自愿而与之发生性关系。对于行为人使用暴力、胁迫或者诱骗等手段奸淫幼女的，即使其不满十六周岁，对其也不宜排除在刑事处罚范围之外。对于不满十六周岁的未成年人与幼女之间的年龄究竟相差几岁才能认定为双方年龄相当，一般年龄差距限定在四周岁左右相对较为合理。举例而言，已满十四周岁的男方与不满十周岁的幼女发生性关系，或者已满十五周岁不满十六周岁的男方与不满十二周岁且双方年龄差距在四岁以上的幼女发生性关系，即使男方辩称系与幼女正常恋爱交往，那么，一般也不宜对男方不以犯罪论处。值得强调的是，并不是所有行为人与不满十二周岁的幼女发生性关系，都应当以强奸罪论处；对已满十四不满十六周岁的行为人与不满十二周岁的幼女在正常交往过程中自愿发生性关系，如果双方年龄差距不大，行为情节轻微的，也可以不以强奸论。这一认定原则体现了对未成年人实行双向保护的政策精神。

第三，综合考察，未成年人与幼女发生性关系情节轻微、未造成严重后果。发生性关系的次数是判断行为情节是否轻微的其中一项因素，但并非决定性因素，决定性因素是行为人是否是与年龄相当的幼女在正常交往、恋爱过程中基于幼女自愿而与之发生性关系，如果是，一般可以认定为情节轻微。

值得注意的是，对于不满十六周岁的行为人在与幼女正常交往恋爱过程中基于幼女自愿与其发生性关系致幼女怀孕引产、流产，单就后果来看，不能说不严重，但是否一律认为行为人的行为不属"情节轻微、不以犯罪论处"，不宜一概而论。类似案件，如果双方确实存在正常恋爱交往关系，年龄差距也不大，如差距小于一周岁或者二周岁，司法机关判断对行为人是否以强奸罪论处，要特别慎重。对于双方成年亲属自行协商，被害人及其法定代理人不要求追究行为人刑事责任的，司法机关没有必要主动干预，启动司法程序。

2. 关于未成年犯罪分子奸淫幼女案件是否适用缓刑。对未成年人奸淫幼女案件，鉴于未成年人身心发育不成熟、易冲动、好奇心强、易受外界不良影响，同时也相对易教育、改造等特点，从严的幅度要明显有别于成年被告人，能够从宽处罚的要依法从宽。因此，奸淫幼女情节较轻，符合缓刑适用条件的，可以依法适用缓刑。

在判断是否属于情节较轻时，要综合考虑是否使用暴力、胁迫等强制手段或者利诱、欺骗等不正当手段，对幼女身心健康是否造成严重伤害，案发后是否取得被害人及其亲属真诚谅解等因素。对于未成年人与年龄相当的幼女在正常交往恋爱过程中，因懵懂无知，一时冲动，自愿发生性关系，没有对幼女身心造成严重伤害的，如果构成强奸罪，但确属情节较轻，有悔罪表现，没有再犯罪危险，宣告缓刑对所居住社区没有重大不良影响的，一般可以宣告缓刑。

〔**参考案例第 985 号：淡某甲强奸、猥亵儿童案**〕如何准确把握奸幼型强奸罪的死刑适用标准？

判断奸幼型强奸案件是否达到"罪行极其严重"的死刑适用标准，应当依照刑法、司法解释的相关规定并结合司法审判经验，根据具体案件的事实、犯罪性质、情节和社会危害程度，着重从侵害对象、侵害人数、侵害次数或者持续时间、作案手段、危害后果等方面综合分析判断。

第一，关于侵害对象。一般来说，幼女年龄越小，身体发育越不成熟，受到的伤害越大，故对被告人的惩罚相应也应越严厉。

第二，关于侵害人数。司法实践中，一般认为强奸妇女、奸淫幼女 3 人以上，属于"强奸妇女、奸淫幼女多人"。这里的"多人"是指被某一行为人强奸的不同个体的总人数，而非"人次"。下列情况属于"强奸妇女、奸淫幼女多人"：（1）单独计算强奸妇女人数或者奸淫幼女人数不满 3 人，但两者之和达到 3 人以上的；（2）每次强奸妇女、奸淫幼女的人数不满 3 人，但累计人数达到 3 人以上的；（3）强奸既遂的人数不满 3 人，但加上强奸预备、未遂或者中止的人数达到 3 人以上的；（4）作为实行犯强奸的人数不满 3 人，但加上作为帮助犯、教唆犯强奸的人数达到 3 人以上的。对于奸幼型强奸案件，侵害人数达到 3 人以上的，应在"十年以上有期徒刑、无期徒刑或者死刑"的量刑档次内从重量刑。是否适用死刑，应从奸淫的幼女人数、强奸既遂人数、作为实行犯强奸的人数等方面具体分析。

第三，关于作案次数或者持续时间。对被害人多次或者长期奸淫的，属于刑法第二百三十六条第三款第（一）项规定的"强奸妇女、奸淫幼女情节恶劣"。行为人在长达数月、数年甚至更长时间内多次对被害人进行强奸，既反映了犯罪行为极其严重的客观危害，也表明行为人具有极深的主观恶性。对于奸幼型强奸案件，如果行为人多次或者长期奸淫幼女，次数越多，连续作案时间越长，则罪行越严重，从重处罚乃至适用死刑的根据就越充分。至于达到何种作案次数或者持续时间可以考虑判处死刑，则应根据具体案情综合分析。

第四，关于作案手段。如果采取暴力、胁迫手段奸淫幼女，或者当着幼女亲属、熟人的面奸淫幼女，或者使用残酷、变态手段奸淫幼女的，一般都应当作为强奸罪的酌定从重处罚情节考虑。

第五，关于危害后果。不能片面地认为只有强奸致被害人重伤、死亡才属于"罪行极其严重"。对于奸幼型强奸案件来说，即使没有出现幼女重伤、死亡后果，但随着被害人年龄增长，被强奸的经历将长期、严重地损害其身心健康，给幼女造成严重的心理创伤。在对奸幼型强奸案件决定是否适用死刑时，要特别重视被害人遭受的心理创伤程度，全面、客观地评价强奸罪行是否属于"罪行极其严重"。

〔参考案例第 1061 号：孟某等强奸案〕被害人无明显反抗行为或意思表示时，如何认定强奸罪中的"违背妇女意志"？

1. 明知被害人处于认知能力减弱的醉酒状态，利用被害人不知反抗、不能亦不敢反抗的状态，与被害人发生性关系，其行为已违背被害妇女意志。

2. 在被害人未作明确意思表示的情形下，应当对其客观原因进行具体分析。由于实践中存在未作意思表示情形下的"半推半就"、默示同意和不敢反抗、不能反抗下的未作意思表示两种性质不同的现象，应当从案发当时的环境、双方是否熟人关系、被害人的身体状况、行为人的人数等因素，综合判定被害妇女是否具有选择表达不同意的意思自由。例如，行为人利用职权引诱女方，女方受到了一定程度的要挟，后在未作明确意思表示的情形下，基于互相利用之动机与行为人发生性行为。在此情形下，女方并未完全丧失意思自由，结合其"利用"之动机，即使发生女方被欺骗的情况，行为人也不构成强奸罪。也就是说，在有证据证明女方对发生性行为存有心理上的自愿认可时，可以阻却行为人构成强奸罪。

第二百三十七条 【强制猥亵、侮辱罪】以暴力、胁迫或者其他方法强制猥亵他人或者侮辱妇女的，处五年以下有期徒刑或者拘役。

聚众或者在公共场所当众犯前款罪的，或者有其他恶劣情节的，处五年以上有期徒刑。

【猥亵儿童罪】猥亵儿童的，依照前两款的规定从重处罚。

【修正前条文】

第二百三十七条 【强制猥亵、侮辱妇女罪】【猥亵儿童罪】以暴力、胁迫或者其他方法强制猥亵妇女或者侮辱妇女的，处五年以下有期徒刑或者拘役。

聚众或者在公共场所当众犯前款罪的，处五年以上有期徒刑。

猥亵儿童的，依照前两款的规定从重处罚。

【修正说明】

刑法修正案（九）第十三条对原条文作出如下修正：一是将猥亵妇女改为猥亵他人；二是增加规定了加重处罚情形，加大了对猥亵犯罪的惩治力度。

【立法·要点注释】

1. "侮辱妇女"，主要是指对妇女实施猥亵行为以外的、损害妇女人格尊严的淫秽下流、伤风败俗的行为。

例如，以多次偷剪妇女的发辫、衣服，向妇女身上泼洒腐蚀物、涂抹污物、故意向妇女显露生殖器，追逐、堵截妇女等手段侮辱妇女的行为。行为人"侮辱妇女"的，既是出于减损妇女的人格和名誉等目的，也是出于寻欢作乐的淫秽下流心理。

2. 猥亵儿童罪，是指猥亵不满十四周岁的儿童的行为。这里所说的"猥亵"，主要是指以抠摸、指奸、鸡奸等淫秽下流的手段猥亵儿童的行为。考虑到不满十四周岁的儿童的认识能力，尤其是对性的认识能力很欠缺，为了保护儿童的身心健康，构成猥亵儿童罪并不要求以暴力、胁迫或者其他方法强制进行。只要对儿童实施了猥亵行为，就构成了本款规定的犯罪。在实际执行中应当注意区分猥亵儿童与一般的对儿童表示"亲昵"的行为。

3. 猥亵儿童的行为是出于行为人的淫秽下流的欲望，往往对儿童的身体或者思想、认识造成伤害或者不良影响，行为一般为当地的风俗、习惯所不容。此外，猥亵儿童同时对儿童造成伤害的情况时有发生。在猥亵儿童时，造成儿童轻伤以上后果，同时符合刑法第二百三十四条或者第二百三十二条的规定，构成故意伤害罪、故意杀人罪的，依照处罚较重的规定定罪处罚。仅具有猥亵儿童行为的，在五年以下有期徒刑或者拘役量刑幅度内从重处罚；对于聚众、在公共场所或者具有其他恶劣情节的猥亵儿童行为，在五年以上有期徒刑量刑幅度内从重处罚。

【司法指导文件】

《最高人民法院、最高人民检察院、公安部、司法部关于依法惩治性侵害未成年人犯罪的意见》（法发〔2013〕12号，20131023）

三、准确适用法律

22. 实施猥亵儿童犯罪，造成儿童轻伤以上后果，同时符合刑法第二百三十四条或者第二百三十二条的规定，构成故意伤害罪、故意杀人罪的，依照处罚较重的规定定罪处罚。

对已满十四周岁的未成年男性实施猥亵，造成被害人轻伤以上后果，符合刑法第二百三十四条或者第二百三十二条规定的，以故意伤害罪或者故意杀人罪定罪处罚。

【指导性案例·检察】

〔齐某强奸、猥亵儿童案，JZD2018-42〕

1. 性侵未成年人犯罪案件中，被害人陈述稳定自然，对于细节的描述符合正常记忆认知、表达能力，被告人辩解没有证据支持，结合生活经验对全案证据进行审查，能够形成完整证明体系的，可以认定案件事实。

2. 奸淫幼女具有《最高人民法院、最高人民检察院、公安部、司法部关于依法惩治性侵害未成年人犯罪的意见》规定的从严处罚情节，社会危害性与刑法第二百三十六条第三款第二至四项规定的情形相当的，可以认定为该款第一项规定的"情节恶劣"。

3. 行为人在教室、集体宿舍等场所实施猥亵行为，只要当时有多人在场，即使在场人员未实际看到，也应当认定犯罪行为是在"公共场所当众"实施。

〔骆某猥亵儿童案，JZD2018-43〕

行为人以满足性刺激为目的，以诱骗、强迫或者其他方法要求儿童拍摄裸体、敏感部位照片、视频等供其观看，严重侵害儿童人格尊严和心理健康的，构成猥亵儿童罪。

【法院参考案例】

〔参考案例第 987 号：王晓鹏强制猥亵妇女、猥亵儿童案〕如何界分正常医疗检查与猥亵犯罪行为？强制猥亵对象中既包括已满十四周岁女性又包括未满十四周岁女童的，对所犯数罪是否并罚？

1. 区分医疗检查与猥亵犯罪，主要从行为人的主观和客观两个方面进行甄别。实践中，对于犯罪主观方面的证明，通常有赖于对客观行为的分析判断。因此，即使行为人辩解不具有猥亵故意，但可以通过对该"医疗检查"行为是否明显超越职责范围，是否系医疗诊治所必需的检查手段等因素，来分析行为人的主观故意。关于犯罪客观方面，需要注意考察以下两个方面的因素：

第一，是否使用了强制或者欺骗等不正当手段。虽然猥亵儿童罪对行为手段没有限制，儿童是否出于自愿不影响犯罪的成立，但行为人是否使用强制或者欺骗等不正当手段，可以作为区分正常医疗行为与猥亵行为的一个重要参考因素。强制手段通常包括暴力、胁迫或者其他手段，医务人员直接使用有形暴力进行猥亵的，因

为有被害人陈述可加以证明，部分情况下还会有活体检验意见等证据加以佐证，故在实践中比较容易认定。而由于医务工作的特殊性，是否使用了胁迫或者其他不正当手段在认定时确有一定困难。医务人员通常要对医疗对象的身体进行检查，而医疗对象一般对专业医学知识不知或者所知不多，出于对自己身体健康状况的关切、担忧，以及对医务人员专业性的信任、敬畏，在心理上处于一定弱势地位。医务人员如利用其特殊身份和优势地位，在医院检查治疗室这一特定场所，通过有针对性的语言或者行为暗示等方式，即可对妇女、儿童的身体或者精神形成强制力，使其不能、不敢或者不知反抗。实践中，也有部分医生欺骗被害人接受非诊疗所必需的身体检查，借机实施猥亵。因此，不能完全以被害人是否明显反抗作为认定其是否自愿接受身体检查的依据。在实践中，可参考被害人所陈述的内心感受，是否感觉受到侵犯或者猥亵加以辅助认定。

第二，是否明显超越了职责范围、是否系诊疗所必需。医疗检查是一种专业技术活动，因其注重可操作性和实效性，故专业操作规范绝大多数并不为法律法规所规定，只是行业内的规程，有些只是本行业从业人员的共识。通常来讲，甄别正常医疗检查与猥亵行为需要具有一定的医学知识，作为未受过专业医学教育的司法工作人员，可从以下几个层面进行审查：首先，以一般人的认识为标准，分析诊疗行为是否明显超越职责范围，如

对骨折的病人进行妇科检查，显然非诊疗所必需。其次，结合医院关于岗位职责以及检验流程的规定加以判断。由于医生的专业性强、分工细致，医院对相关流程和规范均进行了细化规定，这些规定可用作判别检查是否明显超越了职责范围、是否系诊疗所必需的依据。最后，参考专业人士的意见。在一些简单的专科检查中，依据医院的相关规定即可判断是否超出职责范畴，但对于一些较为复杂的病症需要进行详细或者有针对性的全科检查时，机械地以医院的规范来衡量难免会有所疏漏，此时就需借助医院其他医务人员的证言甚至是相关医疗机构出具的意见，进行综合判断。

2. 强制猥亵对象中既包括已满十四周岁女性又包括未满十四周岁女童的，对所犯数罪应当并罚。

〔参考案例第 989 号：吴茂东猥亵儿童案〕如何区分猥亵犯罪行为与猥亵违法行为？在教室讲台实施的猥亵是否属于"在公共场所当众猥亵"？

1. 在区分猥亵一般违法行为与猥亵犯罪行为时，需要着重考虑以下几个方面的因素：（1）猥亵行为侵害的身体部位所代表的性象征意义明显与否；（2）猥亵行为是否伴随暴力、胁迫等强制手段；（3）猥亵行为持续时间的长短；（4）其他能反映猥亵行为对被害人身心伤害大小、对普通公民性的羞耻心冒犯程度大小的情节；（5）行为人是否具有前科劣迹以及其他反映行为人主观恶性、人身危险性大小的情节。考虑上述某一项或者某几项因素，如果猥亵行为情节轻微、

危害不大的，可以不以犯罪论处。为体现对儿童的特殊保护，对猥亵行为严重程度的判断，与针对妇女实施的强制猥亵行为，也可以有所不同，针对儿童实施的，入罪标准的门槛可适当降低一些。一般而言，出于亲昵、戏谑，亲吻他人脸部，不属于"猥亵"；强行亲吻被害人脸部，结合其他情节，如果确有必要认定属于猥亵行为的，对行为人进行治安管理处罚即可做到"罚"当其"罪"。

2. 在教室讲台猥亵儿童应当认定为在"公共场所当众"实施猥亵。

第二百三十八条　【非法拘禁罪】非法拘禁他人或者以其他方法非法剥夺他人人身自由的，处三年以下有期徒刑、拘役、管制或者剥夺政治权利。具有殴打、侮辱情节的，从重处罚。

犯前款罪，致人重伤的，处三年以上十年以下有期徒刑；致人死亡的，处十年以上有期徒刑。使用暴力致人伤残、死亡的，依照本法第二百三十四条、第二百三十二条的规定定罪处罚。

为索取债务非法扣押、拘禁他人的，依照前两款的规定处罚。

国家机关工作人员利用职权犯前三款罪的，依照前三款的规定从重处罚。

【立法·要点注释】

1. 依照刑事诉讼法及有关法律规定，公民对正在实行犯罪或者犯罪后被及时发觉的、通缉在案的、越狱逃

跑的、正在被追捕的人有权立即扭送到司法机关。这种扭送行为，包括在途中的捆绑、扣留等行为，不能认为是非法拘禁行为。"具有殴打、侮辱情节"，是指在非法拘禁过程中，对被害人实施了殴打、侮辱行为，如打骂、游街示众等。

2. "致人重伤"，是指在非法拘禁过程中，由于捆绑过紧、长期囚禁、进行虐待等致使被害人身体健康受到重大伤害；被害人在被非法拘禁期间不堪忍受，自伤自残，身体健康受到重大伤害。非法拘禁中轻微的推搡、拉扯行为不能认为是使用了暴力。是否使用了暴力，可根据行为人的主观意志是存在损害被害人身体的故意及当时案发情况等因素综合分析。

3. 对出于非法剥夺他人生命的故意，而以非法拘禁为手段杀人，如故意以拘禁的方法冻死、饿死他人的，不能认定为本条第二款规定的非法拘禁他人"致人死亡"，而应以故意杀人罪定罪处罚。

4. 根据本条第四款的规定，国家机关工作人员只有利用职权犯非法拘禁罪的，才能依照本条前三款的规定从重处罚，对于未利用职权而犯非法拘禁罪，应当分别依照本条第一款、第二款的规定处罚。

【司法解释Ⅰ】

《最高人民检察院关于渎职侵权犯罪案件立案标准的规定》（高检发释字〔2006〕2 号，20060726）

（一）国家机关工作人员利用职权实施的非法拘禁案（第二百三十八条）

非法拘禁罪是指以拘禁或者其他方法非法剥夺他人人身自由的行为。

国家机关工作人员利用职权非法拘禁，涉嫌下列情形之一的，应予立案：

1. 非法剥夺他人人身自由 24 小时以上的；

2. 非法剥夺他人人身自由，并使用械具或者捆绑等恶劣手段，或者实施殴打、侮辱、虐待行为的；

3. 非法拘禁，造成被拘禁人轻伤、重伤、死亡的；

4. 非法拘禁，情节严重，导致被拘禁人自杀、自残造成重伤、死亡，或者精神失常的；

5. 非法拘禁 3 人次以上的；

6. 司法工作人员对明知是没有违法犯罪事实的人而非法拘禁的；

7. 其他非法拘禁应予追究刑事责任的情形。

【司法解释Ⅱ】

《最高人民法院关于对为索取法律不予保护的债务，非法拘禁他人行为如何定罪问题的解释》（法释〔2000〕19 号，20000719）

行为人为索取高利贷、赌债等法律不予保护的债务，非法扣押、拘禁他人的，依照刑法第二百三十八条的规定定罪处罚。

【司法解释Ⅱ·注释】

行为人为索取明显超出债务数额的财物而非法扣押、拘禁他人，符合绑架罪构成要件的，可以依照本法第二百三十九的规定以绑架罪定罪处罚。

【司法指导文件Ⅰ】

《最高人民法院关于常见犯罪的量刑指导意见》（法发〔2017〕7 号，20170401）

（四）非法拘禁罪

1. 构成非法拘禁罪的，可以根据下列不同情形在相应的幅度内确定量刑起点：

（1）犯罪情节一般的，可以在一年以下有期徒刑、拘役幅度内确定量刑起点。

（2）致一人重伤的，可以在三年至五年有期徒刑幅度内确定量刑起点。

（3）致一人死亡的，可以在十年至十三年有期徒刑幅度内确定量刑起点。

2. 在量刑起点的基础上，可以根据非法拘禁人数、拘禁时间、致人伤亡后果等其他影响犯罪构成的犯罪事实增加刑罚量，确定基准刑。

非法拘禁多人多次的，以非法拘禁人数作为增加刑罚量的事实，非法拘禁次数作为调节基准刑的量刑情节。

3. 有下列情节之一的，可以增加基准刑的 10%—20%：

（1）具有殴打、侮辱情节的；

（2）国家机关工作人员利用职权非法扣押、拘禁他人的。

【司法指导文件Ⅱ】

《最高人民法院、最高人民检察院、公安部、司法部关于办理黑恶势力犯罪案件若干问题的指导意见》（法发〔2018〕1 号，20180116）

四、依法惩处利用"软暴力"实施的犯罪

18. 黑恶势力有组织地多次短时间非法拘禁他人的，应当认定为《刑法》第二百三十八条规定的"以其他方法非法剥夺他人人身自由"。非法拘禁他人三次以上、每次持续时间在四小时以上，或者非法拘禁他人累计时间在十二小时以上的，应以非法拘禁罪定罪处罚。

【司法指导文件Ⅲ】

《最高人民法院、最高人民检察院、公安部、司法部、国家卫生和计划生育委员会关于依法惩处涉医违法犯罪维护正常医疗秩序的意见》（法发〔2014〕5 号，20140422）

二、严格依法惩处涉医违法犯罪

（三）以不准离开工作场所等方式非法限制医务人员人身自由的，依照治安管理处罚法第四十条的规定处罚；构成非法拘禁罪的，依照刑法的有关规定定罪处罚。

【法院公报案例】

〔黄永柱非法拘禁案，GB2001－6〕

行为人出于索要债务的目的，以强制的方法实施了非法剥夺他人人身自由的行为，即使索要的债务是非法的，也应当以非法拘禁罪论处，而非绑架罪。

【法院参考案例】

〔参考案例第 74 号：孟铁保等赌博、绑架、敲诈勒索、故意伤害、非法拘禁案〕扣押、拘禁他人强索赌债的行为如何定罪处罚？

为索要赌债而非法扣押、拘禁他人，索要的钱款没有超出赌债的范围或者超出不多的，应以非法拘禁罪定罪处罚；非法劫持并扣押他人后，向被害人家属索要大大超出赌债范围的钱物的行为，构成绑架罪。

〔**参考案例第 157 号：颜通市等绑架案**〕给付定金方违约后，为索回定金而非法扣押对方当事人子女的行为，如何定罪？

给付定金方违约后，为索回定金而非法扣押对方当事人子女的行为，构成非法拘禁罪。

〔**参考案例第 181 号：辜正平非法拘禁案**〕为逼人还贷款非法关押借款人以外的第三人的行为应如何定性？

刑法第二百三十八条第三款规定"为索取债务非法扣押、拘禁他人"以非法拘禁罪论处，这里的"他人"并未明确限定为债务人本人。"他人"可以包括债务人以外而又与债务人具有某种利害关系的人。

〔**参考案例第 263 号：雷小飞等非法拘禁案**〕"索债型"扣押、拘禁案件的定性？

在对"索债型"扣押、拘禁行为定性时，应严格依照刑法主客观相统一的原则，根据案件具体情况做出慎重判断。

1. 原债务数额难以确定的情形。在一些"索债型"扣押、拘禁案件中，行为人认为确实存在债务，而被害人予以否认，或者行为人与被害人虽然均承认存在债务关系，但是双方在具体数额上说法不一致，由于缺乏证据而难以查清原债权债务关系中涉及的具体数额。如果行为人主观上认为确实存在债务或者确认债务为某一

数额，即使有证据证明行为人对债务或数额的认识是基于某种错误，行为人也是在"索要债务"的主观认识之下实施扣押、拘禁被害人的行为，而不存在"勒索他人财物的目的"，因此应以非法拘禁罪定罪处罚。如果以绑架罪定罪，则有客观归罪之嫌。

2. 索要数额高于原债务的情形。在"索债型"扣押、拘禁案件中，行为人可能因为多种原因向被害人索要高于原债务数额的财物，有的是出于对被害人久拖不还债务的气愤，有的是为弥补讨债费用或商业损失，有的是借机勒索更多的财物等。不能仅因索要数额超过原债务，就认定该行为构成绑架罪，而要具体情况具体分析。如果索要的数额大大超过原债务数额，且与其他情节相结合，足以证明行为人的主观目的已经由索债转化为勒索财物，则该行为已触犯了绑架罪和非法拘禁罪两个罪名，按照想象竞合犯的处罚原则，应以绑架罪定罪处罚。如果索要的数额超过原债务的数额不大，或者虽然索要的数额超过原债务的数额较大，但超出的部分是用于弥补讨债费用或由此带来的其他损失，行为人认为这些费用和损失应由被害人承担，其主要目的仍是索债，而不是勒索财物。从有利于被告人的刑法原则上看，上述行为应当以相对较轻的非法拘禁罪定罪，而不宜定绑架罪，从而更符合刑法主客观相统一原则的要求。如果索要数额大大超过原债务，当被害人拿出与原债务数额相近的财物后，行为人主动停止犯罪，从客观上可以证明行为人并不具备勒索他人

财物的目的，也不宜定绑架罪，而应定非法拘禁罪。

〔**参考案例第 435 号：胡经杰、邓明才非法拘禁案**〕为寻找他人而挟持人质的行为构成何罪？

在界定非法拘禁罪与绑架罪的区别时，要谨慎分析被告人与被害人的关系、被告人所提出的要求实现之难易、被告人对被害人剥夺自由行为的恶劣程度、对第三人及解救方的对抗程度等，综合多方面因素情节来分析认定。现实生活中，如因无知、愚昧、一时冲动扣留岳母要求媳妇回家、扣押女友的父母迫使女友同意继续谈恋爱等，一般情形下不具有与绑架罪严厉刑罚相当的否定评价程度，不能认定为绑架罪。

〔**参考案例第 997 号：贾斌非法拘禁案**〕抱走年幼继女向欲离婚的妻子索要所支出的抚养费、彩礼费的行为，如何定性？

被告人为解决离婚财产纠纷，向其妻索要婚姻存续期间对其继女的抚养费、二人结婚时的彩礼等费用，而将继女擅自带至外地，并以此胁迫其妻支付上述费用，否则不送还继女，其行为符合为索要债务而非法扣押他人的情形，依法构成非法拘禁罪。

〔**参考案例第 1172 号：郑师武非法拘禁案**〕吸毒致幻挟持他人，不具有真实的绑架犯罪目的，能否认定构成绑架罪？

行为人吸毒致幻，产生精神障碍，在幻觉下挟持他人囚禁于仓库中，意图逃避"警察抓捕"，因行为人并不具有真实的绑架犯罪目的，不构成绑架罪，可以按非法拘禁罪处理。

第二百三十九条 【绑架罪】以勒索财物为目的绑架他人的，或者绑架他人作为人质的，处十年以上有期徒刑或者无期徒刑，并处罚金或者没收财产；情节较轻的，处五年以上十年以下有期徒刑，并处罚金。

犯前款罪，杀害被绑架人的，或者故意伤害被绑架人，致人重伤、死亡的，处无期徒刑或者死刑，并处没收财产。

以勒索财物为目的偷盗婴幼儿的，依照前两款的规定处罚。

【第二次修正前条文】

第二百三十九条 【绑架罪】以勒索财物为目的绑架他人的，或者绑架他人作为人质的，处十年以上有期徒刑或者无期徒刑，并处罚金或者没收财产；情节较轻的，处五年以上十年以下有期徒刑，并处罚金。

犯前款罪，致使被绑架人死亡或者杀害被绑架人的，处死刑，并处没收财产。

以勒索财物为目的偷盗婴幼儿的，依照前两款的规定处罚。

【第一次修正前条文】

第二百三十九条 【绑架罪】以勒索财物为目的绑架他人的，或者绑架他人作为人质的，处十年以上有期徒刑或者无期徒刑，并处罚金或者没收财产；致使被绑架人死亡或者杀害被绑架人的，处死刑，并处没收财产。

以勒索财物为目的偷盗婴幼儿的，

依照前款的规定处罚。

【修正说明】

刑法修正案（七）第六条在原条文基础上，增加了"情节较轻的，处五年以上十年以下有期徒刑，并处罚金"的规定，并将原条文中关于"致使被绑架人死亡或者杀害被绑架人"的规定单列为第二款。刑法修正案（九）第十四条又对第二款进行了修正。

【立法·要点注释】

1. "绑架"指行为人完全控制了人质，人质被剥夺了人身自由。行为人控制人质，常以非法将他人掳走、带离原来常习的处所的方法，使他人丧失行动自由，但也不排除行为人将他人拘禁于原处所作为人质的情形。

2. 在勒索型绑架犯罪中，犯罪既遂与否的实质标准是看绑架行为是否实施，从而使被害人丧失行动自由并受到行为人的实际支配。至于勒索财物的行为是否来得及实施，以及虽实施了勒索行为，但由于行为人意志以外的原因而未达到勒索财物的目的，都不影响勒索型绑架既遂的成立。勒索财物目的是否实现仅是一个量刑加以考虑的情节。现实生活中，与被害人有特殊关系的他人或组织会收到行为人将要杀死或伤害人质的威胁，但是人质自身可能仍处于平和的被控制状态，甚至都无从察觉其所陷入的危险，如孩童被行为人引诱去打游戏机的情形。因此，有的情况下，被害人自身是否认识到被绑架，并不影响绑架罪既遂的认定。

3. 以出卖为目的，使用暴力、胁迫或者麻醉方法绑架妇女、儿童的行为不属于本条所规定的绑架罪的范围，而应当依照本法第二百四十条关于拐卖妇女、儿童犯罪的规定处罚。

4. "杀害被绑架人"即通常说的"撕票"，是指以剥夺被绑架人生命为目的实施的各种行为。"杀害"只需要行为人有故意杀人的故意及行为，并不要求"杀死"被绑架人的结果。"杀害"既可以是积极作为也可以是消极不作为。积极作为，指以杀害为目的，将被绑架人抛入深潭或水库中让其溺毙等情形；消极不作为，指以杀害为目的，将被绑架人抛入人迹罕至的地方等待其冻饿死等情形。实践中，杀害被绑架人未遂的情况时有发生。对于被绑架人基于各种原因最终生还的，并不影响"杀害"行为的认定。

5. 由于婴幼儿缺乏辨别是非的能力，无论是将其抱走、带走，还是哄骗走，都是偷盗婴幼儿的行为，都应当依照绑架罪的规定处罚。

【司法解释】

《最高人民法院关于审理未成年人刑事案件具体应用法律若干问题的解释》（法释〔2006〕1 号，20060123）

第五条 已满十四周岁不满十六周岁的人实施刑法第十七条第二款规定以外的行为，如果同时触犯了刑法第十七条第二款规定的，应当依照刑法第十七条第二款的规定确定罪名，定罪处罚。

【司法解释·注释】

刑法第十七条第二款中的"故意

杀人"泛指一种犯罪行为，而不是特指故意杀人罪这一具体罪名。刑法第二百三十九条中"绑架并杀害被绑架人的"，实质上是绑架和故意杀人两个行为的结合规定。根据刑法第十七条第二款的规定，已满十四周岁不满十六周岁的人，虽不对绑架行为负刑事责任，但仍应对故意杀人行为负刑事责任。因此，应当依照刑法第二百三十二条以故意杀人罪追究其刑事责任。

已满十六周岁的人绑架并杀害被绑架人的，因其属于完全刑事责任年龄人，按刑法规定，既须对绑架行为负刑事责任，也须对故意杀人行为负刑事责任，因而，仍应当直接依照刑法第二百三十九条第一款以绑架罪定罪处罚。

【司法指导文件 I 】

《最高人民法院关于对在绑架过程中以暴力、胁迫等手段当场劫取被害人财物的行为如何适用法律问题的答复》（法函〔2001〕68 号，20011108）

行为人在绑架过程中，又以暴力、胁迫等手段当场劫取被害人财物，构成犯罪的，择一重罪处罚。

【司法指导文件 II 】

《最高人民法院研究室关于第三方受到勒索是否属于绑架罪构成要件问题的研究意见》（2012）

构成绑架罪，无须以行为人自行或者通过被绑架人向被绑架人的亲友明确告知绑架事实为要件，只要以勒索财物为目的绑架他人的，均应以绑架罪论处。

【法院参考案例】

〔参考案例第 496 号：俞志刚绑架案〕绑架犯罪人绑架他人后自动放弃继续犯罪的如何处理？

犯罪分子绑架人质的行为一经完成，就构成犯罪既遂，之后自动放弃继续犯罪并释放人质的行为，属于犯罪既遂后的补救措施。

〔参考案例第 570 号：白宇良、肖益军绑架案〕绑架罪的未完成形态应如何区分？

绑架罪的"着手"应当解释为实施了直接侵犯人质人身权利的行为，即劫持人质的行为。也就是说，行为人只有实施了扣押被害人剥夺其人身自由的行为，方属于绑架的实行行为，才可以认定为绑架的着手。

〔参考案例第 571 号：李彬、袁南京、胡海珍等绑架、非法拘禁、敲诈勒索案〕帮人"讨债"参与绑架，与人质谈好"报酬"后将其释放，事后索要"报酬"如何定罪处罚？

误以为索要债务而实施了帮助他人绑架人质的行为，主观上没有绑架的犯罪故意，应当以非法拘禁罪定罪处罚。与人质谈好"报酬"后将人质释放，事后索要"报酬"的行为，应当以敲诈勒索罪定罪处罚。

〔参考案例第 947 号：孙家洪、濮剑鸣等绑架、抢劫、故意杀人案〕绑架罪中如何认定"情节较轻"？认定后是否包括未遂情节？

1. 只有在对影响绑架罪社会危害性程度的各种主客观事实进行综合评价基础上，才能得出某一个案是否属于"情节较轻"的结论。影响绑架罪社会危害性轻重的事实要素大致有以下几个方面：（1）犯罪手段。绑架罪采用暴力、胁迫、诱骗等方法控制被绑架人人身自由，拘禁时间有长短之分，暴力、胁迫、诱骗等手段各不相同，亦直接影响到该罪的社会危害程度。（2）犯罪后果。从人身损害方面看，是否造成了被绑架人重伤、轻伤、轻微伤或严重的精神伤害；从财产损害方面看，赎金数额有数额巨大、数额较大或未获取分文的区别，犯罪后果直接反映了行为的社会危害程度。（3）犯罪动机。行为人的动机或出于满足个人私利，或迫于生活压力，或因合法权益不能保障，或出于特定政治目的等，动机不同体现了行为主观恶性程度的差异。（4）犯罪情节。行为人具有放弃勒索赎金、是否主动释放人质；行为人与被害人是否系亲属或熟人关系；行为人是否选择以老人、妇女、儿童或者社会知名人士作为绑架对象等，上述情节对绑架罪的社会危害程度具有直接影响。在正确认定了影响绑架罪社会危害性轻重的事实要素后，还有必要探寻"情节较轻"与侵害法益的实质联系，对"情节较轻"作出价值判断。绑架罪侵害的法益在司法实践中通常表现为：人身法益（人身自由与安全）、财产法益（他人财产所有权）、社会法益（社会秩序与公共安全）。人身法益是刑法保护的重点，绑架罪必然侵犯人身自由，但在人身安全方面却客观存在侵害程度的差异，被绑架人的人身安全未受实质侵犯，人身自由限制程度较轻等

因素，是认定"情节较轻"的首要判断。财产法益、社会法益虽然对判断绑架罪罪质轻重而言不具有决定性意义，但仍会对绑架罪的社会危害性程度产生重要影响。例如，绑架行为虽然未给被绑架人的人身安全造成严重威胁，但勒索财物数额巨大，手段卑劣，社会影响恶劣，也不能认定为"情节较轻"。

2. 刑法总则规定的犯罪预备、未遂、中止等从轻、减轻情节，基于刑事立法模式以及禁止重复评价的原则，不应适用绑架罪"情节较轻"条款。

第二百四十条　【拐卖妇女、儿童罪】 拐卖妇女、儿童的，处五年以上十年以下有期徒刑，并处罚金；有下列情形之一的，处十年以上有期徒刑或者无期徒刑，并处罚金或者没收财产；情节特别严重的，处死刑，并处没收财产：

（一）拐卖妇女、儿童集团的首要分子；

（二）拐卖妇女、儿童三人以上的；

（三）奸淫被拐卖的妇女的；

（四）诱骗、强迫被拐卖的妇女卖淫或者将被拐卖的妇女卖给他人迫使其卖淫的；

（五）以出卖为目的，使用暴力、胁迫或者麻醉方法绑架妇女、儿童的；

（六）以出卖为目的，偷盗婴幼儿的；

（七）造成被拐卖的妇女、儿童

或者其亲属重伤、死亡或者其他严重后果的；

（八）将妇女、儿童卖往境外的。

拐卖妇女、儿童是指以出卖为目的，有拐骗、绑架、收买、贩卖、接送、中转妇女、儿童的行为之一的。

【立法·要点注释】

1. "拐卖妇女、儿童三人以上"，是指犯罪分子直接参与拐卖的人数（包括本数在内），既包括以出卖为目的拐骗妇女、儿童三人以上，也包括在拐卖妇女、儿童过程中中转、接送、收买、贩卖妇女、儿童三人以上；既包括在一次犯罪活动中拐卖妇女、儿童三人以上，也包括多次拐卖活动累计拐卖妇女、儿童三人以上。

2. "奸淫被拐卖的妇女"，是指犯罪分子在拐卖过程中与被害妇女发生性关系的行为，既包括使用暴力、胁迫或者其他手段的强奸行为，也包括利用被害妇女处于孤立无援境地和不敢反抗的心理，与其发生性关系的行为。换言之，只要犯罪分子在拐卖过程中与被害妇女发生了性关系，无论其是否使用暴力、胁迫手段，也无论被害人是否有反抗行为，都应按照本项规定追究刑事责任，不再适用数罪并罚。

3. "造成被拐卖的妇女、儿童或者其亲属重伤、死亡或者其他严重后果"，仅指拐卖过程中，犯罪分子采用捆绑、殴打、虐待、侮辱等手段，造成被害人重伤、死亡等严重后果，以

及被害人及其亲属因犯罪分子的拐卖行为而自杀、精神失常或者造成其他严重后果的。如果上述后果是因收买人对所收买的妇女、儿童在收买后实施虐待等行为所致，则不属于本项所列情况，应依法追究收买人相应责任。

【司法解释Ⅰ】

《最高人民法院关于审理拐卖妇女案件适用法律有关问题的解释》（法释〔2000〕1 号，20000125）

第一条　刑法第二百四十条规定的拐卖妇女罪中的"妇女"，既包括具有中国国籍的妇女，也包括具有外国国籍和无国籍的妇女。被拐卖的外国妇女没有身份证明的，不影响对犯罪分子的定罪处罚。

第二条　外国人或者无国籍人拐卖外国妇女到我国境内被查获的，应当根据刑法第六条的规定，适用我国刑法定罪处罚。

【司法解释Ⅱ】

《最高人民法院关于审理拐卖妇女儿童犯罪案件具体应用法律若干问题的解释》（法释〔2016〕28号，20170101）

第一条　对婴幼儿采取欺骗、利诱等手段使其脱离监护人或者看护人的，视为刑法第二百四十条第一款第（六）项规定的"偷盗婴幼儿"。

第二条　医疗机构、社会福利机构等单位的工作人员以非法获利为目的，将所诊疗、护理、抚养的儿童出卖给他人的，以拐卖儿童罪论处。

第三条　以介绍婚姻为名，采取非法扣押身份证件、限制人身自由等方式，或者利用妇女人地生疏、语言

不通、孤立无援等境况，违背妇女意志，将其出卖给他人的，应当以拐卖妇女罪追究刑事责任。

以介绍婚姻为名，与被介绍妇女串通骗取他人钱财，数额较大的，应当以诈骗罪追究刑事责任。

……

第九条　刑法第二百四十条、第二百四十一条规定的儿童，是指不满十四周岁的人。其中，不满一周岁的为婴儿，一周岁以上不满六周岁的为幼儿。

第十条　本解释自 2017 年 1 月 1 日起施行。

【司法解释Ⅱ·注释】

关于以介绍婚姻为名的拐卖行为的认定。只要是违背妇女意志（如果妇女属无责任能力人，不能正确理解介绍婚姻行为性质，也属违背妇女意志），将妇女出卖给他人的，就构成拐卖妇女罪。实践中行为方式各异，情形复杂，特别是对于妇女处于孤立无援等脆弱境况，行为人实施"介绍婚姻"行为并索要他人（通常是男方）数额较大钱财的，被害妇女可能会作出表面"同意"的意思表示。对类似案件，要综合考察被害妇女的陈述、证人证言等证据，结合常理常情，分析行为人是否有意利用被害人的脆弱境况，使被害人不得不屈从行为人的要求，而"同意"与他人结婚；对行为人而言，是基于男女双方自愿及地位平等，为促成婚姻的缔结而居间介绍、联系，还是明知妇女非自愿但仍将妇女作为非法获利的筹码，也影响

对其行为性质罪与非罪的认定。对妇女本有结婚意愿，在中介人员介绍、撮合下与男方见面、相识后，因对男方条件不满，而不愿与男方结婚或者生活，行为人以已经支付了女方及近亲属彩礼、支出了办理签证手续费用等为由，威胁妇女被迫同意，行为人在事前或事后索取、收受钱财的，也属违背妇女意志将其卖给他人，构成拐卖妇女罪。总之，在办理相关案件时，要注意认真甄别因介绍婚姻引发的民事纠纷与拐卖妇女犯罪的界限，做到不枉不纵。

【司法指导文件Ⅰ】

《最高人民法院、最高人民检察院、公安部、司法部关于依法惩治拐卖妇女儿童犯罪的意见》（法发〔2010〕7 号，20100315）

五、定性

14. 犯罪嫌疑人、被告人参与拐卖妇女、儿童犯罪活动的多个环节，只有部分环节的犯罪事实查证清楚、证据确实、充分的，可以对该环节的犯罪事实依法予以认定。

15. 以出卖为目的强抢儿童，或者捡拾儿童后予以出卖，符合刑法第二百四十条第二款规定的，应当以拐卖儿童罪论处。

以抚养为目的偷盗婴幼儿或者拐骗儿童，之后予以出卖的，以拐卖儿童罪论处。

16. 以非法获利为目的，出卖亲生子女的，应当以拐卖妇女、儿童罪论处。

17. 要严格区分借送养之名出卖

亲生子女与民间送养行为的界限。区分的关键在于行为人是否具有非法获利的目的。应当通过审查将子女"送"人的背景和原因、有无收取钱财及收取钱财的多少、对方是否具有抚养目的及有无抚养能力等事实，综合判断行为人是否具有非法获利的目的。

具有下列情形之一的，可以认定属于出卖亲生子女，应当以拐卖妇女、儿童罪论处：

（1）将生育作为非法获利手段，生育后即出卖子女的；

（2）明知对方不具有抚养目的，或者根本不考虑对方是否具有抚养目的，为收取钱财将子女"送"给他人的；

（3）为收取明显不属于"营养费"、"感谢费"的巨额钱财将子女"送"给他人的；

（4）其他足以反映行为人具有非法获利目的的"送养"行为的。

不是出于非法获利目的，而是迫于生活困难，或者受重男轻女思想影响，私自将没有独立生活能力的子女送给他人抚养，包括收取少量"营养费"、"感谢费"的，属于民间送养行为，不能以拐卖妇女、儿童罪论处。对私自送养导致子女身心健康受到严重损害，或者具有其他恶劣情节，符合遗弃罪特征的，可以遗弃罪论处；情节显著轻微危害不大的，可由公安机关依法予以行政处罚。

18. 将妇女拐卖给有关场所，致使被拐卖的妇女被迫卖淫或者从事其他色情服务的，以拐卖妇女罪论处。

有关场所的经营管理人员事前与拐卖妇女的犯罪人通谋的，对该经营管理人员以拐卖妇女罪的共犯论处；同时构成拐卖妇女罪和组织卖淫罪的，择一重罪论处。

19. 医疗机构、社会福利机构等单位的工作人员以非法获利为目的，将所诊疗、护理、抚养的儿童贩卖给他人的，以拐卖儿童罪论处。

六、共同犯罪

21. 明知他人拐卖妇女、儿童，仍然向其提供被拐卖妇女、儿童的健康证明、出生证明或者其他帮助的，以拐卖妇女、儿童罪的共犯论处。

明知他人收买被拐卖的妇女、儿童，仍然向其提供被收买妇女、儿童的户籍证明、出生证明或者其他帮助的，以收买被拐卖的妇女、儿童罪的共犯论处，但是，收买人未被追究刑事责任的除外。

认定是否"明知"，应当根据证人证言、犯罪嫌疑人、被告人及其同案人供述和辩解，结合提供帮助的人次，以及是否明显违反相关规章制度、工作流程等，予以综合判断。

22. 明知他人系拐卖儿童的"人贩子"，仍然利用从事诊疗、福利救助等工作的便利或者了解被拐卖方情况的条件，居间介绍的，以拐卖儿童罪的共犯论处。

23. 对于拐卖妇女、儿童犯罪的共犯，应当根据各被告人在共同犯罪中的分工、地位、作用、参与拐卖的人数、次数，以及分赃数额等，准确区分主从犯。

对于组织、领导、指挥拐卖妇女、

儿童的某一个或者某几个犯罪环节，或者积极参与实施拐骗、绑架、收买、贩卖、接送、中转妇女、儿童等犯罪行为，起主要作用的，应当认定为主犯。

对于仅提供被拐卖妇女、儿童信息或者相关证明文件，或者进行居间介绍，起辅助或者次要作用，没有获利或者获利较少的，一般可认定为从犯。

对于各被告人在共同犯罪中的地位、作用区别不明显的，可以不区分主从犯。

七、一罪与数罪

24. 拐卖妇女、儿童，又奸淫被拐卖的妇女、儿童，或者诱骗、强迫被拐卖的妇女、儿童卖淫的，以拐卖妇女、儿童罪处罚。

25. 拐卖妇女、儿童，又对被拐卖的妇女、儿童实施故意杀害、伤害、猥亵、侮辱等行为，构成其他犯罪的，依照数罪并罚的规定处罚。

26. 拐卖妇女、儿童或者收买被拐卖的妇女、儿童，又组织、教唆被拐卖、收买的妇女、儿童进行犯罪的，以拐卖妇女、儿童罪或者收买被拐卖的妇女、儿童罪与其所组织、教唆的罪数罪并罚。

27. 拐卖妇女、儿童或者收买被拐卖的妇女、儿童，又组织、教唆被拐卖、收买的未成年妇女、儿童进行盗窃、诈骗、抢夺、敲诈勒索等违反治安管理活动的，以拐卖妇女、儿童罪或者收买被拐卖的妇女、儿童罪与组织未成年人进行违反治安管理活动罪数罪并罚。

八、刑罚适用

28. 对于拐卖妇女、儿童犯罪集团的首要分子，情节严重的主犯，累犯，偷盗婴幼儿、强抢儿童情节严重，将妇女、儿童卖往境外情节严重，拐卖妇女、儿童多人多次、造成伤亡后果，或者具有其他严重情节的，依法从重处罚；情节特别严重的，依法判处死刑。

拐卖妇女、儿童，并对被拐卖的妇女、儿童实施故意杀害、伤害、猥亵、侮辱等行为，数罪并罚决定执行的刑罚应当依法体现从严。

29. 对于拐卖妇女、儿童的犯罪分子，应当注重依法适用财产刑，并切实加大执行力度，以强化刑罚的特殊预防与一般预防效果。

……

31. 多名家庭成员或者亲友共同参与出卖亲生子女，或者"买人为妻"、"买人为子"构成收买被拐卖的妇女、儿童罪的，一般应当在综合考察犯意提起、各行为人在犯罪中所起作用等情节的基础上，依法追究其中罪责较重者的刑事责任。对于其他情节显著轻微危害不大，不认为是犯罪的，依法不追究刑事责任；必要时可以由公安机关予以行政处罚。

32. 具有从犯、自首、立功等法定从宽处罚情节的，依法从轻、减轻或者免除处罚。

对被拐卖的妇女、儿童没有实施摧残、虐待等违法犯罪行为，或者能够协助解救被拐卖的妇女、儿童，或者具有其他酌定从宽处罚情节的，可以依法酌情从轻处罚。

33. 同时具有从严和从宽处罚情节的，要在综合考察拐卖妇女、儿童的手段、拐卖妇女、儿童或者收买被拐卖妇女、儿童的人次、危害后果以及被告人主观恶性、人身危险性等因素的基础上，结合当地此类犯罪发案情况和社会治安状况，决定对被告人总体从严或者从宽处罚。

【司法指导文件 I · 注释】

1. 关于出卖亲生子女行为的认定。对于出卖亲生子女的行为，是否具有非法获利目的是区分罪与非罪的关键。所谓非法获利，是把子女当作商品，把收取的钱财作为出卖子女的对价。实践中，下列情形可以作为认定行为人是否具有非法获利目的的参考案例：

（1）将生育作为非法获利手段，生育后即出卖子女的。

（2）明知对方不具有抚养目的，或者根本不考虑对方是否具有抚养目的，为收取钱财将子女"送"给他人的。明知包括知道和应当知道。实践中，如果是送养的，一般情况下，家庭可能因遭遇重大变故等原因导致经济异常困难，或者存在其他特殊困难，如未婚先育等，在这种背景下，父母首先考虑的是子女以后的生活、教育成长等因素，往往会对收养方是否有抚养目的和抚养能力进行斟酌考量，对方给不给抚养费、给多少抚养费，父母不会特别在意。反之，如果行为人明知对方不具有抚养目的，如知道或应当知道对方是人贩子，还将子女"送"给对方并收取钱财的，可以认定行为人具有非法获利目的，以拐卖犯罪论处。

（3）为收取明显不属于"营养费""感谢费"的巨额钱财将子女"送"给他人的。对这类情形适用时应注意：一方面，要考虑收取钱财的数额是否明显超出了抚养、养育的成本或感谢费的范围。另一方面，不能唯数额论，数额大的，未必都能认定行为人具有非法获利目的。例如，收养人经济状况较好，主动交付了数额较大的感谢费。而收取钱财数额小的，也未必不能认定非法获利目的。例如，父母为了偿还赌债，以极低价格将子女"送"人，或者父母为卖子女积极讨价还价，但最终只收取到少量钱财，也能反映行为人具有非法获利目的。

（4）其他足以反映行为人具有非法获利目的的"送养"行为的。例如，行为人将2名以上亲生子女都以所谓送养的名义出卖，也能在一定程度上反映其具有非法获利的目的。

2. 关于居间介绍行为的认定。对于一些人利用从事诊疗、福利救助等工作的便利或者了解情况的条件，在人贩子和准备遗弃婴幼儿的父母之间居间介绍，促成买卖婴幼儿的，应当以拐卖儿童罪的共犯论处。但如果只是在收养人和准备遗弃婴幼儿的父母之间居间介绍，没有非法获利目的，未收取钱财或仅收取一定感谢费，情节显著轻微的，一般不作为犯罪处理。

【司法指导文件 II】

《最高人民法院、最高人民检察院、公安部、民政部、司法部、全国

妇联关于打击拐卖妇女儿童犯罪有关问题的通知》（公通字〔2000〕26号，20000320）

四、正确适用法律，依法严厉打击拐卖妇女、儿童的犯罪活动。……凡是拐卖妇女、儿童的，不论是哪个环节，只要是以出卖为目的，有拐骗、绑架、收买、贩卖、接送、中转、窝藏妇女、儿童的行为之一的，不论拐卖人数多少，是否获利，均应以拐卖妇女、儿童罪追究刑事责任。对收买被拐卖的妇女、儿童的，以及阻碍解救被拐卖妇女、儿童构成犯罪的，也要依法惩处。出卖亲生子女的，由公安机关依法没收非法所得，并处以罚款；以营利为目的，出卖不满十四周岁子女，情节恶劣的，借收养名义拐卖儿童的，以及出卖捡拾的儿童的，均应以拐卖儿童罪追究刑事责任。出卖十四周岁以上女性亲属或者其他不满十四周岁亲属的，以拐卖妇女、儿童罪追究刑事责任。

办案中，要正确区分罪与非罪、罪与罪的界限，特别是拐卖妇女罪与介绍婚姻收取钱物行为、拐卖儿童罪与收养中介行为、拐卖儿童罪与拐骗儿童罪，以及绑架儿童罪与拐卖儿童罪的界限，防止扩大打击面或者放纵犯罪。

【司法指导文件Ⅲ】

《全国法院维护农村稳定刑事审判工作座谈会纪要》（法〔1999〕217号，19991027）

（六）关于拐卖妇女、儿童犯罪案件

……对于买卖至亲的案件，要区别对待：以贩卖牟利为目的的"收养"子女的，应以拐卖儿童罪处理；对那些迫于生活困难、受重男轻女思想影响而出卖亲生子女或收养子女的，可不作为犯罪处理；对于出卖子女确属情节恶劣的，可按遗弃罪处罚；对于那些确属介绍婚姻，且被介绍的男女双方相互了解对方的基本情况，或者确属介绍收养，并经被收养人父母同意的，尽管介绍的人数较多，从中收取财物较多，也不应作犯罪处理。

【司法指导文件Ⅳ】

《最高人民检察院法律政策研究室关于以出卖为目的的倒卖外国妇女的行为是否构成拐卖妇女罪的答复》（〔1998〕高检研发第21号，19981224）

刑法第二百四十条明确规定："拐卖妇女、儿童是指以出卖为目的，有拐骗、绑架、收买、贩卖、接送、中转妇女、儿童的行为之一的。"其中作为"收买"对象的妇女、儿童并不要求必须是"被拐骗、绑架的妇女、儿童"。因此，以出卖为目的，收买、贩卖外国妇女，从中牟取非法利益的，应以拐卖妇女罪追究刑事责任。但确属为他人介绍婚姻收取介绍费，而非以出卖为目的的，不能追究刑事责任。

【法院参考案例】

〔参考案例第77号：张世林拐卖妇女案〕拐卖两性人能否构成拐卖妇女罪？

对于行为人明知是年满十四周岁的两性人而以出卖为目的实施拐骗、绑架、收买、贩卖、接送、中转行为的，根据罪刑法定原则，不能以拐卖妇女罪定罪处罚。但对于行为人因对犯罪对象的认识错误，误将两性人视为妇女而拐卖的，属于对象不能犯未遂，可以拐卖妇女罪（未遂）追究行为人的刑事责任。

〔**参考案例第 229 号：李邦祥拐卖妇女案**〕应收买的被拐卖的妇女要求将其再转卖他人的如何定罪处罚？

应收买的被拐卖妇女的要求，将其再转卖给他人的行为，应当定拐卖妇女罪，但在具体量刑上应考虑被害人自愿等因素，对被告人从宽处罚。

〔**参考案例第 781 号：武亚军、关情倩拐卖儿童案**〕如何区分将亲生子女送给他人抚养和出卖亲生子女？

对行为人将亲生子女送给他人并收取一定数额的钱财的行为，如何判断行为人主观上是为了非法获利，还是拒绝承担抚养义务，要注意从以下几个方面的证据综合进行审查：

第一，审查是否有证据证实行为人将生育作为非法获利的手段，生育子女后即将子女出卖。对非法获利目的的认定，不能局限于一次行为的评价，要综合被告人的关联行为，准确认定被告人是否属于因经济困难而送养小孩。例如，行为人在三年时间里，先后将所生育的 3 个孩子全"送"给他人"抚养"，共收取 68000 元。如果仅局限于第一次行为，很难准确认定被告人的主观目的。然而，其接下来将刚生育的 3 个子女都先后"送人"换取钱财的事实，足以体现出其借"送养"之名行敛财之实，具有非法获利目的，应当以拐卖儿童罪论处。

第二，审查行为人将子女送人的背景和真实原因，并审查行为时是否考虑对方有无抚养目的、抚养能力。实践中，父母将亲生子女送人的背景、原因很复杂，有的是家庭经济状况异常困难或者突然遭遇重大变故，如亲属身染重病，导致没有能力抚养子女的；或者未婚先育，短期内无法结婚又不具备抚养能力和条件的等。在上述情况下，父母将亲生子女送给他人，首先考虑的是子女以后的成长生活、教育等因素，一般会对收养方是否有抚养目的和抚养能力进行认真斟酌考量。对方给不给抚养费、给多少抚养费，父母不会特别在意。

第三，审查行为人收取钱财的多少以及在收取钱财过程中的态度。一方面，要考虑收取钱财的数额是否明显超出了抚育成本或"感谢费"的范围，但不能唯数额论。数额巨大的，未必都能认定行为人具有非法获利目的，如收养人经济状况较好，主动支付数额较大的"感谢费"的情形；收取钱财数额相对小的，也未必一概不认定具有非法获利目的的，如父母为了偿还赌债或者挥霍享乐，以"较低价格"将子女"送人"，或者父母为出卖子女积极讨价还价，但最终只收取到少量钱财的情形，就足以体现出行为人具有非法获利目的。因此，行为人在收取钱财过程中的表现、态度，是判断其是否具有非法获利目的的一项重要因素。

总之，对于将亲生子女送给他人并收取一定数额钱财的行为，实践中一定要结合各种因素综合判断。如果认定行为人非法获利目的的证据存疑的，应当按照存疑有利于被告人的原则，根据案件具体情况，或者认定为遗弃罪，或者作无罪处理。

〔参考案例第 791 号：刘友祝拐卖妇女案〕为无民事行为能力妇女介绍对象收取费用的行为如何定性？

为精神发育迟滞、无民事行为能力的妇女"介绍对象"获取利益的行为，应当认定为拐卖妇女罪。

〔参考案例第 835 号：王献光、刘永贵拐卖儿童案〕出卖亲生子女的行为如何定性？

以非法获利为目的，出卖亲生子女的，应当以拐卖儿童罪论处。

〔参考案例第 932 号：孙如珍、卢康涛拐卖儿童案〕如何把握出卖亲生子女行为罪与非罪的界限？如何区分居间介绍收养儿童和以非法获利为目的拐卖儿童？

1. 因生活困难、重男轻女等原因，私自送养亲生子女并收取一定数额钱财的，一般不以拐卖儿童罪论处。

2. 司法实践中，对于在私自收养儿童的过程中居间介绍并收取少量介绍费的，一般不以犯罪论处。但如果明知他人系拐卖儿童的"人贩子"，仍然利用从事诊疗、福利救助等工作的便利或者了解被拐卖方情况的条件，从事居间介绍活动的，则应当以拐卖儿童罪的共犯论处。对其中起辅助或者次要作用、没有获利或者获利较少的，可以认定为从犯。如果居间介绍者在介绍过程中直接参与交易并从中获利，其实施的拐卖儿童行为具有相对独立性，即使送养方与收养方都不

构成犯罪，介绍者也可能构成拐卖儿童罪。

〔参考案例第 1000 号：郑明寿拐卖儿童案〕如何理解"偷盗婴幼儿"中的"偷盗"？

"偷盗婴幼儿"是指以暴力、胁迫或者麻醉以外的平和方法控制婴幼儿的行为，即"偷盗"的外延不仅包括秘密窃取，还包括欺骗、利诱等其他手段。

第二百四十一条 【收买被拐卖的妇女、儿童罪】 收买被拐卖的妇女、儿童的，处三年以下有期徒刑、拘役或者管制。

【强奸罪】 收买被拐卖的妇女，强行与其发生性关系的，依照本法第二百三十六条的规定定罪处罚。

收买被拐卖的妇女、儿童，非法剥夺、限制其人身自由或者有伤害、侮辱等犯罪行为的，依照本法的有关规定定罪处罚。

收买被拐卖的妇女、儿童，并有第二款、第三款规定的犯罪行为的，依照数罪并罚的规定处罚。

【拐卖妇女、儿童罪】 收买被拐卖的妇女、儿童又出卖的，依照本法第二百四十条的规定定罪处罚。

收买被拐卖的妇女、儿童，对被买儿童没有虐待行为，不阻碍对其进行解救的，可以从轻处罚；按照被买妇女的意愿，不阻碍其返回原居住地的，可以从轻或者减轻处罚。

【修正前条文】

第二百四十一条 **【收买被拐卖**

的妇女、儿童罪】收买被拐卖的妇女、儿童的，处三年以下有期徒刑、拘役或者管制。

【强奸罪】收买被拐卖的妇女，强行与其发生性关系的，依照本法第二百三十六条的规定定罪处罚。

收买被拐卖的妇女、儿童，非法剥夺、限制其人身自由或者有伤害、侮辱等犯罪行为的，依照本法的有关规定定罪处罚。

收买被拐卖的妇女、儿童，并有第二款、第三款规定的犯罪行为的，依照数罪并罚的规定处罚。

【拐卖妇女、儿童罪】收买被拐卖的妇女、儿童又出卖的，依照本法第二百四十条的规定定罪处罚。

收买被拐卖的妇女、儿童，按照被买妇女的意愿，不阻碍其返回原居住地的，对被买儿童没有虐待行为，不阻碍对其进行解救的，可以不追究刑事责任。

【修正说明】

本条由刑法修正案（九）第十五条修正，删去了"可以不追究刑事责任"的规定，对收买被拐卖妇女、儿童的行为一律定罪处刑。

【立法·要点注释】

"原居住地"，一般是指被买妇女被拐卖前的居住地。这里需要特别注意的是，有的妇女是在外出时遭到拐卖的，即"拐出地"和原居住地不一致。在这种情况下，如果收买人按照被买妇女的意愿，将其送到被"拐出地"的，也应视为被买妇女返回原居住地。还有的妇女要求到自己的亲友

家，这种情况也应视为被买妇女返回了原居住地。除此之外，如果被买妇女自愿留在当地，并经查证属实的，也应视为收买人不阻碍其返回原居住地。有关部门在解救工作中也应注意尊重被买妇女的意愿。

【司法解释】

《最高人民法院关于审理拐卖妇女儿童犯罪案件具体应用法律若干问题的解释》（法释〔2016〕28 号，20170101）

第四条　在国家机关工作人员排查来历不明儿童或者进行解救时，将所收买的儿童藏匿、转移或者实施其他妨碍解救行为，经说服教育仍不配合的，属于刑法第二百四十一条第六款规定的"阻碍对其进行解救"。

第五条　收买被拐卖的妇女，业已形成稳定的婚姻家庭关系，解救时被买妇女自愿继续留在当地共同生活的，可以视为"按照被买妇女的意愿，不阻碍其返回原居住地"。

第六条　收买被拐卖的妇女、儿童后又组织、强迫卖淫或者组织乞讨、进行违反治安管理活动等构成其他犯罪的，依照数罪并罚的规定处罚。

第七条　收买被拐卖的妇女、儿童，又以暴力、威胁方法阻碍国家机关工作人员解救被收买的妇女、儿童，或者聚众阻碍国家机关工作人员解救被收买的妇女、儿童，构成妨害公务罪、聚众阻碍解救被收买的妇女、儿童罪的，依照数罪并罚的规定处罚。

第八条　出于结婚目的收买被拐卖的妇女，或者出于抚养目的收买被拐卖的儿童，涉及多名家庭成员、亲

友参与的，对其中起主要作用的人员应当依法追究刑事责任。

【司法解释·注释】

根据本司法解释第八条的规定，可以不追究刑事责任的对象是在收买犯罪中起次要作用的参与人员。如果行为人在收买被拐卖妇女、儿童的环节虽不起主要作用，但积极参与殴打、拘禁被拐卖的妇女、儿童，甚至实施或者协助实施强奸、摧残等严重损害被拐卖的妇女、儿童身心健康行为的，亦应依法追究刑事责任，构成数罪的，还应依法予以并罚，切实保障妇女、儿童合法权益不受侵犯。

【司法指导文件】

《最高人民法院、最高人民检察院、公安部、司法部关于依法惩治拐卖妇女儿童犯罪的意见》（法发〔2010〕7 号，20100315）

20. 明知是被拐卖的妇女、儿童而收买，具有下列情形之一的，以收买被拐卖的妇女、儿童罪论处；同时构成其他犯罪的，依照数罪并罚的规定处罚：

（1）收买被拐卖的妇女后，违背被收买妇女的意愿，阻碍其返回原居住地的；

（2）阻碍对被收买妇女、儿童进行解救的；

（3）非法剥夺、限制被收买妇女、儿童的人身自由，情节严重，或者对被收买妇女、儿童有强奸、伤害、侮辱、虐待等行为的；

（4）所收买的妇女、儿童被解救后又再次收买，或者收买多名被拐卖

的妇女、儿童的；

（5）组织、诱骗、强迫被收买的妇女、儿童从事乞讨、苦役，或者盗窃、传销、卖淫等违法犯罪活动的；

（6）造成被收买妇女、儿童或者其亲属重伤、死亡以及其他严重后果的；

（7）具有其他严重情节的。

……

30. 犯收买被拐卖的妇女、儿童罪，对被收买妇女、儿童实施违法犯罪活动或者将其作为牟利工具的，处罚时应当依法体现从严。

收买被拐卖的妇女、儿童，对被收买妇女、儿童没有实施摧残、虐待行为或者与其已形成稳定的婚姻家庭关系，但仍应依法追究刑事责任的，一般应当从轻处罚；符合缓刑条件的，可以依法适用缓刑。

收买被拐卖的妇女、儿童，犯罪情节轻微的，可以依法免予刑事处罚。

31. 多名家庭成员或者亲友共同参与出卖亲生子女，或者"买人为妻"、"买人为子"构成收买被拐卖的妇女、儿童罪的，一般应当在综合考察犯意提起、各行为人在犯罪中所起作用等情节的基础上，依法追究其中罪责较重者的刑事责任。对于其他情节显著轻微危害不大，不认为是犯罪的，依法不追究刑事责任；必要时可以由公安机关予以行政处罚。

【法院参考案例】

〔**参考案例第 991 号：龚绍吴收买被拐卖的妇女、儿童，强迫卖淫案**〕收买被拐卖的妇女、儿童后，又强迫

其卖淫的，如何定罪处罚？

强迫被收买的妇女、儿童从事卖淫等违法犯罪活动同时构成犯罪的，按收买被拐卖的妇女、儿童罪和强迫卖淫罪并罚。

第二百四十二条 【妨害公务罪】以暴力、威胁方法阻碍国家机关工作人员解救被收买的妇女、儿童的，依照本法第二百七十七条的规定定罪处罚。

【聚众阻碍解救被收买的妇女、儿童罪】聚众阻碍国家机关工作人员解救被收买的妇女、儿童的首要分子，处五年以下有期徒刑或者拘役；其他参与者使用暴力、威胁方法的，依照前款的规定处罚。

第二百四十三条 【诬告陷害罪】捏造事实诬告陷害他人，意图使他人受刑事追究，情节严重的，处三年以下有期徒刑、拘役或者管制；造成严重后果的，处三年以上十年以下有期徒刑。

国家机关工作人员犯前款罪的，从重处罚。

不是有意诬陷，而是错告，或者检举失实的，不适用前两款的规定。

【立法·要点注释】

诬告陷害的行为必须有明确的对象，如果行为人只是捏造了某种犯罪事实，向有关机关告发，并没有具体的告发对象，这种行为虽然也侵犯了司法机关的正常活动，但并未直接侵犯他人的人身权利，不构成本罪。

第二百四十四条 【强迫劳动罪】以暴力、威胁或者限制人身自由的方法强迫他人劳动的，处三年以下有期徒刑或者拘役，并处罚金；情节严重的，处三年以上十年以下有期徒刑，并处罚金。

明知他人实施前款行为，为其招募、运送人员或者有其他协助强迫他人劳动行为的，依照前款的规定处罚。

单位犯前两款罪的，对单位判处罚金，并对其直接负责的主管人员和其他直接责任人员，依照第一款的规定处罚。

【修正前条文】

第二百四十四条 【强迫职工劳动罪】用人单位违反劳动管理法规，以限制人身自由方法强迫职工劳动，情节严重的，对直接责任人员，处三年以下有期徒刑或者拘役，并处或者单处罚金。

【修正说明】

刑法修正案（八）第三十八条对原条文作出下述修改：一是将犯罪主体由用人单位扩大到包括个人和单位在内的一般主体；二是将犯罪对象由"职工"修改为"他人"；三是完善了犯罪行为的规定，加重了法定刑；四是将为强迫劳动的单位和个人招募、运送人员或者以其他手段协助强迫劳动的行为规定为犯罪。

【司法解释】

《最高人民检察院、公安部关于公安机关管辖的刑事案件立案追诉标准的规定（一）》［公通字〔2008〕36号，20080625，经2017年4月27日发布的《最高人民检察院、公安部关于公安机关管辖的刑事案件立案追诉标准的规定（一）的补充规定》（公通字〔2017〕12号）修正］

第三十一条〔强迫劳动案（刑法第二百四十四条）〕以暴力、威胁或者限制人身自由的方法强迫他人劳动的，应予立案追诉。

明知他人以暴力、威胁或者限制人身自由的方法强迫他人劳动，为其招募、运送人员或者有其他协助强迫他人劳动行为的，应予立案追诉。

【法院参考案例】

〔参考案例第867号：朱斌等强迫劳动案〕强迫劳动罪与非罪如何认定？强迫劳动"情节严重"如何认定？

1. 对于具有以下情形之一的强迫劳动行为，一般应当予以刑罚处罚：（1）强迫三人以上劳动的，或者虽未达到三人，但强迫劳动持续时间长的；（2）强迫未成年人、严重残疾人、精神智力障碍达到限制民事行为能力程度的人或者其他处于特别脆弱状况的人劳动的；（3）采取殴打、多次体罚虐待、严重威胁、非法限制人身自由等正常人通常无法抗拒、难以抗拒的方式强迫劳动的；（4）从强迫他人劳动中获利数额较大的，数额较大的标准似可参考盗窃罪数额较大的标准确定。对于那些偶尔强迫他人劳动、持续时间短、被强迫的人数较少、强迫程度较轻、被强迫者虽然不情愿但尚有选择自由的行为，可以不予刑事追究，而通过民事或者行政手段予以处理。另外，对于在正常用工单位日常管理工作中，因管理方式简单粗暴偶尔发生的以克扣津贴、奖金、扣发、延发工资甚至开除等方式威胁职工加班，从事长时间、高强度劳动的，是否认定构成强迫劳动罪应当严格把握。

2. 对强迫劳动罪"情节严重"的认定标准可以是：（1）被强迫劳动者人数在十人以上的；（2）被强迫劳动者属于未成年人、严重残疾人、精神智力障碍达到限制民事行为能力程度的人或者其他处于特别脆弱状况的人，且人数在三人以上的；（3）以非人道的恶劣手段对他人进行摧残、精神折磨，强迫其劳动的；（4）强迫他人在爆炸性、易燃性、放射性、毒害性等危险环境下从事劳动或从事常人难以忍受的超强度体力劳动的；（5）因强迫劳动造成被害人自残、自杀、精神失常等严重后果，但尚不构成故意杀人罪、故意伤害罪等其他严重犯罪的；（6）强迫劳动持续时间较长的；（7）因强迫劳动被劳动行政部门、公安机关处理、处罚过，又实施强迫劳动构成犯罪的；（8）强迫他人无偿劳动，或所支付的报酬与他人劳动付出明显不成比例，行为人从中获利数额巨大的，数额巨大的标准似可参考盗窃罪数额巨大的标准确定；（9）其他能够反映行为人主观恶性深、动机卑劣以及强迫程度高、对被害人身心伤害大的情节。

3. 行为人强迫劳动本身已构成强迫劳动罪，又在日常工作中，实施暴力导致被害人人身严重伤害、死亡的，则分别构成强迫劳动罪和故意伤害罪、故意杀人罪，应当实行数罪并罚。

第二百四十四条之一 【雇用童工从事危重劳动罪】违反劳动管理法规，雇用未满十六周岁的未成年人从事超强度体力劳动的，或者从事高空、井下作业的，或者在爆炸性、易燃性、放射性、毒害性等危险环境下从事劳动，情节严重的，对直接责任人员，处三年以下有期徒刑或者拘役，并处罚金；情节特别严重的，处三年以上七年以下有期徒刑，并处罚金。

有前款行为，造成事故，又构成其他犯罪的，依照数罪并罚的规定处罚。

【修正说明】

本罪由刑法修正案（四）第四条增设。

【立法·要点注释】

1. 关于违反劳动管理法规，雇用未满十六周岁的未成年人从事劳动。根据劳动管理法规的规定，任何用人单位和个人，招用未满十六周岁的未成年人从事劳动的，属于使用童工的违法行为。但是，文艺、体育单位经未成年人的监护人同意，可以招用未满十六周岁的专业文艺工作者、运动员，学校、其他教育机构以及职业培训机构按照国家规定组织未满十六周岁的未成年人进行不影响其人身安全的身心健康的教育实践活动、职业技能培训劳动的，不属于非法使用童工。一些单位和个人打着从事文艺、体育活动的招牌，非法雇用童工进行低俗、危险表演的，不属于招收文艺、体育工作者的情况，应当按照本条的规定定罪处罚。

2. 所谓雇用，一般是指在行为人和童工之间形成一定的劳动关系。雇用是向童工支付工资使其为自己提供劳动的行为。雇佣关系的形成并不要求双方有明确的时间约定，也不以签订书面合同为条件，只要雇用人和被雇用的童工之间形成事实上的劳动关系即可。但是父母让未成年子女到自己的工厂、作坊等从事劳动的，不宜认定为雇佣关系。

3. 关于雇用未满十六周岁的未成年人从事超强度体力劳动的、高空、井下作业，或者在爆炸性、易燃性、放射性、毒害性等危险环境下从事劳动。"超强度体力劳动"，是指劳动强度超过劳动者正常体能所能承受的体力劳动。在具体认定童工所从事的体力劳动是否属于超强度体力劳动时，可以参考案例劳动保护部门用于测算正常生产劳动作业的分级标准，但不能简单地认定某级以上强度的劳动就属于超强度体力劳动。具体认定需要由司法机关根据案件具体情况，结合童工的年龄、身体发育状况、承受能力、童工所从事的劳动的性质等因素，综合考虑。需要特别说明的是，刑法虽然只是规定了爆炸性、易燃性、放射性、毒害性等危险环境，但是，除上述危险环境外，非法雇用童工在与上述环境具有相当危险性的环境下劳动的，也可以构成本罪。比如，雇用童工在严重的粉尘环境、极端低温或者高温环境下从事劳动。

4. 关于数罪并罚。本条第二款规定了数罪并罚的情况,根据这一规定,对被告人实行数罪并罚的条件有三个:(1) 有非法雇用童工的犯罪行为。数罪并罚的前提条件是行为人的数个行为都构成犯罪,因此行为人必须实施了本法第一款规定的非法雇用童工的行为,情节严重,构成犯罪。(2) 造成了事故。造成事故是指过失造成被雇用的童工人身伤害、死亡等后果。因采用暴力手段强迫被雇用的童工劳动、体罚、虐待被雇用的童工,造成童工伤害或者死亡后果的,应当按照刑法有关规定处理,不属于这里所说的事故。需要说明的是,本条第二款是对非法雇用童工和造成事故这两种情况同时发生如何处理作出的规定,并不要求两者之间具有直接因果关系。事故的直接原因与非法雇用童工行为没有直接联系,但是发生重大责任事故或者重大安全事故,造成童工人身伤亡,符合本条第二款规定的,应当按照数罪进行并罚。(3) 造成事故的行为构成了犯罪。这里的其他犯罪主要是指本法第一百三十四条、第一百三十五条等有关安全生产事故的犯罪。

【司法解释】

《最高人民检察院、公安部关于公安机关管辖的刑事案件立案追诉标准的规定(一)》(公通字〔2008〕36号,20080625)

第三十二条〔雇用童工从事危重劳动案(刑法第二百四十四条之一)〕违反劳动管理法规,雇用未满十六周岁的未成年人从事国家规定的第四级体力劳动强度的劳动,或者从事高空、井下劳动,或者在爆炸性、易燃性、放射性、毒害性等危险环境下从事劳动,涉嫌下列情形之一的,应予立案追诉:

(一)造成未满十六周岁的未成年人伤亡或者对其身体健康造成严重危害的;

(二)雇用未满十六周岁的未成年人三人以上的;

(三)以强迫、欺骗等手段雇用未满十六周岁的未成年人从事危重劳动的;

(四)其他情节严重的情形。

第二百四十五条 【非法搜查罪】【非法侵入住宅罪】非法搜查他人身体、住宅,或者非法侵入他人住宅的,处三年以下有期徒刑或者拘役。

司法工作人员滥用职权,犯前款罪的,从重处罚。

【立法·要点注释】

1. 关于"非法搜查"。"非法搜查"有两层意思:一是指无权进行搜查的机关、团体、单位的工作人员或者个人,非法对他人人身、住宅进行搜查;二是指有搜查权的国家机关工作人员,滥用职权,非法对他人的人身、住宅进行搜查或者搜查的程序和手续不符合法律规定。

2. 关于"非法侵入住宅"。所谓"非法侵入住宅",主要指无权或者无理进入他人住宅而强行闯入或者拒不退出。如果是事先征得住宅主人同意的，或者是司法工作人员为依法执行搜查、逮捕、拘留等任务而进入他人住宅的，都不是非法侵入他人住宅。

【司法解释】

《最高人民检察院关于渎职侵权犯罪案件立案标准的规定》（高检发释字〔2006〕2 号，20060726）

（二）国家机关工作人员利用职权实施的非法搜查案（第二百四十五条）

非法搜查罪是指非法搜查他人身体、住宅的行为。

国家机关工作人员利用职权非法搜查，涉嫌下列情形之一的，应予立案：

1. 非法搜查他人身体、住宅，并实施殴打、侮辱等行为的；

2. 非法搜查，情节严重，导致被搜查人或者其近亲属自杀、自残造成重伤、死亡，或者精神失常的；

3. 非法搜查，造成财物严重损坏的；

4. 非法搜查 3 人（户）次以上的；

5. 司法工作人员对明知是与涉嫌犯罪无关的人身、住宅非法搜查的；

6. 其他非法搜查应予追究刑事责任的情形。

【法院参考案例】

〔参考案例第 526 号：毛君、徐杰非法侵入住宅案〕入户盗窃财物数额未达到盗窃罪定罪标准，严重妨碍他人的居住与生活安宁的，应如何定性？

入户盗窃财物数额未达到盗窃罪定罪标准，具备下列情形之一，严重妨碍他人的居住与生活安宁的，可以按非法侵入住宅罪论处：（1）携带凶器入户或者入户后准备凶器的；（2）对户内财物进行破坏并造成较为严重后果的；（3）对户内人员造成严重精神损害的；（4）数额接近较大标准或两次入户盗窃的；（5）其他严重影响他人正常生活和居住安宁的。

第二百四十六条　【侮辱罪】【诽谤罪】 以暴力或者其他方法公然侮辱他人或者捏造事实诽谤他人，情节严重的，处三年以下有期徒刑、拘役、管制或者剥夺政治权利。

前款罪，告诉的才处理，但是严重危害社会秩序和国家利益的除外。

通过信息网络实施第一款规定的行为，被害人向人民法院告诉，但提供证据确有困难的，人民法院可以要求公安机关提供协助。

【修正前条文】

第二百四十六条　　【侮辱罪】【诽谤罪】 以暴力或者其他方法公然侮辱他人或者捏造事实诽谤他人，情节严重的，处三年以下有期徒刑、拘役、管制或者剥夺政治权利。

前款罪，告诉的才处理，但是严重危害社会秩序和国家利益的除外。

【修正说明】

本条由刑法修正案（九）第十六条修正，增加了第三款的规定。

【立法·要点注释】

1. 关于"侮辱"。"侮辱"，是指

以暴力或者其他方法，公然诋毁他人人格，破坏他人名誉的行为。侮辱的方法可以是暴力，也可以是暴力以外的其他方法。

2. 关于"暴力"。"暴力"，是指以强制方法来损害他人人格和名誉，如强迫他人"戴高帽"游行、当众剥光他人衣服等。这里的暴力，不是为了损害他人的身体健康，如果在实施暴力侮辱的过程中造成他人死亡或者伤害后果的，即构成故意杀人罪或者故意伤害罪。

3. 关于"其他方法"。"其他方法"，是指以语言、文字等暴力以外的方法侮辱他人，如当众嘲笑、辱骂、贴传单或者漫画等来侮辱他人。

4. 关于"公然"。"公然"，是指当众或者利用能够使多人听到或看到的方式，对他人进行侮辱。侮辱他人的行为，必须是公然进行，如果不是公然，不构成本罪。

5. 关于"诽谤"与"捏造事实"。"诽谤"，是指故意捏造事实，并且进行散播，损害他人人格和名誉的行为。"捏造事实"，就是无中生有，凭空制造虚假的事实。诽谤除捏造事实外，还要将该捏造的事实进行散播，散播包括口头方法和书面方法。捏造事实的行为与散播行为必须同时具备才构成本罪。如果只是捏造事实与个别亲友私下议论，没有散播的，或者散播的是客观事实而不是捏造的虚假事实的，都不构成本罪。

6. 关于"严重危害社会秩序和国家利益"。"严重危害社会秩序和国家利益"，是指侮辱、诽谤行为严重扰乱

社会秩序的；侮辱、诽谤外交使节造成恶劣国际影响的；侮辱、诽谤给国家形象造成恶劣影响的，等等。

7. 关于"提供协助"。主要是指由公安机关查明犯罪嫌疑人的身份信息，向互联网企业调取有关犯罪证据，协助人民法院查明有关案情，等等。根据人民警察法的规定，公安机关负有预防、制止和侦查违法犯罪活动的职责，在人民法院要求公安机关提供协助的情况下，公安机关可以行使法律赋予的职权，开展相应调查工作。

【司法解释 I】

《最高人民法院关于〈中华人民共和国刑法修正案（九）〉时间效力问题的解释》（法释〔2015〕19号，20151101）

第四条　对于2015年10月31日以前通过信息网络实施的刑法第二百四十六条第一款规定的侮辱、诽谤行为，被害人向人民法院告诉，但提供证据确有困难的，适用修正后刑法第二百四十六条第三款的规定。

【司法解释 II】

《最高人民法院、最高人民检察院关于办理利用信息网络实施诽谤等刑事案件适用法律若干问题的解释》（法释〔2013〕21号，20130910）

第一条　具有下列情形之一的，应当认定为刑法第二百四十六条第一款规定的"捏造事实诽谤他人"：

（一）捏造损害他人名誉的事实，在信息网络上散布，或者组织、指使人员在信息网络上散布的；

（二）将信息网络上涉及他人的

原始信息内容篡改为损害他人名誉的事实，在信息网络上散布，或者组织、指使人员在信息网络上散布的；

明知是捏造的损害他人名誉的事实，在信息网络上散布，情节恶劣的，以"捏造事实诽谤他人"论。

第二条 利用信息网络诽谤他人，具有下列情形之一的，应当认定为刑法第二百四十六条第一款规定的"情节严重"：

（一）同一诽谤信息实际被点击、浏览次数达到五千次以上，或者被转发次数达到五百次以上的；

（二）造成被害人或者其近亲属精神失常、自残、自杀等严重后果的；

（三）二年内曾因诽谤受过行政处罚，又诽谤他人的；

（四）其他情节严重的情形。

第三条 利用信息网络诽谤他人，具有下列情形之一的，应当认定为刑法第二百四十六条第二款规定的"严重危害社会秩序和国家利益"：

（一）引发群体性事件的；

（二）引发公共秩序混乱的；

（三）引发民族、宗教冲突的；

（四）诽谤多人，造成恶劣社会影响的；

（五）损害国家形象，严重危害国家利益的；

（六）造成恶劣国际影响的；

（七）其他严重危害社会秩序和国家利益的情形。

第四条 一年内多次实施利用信息网络诽谤他人行为未经处理，诽谤信息实际被点击、浏览、转发次数累计计算构成犯罪的，应当依法定罪

处罚。

……

第八条 明知他人利用信息网络实施诽谤、寻衅滋事、敲诈勒索、非法经营等犯罪，为其提供资金、场所、技术支持等帮助的，以共同犯罪论处。

第九条 利用信息网络实施诽谤、寻衅滋事、敲诈勒索、非法经营犯罪，同时又构成刑法第二百二十一条规定的损害商业信誉、商品声誉罪，第二百七十八条规定的煽动暴力抗拒法律实施罪，第二百九十一条之一规定的编造、故意传播虚假恐怖信息罪等犯罪的，依照处罚较重的规定定罪处罚。

第十条 本解释所称信息网络，包括以计算机、电视机、固定电话机、移动电话机等电子设备为终端的计算机互联网、广播电视网、固定通信网、移动通信网等信息网络，以及向公众开放的局域网络。

【司法解释Ⅲ】

《最高人民法院关于审理非法出版物刑事案件具体应用法律若干问题的解释》（法释〔1998〕30 号，19981223）

第六条 在出版物中公然侮辱他人或者捏造事实诽谤他人，情节严重的，依照刑法第二百四十六条的规定，分别以侮辱罪或者诽谤罪定罪处罚。

【公安文件】

《公安部关于严格依法办理侮辱诽谤案件的通知》（20090403）

二、准确把握侮辱、诽谤公诉案件的管辖范围及基本要件。根据刑法第二百四十六条的规定，侮辱、诽谤案件一般属于自诉案件，应当由公民

个人自行向人民法院提起诉讼，只有在侮辱、诽谤行为"严重危害社会秩序和国家利益"时，公安机关才能按照公诉程序立案侦查。公安机关在依照公诉程序办理侮辱、诽谤刑事案件时，必须准确把握犯罪构成要件。对于不具备"严重危害社会秩序和国家利益"这一基本要件的，公安机关不得作为公诉案件管辖。对于具有下列情形之一的侮辱、诽谤行为，应当认定为"严重危害社会秩序和国家利益"，以侮辱罪、诽谤罪立案侦查，作为公诉案件办理：（一）因侮辱、诽谤行为导致群体性事件，严重影响社会秩序的；（二）因侮辱、诽谤外交使节、来访的外国国家元首、政府首脑等人员，造成恶劣国际影响的；（三）因侮辱、诽谤行为给国家利益造成严重危害的其他情形。公安机关在接到公民对侮辱、诽谤行为的报案、控告或者举报后，首先要认真审查，判明是否属于公安机关管辖。对于符合上述情形，但通过公诉可能对国家利益和国家形象造成更大损害的，可以通过其他方式予以处理。对于经过审查认为不属于上述情形但涉嫌犯罪的侮辱、诽谤案件，公安机关应当问明情况，制作笔录，并将案件材料移交有管辖权的人民法院，同时向当事人说明此类案件依照法律规定属于自诉案件，不属公安机关管辖，告知其到人民法院自行提起诉讼。公安机关在立案前的审查过程中，不得对有关人员和财产采取强制性措施。对于不构成犯罪但违反《治安管理处罚法》的，要通过治安调解，最大限度地化解矛盾和纠纷；对于调解不成的，应依法给予治安管理处罚。

【法院参考案例】

〔**参考案例第 179 号：周彩萍等非法拘禁案**〕将被捉奸的妇女赤裸捆绑示众的行为如何定罪处罚？

将被捉奸的妇女赤裸捆绑示众的行为应按侮辱罪定罪处罚。

〔**参考案例第 966 号：秦志晖诽谤、寻衅滋事案**〕利用信息网络实施诽谤、寻衅滋事犯罪的司法认定？

行为人利用信息网络诽谤他人，并散布谣言，造成公共秩序混乱的，分别构成诽谤罪、寻衅滋事罪，数罪并罚。

〔**参考案例第 1046 号：蔡晓青侮辱案**〕如何认定侮辱罪中"严重危害社会秩序和国家利益"可以提起公诉的情形？

"严重危害社会秩序和国家利益"中的社会秩序和国家利益，不是特指危害结果或者特定对象，而应当将其视为一个综合性的标准，应当扩展到从侮辱的手段、方法、内容和主观目的等角度来进行全面考量。结合全案案情、危害后果和情节等，进行整体分析，综合判断是否达到了"严重危害社会秩序和国家利益"的程度。"严重危害社会秩序和国家利益"，两者不必要同时具备，只要具备其一即可。

第二百四十七条 【刑讯逼供罪】【暴力取证罪】司法工作人员对犯罪嫌疑人、被告人实行刑讯逼供或者使用暴力逼取证人证言的，处三年以下有期徒刑或者拘役。致人伤残、死亡的，依照本法第二百三十四条、第二百三十二条的规定定罪从重处罚。

【司法解释】

《最高人民检察院关于渎职侵权犯罪案件立案标准的规定》（高检发释字〔2006〕2 号，20060726）

（三）刑讯逼供案（第二百四十七条）

刑讯逼供罪是指司法工作人员对犯罪嫌疑人、被告人使用肉刑或者变相肉刑逼取口供的行为。

涉嫌下列情形之一的，应予立案：

1. 以殴打、捆绑、违法使用械具等恶劣手段逼取口供的；

2. 以较长时间冻、饿、晒、烤等手段逼取口供，严重损害犯罪嫌疑人、被告人身体健康的；

3. 刑讯逼供造成犯罪嫌疑人、被告人轻伤、重伤、死亡的；

4. 刑讯逼供，情节严重，导致犯罪嫌疑人、被告人自杀、自残造成重伤、死亡，或者精神失常的；

5. 刑讯逼供，造成错案的；

6. 刑讯逼供 3 人次以上的；

7. 纵容、授意、指使、强迫他人刑讯逼供，具有上述情形之一的；

8. 其他刑讯逼供应予追究刑事责任的情形。

（四）暴力取证案（第二百四十七条）

暴力取证罪是指司法工作人员以暴力逼取证人证言的行为。

涉嫌下列情形之一的，应予立案：

1. 以殴打、捆绑、违法使用械具等恶劣手段逼取证人证言的；

2. 暴力取证造成证人轻伤、重伤、死亡的；

3. 暴力取证，情节严重，导致证人自杀、自残造成重伤、死亡，或者精神失常的；

4. 暴力取证，造成错案的；

5. 暴力取证 3 人次以上的；

6. 纵容、授意、指使、强迫他人暴力取证，具有上述情形之一的；

7. 其他暴力取证应予追究刑事责任的情形。

【法院参考案例】

〔参考案例第 158 号：周建忠暴力取证案〕暴力迫使证人在询问笔录上签名按手印并致人轻伤的行为如何定性？

暴力迫使证人在询问笔录上签名按手印是暴力取证的一种表现形式。暴力取证致人轻伤的，仍应以暴力取证罪定罪处罚，不应按故意伤害罪论处。

第二百四十八条 【虐待被监管人罪】监狱、拘留所、看守所等监管机构的监管人员对被监管人进行殴打或者体罚虐待，情节严重的，处三年以下有期徒刑或者拘役；情节特别严重的，处三年以上十年以下有期徒刑。致人伤残、死亡的，依照本法第二百三十四条、第二百三十二条的规定定罪从重处罚。

监管人员指使被监管人殴打或者体罚虐待其他被监管人的，依照前款的规定处罚。

【立法·要点注释】

"体罚虐待",是指监管人员违反监管法规规定,对被监管人实施任意殴打、捆绑、冻饿、强迫从事过度劳动、侮辱人格、滥施械具等行为。依照有关监管法规的规定,对被监管人采取某些严格的监管措施,如必要的禁闭、使用手铐或其他械具、强制劳动等,不能认定为体罚虐待。

【司法解释Ⅰ】

《最高人民检察院关于渎职侵权犯罪案件立案标准的规定》(高检发释字〔2006〕2 号,20060726)

(五)虐待被监管人案(第二百四十八条)

虐待被监管人罪是指监狱、拘留所、看守所……等监管机构的监管人员对被监管人进行殴打或者体罚虐待,情节严重的行为。

涉嫌下列情形之一的,应予立案:

1. 以殴打、捆绑、违法使用械具等恶劣手段虐待被监管人的;

2. 以较长时间冻、饿、晒、烤等手段虐待被监管人,严重损害其身体健康的;

3. 虐待造成被监管人轻伤、重伤、死亡的;

4. 虐待被监管人,情节严重,导致被监管人自杀、自残造成重伤、死亡,或者精神失常的;

5. 殴打或者体罚虐待 3 人次以上的;

6. 指使被监管人殴打、体罚虐待其他被监管人,具有上述情形之一的;

7. 其他情节严重的情形。

【司法解释Ⅱ】

《最高人民检察院关于强制隔离戒毒所工作人员能否成为虐待被监管人罪主体问题的批复》(高检发释字〔2015〕2 号,20150215)

根据有关法律规定,强制隔离戒毒所是对符合特定条件的吸毒成瘾人员限制人身自由,进行强制隔离戒毒的监管机构,其履行监管职责的工作人员属于刑法第二百四十八条规定的监管人员。

对于强制隔离戒毒所监管人员殴打或者体罚虐待戒毒人员,或者指使戒毒人员殴打、体罚虐待其他戒毒人员,情节严重的,应当适用刑法第二百四十八条的规定,以虐待被监管人罪追究刑事责任;造成戒毒人员伤残、死亡后果的,应当依照刑法第二百三十四条、第二百三十二条的规定,以故意伤害罪、故意杀人罪从重处罚。

第二百四十九条 【煽动民族仇恨、民族歧视罪】 煽动民族仇恨、民族歧视,情节严重的,处三年以下有期徒刑、拘役、管制或者剥夺政治权利;情节特别严重的,处三年以上十年以下有期徒刑。

【立法·要点注释】

本条所称"煽动",是指以激起民族之间的仇恨、歧视为目的,公然以语言、文字等方式诱惑、鼓动群众的行为。"民族仇恨",是指基于民族的来源、历史、风俗习惯等的不同,民族间相互仇视、敌对的状况。"民族歧视",是指基于民族的来源、历史、风俗习惯等的不同,民族间相互排斥、限制、损害民族平等地位的状况。"情节严重",是指煽动手段恶劣,如使用侮辱、造谣手段等;多次进行煽动的;造成严重后果或者影响恶劣的。"情节特别严重",是指煽动手段特别恶劣;长期进行煽动的;引起民族纠纷、冲突或者民族地区骚乱,后果特别严重的或者影响特别恶劣的。

第二百五十条 【出版歧视、侮辱少数民族作品罪】在出版物中刊载歧视、侮辱少数民族的内容,情节恶劣,造成严重后果的,对直接责任人员,处三年以下有期徒刑、拘役或者管制。

【立法·要点注释】

1. "歧视、侮辱少数民族的内容",是指针对少数民族的来源、历史、风俗习惯等,对少数民族进行贬低、污蔑、嘲讽、辱骂以及其他歧视、侮辱的行为。"情节恶劣",主要指刊载的内容歪曲历史或者是制造谣言的,内容污秽恶毒以及多次刊载等。"造成严重后果",是指造成恶劣的政治影响,引起民族骚乱、纠纷等。

2. 构成本罪的行为,一般是出于民族偏见、取笑、猎奇等目的,如果是以激起民族仇恨、民族歧视为目的而进行煽动的,应当依照本法第二百四十九条关于煽动民族仇恨、民族歧视罪的规定定罪处罚。

【司法解释】

《最高人民法院关于审理非法出版物刑事案件具体应用法律若干问题的解释》(法释〔1998〕30 号,19981223)

第七条 出版刊载歧视、侮辱少数民族内容的作品,情节恶劣,造成严重后果的,依照刑法第二百五十条的规定,以出版歧视、侮辱少数民族作品罪定罪处罚。

第二百五十一条 【非法剥夺公民宗教信仰自由罪】【侵犯少数民族风俗习惯罪】国家机关工作人员非法剥夺公民的宗教信仰自由和侵犯少数民族风俗习惯,情节严重的,处二年以下有期徒刑或者拘役。

【立法·要点注释】

"非法剥夺"公民宗教信仰自由,是指采用强制等方法剥夺他人的宗教信仰自由。例如,非法干涉他人的合法宗教活动,强迫教徒退教或者改变信仰,强迫公民信教或者信某一教派,以及非法封闭或者捣毁合法宗教场所、设施等。

第二百五十二条 【侵犯通信自由罪】隐匿、毁弃或者非法开拆他人信件,侵犯公民通信自由权利,情节严重的,处一年以下有期徒刑或者拘役。

【立法·要点注释】

"隐匿"他人信件,是指将他人投寄的信件秘密隐藏起来,使收件人无法查收的行为。"毁弃"他人信件,是指将他人投寄的信件予以撕毁、烧毁、扔弃等,致使他人无法查收的行为。"非法开拆",是指违反国家有关规定,未经投寄人或者收件人的同意,私自开拆他人信件的行为。非法截获、篡改、删除他人电子邮件或者其他数据资料，侵犯公民通信自由和通信秘密构成犯罪的，也适用本条。"情节严重"，是指多次、经常隐匿、毁弃、非法开拆他人信件，或者隐匿、毁弃、非法开拆他人信件数量较多或者造成严重后果等。

第二百五十三条　【私自开拆、隐匿、毁弃邮件、电报罪】邮政工作人员私自开拆或者隐匿、毁弃邮件、电报的，处二年以下有期徒刑或者拘役。

【盗窃罪】犯前款罪而窃取财物的，依照本法第二百六十四条的规定罪从重处罚。

【立法·要点注释】

"邮政工作人员"，是指邮政部门的营业员、分拣员、投递员、押运员以及其他从事邮政工作的人员。私自开拆、隐匿、毁弃邮件、电报的行为必须是邮政工作人员利用职务之便实施的。

第二百五十三条之一　【侵犯公民个人信息罪】违反国家有关规定，向他人出售或者提供公民个人信息，情节严重的，处三年以下有期徒刑或者拘役，并处或者单处罚金；情节特别严重的，处三年以上七年以下有期徒刑，并处罚金。

违反国家有关规定，将在履行职责或者提供服务过程中获得的公民个人信息，出售或者提供给他人的，依照前款的规定从重处罚。

窃取或者以其他方法非法获取公民个人信息的，依照第一款的规定处罚。

单位犯前三款罪的，对单位判处罚金，并对其直接负责的主管人员和其他直接责任人员，依照各该款的规定处罚。

【修正前条文】

第二百五十三条之一　【出售、非法提供公民个人信息罪】【非法获取公民个人信息罪】国家机关或者金融、电信、交通、教育、医疗等单位的工作人员，违反国家规定，将本单位在履行职责或者提供服务过程中获得的公民个人信息，出售或者非法提供给他人，情节严重的，处三年以下有期徒刑或者拘役，并处或者单处罚金。

窃取或者以其他方法非法获取上述信息，情节严重的，依照前款的规定处罚。

单位犯前两款罪的，对单位判处罚金，并对其直接负责的主管人员和其他直接责任人员，依照各该款的规定处罚。

【修正说明】

本条由刑法修正案（七）第七条增设，又经刑法修正案（九）第十七条作出下述修改：一是增加一款作为第一款，规定一般主体违规向他人出售、非法提供公民个人信息的犯罪；二是将原第一款改作第二款，扩大犯罪主体的范围；三是将"违反国家规定"修改为"违反国家有关规定"，同时规定了从重处罚的原则。

【立法·要点注释】

1. "公民个人信息"，是指以电子或者其他方式记录的能够单独或者与其他信息结合识别自然人个人身份的各种信息，包括但不限于自然人的姓名、出生日期、身份证件号码、个人生物识别信息、住址、电话号码等。

2. "违反国家有关规定"，是指违反了有关法律、行政法规、规章等国家层面涉及公民个人信息管理方面的规定，如反洗钱法、商业银行法、居民身份证法、护照法、消费者权益保护法、旅游法、社会保险法、统计法等法律也都有关于公民个人信息保护的规定。

3. "出售"，是指将自己掌握的公民信息卖给他人，自己从中牟利的行为。"非法提供"，是指不应将自己掌握的公民信息提供给他人而予以提供的行为。例如，现实生活中公民安装网络宽带，需将个人的身份证号提供给电信部门，但电信部门要求在复印件上注明"仅供安装宽带使用"，如果电信部门工作人员将公民的身份证号提供给他人的，应当属于非法提供。"情节严重"，是指出售他人信息获利数额较大、出售多人的信息、多次出售他人信息及公民个人信息被他人使用后，给公民造成了经济上的重大损失或者严重影响到公民个人的正常生活等情况。具体情节的认定，应当由司法机关依法根据案件具体情况认定。

4. 如果行为人为非法获取公民个人信息而采用了侵犯公民通信自由权利、通信秘密，非法使用窃听、窃照专用器材的手段或者是在实施上述犯罪的过程中同时窃取、获取了公民个人信息的，则可能同时构成本条规定的犯罪和其他罪名，应当根据案件的具体情况从一重罪处罚或者是数罪并罚。

【司法解释】

《最高人民法院、最高人民检察院关于办理侵犯公民个人信息刑事案件适用法律若干问题的解释》（法释〔2017〕10 号，20170601）

第一条　刑法第二百五十三条之一规定的"公民个人信息"，是指以电子或者其他方式记录的能够单独或者与其他信息结合识别特定自然人身份或者反映特定自然人活动情况的各种信息，包括姓名、身份证件号码、通信通讯联系方式、住址、账号密码、财产状况、行踪轨迹等。

第二条　违反法律、行政法规、部门规章有关公民个人信息保护的规定的，应当认定为刑法第二百五十三条之一规定的"违反国家有关规定"。

第三条　向特定人提供公民个人信息，以及通过信息网络或者其他途径发布公民个人信息的，应当认定为刑法第二百五十三条之一规定的"提供公民个人信息"。

未经被收集者同意，将合法收集的公民个人信息向他人提供的，属于刑法第二百五十三条之一规定的"提供公民个人信息"，但是经过处理无法识别特定个人且不能复原的除外。

第四条 违反国家有关规定，通过购买、收受、交换等方式获取公民个人信息，或者在履行职责、提供服务过程中收集公民个人信息的，属于刑法第二百五十三条之一第三款规定的"以其他方法非法获取公民个人信息"。

第五条 非法获取、出售或者提供公民个人信息，具有下列情形之一的，应当认定为刑法第二百五十三条之一规定的"情节严重"：

（一）出售或者提供行踪轨迹信息，被他人用于犯罪的；

（二）知道或者应当知道他人利用公民个人信息实施犯罪，向其出售或者提供的；

（三）非法获取、出售或者提供行踪轨迹信息、通信内容、征信信息、财产信息五十条以上的；

（四）非法获取、出售或者提供住宿信息、通信记录、健康生理信息、交易信息等其他可能影响人身、财产安全的公民个人信息五百条以上的；

（五）非法获取、出售或者提供第三项、第四项规定以外的公民个人信息五千条以上的；

（六）数量未达到第三项至第五项规定标准，但是按相应比例合计达到有关数量标准的；

（七）违法所得五千元以上的；

（八）将在履行职责或者提供服务过程中获得的公民个人信息出售或者提供给他人，数量或者数额达到第三项至第七项规定标准一半以上的；

（九）曾因侵犯公民个人信息受过刑事处罚或者二年内受过行政处罚，又非法获取、出售或者提供公民个人信息的；

（十）其他情节严重的情形。

实施前款规定的行为，具有下列情形之一的，应当认定为刑法第二百五十三条之一第一款规定的"情节特别严重"：

（一）造成被害人死亡、重伤、精神失常或者被绑架等严重后果的；

（二）造成重大经济损失或者恶劣社会影响的；

（三）数量或者数额达到前款第三项至第八项规定标准十倍以上的；

（四）其他情节特别严重的情形。

第六条 为合法经营活动而非法购买、收受本解释第五条第一款第三项、第四项规定以外的公民个人信息，具有下列情形之一的，应当认定为刑法第二百五十三条之一规定的"情节严重"：

（一）利用非法购买、收受的公民个人信息获利五万元以上的；

（二）曾因侵犯公民个人信息受过刑事处罚或者二年内受过行政处罚，又非法购买、收受公民个人信息的；

（三）其他情节严重的情形。

实施前款规定的行为，将购买、收受的公民个人信息非法出售或者提供的，定罪量刑标准适用本解释第五条的规定。

第七条 单位犯刑法第二百五十三条之一规定之罪的，依照本解释规定的相应自然人犯罪的定罪量刑标准，对直接负责的主管人员和其他直接责任人员定罪处罚，并对单位判处罚金。

第八条 设立用于实施非法获取、

出售或者提供公民个人信息违法犯罪活动的网站、通讯群组，情节严重的，应当依照刑法第二百八十七条之一的规定，以非法利用信息网络罪定罪处罚；同时构成侵犯公民个人信息罪的，依照侵犯公民个人信息罪定罪处罚。

第九条　网络服务提供者拒不履行法律、行政法规规定的信息网络安全管理义务，经监管部门责令采取改正措施而拒不改正，致使用户的公民个人信息泄露，造成严重后果的，应当依照刑法第二百八十六条之一的规定，以拒不履行信息网络安全管理义务罪定罪处罚。

第十条　实施侵犯公民个人信息犯罪，不属于"情节特别严重"，行为人系初犯，全部退赃，并确有悔罪表现的，可以认定为情节轻微，不起诉或者免予刑事处罚；确有必要判处刑罚的，应当从宽处罚。

第十一条　非法获取公民个人信息后又出售或者提供的，公民个人信息的条数不重复计算。

向不同单位或者个人分别出售、提供同一公民个人信息的，公民个人信息的条数累计计算。

对批量公民个人信息的条数，根据查获的数量直接认定，但是有证据证明信息不真实或者重复的除外。

第十二条　对于侵犯公民个人信息犯罪，应当综合考虑犯罪的危害程度、犯罪的违法所得数额以及被告人的前科情况、认罪悔罪态度等，依法判处罚金。罚金数额一般在违法所得的一倍以上五倍以下。

第十三条　本解释自 2017 年 6 月 1 日起施行。

【司法解释·注释】

1. 关于"公民个人信息"的外延，有以下几个具体问题值得注意：（1）"公民个人信息"，既包括中国公民的个人信息，也包括外国公民和其他无国籍人的个人信息。（2）公民个人信息须与特定自然人关联。对于与特定自然人关联，可以是识别特定自然人身份，也可以是反映特定自然人活动情况。需要注意的是，无论是识别特定自然人身份，还是反映特定自然人活动情况，都应当是能够单独或者与其他信息结合所具有的功能。例如，身份证号与公民个人身份一一对应，可以单独识别公民个人身份；而工作单位、家庭住址等无法单独识别公民个人身份，需要同其他信息结合才能识别公民个人身份。但是，上述两类信息无疑都属于公民个人信息的范畴。（3）与特定自然人关联的账号密码属于"公民个人信息"。当前账号密码往往绑定身份证号、手机号码等特定信息，即使未绑定，非法获取账号密码后往往也会引发侵犯财产甚至人身的违法犯罪。因此，本解释第一条明确将"账号密码"列为"公民个人信息"的范围。

2. "国家有关规定"明确限于法律、行政法规、部门规章等国家层面的规定，不包括地方性法规等非国家层面的规定。

3. 关于为合法经营活动购买、收受公民个人信息行为的定罪量刑标准。适用该标准须满足三个条件：一是为了合法经营活动，对此可以综合全案证据认定，但主要应当由被告方提供相关证据；二是限于普通公民个人信息，即不包括可能影响人身、财产安全的敏感信息；三是信息没有再流出扩散，即行为方式限于购买、收受。为了合法经营活动交换公民个人信息的，由于在获取信息的同时造成了信息扩散，不符合前述三个要件，定罪量刑标准亦应适用本司法解释第五条的规定。

【司法指导文件Ⅰ】

《最高人民法院、最高人民检察院、公安部关于依法惩处侵害公民个人信息犯罪活动的通知》（公通字〔2013〕12 号，20130423）

二、正确适用法律，实现法律效果与社会效果的有机统一。……公民个人信息包括公民的姓名、年龄、有效证件号码、婚姻状况、工作单位、学历、履历、家庭住址、电话号码等能够识别公民个人身份或者涉及公民个人隐私的信息、数据资料。……对使用非法获取的个人信息，实施其他犯罪行为，构成数罪的，应当依法予以并罚。单位实施侵害公民个人信息罪的，应当追究直接负责的主管人员和其他直接责任人员的刑事责任。要依法加大对财产刑的适用力度，剥夺犯罪分子非法获利和再次犯罪的资本。

【司法指导文件Ⅱ】

《最高人民法院、最高人民检察院、公安部关于办理电信网络诈骗等刑事案件适用法律若干问题的意见》（法发〔2016〕32 号，20161220）

三、全面惩处关联犯罪

（二）违反国家有关规定，向他人出售或者提供公民个人信息，窃取或者以其他方法非法获取公民个人信息，符合刑法第二百五十三条之一规定的，以侵犯公民个人信息罪追究刑事责任。

使用非法获取的公民个人信息，实施电信网络诈骗犯罪行为，构成数罪的，应当依法予以并罚。

【司法指导文件Ⅲ】

《检察机关办理侵犯公民个人信息案件指引》（高检发侦监字〔2018〕13 号，20181109）

根据《中华人民共和国刑法》第二百五十三条之一的规定，侵犯公民个人信息罪是指违反国家有关规定，向他人出售、提供公民个人信息，或者通过窃取等方法非法获取公民个人信息，情节严重的行为。结合《最高人民法院、最高人民检察院关于办理侵犯公民个人信息刑事案件适用法律若干问题的解释》（法释〔2017〕10 号）（以下简称《解释》），办理侵犯公民个人信息案件，应当特别注意以下问题：一是对"公民个人信息"的审查认定；二是对"违反国家有关规定"的审查认定；三是对"非法获取"的审查认定；四是对"情节严重"和"情节特别严重"的审查认定；五是对关联犯罪的审查认定。

一、审查证据的基本要求

（一）审查逮捕

1. 有证据证明发生了侵犯公民个人信息犯罪事实

（1）证明侵犯公民个人信息案件发生

主要证据包括：报案登记、受案登记、立案决定书、破案经过、证人证言、被害人陈述、犯罪嫌疑人供述和辩解以及证人、被害人提供的短信、微信或 QQ 截图等电子数据。

（2）证明被侵犯对象系公民个人信息

主要证据包括：扣押物品清单、勘验检查笔录、电子数据、司法鉴定意见及公民信息查询结果说明、被害人陈述、被害人提供的原始信息资料和对比资料等。

2. 有证据证明侵犯公民个人信息行为是犯罪嫌疑人实施的

（1）证明违反国家有关规定的证据：犯罪嫌疑人关于所从事的职业的供述、其所在公司的工商注册资料、公司出具的犯罪嫌疑人职责范围说明、劳动合同、保密协议及公司领导、同事关于犯罪嫌疑人职责范围的证言等。

（2）证明出售、提供行为的证据：远程勘验笔录及 QQ、微信等即时通讯工具聊天记录、论坛、贴吧、电子邮件、手机短信记录等电子数据，证明犯罪嫌疑人通过上述途径向他人出售、提供、交换公民个人信息的情况。公民个人信息贩卖者、提供者、担保交易人及购买者、收受者的证言或供述，相关银行账户明细、第三方支付平台账户明细，证明出售公民个人信息违法所得情况。此外，如果犯罪嫌疑人系通过信息网络发布方式提供公民个人信息，证明该行为的证据还包括远程勘验笔录、扣押笔录、扣押物品清单、对手机、电脑存储介质、云盘、FTP 等的司法鉴定意见等。

（3）证明犯罪嫌疑人或公民个人信息购买者、收受者控制涉案信息的证据：搜查笔录、扣押笔录、扣押物品清单，对手机、电脑存储介质等的司法鉴定意见等，证实储存有公民个人信息的电脑、手机、U 盘或者移动硬盘、云盘、FTP 等介质与犯罪嫌疑人或公民个人信息购买者、收受者的关系。犯罪嫌疑人供述、辨认笔录及证人证言等，证实犯罪嫌疑人或公民个人信息购买者、收受者所有或实际控制、使用涉案存储介质。

（4）证明涉案公民个人信息真实性的证据：被害人陈述、被害人提供的原始信息资料、公安机关或相关单位出具的涉案公民个人信息与权威数据库内信息同一性的比对说明。针对批量的涉案公民个人信息的真实性问题，根据《解释》精神，可以根据查获的数量直接认定，但有证据证明信息不真实或重复的除外。

（5）证明违反国家规定，通过窃取、购买、收受、交换等方式非法获取公民个人信息的证据：主要证据与上述以出售、提供方式侵犯公民个人信息行为的证据基本相同。针对窃取的方式如通过技术手段非法获取公民个人信息的行为，需证明犯罪嫌疑人实施上述行为，除被害人陈述、犯罪嫌疑人供述和辩解外，还包括侦查机关从被害公司数据库中发现入侵电脑 IP 地址情况、从犯罪嫌疑人电脑中提取的侵入被害公司数据的痕迹等现场勘验检查笔录，以及涉案程序（木马）的司法鉴定意见等。

3. 有证据证明犯罪嫌疑人具有侵犯公民个人信息的主观故意

（1）证明犯罪嫌疑人明知没有获取、提供公民个人信息的法律依据或资格，主要证据包括：犯罪嫌疑人的身份证明、犯罪嫌疑人关于所从事职业的供述、其所在公司的工商资料和营业范围、公司关于犯罪嫌疑人的职责范围说明、公司主要负责人的证人证言等。

（2）证明犯罪嫌疑人积极实施窃取、出售、提供、购买、交换、收受公民个人信息的行为，主要证据除了证人证言、犯罪嫌疑人供述和辩解外，还包括远程勘验笔录、手机短信记录、即时通讯工具聊天记录、电子数据司法鉴定意见、银行账户明细、第三方支付平台账户明细等。

4. 有证据证明"情节严重"或"情节特别严重"

（1）公民个人信息购买者或收受者的证言或供述。

（2）公民个人信息购买、收受公司工作人员利用公民个人信息进行电话或短信推销、商务调查等经营性活动后出具的证言或供述。

（3）公民个人信息购买者或者收受者利用所获信息从事违法犯罪活动后出具的证言或供述。

（4）远程勘验笔录、电子数据司法鉴定意见书、最高人民检察院或公安部指定的机构对电子数据涉及的专门性问题出具的报告、公民个人信息资料等。证明犯罪嫌疑人通过即时通讯工具、电子邮箱、论坛、贴吧、手机等向他人出售、提供、购买、交换、收受公民个人信息的情况。

（5）银行账户明细、第三方支付平台账户明细。

（6）死亡证明、伤情鉴定意见、医院诊断记录、经济损失鉴定意见、相关案件起诉书、判决书等。

（二）审查起诉

除审查逮捕阶段证据审查基本要求之外，对侵犯公民个人信息案件的审查起诉工作还应坚持"犯罪事实清楚，证据确实、充分"的标准，保证定罪量刑的事实都有证据证明；据以定案的证据均经法定程序查证属实；综合全案证据，对所认定的事实已排除合理怀疑。

1. 有确实充分的证据证明发生了侵犯公民个人信息犯罪事实。该证据与审查逮捕的证据类型相同。

2. 有确实充分的证据证明侵犯公民个人信息行为是犯罪嫌疑人实施的

（1）对于证明犯罪行为是犯罪嫌疑人实施的证据审查，需要结合《解释》精神，准确把握对"违反国家有关规定""出售、提供行为""窃取或以其他方法"的认定。

（2）对证明违反国家有关规定的证据审查，需要明确国家有关规定的具体内容，违反法律、行政法规、部门规章有关公民个人信息保护规定的，应当认定为刑法第二百五十三条之一规定的"违反国家有关规定"。

（3）对证明出售、提供行为的证据审查，应当明确"出售、提供"包括在履职或提供服务的过程中将合法持有的公民个人信息出售或者提供给他人的行为：向特定人提供、通过信息网络或者其他途径发布公民个人信息、未经被收集者同意，将合法收集的公民个人信息（经过处理无法识别特定个人且不能复原的除外）向他人提供的，均属于刑法第二百五十三条之一规定的"提供公民个人信息"。应当全面审查犯罪嫌疑人所出售提供公民个人信息的来源、途经与去向，对相关供述、物证、书证、证人证言、被害人陈述、电子数据等证据种类进行综合审查，针对使用信息网络进行犯罪活动的，需要结合专业知识，根据证明该行为的远程勘验笔录、扣押笔录、扣押物品清单、电子存储介质、网络存储介质等的司法鉴定意见进行审查。

（4）对证明通过窃取或以其他非法方法获取公民个人信息等方式非法获取公民个人信息的证据审查，应当明确"以其他方法获取公民个人信息"包括购买、收受、交换等方式获取公民个人信息，或者在履行职责、提供服务过程中收集公民个人信息的行为。

针对窃取行为，如通过信息网络窃取公民个人信息，则应当结合犯罪嫌疑人供述、证人证言、被害人陈述，着重审查证明犯罪嫌疑人侵入信息网络、数据库时的 IP 地址、MAC 地址、侵入工具、侵入痕迹等内容的现场勘验检查笔录以及涉案程序（木马）的司法鉴定意见等。

针对购买、收受、交换行为，应当全面审查购买、收受、交换公民个人信息的来源、途经、去向，结合犯罪嫌疑人供述和辩解、辨认笔录、证人证言等证据，对搜查笔录、扣押笔录、扣押物品清单、涉案电子存储介质等司法鉴定意见进行审查，明确上述证据同犯罪嫌疑人或公民个人信息购买、收受、交换者之间的关系。

针对履行职责、提供服务过程中收集公民个人信息的行为，应当审查证明犯罪嫌疑人所从事职业及其所负职责的证据，结合法律、行政法规、部门规章等国家有关公民个人信息保护的规定，明确犯罪嫌疑人的行为属于违反国家有关规定，以其他方法非法获取公民个人信息的行为。

（5）对证明涉案公民个人信息真实性证据的审查，应当着重审查被害人陈述、被害人提供的原始信息资料、公安机关或其他相关单位出具的涉案公民个人信息与权威数据库内信息同一性的对比说明。对批量的涉案公民个人信息的真实性问题，根据《解释》精神，可以根据查获的数量直接认定，但有证据证明信息不真实或重复的除外。

3. 有确实充分的证据证明犯罪嫌疑人具有侵犯公民个人信息的主观故意

（1）对证明犯罪嫌疑人主观故意的证据审查，应当综合审查犯罪嫌疑人的身份证明、犯罪嫌疑人关于所从事职业的供述、其所在公司的工商资料和营业范围、公司关于犯罪嫌疑人的职责范围说明、公司主要负责人的证人证言等，结合国家公民个人信息保护的相关规定，夯实犯罪嫌疑人在实施犯罪时的主观明知。

（2）对证明犯罪嫌疑人积极实施窃取或者以其他方法非法获取公民个人信息行为的证据审查，应当结合犯罪嫌疑人供述、证人证言，着重审查远程勘验笔录、手机短信记录、即时通讯工具聊天记录、电子数据司法鉴定意见、银行账户明细、第三方支付平台账户明细等，明确犯罪嫌疑人实施犯罪时的积极作为。

4. 有确实充分的证据证明"情节严重"或"情节特别严重"。该证据与审查逮捕的证据类型相同。

二、需要特别注意的问题

在侵犯公民个人信息案件审查逮捕、审查起诉中，要根据相关法律、司法解释等规定，结合在案证据，重点注意以下问题：

（一）对"公民个人信息"的审查认定

根据《解释》的规定，公民个人信息是指以电子或者其他方式记录的能够单独或者与其他信息结合识别特定自然人身份或者反映特定自然人活动情况的各种信息，包括姓名、身份证件号码、通信通讯联系方式、住址、账号密码、财产状况、行踪轨迹等。经过处理无法识别特定自然人且不能复原的信息，虽然也可能反映自然人活动情况，但与特定自然人无直接关联，不属于公民个人信息的范畴。

对于企业工商登记等信息中所包含的手机、电话号码等信息，应当明确该号码的用途。对由公司购买、使用的手机、电话号码等信息，不属于个人信息的范畴，从而严格区分"手机、电话号码等由公司购买，归公司使用"与"公司经办人在工商登记等活动中登记个人电话、手机号码"两种不同情形。

（二）对"违反国家有关规定"的审查认定

《中华人民共和国刑法修正案（九）》将原第二百五十三条之一的"违反国家规定"修改为"违反国家有关规定"，后者的范围明显更广。根据刑法第九十六条的规定，"国家规定"仅限于全国人大及其常委会制定的法律和决定，国务院制定的行政法规、规定的行政措施、发布的决定和命令。而"国家有关规定"还包括部门规章，这些规定散见于金融、电信、交通、教育、医疗、统计、邮政等领域的法律、行政法规或部门规章中。

（三）对"非法获取"的审查认定

在窃取或者以其他方法非法获取公民个人信息的行为中，需要着重把握"其他方法"的范围问题。"其他方法"，是指"窃取"以外，与窃取行为具有同等危害性的方法，其中，购买是最常见的非法获取手段。侵犯公民个人信息犯罪作为电信网络诈骗的上游犯罪，诈骗分子往往先通过网络向他人购买公民个人信息，然后自己直接用于诈骗或转发给其他同伙用于诈骗，诈骗分子购买公民个人信息的行为属于非法获取行为，其同伙接收公民个人信息的行为明显也属于非法获取行为。同时，一些房产中介、物业管理公司、保险公司、担保公司的业务员往往与同行通过 QQ、微信群互相交换各自掌握的客户信息，这种交换行为也属于非法获取行为。此外，行为人在履行职责、提供服务过程中，违反国家有关规定，未经他人同意收集公民个人信息，或者收集与提供的服务无关的公民个人信息的，也属于非法获取公民个人信息的行为。

（四）对"情节严重"和"情节特别严重"的审查认定

1. 关于"情节严重"的具体认定标准，根据《解释》第五条第一款的规定，主要涉及五个方面：

（1）信息类型和数量。①行踪轨迹信息、通信内容、征信信息、财产信息，此类信息与公民人身、财产安全直接相关，数量标准为五十条以上，且仅限于上述四类信息，不允许扩大范围。对于财产信息，既包括银行、第三方支付平台、证券期货等金融服务账户的身份认证信息（一组确认用户操作权限的数据，包括账号、口令、密码、数字证书等），也包括存款、房产、车辆等财产状况信息。②住宿信息、通信记录、健康生理信息、交易信息等可能影响公民人身、财产安全的信息，数量标准为五百条以上，此类信息也与人身、财产安全直接相关，但重要程度要弱于行踪轨迹信息、通信内容、征信信息、财产信息。对"其他可能影响人身、财产安全的公民个人信息"的把握，应当确保所适用的公民个人信息涉及人身、财产安全，且与"住宿信息、通信记录、健康生理信息、交易信息"在重要程度上具有相当性。③除上述两类信息以外的其他公民个人信息，数量标准为五千条以上。

（2）违法所得数额。对于违法所得，可直接以犯罪嫌疑人出售公民个人信息的收入予以认定，不必扣减其购买信息的犯罪成本。同时，在审查认定违法所得数额过程中，应当以查获的银行交易记录、第三方支付平台交易记录、聊天记录、犯罪嫌疑人供述、证人证言综合予以认定，对于犯罪嫌疑人无法说明合法来源的用于专门实施侵犯公民个人信息犯罪的银行账户或第三方支付平台账户内资金收入，可综合全案证据认定为违法所得。

（3）信息用途。公民个人信息被他人用于违法犯罪活动的，不要求他人的行为必须构成犯罪，只要行为人明知他人非法获取公民个人信息用于违法犯罪活动即可。

（4）主体身份。如果行为人系将在履行职责或者提供服务过程中获得的公民个人信息出售或者提供给他人的，涉案信息数量、违法所得数额只要达到一般主体的一半，即可认为"情节严重"。

（5）主观恶性。曾因侵犯公民个人信息受过刑事处罚或者二年内受过行政处罚，又非法获取、出售或者提供公民个人信息的，即可认为"情节严重"。

2. 关于"情节特别严重"的认定标准，根据《解释》，主要分为两类：一是信息数量、违法所得数额标准。二是信息用途引发的严重后果，其中造成人身伤亡、经济损失、恶劣社会影响等后果，需要审查认定侵犯公民个人信息的行为与严重后果间存在因果关系。

对于涉案公民个人信息数量的认定，根据《解释》第十一条，非法获取公民个人信息后又出售或者提供的，公民个人信息的条数不重复计算；向不同单位或者个人分别出售、提供同一公民个人信息的，公民个人信息的条数累计计算；对批量出售、提供公民个人信息的条数，根据查获的数量直接认定，但是有证据证明信息不真实或者重复的除外。在实践中，如犯罪嫌疑人多次获取同一条公民个人信息，一般认定为一条，不重复累计；但获取的该公民个人信息内容发生了变化的除外。

对于涉案公民个人信息的数量、社会危害性等因素的审查，应当结合刑法第二百五十三条和《解释》的规定进行综合审查。涉案公民个人信息数量极少，但造成被害人死亡等严重后果的，应审查犯罪嫌疑人行为与该后果之间的因果关系，符合条件的，可以认定为实施《解释》第五条第一款第十项"其他情节严重的情形"的行为，造成被害人死亡等严重后果，从而认定为"情节特别严重"。如涉案公民个人信息数量较多，但犯罪嫌疑人仅仅获取而未向他人出售或提供，则可以在认定相关犯罪事实的基础上，审查该行为是否符合《解释》第五条第一款第三、四、五、六、九项及第二款第三项的情形，符合条件的，可以分别认定为"情节严重""情节特别严重"。

此外，针对为合法经营活动而购买、收受公民个人信息的行为，在适用《解释》第六条的定罪量刑标准时须满足三个条件：一是为了合法经营活动，对此可以综合全案证据认定，但主要应当由犯罪嫌疑人一方提供相关证据；二是限于普通公民个人信息，即不包括可能影响人身、财产安全的敏感信息；三是信息没有再流出扩散，即行为方式限于购买、收受。如果将购买、收受的公民个人信息非法出售或者提供的，定罪量刑标准应当适用《解释》第五条的规定。

（五）对关联犯罪的审查认定

对于侵犯公民个人信息犯罪与电信网络诈骗犯罪相交织的案件，应严格按照《最高人民法院、最高人民检察院、公安部关于办理电信网络诈骗等刑事案件适用法律若干问题的意见》（法发〔2016〕32 号）的规定进行审查认定，即通过认真审查非法获取、出售、提供公民个人信息的犯罪嫌疑人对电信网络诈骗犯罪的参与程度，结合能够证实其认知能力的学历文化、聊天记录、通话频率、获取固定报酬还是参与电信网络诈骗犯罪分成等证据，分析判断其是否属于诈骗共同犯罪、是否应该数罪并罚。

根据《解释》第八条的规定，设立用于实施出售、提供或者非法获取公民个人信息违法犯罪活动的网站、通讯群组，情节严重的，应当依照刑法第二百八十七条之一的规定，以非法利用信息网络罪定罪；同时构成侵犯公民个人信息罪的，应当认定为侵犯公民个人信息罪。

对于违反国家有关规定，采用技术手段非法侵入合法存储公民个人信息的单位数据库窃取公民个人信息的行为，也符合刑法第二百八十五条第二款非法获取计算机信息系统数据罪的客观特征，同时触犯侵犯公民个人信息罪和非法获取计算机信息系统数据罪的，应择一重罪论处。

此外，针对公安民警在履行职责过程中，违反国家有关规定，查询、提供公民个人信息的情形，应当认定为"违反国家有关规定，将在履行职责或者提供服务过程中以其他方法非法获取或提供公民个人信息"。但同时，应当审查犯罪嫌疑人除该行为之外有无其他行为侵害其他法益，从而对可能存在的其他犯罪予以准确认定。

三、社会危险性及羁押必要性审查

（一）审查逮捕

1. 犯罪动机：一是出售牟利；二是用于经营活动；三是用于违法犯罪活动。犯罪动机表明犯罪嫌疑人主观恶性，也能证明犯罪嫌疑人是否可能实施新的犯罪。

2. 犯罪情节。犯罪嫌疑人的行为直接反映其人身危险性。具有下列情节的侵犯公民个人信息犯罪，能够证实犯罪嫌疑人主观恶性和人身危险性较大，实施新的犯罪的可能性也较大，可以认为具有较大的社会危险性：一是犯罪持续时间较长、多次实施侵犯公民个人信息犯罪的；二是被侵犯的公民个人信息数量或违法所得巨大的；三是利用公民个人信息进行违法犯罪活动的；四是犯罪手段行为本身具有违法性或者破坏性，即犯罪手段恶劣的，如骗取、窃取公民个人信息，采取胁迫、植入木马程序侵入他人计算机系统等方式非法获取信息。

犯罪嫌疑人实施侵犯公民个人信息犯罪，不属于"情节特别严重"，系初犯，全部退赃，并确有悔罪表现的，可以认定社会危险性较小，没有逮捕必要。

（二）审查起诉

在审查起诉阶段，要结合侦查阶段取得的事实证据，进一步引导侦查机关加大捕后侦查力度，及时审查新证据。在羁押期限届满前对全案进行综合审查，对于未达到逮捕证明标准的，撤销原逮捕决定。

经羁押必要性审查，发现犯罪嫌疑人具有下列情形之一的，应当向办案机关提出释放或者变更强制措施的建议：

1. 案件证据发生重大变化，没有证据证明有犯罪事实或者犯罪行为系犯罪嫌疑人、被告人所为的。

2. 案件事实或者情节发生变化，犯罪嫌疑人、被告人可能被判处拘役、管制、独立适用附加刑、免予刑事处罚或者判决无罪的。

3. 继续羁押犯罪嫌疑人、被告人，羁押期限将超过依法可能判处的刑期的。

4. 案件事实基本查清，证据已经收集固定，符合取保候审或者监视居住条件的。

经羁押必要性审查，发现犯罪嫌疑人、被告人具有下列情形之一，且具有悔罪表现，不予羁押不致发生社会危险性的，可以向办案机关提出释放或者变更强制措施的建议：

1. 预备犯或者中止犯；共同犯罪

中的从犯或者胁从犯。

2. 主观恶性较小的初犯。

3. 系未成年人或者年满七十五周岁的人。

4. 与被害方依法自愿达成和解协议,且已经履行或者提供担保的。

5. 患有严重疾病、生活不能自理的。

6. 系怀孕或者正在哺乳自己婴儿的妇女。

7. 系生活不能自理的人的唯一扶养人。

8. 可能被判处一年以下有期徒刑或者宣告缓刑的。

9. 其他不需要继续羁押犯罪嫌疑人、被告人的情形。

【公安文件】

《公安部关于公安机关处置信访活动中违法犯罪行为适用法律的指导意见》(公通字〔2013〕25 号,20130719)

三、对侵犯人身权利、财产权利违法犯罪行为的处理

4. 偷窥、偷拍、窃听、散布他人隐私,符合《治安管理处罚法》第四十二条第六项规定的,以侵犯隐私依法予以治安管理处罚;情节严重,符合《刑法》第二百五十三条之一第二款规定的,以非法获取公民个人信息罪追究刑事责任。

【法院参考案例】

〔**参考案例第 612 号:周建平侵犯公民个人信息案**〕非法购买公民电话通话清单后又出售牟利应如何定性?

电话通话清单是电信部门电脑对某一电话主叫或被叫情况、对方电话号码、是否接通及通话时间起止等情况的实时记录,属于刑法第二百五十三条之一罪状中"公民个人信息"的范畴。行为人通过在互联网上发布广告,长时间、大范围地搜集、购买、兜售电话通话清单,应以侵犯公民个人信息罪定罪。

〔**参考案例第 741 号:谢新冲出售公民个人信息案**〕〔**参考案例第 1009 号:胡某等非法获取公民个人信息案**〕通过非法跟踪他人行踪所获取的公民日常活动信息是否属于公民个人信息?

手机定位属于动态信息,当公民从事某些活动不希望被他人获悉时,因其所处具体位置与其从事的活动具有直接联系,一旦所处位置被他人获悉,其所从事的活动也就相应暴露,从而可能损害其利益。故手机定位属于刑法所保护的"公民个人信息"。

第二百五十四条 【报复陷害罪】国家机关工作人员滥用职权、假公济私,对控告人、申诉人、批评人、举报人实行报复陷害的,处二年以下有期徒刑或者拘役;情节严重的,处二年以上七年以下有期徒刑。

【立法·要点注释】

"报复陷害",是指利用手中的权力,以种种借口进行政治上或者经济上的迫害,如降职、降级、调离岗位、经济处罚、开除公职、捏造事实诬陷其经济、生活作风上有问题等。报复陷害的行为,必须是采取滥用职权或者假公济私的方法。如果行为人进行

报复陷害与滥用职权、假公济私没有关系，则不构成本罪。

【司法解释】

《最高人民检察院关于渎职侵权犯罪案件立案标准的规定》（高检发释字〔2006〕2号，20060726）

（六）报复陷害案（第二百五十四条）

报复陷害罪是指国家机关工作人员滥用职权、假公济私，对控告人、申诉人、批评人、举报人实行报复陷害的行为。

涉嫌下列情形之一的，应予立案：

1. 报复陷害，情节严重，导致控告人、申诉人、批评人、举报人或者其近亲属自杀、自残造成重伤、死亡，或者精神失常的；

2. 致使控告人、申诉人、批评人、举报人或者其近亲属的其他合法权利受到严重损害的；

3. 其他报复陷害应予追究刑事责任的情形。

第二百五十五条 **【打击报复会计、统计人员罪】**公司、企业、事业单位、机关、团体的领导人，对依法履行职责、抵制违反会计法、统计法行为的会计、统计人员实行打击报复，情节恶劣的，处三年以下有期徒刑或者拘役。

【立法·要点注释】

"违反会计法"行为，主要指伪造、变造、隐匿、故意毁灭会计凭证、会计账簿、会计报表和其他会计资料的；利用虚假的会计凭证、会计账簿、

会计报表和其他会计资料偷税或者损害国家利益、社会公众利益的；对不真实、不合法的原始凭证予以受理的；对违法的收支不提出书面意见或者不报告的。"违反统计法"行为，是指虚报、瞒报统计资料；伪造、篡改统计资料；编造虚假数据；等等。"打击报复"，是指对依法履行职责，抵制违反会计法、统计法行为的会计、统计人员，通过调动其工作、撤换其职务、进行处罚以及其他方法进行打击报复的行为。

第二百五十六条 **【破坏选举罪】**在选举各级人民代表大会代表和国家机关领导人员时，以暴力、威胁、欺骗、贿赂、伪造选举文件、虚报选举票数等手段破坏选举或者妨害选民和代表自由行使选举权和被选举权，情节严重的，处三年以下有期徒刑、拘役或者剥夺政治权利。

【立法·要点注释】

1. 关于破坏的选举活动。"选举各级人民代表大会代表和国家机关领导人员"包括选民登记、提出候选人、投票选举、补选、罢免等整个选举活动。

2. 关于破坏选举的方式。"暴力"，是指对选民、各级人民代表大会代表、候选人、选举工作人员等进行人身打击或者实行强制，如殴打、捆绑等，也包括以暴力故意捣乱选举场所，使选举工作无法进行等情况。"威胁"，是指以杀害、伤害、毁坏财产、破坏

名誉等手段进行要挟，迫使选民、各级人民代表大会代表、候选人、选举工作人员等不能自由行使选举权和被选举权或者在选举工作中不能正常履行组织和管理的职责。"欺骗"，是指捏造事实、颠倒是非，并加以散播、宣传，以虚假的事实扰乱正常的选举活动，影响选民、各级人民代表大会代表、候选人自由地行使选举权和被选举权。应当注意的是，这里所说的"欺骗"，必须是编造严重不符合事实的情况，或者捏造对选举有重大影响的情况等，对于在选举活动中介绍候选人或者候选人在介绍自己情况时对一些不是很重要的事实有所夸大或隐瞒，不致影响正常选举的行为，不能认定为以欺骗手段破坏选举。"贿赂"，是指用金钱或者其他物质利益收买选民、各级人民代表大会代表、候选人、选举工作人员违反自己的真实意愿参加选举或者在选举中进行舞弊活动。"伪造选举文件"，是指采用伪造选民证、选票等选举文件的方法破坏选举。"虚报选举票数"，是指选举工作人员对于统计出来的选票数、赞成票数、反对票数等选举票数进行虚报、瞒报的行为，包括多报、少报。

3. 关于"妨害选民和代表自由行使选举权和被选举权"，是指非法组织选民参加登记或者投票，或者迫使、诱骗选民违背自己的意志进行投票，以及使选民放弃自己的被选举权等。

【司法解释】

《最高人民检察院关于渎职侵权犯罪案件立案标准的规定》（高检发释字〔2006〕2号，20060726）

（七）国家机关工作人员利用职权实施的破坏选举案（第二百五十六条）

破坏选举罪是指在选举各级人民代表大会代表和国家机关领导人员时，以暴力、威胁、欺骗、贿赂、伪造选举文件、虚报选举票数或者编造选举结果等手段破坏选举或者妨害选民和代表自由行使选举权和被选举权，情节严重的行为。

国家机关工作人员利用职权破坏选举，涉嫌下列情形之一的，应予立案：

1. 以暴力、威胁、欺骗、贿赂等手段，妨害选民、各级人民代表大会代表自由行使选举权和被选举权，致使选举无法正常进行，或者选举无效，或者选举结果不真实的；

2. 以暴力破坏选举场所或者选举设备，致使选举无法正常进行的；

3. 伪造选民证、选票等选举文件，虚报选举票数，产生不真实的选举结果或者强行宣布合法选举无效、非法选举有效的；

4. 聚众冲击选举场所或者故意扰乱选举场所秩序，使选举工作无法进行的；

5. 其他情节严重的情形。

第二百五十七条 【暴力干涉婚姻自由罪】以暴力干涉他人婚姻自由的，处二年以下有期徒刑或者拘役。

犯前款罪，致使被害人死亡的，处二年以上七年以下有期徒刑。

第一款罪，告诉的才处理。

【立法·要点注释】

本条第二款规定的致使被害人死亡的干涉婚姻自由的行为，行为人必须是使用了暴力，如果干涉行为未使用暴力，而是由于被害人自己心理承受能力差而轻生自杀或因为其他原因自杀的，不应追究行为人的刑事责任。行为人在暴力干涉婚姻自由过程中实施的故意伤害或杀害行为，应当按故意伤害罪或者故意杀人罪追究刑事责任。

第二百五十八条 【重婚罪】有配偶而重婚的，或者明知他人有配偶而与之结婚的，处二年以下有期徒刑或者拘役。

【立法·要点注释】

"明知"是本罪的罪与非罪的重要界限，如果行为人是蒙受欺骗，不知道对方已有配偶而与之结婚的，则不构成本罪。本条所规定的"结婚"，既包括骗取合法手续登记结婚，又包括虽未登记结婚，但以夫妻名义共同生活。只要是有配偶而又结婚，或者是明知他人有配偶而与之结婚的，无论是骗取合法手续登记结婚，还是未登记结婚，但以夫妻名义共同生活的，都构成重婚罪。

【司法指导文件 I】

《最高人民法院研究室关于重婚案件中受骗的一方当事人能否作为被害人向法院提起诉讼问题的电话答复》（19921107）

……基本同意你院的第二种意见，即：重婚案件中的被害人，既包括重婚者在原合法婚姻关系中的配偶，也包括后来受欺骗而与重婚者结婚的人。鉴于受骗一方当事人在主观上不具有重婚的故意，因此，根据你院《请示》中介绍的案情，陈若容可以作为本案的被害人。根据最高人民法院、最高人民检察院 1983 年 7 月 26 日《关于重婚案件管辖问题的通知》中关于"由被害人提出控告的重婚案件……由人民法院直接受理"的规定，陈若容可以作为自诉人，直接向人民法院提起诉讼。

【司法指导文件 II】

《最高人民法院研究室关于重婚案件的被告人长期外逃法院能否中止审理和是否受追诉时效限制问题的电话答复》（19890816）

……同意你院意见，即胡应亭诉焦有枝、赵炳信重婚一案，在人民法院对焦有枝采取取保候审的强制措施后，焦有枝潜逃并和赵炳信一直在外流窜，下落不明的情况下，可参照最高人民法院法（研）复〔1988〕29 号《关于刑事案件取保候审的被告人在法院审理期间潜逃应宣告中止审理的批复》的规定，中止审理，俟被告人追捕归案后，再恢复审理。关于追诉时效问题，根据刑法第七十七条的规定，对焦有枝追究刑事责任不受追诉期限的限制。对于赵炳信，只要他同焦有枝的非法婚姻关系不解除，他们的重婚犯罪行为就处于一种继续状态，根据刑法第七十八条的规定，人民法院随时都可以对他追究刑事责任。此外，如果公安机关已对赵炳信发布了通缉令，也可以根据刑法第七十七条的规定，对他追究刑事责任，不受追诉期限的限制。①

【司法指导文件Ⅲ】

《最高人民法院研究室关于军事法院判处的重婚案件其非法婚姻部分由谁判决问题的电话答复》（19801127）

非法婚姻是构成重婚罪的前提，法院在判决重婚案件的同时，判决书中应一并写明解除非法婚姻，这不属于刑事诉讼附带民事诉讼的问题。

【法院参考案例】

〔**参考案例第 10 号：方伍峰重婚案**〕"事实婚姻"能否成为重婚罪的构成要件？

同居开始时，其中一方不符合结婚的法定条件，不构成事实婚姻关系。对于先有事实婚姻，又与他人登记结婚和两次及两次以上均是事实婚姻的，依法不构成重婚罪。

〔**参考案例第 419 号：王艳重婚案**〕恶意申请宣告配偶死亡后与他人结婚的行为如何定性？

行为人明知丈夫尚在人世，却故意编造丈夫下落不明已满四年的虚假事实，导致法院作出宣告丈夫死亡的判决，进而与他人结婚，应按重婚罪追诉。

〔**参考案例第 967 号：法兰克·巴沙勒·米伦等重婚案**〕外籍被告人与外籍配偶在境外结婚后在我国境内与他人以夫妻名义同居的是否构成重婚罪？

外籍人士在外国的婚姻关系，被我国法律所承认，其在我国境内的重婚行为，客观上已导致其同时拥有"两个妻子"，其行为明显侵犯了我国的"一夫一妻制度"，依法应当纳入我国刑法的规制范围。与外籍人士同居者明知对方有被我国法律所承认的合法婚姻关系，仍与之以夫妻名义公开同居生活，造成对方"一夫两妻"客观事实，其行为亦侵犯了我国刑法所保护的"一夫一妻"制度，依法亦应纳入我国刑法的规制范围。

〔**参考案例第 1062 号：田某某重婚案**〕已婚的被告人与他人建立事实婚姻关系后，又单方终止事实婚姻关系的，如何计算重婚犯罪行为的追诉期限？

继续犯的追诉期限应当从犯罪行为终了之日起计算。因此，重婚罪的追诉期限应当从重婚行为终了之日起计算。认定重婚行为是否终了应当着重考虑两个因素：一是行为人是否作出解除事实婚姻的意思表示；二是该意思表示实质上是否起到解除婚姻关系的作用。无论是法律婚姻还是事实婚姻，婚姻关系毕竟由男女双方结成，一方作出解除婚姻关系的意思表示，并不必然导致婚姻关系自此解除，另一方是否愿意维持婚姻关系，双方是否解决财产分割、子女抚养等重大问题等因素，在认定婚姻关系是否解除时也要予以考虑。后婚系事实婚姻的，行为人单方作出解除婚姻关系的意思

---

① 该文件所提"刑法"为 1979 年刑法。——编者注

表示后，如另一方对此予以认可，二人不再以夫妻名义共同生活，此种情况下即可认定事实婚姻关系自此解除，如有遗留的财产分割、子女抚养问题，可在日后通过民事纠纷解决渠道解决；如另一方对此予以不认可，则说明双方对是否继续保持事实婚姻关系存在争议，从保护弱势群体、维护社会公序良俗的角度出发，应综合考虑夫妻双方的态度，财产分割、子女抚养等问题的解决情况等因素判断婚姻关系是否解除。

第二百五十九条 【破坏军婚罪】明知是现役军人的配偶而与之同居或者结婚的，处三年以下有期徒刑或者拘役。

【强奸罪】利用职权、从属关系，以胁迫手段奸淫现役军人的妻子的，依照本法第二百三十六条的规定定罪处罚。

【立法·要点注释】

"现役军人"，是指中国人民解放军或者人民武装警察部队的现役军官、文职干部、士兵及具有军籍的学员。在军事部门或者人民武装警察部队中工作，但没有取得军籍的人员，以及复员退伍军人、转业军人、残废军人等，都不属于现役军人。"同居"，是指虽没有办理结婚登记手续结婚，但以夫妻名义共同生活，或者在较长时间内共同生活。

第二百六十条 【虐待罪】虐待家庭成员，情节恶劣的，处二年以下有期徒刑、拘役或者管制。

犯前款罪，致使被害人重伤、死亡的，处二年以上七年以下有期徒刑。

第一款罪，告诉的才处理，但被害人没有能力告诉，或者因受到强制、威吓无法告诉的除外。

【修正前条文】

第二百六十条 【虐待罪】虐待家庭成员，情节恶劣的，处二年以下有期徒刑、拘役或者管制。

犯前款罪，致使被害人重伤、死亡的，处二年以上七年以下有期徒刑。

第一款罪，告诉的才处理。

【修正说明】

本条由刑法修正案（九）第十八条修正，增加了"但被害人没有能力告诉，或者因受到强制、威吓无法告诉的除外"的规定。

【立法·要点注释】

1. 关于"虐待"。"虐待"，是指经常以打骂、冻饿、捆绑、强迫超体力劳动、限制自由、凌辱人格等各种方法，从肉体、精神上迫害、折磨、摧残共同生活的家庭成员的行为。虐待行为不同于偶尔打骂与偶尔体罚，往往是经常或一贯进行的，具有相对连续性。

2. 致人重伤、死亡，是指由于被害人经常受到虐待，身体和精神受到严重的损害或者导致死亡，或者不堪忍受而自杀。如果行为人是故意要致使被害人重伤或者死亡，而采取长期虐待的方式实现其犯罪目的，可按故意伤害罪或故意杀人罪的规定定罪处罚。

3. 刑法第九十八条规定："本法所称告诉才处理，是指被害人告诉才处理。如果被害人因受强制、威吓无法告诉的，人民检察院和被害人的近亲属也可以告诉。"这是对告诉才处理犯罪规定的代为告诉的情形，与第三款规定的告诉才处理的例外情形不同。对于属于被害人没有能力告诉，或者因受到强制、威吓无法告诉的情形，应按照公诉案件处理，由人民检察院提起公诉，而不属于刑法第九十八条规定的代为告诉的情形。"被害人没有能力告诉"，是指被害人因病重、年幼、智力缺陷、精神障碍等没有能力向人民法院告诉。

【司法解释】

《最高人民法院关于〈中华人民共和国刑法修正案（九）〉时间效力问题的解释》（法释〔2015〕19号，20151101）

第五条　对于 2015 年 10 月 31 日以前实施的刑法第二百六十条第一款规定的虐待行为，被害人没有能力告诉，或者因受到强制、威吓无法告诉的，适用修正后刑法第二百六十条第三款的规定。

【司法指导文件】

《最高人民法院、最高人民检察院、公安部、司法部关于依法办理家庭暴力犯罪案件的意见》（法发〔2015〕4号，20150302）

三、定罪处罚

16. 依法准确定罪处罚。对故意杀人、故意伤害、强奸、猥亵儿童、非法拘禁、侮辱、暴力干涉婚姻自由、虐待、遗弃等侵害公民人身权利的家庭暴力犯罪，应当根据犯罪的事实、犯罪的性质、情节和对社会的危害程度，严格依照刑法的有关规定判处。对于同一行为同时触犯多个罪名的，依照处罚较重的规定定罪处罚。

17. 依法惩处虐待犯罪。采取殴打、冻饿、强迫过度劳动、限制人身自由、恐吓、侮辱、谩骂等手段，对家庭成员的身体和精神进行摧残、折磨，是实践中较为多发的虐待性质的家庭暴力。根据司法实践，具有虐待持续时间较长、次数较多；虐待手段残忍；虐待造成被害人轻微伤或者患较严重疾病；对未成年人、老年人、残疾人、孕妇、哺乳期妇女、重病患者实施较为严重的虐待行为等情形，属于刑法第二百六十条第一款规定的虐待"情节恶劣"，应当依法以虐待罪定罪处罚。

准确区分虐待犯罪致人重伤、死亡与故意伤害、故意杀人犯罪致人重伤、死亡的界限，要根据被告人的主观故意、所实施的暴力手段与方式、是否立即或者直接造成被害人伤亡后果等进行综合判断。对于被告人主观上不具有侵害被害人健康或者剥夺被害人生命的故意，而是出于追求被害人肉体和精神上的痛苦，长期或者多次实施虐待行为，逐渐造成被害人身体损害，过失导致被害人重伤或者死亡的；或者因虐待致使被害人不堪忍受而自残、自杀，导致重伤或者死亡的，属于刑法第二百六十条第二款规定的虐待"致使被害人重伤、死亡"，应当以虐待罪定罪处罚。对于被告人虽然实施家庭暴力呈现出经常性、持续性、反复性的特点，但其主观上具有希望或者放任被害人重伤或者死亡的故意，持凶器实施暴力，暴力手段残忍，暴力程度较强，直接或者立即造成被害人重伤或者死亡的，应当以故意伤害罪或者故意杀人罪定罪处罚。

……

18. 切实贯彻宽严相济刑事政策。对于实施家庭暴力构成犯罪的，应当根据罪刑法定、罪刑相适应原则，兼顾维护家庭稳定、尊重被害人意愿等因素综合考虑，宽严并用，区别对待。根据司法实践，对于实施家庭暴力手段残忍或者造成严重后果；出于恶意侵占财产等卑劣动机实施家庭暴力；因酗酒、吸毒、赌博等恶习而长期或者多次实施家庭暴力；曾因实施家庭暴力受到刑事处罚、行政处罚；或者具有其他恶劣情形的，可以酌情从重处罚。对于实施家庭暴力犯罪情节较轻，或者被告人真诚悔罪，获得被害人谅解，从轻处罚有利于被扶养人的，可以酌情从轻处罚；对于情节轻微不需要判处刑罚的，人民检察院可以不起诉，人民法院可以判处免予刑事处罚。

对于实施家庭暴力情节显著轻微危害不大不构成犯罪的，应当撤销案件、不起诉，或者宣告无罪。

人民法院、人民检察院、公安机关应当充分运用训诫，责令施暴人保证不再实施家庭暴力，或者向被害人赔礼道歉、赔偿损失等非刑罚处罚措施，加强对施暴人的教育与惩戒。

【指导性案例·检察】

〔于某虐待案，JZD2018－44〕

1. 被虐待的未成年人，因年幼无法行使告诉权利的，属于刑法第二百六十条第三款规定的"被害人没有能力告诉"的情形，应当按照公诉案件处理，由检察机关提起公诉，并可以依法提出适用禁止令的建议。

2. 抚养人对未成年人未尽抚养义务，实施虐待或者其他严重侵害未成年人合法权益的行为，不适宜继续担任抚养人的，检察机关可以支持未成年人或者其他监护人向人民法院提起变更抚养权诉讼。

第二百六十条之一　【虐待被监护、看护人罪】 对未成年人、老年人、患病的人、残疾人等负有监护、看护职责的人虐待被监护、看护的人，情节恶劣的，处三年以下有期徒刑或者拘役。

单位犯前款罪的，对单位判处罚金，并对其直接负责的主管人员和其他直接责任人员，依照前款的规定处罚。

有第一款行为，同时构成其他犯罪的，依照处罚较重的规定定罪处罚。

【修正说明】

本罪由刑法修正案（九）第十九条增设。

第二百六十一条　【遗弃罪】 对于年老、年幼、患病或者其他没有独立生活能力的人，负有扶养义务而拒绝扶养，情节恶劣的，处五年以下有期徒刑、拘役或者管制。

【立法·要点注释】

"负有扶养义务"，是指行为人对于年老、年幼、患病或者其他没有独立生活能力的人，依法负有的在经济、生活等方面予以供给、照顾、帮助，以维持其正常生活的义务。扶养关系主要包括以下几个方面：夫妻之间、父母对子女的抚养教育、子女对父母的赡养帮助、养父母与养子女、继父母与继子女之间、有负担能力的祖父母、外祖父母对父母已经死亡的未成年的孙子女、外孙子女的抚养、有负担能力的孙子女、外孙子女对于子女已经死亡的祖父母、外祖父母的赡养；有负担能力的兄姐对父母已经死亡或者父母无力扶养的未成年弟妹的抚养。"情节恶劣"，是指由于遗弃造成被害人重伤、死亡等严重后果的，有遗弃行为屡教不改的，或者遗弃手段、情节特别恶劣的。

【司法指导文件】

《最高人民法院、最高人民检察院、公安部、司法部关于依法办理家庭暴力犯罪案件的意见》（法发〔2015〕4 号，20150302）

三、定罪处罚

17.……依法惩处遗弃犯罪。负有扶养义务且有扶养能力的人，拒绝扶养年幼、年老、患病或者其他没有独立生活能力的家庭成员，是危害严重的遗弃性质的家庭暴力。根据司法实践，具有对被害人长期不予照顾、不提供生活来源；驱赶、逼迫被害人离家，致使被害人流离失所或者生存困难；遗弃患严重疾病或者生活不能自理的被害人；遗弃致使被害人身体严重损害或者造成其他严重后果等情形，属于刑法第二百六十一条规定的遗弃"情节恶劣"，应当依法以遗弃罪定罪处罚。

准确区分遗弃罪与故意杀人罪的界限，要根据被告人的主观故意、所实施行为的时间与地点、是否立即造成被害人死亡，以及被害人对被告人的依赖程度等进行综合判断。对于只是为了逃避扶养义务，并不希望或者放任被害人死亡，将生活不能自理的被害人弃置在福利院、医院、派出所等单位或者广场、车站等行人较多的场所，希望被害人得到他人救助的，一般以遗弃罪定罪处罚。对于希望或者放任被害人死亡，不履行必要的扶养义务，致使被害人因缺乏生活照料而死亡，或者将生活不能自理的被害人带至荒山野岭等人迹罕至的场所抛弃，使被害人难以得到他人救助的，应当以故意杀人罪定罪处罚。

第二百六十二条 【拐骗儿童罪】拐骗不满十四周岁的未成年人，脱离家庭或者监护人的，处五年以下有期徒刑或者拘役。

【立法·要点注释】

拐骗不满十四周岁的未成年人脱离家庭或者监护人的行为的目的，往往是出于收养，也可以是出于奴役等目的，如果是以出卖或勒索财物为目的而拐骗未成年人或偷盗婴幼儿的，应按拐卖妇女、儿童罪或绑架罪的规定定罪处罚。

【法院参考案例】

〔参考案例第 173 号：胡从方拐骗儿童案〕如何区分拐骗儿童罪和拐卖儿童罪？

区分拐骗儿童罪和拐卖儿童罪的关键就在于行为人实施犯罪的主观目的。拐骗儿童罪的行为人不以出卖儿童（包括婴儿、幼儿）为目的，其目的通常是自己或者送他人收养，也有少数收养者是为了自己使唤、奴役拐骗来的儿童。拐卖儿童罪则必须以出卖为目的，无此目的就不构成该罪。

第二百六十二条之一 【组织残疾人、儿童乞讨罪】以暴力、胁迫手段组织残疾人或者不满十四周岁的未成年人乞讨的，处三年以下有期徒刑或者拘役，并处罚金；情节严重的，处三年以上七年以下有期徒刑，并处罚金。

【修正说明】

本罪由刑法修正案（六）第十七条增设。

【立法·要点注释】

1. 司法实践中，对于父母、监护人或者近亲属因为生计所迫，带领残疾亲属或者未成年子女乞讨满足基本生活需要的，甚至为了筹集子女、亲属的医药费、学费等乞讨的，不应按照犯罪处理。

2. 实践中，如果没有实施暴力、胁迫等强迫行为，不宜认定为组织乞讨罪。

3. "情节严重"，是指以暴力或者胁迫手段组织残疾人、未成年人乞讨，获利较大的；强迫乞讨导致残疾人、未成年人身体衰弱，得不到治疗，健康状况严重恶化的；被害人无法忍受折磨自杀、自残的；强迫残疾人、未成年人制造生理痛苦博取他人同情进行乞讨的；强迫被害人采用死缠硬要等方式野蛮乞讨的；强迫被害人采用可能造成伤亡（如在马路上拦车乞讨等）或有伤风化的方式乞讨的；组织乞讨人数较多，造成恶劣社会影响的；其他严重扰乱社会秩序或者影响恶劣的情形等。

4. 为了强迫而实施的暴力行为导致被害人伤亡的，可按照故意伤害罪、故意杀人罪定罪处罚。为了达到长期强迫残疾人、未成年人乞讨的目的而限制被害人人身自由的，应当根据刑法规定，在组织乞讨罪和非法拘禁罪中择一重罪处罚。对于那些为了组织他人乞讨而绑架、拐骗残疾人或者未成年人，或者收买被拐骗儿童的，为了博取人们同情达到乞取更多钱财目的而故意造成被害人伤残的，奸淫被强迫的残疾人、未成年人的，应按刑法有关规定定罪，与组织乞讨罪数罪并罚。

第二百六十二条之二 【组织未成年人进行违反治安管理活动罪】组织未成年人进行盗窃、诈骗、抢夺、敲诈勒索等违反治安管理活动的，处三年以下有期徒刑或者拘役，并处罚金；情节严重的，处三年以上七年以下有期徒刑，并处罚金。

【修正说明】

本罪由刑法修正案（七）第八条增设。

【立法·要点注释】

1. "组织"，一般是指采取引诱、欺骗、威胁或者说服等办法，以包吃包住或发给一定的报酬等名义，纠集未成年人或将未成年人笼络、控制在自己手下，指令或要求未成年人实施盗窃、诈骗、抢夺、敲诈勒索等违法行为。"未成年人"，是指未满十八周岁的公民。上述所说的盗窃、诈骗、抢夺、敲诈勒索行为，是指由未成年人实施的，违反治安管理，不构成犯罪的行为。法律将组织未成年人实施上述四种违法行为，规定为行为犯。

2. "情节严重"，是指组织多人、残疾未成年人、多次组织未成年人进行违法活动、对未成年人采取暴力、威胁、虐待等手段，或者通过未成年人的违法行为，获利数额较大等情节。

第五章　侵犯财产罪

第二百六十三条　【抢劫罪】以暴力、胁迫或者其他方法抢劫公私财物的，处三年以上十年以下有期徒刑，并处罚金；有下列情形之一的，处十年以上有期徒刑、无期徒刑或者死刑，并处罚金或者没收财产：

（一）入户抢劫的；

（二）在公共交通工具上抢劫的；

（三）抢劫银行或者其他金融机构的；

（四）多次抢劫或者抢劫数额巨大的；

（五）抢劫致人重伤、死亡的；

（六）冒充军警人员抢劫的；

（七）持枪抢劫的；

（八）抢劫军用物资或者抢险、救灾、救济物资的。

【立法·要点注释】

1.“其他方法”，是指对被害人采取暴力、胁迫以外的使被害人处于不知反抗或者不能反抗的状态的方法。例如，用酒灌醉、用药物麻醉等方法使被害人处于暂时丧失知觉而不能反抗的状态下，将财物当场掠走。

2.关于“冒充军警人员抢劫”中的“军警”。“军警”，是指军人和警察。军人，是指中国人民解放军、中国人民武装警察部队的现役军官（警官）、文职干部、士兵及具有军籍的学员。警察，是指我国武装性质的国家治安行政力量，包括公安机关、国家安全机关、监狱的人民警察和人民法院、人民检察院的司法警察。

【司法解释Ⅰ】

《最高人民法院关于审理抢劫案件具体应用法律若干问题的解释》（法释〔2000〕35号，20001128）

第一条　刑法第二百六十三条第（一）项规定的“入户抢劫”，是指为实施抢劫行为而进入他人生活的与外界相对隔离的住所，包括封闭的院落、牧民的帐篷、渔民作为家庭生活场所的渔船、为生活租用的房屋等进行抢劫的行为。①

对于入户盗窃，因被发现而当场使用暴力或者以暴力相威胁的行为，应当认定为入户抢劫。

第二条　刑法第二百六十三条第（二）项规定的“在公共交通工具上抢劫”，既包括在从事旅客运输的各种公共汽车，大、中型出租车，火车，船只，飞机等正在运营中的机动公共交通工具上对旅客、司售、乘务人员

————————

① 对本款的适用，应当结合本条【司法指导文件Ⅲ】关于“入户抢劫”的内容理解。——编者注

实施的抢劫，也包括对运行途中的机动公共交通工具加以拦截后，对公共交通工具上的人员实施的抢劫。

第三条 刑法第二百六十三条第（三）项规定的"抢劫银行或者其他金融机构"，是指抢劫银行或者其他金融机构的经营资金、有价证券和客户的资金等。

抢劫正在使用中的银行或者其他金融机构的运钞车的，视为"抢劫银行或者其他金融机构"。

第四条 刑法第二百六十三条第（四）项规定的"抢劫数额巨大"的认定标准，参照各地确定的盗窃罪数额巨大的认定标准执行。

第五条 刑法第二百六十三条第（七）项规定的"持枪抢劫"，是指行为人使用枪支或者向被害人显示持有、佩带的枪支进行抢劫的行为。"枪支"的概念和范围，适用枪支管理法的规定。

【司法解释 I · 注释】

关于"持枪抢劫"的认定。使用假枪、玩具枪进行抢劫的行为，不能认定为"持枪抢劫"。因为行为人使用假枪、玩具枪进行抢劫，客观上不可能借助"枪支"的功能给被害人施加伤害，这种行为的危害性要远远小于使用真枪。因此，司法解释中"枪支"的概念和范围，适用枪支管理法的规定。

【司法解释 II】

《最高人民法院关于抢劫过程中故意杀人案件如何定罪问题的批复》（法释〔2001〕16 号，20010526）

行为人为劫取财物而预谋故意杀人，或者在劫取财物过程中，为制服被害人反抗而故意杀人的，以抢劫罪定罪处罚。

行为人实施抢劫后，为灭口而故意杀人的，以抢劫罪和故意杀人罪定罪，实行数罪并罚。

【司法解释 II · 注释】

1. 以杀害其他人为手段，威胁被害人，劫取财物的行为，仍应当认定为抢劫罪，而不应以故意杀人罪和抢劫罪实行数罪并罚。

2. 故意杀人后见财起意，乘机窃取被害人财物的行为，一般应按照故意杀人罪和盗窃罪定罪，实行数罪并罚。

【司法解释 III】

《最高人民法院关于审理未成年人刑事案件具体应用法律若干问题的解释》（法释〔2006〕1 号，20060123）

第七条 已满十四周岁不满十六周岁的人使用轻微暴力或者威胁，强行索要其他未成年人随身携带的生活、学习用品或者钱财数量不大，且未造成被害人轻微伤以上或者不敢正常到校学习、生活等危害后果的，不认为是犯罪。

已满十六周岁不满十八周岁的人具有前款规定情形的，一般也不认为是犯罪。

【司法解释 IV】

《最高人民检察院关于强迫借贷行为适用法律问题的批复》（高检发释字〔2014〕1 号，20140417）

……以非法占有为目的，以借贷为名采用暴力、胁迫手段获取他人财物，符合刑法第二百六十三条或者第二百七十四条规定的，以抢劫罪或者敲诈勒索罪追究刑事责任。

【司法指导文件 I】

《最高人民法院关于常见犯罪的量刑指导意见》(法发〔2017〕7号,20170401)

（五）抢劫罪

1. 构成抢劫罪的，可以根据下列不同情形在相应的幅度内确定量刑起点：

（1）抢劫一次的，可以在三年至六年有期徒刑幅度内确定量刑起点。

（2）有下列情形之一的，可以在十年至十三年有期徒刑幅度内确定量刑起点：入户抢劫的；在公共交通工具上抢劫的；抢劫银行或者其他金融机构的；抢劫三次或者抢劫数额达到数额巨大起点的；抢劫致一人重伤的；冒充军警人员抢劫的；持枪抢劫的；抢劫军用物资或者抢险、救灾、救济物资的。依法应当判处无期徒刑以上刑罚的除外。

2. 在量刑起点的基础上，可以根据抢劫情节严重程度、抢劫次数、数额、致人伤害后果等其他影响犯罪构成的犯罪事实增加刑罚量，确定基准刑。

【司法指导文件 II】

《最高人民法院关于审理抢劫、抢夺刑事案件适用法律若干问题的意见》(法发〔2005〕8 号, 20050608)

一、关于"入户抢劫"的认定

根据《抢劫解释》第一条规定，认定"入户抢劫"时，应当注意以下三个问题：一是"户"的范围。"户"在这里是指住所，其特征表现为供他人家庭生活和与外界相对隔离两个方面，前者为功能特征，后者为场所特征。一般情况下，集体宿舍、旅店宾馆、临时搭建工棚等不应认定为"户"，但在特定情况下，如果确实具有上述两个特征的，也可以认定为"户"。二是"入户"目的的非法性。进入他人住所须以实施抢劫等犯罪为目的。抢劫行为虽然发生在户内，但行为人不以实施抢劫等犯罪为目的进入他人住所，而是在户内临时起意实施抢劫的，不属于"入户抢劫"。三是暴力或者暴力胁迫行为必须发生在户内。入户实施盗窃被发现，行为人为窝藏赃物、抗拒抓捕或者毁灭罪证而当场使用暴力或者以暴力相威胁的，如果暴力或者暴力胁迫行为发生在户内，可以认定为"入户抢劫"；如果发生在户外，不能认定为"入户抢劫"。

二、关于"在公共交通工具上抢劫"的认定

公共交通工具承载的旅客具有不特定多数人的特点。根据《抢劫解释》第二条规定，"在公共交通工具上抢劫"主要是指在从事旅客运输的各种公共汽车、大、中型出租车、火车、船只、飞机等正在运营中的机动公共交通工具上对旅客、司售、乘务人员实施的抢劫。在未运营中的大、中型公共交通工具上针对司售、乘务人员抢劫的，或者在小型出租车上抢劫的，不属于"在公共交通工具上抢劫"。

三、关于"多次抢劫"的认定

刑法第二百六十三条第（四）项中的"多次抢劫"是指抢劫三次以上。

对于"多次"的认定，应以行为人实施的每一次抢劫行为均已构成犯罪为前提，综合考虑犯罪故意的产生、犯罪行为实施的时间、地点等因素，客观分析、认定。对于行为人基于一个犯意实施犯罪的，如在同一地点同时对在场的多人实施抢劫的；或基于同一犯意在同一地点实施连续抢劫犯罪的，如在同一地点连续地对途经此地的多人进行抢劫的；或在一次犯罪中对一栋居民楼房中的几户居民连续实施入户抢劫的，一般应认定为一次犯罪。

……

六、关于抢劫犯罪数额的计算

抢劫信用卡后使用、消费的，其实际使用、消费的数额为抢劫数额；抢劫信用卡后未实际使用、消费的，不计数额，根据情节轻重量刑。所抢信用卡数额巨大，但未实际使用、消费或者实际使用、消费的数额未达到巨大标准的，不适用"抢劫数额巨大"的法定刑。

为抢劫其他财物，劫取机动车辆当作犯罪工具或者逃跑工具使用的，被劫取机动车辆的价值计入抢劫数额；为实施抢劫以外的其他犯罪劫取机动车辆的，以抢劫罪和实施的其他犯罪实行数罪并罚。

抢劫存折、机动车辆的数额计算，参照执行《关于审理盗窃案件具体应用法律若干问题的解释》的相关规定。[1]

七、关于抢劫特定财物行为的定性

以毒品、假币、淫秽物品等违禁品为对象，实施抢劫的，以抢劫罪定罪；抢劫的违禁品数量作为量刑情节予以考虑。抢劫违禁品后又以违禁品实施其他犯罪的，应以抢劫罪与具体实施的其他犯罪实行数罪并罚。

抢劫赌资、犯罪所得的赃款赃物的，以抢劫罪定罪，但行为人仅以其所输赌资或所赢赌债为抢劫对象，一般不以抢劫罪定罪处罚。构成其他犯罪的，依照刑法的相关规定处罚。

为个人使用，以暴力、胁迫等手段取得家庭成员或近亲属财产的，一般不以抢劫罪定罪处罚，构成其他犯罪的，依照刑法的相关规定处理；教唆或者伙同他人采取暴力、胁迫等手段劫取家庭成员或近亲属财产的，可以抢劫罪定罪处罚。

八、关于抢劫罪数的认定

行为人实施伤害、强奸等犯罪行为，在被害人未失去知觉，利用被害人不能反抗、不敢反抗的处境，临时起意劫取他人财物的，应以此前所实施的具体犯罪与抢劫罪实行数罪并罚；在被害人失去知觉或者没有发觉的情形下，以及实施故意杀人犯罪行为之后，临时起意拿走他人财物的，应以

---

[1] 相关司法解释现已废止，实践中应当参照2013年4月2日印发的《最高人民法院、最高人民检察院关于办理盗窃刑事案件适用法律若干问题的解释》。——编者注

此前所实施的具体犯罪与盗窃罪实行数罪并罚。

九、关于抢劫罪与相似犯罪的界限

1. 冒充正在执行公务的人民警察、联防人员，以抓卖淫嫖娼、赌博等违法行为为名非法占有财物的行为定性

行为人冒充正在执行公务的人民警察"抓赌"、"抓嫖"，没收赌资或者罚款的行为，构成犯罪的，以招摇撞骗罪从重处罚；在实施上述行为中使用暴力或者暴力威胁的，以抢劫罪定罪处罚。行为人冒充治安联防队员"抓赌"、"抓嫖"、没收赌资或者罚款的行为，构成犯罪的，以敲诈勒索罪定罪处罚；在实施上述行为中使用暴力或者暴力威胁的，以抢劫罪定罪处罚。

2. 以暴力、胁迫手段索取超出正常交易价钱、费用的钱财的行为定性

从事正常商品买卖、交易或者劳动服务的人，以暴力、胁迫手段迫使他人交出与合理价钱、费用相差不大钱物，情节严重的，以强迫交易罪定罪处罚；以非法占有为目的，以买卖、交易、服务为幌子采用暴力、胁迫手段迫使他人交出与合理价钱、费用相差悬殊的钱物的，以抢劫罪定罪处刑。在具体认定时，既要考虑超出合理价钱、费用的绝对数额，还要考虑超出合理价钱、费用的比例，加以综合判断。

3. 抢劫罪与绑架罪的界限

绑架罪是侵害他人人身自由权利的犯罪，其与抢劫罪的区别在于：第一，主观方面不尽相同。抢劫罪中，行为人一般出于非法占有他人财物的故意实施抢劫行为，绑架罪中，行为人既可能为勒索他人财物而实施绑架行为，也可能出于其他非经济目的实施绑架行为。第二，行为手段不尽相同。抢劫罪表现为行为人劫取财物一般应在同一时间、同一地点，具有"当场性"；绑架罪表现为行为人以杀害、伤害等方式向被绑架人的亲属或其他人或单位发出威胁，索取赎金或提出其他非法要求，劫取财物一般不具有"当场性"。

绑架过程中又当场劫取被害人随身携带财物的，同时触犯绑架罪和抢劫罪两罪名，应择一重罪定罪处罚。

4. 抢劫罪与寻衅滋事罪的界限

寻衅滋事罪是严重扰乱社会秩序的犯罪，行为人实施寻衅滋事的行为时，客观上也可能表现为强拿硬要公私财物的特征。这种强拿硬要的行为与抢劫罪的区别在于：前者行为人主观上还具有逞强好胜和通过强拿硬要来填补其精神空虚等目的，后者行为人一般只具有非法占有他人财物的目的；前者行为人客观上一般不以严重侵犯他人人身权利的方法强拿硬要财物，而后者行为人则以暴力、胁迫等方式作为劫取他人财物的手段。司法实践中，对于未成年人使用或威胁使用轻微暴力强抢少量财物的行为，一般不宜以抢劫罪定罪处罚。其行为符合寻衅滋事罪特征的，可以寻衅滋事罪定罪处罚。

5. 抢劫罪与故意伤害罪的界限

行为人为索取债务，使用暴力、

暴力威胁等手段的，一般不以抢劫罪定罪处罚。构成故意伤害等其他犯罪的，依照刑法第二百三十四条等规定处罚。

十、抢劫罪的既遂、未遂的认定

抢劫罪侵犯的是复杂客体，既侵犯财产权利又侵犯人身权利，具备劫取财物或者造成他人轻伤以上后果两者之一的，均属抢劫既遂；既未劫取财物，又未造成他人人身伤害后果的，属抢劫未遂。据此，刑法第二百六十三条规定的八种处罚情节中除"抢劫致人重伤、死亡的"这一结果加重情节之外，其余七种处罚情节同样存在既遂、未遂问题，其中属抢劫未遂的，应当根据刑法关于加重情节的法定刑规定，结合未遂犯的处理原则量刑。

十一、驾驶机动车、非机动车夺取他人财物行为的定性

对于驾驶机动车、非机动车（以下简称"驾驶车辆"）夺取他人财物的，一般以抢夺罪从重处罚。但具有下列情形之一，应当以抢劫罪定罪处罚：

（1）驾驶车辆，逼挤、撞击或强行逼倒他人以排除他人反抗，乘机夺取财物的；

（2）驾驶车辆强抢财物时，因被害人不放手而采取强拉硬拽方法劫取财物的；

（3）行为人明知其驾驶车辆强行夺取他人财物的手段会造成他人伤亡的后果，仍然强行夺取并放任造成财物持有人轻伤以上后果的。

【司法指导文件Ⅱ·注释】

1. 关于"入户抢劫"的认定。乡村里"独门独院"中的院落，因符合供家庭生活使用和与外界相对隔离的特征，应认定为"户"的组成部分，行为人侵入独院中实施抢劫的，属于入户抢劫。

暴力或暴力胁迫行为是指抢劫的实行行为，且必须发生在户内。有的情况下行为人是在户外实施暴力，如扔石头或施加语言威胁，逼迫受害人交出财物，虽然也对户内受害人直接产生了遭受暴力侵害的现实危险，但还不属于发生在户内的狭小空间中的、难以躲避的侵害，毕竟行为人尚未侵入户内，不宜认定为暴力发生于户内；反之，对于行为人非法侵入他人户内实施抢劫，受害人逃出户外，其暴力行为延伸至户外的，仍应认定暴力行为发生于户内。

2. 关于"在公共交通工具上抢劫"的认定。对于行为人在公共交通工具上以麻醉方式抢劫特定旅客的，是否应认定为"在公共交通工具上抢劫"？实践中有不同认识。一般来说，行为人只要主观上具有在运营中的交通工具上抢劫的故意，客观上实施了暴力劫财的行为，无论其具体的抢劫手段是公开的还是秘密的，无论其行为是否被他人察觉，均可构成"在公共交通工具上抢劫"。

3. 关于抢劫犯罪数额的计算。行为人使用暴力或暴力胁迫的方法抢劫他人信用卡使用、消费的，其使用、消费信用卡的数额可以作为抢劫犯罪

的数额，其行为可以纳入抢劫罪中进行评价，不再另行以信用卡诈骗罪评价。如果数罪并罚，将不适当地加重处罚，导致量刑失衡。

【司法指导文件Ⅲ】

《最高人民法院关于审理抢劫刑事案件适用法律若干问题的指导意见》（法发〔2016〕2 号，20160106）

一、关于审理抢劫刑事案件的基本要求

坚持贯彻宽严相济刑事政策。对于多次结伙抢劫，针对农村留守妇女、儿童及老人等弱势群体实施抢劫，在抢劫中实施强奸等暴力犯罪的，要在法律规定的量刑幅度内从重判处。

对于罪行严重或者具有累犯情节的抢劫犯罪分子，减刑、假释时应当从严掌握，严格控制减刑的幅度和频度。对因家庭成员就医等特定原因初次实施抢劫，主观恶性和犯罪情节相对较轻的，要与多次抢劫以及为了挥霍、赌博、吸毒等实施抢劫的案件在量刑上有所区分。对于犯罪情节较轻，或者具有法定、酌定从轻、减轻处罚情节的，坚持依法从宽处理。

确保案件审判质量。审理抢劫刑事案件，要严格遵守证据裁判原则，确保事实清楚，证据确实、充分。特别是对因抢劫可能判处死刑的案件，更要切实贯彻执行刑事诉讼法及相关司法解释、司法文件，严格依法审查判断和运用证据，坚决防止冤错案件的发生。

对抢劫刑事案件适用死刑，应当坚持"保留死刑，严格控制和慎重适用死刑"的刑事政策，以最严格的标准和最审慎的态度，确保死刑只适用于极少数罪行极其严重的犯罪分子。对被判处死刑缓期二年执行的抢劫犯罪分子，根据犯罪情节等情况，可以同时决定对其限制减刑。

二、关于抢劫犯罪部分加重处罚情节的认定

1. 认定"入户抢劫"，要注重审查行为人"入户"的目的，将"入户抢劫"与"在户内抢劫"区别开来。以侵害户内人员的人身、财产为目的，入户后实施抢劫，包括入户实施盗窃、诈骗等犯罪而转化为抢劫的，应当认定为"入户抢劫"。因访友办事等原因经户内人员允许入户后，临时起意实施抢劫，或者临时起意实施盗窃、诈骗等犯罪而转化为抢劫的，不应定为"入户抢劫"。

对于部分时间从事经营、部分时间用于生活起居的场所，行为人在非营业时间强行入内抢劫或者以购物等为名骗开房门入内抢劫的，应认定为"入户抢劫"。对于部分用于经营、部分用于生活且之间有明确隔离的场所，行为人进入生活场所实施抢劫的，应认定为"入户抢劫"；如场所之间没有明确隔离，行为人在营业时间入内实施抢劫的，不认定为"入户抢劫"，但在非营业时间入内实施抢劫的，应认定为"入户抢劫"。

2. "公共交通工具"，包括从事旅客运输的各种公共汽车，大、中型出租车，火车，地铁，轻轨，轮船，飞机等，不含小型出租车。对于虽不具有商业营运执照，但实际从事旅客运输的大、中型交通工具，可认定为"公共交通工具"。接送职工的单位班车、接送师生的校车等大、中型交通工具，视为"公共交通工具"。

"在公共交通工具上抢劫"，既包括在处于运营状态的公共交通工具上对旅客及司售、乘务人员实施抢劫，也包括拦截运营途中的公共交通工具对旅客及司售、乘务人员实施抢劫，但不包括在未运营的公共交通工具上针对司售、乘务人员实施抢劫。以暴力、胁迫或者麻醉等手段对公共交通工具上的特定人员实施抢劫的，一般应认定为"在公共交通工具上抢劫"。

3. 认定"抢劫数额巨大"，参照各地认定盗窃罪数额巨大的标准执行。抢劫数额以实际抢劫到的财物数额为依据。对以数额巨大的财物为明确目标，由于意志以外的原因，未能抢到财物或实际抢得的财物数额不大的，应同时认定"抢劫数额巨大"和犯罪未遂的情节，根据刑法有关规定，结合未遂犯的处理原则量刑。

根据《两抢意见》第六条第一款规定，抢劫信用卡后使用、消费的，以行为人实际使用、消费的数额为抢劫数额。由于行为人意志以外的原因无法实际使用、消费的部分，虽不计入抢劫数额，但应作为量刑情节考虑。通过银行转账或者电子支付、手机银行等支付平台获取抢劫财物的，以行为人实际获取的财物为抢劫数额。

4. 认定"冒充军警人员抢劫"，要注重对行为人是否穿着军警制服、携带枪支、是否出示军警证件等情节进行综合审查，判断是否足以使他人误以为是军警人员。对于行为人仅穿着类似军警的服装或仅以言语宣称系军警人员但未携带枪支、也未出示军警证件而实施抢劫的，要结合抢劫地点、时间、暴力或威胁的具体情形，依照常人判断标准，确定是否认定为"冒充军警人员抢劫"。

军警人员利用自身的真实身份实施抢劫的，不认定为"冒充军警人员抢劫"，应依法从重处罚。

三、关于转化型抢劫犯罪的认定
……

四、具有法定八种加重处罚情节的刑罚适用

1. 根据刑法第二百六十三条的规定，具有"抢劫致人重伤、死亡"等八种法定加重处罚情节的，处十年以上有期徒刑、无期徒刑或者死刑，并处罚金或者没收财产。应当根据抢劫的次数及数额、抢劫对人身的损害、对社会治安的危害等情况，结合被告人的主观恶性及人身危险程度，并根据量刑规范化的有关规定，确定具体的刑罚。判处无期徒刑以上刑罚的，一般应并处没收财产。

2. 具有下列情形之一的，可以判处无期徒刑以上刑罚：

（1）抢劫致三人以上重伤，或者致人重伤造成严重残疾的；

（2）在抢劫过程中故意杀害他人，或者故意伤害他人，致人死亡的；

（3）具有除"抢劫致人重伤、死亡"外的两种以上加重处罚情节，或者抢劫次数特别多、抢劫数额特别巨大的。

3. 为劫取财物而预谋故意杀人，

或者在劫取财物过程中为制服被害人反抗、抗拒抓捕而杀害被害人，且被告人无法定从宽处罚情节的，可依法判处死刑立即执行。对具有自首、立功等法定从轻处罚情节的，判处死刑立即执行应当慎重。

对于采取故意杀人以外的其他手段实施抢劫并致人死亡的案件，要从犯罪的动机、预谋、实行行为等方面分析被告人主观恶性的大小，并从有无前科及平时表现、认罪悔罪情况等方面判断被告人的人身危害程度，不能不加区别，仅以出现被害人死亡的后果，一律判处死刑立即执行。

4. 抢劫致人重伤案件适用死刑，应当更加慎重、更加严格，除非具有采取极其残忍的手段造成被害人严重残疾等特别恶劣的情节或者造成特别严重后果的，一般不判处死刑立即执行。

5. 具有刑法第二百六十三条规定的"抢劫致人重伤、死亡"以外其他七种加重处罚情节，且犯罪情节特别恶劣、危害后果特别严重的，可依法判处死刑立即执行。认定"情节特别恶劣、危害后果特别严重"，应当从严掌握，适用死刑必须非常慎重、非常严格。

五、抢劫共同犯罪的刑罚适用

1. 审理抢劫共同犯罪案件，应当充分考虑共同犯罪的情节及后果、共同犯罪人在抢劫中的作用以及被告人的主观恶性、人身危险性等情节，做到准确认定主从犯，分清罪责，以责定刑，罚当其罪。一案中有两名以上主犯的，要从犯罪提意、预谋、准备、行为实施、赃物处理等方面区分出罪责最大者和较大者；有两名以上从犯的，要在从犯中区分出罪责相对更轻者和较轻者。对从犯的处罚，要根据案件的具体事实、从犯的罪责，确定从轻还是减轻处罚。对具有自首、立功或者未成年人且初次抢劫等情节的从犯，可以依法免除处罚。

2. 对于共同抢劫致一人死亡的案件，依法应当判处死刑的，除犯罪手段特别残忍、情节及后果特别严重、社会影响特别恶劣、严重危害社会治安的外，一般只对共同抢劫犯罪中作用最突出、罪行最严重的那名主犯判处死刑立即执行。罪行最严重的主犯如因系未成年人而不适用死刑，或者因具有自首、立功等法定从宽处罚情节而不判处死刑立即执行的，不能不加区别地对其他主犯判处死刑立即执行。

3. 在抢劫共同犯罪案件中，有同案犯在逃的，应当根据现有证据尽量分清在押犯与在逃犯的罪责，对在押犯应按其罪责处刑。罪责确实难以分清，或者不排除在押犯的罪责可能轻于在逃犯的，对在押犯适用刑罚应当留有余地，判处死刑立即执行要格外慎重。

六、累犯等情节的适用

根据刑法第六十五条第一款的规定，对累犯应当从重处罚。抢劫犯罪被告人具有累犯情节的，适用刑罚时要综合考虑犯罪的情节和后果，所犯前后罪的性质、间隔时间及判刑轻重等情况，决定从重处罚的力度。对于前罪系抢劫等严重暴力犯罪的累犯，应当依法加大从重处罚的力度。对于虽不构成累犯，但具有抢劫犯罪前科的，一般不适用减轻处罚和缓刑。对于可能判处死刑的罪犯具有累犯情节的也应慎重，不能只要是累犯就一律判处死刑立即执行；被告人同时具有累犯和法定从宽处罚情节的，判处死刑立即执行应当综合考虑，从严掌握。

七、关于抢劫案件附带民事赔偿的处理原则

要妥善处理抢劫案件附带民事赔偿工作。审理抢劫刑事案件，一般情况下人民法院不主动开展附带民事调解工作。但是，对于犯罪情节不是特别恶劣或者被害方生活、医疗陷入困境，被告人与被害方自行达成民事赔偿和解协议的，民事赔偿情况可作为评价被告人悔罪态度的依据之一，在量刑上酌情予以考虑。

【司法指导文件Ⅲ·注释】

1. 司法实践中，对非以抢劫为目的的入户，而是"以侵害户内人员的人身、财产为目的"而入户，而后实施抢劫的，应当以本《指导意见》为依据，认定为"入户抢劫"，而不能以司法解释第一条关于'"入户抢劫"，是指为实施抢劫行为而进入他人生活的、与外界相对隔离的住所，包括封闭的院落、牧民的帐篷、渔民作为家庭生活场所的渔船、为生活租用的房屋等进行抢劫的行为"的规定为依据，不认定为"入户抢劫"。也就是说，司法解释、《两抢意见》《指导意见》三个文件中，凡是内容有发展变化的，均以发展变化了的后一个文件

为依据。三个文件之间的关系是递进式的补充和完善，而不是简单地否定。

2. 关于"携带凶器抢夺"不存在转化抢劫的问题。对于所携凶器本身、抢夺所处地点等，只是量刑时考虑的酌情因素，而不是必然地构成刑法第二百六十三条规定的八种加重处罚情形。如：（1）行为人携带枪支抢夺。此种情形，以抢劫论处的原因是因为其携带了枪支进行抢夺，是法定的以抢劫论，而本身行为不是典型的抢劫，因此，不再以持枪抢劫罪论，避免对携带枪支行为进行重复评价。（2）在公共交通工具上抢夺、入户抢夺等，同样是法定将抢夺行为以抢劫罪论处，而不能认定为在公共交通工具上抢劫或者入户抢夺等。但是，如果行为人三次以上携带凶器抢夺的，自然构成"多次抢劫"。如果行为人携带凶器抢夺行为实施后，为窝藏赃物、抗拒抓捕或者毁灭罪证而当场使用暴力或者以暴力相威胁的，也仍然是适用刑法第二百六十七条第二款和第二百六十三条的规定，以抢劫罪定罪处罚，而不是适用刑法第二百六十九条的规定，以转化型抢劫处理。此时，其抢劫的地点如果在户内或者公共交通工具上，则因行为本身就是抢劫，故应当认定为"入户抢劫"或者"在公共交通工具上抢劫"。如果以枪支作为暴力或者威胁的工具的，则可认定为"持枪抢劫"。如果使用暴力致人死亡的，则构成"抢劫致人死亡"。

【司法指导文件Ⅳ】

《最高人民法院研究室关于对非法

占有强迫他人卖血所得款物案件如何定性问题的意见函》(19951023)

被告人以非法占有为目的，强迫被害人卖血后占有卖血所得款物的行为，构成抢劫罪；其间实施的非法剥夺被害人人身自由的行为，应作为抢劫罪从重处罚的情节予以考虑。

【司法指导文件 V】

《最高人民法院研究室关于对在绑架勒索犯罪过程中对同一受害人又有抢劫行为应如何定罪问题的答复》(19950530)

行为人在绑架勒索犯罪过程中，又抢劫同一人被害人财物的，应以绑架勒索罪①定罪，从重处罚；同时又抢劫他人财物的，应分别以绑架勒索罪、抢劫罪定罪，实行数罪并罚。

【司法指导文件 Ⅵ】

《最高人民法院研究室关于强迫借贷行为如何适用法律问题的研究意见》(2014)

采用暴力、威胁手段强迫他人借贷的，可以认定为刑法第二百二十六条第二项规定的"强迫他人提供或者接受服务"，情节严重的，以强迫交易罪论处；但是，以非法占有为目的，采用暴力、胁迫、要挟等手段强迫他人借贷，符合刑法第二百六十三条或者第二百七十四条规定的，以抢劫罪或者敲诈勒索罪论处。

【司法指导文件 Ⅶ】

《最高人民法院研究室关于持仿真玩具枪实施抢劫犯罪有关问题的研究意见》(2012)

持仿真玩具枪实施抢劫，不应认定为"持枪抢劫"。

【法院公报案例】

〔淄博市人民检察院诉杨保营等人抢劫、绑架、寻衅滋事案，GB2005 - 2〕

被告人以殴打、捆绑、禁闭为手段非法拘禁被害人，并迫使被害人直接交出现金的行为，应按抢劫罪论处。

〔上海市黄浦区人民检察院诉陈祥国绑架案，GB2007 - 1〕

1. 勒索财物型的绑架罪，是指行为人绑架他人作为人质，以人质的安危来要挟被绑架人以外的第三人，向该第三人勒索财物的行为。行为人虽然控制了被害人的人身自由，但其目的不是以被害人为人质来要挟被害人以外的第三人并向第三人勒索财物，而是对被害人实施暴力、胁迫以直接劫取财物，其行为不构成绑架罪。

2. 索债型的非法拘禁罪，是指行为人以索取债务（包括合法债务与非法债务）为目的，以拘留、禁闭或者其他方法故意非法剥夺他人人身自由的行为。如果不能证实行为人与被害人之间存在债权债务关系，则不构成索债型的非法拘禁罪。

3. 行为人以暴力、胁迫的方法要求被害人交出自己的财产，由于被害人的财产不在身边，行为人不得不同意被害人通知其他人送来财产，也不得不与被害人一起等待财产的到来。这种行为不是以被害人为人质向被害

---

① 该罪 1997 年后调整为绑架罪。——编者注

人以外的第三人勒索财物，而是符合"使用暴力、胁迫方法当场强行劫取财物"的抢劫罪特征，应当按照刑法第二百六十三条的规定定罪处罚。

〔内蒙古自治区乌海市人民检察院诉白雪云等抢劫案，GB2008 - 5〕

抢劫罪是指以非法占有为目的，以暴力、胁迫或者其他方法，强行劫取公私财物的行为。这里所称的"暴力"，是指犯罪人对被害人的身体实施打击或者强制，如杀伤、殴打、捆绑或禁闭等。行为人出于非法占有的目的，以欺骗的方法将被害人诱至其承租的住房内，而后将被害人反锁在其事先改造过的房间内，致使被害人不能反抗，从而劫取被害人随身携带的财物的，属于以对被害人的身体实施强制禁闭的暴力方法，强行劫取公私财物的行为，应按抢劫罪定罪处罚。

〔广东省肇庆市人民检察院诉梁克财等抢劫案，GB2010 - 6〕

1.《最高人民法院关于对为索取法律不予保护的债务非法拘禁他人行为如何定罪问题的解释》规定，行为人为索取高利贷、赌债等法律不予保护的债务，非法扣押、拘禁他人的，依照刑法第二百三十八条的规定定罪处罚。据此，在上述规定情形下构成非法拘禁罪的前提条件，是实际存在高利贷、赌债等法律不予保护的债务。行为人仅是主观上怀疑受害人在赌局中对其设计骗局，为追回赌资而非法劫持受害人，逼迫受害人交出财物的，不属于上述司法解释规定的情形。

2. 根据刑法第二百六十三条的规定，抢劫罪是指以非法占有为目的，

对财物的所有人、保管人当场使用暴力、胁迫或其他方法，强行将公私财物抢走的行为。行为人当场使用暴力控制受害人，迫使受害人通过网上银行转账的形式将钱款转入行为人指定的账户，其行为属于迫使受害人当场交出财物，符合抢劫罪的犯罪构成，应依照刑法第二百六十三条的规定定罪处罚。

【法院参考案例】

〔参考案例第92号：戚道云等抢劫案〕为消灭债务采用暴力、胁迫手段抢回欠款凭证的行为应如何定性？

债务人邀约他人，采用暴力、胁迫手段，强迫债权人交出欠条，并在"签收欠款"的收条上签字，以达到消灭债务目的的案件，应当认定债务人的行为构成抢劫罪。在特定情况下，欠款凭证往往等于同值的财产。如果债务人上述行为已经实施终了，相当于实现了消灭债务的犯罪目的，应当认定为犯罪既遂。

〔参考案例第91号：包胜芹等故意伤害、抢劫案〕〔参考案例第97号：刘汉福等抢劫案〕丈夫伙同他人抢劫夫妻共同财产的行为如何定性？

丈夫伙同他人抢劫夫妻共同财产的行为，构成抢劫罪。根据罪责刑相适应原则，丈夫应当与其他共犯一样，对抢得的全部金额承担刑事责任，而非只对部分金额负责。

〔参考案例第134号：明安华抢劫案〕子女进入父母居室内抢劫的能否认定为"入户抢劫"？

财产共有人抢劫共有财产的，可

以按抢劫罪定罪处罚。子女进入父母（包括继父母）住宅抢劫的，一般不应当认定为"入户抢劫"。

〔**参考案例第 112 号：郑小平、邹小虎抢劫案**〕以暴力、威胁手段强迫他人提供贷款的行为如何定性？

以暴力、威胁手段强迫他人提供贷款的行为，如果不能证实行为人具有非法占有他人财物的目的，就不能以抢劫罪或者敲诈勒索罪定罪处罚。强迫金融机构工作人员提供贷款的行为，是扰乱市场秩序的行为，情节严重的，应以强迫交易罪定罪。

〔**参考案例第 117 号：周建平、卫杨林、吴江、刘有志抢劫、敲诈勒索案**〕如何正确区分抢劫罪与绑架罪、敲诈勒索罪的界限？

在抢劫过程中，威胁被害人事后交出钱财的行为应认定为敲诈勒索罪；控制被害人人身劫取被害人本身财物的，不构成绑架罪，构成抢劫罪。

〔**参考案例第 139 号：黄斌等抢劫（预备）案**〕抢劫罪的犯罪预备应如何认定及处理？

抢劫罪的成立，必须以行为人已实施了暴力、威胁等法定的犯罪方法为要件，因此，只有行为人已开始实施上述特定行为，才能视为犯罪着手。被告人出于抢劫他人出租车的犯罪目的，共同策划，准备了刀、绳等作案工具，选定了抢劫对象，并将出租车诱骗开往他们的预定路线，最后因司机及时警觉报案，从而使被告人的行为被迫停顿。在此过程中，被告人的行为仍属犯罪预备阶段，应视预备实行的犯罪的性质、所准备工具的杀伤力、制造条件的充分程度，衡量犯罪预备行为的社会危害性，并做出相应处罚。

〔**参考案例第 159 号：邹代明抢劫案**〕设置机关将他人禁闭起来以得逞劫财目的的行为如何定性？

被告人以交易为名，使用欺骗手段，将被害人骗入自己租住的房间内，趁被害人不注意，将其锁在屋中，携被害人事先交付的钱款离开。被告人的行为，属于以"其他方法"劫取他人财物，应以抢劫罪定罪论处。

〔**参考案例第 190 号：曾贤勇抢劫案**〕携带凶器在银行营业大厅抢夺储户现金行为如何定性？

携带凶器在银行营业大厅抢夺储户现金，应当以抢劫罪定罪处罚。但是，正在银行或者其他金融机构等待办理业务的客户毕竟不是金融机构本身，所以，被告人的行为不宜视为抢劫金融机构。

〔**参考案例第 272 号：杨保营等抢劫、绑架案**〕暴力劫持、拘禁他人之后迫使其本人交出现金行为应如何定性？

行为人以索要财物为目的，将被害人挟持至旅馆，予以非法拘禁，要求被害人交付大量现金。被害人同意付款后，行为人挟持被害人至其家中，取得钱款后将被害人释放。在上述过程中，由于行为人的目的只是向被害人索取财物，未向被害人之外的第三人索要财物，因此不能认定为绑架罪。尽管行为人对被害人实施了较长时间的非法拘禁，但鉴于本案中非法拘禁与抢劫之间存在目的与手段上的牵连关系，根据牵连犯择一重罪从重处罚的原则，对行为人应以抢劫罪一罪从重处罚。

〔参考案例第 282 号：王团结等抢劫、敲诈勒索案〕挟持被害人前往其亲友处取钱的行为应如何定罪？

行为人采用殴打、持刀等威胁手段，当场抢走被害人随身携带的财物后，又挟持被害人至其兄开设的餐馆，谎称被害人开车时撞到人需要钱交押金，由被害人向其兄拿钱与存折，并交给行为人。由于被告人行为人并未向被害人之兄表示被害人已被绑架，也非直接向被害人之兄实施勒索，被害人之兄并不知道被害人此时正被挟持，也未感受到被勒索。故应认定行为人仍是在向被害人索取钱财，而非向被害人之兄进行勒索。因此，行为人之前之后的行为都应认定为抢劫罪一罪。

〔参考案例第 288 号：陆剑钢等抢劫案〕冲入设在他人住所内的赌场抢劫是否属于"入户抢劫"？

行为人以非法占有为目的，冲进设在他人住所内的赌场，以持刀威胁为手段，劫走其他赌客财物。整个过程是行为人得知他人正设局赌博后，事先策划好的行为，客观上行为人仅以参赌人员为抢劫对象，劫取的财物均为赌资与参赌人员随身财物，未危及房主户内其他财产。由于主观上没有对住户实施抢劫的犯罪故意，客观上没有实施针对住户及财产抢劫的行为，行为人这种"入户"，是进入赌博场所，而非家庭生活场所，因此，对行为人应按抢劫罪处理，但不宜认定为"入户抢劫"。

〔参考案例第 309 号：杨廷祥等抢劫案〕在个体家庭旅馆针对旅馆主人实施的抢劫是否构成"入户抢劫"？

即便个体家庭旅馆在空间物理结构上与原来作为家庭住所时并无两样，因其先前作为住所具有的封闭性特征随着性质功能改变已经不复存在，不能再视之为刑法上的"户"。在个体家庭旅馆针对旅馆主人实施的抢劫行为，不应认定为入户抢劫。

〔参考案例第 323 号：王跃军、张晓勇抢劫、盗窃案〕"飞车行抢"刑事案件如何定性？

将"飞车行抢"刑事案件一概定性为抢劫罪或者抢夺罪，或者以危害结果为标准定性为抢劫罪、抢夺罪都是不合适的，正确做法应当是根据案件实际情况，具体问题具体分析，符合抢劫罪、抢夺罪或者其他犯罪构成要件的，应分别以相应的罪名定罪：（1）对于并未造成人员伤亡的案件，考虑到行为人主观心态的不确定性和客观上直接针对的是财物，如果行为人抢取财物数额较大的，应以抢夺罪论处；（2）对于造成被害人伤亡后果的案件，应该结合行为人的作案手段、作案环境、作案对象等情况具体分析行为人的主观罪过，分别定性。如果行为人对于伤亡后果的主观罪过是故意（包括直接故意和间接故意），应以抢劫罪定罪处罚。如果行为人对于伤亡后果的主观罪过是过失，则分两种情况处理。在抢取财物达到"数额较大"标准时，致人轻伤的，认定为"其他严重情节"，致人重伤或者死亡的，则认定为"其他特别严重情节"，以抢夺罪定罪处罚。在抢取财物未达到"数额较大"标准时，如果仅因过失造成了被害人轻伤以下的伤害，那么可以对行为人处以治安行政处罚，但难以定罪处罚。如果过失造成了被害人重伤或者死亡，可分别以过失致人重伤罪或者过失致人死亡罪定罪处罚。

〔参考案例第 338 号：姜继红、成盛等抢劫、盗窃案〕连续抢劫多人的是否属于"多次抢劫"？

对于"多次"的认定，应以行为人实施的每一次抢劫行为均已构成犯罪为前提，综合考虑犯罪故意的产生、犯罪行为实施的时间、地点等因素，客观分析、认定。对于行为人基于一个犯意实施犯罪的，如在同一地点同时对在场的多人实施抢劫的；或基于同一犯意在同一地点实施连续抢劫犯罪的，如在同一地点连续地对途经此地的多人进行抢劫的；或在一次犯罪中对一栋居民楼房中的几户居民连续实施入户抢劫的，一般应认定为一次犯罪。也就是说，行为人在同一地点连续对多人同时实施抢劫的，虽然抢劫多人，但由于是基于同一犯意，不仅具有犯罪时间的连续性，还具有犯罪地点的相近性，不属于"多次抢劫"。

〔参考案例第 391 号：李政等抢劫案〕针对特定的被害人在公共交通工具上实施抢劫是否属于"在公共交通工具上抢劫"？

行为人以拉客为名，将特定被害人带至正在运营的长途客车上，并以暴力、威胁方法，劫取被害人随身财物，但未抢劫其他乘客。第二次行劫时，车上除被害人外，只有司机一人。按照相关司法解释、审判指导文件的精神，"在公共交通工具上抢劫"不以行为人实际上是否对不特定多数人实施抢劫行为为标准，而应以不特定多数人的人身权利和财产权利是否受到威胁，或者抢劫行为是否足以使得不特定多数人认为受到威胁为标准。行为人对被害人的暴力、威胁行为，使车上其他乘客或驾驶员受到威胁，侵犯了社会公共秩序与公共运输安全，因此，仍属于"在公共交通工具上抢劫"。

〔参考案例第 401 号：魏建军抢劫、放火案〕抢劫过程中致人重伤昏迷，又放火毁灭罪证致人窒息死亡的，是抢劫致人死亡还是故意杀人？

行为人在抢劫过程中使用暴力致人重伤昏迷，后为毁灭罪证放火焚烧现场，致人窒息死亡，由于其在实施放火行为之前主观上认为被害人已经死亡，故不构成故意杀人罪，应认定为抢劫罪。如果行为人的放火行为构成放火罪的，应以抢劫罪与放火罪数罪并罚。

〔参考案例第 436 号：粟君才等抢劫、非法持有枪支案〕为抢劫而携带枪支，抢劫中未使用枪支的，是否属于持枪抢劫？

"持枪抢劫"是指行为人为达到抢劫目的而使用枪支的行为，通常包括两种行为：一是抢劫中开枪以制服被害人；二是为达到抢劫目的而故意向对方显露枪支，给被害人造成心理恐惧致其不敢反抗。如果只是单纯携带枪支，且并未向被害人及其他在场者显露，不能认定为持枪抢劫。

〔**参考案例第 466 号：韩维等抢劫案**〕非法进入他人共同租住的房屋抢劫是否属于"入户抢劫"？

共租的房屋相对于他人和外界也同样具有隐私性和排他性，虽然合租人不具有家庭成员关系，但合租的房屋系供生活所用，具有私人住所的特点，应当属于刑法意义上的"户"。值得注意的是，不具有家庭成员身份的人共同租用的住所，如果每一个承租人相对于其他人都没有相对独立的空间，该房屋应属于群体共同休息和活动的公共场所，就不能认定为刑法意义上的"户"。当然，家庭成员共同居住的住所，隐私性和排他性则是以整体体现的，即使各成员没有相对独立的空间，也不影响成立"户"。

〔**参考案例第 477 号：王国全抢劫案**〕如何认定抢劫致人死亡？

司法实践中，抢劫致人死亡主要有三种情形：一是使用暴力追求或者放任被害人死亡结果的发生；二是使用暴力抢劫过程中过失致人死亡；三是抢劫时置被害人于危险状态而不予救助，放任其死亡结果的发生。总之，只要被害人的死亡与抢劫行为具有紧密、不中断的因果关系，即可认定抢劫致人死亡。

〔**参考案例第 482 号：王建利等抢劫案**〕抢劫国家二级以上文物应如何量刑？

抢劫国家二级以上文物，应当适用"抢劫数额巨大"的量刑幅度，依

照刑法第二百六十三条第（四）项在十年有期徒刑以上法定刑幅度内量刑。

〔**参考案例第 491 号：侯吉辉、匡家荣、何德权抢劫案**〕在明知他人抢劫的情况下，于暴力行为结束后参与共同搜取被害人财物的行为如何定罪量刑？

事先无通谋，但行为人明知他人抢劫的情况下，于其暴力行为致被害人死亡后参与共同搜取被害人财物的，应以抢劫罪共犯论处，并应适用刑法第二百六十三条一般抢劫罪的规定量刑。

〔**参考案例第 506 号：赵东波、赵军故意杀人、抢劫案**〕预谋并实施抢劫及杀人灭口的应如何定性？

行为人预谋抢劫并杀人灭口，且之后按预谋内容实施抢劫完毕后，又杀人灭口的，应以抢劫罪与故意杀人罪两罪并罚。

〔**参考案例第 520 号：李洪生强迫交易案**〕使用暴力强行向他人当场"借款"并致人轻伤的如何定罪处罚？

强迫交易罪中的"交易"仅指买卖商品、提供和接受服务的行为，使用暴力手段，强行向他人当场"借款"，并致人轻伤的行为，应按抢劫罪定罪处罚。

〔**参考案例第 637 号：张红亮等抢劫、盗窃案**〕劫持被害人后，要求被害人以勒赎之外的名义向其家属索要财物的行为，如何定性？

劫持被害人后，要求被害人以勒赎之外的名义，联系家属汇款到指定账户取得钱款的行为，构成抢劫罪。

〔**参考案例第 643 号：夏洪生抢**

劫、破坏电力设备案〕骗乘出租车欲到目的地抢劫因唯恐被发觉而在中途放弃的，能否认定为抢劫预备阶段的犯罪中止？为抢劫其他财物，劫取机动车辆当作犯罪工具或者逃跑工具使用的，被劫取机动车辆的价值是否应当计入抢劫数额？

1. 在抢劫出租车司机这一类型犯罪，"着手抢劫"的认定标准应以出租车司机的人身和财产法益所面临的危险是否具有急迫性来判断。如果犯罪行为人以抢劫为目的乘坐出租车，但还未采取任何暴力、胁迫手段，则法益所面临危险的急迫性并不明显。骗乘出租车欲到目的地抢劫因唯恐被发觉而在中途放弃的，应当认定为抢劫预备阶段的犯罪中止。

2. 为抢劫其他财物，劫取机动车辆当作犯罪工具或者逃跑工具使用的，被劫取机动车辆的价值计入抢劫数额。

〔参考案例第 685 号：张校抢劫案〕医院抢救中的失误能否中断抢劫行为与被害人死亡结果之间的因果关系？

在被告人行为引起被害人死亡结果发生的可能性较大，而医院抢救行为对结果发生的影响力并非主要的情况下，医院的抢救行为并不能中断被告人的抢劫行为与被害人死亡结果之间的因果关系。

〔参考案例第 730 号：陈惠忠等抢劫案〕"吊模宰客"行为如何定性？

"吊模宰客"，是指一些地方形容不法分子以各种名目诱骗游客到酒吧、咖啡厅、KTV、美容院等场所消费、购物，通过抬高消费金额等手段谋取高额利润，"吊模"则从消费金额中抽取一定比例的违法犯罪活动。"吊模宰客"行为虽有基本套路，但无固定模式，不能千篇一律地用一个罪名去套这类犯罪。根据行为暴力升级的发展态势，"吊模宰客"行为一般涉及下列犯罪：

1. 诈骗罪。非暴力的"吊模宰客"行为对应的往往是诈骗罪。在此阶段，行为人采用各种欺骗手段，不具有暴力或威胁，这是其定性的关键行为特征。例如，安排女青年主动搭识男性被害人后，约至餐厅、酒吧消费，虚开高价，使被害人受到蒙蔽后支付钱财。被害人在此过程中未受到人身威胁，仅是财产权益受到侵害。行为人的诈骗金额达到数额较大的，可以认定构成诈骗罪。

2. 强迫交易罪。从事正常经营的单位或个人，为增加盈利，采用"吊模宰客"的手段拉生意，为促成交易使用较轻暴力、胁迫手段，强买强卖，如果其经营行为是基本正常的、稳定的，行为人追求和获取的经济利益主要源于商业经营活动，基本符合商业利润的发生规律，仅为获取更高经营利润而为之，情节严重的可以认定构成强迫交易罪。其关键特征是具有实际的商业经营活动和经营行为，其刑事责任的根据在于被告人采用了侵害人身权利和市场秩序的交易手段。

3. 敲诈勒索罪、抢劫罪。与强迫交易罪相比，敲诈勒索罪和抢劫罪具有非法占有财物的故意，行为人并非从事正常经营，而是以经营活动为幌子或诱饵，追求的主要不是商业利润，而是商业利润环节之外的他人财产，并且是通过暴力或威胁取得。如果行为人使用的是非暴力的胁迫，或者是非当场兑现的暴力胁迫，则构成敲诈勒索罪。如果行为人以当场实施暴力相威胁或者直接实施暴力而劫取财物，则构成抢劫罪。

〔参考案例第 749 号：蔡苏卫等抢劫案〕以借钱为名劫取财物使用后归还并付利息的行为如何定性？

以借钱为名，通过暴力手段劫取财物使用后归还并偿付利息的行为，应当以抢劫罪定罪处罚。

〔参考案例第 793 号：张超抢劫案〕行为人在赌博完毕离开后返回赌博现场抢走赌资的行为如何定性？

对赌博完毕后返回赌博现场抢走赌资的行为定性，应当重点审查以下两个方面的要素：

一是时空条件。仅以其所输赌资或者所赢赌债作为抢劫对象的行为，应当发生在赌博现场。如果时间上、空间上具有一定的接续性、邻接性，如行为人仅离开半小时就返回赌博场所，或者仅离开赌博房间不远，在宾馆同层走廊或者大堂处，实施抢回所输赌资或者所赢赌债的行为，也应认定为在赌博现场实施的行为。

二是数额条件。即抢取财物没有明显超出自己所输赌资或者所赢赌债的范围。在司法实践中，不能强求行为人在慌乱之中抢回的数额刚好与自己所输赌资或者所赢赌债的数额相等。然而，也不能将所抢数额与所输赌资或者所赢赌债数额的差距无限放大。

〔参考案例第 750 号：韩江维等抢劫案〕指认被害人住址并多次参与蹲守，但此后未参与实施抢劫的，是否属于犯罪中止？

指认被害人住址并多次参与蹲守，但此后未参与实施抢劫的，若没有消除已提供的帮助与犯罪结果之间的因果关系，属于犯罪既遂。

〔参考案例第 814 号：刘某抢劫、强奸案〕为抢劫、强奸同一被害人，穿插实施多种多次暴力犯罪行为，致使被害人跳楼逃离过程中造成重伤以上后果的，如何定罪量刑？

行为人在抢劫过程中，多次强奸被害人，被害人跳窗逃脱摔至重伤的，即使行为人未实际劫得财物，也应当以抢劫罪（既遂）和强奸罪数罪并罚。将被害人重伤后果在抢劫罪、强奸罪中分别予以评价，不属于禁止重复评价的情形。

〔参考案例第 815 号：尹志刚、李龙云抢劫案〕提供配好的钥匙给同伙，让同伙入室抢劫共同居住人的，行为人与同伙是否均构成入户抢劫？行为人代为保管共同居住人钱款期间，伙同他人入室抢劫，并伪造部分保管钱款被抢假象，将部分保管钱款据为己有，如何定性？

1. 提供配好的钥匙给同伙，让同伙入室抢劫共同居住人的，行为人与同伙均构成入户抢劫。

2. 行为人代为保管共同居住人钱款期间，伙同他人入室抢劫，并伪造部分保管钱款被抢假象，将部分保管钱款据为己有，应当认定为抢劫。

〔参考案例第 818 号：徐伟抢劫案〕在高速公路上持刀抢劫出租车司

机，被害人下车呼救时被其他车辆撞击致死，能否适用"抢劫致人死亡"？

在高速公路上持刀抢劫出租车司机，被害人下车呼救时被其他车辆撞击致死，抢劫行为与被害人的死亡结果存在刑法上的因果关系，被告人的行为属于"抢劫致人死亡"。

〔参考案例第 844 号：黄卫松抢劫案〕进入卖淫女出租房嫖宿后，实施抢劫是否构成"入户抢劫"？

没有嫖客进入卖淫女的出租房时，该出租房供卖淫女进行日常生活起居之用，同时具有相对封闭性和私密性，应当被认定为刑法意义上的"户"。相反，当卖淫女决定在该出租房内接纳嫖客时，该出租房实际承载的功能便转化为淫乱牟利的场所。此时，该出租房虽然具有"户"的场所特征，但不具有"户"的功能特征，故嫖宿后当场实施抢劫不构成"入户抢劫"。

〔参考案例第 846 号：刘长庚抢劫案〕行为人从户外追赶被害人进入户内后实施抢劫的行为，能否认定为"入户抢劫"？

行为人在户外持刀威胁被害人劫取财物，见被害人逃跑后，遂追赶至被害人家中，并继续采用捂嘴、持刀划伤等暴力手段实施抢劫，上述行为构成"入户抢劫"。

〔参考案例第 866 号：陈志故意杀人、劫持汽车案〕杀人后劫车逃跑的行为如何定性？

行为人杀人后劫车用于逃跑，没有非法占有车辆的目的，不构成抢劫罪，应当认定为劫持汽车罪。

〔参考案例第 1063 号：习海珠抢

劫案〕逼迫他人书写收条的行为应当如何定性？

将抢劫罪罪状中的"财物"理解为包括有形财物之外的财产性利益，不属类推解释，不违反罪刑法定原则。以暴力、胁迫手段逼迫他人书写收条，侵犯了被害人财产利益，构成抢劫罪。收条一旦写下，即可能改变了原有的财产权利关系，应当认定为抢劫犯罪既遂。

〔参考案例第 1180 号：韦猛抢劫案〕进入无人居住的待租房屋实施抢劫，是否属于"入户抢劫"？

"户"指居民住宅（包括住室和宅院），不包括其他场所。判断是否"入户抢劫"，必须同时考察"户"的功能特征和场所特征，仅有相对隔离的场所特征不是"户"的唯一特性。行为人以看房为由，将被害人骗至无人居住的待租房屋抢劫，因待租房屋不属于"供他人家庭生活和与外界相对隔离的住所"，故不能认定为"入户抢劫"。

〔参考案例第 1181 号：秦红抢劫案〕被允许入户后临时起意盗窃，被发现后当场使用暴力的能否认定为"入户抢劫"？

作为入户发生的转化型抢劫的前提行为，就不应当只限于入户盗窃，而是应当包括入户诈骗、抢夺。至于出于其他合法的或者不是以侵害户内人员的人身、财产为目的的（如赌博、卖淫嫖娼等）进入他人住宅，临时起意当场实施抢劫行为，一般不能认定为"入户抢劫"。

〔参考案例第 1182 号：张红军抢

劫、盗窃案〕入户盗窃数额较少财物为抗拒抓捕当场使用暴力，能否认定"入户抢劫"？

行为人入户盗窃被发现后，当场使用暴力抗拒抓捕，致被害人轻微伤，其行为已构成入户抢劫。

〔**参考案例第 1183 号：郭建良抢劫案**〕如何认定"抢劫致人死亡"？

1. 在抢劫过程中介入其他因素导致被害人死亡的，虽然被害人死亡由多种因素造成，但只要抢劫行为与被害人死亡之间的因果关系没有中断，仍然可以认定为抢劫致人死亡。例如，在抢劫过程中，被害人为逃跑而跌入河流淹死或者穿过马路被车轧死的，应当认定为"抢劫致人死亡"。行为人为抢劫而捆绑被害人的手脚，并将被害人放置在二楼，被害人在呼救时坠楼身亡，也属于"抢劫致人死亡"，反之，在抢劫行为发生后，由于其他因素的介入导致被害人死亡，抢劫行为与死亡结果之间的因果关系中断的，则不应认定为"抢劫致人死亡"。例如，被害人被抢劫后，离开现场，在回家路上因车祸而死亡，或者被害人回家后因被抢劫而自杀的，都因因果关系的中断，而不能认定为"抢劫致人死亡"。

2. 在行为人的抢劫行为介入了其他因素时，要根据具体情况综合判断抢劫行为与被害人死亡结果之间的关系，具体应当考察以下四个方面的因素：（1）抢劫暴力行为导致结果发生的可能性大小；（2）介入因素的异常性大小；（3）介入因素对结果发生作用的大小；（4）介入因素是否属于行

为人的作用范围。在抢劫行为实施中介入了被害人某些行为，进而导致死亡结果的发生时，应根据案件具体情况判断被害人实施的行为是否具有通常性，如果抢劫行为的实施导致被害人不得不或者在通常情况下会实施介入行为，则该介入行为对抢劫行为与被害人死亡结果之间的因果关系没有影响；如果被害人的介入行为属于通常情况下不会实施的行为，即异常行为，该行为对死亡结果又起到决定性作用，则抢劫行为与被害人死亡结果之间的因果关系中断。

〔**参考案例第 1184 号：王志国、肖建美抢劫案**〕如何认定抢劫罪加重处罚情节之一的"冒充军警人员抢劫"？"冒充"是否要求达到使人信以为真的程度？

司法实践中判断是否"冒充军警人员抢劫"，具体包括以下三个条件：

1. 冒充军警的行为应具有一定的表现形式。主要包括行为人主动亮明自己的军警人员身份、出示军警证件、身着军警制式服装、携带警械、驾驶军警车辆等形式。但并非行为人只要具有上述表现形式就一定构成冒充军警人员抢劫，还需根据实际情况考查行为人的主观方面，如其并非出于抢劫的目的，则不宜认定为"冒充军警人员抢劫"，否则将会导致客观归罪。

2. 冒充军警的行为应达到使一般人能够相信其身份的程度。冒充军警抢劫与一般抢劫的差别在于前者同时还损害了军人、警察的形象。若行为人仅用口头的方式冒充军警，且其"演技"拙劣、破绽百出，按照普通人的

辨识能力可以识破，未能使一般人轻易相信，既没有构成一定的威胁程度，也没有损害军人警察的形象，其社会危害性与一般抢劫无异，此行为不宜认定冒充军警人员抢劫，可作为酌定从重的情节为宜。

3. 冒充军警的行为不可简单地依据结果来认定。冒充行为存在被害人信与不信两种结果，虽然被害人是否相信对于冒充行为的认定具有一定影响，但并非只要被害人识破了行为人的假军警身份，就一概不认定为冒充军警人员抢劫。相关指导意见在此处使用的并非"被害人标准"，而是"常人标准"，假如行为人的伎俩高超，足以使一般人信以为真，如果恰巧被具有军警专业知识的被害人轻易识破，虽然行为人冒充失败，但不可因此而不追究其责任，对此仍应认定为冒充军警人员抢劫加重处罚。

〔参考案例第 1185 号：姚小林等抢劫案〕抢劫信用卡的犯罪数额如何认定？

1. 在抢劫犯罪案件中，行为人劫取了信用卡，甚至获取了密码，均不等于行为人已经获取了信用卡上所记载的财物，被害人丧失了对信用卡本身的控制，也不意味着已经丧失了信用卡上所记载的财物。鉴于信用卡所具有的抽象财物与具体财物的双重属性，在抢劫信用卡类犯罪中，只有以行为人从信用卡中实际获取的财物数额，也即信用卡所有人受到的实际损失为抢劫数额的认定标准，才能完整、客观地体现抢劫信用卡行为的社会危害性。

2. 相关审判指导意见对于行为人抢劫信用卡后部分使用、消费，部分没有使用、消费的情形作了补充规定，即"由于行为人意志以外的原因无法实际使用、消费的部分，虽不计入抢劫数额，但应作为量刑情节考虑"。此处的"由于行为人意志以外的原因"是指，行为人主观上有继续使用、消费信用卡的意愿，但由于账户冻结、密码输入错误被吞卡、取款或消费额度限制等客观方面原因导致未能继续使用、消费该信用卡，此时信用卡（主要是指借记卡）内的未使用、消费的部分虽然不能计入抢劫数额，但在量刑时应予以考虑。

第二百六十四条　【盗窃罪】盗窃公私财物，数额较大的，或者多次盗窃、入户盗窃、携带凶器盗窃、扒窃的，处三年以下有期徒刑、拘役或者管制，并处或者单处罚金；数额巨大或者有其他严重情节的，处三年以上十年以下有期徒刑，并处罚金；数额特别巨大或者有其他特别严重情节的，处十年以上有期徒刑或者无期徒刑，并处罚金或者没收财产。

【修正前条文】

第二百六十四条　【盗窃罪】盗窃公私财物，数额较大或者多次盗窃的，处三年以下有期徒刑、拘役或者管制，并处或者单处罚金；数额巨大或者有其他严重情节的，处三年以上十年以下有期徒刑，并处罚金；数额特别巨大或者有其他特别严重情节的，处十年以上有期徒刑或者无期徒刑，并处罚金或者没收财产；有下列情形之一的，处无期徒刑或者死刑，并处没收财产：

（一）盗窃金融机构，数额特别巨大的；

（二）盗窃珍贵文物，情节严重的。

【修正说明】

刑法修正案（八）第三十九条对原条文作出下述修改：一是删去了对盗窃罪可以判处死刑的规定；二是增加了入户盗窃、携带凶器盗窃、扒窃三类行为直接构成盗窃罪的规定。

【立法·要点注释】

"扒窃"，是指在公共场所或者公共交通工具上窃取他人随身携带的财物。扒窃行为往往采取掏兜、割包等手法，严重侵犯公民财产和人身安全，扰乱公共场所秩序，且技术性强，多为屡抓屡放的惯犯，应当予以严厉打击。

【司法解释 I】

《最高人民法院、最高人民检察院关于办理盗窃刑事案件适用法律若干问题的解释》（法释〔2013〕8 号，20130404）

第一条 盗窃公私财物价值一千元至三千元以上、三万元至十万元以上、三十万元至五十万元以上的，应当分别认定为刑法第二百六十四条规定的"数额较大"、"数额巨大"、"数额特别巨大"。

各省、自治区、直辖市高级人民法院、人民检察院可以根据本地区经济发展状况，并考虑社会治安状况，在前款规定的数额幅度内，确定本地区执行的具体数额标准，报最高人民法院、最高人民检察院批准。

在跨地区运行的公共交通工具上盗窃，盗窃地点无法查证的，盗窃数额是否达到"数额较大"、"数额巨大"、"数额特别巨大"，应当根据受理案件所在地省、自治区、直辖市高级人民法院、人民检察院确定的有关数额标准认定。

盗窃毒品等违禁品，应当按照盗窃罪处理的，根据情节轻重量刑。

第二条 盗窃公私财物，具有下列情形之一的，"数额较大"的标准可以按照前条规定标准的百分之五十确定：

（一）曾因盗窃受过刑事处罚的；

（二）一年内曾因盗窃受过行政处罚的；

（三）组织、控制未成年人盗窃的；

（四）自然灾害、事故灾害、社会安全事件等突发事件期间，在事件发生地盗窃的；

（五）盗窃残疾人、孤寡老人、丧失劳动能力人的财物的；

（六）在医院盗窃病人或者其亲友财物的；

（七）盗窃救灾、抢险、防汛、优抚、扶贫、移民、救济款物的；

（八）因盗窃造成严重后果的。

第三条 二年内盗窃三次以上的，应当认定为"多次盗窃"。

非法进入供他人家庭生活，与外

界相对隔离的住所盗窃的,应当认定为"入户盗窃"。

携带枪支、爆炸物、管制刀具等国家禁止个人携带的器械盗窃,或者为了实施违法犯罪携带其他足以危害他人人身安全的器械盗窃的,应当认定为"携带凶器盗窃"。

在公共场所或者公共交通工具上盗窃他人随身携带的财物的,应当认定为"扒窃"。

第四条 盗窃的数额,按照下列方法认定:

(一)被盗财物有有效价格证明的,根据有效价格证明认定;无有效价格证明,或者根据价格证明认定盗窃数额明显不合理的,应当按照有关规定委托估价机构估价;

(二)盗窃外币的,按照盗窃时中国外汇交易中心或者中国人民银行授权机构公布的人民币对该货币的中间价折合成人民币计算;中国外汇交易中心或者中国人民银行授权机构未公布汇率中间价的外币,按照盗窃时境内银行人民币对该货币的中间价折算成人民币,或者该货币在境内银行、国际外汇市场对美元汇率,与人民币对美元汇率中间价进行套算;

(三)盗窃电力、燃气、自来水等财物,盗窃数量能够查实的,按照查实的数量计算盗窃数额;盗窃数量无法查实的,以盗窃前六个月月均正常用量减去盗窃后计量仪表显示的月均用量推算盗窃数额;盗窃前正常使用不足六个月的,按照正常使用期间的月均用量减去盗窃后计量仪表显示的月均用量推算盗窃数额;

(四)明知是盗接他人通信线路、复制他人电信码号的电信设备、设施而使用的,按照合法用户为其支付的费用认定盗窃数额;无法直接确认的,以合法用户的电信设备、设施被盗接、复制后的月缴费额减去被盗接、复制前六个月的月均电话费推算盗窃数额;合法用户使用电信设备、设施不足六个月的,按照实际使用的月均电话费推算盗窃数额;

(五)盗接他人通信线路、复制他人电信码号出售的,按照销赃数额认定盗窃数额。

盗窃行为给失主造成的损失大于盗窃数额的,损失数额可以作为量刑情节考虑。

第五条 盗窃有价支付凭证、有价证券、有价票证的,按照下列方法认定盗窃数额:

(一)盗窃不记名、不挂失的有价支付凭证、有价证券、有价票证的,应当按票面数额和盗窃时应得的孳息、奖金或者奖品等可得收益一并计算盗窃数额;

(二)盗窃记名的有价支付凭证、有价证券、有价票证,已经兑现的,按照兑现部分的财物价值计算盗窃数额;没有兑现,但失主无法通过挂失、补领、补办手续等方式避免损失的,按照给失主造成的实际损失计算盗窃数额。

第六条 盗窃公私财物,具有本解释第二条第三项至第八项规定情形之一,或者入户盗窃、携带凶器盗窃,数额达到本解释第一条规定的"数额巨大"、"数额特别巨大"百分之五十的，可以分别认定为刑法第二百六十四条规定的"其他严重情节"或者"其他特别严重情节"。

第七条 盗窃公私财物数额较大，行为人认罪、悔罪、退赃、退赔，且具有下列情形之一，情节轻微的，可以不起诉或者免予刑事处罚；必要时，由有关部门予以行政处罚：

（一）具有法定从宽处罚情节的；

（二）没有参与分赃或者获赃较少且不是主犯的；

（三）被害人谅解的；

（四）其他情节轻微、危害不大的。

第八条 偷拿家庭成员或者近亲属的财物，获得谅解的，一般可不认为是犯罪；追究刑事责任的，应当酌情从宽。

……

第十条 偷开他人机动车的，按照下列规定处理：

（一）偷开机动车，导致车辆丢失的，以盗窃罪定罪处罚；

（二）为盗窃其他财物，偷开机动车作为犯罪工具使用后非法占有车辆，或者将车辆遗弃导致丢失的，被盗车辆的价值计入盗窃数额；

（三）为实施其他犯罪，偷开机动车作为犯罪工具使用后非法占有车辆，或者将车辆遗弃导致丢失的，以盗窃罪和其他犯罪数罪并罚；将车辆送回未造成丢失的，按照其所实施的其他犯罪从重处罚。

第十一条 盗窃公私财物并造成财物损毁的，按照下列规定处理：

（一）采用破坏性手段盗窃公私财物，造成其他财物损毁的，以盗窃罪从重处罚；同时构成盗窃罪和其他犯罪的，择一重罪从重处罚；

（二）实施盗窃犯罪后，为掩盖罪行或者报复等，故意毁坏其他财物构成犯罪的，以盗窃罪和构成的其他犯罪数罪并罚；

（三）盗窃行为未构成犯罪，但损毁财物构成其他犯罪的，以其他犯罪定罪处罚。

第十二条 盗窃未遂，具有下列情形之一的，应当依法追究刑事责任：

（一）以数额巨大的财物为盗窃目标的；

（二）以珍贵文物为盗窃目标的；

（三）其他情节严重的情形。

盗窃既有既遂，又有未遂，分别达到不同量刑幅度的，依照处罚较重的规定处罚；达到同一量刑幅度的，以盗窃罪既遂处罚。

第十三条 单位组织、指使盗窃，符合刑法第二百六十四条及本解释有关规定的，以盗窃罪追究组织者、指使者、直接实施者的刑事责任。

第十四条 因犯盗窃罪，依法判处罚金刑的，应当在一千元以上盗窃数额的二倍以下判处罚金；没有盗窃数额或者盗窃数额无法计算的，应当在一千元以上十万元以下判处罚金。

第十五条 本解释发布实施后，《最高人民法院关于审理盗窃案件具体应用法律若干问题的解释》（法释〔1998〕4 号）同时废止；之前发布的司法解释和规范性文件与本解释不一致的，以本解释为准。

【司法解释Ⅱ】

《最高人民法院、最高人民检察院关于办理妨害文物管理等刑事案件适用法律若干问题的解释》（法释〔2015〕23 号，20160101）

第二条 盗窃一般文物、三级文物、二级以上文物的，应当分别认定为刑法第二百六十四条规定的"数额较大""数额巨大""数额特别巨大"。

盗窃文物，无法确定文物等级，或者按照文物等级定罪量刑明显过轻或者过重的，按照盗窃的文物价值定罪量刑。

……

第八条第三款 采用破坏性手段盗窃古文化遗址、古墓葬以外的古建筑、石窟寺、石刻、壁画、近代现代重要史迹和代表性建筑等其他不可移动文物的，依照刑法第二百六十四条的规定，以盗窃罪追究刑事责任。

……

第十一条第二款 公司、企业、事业单位、机关、团体等单位实施盗窃文物，故意损毁文物、名胜古迹，过失损毁文物，盗掘古文化遗址、古墓葬等行为的，依照本解释规定的相应定罪量刑标准，追究组织者、策划者、实施者的刑事责任。

第十二条 针对不可移动文物整体实施走私、盗窃、倒卖等行为的，根据所属不可移动文物的等级，依照本解释第一条、第二条、第六条的规定定罪量刑：

（一）尚未被确定为文物保护单位的不可移动文物，适用一般文物的定罪量刑标准；

（二）市、县级文物保护单位，适用三级文物的定罪量刑标准；

（三）全国重点文物保护单位、省级文物保护单位，适用二级以上文物的定罪量刑标准。

针对不可移动文物中的建筑构件、壁画、雕塑、石刻等实施走私、盗窃、倒卖等行为的，根据建筑构件、壁画、雕塑、石刻等文物本身的等级或者价值，依照本解释第一条、第二条、第六条的规定定罪量刑。建筑构件、壁画、雕塑、石刻等所属不可移动文物的等级，应当作为量刑情节予以考虑。

第十三条 案件涉及不同等级的文物的，按照高级别文物的量刑幅度量刑；有多件同级文物的，五件同级文物视为一件高一级文物，但是价值明显不相当的除外。

第十四条 依照文物价值定罪量刑的，根据涉案文物的有效价格证明认定文物价值；无有效价格证明，或者根据价格证明认定明显不合理的，根据销赃数额认定，或者结合本解释第十五条规定的鉴定意见、报告认定。

第十五条 在行为人实施有关行为前，文物行政部门已对涉案文物及其等级作出认定的，可以直接对有关案件事实作出认定。

对案件涉及的有关文物鉴定、价值认定等专门性问题难以确定的，由司法鉴定机构出具鉴定意见，或者由国务院文物行政部门指定的机构出具报告。其中，对于文物价值，也可以由有关价格认证机构作出价格认证并出具报告。

第十六条第一款 实施本解释第一条、第二条、第六条至第九条规定的行为，虽已达到应当追究刑事责任的标准，但行为人系初犯，积极退回或者协助追回文物，未造成文物损毁，并确有悔罪表现的，可以认定为犯罪情节轻微，不起诉或者免予刑事处罚。

……

第十七条 走私、盗窃、损毁、倒卖、盗掘或者非法转让具有科学价值的古脊椎动物化石、古人类化石的，依照刑法和本解释的有关规定定罪量刑。

第十八条 本解释自 2016 年 1 月 1 日起施行。本解释公布施行后，《最高人民法院、最高人民检察院关于办理盗窃、盗掘、非法经营和走私文物的案件具体应用法律的若干问题的解释》（法（研）发〔1987〕32 号）同时废止；之前发布的司法解释与本解释不一致的，以本解释为准。

【司法解释Ⅲ】

《最高人民法院关于审理掩饰、隐瞒犯罪所得、犯罪所得收益刑事案件适用法律若干问题的解释》（法释〔2015〕11 号，20150601）

第六条 对犯罪所得及其产生的收益实施盗窃、抢劫、诈骗、抢夺等行为，构成犯罪的，分别以盗窃罪、抢劫罪、诈骗罪、抢夺罪等定罪处罚。

【司法解释Ⅳ】

《最高人民法院关于审理扰乱电信市场管理秩序案件具体应用法律若干问题的解释》（法释〔2000〕12 号，20000524）

第七条 将电信卡非法充值后使用，造成电信资费损失数额较大的，依照刑法第二百六十四条的规定，以盗窃罪定罪处罚。

第八条 盗用他人公共信息网络上网账号、密码上网，造成他人电信资费损失数额较大的，依照刑法第二百六十四条的规定，以盗窃罪定罪处罚。

【司法解释Ⅴ】

《最高人民法院关于审理破坏森林资源刑事案件具体应用法律若干问题的解释》（法释〔2000〕36 号，20001211）

第九条 将国家、集体、他人所有并已经伐倒的树木窃为己有，以及偷砍他人房前屋后、自留地种植的零星树木，数额较大的，依照刑法第二百六十四条的规定，以盗窃罪定罪处罚。

……

第十五条 非法实施采种、采脂、挖笋、掘根、剥树皮等行为，牟取经济利益数额较大的，依照刑法第二百六十四条的规定，以盗窃罪定罪处罚。同时构成其他犯罪的，依照处罚较重的规定定罪处罚。

【司法解释Ⅵ】

《最高人民法院关于审理未成年人刑事案件具体应用法律若干问题的解释》（法释〔2006〕1 号，20060123）

第九条 已满十六周岁不满十八周岁的人实施盗窃行为未超过三次，盗窃数额虽已达到"数额较大"标准，但案发后能如实供述全部盗窃事实并积极退赃，且具有下列情形之一的，可以认定为"情节显著轻微危害不大"，不认为是犯罪：

（一）系又聋又哑的人或者盲人；

（二）在共同盗窃中起次要或者辅助作用，或者被胁迫；

（三）具有其他轻微情节的。

已满十六周岁不满十八周岁的人盗窃未遂或者中止的，可不认为是犯罪。

已满十六周岁不满十八周岁的人盗窃自己家庭或者近亲属财物，或者盗窃其他亲属财物但其他亲属要求不予追究的，可不按犯罪处理。

【司法解释Ⅶ】

《最高人民法院、最高人民检察院关于办理盗窃油气、破坏油气设备等刑事案件具体应用法律若干问题的解释》（法释〔2007〕3 号，20070119）

第三条　盗窃油气或者正在使用的油气设备，构成犯罪，但未危害公共安全的，依照刑法第二百六十四条的规定，以盗窃罪定罪处罚。

盗窃油气，数额巨大但尚未运离现场的，以盗窃未遂定罪处罚。

为他人盗窃油气而偷开油气井、油气管道等油气设备阀门排放油气或者提供其他帮助的，以盗窃罪的共犯定罪处罚。

第四条　盗窃油气同时构成盗窃罪和破坏易燃易爆设备罪的，依照刑法处罚较重的规定定罪处罚。

【司法指导文件Ⅰ】

《最高人民法院关于常见犯罪的量刑指导意见》（法发〔2017〕7 号，20170401）

（六）盗窃罪

1. 构成盗窃罪的，可以根据下列不同情形在相应的幅度内确定量刑起点：

（1）达到数额较大起点的，两年内三次盗窃的，入户盗窃的，携带凶器盗窃的，或者扒窃的，可以在一年以下有期徒刑、拘役幅度内确定量刑起点。

（2）达到数额巨大起点或者有其他严重情节的，可以在三年至四年有期徒刑幅度内确定量刑起点。

（3）达到数额特别巨大起点或者有其他特别严重情节的，可以在十年至十二年有期徒刑幅度内确定量刑起点。依法应当判处无期徒刑的除外。

2. 在量刑起点的基础上，可以根据盗窃数额、次数、手段等其他影响犯罪构成的犯罪事实增加刑罚量，确定基准刑。多次盗窃，数额达到较大以上的，以盗窃数额确定量刑起点，盗窃次数可作为调节基准刑的量刑情节；数额未达到较大的，以盗窃次数确定量刑起点，超过三次的次数作为增加刑罚量的事实。

【司法指导文件Ⅱ】

《最高人民法院、最高人民检察院、公安部关于办理盗窃油气、破坏油气设备等刑事案件适用法律若干问题的意见》（法发〔2018〕18号，20180928）

二、关于盗窃油气未遂的刑事责任

着手实施盗窃油气行为，由于意志以外的原因未得逞，具有下列情形之一的，以盗窃罪（未遂）追究刑事责任：

（一）以数额巨大的油气为盗窃目标的；

（二）已将油气装入包装物或者运输工具，达到"数额较大"标准三倍以上的；

（三）携带盗油卡子、手摇钻、电钻、电焊枪等切割、打孔、撬砸、拆卸工具的；

（四）其他情节严重的情形。

三、关于共犯的认定

在共同盗窃油气、破坏油气设备等犯罪中，实际控制、为主出资或者组织、策划、纠集、雇佣、指使他人参与犯罪的，应当依法认定为主犯；对于其他人员，在共同犯罪中起主要作用的，也应当依法认定为主犯。

在输油输气管道投入使用前擅自安装阀门，在管道投入使用后将该阀门提供给他人盗窃油气的，以盗窃罪、破坏易燃易爆设备罪等有关犯罪的共同犯罪论处。

四、关于内外勾结盗窃油气行为的处理

行为人与油气企业人员勾结共同盗窃油气，没有利用油气企业人员职务便利，仅仅是利用其易于接近油气设备、熟悉环境等方便条件的，以盗窃罪的共同犯罪论处。

实施上述行为，同时构成破坏易燃易爆设备罪的，依照处罚较重的规定定罪处罚。

五、关于窝藏、转移、收购、加工、代为销售被盗油气行为的处理

明知是犯罪所得的油气而予以窝藏、转移、收购、加工、代为销售或者以其他方式掩饰、隐瞒，符合刑法第三百一十二条规定的，以掩饰、隐瞒犯罪所得罪追究刑事责任。

"明知"的认定，应当结合行为人的认知能力、所得报酬、运输工具、运输路线、收购价格、收购形式、加工方式、销售地点、仓储条件等因素综合考虑。

实施第一款规定的犯罪行为，事前通谋的，以盗窃罪、破坏易燃易爆设备罪等有关犯罪的共同犯罪论处。

六、关于直接经济损失的认定

《最高人民法院、最高人民检察院关于办理盗窃油气、破坏油气设备等刑事案件具体应用法律若干问题的解释》第二条第三项规定的"直接经济损失"包括因实施盗窃油气等行为直接造成的油气损失以及采取抢修堵漏等措施所产生的费用。

对于直接经济损失数额，综合油气企业提供的证据材料、犯罪嫌疑人、被告人及其辩护人所提辩解、辩护意见等认定；难以确定的，依据价格认证机构出具的报告，结合其他证据认定。

油气企业提供的证据材料，应当有工作人员签名和企业公章。

七、关于专门性问题的认定

对于油气的质量、标准等专门性问题，综合油气企业提供的证据材料、犯罪嫌疑人、被告人及其辩护人所提辩解、辩护意见等认定；难以确定的，依据司法鉴定机构出具的鉴定意见或者国务院公安部门指定的机构出具的报告，结合其他证据认定。

油气企业提供的证据材料，应当

有工作人员签名和企业公章。

【司法指导文件Ⅲ】

《全国部分法院审理毒品犯罪案件工作座谈会纪要》（法〔2008〕324 号，20081201）

一、毒品案件的罪名确定和数量认定问题

……盗窃、抢夺、抢劫毒品的，应当分别以盗窃罪、抢夺罪或者抢劫罪定罪，但不计犯罪数额，根据情节轻重予以定罪量刑。盗窃、抢夺、抢劫毒品后又实施其他毒品犯罪的，对盗窃罪、抢夺罪、抢劫罪和所犯的具体毒品犯罪分别定罪，依法数罪并罚。走私毒品，又走私其他物品构成犯罪的，以走私毒品罪和其所犯的其他走私罪分别定罪，依法数罪并罚。

【司法指导文件Ⅳ】

《最高人民检察院法律政策研究室关于非法制作、出售、使用 IC 电话卡行为如何适用法律问题的答复》（〔2003〕高检研发第 10 号，20030402）

明知是非法制作的 IC 电话卡而使用或者购买并使用，造成电信资费损失数额较大的，应当依照刑法第二百六十四条的规定，以盗窃罪追究刑事责任。

【司法指导文件Ⅴ】

《最高人民检察院法律政策研究室关于〈关于多次盗窃中"次"如何认定的法律适用请示〉的答复意见》（20160318）

多次盗窃中"次"的判断，可以参照 2005 年最高人民法院《关于审理抢劫、抢夺刑事案件适用法律若干问题的意见》中多次抢劫的规定认定。

但多次盗窃与多次抢劫必定有所不同，实践中应结合具体案件的具体情况，从主观方面考量行为人是基于一个盗窃的故意，还是多个盗窃的故意；同时，更需要结合客观方面的行为方式，实施行为的条件，以及行为所造成的后果等来综合判断。

【司法指导文件Ⅵ】

《最高人民法院研究室关于盗窃互联网上网流量如何认定盗窃数额研究意见》（2013）

盗窃互联网上网流量的，可以按照销赃数额认定盗窃数额。

【司法指导文件Ⅶ】

《最高人民法院研究室关于入户盗窃但未窃得财物应如何定性问题的研究意见》（2013）

对入户盗窃但未实际窃得任何财物的，应当以盗窃未遂论处。

【指导性案例·法院】

〔臧进泉等盗窃、诈骗案，FZD2014-27〕

行为人利用信息网络，诱骗他人点击虚假链接而实际通过预先植入的计算机程序窃取财物构成犯罪的，以盗窃罪定罪处罚；虚构可供交易的商品或者服务，欺骗他人点击付款链接而骗取财物构成犯罪的，以诈骗罪定罪处罚。

【指导性案例·检察】

〔张四毛盗窃案，JZD2017-37〕

1. 网络域名具备法律意义上的财产属性，盗窃网络域名可以认定为盗窃行为。

2. 行为人利用技术手段，通过变更网络域名绑定邮箱及注册ID，实现了对域名的非法占有，并使原所有人丧失了对网络域名的合法占有和控制，其目的是非法获取网络域名的财产价值，其行为给网络域名的所有人带来直接的经济损失。该行为符合以非法占有为目的窃取他人财产利益的盗窃罪本质属性，应以盗窃罪论处。

3. 对于网络域名的价值，当前可综合考虑网络域名的购入价、销赃价、域名升值潜力、市场热度等综合认定。

【法院公报案例】

〔南京市玄武区人民检察院诉余刚等四人盗窃案，GB2005－8〕

被告人利用编写、传播病毒程序在网上截取他人的银行账号、密码，窃取或实际控制他人网上银行账户内存款的行为，构成盗窃罪。

〔西安市人民检察院诉韦国权盗窃案，GB2006－4〕

机动车为具有特殊属性的物，所有权人必须以所有权凭证来主张自己的所有权。机动车交易只有在办理过户登记手续后，才发生所有权的转移。同时，机动车牌号登记制度也进一步增强了所有人或占有人对车辆的控制力。因此，即使机动车所有人或者占有人在离开车辆时忘记关闭车窗、车灯，将车钥匙忘记在车上，也不能认定其完全丧失对车辆的控制，并由此推定该机动车属于遗忘物。在此情形下，行为人出于非法占有的目的，以秘密窃取的方式取得该机动车辆的，应当以盗窃罪定罪处罚。

〔上海市黄浦区人民检察院诉孟动、何立康网络盗窃案，GB2006－11〕

一、依照法定程序收集的电子文件如果与案件关联，并在与其他证据印证后能够客观地反映案件真实情况，依法可成为刑事诉讼中的证据。

二、行为人通过网络实施的虚拟行为如果对现实生活中刑法所保护的客体造成危害构成犯罪的，应当受刑罚惩罚。

三、秘密窃取网络环境中的虚拟财产构成盗窃罪的，应当按该虚拟财产在现实生活中对应的实际财产遭受损失的数额确定盗窃数额。虚拟财产在现实生活中对应的财产数额，可以通过该虚拟财产在现实生活中的实际交易价格来确定。

四、盗窃罪的犯罪对象是种类繁多的公私财物，盗窃公私财物的种类不同，认定盗窃既遂、未遂的方法就会不同。审判实践中，不存在唯一的具体案件盗窃未遂认定标准，应当根据刑法第二十三条规定的"着手实行犯罪""犯罪未得逞""犯罪未得逞是由于犯罪分子意志以外的原因"三个条件，结合盗窃财物种类等具体情况，认定盗窃犯罪行为是否未遂。行为人在网络中盗窃他人的虚拟财产，只要盗窃行为已实现了非法占有该虚拟财产在现实生活中所对应的被害人财产，理当认定犯罪既遂。至于行为人是否对赃物作出最终处理，以及被害人事后是否追回该虚拟财产，均与行为人已完成的犯罪形态无关。

〔河南省郑州市金水区人民检察院诉杨志成盗窃案，GB2008－11〕

根据刑法关于职务侵占罪的规定，所谓"利用职务上的便利"，是指行为人在实施犯罪时，利用自身的职权，或者利用自身因执行职务而获取的主管、管理、经手本单位财物的便利条件。这里的"主管"，是指行为人在一定范围内拥有调配、处置本单位财产的权力；所谓"管理"，是指行为人对本单位财物直接负有保管、处理、使用的职责，亦即对本单位财产具有一定的处分权；所谓"经手"，是指行为人虽然不负有主管或者管理本单位财物的职责，但因工作需要而在特定的时间、空间内实际控制本单位财物。因此，构成职务侵占罪，就必然要求行为人在非法占有本单位财产时，以其本人职务范围内的权限、职责为基础，利用其对本单位财产具有一定的主管、管理或者经手的职责，在实际支配、控制、处置本单位财物时实施非法占有行为。如果行为人仅仅是在自身工作中易于接触他人主管、管理、经手的本单位财物，或者熟悉作案环境，而利用上述工作中形成的便利条件秘密窃取本单位的财产，则不属于"利用职务上的便利"，应依照刑法第二百六十四条的规定，以盗窃罪定罪处罚。

〔**上海市黄浦区人民检察院诉崔勇、仇国宾、张志国盗窃案**，GB2011-9〕

行为人将银行卡出租给他人使用，租用人更改银行卡密码后，因使用不慎，银行卡被 ATM 机吞掉。行为人出于非法占有的目的，利用租用人请求其帮助取卡之机，在租用人掌握密码并实际占有、控制银行卡内存款的情况下，通过挂失、补卡等手段将银行卡内租用人的存款取出并占为己有，其行为属于秘密窃取他人财物，应以盗窃罪定罪处罚。

【法院参考案例】

〔**参考案例第 106 号：孔庆涛盗窃案**〕〔**参考案例第 325 号：钱炳良盗窃案**〕盗买盗卖股票行为应如何定性？

行为人以非法占有为目的，盗用他人账号与股票交易密码，采用在他人账户上高买低卖某一股票，在自己账户上低买高卖同一股票的方法获取差价的行为，应当认定为盗窃罪，盗窃数额应以行为人实际获利数额为准。

〔**参考案例第 153 号：计永欣故意杀人案**〕故意杀人后又取走被害人财物的如何定性？

故意杀人后又窃取被害人财物的，应当分别构成故意杀人罪和盗窃罪。

〔**参考案例第 277 号：周大伟票据诈骗（未遂）案**〕行为人盗窃印章齐全、已填写好票面金额，且数额较大的现金支票如何定性？如何认定盗窃数额？

行为人盗窃印章齐全、已填写好票面金额，且数额较大的现金支票，本质上与盗窃等额的现金无异，即使未及时兑现，也应以盗窃罪处罚。行为人进而持该现金支票已从金融部门骗领现金的，其骗领行为的性质，属于兑现盗窃物品价值的行为，是盗窃行为自然所牵连的结果行为，因此，仍应定盗窃罪。上述情形下，认定盗窃数额以票面数额为准。

〔**参考案例第 315 号：沈某某盗窃**

案〕对所盗物品的价值有重大认识错误的应如何判断和处罚?

1. 对无价值的东西误认为有较大、巨大或特别巨大价值的东西而盗走的,实践中一般可不作犯罪处理;对有较大、巨大或特别巨大价值的东西误认为是无价值的东西而随手拿走,如果当其发现具有价值后,若没有继续非法占有,一般不应作犯罪处理;对于盗窃对象价值高低的认识错误,一般应当按照盗窃对象的实际价值定罪处罚;对于将价值高的东西误认为价值低的东西拿走应因具体案情而定。

2. 行为人对所盗物品价值是否存在重大认识错误,不能仅凭被告人的供述或辩解来认定,否则,行为人均可以自称对所盗物品价值有重大认识错误,来规避或逃脱其应负的法律责任。判断行为人是否对所盗物品价值存在重大认识错误,主要应从行为人的个人情况及其行为前后的表现来综合分析。一是从主观上进行考察,即行为人是否认识到或应当认识到。除考察其供述、个人情况外,还要综合分析其行为的时间、地点、条件、行为人与被害人等。同时,应从一般人的角度来分析,一般人均能认识的,应视为行为人认识到,以避免行为人推脱责任。对于那些抱着"能偷多少偷多少,偷到什么算什么"心态的行为人来说,其主观故意属于概括性的犯罪故意,因为无论财物价值多少都不违背行为人的本意,自应以实际价值论。二是从手段上进行考察,即行为人采取特定手段进行盗窃即视为具有概括性的故意,犯罪数额以实际价

值论。例如,惯窃、扒窃、入室盗窃、撬锁盗窃、团伙犯罪等,因其行为的严重性,推定其为概括性的犯罪故意,以实际价值认定其盗窃数额。在推定为概括性犯罪故意时,需要注意的是当行为人辩称其不知财物的真实价值,也有充分理由相信其辩解的,而行为人又主动退回的,则应对退回部分不作犯罪处理。三是从场合特定性上进行考察,即只能发生在行为人有合法合理机会接触被盗物品的顺手牵羊场合。被盗物品价值大又容易被误以为小的时候,才会产生认识错误问题。应当注意的是,事实认识错误只影响到刑事责任的承担与否,而不影响责任的大小。因此,只有在特定环境和条件下才能认定被告人是否对盗窃对象的价值存在严重的认识错误,避免出现客观归罪或主观归罪的现象。

〔**参考案例第 339 号:叶文言、叶文语等盗窃案**〕窃取被交通管理部门扣押的自己所有的车辆后进行索赔的行为如何定性?

本人所有的财物在被他人合法占有、控制期间,能够成为自己盗窃的对象。行为人窃取被交通管理部门依法扣押的自有车辆,进而提出索赔的行为,应当认定为盗窃罪,行为人获得赔偿的数额应当认定为盗窃数额。

〔**参考案例第 404 号:陆惠忠、刘敏非法处置扣押财产案**〕窃取本人被司法机关扣押财物的行为如何处理?

1. 如果有证据证明行为人窃取人民法院扣押的财物后,有向人民法院提出索赔的目的,或者已经获得赔偿的情况,则应当以盗窃罪定罪处刑;

反之，如果没有非法占有目的，把自己所有而被司法机关扣押的财产擅自拿走，则不能以盗窃罪处理。

2. 如果非法隐藏、转移、变卖、故意毁损已被司法机关查封、扣押、冻结的财产的行为发生在诉讼保全程序中，而没有进入执行程序，那么应当以非法处置查封、扣押、冻结的财产罪定罪；如果此种行为发生在执行程序中，但行为人并不是负有执行法院判决、裁定义务的人，亦应以非法处置查封、扣押、冻结的财产罪定罪；如果在执行程序中负有执行生效裁判义务的人实施了此种行为，但并没有拒不执行法院生效裁判目的的，也应当以非法处置查封、扣押、冻结的财产罪定罪；如果在执行程序中负有执行生效裁判义务的人实施了此种行为，且具有拒不执行法院生效裁判的目的，因为该行为系作为拒不执行法院裁判的手段实施的，两罪法定刑相同，以拒不执行判决、裁定罪定罪更为适当。

〔**参考案例第412号：张泽容、屈自强盗窃案**〕盗窃定期存折从银行冒名取款的行为如何定性？

行为人盗窃他人定期存折与身份证复印件，据此伪造了失主与本人的身份证，在银行将定期存折转为活期存折后，将存折上款项全部取空。由于盗窃在行为人非法占有他人财物过程中起到了决定作用，上述行为应认定为盗窃罪。

〔**参考案例第427号：张超群、张克银盗窃案**〕窃取他人挖掘机电脑主板后向被害人索取钱财的行为如何定罪处罚？

行为人窃取他人挖掘机电脑主板后向被害人索取钱财的行为，其手段行为构成盗窃罪，目的行为构成敲诈勒索罪，构成牵连犯，在处罚上应择一重罪，即以盗窃罪定罪处罚。

〔**参考案例第483号：马俊、陈小灵等盗窃、隐瞒犯罪所得案**〕在盗窃实行犯不知情的情况下，与销赃人事先约定、事后出资收购赃物的行为是否构成盗窃共犯？

在盗窃实行犯不知情的情况下，与销赃人事先约定、事后出资收购赃物的行为，不构成盗窃共犯。

〔**参考案例第492号：朱影盗窃案**〕对以盗窃与诈骗相互交织的手段非法占有他人财物的行为应如何定性？

在交互使用欺骗与窃取手段的侵财案件中，认定行为的性质是盗窃还是诈骗，关键看行为人获取财物时起决定性作用的手段是窃取还是欺骗。若采用"虚构和蒙骗"的直接手段取得他人财物的，应认定为诈骗罪；若采用"秘密窃取"为直接手段取得他人财物的，则应认定为盗窃罪。

〔**参考案例第508号：范军盗窃案**〕偷配单位保险柜钥匙秘密取走柜内的资金后，留言表明日后归还的行为仍然构成犯罪？

行为人私自偷配财务室保险柜钥匙，盗走单位巨额钱财，留言表明真实身份、声称会连本带利归还给的行为，不属于民间借贷，构成盗窃罪。

〔**参考案例第527号：詹伟东、詹伟京盗窃案**〕通过纺织品网上交易平台窃取并转让他人的纺织品出口配额牟利的行为如何定罪？

纺织品出口配额按照现行国家政策可转让，具有财产属性，可视为财物，对被告人私下窃取他人纺织品出口数量配额并转让牟利的行为，应以盗窃罪论处。

〔参考案例第 557 号：林燕盗窃案〕保姆盗窃主人财物后藏于房间是否构成盗窃既遂？

保姆盗窃户主财物后，对藏于户主衣帽间的财物并没有达到事实上足以排除被害人占有的支配力，没有实现对财物的非法占有，因此构成盗窃未遂；保姆房间是房屋的组成部分之一，对藏于保姆房间的财物，也应认定为盗窃未遂。

〔参考案例第 582 号：杨聪慧、马文明盗窃机动车号牌案〕以勒索钱财为目的盗窃机动车号牌应如何定罪处罚？

机动车号牌不属于盗窃国家机关证件罪中的"国家机关证件"。以敲诈勒索为目的的盗窃机动车号牌的行为，可视具体情形处以敲诈勒索罪或盗窃罪。行为人敲诈得手后归还所窃取的车牌，并达到追诉标准的，可定敲诈勒索罪。行为人未能敲诈到钱财，而将车牌随意丢弃的，可定盗窃罪。盗窃罪的犯罪金额可按被害人补办牌照的费用计算。

〔参考案例第 602 号：程稚瀚盗窃案〕充值卡明文密码可以成为盗窃犯罪的对象吗？

充值卡明文密码代表了充值卡标明的金额，具有一定的价值，属于刑法中的财物，可以成为盗窃犯罪的对象。行为人非法侵入移动公司充值中心修改充值卡数据，并将充值卡明文密码出售的行为属于将电信卡非法充值后使用，构成盗窃罪。

〔参考案例第 661 号：李春旺盗窃案〕入户盗窃信用卡后使用的数额应否一并计入"入户盗窃"数额？

入户盗窃信用卡后使用的数额，应一并计入入户盗窃数额。

〔参考案例第 766 号：邓玮铭盗窃案〕以非法占有为目的，在网络上利用出现系统故障的第三方支付平台，故意输入错误信息，无偿获取游戏点数，如何定性？

处于故障状态的人工智能系统和机器因已经丧失独立的意思表示能力，不能正确识别相关代码，作出的决定不能代表其管理者的真实意志，不能代表其管理者真正"处分"财物，不能成为诈骗的对象。在网络上利用出现系统故障的第三方支付平台，故意输入错误信息，无偿获取游戏点数的行为构成盗窃罪

〔参考案例第 785 号：李波盗伐林木案〕以出售为目的，盗挖价值数额较大的行道树的行为，如何定性？

以出售为目的，盗挖价值数额较大的行道树的行为构成盗窃罪。

〔参考案例第 795 号：陈某盗窃案〕窃取公司提供充值服务的密保卡数据，并进行非法充值，使公司 QQ 密保卡对应的等值服务资费遭受损失的，构成盗窃罪，如何确定盗窃数额？

窃取公司提供充值服务的密保卡数据，并进行非法充值，使公司 QQ 密保卡对应的等值服务资费遭受损失的，构成盗窃罪，盗窃数额应当按照

QQ 密保卡对应的等值服务资费实际受到的损失认定。

〔参考案例第 796 号：**汪李芳盗窃案**〕行为人盗取移动代理商经营的手机 SIM 卡后，代理商从移动公司获得该 SIM 卡销售后的返利，返利金额是否应当从盗窃数额中扣除？

被害代理商在行为人盗窃既遂后，从移动公司获取的销售手机 SIM 卡返利，应当在认定盗窃数额时扣除。

〔参考案例第 849 号：**廖承龙、张文清盗窃案**〕盗回处于债权人质押之下的本人财物，如何定性？

盗窃处于债权人质押之下的本人财物，构成盗窃罪。

〔参考案例第 879 号：**饶继军等盗窃案**〕盗窃金砂后加工成黄金销赃，盗窃数额应当以所盗金砂价值认定，还是以加工成黄金后的销赃数额认定？

盗窃金砂后加工成黄金销赃，盗窃数额应当以所盗物品的原始价值认定。

〔参考案例第 1011 号：**熊海涛盗窃案**〕明知未达到刑事责任年龄的人正在盗卖他人或者自己家中财物，仍然上门帮助转移并予以收购的，如何定性？

在未成年人以极低价格销售住房中价值较大的财物时，可结合相关事实，认定行为人明知未成年人是在盗卖别人家或者自己家中的财物，在此基础上积极实施拆卸、转移和收购财物行为的，符合盗窃罪的主客观特征。

〔参考案例第 1047 号：**花荣盗窃案**〕入户盗窃过程中，群众在户外监视，是否意味着被害人未失去对财物的控制？

行为人进入被害人家中窃得形状、体积较小的财物，在实施盗窃的过程中即被群众发现，之后处于群众的监视之下，并在离开被害人住所后被人赃俱获，由于行为人走出房门后就已经取得对被窃财物的控制，被害人财产所有权已受到实质侵害，其行为构成入户盗窃既遂。

〔参考案例第 1048 号：**葛玉友等诈骗案**〕行为人在买卖过程中采取秘密的欺骗手段，致使被害人对所处分财物的真实重量产生错误认识，进而处分财物的行为如何定性？如何对盗窃与诈骗交织的行为定性？

1. 行为人在买卖过程中采取秘密的欺骗手段，致使被害人对所处分财物的真实重量产生错误认识，进而处分财物的行为构成诈骗罪。

2. 司法实践中，关于盗窃与诈骗行为相交织的情形，主要存在以下两种：

第一，当被害人知道交付的财物是甲财物，并且实际上交付的确实是甲财物时，尽管犯罪人采取欺骗手段隐瞒了财物的实际价值等内在属性，但被害人对所交付财物的种类、名称等外观物理特征并没有发生认识错误，故不影响处分行为的认定。例如，犯罪行为人通过欺骗手段使被害人对其所持名贵字画的真假产生了错误认识，将真实的字画当成赝品低价转卖给行为人。在这种情况下，被害人尽管对字画的真假属性及由此决定的价格产生了错误认识，但对字画的物理外观本身并没有产生错误认识，知道自己在卖画,此时的交付行为仍然属于诈骗罪中的处分行为。

第二,行为人采用秘密"调包"或者其他隐蔽方法,使得被害人对自己所交付财物的种类、名称等外观物理都没有认识到,即不知道自己对某财物进行了处分,此时被害人不存在处分意识,故不能认定其实施了处分行为。例如,在商场"调包案"中,行为人将包装内的普通商品换成贵重商品,收银员不知情按照普通商品收了较低的价格。表面上看,是收银员自己将贵重商品交给了行为人,具有"自愿交付"的行为表象。但是,收银员并不清楚普通商品包装袋内有贵重物品,其对于该贵重物品连最基本的物理外观都不存在认识,当然也就谈不上实施了处分行为。实际上,行为人系采用隐瞒事实真相的方法作掩饰,乘机窃取他人财物,当其将贵重物品秘密放进普通商品包装内时,就已经构成了盗窃罪,应当以盗窃罪论处。

〔**参考案例第 1128 号:张万盗窃案**〕盗窃罪中数额巨大与减半认定情形并存的,如何适用法律?

《最高人民法院、最高人民检察院关于办理盗窃刑事案件适用法律若干问题的解释》第一条和第二条对盗窃罪的入罪和法定刑升格标准采取了"数额+情节"的规定方式。但实践中,当行为人盗窃数额满足入罪或者法定刑升格标准的同时,又具有第二条、第六条所规定的八种特定情形时,应当直接以盗窃数额巨大标准确定刑格,减半情节作为酌定情节考虑。例如,盗窃数额已满足数额巨大的标准,又具有减半认定的情形之一(即"在医院盗窃病人或者其亲友财物"),应直接适用刑法第二百六十四条关于数额巨大的升格刑规定,在三年以上十年以下有期徒刑内量刑。

〔**参考案例第 1174 号:丁晓君盗窃案**〕以借用为名取得信任后非法占有他人财物行为如何定性?

行为人冒充帮助民警办案的工作人员,以协助办案为由骗得被害人手机等财物,将财物带离现场时,被害人基于信任并未表示反对,也未采取积极措施保持对财物的占有,其"自愿"处分财物是否基于行为人欺骗所致,故行为人构成诈骗罪。

〔**参考案例第 1175 号:巫建福盗窃案**〕利用入户盗窃所得车钥匙在户外窃取摩托车的行为,是否属"入户盗窃"?

利用入户盗窃所得车钥匙在户外窃取摩托车,两者属于同一行为的两个阶段。车钥匙作为控制和使用摩托车的载体,"入户盗窃"车钥匙的行为在整个盗窃行为中起决定性作用,故户外窃取摩托车的价值应计入"入户盗窃"数额,整体行为才属"入户盗窃"。

〔**参考案例第 1214 号:翟高生、杨永涛等盗窃、抢劫案**〕共同预谋并实施盗窃后离开,对同伙的二次盗窃行为是否担责?

行为人虽因中途离开没有实施第二次盗窃,但其作为整个盗窃活动的组织策划者,主观上对窃取财物的数量存在概括的故意,虽未实施第二次盗窃行为，但其主观上并不排斥同伙再次实施盗窃。次日，其看到盗窃所得的摄像头远远超过第一次的数量时，没有提出质疑，而是事后积极参与销赃、分赃。因此，其应对两次盗窃行为均承担刑事责任。

第二百六十五条 【盗用电信码号犯罪的处理】 以牟利为目的，盗接他人通信线路、复制他人电信码号或者明知是盗接、复制的电信设备、设施而使用的，依照本法第二百六十四条的规定定罪处罚。

【立法·要点注释】

"盗接"，是指以牟利为目的，未经权利人许可，采取秘密方法连接他人通信线路无偿使用或者转给他人使用，从而给权利人造成较大损失的行为。"复制他人电信码号"，主要是指以牟利为目的，取得他人电信码号后，非法加以复制无偿使用或者非法出租、出借、转让的行为。这里的"电信码号"是广义的，包括电话磁卡、长途电话账号和移动通信账号，如移动电话码号的出厂号码、电话号码、用户密码。"电信设备、设施"主要指交换机、电话机、通信线路等。

【司法指导文件】

《最高人民法院研究室关于盗用他人长话帐号如何定性问题的复函》（19910914）

这类案件一般来说符合盗窃罪的特征。但是，由于这类案件情况比较复杂，是否都追究刑事责任，还要具体案件具体分析。

第二百六十六条 【诈骗罪】 诈骗公私财物，数额较大的，处三年以下有期徒刑、拘役或者管制，并处或者单处罚金；数额巨大或者有其他严重情节的，处三年以上十年以下有期徒刑，并处罚金；数额特别巨大或者有其他特别严重情节的，处十年以上有期徒刑或者无期徒刑，并处罚金或者没收财产。本法另有规定的，依照规定。

【立法解释】

《全国人民代表大会常务委员会关于〈中华人民共和国刑法〉第二百六十六条的解释》（20140424）

以欺诈、伪造证明材料或者其他手段骗取养老、医疗、工伤、失业、生育等社会保险金或者其他社会保障待遇的，属于刑法第二百六十六条规定的诈骗公私财物的行为。

【司法解释Ⅰ】

《最高人民法院、最高人民检察院关于办理诈骗刑事案件具体应用法律若干问题的解释》（法释〔2011〕7号，20110408）

第一条 诈骗公私财物价值三千元至一万元以上、三万元至十万元以上、五十万元以上的，应当分别认定为刑法第二百六十六条规定的"数额较大"、"数额巨大"、"数额特别巨大"。

各省、自治区、直辖市高级人民法院、人民检察院可以结合本地区经济社会发展状况，在前款规定的数额幅度内，共同研究确定本地区执行的具体数额标准，报最高人民法院、最高人民检察院备案。

第二条　诈骗公私财物达到本解释第一条规定的数额标准，具有下列情形之一的，可以依照刑法第二百六十六条的规定酌情从严惩处：

（一）通过发送短信、拨打电话或者利用互联网、广播电视、报刊杂志等发布虚假信息，对不特定多数人实施诈骗的；

（二）诈骗救灾、抢险、防汛、优抚、扶贫、移民、救济、医疗款物的；

（三）以赈灾募捐名义实施诈骗的；

（四）诈骗残疾人、老年人或者丧失劳动能力人的财物的；

（五）造成被害人自杀、精神失常或者其他严重后果的。

诈骗数额接近本解释第一条规定的"数额巨大"、"数额特别巨大"的标准，并具有前款规定的情形之一或者属于诈骗集团首要分子的，应当分别认定为刑法第二百六十六条规定的"其他严重情节"、"其他特别严重情节"。

第三条　诈骗公私财物虽已达到本解释第一条规定的"数额较大"的标准，但具有下列情形之一，且行为人认罪、悔罪的，可以根据刑法第三十七条、刑事诉讼法第一百四十二条①的规定不起诉或者免予刑事处罚：

（一）具有法定从宽处罚情节的；

（二）一审宣判前全部退赃、退赔的；

（三）没有参与分赃或者获赃较少且不是主犯的；

（四）被害人谅解的；

（五）其他情节轻微、危害不大的。

第四条　诈骗近亲属的财物，近亲属谅解的，一般可不按犯罪处理。

诈骗近亲属的财物，确有追究刑事责任必要的，具体处理也应酌情从宽。

第五条　诈骗未遂，以数额巨大的财物为诈骗目标的，或者具有其他严重情节的，应当定罪处罚。

利用发送短信、拨打电话、互联网等电信技术手段对不特定多数人实施诈骗，诈骗数额难以查证，但具有下列情形之一的，应当认定为刑法第二百六十六条规定的"其他严重情节"，以诈骗罪（未遂）定罪处罚：

（一）发送诈骗信息五千条以上的；

（二）拨打诈骗电话五百人次以上的；

（三）诈骗手段恶劣、危害严重的。

实施前款规定行为，数量达到前款第（一）、（二）项规定标准十倍以上的，或者诈骗手段特别恶劣、危害特别严重的，应当认定为刑法第二百六十六条规定的"其他特别严重情节"，以诈骗罪（未遂）定罪处罚。

第六条　诈骗既有既遂，又有未遂，分别达到不同量刑幅度的，依照处罚较重的规定处罚；达到同一量刑

---

①　即 2018 年修正后的刑事诉讼法第一百七十七条。——编者注

幅度的，以诈骗罪既遂处罚。

第七条　明知他人实施诈骗犯罪，为其提供信用卡、手机卡、通讯工具、通讯传输通道、网络技术支持、费用结算等帮助的，以共同犯罪论处。

第八条　冒充国家机关工作人员进行诈骗，同时构成诈骗罪和招摇撞骗罪的，依照处罚较重的规定定罪处罚。

第九条　案发后查封、扣押、冻结在案的诈骗财物及其孳息，权属明确的，应当发还被害人；权属不明确的，可按被骗款物占查封、扣押、冻结在案的财物及其孳息总额的比例发还被害人，但已获退赔的应予扣除。

第十条　行为人已将诈骗财物用于清偿债务或者转让给他人，具有下列情形之一的，应当依法追缴：

（一）对方明知是诈骗财物而收取的；

（二）对方无偿取得诈骗财物的；

（三）对方以明显低于市场的价格取得诈骗财物的；

（四）对方取得诈骗财物系源于非法债务或者违法犯罪活动的。

他人善意取得诈骗财物的，不予追缴。

第十一条　以前发布的司法解释与本解释不一致的，以本解释为准。

【司法解释Ⅱ】

《最高人民法院关于审理拐卖妇女儿童犯罪案件具体应用法律若干问题的解释》（法释〔2016〕28号，20170101）

第三条第二款　以介绍婚姻为名，与被介绍妇女串通骗取他人钱财，数额较大的，应当以诈骗罪追究刑事责任。

【司法解释Ⅲ】

《最高人民法院关于审理扰乱电信市场管理秩序案件具体应用法律若干问题的解释》（法释〔2000〕12号，20000524）

第九条　以虚假、冒用的身份证件办理入网手续并使用移动电话，造成电信资费损失数额较大的，依照刑法第二百六十六条的规定，以诈骗罪定罪处罚。

【司法解释Ⅳ】

《最高人民法院、最高人民检察院关于办理妨害预防、控制突发传染病疫情等灾害的刑事案件具体应用法律若干问题的解释》（法释〔2003〕8号，20030515）

第七条　在预防、控制突发传染病疫情等灾害期间，假借研制、生产或者销售用于预防、控制突发传染病疫情等灾害用品的名义，诈骗公私财物数额较大的，依照刑法有关诈骗罪的规定定罪，依法从重处罚。

【司法解释Ⅴ】

《最高人民法院关于审理伪造货币等案件具体应用法律若干问题的解释（二）》（法释〔2010〕14号，20101103）

第五条　以使用为目的，伪造停止流通的货币，或者使用伪造的停止流通的货币的，依照刑法第二百六十六条的规定，以诈骗罪定罪处罚。

【司法解释Ⅵ】

《最高人民法院关于〈中华人民

共和国刑法修正案（九）〉时间效力问题的解释》（法释〔2015〕19 号，20151101）

第七条　对于 2015 年 10 月 31 日以前以捏造的事实提起民事诉讼，妨害司法秩序或者严重侵害他人合法权益，根据修正前刑法应当以伪造公司、企业、事业单位、人民团体印章罪或者妨害作证罪等追究刑事责任的，适用修正前刑法的有关规定。但是，根据修正后刑法第三百零七条之一的规定处刑较轻的，适用修正后刑法的有关规定。

实施第一款行为，非法占有他人财产或者逃避合法债务，根据修正前刑法应当以诈骗罪、职务侵占罪或者贪污罪等追究刑事责任的，适用修正前刑法的有关规定。

【司法解释Ⅵ·注释】

有意见提出，根据 2002 年 10 月 24 日《最高人民检察院法律政策研究室关于通过伪造证据骗取法院民事裁判占有他人财物的行为如何适用法律问题的答复》，对于 2015 年 10 月 31 日以前的虚假诉讼行为，即使非法占有他人财产或者逃避合法债务，也不宜以诈骗罪等追究行为人的刑事责任，因为人民法院及其裁判不应成为犯罪分子利用的工具。但如果行为人有妨害作证、伪造印章的行为，构成犯罪的，以妨害作证罪或者伪造公司、企业、事业单位、人民团体印章罪追究刑事责任。故建议删除本解释第七条第二款规定。

最高人民法院认为，鉴于诈骗罪、职务侵占罪、贪污罪的手段多样，通过虚假诉讼已经非法占有他人财产或者已经逃避合法债务的案例时有发生，给被害人造成重大损失，且社会影响恶劣，如果不依法惩治，并追缴违法所得，势将放纵犯罪。而且，在高检研究室的答复出台后，各地已有不少生效判例已经按诈骗罪定罪处罚，且裁判结果符合罪刑法定、罪刑相当原则，社会反应良好，理论界也普遍认同。故未采纳该意见。

【司法指导文件Ⅰ】

《最高人民法院关于常见犯罪的量刑指导意见》（法发〔2017〕7 号，20170401）

（七）诈骗罪

1. 构成诈骗罪的，可以根据下列不同情形在相应的幅度内确定量刑起点：

（1）达到数额较大起点的，可以在一年以下有期徒刑、拘役幅度内确定量刑起点。

（2）达到数额巨大起点或者有其他严重情节的，可以在三年至四年有期徒刑幅度内确定量刑起点。

（3）达到数额特别巨大起点或者有其他特别严重情节的，可以在十年至十二年有期徒刑幅度内确定量刑起点。依法应当判处无期徒刑的除外。

2. 在量刑起点的基础上，可以根据诈骗数额等其他影响犯罪构成的犯罪事实增加刑罚量，确定基准刑。

【司法指导文件Ⅱ】

《最高人民法院、最高人民检察院、公安部关于办理电信网络诈骗等刑事案件适用法律若干问题的意见》

（法发〔2016〕32 号，20161219）

二、依法严惩电信网络诈骗犯罪

（一）根据《最高人民法院、最高人民检察院关于办理诈骗刑事案件具体应用法律若干问题的解释》第一条的规定，利用电信网络技术手段实施诈骗，诈骗公私财物价值三千元以上、三万元以上、五十万元以上的，应当分别认定为刑法第二百六十六条规定的"数额较大""数额巨大""数额特别巨大"。

二年内多次实施电信网络诈骗未经处理，诈骗数额累计计算构成犯罪的，应当依法定罪处罚。

（二）实施电信网络诈骗犯罪，达到相应数额标准，具有下列情形之一的，酌情从重处罚：

1. 造成被害人或其近亲属自杀、死亡或者精神失常等严重后果的；

2. 冒充司法机关等国家机关工作人员实施诈骗的；

3. 组织、指挥电信网络诈骗犯罪团伙的；

4. 在境外实施电信网络诈骗的；

5. 曾因电信网络诈骗犯罪受过刑事处罚或者二年内曾因电信网络诈骗受过行政处罚的；

6. 诈骗残疾人、老年人、未成年人、在校学生、丧失劳动能力人的财物，或者诈骗重病患者及其亲属财物的；

7. 诈骗救灾、抢险、防汛、优抚、扶贫、移民、救济、医疗等款物的；

8. 以赈灾、募捐等社会公益、慈善名义实施诈骗的；

9. 利用电话追呼系统等技术手段严重干扰公安机关等部门工作的；

10. 利用"钓鱼网站"链接、"木马"程序链接、网络渗透等隐蔽技术手段实施诈骗的。

（三）实施电信网络诈骗犯罪，诈骗数额接近"数额巨大""数额特别巨大"的标准，具有前述第（二）条规定的情形之一的，应当分别认定为刑法第二百六十六条规定的"其他严重情节""其他特别严重情节"。

上述规定的"接近"，一般应掌握在相应数额标准的百分之八十以上。

（四）实施电信网络诈骗犯罪，犯罪嫌疑人、被告人实际骗得财物的，以诈骗罪（既遂）定罪处罚。诈骗数额难以查证，但具有下列情形之一的，应当认定为刑法第二百六十六条规定的"其他严重情节"，以诈骗罪（未遂）定罪处罚：

1. 发送诈骗信息五千条以上的，或者拨打诈骗电话五百人次以上的；

2. 在互联网上发布诈骗信息，页面浏览量累计五千次以上的。

具有上述情形，数量达到相应标准十倍以上的，应当认定为刑法第二百六十六条规定的"其他特别严重情节"，以诈骗罪（未遂）定罪处罚。

上述"拨打诈骗电话"，包括拨出诈骗电话和接听被害人回拨电话。反复拨打、接听同一电话号码，以及反复向同一被害人发送诈骗信息的，拨打、接听电话次数、发送信息条数累计计算。

因犯罪嫌疑人、被告人故意隐匿、毁灭证据等原因，致拨打电话次数、发送信息条数的证据难以收集的，可以根据经查证属实的日拨打人次数、日发送信息条数,结合犯罪嫌疑人、被告人实施犯罪的时间、犯罪嫌疑人、被告人的供述等相关证据,综合予以认定。

(五)电信网络诈骗既有既遂,又有未遂,分别达到不同量刑幅度的,依照处罚较重的规定处罚;达到同一量刑幅度的,以诈骗罪既遂处罚。

(六)对实施电信网络诈骗犯罪的被告人裁量刑罚,在确定量刑起点、基准刑时,一般应就高选择。确定宣告刑时,应当综合全案事实情节,准确把握从重、从轻量刑情节的调节幅度,保证罪责刑相适应。

(七)对实施电信网络诈骗犯罪的被告人,应当严格控制适用缓刑的范围,严格掌握适用缓刑的条件。

(八)对实施电信网络诈骗犯罪的被告人,应当更加注重依法适用财产刑,加大经济上的惩罚力度,最大限度剥夺被告人再犯的能力。

三、全面惩处关联犯罪

(一)在实施电信网络诈骗活动中,非法使用"伪基站""黑广播",干扰无线电通讯秩序,符合刑法第二百八十八条规定的,以扰乱无线电通讯管理秩序罪追究刑事责任。同时构成诈骗罪的,依照处罚较重的规定定罪处罚。

(二)……

使用非法获取的公民个人信息,实施电信网络诈骗犯罪行为,构成数罪的,应当依法予以并罚。

(三)冒充国家机关工作人员实施电信网络诈骗犯罪,同时构成诈骗罪和招摇撞骗罪的,依照处罚较重的规定定罪处罚。

(四)非法持有他人信用卡,没有证据证明从事电信网络诈骗犯罪活动,符合刑法第一百七十七条之一第一款第(二)项规定的,以妨害信用卡管理罪追究刑事责任。

(五)明知是电信网络诈骗犯罪所得及其产生的收益,以下列方式之一予以转账、套现、取现的,依照刑法第三百一十二条第一款的规定,以掩饰、隐瞒犯罪所得、犯罪所得收益罪追究刑事责任。但有证据证明确实不知道的除外:

1. 通过使用销售点终端机具(POS 机)刷卡套现等非法途径,协助转换或者转移财物的;

2. 帮助他人将巨额现金散存于多个银行账户,或在不同银行账户之间频繁划转的;

3. 多次使用或者使用多个非本人身份证明开设的信用卡、资金支付结算账户或者多次采用遮蔽摄像头、伪装等异常手段,帮助他人转账、套现、取现的;

4. 为他人提供非本人身份证明开设的信用卡、资金支付结算账户后,又帮助他人转账、套现、取现的;

5. 以明显异于市场的价格,通过手机充值、交易游戏点卡等方式套现的。

实施上述行为,事前通谋的,以共同犯罪论处。

实施上述行为,电信网络诈骗犯罪嫌疑人尚未到案或案件尚未依法裁判,但现有证据足以证明该犯罪行为确实存在的，不影响掩饰、隐瞒犯罪所得、犯罪所得收益罪的认定。

实施上述行为，同时构成其他犯罪的，依照处罚较重的规定定罪处罚。法律和司法解释另有规定的除外。

（六）网络服务提供者不履行法律、行政法规规定的信息网络安全管理义务，经监管部门责令采取改正措施而拒不改正，致使诈骗信息大量传播，或者用户信息泄露造成严重后果的，依照刑法第二百八十六条之一的规定，以拒不履行信息网络安全管理义务罪追究刑事责任。同时构成诈骗罪的，依照处罚较重的规定定罪处罚。

（七）实施刑法第二百八十七条之一、第二百八十七条之二规定之行为，构成非法利用信息网络罪、帮助信息网络犯罪活动罪，同时构成诈骗罪的，依照处罚较重的规定定罪处罚。

（八）金融机构、网络服务提供者、电信业务经营者等在经营活动中，违反国家有关规定，被电信网络诈骗犯罪分子利用，使他人遭受财产损失的，依法承担相应责任。构成犯罪的，依法追究刑事责任。

四、准确认定共同犯罪与主观故意

（一）三人以上为实施电信网络诈骗犯罪而组成的较为固定的犯罪组织，应依法认定为诈骗犯罪集团。对组织、领导犯罪集团的首要分子，按照集团所犯的全部罪行处罚。对犯罪集团中组织、指挥、策划者和骨干分子依法从严惩处。

对犯罪集团中起次要、辅助作用的从犯，特别是在规定期限内投案自首、积极协助抓获主犯、积极协助追赃的，依法从轻或减轻处罚。

对犯罪集团首要分子以外的主犯，应当按照其所参与的或者组织、指挥的全部犯罪处罚。全部犯罪包括能够查明具体诈骗数额的事实和能够查明发送诈骗信息条数、拨打诈骗电话人次数、诈骗信息网页浏览次数的事实。

（二）多人共同实施电信网络诈骗，犯罪嫌疑人、被告人应对其参与期间该诈骗团伙实施的全部诈骗行为承担责任。在其所参与的犯罪环节中起主要作用的，可以认定为主犯；起次要作用的，可以认定为从犯。

上述规定的"参与期间"，从犯罪嫌疑人、被告人着手实施诈骗行为开始起算。

（三）明知他人实施电信网络诈骗犯罪，具有下列情形之一的，以共同犯罪论处，但法律和司法解释另有规定的除外：

1. 提供信用卡、资金支付结算账户、手机卡、通讯工具的；

2. 非法获取、出售、提供公民个人信息的；

3. 制作、销售、提供"木马"程序和"钓鱼软件"等恶意程序的；

4. 提供"伪基站"设备或相关服务的；

5. 提供互联网接入、服务器托管、网络存储、通讯传输等技术支持，或者提供支付结算等帮助的；

6. 在提供改号软件、通话线路等技术服务时，发现主叫号码被修改为国内党政机关、司法机关、公共服务部门号码，或者境外用户改为境内号码，仍提供服务的；

7. 提供资金、场所、交通、生活保障等帮助的；

8. 帮助转移诈骗犯罪所得及其产生的收益，套现、取现的。

上述规定的"明知他人实施电信网络诈骗犯罪"，应当结合被告人的认知能力、既往经历、行为次数和手段、与他人关系、获利情况、是否曾因电信网络诈骗受过处罚、是否故意规避调查等主客观因素进行综合分析认定。

（四）负责招募他人实施电信网络诈骗犯罪活动，或者制作、提供诈骗方案、术语清单、语音包、信息等的，以诈骗共同犯罪论处。

（五）部分犯罪嫌疑人在逃，但不影响对已到案共同犯罪嫌疑人、被告人的犯罪事实认定的，可以依法先行追究已到案共同犯罪嫌疑人、被告人的刑事责任。

五、依法确定案件管辖

（一）电信网络诈骗犯罪案件一般由犯罪地公安机关立案侦查，如果由犯罪嫌疑人居住地公安机关立案侦查更为适宜的，可以由犯罪嫌疑人居住地公安机关立案侦查。犯罪地包括犯罪行为发生地和犯罪结果发生地。

"犯罪行为发生地"包括用于电信网络诈骗犯罪的网站服务器所在地，网站建立者、管理者所在地，被侵害的计算机信息系统或其管理者所在地，犯罪嫌疑人、被害人使用的计算机信息系统所在地，诈骗电话、短信息、电子邮件等的拨打地、发送地、到达地、接受地，以及诈骗行为持续发生的实施地、预备地、开始地、途经地、

结束地。

"犯罪结果发生地"包括被害人被骗时所在地，以及诈骗所得财物的实际取得地、藏匿地、转移地、使用地、销售地等。

（二）电信网络诈骗最初发现地公安机关侦办的案件，诈骗数额当时未达到"数额较大"标准，但后续累计达到"数额较大"标准，可由最初发现地公安机关立案侦查。

（三）具有下列情形之一的，有关公安机关可以在其职责范围内并案侦查：

1. 一人犯数罪的；

2. 共同犯罪的；

3. 共同犯罪的犯罪嫌疑人还实施其他犯罪的；

4. 多个犯罪嫌疑人实施的犯罪存在直接关联，并案处理有利于查明案件事实的。

（四）对因网络交易、技术支持、资金支付结算等关系形成多层级链条、跨区域的电信网络诈骗等犯罪案件，可由共同上级公安机关按照有利于查清犯罪事实、有利于诉讼的原则，指定有关公安机关立案侦查。

（五）多个公安机关都有权立案侦查的电信网络诈骗等犯罪案件，由最初受理的公安机关或者主要犯罪地公安机关立案侦查。有争议的，按照有利于查清犯罪事实、有利于诉讼的原则，协商解决。经协商无法达成一致的，由共同上级公安机关指定有关公安机关立案侦查。

（六）在境外实施的电信网络诈骗等犯罪案件，可由公安部按照有利

于查清犯罪事实、有利于诉讼的原则，指定有关公安机关立案侦查。

（七）公安机关立案、并案侦查，或因有争议，由共同上级公安机关指定立案侦查的案件，需要提请批准逮捕、移送审查起诉、提起公诉的，由该公安机关所在地的人民检察院、人民法院受理。

对重大疑难复杂案件和境外案件，公安机关应在指定立案侦查前，向同级人民检察院、人民法院通报。

（八）已确定管辖的电信诈骗共同犯罪案件，在逃的犯罪嫌疑人归案后，一般由原管辖的公安机关、人民检察院、人民法院管辖。

六、证据的收集和审查判断

（一）办理电信网络诈骗案件，确因被害人人数众多等客观条件的限制，无法逐一收集被害人陈述的，可以结合已收集的被害人陈述，以及经查证属实的银行账户交易记录、第三方支付结算账户交易记录、通话记录、电子数据等证据，综合认定被害人人数及诈骗资金数额等犯罪事实。

（二）公安机关采取技术侦查措施收集的案件证明材料，作为证据使用的，应当随案移送批准采取技术侦查措施的法律文书和所收集的证据材料，并对其来源等作出书面说明。

（三）依照国际条约、刑事司法协助、互助协议或平等互助原则，请求证据材料所在地司法机关收集，或通过国际警务合作机制、国际刑警组织启动合作取证程序收集的境外证据材料，经查证属实，可以作为定案的

依据。公安机关应对其来源、提取人、提取时间或者提供人、提供时间以及保管移交的过程等作出说明。

对其他来自境外的证据材料，应当对其来源、提供人、提供时间以及提取人、提取时间进行审查。能够证明案件事实且符合刑事诉讼法规定的，可以作为证据使用。

七、涉案财物的处理①

……

【司法指导文件Ⅲ】

《检察机关办理电信网络诈骗案件指引》（高检发侦监字〔2018〕12 号，20181109）

电信网络诈骗犯罪，是指以非法占有为目的，利用电话、短信、互联网等电信网络技术手段，虚构事实，设置骗局，实施远程、非接触式诈骗，骗取公私财物的犯罪行为。根据《中华人民共和国刑法》第二百六十六条、《最高人民法院、最高人民检察院关于办理诈骗刑事案件具体应用法律若干问题的解释》（法释〔2011〕7 号）（以下简称《解释》）、《最高人民法院、最高人民检察院、公安部关于办理电信网络诈骗等刑事案件适用法律若干问题的意见》（法发〔2016〕32 号）（以下简称《意见》），办理电信网络诈骗案件除了要把握普通诈骗案件的基本要求外，还要特别注意以下问题：一是电信网络诈骗犯罪的界定；二是犯罪形态的审查；三是诈骗数额

————————

① 参见本法第六十四条项下【司法指导文件Ⅵ】。——编者注

及发送信息、拨打电话次数的认定；四是共同犯罪及主从犯责任的认定；五是关联犯罪事前通谋的审查；六是电子数据的审查；七是境外证据的审查。

一、审查证据的基本要求

（一）审查逮捕

1. 有证据证明发生了电信网络诈骗犯罪事实

（1）证明电信网络诈骗案件发生

证据主要包括：报案登记、受案登记、受案笔录、立案决定书、破案经过、证人证言、被害人陈述、犯罪嫌疑人供述和辩解、被害人银行开户申请、开户明细单、银行转账凭证、银行账户交易记录、银行汇款单、网银转账记录、第三方支付结算交易记录、手机转账信息等证据。跨国电信网络诈骗还可能需要有国外有关部门出具的与案件有关的书面材料。

（2）证明电信网络诈骗行为的危害结果

①证明诈骗数额达到追诉标准的证据：证人证言、被害人陈述、犯罪嫌疑人供述和辩解、银行转账凭证、汇款凭证、转账信息、银行卡、银行账户交易记录、第三方支付结算交易记录以及其他与电信网络诈骗关联的账户交易记录、犯罪嫌疑人提成记录、诈骗账目记录等证据以及其它有关证据。

②证明发送信息条数、拨打电话次数以及页面浏览量达到追诉标准的证据：QQ、微信、skype 等即时通讯工具聊天记录、CDR 电话清单、短信记录、电话录音、电子邮件、远程勘验笔录、电子数据鉴定意见、网页浏览次数统计、网页浏览次数鉴定意见、改号软件、语音软件的登录情况及数据、拨打电话记录内部资料以及其他有关证据。

2. 有证据证明诈骗行为是犯罪嫌疑人实施的

（1）言词证据：证人证言、被害人陈述、犯罪嫌疑人供述和辩解等，注意审查犯罪嫌疑人供述的行为方式与被害人陈述的被骗方式、交付财物过程或者其他证据是否一致。对于团伙作案的，要重视对同案犯罪嫌疑人供述和辩解的审查，梳理各个同案犯罪嫌疑人的指证是否相互印证。

（2）有关资金链条的证据：银行转账凭证、交易流水、第三方支付交易记录以及其他关联账户交易记录、现场查扣的书证、与犯罪关联的银行卡及申请资料等，从中审查相关银行卡信息与被害人存款、转移赃款等账号有无关联，资金交付支配占有过程；犯罪嫌疑人的短信以及 QQ、微信、skype 等即时通讯工具聊天记录，审查与犯罪有关的信息，是否出现过与本案资金流转有关的银行卡账号、资金流水等信息。要注意审查被害人转账、汇款账号、资金流向等是否有相应证据印证赃款由犯罪嫌疑人取得。对诈骗集团租用或交叉使用账户的，要结合相关言词证据及书证、物证、勘验笔录等分析认定。

（3）有关信息链条的证据：侦查机关远程勘验笔录，远程提取证据笔录，CDR 电话清单、查获的手机 IMEI 串号、语音网关设备、路由设备、交换设备、手持终端等。要注意审查诈骗窝点物理 IP 地址是否与所使用电话 CDR 数据清单中记录的主叫 IP 地址或 IP 地址所使用的线路（包括此线路的账号、用户名称、对接服务器、语音网关、手持终端等设备的 IP 配置）一致，电话 CDR 数据清单中是否存在被害人的相关信息资料，改号电话显示号码、呼叫时间、电话、IP 地址是否与被害人陈述及其它在案证据印证。在电信网络诈骗窝点查获的手机 IMEI 串号以及其他电子作案工具，是否与被害人所接到的诈骗电话显示的信息来源一致。

（4）其他证据：跨境电信网络诈骗犯罪案件犯罪嫌疑人出入境记录、户籍证明材料、在境外使用的网络设备及虚拟网络身份的网络信息，证明犯罪嫌疑人出入境情况及身份情况。诈骗窝点的纸质和电子账目报表，审查时间、金额等细节是否与被害人陈述相互印证。犯罪过程中记载被害人身份、诈骗数额、时间等信息的流转单，审查相关信息是否与被害人陈述、银行转账记录等相互印证。犯罪嫌疑人之间的聊天记录、诈骗脚本、内部分工、培训资料、监控视频等证据，审查犯罪的具体手法、过程。购买作案工具和资源（手机卡、银行卡、POS 机、服务器、木马病毒、改号软件、公民个人信息等）的资金流水、电子数据等证据。

3. 有证据证明犯罪嫌疑人具有诈骗的主观故意

（1）证明犯罪嫌疑人主观故意的证据：犯罪嫌疑人的供述和辩解、证人证言、同案犯指证；诈骗脚本、诈骗信息内容、工作日记、分工手册、犯罪嫌疑人的具体职责、地位、参与实施诈骗行为的时间等；赃款的账册、分赃的记录、诈骗账目记录、提成记录、工作环境、工作形式等；短信、QQ、微信、skype 等即时通讯工具聊天记录等，审查其中是否出现有关诈骗的内容以及诈骗专门用的黑话、暗语等。

（2）证明提供帮助者的主观故意的证据：提供帮助犯罪嫌疑人供述和辩解、电信网络诈骗犯罪嫌疑人的指证、证人证言；双方短信以及 QQ、微信、skype 等即时通讯工具聊天记录等信息材料；犯罪嫌疑人的履历、前科记录、行政处罚记录、双方资金往来的凭证、犯罪嫌疑人提供帮助、协助的收益数额、取款时的监控视频、收入记录、处罚判决情况等。

（二）审查起诉

除审查逮捕阶段证据审查基本要求之外，对电信网络诈骗案件的审查起诉工作还应坚持"犯罪事实清楚，证据确实、充分"的标准，保证定罪量刑的事实都有证据证明；据以定案的证据均经法定程序查证属实；综合全案证据，对所认定的事实均已排除合理怀疑。

1. 有确实充分的证据证明发生了电信网络诈骗犯罪事实

（1）证明电信网络诈骗事实发生。除审查逮捕要求的证据类型之外，跨国电信网络诈骗还需要有出入境记录、飞机铁路等交通工具出行记录，必要时需国外有关部门出具的与案件有关的书面证据材料，包括原件、翻译件、使领馆认证文件等。

（2）证明电信网络诈骗行为的危害结果

①证明诈骗数额达到追诉标准的证据：能查清诈骗事实的相关证人证言、被害人陈述、犯罪嫌疑人供述和辩解、银行账户交易明细、交易凭证、第三方支付结算交易记录以及其他与电信网络诈骗关联的账户交易记录、犯罪嫌疑人的诈骗账目记录以及其它有关证据。

需要特别注意"犯罪数额接近提档"的情形。当诈骗数额接近"数额巨大""数额特别巨大"的标准（一般掌握在80%以上，即达到2.4万元、40万元），根据《解释》和《意见》的规定，具有《意见》第二条第二款"酌情从重处罚"十种情形之一的，应当分别认定为刑法第二百六十六条规定的"其他严重情节""其他特别严重情节"，提高一档量刑。

②证明发送信息条数、拨打电话次数以及页面浏览量达到追诉标准的证据类型与审查逮捕的证据类型相同。

2. 有确实充分的证据证明诈骗行为是犯罪嫌疑人实施的

（1）有关资金链条的证据。重点审查被害人的银行交易记录和犯罪嫌疑人持有的银行卡及账号的交易记录，用于查明被害人遭受的财产损失及犯罪嫌疑人诈骗的犯罪数额；重点审查犯罪嫌疑人的短信，以及 QQ、微信、skype 等即时通讯工具聊天记录，用于查明是否出现涉案银行卡账号、资金流转等犯罪信息，赃款是否由犯罪嫌疑人取得。此外，对诈骗团伙或犯罪集团租用或交叉使用多层级账户洗钱的，要结合资金存取流转的书证、监控录像、辨认笔录、证人证言、被害人陈述、犯罪嫌疑人供述和辩解等证据分析认定。

（2）有关人员链条的证据。电信网络诈骗多为共同犯罪，在审查刑事责任年龄、刑事责任能力方面的证据基础上，应重点审查犯罪嫌疑人供述和辩解、手机通信记录等，通过自供和互证，以及与其他证据之间的相互印证，查明各自的分工和作用，以区分主、从犯。对于分工明确、有明显首要分子、较为固定的组织结构的三人以上固定的犯罪组织，应当认定为犯罪集团。

言词证据及有关信息链条的证据与审查逮捕的证据类型相同。

3. 有确实充分的证据证明犯罪嫌疑人具有诈骗的主观故意

证明犯罪嫌疑人及提供帮助者主观故意的证据类型同审查逮捕证据类型相同。需要注意的是，由于犯罪嫌疑人各自分工不同，其供述和辩解也呈现不同的证明力。一般而言，专门行骗人对于单起事实的细节记忆相对粗略，只能供述诈骗的手段和方式；专业取款人对于取款的具体细目记忆也粗略，只能供述大概经过和情况，重点审查犯罪手段的同类性、共同犯罪人之间的关系及各自分工和作用。

二、需要特别注意的问题

在电信网络诈骗案件审查逮捕、审查起诉中，要根据相关法律、司法解释等规定，结合在案证据，重点注意以下问题：

（一）电信网络诈骗犯罪的界定

1. 此罪彼罪

在一些案件中，尤其是利用网络钓鱼、木马链接实施犯罪的案件中，既存在虚构事实、隐瞒真相的诈骗行为，又可能存在秘密窃取的行为，关键要审查犯罪嫌疑人取得财物是否基于被害人对财物的主动处分意识。如果行为人通过秘密窃取的行为获取他人财物，则应认定构成盗窃罪；如果窃取或者骗取的是他人信用卡资料，并通过互联网、通讯终端等使用的，根据《最高人民法院、最高人民检察院关于办理妨害信用卡管理刑事案件具体应用法律若干问题的解释》（法释〔2009〕19 号），则可能构成信用卡诈骗罪；如果通过电信网络技术向不特定多数人发送诈骗信息后又转入接触式诈骗，或者为实现诈骗目的，线上线下并行同时进行接触式和非接触式诈骗，应当按照诈骗取财行为的本质定性，虽然使用电信网络技术但被害人基于接触被骗的，应当认定普通诈骗；如果出现电信网络诈骗和合同诈骗、保险诈骗等特殊诈骗罪名的竞合，应依据刑法有关规定定罪量刑。

2. 追诉标准低于普通诈骗犯罪且无地域差别

追诉标准直接决定了法律适用问题甚至罪与非罪的认定。《意见》规定，利用电信网络技术手段实施诈骗，诈骗公私财物价值三千元以上的，认定为刑法第二百六十六条规定的"数额较大"。而《解释》规定，"诈骗公私财物价值三千元至一万元以上的，

认定为刑法第二百六十六条规定的"数额较大"。因此，电信网络诈骗的追诉标准要低于普通诈骗的追诉标准，且全国统一无地域差别，即犯罪数额达到三千元以上、三万元以上、五十万元以上的，应当分别认定为刑法第二百六十六条规定的"数额较大""数额巨大""数额特别巨大"。

（二）犯罪形态的审查

1. 可以查证诈骗数额的未遂

电信网络诈骗应以被害人失去对被骗钱款的实际控制为既遂认定标准。一般情形下，诈骗款项转出后即时到账构成既遂。但随着银行自助设备、第三方支付平台陆续推出"延时到账""撤销转账"等功能，被害人通过自助设备、第三方支付平台向犯罪嫌疑人指定账户转账，可在规定时间内撤销转账，资金并未实时转出。此种情形下被害人并未对被骗款项完全失去控制，而犯罪嫌疑人亦未取得实际控制，应当认定为未遂。

2. 无法查证诈骗数额的未遂

根据《意见》规定，对于诈骗数额难以查证的，犯罪嫌疑人发送诈骗信息五千条以上，或者拨打诈骗电话五百人次以上，或者在互联网上发布诈骗信息的页面浏览量累计五千次以上，可以认定为诈骗罪中"其他严重情节"，以诈骗罪（未遂）定罪处罚。具有上述情形，数量达到相应标准十倍以上的，应当认定为刑法第二百六十六条规定的"其他特别严重情节"，以诈骗罪（未遂）定罪处罚。

（三）诈骗数额及发送信息、拨打电话次数的认定

1. 诈骗数额的认定

（1）根据犯罪集团诈骗账目登记表、犯罪嫌疑人提成表等书证，结合证人证言、犯罪嫌疑人供述和辩解等言词证据，认定犯罪嫌疑人的诈骗数额。

（2）根据经查证属实的银行账户交易记录、第三方支付结算账户交易记录、通话记录、电子数据等证据，结合已收集的被害人陈述，认定被害人人数及诈骗资金数额。

（3）对于确因客观原因无法查实全部被害人，尽管有证据证明该账户系用于电信网络诈骗犯罪，且犯罪嫌疑人无法说明款项合法来源的，也不能简单将账户内的款项全部推定为"犯罪数额"。要根据在案其他证据，认定犯罪集团是否有其他收入来源，"违法所得"有无其他可能性。如果证据足以证实"违法所得"的排他性，则可以将"违法所得"均认定为犯罪数额。

（4）犯罪嫌疑人为实施犯罪购买作案工具、伪装道具、租用场地、交通工具甚至雇佣他人等诈骗成本不能从诈骗数额中扣除。对通过向被害人交付一定货币，进而骗取其信任并实施诈骗的，由于货币具有流通性和经济价值，该部分货币可以从诈骗数额中扣除。

2. 发送信息、拨打电话次数的认定

（1）拨打电话包括拨出诈骗电话和接听被害人回拨电话。反复拨打、接听同一电话号码，以及反复向同一被害人发送诈骗信息的，拨打、接听

电话次数、发送信息条数累计计算。

（2）被害人是否接听、接收到诈骗电话、信息不影响次数、条数计算。

（3）通过语音包发送的诈骗录音或通过网络等工具辅助拨出的电话，应当认定为拨打电话。

（4）发送信息条数、拨打电话次数的证据难以收集的，可以根据经查证属实的日发送信息条数、日拨打人次数，结合犯罪嫌疑人实施犯罪的时间、犯罪嫌疑人的供述等相关证据予以认定。

（5）发送信息条数和拨打电话次数在法律及司法解释未明确的情况下不宜换算累加。

（四）共同犯罪及主从犯责任的认定

1. 对于三人以上为实施电信网络诈骗而组成的较为固定的犯罪组织，应当依法认定为犯罪集团。对于犯罪集团的首要分子，按照集团所犯全部犯罪处罚，并且对犯罪集团中组织、指挥、策划者和骨干分子依法从严惩处。

2. 对于其余主犯，按照其所参与或者组织、指挥的全部犯罪处罚。多人共同实施电信网络诈骗，犯罪嫌疑人、被告应对其参与期间该诈骗团伙实施的全部诈骗行为承担责任。

3. 对于部分被招募发送信息、拨打电话的犯罪嫌疑人，应当对其参与期间整个诈骗团伙的诈骗行为承担刑事责任，但可以考虑参与时间较短、诈骗数额较低、发送信息、拨打电话较少，认定为从犯，从宽处理。

4. 对于专门取款人，由于其可在

短时间内将被骗款项异地转移，对诈骗既遂起到了至关重要的作用，也大大增加了侦查和追赃难度，因此应按其在共同犯罪中的具体作用进行认定，不宜一律认定为从犯。

（五）关联犯罪事前通谋的审查

根据《意见》规定，明知是电信网络诈骗犯罪所得及其产生的收益，通过使用销售点终端机具（POS 机）刷卡套现等非法途径，协助转换或者转移财物等五种方式转账、套现、取现的，需要与直接实施电信网络诈骗犯罪嫌疑人事前通谋的才以共同犯罪论处。因此，应当重点审查帮助转换或者转移财物行为人是否在诈骗犯罪既遂之前与实施诈骗犯罪嫌疑人共谋或者虽无共谋但明知他人实施犯罪而提供帮助。对于帮助者明知的内容和程度，并不要求其明知被帮助者实施诈骗行为的具体细节，其只要认识到对方实施诈骗犯罪行为即可。审查时，要根据犯罪嫌疑人的认知能力、既往经历、行为次数和手段、与他人关系、获利情况、是否曾因电信网络诈骗受过处罚以及是否故意规避调查等主客观因素分析认定。

（六）电子数据的审查

1. 电子数据真实性的审查

（1）是否移送原始存储介质；在原始存储介质无法封存、不便移动时，有无说明原因，并注明收集、提取过程及原始存储介质的存放地点或者电子数据的来源等情况。

（2）电子数据是否具有数字签名、数字证书等特殊标识。

（3）电子数据的收集、提取过程

是否可以重现。

（4）电子数据如有增加、删除、修改等情形的，是否附有说明。

（5）电子数据的完整性是否可以保证。

2. 电子数据合法性的审查

（1）收集、提取电子数据是否由二名以上侦查人员进行，取证方法是否符合相关技术标准。

（2）收集、提取电子数据，是否附有笔录、清单，并经侦查人员、电子数据持有人（提供人）、见证人签名或者盖章；没有持有人（提供人）签名或者盖章的，是否注明原因；对电子数据的类别、文件格式等是否注明清楚。

（3）是否依照有关规定由符合条件的人员担任见证人，是否对相关活动进行录像。

（4）电子数据检查是否将电子数据存储介质通过写保护设备接入到检查设备；有条件的，是否制作电子数据备份，并对备份进行检查；无法制作备份且无法使用写保护设备的，是否附有录像。

（5）通过技术侦查措施，利用远程计算机信息系统进行网络远程勘验收集到电子数据，作为证据使用的，是否随案移送批准采取技术侦查措施的法律文书和所收集的证据材料，是否对其来源等作出书面说明。

（6）对电子数据作出鉴定意见的鉴定机构是否具有司法鉴定资质。

3. 电子数据的采信

（1）经过公安机关补正或者作出合理解释可以采信的电子数据：未以

封存状态移送的；笔录或者清单上没有侦查人员、电子数据持有人（提供人）、见证人签名或者盖章的；对电子数据的名称、类别、格式等注明不清的；有其他瑕疵的。

（2）不能采信的电子数据：电子数据系篡改、伪造或者无法确定真伪的；电子数据有增加、删除、修改等情形，影响电子数据真实性的；其他无法保证电子数据真实性的情形。

（七）境外证据的审查

1. 证据来源合法性的审查

境外证据的来源包括：外交文件（国际条约、互助协议）；司法协助（刑事司法协助、平等互助原则）；警务合作（国际警务合作机制、国际刑警组织）。

由于上述来源方式均需要有法定的程序和条件，对境外证据的审查要注意：证据来源是否是通过上述途径收集，审查报批、审批手续是否完备，程序是否合法；证据材料移交过程是否合法，手续是否齐全，确保境外证据的来源合法性。

2. 证据转换的规范性审查

对于不符合我国证据种类和收集程序要求的境外证据，侦查机关要重新进行转换和固定，才能作为证据使用。注重审查：

（1）境外交接证据过程的连续性，是否有交接文书，交接文书是否包含接收证据。

（2）接收移交、开箱、登记时是否全程录像，确保交接过程的真实性，交接物品的完整性。

（3）境外证据按照我国证据收集程序重新进行固定的，依据相关规定进行，注意证据转换过程的连续性和真实性的审查。

（4）公安机关是否对境外证据来源、提取人、提取时间或者提供人、提供时间以及保管移交的过程等作出说明，有无对电子数据完整性等专门性问题的鉴定意见等。

（5）无法确认证据来源、证据真实性、收集程序违法无法补正等境外证据应予排除。

3. 其他来源的境外证据的审查

通过其他渠道收集的境外证据材料，作为证据使用的，应注重对其来源、提供人、提供时间以及提取人、提取时间进行审查。能够证明案件事实且符合刑事诉讼法规定的，可以作为证据使用。

三、社会危险性及羁押必要性审查

（一）审查逮捕

符合下列情形之一的，可以结合案件具体情况考虑认定犯罪嫌疑人具有社会危险性，有羁押必要：

1.《最高人民检察院、公安部关于逮捕社会危险性条件若干问题的规定（试行）》（高检会〔2015〕9 号）规定的具有社会危险性情节的。

2. 犯罪嫌疑人是诈骗团伙的首要分子或者主犯。对于首要分子，要重点审查其在电信网络诈骗集团中是否起到组织、策划、指挥作用。对于其他主犯，要重点审查其是否是犯意的发起者、犯罪的组织者、策划者、指挥者、主要责任者，是否参与了犯罪的全过程或关键环节以及在犯罪中所起的作用：诈骗团伙的具体管理者、组织者、招募者、电脑操盘人员、对诈骗成员进行培训的人员以及制作、提供诈骗方案、术语清单、语音包、信息的人员可以认定为主犯；取款组、供卡组、公民个人信息提供组等负责人，对维持诈骗团伙运转起着重要作用的，可以认定为主犯；对于其他实行犯是否属于主犯，主要通过其参加时段实施共同犯罪活动的程度、具体罪行的大小、对造成危害后果的作用等来认定。

3. 有证据证明犯罪嫌疑人实施诈骗行为，犯罪嫌疑人拒不供认或者作虚假供述的。

4. 有证据显示犯罪嫌疑人参与诈骗且既遂数额巨大、被害人众多，诈骗数额等需进一步核实的。

5. 有证据证明犯罪嫌疑人参与诈骗的时间长，应当明知诈骗团伙其他同案犯犯罪事实的，但犯罪嫌疑人拒绝指证或虚假指证的。

6. 其他具有社会危险性或羁押必要的情形。

在犯罪嫌疑人罪行较轻的前提下，根据犯罪嫌疑人在犯罪团伙中的地位、作用、参与时间、工作内容、认罪态度、悔罪表现等情节，结合案件整体情况，依据主客观相一致原则综合判断犯罪嫌疑人的社会危险性或者羁押必要性。在犯罪嫌疑人真诚认罪悔罪，如实供述且供述稳定的情况下，有下列情形的可以考虑社会危险性较小：

1. 预备犯、中止犯。

2. 直接参与诈骗的数额未达巨大，有自首、立功表现的。

3. 直接参与诈骗的数额未达巨大，参与时间短的发送信息、拨打电话人员。

4. 涉案数额未达巨大，受雇负责饮食、住宿等辅助工作人员。

5. 直接参与诈骗的数额未达巨大，积极退赃的从犯。

6. 被胁迫参加电信网络诈骗团伙，没有造成严重影响和后果的。

7. 其他社会危险性较小的情形。

需要注意的是，对犯罪嫌疑人社会危险性的把握，要根据案件社会影响、造成危害后果、打击力度的需要等多方面综合判断和考虑。

（二）审查起诉

在审查起诉阶段，要结合侦查阶段取得的事实证据，进一步引导侦查机关加大捕后侦查力度，及时审查新证据。在羁押期限届满前对全案进行综合审查，对于未达到逮捕证明标准的，撤销原逮捕决定。

经羁押必要性审查，发现犯罪嫌疑人具有下列情形之一的，应当向办案机关提出释放或者变更强制措施的建议：

1. 案件证据发生重大变化，没有证据证明有犯罪事实或者犯罪行为系犯罪嫌疑人、被告人所为的。

2. 案件事实或者情节发生变化，犯罪嫌疑人、被告人可能被判处拘役、管制、独立适用附加刑、免予刑事处罚或者判决无罪的。

3. 继续羁押犯罪嫌疑人、被告人，羁押期限将超过依法可能判处的刑期的。

4. 案件事实基本查清，证据已经

收集固定，符合取保候审或者监视居住条件的。

经羁押必要性审查，发现犯罪嫌疑人、被告人具有下列情形之一，且具有悔罪表现，不予羁押不致发生社会危险性的，可以向办案机关提出释放或者变更强制措施的建议：

1. 预备犯或者中止犯；共同犯罪中的从犯或者胁从犯。

2. 主观恶性较小的初犯。

3. 系未成年人或者年满七十五周岁的人。

4. 与被害方依法自愿达成和解协议，且已经履行或者提供担保的。

5. 患有严重疾病、生活不能自理的。

6. 系怀孕或者正在哺乳自己婴儿的妇女。

7. 系生活不能自理的人的唯一扶养人。

8. 可能被判处一年以下有期徒刑或者宣告缓刑的。

9. 其他不需要继续羁押犯罪嫌疑人、被告人的情形。

【司法指导文件Ⅳ】

《最高人民法院研究室关于申付强诈骗案如何认定诈骗数额问题的电话答复》（19910423）

在具体认定诈骗犯罪数额时，应把案发前已被追回的被骗款额扣除，按最后实际诈骗所得数额计算。但在处罚时，对于这种情况应当做为从重情节予以考虑。

【公安文件】

《公安部关于对伪造学生证及贩卖、使用伪造学生证的行为如何处理问题的批复》（公刑〔2002〕1046 号，20020626）

三、对使用伪造的学生证购买半价火车票，数额较大的，应当依照《中华人民共和国刑法》第 266 条的规定，以诈骗罪立案侦查；尚不够刑事处罚的，应当依照《中华人民共和国治安管理处罚条例》第 23 条第（一）项的规定以诈骗定性处罚。

【指导性案例·法院】

〔臧进泉等盗窃、诈骗案，FZD2014 - 27〕

行为人利用信息网络，诱骗他人点击虚假链接而实际通过预先植入的计算机程序窃取财物构成犯罪的，以盗窃罪定罪处罚；虚构可供交易的商品或者服务，欺骗他人点击付款链接而骗取财物构成犯罪的，以诈骗罪定罪处罚。

【指导性案例·检察】

〔董亮等四人诈骗案，JZD2017 - 38〕

以非法占有为目的，采用自我交易方式，虚构提供服务事实，骗取互联网公司垫付费用及订单补贴，数额较大的行为，应认定为诈骗罪。

当前，网络约车、网络订餐等互联网经济新形态发展迅速。一些互联网公司为抢占市场，以提供订单补贴的形式吸引客户参与。某些不法分子采取违法手段，骗取互联网公司给予的补贴，数额较大的，可以构成诈骗罪。

在网络约车中，行为人以非法占有为目的，通过网约车平台与网约车公司进行交流，发出虚构的用车需求，使网约车公司误认为是符合公司补贴规则的订单，基于错误认识，给予行为人垫付车费及订单补贴的行为，符合诈骗罪的本质特征，是一种新型诈骗罪的表现形式。

【法院公报案例】

〔登封市人民检察院诉姚国建等人诈骗、伪造国家机关印章案，GB2003－5〕

共同被告人以非法占有为目的，结伙利用其警察身份，趁夜晚到乡村路段，使用假罚款收据私自对过往车辆进行处罚，其行为系以虚构事实、隐瞒真相的方法欺骗财物所有人，使财物所有人产生"他们在履行公务"的错觉后自动将财产交给他们，构成诈骗罪，而非贪污罪。诈骗数额以其收到并着手用于犯罪的那部分假收据为准，其他假收据，系被告实行诈骗犯罪所作的预备，应作为量刑情节予以考虑。

〔四川省泸县人民检察院诉黄艺、袁小军等诈骗案，GB2007－8〕

行为人出于非法占有他人财产的目的，采取虚构事实、隐瞒真相、设置圈套的方法诱使他人参加赌博，并以欺诈手段控制赌局的输赢结果，从而骗取他人财物，数额较大的，构成诈骗罪。

〔上海市虹口区人民检察院诉陈新金、余明觉等诈骗案，GB2012－12〕

出于非法占有他人财物的目的，以虚构"医院、专家、神药"，假冒病患、导医、医生、收费员、药品发放员等身份，骗取被害人财物的行为，

应当依照刑法第二百六十六条的规定，以诈骗罪定罪处罚。

〔江苏省扬州市宝应县人民检察院诉刘国义等诈骗案，GB2016－2〕

行为人在明知自己控制的为虚拟现货交易平台，客户注入资金并未真正进入现货交易市场的情况下，通过虚构事实、隐瞒真相的方式骗取客户资金占为己有的，应认定为诈骗罪。

【法院参考案例】

〔参考案例第 45 号：章杨盗窃案〕窃取并变造已付讫的国库券再骗兑的行为如何定性？

盖有"付讫"章的国库券不再属于有价证券，将盗窃的盖有"付讫"章的国库券变造后再骗兑的行为，构成诈骗罪。

〔参考案例第 148 号：何起明诈骗案〕抢走财物后哄骗被害人不追赶的行为如何定性？

抢走财物后，在被害人有条件当场夺回财物的情况下，采用欺骗的方法使被害人放弃夺回的行为，构成诈骗罪。

〔参考案例第 161 号：王庆诈骗案〕骗购电信卡贩卖给他人使用造成电信资费巨大损失的行为如何定性？

骗购电信卡转卖他人使用造成电信资费巨大损失的行为，构成诈骗罪。

〔参考案例第 162 号：李志远招摇撞骗、诈骗案〕冒充国家机关工作人员骗取财物的同时又骗取其他非法利益的如何定罪处罚？

行为人冒充国家机关工作人员，多次骗取他人财物，并骗得他人与其

同居，其行为既符合诈骗罪的犯罪构成（骗取他人财物），又符合招摇撞骗罪的犯罪构成（骗取他人财物之外的利益），属于法条竞合，应选择适用法定刑较重的法条。

〔**参考案例第 167 号：袁鹰、欧阳湘、李巍集资诈骗案**〕非法传销过程中携传销款潜逃的行为如何处理？

对于非法传销过程中，携传销款潜逃的行为，应以诈骗罪或者合同诈骗罪定罪量刑。

〔**参考案例第 185 号：刘国芳等诈骗案**〕为获取回扣费以虚假身份证件办理入网手续并使用移动电话拨打国际声讯台造成电信资费损失的行为应如何定罪？

为获取回扣费以虚假身份证件办理入网手续并使用移动电话拨打国际声讯台造成电信资费损失的行为，应以诈骗罪论处。

〔**参考案例第 214 号：李品华、潘才庆、潘才军诈骗案**〕故意"制造交通事故"骗取赔偿款的行为如何定性？

行为人故意制造交通事故后，对被害人和公安交警部门隐瞒事故是其故意制造的真相，致使公安交警部门认定被害人承担事故全部责任或部分责任，被害人为此支付赔款。尽管诈骗行为是通过第三方（即交警部门）介入，才得以实施完毕，仍然符合诈骗罪的基本构成，应按诈骗罪处理。

〔**参考案例第 256 号：程剑诈骗案**〕猜配捡拾存折密码，非法提取他人存款行为如何定性？

猜中他人存折密码，非法提取存款的行为，属于冒用骗取，应以诈骗罪论处。

罪定罪处罚。

〔**参考案例第 301 号：田亚平诈骗案**〕银行出纳员用自制的"高额利率定单"，对外虚构单位内部有高额利率存款的事实，将吸存的亲朋好友现金占为己有的行为如何定性？

银行出纳员用自制的"高额利率定单"，对外虚构单位内部有高额利率存款的事实，将吸存的亲朋好友现金占为己有的行为，不构成非法吸收公众存款罪、贪污罪和金融凭证诈骗罪，构成诈骗罪。

〔**参考案例第 451 号：黄艺等诈骗案**〕〔**参考案例第 836 号：王红柳、黄叶峰诈骗案**〕〔**参考案例第 837 号：史兴其诈骗案**〕设置圈套或者利用自己准备的特定赌具控制赌博输赢并从中获取钱财的行为，如何定性？赃款如何处理？

1. 如果行为人在赌博过程中采取设置圈套或利用特定赌具（如透视扑克牌、特制隐形眼镜）等"作弊"手段控制赌博输赢，赌博成了掩盖事实的手段，该行为本质上符合诈骗的特征，构成诈骗罪。

2. 关于这类案件的赃款处理，应区分不同情况：第一种情况，如果被害人本来不具有赌博的意思，而是基于行为人的欺骗而产生赌博意愿，并陷入赌博陷阱，从而被骗钱财的，因被害人不具有通过赌博进行营利的目的，对其合法财产权益应予保护，故对于扣押或者退缴的赃款应当发还被害人，或者责令被告人退赔被害人经济损失。第二种情况，如果被害人本身也是参赌人员，由于其具有通过赌博进行营利的目的，其本身积极参与赌博行为，因此，其所输钱款属于赌资，对于该赌资的处理问题，可以借鉴抢劫赌资案件的处理方法进行处理，对于赌资无须通过行政处罚程序没收，可直接在刑事程序中追缴没收。

〔参考案例第 494 号：余志华诈骗案〕将租赁来的汽车典当不予退还的行为如何定性？

行为人将租赁来的汽车进行典当，进而非法占有典当款的行为，应按诈骗罪处理。

〔参考案例第 591 号：王微、方继民诈骗案〕将他人手机号码非法过户后转让获取钱财行为如何定性？

行为人使用伪造原机主的身份证等手段，将原机主手机号码过户至自己名下，尔后以本人名义将号码卖给他人获取钱财的行为，应按诈骗罪处理。

〔参考案例第 649 号：詹群忠等诈骗案〕利用手机群发诈骗短信，后因逃避侦查丢弃银行卡而未取出卡内他人所汇款项，能否认定为诈骗罪的未遂形态？

在短信类诈骗犯罪中的既遂，不仅要求被害人基于错误认识交付财物，而且该财物应为行为人所占有。行为人为逃避侦查丢弃银行卡后，已无法通过银行卡来实现对被害人财物的控制，故应认定犯罪未遂。

〔参考案例第 650 号：张航军等诈骗案〕利用异地刷卡消费反馈时差，要求银行工作人员将款项存入指定贷记卡，当同伙在异地将该贷记卡上的款项刷卡消费完毕，又谎称存款出错，

要求撤销该项存款的行为，如何定罪？

利用异地 POS 机刷卡消费反馈到银行电脑有一至二分钟延迟这一漏洞，故意隐瞒存入贷记卡中的资金已被消费的真相，要求银行工作人员办理冲正业务，进而骗取资金的行为，应认定为诈骗罪。

〔参考案例第 819 号：曹海平诈骗案〕虚构事实，待店主交付商品后，谎称未带钱，在回家取钱途中趁店主不备溜走的行为，如何定性？

虚构事实，待店主交付商品后，谎称未带钱，在回家取钱途中趁店主不备溜走的行为，构成诈骗罪。

〔参考案例第 820 号：黄某诈骗案〕侵入单位内部未联网的计算机人事系统篡改他人工资账号，非法占有他人工资款的行为，如何定性？

行为人以非法占有为目的，利用熟悉环境的工作便利，侵入单位内部未联网的计算机系统，将公司人事系统进行更改，导致公司财务基于错误认识将本应发给其他员工的工资款汇入行为人银行卡账户内，其行为构成诈骗罪。

〔参考案例第 850 号：苗辉诈骗案〕家电销售商虚报冒领国家家电下乡补贴资金的行为应如何定性？

家电销售商以非法占有为目的，虚报冒领国家家电下乡补贴资金的行为，构成诈骗罪。

〔参考案例第 952 号：伍华诈骗案〕受他人委托炒股，私自使用他人证件以委托人名义开立银行新账户，通过证券业务员将原账户股票卖出后将所得款转到新账户并取走的行为如

何定性？

受他人委托操作其股票账户进行股票买卖，却私自使用委托人证件以委托人名义开立银行新账户，通过证券业务员卖出委托人账户股票，并将所得款转到新账户后取走的行为，属于"三角诈骗"，构成诈骗罪。

〔**参考案例第 1049 号：杨丽涛诈骗案**〕侵入红十字会计算机信息系统，篡改网页内容发布虚假募捐消息骗取他人财物的行为，如何定罪处罚？

行为人为骗取社会提供的救灾捐款，利用计算机非法入侵红十字会网站，发布虚假募捐消息，并将其本人控制的银行账户设定为虚假募捐账户的行为构成诈骗罪。同时，其行为致使红十字会网站被迫关闭 24 小时以上，影响了该网站的正常运行，也影响了红十字会正常的募捐行为，构成破坏计算机信息系统罪，应当从一重罪处罚。

〔**参考案例第 1065 号：王先杰诈骗案**〕民事纠纷与公权力混合型诈骗案件中的"财产取得"如何认定？

1. 被告人在明知无力偿还巨额债务的情况下，意图通过虚构注册公司的事实，骗取他人垫付资金以偿还债务，当其无法实际占有涉案财产时，又假借国家公权力强制执行相应财产，以达到诈骗资金偿还债务的非法目的，其行为已构成诈骗罪（未遂）。

2. 在以欺诈手段借助公权力行使骗取财物的案件中，因为公权力介入，涉案财产可能脱离被害人和行为人的占有，处于暂时"悬空"状态，如人民法院基于公权力将涉案财物予以扣押、冻结时，财产已经超出被害人和行为人的占有范畴，在名义上的占有人和私法上的实际占有人之间，又加入了公法上的占有人，且后者权力明显强于前两者权利。此时，作为实际占有人的被害人丧失了对财物的占有，但是失去占有并不意味着损害的发生，也不意味着犯罪的既遂。本案中，法院只是冻结相应款项，涉案财物尚处于国家公权力控制之下，被害人只是暂时失去了处分权，并未实际遭受财产损害。被害人得知款项被冻结后立即报案，相关法院并未将已冻结的款项发放给申请执行人，也未进行其他处理，因此，诈骗行为处于未完成状态，属于因案发等意志以外的因素未完成，系未遂。如果人民法院已将相应款项划拨，无论是发放给申请执行人，抑或是作其他处理，被害人财产损害均已实际发生，行为人的行为即构成诈骗罪的既遂。

〔**参考案例第 1083 号：嵇世勇诈骗案**〕假冒国际标准集装箱偷逃高速公路通行费的行为应当如何定性？

行为人为减少企业运输成本，非法利用对于国际标准集装箱运输车辆的优惠政策，购入外表破损的国际标准集装箱装运货物并购买相关单证，偷逃高速公路通行费的行为，构成诈骗罪。

〔**参考案例第 1203 号：林在清等人诈骗案**〕无明确的犯罪意思联络，但为诈骗犯罪分子提取赃款并获利，是否构成诈骗共犯？

虽然行为人事先与诈骗"上线"未就如何具体实施诈骗犯罪进行预谋，

但就其所处的生活环境以及被告人的个人认知水平，其是知道也应当知道诈骗"上线"所实施行为的严重社会危害性已经达到犯罪程度，在诈骗"上线"实施犯罪行为过程中，行为人提供银行卡账户，并协助提取赃款等行为，均是诈骗犯罪不可缺少的重要组成部分，只是在诈骗犯罪中分工不同而已，应当以诈骗共犯论处。

〔**参考案例第 1218 号：杨涛诈骗案**〕单位职员虚构公司业务、骗取财物的如何定性？

行为人对其所在单位是否构成表见代理并不影响对行为人的定罪，行为人编造虚假公司业务，利用职务身份获取被害人信任，骗取被害人财物的行为，依法应构成诈骗罪。

第二百六十七条 【抢夺罪】抢夺公私财物，数额较大的，或者多次抢夺的，处三年以下有期徒刑、拘役或者管制，并处或者单处罚金；数额巨大或者有其他严重情节的，处三年以上十年以下有期徒刑，并处罚金；数额特别巨大或者有其他特别严重情节的，处十年以上有期徒刑或者无期徒刑，并处罚金或者没收财产。

【抢劫罪】携带凶器抢夺的，依照本法第二百六十三条的规定定罪处罚。

【修正前条文】

第二百六十七条 【抢夺罪】抢夺公私财物，数额较大的，处三年以下有期徒刑、拘役或者管制，并处或者单处罚金；数额巨大或者有其他严重情节的，处三年以上十年以下有期徒刑，并处罚金；数额特别巨大或者有其他特别严重情节的，处十年以上有期徒刑或者无期徒刑，并处罚金或者没收财产。

【抢劫罪】携带凶器抢夺的，依照本法第二百六十三条的规定定罪处罚。

【修正说明】

刑法修正案（九）第二十条在原条文第一款中增加规定"多次抢夺的"构成抢夺罪，处三年以下有期徒刑、拘役或者管制，并处或者单处罚金。

【立法·要点注释】

抢夺罪与抢劫罪的区别，在于行为人夺取财物过程中是否对被害人采取暴力、胁迫或者其他强制方法，危及被害人人身安全。当然，行为人也会在"夺"走公私财物时使用一定的力量，有时产生危及被害人安全的情形，如由于被害人毫无防备，可能被拽倒摔伤，甚至致死；犯罪分子逃离现场时，也可能将他人撞倒摔伤，甚至致死。这些情况不是犯罪分子针对被害人人身故意使用暴力所致，不能以抢劫罪论处，但可以作为情节严重或者情节特别严重的情节予以考虑。

【司法解释 I】

《最高人民法院、最高人民检察院关于办理抢夺刑事案件适用法律若干问题的解释》（法释〔2013〕25 号，20131118）

第一条　抢夺公私财物价值一千元至三千元以上、三万元至八万元以上、二十万元至四十万元以上的，应当分别认定为刑法第二百六十七条规定的"数额较大""数额巨大""数额特别巨大"。

各省、自治区、直辖市高级人民法院、人民检察院可以根据本地区经济发展状况，并考虑社会治安状况，在前款规定的数额幅度内，确定本地区执行的具体数额标准，报最高人民法院、最高人民检察院批准。

第二条　抢夺公私财物，具有下列情形之一的，"数额较大"的标准按照前条规定标准的百分之五十确定：

（一）曾因抢劫、抢夺或者聚众哄抢受过刑事处罚的；

（二）一年内曾因抢夺或者哄抢受过行政处罚的；

（三）一年内抢夺三次以上的；

（四）驾驶机动车、非机动车抢夺的；

（五）组织、控制未成年人抢夺的；

（六）抢夺老年人、未成年人、孕妇、携带婴幼儿的人、残疾人、丧失劳动能力人的财物的；

（七）在医院抢夺病人或者其亲友财物的；

（八）抢夺救灾、抢险、防汛、优抚、扶贫、移民、救济款物的；

（九）自然灾害、事故灾害、社会安全事件等突发事件期间，在事件发生地抢夺的；

（十）导致他人轻伤或者精神失常等严重后果的。

第三条　抢夺公私财物，具有下列情形之一的，应当认定为刑法第二百六十七条规定的"其他严重情节"：

（一）导致他人重伤的；

（二）导致他人自杀的；

（三）具有本解释第二条第三项至第十项规定的情形之一，数额达到本解释第一条规定的"数额巨大"百分之五十的。

第四条　抢夺公私财物，具有下列情形之一的，应当认定为刑法第二百六十七条规定的"其他特别严重情节"：

（一）导致他人死亡的；

（二）具有本解释第二条第三项至第十项规定的情形之一，数额达到本解释第一条规定的"数额特别巨大"百分之五十的。

第五条　抢夺公私财物数额较大，但未造成他人轻伤以上伤害，行为人系初犯，认罪、悔罪，退赃、退赔，且具有下列情形之一的，可以认定为犯罪情节轻微，不起诉或者免予刑事处罚；必要时，由有关部门依法予以行政处罚：

（一）具有法定从宽处罚情节的；

（二）没有参与分赃或者获赃较少，且不是主犯的；

（三）被害人谅解的；

（四）其他情节轻微、危害不大的。

第六条　驾驶机动车、非机动车夺取他人财物，具有下列情形之一的，应当以抢劫罪定罪处罚：

（一）夺取他人财物时因被害人不放手而强行夺取的；

（二）驾驶车辆逼挤、撞击或者强行逼倒他人夺取财物的；

（三）明知会致人伤亡仍然强行夺取并放任造成财物持有人轻伤以上后果的。

第七条　本解释公布施行后，《最高人民法院关于审理抢夺刑事案件具体应用法律若干问题的解释》（法释〔2002〕18 号）同时废止；之前发布的司法解释和规范性文件与本解释不一致的，以本解释为准。

【司法解释Ⅱ】

《最高人民法院关于审理抢劫案件具体应用法律若干问题的解释》（法释〔2000〕35 号，20001128）

第六条　刑法第二百六十七条第二款规定的"携带凶器抢夺"，是指行为人随身携带枪支、爆炸物、管制刀具等国家禁止个人携带的器械进行抢夺或者为了实施犯罪而携带其他器械进行抢夺的行为。

【司法指导文件Ⅰ】

《最高人民法院关于常见犯罪的量刑指导意见》（法发〔2017〕7号，20170401）

（八）抢夺罪

1. 构成抢夺罪的，可以根据下列不同情形在相应的幅度内确定量刑起点：

（1）达到数额较大起点或者两年内三次抢夺的，可以在一年以下有期徒刑、拘役幅度内确定量刑起点。

（2）达到数额巨大起点或者有其他严重情节的，可以在三年至五年有期徒刑幅度内确定量刑起点。

（3）达到数额特别巨大起点或者有其他特别严重情节的，可以在十年至十二年有期徒刑幅度内确定量刑起点。依法应当判处无期徒刑的除外。

2. 在量刑起点的基础上，可以根据抢夺数额、次数等其他影响犯罪构成的犯罪事实增加刑罚量，确定基准刑。多次抢夺，数额达到较大以上的，以抢夺数额确定量刑起点，抢夺次数可作为调节基准刑的量刑情节；数额未达到较大的，以抢夺次数确定量刑起点，超过三次的次数作为增加刑罚量的事实。

【司法指导文件Ⅱ】

《最高人民法院关于审理抢劫、抢夺刑事案件适用法律若干问题的意见》（法发〔2005〕8 号，20050608）

四、关于"携带凶器抢夺"的认定

《抢劫解释》第六条规定，"携带凶器抢夺"，是指行为人随身携带枪支、爆炸物、管制刀具等国家禁止个人携带的器械进行抢夺或者为了实施犯罪而携带其他器械进行抢夺的行为。行为人随身携带国家禁止个人携带的器械以外的其他器械抢夺，但有证据证明该器械确实不是为了实施犯罪准备的，不以抢劫罪定罪；行为人将随身携带凶器有意加以显示、能为被害人察觉到的，直接适用刑法第二百六十三条的规定定罪处罚；行为人携带凶器抢夺后，在逃跑过程中为窝藏赃物、抗拒抓捕或者毁灭罪证而当场使用暴力或者以暴力相威胁的，适用刑法第二百六十七条第二款的规定定罪处罚。

【法院参考案例】

〔**参考案例第 203 号：亢红昌抢劫案**〕无故殴打他人后临时起意乘机夺财的行为应如何定罪？

被告人伙同他人酒后滋事，无故殴打行人后见财起意，趁被害人被打倒不备之机，公然夺取被害人的手机后逃跑。如果被告人殴打被害人并非夺取财物的手段，且事先并无劫财故意，则临时起意夺走被害人财物的行为应认定为抢夺罪。

〔**参考案例第 683 号：郭学周故意伤害、抢夺案**〕实施故意伤害行为，被害人逃离后，行为人临时起意取走被害人遗留在现场的财物，如何定性？

抢夺罪的客观方面具体表现为以下三种形式：（1）乘人不备而夺取；（2）在他人来不及夺回时（不问是否乘人不备）而夺取；（3）制造他人不能夺回的机会而夺取。"乘人不备"而夺取财物只是抢夺罪中的一种最常见的表现形式，但并不意味它是抢夺罪的唯一表现形式，也不意味它是抢夺罪的必要客观构成要件。比如，财物的所有人或保管人对行为人抢夺财物的意图已有所察觉、有所防备，行为人甚至也意识到这一点，但是行为人利用当时偏僻无人、治安秩序不好、无人敢出面干涉等情况，或者在财物的所有人或保管人因年老、患病、轻中度醉酒等原因而丧失或基本丧失保管财物能力但神志清醒等情况下，未使用暴力或者以暴力相威胁而公然夺走财物。在这些情况下夺取财物的行为，明显不属于"乘人不备"，但行为人主观上具有非法占有他人财物的目的，客观上实施了公然夺取财物的行为，符合抢夺罪的主客观要件，应以抢夺罪论处。只要行为人以非法占有为目的，采取了公然夺取的手段，且夺取的财物达到抢夺罪的数额构成标准后，就可认定该行为构成抢夺罪。实施故意伤害行为，被害人逃离后，行为人临时起意取走被害人遗留在现场的财物，应当以故意伤害罪和抢夺罪数罪并罚。

〔**参考案例第 868 号：李培峰抢劫、抢夺案**〕"加霸王油"的行为如何定性？

在汽车加油过程中，趁加油站工作人员不备，驾车逃跑，构成抢夺罪。逃跑时，因碰撞、加速等行为导致阻拦人员受伤的，按抢劫罪定罪处罚。

〔**参考案例第 931 号：李丽波抢夺案**〕抢夺本人因质押而被第三人保管的财物，如何定性？

行为人公然开走自己所有，但已依法质押给他人并处于保管站合法监管状态下的汽车，由于该车占有权已从所有权人经质权人转移到了保管站，其强行开走该汽车的行为构成抢夺罪。

第二百六十八条 【聚众哄抢罪】聚众哄抢公私财物，数额较大或者有其他严重情节的，对首要分子和积极参加的，处三年以下有期徒刑、拘役或者管制，并处罚金；数额巨大或者有其他特别严重情节的，处三年以上十年以下有期徒刑，并处罚金。

【司法解释】

《最高人民法院关于审理破坏森林资源刑事案件具体应用法律若干问题的解释》（法释〔2000〕36 号，20001211）

第十四条　聚众哄抢林木五立方米以上的，属于聚众哄抢"数额较大"；聚众哄抢林木二十立方米以上的，属于聚众哄抢"数额巨大"，对首要分子和积极参加的，依照刑法第二百六十八条的规定，以聚众哄抢罪定罪处罚。

第二百六十九条　【抢劫罪】犯盗窃、诈骗、抢夺罪，为窝藏赃物、抗拒抓捕或者毁灭罪证而当场使用暴力或者以暴力相威胁的，依照本法第二百六十三条的规定定罪处罚。

【立法·要点注释】

1. 关于"窝藏赃物、抗拒抓捕或者毁灭罪证"。"窝藏赃物"，是指转移、隐匿盗窃、诈骗、抢夺所得到的公私财物的行为。"抗拒抓捕"，是指犯罪分子抗拒司法机关依法对其采取的抓捕措施，以及在犯罪时或者犯罪后被及时发现，抗拒群众将其扭送到司法机关的行为。"毁灭罪证"，是指犯罪分子为逃避罪责，消灭作案现场遗留的痕迹、物品以及销毁可以证明其罪行的各种证据。

2. 关于"当场使用暴力或者以暴力相威胁"。"当场"一般是指实施盗窃、诈骗、抢夺犯罪行为的作案现场。如果犯罪分子在逃离现场时被发现，在受到追捕或者围堵的情况下使用暴力的，也应视为当场使用暴力。如果

犯罪分子作案时没有被及时发现，而是在其他时间、地点被发现，在抓捕过程中行凶拒捕或者在事后为掩盖罪行杀人灭口的，不适用本条规定。

【司法解释】

《最高人民法院关于审理未成年人刑事案件具体应用法律若干问题的解释》（法释〔2006〕1 号，20060123）

第十条　已满十四周岁不满十六周岁的人盗窃、诈骗、抢夺他人财物，为窝藏赃物、抗拒抓捕或者毁灭罪证，当场使用暴力，故意伤害致人重伤或者死亡，或者故意杀人的，应当分别以故意伤害罪或者故意杀人罪定罪处罚。

已满十六周岁不满十八周岁的人犯盗窃、诈骗、抢夺罪，为窝藏赃物、抗拒抓捕或者毁灭罪证而当场使用暴力或者以暴力相威胁的，应当依照刑法第二百六十九条的规定定罪处罚；情节轻微的，可不以抢劫罪定罪处罚。

【司法指导文件 I】

《最高人民法院关于审理抢劫、抢夺刑事案件适用法律若干问题的意见》（法发〔2005〕8 号，20050608）

五、关于转化抢劫的认定

行为人实施盗窃、诈骗、抢夺行为，未达到"数额较大"，为窝藏赃物、抗拒抓捕或者毁灭罪证当场使用暴力或者以暴力相威胁，情节较轻、危害不大的，一般不以犯罪论处；但具有下列情节之一的，可依照刑法第二百六十九条的规定，以抢劫罪定罪处罚；

（1）盗窃、诈骗、抢夺接近"数

额较大"标准的；

（2）入户或在公共交通工具上盗窃、诈骗、抢夺后在户外或交通工具外实施上述行为的；

（3）使用暴力致人轻微伤以上后果的；

（4）使用凶器或以凶器相威胁的；

（5）具有其他严重情节的。

【司法指导文件Ⅱ】

《最高人民法院关于审理抢劫刑事案件适用法律若干问题的指导意见》（法发〔2016〕2号，20160106）

三、关于转化型抢劫犯罪的认定

根据刑法第二百六十九条的规定，"犯盗窃、诈骗、抢夺罪，为窝藏赃物、抗拒抓捕或者毁灭罪证而当场使用暴力或者以暴力相威胁的"，依照抢劫罪定罪处罚。"犯盗窃、诈骗、抢夺罪"，主要是指行为人已经着手实施盗窃、诈骗、抢夺行为，一般不考察盗窃、诈骗、抢夺行为是否既遂。但是所涉财物数额明显低于"数额较大"的标准，又不具有《两抢意见》第五条所列五种情节之一的，不构成抢劫罪。"当场"是指在盗窃、诈骗、抢夺的现场以及行为人刚离开现场即被他人发现并抓捕的情形。

对于以摆脱的方式逃脱抓捕，暴力强度较小，未造成轻伤以上后果的，可不认定为"使用暴力"，不以抢劫罪论处。

入户或者在公共交通工具上盗窃、诈骗、抢夺后，为了窝藏赃物、抗拒抓捕或者毁灭罪证，在户内或者公共交通工具上当场使用暴力或者以暴力相威胁的，构成"入户抢劫"或者"在公共交通工具上抢劫"。

两人以上共同实施盗窃、诈骗、抢夺犯罪，其中部分行为人为窝藏赃物、抗拒抓捕或者毁灭罪证而当场使用暴力或者以暴力相威胁的，对于其余行为人是否以抢劫罪共犯论处，主要看其对实施暴力或者以暴力相威胁的行为人是否形成共同犯意、提供帮助。基于一定意思联络，对实施暴力或者以暴力相威胁的行为人提供帮助或实际成为帮凶的，可以抢劫共犯论处。

【司法指导文件Ⅱ·注释】

1. 关于转化型抢劫是否存在未遂的情况。转化型抢劫罪是一种独立的犯罪形态，作为法律拟制的转化犯，其犯罪构成要件不同于一般抢劫罪，并不存在因犯罪分子意志以外的原因而未得逞的情形，只要发生转化既应为既遂。《两抢意见》第十条关于"既未劫取财物，又未造成他人人身伤害后果的属抢劫未遂"的规定，只适用于认定一般抢劫犯罪的既未遂，并不适用于认定转化型抢劫的既未遂。

2. 关于如何正确区分"使用暴力、以暴力相威胁"和"以摆脱的方式逃脱抓捕"。《指导意见》规定，对于以摆脱方式逃脱抓捕，暴力强度较小，未造成轻伤以上后果的，可不认定为"使用暴力"，不以抢劫罪论处。对"摆脱"的认识，要注重以下三个方面：一是行为人只是想逃脱抓捕，而未主动抗拒抓捕，这两者之间是有区别的；二是行为人逃脱抓捕的方式只是被动地实施摆脱行为，并未主动采取暴力行为；三是摆脱的方式，一般情况下对抓捕人的人身损害不大。

3. 关于共同犯罪转化案件中的主从犯认定问题。转化的前提是有共同的转化意愿并实施了共同转化的行为。共同盗窃、诈骗、抢夺的意愿是转化型抢劫的前提条件和必要条件，但不是充分条件。是否转化，不能仅仅考察行为人是否都是共同盗窃、诈骗、抢夺的故意，还必须考察是否有共同转化的故意。例如，以盗窃为宗旨的犯罪集团进行盗窃时，主犯明确要求不要实施暴力行为，但是在盗窃过程中，部分行为人单独为窝藏赃物、抗拒逮捕或者毁灭罪证而当场使用暴力或者以暴力相威胁，那么该实施暴力的犯罪人就属于转化型抢劫，而主犯仍按盗窃罪定罪；在盗窃前，主犯事先就预谋，如果被发现就想尽一切办法逃脱，那么部分行为人实施暴力而窝藏赃物、抗拒逮捕或者毁灭罪证，在这种情况下，主犯也应当按照转化型犯罪处罚。其他共同犯罪也如此，不以其前行为即盗窃、诈骗、抢夺行为中的地位、作用决定主从犯是否转化为抢劫犯罪的标准，而完全应当依照其在转化的客观行为即"当场实施暴力或者以暴力相威胁"中是否有共同的犯意和共同的行为来决定。也就是说，在共同犯罪的转化犯中，前行为主犯的"暴力或者以暴力相威胁"行为引起犯罪转化的，对该主犯以转化型抢劫论，前行为从犯、胁从犯不是必然随前行为主犯的犯罪转化而转

化。如果是前行为的从犯、胁从犯的"暴力或者以暴力相威胁"行为引起犯罪转化，则对该从犯、胁从犯以转化型抢劫论处，但前行为的主犯未必随前行为从犯的犯罪转化而转化。前行为的各共同犯罪分子之间，无论其在盗窃、诈骗、抢劫犯罪行为中是主犯还是从犯，只能确定其首先在盗窃、诈骗、抢夺罪的范围内成立共同犯罪，但是否一律转化为抢劫犯罪，标准和界线只有一个，即对实施暴力或者以暴力相威胁的行为人是否形成共同犯意、提供帮助。

4. 关于转化型抢劫的法律适用问题。司法实践中，有的法院对转化型抢劫在适用法律条文时直接适用刑法第二百六十三条，而不是先援引第二百六十九条，然后适用第二百六十三条。这实际上是对转化型抢劫的性质认识不充分的体现。裁判文书在论述犯罪构成时应当对转化过程进行论述。如入户盗窃转化为入户抢劫的，不宜直接认定为入户抢劫，应先论证行为人入户盗窃的行为，然后论述行为人为窝藏赃物、抗拒抓捕或者毁灭罪证而当场使用暴力或者以暴力相威胁，因而应当依照抢劫罪定罪处罚。因使用暴力或者以暴力相威胁的行为发生在户内，因而构成"入户抢劫"。在适用法条上，应当先援引第二百六十九条，然后适用第二百六十三条。

【法院参考案例】

〔参考案例第 244 号：张某某抢劫、李某盗窃案〕盗窃共同犯罪中部分共犯因为抗拒抓捕，当场实施暴力

转化为抢劫罪，其他共犯是否随之转化？

由盗窃罪转化为抢劫罪的特征是先窃取财物，后使用暴力，要认定各个盗窃共犯的行为是否转化为抢劫罪，关键看行为人在窃取财物后是否当场使用暴力，或者以暴力相威胁。其中，对部分没有当场使用暴力，或者以暴力相威胁的行为人，要看其是否同意其他共犯当场使用暴力或者以暴力相威胁（如是否有共同故意或共同行为）。如果是，其行为就由盗窃转化为抢劫；反之，其行为不发生转化，仅负盗窃罪的刑事责任。

〔**参考案例第 300 号：贺喜民抢劫案**〕转化型抢劫罪之"当场"使用暴力，应当如何理解和把握？

在判断行为人的有关行为是否具有"当场"性时，应综合考虑暴力、威胁行为与先前的盗窃、诈骗、抢夺行为在时间、场所上的连接性、事实上的关联性等多种因素。具体地说，在犯盗窃等罪的现场使用暴力或者以暴力相威胁的，固然应当认定符合转化型抢劫罪的"当场"要件；但即便是已离开犯盗窃等罪的现场，只要其后的暴力或以暴力相威胁行为是在相隔短暂的时空范围内实施的，只要一般的社会观念认为行为人先前的盗窃等行为在该时空范围内仍处于继续状态，则也应认定行为人的行为符合转化型抢劫罪的"当场"要件。

〔**参考案例第 321 号：穆文军抢劫案**〕盗窃未遂为抗拒抓捕而当场使用暴力能否构成抢劫罪？

成立转化型抢劫罪的前提条件是实施盗窃、诈骗、抢夺行为，因此，只要行为人在实施盗窃行为过程中，为窝藏赃物、抗拒抓捕或者毁灭罪证而当场使用暴力或者以暴力相威胁的，就应当以抢劫罪定罪处罚，盗窃是否既遂不影响抢劫罪的成立。

〔**参考案例第 581 号：龚文彬等抢劫、贩卖毒品案**〕诈骗未得逞后以暴力手段取得财物的如何定性？

在诈骗过程中，受害人当场发现不愿交付财物，行为人采用威胁手段直接劫取财物的，应当直接认定为抢劫罪，而非转化型抢劫。

〔**参考案例第 660 号：刘兴明等抢劫、盗窃案**〕盗窃后持枪抗拒抓捕的行为能否认定为"持枪抢劫"？

实施盗窃后持枪抗拒抓捕的行为应当认定为"持枪抢劫"。

〔**参考案例第 740 号：陈万学抢劫、刘永等人盗窃案**〕共同盗窃犯罪中转化型抢劫罪如何认定？

在共同盗窃过程中，个别或部分人因实施暴力、威胁行为转化为抢劫罪的，其他参加盗窃者并不必然转化为抢劫罪，是否对其他参与作案的人均按抢劫罪定罪处罚，需要考察各行为人之间的共谋内容，其他人对临时发生的暴力、威胁行为的态度等情况来具体分析判断。

1. 各行为人共谋作案时遇抓捕可采取暴力、威胁手段的情形。即各行为人事先明确约定，在盗窃、诈骗、抢夺过程中，如遇到抓捕，将采取暴力、威胁手段予以抗拒；或者各行为人事先虽无明确约定，但均明知有人携带了匕首、砍刀、棍棒等犯罪工具，做好了两手准备，各人对遇到抓捕时将采取暴力、威胁手段抗拒的可能性均心知肚明。在此情况下，各行为人事先在主观上已经达成一致认识，如遇他人抓捕或被害人反抗，将相互帮助或联手反击。故当实际发生某人为抗拒抓捕而当场使用暴力或以暴力相威胁的情形时，则所有参与作案的人均转化为抢劫罪。这是典型的共同转化犯罪。

2. 事先没有预谋采取暴力、威胁手段，个别行为人在犯罪过程中采取暴力、威胁手段，其他行为人事后才获悉的，不宜认定为抢劫罪的共犯。

3. 各行为人事先仅约定实施盗窃、诈骗、抢夺罪，未约定遇抓捕是否反抗，但作案中其他人发现个别人采取了暴力、威胁手段的情形。对此，需要根据其他人在发现有人采取暴力、胁迫手段时的表现来认定。如果其他人发现有人采取暴力、威胁手段抗拒抓捕后，均当场实施暴力、威胁行为的，则其他人也均转化为抢劫罪。如果其他人没有参与实施暴力、威胁行为的，有必要进一步区分以下三种情形来判断：（1）其他人发现个别人采取暴力、威胁手段抗拒抓捕后，仍停留在现场继续参与盗窃、诈骗或抢夺的，尽管其他人并没有实施暴力、威胁行为，但其行为表明其原有的盗窃犯意已经发生了改变，彼此之间形成了新的抢劫犯意，在这种情形下继续在现场实施犯罪的人均应一体转化为抢劫罪。（2）其他人在发现个别人采取暴力、威胁手段后，当场明确作出反对的意思表示或阻止过限行为发

生危害结果。这种情况下，应认定采取暴力、威胁手段的人属于实行过限，对其他反对或者阻止者不应以抢劫罪的共同犯罪论处。（3）其他人发现个别人采取了暴力、威胁手段抗拒抓捕后，未予制止便逃离现场的，表明其他人主观上对个别人的过限行为并未给予追加认同，客观上对实行过限行为人亦未产生精神支持或鼓励，故对逃离现场的人仍应以先前的盗窃、诈骗、抢夺罪定罪处罚，而不能认定为转化型抢劫罪。

〔**参考案例第 764 号：刘飞抢劫案**〕驾驶机动车以"碰瓷"方式获取的财物的行为如何定性？

1. 如果行为人以非法占有为目的，故意制造交通事故，并造成事故系被害人过错所致的假象，继而以此为要挟，迫使被害人赔偿，应当以敲诈勒索罪论处。实践中，要挟、强迫的方式多种多样，有的以不赔偿就扣留车辆相要挟，有的抓住被害人车辆手续不全、正规处理程序烦琐、害怕耽误时间等心理，但不管具体方式如何，要准确把握行为要挟、胁迫的本质特征。

2. 如果行为人故意制造交通事故，隐瞒事故真相，使被害人基于事故产生原因的错误认识而给付"赔偿"，行为人的行为就符合诈骗罪的构成特征，应当以诈骗罪论处。

3. 在有的"碰瓷"案件中，被害人是完全被胁迫交付钱财，还是既有被欺骗又有被胁迫的因素而交付钱财，有时不容易区分。尤其是在系列"碰瓷"案件中，行为人在有些犯罪过程

中故意制造交通事故，被害人基于错误认识"自愿"交付了钱财，而在有些犯罪过程中因被害人识破骗局而使用了要挟的手段。对类似案件，应从系列行为的整体特征考察，根据行为人主要取材手段的特征，以敲诈勒索罪或者诈骗罪论处，而不宜进行数罪并罚。

4. 如果行为人驾车碰撞他人车辆后，又以暴力或实施暴力相威胁而索取钱财的，构成抢劫罪。

5. 如果行为人实施的"碰瓷"行为不足以严重危害公共安全，"碰瓷"后，由于主客观原因，也没有进一步实施诈骗、敲诈勒索或抢劫行为，那么，对于只撞毁车辆，符合故意毁坏财物罪构成要件的，可以故意毁坏财物罪论处；致人伤亡的，根据具体情况，可以故意伤害罪或故意杀人罪论处；既符合故意毁坏财物罪，同时符合故意伤害罪或故意杀人罪的，按照想象竞合犯的原则处理。

〔参考案例第777号：王伟华抢劫案〕已满十四周岁不满十六周岁的未成年人，能否成为转化型抢劫罪的犯罪主体？

已满十四周岁不满十六周岁的未成年人，依法对盗窃罪不负刑事责任，因此不具备转化型抢劫罪的基础，不能成为转化型抢劫罪的犯罪主体。对于行为人未达完全刑事责任年龄的情况，判决主文应表述为被告人不负刑事责任。

〔参考案例第1186号：尹林军、任文军盗窃案〕盗窃后为抗拒抓捕实施暴力程度不明显的摆脱行为，能否认定为"转化型抢劫"？

转化型抢劫与抢劫虽然认定性质相同，但行为人的主观恶性和行为动机毕竟不同，行为人最初目的是盗窃、诈骗、抢夺，为抗拒抓捕、窝藏赃物或者毁灭罪证才使用暴力或者以暴力相威胁，因此对其暴力程度应当有所限制，应以被害人不敢抓捕或者不能抓捕为限。如果行为人不具有伤害意图，只是为摆脱和逃跑而推推搡搡，没有造成轻伤以上后果的，则可不认定使用暴力，不以抢劫罪定罪处罚。

〔参考案例第1187号：翟光强等抢劫案〕先行为人实施盗窃行为，为抗拒抓捕当场使用暴力，后行为人加入犯罪的行为如何定性？

行为人实施盗窃时被被害人发现后，持斧子与其打斗，但当场被抓，同伙逃跑后又纠集他人暴力劫夺行为人，造成被害人死亡，同伙们的后续行为与先前的转化抢劫犯罪行为是一个连续的整体，故行为人与其同伙均构成抢劫罪，且属于事前无通谋的共同犯罪。

〔参考案例第1222号：秦电志故意杀人、故意伤害、放火、抢劫、盗窃案〕行为人在施暴过程中临时起意抢劫被害人财物，之后又将被害人刺伤的行为如何定罪量刑？

在施暴过程中临时起意劫取财物的，该暴力行为应评价为抢劫罪的胁迫行为。抢劫既遂后，又实施的故意伤害行为，应另行定故意伤害罪，并以抢劫罪、故意伤害罪实行并罚。

〔参考案例第1226号：祝日峰、祝某强抢劫案〕多次抢劫预备能否认定为"多次抢劫"?

对于多次抢劫预备行为,由于行为人尚未着手实行犯罪,惯犯特征并不明显,况且多次抢劫的起点刑为十年有期徒刑以上的重刑,故不宜将社会危害性并非十分严重的多次抢劫预备行为纳入其中。

第二百七十条　【侵占罪】将代为保管的他人财物非法占为己有,数额较大,拒不退还的,处二年以下有期徒刑、拘役或者罚金;数额巨大或者有其他严重情节的,处二年以上五年以下有期徒刑,并处罚金。

将他人的遗忘物或者埋藏物非法占为己有,数额较大,拒不交出的,依照前款的规定处罚。

本条罪,告诉的才处理。

【立法·要点注释】

1. "保管"主要是指基于委托合同关系,或者是根据事实上的管理,以及因习惯而成立的委托、信任关系所拥有的对他人财物的持有、管理权利。这种保管必须是合法的,如果不是合法的保管,而是使用盗窃、抢夺、诈骗、敲诈勒索等手段占有他人财物,则不构成本罪。

2. "遗忘物",是指由于财产所有人、占有人的疏忽,遗忘在某处的物品。实践中,遗忘物和遗失物是有区别的,遗忘物一般是指被害人明确知道自己遗忘在某处的物品。而遗失物则是失主丢失的物品,对于拾得遗失物未交还失主的不得按本罪处理。

3. "埋藏物",是指所有权不明的埋藏于地下的财物。遗忘物的所有权属于遗忘该财物的公民个人或单位。埋藏物依法属于国家所有。

【法院参考案例】

〔**参考案例第 318 号:张建忠侵占案**〕雇员利用职务之便将个体工商户财产非法占为己有的行为应如何定性?

个体工商户雇员不属于职务侵占罪主体,如果其将代为保管的户主财产占为己有,数额较大,拒不退还的,构成侵占罪。

〔**参考案例第 583 号:杨飞侵占案**〕如何认定加工承揽合同导致的侵占罪中的"代为保管他人财物"?

1. 在侵占罪中,典型意义上的代为保管关系,产生于保管合同之中,此外,加工承揽合同、委托合同、租赁合同、使用借贷合同、担保合同等众多的合同关系均可能存在代为保管关系。

2. 加工承揽合同有两种情形:一种是加工的原材料由承揽人自己选用;另一种是由定作人提供。在第一种情形下,定作人不负责提供原材料,承揽人先行支付购买材料费用,对自己选用的材料享有所有权,对于利用该材料加工完成的工作成果,若承揽人不将其交付给定作人,不成立侵占罪,只构成民事上的违约。在第二种情形下,即定作人提供原材料的情形下,原材料被交付给承揽人之后并未发生所有权转移,承揽人只是暂时地享有占有、支配、按照合同目的使用原材料的权利。在履行合同时,承揽人负有返还利用原材料加工完毕的工作成果的义务,此时原材料就处于代为保管的状态,拒不返还便属于侵占。

第二百七十一条 【职务侵占罪】公司、企业或者其他单位的人员,利用职务上的便利,将本单位财物非法占为己有,数额较大的,处五年以下有期徒刑或者拘役;数额巨大的,处五年以上有期徒刑,可以并处没收财产。

【贪污罪】国有公司、企业或者其他国有单位中从事公务的人员和国有公司、企业或者其他国有单位委派到非国有公司、企业以及其他单位从事公务的人员有前款行为的,依照本法第三百八十二条、第三百八十三条的规定定罪处罚。

【司法解释Ⅰ】

《最高人民检察院、公安部关于公安机关管辖的刑事案件立案追诉标准的规定（二）》（公通字〔2010〕23号,20100507）

第八十四条〔职务侵占案（刑法第二百七十一条第一款）〕公司、企业或者其他单位的人员,利用职务上的便利,将本单位财物非法占为己有,数额在五千至一万元以上的,应予立案追诉。

【司法解释Ⅱ】

《最高人民法院关于村民小组组长利用职务便利非法占有公共财物行为如何定性问题的批复》（法释〔1999〕12号,19990703）

对村民小组组长利用职务上的便利,将村民小组集体财产非法占为己有,数额较大的行为,应当依照刑法第二百七十一条第一款的规定,以职务侵占罪定罪处罚。

【司法解释Ⅱ·注释】

本解释只是针对村民小组组长。他们中有的可能是村委会成员,但批复明确指出,本解释只适用于村民小组组长利用职务便利实施的犯罪行为,而不是利用村委会成员的职务便利。村委会成员利用职务上的便利,将本单位财物占为己有的行为如何处理的问题,可根据 2000 年 4 月 29 日《全国人民代表大会常务委员会关于〈中华人民共和国刑法〉第九十三条第二款的解释》认定。

【司法解释Ⅲ】

《最高人民法院关于审理贪污、职务侵占案件如何认定共同犯罪几个问题的解释》（法释〔2000〕15号,20000708）

第一条 行为人与国家工作人员勾结,利用国家工作人员的职务便利,共同侵吞、窃取、骗取或者以其他手段非法占有公共财物的,以贪污罪共犯论处。

第二条 行为人与公司、企业或者其他单位的人员勾结,利用公司、企业或者其他单位人员的职务便利,共同将该单位财物非法占为己有,数额较大的,以职务侵占罪共犯论处。

第三条 公司、企业或者其他单位中,不具有国家工作人员身份的人与国家工作人员勾结,分别利用各自的职务便利,共同将本单位财物非法占为己有的,按照主犯的犯罪性质定罪。

【司法解释Ⅳ】

《最高人民法院关于在国有资本控股、参股的股份有限公司中从事管理工作的人员利用职务便利非法占有本公司财物如何定罪问题的批复》（法释〔2001〕17 号，20010526）

在国有资本控股、参股的股份有限公司中从事管理工作的人员，除受国家机关、国有公司、企业、事业单位委派从事公务的以外，不属于国家工作人员。对其利用职务上的便利，将本单位财物非法占为己有，数额较大的，应当依照刑法第二百七十一条第一款的规定，以职务侵占罪定罪处罚。

【司法解释Ⅴ】

《最高人民法院、最高人民检察院关于办理贪污贿赂刑事案件适用法律若干问题的解释》（法释〔2016〕9 号，20160418）

第十一条第一款　刑法第一百六十三条规定的非国家工作人员受贿罪、第二百七十一条规定的职务侵占罪中的"数额较大""数额巨大"的数额起点，按照本解释关于受贿罪、贪污罪相对应的数额标准规定的二倍、五倍执行。

【司法指导文件Ⅰ】

《最高人民法院关于常见犯罪的量刑指导意见》（法发〔2017〕7 号，20170401）

（九）职务侵占罪

1. 构成职务侵占罪的，可以根据下列不同情形在相应的幅度内确定量刑起点：

（1）达到数额较大起点的，可以在二年以下有期徒刑、拘役幅度内确定量刑起点。

（2）达到数额巨大起点的，可以在五年至六年有期徒刑幅度内确定量刑起点。

2. 在量刑起点的基础上，可以根据职务便占数额等其他影响犯罪构成的犯罪事实增加刑罚量，确定基准刑。

【司法指导文件Ⅱ】

《最高人民法院研究室关于对通过虚假验资骗取工商营业执照的"三无"企业能否成为职务侵占罪客体问题征求意见的复函》（法研〔2008〕79 号，20080617）

……是否具有法人资格是私营、独资等公司、企业、事业单位成为我国刑法中"单位"的关键。行为人通过虚假验资骗取工商营业执照成立的企业，即使为"三无"企业，只要该企业具有法人资格，并且不是未进行违法犯罪活动而设立的公司、企业、事业单位，或者公司、企业、事业单位设立后，不是以实施犯罪为主要活动的，应当视为刑法中的"单位"，能够成为刑法第二百七十一条第一款规定的"公司、企业或者其他单位"。这些单位中的人员，利用职务上的便利，将单位财物非法占为己有，数额较大的，构成职务侵占罪。

【司法指导文件Ⅲ】

《最高人民法院研究室关于个人独资企业员工能否成为职务侵占罪主体问题的复函》（法研〔2011〕20 号，

20110215）

刑法第二百七十一条第一款规定中的"单位"，包括"个人独资企业"。主要理由是：刑法第三十条规定的单位犯罪的"单位"与刑法第二百七十一条第一款职务侵占罪的单位概念不尽一致，前者是指作为犯罪主体应当追究刑事责任的"单位"，后者是指财产被侵害需要刑法保护的"单位"，责任追究针对的是该"单位"中的个人。有关司法解释之所以规定，不具有法人资格的独资企业不能成为单位犯罪的主体，主要是考虑此类企业因无独立财产、个人与企业行为的界限难以区分；不具备独立承担刑事责任的能力。刑法第二百七十一条第一款立法的目的基于保护单位财产，惩处单位内工作人员利用职务便利，侵占单位财产的行为，因此该款规定中的"单位"应当也包括独资企业。

【公安文件 I 】

《公安部经济犯罪侦查局关于对非法占有他人股权是否构成职务侵占罪的工作意见》（20050624）

对于公司股东之间或者被委托人利用职务便利，非法占有公司股东股权的行为，如果能够认定行为人主观上具有非法占有他人财物的目的，则可对其利用职务便利，非法占有公司管理中的股东股权的行为以职务侵占罪论处。

【公安文件 II 】

《公安部经济犯罪侦查局关于宗教活动场所工作人员能否构成职务侵占或挪用资金犯罪主体的批复》（公经

〔2004〕643 号，20040430）

根据《宗教活动场所管理条例》（国务院第 145 号令）等有关规定，宗教活动场所属于刑法第 271 条和第 272 条所规定的"其他单位"的范围。宗教活动场所的财产属于公共财产或信教公民共有财产，受法律保护，任何组织和个人不得侵占、哄抢、私分和非法处分宗教团体、宗教活动场所的合法财产。宗教活动场所的管理人员利用职务之便，侵占或挪用宗教活动场所公共财产的，可以构成职务侵占罪或挪用资金罪。

【公安文件 III 】

《公安部经济犯罪侦查局关于对居民小组下设生产队认定问题的批复》（公经〔2007〕938 号，20070429）

根据罪刑法定原则，不宜将《最高人民法院关于村民小组组长利用职务便利非法占有公共财物行为如何定性问题的批复》（1999 年 6 月 25 日）类推适用于"居民小组"以及其下设的生产队。在法律、法规以及司法解释没有明确规定的情况下，不宜将"居民小组"以及其下设的生产队认定为刑法意义上的"其他单位"。

【公安文件 IV 】

《公安部经济犯罪侦查局关于对周××等人涉嫌职务侵占案法律适用问题的批复》（公经商贸〔2010〕259 号，20101026）

根据《刑法》第 92 条、第 271 条规定和参照最高人民法院研究室《关于对通过虚假验资骗取工商营业执照的"三无"企业能否成为职务侵占罪客体问题征求意见的复函》（法研〔2008〕79号），××有限公司各股东以及对所属子公司的实际出资情况与公司有关人员是否涉嫌职务侵占罪无关。

【公安文件Ⅴ】

《公安部经济犯罪侦查局关于范×涉嫌职务侵占案犯罪主体问题的批复》（公经〔2012〕898号，20121026）

范×利用其担任业主委员会主任的职务，将小区警卫室用房对外出租后所得租金占为己有，属于职务侵占犯罪行为。

【法院公报案例】

〔上海市长宁区人民检察院诉李江职务侵占案，GB2009-8〕

根据刑法第二百七十一条的规定，职务侵占罪是指公司、企业或者其他单位的人员，利用职务上的便利，将本单位数额较大的财物非法占为己有的行为。所谓"利用职务上的便利"，是指行为人在实施犯罪时，利用自身的职权，或者利用自身因执行职务而获取的主管、管理、经手本单位财物的便利条件。

普通货物运输的承运人不仅负有将货物安全及时地送达目的地的职责，同时对该货物负有直接保管的义务。货运驾驶员在运输途中，利用其运输、保管货物的职务便利窃取货物的行为，构成职务侵占罪。

【法院参考案例】

〔参考案例第213号：董佳、岑炯等伪造有价票证、职务侵占案〕行为人利用职务之便，以假充真侵占门票收入款的行为如何定性？

行为人利用职务便利，将假票冒充真票出售给游客，对持假观光券的游客予以放行，进而将售卖假观光券的票款收入占为己有，其行为构成职务侵占罪。

〔参考案例第235号：于庆伟职务侵占案〕〔参考案例第452号：贺豫松职务侵占案〕单位的临时工能否构成职务侵占罪？

刑法第二百七十一条第一款中的"公司、企业或者其他单位的人员"，一般包括正式职工、合同工和临时工三种成分。是否构成职务侵占罪，关键在于这些人员非法占有单位财物（包括单位管理、使用、运输中的其他公私财产）是否利用了职务上的便利，而不是行为人在单位的"身份"。因此，即使是临时工，只要利用了单位赋予的主管、管理或经手本单位财物的权力，都可以成为职务侵占罪的主体。

〔参考案例第247号：林通职务侵占案〕名义职务与实际职务不一致的应当如何判断是否利用了职务之便？

当名义职务与实际职务范围不一致时，应以实际职务范围为标准，判断行为人是否利用了职务之便。

〔参考案例第461号：王一辉等职务侵占案〕利用职务便利盗卖单位游戏"武器装备"的行为如何定性？

行为人系某网络公司游戏项目管理中心运维部经理，负责对服务器、游戏软件进行维护和游戏环境内容更新。行为人通过修改游戏数据，创造游戏"武器、装备",贩卖给游戏玩家牟利的行为,属于利用职务之便侵占单位财产,应当认定为职务侵占罪。

〔**参考案例第516号:刘宏职务侵占案**〕用工合同到期后没有续签合同的情况下,原单位工作人员是否符合职务侵占罪的主体要件?

1. 用工合同到期后没有续签合同的情况下,原单位工作人员仍在实际行使管理职责,符合职务侵占罪的主体要件。

2. 实践中,主管、管理、经手单位财物的通常不是一人,出于相互制约、相互监督的需要,单位财物的支配权、处置权及管理权往往由两人或两人以上共同行使。这种情况下,行为人对单位财物的管理权限仍及于职责范围的全部,其管理权能以及因该管理权所产生的便利亦不因有其他共同管理人而受到影响,其单独利用其管理职务便利窃取本单位财物的行为不影响"利用职务上的便利"的认定。

〔**参考案例第872号:曹建亮等职务侵占案**〕村干部侵吞土地补偿费的如何定性?

1. 村民委员会等村基层组织人员利用职务便利非法占有土地征用补偿费用以贪污罪论处,必须符合以下条件:一是该人员系村基层组织人员;二是系在从事公务,即协助人民政府进行特定行政管理工作;三是利用职务便利侵吞了公共财产。如果村干部并非在协助人民政府对土地征收补偿费用进行管理,此时,村干部并不具有从事协助政府进行行政管理的职权,

并非从事公务,这个阶段即使侵吞了土地征收补偿费用,也应以职务侵占罪而非贪污罪论处。

2. 土地征用补偿费用本质上是土地所有权由集体所有转为国家所有的利益补偿,一旦被征用方的损失依法得到填补,所有权转移的法律效果便已实现,针对土地征用补偿费进行管理的国家公权力的行使即告终止。协助人民政府从事"土地征用补偿费用的管理"的公务,应当限于协助政府核准、测算以及向因土地征用受损方发放补偿费用的环节。一旦补偿到位,来源于政府的补偿费用就转变为因出让集体土地所有权和个人土地使用权而获得的集体财产和个人财产,之后对该款项的处理属于村自治事务和个人财产处置。此时,村干部的协助政府管理土地征用补偿费用的公务职责也就相应终结。

〔**参考案例第1137号:谭世豪职务侵占案**〕单位员工利用本单位业务合作方的收费系统漏洞,制造代收业务费用结算金额减少的假象,截留本单位受托收取的业务合作方现金费用的行为,应当如何定性?

司法实践中,对单位职工将本单位财物占为己有的行为如何定性,要视单位性质、行为人的身份、犯罪手段、涉案财物属性等因素综合判定。本案中,美霖公司与中国电信广州公司存在合作关系,受中国电信广州公司委托代收客户电信费用,行为人在美霖公司具体负责该项工作。行为人利用中国电信广州公司的MBOSS CRM收费系统漏洞,通过虚构客户错缴电

信费及滞纳金的事实进行"返销账"操作，向收费系统申请退费后又重新缴纳电信费，将该收费系统在处理上述操作中自动返还的客户原缴纳的滞纳金冲抵其应代表美霖公司通过银行上交给中国电信广州公司的其他客户缴纳的电信费用现金，其行为构成职务侵占罪。

第二百七十二条 【挪用资金罪】公司、企业或者其他单位的工作人员，利用职务上的便利，挪用本单位资金归个人使用或者借贷给他人，数额较大、超过三个月未还的，或者虽未超过三个月，但数额较大、进行营利活动的，或者进行非法活动的，处三年以下有期徒刑或者拘役；挪用本单位资金数额巨大的，或者数额较大不退还的，处三年以上十年以下有期徒刑。

【挪用公款罪】国有公司、企业或者其他国有单位中从事公务的人员和国有公司、企业或者其他国有单位委派到非国有公司、企业以及其他单位从事公务的人员有前款行为的，依照本法第三百八十四条的规定定罪处罚。

【立法·要点注释】

1. "挪用本单位资金"，是指公司、企业或者其他单位的工作人员利用其经手、主管本单位资金的便利条件，私自将本单位的资金挪作自己使用或者借贷他人使用的行为。

2. "进行营利活动"，是指用所挪用的资金进行经营或者其他获取利润的行为，至于行为人是否实际获取利益不影响本罪成立。

3. "进行非法活动"，既包括一般的违法行为，如赌博、嫖娼，也包括犯罪行为，如走私、贩毒等。

【立法解释性意见】

《全国人民代表大会常务委员会法制工作委员会刑法室关于挪用资金罪有关问题的答复》（法工委刑发〔2004〕28 号，20040908）

刑法第二百七十二条规定的挪用资金罪中的"归个人使用"与刑法第三百八十四条规定的挪用公款罪中的"归个人使用"的含义基本相同。1997 年修改刑法时，针对当时挪用资金中比较突出的情况，在规定"归个人使用"的同时，进一步明确了"借贷给他人"属于挪用资金罪的一种表现形式。

【司法解释 I】

《最高人民检察院、公安部关于公安机关管辖的刑事案件立案追诉标准的规定（二）》（公通字〔2010〕23 号，20100507）

第八十五条〔挪用资金案（刑法第二百七十二条第一款）〕公司、企业或者其他单位的工作人员，利用职务上的便利，挪用本单位资金归个人使用或者借贷给他人，涉嫌下列情形之一的，应予立案追诉：

（一）挪用本单位资金数额在一万元至三万元以上，超过三个月未还的；

（二）挪用本单位资金数额在一万元至三万元以上，进行营利活动的；

（三）挪用本单位资金数额在五千元至二万元以上，进行非法活动的。

具有下列情形之一的，属于本条规定的"归个人使用"：

（一）将本单位资金供本人、亲友或者其他自然人使用的；

（二）以个人名义将本单位资金供其他单位使用的；

（三）个人决定以单位名义将本单位资金供其他单位使用，谋取个人利益的。

【司法解释Ⅱ】

《最高人民法院、最高人民检察院关于办理贪污贿赂刑事案件适用法律若干问题的解释》（法释〔2016〕9号，20160418）

第十一条第二款 刑法第二百七十二条规定的挪用资金罪中的"数额较大""数额巨大"以及"进行非法活动"情形的数额起点，按照本解释关于挪用公款罪"数额较大""情节严重"以及"进行非法活动"的数额标准规定的二倍执行。

【司法解释Ⅲ】

《最高人民法院关于对受委托管理、经营国有财产人员挪用国有资金行为如何定罪问题的批复》（法释〔2000〕5号，20000224）

对于受国家机关、国有公司、企业、事业单位、人民团体委托，管理、经营国有财产的非国家工作人员，利用职务上的便利，挪用国有资金归个人使用构成犯罪的，应当依照刑法第二百七十二条第一款的规定定罪处罚。

【司法解释Ⅳ】

《最高人民法院关于如何理解刑法第二百七十二条规定的"挪用本单位资金归个人使用或者借贷给他人"问题的批复》（法释〔2000〕22号，20000727）

公司、企业或者其他单位的非国家工作人员，利用职务上的便利，挪用本单位资金归本人或者其他自然人使用，或者挪用人以个人名义将所挪用的资金借给其他自然人和单位，构成犯罪的，应当依照刑法第二百七十二条第一款的规定定罪处罚。

【司法指导文件Ⅰ】

《最高人民检察院关于挪用尚未注册成立公司资金的行为适用法律问题的批复》（高检发研字〔2000〕19号，20001009）

筹建公司的工作人员在公司登记注册前，利用职务上的便利，挪用准备设立的公司在银行开设的临时账户上的资金，归个人使用或者借贷给他人，数额较大、超过三个月未还的，或者虽未超过三个月，但数额较大、进行营利活动的，或者进行非法活动的，应当根据刑法第二百七十二条的规定，追究刑事责任。

【司法指导文件Ⅰ·注释】

1. 对刑法第二百七十二条第一款规定中的"其他单位"，不应作狭义理解，仅将其理解为"经过登记而成立"的社会组织，如社会团体。公司发起人在向公司登记机关申请登记时，他们相互之间已经存在紧密联系，成为一个整体，其财产亦集合为未来公司的财产，上述整体应当属于"其他单位"。

2. 本批复的行为主体并未局限于公司发起人，也不限于筹建有限责任公司的工作人员，而应界定为"筹建公司的工作人员"。当筹集公司的工作人员是"国有公司、企业或者其他国有单位中从事公务的人员和国有公司、企业或者其他国有单位委派到非国有公司、企业以及其他单位从事公务的人员"时，根据刑法第二百七十二条第二款的规定，应适用刑法第三百八十四条的规定，以挪用公款罪追究刑事责任。

【司法指导文件Ⅱ】

《最高人民法院研究室关于挪用退休职工社会养老金行为如何适用法律问题的复函》（法研〔2004〕102 号，20040709）

退休职工养老保险金不属于我国刑法中救灾、抢险、防汛、优抚、扶贫、移民、救济等特定款物中的任何一种。因此，对于挪用退休职工养老保险金的行为，构成犯罪时，不能以挪用特定款物罪追究刑事责任，而应当按照行为人身份的不同，分别以挪用资金罪或者挪用公款罪追究刑事责任。

【司法指导文件Ⅲ】

《最高人民法院研究室关于村民小组是否属于刑法第二百七十二条规定的"其他单位"问题的研究意见》（2012）

刑法第二百七十二条规定的"其他单位"包括村民小组，村民小组组长可以成为挪用资金罪的犯罪主体。村民小组组长利用职务上的便利，挪用本单位资金归个人使用或者借贷给他人，数额较大、超过三个月未还的，或者虽未超过三个月，但数额较大、进行营利活动的，或者进行非法活动的，应当依照刑法第二百七十二条第一款的规定，以挪用资金罪定罪处罚。

【公安文件Ⅰ】

《公安部关于村民小组组长以本组资金为他人担保贷款如何定性处理问题的批复》（公法〔2001〕83 号，20010426）

村民小组组长利用职务上的便利，擅自将村民小组的集体财产为他人担保贷款，并以集体财产承担担保责任的，属于挪用本单位资金归个人使用的行为。构成犯罪的，应当依照刑法第二百七十二条第一款的规定，以挪用资金罪追究行为人的刑事责任。

【公安文件Ⅱ】

《公安部经济犯罪侦查局关于对挪用资金罪有关问题请示的答复》（公经〔2002〕1604 号，20021224）

对于在经济往来中所涉及的暂收、预收、暂存其他单位或个人的款项、物品，或者对方支付的货款、交付的货物等，如接收人已以单位名义履行接受手续的，所接受的财、物应视为该单位资产。

【法院公报案例】

〔晋中市人民检察院诉刘国平挪用资金案，GB2004 - 8〕

在无法查明企业经济性质的情况下，对企业负责人将企业资金转移到个人账户进行股票交易的行为,不应按刑法第二百七十二条第一款的规定认定为挪用资金罪。

〔滨海县人民检察院诉刘必仲挪用资金案,GB2006 - 2〕

福利彩票是国家为筹集社会福利事业发展资金,特许中国福利彩票发行中心垄断发行的有价凭证。受彩票发行机构委托,在彩票投注站代销福利彩票的非国家工作人员,如果以不交纳彩票投注金的方式擅自打印并获取彩票,是侵犯彩票发行机构管理的社会公益性财产的行为。根据刑法第二百七十二条第一款规定,对这种行为应当按挪用资金罪定罪处罚。

【法院参考案例】

〔参考案例第 333 号:丁钦宇挪用资金案〕村民委员会成员利用职务上的便利,个人借用村集体资金或者将村集体资金借给他人使用的,能否以挪用资金罪追究刑事责任?

村民委员会作为村民自我管理、自我教育、自我服务的基层群众性自治组织,是经县级人民政府批准设立,不需要登记的社会团体,属于刑法第二百七十二条第一款规定的“其他单位”。村民委员会成员利用职务上的便利,挪用村宅基地出让金和村提留款,归个人使用或借贷给他人进行营利活动,数额较大,应当以挪用资金罪追究刑事责任。

〔参考案例第 454 号:陈焕林等挪用资金、贪污案〕无法区分村民委员会人员利用职务之便挪用款项性质的如何定罪处罚?

村民委员会等村基层组织人员协助人民政府从事有关法律规定的行政管理工作,属于“其他依照法律从事公务的人员”,以国家工作人员论。无法区分被挪用的款项性质的,以刑罚相对较轻的挪用资金罪追究村民委员会等村基层组织人员的刑事责任,符合刑法的谦抑原则。

第二百七十三条 【挪用特定款物罪】挪用用于救灾、抢险、防汛、优抚、扶贫、移民、救济款物,情节严重,致使国家和人民群众利益遭受重大损害的,对直接责任人员,处三年以下有期徒刑或者拘役;情节特别严重的,处三年以上七年以下有期徒刑。

【立法·要点注释】

1. 本条所称“挪用”,是指未经合法批准,擅自将自己经手、管理的用于救灾、抢险、防汛、优抚、扶贫、移民、救济款物调拨、使用到其他方面,如将上述款物挪作修建楼堂馆所、从事商业经营、投资工业建设的行为。挪用款物目的是用于单位其他项目,如果挪用上述特定款物归个人使用,构成犯罪的,应按挪用公款罪处罚。

2. “情节严重”,主要是指挪用上述款物数额较大的;挪用行为给人民群众的生产和生活造成严重危害的;挪用特别重要紧急款物的;挪用手段恶劣,造成极坏影响,等等。

【司法解释 I】

《最高人民检察院、公安部关于公安机关管辖的刑事案件立案追诉标准

的规定（二）》（公通字〔2010〕23号，20100507）

第八十六条〔挪用特定款物案（刑法第二百七十三条）〕挪用用于救灾、抢险、防汛、优抚、扶贫、移民、救济款物，涉嫌下列情形之一的，应予立案追诉：

（一）挪用特定款物数额在五千元以上的；

（二）造成国家和人民群众直接经济损失数额在五万元以上的；

（三）虽未达到上述数额标准，但多次挪用特定款物的，或者造成人民群众的生产、生活严重困难的；

（四）严重损害国家声誉，或者造成恶劣社会影响的；

（五）其他致使国家和人民群众利益遭受重大损害的情形。

【司法解释Ⅱ】

《最高人民法院、最高人民检察院关于办理妨害预防、控制突发传染病疫情等灾害的刑事案件具体应用法律若干问题的解释》（法释〔2003〕8号，20030515）

第十四条第二款　挪用用于预防、控制突发传染病疫情等灾害的救灾、优抚、救济等款物，构成犯罪的，对直接责任人员，依照刑法第二百七十三条的规定，以挪用特定款物罪定罪处罚。

【司法解释Ⅲ】

《最高人民检察院关于挪用失业保险基金和下岗职工基本保障资金的行为适用法律问题的批复》（高检发释字〔2003〕1号，20030130）

挪用失业保险基金和下岗职工基本生活保障资金属于挪用救济款物。挪用失业保险基金和下岗职工基本生活保障资金，情节严重，致使国家和人民群众利益遭受重大损害的，对直接责任人员，应当依照刑法第二百七十三条的规定，以挪用特定款物罪追究刑事责任；国家工作人员利用职务上的便利，挪用失业保险基金和下岗职工基本生活保障资金归个人使用，构成犯罪的，应当依照刑法第三百八十四条的规定，以挪用公款罪追究刑事责任。

【司法指导文件Ⅰ】

《最高人民法院研究室关于挪用民族贸易和民族用品生产贷款利息补贴行为如何定性问题的复函》（法研〔2003〕16号，20030224）

中国人民银行给予中国农业银行发放民族贸易和民族用品生产贷款的利息补贴，不属于刑法第二百七十三条规定的特定款物。

【司法指导文件Ⅱ】

《最高人民法院研究室关于挪用退休职工社会养老金行为如何适用法律问题的复函》（法研〔2004〕102号，20040709）

退休职工养老保险金不属于我国刑法中救灾、抢险、防汛、优抚、扶贫、移民、救济等特定款物中的任何一种。因此，对于挪用退休职工养老保险金的行为，构成犯罪时，不能以挪用特定款物罪追究刑事责任，而应当按照行为人身份的不同，分别以挪用资金罪或者挪用公款罪追究刑事责任。

第二百七十四条　【敲诈勒索罪】 敲诈勒索公私财物，数额较大或者多次敲诈勒索的，处三年以下有期徒刑、拘役或者管制，并处或者单处罚金；数额巨大或者有其他严重情节的，处三年以上十年以下有期徒刑，并处罚金；数额特别巨大或者有其他特别严重情节的，处十年以上有期徒刑，并处罚金。

【修正前条文】

第二百七十四条　　【敲诈勒索罪】 敲诈勒索公私财物，数额较大的，处三年以下有期徒刑、拘役或者管制；数额巨大或者有其他严重情节的，处三年以上十年以下有期徒刑。

【修正说明】

刑法修正案（八）第四十条对原条文作出下述修改：一是增加了多次敲诈勒索构成犯罪的规定；二是增设了第三个量刑档次；三是增加规定了财产刑。

【立法·要点注释】

1. 敲诈勒索罪最主要的特点，是行为人使用威胁或者要挟的方法勒索财物。威胁和要挟，是指通过对被害人及其亲属精神上的强制，对其在心理上造成恐惧，产生压力。威胁或要挟方法多种多样，如以将要实行暴力、揭发隐私、违法犯罪活动、毁坏名誉相威胁。形式上可以是书面的，也可以是口头的，可通过第三者转达；可以是明示，也可以是暗示。在取得他人财物时间上，既可以是迫使其当场交出，也可以限期交出。总之，是通过对公私财物所有人、保管人实行精神上的强制，使其产生恐惧、畏难心理，不得已而交出财物。

2. 行为人必须具有非法占有他人财物的目的，如果是其他目的，如债权人为讨债而威胁债务人的，不构成本罪。

【司法解释 I】

《最高人民法院、最高人民检察院关于办理敲诈勒索刑事案件适用法律若干问题的解释》（法释〔2013〕10号，20130427）

第一条　敲诈勒索公私财物价值二千元至五千元以上、三万元至十万元以上、三十万元至五十万元以上的，应当分别认定为刑法第二百七十四条规定的"数额较大"、"数额巨大"、"数额特别巨大"。

各省、自治区、直辖市高级人民法院、人民检察院可以根据本地区经济发展状况和社会治安状况，在前款规定的数额幅度内，共同研究确定本地区执行的具体数额标准，报最高人民法院、最高人民检察院批准。

第二条　敲诈勒索公私财物，具有下列情形之一的，"数额较大"的标准可以按照本解释第一条规定标准的百分之五十确定：

（一）曾因敲诈勒索受过刑事处罚的；

（二）一年内曾因敲诈勒索受过行政处罚的；

（三）对未成年人、残疾人、老年人或者丧失劳动能力人敲诈勒索的；

（四）以将要实施放火、爆炸等

危害公共安全犯罪或者故意杀人、绑架等严重侵犯公民人身权利犯罪相威胁敲诈勒索的;

（五）以黑恶势力名义敲诈勒索的;

（六）利用或者冒充国家机关工作人员、军人、新闻工作者等特殊身份敲诈勒索的;

（七）造成其他严重后果的。

第三条 二年内敲诈勒索三次以上的,应当认定为刑法第二百七十四条规定的"多次敲诈勒索"。

第四条 敲诈勒索公私财物,具有本解释第二条第三项至第七项规定的情形之一,数额达到本解释第一条规定的"数额巨大"、"数额特别巨大"百分之八十的,可以分别认定为刑法第二百七十四条规定的"其他严重情节"、"其他特别严重情节"。

第五条 敲诈勒索数额较大,行为人认罪、悔罪、退赃、退赔,并具有下列情形之一的,可以认定为犯罪情节轻微,不起诉或者免予刑事处罚,由有关部门依法予以行政处罚:

（一）具有法定从宽处罚情节的;

（二）没有参与分赃或者获赃较少且不是主犯的;

（三）被害人谅解的;

（四）其他情节轻微、危害不大的。

第六条 敲诈勒索近亲属的财物,获得谅解的,一般不认为是犯罪;认定为犯罪的,应当酌情从宽处理。

被害人对敲诈勒索的发生存在过错的,根据被害人过错程度和案件其他情况,可以对行为人酌情从宽处理;

情节显著轻微危害不大的,不认为是犯罪。

第七条 明知他人实施敲诈勒索犯罪,为其提供信用卡、手机卡、通讯工具、通讯传输通道、网络技术支持等帮助的,以共同犯罪论处。

第八条 对犯敲诈勒索罪的被告人,应当在二千元以上、敲诈勒索数额的二倍以下判处罚金;被告人没有获得财物的,应当在二千元以上十万元以下判处罚金。

第九条 本解释公布施行后,《最高人民法院关于敲诈勒索罪数额认定标准问题的规定》（法释〔2000〕11号）同时废止;此前发布的司法解释与本解释不一致的,以本解释为准。

【司法解释Ⅰ·注释】

1. 根据本司法解释第二条的规定,具有"曾因敲诈勒索受过刑事处罚"等七种情形之一的,只是"可以"而非"应当"降低入罪数额门槛。因此,如综合考虑全案情节,降低入罪数额门槛明显有失妥当的,也可例外地不适用本条规定。例如,冒充黑恶势力敲诈勒索,行为人只是随口一说,甚至带有玩笑色彩,明显不足信,对方也根本没有因此感到恐惧的,则不宜适用本条规定。

2. 关于敲诈勒索犯罪数额的认定问题。在敲诈勒索案件中,被告人与被害人之间往往有一个"讨价还价"的过程。行为人的"开价"数额往往很高,但真正最后到手的通常要打折扣。实践中,应以行为人实际敲诈到的数额作为其犯罪数额,同时将开价数额作为量刑情节考虑。如果经过"讨价还价"，行为人最后仍未实际敲诈到钱财的，宜以其最低的要价认定敲诈勒索未遂的数额。

【司法解释Ⅱ】

《最高人民法院、最高人民检察院关于办理利用信息网络实施诽谤等刑事案件适用法律若干问题的解释》（法释〔2013〕21号，20130910）

第六条 以在信息网络上发布、删除等方式处理网络信息为由，威胁、要挟他人，索取公私财物，数额较大，或者多次实施上述行为的，依照刑法第二百七十四条的规定，以敲诈勒索罪定罪处罚。

【司法解释Ⅱ·注释】

1. 认定敲诈勒索罪，要求行为人必须有主动向被害人实施威胁、要挟并索要财物的行为。尤其是对于"删帖型"敲诈勒索，如果行为人没有主动与被害人联系删帖事宜，未实施威胁、要挟，而是在被害人主动上门联系请求删帖的情况下，以"广告费""赞助费""服务费"等名义收取被害人费用的，不认定为敲诈勒索罪。如果被害人主动上门联系请求删帖，但并不同意支付费用，而行为人以不支付费用，或者不支付指定数额的费用就不删帖甚至将对负面信息进一步炒作为由，威胁、要挟被害人，进而索取费用的，可以认定为敲诈勒索罪。

2. 行为人威胁将要在信息网络上发布、删除的涉及被害人的负面信息即使是真实的，但只要其出于非法占有的目的，以发布、删除该负面信息

为由索取公私财物，仍然构成敲诈勒索罪。

【司法指导文件Ⅰ】

《最高人民法院关于常见犯罪的量刑指导意见》（法发〔2017〕7号，20170401）

（十）敲诈勒索罪

1. 构成敲诈勒索罪的，可以根据下列不同情形在相应的幅度内确定量刑起点：

（1）达到数额较大起点的，或者两年内三次敲诈勒索的，可以在一年以下有期徒刑、拘役幅度内确定量刑起点。

（2）达到数额巨大起点或者有其他严重情节的，可以在三年至五年有期徒刑幅度内确定量刑起点。

（3）达到数额特别巨大起点或者有其他特别严重情节的，可以在十年至十二年有期徒刑幅度内确定量刑起点。

2. 在量刑起点的基础上，可以根据敲诈勒索数额、次数、犯罪情节严重程度等其他影响犯罪构成的犯罪事实增加刑罚量，确定基准刑。多次敲诈勒索，数额达到较大以上的，以敲诈勒索数额确定量刑起点，敲诈勒索次数可作为调节基准刑的量刑情节；数额未达到较大的，以敲诈勒索次数确定量刑起点，超过三次的次数作为增加刑罚量的事实。

【司法指导文件Ⅱ】

《最高人民法院、最高人民检察院、公安部、司法部关于办理黑恶势力犯罪案件若干问题的指导意见》（法发〔2018〕1号，20180116）

四、依法惩处利用"软暴力"实施的犯罪

17. 黑恶势力为谋取不法利益或形成非法影响，有组织地采用滋扰、纠缠、哄闹、聚众造势等手段侵犯人身权利、财产权利，破坏经济秩序、社会秩序，构成犯罪的，应当分别依照《刑法》相关规定处理：

……

（2）以非法占有为目的强行索取公私财物，有组织地采用滋扰、纠缠、哄闹、聚众造势等手段扰乱正常的工作、生活秩序，同时符合《刑法》第二百七十四条规定的其他犯罪构成条件的，应当以敲诈勒索罪定罪处罚。同时由多人实施或者以统一着装、显露纹身、特殊标识以及其他明示或者暗示方式，足以使对方感知相关行为的有组织性的，应当认定为《关于办理敲诈勒索刑事案件适用法律若干问题的解释》第二条第（五）项规定的"以黑恶势力名义敲诈勒索"。

采用上述手段，同时又构成其他犯罪的，应当依法按照处罚较重的规定定罪处罚。

雇佣、指使他人有组织地采用上述手段强迫交易、敲诈勒索，构成强迫交易罪、敲诈勒索罪的，对雇佣者、指使者，一般应当以共同犯罪中的主犯论处。……为追讨合法债务或者因婚恋、家庭、邻里纠纷等民间矛盾而雇佣、指使，没有造成严重后果的，一般不作为犯罪处理，但经有关部门批评制止或者处理处罚后仍继续实施的除外。

【公安文件】

《公安部关于公安机关处置信访活动中违法犯罪行为适用法律的指导意见》（公通字〔2013〕25号，20130719）

三、对侵犯人身权利、财产权利违法犯罪行为的处理

8. 以制造社会影响、采取极端闹访行为、持续缠访闹访等威胁、要挟手段，敲诈勒索，符合《治安管理处罚法》第四十九条规定的，以敲诈勒索依法予以治安管理处罚；符合《刑法》第二百七十四条规定的，以敲诈勒索罪追究刑事责任。

【法院公报案例】

〔海南省临高县人民检察院诉谢家海等敲诈勒索案，GB2009 - 10〕

行为人以被害人预谋犯罪为由，对被害人加以控制，并以报警将被害人送交公安机关处理为要挟，向被害人及其亲属强索财物。在实施上述犯罪过程中，行为人虽然在一定程度上限制了被害人的人身自由，并且为控制被害人而采取了轻微暴力，但并未使用暴力、胁迫、麻醉或者其他方法劫持被害人，亦未将被害人藏匿，其行为不构成绑架罪，应当以敲诈勒索罪定罪处罚。

【法院参考案例】

〔参考案例第 259 号：陈宗发故意杀人、敲诈勒索案〕将被害人杀死后，以被害人被绑架为名，向被害人亲属勒索的行为如何定性？

行为人故意杀死被害人后，以被害人被绑架为名，向被害人亲属勒索

数额较大的财物，足以对被害人亲属产生精神强制力，应当以敲诈勒索罪追究刑事责任。

〔**参考案例第 443 号：张舒娟敲诈勒索案**〕利用被害人年幼将其哄骗至外地继而敲诈其家属钱财的能否构成绑架罪？

行为人将年幼的被害人哄骗至外地，但并未限制其人身自由，继而电话其家属，谎称已绑架被害人，要求对方支付数额较大财物。由于行为人并未真正实施绑架行为，对其应按敲诈勒索罪追究刑事责任。

〔**参考案例第 509 号：夏某理等人敲诈勒索案**〕拆迁户以举报开发商违法行为为手段索取巨额补偿款是否构成敲诈勒索罪？

拆迁户因补偿款存在争议，以举报开发商违法行为索取争议金额内的补偿款的行为，不构成敲诈勒索罪。

〔**参考案例第 885 号：雷政富受贿案**〕以不雅视频相要挟，使他人陷入心理恐惧，向他人提出借款要求且还款期满后有能力归还而不归还的，是否属于敲诈勒索？

以不雅视频相要挟，使他人陷入心理恐惧，向他人提出借款要求且还款期满后有能力归还而不归还的，属于敲诈勒索。

第二百七十五条 【故意毁坏财物罪】 故意毁坏公私财物，数额较大或者有其他严重情节的，处三年以下有期徒刑、拘役或者罚金；数额巨大或者有其他特别严重情节的，处三年以上七年以下有期徒刑。

【立法·要点注释】

"故意毁坏公私财物"，是指出于某种个人动机和目的，非法毁灭或者损坏公共财物或者私人财物的行为。"毁坏"包括毁灭与损坏。"毁灭"，是指使用各种方法故意使公私财物的价值和使用价值全部丧失。"损坏"，是指将某些公私财物部分毁坏，使其部分丧失价值和使用价值。

【司法解释Ⅰ】

《最高人民检察院、公安部关于公安机关管辖的刑事案件立案追诉标准的规定（一）》（公通字〔2008〕36号，20080625）

第三十三条〔故意毁坏财物案（刑法第二百七十五条）〕故意毁坏公私财物，涉嫌下列情形之一的，应予立案追诉：

（一）造成公私财物损失五千元以上的；

（二）毁坏公私财物三次以上的；

（三）纠集三人以上公然毁坏公私财物的；

（四）其他情节严重的情形。

【司法解释Ⅱ】

《最高人民法院关于审理破坏公用电信设施刑事案件具体应用法律若干问题的解释》（法释〔2004〕21号，20050111）

第三条第一款 故意破坏正在使用的公用电信设施尚未危害公共安全，或者故意毁坏尚未投入使用的公用电信设施，造成财物损失，构成犯罪的，依照刑法第二百七十五条规定，以故意毁坏财物罪定罪处罚。

【法院公报案例】

〔上海市静安区人民检察院诉朱建勇故意毁坏财物案，GB2004-4〕

被告人为泄私愤，侵入他人股票交易账户并修改密码，在他人股票交易账户内，采用高进低出股票的手段，造成他人资金损失数额巨大的行为，构成刑法第二百七十五条规定的故意毁坏财物罪。

〔天津市红桥区人民检察院诉李焕强故意毁坏财物案，GB2007-4〕

一、行为人不具有非法占有公私财产的目的，而是出于其他目的偷开机动车辆造成车辆损坏的，应当按照刑法第二百七十五条的规定，以故意毁坏财物罪定罪处罚。

二、行为人从停车场将他人的机动车偷开后造成车辆损坏，构成故意毁坏财物罪的，虽然开办停车场的单位与车主之间存在车辆保管合同关系，但该单位不属于依法负有刑事附带民事赔偿责任的主体，其与车主之间发生的合同纠纷同因犯罪行为引起的刑事附带民事赔偿责任系不同的法律关系。车主以该单位为刑事附带民事诉讼被告，并主张该单位对犯罪人应负的刑事附带民事赔偿责任承担连带责任的，依法不予支持。

第二百七十六条 【破坏生产经营罪】由于泄愤报复或者其他个人目的，毁坏机器设备、残害耕畜或者以其他方法破坏生产经营的，处三年以下有期徒刑、拘役或者管制；情节严重的，处三年以上七年以下

有期徒刑。

【立法·要点注释】

1. 行为人主观上是故意犯罪，并且具有泄愤报复或者其他个人目的。这里所说的"其他个人目的"，主要是指为了称霸一方、打击竞争对手或者牟取其他不正当利益，如意图通过破坏设备达到怠工、停工不劳动的目的。

2. 行为人必须具有毁坏机器设备、残害耕畜或者以其他方法破坏生产经营的行为。这里所说的"其他方法"，是指除本条所列方法外的其他任何方法。例如，切断水源、颠倒生产程序、砸坏机器设备等破坏生产经营的方法。

3. "情节严重"，是指手段特别恶劣，引起生产停顿，间接造成巨大经济损失；或者直接造成较大经济损失，后果严重。

【司法解释】

《最高人民检察院、公安部关于公安机关管辖的刑事案件立案追诉标准的规定（一）》（公通字〔2008〕36号，20080625）

第三十四条 〔破坏生产经营案(刑法第二百七十六条)〕由于泄愤报复或者其他个人目的，毁坏机器设备、残害耕畜或者以其他方法破坏生产经营，涉嫌下列情形之一的，应予立案追诉：

（一）造成公私财物损失五千元以上的；

（二）破坏生产经营三次以上的；

（三）纠集三人以上公然破坏生

产经营的;

（四）其他破坏生产经营应予追究刑事责任的情形。

【法院公报案例】

〔江苏省南京市雨花台区人民检察院诉董志超、谢文浩破坏生产经营案，GB2018-8〕

1. 被告人主观上具有报复和从中获利的目的，客观上通过在网络交易平台恶意大量购买他人商品或服务，导致相关单位被网络交易平台认定为虚假交易进而被采取商品搜索降权的管控措施，造成相关单位遭受损失 10 万元以上，其行为应以破坏生产经营罪定罪处罚。

2. 网络交易平台的搜索排序属于互联网经济的运营方式，应认定为生产要素。在刑法解释上，可以比照实体经济的信誉、商誉予以解释。反向炒信既损害了对方的商业信誉，同时也破坏了生产经营，二者竞合的，应择一重处。

3. 被害单位因被告人犯罪行为遭受的损失，可以综合案发时行业发展趋势、被害单位日常收入情况、案发时收入情况，依照有利于被告人的原则，综合予以认定和评估。

第二百七十六条之一　【拒不支付劳动报酬罪】 以转移财产、逃匿等方法逃避支付劳动者的劳动报酬或者有能力支付而不支付劳动者的劳动报酬，数额较大，经政府有关部门责令支付仍不支付的，处三年以下有期徒刑或者拘役，并处或者单处罚金;造成严重后果的，处三年以上七年以下有期徒刑，并处罚金。

单位犯前款罪的，对单位判处罚金，并对其直接负责的主管人员和其他直接责任人员，依照前款的规定处罚。

有前两款行为，尚未造成严重后果，在提起公诉前支付劳动者的劳动报酬，并依法承担相应赔偿责任的，可以减轻或者免除处罚。

【修正说明】

本罪由刑法修正案（八）第四十一条增设。

【立法·要点注释】

1. "转移财产"，是指行为人为逃避欠薪将所经营的收益转移到他处，以使行政机关、司法机关或被欠薪者无法查找到。

2. "逃匿"，是指行为人为逃避行政机关或司法机关的追究而逃离当地或躲藏起来。

3. "劳动报酬"，是指劳动者按照劳动法和劳动合同法的规定，通过自己的劳动而应得的报酬，其范围不仅限于工资。根据《劳动部关于贯彻执行〈中华人民共和国劳动法〉若干问题的意见》的规定，工资是劳动者劳动报酬的主要组成部分。但劳动者的以下劳动报酬不属于工资的范围:（1）单位支付给劳动者个人的社会保险福利费用，如丧葬抚恤救济费、生活困难补助费、计划生育补贴等;（2）劳动保护方面的费用，如用人单位支付给劳动者的工作服、解毒剂、清凉饮料费用等；（3）按规定未列入工资总额的各种劳动报酬及其他劳动收入，指用人单位为劳动者直接向政府和保险部门支付的失业、养老、人身、医疗、家庭财产等保险金。

4. "有能力支付"，是指经调查有事实证明企业或单位确有资金支付劳动者工资的情况。"经政府有关部门责令支付仍不支付的"，这里的"政府有关部门"，一般是指县级以上政府劳动行政部门，即劳动和社会保障部门。劳动法明确了劳动行政部门在劳动工作中的地位和职责。即国务院劳动行政部门主管全国的劳动工作。县级以上地方人民政府劳动行政部门主管本行政区域内的劳动工作。

5. "责令支付仍不支付"，是指经政府劳动行政部门责令支付一次仍没有支付的情况。根据本条第一款规定，"数额较大并经政府有关部门责令支付仍不支付"是构成本罪的必备条件，缺一不可。也就是说，行为人采取转移财产、逃匿等方法逃避支付劳动者的劳动报酬，或者有能力支付而不支付劳动者的劳动报酬都必须达到数额较大且经政府有关部门责令支付仍不支付的，才能构成本罪。

6. "造成严重后果的"，一般是指以下几种情况：（1）由于不支付或没有及时支付劳动者报酬，以至于影响到劳动者家庭的生活或生存；（2）导致劳动者自伤、精神失常或实施犯罪行为。如偷盗、伤人等；（3）引发群体性事件等严重后果。

7. 本条第二款所说的"单位"，是指劳动合同法中规定的用人单位，包括具备合法经营资格的用人单位和不具备合法经营资格的用人单位以及劳务派遣单位。对于个人承包经营者犯罪的，应当以个人犯罪追究其刑事责任。

8. "在提起公诉前支付劳动者报酬"，是指在人民检察院提起公诉前，欠薪的单位或个人全额支付了劳动者报酬的情况。

9. "依法承担相应赔偿责任"，主要是指依据劳动合同法第八十五条规定的赔偿金和经济补偿责任。

10. 应正确区分恶意欠薪行为和一般欠薪行为。对于因用人单位在经营中遇到困难、资金周转不开或经营不善等原因而暂时无法支付劳动者劳动报酬，主观上并不具有故意或恶意的，不宜将其纳入刑法调整的范围。劳动者可以通过现行法律规定的救济途径去维护其合法权益。

【司法解释Ⅰ】

《最高人民检察院、公安部关于公安机关管辖的刑事案件立案追诉标准的规定（一）》〔公通字〔2008〕36号，20080625，经 2017 年 4 月 27 日发布的《最高人民检察院、公安部关于公安机关管辖的刑事案件立案追诉标准的规定（一）的补充规定》（公通字〔2017〕12 号）修正〕

第三十四条之一〔拒不支付劳动报酬案（刑法第二百七十六条）〕以转移财产、逃匿等方法逃避支付劳动者的劳动报酬或者有能力支付而不支付劳动者的劳动报酬，经政府有关部门责令支付仍不支付，涉嫌下列情形之一的，应予立案追诉：

（一）拒不支付一名劳动者三个月以上的劳动报酬且数额在五千元至二万元以上的；

（二）拒不支付十名以上劳动者的劳动报酬且数额累计在三万元至十万元以上的。

不支付劳动者的劳动报酬，尚未造成严重后果，在刑事立案前支付劳动者的劳动报酬，并依法承担相应赔偿责任的，可以不予立案追诉。

【司法解释Ⅱ】

《最高人民法院关于审理拒不支付劳动报酬刑事案件适用法律若干问题的解释》（法释〔2013〕3 号，20130123）

第一条 劳动者依照《中华人民共和国劳动法》和《中华人民共和国劳动合同法》等法律的规定应得的劳动报酬，包括工资、奖金、津贴、补贴、延长工作时间的工资报酬及特殊情况下支付的工资等，应当认定为刑法第二百七十六条之一第一款规定的"劳动者的劳动报酬"。

第二条 以逃避支付劳动者的劳动报酬为目的，具有下列情形之一的，应当认定为刑法第二百七十六条之一第一款规定的"以转移财产、逃匿等方法逃避支付劳动者的劳动报酬"：

（一）隐匿财产、恶意清偿、虚构债务、虚假破产、虚假倒闭或者以其他方法转移、处分财产的；

（二）逃跑、藏匿的；

（三）隐匿、销毁或者篡改账目、职工名册、工资支付记录、考勤记录

等与劳动报酬相关的材料的；

（四）以其他方法逃避支付劳动报酬的。

第三条 具有下列情形之一的，应当认定为刑法第二百七十六条之一第一款规定的"数额较大"：

（一）拒不支付一名劳动者三个月以上的劳动报酬且数额在五千元至二万元以上的；

（二）拒不支付十名以上劳动者的劳动报酬且数额累计在三万元至十万元以上的。

各省、自治区、直辖市高级人民法院可以根据本地区经济社会发展状况，在前款规定的数额幅度内，研究确定本地区执行的具体数额标准，报最高人民法院备案。

第四条 经人力资源社会保障部门或者政府其他有关部门依法以限期整改指令书、行政处理决定书等文书责令支付劳动者的劳动报酬后，在指定的期限内仍不支付的，应当认定为刑法第二百七十六条之一第一款规定的"经政府有关部门责令支付仍不支付"，但有证据证明行为人有正当理由未知悉责令支付或者未及时支付劳动报酬的除外。

行为人逃匿，无法将责令支付文书送交其本人、同住成年家属或者所在单位负责收件的人的，如果有关部门已通过在行为人的住所地、生产经营场所等地张贴责令支付文书等方式责令支付，并采用拍照、录像等方式记录的，应当视为"经政府有关部门责令支付"。

第五条 拒不支付劳动者的劳动

报酬，符合本解释第三条的规定，并具有下列情形之一的，应当认定为刑法第二百七十六条之一第一款规定的"造成严重后果"：

（一）造成劳动者或者其被赡养人、被扶养人、被抚养人的基本生活受到严重影响、重大疾病无法及时医治或者失学的；

（二）对要求支付劳动报酬的劳动者使用暴力或者进行暴力威胁的；

（三）造成其他严重后果的。

第六条 拒不支付劳动者的劳动报酬，尚未造成严重后果，在刑事立案前支付劳动者的劳动报酬，并依法承担相应赔偿责任的，可以认定为情节显著轻微危害不大，不认为是犯罪；在提起公诉前支付劳动者的劳动报酬，并依法承担相应赔偿责任的，可以减轻或者免除刑事处罚；在一审宣判前支付劳动者的劳动报酬，并依法承担相应赔偿责任的，可以从轻处罚。

对于免除刑事处罚的，可以根据案件的不同情况，予以训诫、责令具结悔过或者赔礼道歉。

拒不支付劳动者的劳动报酬，造成严重后果，但在宣判前支付劳动者的劳动报酬，并依法承担相应赔偿责任的，可以酌情从宽处罚。

第七条 不具备用工主体资格的单位或者个人，违法用工且拒不支付劳动者的劳动报酬，数额较大，经政府有关部门责令支付仍不支付的，应当依照刑法第二百七十六条之一的规定，以拒不支付劳动报酬罪追究刑事责任。

第八条 用人单位的实际控制人实施拒不支付劳动报酬行为，构成犯罪的，应当依照刑法第二百七十六条之一的规定追究刑事责任。

第九条 单位拒不支付劳动报酬，构成犯罪的，依照本解释规定的相应个人犯罪的定罪量刑标准，对直接负责的主管人员和其他直接责任人员定罪处罚，并对单位判处罚金。

【司法解释Ⅱ·注释】

1. 行为人因身患重病、自然灾害等正常管理由未知悉责令支付，或者虽然知悉责令支付但在指定期限内无法及时支付劳动报酬的，不能认定为"经政府有关部门责令支付仍不支付"。

2. 工会是职工自愿结合的工人阶级的群众组织，不属于政府有关部门的范畴，不能成为责令支付的主体。此外，人民法院和劳动争议仲裁委员会也不属于政府有关部门的范畴，不执行人民法院法院的判决和劳动争议仲裁裁决的不属于经政府有关部门责令支付仍不支付，不构成拒不支付劳动报酬罪，但可能构成拒不执行判决、裁定罪。

3. 在建筑施工领域，普遍存在工程总承包企业违法发包、分包给不具备用工主体资格的组织或者个人（小包工头）的现象，这也是农民工工资被拖欠的"重灾区"。《国务院办公厅关于切实解决企业拖欠农民工工资问题的紧急通知》（国办发明电〔2010〕4 号）规定："因工程总承包企业违反规定发包、分包给不具备用工主体资格的组织或个人，由工程总承包企业承担清偿被拖欠的农民工工资责任。"实践中经常发生的案件是，总承包企业已将工程款（工资是其中的一小部分）支付给小包工头，小包工头却未支付给农民工，甚至卷款潜逃。此种情形下，可以依照国办发明电〔2010〕4 号的相关规定，要求违反规定发包、分包的工程总承包企业支付劳动报酬。但是，如果工程总承包企业拒绝再次支付农民工劳动报酬的，由于其已经履行过支付劳动报酬的义务（只是由于小包工头非法扣留、挪用，甚至卷款潜逃而未支付），故不宜追究其拒不支付劳动报酬罪的刑事责任。

需要注意的是，此种情形下，小包工头虽然不具备用工主体资格，但是政府有关部门仍然应当责令其支付劳动报酬，在政府有关部门责令支付后，小包工头仍然不支付的，应当依照刑法第二百七十六条之一第一款的规定，以拒不支付劳动报酬罪追究刑事责任。而且，即使工程总承包企业已再次支付农民工劳动报酬的，其在性质上属于垫付，并不影响对小包工头以拒不支付劳动报酬罪追究刑事责任。

【指导性案例·法院】

〔胡克金拒不支付劳动报酬案，FZD2014 - 28〕

1. 不具备用工主体资格的单位或者个人（包工头），违法用工且拒不支付劳动者报酬，数额较大，经政府有关部门责令支付仍不支付的，应当以拒不支付劳动报酬罪追究刑事责任。

2. 不具备用工主体资格的单位或者个人（包工头）拒不支付劳动报酬，即使其他单位或者个人在刑事立案前为其垫付了劳动报酬的，也不影响追究该用工单位或者个人（包工头）拒不支付劳动报酬罪的刑事责任。

【法院公报案例】

〔四川省双流县人民检察院诉胡克金拒不支付劳动报酬案，GB2015 - 6〕

一、不具备用工主体资格的单位或自然人，违法用工拒不支付劳动报酬，且经政府有关部门责令支付后逃匿的，即使工程总承包商垫付劳动报酬，也不影响追究其拒不支付劳动报酬罪的刑事责任。

二、人力资源和劳动保障部门作出的含有要求行为人"支付劳动报酬"的意思表示的责令改正通知书，是构成拒不支付劳动罪的前置条件的法律文书。行为人在被责令支付后以逃匿方式实施拒不支付劳动报酬的，构成拒不支付劳动报酬罪。

第六章　妨害社会管理秩序罪

第一节　扰乱公共秩序罪

第二百七十七条　【妨害公务罪】以暴力、威胁方法阻碍国家机关工作人员依法执行职务的，处三年以下有期徒刑、拘役、管制或者罚金。

以暴力、威胁方法阻碍全国人民代表大会和地方各级人民代表大会代表依法执行代表职务的，依照前款的规定处罚。

在自然灾害和突发事件中，以暴力、威胁方法阻碍红十字会工作人员依法履行职责的，依照第一款的规定处罚。

故意阻碍国家安全机关、公安机关依法执行国家安全工作任务，未使用暴力、威胁方法，造成严重后果的，依照第一款的规定处罚。

暴力袭击正在依法执行职务的人民警察的，依照第一款的规定从重处罚。

【修正前条文】

第二百七十七条　【妨害公务罪】以暴力、威胁方法阻碍国家机关工作人员依法执行职务的，处三年以下有期徒刑、拘役、管制或者罚金。

以暴力、威胁方法阻碍全国人民代表大会和地方各级人民代表大会代表依法执行代表职务的，依照前款的规定处罚。

在自然灾害和突发事件中，以暴力、威胁方法阻碍红十字会工作人员依法履行职责的，依照第一款的规定处罚。

故意阻碍国家安全机关、公安机关依法执行国家安全工作任务，未使用暴力、威胁方法，造成严重后果的，依照第一款的规定处罚。

【修正说明】

刑法修正案（九）第二十一条增设了本条第五款。

【立法·要点注释】

1. "依法执行职务"，是指国家机关工作人员依照法律、法规规定所进行的职务活动。如果阻碍的不是国家机关工作人员的活动，或者不是职务活动，或者不是依法进行的职务活动，都不构成本罪。

2. 只要以暴力、威胁方法阻碍国家安全机关、公安机关依法执行国家安全工作任务的，即构成妨害公务罪；对于以非暴力、威胁方式故意阻碍国家安全机关、公安机关依法执行国家安全工作任务，必须是造成严重后果的，才能构成妨害公务罪。

3. 对于阻碍国家机关工作人员依法执行职务情节较轻，尚未构成犯罪的，也应当依法给予行政处罚。治安管理处罚法第五十条规定:"有下列行为之一的,处警告或者二百元以下罚款;情节严重的,处五日以上十日以下拘留,可以并处五百元以下罚款:……(二)阻碍国家机关工作人员依法执行职务的……阻碍人民警察依法执行职务的,从重处罚。"

【司法解释 I】

《最高人民法院关于审理破坏草原资源刑事案件应用法律若干问题的解释》(法释〔2012〕15 号,20121122)

第四条第一款 以暴力、威胁方法阻碍草原监督检查人员依法执行职务,构成犯罪的,依照刑法第二百七十七条的规定,以妨害公务罪追究刑事责任。

【司法解释 II】

《最高人民法院、最高人民检察院关于办理妨害预防、控制突发传染病疫情等灾害的刑事案件具体应用法律若干问题的解释》(法释〔2003〕8 号,20030515)

第八条 以暴力、威胁方法阻碍国家机关工作人员、红十字会工作人员依法履行为防治突发传染病疫情等灾害而采取的防疫、检疫、强制隔离、隔离治疗等预防、控制措施的,依照刑法第二百七十七条第一款、第三款的规定,以妨害公务罪定罪处罚。

【司法解释 III】

《最高人民法院、最高人民检察院关于办理非法生产、销售烟草专卖品等刑事案件具体应用法律若干问题的解释》(法释〔2010〕7 号,20100326)

第八条第一款 以暴力、威胁方法阻碍烟草专卖执法人员依法执行职务,构成犯罪的,以妨害公务罪追究刑事责任。

【司法解释 IV】

《最高人民检察院关于办理非法经营食盐刑事案件具体应用法律若干问题的解释》(高检发释字〔2002〕6 号,20020913)

第五条 以暴力、威胁方法阻碍行政执法人员依法行使盐业管理职务的,依照刑法第二百七十七条的规定,以妨害公务罪追究刑事责任;其非法经营行为已构成犯罪的,依照数罪并罚的规定追究刑事责任。

【司法解释 V】

《最高人民检察院关于以暴力、威胁方法阻碍事业编制人员依法执行行政执法职务是否可对侵害人以妨害公务罪论处的批复》(高检发释字〔2000〕2 号,20000424)

对于以暴力、威胁方法阻碍国有事业单位人员依照法律、行政法规的规定执行行政执法职务的,或者以暴力、威胁方法阻碍国家机关中受委托从事行政执法活动的事业编制人员执行行政执法职务的,可以对侵害人以妨害公务罪追究刑事责任。

【司法指导文件 I】

《最高人民法院关于常见犯罪的量刑指导意见》(法发〔2017〕7 号,20170401)

(十一)妨害公务罪

1. 构成妨害公务罪的,可以在二年以下有期徒刑、拘役幅度内确定量刑起点。

2. 在量刑起点的基础上，可以根据妨害公务造成的后果、犯罪情节严重程度等其他影响犯罪构成的犯罪事实增加刑罚量，确定基准刑。

3. 暴力袭击正在依法执行职务的人民警察的，可以增加基准刑的10%—30%。

【司法指导文件Ⅱ】

《最高人民法院、最高人民检察院、公安部、国家工商行政管理局关于依法查处盗窃、抢劫机动车案件的规定》（公通字〔1998〕31号，19980508）

一、司法机关依法查处盗窃、抢劫机动车案件，任何单位和个人都应当予以协助。以暴力、威胁方法阻碍司法工作人员依法办案的，依照刑法第二百七十七条第一款的规定处罚。

【公安文件】

《公安部关于公安机关处置信访活动中违法犯罪行为适用法律的指导意见》（公通字〔2013〕25号，20130719）

四、对妨害社会管理秩序违法犯罪行为的处理

9. 阻碍国家机关工作人员依法执行职务，强行冲闯公安机关设置的警戒带、警戒区，或者阻碍执行紧急任务的消防车、救护车、工程抢险车、警车等车辆通行，符合《治安管理处罚法》第五十条第一款第二项、第三项、第四项规定的，以阻碍执行职务、阻碍特种车辆通行、冲闯警戒带、警戒区依法予以治安管理处罚；阻碍人民警察依法执行职务的，从重处罚；使用暴力、威胁方法阻碍国家机关工

作人员依法执行职务，符合《刑法》第二百七十七条规定的，以妨害公务罪追究刑事责任。

【法院参考案例】

〔参考案例第205号：江世田等妨害公务案〕聚众以暴力手段抢回被依法查扣的制假设备应如何定罪？

被告人以对抗执法的故意和目的，聚众暴力拦截执法车辆，公然夺回被依法查扣的制假设备，应以妨害公务罪定罪处罚，不宜定抢劫罪或聚众哄抢罪。

〔参考案例第731号：周洪宝妨害公务案〕以投掷点燃汽油瓶的方式阻碍城管队员依法执行职务的行为，如何定罪处罚？

以放火方式阻碍国家工作人员执行职务，行为并非针对不特定多数人，在行为当时特定的客观环境下该行为不可能形成引发危害公共安全的燃烧状态，且主观上并无危害公共安全的故意的，应以妨害公务罪论处。

第二百七十八条 【煽动暴力抗拒法律实施罪】煽动群众暴力抗拒国家法律、行政法规实施的，处三年以下有期徒刑、拘役、管制或者剥夺政治权利；造成严重后果的，处三年以上七年以下有期徒刑。

【立法·要点注释】

行为人只要实施了煽动的行为，就可能足以扰乱社会秩序，有很大的社会危害性，就可以构成本罪，至于群众是否听信，是否造成了实际危害后果，不影响本罪的成立。"造成严重

后果"，主要是指由于煽动行为，导致被煽动的群众错误听信，使用暴力抗拒国家法律实施；或者由于煽动行为，造成工作、生产、教学、科研活动不能正常进行；以及由于煽动行为，造成了十分恶劣的社会影响；等等。

【司法解释Ⅰ】

《最高人民法院关于审理破坏草原资源刑事案件应用法律若干问题的解释》（法释〔2012〕15号，20121122）

第四条第二款 煽动群众暴力抗拒草原法律、行政法规实施，构成犯罪的，依照刑法第二百七十八条的规定，以煽动暴力抗拒法律实施罪追究刑事责任。

【司法解释Ⅱ】

《最高人民法院、最高人民检察院关于办理非法生产、销售烟草专卖品等刑事案件具体应用法律若干问题的解释》（法释〔2010〕7号，20100326）

第八条第二款 煽动群众暴力抗拒烟草专卖法律实施，构成犯罪的，以煽动暴力抗拒法律实施罪追究刑事责任。

第二百七十九条 【招摇撞骗罪】冒充国家机关工作人员招摇撞骗的，处三年以下有期徒刑、拘役、管制或者剥夺政治权利；情节严重的，处三年以上十年以下有期徒刑。

冒充人民警察招摇撞骗的，依照前款的规定从重处罚。

【立法·要点注释】

1. "冒充国家机关工作人员"，是指非国家机关工作人员假冒国家机关工作人员的身份、职位，或者某一国家机关工作人员冒用其他国家机关工作人员的身份、职位的行为。

2. "招摇撞骗"，是指行为人为牟取非法利益，以假冒的国家机关工作人员身份到处炫耀，利用人们对国家机关工作人员的信任，骗取地位、荣誉、待遇以及玩弄女性等。

3. "情节严重的"，主要是指多次冒充国家机关工作人员进行招摇撞骗的；造成恶劣影响，严重损害国家机关形象和威信的；造成被骗人精神失常、自杀等严重后果的；等等。

4. 关于招摇撞骗罪与诈骗罪的界限。诈骗罪骗取的对象只限于公私财物，并且要求财物达到一定的数额，侵害的是公私合法财产利益；招摇撞骗罪骗取的对象主要不是财产，而是财产以外的其他利益，如地位、待遇等，侵害的主要是国家机关的威信和形象。如果行为人冒充国家机关工作人员为了骗取财物，应当以诈骗罪处罚。

【司法解释】

《最高人民法院、最高人民检察院关于办理诈骗刑事案件具体应用法律若干问题的解释》（法释〔2011〕7号，20110408）

第八条 冒充国家机关工作人员进行诈骗，同时构成诈骗罪和招摇撞骗罪的，依照处罚较重的规定定罪处罚。

【司法指导文件】

《最高人民法院关于审理抢劫、抢夺刑事案件适用法律若干问题的意见》

（法发〔2005〕8 号，20050608）

九、关于抢劫罪与相似犯罪的界限

1.……行为人冒充正在执行公务的人民警察"抓赌"、"抓嫖"，没收赌资或者罚款的行为，构成犯罪的，以招摇撞骗罪从重处罚；在实施上述行为中使用暴力或者暴力威胁的，以抢劫罪定罪处罚。……

【法院参考案例】

〔参考案例第 162 号：李志远招摇撞骗、诈骗案〕冒充国家机关工作人员骗取财物的同时又骗取其他非法利益的应如何定罪处罚？

被告人基于一个概括的故意，冒充国家机关工作人员，既骗取财物，又骗取其他非法利益的，属于连续犯情形，处断上应作为一罪处理。具体处理原则如下：（1）骗取财物数额较大的。如判定属于情节严重的招摇撞骗行为，应以招摇撞骗罪论处，反之则以诈骗罪论处。（2）骗取财物数额巨大的。诈骗罪的法定刑为三年以上十年以下有期徒刑，并处罚金，而招摇撞骗没有罚金的规定，因此，诈骗罪是重法条，应以诈骗罪论处。同理，骗取财物数额特别巨大时，也应以诈骗罪论处。

第二百八十条 【伪造、变造、买卖国家机关公文、证件、印章罪】【盗窃、抢夺、毁灭国家机关公文、证件、印章罪】伪造、变造、买卖或者盗窃、抢夺、毁灭国家机关的公文、证件、印章的，处三年以下有期徒刑、拘役、管制或者剥夺政治权利，并处罚金；情节严重的，处三年以上十年以下有期徒刑，并处罚金。

【伪造公司、企业、事业单位、人民团体印章罪】伪造公司、企业、事业单位、人民团体的印章的，处三年以下有期徒刑、拘役、管制或者剥夺政治权利，并处罚金。

【伪造、变造、买卖身份证件罪】伪造、变造、买卖居民身份证、护照、社会保障卡、驾驶证等依法可以用于证明身份的证件的，处三年以下有期徒刑、拘役、管制或者剥夺政治权利，并处罚金；情节严重的，处三年以上七年以下有期徒刑，并处罚金。

【修正前条文】

第二百八十条 **【伪造、变造、买卖国家机关公文、证件、印章罪】【盗窃、抢夺、毁灭国家机关公文、证件、印章罪】**伪造、变造、买卖或者盗窃、抢夺、毁灭国家机关的公文、证件、印章的，处三年以下有期徒刑、拘役、管制或者剥夺政治权利；情节严重的，处三年以上十年以下有期徒刑。

【伪造公司、企业、事业单位、人民团体印章罪】伪造公司、企业、事业单位、人民团体的印章的，处三年以下有期徒刑、拘役、管制或者剥夺政治权利。

【伪造、变造居民身份证罪】伪造、变造居民身份证的，处三年以下有期徒刑、拘役、管制或者剥夺政治权利；情节严重的，处三年以上七年以下有期徒刑。

【修正说明】

刑法修正案（九）第二十二条对原条文作出下述修改：一是将证件的范围扩大为"居民身份证、护照、社会保障卡、驾驶证等依法可以用于证明身份的证件"。二是对买卖居民身份证、护照、社会保障卡、驾驶证的行为作了补充规定。三是对本条规定的犯罪增加了罚金刑。

【立法·要点注释】

1. "公文"，是指国家机关在其职权内，以其名义制作的用以指示工作、处理问题或者联系事务的各种书面文件，如决定、命令、决议、指示、通知、报告、信函、电文等。"证件"，是指国家机关制作颁发的用以证明身份、权利义务关系或者有关事实的凭证，主要包括证件、证书。"印章"，是指刻有国家机关组织名称的公章或者某种特殊用途的专用章。

2. 在实际生活中，还有一些被单位或者个人在一定范围、领域内使用，实际起到证明身份作用的证件，如各种会员卡、会员证、上岗证等，这些证件能否认定为本款规定的"依法可以用于证明身份的证件"，对此需要慎重研究。居民身份证、护照、社会保障卡、驾驶证这四类证件之所以被社会广泛认可，是因为他们有一些共同的属性：一是具有权威性，由国家有关主管部门依法统一制作发放。二是具有统一性，采用全国统一标准，以具有唯一性的居民身份证号码作为识

别信息，并附有照片等重要身份识别信息，可识别性强。三是持证人的广泛性，发放数量大，具有较好的应用基础。目前居民身份证的实有持证人口已经超过10亿人，社会保障卡的持有人数已经超过7亿人，驾驶证的持有人数已经超过3亿人。因此，对"依法可以用于证明身份的证件"的范围，实践中应当严格按照法律规定的范围掌握。如果在实践中，在上述权威性、统一性、广泛性等方面与法律明确列举的四类证件具有相当性，确属应当作为"依法可以用于证明身份的证件"，可通过法律解释等方式予以明确。

3. 需要强调的是，对证件的范围严格按照法律规定掌握，并非对伪造、变造、买卖这四类证件之外的其他证件的行为不能够依法处理。实际上其中多数行为可以根据本条第一款、第二款的规定，以伪造、变造、买卖国家机关公文、证件、印章罪，伪造公司、企业、事业单位、人民团体印章罪追究。还有一些，可以根据治安管理处罚法的规定处理。

4. 根据本条第三款的规定，买卖居民身份证、护照、社会保障卡、驾驶证，既包括买卖真证，也包括买卖伪造、变造的证件。

【相关立法】

《全国人民代表大会常务委员会关于惩治骗购外汇、逃汇和非法买卖外汇犯罪的决定》（19981229）

二、买卖伪造、变造的海关签发的报关单、进口证明、外汇管理部门

核准件等凭证和单据或者国家机关的其他公文、证件、印章的，依照刑法第二百八十条的规定定罪处罚。

【司法解释 I】

《最高人民法院关于审理骗购外汇、非法买卖外汇刑事案件具体应用法律若干问题的解释》（法释〔1998〕20 号，19980901）

第二条 伪造、变造、买卖海关签发的报关单、进口证明、外汇管理机关的核准件等凭证或者购买伪造、变造的上述凭证的，按照刑法第二百八十条第一款的规定定罪处罚。

【司法解释 II】

《最高人民法院关于审理破坏森林资源刑事案件具体应用法律若干问题的解释》（法释〔2000〕36 号，20001211）

第十三条 对于伪造、变造、买卖林木采伐许可证、木材运输证件、森林、林木、林地权属证书，占用或者征用林地审核同意书、育林基金等缴费收据以及其他国家机关批准的林业证件构成犯罪的，依照刑法第二百八十条第一款的规定，以伪造、变造、买卖国家机关公文、证件罪定罪处罚。

对于买卖允许进出口证明书等经营许可证明，同时触犯刑法第二百二十五条、第二百八十条规定之罪的，依照处罚较重的规定定罪处罚。

【司法解释 III】

《最高人民法院关于审理破坏野生动物资源刑事案件具体应用法律若干问题的解释》（法释〔2000〕37 号，20001211）

第九条 伪造、变造、买卖国家机关颁发的野生动物允许进出口证明书、特许猎捕证、狩猎证、驯养繁殖许可证等公文、证件构成犯罪的，依照刑法第二百八十条第一款的规定以伪造、变造、买卖国家机关公文、证件罪定罪处罚。

实施上述行为构成犯罪，同时构成刑法第二百二十五条第二项规定的非法经营罪的，依照处罚较重的规定定罪处罚。

【司法解释 IV】

《最高人民法院、最高人民检察院关于办理伪造、贩卖伪造的高等院校学历、学位证明刑事案件如何适用法律问题的解释》（法释〔2001〕22 号，20010705）

对于伪造高等院校印章制作学历、学位证明的行为，应当依照刑法第二百八十条第二款的规定，以伪造事业单位印章罪定罪处罚。明知是伪造高等院校印章制作的学历、学位证明而贩卖的，以伪造事业单位印章罪的共犯论处。

【司法解释 V】

《最高人民法院、最高人民检察院关于办理与盗窃、抢劫、诈骗、抢夺机动车相关刑事案件具体应用法律若干问题的解释》（法释〔2007〕11 号，20070511）

第二条 伪造、变造、买卖机动车行驶证、登记证书，累计三本以上的，依照刑法第二百八十条第一款的规定，以伪造、变造、买卖国家机关证件罪定罪，处三年以下有期徒刑、拘役、管制或者剥夺政治权利。

伪造、变造、买卖机动车行驶证、登记证书，累计达到第一款规定数量标准五倍以上的，属于刑法第二百八十条第一款规定中的"情节严重"，处三年以上十年以下有期徒刑。

【司法解释Ⅵ】

《最高人民法院、最高人民检察院关于办理妨害信用卡管理刑事案件具体应用法律若干问题的解释》（原法释〔2009〕19 号，根据法释〔2018〕19 号修正，20181201）

第四条第一款　为信用卡申请人制作、提供虚假的财产状况、收入、职务等资信证明材料，涉及伪造、变造、买卖国家机关公文、证件、印章，或者涉及伪造公司、企业、事业单位、人民团体印章，应当追究刑事责任的，依照刑法第二百八十条的规定，分别以伪造、变造、买卖国家机关公文、证件、印章罪和伪造公司、企业、事业单位、人民团体印章罪定罪处罚。

【司法指导文件Ⅰ】

《最高人民法院研究室关于对行为人通过伪造国家机关公文、证件担任国家工作人员职务并利用职务上的便利侵占本单位财物、收受贿赂、挪用本单位资金等行为如何适用法律问题的答复》（法研〔2004〕38 号，20040330）

行为人通过伪造国家机关公文、证件担任国家工作人员职务以后，又利用职务上的便利实施侵占本单位财物、收受贿赂、挪用本单位资金等行为，构成犯罪的，应当分别以伪造国家机关公文、证件罪和相应的贪污罪、

受贿罪、挪用公款罪等追究刑事责任，实行数罪并罚。

【司法指导文件Ⅱ】

《最高人民法院研究室〈关于伪造、变造、买卖民用机动车号牌行为能否以伪造、变造、买卖国家机关证件罪定罪处罚问题的请示〉的答复》（法研〔2009〕68 号，20090101）

……伪造、变造、买卖民用机动车号牌行为不能以伪造、变造、买卖国家机关证件罪定罪处罚。你院所请示问题的关键在于能否将机动车号牌认定为国家机关证件，从当前我国刑法的规定看，不能将机动车号牌认定为国家机关证件。理由在于：

一、刑法第 280 条第 1 款规定了伪造、变造、买卖国家机关公文、证件、印章罪，第 281 条规定了非法生产、买卖警用装备罪，将警用车辆号牌归属于警察专用标志，属于警用装备的范围。从这一点分析，证件与车辆号牌不具有同一性。如果具有同一性，刑法第 280 条中的证件就包括了警用车辆号牌，也就没有必要在第 281 条中单独明确列举警用车辆号牌了。同样的道理适用于刑法第 375 条的规定（刑法第 375 条第 1 款规定了伪造、变造、买卖武装部队公文、证件、印章罪，盗窃、抢夺武装部队公文、证件、印章罪，第 2 款规定了非法生产、买卖军用标志罪，而军用标志包括武装部队车辆号牌）。刑法规定非法生产、买卖警用装备罪和非法生产、买卖军用标志罪，明确对警用车辆号牌和军用车辆号牌进行保护，目

的在于维护警用、军用标志性物品的专用权,而不是将警用和军用车辆号牌作为国家机关证件来保护。如果将机动车号牌认定为证件,那么非法买卖警用机动车号牌的行为,是认定为非法买卖国家机关证件罪还是非法买卖警用装备罪? 这会导致刑法适用的混乱。

二、从刑罚处罚上看,如果将机动车号牌认定为国家机关证件,那么非法买卖的机动车号牌如果分别属于人民警察车辆号牌、武装部队车辆号牌、普通机动车号牌,同样一个行为就会得到不同的处理结果:对于前两者,根据刑法第 281 条、第 375 条第 2 款的规定,情节严重的,分别构成非法买卖警用装备罪、非法买卖军用标志罪,法定刑为三年以下有期徒刑、拘役或者管制,并处或者单处罚金。对于非法买卖民用机动车号牌,根据刑法第 280 条第 1 款的规定,不论情节是否严重,均构成买卖国家机关证件罪,情节一般的,处三年以下有期徒刑、拘役、管制或者剥夺政治权利;情节严重的,处三年以上十年以下有期徒刑。可见,将机动车号牌认定为证件,将使对非法买卖普通机动车号牌的刑罚处罚重于对非法买卖人民警察、武装部队车辆号牌的刑罚处罚,这显失公平,也有悖立法本意。

【司法指导文件Ⅲ】

《最高人民法院研究室关于税收通用完税证和车辆购置税完税证是否属于发票问题的回函》(法研〔2010〕140 号,20100817)

对伪造税务机关征税专用章,非法制造税收通用完税证和车辆购置税完税证对外出售的,视情可以伪造国家机关印章罪论处;对非法购买上述两种伪造的完税证,逃避缴纳税款的,视情可以逃税罪论处。

【司法指导文件Ⅳ】

《最高人民法院、最高人民检察院、公安部、国家工商行政管理局关于依法查处盗窃、抢劫机动车案件的规定》(公通字〔1998〕31 号,19980508)

七、伪造、变造、买卖机动车牌证及机动车入户、过户、验证的有关证明文件的,依照刑法第二百八十条第一款的规定处罚。

【司法指导文件Ⅴ】

《最高人民检察院法律政策研究室关于买卖伪造的国家机关证件行为是否构成犯罪问题的答复》(高检研发〔1999〕第 5 号,19990621)

对于买卖伪造的国家机关证件的行为,依法应当追究刑事责任的,可适用刑法第二百八十条第一款的规定以买卖国家机关证件罪追究刑事责任。

【司法指导文件Ⅵ】

《最高人民检察院法律政策研究室关于伪造、变造、买卖政府设立的临时性机构的公文、证件、印章行为如何适用法律问题的答复》(高检研发〔2003〕第 17 号,20030603)

伪造、变造、买卖各级人民政府设立的行使行政管理权的临时性机构的公文、证件、印章行为,构成犯罪的,应当依照刑法第二百八十条第一款的规定,以伪造、变造、买卖国家机关公文、证件、印章罪追究刑事责任。

【司法指导文件Ⅶ】

《最高人民检察院法律政策研究室关于〈关于伪造机动车登记证书如何适用法律的请示〉的答复意见》（20160318）

一、2007 年两高《关于办理盗窃、抢劫、诈骗、抢夺机动车相关刑事案件具体应用法律若干问题的解释》第二条关于伪造、变造、买卖机动车行驶证、登记证书行为的定罪量刑标准，主要适用于与盗窃、抢劫、诈骗、抢夺机动车相关的刑事案件。

二、2007 年两高《关于办理盗窃、抢劫、诈骗、抢夺机动车相关刑事案件具体应用法律若干问题的解释》规定情形以外的刑法第 280 条入罪标准应当根据案件具体情况处理，注意把握行政处罚与刑事处罚的衔接，注意把握行为的社会危害性。

【公安文件Ⅰ】

《公安部关于盗窃空白因私护照有关问题的批复》（公境出〔2000〕881号，20000516）

一、李某、万某等人所盗取的空白护照属于出入境证件。护照不同于一般的身份证件，它是公民国际旅行的身份证件和国籍证明。在我国，公民因私护照的设计、研制、印刷统一由公安部出入境管理局负责。护照上设计了多项防伪措施，每本护照（包括空白护照）都有一个统一编号，空白护照是签发护照的重要构成因素，对空白护照的发放、使用有严格的管理程序。空白护照丢失，与已签发的护照一样，也由公安部出入境管理局宣布作废，空白护照是作为出入境证件加以管理的。因此，空白护照既是国家机关的证件，也是出入境证件。

二、李某、万某等人所盗护照不同于一般商品，在认定其盗窃情节时，不能简单依照护照本身的研制、印刷费用计算盗窃数额，而应依照所盗护照的本数计算。一次盗窃 2000 本护照，在建国以来是第一次，所造成的影响极其恶劣。应当认定为"情节严重"，不是一般的盗窃，而应按照刑法第二百八十条规定处理。

【公安文件Ⅱ】

《公安部关于对伪造学生证及贩卖、使用伪造学生证的行为如何处理问题的批复》（公刑〔2002〕1046 号，20020626）

一、对伪造高等院校印章制作学生证的行为，应当依照刑法第二百八十条第二款的规定，以伪造事业单位印章罪立案侦查。

二、对明知是伪造高等院校印章制作的学生证而贩卖的，应当以伪造事业单位印章罪的共犯立案侦查；对贩卖伪造学生证，尚不够刑事处罚的，应当就其明知是伪造的学生证而购买的行为，依照《治安管理处罚条例》第二十四条第（一）项的规定，以明知是赃物而购买处罚。

【法院公报案例】

〔金华市人民检察院诉胡祥祯诈骗案，GB2004-5〕

被告人借款后，私自改变借款用途，将借款用于其他商业活动，且为应付借款人的催讨，指使他人伪造与其合作开发工程项目的企业印章和收款收据的，因对借款不具有非法占有的目的，不构成诈骗罪。但其指使他人伪造企业印章的行为，根据刑法第二百八十条第二款的规定构成伪造公司印章罪。

〔张美华伪造居民身份证案，GB2004 - 12〕

被告人在未能补办遗失居民身份证的情况下，雇用他人以本人的真实身份资料伪造居民身份证，供自己在日常生活中使用的行为，虽然违反身份证管理的法律规定，但情节显著轻微，危害不大，根据刑法第十三条的规定，应认定不构成犯罪。

第二百八十条之一　【使用虚假身份证件、盗用身份证件罪】 在依照国家规定应当提供身份证明的活动中，使用伪造、变造的或者盗用他人的居民身份证、护照、社会保障卡、驾驶证等依法可以用于证明身份的证件，情节严重的，处拘役或者管制，并处或者单处罚金。

有前款行为，同时构成其他犯罪的，依照处罚较重的规定定罪处罚。

【修正说明】

本罪由刑法修正案（九）第二十三条增设。

【立法·要点注释】

1. 在正常经济社会活动中需要证明自己身份时，使用虚假身份证件或者盗用他人名义以冒充他人身份的行为，都是违法行为，即使不构成本条规定的犯罪，也并不意味着对这些行为不依法作相应处理。应当区别不同情况，依照治安管理处罚法和居民身份证法、护照法等相关法律法规规定予以治安管理处罚或者其他行政处罚。

2. "情节严重"，主要是指使用伪造、变造的或者盗用的次数多、数量大；非法牟利数额大；严重扰乱相关事项的管理秩序；严重损害第三人的人身或者财产权益等。

第二百八十一条　【非法生产、买卖警用装备罪】 非法生产、买卖人民警察制式服装、车辆号牌等专用标志、警械，情节严重的，处三年以下有期徒刑、拘役或者管制，并处或者单处罚金。

单位犯前款罪的，对单位判处罚金，并对其直接负责的主管人员和其他直接责任人员，依照前款的规定处罚。

【司法解释】

《最高人民检察院、公安部关于公安机关管辖的刑事案件立案追诉标准的规定（一）》（公通字〔2008〕36号，20080625）

第三十五条〔非法生产、买卖警用装备案（刑法第二百八十一条）〕非法生产、买卖人民警察制式服装、车辆号牌等专用标志、警械，涉嫌下列情形之一的，应予立案追诉：

（一）成套制式服装三十套以上，或者非成套制式服装一百件以上的；

（二）手铐、脚镣、警用抓捕网、

警用催泪喷射器、警灯、警报器单种或者合计十件以上的；

（三）警棍五十根以上的；

（四）警衔、警号、胸章、臂章、帽徽等警用标志单种或者合计一百件以上的；

（五）警用号牌、省级以上公安机关专段民用车辆号牌一副以上，或者其他公安机关专段民用车辆号牌三副以上的；

（六）非法经营数额五千元以上，或者非法获利一千元以上的；

（七）被他人利用进行违法犯罪活动的；

（八）其他情节严重的情形。

第二百八十二条　【非法获取国家秘密罪】 以窃取、刺探、收买方法，非法获取国家秘密的，处三年以下有期徒刑、拘役、管制或者剥夺政治权利；情节严重的，处三年以上七年以下有期徒刑。

【非法持有国家绝密、机密文件、资料、物品罪】 非法持有属于国家绝密、机密的文件、资料或者其他物品，拒不说明来源与用途的，处三年以下有期徒刑、拘役或者管制。

【立法·要点注释】

有本条第一款规定的非法获取国家秘密的犯罪行为，如果行为人窃取、刺探、收买情报是为了提供给境外的机构、组织、人员的，应当以为境外机构、组织、人员窃取、刺探国家秘密罪定罪处罚；在认定本条第二款规定的非法持有属于国家绝密、机密的文件、资料或者其他物品犯罪时，应当首先查清行为人的行为是否构成非法获取国家秘密等犯罪。

第二百八十三条　【非法生产、销售专用间谍器材、窃听、窃照专用器材罪】 非法生产、销售专用间谍器材或者窃听、窃照专用器材的，处三年以下有期徒刑、拘役或者管制，并处或者单处罚金；情节严重的，处三年以上七年以下有期徒刑，并处罚金。

单位犯前款罪的，对单位判处罚金，并对其直接负责的主管人员和其他直接责任人员，依照前款的规定处罚。

【修正前条文】

第二百八十三条　【非法生产、销售间谍专用器材罪】非法生产、销售窃听、窃照等专用间谍器材的，处三年以下有期徒刑、拘役或者管制。

【修正说明】

刑法修正案（九）第二十四条对原条文作出下述修改：一是将原来规定的非法生产、销售"窃听、窃照等专用间谍器材"修改为生产、销售"专用间谍器材或者窃听、窃照专用器材"。二是增加了单位犯罪。三是完善了本罪的法定刑配置，提高了本罪的法定刑，将法定刑最高刑由三年有期徒刑提高到七年有期徒刑，并增加了罚金刑。

【立法·要点注释】

1. 司法实践中认定间谍专用器材

的范围，应仍参照原国家安全法实施细则的相关规定。按照该实施细则的规定，专用间谍器材是指用于间谍活动特殊需要的下列器材：(1) 暗藏式窃听、窃照器材；(2) 突发式收发报机、一次性密码本、密写工具；(3) 用于获取情报的电子监听、截收器材；(4) 其他专用间谍器材。此外，关于专用间谍器材的认定，反间谍法也延续了原国家安全法的规定，即由国务院国家安全主管部门依照国家有关规定确认。实践中也应当继续按照此程序办理。

2. "窃听、窃照专用器材"，是指具有窃听、窃照功能，并专门用于窃听、窃照的器材，如专用于窃听、窃照的窃听器、微型录音机、微型照相机等。"窃听"，是指使用专用器材、设备，在当事人未察觉、不知晓或无法防范的情况下，偷听其谈话或者通话以及其他活动的行为；"窃照"，是指使用专用器材、设备，对窃照对象的形象或者活动进行的秘密拍照摄录的活动。

【司法指导文件 I】

《最高人民法院、最高人民检察院、公安部、国家安全部关于依法办理非法生产销售使用"伪基站"设备案件的意见》（公通字〔2014〕13 号，20140314）

一、准确认定行为性质

(一) 第三款　非法生产、销售"伪基站"设备，经鉴定为专用间谍器材的，依照刑法第二百八十三条的规定，以非法生产、销售间谍专用器材罪①追究刑事责任；同时构成非法经营罪的，以非法经营罪追究刑事责任。

【司法指导文件 II】

《最高人民法院研究室关于非法生产、销售、使用"伪基站"行为定性的研究意见》（2014）

一、关于生产、销售"伪基站"设备行为的定性。如果"伪基站"设备经有关部门依法认定为"窃听、窃照等专用间谍器材"的，对于未经许可生产、销售"伪基站"设备行为，可以认定为刑法第二百八十三条规定的"非法生产、销售窃听、窃照等专用间谍器材"。

第二百八十四条　【非法使用窃听、窃照专用器材罪】非法使用窃听、窃照专用器材，造成严重后果的，处二年以下有期徒刑、拘役或者管制。

【立法·要点注释】

"造成严重后果"，是指由于非法使用窃听、窃照专用器材，造成他人自杀、精神失常，引起杀人、伤害等犯罪发生或者造成重大经济损失等严重后果。

第二百八十四条之一　【组织考试作弊罪】在法律规定的国家考试中，组织作弊的，处三年以下有期徒刑或者拘役，并处或者单处罚金；情节严重的，处三年以上七年以下

------

① 现已变更为"非法生产、销售专用间谍器材罪"。——编者注

有期徒刑，并处罚金。

为他人实施前款犯罪提供作弊器材或者其他帮助的，依照前款的规定处罚。

【非法出售、提供试题、答案罪】为实施考试作弊行为，向他人非法出售或者提供第一款规定的考试的试题、答案的，依照第一款的规定处罚。

【代替考试罪】代替他人或者让他人代替自己参加第一款规定的考试的，处拘役或者管制，并处或者单处罚金。

【修正说明】

本罪由刑法修正案（九）第二十五条增设。

【立法·要点注释】

1. "法律规定的国家考试"并不要求是"统一由国家一级组织的考试"。有些法律规定的考试，依照规定不是由国家一级统一组织，而是由地方根据法律规定组织实施，这些考试也属于"法律规定的国家考试"。例如，公务员录用考试，既包括国家统一组织的招录中央机关及其直属机构公务员的考试，也包括各省市等地方组织的录用地方各级机关公务员的考试。再如，高考既有全国统一考试，也有各省依照法律规定组织的考试。

2. 将组织考试作弊罪限于"法律规定的国家考试"，并非意味着对这些考试范围之外的其他考试中作弊的行为都不予追究。司法实践中，对其他作弊行为还需要根据案件的具体情况，依照相关法律规定处理。对其中有的行为，可以依照刑法第二百五十三条之一出售、提供公民个人信息犯罪，第二百八十条伪造、变造、买卖国家机关、公文、证件、印章罪，第二百八十二条非法获取国家秘密罪，第二百八十四条非法使用窃听、窃照专用器材罪，第二百八十八条扰乱无线电通讯管理秩序罪等规定追究刑事责任。对其中尚不构成犯罪的，可以依照治安管理处罚法的规定处理。

3. 本条第二款规定的"提供"作弊器材包括为其生产，向其销售、出租、出借等多种方式。"其他帮助"包括进行无线作弊器材使用培训，窃取、出售考生信息，以及作弊网站的设立与维护等。

4. 本条第三款中行为人提供试题、答案的对象不限于组织作弊的团伙或个人，也包括参加考试的人员及其亲友，这一点不同于第二款规定的为组织考试作弊提供器材的犯罪。

【司法解释】

《最高人民法院关于〈中华人民共和国刑法修正案（九）〉时间效力问题的解释》（法释〔2015〕19号，20151101）

第六条　对于2015年10月31日以前组织考试作弊，为他人组织考试作弊提供作弊器材或者其他帮助，以及非法向他人出售或者提供考试试题、答案，根据修正前刑法应当以非法获取国家秘密罪、非法生产、销售间谍专用器材罪或者故意泄露国家秘密罪等追究刑事责任的，适用修正前刑法的有关规定。但是，根据修正后刑法

第二百八十四条之一的规定处刑较轻的，适用修正后刑法的有关规定。

【法院公报案例】

〔上海市崇明区人民检察院诉张志杰、陈钟鸣、包周鑫组织考试作弊案，GB2018 – 12〕

组织考试作弊罪中的考试是指法律规定的国家考试，这里的"法律"应当限缩解释为全国人大及其常委会制定的法律。若某部法律中未对国家考试作出直接规定，但明确规定由相关国家机关制定有关制度，相关国家机关据此制定了行政法规或部门规章对国家考试作出规定，则该考试仍应认定为法律规定的国家考试。在该考试中组织作弊的，应依法以组织考试作弊罪追究刑事责任。

第二百八十五条 **【非法侵入计算机信息系统罪】** 违反国家规定，侵入国家事务、国防建设、尖端科学技术领域的计算机信息系统的，处三年以下有期徒刑或者拘役。

【非法获取计算机信息系统数据、非法控制计算机信息系统罪】 违反国家规定，侵入前款规定以外的计算机信息系统或者采用其他技术手段，获取该计算机信息系统中存储、处理或者传输的数据，或者对该计算机信息系统实施非法控制，情节严重的，处三年以下有期徒刑或者单处罚金；情节特别严重的，处三年以上七年以下有期徒刑，并处罚金。

【提供侵入、非法控制计算机信息系统程序、工具罪】 提供专门用于侵入、非法控制计算机信息系统的程序、工具，或者明知他人实施侵入、非法控制计算机信息系统的违法犯罪行为而为其提供程序、工具，情节严重的，依照前款的规定处罚。

单位犯前三款罪的，对单位判处罚金，并对其直接负责的主管人员和其他直接责任人员，依照各该款的规定处罚。

【第二次修正前条文】

第二百八十五条 **【非法侵入计算机信息系统罪】** 违反国家规定，侵入国家事务、国防建设、尖端科学技术领域的计算机信息系统的，处三年以下有期徒刑或者拘役。

【非法获取计算机信息系统数据、非法控制计算机信息系统罪】 违反国家规定，侵入前款规定以外的计算机信息系统或者采用其他技术手段，获取该计算机信息系统中存储、处理或者传输的数据，或者对该计算机信息系统实施非法控制，情节严重的，处三年以下有期徒刑或者拘役，并处或者单处罚金；情节特别严重的，处三年以上七年以下有期徒刑，并处罚金。

【提供用于侵入、非法控制计算机系统的程序、工具罪】 提供专门用于侵入、非法控制计算机信息系统的程序、工具，或者明知他人实施侵入、非法控制计算机信息系统的违法犯罪行为而为其提供程序、工具，情节严重的，依照前款的规定处罚。

【第一次修正前条文】

第二百八十五条 【非法侵入计算机信息系统罪】违反国家规定，侵入国家事务、国防建设、尖端科学技术领域的计算机信息系统的，处三年以下有期徒刑或者拘役。

【修正说明】

刑法修正案（七）第九条增设了本条第二款、第三款。刑法修正案（九）第二十六条增设了本条第四款。

【司法解释Ⅰ】

《最高人民法院、最高人民检察院关于办理危害计算机信息系统安全刑事案件应用法律若干问题的解释》（法释〔2011〕19号，20110901）

第一条 非法获取计算机信息系统数据或者非法控制计算机信息系统，具有下列情形之一的，应当认定为刑法第二百八十五条第二款规定的"情节严重"：

（一）获取支付结算、证券交易、期货交易等网络金融服务的身份认证信息十组以上的；

（二）获取第（一）项以外的身份认证信息五百组以上的；

（三）非法控制计算机信息系统二十台以上的；

（四）违法所得五千元以上或者造成经济损失一万元以上的；

（五）其他情节严重的情形。

实施前款规定行为，具有下列情形之一的，应当认定为刑法第二百八十五条第二款规定的"情节特别严重"：

（一）数量或者数额达到前款第（一）项至第（四）项规定标准五倍以上的；

（二）其他情节特别严重的情形。

明知是他人非法控制的计算机信息系统，而对该计算机信息系统的控制权加以利用的，依照前两款的规定定罪处罚。

第二条 具有下列情形之一的程序、工具，应当认定为刑法第二百八十五条第三款规定的"专门用于侵入、非法控制计算机信息系统的程序、工具"：

（一）具有避开或者突破计算机信息系统安全保护措施，未经授权或者超越授权获取计算机信息系统数据的功能的；

（二）具有避开或者突破计算机信息系统安全保护措施，未经授权或者超越授权对计算机信息系统实施控制的功能的；

（三）其他专门设计用于侵入、非法控制计算机信息系统、非法获取计算机信息系统数据的程序、工具。

第三条 提供侵入、非法控制计算机信息系统的程序、工具，具有下列情形之一的，应当认定为刑法第二百八十五条第三款规定的"情节严重"：

（一）提供能够用于非法获取支付结算、证券交易、期货交易等网络金融服务身份认证信息的专门性程序、工具五人次以上的；

（二）提供第（一）项以外的专门用于侵入、非法控制计算机信息系统的程序、工具二十人次以上的；

（三）明知他人实施非法获取支付结算、证券交易、期货交易等网络金融服务身份认证信息的违法犯罪行为而为其提供程序、工具五人次以上的；

（四）明知他人实施第（三）项以外的侵入、非法控制计算机信息系统的违法犯罪行为而为其提供程序、工具二十人次以上的；

（五）违法所得五千元以上或者造成经济损失一万元以上的；

（六）其他情节严重的情形。

实施前款规定行为，具有下列情形之一的，应当认定为提供侵入、非法控制计算机信息系统的程序、工具"情节特别严重"：

（一）数量或者数额达到前款第（一）项至第（五）项规定标准五倍以上的；

（二）其他情节特别严重的情形。

……

第八条　以单位名义或者单位形式实施危害计算机信息系统安全犯罪，达到本解释规定的定罪量刑标准的，应当依照刑法第二百八十五条、第二百八十六条的规定追究直接负责的主管人员和其他直接责任人员的刑事责任。

第九条　明知他人实施刑法第二百八十五条、第二百八十六条规定的行为，具有下列情形之一的，应当认定为共同犯罪，依照刑法第二百八十五条、第二百八十六条的规定处罚：

（一）为其提供用于破坏计算机信息系统功能、数据或者应用程序的程序、工具，违法所得五千元以上或

者提供十人次以上的；

（二）为其提供互联网接入、服务器托管、网络存储空间、通讯传输通道、费用结算、交易服务、广告服务、技术培训、技术支持等帮助，违法所得五千元以上的；

（三）通过委托推广软件、投放广告等方式向其提供资金五千元以上的。

实施前款规定行为，数量或者数额达到前款规定标准五倍以上的，应当认定为刑法第二百八十五条、第二百八十六条规定的"情节特别严重"或者"后果特别严重"。

第十条　对于是否属于刑法第二百八十五条、第二百八十六条规定的"国家事务、国防建设、尖端科学技术领域的计算机信息系统"、"专门用于侵入、非法控制计算机信息系统的程序、工具"、"计算机病毒等破坏性程序"难以确定的，应当委托省级以上负责计算机信息系统安全保护管理工作的部门检验。司法机关根据检验结论，并结合案件具体情况认定。

第十一条　本解释所称"计算机信息系统"和"计算机系统"，是指具备自动处理数据功能的系统，包括计算机、网络设备、通信设备、自动化控制设备等。

本解释所称"身份认证信息"，是指用于确认用户在计算机信息系统上操作权限的数据，包括账号、口令、密码、数字证书等。

本解释所称"经济损失"，包括危害计算机信息系统犯罪行为给用户直接造成的经济损失，以及用户为恢

复数据、功能而支出的必要费用。

【司法解释Ⅱ】

《最高人民法院关于审理危害军事通信刑事案件具体应用法律若干问题的解释》（法释〔2007〕13 号，20070629）

第六条第三款 违反国家规定，侵入国防建设、尖端科学技术领域的军事通信计算机信息系统，尚未对军事通信造成破坏的，依照刑法第二百八十五条的规定定罪处罚；对军事通信造成破坏，同时构成刑法第二百八十五条、第二百八十六条、第三百六十九条第一款规定的犯罪的，依照处罚较重的规定定罪处罚。

【司法指导文件】

《最高人民法院研究室关于利用计算机窃取他人游戏币非法销售获利如何定性问题的研究意见》（2012）

利用计算机窃取他人游戏币非法销售获利行为目前宜以非法获取计算机信息系统数据罪定罪处罚。

第二百八十六条 【破坏计算机信息系统罪】违反国家规定，对计算机信息系统功能进行删除、修改、增加、干扰，造成计算机信息系统不能正常运行，后果严重的，处五年以下有期徒刑或者拘役；后果特别严重的，处五年以上有期徒刑。

违反国家规定，对计算机信息系统中存储、处理或者传输的数据和应用程序进行删除、修改、增加的操作，后果严重的，依照前款的规定处罚。

故意制作、传播计算机病毒等破坏性程序，影响计算机系统正常运行，后果严重的，依照第一款的规定处罚。

单位犯前三款罪的，对单位判处罚金，并对其直接负责的主管人员和其他直接责任人员，依照第一款的规定处罚。

【修正前条文】

第二百八十六条 【破坏计算机信息系统罪】违反国家规定，对计算机信息系统功能进行删除、修改、增加、干扰，造成计算机信息系统不能正常运行，后果严重的，处五年以下有期徒刑或者拘役；后果特别严重的，处五年以上有期徒刑。

违反国家规定，对计算机信息系统中存储、处理或者传输的数据和应用程序进行删除、修改、增加的操作，后果严重的，依照前款的规定处罚。

故意制作、传播计算机病毒等破坏性程序，影响计算机系统正常运行，后果严重的，依照第一款的规定处罚。

【修正说明】

刑法修正案（九）第二十七条增设本条第四款。

【司法解释Ⅰ】

《最高人民法院、最高人民检察院关于办理危害计算机信息系统安全刑事案件应用法律若干问题的解释》（法释〔2011〕19 号，20110901）

第四条 破坏计算机信息系统功能、数据或者应用程序，具有下列情形之一的，应当认定为刑法第二百八十六条第一款和第二款规定的"后

果严重":

（一）造成十台以上计算机信息系统的主要软件或者硬件不能正常运行的；

（二）对二十台以上计算机信息系统中存储、处理或者传输的数据进行删除、修改、增加操作的；

（三）违法所得五千元以上或者造成经济损失一万元以上的；

（四）造成为一百台以上计算机信息系统提供域名解析、身份认证、计费等基础服务或者为一万以上用户提供服务的计算机信息系统不能正常运行累计一小时以上的；

（五）造成其他严重后果的。

实施前款规定行为，具有下列情形之一的，应当认定为破坏计算机信息系统"后果特别严重"：

（一）数量或者数额达到前款第（一）项至第（三）项规定标准五倍以上的；

（二）造成为五百台以上计算机信息系统提供域名解析、身份认证、计费等基础服务或者为五万以上用户提供服务的计算机信息系统不能正常运行累计一小时以上的；

（三）破坏国家机关或者金融、电信、交通、教育、医疗、能源等领域提供公共服务的计算机信息系统的功能、数据或者应用程序，致使生产、生活受到严重影响或者造成恶劣社会影响的；

（四）造成其他特别严重后果的。

第五条　具有下列情形之一的程序，应当认定为刑法第二百八十六条第三款规定的"计算机病毒等破坏性程序"：

（一）能够通过网络、存储介质、文件等媒介，将自身的部分、全部或者变种进行复制、传播，并破坏计算机系统功能、数据或者应用程序的；

（二）能够在预先设定条件下自动触发，并破坏计算机系统功能、数据或者应用程序的；

（三）其他专门设计用于破坏计算机系统功能、数据或者应用程序的程序。

第六条　故意制作、传播计算机病毒等破坏性程序，影响计算机系统正常运行，具有下列情形之一的，应当认定为刑法第二百八十六条第三款规定的"后果严重"：

（一）制作、提供、传输第五条第（一）项规定的程序，导致该程序通过网络、存储介质、文件等媒介传播的；

（二）造成二十台以上计算机系统被植入第五条第（二）、（三）项规定的程序的；

（三）提供计算机病毒等破坏性程序十人次以上的；

（四）违法所得五千元以上或者造成经济损失一万元以上的；

（五）造成其他严重后果的。

实施前款规定行为，具有下列情形之一的，应当认定为破坏计算机信息系统"后果特别严重"：

（一）制作、提供、传输第五条第（一）项规定的程序，导致该程序通过网络、存储介质、文件等媒介传播，致使生产、生活受到严重影响或者造成恶劣社会影响的；

（二）数量或者数额达到前款第（二）项至第（四）项规定标准五倍以上的；

（三）造成其他特别严重后果的。

……

第八条　以单位名义或者单位形式实施危害计算机信息系统安全犯罪，达到本解释规定的定罪量刑标准的，应当依照刑法第二百八十五条、第二百八十六条的规定追究直接负责的主管人员和其他直接责任人员的刑事责任。

【司法解释Ⅰ·注释】

1. 从司法实践来看，破坏数据、应用程序的案件，主要表现为对数据进行删除、修改、增加的操作，鲜有破坏应用程序的案件。因此，对于刑法第二百八十六条"对计算机信息系统中存储、处理或者传输的数据和应用程序进行删除、修改、增加的操作"的规定，应当理解为"数据""应用程序"均可以成为犯罪对象，而并不要求一次破坏行为必须同时破坏数据和应用程序，这样才能实现对计算机信息系统中存储、处理或者传输的数据、应用程序的有效保护，有效维护计算机信息系统安全。

2. 本司法解释第四条只是明确了破坏计算机信息系统功能、数据或者应用程序行为的"后果严重""后果特别严重"的具体情形，是否构成犯罪，还需要结合刑法规定的其他要件判断。而根据刑法第二百八十六条第一款、第二款的规定，破坏计算机信息系统功能和破坏计算机信息系统数

据、应用程序行为的入罪要件并不相同，前者要求"造成计算机信息系统不能正常运行"，而后者不需要这一要件。因此，在司法实践中，需要依据刑法和本解释规定，根据具体案件情况进行分析判断，确保定罪量刑的准确。

3. 本司法解释第十一条第三款明确了"经济损失"的计算范围，具体包括危害计算机信息系统犯罪行为给用户造成的直接经济损失，以及用户为恢复数据、功能而支出的必要费用。破坏计算机信息系统功能、数据给用户带来的预期利益的损失不能纳入"经济损失"的计算范围。

4. 关于跨国共同犯罪的处理问题。由于网络的无国界，危害计算机信息系统安全犯罪行为和犯罪结果可能分别发生在中华人民共和国领域内外。根据刑法第六条的规定，犯罪的行为或者结果有一项发生在中华人民共和国领域内的，就认为是在中华人民共和国领域内犯罪。因此，对于这类危害计算机信息系统安全犯罪案件，只要其危害后果最终发生在中华人民共和国领域内，就应当认为是在中华人民共和国领域内犯罪，应当适用我国刑法的相关规定。在此前提下，可能对境外实行犯无法实际行使刑事管辖权，在境外实行犯未归案的情况下，对于境内为境外实行犯提供帮助的行为人，应当依照本条确定的规则处理。

5. 关于帮助犯在共同犯罪中的类型认定问题。与传统犯罪不同，网络环境中的帮助犯在共同犯罪中所起的作用具有一定的特殊性和复杂性，并

非只起次要和辅助作用，也可能起主要作用。因此，对于行为人帮助他人实施刑法第二百八十五条、第二百八十六条规定的行为的，应当根据其在共同犯罪中的作用予以认定，既可以认定为主犯，也可以认定为从犯。

【司法解释Ⅱ】

《最高人民法院、最高人民检察院关于办理环境污染刑事案件适用法律若干问题的解释》（法释〔2016〕29号，20170101）

第十条　违反国家规定，针对环境质量监测系统实施下列行为，或者强令、指使、授意他人实施下列行为的，应当依照刑法第二百八十六条的规定，以破坏计算机信息系统罪论处：

（一）修改参数或者监测数据的；

（二）干扰采样，致使监测数据严重失真的；

（三）其他破坏环境质量监测系统的行为。

重点排污单位篡改、伪造自动监测数据或者干扰自动监测设施，排放化学需氧量、氨氮、二氧化硫、氮氧化物等污染物，同时构成污染环境罪和破坏计算机信息系统罪的，依照处罚较重的规定定罪处罚。

从事环境监测设施维护、运营的人员实施或者参与实施篡改、伪造自动监测数据、干扰自动监测设施、破坏环境质量监测系统等行为的，应当从重处罚。

【司法指导文件】

《最高人民法院研究室关于对交警部门计算机信息系统中存储的交通违章信息进行删除行为如何定性的研究意见》（2012）

违反国家规定，对交警部门计算机信息系统中存储的交通违章信息进行删除，收取违章人员的好处，应当认定为刑法第二百八十六条第二款规定的对计算机信息系统中存储、处理、传输的数据进行删除的操作，以破坏计算机信息系统罪定罪处罚。

【公安文件】

《公安部关于对破坏未联网的微型计算机信息系统是否适用刑法第二百八十六条的请示的批复》（公复字〔1998〕7号，19981125）

《刑法》第二百八十六条中的"违反国家规定"是指包括《中华人民共和国计算机信息系统安全保护条例》（以下简称《条例》）在内的有关行政法规、部门规章的规定。《条例》第五条第二款规定的"未联网的微型计算机的安全保护办法，另行规定"，主要是考虑到未联入网络的单台微型计算机系统所处环境和使用情况比较复杂，且基本无安全功能，需针对这些特点另外制定相应的安全管理措施。然而，未联网的计算机信息系统也属计算机信息系统，《条例》第二、三、七条的安全保护原则、规定，对未联网的微型计算机系统完全适用。因此破坏未联网的微型计算机信息系统适用刑法第二百八十六条。

【指导性案例·法院】

〔付宣豪、黄子超破坏计算机信息系统案，FZD2018－102〕

1. 通过修改路由器、浏览器设

置、锁定主页或者弹出新窗口等技术手段，强制网络用户访问指定网站的"DNS 劫持"行为，属于破坏计算机信息系统，后果严重的，构成破坏计算机信息系统罪。

2. 对于"DNS 劫持"，应当根据造成不能正常运行的计算机信息系统数量、相关计算机信息系统不能正常运行的时间，以及所造成的损失或者影响等，认定其是"后果严重"还是"后果特别严重"。

〔徐强破坏计算机信息系统案，FZD2018－103〕

企业的机械远程监控系统属于计算机信息系统。违反国家规定，对企业的机械远程监控系统功能进行破坏，造成计算机信息系统不能正常运行，后果严重的，构成破坏计算机信息系统罪。

〔李森、何利民、张锋勃等人破坏计算机信息系统案，FZD2018－104〕

环境质量监测系统属于计算机信息系统。用棉纱等物品堵塞环境质量监测采样设备，干扰采样，致使监测数据严重失真的，构成破坏计算机信息系统罪。

【指导性案例·检察】

〔李丙龙破坏计算机信息系统案，JZD2017－33〕

1. 以修改域名解析服务器指向的方式劫持域名，造成计算机信息系统不能正常运行，是破坏计算机信息系统的行为。

2. 修改域名解析服务器指向，强制用户偏离目标网站或网页进入指定网站或网页，是典型的域名劫持行为。行为人使用恶意代码修改目标网站域名解析服务器，目标网站域名被恶意解析到其他 IP 地址，无法正常发挥网站服务功能，这种行为实质是对计算机信息系统功能的修改、干扰，符合刑法第二百八十六条第一款"对计算机信息系统功能进行删除、修改、增加、干扰"的规定。

3. 认定遭受破坏的计算机信息系统服务用户数，可以根据计算机信息系统的功能和使用特点，结合网站注册用户、浏览用户等具体情况，作出客观判断。

〔李骏杰等破坏计算机信息系统案，JZD2017－34〕

1. 冒用购物网站买家身份进入网站内部评价系统删改购物评价，属于对计算机信息系统内存储数据进行修改操作，应当认定为破坏计算机信息系统的行为。

2. 侵入评价系统删改购物评价，其实质是对计算机信息系统内存储的数据进行删除、修改操作的行为。这种行为危害到计算机信息系统数据采集和流量分配体系运行，使网站注册商户及其商品、服务的搜索受到影响，导致网站商品、服务评价功能无法正常运作，侵害了购物网站所属公司的信息系统安全和消费者的知情权。行为人因删除、修改某购物网站中差评数据违法所得 25000 元以上，构成破坏计算机信息系统罪，属于"后果特别严重"的情形，应当依法判处五年以上有期徒刑。

〔曾兴亮、王玉生破坏计算机信息

系统案，JZD2017 - 35〕

1. 智能手机终端，应当认定为刑法保护的计算机信息系统。锁定智能手机导致不能使用的行为，可认定为破坏计算机信息系统。

2. 行为人通过修改被害人手机的登录密码，远程锁定被害人的智能手机设备，使之成为无法开机的"僵尸机"，属于对计算机信息系统功能进行修改、干扰的行为。造成 10 台以上智能手机系统不能正常运行，符合刑法第二百八十六条破坏计算机信息系统罪构成要件中"对计算机信息系统功能进行修改、干扰""后果严重"的情形，构成破坏计算机信息系统罪。

3. 行为人采用非法手段锁定手机后以解锁为条件，索要钱财，在数额较大或多次敲诈的情况下，其目的行为又构成敲诈勒索罪。在这类犯罪案件中，手段行为构成的破坏计算机信息系统罪与目的行为构成的敲诈勒索罪之间成立牵连犯。牵连犯应当从一重罪处断。

〔卫梦龙、龚旭、薛东东非法获取计算机信息系统数据案，JZD2017 - 36〕

超出授权范围使用账号、密码登录计算机信息系统，属于侵入计算机信息系统的行为；侵入计算机信息系统后下载其储存的数据，可以认定为非法获取计算机信息系统数据。

【法院公报案例】

〔江苏省无锡市滨湖区人民检察院诉马志松等破坏计算机信息系统案，GB2009 - 2〕

根据刑法第二百八十六条的规定，违反国家规定，对计算机信息系统功能进行删除、修改、增加、干扰或者对计算机信息系统中存储、处理或者传输的数据和应用程序进行删除、修改、增加的操作或者故意制作、传播计算机病毒等破坏性程序，造成计算机信息系统不能正常运行，后果严重的，构成破坏计算机信息系统罪。

行为人违反国家规定，采用干扰的技术手段攻击劫持互联网运营商的公共域名服务器，在域名服务器中添加指令，在大量个人计算机信息系统中植入木马病毒，造成计算机信息系统不能正常运行，后果严重的，应以破坏计算机信息系统罪定罪处罚。

【法院参考案例】

〔**参考案例第 783 号：童莉、蔡少英破坏计算机信息系统案**〕公安交通管理部门协管员非法侵入道路交通违法信息管理系统，清除车辆违章信息，收取违章人员钱财的行为如何定性？

公安交通管理部门协管员非法侵入道路交通违法信息管理系统，清除车辆违章信息，收取违章人员钱财的行为构成破坏计算机信息系统罪。

〔**参考案例第 784 号：孙小虎破坏计算机信息系统案**〕如何适用破坏计算机系统罪中的"经济损失"和"违法所得"情节？

经济损失数额和违法所得数额都是破坏计算机信息系统犯罪中定罪量刑的标准。如果这两个数额分别属于后果严重、后果特别严重的情节，导致量刑上的冲突时，应当按照处罚较重的数额对被告人进行量刑，另一数额可作为量刑的酌定情节予以考虑，如此才能真正在具体案件中实现罪刑相适应。

〔**参考案例第 1029 号：乐姿等破坏计算机信息系统案**〕在无法准确认定经济损失、用户数量的情况下，如何认定破坏计算机信息系统的"后果严重"？

行为人恶意攻击计算机信息系统达 10 次以上，总计时间约 40 小时，造成为全国知名婚恋交友网站提供服务的计算机信息系统长时间内无法正常运行，并造成一定的经济损失。受害公司向法庭提交的因网站受攻击导致客户退费 112 万元及该公司有 16 万余名注册用户的证据材料虽不能作为定案根据，却可以作为评价其公司经营规模与实际注册用户数量的重要参考。因此，行为人所实施的具体行为，既必然造成经济损失，又导致众多计算用户受影响，且影响时间较长，这些情节较《最高人民法院、最高人民检察院关于办理危害计算机信息系统安全刑事案件应用法律若干问题的解释》所规定的"造成经济损失一万元以上"或者"造成为一万以上用户提供服务的计算机信息系统不能正常运行累计一小时以上"的入罪条件，在性质、情节、社会危害程度等方面均有过之而无不及。因此，可以据此认定上述行为符合"造成其他严重后果"的情形。

第二百八十六条之一 【**拒不履行信息网络安全管理义务罪**】网络服务提供者不履行法律、行政法规规定的信息网络安全管理义务，经监管部门责令采取改正措施而拒不改正，有下列情形之一的，处三年以下有期徒刑、拘役或者管制，并处或者单处罚金：

（一）致使违法信息大量传播的；

（二）致使用户信息泄露，造成严重后果的；

（三）致使刑事案件证据灭失，情节严重的；

（四）有其他严重情节的。

单位犯前款罪的，对单位判处罚金，并对其直接负责的主管人员和其他直接责任人员，依照前款的规定处罚。

有前两款行为，同时构成其他犯罪的，依照处罚较重的规定定罪处罚。

【**修正说明**】

本罪由刑法修正案（九）第二十八条增设。

【**司法解释**】

《**最高人民法院、最高人民检察院关于办理侵犯公民个人信息刑事案件适用法律若干问题的解释**》（法释〔2017〕10 号，20170601）

第九条 网络服务提供者拒不履行法律、行政法规规定的信息网络安全管理义务，经监管部门责令采取改正措施而拒不改正，致使用户的公民个人信息泄露，造成严重后果的，应当依照刑法第二百八十六条之一的规定，以拒不履行信息网络安全管理义务罪定罪处罚。

【司法指导文件】

《最高人民法院、最高人民检察院、公安部关于办理电信网络诈骗等刑事案件适用法律若干问题的意见》（法发〔2016〕32 号，20161219）

三、全面惩处关联犯罪

（六）网络服务提供者不履行法律、行政法规规定的信息网络安全管理义务，经监管部门责令采取改正措施而拒不改正，致使诈骗信息大量传播，或者用户信息泄露造成严重后果的，依照刑法第二百八十六条之一的规定，以拒不履行信息网络安全管理义务罪追究刑事责任。同时构成诈骗罪的，依照处罚较重的规定定罪处罚。

第二百八十七条 【利用计算机实施有关犯罪行为的处理】 利用计算机实施金融诈骗、盗窃、贪污、挪用公款、窃取国家秘密或者其他犯罪的，依照本法有关规定定罪处罚。

【法院参考案例】

〔参考案例第 1202 号：赵宏铃等盗窃案〕非法侵入景点检售票系统修改门票数据获取门票收益的行为如何定性？

对网管员非法侵入单位的景点检售票系统，修改门票数据，并获取门票收益的行为，应当以盗窃罪论处。

第二百八十七条之一 【非法利用信息网络罪】 利用信息网络实施下列行为之一，情节严重的，处三年以下有期徒刑或者拘役，并处或者单处罚金：

（一）设立用于实施诈骗、传授犯罪方法、制作或者销售违禁物品、管制物品等违法犯罪活动的网站、通讯群组的；

（二）发布有关制作或者销售毒品、枪支、淫秽物品等违禁物品、管制物品或者其他违法犯罪信息的；

（三）为实施诈骗等违法犯罪活动发布信息的。

单位犯前款罪的，对单位判处罚金，并对其直接负责的主管人员和其他直接责任人员，依照第一款的规定处罚。

有前两款行为，同时构成其他犯罪的，依照处罚较重的规定定罪处罚。

【修正说明】

本罪由刑法修正案（九）第二十九条增设。

【司法解释Ⅰ】

《最高人民法院、最高人民检察院关于办理组织、强迫、引诱、容留、介绍卖淫刑事案件适用法律若干问题的解释》（法释〔2017〕13 号，20170725）

第八条第二款　利用信息网络发布招嫖违法信息，情节严重的，依照刑法第二百八十七条之一的规定，以非法利用信息网络罪定罪处罚。同时构成介绍卖淫罪的，依照处罚较重的规定定罪处罚。

【司法解释Ⅱ】

《最高人民法院关于审理毒品犯罪案件适用法律若干问题的解释》（法

释〔2016〕8 号，20160411）

第十四条　利用信息网络，设立用于实施传授制造毒品、非法生产制毒物品的方法，贩卖毒品，非法买卖制毒物品或者组织他人吸食、注射毒品等违法犯罪活动的网站、通讯群组，或者发布实施前述违法犯罪活动的信息，情节严重的，应当依照刑法第二百八十七条之一的规定，以非法利用信息网络罪定罪处罚。

实施刑法第二百八十七条之一、第二百八十七条之二规定的行为，同时构成贩卖毒品罪、非法买卖制毒物品罪、传授犯罪方法罪等犯罪的，依照处罚较重的规定定罪处罚。

【司法解释Ⅲ】

《最高人民法院、最高人民检察院关于办理侵犯公民个人信息刑事案件适用法律若干问题的解释》（法释〔2017〕10 号，20170601）

第八条　设立用于实施非法获取、出售或者提供公民个人信息违法犯罪活动的网站、通讯群组，情节严重的，应当依照刑法第二百八十七条之一的规定，以非法利用信息网络罪定罪处罚；同时构成侵犯公民个人信息罪的，依照侵犯公民个人信息罪定罪处罚。

第二百八十七条之二　【帮助信息网络犯罪活动罪】明知他人利用信息网络实施犯罪，为其犯罪提供互联网接入、服务器托管、网络存储、通讯传输等技术支持，或者提供广告推广、支付结算等帮助，情节严重的，处三年以下有期徒刑或者拘役，并处或者单处罚金。

单位犯前款罪的，对单位判处罚金，并对其直接负责的主管人员和其他直接责任人员，依照第一款的规定处罚。

有前两款行为，同时构成其他犯罪的，依照处罚较重的规定定罪处罚。

【修正说明】

本罪由刑法修正案（九）第二十九条增设。

【立法·要点注释】

1. "互联网接入"，是指为他人提供访问互联网或者在互联网发布信息的通路。目前常用的互联网接入服务有电话线拨号接入、ADSL 接入、光纤宽带接入、无线网络等方式。用户只有通过这些特定的通信线路连接到互联网服务提供商，享受其提供的互联网入网连接和信息服务，才能连接使用互联网或者建立服务器发布消息。这一规定主要针对互联网接入服务提供商，如果其明知他人利用其接入服务实施犯罪，仍继续让对方使用，情节严重的，构成本罪。

2. "服务器托管"，是指将服务器及相关设备托管到具有专门数据中心的机房。托管的服务器一般由客户通过远程方式自行维护，由机房负责提供稳定的电源、带宽、温湿度等物理环境。"网络存储"通常是指通过网络存储、管理数据的载体空间，如常用的百度网盘、QQ 中转站等。

3. "通讯传输"，是指用户之间

传输信息的通路。例如，电信诈骗犯罪中犯罪分子常用的VOIP电话，这种技术能将语音信号经技术处理后通过互联网传输出去。另一种常用的通讯传输通道是VPN（虚拟专用网络），该技术能在公用网络上建立专用网络，进行加密通讯。目前很多网络犯罪嫌疑人使用VPN技术隐藏其真实位置。

4. 常见的为他人实施网络犯罪提供技术支持的行为方式还有销售赌博网站代码，为病毒、木马程序提供免杀服务，为网络盗窃、QQ视频诈骗制作专用木马程序，为设立"钓鱼网站"等提供技术支持等行为。

5. 为他人利用信息网络实施犯罪提供广告推广包括两种情况：一种情况是为利用网络实施犯罪的人做广告、拉客户；另一种情况是为他人设立的犯罪网站拉广告客户，帮助该犯罪网站获得广告收入，以支持犯罪网站的运营。打击此类行为，有利于切断犯罪网站收入来源。

第二百八十八条　【扰乱无线电通讯管理秩序罪】违反国家规定，擅自设置、使用无线电台（站），或者擅自使用无线电频率，干扰无线电通讯秩序，情节严重的，处三年以下有期徒刑、拘役或者管制，并处或者单处罚金；情节特别严重的，处三年以上七年以下有期徒刑，并处罚金。

单位犯前款罪的，对单位判处罚金，并对其直接负责的主管人员和其他直接责任人员，依照前款的规定处罚。

【修正前条文】

第二百八十八条　【扰乱无线电通讯管理秩序罪】违反国家规定，擅自设置、使用无线电台（站），或者擅自占用频率，经责令停止使用后拒不停止使用，干扰无线电通讯正常进行，造成严重后果的，处三年以下有期徒刑、拘役或者管制，并处或者单处罚金。

单位犯前款罪的，对单位判处罚金，并对其直接负责的主管人员和其他直接责任人员，依照前款的规定处罚。

【修正说明】

刑法修正案（九）第三十条对原条文作出下述修改：一是取消了原来"经责令停止使用后拒不停止使用"的规定，降低了构成犯罪的门槛；二是将原来规定的"造成严重后果"改为"情节严重"；三是增加了一档刑罚，对"情节特别严重的"，处三年以上七年以下有期徒刑，并处罚金。

【司法解释Ⅰ】

《最高人民法院、最高人民检察院关于办理扰乱无线电通讯管理秩序等刑事案件适用法律若干问题的解释》（法释〔2017〕11号，20170701）

第一条　具有下列情形之一的，应当认定为刑法第二百八十八条第一款规定的"擅自设置、使用无线电台（站），或者擅自使用无线电频率，干扰无线电通讯秩序"：

（一）未经批准设置无线电广播电台（以下简称"黑广播"），非法使用广播电视专用频段的频率的；

（二）未经批准设置通信基站（以下简称"伪基站"），强行向不特定用户发送信息，非法使用公众移动通信频率的；

（三）未经批准使用卫星无线电频率的；

（四）非法设置、使用无线电干扰器的；

（五）其他擅自设置、使用无线电台（站），或者擅自使用无线电频率，干扰无线电通讯秩序的情形。

第二条　违反国家规定，擅自设置、使用无线电台（站），或者擅自使用无线电频率，干扰无线电通讯秩序，具有下列情形之一的，应当认定为刑法第二百八十八条第一款规定的"情节严重"：

（一）影响航天器、航空器、铁路机车、船舶专用无线电导航、遇险救助和安全通信等涉及公共安全的无线电频率正常使用的；

（二）自然灾害、事故灾难、公共卫生事件、社会安全事件等突发事件期间，在事件发生地使用"黑广播""伪基站"的；

（三）举办国家或者省级重大活动期间，在活动场所及周边使用"黑广播""伪基站"的；

（四）同时使用三个以上"黑广播""伪基站"的；

（五）"黑广播"的实测发射功率五百瓦以上，或者覆盖范围十公里以上的；

（六）使用"伪基站"发送诈骗、赌博、招嫖、木马病毒、钓鱼网站链接等违法犯罪信息，数量在五千条以上，或者销毁发送数量等记录的；

（七）雇佣、指使未成年人、残疾人等特定人员使用"伪基站"的；

（八）违法所得三万元以上的；

（九）曾因扰乱无线电通讯管理秩序受过刑事处罚，或者二年内曾因扰乱无线电通讯管理秩序受过行政处罚，又实施刑法第二百八十八条规定的行为的；

（十）其他情节严重的情形。

第三条　违反国家规定，擅自设置、使用无线电台（站），或者擅自使用无线电频率，干扰无线电通讯秩序，具有下列情形之一的，应当认定为刑法第二百八十八条第一款规定的"情节特别严重"：

（一）影响航天器、航空器、铁路机车、船舶专用无线电导航、遇险救助和安全通信等涉及公共安全的无线电频率正常使用，危及公共安全的；

（二）造成公共秩序混乱等严重后果的；

（三）自然灾害、事故灾难、公共卫生事件和社会安全事件等突发事件期间，在事件发生地使用"黑广播""伪基站"，造成严重影响的；

（四）对国家或者省级重大活动造成严重影响的；

（五）同时使用十个以上"黑广播""伪基站"的；

（六）"黑广播"的实测发射功率三千瓦以上，或者覆盖范围二十公里以上的；

（七）违法所得十五万元以上的；

（八）其他情节特别严重的情形。

......

第五条　单位犯本解释规定之罪的，对单位判处罚金，并对直接负责的主管人员和其他直接责任人员，依照本解释规定的自然人犯罪的定罪量刑标准定罪处罚。

第六条　擅自设置、使用无线电台（站），或者擅自使用无线电频率，同时构成其他犯罪的，按照处罚较重的规定定罪处罚。

明知他人实施诈骗等犯罪，使用"黑广播""伪基站"等无线电设备为其发送信息或者提供其他帮助，同时构成其他犯罪的，按照处罚较重的规定定罪处罚。

......

第八条　为合法经营活动，使用"黑广播""伪基站"或者实施其他扰乱无线电通讯管理秩序的行为，构成扰乱无线电通讯管理秩序罪，但不属于"情节特别严重"，行为人系初犯，并确有悔罪表现的，可以认定为情节轻微，不起诉或者免予刑事处罚；确有必要判处刑罚的，应当从宽处罚。

第九条　对案件所涉的有关专门性问题难以确定的，依据司法鉴定机构出具的鉴定意见，或者下列机构出具的报告，结合其他证据作出认定：

（一）省级以上无线电管理机构、省级无线电管理机构依法设立的派出机构、地市级以上广播电视主管部门就是否系"伪基站""黑广播"出具的报告；

（二）省级以上广播电视主管部门及其指定的检测机构就"黑广播"功率、覆盖范围出具的报告；

（三）省级以上航空、铁路、船舶等主管部门就是否干扰导航、通信等出具的报告。

对移动终端用户受影响的情况，可以依据相关通信运营商出具的证明，结合被告人供述、终端用户证言等证据作出认定。

第十条　本解释自 2017 年 7 月 1 日起施行。

【司法解释 II】

《最高人民法院关于审理扰乱电信市场管理秩序案件具体应用法律若干问题的解释》（法释〔2000〕12 号，20000524）

第五条　违反国家规定，擅自设置、使用无线电台（站），或者擅自占用频率，非法经营国际电信业务或者涉港澳台电信业务进行营利活动，同时构成非法经营罪和刑法第二百八十八条规定的扰乱无线电通讯管理秩序罪的，依照处罚较重的规定定罪处罚。

【司法解释 III】

《最高人民法院关于审理危害军事通信刑事案件具体应用法律若干问题的解释》（法释〔2007〕13 号，20070629）

第六条第四款　违反国家规定，擅自设置、使用无线电台、站，或者擅自占用频率，经责令停止使用后拒不停止使用，干扰无线电通讯正常进行，构成犯罪的，依照刑法第二百八十八条的规定定罪处罚;① 造成军事通信中断或者严重障碍,同时构成刑法第二百八十八条、第三百六十九条第一款规定的犯罪的,依照处罚较重的规定定罪处罚。

【司法指导文件】

《最高人民法院、最高人民检察院、公安部关于办理电信网络诈骗等刑事案件适用法律若干问题的意见》(法发〔2016〕32 号, 20161219)

三、全面惩处关联犯罪

(一)在实施电信网络诈骗活动中,非法使用"伪基站""黑广播",干扰无线电通讯秩序,符合刑法第二百八十八条规定的,以扰乱无线电通讯管理秩序罪追究刑事责任。同时构成诈骗罪的,依照处罚较重的规定定罪处罚。

【法院参考案例】

〔参考案例第 1227 号:李雄剑等扰乱无线电通讯管理秩序案〕利用伪基站群发短信的行为如何定罪处罚?

对利用伪基站群发短信的行为,在《刑法修正案(九)》实施前,以破坏公用电信设施罪定罪处罚。但是,《刑法修正案(九)》实施后,对此类行为,应当适用刑法第二百八十八条第一款的规定,以扰乱无线电通讯管理秩序罪定罪处罚。

第二百八十九条 【故意伤害罪】【故意杀人罪】【抢劫罪】 聚众"打砸抢",致人伤残、死亡的,依照本法第二百三十四条、第二百三十二条的规定定罪处罚。毁坏或者抢走公私财物的,除判令退赔外,对首要分子,依照本法第二百六十三条的规定定罪处罚。

【司法解释】

《最高人民法院、最高人民检察院关于办理妨害预防、控制突发传染病疫情等灾害的刑事案件具体应用法律若干问题的解释》(法释〔2003〕8 号, 20030515)

第九条 在预防、控制突发传染病疫情等灾害期间,聚众"打砸抢",致人伤残、死亡的,依照刑法第二百八十九条、第二百三十四条、第二百三十二条的规定,以故意伤害罪或者故意杀人罪定罪,依法从重处罚。对毁坏或者抢走公私财物的首要分子,依照刑法第二百八十九条、第二百六十三条的规定,以抢劫罪定罪,依法从重处罚。

第二百九十条 【聚众扰乱社会秩序罪】 聚众扰乱社会秩序,情节严重,致使工作、生产、营业和教学、科研、医疗无法进行,造成严重损失的,对首要分子,处三年以上七年以下有期徒刑;对其他积极参加的,处三年以下有期徒刑、拘役、管制或者剥夺政治权利。

【聚众冲击国家机关罪】 聚众冲击国家机关,致使国家机关工作无法进行,造成严重损失的,对首要

---

① 刑法修正案(九)第三十条已经删除了"经责令停止使用后拒不停止使用"的入罪要求,实践中应当按修正后的条文执行。——编者注

分子，处五年以上十年以下有期徒刑；对其他积极参加的，处五年以下有期徒刑、拘役、管制或者剥夺政治权利。

【扰乱国家机关工作秩序罪】多次扰乱国家机关工作秩序，经行政处罚后仍不改正，造成严重后果的，处三年以下有期徒刑、拘役或者管制。

【组织、资助非法聚集罪】多次组织、资助他人非法聚集，扰乱社会秩序，情节严重的，依照前款的规定处罚。

【修正前条文】

第二百九十条　【聚众扰乱社会秩序罪】聚众扰乱社会秩序，情节严重，致使工作、生产、营业和教学、科研无法进行，造成严重损失的，对首要分子，处三年以上七年以下有期徒刑；对其他积极参加的，处三年以下有期徒刑、拘役、管制或者剥夺政治权利。

【聚众冲击国家机关罪】聚众冲击国家机关，致使国家机关工作无法进行，造成严重损失的，对首要分子，处五年以上十年以下有期徒刑；对其他积极参加的，处五年以下有期徒刑、拘役、管制或者剥夺政治权利。

【修正说明】

刑法修正案（九）第三十一条对原条文作出下述修改：一是在第一款聚众扰乱社会秩序保护范围的规定中增加了"医疗"秩序。二是增加了多次扰乱国家机关工作秩序，经行政处

罚后仍不改正，造成严重后果的，追究刑事责任。三是增加了多次组织、资助他人非法聚集，扰乱社会秩序，情节严重的，追究刑事责任的规定。

【公安文件】

《公安部关于公安机关处置信访活动中违法犯罪行为适用法律的指导意见》（公通字〔2013〕25 号，20130719）

一、对扰乱信访工作秩序违法犯罪行为的处理

6. 聚众扰乱信访工作秩序，情节严重，符合《刑法》第二百九十条第一款规定的，对首要分子和其他积极参加者以聚众扰乱社会秩序罪追究刑事责任。

四、对妨害社会管理秩序违法犯罪行为的处理

1. 在国家机关办公场所周围实施静坐、张贴、散发材料、呼喊口号、打横幅、穿着状衣、出示状纸、扬言自伤、自残、自杀等行为或者非法聚集，经有关国家机关工作人员劝阻、批评和教育无效的，依据《信访条例》第四十七条第二款规定，公安机关予以警告、训诫或者制止，收缴相关材料和横幅、状纸、状衣等物品；符合《治安管理处罚法》第二十三条第一款第一项、第二款规定的，以扰乱单位秩序、聚众扰乱单位秩序依法予以治安管理处罚；符合《刑法》第二百九十条第一款规定的，对非法聚集的首要分子和其他积极参加者以聚众扰乱社会秩序罪追究刑事责任；聚集多人围堵、冲击国家机关，扰乱国家机关正常秩序，符合《刑法》第二

百九十条第二款规定的，对首要分子和其他积极参加者以聚众冲击国家机关罪追究刑事责任。

……

4. 在外国使领馆区、国际组织驻华机构所在地实施静坐、张贴、散发材料，呼喊口号，打横幅，穿着状衣、出示状纸等行为或者非法聚集的，应当立即制止，根据《人民警察法》第八条规定，迅速带离现场，并收缴相关材料和横幅、状纸、状衣等物品；符合《治安管理处罚法》第二十三条第一款第一项、第二款规定的，以扰乱公共场所秩序、聚众扰乱公共场所秩序依法予以治安管理处罚；符合《刑法》第二百九十条第一款规定的，对首要分子和其他积极参加者以聚众扰乱社会秩序罪追究刑事责任。

第二百九十一条 【聚众扰乱公共场所秩序、交通秩序罪】聚众扰乱车站、码头、民用航空站、商场、公园、影剧院、展览会、运动场或者其他公共场所秩序，聚众堵塞交通或者破坏交通秩序，抗拒、阻碍国家治安管理工作人员依法执行职务，情节严重的，对首要分子，处五年以下有期徒刑、拘役或者管制。

【立法·要点注释】

"其他公共场所"，主要是指礼堂、公共食堂、游泳池、浴池、农村集市等。"情节严重"，主要是指聚众扰乱公共场所秩序或者聚众破坏交通秩序，人数多或者时间长的；造成人员伤亡、建筑物损坏、公私财物受到重大损失等严重后果的；影响或者行为手段恶劣的；等等。

【公安文件】

《公安部关于公安机关处置信访活动中违法犯罪行为适用法律的指导意见》

(公通字〔2013〕25号，20130719)

四、对妨害社会管理秩序违法犯罪行为的处理

2. 在车站、码头、商场、公园、广场等公共场所张贴、散发材料，呼喊口号，打横幅，穿着状衣、出示状纸，或者非法聚集，以及在举办文化、体育等大型群众性活动或者国内、国际重大会议期间，在场馆周围、活动区域或者场内实施前述行为，经劝阻、批评和教育无效的，依据《信访条例》第四十七条第二款规定，公安机关予以警告、训诫或者制止，收缴相关材料和横幅、状纸、状衣等物品；符合《治安管理处罚法》第二十三条第一款第二项、第二款或者第二十四条第一款第一项、第三项、第五项规定的，以扰乱公共场所秩序、聚众扰乱公共场所秩序或者强行进入大型活动场所内、在大型活动场所内展示侮辱性物品、向大型活动场所内投掷杂物依法予以治安管理处罚；聚众扰乱公共场所秩序，抗拒、阻碍国家治安管理工作人员依法执行职务，情节严重，符合《刑法》第二百九十一条规定的，对首要分子以聚众扰乱公共场所秩序罪追究刑事责任。

3. 在信访接待场所、其他国家机关门前或者交通通道上堵塞、阻断交通或者非法聚集，影响交通工具正常

行驶，符合《治安管理处罚法》第二十三条第一款第四项、第二款规定的，以妨碍交通工具正常行驶、聚众妨碍交通工具正常行驶依法予以治安管理处罚；符合《刑法》第二百九十一条规定的，对首要分子以聚众扰乱交通秩序罪追究刑事责任。

【法院参考案例】

　　〔参考案例第 932 号：余胜利、尤庆波聚众扰乱交通秩序案〕如何认定聚众扰乱交通秩序罪中的"首要分子"和"情节严重"？

　　1. 聚众扰乱活动的造意者、煽动者应当认定为聚众扰乱交通秩序罪中的"首要分子"。聚众犯罪中的首要分子是聚众犯罪的犯意发动者、参与人员的聚集者、犯罪实施过程的指挥操控者，在整个犯罪中起着关键性作用。"组织、策划、指挥"为选择性要件，只需具备其中之一即可认定为"首要分子"。

　　2. 聚众扰乱交通秩序罪不要求"聚众堵塞交通或者破坏交通秩序"达到情节严重的同时"抗拒、阻碍国家治安管理工作人员依法执行职务"也达到情节严重。

　　3. 对具有交通堵塞严重、持续时间长、聚集人数多、社会影响恶劣、公私财产损失大、发生人员伤亡等情形的，都可以认定为聚众扰乱交通秩序罪中的"情节严重"。

第二百九十一条之一　【投放虚假危险物质罪】【编造、故意传播虚假恐怖信息罪】 投放虚假的爆炸性、毒害性、放射性、传染病病原体等物质，或者编造爆炸威胁、生化威胁、放射威胁等恐怖信息，或者明知是编造的恐怖信息而故意传播，严重扰乱社会秩序的，处五年以下有期徒刑、拘役或者管制；造成严重后果的，处五年以上有期徒刑。

【编造、故意传播虚假信息罪】 编造虚假的险情、疫情、灾情、警情，在信息网络或者其他媒体上传播，或者明知是上述虚假信息，故意在信息网络或者其他媒体上传播，严重扰乱社会秩序的，处三年以下有期徒刑、拘役或者管制；造成严重后果的，处三年以上七年以下有期徒刑。

【修正前条文】

　　第二百九十一条之一　【投放虚假危险物质罪】【编造、故意传播虚假恐怖信息罪】投放虚假的爆炸性、毒害性、放射性、传染病病原体等物质，或者编造爆炸威胁、生化威胁、放射威胁等恐怖信息，或者明知是编造的恐怖信息而故意传播，严重扰乱社会秩序的，处五年以下有期徒刑、拘役或者管制；造成严重后果的，处五年以上有期徒刑。

【修正说明】

　　本罪由刑法修正案（三）第八条增设，刑法修正案（九）第三十二条增加了第二款关于传播虚假的险情、疫情、灾情、警情的规定。

【司法解释 I】

　　《最高人民法院关于审理编造、故意传播虚假恐怖信息刑事案件适用法

律若干问题的解释》（法释〔2013〕24 号，20130930）

第一条 编造恐怖信息，传播或者放任传播，严重扰乱社会秩序的，依照刑法第二百九十一条之一的规定，应认定为编造虚假恐怖信息罪。

明知是他人编造的恐怖信息而故意传播，严重扰乱社会秩序的，依照刑法第二百九十一条之一的规定，应认定为故意传播虚假恐怖信息罪。

第二条 编造、故意传播虚假恐怖信息，具有下列情形之一的，应当认定为刑法第二百九十一条之一的"严重扰乱社会秩序"：

（一）致使机场、车站、码头、商场、影剧院、运动场馆等人员密集场所秩序混乱，或者采取紧急疏散措施的；

（二）影响航空器、列车、船舶等大型客运交通工具正常运行的；

（三）致使国家机关、学校、医院、厂矿企业等单位的工作、生产、经营、教学、科研等活动中断的；

（四）造成行政村或者社区居民生活秩序严重混乱的；

（五）致使公安、武警、消防、卫生检疫等职能部门采取紧急应对措施的；

（六）其他严重扰乱社会秩序的。

第三条 编造、故意传播虚假恐怖信息，严重扰乱社会秩序，具有下列情形之一的，应当依照刑法第二百九十一条之一的规定，在五年以下有期徒刑范围内酌情从重处罚：

（一）致使航班备降或返航；或者致使列车、船舶等大型客运交通工

具中断运行的；

（二）多次编造、故意传播虚假恐怖信息的；

（三）造成直接经济损失二十万元以上的；

（四）造成乡镇、街道区域范围居民生活秩序严重混乱的；

（五）具有其他酌情从重处罚情节的。

第四条 编造、故意传播虚假恐怖信息，严重扰乱社会秩序，具有下列情形之一的，应当认定为刑法第二百九十一条之一的"造成严重后果"，处五年以上有期徒刑：

（一）造成三人以上轻伤或者一人以上重伤的；

（二）造成直接经济损失五十万元以上的；

（三）造成县级以上区域范围居民生活秩序严重混乱的；

（四）妨碍国家重大活动进行的；

（五）造成其他严重后果的。

第五条 编造、故意传播虚假恐怖信息，严重扰乱社会秩序，同时又构成其他犯罪的，择一重罪处罚。

第六条 本解释所称的"虚假恐怖信息"，是指以发生爆炸威胁、生化威胁、放射威胁、劫持航空器威胁、重大灾情、重大疫情等严重威胁公共安全的事件为内容，可能引起社会恐慌或者公共安全危机的不真实信息。

【司法解释 II】

《最高人民法院、最高人民检察院关于办理预防、控制突发传染病疫情等灾害的刑事案件具体应用法律若干

问题的解释》（法释〔2003〕8 号，20030515）

第十条第一款　编造与突发传染病疫情等灾害有关的恐怖信息，或者明知是编造的此类恐怖信息而故意传播，严重扰乱社会秩序的，依照刑法第二百九十一条之一的规定，以编造、故意传播虚假恐怖信息罪定罪处罚。

【司法指导文件 I 】

《最高人民法院、最高人民检察院、公安部关于办理暴力恐怖和宗教极端刑事案件适用法律若干问题的意见》（公通字〔2014〕34 号，20140909）

二、准确认定案件性质

（五）编造以发生爆炸威胁、生化威胁、放射威胁、劫持航空器威胁、重大灾情、重大疫情等严重威胁公共安全的事件为内容的虚假恐怖信息，或者明知是虚假恐怖信息而故意传播、散布，严重扰乱社会秩序的，以编造、故意传播虚假恐怖信息罪定罪处罚。

【司法指导文件 II 】

《最高人民检察院关于依法严厉打击编造、故意传播虚假恐怖信息威胁民航飞行安全犯罪活动的通知》（高检发侦监字〔2013〕5 号，20130531）

二、……根据刑法第二百九十一条之一的有关规定，编造虚假恐怖信息并向特定对象散布，严重扰乱社会秩序的，即构成编造虚假恐怖信息罪。编造虚假恐怖信息以后向不特定对象散布，严重扰乱社会秩序的，构成编造、故意传播虚假恐怖信息罪。对于编造、故意传播虚假恐怖信息，引起公众恐慌，或者致使航班无法正常起

降，破坏民航正常运输秩序的，应当认定为"严重扰乱社会秩序"。工作中，要准确把握犯罪构成要件，依法引导取证，加强法律监督，防止打击不力。

【公安文件】

《公安部关于公安机关处置信访活动中违法犯罪行为适用法律的指导意见》（公通字〔2013〕25 号，20130719）

四、对妨害社会管理秩序违法犯罪行为的处理

8. 散布谣言，谎报险情、疫情、警情，投放虚假的爆炸性、毒害性、放射性、腐蚀性物质或者传染病病原体等危险物质，扬言实施放火、爆炸、投放危险物质，制造社会影响、扰乱公共秩序，符合《治安管理处罚法》第二十五条规定的，以虚构事实扰乱公共秩序、投放虚假危险物质扰乱公共秩序、扬言实施放火、爆炸、投放危险物质扰乱公共秩序依法予以治安管理处罚；符合《刑法》第二百九十一条之一规定的，以投放虚假危险物质罪、编造、故意传播虚假恐怖信息罪追究刑事责任。

【指导性案例·检察】

〔李泽强编造、故意传播虚假恐怖信息案，JZD2013 - 9〕

编造、故意传播虚假恐怖信息罪是选择性罪名。编造恐怖信息以后向特定对象散布，严重扰乱社会秩序的，构成编造虚假恐怖信息罪。编造恐怖信息以后向不特定对象散布，严重扰乱社会秩序的，构成编造、故意传播虚假恐怖信息罪。对于实施数个编造、

故意传播虚假恐怖信息行为的，不实行数罪并罚，但应当将其作为量刑情节予以考虑。

〔卫学臣编造虚假恐怖信息案，JZD2013 - 10〕

关于编造虚假恐怖信息造成"严重扰乱社会秩序"的认定，应当结合行为对正常的工作、生产、生活、经营、教学、科研等秩序的影响程度、对公众造成的恐慌程度以及处置情况等因素进行综合分析判断。对于编造、故意传播虚假恐怖信息威胁民航安全，引起公众恐慌，或者致使航班无法正常起降的，应当认定为"严重扰乱社会秩序"。

〔袁才彦编造虚假恐怖信息案，JZD2013 - 11〕

对于编造虚假恐怖信息造成有关部门实施人员疏散，引起公众极度恐慌的，或者致使相关单位无法正常营业，造成重大经济损失的，应当认定为"造成严重后果"。以编造虚假恐怖信息的方式，实施敲诈勒索等其他犯罪的，应当根据案件事实和证据情况，择一重罪处断。

【法院参考案例】

〔参考案例第 372 号：袁才彦编造虚假恐怖信息案〕以编造爆炸威胁等恐怖信息的方式向有关单位进行敲诈勒索的，如何定罪处罚？

1. 以编造虚假恐怖信息的方式实施敲诈勒索的，行为人只实施了一个行为，该行为具有多重属性，触犯了两个罪名，符合想象竞合犯的特征，应按该行为所触犯的罪名中的一个重罪论处。

2. 编造虚假恐怖信息罪侵犯的客体是社会管理秩序，从犯罪手段上讲一般不足以对公共安全，即不特定人的生命、身体、健康或重大公私财产造成实际的危害。而对于行为人编造虚假恐怖信息在公众场合传播，如在公众集会、节日游园等人群密集场所，编造虚假恐怖信息，引起秩序大乱，造成人员践踏死伤的，属于严重危害公共安全的行为，如果行为人明知或足以认识到自己的行为会造成人员践踏死伤的后果，仍然希望或放任该危害结果发生的，应定性以以危险方法危害公共安全罪。

〔参考案例第 559 号：贾志攀编造、故意传播虚假恐怖信息案〕虚假地震信息能否认定为虚假恐怖信息？

虚假地震信息属于虚假恐怖信息。侵入国家事务领域的计算机信息系统编造虚假地震信息的，以编造虚假恐怖信息罪处罚。

第二百九十二条　【聚众斗殴罪】聚众斗殴的，对首要分子和其他积极参加的，处三年以下有期徒刑、拘役或者管制；有下列情形之一的，对首要分子和其他积极参加的，处三年以上十年以下有期徒刑：

（一）多次聚众斗殴的；

（二）聚众斗殴人数多，规模大，社会影响恶劣的；

（三）在公共场所或者交通要道聚众斗殴，造成社会秩序严重混乱的；

（四）持械聚众斗殴的。

聚众斗殴，致人重伤、死亡的，依照本法第二百三十四条、第二百三十二条的规定定罪处罚。

【司法解释】

《最高人民检察院、公安部关于公安机关管辖的刑事案件立案追诉标准的规定（一）》（公通字〔2008〕36号，20080625）

第三十六条〔聚众斗殴案（刑法第二百九十二条第一款）〕组织、策划、指挥或者积极参加聚众斗殴的，应予立案追诉。

【司法指导文件 I】

《最高人民法院关于常见犯罪的量刑指导意见》（法发〔2017〕7号，20170401）

（十二）聚众斗殴罪

1. 构成聚众斗殴罪的，可以根据下列不同情形在相应的幅度内确定量刑起点：

（1）犯罪情节一般的，可以在二年以下有期徒刑、拘役幅度内确定量刑起点。

（2）有下列情形之一的，可以在三年至五年有期徒刑幅度内确定量刑起点：聚众斗殴三次的；聚众斗殴人数多，规模大，社会影响恶劣的；在公共场所或者交通要道聚众斗殴，造成社会秩序严重混乱的；持械聚众斗殴的。

2. 在量刑起点的基础上，可以根据聚众斗殴人数、次数、手段严重程度等其他影响犯罪构成的犯罪事实增加刑罚量，确定基准刑。

【司法指导文件 II】

关于对参加聚众斗殴受重伤或者死亡的人及其家属提出的民事赔偿请求能否予以支持问题，参见本法三十六条项下【司法指导文件 IV】。

【法院参考案例】

〔参考案例第 350 号：倪以刚等聚众斗殴案〕如何把握聚众斗殴罪的犯罪构成及转化要件？

1. 单方有聚众斗殴故意的也可以构成聚众斗殴罪。在殴斗的理解上，只要双方或一方采用暴力方式进行殴斗，不论采用何种暴力方式都是结伙殴斗行为。

2. 关于聚众斗殴向故意伤害的转化。在聚众斗殴致人伤害案件中，首要分子对全部犯罪事实负责，无论其是否实施实行行为，应转化为故意伤害无异议。其他行为人如相互配合，实施殴打的行为，尽管行为人所处的地位、具体分工、参与程度可能不同，但他们行为指向的目标相同，为达到同一个目的，每一个人的行为都是整个加害行为的有机组成部分，因此共同行为人的行为与被害人重伤的结果之间互为因果关系。即使难以分清致被害人受伤的直接责任人，对参与砍打被害人的行为均应按本条第二款的规定转化为故意伤害罪。如没有实施殴打行为，仍只应定聚众斗殴罪。

3. 关于聚众斗殴"次"的认定。应综合考虑聚众斗殴故意、在时间上是否有明显的间隔、在场所上是否为不同地方、客观上针对的对象情况。在时间、地点、针对的对象上均有不同，虽然是同一个故意支配，但在行为上不是持续而是连续，在两地均可以独立地构成聚众斗殴犯罪，应认定为两次。

〔**参考案例第 521 号：王乾坤故意杀人案**〕聚众斗殴既致人死亡又致人轻伤的，如何定罪处罚？

聚众斗殴既致人死亡又致人轻伤的，以故意杀人一罪定罪处罚，而不应以故意杀人、故意伤害两罪处罚。

〔**参考案例第 882 号：李天龙、高政聚众斗殴案**〕聚众斗殴并驾车撞击对方的行为是否认定为持械聚众斗殴，以及如何认定相关帮助行为的性质？

利用车辆撞击聚众斗殴一方的人可以认定为"持械聚众斗殴"。帮助指认对象，明知行为人持械斗殴而未实施任何阻止的，应当认定为持械斗殴的共同故意行为。

第二百九十三条 【寻衅滋事罪】有下列寻衅滋事行为之一，破坏社会秩序的，处五年以下有期徒刑、拘役或者管制：

（一）随意殴打他人，情节恶劣的；

（二）追逐、拦截、辱骂、恐吓他人，情节恶劣的；

（三）强拿硬要或者任意损毁、占用公私财物，情节严重的；

（四）在公共场所起哄闹事，造成公共场所秩序严重混乱的。

纠集他人多次实施前款行为，严重破坏社会秩序的，处五年以上十年以下有期徒刑，可以并处罚金。

【修正前条文】

第二百九十三条 【寻衅滋事罪】有下列寻衅滋事行为之一，破坏社会秩序的，处五年以下有期徒刑、拘役或者管制：

（一）随意殴打他人，情节恶劣的；

（二）追逐、拦截、辱骂他人，情节恶劣的；

（三）强拿硬要或者任意损毁、占用公私财物，情节严重的；

（四）在公共场所起哄闹事，造成公共场所秩序严重混乱的。

【修正说明】

刑法修正案（八）第四十二条对原条文作出下述修改：一是在原第二项"追逐、拦截、辱骂"后增加了"恐吓"他人的行为；二是增加了一款纠集他人多次实施寻衅滋事严重破坏社会秩序的行为。

【司法解释Ⅰ】

《最高人民检察院、公安部关于公安机关管辖的刑事案件立案追诉标准的规定（一）》〔公通字〔2008〕36号，20080625，经 2017 年 4 月 27 日发布的《最高人民检察院、公安部关于公安机关管辖的刑事案件立案追诉标准的规定（一）的补充规定》（公通字〔2017〕12 号）修正〕

第三十七条〔寻衅滋事案（刑法第二百九十三条）〕随意殴打他人，破坏社会秩序，涉嫌下列情形之一的，应予立案追诉：

（一）致一人以上轻伤或者二人

以上轻微伤的；

（二）引起他人精神失常、自杀等严重后果的；

（三）多次随意殴打他人的；

（四）持凶器随意殴打他人的；

（五）随意殴打精神病人、残疾人、流浪乞讨人员、老年人、孕妇、未成年人，造成恶劣社会影响的；

（六）在公共场所随意殴打他人，造成公共场所秩序严重混乱的；

（七）其他情节恶劣的情形。

追逐、拦截、辱骂、恐吓他人，破坏社会秩序，涉嫌下列情形之一的，应予立案追诉：

（一）多次追逐、拦截、辱骂、恐吓他人，造成恶劣社会影响的；

（二）持凶器追逐、拦截、辱骂、恐吓他人的；

（三）追逐、拦截、辱骂、恐吓精神病人、残疾人、流浪乞讨人员、老年人、孕妇、未成年人，造成恶劣社会影响的；

（四）引起他人精神失常、自杀等严重后果的；

（五）严重影响他人的工作、生活、生产、经营的；

（六）其他情节恶劣的情形。

强拿硬要或者任意损毁、占用公私财物，破坏社会秩序，涉嫌下列情形之一的，应予立案追诉：

（一）强拿硬要公私财物价值一千元以上，或者任意损毁、占用公私财物价值二千元以上的；

（二）多次强拿硬要或者任意损毁、占用公私财物，造成恶劣社会影响的；

（三）强拿硬要或者任意损毁、占用精神病人、残疾人、流浪乞讨人员、老年人、孕妇、未成年人的财物，造成恶劣社会影响的；

（四）引起他人精神失常、自杀等严重后果的；

（五）严重影响他人的工作、生活、生产、经营的；

（六）其他情节严重的情形。

在车站、码头、机场、医院、商场、公园、影剧院、展览会、运动场或者其他公共场所起哄闹事，应当根据公共场所的性质、公共活动的重要程度、公共场所的人数、起哄闹事的时间、公共场所受影响的范围与程度等因素，综合判断是否造成公共场所秩序严重混乱。

【司法解释 II】

《最高人民法院、最高人民检察院关于办理寻衅滋事刑事案件适用法律若干问题的解释》（法释〔2013〕18号，20130722）

第一条 行为人为寻求刺激、发泄情绪、逞强耍横等，无事生非，实施刑法第二百九十三条规定的行为的，应当认定为"寻衅滋事"。

行为人因日常生活中的偶发矛盾纠纷，借故生非，实施刑法第二百九十三条规定的行为的，应当认定为"寻衅滋事"，但矛盾系由被害人故意引发或者被害人对矛盾激化负有主要责任的除外。

行为人因婚恋、家庭、邻里、债务等纠纷，实施殴打、辱骂、恐吓他人或者损毁、占用他人财物等行为的，一般不认定为"寻衅滋事"，但经有关部门批评制止或者处理处罚后，继续实施前列行为，破坏社会秩序的除外。

第二条 随意殴打他人，破坏社会秩序，具有下列情形之一的，应当认定为刑法第二百九十三条第一款第一项规定的"情节恶劣"：

（一）致一人以上轻伤或者二人以上轻微伤的；

（二）引起他人精神失常、自杀等严重后果的；

（三）多次随意殴打他人的；

（四）持凶器随意殴打他人的；

（五）随意殴打精神病人、残疾人、流浪乞讨人员、老年人、孕妇、未成年人，造成恶劣社会影响的；

（六）在公共场所随意殴打他人，造成公共场所秩序严重混乱的；

（七）其他情节恶劣的情形。

第三条 追逐、拦截、辱骂、恐吓他人，破坏社会秩序，具有下列情形之一的，应当认定为刑法第二百九十三条第一款第二项规定的"情节恶劣"：

（一）多次追逐、拦截、辱骂、恐吓他人，造成恶劣社会影响的；

（二）持凶器追逐、拦截、辱骂、恐吓他人的；

（三）追逐、拦截、辱骂、恐吓精神病人、残疾人、流浪乞讨人员、老年人、孕妇、未成年人，造成恶劣社会影响的；

（四）引起他人精神失常、自杀等严重后果的；

（五）严重影响他人的工作、生活、生产、经营的；

（六）其他情节恶劣的情形。

第四条 强拿硬要或者任意损毁、占用公私财物，破坏社会秩序，具有下列情形之一的，应当认定为刑法第二百九十三条第一款第三项规定的"情节严重"：

（一）强拿硬要公私财物价值一千元以上，或者任意损毁、占用公私财物价值二千元以上的；

（二）多次强拿硬要或者任意损毁、占用公私财物，造成恶劣社会影响的；

（三）强拿硬要或者任意损毁、占用精神病人、残疾人、流浪乞讨人员、老年人、孕妇、未成年人的财物，造成恶劣社会影响的；

（四）引起他人精神失常、自杀等严重后果的；

（五）严重影响他人的工作、生活、生产、经营的；

（六）其他情节严重的情形。

第五条 在车站、码头、机场、医院、商场、公园、影剧院、展览会、运动场或者其他公共场所起哄闹事，应当根据公共场所的性质、公共活动的重要程度、公共场所的人数、起哄闹事的时间、公共场所受影响的范围与程度等因素，综合判断是否"造成公共场所秩序严重混乱"。

第六条 纠集他人三次以上实施寻衅滋事犯罪，未经处理的，应当依照刑法第二百九十三条第二款的规定处罚。

第七条 实施寻衅滋事行为，同时符合寻衅滋事罪和故意杀人罪、故意伤害罪、故意毁坏财物罪、敲诈勒索罪、抢夺罪、抢劫罪等罪的构成要件的，依照处罚较重的犯罪定罪处罚。

第八条　行为人认罪、悔罪，积极赔偿被害人损失或者取得被害人谅解的，可以从轻处罚；犯罪情节轻微的，可以不起诉或者免予刑事处罚。

【司法解释Ⅲ】

《最高人民法院关于审理未成年人刑事案件具体应用法律若干问题的解释》（法释〔2006〕1 号，20060123）

第八条　已满十六周岁不满十八周岁的人出于以大欺小、以强凌弱或者寻求精神刺激，随意殴打其他未成年人、多次对其他未成年人强拿硬要或者任意损毁公私财物，扰乱学校及其他公共场所秩序，情节严重的，以寻衅滋事罪定罪处罚。

【司法解释Ⅳ】

《最高人民法院、最高人民检察院关于办理妨害预防、控制突发传染病疫情等灾害的刑事案件具体应用法律若干问题的解释》（法释〔2003〕8 号，20030515）

第十一条　在预防、控制突发传染病疫情等灾害期间，强拿硬要或者任意损毁、占用公私财物情节严重，或者在公共场所起哄闹事，造成公共场所秩序严重混乱的，依照刑法第二百九十三条的规定，以寻衅滋事罪定罪，依法从重处罚。

【司法解释Ⅴ】

《最高人民法院、最高人民检察院关于办理利用信息网络实施诽谤等刑事案件适用法律若干问题的解释》（法释〔2013〕21 号，20130910）

第五条第一款　利用信息网络辱骂、恐吓他人，情节恶劣，破坏社会秩序的，依照刑法第二百九十三条第一款第（二）项的规定，以寻衅滋事罪定罪处罚。

【司法解释Ⅴ·注释】

1. 如果利用信息网络辱骂特定的个人，则可能存在寻衅滋事罪与侮辱罪的竞合。如果辱骂他人情节恶劣，破坏社会秩序的，应依照处罚较重的罪，即寻衅滋事罪定罪处罚。

2. 辱骂、恐吓行为必须达到"情节恶劣"的程度，同时对社会秩序造成了现实的破坏。对于一些网民在网络上发泄不满，辱骂他人的，要重在教育，强化管理，一般不要轻易适用本款规定按犯罪处理。

【司法指导文件Ⅰ】

《最高人民法院关于常见犯罪的量刑指导意见》（法发〔2017〕7号，20170401）

（十三）寻衅滋事罪

1. 构成寻衅滋事罪的，可以根据下列不同情形在相应的幅度内确定量刑起点：

（1）寻衅滋事一次的，可以在三年以下有期徒刑、拘役幅度内确定量刑起点。

（2）纠集他人三次寻衅滋事（每次都构成犯罪），严重破坏社会秩序的，可以在五年至七年有期徒刑幅度内确定量刑起点。

2. 在量刑起点的基础上，可以根据寻衅滋事次数、伤害后果、强拿硬要他人财物或任意损毁、占用公私财物数额等其他影响犯罪构成的犯罪事实增加刑罚刑量，确定基准刑。

【司法指导文件Ⅱ】

《最高人民法院、最高人民检察院、公安部、司法部关于办理黑恶势力犯罪案件若干问题的指导意见》（法发〔2018〕1 号，20180116）

四、依法惩处利用"软暴力"实施的犯罪

17. 黑恶势力为谋取不法利益或形成非法影响，有组织地采用滋扰、纠缠、哄闹、聚众造势等手段侵犯人身权利、财产权利，破坏经济秩序、社会秩序，构成犯罪的，应当分别依照《刑法》相关规定处理：

（1）有组织地采用滋扰、纠缠、哄闹、聚众造势等手段扰乱正常的工作、生活秩序，使他人产生心理恐惧或者形成心理强制，分别属于《刑法》第二百九十三条第一款第（二）项规定的"恐吓"、《刑法》第二百二十六规定的"威胁"，同时符合其他犯罪构成条件的，应分别以寻衅滋事罪、强迫交易罪定罪处罚。

《关于办理寻衅滋事刑事案件适用法律若干问题的解释》第二条至第四条中的"多次"一般应当理解为二年内实施寻衅滋事行为三次以上。二年内多次实施不同种类寻衅滋事行为的，应当追究刑事责任。

……

采用上述手段，同时又构成其他犯罪的，应当依法按照处罚较重的规定定罪处罚。

……为强索不受法律保护的债务或者因其他非法目的，雇佣、指使他人有组织地采用上述手段寻衅滋事，构成寻衅滋事罪的，对雇佣者、指使者，一般应当以共同犯罪中的主犯论处；为追讨合法债务或者因婚恋、家庭、邻里纠纷等民间矛盾而雇佣、指使，没有造成严重后果的，一般不作为犯罪处理，但经有关部门批评制止或者处罚处理后仍继续实施的除外。

【司法指导文件Ⅲ】

《最高人民法院、最高人民检察院、公安部、司法部、国家卫生和计划生育委员会关于依法惩处涉医违法犯罪维护正常医疗秩序的意见》（法发〔2014〕5 号，20140422）

二、严格依法惩处涉医违法犯罪

……

（一）在医疗机构内殴打医务人员或者故意伤害医务人员身体、故意损毁公私财物，尚未造成严重后果的，分别依照治安管理处罚法第四十三条、第四十九条的规定处罚；故意杀害医务人员，或者故意伤害医务人员造成轻伤以上严重后果，或者随意殴打医务人员情节恶劣、任意损毁公私财物情节严重，构成故意杀人罪、故意伤害罪、故意毁坏财物罪、寻衅滋事罪的，依照刑法的有关规定定罪处罚。

（二）在医疗机构私设灵堂、摆放花圈、焚烧纸钱、悬挂横幅、堵塞大门或者以其他方式扰乱医疗秩序，尚未造成严重损失，经劝说、警告无效的，要依法驱散，对拒不服从的人员要依法带离现场，依照治安管理处罚法第二十三条的规定处罚；聚众实施的，对首要分子和其他积极参加者依法予以治安处罚；造成严重损失或者扰乱其他公共秩序情节严重，构成寻衅滋事罪、聚众扰乱社会秩序罪、聚众扰乱公共场所秩序、交通秩序罪的，依照刑法的有关规定定罪处罚。

在医疗机构的病房、抢救室、重症监护室等场所及医疗机构的公共开放区域违规停放尸体，影响医疗秩序，经劝说、警告无效的，依照治安管理处罚法第六十五条的规定处罚；严重扰乱医疗秩序或者其他公共秩序，构成犯罪的，依照前款的规定定罪处罚。

......

（四）公然侮辱、恐吓医务人员的，依照治安管理处罚法第四十二条的规定处罚；采取暴力或者其他方法公然侮辱、恐吓医务人员情节严重（恶劣），构成侮辱罪、寻衅滋事罪的，依照刑法的有关规定定罪处罚。

......

（六）对于故意扩大事态，教唆他人实施针对医疗机构或者医务人员的违法犯罪行为，或者以受他人委托处理医疗纠纷为名实施敲诈勒索、寻衅滋事等行为的，依照治安管理处罚法和刑法的有关规定从严惩处。

【司法指导文件Ⅳ】

《最高人民法院、最高人民检察院、公安部关于办理暴力恐怖和宗教极端刑事案件适用法律若干问题的意见》（公通字〔2014〕34 号，20140909）

二、准确认定案件性质

（八）以"异教徒"、"宗教叛徒"

等为由，随意殴打、追逐、拦截、辱骂他人，扰乱社会秩序，情节恶劣的，以寻衅滋事罪定罪处罚。

实施前款行为，同时又构成故意伤害罪、妨害公务罪等其他犯罪的，依照处罚较重的规定定罪处罚。

【公安文件】

《公安部关于公安机关处置信访活动中违法犯罪行为适用法律的指导意见》（公通字〔2013〕25 号，20130719）

四、对妨害社会管理秩序违法犯罪行为的处理

10. 任意损毁、占用信访接待场所、国家机关或者他人财物，符合《治安管理处罚法》第二十六条第三项规定的，以寻衅滋事依法予以治安管理处罚；符合《刑法》第二百九十三条规定的，以寻衅滋事罪追究刑事责任。

【法院参考案例】

〔参考案例第 206 号：杨国栋投放虚假危险物质案〕在公共场所用锥子扎人造成恐怖气氛的如何定性？

行为人在公共场所用锥子扎人，导致有人通过"扎针"传播艾滋病的传言广泛传播，给社会公众和被害人造成较大心理压力，构成寻衅滋事罪。

〔参考案例第 517 号：张彪等寻衅滋事案〕未成年人以轻微暴力强索硬要他人财物的行为如何定性？

未成年人出于教训、报复他人的目的，使用轻微暴力强拿硬要财物的行为扰乱了正常的社会秩序，应以寻衅滋事罪定罪。对于未成年人使用或威胁使用轻微暴力强抢少量财物的行

为，一般不以抢劫罪定罪处罚。

〔**参考案例第 1026 号：肖胜故意伤害案**〕因不满医院治疗效果而持刀伤害医护人员的，如何定性？

如果行为人殴打对象是为其治疗的医务人员，或者是其误认为参与治疗的医务人员，作案对象相对特定，一般不认定为"寻衅滋事"，若经有关部门批评制止或者处理处罚后，继续殴打医务人员，破坏公共场所秩序的，才可构成"寻衅滋事"。如果行为人进入医疗机构后不加区分，见医务人员就动手殴打，作案对象具有随意性，"滋事"的故意十分明显，则认定为"寻衅滋事"。

第二百九十四条 【组织、领导、参加黑社会性质组织罪】组织、领导黑社会性质的组织的，处七年以上有期徒刑，并处没收财产；积极参加的，处三年以上七年以下有期徒刑，可以并处罚金或者没收财产；其他参加的，处三年以下有期徒刑、拘役、管制或者剥夺政治权利，可以并处罚金。

【入境发展黑社会组织罪】境外的黑社会组织的人员到中华人民共和国境内发展组织成员的，处三年以上十年以下有期徒刑。

【包庇、纵容黑社会性质组织罪】国家机关工作人员包庇黑社会性质的组织，或者纵容黑社会性质的组织进行违法犯罪活动的，处五年以下有期徒刑；情节严重的，处五年以上有期徒刑。

犯前三款罪又有其他犯罪行为的，依照数罪并罚的规定处罚。

黑社会性质的组织应当同时具备以下特征：

（一）形成较稳定的犯罪组织，人数较多，有明确的组织者、领导者，骨干成员基本固定；

（二）有组织地通过违法犯罪活动或者其他手段获取经济利益，具有一定的经济实力，以支持该组织的活动；

（三）以暴力、威胁或者其他手段，有组织地多次进行违法犯罪活动，为非作恶，欺压、残害群众；

（四）通过实施违法犯罪活动，或者利用国家工作人员的包庇或者纵容，称霸一方，在一定区域或者行业内，形成非法控制或者重大影响，严重破坏经济、社会生活秩序。

【修正前条文】

第二百九十四条 【组织、领导、参加黑社会性质组织罪】组织、领导和积极参加以暴力、威胁或者其他手段，有组织地进行违法犯罪活动，称霸一方，为非作恶，欺压、残害群众，严重破坏经济、社会生活秩序的黑社会性质的组织的，处三年以上十年以下有期徒刑；其他参加的，处三年以下有期徒刑、拘役、管制或者剥夺政治权利。

【入境发展黑社会组织罪】境外的黑社会组织的人员到中华人民共和国境内发展组织成员的，处三年以上十年以下有期徒刑。

犯前两款罪又有其他犯罪行为的，依照数罪并罚的规定处罚。

【包庇、纵容黑社会性质组织罪】国家机关工作人员包庇黑社会性质的组织，或者纵容黑社会性质的组织进行违法犯罪活动的，处三年以下有期徒刑、拘役或者剥夺政治权利；情节严重的，处三年以上十年以下有期徒刑。

【修正说明】

刑法修正案（八）第四十三条对原条文作出下述修改：一是根据黑社会性质的组织成员在组织中的不同地位、作用，规定了不同的刑罚，更好地体现了罪刑相适应的原则；二是将组织者、领导者的刑罚，由原来的三年以上十年以下有期徒刑提高为七年以上有期徒刑，最高刑到十五年；三是增加规定了财产刑，以铲除黑社会性质组织再犯罪的经济基础；四是提高了国家机关工作人员包庇或者纵容黑社会性质的组织犯罪的刑罚，第一档刑由原来的三年有期徒刑提高到五年，最高刑由原来的十年有期徒刑提高到十五年；五是将有关"黑社会性质的组织"的立法解释的内容纳入了本条。

【立法·要点注释】

1. "境外的黑社会组织"，是指被境外国家和地区确定为黑社会的组织，既包括外国的黑社会组织，也包括我国台湾、香港、澳门地区的黑社会组织。

2. "包庇"，是指国家机关工作人员为使黑社会性质组织及其成员逃避查禁，而通风报信，隐匿、毁灭、伪造证据，阻止他人作证、检举揭发，指使他人作伪证，帮助逃匿，或者阻挠其他国家机关工作人员依法查禁等行为。

3. "纵容"，是指国家机关工作人员不依法履行职责，对黑社会性质的组织的违法犯罪活动不依法制止，反而予以放纵的行为。

4. 关于"其他犯罪行为"，对黑社会性质的组织的组织者、领导者，应当按其所组织、领导的黑社会性质的组织所犯的全部罪行处罚；对于黑社会性质的组织的参加者，应当按照其所参与的犯罪处罚。凡是黑社会性质组织成员是为了实现该组织称霸一方、威慑公众的目的，为了组织利益而实施的犯罪，即使首要分子对具体的犯罪行为事先并不明知，也要对其组织成员的全部罪行承担全部罪责。

5. 目前，黑社会性质的犯罪组织出现了一个明显的变化，即组织者、领导者、骨干成员可能并不多，但他们控制着一批社会上的闲散人员，这些人员形成了一个市场，需要实施违法犯罪时，即通过这个市场雇佣打手，形成"一呼即来，一哄而散"的活动方式。对以这种方式存在的组织，只要其基本的组织者、领导者、骨干成员较为固定，就应认定其形成了"较稳定的犯罪组织"。

6. 实践中，有些黑社会性质组织的头目，在其具备了一定的实力后，往往通过各种手段将财产洗白，合法地进行一些经营活动，以此支撑该组织的活动，这部分资产也应当算作该组织的"经济实力"。

7. 应正确把握"在一定区域或者行业内，形成非法控制或者重大影响"，无论是合法行业还是非法行业，只要对其实行垄断或控制，严重影响了当地该行业的正常经营，扰乱了当地百姓的正常生活秩序，就应当予以认定。

【立法解释】

《全国人民代表大会常务委员会关于〈中华人民共和国刑法〉第二百九十四条第一款的解释》（20020428）

刑法第二百九十四条第一款规定的"黑社会性质的组织"应当同时具备以下特征：

（一）形成较稳定的犯罪组织，人数较多，有明确的组织者、领导者，骨干成员基本固定；

（二）有组织地通过违法犯罪活动或者其他手段获取经济利益，具有一定的经济实力，以支持该组织的活动；

（三）以暴力、威胁或者其他手段，有组织地多次进行违法犯罪活动，为非作恶，欺压、残害群众；

（四）通过实施违法犯罪活动，或者利用国家工作人员的包庇或者纵容，称霸一方，在一定区域或者行业内，形成非法控制或者重大影响，严重破坏经济、社会生活秩序。

【司法解释】

《最高人民法院关于审理黑社会性质组织犯罪的案件具体应用法律若干问题的解释》（法释〔2000〕42号，20001210）

第一条 刑法第二百九十四条规定的"黑社会性质的组织"，一般应具备以下特征：①

……

第二条 刑法第二百九十四条第二款规定的"发展组织成员"，是指将境内、外人员吸收为该黑社会组织成员的行为。对黑社会组织成员进行内部调整等行为，可视为"发展组织成员"。

港、澳、台黑社会组织到内地发展组织成员的，适用刑法第二百九十四条第二款的规定定罪处罚。

第三条 组织、领导、参加黑社会性质的组织又有其他犯罪行为的，根据刑法第二百九十四条第三款的规定，依照数罪并罚的规定处罚；对于黑社会性质组织的组织者、领导者，应当按照其所组织、领导的黑社会性质组织所犯的全部罪行处罚；对于黑社会性质组织的参加者，应当按照其所参与的犯罪处罚。

对于参加黑社会性质的组织，没有实施其他违法犯罪活动的，或者受蒙蔽、胁迫参加黑社会性质的组织，情节轻微的，可以不作为犯罪处理。

第四条 国家机关工作人员组织、领导、参加黑社会性质组织的，从重处罚。

第五条 刑法第二百九十四条第四款规定的"包庇"，是指国家机关工作人员为使黑社会性质组织及其成

① 对黑社会性质组织特征的理解，应当以刑法修正案（八）第四十三条内容为准。——编者注

员逃避查禁，而通风报信、隐匿、毁灭、伪造证据，阻止他人作证、检举揭发，指使他人作伪证，帮助逃匿，或者阻挠其他国家机关工作人员依法查禁等行为。

刑法第二百九十四条第四款规定的"纵容"，是指国家机关工作人员不依法履行职责，放纵黑社会性质组织进行违法犯罪活动的行为。

第六条　国家机关工作人员包庇、纵容黑社会性质的组织，有下列情形之一的，属于刑法第二百九十四条第四款规定的"情节严重"：

（一）包庇、纵容黑社会性质组织跨境实施违法犯罪活动的；

（二）包庇、纵容境外黑社会组织在境内实施违法犯罪活动的；

（三）多次实施包庇、纵容行为的；

（四）致使某一区域或者行业的经济、社会生活秩序遭受黑社会性质组织特别严重破坏的；

（五）致使黑社会性质组织的组织者、领导者逃匿，或者致使对黑社会性质组织的查禁工作严重受阻的；

（六）具有其他严重情节的。

第七条　对黑社会性质组织和组织、领导、参加黑社会性质组织的犯罪分子聚敛的财物及其收益，以及用于犯罪的工具等，应当依法追缴、没收。

【司法指导文件Ⅰ】

《最高人民法院、最高人民检察院、公安部、司法部关于办理黑恶势力犯罪案件若干问题的指导意见》（法发〔2018〕1号，20180116）

一、总体要求

1. 各级人民法院、人民检察院、公安机关和司法行政机关应充分发挥职能作用，密切配合，相互支持，相互制约，形成打击合力，加强预防惩治黑恶势力犯罪长效机制建设。正确运用法律规定加大对黑恶势力违法犯罪以及"保护伞"惩处力度，在侦查、起诉、审判、执行各阶段体现依法从严惩处精神，严格掌握取保候审，严格掌握不起诉，严格掌握缓刑、减刑、假释，严格掌握保外就医适用条件，充分运用《刑法》总则关于共同犯罪和犯罪集团的规定加大惩处力度，充分利用资格刑、财产刑降低再犯可能性。对黑恶势力犯罪，注意串并研判、深挖彻查，防止就案办案，依法加快办理。坚持依法办案、坚持法定标准、坚持以审判为中心，加强法律监督，强化程序意识和证据意识，正确把握"打早打小"与"打准打实"的关系，贯彻落实宽严相济刑事政策，切实做到宽严有据，罚当其罪，实现政治效果、法律效果和社会效果的统一。

2. 各级人民法院、人民检察院、公安机关和司法行政机关应聚焦黑恶势力犯罪突出的重点地区、重点行业和重点领域，重点打击威胁政治安全特别是政权安全、制度安全以及向政治领域渗透的黑恶势力；把持基层政权、操纵破坏基层换届选举、垄断农村资源、侵吞集体资产的黑恶势力；利用家族、宗族势力横行乡里、称霸一方、欺压残害百姓的"村霸"等黑恶势力；在征地、租地、拆迁、工程项目建设等过程中煽动闹事的黑恶势力；在建筑工程、交通运输、矿产资源、渔业捕捞等行业、领域，强揽工程、恶意竞标、非法占地、滥开滥采的黑恶势力；在商贸集市、批发市场、车站码头、旅游景区等场所欺行霸市、强买强卖、收保护费的市霸、行霸等黑恶势力；操纵、经营"黄赌毒"等违法犯罪活动的黑恶势力；非法高利放贷、暴力讨债的黑恶势力；插手民间纠纷，充当"地下执法队"的黑恶势力；组织或雇佣网络"水军"在网上威胁、恐吓、侮辱、诽谤、滋扰的黑恶势力；境外黑社会入境发展渗透以及跨国跨境的黑恶势力。同时，坚决深挖黑恶势力"保护伞"。

二、依法认定和惩处黑社会性质组织犯罪

3. 黑社会性质组织应同时具备《刑法》第二百九十四条第五款中规定的"组织特征""经济特征""行为特征"和"危害性特征"。由于实践中许多黑社会性质组织并非这"四个特征"都很明显，在具体认定时，应根据立法本意，认真审查、分析黑社会性质组织"四个特征"相互间的内在联系，准确评价涉案犯罪组织所造成的社会危害，做到不枉不纵。

4. 发起、创建黑社会性质组织，或者对黑社会性质组织进行合并、分立、重组的行为，应当认定为"组织黑社会性质组织"；实际对整个组织的发展、运行、活动进行决策、指挥、协调、管理的行为，应当认定为"领导黑社会性质组织"。黑社会性质组织的组织者、领导者，既包括通过一定形式产生的有明确职务、称谓的组织者、领导者，也包括在黑社会性质组织中被公认的事实上的组织者、领导者。

5. 知道或者应当知道是以实施违法犯罪为基本活动内容的组织，仍加入并接受其领导和管理的行为，应当认定为"参加黑社会性质组织"。没有加入黑社会性质组织的意愿，受雇到黑社会性质组织开办的公司、企业、社团工作，未参与黑社会性质组织违法犯罪活动的，不应认定为"参加黑社会性质组织"。

参加黑社会性质组织并具有以下情形之一的，一般应当认定为"积极参加黑社会性质组织"：多次积极参与黑社会性质组织的违法犯罪活动，或者积极参与较严重的黑社会性质组织的犯罪活动且作用突出，以及其他在组织中起重要作用的情形，如具体主管黑社会性质组织的财务、人员管理等事项。

6. 组织形成后，在一定时期内持续存在，应当认定为"形成较稳定的犯罪组织"。

黑社会性质组织一般在短时间内难以形成，而且成员人数较多，但鉴于"恶势力"团伙和犯罪集团向黑社会性质组织发展是一个渐进的过程，没有明显的性质转变的节点，故对黑社会性质组织存在时间、成员人数问题不宜作出"一刀切"的规定。

黑社会性质组织未举行成立仪式或者进行类似活动的，成立时间可以按照足以反映其初步形成非法影响的标志性事件的发生时间认定。没有明显标志性事件的，可以按照本意见中关于黑社会性质组织违法犯罪活动认定范围的规定，将组织者、领导者与其他组织成员首次共同实施该组织犯罪活动的时间认定为该组织的形成时间。该组织者、领导者因未到案或者因死亡等法定情形未被起诉的，不影响认定。

黑社会性质组织成员既包括已有充分证据证明但尚未归案的组织成员，也包括虽有参加黑社会性质组织的行为但因尚未达到刑事责任年龄或因其他法定情形而未被起诉，或者根据具体情节不作为犯罪处理的组织成员。

7. 在组织的形成、发展过程中通过以下方式获取经济利益的，应当认定为"有组织地通过违法犯罪活动或者其他手段获取经济利益"：

（1）有组织地通过违法犯罪活动或其他不正当手段聚敛；

（2）有组织地以投资、控股、参股、合伙等方式通过合法的生产、经营活动获取；

（3）由组织成员提供或通过其他单位、组织、个人资助取得。

8. 通过上述方式获得一定数量的经济利益，应当认定为"具有一定的经济实力"，同时也包括调动一定规模的经济资源用以支持该组织活动的能力。通过上述方式获取的经济利益，即使是由部分组织成员个人掌控，也应计入黑社会性质组织的"经济实力"。组织成员主动将个人或者家庭资产中的一部分用于支持该组织活动，其个人或者家庭资产可全部计入"一定的经济实力"，但数额明显较小或者

仅提供动产、不动产使用权的除外。

由于不同地区的经济发展水平、不同行业的利润空间均存在很大差异，加之黑社会性质组织存在、发展的时间也各有不同，在办案时不能一般性地要求黑社会性质组织所具有的经济实力必须达到特定规模或特定数额。

9. 黑社会性质组织实施的违法犯罪活动包括非暴力性的违法犯罪活动，但暴力或以暴力相威胁始终是黑社会性质组织实施违法犯罪活动的基本手段，并随时可能付诸实施。暴力、威胁色彩虽不明显，但实际是以组织的势力、影响和犯罪能力为依托，以暴力、威胁的现实可能性为基础，足以使他人产生恐惧、恐慌进而形成心理强制或者足以影响、限制人身自由、危及人身财产安全或者影响正常生产、工作、生活的手段，属于《刑法》第二百九十四条第五款第（三）项中的"其他手段"，包括但不限于所谓的"谈判""协商""调解"以及滋扰、纠缠、哄闹、聚众造势等手段。

10. 为确立、维护、扩大组织的势力、影响、利益或者按照纪律规约、组织惯例多次实施违法犯罪活动，侵犯不特定多人的人身权利、民主权利、财产权利，破坏经济秩序、社会秩序，应当认定为"有组织地多次进行违法犯罪活动，为非作恶，欺压、残害群众"。

符合以下情形之一的，应当认定为是黑社会性质组织实施的违法犯罪活动：

（1）为该组织争夺势力范围、打击竞争对手、形成强势地位、谋取经

济利益、树立非法权威、扩大非法影响、寻求非法保护、增强犯罪能力等实施的;

(2) 按照该组织的纪律规约、组织惯例实施的;

(3) 组织者、领导者直接组织、策划、指挥、参与实施的;

(4) 由组织成员以组织名义实施,并得到组织者、领导者认可或者默许的;

(5) 多名组织成员为逞强争霸、插手纠纷、报复他人、替人行凶、非法敛财而共同实施,并得到组织者、领导者认可或者默许的;

(6) 其他应当认定为黑社会性质组织实施的。

11. 鉴于黑社会性质组织非法控制和影响的"一定区域"的大小具有相对性,不能简单地要求"一定区域"必须达到某一特定的空间范围,而应当根据具体案情,并结合黑社会性质组织对经济、社会生活秩序的危害程度加以综合分析判断。

通过实施违法犯罪活动,或者利用国家工作人员的包庇或者不依法履行职责,放纵黑社会性质组织进行违法犯罪活动的行为,称霸一方,并具有以下情形之一的,可认定为"在一定区域或者行业内,形成非法控制或者重大影响,严重破坏经济、社会生活秩序":

(1) 致使在一定区域内生活或者在一定行业内从事生产、经营的多名群众,合法利益遭受犯罪或严重违法活动侵害后,不敢通过正当途径举报、控告的;

(2) 对一定行业的生产、经营形成垄断,或者对涉及一定行业的准入、经营、竞争等经济活动形成重要影响的;

(3) 插手民间纠纷、经济纠纷,在相关区域或者行业内造成严重影响的;

(4) 干扰、破坏他人正常生产、经营、生活,并在相关区域或者行业内造成严重影响的;

(5) 干扰、破坏公司、企业、事业单位及社会团体的正常生产、经营、工作秩序,在相关区域、行业内造成严重影响,或者致使其不能正常生产、经营、工作的;

(6) 多次干扰、破坏党和国家机关、行业管理部门以及村委会、居委会等基层群众自治组织的工作秩序,或者致使上述单位、组织的职能不能正常行使的;

(7) 利用组织的势力、影响,帮助组织成员或他人获取政治地位,或者在党政机关、基层群众自治组织中担任一定职务的;

(8) 其他形成非法控制或者重大影响,严重破坏经济、社会生活秩序的情形。

12. 对于组织者、领导者和因犯参加黑社会性质组织罪被判处五年以上有期徒刑的积极参加者,可以根据《刑法》第五十六条第一款的规定适用附加剥夺政治权利。对于符合《刑法》第三十七条之一规定的组织成员,应当依法禁止其从事相关职业。符合《刑法》第六十六条规定的组织成员,应当认定为累犯,依法从重处罚。

对于因有组织的暴力性犯罪被判

处死刑缓期执行的黑社会性质组织犯罪分子，可以根据《刑法》第五十条第二款的规定同时决定对其限制减刑。对于因有组织的暴力性犯罪被判处十年以上有期徒刑、无期徒刑的黑社会性质组织犯罪分子，应当根据《刑法》第八十一条第二款规定，不得假释。

13. 对于组织者、领导者一般应当并处没收个人全部财产。对于确属骨干成员或者为该组织转移、隐匿资产的积极参加者，可以并处没收个人全部财产。对于其他组织成员，应当根据所参与实施违法犯罪活动的次数、性质、地位、作用、违法所得数额以及造成损失的数额等情节，依法决定财产刑的适用。

三、依法惩处恶势力犯罪

14. 具有下列情形的组织，应当认定为"恶势力"：经常纠集在一起，以暴力、威胁或者其他手段，在一定区域或者行业内多次实施违法犯罪活动，为非作恶，欺压百姓，扰乱经济、社会生活秩序，造成较为恶劣的社会影响，但尚未形成黑社会性质组织的违法犯罪组织。恶势力一般为三人以上，纠集者相对固定，违法犯罪活动主要为强迫交易、故意伤害、非法拘禁、敲诈勒索、故意毁坏财物、聚众斗殴、寻衅滋事等，同时还可能伴随实施开设赌场、组织卖淫、强迫卖淫、贩卖毒品、运输毒品、制造毒品、抢劫、抢夺、聚众扰乱社会秩序、聚众扰乱公共场所秩序、交通秩序以及聚众"打砸抢"等。

在相关法律文书中的犯罪事实认定部分，可使用"恶势力"等表述加以描述。

……

五、依法打击非法放贷讨债的犯罪活动

19. 在民间借贷活动中，如有擅自设立金融机构、非法吸收公众存款、骗取贷款、套取金融机构资金发放高利贷以及为强索债务而实施故意杀人、故意伤害、非法拘禁、故意毁坏财物等行为的，应当按照具体犯罪侦查、起诉、审判。依法符合数罪并罚条件的，应当并罚。

20. 对于以非法占有为目的，假借民间借贷之名，通过"虚增债务""签订虚假借款协议""制造资金走账流水""肆意认定违约""转单平账""虚假诉讼"等手段非法占有他人财产，或者使用暴力、威胁手段强立债权、强行索债的，应当根据案件具体事实，以诈骗、强迫交易、敲诈勒索、抢劫、虚假诉讼等罪名侦查、起诉、审判。对于非法占有的被害人实际所得借款以外的虚高"债务"和以"保证金""中介费""服务费"等各种名目扣除或收取的额外费用，均应计入违法所得。对于名义上为被害人所得、但在案证据能够证明实际上却为犯罪嫌疑人、被告人实施后续犯罪所使用的"借款"，应予以没收。

21. 对采用讨债公司、"地下执法队"等各种形式有组织地进行上述活动，符合黑社会性质组织、犯罪集团认定标准的，应当按照组织、领导、参加黑社会性质组织罪或者犯罪集团侦查、起诉、审判。

六、依法严惩"保护伞"

22.《刑法》第二百九十四条第三款中规定的"包庇"行为，不要求相关国家机关工作人员利用职务便利。利用职务便利包庇黑社会性质组织的，酌情从重处罚。包庇、纵容黑社会性质组织，事先有通谋的，以具体犯罪的共犯论处。

23. 公安机关、人民检察院、人民法院对办理黑恶势力犯罪案件中发现的涉嫌包庇、纵容黑社会性质组织犯罪、收受贿赂、渎职侵权等违法违纪线索，应当及时移送有关主管部门和其他相关部门，坚决依法严惩充当黑恶势力"保护伞"的职务犯罪。

24. 依法严惩农村"两委"等人员在涉农惠农补贴申领与发放、农村基础设施建设、征地拆迁补偿、救灾扶贫优抚、生态环境保护等过程中，利用职权恃强凌弱、吃拿卡要、侵吞挪用国家专项资金的犯罪，以及放纵、包庇"村霸"和宗族恶势力，致使其坐大成患，或者收受贿赂、徇私舞弊，为"村霸"和宗族恶势力充当"保护伞"的犯罪。

……

八、其他

35.……

犯罪嫌疑人、被告人，积极配合侦查、起诉、审判工作，在查明黑社会性质组织的组织结构和组织者、领导者的地位作用，组织实施的重大犯罪事实，追缴、没收赃款赃物，打击"保护伞"等方面提供重要线索和证据，经查证属实的，可以根据案件具体情况，依法从轻、减轻或者免除处罚，并对其参照证人保护的有关规定采取保护措施。前述规定，对于确属组织者、领导者的犯罪嫌疑人、被告人应当严格掌握。

对于确有重大立功或者对于认定重大犯罪事实或追缴、没收涉黑财产具有重要作用的组织成员，确有必要通过分案审理予以保护的，公安机关可以与人民检察院、人民法院在充分沟通的基础上作出另案处理的决定。

……

36. 本意见颁布实施后，最高人民法院、最高人民检察院、公安部、司法部联合发布或者单独制定的其他相关规范性文件，内容如与本意见中有关规定不一致的，应当按照本意见执行。

【司法指导文件Ⅱ】

《最高人民法院、最高人民检察院、公安部办理黑社会性质组织犯罪案件座谈会纪要》（法〔2009〕382 号，20091209）

（一）关于黑社会性质组织的认定①

黑社会性质组织必须同时具备《立法解释》②中规定的"组织特征"、"经济特征"、"行为特征"和

_____

① 本纪要在刑法修正案（八）印发之前发布，因此，关于黑社会性质组织的认定标准，应当以刑法修正案（八）第四十三条内容为准。——编者注

② 《立法解释》指《全国人民代表大会常务委员会关于〈中华人民共和国刑法〉第二百九十四条第一款的解释》，下同。——编者注

"危害性特征"。由于实践中许多黑社会性质组织并非这"四个特征"都很明显，因此，在具体认定时，应根据立法本意，认真审查、分析黑社会性质组织"四个特征"相互间的内在联系，准确评价涉案犯罪组织所造成的社会危害，确保不枉不纵。

1. 关于组织特征。黑社会性质组织不仅有明确的组织者、领导者，骨干成员基本固定，而且组织结构较为稳定，并有比较明确的层级和职责分工。

当前，一些黑社会性质组织为了增强隐蔽性，往往采取各种手段制造"人员频繁更替、组织结构松散"的假象。因此，在办案时，要特别注意审查组织者、领导者，以及对组织运行、活动起着突出作用的积极参加者等骨干成员是否基本固定、联系是否紧密，不要被其组织形式的表象所左右。

关于组织者、领导者、积极参加者和其他参加者的认定。组织者、领导者，是指黑社会性质组织的发起者、创建者，或者在组织中实际处于领导地位，对整个组织及其运行、活动起着决策、指挥、协调、管理作用的犯罪分子，既包括通过一定形式产生的有明确职务、称谓的组织者、领导者，也包括在黑社会性质组织中被公认的事实上的组织者、领导者；积极参加者，是指接受黑社会性质组织的领导和管理，多次积极参与黑社会性质组织的违法犯罪活动，或者积极参与较严重的黑社会性质组织的犯罪活动且作用突出，以及其他在组织中起重要作用的犯罪分子，如具体主管黑社会性质组织的财务、人员等事项的犯罪分子；其他参加者，是指除上述组织成员之外，其他接受黑社会性质组织的领导和管理的犯罪分子。根据《司法解释》① 第三条第二款的规定，对于参加黑社会性质的组织，没有实施其他违法犯罪活动的，或者受蒙蔽、胁迫参加黑社会性质的组织，情节轻微的，可以不作为犯罪处理。

关于黑社会性质组织成员的主观明知问题。在认定黑社会性质组织的成员时，并不要求其主观上认为自己参加的是黑社会性质组织，只要其知道或者应当知道该组织具有一定规模，且是以实施违法犯罪为主要活动的，即可认定。

对于黑社会性质组织存在时间、成员人数及组织纪律等问题的把握。黑社会性质组织一般在短时间内难以形成，而且成员人数较多，但鉴于普通犯罪集团、"恶势力"团伙向黑社会性质组织发展是一个渐进的过程，没有明显的性质转变的节点，故对黑社会性质组织存在时间、成员人数问题不宜作出"一刀切"的规定。对于那些已存在一定时间，且成员人数较多的犯罪组织，在定性时要根据其是否具备一定的经济实力，是否已在一定区域或行业内形成非法控制或重大影响等情况综合分析判断。此外，在通常情况下，黑社会性质组织为了

_____

① 《司法解释》指《最高人民法院关于审理黑社会性质组织犯罪的案件具体应用法律若干问题的解释》，下同。——编者注

维护自身的安全和稳定，一般会有一些约定俗成的纪律、规约，有些甚至还有明确的规定。因此，具有一定的组织纪律、活动规约，也是认定黑社会性质组织特征时的重要参考案例依据。

2. 关于经济特征。一定的经济实力是黑社会性质组织坐大成势，称霸一方的基础。由于不同地区的经济发展水平、不同行业的利润空间均存在很大差异，加之黑社会性质组织存在、发展的时间也各有不同，因此，在办案时不能一般性地要求黑社会性质组织所具有的经济实力必须达到特定规模或特定数额。此外，黑社会性质组织的敛财方式也具有多样性。实践中，黑社会性质组织不仅会通过实施赌博、敲诈、贩毒等违法犯罪活动攫取经济利益，而且还往往会通过开办公司、企业等方式"以商养黑"、"以黑护商"。因此，无论其财产是通过非法手段聚敛，还是通过合法的方式获取，只要将其中部分或全部用于违法犯罪活动或者维系犯罪组织的生存、发展即可。

"用于违法犯罪活动或者维系犯罪组织的生存、发展"，一般是指购买作案工具、提供作案经费，为受伤、死亡的组织成员提供医疗费、丧葬费，为组织成员及其家属提供工资、奖励、福利、生活费用，为组织寻求非法保护以及其他与实施有组织的违法犯罪活动有关的费用支出等。

3. 关于行为特征。暴力性、胁迫性和有组织性是黑社会性质组织行为方式的主要特征，但有时也会采取一些"其他手段"。

根据司法实践经验，《立法解释》中规定的"其他手段"主要包括：以暴力、威胁为基础，在利用组织势力和影响已对他人形成心理强制或威慑的情况下，进行所谓的"谈判"、"协商"、"调解"；滋扰、哄闹、聚众等其他干扰、破坏正常经济、社会生活秩序的非暴力手段。

"黑社会性质组织实施的违法犯罪活动"主要包括以下情形：由组织者、领导者直接组织、策划、指挥、参与实施的违法犯罪活动；由组织成员以组织名义实施，并得到组织者、领导者认可或者默许的违法犯罪活动；多名组织成员为逞强争霸、插手纠纷、报复他人、替人行凶、非法敛财而共同实施，并得到组织者、领导者认可或者默许的违法犯罪活动；组织成员为组织争夺势力范围、排除竞争对手、确立强势地位、谋取经济利益、维护非法权威或者按照组织的纪律、惯例、共同遵守的约定而实施的违法犯罪活动；由黑社会性质组织实施的其他违法犯罪活动。

会议认为，在办案时还应准确理解《立法解释》中关于"多次进行违法犯罪活动"的规定。黑社会性质组织实施犯罪活动过程中，往往伴随着大量的违法活动，对此均应作为黑社会性质组织的违法犯罪事实予以认定。但如果仅实施了违法活动，而没有实施犯罪活动的，则不能认定为黑社会性质组织。此外，"多次进行违法犯罪活动"只是认定黑社会性质组织的必要条件之一，最终能否认定为黑社会性质组织，还要结合危害性特征来加以判断。即使有些案件中的违法犯罪活动已符合"多次"的标准，但根据其性质和严重程度，尚不足以形成非法控制或者重大影响的，也不能认定为黑社会性质组织。

4. 关于危害性特征。称霸一方，在一定区域或者行业内，形成非法控制或者重大影响，从而严重破坏经济、社会生活秩序，是黑社会性质组织的本质特征，也是黑社会性质组织区别于一般犯罪集团的关键所在。

对于"一定区域"的理解和把握。区域的大小具有相对性，且黑社会性质组织非法控制和影响的对象并不是区域本身，而是在一定区域中生活的人，以及该区域内的经济、社会生活秩序。因此，不能简单地要求"一定区域"必须达到某一特定的空间范围，而应当根据具体案情，并结合黑社会性质组织对经济、社会生活秩序的危害程度加以综合分析判断。

对于"一定行业"的理解和把握。黑社会性质组织所控制和影响的行业，既包括合法行业，也包括黄、赌、毒等非法行业。这些行业一般涉及生产、流通、交换、消费等一个或多个市场环节。

通过实施违法犯罪活动，或者利用国家工作人员的包庇、纵容，称霸一方，并具有以下情形之一的，可认定为"在一定区域或者行业内，形成非法控制或者重大影响，严重破坏经济、社会生活秩序"：对在一定区域内生活或者在一定行业内从事生产、经营的群众形成心理强制、威慑，致使

合法利益受损的群众不敢举报、控告的；对一定行业的生产、经营形成垄断，或者对涉及一定行业的准入、经营、竞争等经济活动形成重要影响的；插手民间纠纷、经济纠纷，在相关区域或者行业内造成严重影响的；干扰、破坏他人正常生产、经营、生活，并在相关区域或者行业内造成严重影响的；干扰、破坏公司、企业、事业单位及其他社会团体的正常生产、经营、工作秩序，在相关区域、行业内造成严重影响，或者致使其不能正常生产、经营、工作的；多次干扰、破坏国家机关、行业管理部门以及村委会、居委会等基层群众自治组织的工作秩序，或者致使上述单位、组织的职能不能正常行使的；利用组织的势力、影响，使组织成员获取政治地位，或者在党政机关、基层群众自治组织中担任一定职务的；其他形成非法控制或者重大影响，严重破坏经济、社会生活秩序的情形。

（二）关于办理黑社会性质组织犯罪案件的其他问题

1. 关于包庇、纵容黑社会性质组织罪主观要件的认定。本罪主观方面要求必须是出于故意，过失不能构成本罪。会议认为，只要行为人知道或者应当知道是从事违法犯罪活动的组织，仍对该组织及其成员予以包庇，或者纵容其实施违法犯罪活动，即可认定本罪。至于行为人是否明知该组织系黑社会性质组织，不影响本罪的成立。

2. 关于黑社会性质组织成员的刑事责任。对黑社会性质组织的组织者、

领导者，应根据法律规定和本纪要中关于"黑社会性质组织实施的违法犯罪活动"的规定，按照该组织所犯的全部罪行承担刑事责任。组织者、领导者对于具体犯罪所承担的刑事责任，应当根据其在该起犯罪中的具体地位、作用来确定。对黑社会性质组织中的积极参加者和其他参加者，应按照其所参与的犯罪，根据其在具体犯罪中的地位和作用，依照罪责刑相适应的原则，确定应承担的刑事责任。

3. 关于涉黑犯罪财物及其收益的认定和处置。在办案时，要依法运用查封、扣押、冻结、追缴、没收等手段，彻底摧毁黑社会性质组织的经济基础，防止其死灰复燃。对于涉黑犯罪财物及其收益以及犯罪工具，均应按照刑法第六十四条和《司法解释》第七条的规定予以追缴、没收。黑社会性质组织及其成员通过犯罪活动聚敛的财物及其收益，是指在黑社会性质组织的形成、发展过程中，该组织及组织成员通过违法犯罪活动或其他不正当手段聚敛的全部财物、财产性权益及其孳息、收益。在办案工作中，应认真审查涉案财产的来源、性质，对被告人及其他单位、个人的合法财产应依法予以保护。

4. 关于认定黑社会性质组织犯罪的证据要求。办理涉黑案件同样应当坚持案件"事实清楚，证据确实、充分"的法定证明标准。但应当注意的是，"事实清楚"是指能够对定罪量刑产生影响的事实必须清楚，而不是指整个案件的所有事实和情节都要一一查证属实；"证据确实、充分"是

指能够据以定罪量刑的证据确实、充分，而不是指案件中所涉全部问题的证据都要达到确实、充分的程度。对此，一定要准确理解和把握，不要纠缠那些不影响定罪量刑的枝节问题。比如，在可以认定某犯罪组织已将所获经济利益部分用于组织活动的情况下，即使此部分款项的具体数额难以全部查实，也不影响定案。

5. 关于黑社会性质组织成员的立功问题。积极参加者、其他参加者配合司法机关查办案件，有提供线索、帮助收集证据或者其他协助行为，并对侦破黑社会性质组织犯罪案件起到一定作用的，即使依法不能认定立功，一般也应酌情对其从轻处罚。组织者、领导者检举揭发与该黑社会性质组织及其违法犯罪活动有关联的其他犯罪线索，即使依法构成立功或者重大立功，在量刑时也应从严掌握。

6. 关于对"恶势力"团伙的认定和处理。"恶势力"是黑社会性质组织的雏形，有的最终发展成为了黑社会性质组织。因此，及时严惩"恶势力"团伙犯罪，是遏制黑社会性质组织滋生，防止违法犯罪活动造成更大社会危害的有效途径。

会议认为，"恶势力"是指经常纠集在一起，以暴力、威胁或其他手段，在一定区域或者行业内多次实施违法犯罪活动，为非作恶，扰乱经济、社会生活秩序，造成较为恶劣的社会影响，但尚未形成黑社会性质组织的犯罪团伙。"恶势力"一般为三人以上，纠集者、骨干成员相对固定，违法犯罪活动一般表现为敲诈勒索、强

迫交易、欺行霸市、聚众斗殴、寻衅滋事、非法拘禁、故意伤害、抢劫、抢夺或者黄、赌、毒等。各级人民法院、人民检察院和公安机关在办案时应根据本纪要的精神，结合组织化程度的高低、经济实力的强弱、有无追求和实现对社会的非法控制等特征，对黑社会性质组织与"恶势力"团伙加以正确区分。同时，还要本着实事求是的态度，正确理解和把握"打早打小"方针。在准确查明"恶势力"团伙具体违法犯罪事实的基础上，构成什么罪，就按什么罪处理，并充分运用刑法总则关于共同犯罪的规定，依法惩处。对符合犯罪集团特征的，要按照犯罪集团处理，以切实加大对"恶势力"团伙依法惩处的力度。

7. 关于视听资料的收集、使用。公安机关在侦查时要特别重视对涉黑犯罪视听资料的收集。对于那些能够证明涉案犯罪组织具备黑社会性质组织的"四个特征"及其实施的具体违法犯罪活动的录音、录像资料，要及时提取、固定、移送。通过特殊侦查措施获取的视听资料，在移送审查起诉时，公安机关对证据的来源、提取经过应予说明。

8. 庭审时应注意的有关问题。为确保庭审效果，人民法院在开庭审理涉黑案件之前，应认真做好庭审预案。法庭调查时，除必须传唤共同被告人同时到庭质证外，对各被告人应当分别讯问，以防止被告人当庭串供或者不敢如实供述、作证。对于诉讼参与人、旁听人员破坏法庭秩序、干扰法庭审理的，法庭应按照刑事诉讼法及

有关司法解释的规定及时作出处理。构成犯罪的，应当依法追究刑事责任。

【司法指导文件Ⅲ】

《全国部分法院审理黑社会性质组织犯罪案件工作座谈会纪要》(法〔2015〕291 号，20151013)

……2009 年印发的《最高人民法院、最高人民检察院、公安部办理黑社会性质组织犯罪案件座谈会纪要》(以下简称：2009 年《座谈会纪要》)对于指导审判实践发挥了重要作用。由于黑社会性质组织犯罪始终处于不断发展变化之中，且刑法、刑事诉讼法的相关规定均有修改，因此，对于一些实践中反映较为突出，但 2009 年《座谈会纪要》未作规定或者有关规定尚需进一步细化和完善的问题，确有必要及时加以研究解决。

经过与会代表的认真研究，会议就人民法院审理黑社会性质组织犯罪案件时遇到的部分政策把握及具体应用法律问题形成了共识。同时，与会代表也一致认为，本次会议所取得的成果是对 2009 年《座谈会纪要》的继承与发展，原有内容审判时仍应遵照执行；内容有所补充的，审判时应结合执行。纪要如下：

一、准确把握形势、任务，坚定不移地在法治轨道上深入推进打黑除恶专项斗争

(一)毫不动摇地贯彻依法严惩方针

会议认为，……对于黑社会性质组织犯罪分子要依法加大资格刑、财产刑的适用力度，有效运用刑法中关

于禁止令的规定，严格把握减刑、假释适用条件，全方位、全过程地体现从严惩处的精神。

（二）认真贯彻落实宽严相济刑事政策

审理黑社会性质组织犯罪案件应当认真贯彻落实宽严相济刑事政策。要依照法律规定，根据具体的犯罪事实、情节以及人身危险性、主观恶性、认罪悔罪态度等因素充分体现刑罚的个别化。同时要防止片面强调从宽或者从严，切实做到区别对待，宽严有据，罚当其罪。对于黑社会性质组织的组织者、领导者、骨干成员及其"保护伞"，要依法从严惩处。根据所犯具体罪行的严重程度，依法应当判处重刑的要坚决判处重刑。确属罪行极其严重，依法应当判处死刑的，也必须坚决判处。对于不属于骨干成员的积极参加者以及一般参加者，确有自首、立功等法定情节的，要依法从轻、减轻或免除处罚；具有初犯、偶犯等酌定情节的，要依法酌情从宽处理。对于一般参加者，虽然参与实施了少量的违法犯罪活动，但系未成年人或是只起次要、辅助作用的，应当依法从宽处理。符合缓刑条件的，可以适用缓刑。

（三）正确把握"打早打小"与"打准打实"的关系

"打早打小"，是指各级政法机关必须依照法律规定对有可能发展成为黑社会性质组织的犯罪集团、"恶势力"团伙及早打击，绝不能允许其坐大成势，而不应被理解为对尚处于低级形态的犯罪组织可以不加区分地一律按照黑社会性质组织处理。"打准打实"，就是要求审判时应当本着实事求是的态度，在准确查明事实的基础上，构成什么罪，就按什么罪判处刑罚。对于不符合黑社会性质组织认定标准的，应当根据案件事实依照刑法中的相关条款处理，从而把法律规定落到实处。由于黑社会性质组织的形成、发展一般都会经历一个从小到大、由"恶"到"黑"的渐进过程，因此，"打早打小"不仅是政法机关依法惩治黑恶势力犯罪的一贯方针，而且是将黑社会性质组织及时消灭于雏形或萌芽状态，防止其社会危害进一步扩大的有效手段。而"打准打实"既是刑事审判维护公平正义的必然要求，也是确保打黑除恶工作实现预期目标的基本前提。只有打得准，才能有效摧毁黑社会性质组织；只有打得实，才能最大限度地体现惩治力度。"打早打小"和"打准打实"是分别从惩治策略、审判原则的角度对打黑除恶工作提出的要求，各级人民法院对于二者关系的理解不能简单化、片面化，要严格坚持依法办案原则，准确认定黑社会性质组织，既不能"降格"，也不能"拔高"，切实防止以"打早打小"替代"打准打实"。

（四）依法加大惩处"保护伞"的力度

个别国家机关工作人员的包庇、纵容，不仅会对黑社会性质组织的滋生、蔓延起到推波助澜的作用，而且会使此类犯罪的社会危害进一步加大。各级人民法院应当充分认识"保护伞"的严重危害，将依法惩处"保护伞"作为深化打黑除恶工作的重点环节和深入开展反腐败斗争的重要内容，正确运用刑法的有关规定，有效加大对于"保护伞"的惩处力度。同时，各级人民法院还应当全面发挥职能作用，对于审判工作中发现的涉及"保护伞"的线索，应当及时转往有关部门查处，确保实现"除恶务尽"的目标。

（五）严格依照法律履行审判职能

……

二、关于黑社会性质组织的认定

（一）认定组织特征的问题

黑社会性质组织存续时间的起点，可以根据涉案犯罪组织举行成立仪式或者进行类似活动的时间来认定。没有前述活动的，可以根据足以反映其初步形成核心利益或强势地位的重大事件发生时间进行审查判断。没有明显标志性事件的，也可以根据涉案犯罪组织为维护、扩大组织势力、实力、影响、经济基础或按照组织惯例、纪律、活动规约而首次实施有组织的犯罪活动的时间进行审查判断。存在、发展时间明显过短、犯罪活动尚不突出的，一般不应认定为黑社会性质组织。

黑社会性质组织应当具有一定规模，人数较多，组织成员一般在 10 人以上。其中，既包括已有充分证据证明但尚未归案的组织成员，也包括虽有参加黑社会性质组织的行为但因尚未达到刑事责任年龄或因其他法定情形而未被起诉，或者根据具体情节不作为犯罪处理的组织成员。

黑社会性质组织应有明确的组织者、领导者，骨干成员基本固定，并有比较明确的层级和职责分工，一般有三种类型的组织成员，即：组织者、领导者与积极参加者、一般参加者（也即"其他参加者"）。骨干成员，是指直接听命于组织者、领导者，并多次指挥或积极参与实施有组织的违法犯罪活动或者其他长时间在犯罪组织中起重要作用的犯罪分子，属于积极参加者的一部分。

对于黑社会性质组织的组织纪律、活动规约，应当结合制定、形成相关纪律、规约的目的与意图来进行审查判断。凡是为了增强实施违法犯罪活动的组织性、隐蔽性而制定或者自发形成，并用以明确组织内部人员管理、职责分工、行为规范、利益分配、行动准则等事项的成文或不成文的规定、约定，均可认定为黑社会性质组织的组织纪律、活动规约。

对于参加黑社会性质组织，没有实施其他违法犯罪活动，或者受蒙蔽、威胁参加黑社会性质组织，情节轻微的，可以不作为犯罪处理。对于参加黑社会性质组织后仅参与少量情节轻微的违法活动的，也可以不作为犯罪处理。

以下人员不属于黑社会性质组织的成员：1. 主观上没有加入黑社会性质组织的意愿，受雇到黑社会性质组织开办的公司、企业、社团工作，未参与或者仅参与少量黑社会性质组织的违法犯罪活动的人员；2. 因临时被纠集、雇佣或受蒙蔽为黑社会性质组织实施违法犯罪活动或者提供帮助、支持、服务的人员；3. 为维护或扩大自身利益而临时雇佣、收买、利用黑社会性质组织实施违法犯罪活动的人员。上述人员构成其他犯罪的，按照具体犯罪处理。

对于被起诉的组织成员主要为未成年人的案件，定性时应当结合"四个特征"审慎把握。

（二）认定经济特征的问题

"一定的经济实力"，是指黑社会性质组织在形成、发展过程中获取的，足以支持该组织运行、发展以及实施违法犯罪活动的经济利益。包括：1. 有组织地通过违法犯罪活动或其他不正当手段聚敛的资产；2. 有组织地通过合法的生产、经营活动获取的资产；3. 组织成员以及其他单位、个人资助黑社会性质组织的资产。通过上述方式获取的经济利益，即使是由部分组织成员个人掌控，也应计入黑社会性质组织的"经济实力"。

各高级人民法院可以根据本地区的实际情况，对黑社会性质组织所应具有的"经济实力"在20—50万元幅度内，自行划定一般掌握的最低数额标准。

是否将所获经济利益全部或部分用于违法犯罪活动或者维系犯罪组织的生存、发展，是认定经济特征的重要依据。无论获利后的分配与使用形式如何变化，只要在客观上能够起到豢养组织成员、维护组织稳定、壮大组织势力的作用即可认定。

（三）认定行为特征的问题

涉案犯罪组织仅触犯少量具体罪名的，是否应认定为黑社会性质组织要结合组织特征、经济特征和非法控制特征（危害性特征）综合判断，严格把握。

黑社会性质组织实施的违法犯罪活动包括非暴力性的违法犯罪活动，但暴力或以暴力相威胁始终是黑社会性质组织实施违法犯罪活动的基本手段，并随时可能付诸实施。因此，在黑社会性质组织所实施的违法犯罪活动中，一般应有一部分能够较明显地体现出暴力或以暴力相威胁的基本特征。否则，定性时应当特别慎重。

属于 2009 年《座谈会纪要》规定的五种情形之一的，一般应当认定为黑社会性质组织实施的违法犯罪活动，但确与维护和扩大组织势力、实力、影响、经济基础无任何关联，亦不是按照组织惯例、纪律、活动规约而实施，则应作为组织成员个人的违法犯罪活动处理。

组织者、领导者明知组织成员曾多次实施起因、性质类似的违法犯罪活动，但并未明确予以禁止的，如果该类行为对扩大组织影响起到一定作用，可以视为是按照组织惯例实施的违法犯罪活动。

（四）认定非法控制特征（危害性特征）的问题

黑社会性质组织所控制和影响的"一定区域"，应当具备一定空间范围，并承载一定的社会功能。既包括一定数量的自然人共同居住、生活的区域，如乡镇、街道、较大的村庄等，也包括承载一定生产、经营或社会公共服务功能的区域，如矿山、工地、市场、车站、码头等。对此，应当结合一定地域范围内的人口数量、流量、经济规模等因素综合评判。如果涉案犯罪组织的控制和影响仅存在于一座酒店、一处娱乐会所等空间范围有限的场所或者人口数量、流量、经济规模较小的其他区域，则一般不能视为是对"一定区域"的控制和影响。

黑社会性质组织所控制和影响的"一定行业"，是指在一定区域内存在的同类生产、经营活动。黑社会性质组织通过多次有组织地实施违法犯罪活动，对黄、赌、毒等非法行业形成非法控制或重大影响的，同样符合非法控制特征（危害性特征）的要求。

2009 年《座谈会纪要》明确了可以认定为"在一定区域或者行业内，形成非法控制或者重大影响，严重破坏经济、社会生活秩序"的八种情形，适用时应当注意以下问题：第 1 种情形中的"致使合法利益受损的群众不敢举报、控告的"，是指致使多名合法利益遭受犯罪或者严重违法活动侵害的群众不敢通过正当途径维护权益；第 2 种情形中的"形成垄断"，是指可以操控、左右、决定与一定行业相关的准入、退出、经营、竞争等经济活动。"形成重要影响"，是指对与一定行业相关的准入、退出、经营、竞争等经济活动具有较大的干预和影响能力，或者具有在该行业内占有较大市场份额、通过违法犯罪活动或以其他不正当手段在该行业内敛财数额巨大（最低数额标准由各高院根据本地情况在 20—50 万元的幅度内自行划定）、给该行业内从事生产、经营活动的其他单位、组织、个人造成直接经济损失 100 万元以上等情节之一；第 3、4、5 种情形中的"造成严重影响"，是指具有致人重伤或致多人轻伤、通过违法犯罪活动或以其他不正当手段敛财数额巨大（数额标准同上）、造成直接经济损失 100 万元以上、多次引发群体性事件或引发大规模群体性事件等情节之一；第 6 种情形中的"多次干扰、破坏国家机关、行业管理部门以及村委会、居委会等基层群众自治组织的工作秩序"，包括以拉拢、收买、威胁等手段多次得到国家机关工作人员包庇或纵容，或者多次对前述单位、组织中正常履行职务的工作人员进行打击、报复的情形；第 7 种情形中的"获取政治地位"，是指当选各级人大代表、政协委员。"担任一定职务"，是指在各级党政机关及其职能部门、基层群众自治组织中担任具有组织、领导、监督、管理职权的职务。

根据实践经验，在黑社会性质组织犯罪案件中，2009 年《座谈会纪要》规定的八种情形一般不会单独存在，往往是两种以上的情形同时并存、相互交织，从而严重破坏经济、社会生活秩序。审判时，应当充分认识这一特点，准确认定该特征。

"四个特征"中其他构成要素均已具备，仅在成员人数、经济实力规模方面未达到本纪要提出的一般性要求，但已较为接近，且在非法控制特征（危害性特征）方面同时具有 2009 年《座谈会纪要》相关规定中的多种情形，其中至少有一种情形已明显超出认定标准的，也可以认定为黑社会性质组织。

三、关于刑事责任和刑罚适用

（一）已退出或者新接任的组织者、领导者的刑事责任问题

对于在黑社会性质组织形成、发展过程中已经退出的组织者、领导者，或者在加入黑社会性质组织之后逐步发展成为组织者、领导者的犯罪分子，应对其本人参与及其实际担任组织者、领导者期间该组织所犯的全部罪行承担刑事责任。

（二）量刑情节的运用问题

黑社会性质组织的成员虽不具有自首情节，但到案后能够如实供述自己罪行，并具有以下情形之一的，一般应当适用《刑法》第六十七条第三款的规定予以从轻处罚：1. 如实交代大部分尚未被掌握的同种犯罪事实；2. 如实交代尚未被掌握的较重的同种犯罪事实；3. 如实交代犯罪事实，并对收集定案证据、查明案件事实有重要作用的。

积极参加者、一般参加者配合司法机关查办案件，有提供线索、帮助收集证据或者其他协助行为，并在侦破黑社会性质组织犯罪案件、认定黑社会性质组织及其主要成员、追缴黑社会性质组织违法所得、查处"保护伞"等方面起到较大作用的，即使依法不能认定立功，一般也应酌情对其从轻处罚。

组织者、领导者、骨干成员以及"保护伞"协助抓获同案中其他重要的组织成员，或者骨干成员能够检举揭发其他犯罪案件中罪行同样严重的犯罪分子，原则上依法应予从轻或者减轻处罚。组织者、领导者检举揭发

与该黑社会性质组织及其违法犯罪活动有关联的其他犯罪线索，如果在是否认定立功的问题上存在事实、证据或法律适用方面的争议，应当严格把握。依法应认定为立功或者重大立功的，在决定是否从宽处罚、如何从宽处罚时，应当根据罪责刑相一致原则从严掌握。可能导致全案量刑明显失衡的，不予从宽处罚。

审理黑社会性质组织犯罪案件，应当通过判处和执行民事赔偿以及积极开展司法救助来最大限度地弥补被害人及其亲属的损失。被害人及其亲属确有特殊困难，需要接受被认定为黑社会性质组织成员的被告人赔偿并因此表示谅解的，量刑时应当特别慎重。不仅应当查明谅解是否确属真实意思表示以及赔偿款项与黑社会性质组织违法所得有无关联，而且在决定是否从宽处罚、如何从宽处罚时，也应当从严掌握。可能导致全案量刑明显失衡的，不予从宽处罚。

（三）附加剥夺政治权利的适用问题

对于黑社会性质组织的组织者、领导者，可以适用《刑法》第五十六条第一款的规定附加剥夺政治权利。对于因犯参加黑社会性质组织罪被判处五年以上有期徒刑的积极参加者，也可以适用该规定附加剥夺政治权利。

（四）财产刑的适用问题

对于黑社会性质组织的组织者、领导者，依法应当并处没收财产。黑社会性质组织敛财数额特别巨大，但因犯罪分子转移、隐匿、毁灭证据或者拒不交代涉案财产来源、性质，导

致违法所得以及其他应当追缴的财产难以准确查清和追缴的，对于组织者、领导者以及为该组织转移、隐匿资产的积极参加者可以并处没收个人全部财产。

对于确属骨干成员的积极参加者一般应当并处罚金或者没收财产。对于其他积极参加者和一般参加者，应当根据所参与实施违法犯罪活动的次数、性质、地位、作用、违法所得数额以及造成损失的数额等情节，依法决定财产刑的适用。

四、关于审判程序和证据审查

（一）分案审理问题

为便宜诉讼，提高审判效率，防止因法庭审理过于拖延而损害当事人的合法权益，对于被告人人数众多，合并审理难以保证庭审质量和庭审效率的黑社会性质组织犯罪案件，可分案进行审理。分案应当遵循有利于案件顺利审判、有利于查明案件事实、有利于公正定罪量刑的基本原则，确保有效质证、事实统一、准确定罪、均衡量刑。对于被作为组织者、领导者、积极参加者起诉的被告人，以及黑社会性质组织重大犯罪的共同作案人，分案审理影响庭审调查的，一般不宜分案审理。

（二）证明标准和证据运用问题

办理黑社会性质组织犯罪案件应当坚持"事实清楚，证据确实、充分"的法定证明标准。黑社会性质组织犯罪案件侦查取证难度大，"四个特征"往往难以通过实物证据来加以证明。审判时，应当严格依照刑事诉讼法及有关司法解释的规定对相关证据进行审查与认定。在确保被告人供述、证人证言、被害人陈述等言词证据取证合法、内容真实，且综合全案证据，已排除合理怀疑的情况下，同样可以认定案件事实。

（三）法庭举证、质证问题

审理黑社会性质组织犯罪案件时，合议庭应当按照刑事诉讼法及有关司法解释的规定有效引导控辩双方举证、质证。不得因为案件事实复杂、证据繁多，而不当限制控辩双方就证据问题进行交叉询问、相互辩论的权利。庭审时，应当根据案件事实繁简、被告人认罪态度等采取适当的举证、质证方式，突出重点；对黑社会性质组织的"四个特征"应单独举证、质证。为减少重复举证、质证，提高审判效率，庭审中可以先就认定具体违法犯罪事实的证据进行举证、质证。对认定黑社会性质组织行为特征的证据进行举证、质证时，之前已经宣读、出示过的证据，可以在归纳、概括之后简要征询控辩双方意见。对于认定组织特征、经济特征、非法控制特征（危害性特征）的证据，举证、质证时一般不宜采取前述方式。

（四）对出庭证人、鉴定人、被害人的保护问题

人民法院受理黑社会性质组织犯罪案件后，应当及时了解在侦查、审查起诉阶段有无对证人、鉴定人、被害人采取保护措施的情况，确保相关保护措施在审判阶段能够紧密衔接。开庭审理时，证人、鉴定人、被害人因出庭作证，本人或其近亲属的人身安全面临危险的，应当采取不暴露外

貌、真实声音等出庭作证措施。必要时，可以进行物理隔离，以音频、视频传送的方式作证，并对声音、图像进行技术处理。有必要禁止特定人员接触证人、鉴定人、被害人及其近亲属的，以及需要对证人、鉴定人、被害人及其近亲属的人身和住宅采取专门性保护措施的，应当及时与检察机关、公安机关协调，确保保护措施及时执行到位。依法决定不公开证人、鉴定人、被害人真实姓名、住址和工作单位等个人信息的，应当在开庭前核实其身份。证人、鉴定人签署的如实作证保证书应当列入审判副卷，不得对外公开。

五、关于黑社会性质组织犯罪案件审判工作相关问题

（一）涉案财产的处置问题

审理黑社会性质组织犯罪案件时，对于依法查封、冻结、扣押的涉案财产，应当全面审查证明财产来源、性质、用途、权属及价值大小的有关证据，调查财产的权属情况以及是否属于违法所得或者依法应当追缴的其他财物。属于下列情形的，依法应当予以追缴、没收：1. 黑社会性质组织形成、发展过程中，该组织及其组织成员通过违法犯罪活动或其他不正当手段聚敛的财产及其孳息、收益，以及合法获取的财产中实际用于支持该组织存在、发展和实施违法犯罪活动的部分；2. 其他单位、个人为支持黑社会性质组织存在、发展以及实施违法犯罪活动而资助或提供的财产；3. 组织成员通过个人实施的违法犯罪活动所聚敛的财产及其孳息、收益，以及

供个人犯罪所用的本人财物；4. 黑社会性质组织及其组织成员个人非法持有的违禁品；5. 依法应当追缴的其他涉案财物。

（二）发挥庭审功能问题

黑社会性质组织犯罪案件开庭前，应当按照重大案件的审判要求做好从物质保障到人员配备等各方面的庭审准备，并制定详细的庭审预案和庭审提纲。同时，还要充分发挥庭前会议了解情况、听取意见的应有作用，提前了解控辩双方的主要意见，及时解决可能影响庭审顺利进行的程序性问题。对于庭前会议中出示的证据材料，控辩双方无异议的，庭审举证、质证时可以简化。庭审过程中，合议庭应当针对争议焦点和关键的事实、证据问题，有效引导控辩双方进行法庭调查与法庭辩论。庭审时，还应当全程录音录像，相关音视频资料应当存卷备查。

【司法指导文件Ⅲ·注释】

关于"一定经济实力"的范围，主要应从以下两个方面来把握：第一，黑社会性质组织所具有的经济实力并不等同刑法第六十四条规定的违法所得和犯罪工具。所谓"经济实力"，是指掌控经济资源并随时为己所用的能力，因此，应当包括合法获取的资产。第二，根据刑法第二百九十四条第五款第（二）项的规定，"一定经济实力"的取得方式应具备"有组织性"的特点。也就是说，无论是违法所得还是合法资产，都应当是通过与黑社会性质组织有关联的行为或方式而获取，包括黑社会性质组织通过实

施违法犯罪活动而获取的资产、黑社会性质组织利用从事不法活动所确立的优势地位和影响力而获取的资产、黑社会性质组织聚敛资产后进行合法投资而获取的孳息、收益，等等。

【司法指导文件Ⅳ】

《最高人民检察院关于认真贯彻执行全国人民代表大会常务委员会〈关于刑法第二百九十四条第一款的解释〉和〈关于刑法第三百八十四条第一款的解释〉的通知》（高检发研字〔2002〕11号，20020513）

二、……根据《解释》① 的规定，黑社会性质组织是否有国家工作人员充当"保护伞"，即是否要有国家工作人员参与犯罪或者为犯罪活动提供非法保护，不影响黑社会性质组织的认定，对于同时具备《解释》规定的黑社会性质组织四个特征的案件，应依法予以严惩，以体现"打早打小"的立法精神。同时，对于确有"保护伞"的案件，也要坚决一查到底，绝不姑息。

【法院参考案例】

〔参考案例第1152号：陈垚东等人组织、领导、参加黑社会性质组织案〕如何准确认定黑社会性质组织的成员？

司法实践中，认定被告人有无组织行为、领导行为相对容易，而认定被告人是否有参加黑社会性质组织行为时，则情况显得比较复杂。一般来说，可以将是否举行专门的参加仪式作为重要的认定依据，但当前的实践中多数黑社会性质组织在发展成员时

并无此类程序，这就要求审判时要按照两份纪要的规定，审慎地结合以下两个方面，判别被告人是否有参加黑社会性质组织的行为：

第一，是否参与实施了黑社会性质组织的违法犯罪活动。黑社会性质组织的生存离不开有组织的违法犯罪活动，而是否参与有组织的违法犯罪活动又是表明被告人与涉案黑社会性质组织之间存在关系的重要标志，因此，这一点自然是判断参加行为的重要依据。

第二，与涉案黑社会性质组织之间有无相对固定的从属关系。所谓相对固定的从属关系，是指在黑社会性质组织中组织者、领导者居于核心地位，积极参加者和其他参加者较稳定地处于被领导、被管理的地位，其中有些人是直接听命于组织者、领导者，更多的则是在分级管理的体系内听命于其他组织成员。但不管怎样，组织成员在黑社会性质组织中均应具有相对固定的位置，如果与黑社会性质组织没有任何从属关系，如只是临时受邀或基于个人思想参与某起犯罪，即便其参与了有组织的违法犯罪活动，也不能认定为是黑社会性质组织的成员。换言之，如果在黑社会性质组织中找不到可以对应的位置，就说明被告人与该犯罪组织没有从属关系；如果与黑社会性质组织的某一成员之间没有服从与被服从、管理与被管理关

---

① 此处指《全国人民代表大会常务委员会关于〈中华人民共和国刑法〉第二百九十四条第一款的解释》。——编者注

系，就不能认定被告人有参加黑社会性质组织的行为。

〔**参考案例第 1153 号：朱光辉等人组织、领导、参加黑社会性质组织案**〕如何准确把握和认定黑社会性质组织的骨干成员？

1. 关于"骨干成员"的认定，应分以下几个层次把握：第一，骨干成员是积极参加者中的一部分，应当满足积极参加者的认定条件，不符合积极参加者认定条件的应直接被排除在外。第二，骨干成员应当是直接听命于组织者、领导者的积极参加者。第三，骨干成员在黑社会性质组织所起的作用应当大于一般的积极参加者。在认定骨干成员时，仅仅"直接听命于组织者、领导者"还是不够的。只要未达到"多次"，即便"积极参与较严重的黑社会性质组织的犯罪活动，且作用突出"，也不能认定。同理，只要未达到"长时间"，即便是对黑社会性质组织的人、财、物等重要事项具有主要管理职权，亦不能认定。

2. 关于"骨干成员"与"积极参加者"在裁判文书中的区别表述。在裁判文书认定的事实部分，对于谁是骨干成员应予明确表述，不属于骨干成员的积极参加者也要单独表述清楚。而在裁判文书的本院认为部分，由于需要准确叙述罪状和量刑依据，对确属骨干成员的被告人，只表述"被告人某某积极参加黑社会性质组织"即可。因为，骨干成员并没有与之对应的法定刑，积极参加者的身份才是对被告人定罪量刑的适当依据。

〔**参考案例第 1154 号：史锦钟等人组织、领导、参加黑社会性质组织案**〕如何认定黑社会性质组织的形成时间？

1. 从司法实践情况看，尽管举行成立仪式也并不意味着四个特征都已具备，但由于此类活动往往带有明确组织层级、结构、宗旨、目标的性质，故将举行成立仪式作为黑社会性质组织形成时间的起点很少会引起争议。不过，由于黑社会性质组织的成熟程度、严密程度毕竟不同于典型的黑社会组织，通过举行专门仪式来宣告成立的为数很少，故仅此一个判断标准尚不足以应对实践中各类复杂情况。

2. 相当多的黑社会性质组织在发展过程中，都存在对其树立非法权威、争夺势力范围、获取稳定经济来源具有重要意义的违法犯罪活动或其他重大事件。这些违法犯罪活动或重大事件的具体情形和后果不尽相同，有的是击垮主要竞争对手、有的是抢得重要资源、还有的是制造重大社会影响并极大提升了犯罪组织的知名度，但相同之处在于，它们都会对黑社会性质组织的发展、升级产生显著的推动或催化作用。将这些违法犯罪活动或重大事件作为黑社会性质组织的形成起点，不仅易于判断，而且也符合黑社会性质组织成立宗旨和发展规律。

3. 一些案件中不存在明显的标志性事件，则可将首次实施有组织犯罪的时间作为形成起点。"首次有组织犯罪"并非仅指实施犯罪的方式具有组织性，更重要的是看该犯罪是否为了组织利益、按照组织意志而实施，以及犯罪能否体现该组织追求非法控制的意图。认定黑社会性质组织的违法犯罪活动，并非只有那些直接体现组织利益和组织意图的违法犯罪活动才能构成，只要符合组织惯例、纪律、规约，或者客观上起到维护和扩大组织势力、实力、影响、经济基础作用的也可认定。但是，在判断黑社会性质组织形成时间起点时，由于还没有所谓的惯例、纪律、规约可供参照，反映非法控制意图的事实尚不充分，如果作为判断依据的首次有组织犯罪不能体现组织利益、意图，则会失去应有的作用和意义。

〔参考案例第 1155 号：汪振等人组织、领导、参加黑社会性质组织案〕较长时期内暂停实施违法犯罪活动的，是否可以认定黑社会性质组织仍持续存在？

在确定犯罪组织的形成起点后，只要该犯罪组织以组织名义、为组织利益，连续多次实施违法犯罪活动的，就可以认定犯罪组织持续存在。实践中，有以下三个问题值得注意：

1. 有些黑社会性质组织脱离"打打杀杀"的初级阶段后，往往会以合法行业为主要经济来源，并会为逃避打击而自我洗白，有意减少甚至在一定时期内暂时停止实施违法犯罪活动，给人造成犯罪组织已经"转型"或者"解散"的错觉。一旦需要打击对手、抢夺市场、攫取资源之时，便会恢复本来面目，继续实施违法犯罪活动。由于暂停违法犯罪活动期间，组织成员、结构一般不会发生大的变化，故仍应认定其持续存在。

2. 有些黑社会性质组织在发展过程中，因某些具体的犯罪案件被公安

司法机关查破，原有的组织成员或被抓或潜逃，被迫暂时停止实施违法犯罪活动，由此形成组织"溃散"的假象。但经过一段时间以后，组织成员又会重新聚集，或者又有新的成员加入并继续实施有组织的违法犯罪活动。这种情况下，应当着重审查组织者、领导者、骨干成员等组织的核心成员是否具有延续性，以及组织的非法影响是否具有延续性。组织的核心成员具有延续性，说明犯罪组织的基本构成是稳定的；非法影响具有延续性，说明犯罪组织的行为方式和犯罪宗旨未发生根本变化。

3. 对于刑法第二百九十四条第五款第（一）项中的"骨干成员基本固定"，不能理解为骨干成员不变或基本不变。如同正规合法的社会组织，黑社会性质组织也会存在新老交替，当原本的骨干成员受到司法打击或由于死亡、受伤、潜逃、被开除等其他原因脱离组织后，由低层级的成员或新成员填补缺位，并不会影响组织结构的稳定性和组织运转的有效性，组织者、领导者依然能够通过对骨干成员的直接指挥来对整个犯罪组织进行稳定的管控。因此，只要不是时聚时散或者频繁地大面积更换，就可以视为"骨干成员基本固定"。正因如此，在判断组织核心成员的延续性时，也并不要求骨干成员全部或者大部分保持不变。

〔参考案例第 1156 号：焦海涛等人寻衅滋事案〕如何根据违法犯罪活动的多样性把握黑社会性质组织的认定标准？

黑社会性质组织与犯罪集团、恶势力团伙最为显著的区别就在于，黑社会性质组织实施违法犯罪活动的目标不仅是为了攫取经济利益，同时也追求对经济、生活秩序的非法控制，之后再通过由其掌控的非法秩序来实现经济利益的最大化。也就是说，是否追求非法控制是区分黑社会性质组织与犯罪集团、恶势力团伙的关键标尺。审判时，对于黑社会性质组织的四个特征不能简单套用，而是应以非法控制为核心，将四个特征作为一个有机整体来判断。黑社会性质组织并不是单纯为实施违法犯罪而存在，违法犯罪只是服务于非法控制目的的手段，违法犯罪的性质、次数、严重程度也都是由实现非法控制的需要所决定。

2015 年《纪要》中关于犯罪"多样性"的要求，反映了非法控制的内在要求，并不超出法律规定的本意与合理解释的范畴。如果涉案犯罪组织触犯的具体罪名明显偏少，则要考虑其是否属于专门从事某一两种犯罪的犯罪集团，而非黑社会性质组织，但也不能仅凭未触犯多个罪名这一点就可以认定某一犯罪组织并不涉黑。

〔参考案例第 1157 号：符青友等人敲诈勒索、强迫交易、故意销毁会计账簿、对公司、企业人员行贿、行贿案〕 如何把握黑社会性质组织行为特征中的暴力性？

暴力性是黑社会性质组织行为特征中的必备属性，即便是黑社会性质组织的非暴力行为，也往往是以暴力或以暴力威胁为后盾的。实践中，一些团伙为达到非法控制的目的，虽然实施了强迫交易、敲诈勒索等犯罪手段，但暴力色彩极为微弱，既没有带领组织成员打打杀杀的行为，也没有通过暴力对人民群众形成事实上的心理威慑，所谓"谈判、协商"也并不是以暴力为基础，最多以到工地堵门、堵路、不让施工等手段相威胁，这类情况在行为特征方面，与黑社会性质组织特有的行为方式存在明显区别。

〔参考案例第 1158 号：刘汉等人组织、领导、参加黑社会性质组织案〕 如何认定黑社会性质组织的组织者、领导者对具体犯罪的罪责？

黑社会性质组织的组织者、领导者对黑社会性质组织所犯的全部罪行承担刑事责任，并不意味着组织者、领导者在具体犯罪中承担最重罪责，而要根据其在具体犯罪中的地位和作用来确定罪责。具体来说，在确定组织者、领导者对具体犯罪的罪责时，应把握以下原则：

第一，组织者、领导者对于并非由自己直接组织、策划、指挥、参与的犯罪一般不承担最重的责任。如上文所述，2009 年《纪要》规定了四种并非由组织者、领导者直接组织、策划、指挥、参与的违法犯罪。上述四种情形下，组织者、领导者对具体犯罪只是一般性地知晓，甚至根本不知晓，只应负一般的责任，而应当由具体犯罪的起意者、组织者、指挥者或者实施者承担最重的责任。

第二，组织者、领导者对由其直接组织、策划、指挥、参与实施的犯罪，一般应承担最重的刑事责任。实践中存在的争议问题是，如果组织者、领导者提出犯意后未参与具体的策划、实施，如何确定其罪责程度？《最高人民法院关于审理故意杀人、故意伤害案件正确适用死刑的指导意见》指出：对于雇凶者与受雇者共同直接实施故意杀人、故意伤害犯罪的，应认定雇凶者为罪行最为严重的主犯；雇凶者没有直接实施故意杀人、故意伤害犯罪行为，但参与了共同犯罪的策划、实施了具体组织、指挥行为的，对雇凶者也应认定为罪行最为严重的主犯；雇凶者只是笼统提出犯意，没有实施具体组织、指挥行为，积极实施犯罪行为的受雇者可以认定为罪行最为严重的主犯。上述意见对黑社会性质组织犯罪案件具有参考意义，但审判时应当结合涉黑犯罪的自身特点来把握，不能机械理解。

具体来说，如果组织者、领导者不仅提出犯意，而且具体策划、组织、指挥，或者直接参与实施犯罪的，当然应认定为罪责最为严重的主犯。但是，如果组织者、领导者没有针对具体犯罪进行策划、组织、指挥以及参与实施，只是提出犯意后交由组织成员负责实施，也并不能就此认定组织者、领导者不是罪责最为严重的主犯，还是应当结合具体案情进行分析。这是因为，黑社会性质组织犯罪不同于一般共同犯罪、团伙犯罪，组织者、领导者与组织成员的联系更加紧密，具有领导与被领导、管理与被管理的关系，犯罪的组织化程度也更高，分工更明确，隐蔽性更强。基于这些特点，组织者、领导者往往只需要躲在

幕后发号施令即可，不必策划、组织、指挥具体的违法犯罪活动，参与实施的情况就更少。实践中，组织者、领导者一旦发出指示，组织成员都会不遗余力地执行，如果简单套用上述意见，无疑会给黑社会性质组织的组织者、领导者逃避处罚以可乘之机。

〔**参考案例第 1159 号：王云娜等人故意伤害、寻衅滋事、非法拘禁、敲诈勒索案**〕如何根据"非法控制或重大影响"的内在要求准确认定黑社会性质组织的危害性特征？

对涉案犯罪组织是否形成非法控制与重大影响进行司法判断时，除了要对照两个纪要的相关规定，还应着重审查涉案犯罪组织是否是基于争抢势力范围、树立非法权威、攫取不法利益等非法控制目的而实施违法犯罪行为；是否在一段较长的时期内连续、多次通过实施违法犯罪行为对他人的自主性造成干扰或破坏；被侵害对象的数量以及所造成的后果是否已达到形成非法控制或重大影响的严重程度。如果以上几点都已齐备，危害性特征一般能够成立。反之，则不能认定。

〔**参考案例第 1160 号：牛子贤等人绑架、敲诈勒索、开设赌场、重婚案**〕如何准确把握黑社会性质组织的认定标准；最高人民法院经复核认为涉黑罪名不成立的应如何依法处理？

对于指控证据尚未达到"确实、充分"的程度，不符合黑社会性质组织认定标准的，应当根据案件事实和证据，依照刑法的相关规定予以处理，对被告人依法定罪处刑，不能勉强认定为黑社会性质组织犯罪。

〔**参考案例第 1161 号：邓统文等人组织、领导、参加黑社会性质组织案**〕组织者、领导者通过赔偿经济损失取得被害人家属谅解的，量刑时应当如何把握？

组织者、领导者通过赔偿经济损失取得被害人家属谅解的，审判时应从以下几个方面来理解和把握：一是被害人谅解必须基于真实意思表示。由于黑社会性质组织体系严密，人员构成复杂，经济实力较强，因此，即便在被司法机关打掉之后，仍有可能残存一定的犯罪能力和社会活动能力。审判时，若被害方对黑社会性质组织犯罪分子表示谅解的，一定要审慎核实背景情况，排除因受到威逼、诱骗而违背真实意愿的情形。二是被告人的赔偿款项应当与黑社会性质组织的违法犯罪所得无关。根据刑法第六十四条的规定，犯罪分子违法所得的一切财物，都应当予以追缴或者责令退赔。但是，在黑社会性质组织犯罪案件中，犯罪分子往往采取各种手段极力掩饰、隐瞒违法犯罪所得的来源、去向，给司法机关的追缴工作制造困难。因此，审判时应当认真甄别赔偿款项的来源，不能让黑社会性质组织犯罪分子利用隐匿的违法犯罪所得在量刑时获利。三是在谅解意思真实、赔偿款项与违法犯罪所得无关的情况下，量刑仍应从严把握。如前所述，黑社会性质组织犯罪具有极大的社会危害，对于此类犯罪分子原则上不能因被害方谅解而从宽处罚。如果被害方确因特殊生活困难急需获得经济赔偿的（如丧失劳动能力以及急需支付就学、就医费用等），在考虑是否从宽以及确定从宽幅度时，要以保证罪责刑相一致、实现刑罚目的以及全案量刑平衡为底线。

〔**参考案例第 1162 号：吴亚贤等人组织、领导、参加黑社会性质组织案**〕组织者、领导者检举揭发构成立功，量刑时应如何把握？

如果线索是利用特殊地位而取得，且与该黑社会性质组织及其违法犯罪活动有关联的，则一般不应从宽处罚。至于对检举线索"关联性"的判断，则应当从是否与黑社会性质组织寻求非法保护、实施违法犯罪等活动有关联、是否与该组织的成员、"保护伞"及雇佣、纠集的人员有关联等方面来进行审查。

〔**参考案例第 1163 号：刘学军、刘忠伟、吕斌包庇、纵容黑社会性质组织案**〕行为人包庇、纵容黑社会性质组织的犯罪行为跨越刑法修正施行日期的，如何具体适用刑法？行为人包庇黑社会性质组织，或者纵容黑社会性质组织进行违法犯罪活动，归案后如实供述相关黑社会性质组织的犯罪活动，能否认定立功？

1. 行为人包庇、纵容黑社会性质组织的犯罪行为跨越刑法修正施行日期的，应当适用修正后的刑法，一并进行追诉。

2. 包庇黑社会性质组织，或者纵容黑社会性质组织进行违法犯罪活动的行为人归案后如实供述相关黑社会性质组织的犯罪活动的，不能认定立功情节。

第二百九十五条 【传授犯罪方法罪】传授犯罪方法的，处五年以下有期徒刑、拘役或者管制；情节严重的，处五年以上十年以下有期徒刑；情节特别严重的，处十年以上有期徒刑或者无期徒刑。

【修正前条文】

第二百九十五条 【传授犯罪方法罪】传授犯罪方法的，处五年以下有期徒刑、拘役或者管制；情节严重的，处五年以上有期徒刑；情节特别严重的，处无期徒刑或者死刑。

【修正说明】

刑法修正案（八）第四十四条对原条文作出下述修改：删去死刑规定，且对有期徒刑作了适当调整，将"五年以上有期徒刑"修改为"五年以上十年以下有期徒刑"，在情节特别严重一档，增加了"处十年以上有期徒刑"的规定。

【立法·要点注释】

实践中应当注意传授犯罪方法罪和教唆犯罪的区别。传授犯罪方法是教给他人犯罪时应采取的具体方法、技术或传授经验，如教授他人用什么方法、什么工具、在什么时间、什么地点实施盗窃他人财物等具体行为；而教唆他人犯罪则是用语言、示意或旁敲侧击等方法，促使他人产生犯意。

【司法指导文件】

《最高人民法院、最高人民检察院、公安部关于办理暴力恐怖和宗教极端刑事案件适用法律若干问题的意见》（公通字〔2014〕34 号，20140909）

二、准确认定案件性质

（九）传授暴力恐怖或者其他犯罪技能、经验，依法不能认定为组织、领导、参加恐怖组织罪的，以传授犯罪方法罪定罪处罚。

为实现所教唆的犯罪，教唆者又传授犯罪方法的，择一重罪定罪处罚。

【法院参考案例】

〔参考案例第 651 号：李祥英传授犯罪方法案〕强迫他人学习犯罪方法后胁迫其实施犯罪应如何定性？

向他人传授犯罪方法，并胁迫他人实施犯罪行为的，构成传授犯罪方法罪与其所胁迫实施犯罪的教唆犯，且两种行为之间具有手段行为与目的行为的关系，构成牵连犯，应当从一重罪处断。

〔参考案例第 688 号：冯庆钊传授犯罪方法案〕在互联网上散布关于特定犯罪方法的技术知识，能否构成传授犯罪方法罪？

1. 关于"犯罪方法"。确有一些技能、方法的应用范围只能是违法犯罪，如扒窃技术。对此，只要行为人向他人传授该技术，就应当认定其传授行为具备了传授犯罪方法罪的客观要件。但更多的实际技能、方法都是"中性"的，是否作为"犯罪方法"，取决于其实际运用的具体途径和场合。对于传授此类方法的行为如何认定，需要结合整体传授过程，并根据社会通常观念作出恰当判断。

在司法实践中应当重点结合以下情况予以认定：（1）行为人的个人情况；（2）向他人传授该种方法的原

因；（3）在何种场合下或者利用何种途径传授该方法；（4）被传授人会基于何种原因向行为人学习该种方法；（5）行为人和被传授人言行的倾向性（如有无指明该种方法是实行某种犯罪的方法）等。

2. 传授犯罪方法并未限定为特定主体，在互联网上传授技能方法，应以传授犯罪方法罪论处。目前在网络环境下，传授犯罪方法主要表现为：（1）利用QQ等即时通信软件或者电子邮件等方式进行一对一交流；（2）在BBS、论坛、微博等公共交流平台上发帖，讲解特定犯罪方法；（3）开设专门网站，讲授相关犯罪的技术知识等。①

3. 构成传授犯罪方法罪，并不要求犯罪方法必须为被传授者所接受。虽然传授的程度是影响传授行为是否构成犯罪的一个重要因素，但不能过于夸大其对犯罪成立的作用。决定传授行为危害社会程度及是否成立犯罪的因素，不仅有传授的程度，还有传授的是何种犯罪的方法、传授的次数、行为人传授意志坚决的程度、被传授人是否接受传授，以及是否利用传授的犯罪方法实施具体的犯罪等因素。只有对这些因素进行综合考察，才能得出传授行为是否构成犯罪的正确结论。

第二百九十六条 【非法集会、游行、示威罪】 举行集会、游行、示威，未依照法律规定申请或者申请未获许可，或者未按照主管机关许可的起止时间、地点、路线进行，又拒不服从解散命令，严重破坏社会秩序的，对集会、游行、示威的负责人和直接责任人员，处五年以下有期徒刑、拘役、管制或者剥夺政治权利。

【司法解释】

《最高人民检察院、公安部关于公安机关管辖的刑事案件立案追诉标准的规定（一）》（公通字〔2008〕36号，20080625）

第三十八条〔非法集会、游行、示威案（刑法第二百九十六条）〕举行集会、游行、示威，未依照法律规定申请或者申请未获许可，或者未按照主管机关许可的起止时间、地点、路线进行，又拒不服从解散命令，严重破坏社会秩序的，应予立案追诉。

【公安文件】

《公安部关于公安机关处置信访活动中违法犯罪行为适用法律的指导意见》（公通字〔2013〕25号，20130719）

四、对妨害社会管理秩序违法犯罪行为的处理

---

① 根据刑法修正案（九）第二十九条增设的"非法利用信息网络罪"（即本法第二百八十七条之一）第一款规定，利用信息网络设立用于传授犯罪方法等违法犯罪活动的网站、通讯群组，或者发布有关违法犯罪信息，情节严重的，构成非法利用信息网络罪。该条第三款规定，有第一款的行为，同时构成其他犯罪的，依照处罚较重的规定定罪处罚。因此，利用互联网传授犯罪方法的行为，可能同时构成非法利用信息网络罪、传授犯罪方法罪，但应择一重罪处罚。

5. 煽动、策划非法集会、游行、示威，不听劝阻，符合《治安管理处罚法》第五十五条规定的，以煽动、策划非法集会、游行、示威依法予以治安管理处罚；举行集会、游行、示威活动未经主管机关许可，未按照主管机关许可的目的、方式、标语、口号、起止时间、地点、路线进行，或者在进行中出现危害公共安全、破坏社会秩序情形的，根据《集会游行示威法》第二十七条规定予以制止、命令解散；不听制止，拒不解散的，依法强行驱散、强行带离现场或者立即予以拘留；符合《集会游行示威法》第二十八条规定的，对其负责人和直接责任人员依法予以警告或者拘留；拒不服从解散命令，符合刑法第二百九十六条规定的，对负责人和直接责任人员，以非法集会、游行、示威罪追究刑事责任。集会游行示威过程中实施其他违法犯罪行为的，依法追究法律责任。

第二百九十七条　【非法携带武器、管制刀具、爆炸物参加集会、游行、示威罪】 违反法律规定，携带武器、管制刀具或者爆炸物参加集会、游行、示威的，处三年以下有期徒刑、拘役、管制或者剥夺政治权利。

【立法·要点注释】

1. "携带"，既包括随身藏带，也包括利用他人身体、容器、运输工具夹带武器、管制刀具或者爆炸物。只要违反法律规定，带着这些禁止携带的武器、管制刀具或者爆炸物品参加集会、游行、示威的，无论行为人对这些物品是非法持有还是合法持有，均构成本罪。

2. 对非法持有、私藏枪支弹药同时又携带参加集会、游行、示威的，应当依照本法关于数罪并罚的规定处罚。

【司法解释】

《最高人民检察院、公安部关于公安机关管辖的刑事案件立案追诉标准的规定（一）》（公通字〔2008〕36号，20080625）

第三十九条〔非法携带武器、管制刀具、爆炸物参加集会、游行、示威案（刑法第二百九十七条）〕违反法律规定，携带武器、管制刀具或者爆炸物参加集会、游行、示威的，应予立案追诉。

第二百九十八条　【破坏集会、游行、示威罪】 扰乱、冲击或者以其他方法破坏依法举行的集会、游行、示威，造成公共秩序混乱的，处五年以下有期徒刑、拘役、管制或者剥夺政治权利。

【立法·要点注释】

1. "扰乱"，主要是指针对集会、游行、示威队伍起哄、闹事，破坏其正常秩序的行为；"冲击"，主要是指冲散、冲入依法举行的集会、游行、示威队伍，使集会、游行、示威不能正常进行的行为；"其他方法"，是指扰乱、冲击方法以外的破坏依法举行的集会、游行、示威的方法，如堵塞集会、游行、示威队伍行进、停留的通道、场所等。

2. "破坏"，是指采用扰乱、冲击或者其他方法进行捣乱，致使依法举行的集会、游行、示威不能正常进行。如果针对的不是依法举行的集会、游行、示威，不构成本罪。

【司法解释】

《最高人民检察院、公安部关于公安机关管辖的刑事案件立案追诉标准的规定（一）》（公通字〔2008〕36号，20080625）

第四十条〔破坏集会、游行、示威案（刑法第二百九十八条）〕扰乱、冲击或者以其他方法破坏依法举行的集会、游行、示威，造成公共秩序严重混乱的，应予立案追诉。

第二百九十九条　【侮辱国旗、国徽罪】 在公共场合，故意以焚烧、毁损、涂划、玷污、践踏等方式侮辱中华人民共和国国旗、国徽的，处三年以下有期徒刑、拘役、管制或者剥夺政治权利。

【侮辱国歌罪】 在公共场合，故意篡改中华人民共和国国歌歌词、曲谱，以歪曲、贬损方式奏唱国歌，或者以其他方式侮辱国歌，情节严重的，依照前款的规定处罚。

【修正前条文】

第二百九十九条　【侮辱国旗、国徽罪】 在公众场合故意以焚烧、毁损、涂划、玷污、践踏等方式侮辱中华人民共和国国旗、国徽的，处三年以下有期徒刑、拘役、管制或者剥夺政治权利。

【修正说明】

刑法修正案（十）对原条文作出下述修改：一是将第一款中的"公众场合"修改为"公共场合"；二是增加本条第二款，增设了侮辱国歌罪。

【立法·要点注释】

"焚烧"，是指放火燃烧国旗、国徽的行为；"毁损"，是指撕毁、砸毁或者以其他破坏方法使国旗、国徽遭到毁坏、损坏的行为；"涂划"，是指用笔墨、颜料等在国旗、国徽上涂划的行为；"玷污"，是指用唾沫、粪便等玷污国旗、国徽的行为；"践踏"，是指将国旗、国徽放在脚下、车轮下等处进行踩踏、碾压的行为。

第三百条　【组织、利用会道门、邪教组织、利用迷信破坏法律实施罪】 组织、利用会道门、邪教组织或者利用迷信破坏国家法律、行政法规实施的，处三年以上七年以下有期徒刑，并处罚金；情节特别严重的，处七年以上有期徒刑或者无期徒刑，并处罚金或者没收财产；情节较轻的，处三年以下有期徒刑、拘役、管制或者剥夺政治权利，并处或者单处罚金。

【组织、利用会道门、邪教组织、利用迷信致人重伤、死亡罪】 组织、利用会道门、邪教组织或者利用迷信蒙骗他人，致人重伤、死亡的，依照前款的规定处罚。

犯第一款罪又有奸淫妇女、诈骗财物等犯罪行为的，依照数罪并罚的规定处罚。

【修正前条文】

第三百条　【组织、利用会道门、邪教组织、利用迷信破坏法律实施罪】组织和利用会道门、邪教组织或者利用迷信破坏国家法律、行政法规实施的，处三年以上七年以下有期徒刑；情节特别严重的，处七年以上有期徒刑。

【组织、利用会道门、邪教组织、利用迷信致人死亡罪】组织和利用会道门、邪教组织或者利用迷信蒙骗他人，致人死亡的，依照前款的规定处罚。

【强奸罪】【诈骗罪】组织和利用会道门、邪教组织或者利用迷信奸淫妇女、诈骗财物的，分别依照本法第二百三十六条、第二百六十六条的规定定罪处罚。

【修正说明】

刑法修正案（九）第三十三条对原条文作出下述修改：一是增加了一档情节较轻的，处三年以下有期徒刑、拘役、管制或者剥夺政治权利，并处或者单处罚金的规定。二是将法定最高刑由十五年有期徒刑提高到无期徒刑，并增加了罚金刑和没收财产刑。三是明确了组织、利用会道门、邪教组织或者利用迷信蒙骗他人，致人重伤的，依照该罪处罚。四是明确了组织、利用会道门、邪教组织或者利用迷信破坏法律实施，又有奸淫妇女、诈骗财物等犯罪行为的，依法实行数罪并罚。

【立法·要点注释】

实践中，有些人利用某些邪教组织成员对邪教的深信不疑，直接组织、策划、煽动、教唆、帮助邪教组织人员自杀、自残的，其性质就与有些人因愚昧无知、受蒙骗而自己进行绝食等自杀行为不同。对此应当依照刑法第二百三十二条、第二百三十四条规定的故意杀人罪、故意伤害罪定罪处罚。

【司法解释】

《最高人民法院、最高人民检察院关于办理组织、利用邪教组织破坏法律实施等刑事案件适用法律若干问题的解释》（法释〔2017〕3 号，20170201）

第一条　冒用宗教、气功或者以其他名义建立，神化、鼓吹首要分子，利用制造、散布迷信邪说等手段蛊惑、蒙骗他人，发展、控制成员，危害社会的非法组织，应当认定为刑法第三百条规定的"邪教组织"。

第二条　组织、利用邪教组织，破坏国家法律、行政法规实施，具有下列情形之一的，应当依照刑法第三百条第一款的规定，处三年以上七年以下有期徒刑，并处罚金：

（一）建立邪教组织，或者邪教组织被取缔后又恢复、另行建立邪教组织的；

（二）聚众包围、冲击、强占、哄闹国家机关、企业事业单位或者公共场所、宗教活动场所，扰乱社会秩序的；

（三）非法举行集会、游行、示威，扰乱社会秩序的；

（四）使用暴力、胁迫或者以其他方法强迫他人加入或者阻止他人退出邪教组织的；

（五）组织、煽动、蒙骗成员或者他人不履行法定义务的；

（六）使用"伪基站""黑广播"等无线电台（站）或者无线电频率宣扬邪教的；

（七）曾因从事邪教活动被追究刑事责任或者二年内受过行政处罚，又从事邪教活动的；

（八）发展邪教组织成员五十人以上的；

（九）敛取钱财或者造成经济损失一百万元以上的；

（十）以货币为载体宣扬邪教，数量在五百张（枚）以上的；

（十一）制作、传播邪教宣传品，达到下列数量标准之一的：

1. 传单、喷图、图片、标语、报纸一千份（张）以上的；

2. 书籍、刊物二百五十册以上的；

3. 录音带、录像带等音像制品二百五十盒（张）以上的；

4. 标识、标志物二百五十件以上的；

5. 光盘、U盘、储存卡、移动硬盘等移动存储介质一百个以上的；

6. 横幅、条幅五十条（个）以上的。

（十二）利用通讯信息网络宣扬邪教，具有下列情形之一的：

1. 制作、传播宣扬邪教的电子图片、文章二百张（篇）以上，电子书籍、刊物、音视频五十册（个）以上，或者电子文档五百万字符以上、电子音视频二百五十分钟以上的；

2. 编发信息、拨打电话一千条（次）以上的；

3. 利用在线人数累计达到一千以上的聊天室，或者利用群组成员、关注人员等账号数累计一千以上的通讯群组、微信、微博等社交网络宣扬邪教的；

4. 邪教信息实际被点击、浏览数达到五千次以上的。

（十三）其他情节严重的情形

第三条 组织、利用邪教组织，破坏国家法律、行政法规实施，具有下列情形之一的，应当认定为刑法第三百条第一款规定的"情节特别严重"，处七年以上有期徒刑或者无期徒刑，并处罚金或者没收财产：

（一）实施本解释第二条第一项至第七项规定的行为，社会危害特别严重的；

（二）实施本解释第二条第八项至第十二项规定的行为，数量或者数额达到第二条规定相应标准五倍以上的；

（三）其他情节特别严重的情形。

第四条 组织、利用邪教组织，破坏国家法律、行政法规实施，具有下列情形之一的，应当认定为刑法第三百条第一款规定的"情节较轻"，处三年以下有期徒刑、拘役、管制或者剥夺政治权利，并处或者单处罚金：

（一）实施本解释第二条第一项至第七项规定的行为，社会危害较轻的；

（二）实施本解释第二条第八项

至第十二项规定的行为，数量或者数额达到相应标准五分之一以上的；

（三）其他情节较轻的情形。

第五条　为了传播而持有、携带，或者传播过程中被当场查获，邪教宣传品数量达到本解释第二条至第四条规定的有关标准的，按照下列情形分别处理：

（一）邪教宣传品是行为人制作的，以犯罪既遂处理；

（二）邪教宣传品不是行为人制作，尚未传播的，以犯罪预备处理；

（三）邪教宣传品不是行为人制作，传播过程中被查获的，以犯罪未遂处理；

（四）邪教宣传品不是行为人制作，部分已经传播出去的，以犯罪既遂处理，对于没有传播的部分，可以在量刑时酌情考虑。

第六条　多次制作、传播邪教宣传品或者利用通讯信息网络宣扬邪教，未经处理的，数量或者数额累计计算。

制作、传播邪教宣传品，或者利用通讯信息网络宣扬邪教，涉及不同种类或者形式的，可以根据本解释规定的不同数量标准的相应比例折算后累计计算。

第七条　组织、利用邪教组织，制造、散布迷信邪说，蒙骗成员或者他人绝食、自虐等，或者蒙骗病人不接受正常治疗，致人重伤、死亡的，应当认定为刑法第三百条第二款规定的组织、利用邪教组织"蒙骗他人，致人重伤、死亡"。

组织、利用邪教组织蒙骗他人，致一人以上死亡或者三人以上重伤的，

处三年以上七年以下有期徒刑，并处罚金。

组织、利用邪教组织蒙骗他人，具有下列情形之一的，处七年以上有期徒刑或者无期徒刑，并处罚金或者没收财产：

（一）造成三人以上死亡的；

（二）造成九人以上重伤的；

（三）其他情节特别严重的情形。

组织、利用邪教组织蒙骗他人，致人重伤的，处三年以下有期徒刑、拘役、管制或者剥夺政治权利，并处或者单处罚金。

第八条　实施本解释第二条至第五条规定的行为，具有下列情形之一的，从重处罚：

（一）与境外机构、组织、人员勾结，从事邪教活动的；

（二）跨省、自治区、直辖市建立邪教组织机构、发展成员或者组织邪教活动的；

（三）在重要公共场所、监管场所或者国家重大节日、重大活动期间聚集滋事，公开进行邪教活动的；

（四）邪教组织被取缔后，或者被认定为邪教组织后，仍然聚集滋事，公开进行邪教活动的；

（五）国家工作人员从事邪教活动的；

（六）向未成年人宣扬邪教的；

（七）在学校或者其他教育培训机构宣扬邪教的。

第九条　组织、利用邪教组织破坏国家法律、行政法规实施，符合本解释第四条规定情形，但行为人能够真诚悔罪，明确表示退出邪教组织、

不再从事邪教活动的，可以不起诉或者免予刑事处罚。其中，行为人系受蒙蔽、胁迫参加邪教组织的，可以不作为犯罪处理。

组织、利用邪教组织破坏国家法律、行政法规实施，行为人在一审判决前能够真诚悔罪，明确表示退出邪教组织、不再从事邪教活动的，分别依照下列规定处理：

（一）符合本解释第二条规定情形的，可以认定为刑法第三百条第一款规定的"情节较轻"；

（二）符合本解释第三条规定情形的，可以不认定为刑法第三百条第一款规定的"情节特别严重"，处三年以上七年以下有期徒刑，并处罚金。

第十条 组织、利用邪教组织破坏国家法律、行政法规实施过程中，又有煽动分裂国家、煽动颠覆国家政权或者侮辱、诽谤他人等犯罪行为的，依照数罪并罚的规定定罪处罚。

第十一条 组织、利用邪教组织，制造、散布迷信邪说，组织、策划、煽动、胁迫、教唆、帮助其成员或者他人实施自杀、自伤的，依照刑法第二百三十二条、第二百三十四条的规定，以故意杀人罪或者故意伤害罪定罪处罚。

第十二条 邪教组织人员以自焚、自爆或者其他危险方法危害公共安全的，依照刑法第一百一十四条、第一百一十五条的规定，以放火罪、爆炸罪、以危险方法危害公共安全罪等定罪处罚。

第十三条 明知他人组织、利用邪教组织实施犯罪，而为其提供经费、场地、技术、工具、食宿、接送等便利条件或者帮助的，以共同犯罪论处。

第十四条 对于犯组织、利用邪教组织破坏法律实施罪、组织、利用邪教组织致人重伤、死亡罪，严重破坏社会秩序的犯罪分子，根据刑法第五十六条的规定，可以附加剥夺政治权利。

第十五条 对涉案物品是否属于邪教宣传品难以确定的，可以委托地市级以上公安机关出具认定意见。

第十六条 本解释自 2017 年 2 月 1 日起施行。《最高人民法院、最高人民检察院关于办理组织和利用邪教组织犯罪案件具体应用法律若干问题的解释》（法释〔1999〕18 号），《最高人民法院、最高人民检察院关于办理组织和利用邪教组织犯罪案件具体应用法律若干问题的解释（二）》（法释〔2001〕19 号），以及《最高人民法院、最高人民检察院关于办理组织和利用邪教组织犯罪案件具体应用法律若干问题的解答》（法发〔2002〕7 号）同时废止。

第三百零一条 【聚众淫乱罪】聚众进行淫乱活动的，对首要分子或者多次参加的，处五年以下有期徒刑、拘役或者管制。

【引诱未成年人聚众淫乱罪】引诱未成年人参加聚众淫乱活动的，依照前款的规定从重处罚。

【立法·要点注释】

1. "聚众"，是指在首要分子的组织、纠集下，多人聚集在一起进行淫乱活动。在男女性别上，既可以是男性多人，也可以是女性多人，还可以是男女混杂多人。

2. "淫乱活动"，主要是指性交行为，即群奸群宿。

3. "首要分子"，是指在聚众淫乱犯罪中起策划、组织、指挥、纠集作用的为首分子；"多次参加的"，一般是指三次或者三次以上参加聚众淫乱的。对偶尔参加者，应当进行批评教育或者给予必要的治安处罚，不宜定罪处刑。

4. 引诱未成年人参加聚众淫乱活动，不需具备"多次"的条件。

【司法解释】

《最高人民检察院、公安部关于公安机关管辖的刑事案件立案追诉标准的规定（一）》（公通字〔2008〕36号，20080625）

第四十一条〔聚众淫乱案（刑法第三百零一条第一款）〕组织、策划、指挥三人以上进行淫乱活动或者参加聚众淫乱活动三次以上的，应予立案追诉。

第四十二条〔引诱未成年人聚众淫乱案（刑法第三百零一条第二款）〕引诱未成年人参加聚众淫乱活动的，应予立案追诉。

第三百零二条　**【盗窃、侮辱、故意毁坏尸体、尸骨、骨灰罪】**盗窃、侮辱、故意毁坏尸体、尸骨、骨灰的，处三年以下有期徒刑、拘役或者管制。

【修正前条文】

第三百零二条　**【盗窃、侮辱尸**

体罪】盗窃、侮辱尸体的，处三年以下有期徒刑、拘役或者管制。

【修正说明】

刑法修正案（九）第三十四条对原条文作出下述修改：一是在犯罪对象中增加了尸骨、骨灰；二是增加了故意毁坏的行为。

【立法·要点注释】

实践中，行为人实施盗窃、侮辱、故意毁坏尸体、尸骨、骨灰的行为，动机可能是多种多样的，有的是出于泄愤报复，有的则是为盗窃财物或者出卖尸体，有的盗走尸骨制成标本，有的出于变态心理以泄淫欲等，但这只是量刑的酌定情节，不影响本罪的构成。判断是否侮辱、故意毁坏尸体的犯罪，主要是看行为人主观上是否有侮辱、故意毁坏尸体的故意，如医务人员、司法工作人员因履行职责依法对尸体进行解剖，殡仪馆工作人员按照规定火化尸体等，主观上没有侮辱、故意毁坏尸体的故意，不能认为是侮辱、故意毁坏尸体。

第三百零三条　**【赌博罪】**以营利为目的，聚众赌博或者以赌博为业的，处三年以下有期徒刑、拘役或者管制，并处罚金。

【开设赌场罪】开设赌场的，处三年以下有期徒刑、拘役或者管制，并处罚金；情节严重的，处三年以上十年以下有期徒刑，并处罚金。

【修正前条文】

第三百零三条　**【赌博罪】**以营利为目的，聚众赌博、开设赌场或者以赌博为业的，处三年以下有期徒刑、拘役或者管制，并处罚金。

【修正说明】

刑法修正案（六）第十八条对原条文作出下述修改：一是增设开设赌场罪；二是提高了相关行为的法定刑。

【立法·要点注释】

"以赌博为业的"，是指以赌博为常业，即以赌博所得为其生活或者挥霍的主要来源的行为。以赌博为生活或主要经济来源者既包括没有正式职业和其他正当收入而以赌博为生的人，也包括那些虽然有职业或其他收入，但其经济收入的主要部分来自赌博活动的人。

【司法解释 I】

《最高人民检察院、公安部关于公安机关管辖的刑事案件立案追诉标准的规定（一）》（公通字〔2008〕36 号，20080625）

第四十三条〔赌博案（刑法第三百零三条第一款）〕以营利为目的，聚众赌博，涉嫌下列情形之一的，应予立案追诉：

（一）组织三人以上赌博，抽头渔利数额累计五千元以上的；

（二）组织三人以上赌博，赌资数额累计五万元以上；

（三）组织三人以上赌博，参赌人数累计二十人以上的；

（四）组织中华人民共和国公民十人以上赴境外赌博，从中收取回扣、介绍费的；

（五）其他聚众赌博应予追究刑事责任的情形。

以营利为目的，以赌博为业的，应予立案追诉。

赌博犯罪中用作赌注的款物、换取筹码的款物和通过赌博赢取的款物属于赌资。通过计算机网络实施赌博犯罪的，赌资数额可以按照在计算机网络上投注或者赢取的点数乘以每一点实际代表的金额认定。

第四十四条〔开设赌场案（刑法第三百零三条第二款）〕开设赌场的，应予立案追诉。

在计算机网络上建立赌博网站，或者为赌博网站担任代理，接受投注的，属于本条规定的"开设赌场"。

【司法解释 II】

《最高人民法院、最高人民检察院关于办理赌博刑事案件具体应用法律若干问题的解释》（法释〔2005〕3 号，20050513）

第一条 以营利为目的，有下列情形之一的，属于刑法第三百零三条规定的"聚众赌博"：

（一）组织 3 人以上赌博，抽头渔利数额累计达到 5000 元以上的；

（二）组织 3 人以上赌博，赌资数额累计达到 5 万元以上的；

（三）组织 3 人以上赌博，参赌人数累计达到 20 人以上的；

（四）组织中华人民共和国公民 10 人以上赴境外赌博，从中收取回扣、介绍费的。

第二条 以营利为目的，在计算机网络上建立赌博网站，或者为赌博网站担任代理，接受投注的，属于刑法第三百零三条规定的"开设赌场"。

第三条　中华人民共和国公民在我国领域外周边地区聚众赌博、开设赌场，以吸引中华人民共和国公民为主要客源，构成赌博罪的，可以依照刑法规定追究刑事责任。

第四条　明知他人实施赌博犯罪活动，而为其提供资金、计算机网络、通讯、费用结算等直接帮助的，以赌博罪的共犯论处。

第五条　实施赌博犯罪，有下列情形之一的，依照刑法第三百零三条的规定从重处罚：

（一）具有国家工作人员身份的；

（二）组织国家工作人员赴境外赌博的；

（三）组织未成年人参与赌博，或者开设赌场吸引未成年人参与赌博的。

第六条　未经国家批准擅自发行、销售彩票，构成犯罪的，依照刑法第二百二十五条第（四）项的规定，以非法经营罪定罪处罚。

第七条　通过赌博或者为国家工作人员赌博提供资金的形式实施行贿、受贿行为，构成犯罪的，依照刑法关于贿赂犯罪的规定定罪处罚。

第八条　赌博犯罪中用作赌注的款物、换取筹码的款物和通过赌博赢取的款物属于赌资。通过计算机网络实施赌博犯罪的，赌资数额可以按照在计算机网络上投注或者赢取的点数乘以每一点实际代表的金额认定。

赌资应当依法予以追缴；赌博用具、赌博违法所得以及赌博犯罪分子所有的专门用于赌博的资金、交通工具、通讯工具等，应当依法予以没收。

第九条　不以营利为目的，进行带有少量财物输赢的娱乐活动，以及提供棋牌室等娱乐场所只收取正常的场所和服务费用的经营行为等，不以赌博论处。

【司法解释Ⅲ】

《最高人民法院关于对设置圈套诱骗他人参赌又向索还钱财的受骗者施以暴力或暴力威胁的行为应如何定罪问题的批复》（法复〔1995〕8 号，19951106）①

行为人设置圈套诱骗他人参赌获取钱财，属赌博行为，构成犯罪的，应当以赌博罪定罪处罚。参赌者识破骗局要求退还所输钱财，设赌者又使用暴力或者以暴力相威胁，拒绝退还的，应以赌博罪从重处罚；致参赌者伤害或者死亡的，应以赌博罪和故意伤害罪或者故意杀人罪，依法实行数罪并罚。

【司法指导文件Ⅰ】

《最高人民法院、最高人民检察院、公安部关于办理网络赌博犯罪案件适用法律若干问题的意见》（公通字〔2010〕40 号，20100831）

一、关于网上开设赌场犯罪的定罪量刑标准

利用互联网、移动通讯终端等传输赌博视频、数据，组织赌博活动，

---

① 设置圈套控制赌博输赢，并从中获取钱财的行为，应当定性为诈骗罪。参见本法第二百六十六条项下法院参考案例第 836 号。——编者注

具有下列情形之一的，属于刑法第三百零三条第二款规定的"开设赌场"行为：

（一）建立赌博网站并接受投注的；

（二）建立赌博网站并提供给他人组织赌博的；

（三）为赌博网站担任代理并接受投注的；

（四）参与赌博网站利润分成的。

实施前款规定的行为，具有下列情形之一的，应当认定为刑法第三百零三条第二款规定的"情节严重"：

（一）抽头渔利数额累计达到 3 万元以上的；

（二）赌资数额累计达到 30 万元以上的；

（三）参赌人数累计达到 120 人以上的；

（四）建立赌博网站后通过提供给他人组织赌博，违法所得数额在 3 万元以上的；

（五）参与赌博网站利润分成，违法所得数额在 3 万元以上的；

（六）为赌博网站招募下级代理，由下级代理接受投注的；

（七）招揽未成年人参与网络赌博的；

（八）其他情节严重的情形。

二、关于网上开设赌场共同犯罪的认定和处罚

明知是赌博网站，而为其提供下列服务或者帮助的，属于开设赌场罪的共同犯罪，依照刑法第三百零三条第二款的规定处罚：

（一）为赌博网站提供互联网接入、服务器托管、网络存储空间、通讯传输通道、投放广告、发展会员、软件开发、技术支持等服务，收取服务费数额在 2 万元以上的；

（二）为赌博网站提供资金支付结算服务，收取服务费数额在 1 万元以上或者帮助收取赌资 20 万元以上的；

（三）为 10 个以上赌博网站投放与网址、赔率等信息有关的广告或者为赌博网站投放广告累计 100 条以上的。

实施前款规定的行为，数量或者数额达到前款规定标准 5 倍以上的，应当认定为刑法第三百零三条第二款规定的"情节严重"。

实施本条第一款规定的行为，具有下列情形之一的，应当认定行为人"明知"，但是有证据证明确实不知道的除外：

（一）收到行政主管机关书面等方式的告知后，仍然实施上述行为的；

（二）为赌博网站提供互联网接入、服务器托管、网络存储空间、通讯传输通道、投放广告、软件开发、技术支持、资金支付结算等服务，收取服务费明显异常的；

（三）在执法人员调查时，通过销毁、修改数据、账本等方式故意规避调查或者向犯罪嫌疑人通风报信的；

（四）其他有证据证明行为人明知的。

如果有开设赌场的犯罪嫌疑人尚未到案，但是不影响对已到案共同犯罪嫌疑人、被告人的犯罪事实认定的，可以依法对已到案者定罪处罚。

三、关于网络赌博犯罪的参赌人数、赌资数额和网站代理的认定

赌博网站的会员账号数可以认定为参赌人数，如果查实一个账号多人使用或者多个账号一人使用的，应当按照实际使用的人数计算参赌人数。

赌资数额可以按照在网络上投注或者赢取的点数乘以每一点实际代表的金额认定。

对于将资金直接或间接兑换为虚拟货币、游戏道具等虚拟物品，并用其作为筹码投注的，赌资数额按照购买该虚拟物品所需资金数额或者实际支付资金数额认定。

对于开设赌场犯罪中用于接收、流转赌资的银行账户内的资金，犯罪嫌疑人、被告人不能说明合法来源的，可以认定为赌资。向该银行账户转入、转出资金的银行账户数量可以认定为参赌人数。如果查实一个账户多人使用或多个账户一人使用的，应当按照实际使用的人数计算参赌人数。

有证据证明犯罪嫌疑人在赌博网站上的账号设置有下级账号的，应当认定其为赌博网站的代理。

四、关于网络赌博犯罪案件的管辖

网络赌博犯罪案件的地域管辖，应当坚持以犯罪地管辖为主、被告人居住地管辖为辅的原则。

"犯罪地"包括赌博网站服务器所在地、网络接入地，赌博网站建立者、管理者所在地，以及赌博网站代理人、参赌人实施网络赌博行为地等。

……

【司法指导文件Ⅰ·注释】

1. 关于网络开设赌场行为的认定。开设赌场行为有情节轻重之别，轻者违反治安管理处罚法，重者才触犯刑法。判别罪与非罪时，应综合考虑行为客观方面诸要素，包括抽头渔利数额、赌资数额、参赌人数、违法所得数额和社会影响等。利用局域网在少数固定的人员之间传输赌博视频、数据，抽头渔利数额较小或仅赢取少量钱财，危害不大的，可不以犯罪论处。另外，如果行为人既没有建立赌博网站，也没有为赌博网站担任代理，仅以营利为目的，通过利用自己掌握的赌博网站的网址、账户、密码等信息，组织多人进行网络赌博活动，则其行为不属于刑法规定的"开设赌场"，符合"聚众赌博"认定标准的，可按赌博罪处理。

2. 关于赌场共犯与非法经营罪竞合。未经国家行政审批部门许可而从事网络支付业务，为赌博犯罪提供网络支付业务，既符合刑法修正案（七）规定的非法从事资金支付结算条件而构成非法经营罪，又可以按开设赌场罪共犯处理的，可择一重罪处断。

【司法指导文件Ⅱ】

《最高人民法院、最高人民检察院、公安部关于办理利用赌博机开设赌场案件适用法律若干问题的意见》（公通字〔2014〕17 号，20140326）

一、关于利用赌博机组织赌博的性质认定

设置具有退币、退分、退钢珠等

赌博功能的电子游戏设施设备，并以现金、有价证券等贵重款物作为奖品，或者以回购奖品方式给予他人现金、有价证券等贵重款物（以下简称设置赌博机）组织赌博活动的，应当认定为刑法第三百零三条第二款规定的"开设赌场"行为。

二、关于利用赌博机开设赌场的定罪处罚标准

设置赌博机组织赌博活动，具有下列情形之一的，应当按照刑法第三百零三条第二款规定的开设赌场罪定罪处罚：

（一）设置赌博机 10 台以上的；

（二）设置赌博机 2 台以上，容留未成年人赌博的；

（三）在中小学校附近设置赌博机 2 台以上的；

（四）违法所得累计达到 5000 元以上的；

（五）赌资数额累计达到 5 万元以上的；

（六）参赌人数累计达到 20 人以上的；

（七）因设置赌博机被行政处罚后，两年内再设置赌博机 5 台以上的；

（八）因赌博、开设赌场犯罪被刑事处罚后，五年内再设置赌博机 5 台以上的；

（九）其他应当追究刑事责任的情形。

设置赌博机组织赌博活动，具有下列情形之一的，应当认定为刑法第三百零三条第二款规定的"情节严重"：

（一）数量或者数额达到第二条第一款第一项至第六项规定标准六倍以上的；

（二）因设置赌博机被行政处罚后，两年内再设置赌博机 30 台以上的；

（三）因赌博、开设赌场犯罪被刑事处罚后，五年内再设置赌博机 30 台以上的；

（四）其他情节严重的情形。

可同时供多人使用的赌博机，台数按照能够独立供一人进行赌博活动的操作基本单元的数量认定。

在两个以上地点设置赌博机，赌博机的数量、违法所得、赌资数额、参赌人数等均合并计算。

三、关于共犯的认定

明知他人利用赌博机开设赌场，具有下列情形之一的，以开设赌场罪的共犯论处：

（一）提供赌博机、资金、场地、技术支持、资金结算服务的；

（二）受雇参与赌场经营管理并分成的；

（三）为开设赌场者组织客源，收取回扣、手续费的；

（四）参与赌场管理并领取高额固定工资的；

（五）提供其他直接帮助的。

四、关于生产、销售赌博机的定罪量刑标准

以提供给他人开设赌场为目的，违反国家规定，非法生产、销售具有退币、退分、退钢珠等赌博功能的电子游戏设施设备或者其专用软件，情节严重的，依照刑法第二百二十五条的规定，以非法经营罪定罪处罚。

实施前款规定的行为，具有下列情形之一的，属于非法经营行为"情节严重"：

（一）个人非法经营数额在五万元以上，或者违法所得数额在一万元以上的；

（二）单位非法经营数额在五十万元以上，或者违法所得数额在十万元以上的；

（三）虽未达到上述数额标准，但两年内因非法生产、销售赌博机行为受过二次以上行政处罚，又进行同种非法经营行为的；

（四）其他情节严重的情形。

具有下列情形之一的，属于非法经营行为"情节特别严重"：

（一）个人非法经营数额在二十五万元以上，或者违法所得数额在五万元以上的；

（二）单位非法经营数额在二百五十万元以上，或者违法所得数额在五十万元以上的。

五、关于赌资的认定

本意见所称赌资包括：

（一）当场查获的用于赌博的款物；

（二）代币、有价证券、赌博积分等实际代表的金额；

（三）在赌博机上投注或赢取的点数实际代表的金额。

六、关于赌博机的认定

对于涉案的赌博机，公安机关应当采取拍照、摄像等方式及时固定证据，并予以认定。对于是否属于赌博机难以确定的，司法机关可以委托地市级以上公安机关出具检验报告。司法机关根据检验报告，并结合案件具体情况作出认定。必要时，人民法院可以依法通知检验人员出庭作出说明。

七、关于宽严相济刑事政策的把握

办理利用赌博机开设赌场的案件，应当贯彻宽严相济刑事政策，重点打击赌场的出资者、经营者。对受雇佣为赌场从事接送参赌人员、望风看场、发牌坐庄、兑换筹码等活动的人员，除参与赌场利润分成或者领取高额固定工资的以外，一般不追究刑事责任，可由公安机关依法给予治安管理处罚。对设置游戏机，单次换取少量奖品的娱乐活动，不以违法犯罪论处。

八、关于国家机关工作人员渎职犯罪的处理

负有查禁赌博活动职责的国家机关工作人员，徇私枉法，包庇、放纵开设赌场违法犯罪活动，或者为违法犯罪分子通风报信、提供便利、帮助犯罪分子逃避处罚，构成犯罪的，依法追究刑事责任。

国家机关工作人员参与利用赌博机开设赌场犯罪的，从重处罚。

【司法指导文件Ⅲ】

《最高人民检察院法律政策研究室对〈关于《关于办理利用赌博机开设赌场案件适用法律若干问题的意见》第七条是否适用于其他开设赌场案件的请示〉的答复意见》（20141222）

办理利用赌博机开设赌场以外的其他开设赌场案件，应当参照"两高"、公安部《关于办理利用赌博机开设赌场案件适用法律若干问题的意见》（公通字〔2014〕17 号）第七条"关于宽严相济刑事政策的把握"的有关规定。

【公安文件 I 】

《公安部关于办理赌博违法案件适用法律若干问题的通知》（公通字〔2005〕30 号，20050525）

五、赌博活动中用作赌注的款物、换取筹码的款物和通过赌博赢取的款物属于赌资。

在利用计算机网络进行的赌博活动中，分赌场、下级庄家或者赌博参与者在组织或者参与赌博前向赌博组织者、上级庄家或者赌博公司交付的押金，应当视为赌资。

六、赌博现场没有赌资，而是以筹码或者事先约定事后交割等方式代替的，赌资数额经调查属实后予以认定。个人投注的财物数额无法确定时，按照参赌财物的价值总额除以参赌人数的平均值计算。

通过计算机网络实施赌博活动的赌资数额，可以按照在计算机网络上投注或者赢取的总点数乘以每个点数实际代表的金额认定。赌博的次数，可以按照在计算机网络上投注的总次数认定。

七、对查获的赌资、赌博违法所得应当依法没收，上缴国库，并按照规定出具法律手续。对查缴的赌具和销售的具有赌博功能的游戏机，一律依法予以销毁、严禁截留、私分或者以其他方式侵吞赌资、赌具、赌博违法所得以及违法行为人的其他财物。违者，对相关责任人员依法予以行政

处分；构成犯罪的，依法追究刑事责任。

对参与赌博人员使用的交通、通讯工具未作为赌注的，不得没收。在以营利为目的，聚众赌博、开设赌场，或者采取不报经国家批准，擅自发行、销售彩票的方式为赌博提供条件，尚不够刑事处罚的案件中，违法行为人本人所有的用于纠集、联络、运送参赌人员以及用于望风护赌的交通、通讯工具，应当依法没收。

【公安文件 II 】

《公安部法制局就〈关于办理赌博违法案件有关法律适用问题的通知〉的电话答复》（20050905）

一、行为人诱使他人参与赌博，约定由行为人本人直接参赌，他人与其共同承担输赢责任，在行为人故意输给其他参赌人后，要求被诱骗人承担还款责任，骗取钱款数额巨大的，应以诈骗罪追究行为人的刑事责任。

二、赌博违法活动中既有赌资又有欠条的，打欠条属于《通知》第六条规定的"事先约定事后交割"方式，欠条所载金额经调查属实后可以认定为赌资。

【指导性案例·法院】

〔洪小强、洪礼沃、洪清泉、李志荣开设赌场案，FZD2018－105〕

以营利为目的，通过邀请人员加入微信群的方式招揽赌客，根据竞猜游戏网站的开奖结果等方式进行赌博，设定赌博规则，利用微信群进行控制管理，在一段时间内持续组织网络赌博活动的，属于刑法第三百零三条第

二款规定的"开设赌场"。

〔谢检军、高垒、高尔樵、杨泽彬开设赌场案，FZD2018－106〕

以营利为目的，通过邀请人员加入微信群，利用微信群进行控制管理，以抢红包方式进行赌博，在一段时间内持续组织赌博活动的行为，属于刑法第三百零三条第二款规定的"开设赌场"。

【法院参考案例】

〔**参考案例第 752 号：周帮权等赌博案**〕在内地利用香港"六合彩"开奖信息进行竞猜赌博的行为，如何定性？

在内地利用香港"六合彩"开奖信息，在庄家与投注者之间进行竞猜对赌的行为，不属于非法发售彩票的行为，而是一种赌博行为，应当以赌博罪论处。

〔**参考案例第 804 号：萧俊伟开设赌场案**〕明知是赌博网站仍为其提供资金结算便利的行为如何定性？

明知是赌博网站，仍为其提供资金结算便利的行为，构成开设赌场罪刑法修正案（九）施行后发生的明知是赌博网站，仍为其提供资金结算便利的行为，既构成帮助信息网络犯罪活动罪，又构成开设赌场罪的共同犯罪的，应当依照处罚较重的规定定罪处罚。

第三百零四条 【故意延误投递邮件罪】邮政工作人员严重不负责任，故意延误投递邮件，致使公共财产、国家和人民利益遭受重大损失的，处二年以下有期徒刑或者拘役。

【立法·要点注释】

1."邮政工作人员"，是指邮政企业及其分支机构的营业员、投递员、押运员以及其他从事邮政工作的人员。本罪主体是邮政工作人员，其他人员，如一般单位收发室人员故意延误邮件收发的，不构成本罪。

2."延误投递"，是指邮政工作人员故意拖延、耽误邮件的分发、递送，没有按照国务院邮政主管部门规定的时限投交邮件；"邮件"，是指通过邮政企业及其分支机构寄送、递交的信件、电报、传真、印刷品、邮包、汇款通知、报刊杂志等。

【司法解释】

《**最高人民检察院、公安部关于公安机关管辖的刑事案件立案追诉标准的规定（一）**》（公通字〔2008〕36号，20080625）

第四十五条〔故意延误投递邮件案（刑法第三百零四条）〕邮政工作人员严重不负责任，故意延误投递邮件，涉嫌下列情形之一的，应予立案追诉：

（一）造成直接经济损失二万元以上的；

（二）延误高校录取通知书或者其他重要邮件投递，致使他人失去高校录取资格或者造成其他无法挽回的重大损失的；

（三）严重损害国家声誉或者造成其他恶劣社会影响的；

（四）其他致使公共财产、国家和人民利益遭受重大损失的情形。

第二节　妨害司法罪

第三百零五条　**【伪证罪】**在刑事诉讼中，证人、鉴定人、记录人、翻译人对与案件有重要关系的情节，故意作虚假证明、鉴定、记录、翻译，意图陷害他人或者隐匿罪证的，处三年以下有期徒刑或者拘役；情节严重的，处三年以上七年以下有期徒刑。

【立法·要点注释】

"情节严重的"，主要指犯罪手段极为恶劣或者造成严重后果，如致使罪行重大的案犯逃脱法律制裁，使无辜的人受到刑事追究等。

【法院参考案例】

〔**参考案例第98号：金某伪证案**〕被害人在向司法机关报案时，故意夸大犯罪事实，并指使他人作伪证的行为如何定罪处刑？

被害人在向司法机关报案时，故意夸大犯罪事实的行为不构成伪证罪和诬告陷害罪，被害人指使他人作伪证的行为性质属于妨害作证，如果情节达到犯罪的程度，应当以妨害作证罪处理。

第三百零六条　**【辩护人、诉讼代理人毁灭证据、伪造证据、妨害作证罪】**在刑事诉讼中，辩护人、诉讼代理人毁灭、伪造证据，帮助当事人毁灭、伪造证据，威胁、引诱证人违背事实改变证言或者作伪证的，处三年以下有期徒刑或者拘役；情节严重的，处三年以上七年以下有期徒刑。

辩护人、诉讼代理人提供、出示、引用的证人证言或者其他证据失实，不是有意伪造的，不属于伪造证据。

【立法·要点注释】

1. "情节严重"，主要是指犯罪手段极其恶劣、严重妨害了刑事诉讼的正常进行，以及造成犯罪人逃避刑事追究或者使无罪的人受到刑事追究等严重后果。

2. "不是有意伪造"，是指辩护人、诉讼代理人对证据不真实的情况并不知情，未参与伪造证据的，证据虚假的原因是证人或者提供证据的人造成的，以及辩护人、诉讼代理人由于工作上的失误造成的。

【法院公报案例】

〔**上海市卢湾区人民检察院诉万才华妨害作证案，GB2012-12**〕行为人为逃避债务，伙同他人提起虚假民事诉讼并指使他人作伪证，妨害人民法院正常司法活动的，应当依照刑法第三百零七条的规定，以妨害作证罪定罪处罚。

【法院参考案例】

〔**参考案例第62号：刘某辩护人妨害作证案**〕辩护人妨害作证罪是否以发生危害后果为构成要件？

1. 只要辩护人在刑事诉讼中，实施了威胁、引诱证人违背事实改变证言或者作伪证的行为，即可以构成犯罪。至于证人在威胁、引诱下改变了证言或者作了伪证，是否足以或者已经导致案件处理或者裁判错误，不影响犯罪的成立。

2. 实践中，对于辩护人故意引诱、威胁证人改变证言或者作伪证，但情节显著轻微，如证人坚持如实作证，或者辩护人最终没有将取得的虚假证言向司法机关提供的，不应追究辩护人刑事责任。

〔参考案例第444号：肖芳泉辩护人妨害作证案〕辩护人妨害作证罪中的"证人"是否包括被害人？

刑法第三百零六条规定辩护人、诉讼代理人妨害作证罪中的"证人"应作广义的理解，被害人、鉴定人应当可以成为本罪的犯罪对象。

第三百零七条 【妨害作证罪】 以暴力、威胁、贿买等方法阻止证人作证或者指使他人作伪证的，处三年以下有期徒刑或者拘役；情节严重的，处三年以上七年以下有期徒刑。

【帮助毁灭、伪造证据罪】 帮助当事人毁灭、伪造证据，情节严重的，处三年以下有期徒刑或者拘役。

司法工作人员犯前两款罪的，从重处罚。

【立法·要点注释】

本条规定未限于刑事诉讼，可适用于刑事、民事、行政等一切诉讼当中。

【法院参考案例】

〔参考案例第681号：俞耀交通肇事案〕交通肇事逃逸后以贿买的方式指使他人冒名顶罪、作伪证的行为，

如何定性？

行为人在交通肇事逃逸后以贿买方式指使他人顶罪、作伪证的行为，扰乱了司法秩序，应另定妨害作证罪，而不应作为交通肇事罪中的一个量刑情节来处理。

〔参考案例第935号：徐云宝、郑献洋帮助伪造证据案〕民事诉讼中当庭所作的虚假证言是否属于帮助伪造证据罪中的"证据"？

民事诉讼中当庭所作的虚假证言属于帮助伪造证据罪中的"证据"。

第三百零七条之一 【虚假诉讼罪】 以捏造的事实提起民事诉讼，妨害司法秩序或者严重侵害他人合法权益的，处三年以下有期徒刑、拘役或者管制，并处或者单处罚金；情节严重的，处三年以上七年以下有期徒刑，并处罚金。

单位犯前款罪的，对单位判处罚金，并对其直接负责的主管人员和其他直接责任人员，依照前款的规定处罚。

有第一款行为，非法占有他人财产或者逃避合法债务，又构成其他犯罪的，依照处罚较重的规定定罪从重处罚。

司法工作人员利用职权，与他人共同实施前三款行为的，从重处罚；同时构成其他犯罪的，依照处罚较重的规定定罪从重处罚。

【修正说明】

本罪由刑法修正案（九）第三十五条增设。

【立法·要点注释】

1. "捏造的事实"，是指凭空编造的不存在的事实。如根本不存在的债权债务关系，从未发生过的商标侵权行为等。如果民事纠纷客观存在，行为人对具体数额、期限等事实作夸大、隐瞒或虚假陈述的，不属于这里的"捏造"。以捏造的事实提起民事诉讼，是指通过伪造证书证、物证、恶意串通、指使证人作假证言等手段，以凭空捏造的根本不存在的事实为基础，向法院提出诉讼请求，要求法院作出裁判。

2. 只要虚假诉讼行为妨害司法秩序或者严重侵害他人合法权益，就可以构成本条规定的犯罪，并不一定要求诉讼程序已经完结，司法机关已经实际完成了裁判文书制作、送达，裁判文书完全符合行为人的意愿等。

3. 对于提起诉讼的基本事实是真实的，但在一些证据材料上弄虚作假，企图欺骗司法机关，获取有利于自己的裁判的行为，不适用本条规定。对这类行为，可以按照民事诉讼法的有关规定予以罚款、拘留。构成妨害作证、帮助毁灭、伪造证据等其他犯罪的，应当按照刑法有关规定追究刑事责任。

【司法解释Ⅰ】

《最高人民法院关于〈中华人民共和国刑法修正案（九）〉时间效力问题的解释》（法释〔2015〕19号，20151101）

第七条 对于 2015 年 10 月 31 日以前以捏造的事实提起民事诉讼，妨害司法秩序或者严重侵害他人合法权益，根据修正前刑法应当以伪造公司、企业、事业单位、人民团体印章罪或者妨害作证罪等追究刑事责任的，适用修正前刑法的有关规定。但是，根据修正后刑法第三百零七条之一的规定处刑较轻的，适用修正后刑法的有关规定。

实施第一款行为，非法占有他人财产或者逃避合法债务，根据修正前刑法应当以诈骗罪、职务侵占罪或者贪污罪等追究刑事责任的，适用修正前刑法的有关规定。

【司法解释Ⅰ·注释】

由于虚假诉讼罪是新增罪名，对于 2015 年 10 月 31 日以前以捏造的事实提起民事诉讼，妨害司法秩序、非法占有他人财产、逃避合法债务或者严重侵害他人合法权益的，原则上均不以虚假诉讼罪定罪处罚。但有两点需要注意：

第一，对于在虚假诉讼过程中实施的妨害作证、伪造印章等行为，触犯修正前刑法有关规定的，仍应以妨害作证罪或者伪造公司印章罪等罪名予以定罪处罚，这并不违反罪刑法定原则。当然，根据从旧兼从轻原则，如果根据修正后刑法第三百零七条之一的规定处刑较轻的（如情节严重的伪造、变造国家机关公文、证件、印章罪的处刑比情节严重的虚假诉讼罪重），则作为例外，可以虚假诉讼罪定罪处罚。

第二，对于以非法占有为目的，以虚假诉讼为手段，骗取、侵吞国家、集体或者他人财产，或者逃避合法债务的，应当以诈骗罪、职务侵占罪或者贪污罪等追究刑事责任。此时，虽然虚假诉讼罪的处刑较轻，但因虚假诉讼罪只能评价诈骗、职务侵占或者贪污的手段行为，不能反映罪行全貌及危害后果，不能根据从旧兼从轻原则以虚假诉讼罪处罚，只能依照处罚较重的规定定罪从重处罚。

【司法解释Ⅱ】

《最高人民法院、最高人民检察院关于办理虚假诉讼刑事案件适用法律若干问题的解释》（法释〔2018〕17号，20181001）

第一条　采取伪造证据、虚假陈述等手段，实施下列行为之一，捏造民事法律关系，虚构民事纠纷，向人民法院提起民事诉讼的，应当认定为刑法第三百零七条之一第一款规定的"以捏造的事实提起民事诉讼"：

（一）与夫妻一方恶意串通，捏造夫妻共同债务的；

（二）与他人恶意串通，捏造债权债务关系和以物抵债协议的；

（三）与公司、企业的法定代表人、董事、监事、经理或者其他管理人员恶意串通，捏造公司、企业债务或者担保义务的；

（四）捏造知识产权侵权关系或者不正当竞争关系的；

（五）在破产案件审理过程中申报捏造的债权的；

（六）与被执行人恶意串通，捏造债权或者对查封、扣押、冻结财产的优先权、担保物权的；

（七）单方或者与他人恶意串通，捏造身份、合同、侵权、继承等民事法律关系的其他行为。

隐瞒债务已经全部清偿的事实，向人民法院提起民事诉讼，要求他人履行债务的，以"以捏造的事实提起民事诉讼"论。

向人民法院申请执行基于捏造的事实作出的仲裁裁决、公证债权文书，或者在民事执行过程中以捏造的事实对执行标的提出异议、申请参与执行财产分配的，属于刑法第三百零七条之一第一款规定的"以捏造的事实提起民事诉讼"。

第二条　以捏造的事实提起民事诉讼，有下列情形之一的，应当认定为刑法第三百零七条之一第一款规定的"妨害司法秩序或者严重侵害他人合法权益"：

（一）致使人民法院基于捏造的事实采取财产保全或者行为保全措施的；

（二）致使人民法院开庭审理，干扰正常司法活动的；

（三）致使人民法院基于捏造的事实作出裁判文书、制作财产分配方案，或者立案执行基于捏造的事实作出的仲裁裁决、公证债权文书的；

（四）多次以捏造的事实提起民事诉讼的；

（五）曾因以捏造的事实提起民事诉讼被采取民事诉讼强制措施或者受过刑事追究的；

（六）其他妨害司法秩序或者严重侵害他人合法权益的情形。

第三条　以捏造的事实提起民事

诉讼，有下列情形之一的，应当认定为刑法第三百零七条之一第一款规定的"情节严重"：

（一）有本解释第二条第一项情形，造成他人经济损失一百万元以上的；

（二）有本解释第二条第二项至第四项情形之一，严重干扰正常司法活动或者严重损害司法公信力的；

（三）致使义务人自动履行生效裁判文书确定的财产给付义务或者人民法院强制执行财产权益，数额达到一百万元以上的；

（四）致使他人债权无法实现，数额达到一百万元以上的；

（五）非法占有他人财产，数额达到十万元以上的；

（六）致使他人因为不执行人民法院基于捏造的事实作出的判决、裁定，被采取刑事拘留、逮捕措施或者受到刑事追究的；

（七）其他情节严重的情形。

第四条 实施刑法第三百零七条之一第一款行为，非法占有他人财产或者逃避合法债务，又构成诈骗罪，职务侵占罪，拒不执行判决、裁定罪，贪污罪等犯罪的，依照处罚较重的规定定罪从重处罚。

第五条 司法工作人员利用职权，与他人共同实施刑法第三百零七条之一前三款行为的，从重处罚；同时构成滥用职权罪，民事枉法裁判罪，执行判决、裁定滥用职权罪等犯罪的，依照处罚较重的规定定罪从重处罚。

第六条 诉讼代理人、证人、鉴定人等诉讼参与人与他人通谋，代理提起虚假民事诉讼、故意作虚假证言或者出具虚假鉴定意见，共同实施刑法第三百零七条之一前三款行为的，依照共同犯罪的规定定罪处罚；同时构成妨害作证罪，帮助毁灭、伪造证据罪等犯罪的，依照处罚较重的规定定罪从重处罚。

第七条 采取伪造证据等手段篡改案件事实，骗取人民法院裁判文书，构成犯罪的，依照刑法第二百八十条、第三百零七条等规定追究刑事责任。

第八条 单位实施刑法第三百零七条之一第一款行为的，依照本解释规定的定罪量刑标准，对其直接负责的主管人员和其他直接责任人员定罪处罚，并对单位判处罚金。

第九条 实施刑法第三百零七条之一第一款行为，未达到情节严重的标准，行为人系初犯，在民事诉讼过程中自愿具结悔过，接受人民法院处理决定，积极退赃、退赔的，可以认定为犯罪情节轻微，不起诉或者免予刑事处罚；确有必要判处刑罚的，可以从宽处罚。

司法工作人员利用职权，与他人共同实施刑法第三百零七条之一第一款行为的，对司法工作人员不适用本条第一款规定。

第十条 虚假诉讼刑事案件由虚假民事诉讼案件的受理法院所在地或者执行法院所在地人民法院管辖。有刑法第三百零七条之一第四款情形的，上级人民法院可以指定下级人民法院将案件移送其他人民法院审判。

第十一条 本解释所称裁判文书，是指人民法院依照民事诉讼法、企业破产法等民事法律作出的判决、裁定、调解书、支付令等文书。

第十二条 本解释自 2018 年 10 月 1 日起施行。

【司法解释Ⅱ·注释】

1. 虚假诉讼罪仅适用于民事诉讼领域。对于实践中出现的以捏造的事实提起行政诉讼的行为，不能以虚假诉讼罪定罪处刑。

2. 虚假诉讼犯罪仅限于"无中生有型"行为，即凭空捏造根本不存在的民事法律关系和因该民事法律关系产生民事纠纷的情形。"捏造事实"行为的本质是捏造民事法律关系、虚构民事纠纷，两者应同时具备、缺一不可。对于"部分篡改型"虚假诉讼行为，即民事法律关系和民事纠纷客观存在，行为人只是对具体的诉讼标的额、履行方式等部分事实作夸大或者隐瞒的行为，不属于刑法规定的虚假诉讼罪的范畴；构成犯罪的，可以以伪造公司、企业、事业单位、人民团体印章罪或者妨害作证罪等罪名追究其刑事责任。捏造事实即可以是积极行为，也可以是特定形式的消极行为。行为人隐瞒他人已经全部清偿债务的事实，向人民法院提起民事诉讼，要求对方履行债务的，也可以构成虚假诉讼罪。

3. 虚假诉讼犯罪行为的具体实施方式可以表现为"单方欺诈型"和"恶意串通型"。刑法中的虚假诉讼犯罪行为与民事诉讼法第一百一十二条、第一百一十三条规定的虚假诉讼行为并不完全等同，除了当事人双方恶意串通之外，一方当事人以捏造的事实提起民事诉讼，意图使对方当事人败诉，以达到非法占有对方财产等目的的，也可以构成虚假诉讼罪。

4. 民事执行程序属于虚假诉讼罪中的"民事诉讼"。以捏造的事实申请人民法院进行民事执行，同样可能妨害司法秩序和严重侵害他人合法权益，需要采取刑事手段予以规制。实践中存在的向人民法院申请执行基于捏造的事实作出的仲裁裁决、公证债权文书，或者在民事执行过程中以捏造的事实对执行标的提出异议、申请参与执行财产分配，均可以构成虚假诉讼罪。

5. 为了突出打击重点，方便司法实践中正确适用和准确把握虚假诉讼罪，司法解释对实践中常见多发的夫妻债务认定、以物抵债、公司债务、知识产权侵权和不正当竞争、企业破产、民事执行等类型案件中捏造民事法律关系的行为作了列举式规定，并在兜底条款中对捏造民事法律关系的行为应当如何界定作了进一步明确。这种规定方式属于不完全列举。从理论上讲，虚假诉讼犯罪行为可能存在于几乎所有类型的民商事案件中。实践中，需要根据刑法和司法解释的规定正确理解、准确适用。

6. 关于 2002 年《最高人民检察院法律政策研究室关于通过伪造证据骗取法院民事裁判占有他人财物的行为如何适用法律问题的答复》（〔2002〕高检研发第 18 号，下称《2002 年最高检答复》）的效力问题。《2002 年最高检答复》规定："以非法占有为目的，通过伪造证据骗取法院民事裁判占有他人财物的行为所侵害的主要是人民法院正常的审判活动，可以由人民法院依照民事诉讼法的有关规定作出处理，不宜以诈骗罪追究行为人的刑事责任。如果行为人伪造证据时，实施了伪造公司、企业、事业单位、人民团体印章的行为，构成犯罪的，应当依照刑法第280条第2款的规定，以伪造公司、企业、事业单位、人民团体印章罪追究刑事责任；如果行为人有指使他人作伪证行为，构成犯罪的应当依照刑法第307条第1款的规定，以妨害作证罪追究刑事责任。"此后，2006年《最高人民法院研究室关于伪造证据通过诉讼获取他人财物的行为如何适用法律问题的批复》（法研〔2006〕73号）中明确，审理此类案件时可参酌适用《2002年最高检答复》的规定。刑法理论界和实务界对上述两个文件存在分歧意见，实务中也有不同处理做法。最高人民法院经研究认为，刑法修正案（九）增设虚假诉讼罪后，《2002年最高检答复》的效力仅及于虚假诉讼罪以外的情形，主要是"部分篡改型"虚假诉讼行为。

【司法指导文件】

《最高人民法院关于防范和制裁虚假诉讼的指导意见》（法发〔2016〕13号，20160620）

1. 虚假诉讼一般包含以下要素：（1）以规避法律、法规或国家政策谋取非法利益为目的；（2）双方当事人存在恶意串通；（3）虚构事实；（4）借用合法的民事程序；（5）侵害国家利益、社会公共利益或者案外人的合法权益。

2. 实践中，要特别注意以下情形：（1）当事人为夫妻、朋友等亲近关系或者关联企业等共同利益关系；（2）原告诉请司法保护的标的额与其自身经济状况严重不符；（3）原告起诉所依据的事实和理由明显不符合常理；（4）当事人双方无实质性民事权益争议；（5）案件证据不足，但双方仍然主动迅速达成调解协议，并请求人民法院出具调解书。

……

12. 对虚假诉讼参与人，要适度加大罚款、拘留等妨碍民事诉讼强制措施的法律适用力度；虚假诉讼侵害他人民事权益的，虚假诉讼参与人应当承担赔偿责任；虚假诉讼违法行为涉嫌虚假诉讼罪、诈骗罪、合同诈骗罪等刑事犯罪的，民事审判部门应当依法将相关线索和有关案件材料移送侦查机关。

第三百零八条 【打击报复证人罪】对证人进行打击报复的，处三年以下有期徒刑或者拘役；情节严重的，处三年以上七年以下有期徒刑。

【立法·要点注释】

1. "证人"不仅包括刑事诉讼中的证人，也包括行政、民事诉讼中的证人。

2. "打击报复"包括多种方式，主要有对证人进行暴力伤害，利用职权降薪、降职、辞退，当众侮辱或捏造事实诽谤等。

3. "情节严重",主要是指行为人犯罪手段极其恶劣;多次打击报复证人或者打击报复证人多人的;造成被害人精神失常、自杀等严重后果的。

4. 如果故意伤害、杀害证人或者有其他犯罪行为的,其行为则构成伤害罪、杀人罪等,应根据刑法中从一重罪处罚的原则,按照该行为触犯的刑罚较重的犯罪规定处刑。

第三百零八条之一 【泄露不应公开的案件信息罪】司法工作人员、辩护人、诉讼代理人或者其他诉讼参与人,泄露依法不公开审理的案件中不应当公开的信息,造成信息公开传播或者其他严重后果的,处三年以下有期徒刑、拘役或者管制,并处或者单处罚金。

【故意泄露国家秘密罪】【过失泄露国家秘密罪】有前款行为,泄露国家秘密的,依照本法第三百九十八条的规定定罪处罚。

【披露、报道不应公开的案件信息罪】公开披露、报道第一款规定的案件信息,情节严重的,依照第一款的规定处罚。

单位犯前款罪的,对单位判处罚金,并对其直接负责的主管人员和其他直接责任人员,依照第一款的规定处罚。

【修正说明】

本罪由刑法修正案（九）第三十六条增设。

【立法·要点注释】

1. "不应当公开的信息",是指公开以后可能对国家安全和利益、当事人受法律保护的隐私权、商业秘密造成损害,以及对涉案未成年人的身心健康造成不利影响的信息。包括案件涉及的国家秘密、个人隐私、商业秘密本身,也包括其他与案件有关不宜为诉讼参与人以外人员知悉的信息,如案件事实的细节,诉讼参与人在参加庭审时发表言论的具体内容,被性侵犯的被害人的个人信息等。对于未成年人犯罪案件,未成年犯罪嫌疑人、被告人的姓名、住所、照片、图像以及可能推断出该未成年人的资料,都属于不应当公开的信息。由于行为人的故意或者过失,造成不应当知悉有关案件信息的人员知悉有关案件信息的,即属于泄露该信息的行为。

2. "其他严重后果",是指信息公开传播以外的其他严重的危害后果,如造成被害人不堪受辱而自杀,造成审判活动被干扰导致无法顺利进行等。

3. "公开披露",是指通过各种途径向他人和公众发布有关案件信息。"报道",主要是指报刊、广播、电视、网站等媒体向公众公开传播有关案件信息。在网络自媒体发达的今天,公开披露和媒体报道有关信息,都会使得相关信息被广泛传播,从而损害当事人合法权益。

第三百零九条 【扰乱法庭秩序罪】有下列扰乱法庭秩序情形之一的,处三年以下有期徒刑、拘役、管制或者罚金:

（一）聚众哄闹、冲击法庭的；

（二）殴打司法工作人员或者诉讼参与人的；

（三）侮辱、诽谤、威胁司法工作人员或者诉讼参与人，不听法庭制止，严重扰乱法庭秩序的；

（四）有毁坏法庭设施，抢夺、损毁诉讼文书、证据等扰乱法庭秩序行为，情节严重的。

【修正前条文】

第三百零九条 **【扰乱法庭秩序罪】** 聚众哄闹、冲击法庭，或者殴打司法工作人员，严重扰乱法庭秩序的，处三年以下有期徒刑、拘役、管制或者罚金。

【修正说明】

刑法修正案（九）第三十七条对原条文作出下述修改：一是增加了殴打诉讼参与人的行为；二是增加了侮辱、诽谤、威胁司法工作人员或者诉讼参与人的行为；三是增加了毁坏法庭设施，抢夺诉讼文书、证据等行为。

【立法·要点注释】

本条规定集中惩治在庭审过程中扰乱司法秩序的行为。对于在庭审以外的人民法院履行职责的活动中扰乱秩序的行为，如聚众冲击人民法院，在参加庭审以外的诉讼活动时殴打、侮辱、诽谤、威胁司法工作人员或者诉讼参与人等，可以根据刑法、治安管理处罚法关于聚众冲击国家机关、妨害公务等规定予以处罚。

第三百一十条 **【窝藏、包庇罪】** 明知是犯罪的人而为其提供隐藏处所、财物，帮助其逃匿或者作假证明包庇的，处三年以下有期徒刑、拘役或者管制；情节严重的，处三年以上十年以下有期徒刑。

犯前款罪，事前通谋的，以共同犯罪论处。

【法院参考案例】

〔参考案例第178号：谢茂强等强奸、奸淫幼女案〕行为人对同案犯实施包庇行为的，是否构成包庇罪？

行为人为掩盖本人罪行，而在案发后包庇同案犯的行为，不适用刑法关于包庇罪的规定。

第三百一十一条 **【拒绝提供间谍犯罪、恐怖主义犯罪、极端主义犯罪证据罪】** 明知他人有间谍犯罪或者恐怖主义、极端主义犯罪行为，在司法机关向其调查有关情况、收集有关证据时，拒绝提供，情节严重的，处三年以下有期徒刑、拘役或者管制。

【修正前条文】

第三百一十一条 **【拒绝提供间谍犯罪证据罪】** 明知他人有间谍犯罪行为，在国家安全机关向其调查有关情况、收集有关证据时，拒绝提供，情节严重的，处三年以下有期徒刑、拘役或者管制。

【修正说明】

刑法修正案（九）第三十八条对原条文作出下述修改：一是扩大了本条的适用范围，增加了明知他人有恐怖主义、极端主义犯罪行为而拒绝提供证据的犯罪;二是相应将"国家安全机关"改为"司法机关"。

【立法·要点注释】

"情节严重"包括以下情形:行为人在司法机关要求提供证据时进行暴力抗拒的;行为人拒不提供证据手段恶劣的;由于行为人的不配合而延误对间谍犯罪、恐怖主义、极端主义犯罪案件的侦破,致使犯罪分子逃避法律追究或致使国家安全、利益遭受损害的;妨害司法机关执行维护国家安全任务等。如果行为人虽然实施了拒绝提供证据的行为,但没有影响到司法机关的正常活动,没有造成危害国家安全或恐怖活动,没有使犯罪分子逃避法律制裁等严重后果的,则不构成本罪。

第三百一十二条 **【掩饰、隐瞒犯罪所得、犯罪所得收益罪】** 明知是犯罪所得及其产生的收益而予以窝藏、转移、收购、代为销售或者以其他方法掩饰、隐瞒的,处三年以下有期徒刑、拘役或者管制,并处或者单处罚金;情节严重的,处三年以上七年以下有期徒刑,并处罚金。

单位犯前款罪的,对单位判处罚金,并对其直接负责的主管人员和其他直接责任人员,依照前款的规定处罚。

【修正前条文】

第三百一十二条 **【窝藏、转移、收购、销售赃物罪】** 明知是犯罪所得的赃物而予以窝藏、转移、收购或者

代为销售的,处三年以下有期徒刑、拘役或者管制,并处或者单处罚金。

【修正说明】

1. 刑法修正案(六)第十九条对原条文进行了下述修改:一是将犯罪对象由"犯罪所得的赃物"扩大为所有"犯罪所得及其产生的收益";二是将客观行为由"窝藏、转移、收购或者代为销售"扩大为所有"掩饰、隐瞒"的行为;三是提高了法定刑。

2. 刑法修正案(七)第十条增设了本条第二款。

【立法·要点注释】

实践中应注意:(1)犯罪团伙、集团在犯罪中分工负责掩饰、隐瞒犯罪所得及其收益的,应以该罪共犯论处。(2)犯罪行为人本人掩饰、隐瞒犯罪所得及其收益的,只按其所犯罪行处罚,不再以本条规定数罪并罚。(3)行为人与犯罪分子事前通谋,事后对犯罪所得予以掩饰、隐瞒的,应按共犯追究刑事责任。

【立法解释】

《全国人民代表大会常务委员会关于〈中华人民共和国刑法〉第三百四十一条、第三百一十二条的解释》(20140424)

知道或者应当知道是国家重点保护的珍贵、濒危野生动物及其制品,为食用或者其他目的而非法购买的,属于刑法第三百四十一条第一款规定的非法收购国家重点保护的珍贵、濒危野生动物及其制品的行为。

知道或者应当知道是刑法第三百

四十一条第二款规定的非法狩猎的野生动物而购买的，属于刑法第三百一十二条第一款规定的明知是犯罪所得而收购的行为。

【司法解释Ⅰ】

《最高人民法院关于审理掩饰、隐瞒犯罪所得、犯罪所得收益刑事案件适用法律若干问题的解释》（法释〔2015〕11 号，20150601）

第一条　明知是犯罪所得及其产生的收益而予以窝藏、转移、收购、代为销售或者以其他方法掩饰、隐瞒，具有下列情形之一的，应当依照刑法第三百一十二条第一款的规定，以掩饰、隐瞒犯罪所得、犯罪所得收益罪定罪处罚：

（一）掩饰、隐瞒犯罪所得及其产生的收益价值三千元至一万元以上的；

（二）一年内曾因掩饰、隐瞒犯罪所得及其产生的收益行为受过行政处罚，又实施掩饰、隐瞒犯罪所得及其产生的收益行为的；

（三）掩饰、隐瞒的犯罪所得系电力设备、交通设施、广播电视设施、公用电信设施、军事设施或者救灾、抢险、防汛、优抚、扶贫、移民、救济款物的；

（四）掩饰、隐瞒行为致使上游犯罪无法及时查处，并造成公私财物损失无法挽回的；

（五）实施其他掩饰、隐瞒犯罪所得及其产生的收益行为，妨害司法机关对上游犯罪进行追究的。

各省、自治区、直辖市高级人民法院可以根据本地区经济社会发展状况，并考虑社会治安状况，在本条第一款第（一）项规定的数额幅度内，确定本地执行的具体数额标准，报最高人民法院备案。

司法解释对掩饰、隐瞒涉及计算机信息系统数据、计算机信息系统控制权的犯罪所得及其产生的收益行为构成犯罪已有规定的，审理此类案件依照该规定。

依照全国人民代表大会常务委员会《关于〈中华人民共和国刑法〉第三百四十一条、第三百一十二条的解释》，明知是非法狩猎的野生动物而收购，数量达到五十只以上的，以掩饰、隐瞒犯罪所得罪定罪处罚。

第二条　掩饰、隐瞒犯罪所得及其产生的收益行为符合本解释第一条的规定，认罪、悔罪并退赃、退赔，且具有下列情形之一的，可以认定为犯罪情节轻微，免予刑事处罚：

（一）具有法定从宽处罚情节的；

（二）为近亲属掩饰、隐瞒犯罪所得及其产生的收益，且系初犯、偶犯的；

（三）有其他情节轻微情形的。

行为人为自用而掩饰、隐瞒犯罪所得，财物价值刚达到本解释第一条第一款第（一）项规定的标准，认罪、悔罪并退赃、退赔的，一般可不认为是犯罪；依法追究刑事责任的，应当酌情从宽。

第三条　掩饰、隐瞒犯罪所得及其产生的收益，具有下列情形之一的，应当认定为刑法第三百一十二条第一款规定的"情节严重"：

（一）掩饰、隐瞒犯罪所得及其产生的收益价值总额达到十万元以上的；

（二）掩饰、隐瞒犯罪所得及其产生的收益十次以上，或者三次以上且价值总额达到五万元以上的；

（三）掩饰、隐瞒的犯罪所得系电力设备、交通设施、广播电视设施、公用电信设施、军事设施或者救灾、抢险、防汛、优抚、扶贫、移民、救济款物，价值总额达到五万元以上的；

（四）掩饰、隐瞒行为致使上游犯罪无法及时查处，并造成公私财物重大损失无法挽回或其他严重后果的；

（五）实施其他掩饰、隐瞒犯罪所得及其产生的收益行为，严重妨害司法机关对上游犯罪予以追究的。

司法解释对掩饰、隐瞒涉及机动车、计算机信息系统数据、计算机信息系统控制权的犯罪所得及其产生的收益行为认定"情节严重"已有规定的，审理此类案件依照该规定。

第四条 掩饰、隐瞒犯罪所得及其产生的收益的数额，应当以实施掩饰、隐瞒行为时为准。收购或者代为销售财物的价格高于其实际价值的，以收购或者代为销售的价格计算。

多次实施掩饰、隐瞒犯罪所得及其产生的收益行为，未经行政处罚，依法应当追诉的，犯罪所得、犯罪所得收益的数额应当累计计算。

第五条 事前与盗窃、抢劫、诈骗、抢夺等犯罪分子通谋，掩饰、隐瞒犯罪所得及其产生的收益的，以盗窃、抢劫、诈骗、抢夺等犯罪的共犯论处。

第六条 对犯罪所得及其产生的收益实施盗窃、抢劫、诈骗、抢夺等行为，构成犯罪的，分别以盗窃罪、抢劫罪、诈骗罪、抢夺罪等定罪处罚。

第七条 明知是犯罪所得及其产生的收益而予以掩饰、隐瞒，构成刑法第三百一十二条规定的犯罪，同时构成其他犯罪的，依照处罚较重的规定定罪处罚。

第八条 认定掩饰、隐瞒犯罪所得、犯罪所得收益罪，以上游犯罪事实成立为前提。上游犯罪尚未依法裁判，但查证属实的，不影响掩饰、隐瞒犯罪所得、犯罪所得收益罪的认定。

上游犯罪事实经查证属实，但因行为人未达到刑事责任年龄等原因依法不予追究刑事责任的，不影响掩饰、隐瞒犯罪所得、犯罪所得收益罪的认定。

第九条 盗用单位名义实施掩饰、隐瞒犯罪所得及其产生的收益行为，违法所得由行为人私分的，依照刑法和司法解释有关自然人犯罪的规定定罪处罚。

第十条 通过犯罪直接得到的赃款、赃物，应当认定为刑法第三百一十二条规定的"犯罪所得"。上游犯罪的行为人对犯罪所得进行处理后得到的孳息、租金等，应当认定为刑法第三百一十二条规定的"犯罪所得产生的收益"。

明知是犯罪所得及其产生的收益而采取窝藏、转移、收购、代为销售以外的方法，如居间介绍买卖，收受，持有，使用，加工，提供资金账户，协助将财物转换为现金、金融票据、有价证券，协助将资金转移、汇往境外等，应当认定为刑法第三百一十二条规定的"其他方法"。

第十一条 掩饰、隐瞒犯罪所得、犯罪所得收益罪是选择性罪名，审理此类案件，应当根据具体犯罪行为及其指向的对象，确定适用的罪名。

【司法解释Ⅱ】

《最高人民法院关于审理洗钱等刑事案件具体应用法律若干问题的解释》（法释〔2009〕15 号，20091111）

第一条 刑法第一百九十一条、第三百一十二条规定的"明知"，应当结合被告人的认知能力，接触他人犯罪所得及其收益的情况，犯罪所得及其收益的种类、数额，犯罪所得及其收益的转换、转移方式以及被告人的供述等主、客观因素进行认定。

具有下列情形之一的，可以认定被告人明知系犯罪所得及其收益，但有证据证明确实不知道的除外：

（一）知道他人从事犯罪活动，协助转换或者转移财物的；

（二）没有正当理由，通过非法途径协助转换或者转移财物的；

（三）没有正当理由，以明显低于市场的价格收购财物的；

（四）没有正当理由，协助转换或者转移财物，收取明显高于市场的"手续费"的；

（五）没有正当理由，协助他人将巨额现金散存于多个银行账户或者在不同银行账户之间频繁划转的；

（六）协助近亲属或者其他关系密切的人转换或者转移与其职业或者财产状况明显不符的财物的；

（七）其他可以认定行为人明知的情形。

……

第三条 明知是犯罪所得及其产生的收益而予以掩饰、隐瞒，构成刑法第三百一十二条规定的犯罪，同时又构成刑法第一百九十一条或者第三百四十九条规定的犯罪的，依照处罚较重的规定定罪处罚。

第四条 刑法第一百九十一条、第三百一十二条、第三百四十九条规定的犯罪，应当以上游犯罪事实成立为认定前提。上游犯罪尚未依法裁判，但查证属实的，不影响刑法第一百九十一条、第三百一十二条、第三百四十九条规定的犯罪的审判。

上游犯罪事实可以确认，因行为人死亡等原因依法不予追究刑事责任的，不影响刑法第一百九十一条、第三百一十二条、第三百四十九条规定的犯罪的认定。

上游犯罪事实可以确认，依法以其他罪名定罪处罚的，不影响刑法第一百九十一条、第三百一十二条、第三百四十九条规定的犯罪的认定。

本条所称"上游犯罪"，是指产生刑法第一百九十一条、第三百一十二条、第三百四十九条规定的犯罪所得及其收益的各种犯罪行为。

【司法解释Ⅲ】

《最高人民法院、最高人民检察院关于办理与盗窃、抢劫、诈骗、抢夺机动车相关刑事案件具体应用法律若干问题的解释》（法释〔2007〕11 号，

20070511）

　　第一条　明知是盗窃、抢劫、诈骗、抢夺的机动车，实施下列行为之一的，依照刑法第三百一十二条的规定，以掩饰、隐瞒犯罪所得、犯罪所得收益罪定罪，处三年以下有期徒刑、拘役或者管制，并处或者单处罚金：

　　（一）买卖、介绍买卖、典当、拍卖、抵押或者用其抵债的；

　　（二）拆解、拼装或者组装的；

　　（三）修改发动机号、车辆识别代号的；

　　（四）更改车身颜色或者车辆外形的；

　　（五）提供或者出售机动车来历凭证、整车合格证、号牌以及有关机动车的其他证明和凭证的；

　　（六）提供或者出售伪造、变造的机动车来历凭证、整车合格证、号牌以及有关机动车的其他证明和凭证的。

　　实施第一款规定的行为涉及盗窃、抢劫、诈骗、抢夺的机动车五辆以上或者价值总额达到五十万元以上的，属于刑法第三百一十二条规定的"情节严重"，处三年以上七年以下有期徒刑，并处罚金。

　　……

　　第六条　行为人实施本解释第一条、第三条第三款规定的行为，涉及的机动车有下列情形之一的，应当认定行为人主观上属于上述条款所称"明知"：

　　（一）没有合法有效的来历凭证；

　　（二）发动机号、车辆识别代号有明显更改痕迹，没有合法证明的。

【司法解释Ⅳ】

　　《最高人民法院、最高人民检察院关于办理盗窃油气、破坏油气设备等刑事案件具体应用法律若干问题的解释》（法释〔2007〕3 号，20070119）

　　第五条　明知是盗窃犯罪所得的油气或者油气设备，而予以窝藏、转移、收购、加工、代为销售或者以其他方法掩饰、隐瞒的，依照刑法第三百一十二条的规定定罪处罚。

　　实施前款规定的犯罪行为，事前通谋的，以盗窃犯罪的共犯定罪处罚。

【司法解释Ⅴ】

　　《最高人民法院、最高人民检察院关于办理危害计算机信息系统安全刑事案件应用法律若干问题的解释》（法释〔2011〕19 号，20110901）

　　第七条　明知是非法获取计算机信息系统数据犯罪所获取的数据、非法控制计算机信息系统犯罪所获取的计算机信息系统控制权，而予以转移、收购、代为销售或者以其他方法掩饰、隐瞒，违法所得五千元以上的，应当依照刑法第三百一十二条第一款的规定，以掩饰、隐瞒犯罪所得罪定罪处罚。

　　实施前款规定行为，违法所得五万元以上的，应当认定为刑法第三百一十二条第一款规定的"情节严重"。

　　单位实施第一款规定行为的，定罪量刑标准依照第一款、第二款的规定执行。

【司法解释Ⅵ】

　　《最高人民法院、最高人民检察院

关于办理妨害文物管理等刑事案件适用法律若干问题的解释》（法释〔2015〕23 号，20160101）

第九条 明知是盗窃文物、盗掘古文化遗址、古墓葬等犯罪所获取的三级以上文物，而予以窝藏、转移、收购、加工、代为销售或者以其他方法掩饰、隐瞒的，依照刑法第三百一十二条的规定，以掩饰、隐瞒犯罪所得罪追究刑事责任。

实施前款规定的行为，事先通谋的，以共同犯罪论处。

【司法指导文件 I 】

《最高人民法院关于常见犯罪的量刑指导意见》（法发〔2017〕7 号，20170401）

（十四）掩饰、隐瞒犯罪所得、犯罪所得收益罪

1. 构成掩饰、隐瞒犯罪所得、犯罪所得收益罪的，可以根据下列不同情形在相应的幅度内确定量刑起点：

（1）犯罪情节一般的，可以在一年以下有期徒刑、拘役幅度内确定量刑起点。

（2）情节严重的，可以在三年至四年有期徒刑幅度内确定量刑起点。

2. 在量刑起点的基础上，可以根据犯罪数额等其他影响犯罪构成的犯罪事实增加刑罚量，确定基准刑。

【司法指导文件 II 】

《最高人民法院、最高人民检察院、公安部关于办理电信网络诈骗等刑事案件适用法律若干问题的意见》（法发〔2016〕32 号，20161219）

三、全面惩处关联犯罪

（五）明知是电信网络诈骗犯罪所得及其产生的收益，以下列方式之一予以转账、套现、取现的，依照刑法第三百一十二条第一款的规定，以掩饰、隐瞒犯罪所得、犯罪所得收益罪追究刑事责任。但有证据证明确实不知道的除外：

1. 通过使用销售点终端机具（POS 机）刷卡套现等非法途径，协助转换或者转移财物的；

2. 帮助他人将巨额现金散存于多个银行账户，或在不同银行账户之间频繁划转的；

3. 多次使用或者使用多个非本人身份证明开设的信用卡、资金支付结算账户或者多次采用遮蔽摄像头、伪装等异常手段，帮助他人转账、套现、取现的；

4. 为他人提供非本人身份证明开设的信用卡、资金支付结算账户后，又帮助他人转账、套现、取现的；

5. 以明显异于市场的价格，通过手机充值、交易游戏点卡等方式套现的。

实施上述行为，事前通谋的，以共同犯罪论处。

实施上述行为，电信网络诈骗犯罪嫌疑人尚未到案或案件尚未依法裁判，但现有证据足以证明该犯罪行为确实存在的，不影响掩饰、隐瞒犯罪所得、犯罪所得收益罪的认定。

实施上述行为，同时构成其他犯罪的，依照处罚较重的规定定罪处罚。法律和司法解释另有规定的除外。

【司法指导文件 III 】

《最高人民法院、最高人民检察院、

公安部关于办理盗窃油气、破坏油气设备等刑事案件适用法律若干问题的意见》

（法发〔2018〕18 号，20180928）

五、关于窝藏、转移、收购、加工、代为销售盗油气行为的处理

明知是犯罪所得的油气而予以窝藏、转移、收购、加工、代为销售或者以其他方式掩饰、隐瞒，符合刑法第三百一十二条规定的，以掩饰、隐瞒犯罪所得罪追究刑事责任。

"明知"的认定，应当结合行为人的认知能力、所得报酬、运输工具、运输路线、收购价格、收购形式、加工方式、销售地点、仓储条件等因素综合考虑。

实施第一款规定的犯罪行为，事前通谋的，以盗窃罪、破坏易燃易爆设备罪等有关罪的共同犯罪论处。

【司法指导文件 Ⅳ】

《最高人民法院、最高人民检察院、公安部、国家工商行政管理局关于依法查处盗窃、抢劫机动车案件的规定》（公通字〔1998〕31 号，19980508）

二、明知是盗窃、抢劫所得机动车而予以窝藏、转移、收购或者代为销售的，依照《刑法》第三百一十二条的规定处罚。

对明知是盗窃、抢劫所得机动车而予以拆解、改装、拼装、典当、倒卖的，视为窝藏、转移、收购或者代为销售，依照《刑法》第三百一十二条的规定处罚。

三、国家指定的车辆交易市场、机动车经营企业（含典当、拍卖行）以及从事机动车修理、零部件销售企业的主管人员或者其他直接责任人员，明知是盗窃、抢劫的机动车而予以窝藏、转移、拆解、拼装、收购或者代为销售的，依照《刑法》第三百一十二条的规定处罚。单位组织实施上述行为的，由工商行政管理机关予以处罚。

四、本规定第二条和第三条中的行为人事先与盗窃、抢劫机动车辆的犯罪分子通谋的，分别以盗窃、抢劫犯罪的共犯论处。

五、机动车交易必须在国家指定的交易市场或合法经营企业进行，其交易凭证经工商行政管理机关验证盖章后办理登记或过户手续，私下交易机动车辆属于违法行为，由工商行政管理机关依法处理。

明知是赃车而购买，以收购赃物罪定罪处罚。单位的主管人员或者其他直接责任人员明知是赃车购买的，以收购赃物罪定罪处罚。①

明知是赃车而介绍买卖的，以收购、销售赃物罪的共犯论处。

……

十七、本规定所称的"明知"，是指知道或者应当知道。有下列情形之一的，可视为应当知道，但有证据证明属被蒙骗的除外：

（一）在非法的机动车交易场所和销售单位购买的；

（二）机动车证件手续不全或者明显违反规定的；

———————

① 即现行刑法中的掩饰、隐瞒犯罪所得、犯罪所得收益罪。——编者注

（三）机动车发动机号或者车架号有更改痕迹，没有合法证明的；

（四）以明显低于市场价格购买机动车的。

【法院参考案例】

〔参考案例第 1030 号：韩亚泽掩饰、隐瞒犯罪所得案〕〔参考案例第 1105 号：谭细松掩饰、隐瞒犯罪所得案〕上游犯罪尚未依法裁判，但查证属实的，是否影响对掩饰、隐瞒犯罪所得罪的认定？

掩饰、隐瞒犯罪所得罪的成立以上游犯罪事实成立为前提，即要求上游犯罪构成实质意义上的犯罪，而不要求必须是已经由刑事判决确认的形式意义上的犯罪。只要行为符合刑法规定的犯罪构成要件，就构成掩饰、隐瞒犯罪所得罪，无须依赖上游犯罪是否经过裁判。

〔参考案例第 1092 号：雷某仁、黄某生、黄某平破坏交通设施，田某祥掩饰、隐瞒犯罪所得、犯罪所得收益案〕掩饰、隐瞒犯罪所得、犯罪所得收益罪的上游犯罪是否仅限于侵财型犯罪？掩饰、隐瞒犯罪所得系交通设施的如何处理？

掩饰、隐瞒犯罪所得、犯罪所得收益罪的上游犯罪主要是但并不限于侵财型犯罪。上游犯罪系破坏交通设施罪，且对象为正在使用中的高速公路电缆的，应当依法从严处罚。

〔参考案例第 1093 号：闻福生掩饰、隐瞒犯罪所得案〕大量回收购物卡并出售获利的行为是否构成犯罪？

行为人大量回收购物卡并出售获利，在现有证据无法确定其明知是赃物的情况下，购物卡应视为市场流通领域中的一种代货币，其发行量、流通范围、买卖主体仅需通过民事法律或行政法规调整即可，相关行为不宜作为犯罪处罚。

〔参考案例第 1095 号：袁某某信用卡诈骗，张某某掩饰、隐瞒犯罪所得案〕掩饰、隐瞒犯罪所得、犯罪所得收益罪的罪名如何适用？

本罪名属于单一式选择性罪名，即只有犯罪对象之间存在选择关系，而掩饰与隐瞒之间不存在选择关系，可根据案件事实认定为掩饰、隐瞒犯罪所得、犯罪所得收益，掩饰、隐瞒犯罪所得罪，掩饰、隐瞒犯罪所得收益罪。

〔参考案例第 1097 号：汤某掩饰、隐瞒犯罪所得案〕明知是盗窃的手机而购买自用的如何定罪处罚？

1. 行为人为自用而实施掩饰、隐瞒行为的，在本质上是构成犯罪的，但因犯罪情节较轻、行为人主观恶性较小，事后恢复性措施到位，而不作犯罪处理或者虽然追究刑事责任但酌情从宽处理。这与行为本身不构成犯罪是有本质区别的。在不作犯罪处理的情况下，需要适用刑法第十三条的"但书"规定，即"情节显著轻微危害不大的，不认为是犯罪"，而不能仅适用《最高人民法院关于审理掩饰、隐瞒犯罪所得、犯罪所得收益刑事案件适用法律若干问题的解释》第二条第二款。

2. 为自用而收购不以犯罪论处，必须同时符合以下三个条件：（1）行为人购买赃物的目的是"自用"，即主要是出于生活中使用的目的而购买，如购买自行车、摩托车等用来自己出行，购买高压锅用来做饭等。一般情况下，购买生产资料，如机器设备等用于生产经营的，不能认定为自用，自用的范围应严格掌握在生活用品范围内。（2）所购买赃物的价值刚达到前述司法解释第一条第一款第（一）项规定的 3000 元至 10000 元的数额。"刚达到"，不能机械地理解为正好达到，而是超过不多，如果数额超过 50% 以上，一般不能认定为"刚达到"。（3）行为人认罪、悔罪并且退赃、退赔的。

〔**参考案例第 1098 号：汤雨华、庄瑞军盗窃，朱端银掩饰、隐瞒犯罪所得案**〕掩饰、隐瞒犯罪所得罪与上游犯罪的量刑如何平衡？

在掩饰、隐瞒犯罪所得、犯罪所得收益罪和上游犯罪指向同一笔财物的情况下，对掩饰、隐瞒犯罪所得行为人的量刑必须要比上游犯罪人量刑轻一些，而且要适当拉开档次。

〔**参考案例第 1099 号：李林掩饰、隐瞒犯罪所得罪案**〕如何认定掩饰、隐瞒犯罪所得罪"情节严重"？

判断被告人掩饰、隐瞒犯罪所得的犯罪行为是否属于"情节严重"，应当坚持以法律、司法解释规定的"情节严重"为标准。在量刑时，根据被告人的主观恶性、犯罪对象、上游犯罪的社会危害性、作案手段、作案次数、犯罪数额等情节综合考量。

〔**参考案例第 1100 号：孙善凯、刘军、朱康盗窃案**〕事先承诺收购指定的特殊产品，并在事后低价收购的

行为如何定性？

1. 明知财物系上游犯罪人犯罪所得，事先承诺收购，事后在上游犯罪现场收购赃物的，可以认定为与上游犯罪人通谋犯罪。

2. 认定掩饰、隐瞒犯罪所得行为人是否与盗窃、抢劫、诈骗、抢夺等上游犯罪分子通谋，一般从以下几个方面把握：（1）从主观上分析判断，一看其是否明知上游犯罪人实施犯罪行为。如果有证据证明掩饰、隐瞒行为人误认为上游犯罪所得是正常所得，那么，掩饰、隐瞒行为人虽然客观上起到了帮助上游犯罪人的作用，但因缺乏主观要件而不能对其定罪。二看其是否明知上游犯罪人犯罪的时间。如果上游犯罪既遂后才知道上游犯罪行为的，自然不能认定为与上游犯罪人通谋，如果事先知道（包括事中知道）上游犯罪行为，且在客观上实施了协助上游犯罪人完成犯罪的行为的，就可以认定为与上游犯罪人通谋。（2）从客观上分析判断，即其实施的掩饰、隐瞒行为是在上游犯罪完成后，还是在上游犯罪实施前或者实施过程中。如果掩饰、隐瞒行为是在上游犯罪完成后才介入的，需要结合掩饰、隐瞒行为人主观是否存在事先通谋故意进行综合判断。如果掩饰、隐瞒行为在事先、事中就起到了对上游犯罪参与、配合、协助的作用，那么，就可以认定其掩饰、隐瞒的故意产生于上游犯罪实施前或实施中。

〔**参考案例第 1102 号：陈某、欧阳某等掩饰、隐瞒犯罪所得案**〕如何区分"收购"和"代为销售"两种行

为方式？

1. "收购"的行为类型中包含着"先购后卖"这种情况，根据掩饰、隐瞒犯罪所得罪的立法旨意，法律在这时惩罚的侧重点仍在于"购"，因为明知是他人犯罪所得及其收益而仍然购买，不管其目的是不是再次出售，购买行为都体现出行为人为上游犯罪人掩饰、隐瞒的主观故意，可能是直接故意，也可以是间接故意，这是本罪打击的重点。

2. "代为销售"与"收购"不同，它是替犯罪分子销售犯罪所得，中间过程中并没有以自有资金取得对犯罪所得的所有权。"代为销售"既可以表现为行为人以卖主身份替上游犯罪人销售犯罪所得的行为；也包括在犯罪分子与购赃人之间进行斡旋介绍的行为。行为人先将犯罪所得进行窝藏，然后以卖主身份寻找买赃人售出的行为，仍是一种代为销售行为。

〔参考案例第1106号：唐某中、唐某波掩饰、隐瞒犯罪所得案〕上游犯罪行为人在逃是否影响掩饰、隐瞒犯罪所得罪的认定？掩饰、隐瞒犯罪所得数额如何认定？

1. 上游犯罪行为人在逃不影响掩饰、隐瞒犯罪所得、犯罪所得收益罪的认定。

2. 物价水平处于上涨趋势，案件被查处时赃物的价格通常会高于行为时的价格，故依照行为时的价格计算犯罪数额，有利于保护被告人的合法权益。但也不排除有的案件查处时赃物价格低于行为时的价格，此时，仍应以行为时的价格计算犯罪数额。但是，查处时的价格明显低于行为时的价格的，则应在量刑时予以酌情考虑。

〔参考案例第1107号：元某某掩饰、隐瞒犯罪所得案〕上游犯罪查证属实但依法不追究刑事责任的，是否影响掩饰、隐瞒犯罪所得罪的成立？

上游犯罪事实成立，但因主体不适格而不予追究刑事责任的，仍然以掩饰、隐瞒犯罪所得、犯罪所得收益罪对掩饰、隐瞒的行为人定罪处罚。

〔参考案例第1110号：陈飞、刘波掩饰、隐瞒犯罪所得案〕对犯罪所得的赃车修改发动机号后使用行为如何定性？

明知是犯罪所得的赃车，予以改装并介绍买卖的行为，应认定为掩饰、隐瞒犯罪所得的行为。

〔参考案例第1111号：李涛、曹某某掩饰、隐瞒犯罪所得案〕如何认定"以其他方法"掩饰、隐瞒？

关于掩饰、隐瞒的"其他方法"的认定，必须坚持以下几点：一是行为人的目的是出于掩饰、隐瞒上游犯罪人的犯罪所得及其收益；二是这些方法与窝藏、转移、收购和代为销售在罪质上具有相当性；三是以"其他方式"掩饰、隐瞒的行为与他人的上游犯罪行为难以被司法机关追诉具有因果关系，且这种难以被追诉的效果是行为人追求或者放任的结果。

〔参考案例第1112号：张晗、方建策、傅鹰掩饰、隐瞒犯罪所得案〕帮助更换被盗电动车锁的行为能否认定为掩饰、隐瞒犯罪所得罪客观要件中的"其他方法"？

帮助更换被盗电动车锁的行为属

于掩饰、隐瞒犯罪所得、犯罪所得收益罪中的"其他方法"。

〔参考案例第 1113 号：吴某等掩饰、隐瞒犯罪所得案〕明知是盗窃所得的农用车而拆解后出售的行为如何定性？

拆解农用车的行为、居间介绍买卖的行为均属于掩饰、隐瞒的"其他方法"。

〔参考案例第 1114 号：侯某某掩饰、隐瞒犯罪所得案〕保安将巡逻时抓获的盗窃犯罪分子盗窃所得物据为己有的行为如何定性？

行为人没有替上游犯罪行为人掩饰、隐瞒的主观意思，而仅仅是出于将手机据为己有的目的，不能以掩饰、隐瞒犯罪所得罪处理，对该行为的定性应当根据其主体身份、职务性质、财物金额确定为贪污或职务侵占。

〔参考案例第 1219 号：杜国军、杜锡军非法捕捞水产品，刘训山、严荣富掩饰、隐瞒犯罪所得案〕如何理解掩饰、隐瞒犯罪所得、犯罪所得收益罪"情节严重"的犯罪次数？

根据《最高人民法院关于审理掩饰、隐瞒犯罪所得、犯罪所得收益刑事案件适用法律若干问题的解释》第三条第一款第（二）项规定，"掩饰、隐瞒犯罪所得及其产生的收益十次以上"的情形，属于掩饰、隐瞒犯罪所得"情节严重"。在适用"十次以上"情形时，应当把握好以下几点：

第一，每一次掩饰、隐瞒的行为，必须是一个独立的行为，即独立的主观意图，独立的掩饰、隐瞒行为，独立的行为结果，但如果基于同一个故意，在同一时间、同一地点，同时或者连续对多起上游犯罪实施掩饰、隐瞒行为的，一般应认定为一次掩饰、隐瞒犯罪所得及其产生的收益行为。为同一个上游犯罪人同一起犯罪事实的犯罪所得及其产生的收益而分多次予以窝藏、转移、收购、代为销售或者以其他方法掩饰、隐瞒的，由于其犯罪对象的同一性，因而也应认定为一次掩饰、隐瞒犯罪所得及其产生的收益行为。

第二，每一次掩饰、隐瞒的行为，不以都构成犯罪为前提。

第三，即使认定为一次掩饰、隐瞒犯罪所得及其产生的收益行为的，仍然必须注意同时适用该解释第四条第二款的规定，并注意有关治安处罚时效和刑事追诉时效的规定。单次掩饰、隐瞒行为不构成犯罪，且超过治安处罚时效的，不再累计次数；单次掩饰、隐瞒行为构成犯罪，但超过刑事追诉时效的，也不再累计次数。

第四，每一次掩饰、隐瞒行为都应由相应的证据证明，而不是模糊的认定次数。特别是在九次还是十次的关键节点，更是要求每一次掩饰、隐瞒行为都达到事实清楚，证据充分。

第五，每一次掩饰、隐瞒的上游行为都必须以构成犯罪为前提。如果上游犯罪不成立，司法机关不能进行追诉，那么掩饰、隐瞒的行为也就不存在妨害司法活动进而需要在刑法上否定评价的前提，因而不能认定为犯罪。当然，不构成犯罪不意味着收赃行为不必接受惩罚，公安机关完全可以依照治安管理处罚法的相关规定对收赃行为进行处罚。

第三百一十三条 【拒不执行判决、裁定罪】对人民法院的判决、裁定有能力执行而拒不执行，情节严重的，处三年以下有期徒刑、拘役或者罚金；情节特别严重的，处三年以上七年以下有期徒刑，并处罚金。

单位犯前款罪的，对单位判处罚金，并对其直接负责的主管人员和其他直接责任人员，依照前款的规定处罚。

【修正前条文】

第三百一十三条 【拒不执行判决、裁定罪】对人民法院的判决、裁定有能力执行而拒不执行，情节严重的，处三年以下有期徒刑、拘役或者罚金。

【修正说明】

刑法修正案（九）第三十九条对原条文作出下述修改：一是增加了一档法定刑，规定"情节特别严重的，处三年以上七年以下有期徒刑，并处罚金"。二是增加了一款，作为第二款，对单位犯罪及其处罚作了明确。

【立法·要点注释】

1. 虽然实践中作为本罪拒不执行对象的判决和裁定，主要是人民法院审理民事案件所作的判决和裁定。但从法律规定上讲，刑事案件、行政案件的判决和裁定也属于本条规定的"判决、裁定"。刑法修正案（九）还在刑法第三十七条之一中专门明确，

违反人民法院作出的禁止从事相关职业的决定，情节严重的，依照本条规定定罪处罚。

2. 本罪是特殊主体，主要是指有义务执行人民法院判决、裁定的当事人。根据民事诉讼法的有关规定，对判决、裁定负有协助执行义务的个人和单位，也可以成为本罪的主体。

【立法解释】

《全国人民代表大会常务委员会关于〈中华人民共和国刑法〉第三百一十三条的解释》（20020829）

刑法第三百一十三条规定的"人民法院的判决、裁定"，是指人民法院依法作出的具有执行内容并已发生法律效力的判决、裁定。人民法院为依法执行支付令、生效的调解书、仲裁裁决、公证债权文书等所作的裁定属于该条规定的裁定。

下列情形属于刑法第三百一十三条规定的"有能力执行而拒不执行，情节严重"的情形：

（一）被执行人隐藏、转移、故意毁损财产或者无偿转让财产、以明显不合理的低价转让财产，致使判决、裁定无法执行的；

（二）担保人或者被执行人隐藏、转移、故意毁损或者转让已向人民法院提供担保的财产，致使判决、裁定无法执行的；

（三）协助执行义务人接到人民法院协助执行通知书后，拒不协助执行，致使判决、裁定无法执行的；

（四）被执行人、担保人、协助执行义务人与国家机关工作人员通谋，

利用国家机关工作人员的职权妨害执行，致使判决、裁定无法执行的；

（五）其他有能力执行而拒不执行，情节严重的情形。

国家机关工作人员有上述第四项行为的，以拒不执行判决、裁定罪的共犯追究刑事责任。国家机关工作人员收受贿赂或者滥用职权，有上述第四项行为的，同时又构成刑法第三百八十五条、第三百九十七条规定之罪的，依照处罚较重的规定定罪处罚。

【司法解释】

《最高人民法院关于审理拒不执行判决、裁定刑事案件适用法律若干问题的解释》（法释〔2015〕16 号，20150722）

第一条　被执行人、协助执行义务人、担保人等负有执行义务的人对人民法院的判决、裁定有能力执行而拒不执行，情节严重的，应当依照刑法第三百一十三条的规定，以拒不执行判决、裁定罪处罚。

第二条　负有执行义务的人有能力执行而实施下列行为之一的，应当认定为全国人民代表大会常务委员会关于刑法第三百一十三条的解释中规定的"其他有能力执行而拒不执行，情节严重的情形"：

（一）具有拒绝报告或者虚假报告财产情况、违反人民法院限制高消费及有关消费令等拒不执行行为，经采取罚款或者拘留等强制措施后仍拒不执行的；

（二）伪造、毁灭有关被执行人履行能力的重要证据，以暴力、威胁、贿买方法阻止他人作证或者指使、贿买、胁迫他人作伪证，妨碍人民法院查明被执行人财产情况，致使判决、裁定无法执行的；

（三）拒不交付法律文书指定交付的财物、票证或者拒不迁出房屋、退出土地，致使判决、裁定无法执行的；

（四）与他人串通，通过虚假诉讼、虚假仲裁、虚假和解等方式妨害执行，致使判决、裁定无法执行的；

（五）以暴力、威胁方法阻碍执行人员进入执行现场或者聚众哄闹、冲击执行现场，致使执行工作无法进行的；

（六）对执行人员进行侮辱、围攻、扣押、殴打，致使执行工作无法进行的；

（七）毁损、抢夺执行案件材料、执行公务车辆和其他执行器械、执行人员服装以及执行公务证件，致使执行工作无法进行的；

（八）拒不执行法院判决、裁定，致使债权人遭受重大损失的。

第三条　申请执行人有证据证明同时具有下列情形，人民法院认为符合刑事诉讼法第二百零四条第三项①规定的，以自诉案件立案审理：

（一）负有执行义务的人拒不执行判决、裁定，侵犯了申请执行人的人身、财产权利，应当依法追究刑事责任的；

（二）申请执行人曾经提出控告，

—————————

① 即 2018 年修正后的刑事诉讼法第二百一十条第三项。——编者注

而公安机关或者人民检察院对负有执行义务的人不予追究刑事责任的。

第四条 本解释第三条规定的自诉案件，依照刑事诉讼法第二百零六条①的规定，自诉人在宣告判决前，可以同被告人自行和解或者撤回自诉。

第五条 拒不执行判决、裁定刑事案件，一般由执行法院所在地人民法院管辖。

第六条 拒不执行判决、裁定的被告人在一审宣告判决前，履行全部或部分执行义务的，可以酌情从宽处罚。

第七条 拒不执行支付赡养费、扶养费、抚育费、抚恤金、医疗费用、劳动报酬等判决、裁定的，可以酌情从重处罚。

第八条 本解释自发布之日起施行。此前发布的司法解释和规范性文件与本解释不一致的，以本解释为准。

【司法解释·注释】

1. 本解释第二条第（五）（六）（七）项的拒执行为，按照 2007 年《最高人民检察院、最高人民法院、公安部关于依法严肃查处拒不执行判决裁定和暴力抗拒法院执行犯罪行为有关问题的通知》规定，一律以妨害公务罪处罚，有过于"一刀切"之嫌，按照刑法理论的相关原理，负有执行义务的人实施了上述拒执行为之一的，以拒执罪处罚为宜。如果具体案件中存在与其他犯罪行为的竞合、牵连等情形，以及负有执行义务人以外的其他人实施规定的相关行为构成共犯的，由刑事法官根据具体情况依法处理。

2. 设置诉讼保全、先予执行制度本身就是为了保障判决、裁定的顺利执行，生效的诉讼保全、先予执行裁定属于具有执行内容并已发生法律效力的判决、裁定，将拒不执行此类裁定的犯罪行为纳入打击范围，符合立法精神和执行工作实际。但对于"为依法执行行政处理决定或者行政处罚决定等所作的裁定"，则应根据相关规定，慎重适用。

【司法指导文件 I】

《最高人民法院、最高人民检察院、公安部关于依法严肃查处拒不执行判决裁定和暴力抗拒法院执行犯罪行为有关问题的通知》（法发〔2007〕29 号，20070830）

一、对下列拒不执行判决、裁定的行为，依照刑法第三百一十三条的规定，以拒不执行判决、裁定罪论处。

（一）被执行人隐藏、转移、故意毁损财产或者无偿转让财产、以明显不合理的低价转让财产，致使判决、裁定无法执行的；

（二）担保人或者被执行人隐藏、转移、故意毁损或者转让已向人民法院提供担保的财产，致使判决、裁定无法执行的；

（三）协助执行义务人接到人民法院协助执行通知书后，拒不协助执行，致使判决、裁定无法执行的；

（四）被执行人、担保人、协助执行义务人与国家机关工作人员通谋，

————————
① 即 2018 年修正后的刑事诉讼法第二百一十二条。——编者注

利用国家机关工作人员的职权妨害执行，致使判决、裁定无法执行的；

（五）其他有能力执行而拒不执行，情节严重的情形。

……

四、国家机关工作人员有本《通知》第一条第四项行为的，以拒不执行判决、裁定罪的共犯追究刑事责任。

【司法指导文件Ⅱ】

《最高人民法院研究室关于拒不执行人民法院调解书的行为是否构成拒不执行判决、裁定罪的答复》（法研〔2000〕117 号，20001214）

刑法第三百一十三条规定的"判决、裁定"，不包括人民法院的调解书。对于行为人拒不执行人民法院调解书的行为，不能依照刑法第三百一十三条的规定定罪处罚。

【指导性案例·法院】

〔毛建文拒不执行判决、裁定案，FZD2016—71〕

有能力执行而拒不执行判决、裁定的时间从判决、裁定发生法律效力时起算。具有执行内容的判决、裁定发生法律效力后，负有执行义务的人有隐藏、转移、故意毁损财产等拒不执行行为，致使判决、裁定无法执行，情节严重的，应当以拒不执行判决、裁定罪定罪处罚。

【法院参考案例】

〔参考案例第 478 号：马素英、杨保全拒不执行判决、裁定案〕如何理解拒不执行判决、裁定罪中的"致使判决、裁定无法执行"？

"致使判决、裁定无法执行"是指债务人逃避或者抗拒执行的行为造成人民法院执行机构无法运用法律规定的执行措施，或者虽运用了法律规定的各种执行措施，但仍无法执行的情形。即使债权人通过再次起诉等途径最终实现了债权，仍应认定出现了"致使判决、裁定无法执行"的结果，可以追究债务人的刑事责任。

第三百一十四条　【非法处置查封、扣押、冻结的财产罪】 隐藏、转移、变卖、故意毁损已被司法机关查封、扣押、冻结的财产，情节严重的，处三年以下有期徒刑、拘役或者罚金。

【立法·要点注释】

1. "查封"，是指被司法机关签封，这种签封应载明查封日期、查封单位并盖章。物品一经司法机关查封，未经查封机关批准不得私自开封、使用，更不得变卖、转移。"扣押"，是指司法机关因办案需要将与案件有关的物品暂时扣留。这种扣押，一般是将物品扣在司法机关，但一些大宗物品也可扣押在仓库等地。"冻结"，主要是指冻结与案件相关的资金账户，一旦冻结，不经依法解冻，该项资金不得私自使用，更不得转移。

2. "情节严重"，主要是指隐藏、转移、变卖、故意毁损已被司法机关查封、扣押、冻结的财产，严重妨害了诉讼活动的正常进行或者使国家、集体、公民的利益遭受了重大损失。

3. 本条规定的隐藏、转移、变卖、故意毁损已被司法机关查封、扣押、冻结的财产的行为不仅限于刑事诉讼，也包括在民事、行政诉讼中的行为。

【法院参考案例】

〔参考案例第 404 号：陆惠忠、刘敏非法处置扣押的财产案〕窃取本人被司法机关扣押财物的行为如何处理？

如果非法隐藏、转移、变卖、故意毁损已被司法机关查封、扣押、冻结的财产的行为发生在诉讼保全程序中，而没有进入执行程序，应以非法处置查封、扣押、冻结的财产罪定罪；如果上述行为发生在执行程序中，但行为人并不是负有执行法院判决、裁定义务的人，或者行为人虽负有执行生效裁判义务，但没有拒不执行法院生效裁判的目的，亦应以非法处置查封、扣押、冻结的财产罪定罪；只有行为人既负有执行生效裁判义务，且以拒不执行法院生效裁判为目的，则定拒不执行判决、裁定罪更为恰当。

〔参考案例第 428 号：罗扬非法处置查封的财产案〕明知房产被依法查封而隐瞒事实将房产卖与他人并收取预付款的行为如何定性？

行为人未以拒不执行法院生效裁判为目的，明知房产被依法查封，而隐瞒事实将房产卖与他人并收取预付款的行为，应按非法处置查封的财产罪处理。

〔参考案例第 1177 号：何弦、汪顺太非法处置扣押的财产案〕盗取自己被公安机关扣押的车辆应如何定性？

行为人在公安机关明确告知车辆被依法扣押的情况下，将本人被扣押的车辆予以转移，扰乱了司法机关的正常活动，依法构成非法处置扣押的财产罪。

第三百一十五条 【破坏监管秩序罪】依法被关押的罪犯，有下列破坏监管秩序行为之一，情节严重的，处三年以下有期徒刑：

（一）殴打监管人员的；

（二）组织其他被监管人破坏监管秩序的；

（三）聚众闹事，扰乱正常监管秩序的；

（四）殴打、体罚或者指使他人殴打、体罚其他被监管人的。

第三百一十六条 【脱逃罪】依法被关押的罪犯、被告人、犯罪嫌疑人脱逃的，处五年以下有期徒刑或者拘役。

【劫夺被押解人员罪】劫夺押解途中的罪犯、被告人、犯罪嫌疑人的，处三年以上七年以下有期徒刑；情节严重的，处七年以上有期徒刑。

【立法·要点注释】

被非法关押的人脱逃的，不构成本罪。所谓"脱逃"，是指行为人逃离司法机关的监管场所的行为。主要是指从监狱、看守所、拘留所等监管场所逃跑，也包括在押解途中逃跑。

【司法指导文件】

《最高人民法院研究室关于因错判在服刑期"脱逃"后确有犯罪其错判服刑期限可否与后判刑期折抵问题的电话答复》（19830831）

对被错判徒刑的在服刑期间"脱逃"的行为，可不以脱逃论罪判刑；但在脱逃期间犯罪的，应依法定罪判刑；对被错判已服刑的日期与后来犯罪所判处的刑期不宜折抵，可在量刑时酌情考虑从轻或减轻处罚。

【法院参考案例】

〔参考案例第 93 号：陈维仁等脱逃案〕无罪被错捕羁押的人伙同他人共同脱逃是否构成脱逃罪？

行为人无罪被错捕羁押，虽不具有脱逃罪的主体身份，但他与部分犯罪分子共同实施脱逃行为，而且从中起重要作用，其行为虽然不能独立构成脱逃罪，但却完全可以成为脱逃罪的共犯。

第三百一十七条　【组织越狱罪】组织越狱的首要分子和积极参加的，处五年以上有期徒刑；其他参加的，处五年以下有期徒刑或者拘役。

【暴动越狱罪】【聚众持械劫狱罪】暴动越狱或者聚众持械劫狱的首要分子和积极参加的，处十年以上有期徒刑或者无期徒刑；情节特别严重的，处死刑；其他参加的，处三年以上十年以下有期徒刑。

第三节　妨害国（边）境管理罪

【司法解释】

《最高人民法院、最高人民检察院关于办理妨害国（边）境管理刑事案件应用法律若干问题的解释》（法释〔2012〕17 号，20121220）

第六条　具有下列情形之一的，应当认定为刑法第六章第三节规定的"偷越国（边）境"行为：

（一）没有出入境证件出入国（边）境或者逃避接受边防检查的；

（二）使用伪造、变造、无效的出入境证件出入国（边）境的；

（三）使用他人出入境证件出入国（边）境的；

（四）使用以虚假的出入境事由、隐瞒真实身份、冒用他人身份证件等方式骗取的出入境证件出入国（边）境的；

（五）采用其他方式非法出入国（边）境的。

第七条　以单位名义或者单位形式组织他人偷越国（边）境、为他人提供伪造、变造的出入境证件或者运送他人偷越国（边）境的，应当依照刑法第三百一十八条、第三百二十条、第三百二十一条的规定追究直接负责的主管人员和其他直接责任人员的刑事责任。

第八条　实施组织他人偷越国（边）境犯罪，同时构成骗取出境证件罪、提供伪造、变造的出入境证件罪、出售出入境证件罪、运送他人偷越国（边）境罪的，依照处罚较重的规定定罪处罚。

第九条　对跨地区实施的不同妨害国（边）境管理犯罪，符合并案处理要求，有关地方公安机关依照法律和相关规定一并立案侦查，需要提请批准逮捕、移送审查起诉、提起公诉的，由该公安机关所在地的同级人民检察院、人民法院依法受理。

第十条 本解释发布实施后,《最高人民法院关于审理组织、运送他人偷越国(边)境等刑事案件适用法律若干问题的解释》(法释〔2002〕3号)不再适用。

第三百一十八条 【组织他人偷越国(边)境罪】组织他人偷越国(边)境的,处二年以上七年以下有期徒刑,并处罚金;有下列情形之一的,处七年以上有期徒刑或者无期徒刑,并处罚金或者没收财产:

(一)组织他人偷越国(边)境集团的首要分子;

(二)多次组织他人偷越国(边)境或者组织他人偷越国(边)境人数众多的;

(三)造成被组织人重伤、死亡的;

(四)剥夺或者限制被组织人人身自由的;

(五)以暴力、威胁方法抗拒检查的;

(六)违法所得数额巨大的;

(七)有其他特别严重情节的。

犯前款罪,对被组织人有杀害、伤害、强奸、拐卖等犯罪行为,或者对检查人员有杀害、伤害等犯罪行为的,依照数罪并罚的规定处罚。

【立法·要点注释】

"造成被组织人重伤、死亡的",是指在组织偷越国(边)境过程中,由于运输工具出现故障等原因导致伤亡事故或者导致被组织人自杀等,造成被组织人重伤、死亡后果的。

【司法解释】

《最高人民法院、最高人民检察院关于办理妨害国(边)境管理刑事案件应用法律若干问题的解释》(法释〔2012〕17号,20121220)

第一条 领导、策划、指挥他人偷越国(边)境或者在首要分子指挥下,实施拉拢、引诱、介绍他人偷越国(边)境等行为的,应当认定为刑法第三百一十八条规定的"组织他人偷越国(边)境"。

组织他人偷越国(边)境人数在十人以上的,应当认定为刑法第三百一十八条第一款第(二)项规定的"人数众多";违法所得数额在二十万元以上的,应当认定为刑法第三百一十八条第一款第(六)项规定的"违法所得数额巨大"。

以组织他人偷越国(边)境为目的,招募、拉拢、引诱、介绍、培训偷越国(边)境人员,策划、安排偷越国(边)境行为,在他人偷越国(边)境之前或者偷越国(边)境过程中被查获的,应当以组织他人偷越国(边)境罪(未遂)论处;具有刑法第三百一十八条第一款规定的情形之一的,应当在相应的法定刑幅度基础上,结合未遂犯的处罚原则量刑。

【法院参考案例】

〔参考案例第304号:顾国均、王建忠组织他人偷越国境案〕以旅游名义骗取出境证件,非法组织他人出境劳务的应如何定性?

以旅游名义骗取出境证件,非法组织他人出境劳务,构成组织他人偷越国（边）境罪。

〔参考案例第 1031 号：凌文勇组织他人偷越边境、韦德其等运送他人偷越边境案〕如何区分组织他人偷越边境罪与运送他人偷越边境罪？

组织他人偷越边境罪的"组织"行为，主要有两种方式：一是领导、策划、指挥他人偷越边境的行为；二是在首要分子指挥下，实施拉拢、引诱、介绍他人偷越边境等行为。由于组织他人偷越边境犯罪环节较多，参与人员情况复杂，对于拉拢、引诱、介绍三种方式以外的其他协助行为，一般不宜认定为"组织"行为。明知他人组织他人偷越边境，而参与购买、联系、安排船只、汽车等交通工具，提供运输服务，将非法出境人员送至离境口岸、指引路线，甚至是积极对偷渡人员进行英语培训以应付通关的需要，转交与出境人员身份不符的虚假证件，安排食宿、送取机票等行为，均是为组织他人偷越边境提供帮助，且由于主观目的及行为缺乏组织性，不能认定为组织他人偷越边境罪的共同犯罪，而应认定为运送他人偷越边境罪。

第三百一十九条 【骗取出境证件罪】 以劳务输出、经贸往来或者其他名义，弄虚作假，骗取护照、签证等出境证件，为组织他人偷越国（边）境使用的，处三年以下有期徒刑，并处罚金；情节严重的，处三年以上十年以下有期徒刑，并处罚金。

单位犯前款罪的，对单位判处罚金，并对其直接负责的主管人员和其他直接责任人员，依照前款的规定处罚。

【立法·要点注释】

如果骗取护照、签证等出境证件，是为了本人或者他人出国，不是为组织他人偷越国（边）境使用的，不构成本罪。

【司法解释】

《最高人民法院、最高人民检察院关于办理妨害国（边）境管理刑事案件应用法律若干问题的解释》（法释〔2012〕17 号，20121220）

第二条　为组织他人偷越国（边）境，编造出境事由、身份信息或者相关的境外关系证明的，应当认定为刑法第三百一十九条第一款规定的"弄虚作假"。

刑法第三百一十九条第一款规定的"出境证件"，包括护照或者代替护照使用的国际旅行证件，中华人民共和国海员证，中华人民共和国出入境通行证，中华人民共和国旅行证，中国公民往来香港、澳门、台湾地区证件，边境地区出入境通行证，签证、签注，出国（境）证明、名单，以及其他出境时需要查验的资料。

具有下列情形之一的，应当认定为刑法第三百一十九条第一款规定的"情节严重"：

（一）骗取出境证件五份以上的；

（二）非法收取费用三十万元以上的；

（三）明知是国家规定的不准出境的人员而为其骗取出境证件的；

（四）其他情节严重的情形。

第三百二十条 【提供伪造、变造的出入境证件罪】【出售出入境证件罪】为他人提供伪造、变造的护照、签证等出入境证件，或者出售护照、签证等出入境证件的，处五年以下有期徒刑，并处罚金；情节严重的，处五年以上有期徒刑，并处罚金。

【司法解释】

《最高人民法院、最高人民检察院关于办理妨害国（边）境管理刑事案件应用法律若干问题的解释》（法释〔2012〕17 号，20121220）

第三条 刑法第三百二十条规定的"出入境证件"，包括本解释第二条第二款所列的证件以及其他入境时需要查验的资料。

具有下列情形之一的，应当认定为刑法第三百二十条规定的"情节严重"：

（一）为他人提供伪造、变造的出入境证件或者出售出入境证件五份以上的；

（二）非法收取费用三十万元以上的；

（三）明知是国家规定的不准出入境的人员而为其提供伪造、变造的出入境证件或者向其出售出入境证件的；

（四）其他情节严重的情形。

【公安文件】

《公安部关于盗窃空白因私护照有关问题的批复》（公境出〔2000〕881

号，20000516）

三、李某、万某等人将盗窃的护照出售，其出售护照的行为也妨害国（边）境管理秩序，触犯刑法第三百二十条，涉嫌构成出售出入境证件罪。

第三百二十一条 【运送他人偷越国（边）境罪】运送他人偷越国（边）境的，处五年以下有期徒刑、拘役或者管制，并处罚金；有下列情形之一的，处五年以上十年以下有期徒刑，并处罚金：

（一）多次实施运送行为或者运送人数众多的；

（二）所使用的船只、车辆等交通工具不具备必要的安全条件，足以造成严重后果的；

（三）违法所得数额巨大的；

（四）有其他特别严重情节的。

在运送他人偷越国（边）境中造成被运送人重伤、死亡，或者以暴力、威胁方法抗拒检查的，处七年以上有期徒刑，并处罚金。

犯前两款罪，对被运送人有杀害、伤害、强奸、拐卖等犯罪行为，或者对检查人员有杀害、伤害等犯罪行为的，依照数罪并罚的规定处罚。

【立法·要点注释】

1. "运送"，主要是指用车辆、船只等交通工具将偷越国（边）境的人非法运送出、入我国国（边）境的行为。行为人没有利用交通工具，如亲自带领他人通过隐蔽的路线偷越国（边）境的，也应当认为是运送他人偷越国（边）境的行为。至于运送他人偷越国（边）境的数量是多人还是一人，不影响本罪的成立。

2. "造成被运送人重伤、死亡"，是指在运送他人偷越国（边）境中，因交通工具不具备必要的安全条件等各种原因，发生重伤、死亡事故，或者导致被运送人自伤、自杀等重伤、死亡后果的。

3. 组织他人偷越国（边）境的行为人在实施组织他人偷越国（边）境犯罪行为的过程中又实施了运送行为的，应当根据从一重罪处罚的原则，以处刑较重的犯罪定罪处罚。

【司法解释】

《最高人民法院、最高人民检察院关于办理妨害国（边）境管理刑事案件应用法律若干问题的解释》（法释〔2012〕17 号，20121220）

第四条　运送他人偷越国（边）境人数在十人以上的，应当认定为刑法第三百二十一条第一款第（一）项规定的"人数众多"；违法所得数额在二十万元以上的，应当认定为刑法第三百二十一条第一款第（三）项规定的"违法所得数额巨大"。

【法院参考案例】

〔参考案例第 1031 号：凌文勇组织他人偷越边境、韦德其等运送他人偷越边境案〕如何认定运送他人偷越边境罪既未遂形态？

运送他人偷越边境犯罪是组织他人偷越边境犯罪的环节之一，从刑法规定的量刑幅度也可看出该罪的社会危害性低于组织他人偷越边境罪，根

据举重以明轻的解释原理，故应以运送的偷渡人员是否越过边境线作为区分运送他人偷越边境罪既未遂的认定标准。

第三百二十二条　【偷越国（边）境罪】违反国（边）境管理法规，偷越国（边）境，情节严重的，处一年以下有期徒刑、拘役或者管制，并处罚金；为参加恐怖活动组织、接受恐怖活动培训或者实施恐怖活动，偷越国（边）境的，处一年以上三年以下有期徒刑，并处罚金。

【修正前条文】

第三百二十二条　【偷越国（边）境罪】违反国（边）境管理法规，偷越国（边）境，情节严重的，处一年以下有期徒刑、拘役或者管制，并处罚金。

【修正说明】

刑法修正案（九）第四十条对原条文作出下述修改：为参加恐怖活动组织、接受恐怖活动培训或者实施恐怖活动而偷越国（边）境的，将法定最高刑提高到三年。

【司法解释 I】

《最高人民法院、最高人民检察院关于办理妨害国（边）境管理刑事案件应用法律若干问题的解释》（法释〔2012〕17 号，20121220）

第五条　偷越国（边）境，具有下列情形之一的，应当认定为刑法第三百二十二条规定的"情节严重"：

（一）在境外实施损害国家利益

行为的；

（二）偷越国（边）境三次以上或者三人以上结伙偷越国（边）境的；

（三）拉拢、引诱他人一起偷越国（边）境的；

（四）勾结境外组织、人员偷越国（边）境的；

（五）因偷越国（边）境被行政处罚后一年内又偷越国（边）境的；

（六）其他情节严重的情形。

【司法解释Ⅱ】

《最高人民法院关于审理发生在我国管辖海域相关案件若干问题的规定（二）》（法释〔2016〕17号，20160802）

第三条 违反我国国（边）境管理法规，非法进入我国领海，具有下列情形之一的，应当认定为刑法第三百二十二条规定的"情节严重"：

（一）经驱赶拒不离开的；

（二）被驱离后又非法进入我国领海的；

（三）因非法进入我国领海被行政处罚或者被刑事处罚后，一年内又非法进入我国领海的；

（四）非法进入我国领海从事捕捞水产品等活动，尚不构成非法捕捞水产品等犯罪的；

（五）其他情节严重的情形。

第三百二十三条 【破坏界碑、界桩罪】【破坏永久性测量标志罪】 故意破坏国家边境的界碑、界桩或者永久性测量标志的，处三年以下有期徒刑或者拘役。

【立法·要点注释】

无论行为人破坏的界碑、界桩是永久性的，还是临时性的，是钢筋水泥浇铸的，还是一般的木桩，是根据条约埋设的，还是按照历史形成的管辖范围埋设的，均不影响本罪的成立；而破坏永久性测量标志罪，行为人破坏的必须是永久性的测量标志，如果破坏的是非永久性测量标志，如开挖河道、修建道路、铺设地下管道、建设房屋等临时设置的测量标志，则不能构成本罪。

第四节　妨害文物管理罪

【相关立法】

《中华人民共和国文物保护法》（20171105）

第二条 在中华人民共和国境内，下列文物受国家保护：

（一）具有历史、艺术、科学价值的古文化遗址、古墓葬、古建筑、石窟寺和石刻、壁画；

（二）与重大历史事件、革命运动或者著名人物有关的以及具有重要纪念意义、教育意义或者史料价值的近代现代重要史迹、实物、代表性建筑；

（三）历史上各时代珍贵的艺术品、工艺美术品；

（四）历史上各时代重要的文献资料以及具有历史、艺术、科学价值的手稿和图书资料等；

（五）反映历史上各时代、各民族社会制度、社会生产、社会生活的代表性实物。

文物认定的标准和办法由国务院文物行政部门制定，并报国务院批准。

具有科学价值的古脊椎动物化石和古人类化石同文物一样受国家保护。

【立法解释】

《全国人民代表大会常务委员会关于〈中华人民共和国刑法〉有关文物的规定适用于具有科学价值的古脊椎动物化石、古人类化石的解释》(20051229)

刑法有关文物的规定，适用于具有科学价值的古脊椎动物化石、古人类化石。

第三百二十四条 【故意损毁文物罪】 故意损毁国家保护的珍贵文物或者被确定为全国重点文物保护单位、省级文物保护单位的文物的，处三年以下有期徒刑或者拘役，并处或者单处罚金；情节严重的，处三年以上十年以下有期徒刑，并处罚金。

【故意损毁名胜古迹罪】 故意损毁国家保护的名胜古迹，情节严重的，处五年以下有期徒刑或者拘役，并处或者单处罚金。

【过失损毁文物罪】 过失损毁国家保护的珍贵文物或者被确定为全国重点文物保护单位、省级文物保护单位的文物，造成严重后果的，处三年以下有期徒刑或者拘役。

【司法解释Ⅰ】

《最高人民检察院、公安部关于公安机关管辖的刑事案件立案追诉标准的规定（一）》（公通字〔2008〕36号，20080625）

第四十六条 〔故意损毁文物案（刑法第三百二十四条第一款）〕故意损毁国家保护的珍贵文物或者被确定为全国重点文物保护单位、省级文物保护单位的文物的，应予立案追诉。

第四十七条 〔故意损毁名胜古迹案（刑法第三百二十四条第二款）〕故意损毁国家保护的名胜古迹，涉嫌下列情形之一的，应予立案追诉：

（一）造成国家保护的名胜古迹严重损毁的；

（二）损毁国家保护的名胜古迹三次以上或者三处以上，尚未造成严重损毁后果的；

（三）损毁手段特别恶劣的；

（四）其他情节严重的情形。

第四十八条 〔过失损毁文物案（刑法第三百二十四条第三款）〕过失损毁国家保护的珍贵文物或者被确定为全国重点文物保护单位、省级文物保护单位的文物，涉嫌下列情形之一的，应予立案追诉：

（一）造成珍贵文物严重损毁的；

（二）造成被确定为全国重点文物保护单位、省级文物保护单位的文物严重损毁的；

（三）造成珍贵文物损毁三件以上的；

（四）其他造成严重后果的情形。

【司法解释Ⅱ】

《最高人民法院、最高人民检察院关于办理妨害文物管理等刑事案件适用法律若干问题的解释》（法释〔2015〕23号，20160101）

第三条 全国重点文物保护单位、

省级文物保护单位的本体，应当认定为刑法第三百二十四条第一款规定的"被确定为全国重点文物保护单位、省级文物保护单位的文物"。

故意损毁国家保护的珍贵文物或者被确定为全国重点文物保护单位、省级文物保护单位的文物，具有下列情形之一的，应当认定为刑法第三百二十四条第一款规定的"情节严重"：

（一）造成五件以上三级文物损毁的；

（二）造成二级以上文物损毁的；

（三）致使全国重点文物保护单位、省级文物保护单位的本体严重损毁或者灭失的；

（四）多次损毁或者损毁多处全国重点文物保护单位、省级文物保护单位的本体的；

（五）其他情节严重的情形。

实施前款规定的行为，拒不执行国家行政主管部门作出的停止侵害文物的行政决定或者命令的，酌情从重处罚。

第四条 风景名胜区的核心景区以及未被确定为全国重点文物保护单位、省级文物保护单位的古文化遗址、古墓葬、古建筑、石窟寺、石刻、壁画、近代现代重要史迹和代表性建筑等不可移动文物的本体，应当认定为刑法第三百二十四条第二款规定的"国家保护的名胜古迹"。

故意损毁国家保护的名胜古迹，具有下列情形之一的，应当认定为刑法第三百二十四条第二款规定的"情节严重"：

（一）致使名胜古迹严重损毁或者灭失的；

（二）多次损毁或者损毁多处名胜古迹的；

（三）其他情节严重的情形。

实施前款规定的行为，拒不执行国家行政主管部门作出的停止侵害文物的行政决定或者命令的，酌情从重处罚。

故意损毁风景名胜区内被确定为全国重点文物保护单位、省级文物保护单位的文物的，依照刑法第三百二十四条第一款和本解释第三条的规定定罪量刑。

第五条 过失损毁国家保护的珍贵文物或者被确定为全国重点文物保护单位、省级文物保护单位的文物，具有本解释第三条第二款第一项至第三项规定情形之一的，应当认定为刑法第三百二十四条第三款规定的"造成严重后果"。

……

第十一条第二款 公司、企业、事业单位、机关、团体等单位实施盗窃文物，故意损毁文物、名胜古迹，过失损毁文物，盗掘古文化遗址、古墓葬等行为的，依照本解释规定的相应定罪量刑标准，追究组织者、策划者、实施者的刑事责任。

……

第十三条 案件涉及不同等级的文物的，按照高级别文物的量刑幅度量刑；有多件同级文物的，五件同级文物视为一件高一级文物，但是价值明显不相当的除外。

第十四条 依照文物价值定罪量刑的，根据涉案文物的有效价格证明认定文物价值；无有效价格证明，或者根据价格证明认定明显不合理的，根据销赃数额认定，或者结合本解释第十五条规定的鉴定意见、报告认定。

第十五条　在行为人实施有关行为前，文物行政部门已对涉案文物及其等级作出认定的，可以直接对有关案件事实作出认定。

对案件涉及的有关文物鉴定、价值认定等专门性问题难以确定的，由司法鉴定机构出具鉴定意见，或者由国务院文物行政部门指定的机构出具报告。其中，对于文物价值，也可以由有关价格认证机构作出价格认证并出具报告。

第十六条第二款　实施本解释第三条至第五条规定的行为，虽已达到应当追究刑事责任的标准，但行为人系初犯，积极赔偿损失，并确有悔罪表现的，可以认定为犯罪情节轻微，不起诉或者免予刑事处罚。

第十七条　走私、盗窃、损毁、倒卖、盗掘或者非法转让具有科学价值的古脊椎动物化石、古人类化石的，依照刑法和本解释的有关规定定罪量刑。

第十八条　本解释自 2016 年 1 月 1 日起施行。本解释公布施行后，《最高人民法院、最高人民检察院关于办理盗窃、盗掘、非法经营和走私文物的案件具体应用法律的若干问题的解释》（法（研）发〔1987〕32 号）同时废止；之前发布的司法解释与本解释不一致的，以本解释为准。

第三百二十五条　【非法向外国人出售、赠送珍贵文物罪】 违反文物保护法规，将收藏的国家禁止出口的珍贵文物私自出售或者私自赠送给外国人的，处五年以下有期徒刑或者拘役，可以并处罚金。

单位犯前款罪的，对单位判处罚金，并对其直接负责的主管人员和其他直接责任人员，依照前款的规定处罚。

第三百二十六条　【倒卖文物罪】 以牟利为目的，倒卖国家禁止经营的文物，情节严重的，处五年以下有期徒刑或者拘役，并处罚金；情节特别严重的，处五年以上十年以下有期徒刑，并处罚金。

单位犯前款罪的，对单位判处罚金，并对其直接负责的主管人员和其他直接责任人员，依照前款的规定处罚。

【司法解释】

《最高人民法院、最高人民检察院关于办理妨害文物管理等刑事案件适用法律若干问题的解释》（法释〔2015〕23 号，20160101）

第六条　出售或者为出售而收购、运输、储存《中华人民共和国文物保护法》规定的"国家禁止买卖的文物"的，应当认定为刑法第三百二十六条规定的"倒卖国家禁止经营的文物"。

倒卖国家禁止经营的文物，具有下列情形之一的，应当认定为刑法第三百二十六条规定的"情节严重"：

（一）倒卖三级文物的；

（二）交易数额在五万元以上的；

（三）其他情节严重的情形。

实施前款规定的行为，具有下列情形之一的，应当认定为刑法第三百二十六条规定的"情节特别严重"：

（一）倒卖二级以上文物的；

（二）倒卖三级文物五件以上的；

（三）交易数额在二十五万元以上的；

（四）其他情节特别严重的情形。

【法院公报案例】

〔天津市人民检察院第一分院诉刘大力、曹振庆、赵殿永等盗掘古文化遗址、倒卖文物、转移赃物案，GB2009 - 5〕

行为人明知文物系他人盗掘所得，为从中牟取非法利益而帮助他人积极联系买主，居中促成非法文物交易的，其行为不构成销赃罪，应以倒卖文物罪定罪处罚。

第三百二十七条　【非法出售、私赠文物藏品罪】 违反文物保护法规，国有博物馆、图书馆等单位将国家保护的文物藏品出售或者私自送给非国有单位或者个人的，对单位判处罚金，并对其直接负责的主管人员和其他直接责任人员，处三年以下有期徒刑或者拘役。

【司法解释】

《最高人民法院、最高人民检察院关于办理妨害文物管理等刑事案件适用法律若干问题的解释》（法释〔2015〕23 号，20160101）

第七条　国有博物馆、图书馆以及其他国有单位，违反文物保护法规，

将收藏或者管理的国家保护的文物藏品出售或者私自送给非国有单位或者个人的，依照刑法第三百二十七条的规定，以非法出售、私赠文物藏品罪追究刑事责任。

第三百二十八条　【盗掘古文化遗址、古墓葬罪】 盗掘具有历史、艺术、科学价值的古文化遗址、古墓葬的，处三年以上十年以下有期徒刑，并处罚金；情节较轻的，处三年以下有期徒刑、拘役或者管制，并处罚金；有下列情形之一的，处十年以上有期徒刑或者无期徒刑，并处罚金或者没收财产：

（一）盗掘确定为全国重点文物保护单位和省级文物保护单位的古文化遗址、古墓葬的；

（二）盗掘古文化遗址、古墓葬集团的首要分子；

（三）多次盗掘古文化遗址、古墓葬的；

（四）盗掘古文化遗址、古墓葬，并盗窃珍贵文物或者造成珍贵文物严重破坏的。

【盗掘古人类化石、古脊椎动物化石罪】 盗掘国家保护的具有科学价值的古人类化石和古脊椎动物化石的，依照前款的规定处罚。

【修正前条文】

第三百二十八条　【盗掘古文化遗址、古墓葬罪】盗掘具有历史、艺术、科学价值的古文化遗址、古墓葬的，处三年以上十年以下有期徒刑，并处罚金；情节较轻的，处三年以下

有期徒刑、拘役或者管制，并处罚金；有下列情形之一的，处十年以上有期徒刑、无期徒刑或者死刑，并处罚金或者没收财产：

（一）盗掘确定为全国重点文物保护单位和省级文物保护单位的古文化遗址、古墓葬的；

（二）盗掘古文化遗址、古墓葬集团的首要分子；

（三）多次盗掘古文化遗址、古墓葬的；

（四）盗掘古文化遗址、古墓葬，并盗窃珍贵文物或者造成珍贵文物严重破坏的。

【盗掘古人类化石、古脊椎动物化石罪】盗掘国家保护的具有科学价值的古人类化石和古脊椎动物化石的，依照前款的规定处罚。

【修正说明】

刑法修正案（八）第四十五条取消了本罪的死刑规定。

【司法解释】

《最高人民法院、最高人民检察院关于办理妨害文物管理等刑事案件适用法律若干问题的解释》（法释〔2015〕23 号，20160101）

第八条　刑法第三百二十八条第一款规定的"古文化遗址、古墓葬"包括水下古文化遗址、古墓葬。"古文化遗址、古墓葬"不以公布为不可移动文物的古文化遗址、古墓葬为限。

实施盗掘行为，已损害古文化遗址、古墓葬的历史、艺术、科学价值的，应当认定为盗掘古文化遗址、古墓葬罪既遂。

采用破坏性手段盗窃古文化遗址、古墓葬以外的古建筑、石窟寺、石刻、壁画、近代现代重要史迹和代表性建筑等其他不可移动文物的，依照刑法第二百六十四条的规定，以盗窃罪追究刑事责任。

【司法指导文件】

《最高人民法院研究室关于盗掘古文化遗址罪适用法律问题的研究意见》（2012）

盗掘古文化遗址罪的犯罪对象为古文化遗址的保护范围，不包括建设控制地带。因行为人对保护范围与建设控制地带的界限认识不清，而在建设控制地带进行盗掘，从而未能实现盗掘古文化遗址的犯罪目的的，构成盗掘古文化遗址罪（未遂）。

【法院参考案例】

〔参考案例第 266 号：李生跃盗掘古文化遗址案〕盗割石窟寺内壁刻头像的行为应如何定罪？

刑法第三百二十八条所称"古文化遗址"的含义较文物保护法第二条中的表述更为广泛，包含石窟寺、石刻、壁画、古建筑、地下城等不可移动文物。"掘"既包括将地下埋藏或半埋藏于地下的文物挖出来的行为，也包括将不可移动文物的一部分从其整体上挖掘、凿刻下来的行为。行为人盗割石窟寺内壁刻头像的行为，应以盗掘古文化遗址罪定罪。

〔参考案例第 485 号：孙立平等盗掘古墓葬案〕如何认定盗掘古墓葬罪中的既遂和多次盗掘？

1. 盗掘古墓葬罪属于行为犯，只

要被告人有盗掘古墓葬的主观故意，客观上实施了一定的盗掘行为，即可认定既遂。但是，如果盗掘行为刚刚开始，并未触及墓室或未对该墓葬的历史、艺术、科学价值造成一定影响的，可以不以犯罪论处。

2. 一般来讲，被告人出于同一个犯意，针对同一古墓葬连续分次盗掘的，如果每次盗掘间隔时间不长，不宜认定为"多次"。

〔**参考案例第 560 号：卞长军等盗掘古墓葬案**〕盗掘古墓葬罪是否要求行为人明知所盗掘古墓葬的历史、艺术、科学价值？

盗掘古墓葬罪要求行为人应当明知所盗掘的是古墓葬，但不要求行为人确切认识到所盗掘古墓葬的历史、艺术、科学价值。

〔**参考案例第 1129 号：谢志喜、曾和平盗掘古文化遗址案**〕在全国重点文物保护单位的区域内对政府为栽树而挖的树坑进行盗掘的行为是否构成盗掘古文化遗址罪？

在确定为全国重点文物保护单位的区域内盗掘古文化遗址的行为，依法应当以盗掘古文化遗址罪定罪处罚。

〔**参考案例第 1130 号：韩涛、胡如俊盗掘古墓葬案**〕盗掘古墓葬外的石像生应如何定罪处罚？

1. 石像生又称石像、石俑、翁仲，指的是用巨石琢成的仿动物或人物的石像，如古代帝陵神道两侧的石兽、石人等。古墓葬由地上遗迹和地下遗迹组成，古墓葬的墓室、葬具、随葬品、壁画、神道、石像生、碑刻、地面建筑等形成一个有机整体，离开

了其中任何一部分，古墓葬都是不完整的。盗掘古墓葬罪的犯罪对象不仅包括古墓葬的主体——墓室，也包括墓室外的一些重要附属物，如墓道、石像生、碑刻等，对附属物的偷挖同样应当认定为刑法意义上的"盗掘"。

2. 偷挖石像生的行为属于"盗掘"古墓葬行为。凡是具备以下两个特征的"破坏性手段"，都可以视为盗掘古墓葬罪的行为方式：（1）行为人秘密实施的行为，旨在破坏古墓葬及其附属物的完整性或者使其离开原处；（2）行为客观上破坏了古墓葬及其附属物所蕴含的历史、艺术、科学价值。

第三百二十九条 【抢夺、窃取国有档案罪】抢夺、窃取国家所有的档案的，处五年以下有期徒刑或者拘役。

【擅自出卖、转让国有档案罪】违反档案法的规定，擅自出卖、转让国家所有的档案，情节严重的，处三年以下有期徒刑或者拘役。

有前两款行为，同时又构成本法规定的其他犯罪的，依照处罚较重的规定定罪处罚。

【立法・要点注释】

1. "抢夺"国家所有的档案，是指以非法占有为目的，公然夺取国家所有的档案，当然也应包含抢劫档案的行为。

2. 刑法虽然将关于档案的犯罪放在妨害文物管理罪一节，这并不是说档案都属于文物，档案中只有一部分

属于文物。

第五节　危害公共卫生罪

第三百三十条　【妨害传染病防治罪】违反传染病防治法的规定，有下列情形之一，引起甲类传染病传播或者有传播严重危险的，处三年以下有期徒刑或者拘役；后果特别严重的，处三年以上七年以下有期徒刑：

（一）供水单位供应的饮用水不符合国家规定的卫生标准的；

（二）拒绝按照卫生防疫机构提出的卫生要求，对传染病病原体污染的污水、污物、粪便进行消毒处理的；

（三）准许或者纵容传染病病人、病原携带者和疑似传染病病人从事国务院卫生行政部门规定禁止从事的易使该传染病扩散的工作的；

（四）拒绝执行卫生防疫机构依照传染病防治法提出的预防、控制措施的。

单位犯前款罪的，对单位判处罚金，并对其直接负责的主管人员和其他直接责任人员，依照前款的规定处罚。

甲类传染病的范围，依照《中华人民共和国传染病防治法》和国务院有关规定确定。

【司法解释】

《最高人民检察院、公安部关于公安机关管辖的刑事案件立案追诉标准的规定（一）》（公通字〔2008〕36

号，20080625）

第四十九条〔妨害传染病防治案（刑法第三百三十条）〕违反传染病防治法的规定，引起甲类或者按照甲类管理的传染病传播或者有传播严重危险，涉嫌下列情形之一的，应予立案追诉：

（一）供水单位供应的饮用水不符合国家规定的卫生标准的；

（二）拒绝按照疾病预防控制机构提出的卫生要求，对传染病病原体污染的污水、污物、粪便进行消毒处理的；

（三）准许或者纵容传染病病人、病原携带者和疑似传染病病人从事国务院卫生行政部门规定禁止从事的易使该传染病扩散的工作的；

（四）拒绝执行疾病预防控制机构依照传染病防治法提出的预防、控制措施的。

本条和本规定第五十条规定的"甲类传染病"，是指鼠疫、霍乱；"按甲类管理的传染病"，是指乙类传染病中传染性非典型肺炎、炭疽中的肺炭疽、人感染高致病性禽流感以及国务院卫生行政部门根据需要报经国务院批准公布实施的其他需要按甲类管理的乙类传染病和突发原因不明的传染病。

第三百三十一条　【传染病菌种、毒种扩散罪】从事实验、保藏、携带、运输传染病菌种、毒种的人员，违反国务院卫生行政部门的有关规定，造成传染病菌种、毒种扩散，后果严重的，处三年以下有期徒刑或者拘役；后果特别严重的，处三年以上七年以下有期徒刑。

【立法·要点注释】

1．"后果严重"主要是指传染病菌种、毒种传播面积较大，使多人受到传染，或者造成被传染病人因病死亡等。

2．"后果特别严重"是指引起传染病大面积传播或者长时间传播的；造成人员死亡或多人残疾的；引起民心极度恐慌造成社会秩序严重混乱的；致使国家对于传染病防治的正常活动受到特别严重干扰的等。

【司法解释】

《最高人民检察院、公安部关于公安机关管辖的刑事案件立案追诉标准的规定（一）》（公通字〔2008〕36号，20080625）

第五十条〔传染病菌种、毒种扩散案（刑法第三百三十一条）〕从事实验、保藏、携带、运输传染病菌种、毒种的人员，违反国务院卫生行政部门的有关规定，造成传染病菌种、毒种扩散，涉嫌下列情形之一的，应予立案追诉：

（一）导致甲类和按甲类管理的传染病传播的；

（二）导致乙类、丙类传染病流行、暴发的；

（三）造成人员重伤或者死亡的；

（四）严重影响正常的生产、生活秩序的；

（五）其他造成严重后果的情形。

第三百三十二条　【妨害国境卫生检疫罪】违反国境卫生检疫规定，引起检疫传染病传播或者有传播严重危险的，处三年以下有期徒刑或者拘役，并处或者单处罚金。

单位犯前款罪的，对单位判处罚金，并对其直接负责的主管人员和其他直接责任人员，依照前款的规定处罚。

【司法解释】

《最高人民检察院、公安部关于公安机关管辖的刑事案件立案追诉标准的规定（一）》（公通字〔2008〕36号，20080625）

第五十一条〔妨害国境卫生检疫案（刑法第三百三十二条）〕违反国境卫生检疫规定，引起检疫传染病传播或者有传播严重危险的，应予立案追诉。

第三百三十三条　【非法组织卖血罪】【强迫卖血罪】非法组织他人出卖血液的，处五年以下有期徒刑，并处罚金；以暴力、威胁方法强迫他人出卖血液的，处五年以上十年以下有期徒刑，并处罚金。

有前款行为，对他人造成伤害的，依照本法第二百三十四条的规定定罪处罚。

【立法·要点注释】

"有前款行为，对他人造成伤害的"，是指非法组织他人或者以暴力、威胁方法强迫他人出卖血液，对供血者造成伤害，主要包括三种情况：第一，组织患有疾病或者有其他原因不宜输血的人输血，造成被采血人健康受到严重损害的；第二，由于长期过度供血，使供血者身体健康受到严重损害的；第三，为了抽取他人血液，使用暴力手段致人身体伤害的情况。

【司法解释】

《最高人民检察院、公安部关于公安机关管辖的刑事案件立案追诉标准的规定（一）》（公通字〔2008〕36 号，20080625）

第五十二条〔非法组织卖血案（刑法第三百三十三条第一款）〕非法组织他人出卖血液，涉嫌下列情形之一的，应予立案追诉：

（一）组织卖血三人次以上的；

（二）组织卖血非法获利二千元以上的；

（三）组织未成年人卖血的；

（四）被组织卖血的人的血液含有艾滋病病毒、乙型肝炎病毒、丙型肝炎病毒、梅毒螺旋体等病原微生物的；

（五）其他非法组织卖血应予追究刑事责任的情形。

第五十三条〔强迫卖血案（刑法第三百三十三条第一款）〕以暴力、威胁方法强迫他人出卖血液的，应予立案追诉。

第三百三十四条 【非法采集、供应血液、制作、供应血液制品罪】非法采集、供应血液或者制作、供应血液制品，不符合国家规定的标准，足以危害人体健康的，处五年以下有期徒刑或者拘役，并处罚金；对人体健康造成严重危害的，处五年以上十年以下有期徒刑，并处罚金；造成特别严重后果的，处十年以上有期徒刑或者无期徒刑，并处罚金或者没收财产。

【采集、供应血液、制作、供应血液制品事故罪】经国家主管部门批准采集、供应血液或者制作、供应血液制品的部门，不依照规定进行检测或者违背其他操作规定，造成危害他人身体健康后果的，对单位判处罚金，并对其直接负责的主管人员和其他直接责任人员，处五年以下有期徒刑或者拘役。

【司法解释 I】

《最高人民检察院、公安部关于公安机关管辖的刑事案件立案追诉标准的规定（一）》（公通字〔2008〕36 号，20080625）

第五十四条〔非法采集、供应血液、制作、供应血液制品案（刑法第三百三十四条第一款）〕非法采集、供应血液或者制作、供应血液制品，涉嫌下列情形之一的，应予立案追诉：

（一）采集、供应的血液含有艾滋病病毒、乙型肝炎病毒、丙型肝炎病毒、梅毒螺旋体等病原微生物的；

（二）制作、供应的血液制品含有艾滋病病毒、乙型肝炎病毒、丙型肝炎病毒、梅毒螺旋体等病原微生物，或者将含有上述病原微生物的血液用于制作血液制品的；

（三）使用不符合国家规定的药品、诊断试剂、卫生器材，或者重复使用一次性采血器材采集血液，造成传染病传播危险的；

（四）违反规定对献血者、供血浆者超量、频繁采集血液、血浆，足以危害人体健康的；

（五）其他不符合国家有关采集、供应血液或者制作、供应血液制品的规定，足以危害人体健康或者对人体健康造成严重危害的情形。

未经国家主管部门批准或者超过批准的业务范围，采集、供应血液或者制作、供应血液制品的，属于本条规定的"非法采集、供应血液、制作、供应血液制品"。

本条和本规定第五十二条、第五十三条、第五十五条规定的"血液"，是指全血、成分血和特殊血液成分。

本条和本规定第五十五条规定的"血液制品"，是指各种人血浆蛋白制品。

第五十五条 〔采集、供应血液、制作、供应血液制品事故案（刑法第三百三十四条第二款）〕经国家主管部门批准采集、供应血液或者制作、供应血液制品的部门，不依照规定进行检测或者违背其他操作规定，涉嫌下列情形之一的，应予立案追诉：

（一）造成献血者、供血浆者、受血者感染艾滋病病毒、乙型肝炎病毒、丙型肝炎病毒、梅毒螺旋体或者其他经血液传播的病原微生物的；

（二）造成献血者、供血浆者、受血者重度贫血、造血功能障碍或者其他器官组织损伤导致功能障碍等身体严重危害的；

（三）其他造成危害他人身体健康后果的情形。

经国家主管部门批准的采供血机构和血液制品生产经营单位，属于本条规定的"经国家主管部门批准采集、供应血液或者制作、供应血液制品的部门"。采供血机构包括血液中心、中心血站、脐带血造血干细胞库和国家卫生行政主管部门根据医学发展需要批准、设置的其他类型血库、单采血浆站。

具有下列情形之一的，属于本条规定的"不依照规定进行检测或者违背其他操作规定"：

（一）血站未用两个企业生产的试剂对艾滋病病毒抗体、乙型肝炎病毒表面抗原、丙型肝炎病毒抗体、梅毒抗体进行两次检测的；

（二）单采血浆站不依照规定对艾滋病病毒抗体、乙型肝炎病毒表面抗原、丙型肝炎病毒抗体、梅毒抗体进行检测的；

（三）血液制品生产企业在投料生产前未用主管部门批准和检定合格的试剂进行复检的；

（四）血站、单采血浆站和血液制品生产企业使用的诊断试剂没有生产单位名称、生产批准文号或者经检定不合格的；

（五）采供血机构在采集检验样本、采集血液和成分血分离时，使用没有生产单位名称、生产批准文号或者超过有效期的一次性注射器等采血器材的；

（六）不依照国家规定的标准和要求包装、储存、运输血液、原料血浆的；

（七）对国家规定检测项目结果呈阳性的血液未及时按照规定予以

清除的;

（八）不具备相应资格的医务人员进行采血、检验操作的;

（九）对献血者、供血浆者超量、频繁采集血液、血浆的;

（十）采供血机构采集血液、血浆前，未对献血者或者供血浆者进行身份识别，采集冒名顶替者、健康检查不合格者血液、血浆的;

（十一）血站擅自采集原料血浆，单采血浆站擅自采集临床用血或者向医疗机构供应原料血浆的;

（十二）重复使用一次性采血器材的;

（十三）其他不依照规定进行检测或者违背操作规定的。

【司法解释Ⅱ】

《最高人民法院、最高人民检察院关于办理非法采供血液等刑事案件具体应用法律若干问题的解释》（法释〔2008〕12号，20080923）

第一条　对未经国家主管部门批准或者超过批准的业务范围，采集、供应血液或者制作、供应血液制品的，应认定为刑法第三百三十四条第一款规定的"非法采集、供应血液或者制作、供应血液制品"。

第二条　对非法采集、供应血液或者制作、供应血液制品，具有下列情形之一的，应认定为刑法第三百三十四条第一款规定的"不符合国家规定的标准，足以危害人体健康"，处五年以下有期徒刑或者拘役，并处罚金:

（一）采集、供应的血液含有艾滋病病毒、乙型肝炎病毒、丙型肝炎

病毒、梅毒螺旋体等病原微生物的;

（二）制作、供应的血液制品含有艾滋病病毒、乙型肝炎病毒、丙型肝炎病毒、梅毒螺旋体等病原微生物，或者将含有上述病原微生物的血液用于制作血液制品的;

（三）使用不符合国家规定的药品、诊断试剂、卫生器材，或者重复使用一次性采血器材采集血液，造成传染病传播危险的;

（四）违反规定对献血者、供血浆者超量、频繁采集血液、血浆，足以危害人体健康的;

（五）其他不符合国家有关采集、供应血液或者制作、供应血液制品的规定标准，足以危害人体健康的。

第三条　对非法采集、供应血液或者制作、供应血液制品，具有下列情形之一的，应认定为刑法第三百三十四条第一款规定的"对人体健康造成严重危害"，处五年以上十年以下有期徒刑，并处罚金:

（一）造成献血者、供血浆者、受血者感染乙型肝炎病毒、丙型肝炎病毒、梅毒螺旋体或者其他经血液传播的病原微生物的;

（二）造成献血者、供血浆者、受血者重度贫血、造血功能障碍或者其他器官组织损伤导致功能障碍等身体严重危害的;

（三）对人体健康造成其他严重危害的。

第四条　对非法采集、供应血液或者制作、供应血液制品，具有下列情形之一的，应认定为刑法第三百三十四条第一款规定的"造成特别严重

后果"，处十年以上有期徒刑或者无期徒刑，并处罚金或者没收财产：

（一）因血液传播疾病导致人员死亡或者感染艾滋病病毒的；

（二）造成五人以上感染乙型肝炎病毒、丙型肝炎病毒、梅毒螺旋体或者其他经血液传播的病原微生物的；

（三）造成五人以上重度贫血、造血功能障碍或者其他器官组织损伤导致功能障碍等身体严重危害的；

（四）造成其他特别严重后果的。

第五条 对经国家主管部门批准采集、供应血液或者制作、供应血液制品的部门，具有下列情形之一的，应认定为刑法第三百三十四条第二款规定的"不依照规定进行检测或者违背其他操作规定"：

（一）血站未用两个企业生产的试剂对艾滋病病毒抗体、乙型肝炎病毒表面抗原、丙型肝炎病毒抗体、梅毒抗体进行两次检测的；

（二）单采血浆站不依照规定对艾滋病病毒抗体、乙型肝炎病毒表面抗原、丙型肝炎病毒抗体、梅毒抗体进行检测的；

（三）血液制品生产企业在投料生产前未用主管部门批准和检定合格的试剂进行复检的；

（四）血站、单采血浆站和血液制品生产企业使用的诊断试剂没有生产单位名称、生产批准文号或者经检定不合格的；

（五）采供血机构在采集检验标本、采集血液和成分血分离时，使用没有生产单位名称、生产批准文号或者超过有效期的一次性注射器等采血器材的；

（六）不依照国家规定的标准和要求包装、储存、运输血液、原料血浆的；

（七）对国家规定检测项目结果呈阳性的血液未及时按照规定予以清除的；

（八）不具备相应资格的医务人员进行采血、检验操作的；

（九）对献血者、供血浆者超量、频繁采集血液、血浆的；

（十）采供血机构采集血液、血浆前，未对献血者或供血浆者进行身份识别，采集冒名顶替者、健康检查不合格者血液、血浆的；

（十一）血站擅自采集原料血浆，单采血浆站擅自采集临床用血或者向医疗机构供应原料血浆的；

（十二）重复使用一次性采血器材的；

（十三）其他不依照规定进行检测或者违背操作规定的。

第六条 对经国家主管部门批准采集、供应血液或者制作、供应血液制品的部门，不依照规定进行检测或者违背其他操作规定，具有下列情形之一的，应认定为刑法第三百三十四条第二款规定的"造成危害他人身体健康后果"，对单位判处罚金，并对其直接负责的主管人员和其他直接责任人员，处五年以下有期徒刑或者拘役：

（一）造成献血者、供血浆者、受血者感染艾滋病病毒、乙型肝炎病毒、丙型肝炎病毒、梅毒螺旋体或者其他经血液传播的病原微生物的；

（二）造成献血者、供血浆者、

受血者重度贫血、造血功能障碍或者其他器官组织损伤导致功能障碍等身体严重危害的；

（三）造成其他危害他人身体健康后果的。

第七条　经国家主管部门批准的采供血机构和血液制品生产经营单位，应认定为刑法第三百三十四条第二款规定的"经国家主管部门批准采集、供应血液或者制作、供应血液制品的部门"。

第八条　本解释所称"血液"，是指全血、成分血和特殊血液成分。

本解释所称"血液制品"，是指各种人血浆蛋白制品。

本解释所称"采供血机构"，包括血液中心、中心血站、中心血库、脐带血造血干细胞库和国家卫生行政主管部门根据医学发展需要批准、设置的其他类型血库、单采血浆站。

第三百三十五条　【医疗事故罪】医务人员由于严重不负责任，造成就诊人死亡或者严重损害就诊人身体健康的，处三年以下有期徒刑或者拘役。

【司法解释】

《最高人民检察院、公安部关于公安机关管辖的刑事案件立案追诉标准的规定（一）》（公通字〔2008〕36号，20080625）

第五十六条〔医疗事故案（刑法第三百三十五条）〕医务人员由于严重不负责任，造成就诊人死亡或者严重损害就诊人身体健康的，应予立案追诉。

具有下列情形之一的，属于本条规定的"严重不负责任"：

（一）擅离职守的；

（二）无正当理由拒绝对危急就诊人实行必要的医疗救治的；

（三）未经批准擅自开展试验性医疗的；

（四）严重违反查对、复核制度的；

（五）使用未经批准使用的药品、消毒药剂、医疗器械的；

（六）严重违反国家法律法规及有明确规定的诊疗技术规范、常规的；

（七）其他严重不负责任的情形。

本条规定的"严重损害就诊人身体健康"，是指造成就诊人严重残疾、重伤、感染艾滋病、病毒性肝炎等难以治愈的疾病或者其他严重损害就诊人身体健康的后果。

【法院参考案例】

〔参考案例第 429 号：孟广超医疗事故案〕具有执业资格的医生根据民间验方、偏方制成药物诊疗，造成就诊人死亡的行为如何定性？

具有执业资格的医生，在有限范围内，针对特定的病症个体，采用未经有关机构认可和授权使用的偏方、验方，致就诊人死亡的情形，应当定医疗事故罪，如果主体资格不符，可以非法行医罪追究刑事责任。如果行为人利用未经有关机构认可和授权使用的偏方、验方制成药物，大规模生产，或者公开在药店、医疗机构等医药市场上向不特定的患者或公众大范围销售，足以严重危害人体健康的，可以生产、销售假药罪定罪处罚。

第三百三十六条 【非法行医罪】 未取得医生执业资格的人非法行医，情节严重的，处三年以下有期徒刑、拘役或者管制，并处或者单处罚金；严重损害就诊人身体健康的，处三年以上十年以下有期徒刑，并处罚金；造成就诊人死亡的，处十年以上有期徒刑，并处罚金。

【非法进行节育手术罪】 未取得医生执业资格的人擅自为他人进行节育复通手术、假节育手术、终止妊娠手术或者摘取宫内节育器，情节严重的，处三年以下有期徒刑、拘役或者管制，并处或者单处罚金；严重损害就诊人身体健康的，处三年以上十年以下有期徒刑，并处罚金；造成就诊人死亡的，处十年以上有期徒刑，并处罚金。

【立法·要点注释】

"未取得医生执业资格的人非法行医"是指未取得医师从业资格的人从事医疗卫生工作，主要有以下几种表现形式：一是非医务人员私设诊所；二是非医疗机构超服务范围进行治疗活动，如一些不具有医院机构资格的美容院擅自开展医学整容手术；三是利用仪器或技能开展非法治疗活动，如非法用电脑医学专家程序在公共场所为顾客诊病，开医药处方；四是利用非法行医的手段，推销新产品。

【司法解释 I】

《最高人民检察院、公安部关于公安机关管辖的刑事案件立案追诉标准的规定（一）》（公通字〔2008〕36 号，20080625）

第五十七条〔非法行医案（刑法第三百三十六条第一款）〕未取得医生执业资格的人非法行医，涉嫌下列情形之一的，应予立案追诉：

（一）造成就诊人轻度残疾、器官组织损伤导致一般功能障碍，或者中度以上残疾、器官组织损伤导致严重功能障碍，或者死亡的；

（二）造成甲类传染病传播、流行或者有传播、流行危险的；

（三）使用假药、劣药或不符合国家规定标准的卫生材料、医疗器械，足以严重危害人体健康的；

（四）非法行医被卫生行政部门行政处罚两次以后，再次非法行医的；

（五）其他情节严重的情形。

具有下列情形之一的，属于本条规定的"未取得医生执业资格的人非法行医"：

（一）未取得或者以非法手段取得医师资格从事医疗活动的；

（二）个人未取得《医疗机构执业许可证》开办医疗机构的；

（三）被依法吊销医师执业证书期间从事医疗活动的；

（四）未取得乡村医生执业证书，从事乡村医疗活动的；

（五）家庭接生员实施家庭接生以外的医疗活动的。

本条规定的"轻度残疾、器官组织损伤导致一般功能障碍"、"中度以上残疾、器官组织损伤导致严重功能障碍"，参照卫生部《医疗事故分级标准（试行）》认定。

第五十八条〔非法进行节育手术案（刑法第三百三十六条第二款）〕未取得医生执业资格的人擅自为他人进行节育复通手术、假节育手术、终止妊娠手术或者摘取宫内节育器，涉嫌下列情形之一的，应予立案追诉：

（一）造成就诊人轻伤、重伤、死亡或者感染艾滋病、病毒性肝炎等难以治愈的疾病的；

（二）非法进行节育复通手术、假节育手术、终止妊娠手术或者摘取宫内节育器五人次以上的；

（三）致使他人超计划生育的；

（四）非法进行选择性别的终止妊娠手术的；

（五）非法获利累计五千元以上的；

（六）其他情节严重的情形。

【司法解释Ⅱ】

《最高人民法院关于审理非法行医刑事案件具体应用法律若干问题的解释》（原法释〔2008〕5号，根据法释〔2016〕27号修正，20161220）

第一条　具有下列情形之一的，应认定为刑法第三百三十六条第一款规定的"未取得医生执业资格的人非法行医"：

（一）未取得或者以非法手段取得医师资格从事医疗活动的；

（二）被依法吊销医师执业证书期间从事医疗活动的；

（三）未取得乡村医生执业证书，从事乡村医疗活动的；

（四）家庭接生员实施家庭接生以外的医疗行为的。

第二条　具有下列情形之一的，应认定为刑法第三百三十六条第一款规定的"情节严重"：

（一）造成就诊人轻度残疾、器官组织损伤导致一般功能障碍的；

（二）造成甲类传染病传播、流行或者有传播、流行危险的；

（三）使用假药、劣药或不符合国家规定标准的卫生材料、医疗器械，足以严重危害人体健康的；

（四）非法行医被卫生行政部门行政处罚两次以后，再次非法行医的；

（五）其他情节严重的情形。

第三条　具有下列情形之一的，应认定为刑法第三百三十六条第一款规定的"严重损害就诊人身体健康"：

（一）造成就诊人中度以上残疾、器官组织损伤导致严重功能障碍的；

（二）造成三名以上就诊人轻度残疾、器官组织损伤导致一般功能障碍的。

第四条　非法行医行为系造成就诊人死亡的直接、主要原因的，应认定为刑法第三百三十六条第一款规定的"造成就诊人死亡"。

非法行医行为并非造成就诊人死亡的直接、主要原因的，可不认定为刑法第三百三十六条第一款规定的"造成就诊人死亡"。但是，根据案件情况，可以认定为刑法第三百三十六条第一款规定的"情节严重"。

第五条　实施非法行医犯罪，同时构成生产、销售假药罪，生产、销售劣药罪，诈骗罪等其他犯罪的，依照刑法处罚较重的规定定罪处罚。

第六条　本解释所称"医疗活

动""医疗行为",参照《医疗机构管理条例实施细则》中的"诊疗活动""医疗美容"认定。

本解释所称"轻度残疾、器官组织损伤导致一般功能障碍""中度以上残疾、器官组织损伤导致严重功能障碍",参照《医疗事故分级标准（试行）》认定。

【司法解释Ⅲ】

《最高人民法院、最高人民检察院关于办理妨害预防、控制突发传染病疫情等灾害的刑事案件具体应用法律若干问题的解释》（法释〔2003〕8号，20030515）

第十二条 未取得医师执业资格非法行医，具有造成突发传染病病人、病原携带者、疑似突发传染病病人贻误诊治或者造成交叉感染等严重情节的，依照刑法第三百三十六条第一款的规定，以非法行医罪定罪，依法从重处罚。

【法院参考案例】

〔参考案例第262号：王之兰过失致人死亡案〕在未领取《医疗机构执业许可证》的乡村卫生室工作的乡村医生行医致人死亡的应如何定性？

行为人取得卫生行政部门印发的《乡村保健医生证书》，并在未领取《医疗机构执业许可证》的乡村卫生室工作，在行医过程中，因过失致人死亡的，一般不应按非法行医罪、医疗事故罪追诉，如果行为人的行为符合过失致人死亡罪的主、客观构成要件，可以按该罪追究其刑事责任。

〔参考案例第283号：周兆钧被控

非法行医案〕如何正确把握非法行医罪的主体要件？

刑法第三百三十六条的惩罚对象仅是未取得执业医师资格而非法行医的人，凡具有执业医生资格的人，不属于该条第一款非法行医罪的主体范围。

〔参考案例第316号：周某某非法行医案〕患者自愿求医的，能否阻却非法行医罪的成立？

在非法行医案件中，即使行为人非法行医时得到患者的承诺，也不能阻却其犯罪的成立。

〔参考案例第421号：贺淑华非法行医案〕产妇在分娩过程中因并发症死亡，非法行医人对其死亡应当承担刑事责任？

非法行医罪中严重损害就诊人健康以及造成其死亡的规定，属于刑法理论上的"结果加重犯"。只要行为人在实施基本犯罪时对加重结果"有过失"或者"能预见"，就应对加重结果负刑事责任。

〔参考案例第732号：徐如涵非法进行节育手术案〕如何认定非法进行节育手术罪中的"严重损害就诊人身体健康"？

《最高人民法院关于审理非法行医刑事案件具体应用法律若干问题的解释》关于非法行医罪"严重损害就诊人身体健康"的认定标准，应当适用于非法进行节育手术罪。

第三百三十七条 【妨害动植物防疫、检疫罪】违反有关动植物防疫、检疫的国家规定，引起重大动植物疫情的，或者有引起重大动植物疫情危险，情节严重的，处三年以下有期徒刑或者拘役，并处或者单处罚金。

单位犯前款罪的，对单位判处罚金，并对其直接负责的主管人员和其他直接责任人员，依照前款的规定处罚。

【修正前条文】

第三百三十七条　【逃避动植物检疫罪】违反进出境动植物检疫法的规定，逃避动植物检疫，引起重大动植物疫情的，处三年以下有期徒刑或者拘役，并处或者单处罚金。

单位犯前款罪的，对单位判处罚金，并对其直接负责的主管人员和其他直接责任人员，依照前款的规定处罚。

【修正说明】

刑法修正案（七）第十一条在原条文第一款中增加了对逃避依法实施的境内动植物防疫、检疫行为的处罚。

【司法解释】

《最高人民检察院、公安部关于公安机关管辖的刑事案件立案追诉标准的规定（一）》〔公通字〔2008〕36号，20080625，经 2017 年 4 月 27 日发布的《最高人民检察院、公安部关于公安机关管辖的刑事案件立案追诉标准的规定（一）的补充规定》（公通字〔2017〕12 号）修正〕

第五十九条〔妨害动植物防疫、检疫案（刑法第三百三十七条）〕违反有关动植物防疫、检疫的国家规定，引起重大动植物疫情的，应予立案追诉。

违反有关动植物防疫、检疫的国家规定，有引起重大动植物疫情危险，涉嫌下列情形之一的，应予立案追诉：

（一）非法处置疫区内易感动物或者其产品，货值金额 5 万元以上的；

（二）非法处置因动植物防疫、检疫需要被依法处理的动植物或者其产品，货值金额 2 万元以上的；

（三）非法调运、生产、经营感染重大植物检疫性有害生物的林木种子、苗木等繁殖材料或者森林植物产品的；

（四）输入《中华人民共和国进出境动植物检疫法》规定的禁止进境物逃避检疫，或者对特许进境的禁止进境物未有效控制与处置，导致其逃逸、扩散的；

（五）进境动植物及其产品检出有引起重大动植物疫情危险的动物疫病或者植物有害生物后，非法处置导致进境动植物及其产品流失的；

（六）一年内携带或者寄递《中华人民共和国禁止携带、邮寄进境的动植物及其产品名录》所列物品进境逃避检疫 2 次以上，或者窃取、抢夺、损毁、抛洒动植物检疫机关截留的《中华人民共和国禁止携带、邮寄进境的动植物及其产品名录》所列物品的；

（七）其他情节严重的情形。

本条规定的"重大动植物疫情"，按照国家行政主管部门的有关规定认定。

第六节　破坏环境资源保护罪

第三百三十八条　【污染环境罪】违反国家规定，排放、倾倒或者处置有放射性的废物、含传染病病原体的废物、有毒物质或者其他有害物质，严重污染环境的，处三年以下有期徒刑或者拘役，并处或者单处罚金；后果特别严重的，处三年以上七年以下有期徒刑，并处罚金。

【修正前条文】

第三百三十八条　【重大环境污染事故罪】违反国家规定，向土地、水体、大气排放、倾倒或者处置有放射性的废物、含传染病病原体的废物、有毒物质或者其他危险废物，造成重大环境污染事故，致使公私财产遭受重大损失或者人身伤亡的严重后果的，处三年以下有期徒刑或者拘役，并处或者单处罚金；后果特别严重的，处三年以上七年以下有期徒刑，并处罚金。

【修正说明】

刑法修正案（八）第四十六条对原条文作出下述修改：一是删去了"向土地、水体、大气"排放、倾倒或者处置，使条文更简练。二是扩大了污染行为所排放、倾倒或者处置的物质，将原来规定的"其他危险废物"修改为"其他有害物质"。三是降低了犯罪的门槛，将原来规定的"造成重大环境污染事故，致使公私财产遭受重大损失或者人身伤亡的严重后果"修改为"严重污染环境"。

【司法解释 I】

《最高人民检察院、公安部关于公安机关管辖的刑事案件立案追诉标准的规定（一）》〔公通字〔2008〕36号，20080625，经 2017 年 4 月 27 日发布的《最高人民检察院、公安部关于公安机关管辖的刑事案件立案追诉标准的规定（一）的补充规定》（公通字〔2017〕12 号）修正〕

第六十条〔污染环境案（刑法第三百三十八条）〕违反国家规定，排放、倾倒或者处置有放射性的废物、含传染病病原体的废物、有毒物质或者其他有害物质，涉嫌下列情形之一的，应予立案追诉：

（一）在饮用水水源一级保护区、自然保护区核心区排放、倾倒、处置有放射性的废物、含传染病病原体的废物、有毒物质的；

（二）非法排放、倾倒、处置危险废物三吨以上的；

（三）排放、倾倒、处置含铅、汞、镉、铬、砷、铊、锑的污染物，超过国家或者地方污染物排放标准 3 倍以上的；

（四）排放、倾倒、处置含镍、铜、锌、银、钒、锰、钴的污染物，超过国家或者地方污染物排放标准 10 倍以上的；

（五）通过暗管、渗井、渗坑、裂隙、溶洞、灌注等逃避监管的方式排放、倾倒、处置有放射性的废物、含传染病病原体的废物、有毒物质的；

（六）二年内曾因违反国家规定，

排放、倾倒、处置有放射性的废物、含传染病病原体的废物、有毒物质受过 2 次以上行政处罚，又实施前列行为的；

（七）重点排污单位篡改、伪造自动监测数据或者干扰自动监测设施，排放化学需氧量、氨氮、二氧化硫、氮氧化物等污染物的；

（八）违法减少防治污染设施运行支出 100 万元以上的；

（九）违法所得或者致使公私财产损失 30 万元以上的；

（十）造成生态环境严重损害的；

（十一）致使乡镇以上集中式饮用水水源取水中断 12 小时以上的；

（十二）致使基本农田、防护林地、特种用途林地 5 亩以上，其他农用地 10 亩以上，其他土地 20 亩以上基本功能丧失或者遭受永久性破坏的；

（十三）致使森林或者其他林木死亡 50 立方米以上，或者幼树死亡 2500 株以上的；

（十四）致使疏散、转移群众 5 千人以上的；

（十五）致使 30 人以上中毒的；

（十六）致使 3 人以上轻伤、轻度残疾或者器官组织损伤导致一般功能障碍的；

（十七）致使 1 人以上重伤、中度残疾或者器官组织损伤导致严重功能障碍的；

（十八）其他严重污染环境的情形。

本条规定的"有毒物质"，包括列入国家危险废物名录或者根据国家规定的危险废物鉴别标准和鉴别方法认定的具有危险特性的废物，《关于持久性有机污染物的斯德哥尔摩公约》附件所列物质，含重金属的污染物，以及其他具有毒性可能污染环境的物质。

本条规定的"非法处置危险废物"，包括无危险废物经营许可证，以营利为目的，从危险废物中提取物质作为原材料或者燃料，并具有超标排放污染物、非法倾倒污染物或者其他违法造成环境污染情形的行为。

本条规定的"重点排污单位"，是指设区的市级以上人民政府环境保护主管部门依法确定的应当安装、使用污染物排放自动监测设备的重点监控企业及其他单位。

本条规定的"公私财产损失"，包括直接造成财产损毁、减少的实际价值，为防止污染扩大、消除污染而采取必要合理措施所产生的费用，以及处置突发环境事件的应急监测费用。

本条规定的"生态环境损害"，包括生态环境修复费用，生态环境修复期间服务功能的损失和生态环境功能永久性损害造成的损失，以及其他必要合理费用。

本条规定的"无危险废物经营许可证"，是指未取得危险废物经营许可证，或者超出危险废物经营许可证的经营范围。

【司法解释 Ⅱ】

《最高人民法院、最高人民检察院关于办理环境污染刑事案件适用法律若干问题的解释》（法释〔2016〕29 号，20170101）

第一条 实施刑法第三百三十八

条规定的行为，具有下列情形之一的，应当认定为"严重污染环境"：

（一）在饮用水水源一级保护区、自然保护区核心区排放、倾倒、处置有放射性的废物、含传染病病原体的废物、有毒物质的；

（二）非法排放、倾倒、处置危险废物三吨以上的；

（三）排放、倾倒、处置含铅、汞、镉、铬、砷、铊、锑的污染物，超过国家或者地方污染物排放标准三倍以上的；

（四）排放、倾倒、处置含镍、铜、锌、银、钒、锰、钴的污染物，超过国家或者地方污染物排放标准十倍以上的；

（五）通过暗管、渗井、渗坑、裂隙、溶洞、灌注等逃避监管的方式排放、倾倒、处置有放射性的废物、含传染病病原体的废物、有毒物质的；

（六）二年内曾因违反国家规定，排放、倾倒、处置有放射性的废物、含传染病病原体的废物、有毒物质受过两次以上行政处罚，又实施前列行为的；

（七）重点排污单位篡改、伪造自动监测数据或者干扰自动监测设施，排放化学需氧量、氨氮、二氧化硫、氮氧化物等污染物的；

（八）违法减少防治污染设施运行支出一百万元以上的；

（九）违法所得或者致使公私财产损失三十万元以上的；

（十）造成生态环境严重损害的；

（十一）致使乡镇以上集中式饮用水水源取水中断十二小时以上的；

（十二）致使基本农田、防护林地、特种用途林地五亩以上，其他农用地十亩以上，其他土地二十亩以上基本功能丧失或者遭受永久性破坏的；

（十三）致使森林或者其他林木死亡五十立方米以上，或者幼树死亡二千五百株以上的；

（十四）致使疏散、转移群众五千人以上的；

（十五）致使三十人以上中毒的；

（十六）致使三人以上轻伤、轻度残疾或者器官组织损伤导致一般功能障碍的；

（十七）致使一人以上重伤、中度残疾或者器官组织损伤导致严重功能障碍的；

（十八）其他严重污染环境的情形。

第二条 实施刑法第三百三十九条、第四百零八条规定的行为，致使公私财产损失三十万元以上，或者具有本解释第一条第十项至第十七项规定情形之一的，应当认定为"致使公私财产遭受重大损失或者严重危害人体健康"或者"致使公私财产遭受重大损失或者造成人身伤亡的严重后果"。

第三条 实施刑法第三百三十八条、第三百三十九条规定的行为，具有下列情形之一的，应当认定为"后果特别严重"：

（一）致使县级以上城区集中式饮用水水源取水中断十二小时以上的；

（二）非法排放、倾倒、处置危险废物一百吨以上的；

（三）致使基本农田、防护林地、特种用途林地十五亩以上，其他农用地三十亩以上，其他土地六十亩以上基本功能丧失或者遭受永久性破坏的；

（四）致使森林或者其他林木死亡一百五十立方米以上，或者幼树死亡七千五百株以上的；

（五）致使公私财产损失一百万元以上的；

（六）造成生态环境特别严重损害的；

（七）致使疏散、转移群众一万五千人以上的；

（八）致使一百人以上中毒的；

（九）致使十人以上轻伤、轻度残疾或者器官组织损伤导致一般功能障碍的；

（十）致使三人以上重伤、中度残疾或者器官组织损伤导致严重功能障碍的；

（十一）致使一人以上重伤、中度残疾或者器官组织损伤导致严重功能障碍，并致使五人以上轻伤、轻度残疾或者器官组织损伤导致一般功能障碍的；

（十二）致使一人以上死亡或者重度残疾的；

（十三）其他后果特别严重的情形。

第四条 实施刑法第三百三十八条、第三百三十九条规定的犯罪行为，具有下列情形之一的，应当从重处罚：

（一）阻挠环境监督检查或者突发环境事件调查，尚不构成妨害公务等犯罪的；

（二）在医院、学校、居民区等人口集中地区及其附近，违反国家规定排放、倾倒、处置有放射性的废物、

含传染病病原体的废物、有毒物质或者其他有害物质的；

（三）在重污染天气预警期间、突发环境事件处置期间或者被责令限期整改期间，违反国家规定排放、倾倒、处置有放射性的废物、含传染病病原体的废物、有毒物质或者其他有害物质的；

（四）具有危险废物经营许可证的企业违反国家规定排放、倾倒、处置有放射性的废物、含传染病病原体的废物、有毒物质或者其他有害物质的。

第五条 实施刑法第三百三十八条、第三百三十九条规定的行为，刚达到应当追究刑事责任的标准，但行为人及时采取措施，防止损失扩大、消除污染，全部赔偿损失，积极修复生态环境，且系初犯，确有悔罪表现的，可以认定为情节轻微，不起诉或者免予刑事处罚；确有必要判处刑罚的，应当从宽处罚。

第六条 无危险废物经营许可证从事收集、贮存、利用、处置危险废物经营活动，严重污染环境的，按照污染环境罪定罪处罚；同时构成非法经营罪的，依照处罚较重的规定定罪处罚。

实施前款规定的行为，不具有超标排放污染物、非法倾倒污染物或者其他违法造成环境污染的情形的，可以认定为非法经营情节显著轻微危害不大，不认为是犯罪；构成生产、销售伪劣产品等其他犯罪的，以其他犯罪论处。

第七条 明知他人无危险废物经

营许可证，向其提供或者委托其收集、贮存、利用、处置危险废物，严重污染环境的，以共同犯罪论处。

第八条　违反国家规定，排放、倾倒、处置含有毒害性、放射性、传染病病原体等物质的污染物，同时构成污染环境罪、非法处置进口的固体废物罪、投放危险物质罪等犯罪的，依照处罚较重的规定定罪处罚。

……

第十一条　单位实施本解释规定的犯罪的，依照本解释规定的定罪量刑标准，对直接负责的主管人员和其他直接责任人员定罪处罚，并对单位判处罚金。

第十二条　环境保护主管部门及其所属监测机构在行政执法过程中收集的监测数据，在刑事诉讼中可以作为证据使用。

公安机关单独或者会同环境保护主管部门，提取污染物样品进行检测获取的数据，在刑事诉讼中可以作为证据使用。

第十三条　对国家危险废物名录所列的废物，可以依据涉案物质的来源、产生过程、被告人供述、证人证言以及经批准或者备案的环境影响评价文件等证据，结合环境保护主管部门、公安机关等出具的书面意见作出认定。

对于危险废物的数量，可以综合被告人供述、涉案企业的生产工艺、物耗、能耗情况，以及经批准或者备案的环境影响评价文件等证据作出认定。

第十四条　对案件所涉的环境污染专门性问题难以确定的，依据司法鉴定机构出具的鉴定意见，或者国务院环境保护主管部门、公安部门指定的机构出具的报告，结合其他证据作出认定。

第十五条　下列物质应当认定为刑法第三百三十八条规定的"有毒物质"：

（一）危险废物，是指列入国家危险废物名录，或者根据国家规定的危险废物鉴别标准和鉴别方法认定的，具有危险特性的废物；

（二）《关于持久性有机污染物的斯德哥尔摩公约》附件所列物质；

（三）含重金属的污染物；

（四）其他具有毒性，可能污染环境的物质。

第十六条　无危险废物经营许可证，以营利为目的，从危险废物中提取物质作为原材料或者燃料，并具有超标排放污染物、非法倾倒污染物或者其他违法造成环境污染的情形的行为，应当认定为"非法处置危险废物"。

第十七条　本解释所称"二年内"，以第一次违法行为受到行政处罚的生效之日与又实施相应行为之日的时间间隔计算确定。

本解释所称"重点排污单位"，是指设区的市级以上人民政府环境保护主管部门依法确定的应当安装、使用污染物排放自动监测设备的重点监控企业及其他单位。

本解释所称"违法所得"，是指实施刑法第三百三十八条、第三百三十九条规定的行为所得和可得的全部违法收入。

本解释所称"公私财产损失"，包括实施刑法第三百三十八条、第三百三十九条规定的行为直接造成财产损毁、减少的实际价值，为防止污染扩大、消除污染而采取必要合理措施所产生的费用，以及处置突发环境事件的应急监测费用。

本解释所称"生态环境损害"，包括生态环境修复费用，生态环境修复期间服务功能的损失和生态环境功能永久性损害造成的损失，以及其他必要合理费用。

本解释所称"无危险废物经营许可证"，是指未取得危险废物经营许可证，或者超出危险废物经营许可证的经营范围。

第十八条 本解释自 2017 年 1 月 1 日起施行。本解释施行后，《最高人民法院、最高人民检察院关于办理环境污染刑事案件适用法律若干问题的解释》（法释〔2013〕15 号）同时废止；之前发布的司法解释与本解释不一致的，以本解释为准。

【司法解释Ⅱ·注释】

1. 本司法解释第一条第（六）项中的"……受过两次以上行政处罚"，包括但不限于环境保护主管部门的行政处罚，如水行政主管部门依据水污染防治法作出的行政处罚，甚至是公安机关作出的行政处罚，均涵括在内。

2. 本司法解释第一条第（八）项将"违法减少防治污染设施运行支出一百万元以上的"规定为"严重污染环境"的具体情形之一，此处特指

"违法减少"的支出，如果排污单位提供技术革新等合法途径减少防治污染设施运行支出，符合清洁生产、循环经济的要求，应予鼓励。

3. 对于"违法造成环境污染"要件的判断应当采取相对宽泛的标准，即不要求一定达到本解释第一条其他项规定的"严重污染环境"的具体情形。例如，未按照规定安装特定污染防治设施，处置过程中超过标准排放污染物（虽然未达到超过特定标准三倍以上），或者将处置剩余的污染物违反规定倾倒的，可以认定为具备"违法造成环境污染"的要件，以污染环境罪论处；相反，如果在处置危险废物的过程中采取了特定的污染防治措施，未违法造成环境污染的，通常情况下应当认定为情节显著轻微危害不大，不认为是犯罪。

【司法解释Ⅲ】

《最高人民法院、最高人民检察院关于办理妨害预防、控制突发传染病疫情等灾害的刑事案件具体应用法律若干问题的解释》（法释〔2003〕8 号，20030515）

第十三条 违反传染病防治法等国家有关规定，向土地、水体、大气排放、倾倒或者处置含传染病病原体的废物、有毒物质或者其他危险废物，造成突发传染病传播等重大环境污染事故，致使公私财产遭受重大损失或者人身伤亡的严重后果的，依照刑法第三百三十八条的规定，以重大环

污染事故罪定罪处罚。①

第三百三十九条 【非法处置进口的固体废物罪】违反国家规定，将境外的固体废物进境倾倒、堆放、处置的，处五年以下有期徒刑或者拘役，并处罚金；造成重大环境污染事故，致使公私财产遭受重大损失或者严重危害人体健康的，处五年以上十年以下有期徒刑，并处罚金；后果特别严重的，处十年以上有期徒刑，并处罚金。

【擅自进口固体废物罪】未经国务院有关主管部门许可，擅自进口固体废物用作原料，造成重大环境污染事故，致使公私财产遭受重大损失或者严重危害人体健康的，处五年以下有期徒刑或者拘役，并处罚金；后果特别严重的，处五年以上十年以下有期徒刑，并处罚金。

以原料利用为名，进口不能用作原料的固体废物、液态废物和气态废物的，依照本法第一百五十二条第二款、第三款的规定定罪处罚。

【修正前条文】

第三百三十九条 【非法处置进口的固体废物罪】违反国家规定，将境外的固体废物进境倾倒、堆放、处置的，处五年以下有期徒刑或者拘役，并处罚金；造成重大环境污染事故，致使公私财产遭受重大损失或者严重危害人体健康的，处五年以上十年以下有期徒刑，并处罚金；后果特别严重的，处十年以上有期徒刑，并处罚金。

【擅自进口固体废物罪】未经国务院有关主管部门许可，擅自进口固体废物用作原料，造成重大环境污染事故，致使公私财产遭受重大损失或者严重危害人体健康的，处五年以下有期徒刑或者拘役，并处罚金；后果特别严重的，处五年以上十年以下有期徒刑，并处罚金。

以原料利用为名，进口不能用作原料的固体废物的，依照本法第一百五十五条的规定定罪处罚。

【修正说明】

刑法修正案（四）将本条第三款规定修改为："以原料利用为名，进口不能作原料的固体废物、液态废物和气态废物的，依照本法第一百五十二条第二款、第三款的规定定罪处罚。"

【司法解释 I】

《最高人民检察院、公安部关于公安机关管辖的刑事案件立案追诉标准的规定（一）》（公通字〔2008〕36号，20080625）

第六十一条〔非法处置进口的固体废物案（刑法第三百三十九条第一款）〕违反国家规定，将境外的固体废物进境倾倒、堆放、处置的，应予立案追诉。

第六十二条〔擅自进口固体废物案（刑法第三百三十九条第二款）〕未经国务院有关主管部门许可，擅自进口固体废物用作原料，造成重大环境污染事故，涉嫌下列情形之一的，

---

① 该罪名已变更为"污染环境罪"。——编者注

应予立案追诉：

（一）致使公私财产损失三十万元以上的；

（二）致使基本农田、防护林地、特种用途林地五亩以上，其他农用地十亩以上，其他土地二十亩以上基本功能丧失或者遭受永久性破坏的；

（三）致使森林或者其他林木死亡五十立方米以上，或者幼树死亡二千五百株以上的；

（四）致使一人以上死亡、三人以上重伤、十人以上轻伤，或者一人以上重伤并且五人以上轻伤的；

（五）致使传染病发生、流行或者人员中毒达到《国家突发公共卫生事件应急预案》中突发公共卫生事件分级Ⅲ级以上情形，严重危害人体健康的；

（六）其他致使公私财产遭受重大损失或者严重危害人体健康的情形。

【司法解释Ⅱ】

关于"公私财产遭受重大损失或者严重危害人体健康"的认定，参见本法第三百三十八条【司法解释Ⅱ】第一条、第二条。

第三百四十条 【非法捕捞水产品罪】违反保护水产资源法规，在禁渔区、禁渔期或者使用禁用的工具、方法捕捞水产品，情节严重的，处三年以下有期徒刑、拘役、管制或者罚金。

【立法·要点注释】

"情节严重"主要指非法捕捞水产品数量较大的；组织或者聚众非法

捕捞水产品的首要分子；非法捕捞水产品，屡教不改的；使用禁用的工具、方法捕捞水产品，造成水产资源重大损失的；抗拒渔政管理，行凶殴打渔政管理人员的；等等。

【司法解释Ⅰ】

《最高人民检察院、公安部关于公安机关管辖的刑事案件立案追诉标准的规定（一）》（公通字〔2008〕36号，20080625）

第六十三条 〔非法捕捞水产品案（刑法第三百四十条）〕违反保护水产资源法规，在禁渔区、禁渔期或者使用禁用的工具、方法捕捞水产品，涉嫌下列情形之一的，应予立案追诉：

（一）在内陆水域非法捕捞水产品五百公斤以上或者价值五千元以上的，或者在海洋水域非法捕捞水产品二千公斤以上或者价值二万元以上的；

（二）非法捕捞有重要经济价值的水生动物苗种、怀卵亲体或者在水产种质资源保护区内捕捞水产品，在内陆水域五十公斤以上或者价值五百元以上，或者在海洋水域二百公斤以上或者价值二千元以上的；

（三）在禁渔区内使用禁用的工具或者禁用的方法捕捞的；

（四）在禁渔期内使用禁用的工具或者禁用的方法捕捞的；

（五）在公海使用禁用渔具从事捕捞作业，造成严重影响的；

（六）其他情节严重的情形。

【司法解释Ⅱ】

《最高人民法院关于审理发生在我国管辖海域相关案件若干问题的规定

(二)》(法释〔2016〕17 号，20160802)

第四条　违反保护水产资源法规，在海洋水域，在禁渔区、禁渔期或者使用禁用的工具、方法捕捞水产品，具有下列情形之一的，应当认定为刑法第三百四十条规定的"情节严重"：

(一) 非法捕捞水产品一万公斤以上或者价值十万元以上的；

(二) 非法捕捞有重要经济价值的水生动物苗种、怀卵亲体二千公斤以上或者价值二万元以上的；

(三) 在水产种质资源保护区内捕捞水产品二千公斤以上或者价值二万元以上的；

(四) 在禁渔区内使用禁用的工具或者方法捕捞的；

(五) 在禁渔期内使用禁用的工具或者方法捕捞的；

(六) 在公海使用禁用渔具从事捕捞作业，造成严重影响的；

(七) 其他情节严重的情形。

第三百四十一条　【非法猎捕、杀害珍贵、濒危野生动物罪】【非法收购、运输、出售珍贵、濒危野生动物、珍贵、濒危野生动物制品罪】非法猎捕、杀害国家重点保护的珍贵、濒危野生动物的，或者非法收购、运输、出售国家重点保护的珍贵、濒危野生动物及其制品的，处五年以下有期徒刑或者拘役，并处罚金；情节严重的，处五年以上十年以下有期徒刑，并处罚金；情节特别严重的，处十年以上有期徒刑，并处罚金或者没收财产。

【非法狩猎罪】违反狩猎法规，在禁猎区、禁猎期或者使用禁用的工具、方法进行狩猎，破坏野生动物资源，情节严重的，处三年以下有期徒刑、拘役、管制或者罚金。

【立法解释】

《全国人民代表大会常务委员会关于〈中华人民共和国刑法〉第三百四十一条、第三百一十二条的解释》(20140424)

知道或者应当知道是国家重点保护的珍贵、濒危野生动物及其制品，为食用或者其他目的而非法购买的，属于刑法第三百四十一条第一款规定的非法收购国家重点保护的珍贵、濒危野生动物及其制品的行为。

知道或者应当知道是刑法第三百四十一条第二款规定的非法狩猎的野生动物而购买的，属于刑法第三百一十二条第一款规定的明知是犯罪所得而收购的行为。

【司法解释 I】

《最高人民检察院、公安部关于公安机关管辖的刑事案件立案追诉标准的规定 (一)》(公通字〔2008〕36 号，20080625)

第六十四条〔非法猎捕、杀害珍贵、濒危野生动物案 (刑法第三百四十一条第一款)〕非法猎捕、杀害国家重点保护的珍贵、濒危野生动物的，应予立案追诉。

本条和本规定第六十五条规定的"珍贵、濒危野生动物"，包括列入《国家重点保护野生动物名录》的国家一、二级保护野生动物、列入《濒危野生动植物种国际贸易公约》附录一、附录二的野生动物以及驯养繁殖的上述物种。

第六十五条〔非法收购、运输、出售珍贵、濒危野生动物、珍贵、濒危野生动物制品案（刑法第三百四十一条第一款）〕非法收购、运输、出售国家重点保护的珍贵、濒危野生动物及其制品的，应予立案追诉。

本条规定的"收购"，包括以营利、自用等为目的的购买行为；"运输"，包括采用携带、邮寄、利用他人、使用交通工具等方法进行运送的行为；"出售"，包括出卖和以营利为目的的加工利用行为。

第六十六条〔非法狩猎案（刑法第三百四十一条第二款）〕违反狩猎法规，在禁猎区、禁猎期或者使用禁用的工具、方法进行狩猎，破坏野生动物资源，涉嫌下列情形之一的，应予立案追诉：

（一）非法狩猎野生动物二十只以上的；

（二）在禁猎区内使用禁用的工具或者禁用的方法狩猎的；

（三）在禁猎期内使用禁用的工具或者禁用的方法狩猎的；

（四）其他情节严重的情形。

【司法解释Ⅱ】

《最高人民法院关于审理破坏野生动物资源刑事案件具体应用法律若干问题的解释》（法释〔2000〕37 号，20001211）

第一条　刑法第三百四十一条第一款规定的"珍贵、濒危野生动物"，包括列入国家重点保护野生动物名录的国家一、二级保护野生动物、列入《濒危野生动植物种国际贸易公约》附录一、附录二的野生动物以及驯养繁殖的上述物种。

第二条　刑法第三百四十一条第一款规定的"收购"，包括以营利、自用等为目的的购买行为；"运输"，包括采用携带、邮寄、利用他人、使用交通工具等方法进行运送的行为；"出售"，包括出卖和以营利为目的的加工利用行为。

第三条　非法猎捕、杀害、收购、运输、出售珍贵、濒危野生动物具有下列情形之一的，属于"情节严重"：

（一）达到本解释附表所列相应数量标准的；

（二）非法猎捕、杀害、收购、运输、出售不同种类的珍贵、濒危野生动物，其中两种以上分别达到附表所列"情节严重"数量标准一半以上的。

非法猎捕、杀害、收购、运输、出售珍贵、濒危野生动物具有下列情形之一的，属于"情节特别严重"：

（一）达到本解释附表所列相应数量标准的；

（二）非法猎捕、杀害、收购、运输、出售不同种类的珍贵、濒危野生动物，其中两种以上分别达到附表所列"情节特别严重"数量标准一半以上的。

第四条　非法猎捕、杀害、收购、运输、出售珍贵、濒危野生动物构成犯罪，具有下列情形之一的，可以认定为"情节严重"；非法猎捕、杀害、收购、运输、出售珍贵、濒危野生动物符合本解释第三条第一款的规定，并具有下列情形之一的，可以认定为"情节特别严重"：

（一）犯罪集团的首要分子；

（二）严重影响对野生动物的科研、养殖等工作顺利进行的；

（三）以武装掩护方法实施犯罪的；

（四）使用特种车、军用车等交通工具实施犯罪的；

（五）造成其他重大损失的。

第五条　非法收购、运输、出售珍贵、濒危野生动物制品具有下列情形之一的，属于"情节严重"：

（一）价值在十万元以上的；

（二）非法获利五万元以上的；

（三）具有其他严重情节的。

非法收购、运输、出售珍贵、濒危野生动物制品具有下列情形之一的，属于"情节特别严重"：

（一）价值在二十万元以上的；

（二）非法获利十万元以上的；

（三）具有其他特别严重情节的。

第六条　违反狩猎法规，在禁猎区、禁猎期或者使用禁用的工具、方法狩猎，具有下列情形之一的，属于非法狩猎"情节严重"：

（一）非法狩猎野生动物二十只以上的；

（二）违反狩猎法规，在禁猎区或者禁猎期使用禁用的工具、方法狩猎的；

（三）具有其他严重情节的。

第七条　使用爆炸、投毒、设置电网等危险方法破坏野生动物资源，构成非法猎捕、杀害珍贵、濒危野生动物罪或者非法狩猎罪，同时构成刑法第一百一十四条或者第一百一十五条规定之罪的，依照处罚较重的规定定罪处罚。

第八条　实施刑法第三百四十一条规定的犯罪，又以暴力、威胁方法抗拒查处，构成其他犯罪的，依照数罪并罚的规定处罚。

第九条　伪造、变造、买卖国家机关颁发的野生动物允许进出口证明书、特许猎捕证、狩猎证、驯养繁殖许可证等公文、证件构成犯罪的，依照刑法第二百八十条第一款的规定以伪造、变造、买卖国家机关公文、证件罪定罪处罚。

实施上述行为构成犯罪，同时构成刑法第二百二十五条第二项规定的非法经营罪的，依照处罚较重的规定定罪处罚。

第十条　非法猎捕、杀害、收购、运输、出售《濒危野生动植物种国际贸易公约》附录一、附录二所列的非原产于我国的野生动物"情节严重"、"情节特别严重"的认定标准，参照本解释第三条、第四条以及附表所列与其同属的国家一、二级保护野生动物的认定标准执行；没有与其同属的国家一、二级保护野生动物的，参照与其同科的国家一、二级保护野生动物的认定标准执行。

第十一条　珍贵、濒危野生动物制品的价值，依照国家野生动物保护主管部门的规定核定；核定价值低于实际交易价格的，以实际交易价格认定。

第十二条　单位犯刑法第三百四十一条规定之罪，定罪量刑标准依照本解释的有关规定执行。

【司法解释Ⅲ】

《最高人民法院关于审理发生在我国管辖海域相关案件若干问题的规定（一）》(法释〔2016〕16 号，20160802)

第三条　中国公民或者外国人在我国管辖海域实施非法猎捕、杀害珍贵濒危野生动物或者非法捕捞水产品等犯罪的，依照我国刑法追究刑事责任。

【司法解释Ⅳ】

《最高人民法院关于审理发生在我国管辖海域相关案件若干问题的规定（二）》(法释〔2016〕17 号，20160802)

第五条　非法采捕珊瑚、砗磲或者其他珍贵、濒危水生野生动物，具有下列情形之一的，应当认定为刑法第三百四十一条第一款规定的"情节严重"：

（一）价值在五十万元以上的；

（二）非法获利二十万元以上的；

（三）造成海域生态环境严重破坏的；

（四）造成严重国际影响的；

（五）其他情节严重的情形。

实施前款规定的行为，具有下列情形之一的，应当认定为刑法第三百四十一条第一款规定的"情节特别严重"：

（一）价值或者非法获利达到本条第一款规定标准五倍以上的；

（二）价值或者非法获利达到本条第一款规定的标准，造成海域生态环境严重破坏的；

（三）造成海域生态环境特别严重破坏的；

（四）造成特别严重国际影响的；

（五）其他情节特别严重的情形。

第六条　非法收购、运输、出售珊瑚、砗磲或者其他珍贵、濒危水生野生动物及其制品，具有下列情形之一的，应当认定为刑法第三百四十一条第一款规定的"情节严重"：

（一）价值在五十万元以上的；

（二）非法获利在二十万元以上的；

（三）具有其他严重情节的。

非法收购、运输、出售珊瑚、砗磲或者其他珍贵、濒危水生野生动物及其制品，具有下列情形之一的，应当认定为刑法第三百四十一条第一款规定的"情节特别严重"：

（一）价值在二百五十万元以上的；

（二）非法获利在一百万元以上的；

（三）具有其他特别严重情节的。

第七条　对案件涉及的珍贵、濒危水生野生动物的种属难以确定的，由司法鉴定机构出具鉴定意见，或者由国务院渔业行政主管部门指定的机构出具报告。

珍贵、濒危水生野生动物或者其制品的价值，依照国务院渔业行政主管部门的规定核定。核定价值低于实际交易价格的，以实际交易价格认定。

本解释所称珊瑚、砗磲，是指列入《国家重点保护野生动物名录》中国家一、二级保护的，以及列入《濒危野生动植物种国际贸易公约》附录一、附录二中的珊瑚、砗磲的所有种，包括活体和死体。

第八条 实施破坏海洋资源犯罪行为，同时构成非法捕捞水产品罪、非法猎捕、杀害珍贵、濒危野生动物罪、组织他人偷越国（边）境罪、偷越国（边）境罪等犯罪的，依照处罚较重的规定定罪处罚。

有破坏海洋资源犯罪行为，又实施走私、妨害公务等犯罪的，依照数罪并罚的规定处理。

【司法指导文件 I】

《最高人民法院、最高人民检察院、国家林业局、公安部、海关总署关于破坏野生动物资源刑事案件中涉及的 CITES 附录 I 和附录 II 所列陆生野生动物制品价值核定问题的通知》（林濒发〔2012〕239 号，20120917）

我国是《濒危野生动植物种国际贸易公约》（CITES）缔约国，非原产我国的 CITES 附录 I 和附录 II 所列陆生野生动物已依法被分别核准为国家一级、二级保护野生动物。近年来，各地严格按照 CITES 和我国野生动物保护法律法规的规定，查获了大量非法收购、运输、出售和走私 CITES 附录 I、附录 II 所列陆生野生动物及其制品案件。为确保依法办理上述案件，依据《陆生野生动物保护实施条例》第二十四条、《最高人民法院关于审理走私刑事案件具体应用法律若干问题的解释》（法释〔2000〕30 号）第四条，以及《最高人民法院关于审理破坏野生动物资源刑事案件具体应用法

律若干问题的解释》（法释〔2000〕37 号）第十条和第十一条的有关规定，结合《林业部关于在野生动物案件中如何确定国家重点保护野生动物及其产品价值标准的通知》（林策通字〔1996〕8 号），现将破坏野生动物资源案件中涉及的 CITES 附录 I 和附录 II 所列陆生野生动物制品的价值标准规定如下：

一、CITES 附录 I、附录 II 所列陆生野生动物制品的价值，参照与其同属的国家重点保护陆生野生动物的同类制品价值标准核定；没有与其同属的国家重点保护陆生野生动物的，参照与其同科的国家重点保护陆生野生动物的同类制品价值标准核定；没有与其同科的国家重点保护陆生野生动物的，参照与其同目的国家重点保护陆生野生动物的同类制品价值标准核定；没有与其同目的国家重点保护陆生野生动物的，参照与其同纲或者同门的国家重点保护陆生野生动物的同类制品价值标准核定。

二、同属、同科、同目、同纲或者同门中，如果存在多种不同保护级别的国家重点保护陆生野生动物的，应当参照该分类单元中相同保护级别的国家重点保护陆生野生动物的同类制品价值标准核定；如果存在多种相同保护级别的国家重点保护陆生野生动物的，应当参照该分类单元中价值标准最低的国家重点保护陆生野生动物的同类制品价值标准核定；如果 CITES 附录 I 和附录 II 所列陆生野生动物所处分类单元有多种国家重点保护陆生野生动物，但保护级别不同的，

应当参照该分类单元中价值标准最低的国家重点保护陆生野生动物的同类制品价值标准核定；如果仅有一种国家重点保护陆生野生动物的，应当参照该种国家重点保护陆生野生动物的同类制品价值标准核定。

三、同一案件中缴获的同一动物个体的不同部分的价值总和，不得超过该种动物个体的价值。

四、核定价值低于非法贸易实际交易价格的，以非法贸易实际交易价格认定。

五、犀牛角、象牙等野生动物制品的价值，继续依照《国家林业局关于发布破坏野生动物资源刑事案中涉及走私的象牙及其制品价值标准的通知》（林濒发〔2001〕234 号），以及《国家林业局关于发布破坏野生动物资源刑事案件中涉及犀牛角价值标准的通知》（林护发〔2002〕130 号）的规定核定。

人民法院、人民检察院、公安、海关等办案单位可以依据上述价值标准，核定破坏野生动物资源刑事案件中涉及的 CITES 附录 I 和附录 II 所列陆生野生动物制品的价值。核定有困难的，县级以上林业主管部门、国家濒危物种进出口管理机构或其指定的鉴定单位应该协助。

【司法指导文件 II】

《最高人民法院研究室关于收购、运输、出售部分人工驯养繁殖技术成熟的野生动物适用法律问题的复函》（法研〔2016〕23 号，20160302）

国家林业局森林公安局：

我院《关于被告人郑喜和非法收购珍贵、濒危野生动物、珍贵、濒危野生动物制品罪请示一案的批复》（〔2011〕刑他字第 86 号，以下简称《批复》）是根据贵局《关于发布商业性经营利用驯养繁殖技术成熟的梅花鹿等 54 种陆生野生动物名单的通知》（林护发〔2003〕121 号，以下简称《通知》）的精神作出的。虽然《通知》于 2012 年被废止，但从实践看，《批复》的内容仍符合当前野生动物保护与资源利用实际，即：由于驯养繁殖技术的成熟，对有的珍贵、濒危野生动物的驯养繁殖、商业利用在某些地区已成规模，有关野生动物的数量极大增加，收购、运输、出售这些人工驯养繁殖的野生动物实际已无社会危害性。

来函建议对我院 2000 年《关于审理破坏野生动物资源刑事案件具体应用法律若干问题的解释》进行修改，提高收购、运输、出售有关人工驯养繁殖的野生动物的定罪量刑标准。此一思路虽能将一些行为出罪，但不能完全解决问题。如将运输人工驯养繁殖梅花鹿行为的入罪标准规定为 20 只以上后，还会有相当数量的案件符合定罪乃至判处重刑的条件。按此思路修订解释、对相关案件作出判决后，恐仍难保障案件处理的法律与社会效果。

鉴此，我室认为，彻底解决当前困境的办法，或者是尽快启动国家重点保护野生动物名录的修订工作，将一些实际已不再处于濒危状态的动物从名录中及时调整出去，同时将有的已处于濒危状态的动物增列进来；或者是在修订后司法解释中明确，对某些经人工驯养繁殖、数量已大大增多的野生动物，附表所列的定罪量刑数量标准，仅适用于真正意义上的野生动物，而不包括驯养繁殖的。

【法院公报案例】

〔张爱民、李楠等非法猎捕、收购、运输、出售珍贵、濒危野生动物案，GB2018-2〕

对野生动物的乱捕滥猎、非法交易破坏生物链的完整性和生物多样性，进而破坏整个生态环境，需要加大对野生动物的刑事司法保护。行为人只要实施了非法猎捕或者非法收购、运输、出售国家重点保护的野生动物的行为，即构成犯罪。

【法院参考案例】

〔参考案例第215号：严叶成、周建伟等非法收购、运输、出售珍贵、濒危野生动物、珍贵、濒危野生动物制品案〕珍贵、濒危野生动物制品的核定价值高于实际交易价格的如何认定珍贵、濒危野生动物制品的价值？

一般情况下，应当按照国家野生动物保护主管部门核定的价值认定珍贵、濒危野生动物制品的价值，但当核定价值低于实际交易价格时，应当以实际交易价格认定。

〔参考案例第603号：曾巩义、陈月容非法狩猎案〕私拉电网非法狩猎并危及公共安全的，应当如何处理？

以私设电网的方法猎捕野生动物，并致人重伤、死亡或者使公私财产遭受重大损失，同时触犯了非法狩猎罪

和过失以危险方法危害公共安全罪的，应当按照想象竞合犯的处理原则，择一重罪处理。

〔参考案例第1178号：郑错非法运输、出售珍贵、濒危野生动物制品案〕如何准确把握非法运输、出售珍贵、濒危野生动物制品罪的量刑标准？

为适应社会经济的发展变化，走私珍贵动物、珍贵动物制品罪的数额标准自2014年9月以来已经大幅提高，而非法运输、出售珍贵、濒危野生动物制品罪的量刑标准却没有及时作出相应调整。根据这一特殊情况，为实现罪责刑相均衡，对于非法运输、出售珍贵、濒危野生动物制品案，经最高人民法院核准，可以在法定刑以下判处刑罚。

第三百四十二条 【非法占用农用地罪】违反土地管理法规，非法占用耕地、林地等农用地，改变被占用土地用途，数量较大，造成耕地、林地等农用地大量毁坏的，处五年以下有期徒刑或者拘役，并处或者单处罚金。

【修正前条文】

第三百四十二条 【非法占用耕地罪】违反土地管理法规，非法占用耕地改作他用，数量较大，造成耕地大量毁坏的，处五年以下有期徒刑或者拘役，并处或者单处罚金。

【修正说明】

刑法修正案（二）对原条文进行了修改，增加了对非法占用林地等农用地行为追究刑事责任的规定。

【立法·要点注释】

1. "非法占用耕地、林地等农用地",是指违反土地利用总体规划或计划,未经批准或骗取批准擅自将耕地改为建设用地或者作其他用途,或者擅自占用林地进行建设或者开垦林地进行种植、养殖以及实施采石、采沙等活动。

2. "改变被占用土地用途",是指未经依法办理农用地转用批准手续、土地征用、占用审批手续,非法占用耕地、林地、草地等农用地,在被占用的农用地上从事建设、采矿、养殖等活动,改变土地利用总体规划规定的农用地的原用途。如占用耕地建设度假村,开垦林地、草地种植庄稼,占用林地挖塘养虾等。

【立法解释】

《全国人民代表大会常务委员会关于〈中华人民共和国刑法〉第二百二十八条、第三百四十二条、第四百一十条的解释》(20010831)

刑法第二百二十八条、第三百四十二条、第四百一十条规定的"违反土地管理法规",是指违反土地管理法、森林法、草原法等法律以及有关行政法规中关于土地管理的规定。

【司法解释 I】

《最高人民检察院、公安部关于公安机关管辖的刑事案件立案追诉标准的规定(一)》(公通字〔2008〕36号,20080625)

第六十七条〔非法占用农用地案(刑法第三百四十二条)〕违反土地管理法规,非法占用耕地、林地等农用地,改变被占用土地用途,造成耕地、林地等农用地大量毁坏,涉嫌下列情形之一的,应予立案追诉:

(一)非法占用基本农田五亩以上或者基本农田以外的耕地十亩以上的;

(二)非法占用防护林地或者特种用途林地数量单种或者合计五亩以上的;

(三)非法占用其他林地十亩以上的;

(四)非法占用本款第(二)项、第(三)项规定的林地,其中一项数量达到相应规定的数量标准的百分之五十以上,且两项数量合计达到该项规定的数量标准的;

(五)非法占用其他农用地数量较大的情形。

违反土地管理法规,非法占用耕地建窑、建坟、建房、挖沙、采石、采矿、取土、堆放固体废弃物或者进行其他非农业建设,造成耕地种植条件严重毁坏或者严重污染,被毁坏耕地数量达到以上规定的,属于本条规定的"造成耕地大量毁坏"。

违反土地管理法规,非法占用林地,改变被占用林地用途,在非法占用的林地上实施建窑、建坟、建房、挖沙、采石、采矿、取土、种植农作物、堆放或者排泄废弃物等行为或者进行其他非林业生产、建设,造成林地的原有植被或者林业种植条件严重毁坏或者严重污染,被毁坏林地数量达到以上规定的,属于本条规定的"造成林地大量毁坏"。

【司法解释Ⅱ】

《最高人民法院关于审理破坏土地资源刑事案件具体应用法律若干问题的解释》（法释〔2000〕14 号，20000622）

第三条 违反土地管理法规，非法占用耕地改作他用，数量较大，造成耕地大量毁坏的，依照刑法第三百四十二条的规定，以非法占用耕地罪定罪处罚：

（一）非法占用耕地"数量较大"，是指非法占用基本农田五亩以上或者非法占用基本农田以外的耕地十亩以上。

（二）非法占用耕地"造成耕地大量毁坏"，是指行为人非法占用耕地建窑、建坟、建房、挖沙、采石、采矿、取土、堆放固体废弃物或者进行其他非农业建设，造成基本农田五亩以上或者基本农田以外的耕地十亩以上种植条件严重毁坏或者严重污染。

……

第八条 单位犯非法转让、倒卖土地使用权罪、非法占有耕地罪的定罪量刑标准，依照本解释第一条、第二条、第三条的规定执行。

第九条 多次实施本解释规定的行为依法应当追诉的，或者一年内多次实施本解释规定的行为未经处理的，按照累计的数量、数额处罚。

【司法解释Ⅲ】

《最高人民法院关于审理破坏林地资源刑事案件具体应用法律若干问题的解释》（法释〔2005〕15 号，20051230）

第一条 违反土地管理法规，非法占用林地，改变被占用林地用途，在非法占用的林地上实施建窑、建坟、建房、挖沙、采石、采矿、取土、种植农作物、堆放或排泄废弃物等行为或者进行其他非林业生产、建设，造成林地的原有植被或林业种植条件严重毁坏或者严重污染，并具有下列情形之一的，属于《中华人民共和国刑法修正案（二）》规定的"数量较大，造成林地大量毁坏"，应当以非法占用农用地罪判处五年以下有期徒刑或者拘役，并处或者单处罚金：

（一）非法占用并毁坏防护林地、特种用途林地数量分别或者合计达到五亩以上；

（二）非法占用并毁坏其他林地数量达到十亩以上；

（三）非法占用并毁坏本条第（一）项、第（二）项规定的林地，数量分别达到相应规定的数量标准的百分之五十以上；

（四）非法占用并毁坏本条第（一）项、第（二）项规定的林地，其中一项数量达到相应规定的数量标准的百分之五十以上，且两项数量合计达到该项规定的数量标准。

……

第六条 单位实施破坏林地资源犯罪的，依照本解释规定的相关定罪量刑标准执行。

第七条 多次实施本解释规定的行为依法应当追诉且未经处理的，应当按照累计的数量、数额处罚。

【司法解释Ⅳ】

《最高人民法院关于审理破坏草原资源刑事案件应用法律若干问题的解

释》（法释〔2012〕15 号，20121122）

第一条　违反草原法等土地管理法规，非法占用草原，改变被占用草原用途，数量较大，造成草原大量毁坏的，依照刑法第三百四十二条的规定，以非法占用农用地罪定罪处罚。

第二条　非法占用草原，改变被占用草原用途，数量在二十亩以上的，或者曾因非法占用草原受过行政处罚，在三年内又非法占用草原，改变被占用草原用途，数量在十亩以上的，应当认定为刑法第三百四十二条规定的"数量较大"。

非法占用草原，改变被占用草原用途，数量较大，具有下列情形之一的，应当认定为刑法第三百四十二条规定的"造成耕地、林地等农用地大量毁坏"：

（一）开垦草原种植粮食作物、经济作物、林木的；

（二）在草原上建窑、建房、修路、挖砂、采石、采矿、取土、剥取草皮的；

（三）在草原上堆放或者排放废弃物，造成草原的原有植被严重毁坏或者严重污染的；

（四）违反草原保护、建设、利用规划种植牧草和饲料作物，造成草原沙化或者水土严重流失的；

（五）其他造成草原严重毁坏的情形。

……

第五条　单位实施刑法第三百四十二条规定的行为，对单位判处罚金，并对其直接负责的主管人员和其他直接责任人员，依照本解释规定的定罪量刑标准定罪处罚。

第六条　多次实施破坏草原资源的违法犯罪行为，未经处理，应当依法追究刑事责任的，按照累计的数量、数额定罪处罚。

第七条　本解释所称"草原"，是指天然草原和人工草地，天然草原包括草地、草山和草坡，人工草地包括改良草地和退耕还草地，不包括城镇草地。

【司法指导文件】

《最高人民法院关于个人违法建房出售行为如何适用法律问题的答复》（法〔2010〕395 号，20101101）

一、……在农村宅基地、责任田上违法建房出售如何处理的问题，涉及面广，法律、政策性强。据了解，有关部门正在研究制定政策意见和处理办法，在相关文件出台前，不宜以犯罪追究有关人员的刑事责任。

……

三、办理案件中，发现负有监管职责的国家机关工作人员有渎职、受贿等涉嫌违法犯罪的，要依法移交相关部门处理；发现有关部门在履行监管职责方面存在问题的，要结合案件处理，提出司法建议，促进完善社会管理。

【法院参考案例】

〔**参考案例第 445 号：廖渭良等非法占用农用地、非法转让土地使用权案**〕非法占用园地、改变园地用途的能否以非法占用农用地罪定罪处罚？

非法占用园地，擅自改变土地用

途，数量较大的构成非法占用农用地罪。单位擅自转让园地使用权并改变用途，情节严重的，应追究单位的刑事责任。

第三百四十三条 【非法采矿罪】违反矿产资源法的规定，未取得采矿许可证擅自采矿，擅自进入国家规划矿区、对国民经济具有重要价值的矿区和他人矿区范围采矿，或者擅自开采国家规定实行保护性开采的特定矿种，情节严重的，处三年以下有期徒刑、拘役或者管制，并处或者单处罚金；情节特别严重的，处三年以上七年以下有期徒刑，并处罚金。

【破坏性采矿罪】违反矿产资源法的规定，采取破坏性的开采方法开采矿产资源，造成矿产资源严重破坏的，处五年以下有期徒刑或者拘役，并处罚金。

【修正前条文】

第三百四十三条 【非法采矿罪】违反矿产资源法的规定，未取得采矿许可证擅自采矿的，擅自进入国家规划矿区、对国民经济具有重要价值的矿区和他人矿区范围采矿的，擅自开采国家规定实行保护性开采的特定矿种，经责令停止开采后拒不停止开采，造成矿产资源破坏的，处三年以下有期徒刑、拘役或者管制，并处或者单处罚金；造成矿产资源严重破坏的，处三年以上七年以下有期徒刑，并处罚金。

【破坏性采矿罪】违反矿产资源法的规定，采取破坏性的开采方法开采矿产资源，造成矿产资源严重破坏的，处五年以下有期徒刑或者拘役，并处罚金。

【修正说明】

刑法修正案（八）第四十七条对非法采矿罪的犯罪构成条件作了修改，将"经责令停止开采后拒不停止开采，造成矿产资源破坏"修改为"情节严重"。

【司法解释Ⅰ】

《最高人民检察院、公安部关于公安机关管辖的刑事案件立案追诉标准的规定（一）》〔公通字〔2008〕36号，20080625，经 2017 年 4 月 27 日发布的《最高人民检察院、公安部关于公安机关管辖的刑事案件立案追诉标准的规定（一）的补充规定》（公通字〔2017〕12 号）修正〕

第六十八条〔非法采矿案（刑法第三百四十三条第一款）〕违反矿产资源法的规定，未取得采矿许可证擅自采矿，或者擅自进入国家规划矿区、对国民经济具有重要价值的矿区和他人矿区范围采矿，或者擅自开采国家规定实行保护性开采的特定矿种，涉嫌下列情形之一的，应予立案追诉：

（一）开采的矿产品价值或者造成矿产资源破坏的价值在十万元至三十万元以上的；

（二）在国家规划矿区、对国民经济具有重要价值的矿区采矿，开采国家规定实行保护性开采的特定矿种，或者在禁采区、禁采期内采矿，开采的矿产品价值或者造成矿产资源破坏的价值在五万元至十五万元以上的；

（三）二年内曾因非法采矿受过两次以上行政处罚，又实施非法采矿行为的；

（四）造成生态环境严重损害的；

（五）其他情节严重的情形。

在河道管理范围内采砂，依据相关规定应当办理河道采砂许可证而未取得河道采砂许可证，或者应当办理河道采砂许可证和采矿许可证，既未取得河道采砂许可证又未取得采矿许可证，具有本条第一款规定的情形之一，或者严重影响河势稳定危害防洪安全的，应予立案追诉。

采挖海砂，未取得海砂开采海域使用权证且未取得采矿许可证，具有本条第一款规定的情形之一，或者造成海岸线严重破坏的，应予立案追诉。

具有下列情形之一的，属于本条规定的"未取得采矿许可证"：

（一）无许可证的；

（二）许可证被注销、吊销、撤销的；

（三）超越许可证规定的矿区范围或者开采范围的；

（四）超出许可证规定的矿种的（共生、伴生矿种除外）；

（五）其他未取得许可证的情形。

多次非法采矿构成犯罪，依法应当追诉的，或者二年内多次非法采矿未经处理的，价值数额累计计算。

非法开采的矿产品价值，根据销赃数额认定；无销赃数额，销赃数额难以查证，或者根据销赃数额认定明显不合理的，根据矿产品价格和数量认定。

矿产品价值难以确定的，依据价格认证机构，省级以上人民政府国土资源、水行政、海洋等主管部门，或者国务院水行政主管部门在国家确定的重要江河、湖泊设立的流域管理机构出具的报告，结合其他证据作出认定。

第六十九条 〔破坏性采矿案（刑法第三百四十三条第二款）〕违反矿产资源法的规定，采取破坏性的开采方法开采矿产资源，造成矿产资源严重破坏，价值在三十万至五十万元以上的，应予立案追诉。

本条规定的"采取破坏性的开采方法开采矿产资源"，是指行为人违反地质矿产主管部门审查批准的矿产资源开发利用方案开采矿产资源，并造成矿产资源严重破坏的行为。

破坏性的开采方法以及造成矿产资源严重破坏的价值数额，由省级以上地质矿产主管部门出具鉴定结论，经查证属实予以认定。

【司法解释Ⅱ】

《最高人民法院、最高人民检察院关于办理非法采矿、破坏性采矿刑事案件适用法律若干问题的解释》（法释〔2016〕25 号，20161201）

第一条 违反《中华人民共和国矿产资源法》《中华人民共和国水法》等法律、行政法规有关矿产资源开发、利用、保护和管理的规定，应当认定为刑法第三百四十三条规定的"违反矿产资源法的规定"。

第二条 具有下列情形之一的，应当认定为刑法第三百四十三条第一

款规定的"未取得采矿许可证":

（一）无许可证的;

（二）许可证被注销、吊销、撤销的;

（三）超越许可证规定的矿区范围或者开采范围的;

（四）超出许可证规定的矿种的（共生、伴生矿种除外）;

（五）其他未取得许可证的情形。

第三条 实施非法采矿行为,具有下列情形之一的,应当认定为刑法第三百四十三条第一款规定的"情节严重":

（一）开采的矿产品价值或者造成矿产资源破坏的价值在十万元至三十万元以上的;

（二）在国家规划矿区、对国民经济具有重要价值的矿区采矿,开采国家规定实行保护性开采的特定矿种,或者在禁采区、禁采期内采矿,开采的矿产品价值或者造成矿产资源破坏的价值在五万元至十五万元以上的;

（三）二年内曾因非法采矿受过两次以上行政处罚,又实施非法采矿行为的;

（四）造成生态环境严重损害的;

（五）其他情节严重的情形。

实施非法采矿行为,具有下列情形之一的,应当认定为刑法第三百四十三条第一款规定的"情节特别严重":

（一）数额达到前款第一项、第二项规定标准五倍以上的;

（二）造成生态环境特别严重损害的;

（三）其他情节特别严重的情形。

第四条 在河道管理范围内采砂,具有下列情形之一,符合刑法第三百四十三条第一款和本解释第二条、第三条规定的,以非法采矿罪定罪处罚:

（一）依据相关规定应当办理河道采砂许可证,未取得河道采砂许可证的;

（二）依据相关规定应当办理河道采砂许可证和采矿许可证,既未取得河道采砂许可证,又未取得采矿许可证的。

实施前款规定行为,虽不具有本解释第三条第一款规定的情形,但严重影响河势稳定,危害防洪安全的,应当认定为刑法第三百四十三条第一款规定的"情节严重"。

第五条 未取得海砂开采海域使用权证,且未取得采矿许可证,采挖海砂,符合刑法第三百四十三条第一款和本解释第二条、第三条规定的,以非法采矿罪定罪处罚。

实施前款规定行为,虽不具有本解释第三条第一款规定的情形,但造成海岸线严重破坏的,应当认定为刑法第三百四十三条第一款规定的"情节严重"。

第六条 造成矿产资源破坏的价值在五十万元至一百万元以上,或者造成国家规划矿区、对国民经济具有重要价值的矿区和国家规定实行保护性开采的特定矿种资源破坏的价值在二十五万元至五十万元以上的,应当认定为刑法第三百四十三条第二款规定的"造成矿产资源严重破坏"。

第七条 明知是犯罪所得的矿产品及其产生的收益,而予以窝藏、转移、收购、代为销售或者以其他方法掩饰、隐瞒的，依照刑法第三百一十二条的规定，以掩饰、隐瞒犯罪所得、犯罪所得收益罪定罪处罚。

实施前款规定的犯罪行为，事前通谋的，以共同犯罪论处。

第八条　多次非法采矿、破坏性采矿构成犯罪，依法应当追诉的，或者二年内多次非法采矿、破坏性采矿未经处理的，价值数额累计计算。

第九条　单位犯刑法第三百四十三条规定之罪的，依照本解释规定的相应自然人犯罪的定罪量刑标准，对直接负责的主管人员和其他直接责任人员定罪处罚，并对单位判处罚金。

第十条　实施非法采矿犯罪，不属于"情节特别严重"，或者实施破坏性采矿犯罪，行为人系初犯，全部退赃退赔，积极修复环境，并确有悔改表现的，可以认定为犯罪情节轻微，不起诉或者免予刑事处罚。

第十一条　对受雇佣为非法采矿、破坏性采矿犯罪提供劳务的人员，除参与利润分成或者领取高额固定工资的以外，一般不以犯罪论处，但曾因非法采矿、破坏性采矿受过处罚的除外。

……

第十三条　非法开采的矿产品价值，根据销赃数额认定；无销赃数额，销赃数额难以查证，或者根据销赃数额认定明显不合理的，根据矿产品价格和数量认定。

矿产品价值难以确定的，依据下列机构出具的报告，结合其他证据作出认定：

（一）价格认证机构出具的报告；

（二）省级以上人民政府国土资源、水行政、海洋等主管部门出具的报告；

（三）国务院水行政主管部门在国家确定的重要江河、湖泊设立的流域管理机构出具的报告。

第十四条　对案件所涉的有关专门性问题难以确定的，依据下列机构出具的鉴定意见或者报告，结合其他证据作出认定：

（一）司法鉴定机构就生态环境损害出具的鉴定意见；

（二）省级以上人民政府国土资源主管部门就造成矿产资源破坏的价值、是否属于破坏性开采方法出具的报告；

（三）省级以上人民政府水行政主管部门或者国务院水行政主管部门在国家确定的重要江河、湖泊设立的流域管理机构就是否危害防洪安全出具的报告；

（四）省级以上人民政府海洋主管部门就是否造成海岸线严重破坏出具的报告。

第十五条　各省、自治区、直辖市高级人民法院、人民检察院，可以根据本地区实际情况，在本解释第三条、第六条规定的数额幅度内，确定本地区执行的具体数额标准，报最高人民法院、最高人民检察院备案。

第十六条　本解释自 2016 年 12 月 1 日起施行。本解释施行后，《最高人民法院关于审理非法采矿、破坏性采矿刑事案件具体应用法律若干问题的解释》（法释〔2003〕9 号）同时废止。

【司法解释Ⅱ·注释】

1. 实践中采矿许可证到期后继续开采矿产资源的情形十分复杂，一律认定为"未取得采矿许可证"恐有不妥。而且，对于其中情节严重的，可以吊销许可证，对于此后采矿的可以认定为本解释第二条第（二）项规定的情形。因此，未将此种情形明确列为"未取得采矿许可证"的情形。此外，对于非法转让采矿权的，可以根据矿产资源法的相关规定吊销采矿许可证，进而将此后采矿的行为认定为本解释第二条第（二）项规定的情形。

2. 关于"二年内曾因非法采矿受过两次以上行政处罚，又实施非法采矿行为的"。借鉴《最高人民法院、最高人民检察院关于办理走私刑事案件适用法律若干问题的解释》第十七条"刑法第一百五十三条第一款规定的'一年内曾因走私被给予二次行政处罚后又走私'中的'一年内'，以因走私第一次受到行政处罚的生效之日与'又走私'行为实施之日的时间间隔计算确定"的规定，"二年内"宜以第一次违法行为受到行政处罚的生效之日与又实施相应行为之日的时间间隔计算确定。此外，"两次以上行政处罚"，包括但不限于国土资源主管部门的行政处罚，只要是有关部门依法对非法采矿行为给予的行政处罚即可。

3. 为避免法律适用的漏洞，本解释第四条第一款、第五条第一款对刑法第三百四十三条第一款规定的"采矿许可证"作扩大解释，将开采河砂需要申请的采矿许可证、河道采砂许可证和开采海砂需要申请的采矿许可证、海砂开采海域使用权证均涵括在内。由之带来的问题是，如何准确认定"未取得采矿许可证擅自采矿"。对于实行一证管理的区域，这一问题并不存在。但是，对于实行"两证"管理的区域，由于两证之间没有先后之分，取得其中一个证并非申领另一个证的前置程序，且实践中经常会出现取得其中一个证但无法取得另一个证的情形。例如，行为人已经申领了海域开采使用权证，并缴纳了海域使用金；但是行为人继而向有关部门申领采矿许可证，未被批准。经研究认为，这一现象与现行的采砂管理体制不无关系，如果统一许可证发放或者明确两证之间的衔接关系完全可以避免上述现象。此种情况下对行为人开采海砂的行为以非法采矿罪追究刑事责任，并不合适。总之，不应由行为人承担由于现行采砂管理体制带来的不利后果，上述情形不宜认定为刑法第三百四十三条第一款规定的"未取得采矿许可证擅自采矿"，不应以非法采矿罪论处。

4. 由于本解释第二条对"未取得采矿许可证"作了明确，故第四条第一款、第五条第一款明确对于采砂领域"未取得采矿许可证擅自采矿"的认定要适用第二条的规定。对此司法实务要注意把握。例如，在实行一证管理的区域，虽然取得了河道采砂许可证，但是许可证被注销、吊销、撤销后继续采砂的，符合本解释第二条第（二）项、第（三）项的规定，也应当认定为"未取得采矿许可证擅自采矿"。

【司法解释Ⅲ】

《最高人民法院、最高人民检察院关于办理盗窃油气、破坏油气设备等刑事案件具体应用法律若干问题的解释》（法释〔2007〕3 号，20070119）

第六条　违反矿产资源法的规定，非法开采或者破坏性开采石油、天然气资源的，依照刑法第三百四十三条……的规定追究刑事责任。

【司法指导文件】

《最高人民法院关于进一步加强危害生产安全刑事案件审判工作的意见》（法发〔2011〕20 号，20111230）

10.……违反安全生产管理规定，非法采矿、破坏性采矿或排放、倾倒、处置有害物质严重污染环境，造成重大伤亡事故或者其他严重后果，同时构成危害生产安全犯罪和破坏环境资源保护犯罪的，依照数罪并罚的规定处罚。

第三百四十四条　【非法采伐、毁坏国家重点保护植物罪】【非法收购、运输、加工、出售国家重点保护植物、国家重点保护植物制品罪】违反国家规定，非法采伐、毁坏珍贵树木或者国家重点保护的其他植物的，或者非法收购、运输、加工、出售珍贵树木或者国家重点保护的其他植物及其制品的，处三年以下有期徒刑、拘役或者管制，并处罚金；情节严重的，处三年以上七年以下有期徒刑，并处罚金。

【修正前条文】

第三百四十四条　【非法采伐、毁坏珍贵树木罪】违反森林法的规定，非法采伐、毁坏珍贵树木的，处三年以下有期徒刑、拘役或者管制，并处罚金；情节严重的，处三年以上七年以下有期徒刑，并处罚金。

【修正说明】

刑法修正案（四）第六条对原条文作出下述修改：一是把该条惩治犯罪行为从"非法采伐、毁坏"增加到"非法收购、运输、加工、出售"；二是保护范围从"珍贵林木"扩大到国家重点保护的所有植物及其制品。

【司法解释Ⅰ】

《最高人民检察院、公安部关于公安机关管辖的刑事案件立案追诉标准的规定（一）》（公通字〔2008〕36 号，20080625）

第七十条〔非法采伐、毁坏国家重点保护植物案（刑法第三百四十四条）〕违反国家规定，非法采伐、毁坏珍贵树木或者国家重点保护的其他植物的，应予立案追诉。

本条和本规定第七十一条规定的"珍贵树木或者国家重点保护的其他植物"，包括由省级以上林业主管部门或者其他部门确定的具有重大历史纪念意义、科学研究价值或者年代久远的古树名木，国家禁止、限制出口的珍贵树木以及列入《国家重点保护野生植物名录》的树木或者其他植物。

第七十一条〔非法收购、运输、

加工、出售国家重点保护植物、国家重点保护植物制品案（刑法第三百四十四条）〕违反国家规定，非法收购、运输、加工、出售珍贵树木或者国家重点保护的其他植物及其制品的，应予立案追诉。

【司法解释Ⅱ】

《最高人民法院关于审理破坏森林资源刑事案件具体应用法律若干问题的解释》（法释〔2000〕36号，20001211）

第一条 刑法第三百四十四条规定的"珍贵树木"，包括由省级以上林业主管部门或者其他部门确定的具有重大历史纪念意义、科学研究价值或者年代久远的古树名木，国家禁止、限制出口的珍贵树木以及列入国家重点保护野生植物名录的树木。

第二条 具有下列情形之一的，属于非法采伐、毁坏珍贵树木行为"情节严重"：

（一）非法采伐珍贵树木二株以上或者毁坏珍贵树木致使珍贵树木死亡三株以上的；

（二）非法采伐珍贵树木二立方米以上的；

（三）为首组织、策划、指挥非法采伐或者毁坏珍贵树木的；

（四）其他情节严重的情形。

第三百四十五条 【盗伐林木罪】盗伐森林或者其他林木，数量较大的，处三年以下有期徒刑、拘役或者管制，并处或者单处罚金；数量巨大的，处三年以上七年以下有期徒刑，并处罚金；数量特别巨大的，处七年以上有期徒刑，并处罚金。

【滥伐林木罪】违反森林法的规定，滥伐森林或者其他林木，数量较大的，处三年以下有期徒刑、拘役或者管制，并处或者单处罚金；数量巨大的，处三年以上七年以下有期徒刑，并处罚金。

【非法收购、运输盗伐、滥伐的林木罪】非法收购、运输明知是盗伐、滥伐的林木，情节严重的，处三年以下有期徒刑、拘役或者管制，并处或者单处罚金；情节特别严重的，处三年以上七年以下有期徒刑，并处罚金。

盗伐、滥伐国家级自然保护区内的森林或者其他林木的，从重处罚。

【修正前条文】

第三百四十五条 【盗伐林木罪】盗伐森林或者其他林木，数量较大的，处三年以下有期徒刑、拘役或者管制，并处或者单处罚金；数量巨大的，处三年以上七年以下有期徒刑，并处罚金；数量特别巨大的，处七年以上有期徒刑，并处罚金。

【滥伐林木罪】违反森林法的规定，滥伐森林或者其他林木，数量较大的，处三年以下有期徒刑、拘役或者管制，并处或者单处罚金；数量巨大的，处三年以上七年以下有期徒刑，并处罚金。

【非法收购盗伐、滥伐的林木罪】以牟利为目的，在林区非法收购明知是盗伐、滥伐的林木，情节严重的，处三年以下有期徒刑、拘役或者管制，并处或者单处罚金；情节特别严重的，处三年以上七年以下有期徒刑，并处罚金。

盗伐、滥伐国家级自然保护区内的森林或者其他林木的，从重处罚。

【修正说明】

刑法修正案（四）第七条删去了原条文中"以牟利为目的"和"在林区"的规定，增加了运输行为的规定。

【司法解释 I】

《最高人民检察院、公安部关于公安机关管辖的刑事案件立案追诉标准的规定（一）》（公通字〔2008〕36号，20080625）

第七十二条〔盗伐林木案（刑法第三百四十五条第一款）〕盗伐森林或者其他林木，涉嫌下列情形之一的，应予立案追诉：

（一）盗伐二至五立方米以上的；

（二）盗伐幼树一百至二百株以上的。

以非法占有为目的，具有下列情形之一的，属于本条规定的"盗伐森林或者其他林木"：

（一）擅自砍伐国家、集体、他人所有或者他人承包经营管理的森林或者其他林木的；

（二）擅自砍伐本单位或者本人承包经营管理的森林或者其他林木的；

（三）在林木采伐许可证规定的地点以外采伐国家、集体、他人所有或者他人承包经营管理的森林或者其他林木的。

本条和本规定第七十三条、第七十四条规定的林木数量以立木蓄积计算，计算方法为：原木材积除以该树种的出材率；"幼树"，是指胸径五厘米以下的树木。

第七十三条〔滥伐林木案（刑法第三百四十五条第二款）〕违反森林法的规定，滥伐森林或者其他林木，涉嫌下列情形之一的，应予立案追诉：

（一）滥伐十至二十立方米以上的；

（二）滥伐幼树五百至一千株以上的。

违反森林法的规定，具有下列情形之一的，属于本条规定的"滥伐森林或者其他林木"：

（一）未经林业行政主管部门及法律规定的其他主管部门批准并核发林木采伐许可证，或者虽持有林木采伐许可证，但违反林木采伐许可证规定的时间、数量、树种或者方式，任意采伐本单位所有或者本人所有的森林或者其他林木的；

（二）超过林木采伐许可证规定的数量采伐他人所有的森林或者其他林木的。

违反森林法的规定，在林木采伐许可证规定的地点以外，采伐本单位或者本人所有的森林或者其他林木的，除农村居民采伐自留地和房前屋后个人所有的零星林木以外，属于本条第二款第（一）项"未经林业行政主管部门及法律规定的其他主管部门批准并核发林木采伐许可证"规定的情形。

林木权属争议一方在林木权属确权之前，擅自砍伐森林或者其他林木的，属于本条规定的"滥伐森林或者其他林木"。

滥伐林木的数量，应在伐区调查设计允许的误差额以上计算。

第七十四条〔非法收购、运输盗伐、滥伐的林木案（刑法第三百四十五条第三款）〕非法收购、运输明知是盗伐、滥伐的林木，涉嫌下列情形之一的，应予立案追诉：

（一）非法收购、运输盗伐、滥伐的林木二十立方米以上或者幼树一千株以上的；

（二）其他情节严重的情形。

本条规定的"非法收购"的"明知"，是指知道或者应当知道。具有下列情形之一的，可以视为应当知道，但是有证据证明确属被蒙骗的除外：

（一）在非法的木材交易场所或者销售单位收购木材的；

（二）收购以明显低于市场价格出售的木材的；

（三）收购违反规定出售的木材的。

【司法解释Ⅱ】

《最高人民法院关于审理破坏森林资源刑事案件具体应用法律若干问题的解释》（法释〔2000〕36号，20001211）

第三条 以非法占有为目的，具有下列情形之一，数量较大的，依照刑法第三百四十五条第一款的规定，以盗伐林木罪定罪处罚：

（一）擅自砍伐国家、集体、他人所有或者他人承包经营管理的森林或者其他林木的；

（二）擅自砍伐本单位或者本人承包经营管理的森林或者其他林木的；

（三）在林木采伐许可证规定的地点以外采伐国家、集体、他人所有或者他人承包经营管理的森林或者其他林木的。

第四条 盗伐林木"数量较大"，以二至五立方米或者幼树一百至二百株为起点；盗伐林木"数量巨大"，以二十至五十立方米或者幼树一千至二千株为起点；盗伐林木"数量特别巨大"，以一百至二百立方米或者幼树五千至一万株为起点。

第五条 违反森林法的规定，具有下列情形之一，数量较大的，依照刑法第三百四十五条第二款的规定，以滥伐林木罪定罪处罚：

（一）未经林业行政主管部门及法律规定的其他主管部门批准并核发林木采伐许可证，或者虽持有林木采伐许可证，但违反林木采伐许可证规定的时间、数量、树种或者方式，任意采伐本单位所有或者本人所有的森林或者其他林木的；

（二）超过林木采伐许可证规定的数量采伐他人所有的森林或者其他林木的。

林木权属争议一方在林木权属确权之前，擅自砍伐森林或者其他林木，数量较大的，以滥伐林木罪论处。

第六条 滥伐林木"数量较大"，以十至二十立方米或者幼树五百至一千株为起点；滥伐林木"数量巨大"，以五十至一百立方米或者幼树二千五百至五千株为起点。

第七条 对于一年内多次盗伐、滥伐少量林木未经处罚的，累计其盗伐、滥伐林木的数量，构成犯罪的，依法追究刑事责任。

第八条　盗伐、滥伐珍贵树木，同时触犯刑法第三百四十四条、第三百四十五条规定的，依照处罚较重的规定定罪处罚。

……

第十条　刑法第三百四十五条规定的"非法收购明知是盗伐、滥伐的林木"中的"明知"，是指知道或者应当知道。具有下列情形之一的，可以视为应当知道，但是有证据证明确属被蒙骗的除外：

（一）在非法的木材交易场所或者销售单位收购木材的；

（二）收购以明显低于市场价格出售的木材的；

（三）收购违反规定出售的木材的。

第十一条　具有下列情形之一的，属于在林区非法收购盗伐、滥伐的林木"情节严重"：

（一）非法收购盗伐、滥伐的林木二十立方米以上或者幼树一千株以上的；

（二）非法收购盗伐、滥伐的珍贵树木二立方米以上或者五株以上的；

（三）其他情节严重的情形。

具有下列情形之一的，属于在林区非法收购盗伐、滥伐的林木"情节特别严重"：

（一）非法收购盗伐、滥伐的林木一百立方米以上或者幼树五千株以上的；

（二）非法收购盗伐、滥伐的珍贵树木五立方米以上或者十株以上的；

（三）其他情节特别严重的情形。

……

第十六条　单位犯刑法第三百四十四条、第三百四十五条规定之罪，定罪量刑标准按照本解释的规定执行。

第十七条　本解释规定的林木数量以立木蓄积计算，计算方法为：原木材积除以该树种的出材率。

本解释所称"幼树"，是指胸径五厘米以下的树木。

滥伐林木的数量，应在伐区调查设计允许的误差额以上计算。

【司法解释Ⅲ】

《最高人民法院关于滥伐自己所有权的林木其林木应如何处理的问题的批复》（法复〔1993〕5号，19930724）

属于个人所有的林木，也是国家森林资源的一部分。被告人滥伐属于自己所有权的林木，构成滥伐林木罪的，其行为已违反国家保护森林法规，破坏了国家的森林资源，所滥伐的林木即不再是个人的合法财产，而应当作为犯罪分子违法所得的财物，依照刑法规定予以追缴。

【司法解释Ⅳ】

《最高人民法院关于在林木采伐许可证规定的地点以外采伐本单位或者本人所有的森林或者其他林木的行为如何适用法律问题的批复》（法释〔2004〕3号，20040401）

违反森林法的规定，在林木采伐许可证规定的地点以外，采伐本单位或者本人所有的森林或者其他林木的，除农村居民采伐自留地和房前屋后个人所有的零星林木以外，属于《最高人民法院关于审理破坏森林资源刑事案件具体应用法律若干问题的解释》

第五条第一款第（一）项"未经林业行政主管部门及法律规定的其他主管部门批准并核发林木采伐许可证"规定的情形，数量较大的，应当依照刑法第三百四十五条第二款的规定，以滥伐林木罪定罪处罚。

第三百四十六条【单位犯本节之罪的处罚】单位犯本节第三百三十八条至第三百四十五条规定之罪的，对单位判处罚金，并对其直接负责的主管人员和其他直接责任人员，依照本节各该条的规定处罚。

第七节　走私、贩卖、运输、制造毒品罪

【司法指导文件Ⅰ】

《全国部分法院审理毒品犯罪案件工作座谈会纪要》（法〔2008〕324号，20081201）

一、毒品案件的罪名确定和数量认定问题

刑法第三百四十七条规定的走私、贩卖、运输、制造毒品罪是选择性罪名，对同一宗毒品实施了两种以上犯罪行为并有相应确凿证据的，应当按照所实施的犯罪行为的性质并列确定罪名，毒品数量不重复计算，不实行数罪并罚。对同一宗毒品可能实施了两种以上犯罪行为，但相应证据只能认定其中一种或者几种行为，认定其他行为的证据不够确实充分的，则按照依法能够认定的行为的性质定罪。如涉嫌为贩卖而运输毒品，认定贩卖的证据不够确实充分的，则只定运输毒品罪。对不同宗毒品分别实施了不同种犯罪行为的，应对不同行为并列确定罪名，累计毒品数量，不实行数罪并罚。对被告人一人走私、贩卖、运输、制造两种以上毒品的，不实行数罪并罚，量刑时可综合考虑毒品的种类、数量及危害，依法处理。

罪名不以行为实施的先后、毒品数量或者危害大小排列，一律以刑法条文规定的顺序表述。如对同一宗毒品制造后又走私的，以走私、制造毒品罪定罪。下级法院在判决中确定罪名不准确的，上级法院可以减少选择性罪名中的部分罪名或者改动罪名顺序，在不加重原判刑罚的情况下，也可以改变罪名，但不得增加罪名。

对于吸毒者实施的毒品犯罪，在认定犯罪事实和确定罪名时要慎重。吸毒者在购买、运输、存储毒品过程中被查获的，如没有证据证明其是为了实施贩卖等其他毒品犯罪行为，毒品数量未超过刑法第三百四十八条规定的最低数量标准的，一般不定罪处罚；查获毒品数量达到较大以上的，应以其实际实施的毒品犯罪行为定罪处罚。

对于以贩养吸的被告人，其被查获的毒品数量应认定为其犯罪的数量，但量刑时应考虑被告人吸食毒品的情节，酌情处理；被告人购买了一定数量的毒品后，部分已被其吸食的，应当按能够证明的贩卖数量及查获的毒品数量认定其贩毒的数量，已被吸食部分不计在内。

有证据证明行为人不以牟利为目的，为他人代购仅用于吸食的毒品，毒品数量超过刑法第三百四十八条规

定的最低数量标准的，对托购者、代购者应以非法持有毒品罪定罪。代购者从中牟利，变相加价贩卖毒品的，对代购者应以贩卖毒品罪定罪。明知他人实施毒品犯罪而为其居间介绍、代购代卖的，无论是否牟利，都应以相关毒品犯罪的共犯论处。

盗窃、抢夺、抢劫毒品的，应当分别以盗窃罪、抢夺罪或者抢劫罪定罪，但不计犯罪数额，根据情节轻重予以定罪量刑。盗窃、抢夺、抢劫毒品后又实施其他毒品犯罪的，对盗窃罪、抢夺罪、抢劫罪和所犯的具体毒品犯罪分别定罪，依法数罪并罚。走私毒品，又走私其他物品构成犯罪的，以走私毒品罪和其所犯的其他走私罪分别定罪，依法数罪并罚。

二、毒品犯罪的死刑适用问题

审理毒品犯罪案件，应当切实贯彻宽严相济的刑事政策，突出毒品犯罪的打击重点。必须依法严惩毒枭、职业毒犯、再犯、累犯、惯犯、主犯等主观恶性深、人身危险性大、危害严重的毒品犯罪分子，以及具有将毒品走私入境，多次、大量或者向多人贩卖，诱使多人吸毒，武装掩护、暴力抗拒检查、拘留或者逮捕，或者参与有组织的国际贩毒活动等情节的毒品犯罪分子。对其中罪行极其严重依法应当判处死刑的，必须坚决依法判处死刑。

毒品数量是毒品犯罪案件量刑的重要情节，但不是唯一情节。对被告人量刑时，特别是在考虑是否适用死刑时，应当综合考虑毒品数量、犯罪情节、危害后果、被告人的主观恶性、

人身危险性以及当地禁毒形势等各种因素，做到区别对待。近期，审理毒品犯罪案件掌握的死刑数量标准，应当结合本地毒品犯罪的实际情况和依法惩治、预防毒品犯罪的需要，并参照最高人民法院复核的毒品死刑案件的典型案例，恰当把握。量刑既不能只片面考虑毒品数量，不考虑犯罪的其他情节，也不能只片面考虑其他情节，而忽视毒品数量。

对虽然已达到实际掌握的判处死刑的毒品数量标准，但是具有法定、酌定从宽处罚情节的被告人，可以不判处死刑；反之，对毒品数量接近实际掌握的判处死刑的数量标准，但具有从重处罚情节的被告人，也可以判处死刑。毒品数量达到实际掌握的死刑数量标准，既有从重处罚情节，又有从宽处罚情节的，应当综合考虑各方面因素决定刑罚，判处死刑立即执行应当慎重。

具有下列情形之一的，可以判处被告人死刑：（1）具有毒品犯罪集团首要分子、武装掩护毒品犯罪、暴力抗拒检查、拘留或者逮捕、参与有组织的国际贩毒活动等严重情节的；（2）毒品数量达到实际掌握的死刑数量标准，并具有毒品再犯、累犯、利用、教唆未成年人走私、贩卖、运输、制造毒品，或者向未成年人出售毒品等法定从重处罚情节的；（3）毒品数量达到实际掌握的死刑数量标准，并具有多次走私、贩卖、运输、制造毒品，向多人贩毒，在毒品犯罪中诱使、容留多人吸毒，在戒毒监管场所贩毒，国家工作人员利用职务便利实施毒品

犯罪，或者职业犯、惯犯、主犯等情节的；（4）毒品数量达到实际掌握的死刑数量标准，并具有其他从重处罚情节的；（5）毒品数量超过实际掌握的死刑数量标准，且没有法定、酌定从轻处罚情节的。

毒品数量达到实际掌握的死刑数量标准，具有下列情形之一的，可以不判处被告人死刑立即执行：（1）具有自首、立功等法定从宽处罚情节的；（2）已查获的毒品数量未达到实际掌握的死刑数量标准，到案后坦白尚未被司法机关掌握的其他毒品犯罪，累计数量超过实际掌握的死刑数量标准的；（3）经鉴定毒品含量极低，掺假之后的数量才达到实际掌握的死刑数量标准的，或者有证据表明可能大量掺假但因故不能鉴定的；（4）因特情引诱毒品数量才达到实际掌握的死刑数量标准的；（5）以贩养吸的被告人，被查获的毒品数量刚达到实际掌握的死刑数量标准的；（6）毒品数量刚达到实际掌握的死刑数量标准，确属初次犯罪即被查获，未造成严重危害后果的；（7）共同犯罪毒品数量刚达到实际掌握的死刑数量标准，但各共同犯罪人作用相当，或者责任大小难以区分的；（8）家庭成员共同实施毒品犯罪，其中起主要作用的被告人已被判处死刑立即执行，其他被告人罪行相对较轻的；（9）其他不是必须判处死刑立即执行的。

有些毒品犯罪案件，往往由于毒品、毒资等证据已不存在，导致审查证据和认定事实困难。在处理这类案件时，只有被告人的口供与同案其他被告人供述吻合，并且完全排除诱供、逼供、串供等情形，被告人的口供与同案被告人的供述才可以作为定案的证据。仅有被告人口供与同案被告人供述作为定案证据的，对被告人判处死刑立即执行要特别慎重。

三、运输毒品罪的刑罚适用问题

对于运输毒品犯罪，要注意重点打击指使、雇佣他人运输毒品的犯罪分子和接应、接货的毒品所有者、买家或者卖家。对于运输毒品犯罪集团首要分子，组织、指使、雇佣他人运输毒品的主犯或者毒枭、职业毒犯、毒品再犯，以及具有武装掩护、暴力抗拒检查、拘留或者逮捕、参与有组织的国际毒品犯罪、以运输毒品为业、多次运输毒品或者其他严重情节的，应当按照刑法、有关司法解释和司法实践实际掌握的数量标准，从严惩处，依法应判处死刑的必须坚决判处死刑。

毒品犯罪中，单纯的运输毒品行为具有从属性、辅助性特点，且情况复杂多样。部分涉案人员系受指使、雇佣的贫民、边民或者无业人员，只是为了赚取少量运费而为他人运输毒品，他们不是毒品的所有者、买家或者卖家，与幕后的组织、指使、雇佣者相比，在整个毒品犯罪环节中处于从属、辅助和被支配地位，所起作用和主观恶性相对较小，社会危害性也相对较小。因此，对于运输毒品犯罪中的这部分人员，在量刑标准的把握上，应当与走私、贩卖、制造毒品和前述具有严重情节的运输毒品犯罪分子有所区别，不应单纯以涉案毒品数量的大小决定刑罚适用的轻重。

对有证据证明被告人确属受人指使、雇佣参与运输毒品犯罪，又系初犯、偶犯的，可以从轻处罚，即使毒品数量超过实际掌握的死刑数量标准，也可以不判处死刑立即执行。

毒品数量超过实际掌握的死刑数量标准，不能证明被告人系受人指使、雇佣参与运输毒品犯罪的，可以依法判处重刑直至死刑。

涉嫌为贩卖而自行运输毒品，由于认定贩卖毒品的证据不足，因而认定为运输毒品罪的，不同于单纯的受指使为他人运输毒品行为，其量刑标准应当与单纯的运输毒品行为有所区别。

四、制造毒品的认定与处罚问题

鉴于毒品犯罪分子制造毒品的手段复杂多样、不断翻新，采用物理方法加工、配制毒品的情况大量出现，有必要进一步准确界定制造毒品的行为、方法。制造毒品不仅包括非法用毒品原植物直接提炼和用化学方法加工、配制毒品的行为，也包括以改变毒品成分和效用为目的，用混合等物理方法加工、配制毒品的行为，如将甲基苯丙胺或者其他苯丙胺类毒品与其他毒品混合成麻古或者摇头丸。为便于隐蔽运输、销售、使用、欺骗购买者，或者为了增重，对毒品掺杂使假，添加或者去除其他非毒品物质，不属于制造毒品的行为。

已经制成毒品，达到实际掌握的死刑数量标准的，可以判处死刑；数量特别巨大的，应当判处死刑。已经制造出粗制毒品或者半成品的，以制造毒品罪的既遂论处。购进制造毒品

的设备和原材料，开始着手制造毒品，但尚未制造出粗制毒品或者半成品的，以制造毒品罪的未遂论处。

五、毒品含量鉴定和混合型、新类型毒品案件处理问题①

六、特情介入案件的处理问题

运用特情侦破毒品案件，是依法打击毒品犯罪的有效手段。对特情介入侦破的毒品案件，要区别不同情形予以分别处理。

对已持有毒品待售或者有证据证明已准备实施大宗毒品犯罪者，采取特情贴靠、接洽而破获的案件，不存在犯罪引诱，应当依法处理。

行为人本没有实施毒品犯罪的主观意图，而是在特情诱惑和促成下形成犯意，进而实施毒品犯罪的，属于"犯意引诱"。对因"犯意引诱"实施毒品犯罪的被告人，根据罪刑相适应原则，应当依法从轻处罚，无论涉案毒品数量多大，都不应判处死刑立即执行。行为人在特情既为其安排上线，又提供下线的双重引诱，即"双套引诱"下实施毒品犯罪的，处刑时可予以更大幅度的从宽处罚或者依法免予刑事处罚。

行为人本来只有实施数量较小的毒品犯罪的故意，在特情引诱下实施了数量较大甚至达到实际掌握的死刑数量标准的毒品犯罪的，属于"数量引诱"。对因"数量引诱"实施毒品犯罪的被告人，应当依法从轻处罚，

① 参见本法第三百五十七条项下【司法指导文件Ⅲ】。——编者注

即使毒品数量超过实际掌握的死刑数量标准，一般也不判处死刑立即执行。

对不能排除"犯意引诱"和"数量引诱"的案件，在考虑是否对被告人判处死刑立即执行时，要留有余地。

对被告人受特情间接引诱实施毒品犯罪的，参照上述原则依法处理。

七、毒品案件的立功问题①

八、毒品再犯问题②

九、毒品案件的共同犯罪问题

毒品犯罪中，部分共同犯罪人未到案，如现有证据能够认定已到案被告人为共同犯罪，或者能够认定为主犯或者从犯的，应当依法认定。没有实施毒品犯罪的共同故意，仅在客观上为相互关联的毒品犯罪上下家，不构成共同犯罪，但为了诉讼便利可并案审理。审理毒品共同犯罪案件应当注意以下几个方面的问题：

一是要正确区分主犯和从犯。区分主犯和从犯，应当以各共同犯罪人在毒品共同犯罪中的地位和作用为根据。要从犯意提起、具体行为分工、出资和实际分得毒赃多少以及共犯之间相互关系等方面，比较各个共同犯罪人在共同犯罪中的地位和作用。在毒品共同犯罪中，为主出资者、毒品所有者或者起意、策划、纠集、组织、雇佣、指使他人参与犯罪以及其他起主要作用的是主犯；起次要或者辅助作用的是从犯。受雇佣、受指使实施毒品犯罪的，应根据其在犯罪中实际发挥的作用具体认定为主犯或者从犯。对于确有证据证明在共同犯罪中起次要或者辅助作用的，不能因为其他共同犯罪人未到案而不认定为从犯，甚至将其认定为主犯或者按主犯处罚。只要认定为从犯，无论主犯是否到案，均应依照刑法关于从犯的规定从轻、减轻或者免除处罚。

二是要正确认定共同犯罪案件中主犯和从犯的毒品犯罪数量。对于毒品犯罪集团的首要分子，应按集团毒品犯罪的总数量处罚；对一般共同犯罪的主犯，应按其所参与的或者组织、指挥的毒品犯罪数量处罚；对于从犯，应当按照其所参与的毒品犯罪的数量处罚。

三是要根据行为人在共同犯罪中的作用和罪责大小确定刑罚。不同案件不能简单类比，一个案件的从犯参与犯罪的毒品数量可能比另一案件的主犯参与犯罪的毒品数量大，但对这一案件从犯的处罚不是必然重于另一案件的主犯。共同犯罪中能分清主从犯的，不能因为涉案的毒品数量特别巨大，就不分主从犯而一律将被告人认定为主犯或者实际上都按主犯处罚，一律判处重刑甚至死刑。对于共同犯罪中有多个主犯或者共同犯罪人的，处罚上也应做到区别对待。应当全面考察各主犯或者共同犯罪人在共同犯罪中实际发挥作用的差别，主观恶性和人身危险性方面的差异，对罪责或者人身危险性更大的主犯或者共同犯罪人依法判处更重的刑罚。

----

① 参见本法第六十八条项下【司法指导文件Ⅳ】。——编者注

② 参见本法第三百五十六条项下【司法指导文件Ⅰ】。——编者注

十、主观明知的认定问题

毒品犯罪中，判断被告人对涉案毒品是否明知，不能仅凭被告人供述，而应当依据被告人实施毒品犯罪行为的过程、方式、毒品被查获时的情形等证据，结合被告人的年龄、阅历、智力等情况，进行综合分析判断。

具有下列情形之一，被告人不能做出合理解释的，可以认定其"明知"是毒品，但有证据证明确属被蒙骗的除外：（1）执法人员在口岸、机场、车站、港口和其他检查站点检查时，要求行为人申报为他人携带的物品和其他疑似毒品物，并告知其法律责任，而行为人未如实申报，在其携带的物品中查获毒品的；（2）以伪报、藏匿、伪装等蒙蔽手段，逃避海关、边防等检查，在其携带、运输、邮寄的物品中查获毒品的；（3）执法人员检查时，有逃跑、丢弃携带物品或者逃避、抗拒检查等行为，在其携带或者丢弃的物品中查获毒品的；（4）体内或者贴身隐秘处藏匿毒品的；（5）为获取不同寻常的高额、不等值报酬为他人携带、运输物品，从中查获毒品的；（6）采用高度隐蔽的方式携带、运输物品，从中查获毒品的；（7）采用高度隐蔽的方式交接物品，明显违背合法物品惯常交接方式，从中查获毒品的；（8）行程路线故意绕开检查站点，在其携带、运输的物品中查获毒品的；（9）以虚假身份或者地址办理托运手续，在其托运的物品中查获毒品的；（10）有其他证据足以认定行为人应当知道的。

十一、毒品案件的管辖问题

毒品犯罪的地域管辖，应当依照刑事诉讼法的有关规定，实行以犯罪地管辖为主、被告人居住地管辖为辅的原则。考虑到毒品犯罪的特殊性和毒品犯罪侦查体制，"犯罪地"不仅可以包括犯罪预谋地、毒资筹集地、交易进行地、运输途经地以及毒品生产地，也包括毒资、毒赃和毒品藏匿地、转移地、走私或者贩运毒品目的地等。"被告人居住地"，不仅包括被告人常住地和户籍所在地，也包括其临时居住地。

对于已进入审判程序的案件，被告人及其辩护人提出管辖异议，经审查异议成立的，或者受案法院发现没有管辖权，而案件由本院管辖更适宜的，受案法院应当报请与有管辖权的法院共同的上级法院依法指定本院管辖。

十二、特定人员参与毒品犯罪问题

近年来，一些毒品犯罪分子为了逃避打击，雇佣孕妇、哺乳期妇女、急性传染病人、残疾人或者未成年人等特定人员进行毒品犯罪活动，成为影响我国禁毒工作成效的突出问题。对利用、教唆特定人员进行毒品犯罪活动的组织、策划、指挥和教唆者，要依法严厉打击，该判处重刑直至死刑的，坚决依法判处重刑直至死刑。对于被利用、被诱骗参与毒品犯罪的特定人员，可以从宽处理。

要积极与检察机关、公安机关沟通协调，妥善解决涉及特定人员的案件管辖、强制措施、刑罚执行等问题。对因特殊情况依法不予羁押的，可以依法采取取保候审、监视居住等强制措施，并根据被告人具体情况和案情变化及时变更强制措施；对于被判处有期徒刑或者拘役的罪犯，符合刑事诉讼法第二百一十四条规定情形的，可以暂予监外执行。①

十三、毒品案件财产刑的适用和执行问题

刑法对毒品犯罪规定了并处罚金或者没收财产刑，司法实践中应当依法充分适用。不仅要依法追缴被告人的违法所得及其收益，还要严格依法判处被告人罚金刑或者没收财产刑，不能因为被告人没有财产，或者其财产难以查清、难以分割或者难以执行，就不依法判处财产刑。

要采取有力措施，加大财产刑执行力度。要加强与公安机关、检察机关的协作，对毒品犯罪分子来源不明的巨额财产，依法及时采取查封、扣押、冻结等措施，防止犯罪分子及其亲属转移、隐匿、变卖或者洗钱，逃避依法追缴。要加强不同地区法院之间的相互协作配合。毒品犯罪分子的财产在异地的，第一审人民法院可以委托财产所在地人民法院代为执行。要落实和运用有关国际禁毒公约规定，充分利用国际刑警组织等渠道，最大限度地做好境外追赃工作。

【司法指导文件Ⅱ】

《全国法院毒品犯罪审判工作座谈会纪要》(法〔2015〕129 号，20150518)

二、关于毒品犯罪法律适用的若干具体问题

会议认为，2008 年印发的《全国部分法院审理毒品犯罪案件工作座谈会纪要》（以下简称《大连会议纪要》）较好地解决了办理毒品犯罪案件面临的一些突出法律适用问题，其中大部分规定在当前的审判实践中仍有指导意义，应当继续参照执行。同时，随着毒品犯罪形势的发展变化，近年来出现了一些新情况、新问题，需要加以研究解决。与会代表对审判实践中反映较为突出，但《大连会议纪要》没有作出规定，或者规定不尽完善的毒品犯罪法律适用问题进行了认真研究讨论，就下列问题取得了共识。

（一）罪名认定问题

贩毒人员被抓获后，对于从其住所、车辆等处查获的毒品，一般均应认定为其贩卖的毒品。确有证据证明查获的毒品并非贩毒人员用于贩卖，其行为另构成非法持有毒品罪、窝藏毒品罪等其他犯罪的，依法定罪处罚。

吸毒者在购买、存储毒品过程中被查获，没有证据证明其是为了实施贩卖毒品等其他犯罪，毒品数量达到刑法第三百四十八条规定的最低数量标准的，以非法持有毒品罪定罪处罚。吸毒者在运输毒品过程中被查获，没有证据证明其是为了实施贩卖毒品等其他犯罪，毒品数量达到较大以上的，以运输毒品罪定罪处罚。

行为人为吸毒者代购毒品，在运输过程中被查获，没有证据证明托购

①　即 2018 年修正后的刑事诉讼法第二百六十五条。——编者注

者、代购者是为了实施贩卖毒品等其他犯罪，毒品数量达到较大以上的，对托购者、代购者以运输毒品罪的共犯论处。行为人为他人代购仅用于吸食的毒品，在交通、食宿等必要开销之外收取"介绍费"、"劳务费"，或者以贩卖为目的收取部分毒品作为酬劳的，应视为从中牟利，属于变相加价贩卖毒品，以贩卖毒品罪定罪处罚。

购毒者接收贩毒者通过物流寄递方式交付的毒品，没有证据证明其是为了实施贩卖毒品等其他犯罪，毒品数量达到刑法第三百四十八条规定的最低数量标准的，一般以非法持有毒品罪定罪处罚。代收者明知是物流寄递的毒品而代购毒者接收，没有证据证明其与购毒者有实施贩卖、运输毒品等犯罪的共同故意，毒品数量达到刑法第三百四十八条规定的最低数量标准的，对代收者以非法持有毒品罪定罪处罚。

行为人利用信息网络贩卖毒品、在境内非法买卖用于制造毒品的原料或者配剂、传授制造毒品等犯罪的方法，构成贩卖毒品罪、非法买卖制毒物品罪、传授犯罪方法罪等犯罪的，依法定罪处罚。行为人开设网站、利用网络聊天室等组织他人共同吸毒，构成引诱、教唆、欺骗他人吸毒罪等犯罪的，依法定罪处罚。

（二）共同犯罪认定问题

办理贩卖毒品案件，应当准确认定居间介绍买卖毒品行为，并与居中倒卖毒品行为相区别。居间介绍者在毒品交易中处于中间人地位，发挥介绍联络作用，通常与交易一方构成共同犯罪，但不以牟利为要件；居中倒卖者属于毒品交易主体，与前后环节的交易对象是上下家关系，直接参与毒品交易并从中获利。居间介绍者受贩毒者委托，为其介绍联络购毒者的，与贩毒者构成贩卖毒品罪的共同犯罪；明知购毒者以贩卖为目的购买毒品，受委托为其介绍联络贩毒者的，与购毒者构成贩卖毒品罪的共同犯罪；受以吸食为目的的购毒者委托，为其介绍联络贩毒者，毒品数量达到刑法第三百四十八条规定的最低数量标准的，一般与购毒者构成非法持有毒品罪的共同犯罪；同时与贩毒者、购毒者共谋，联络促成双方交易的，通常认定与贩毒者构成贩卖毒品罪的共同犯罪。居间介绍者实施为毒品交易主体提供交易信息、介绍交易对象等帮助行为，对促成交易起次要、辅助作用的，应当认定为从犯；对于以居间介绍者的身份介入毒品交易，但在交易中超出居间介绍者的地位，对交易的发起和达成起重要作用的被告人，可以认定为主犯。

两人以上同行运输毒品的，应当从是否明知他人带有毒品，有无共同运输毒品的意思联络，有无实施配合、掩护他人运输毒品的行为等方面综合审查认定是否构成共同犯罪。受雇于同一雇主同行运输毒品，但受雇者之间没有共同犯罪故意，或者虽然明知他人受雇运输毒品，但各自的运输行为相对独立，既没有实施配合、掩护他人运输毒品的行为，又分别按照各自运输的毒品数量领取报酬的，不应认定为共同犯罪。受雇于同一雇主分段运输同一宗毒品，但受雇者之间没有犯罪共谋的，也不应认定为共同犯罪。雇用他人运输毒品的雇主，及其他对受雇者起到一定组织、指挥作用的人员，与各受雇者分别构成运输毒品罪的共同犯罪，对运输的全部毒品数量承担刑事责任。

（三）毒品数量认定问题

走私、贩卖、运输、制造、非法持有两种以上毒品的，可以将不同种类的毒品分别折算为海洛因的数量，以折算后累加的毒品总量作为量刑的根据。对于刑法、司法解释或者其他规范性文件明确规定了定罪量刑数量标准的毒品，应当按照该毒品与海洛因定罪量刑数量标准的比例进行折算后累加。对于刑法、司法解释及其他规范性文件没有规定定罪量刑数量标准，但《非法药物折算表》规定了与海洛因的折算比例的毒品，可以按照《非法药物折算表》折算为海洛因后进行累加。对于既未规定定罪量刑数量标准，又不具备折算条件的毒品，综合考虑其致瘾癖性、社会危害性、数量、纯度等因素依法量刑。在裁判文书中，应当客观表述涉案毒品的种类和数量，并综合认定为数量大、数量较大或者少量毒品等，不明确表述将不同种类毒品进行折算后累加的毒品总量。

对于未查获实物的甲基苯丙胺片剂（俗称"麻古"等）、MDMA片剂（俗称"摇头丸"）等混合型毒品，可以根据在案证据证明的毒品粒数，参考本案或者本地区查获的同类毒品的平均重量计算出毒品数量。在裁判文书中，应当客观表述根据在案证据认定的毒品粒数。

对于有吸毒情节的贩毒人员，一般应当按照其购买的毒品数量认定其贩卖毒品的数量，量刑时酌情考虑其吸食毒品的情节；购买的毒品数量无法查明的，按照能够证明的贩卖数量及查获的毒品数量认定其贩毒数量；确有证据证明其购买的部分毒品并非用于贩卖的，不应计入其贩毒数量。

办理毒品犯罪案件，无论毒品纯度高低，一般均应将查证属实的毒品数量认定为毒品犯罪的数量，并据此确定适用的法定刑幅度，但司法解释另有规定或者为了隐蔽运输而临时改变毒品常规形态的除外。涉案毒品纯度明显低于同类毒品的正常纯度的，量刑时可以酌情考虑。

制造毒品案件中，毒品成品、半成品的数量应当全部认定为制造毒品的数量，对于无法再加工出成品、半成品的废液、废料则不应计入制造毒品的数量。对于废液、废料的认定，可以根据其毒品成分的含量、外观形态，结合被告人对制毒过程的供述等证据进行分析判断，必要时可以听取鉴定机构的意见。

（四）死刑适用问题

当前，我国毒品犯罪形势严峻，审判工作中应当继续坚持依法从严惩处毒品犯罪的指导思想，充分发挥死刑对于预防和惩治毒品犯罪的重要作用。要继续按照《大连会议纪要》的要求，突出打击重点，对罪行极其严重、依法应当判处死刑的被告人，坚决依法判处。同时，应当全面、准确贯彻宽严相济刑事政策，体现区别对待，做到罚当其罪，量刑时综合考虑毒品数量、犯罪性质、情节、危害后果、被告人的主观恶性、人身危险性及当地的禁毒形势等因素，严格审慎地决定死刑适用，确保死刑只适用于极少数罪行极其严重的犯罪分子。

1. 运输毒品犯罪的死刑适用

对于运输毒品犯罪，应当继续按照《大连会议纪要》的有关精神，重点打击运输毒品犯罪集团首要分子，组织、指使、雇用他人运输毒品的主犯或者毒枭、职业毒犯、毒品再犯，以及具有武装掩护运输毒品、以运输毒品为业、多次运输毒品等严重情节的被告人，对其中依法应当判处死刑的，坚决依法判处。

对于受人指使、雇用参与运输毒品的被告人，应当综合考虑毒品数量、犯罪次数、犯罪的主动性和独立性、在共同犯罪中的地位作用、获利程度和方式及其主观恶性、人身危险性等因素，予以区别对待，慎重适用死刑。对于有证据证明确属受人指使、雇用运输毒品，又系初犯、偶犯的被告人，即使毒品数量超过实际掌握的死刑数量标准，也可以不判处死刑；尤其对于其中被动参与犯罪，从属性、辅助性较强，获利程度较低的被告人，一般不应当判处死刑。对于不能排除受人指使、雇用初次运输毒品的被告人，毒品数量超过实际掌握的死刑数量标准，但尚不属数量巨大的，一般也可以不判处死刑。

一案中有多人受雇运输毒品的，在决定死刑适用时，除各被告人运输毒品的数量外，还应结合其具体犯罪情节、参与犯罪程度、与雇用者关系的紧密性及其主观恶性、人身危险性等因素综合考虑，同时判处二人以上死刑要特别慎重。

2. 毒品共同犯罪、上下家犯罪的死刑适用

毒品共同犯罪案件的死刑适用应当与该案的毒品数量、社会危害及被告人的犯罪情节、主观恶性、人身危险性相适应。涉案毒品数量刚超过实际掌握的死刑数量标准，依法应当适用死刑的，要尽量区分主犯间的罪责大小，一般只对其中罪责最大的一名主犯判处死刑；各共同犯罪人地位作用相当，或者罪责大小难以区分的，可以不判处被告人死刑；二名主犯的罪责均很突出，且均具有法定从重处罚情节的，也要尽可能比较其主观恶性、人身危险性方面的差异，判处二人死刑要特别慎重。涉案毒品数量达到巨大以上，二名以上主犯的罪责均很突出，或者罪责稍次的主犯具有法定、重大酌定从重处罚情节，判处二人以上死刑符合罪刑相适应原则，并有利于全案量刑平衡的，可以依法判处。

对于部分共同犯罪人未到案的案件，在案被告人与未到案共同犯罪人均属罪行极其严重，即使共同犯罪人到案也不影响对在案被告人适用死刑的，可以依法判处在案被告人死刑；在案被告人的罪行不足以判处死刑，或者共同犯罪人归案后全案只宜判处其一人死刑的，不能因为共同犯罪人未到案而对在案被告人适用死刑；在

案被告人与未到案共同犯罪人的罪责大小难以准确认定，进而影响准确适用死刑的，不应对在案被告人判处死刑。

对于贩卖毒品案件中的上下家，要结合其贩毒数量、次数及对象范围、犯罪的主动性，对促成交易所发挥的作用，犯罪行为的危害后果等因素，综合考虑其主观恶性和人身危险性，慎重、稳妥地决定死刑适用。对于买卖同宗毒品的上下家，涉案毒品数量刚超过实际掌握的死刑数量标准的，一般不能同时判处死刑；上家主动联络销售毒品，积极促成毒品交易的，通常可以判处上家死刑；下家积极筹资，主动向上家约购毒品，对促成毒品交易起更大作用的，可以考虑判处下家死刑。涉案毒品数量达到巨大以上的，也要综合上述因素决定死刑适用，同时判处上下家死刑符合罪刑相适应原则，并有利于全案量刑平衡的，可以依法判处。

一案中有多名共同犯罪人、上下家针对同宗毒品实施犯罪的，可以综合运用上述毒品共同犯罪、上下家犯罪的死刑适用原则予以处理。

办理毒品犯罪案件，应当尽量将共同犯罪案件或者密切关联的上下游案件进行并案审理；因客观原因造成分案处理的，办案时应当及时了解关联案件的审理进展和处理结果，注重量刑平衡。

3. 新类型、混合型毒品犯罪的死刑适用

甲基苯丙胺片剂（俗称"麻古"等）是以甲基苯丙胺为主要毒品成分的混合型毒品，其甲基苯丙胺含量相对较低，危害性亦有所不同。为体现罚当其罪，甲基苯丙胺片剂的死刑数量标准一般可以按照甲基苯丙胺（冰毒）的 2 倍左右掌握，具体可以根据当地的毒品犯罪形势和涉案毒品含量等因素确定。

涉案毒品为氯胺酮（俗称"K粉"）的，结合毒品数量、犯罪性质、情节及危害后果等因素，对符合死刑适用条件的被告人可以依法判处死刑。综合考虑氯胺酮的致瘾癖性、滥用范围和危害性等因素，其死刑数量标准一般可以按照海洛因的 10 倍掌握。

涉案毒品为其他滥用范围和危害性相对较小的新类型、混合型毒品的，一般不宜判处被告人死刑。但对于司法解释、规范性文件明确规定了定罪量刑数量标准，且涉案毒品数量特别巨大，社会危害大，不判处死刑难以体现罚当其罪的，必要时可以判处被告人死刑。

（五）缓刑、财产刑适用及减刑、假释问题

对于毒品犯罪应当从严掌握缓刑适用条件。对于毒品再犯，一般不得适用缓刑。对于不能排除多次贩毒嫌疑的零包贩毒被告人，因认定构成贩卖毒品等犯罪的证据不足而认定为非法持有毒品罪的被告人，实施引诱、教唆、欺骗、强迫他人吸毒犯罪及制毒物品犯罪的被告人，应当严格限制缓刑适用。

办理毒品犯罪案件，应当依法追缴犯罪分子的违法所得，充分发挥财产刑的作用，切实加大对犯罪分子的经济制裁力度。对查封、扣押、冻结的涉案财物及其孳息，经查确属违法所得或者依法应当追缴的其他涉案财物的，如购毒款、供犯罪所用的本人财物、毒品犯罪所得的财物及其收益等，应当判决没收，但法律另有规定的除外。判处罚金刑时，应当结合毒品犯罪的性质、情节、危害后果及被告人的获利情况、经济状况等因素合理确定罚金数额。对于决定并处没收财产的毒品犯罪，判处被告人有期徒刑的，应当按照上述确定罚金数额的原则确定没收个人部分财产的数额；判处无期徒刑的，可以并处没收个人全部财产；判处死缓或者死刑的，应当并处没收个人全部财产。

对于具有毒枭、职业毒犯、累犯、毒品再犯等情节的毒品罪犯，应当从严掌握减刑条件，适当延长减刑起始时间、间隔时间，严格控制减刑幅度，延长实际执行刑期。对于刑法未禁止假释的前述毒品罪犯，应当严格掌握假释条件

（六）累犯、毒品再犯问题①

（七）非法贩卖麻醉药品、精神药品行为的定性问题

行为人向走私、贩卖毒品的犯罪分子或者吸食、注射毒品的人员贩卖国家规定管制的能够使人形成瘾癖的麻醉药品或者精神药品的，以贩卖毒品罪定罪处罚。

行为人出于医疗目的，违反有关药品管理的国家规定，非法贩卖上述麻醉药品或者精神药品，扰乱市场秩序，情节严重的，以非法经营罪定罪处罚。

【司法指导文件Ⅲ】

《最高人民法院、最高人民检察院、公安部办理毒品犯罪案件适用法律若干问题的意见》（公通字〔2007〕84号，20071218）

一、关于毒品犯罪案件的管辖问题

根据刑事诉讼法的规定，毒品犯罪案件的地域管辖，应当坚持以犯罪地管辖为主、被告人居住地管辖为辅的原则。

"犯罪地"包括犯罪预谋地，毒资筹集地，交易进行地，毒品生产地，毒资、毒赃和毒品的藏匿地、转移地，走私或者贩运毒品的目的地以及犯罪嫌疑人被抓获地等。

"被告人居住地"包括被告人常住地、户籍地及其临时居住地。

对怀孕、哺乳期妇女走私、贩卖、运输毒品案件，查获地公安机关认为移交其居住地管辖更有利于采取强制措施和查清犯罪事实的，可以报请共同的上级公安机关批准，移送犯罪嫌疑人居住地公安机关办理，查获地公安机关应继续配合。

公安机关对侦办跨区域毒品犯罪案件的管辖权有争议的，应本着有利于查清犯罪事实，有利于诉讼，有利于保障案件侦查安全的原则，认真协商解决。经协商无法达成一致的，报共同的上级公安机关指定管辖。对即将侦查终结的跨省（自治区、直辖

---

① 参见本法第三百五十六条项下【司法指导文件Ⅱ】。——编者注

市）重大毒品案件，必要时可由公安部商最高人民法院和最高人民检察院指定管辖。

为保证及时结案，避免超期羁押，人民检察院对于公安机关移送审查起诉的案件，人民法院对于已进入审判程序的案件，被告人及其辩护人提出管辖异议或者办案单位发现没有管辖权的，受案人民检察院、人民法院经审可以依法报请上级人民检察院、人民法院指定管辖，不再自行移送有管辖权的人民检察院、人民法院。

二、关于毒品犯罪嫌疑人、被告人主观明知的认定问题

走私、贩卖、运输、非法持有毒品主观故意中的"明知"，是指行为人知道或者应当知道所实施的行为是走私、贩卖、运输、非法持有毒品行为。具有下列情形之一，并且犯罪嫌疑人、被告人不能做出合理解释的，可以认定其"应当知道"，但有证据证明确属被蒙骗的除外：

（一）执法人员在口岸、机场、车站、港口和其他检查站检查时，要求行为人申报为他人携带的物品和其他疑似毒品物，并告知其法律责任，而行为人未如实申报，在其所携带的物品内查获毒品的；

（二）以伪报、藏匿、伪装等蒙蔽手段逃避海关、边防等检查，在其携带、运输、邮寄的物品中查获毒品的；

（三）执法人员检查时，有逃跑、丢弃携带物品或逃避、抗拒检查等行为，在其携带或丢弃的物品中查获毒品的；

（四）体内藏匿毒品的；

（五）为获取不同寻常的高额或不等值的报酬而携带、运输毒品的；

（六）采用高度隐蔽的方式携带、运输毒品的；

（七）采用高度隐蔽的方式交接毒品，明显违背合法物品惯常交接方式的；

（八）其他有证据足以证明行为人应当知道的。

第三百四十七条　【走私、贩卖、运输、制造毒品罪】走私、贩卖、运输、制造毒品，无论数量多少，都应当追究刑事责任，予以刑事处罚。

走私、贩卖、运输、制造毒品，有下列情形之一的，处十五年有期徒刑、无期徒刑或者死刑，并处没收财产：

（一）走私、贩卖、运输、制造鸦片一千克以上、海洛因或者甲基苯丙胺五十克以上或者其他毒品数量大的；

（二）走私、贩卖、运输、制造毒品集团的首要分子；

（三）武装掩护走私、贩卖、运输、制造毒品的；

（四）以暴力抗拒检查、拘留、逮捕，情节严重的；

（五）参与有组织的国际贩毒活动的。

走私、贩卖、运输、制造鸦片二百克以上不满一千克、海洛因或者甲基苯丙胺十克以上不满五十克

或者其他毒品数量较大的，处七年以上有期徒刑，并处罚金。

走私、贩卖、运输、制造鸦片不满二百克、海洛因或者甲基苯丙胺不满十克或者其他少量毒品的，处三年以下有期徒刑、拘役或者管制，并处罚金；情节严重的，处三年以上七年以下有期徒刑，并处罚金。

单位犯第二款、第三款、第四款罪的，对单位判处罚金，并对其直接负责的主管人员和其他直接责任人员，依照各该款的规定处罚。

利用、教唆未成年人走私、贩卖、运输、制造毒品，或者向未成年人出售毒品的，从重处罚。

对多次走私、贩卖、运输、制造毒品，未经处理的，毒品数量累计计算。

【司法解释 I】

《最高人民检察院、公安部关于公安机关管辖的刑事案件立案追诉标准的规定（三）》（公通字〔2012〕26号，20120516）

第一条〔走私、贩卖、运输、制造毒品案（刑法第三百四十七条）〕走私、贩卖、运输、制造毒品，无论数量多少，都应予立案追诉。

本条规定的"走私"是指明知是毒品而非法将其运输、携带、寄递进出国（边）境的行为。直接向走私人非法收购走私进口的毒品，或者在内海、领海、界河、界湖运输、收购、贩卖毒品的，以走私毒品罪立案追诉。

本条规定的"贩卖"是指明知是毒品而非法销售或者以贩卖为目的而非法收买的行为。

有证据证明行为人以牟利为目的，为他人代购仅用于吸食、注射的毒品，对代购者以贩卖毒品罪立案追诉。不以牟利为目的，为他人代购仅用于吸食、注射的毒品，毒品数量达到本规定第二条规定的数量标准的，对托购者和代购者以非法持有毒品罪立案追诉。明知他人实施毒品犯罪而为其居间介绍、代购代卖的，无论是否牟利，都应以相关毒品犯罪的共犯立案追诉。

本条规定的"运输"是指明知是毒品而采用携带、寄递、托运、利用他人或者使用交通工具等方法非法运送毒品的行为。

本条规定的"制造"是指非法利用毒品原植物直接提炼或者用化学方法加工、配制毒品，或者以改变毒品成分和效用为目的，用混合等物理方法加工、配制毒品的行为。为了便于隐蔽运输、销售、使用、欺骗购买者，或者为了增重，对毒品掺杂使假，添加或者去除其他非毒品物质，不属于制造毒品的行为。

为了制造毒品而采用生产、加工、提炼等方法非法制造易制毒化学品的，以制造毒品罪（预备）立案追诉。购进制造毒品的设备和原材料，开始着手制造毒品，尚未制造出毒品或者半成品的，以制造毒品罪（未遂）立案追诉。明知他人制造毒品而为其生产、加工、提炼、提供醋酸酐、乙醚、三氯甲烷等制毒物品的，以制造毒品罪的共犯立案追诉。

走私、贩卖、运输毒品主观故意中的"明知"，是指行为人知道或者应当知道所实施的是走私、贩卖、运输毒品行为。具有下列情形之一，结合行为人的供述和其他证据综合审查判断，可以认定其"应当知道"，但有证据证明确属被蒙骗的除外：

（一）执法人员在口岸、机场、车站、港口、邮局和其他检查站点检查时，要求行为人申报携带、运输、寄递的物品和其他疑似毒品物，并告知其法律责任，而行为人未如实申报，在其携带、运输、寄递的物品中查获毒品的；

（二）以伪报、藏匿、伪装等蒙蔽手段逃避海关、边防等检查，在其携带、运输、寄递的物品中查获毒品的；

（三）执法人员检查时，有逃跑、丢弃携带物品或者逃避、抗拒检查等行为，在其携带、藏匿或者丢弃的物品中查获毒品的；

（四）体内或者贴身隐秘处藏匿毒品的；

（五）为获取不同寻常的高额或者不等值的报酬为他人携带、运输、寄递、收取物品，从中查获毒品的；

（六）采用高度隐蔽的方式携带、运输物品，从中查获毒品的；

（七）采用高度隐蔽的方式交接物品，明显违背合法物品惯常交接方式，从中查获毒品的；

（八）行程路线故意绕开检查站点，在其携带、运输的物品中查获毒品的；

（九）以虚假身份、地址或者其他虚假方式办理托运、寄递手续，在托运、寄递的物品中查获毒品的；

（十）有其他证据足以证明行为人应当知道的。

制造毒品主观故意中的"明知"，是指行为人知道或者应当知道所实施的是制造毒品行为。有下列情形之一，结合行为人的供述和其他证据综合审查判断，可以认定其"应当知道"，但有证据证明确属被蒙骗的除外：

（一）购置了专门用于制造毒品的设备、工具、制毒物品或者配制方案的；

（二）为获取不同寻常的高额或者不等值的报酬为他人制造物品，经检验是毒品的；

（三）在偏远、隐蔽场所制造，或者采取对制造设备进行伪装等方式制造物品，经检验是毒品的；

（四）制造人员在执法人员检查时，有逃跑、抗拒检查等行为，在现场查获制造出的物品，经检验是毒品的；

（五）有其他证据足以证明行为人应当知道的。

走私、贩卖、运输、制造毒品罪是选择性罪名，对同一宗毒品实施了两种以上犯罪行为，并有相应确凿证据的，应当按照所实施的犯罪行为的性质并列适用罪名，毒品数量不重复计算。对同一宗毒品可能实施了两种以上犯罪行为，但相应证据只能认定其中一种或者几种行为，认定其他行为的证据不够确实充分的，只按照依法能够认定的行为的性质适用罪名。对不同宗毒品分别实施了不同种犯罪行为的，应对不同行为并列适用罪名，累计计算毒品数量。

……

第十三条 本规定中的毒品是指鸦片、海洛因、甲基苯丙胺（冰毒）、吗啡、大麻、可卡因以及国家规定管制的其他能够使人形成瘾癖的麻醉药品和精神药品。具体品种以国家食品药品监督管理局、公安部、卫生部发布的《麻醉药品品种目录》、《精神药品品种目录》为依据。

本规定中的"制毒物品"是指刑法第三百五十条第一款规定的醋酸酐、乙醚、三氯甲烷或者其他用于制造毒品的原料或者配剂，具体品种范围按照国家关于易制毒化学品管理的规定确定。

第十四条 本规定中未明确立案追诉标准的毒品，有条件折算为海洛因的，参照有关麻醉药品和精神药品折算标准进行折算。

第十五条 本规定中的立案追诉标准，除法律、司法解释另有规定的以外，适用于相关的单位犯罪。

第十六条 本规定中的"以上"，包括本数。

第十七条 本规定自印发之日起施行。

【司法解释Ⅱ】

《最高人民法院关于审理毒品犯罪案件适用法律若干问题的解释》（法释〔2016〕8 号，20160411）

第一条 走私、贩卖、运输、制造、非法持有下列毒品，应当认定为刑法第三百四十七条第二款第一项、第三百四十八条规定的"其他毒品数量大"：

（一）可卡因五十克以上；

（二）3，4－亚甲二氧基甲基苯丙胺（MDMA）等苯丙胺类毒品（甲基苯丙胺除外）、吗啡一百克以上；

（三）芬太尼一百二十五克以上；

（四）甲卡西酮二百克以上；

（五）二氢埃托啡十毫克以上；

（六）哌替啶（度冷丁）二百五十克以上；

（七）氯胺酮五百克以上；

（八）美沙酮一千克以上；

（九）曲马多、γ－羟丁酸二千克以上；

（十）大麻油五千克、大麻脂十千克、大麻叶及大麻烟一百五十千克以上；

（十一）可待因、丁丙诺啡五千克以上；

（十二）三唑仑、安眠酮五十千克以上；

（十三）阿普唑仑、恰特草一百千克以上；

（十四）咖啡因、罂粟壳二百千克以上；

（十五）巴比妥、苯巴比妥、安钠咖、尼美西泮二百五十千克以上；

（十六）氯氮卓、艾司唑仑、地西泮、溴西泮五百千克以上；

（十七）上述毒品以外的其他毒品数量大的。

国家定点生产企业按照标准规格生产的麻醉药品或者精神药品被用于毒品犯罪的，根据药品中毒品成分的含量认定涉案毒品数量。

第二条 走私、贩卖、运输、制造、非法持有下列毒品，应当认定为刑法第三百四十七条第三款、第三百四十八条规定的"其他毒品数量较大"：

（一）可卡因十克以上不满五十克；

（二）3，4－亚甲二氧基甲基苯丙胺（MDMA）等苯丙胺类毒品（甲基苯丙胺除外）、吗啡二十克以上不满一百克；

（三）芬太尼二十五克以上不满一百二十五克；

（四）甲卡西酮四十克以上不满二百克；

（五）二氢埃托啡二毫克以上不满十毫克；

（六）哌替啶（度冷丁）五十克以上不满二百五十克；

（七）氯胺酮一百克以上不满五百克；

（八）美沙酮二百克以上不满一千克；

（九）曲马多、γ－羟丁酸四百克以上不满二千克；

（十）大麻油一千克以上不满五千克、大麻脂二千克以上不满十千克、大麻叶及大麻烟三十千克以上不满一百五十千克；

（十一）可待因、丁丙诺啡一千克以上不满五千克；

（十二）三唑仑、安眠酮十千克以上不满五十千克；

（十三）阿普唑仑、恰特草二十千克以上不满一百千克；

（十四）咖啡因、罂粟壳四十千克以上不满二百千克；

（十五）巴比妥、苯巴比妥、安钠咖、尼美西泮五十千克以上不满二百五十千克；

（十六）氯氮卓、艾司唑仑、地西泮、溴西泮一百千克以上不满五百千克；

（十七）上述毒品以外的其他毒品数量较大的。

第三条 在实施走私、贩卖、运输、制造毒品犯罪的过程中，携带枪支、弹药或者爆炸物用于掩护的，应当认定为刑法第三百四十七条第二款第三项规定的"武装掩护走私、贩卖、运输、制造毒品"。枪支、弹药、爆炸物种类的认定，依照相关司法解释的规定执行。

在实施走私、贩卖、运输、制造毒品犯罪的过程中，以暴力抗拒检查、拘留、逮捕，造成执法人员死亡、重伤、多人轻伤或者具有其他严重情节的，应当认定为刑法第三百四十七条第二款第四项规定的"以暴力抗拒检查、拘留、逮捕，情节严重"。

第四条 走私、贩卖、运输、制造毒品，具有下列情形之一的，应当认定为刑法第三百四十七条第四款规定的"情节严重"：

（一）向多人贩卖毒品或者多次走私、贩卖、运输、制造毒品的；

（二）在戒毒场所、监管场所贩卖毒品的；

（三）向在校学生贩卖毒品的；

（四）组织、利用残疾人、严重疾病患者、怀孕或者正在哺乳自己婴儿的妇女走私、贩卖、运输、制造毒品的；

（五）国家工作人员走私、贩卖、运输、制造毒品的；

（六）其他情节严重的情形。

……

第十五条　本解释自 2016 年 4 月 11 日起施行。《最高人民法院关于审理毒品案件定罪量刑标准有关问题的解释》（法释〔2000〕13 号）同时废止；之前发布的司法解释和规范性文件与本解释不一致的，以本解释为准。

【司法解释Ⅱ·注释】

1. 本解释中现有的毒品种类原则上按照数量标准由低到高排列（二氢埃托啡除外），并对数量标准相同的进行了分组归类。毒品名称主要根据 2013 年版《麻醉药品品种目录》和《精神药品品种目录》确定，个别在听取行业专家意见后进行了规范和调整。例如，将 2000 年司法解释中的"度冷丁"调整为"哌替啶"，将"盐酸二氢埃托啡"调整为"二氢埃托啡"，将 2007 年办理毒品犯罪案件适用法律若干问题的意见中的"二亚甲基双氧安非他明"调整为"3，4 - 亚甲二氧基甲基苯丙胺"，并用括号注明其通用简称 MDMA。

2. 第一条第二款规定国家定点生产企业按照标准规格生产的麻醉药品或者精神药品，流入非法渠道被用于毒品犯罪的，要根据药品中毒品成分的含量认定涉案毒品数量，这主要基于以下几点考虑：

第一，药品中水分、淀粉、糖分、色素等成分占有相当大的比重，有效药物成分（即毒品成分）的含量较低，如果根据药品的总重量认定涉案毒品数量，势必同毒品成分的实际数量有明显差距，难以体现罚当其罪。

第二，对于不同厂家生产或者同一厂家生产的不同规格的同类药品，在总重量相同的情况下，其有效药物成分的含量可能存在较大差异，如果根据药品总重量认定涉案毒品数量，会影响量刑平衡。

第三，从药品生产、使用单位流入非法渠道的麻精药品，其有效药物成分的含量有严格标准，不涉及毒品的含量鉴定问题，不会给司法实践带来操作上的困难，有关实务部门也均同意这种毒品数量认定方法。

第四，本款规定仅适用于国家定点企业生产、流入非法渠道的麻醉药品和精神药品，并非国家定点企业生产的麻精药品以及海洛因、甲基苯丙胺等没有临床用途的麻精药品不在此列。另外，对于以制造毒品为目的生产出的纯度不高的毒品以及为了增加毒品数量而掺杂、掺假的情形，均应按照毒品的全部数量认定。

3. 关于第三条第一款"武装掩护"的界定。本司法解释将其明确界定为携带枪支、弹药或者爆炸物用于掩护毒品犯罪的情形。其中，"武装"限定于枪支、弹药、爆炸物，不包括尖刀、棍棒等普通器械；"携带"既包括随身携带、随包携带、随车携带，也包括在制毒场所存放等。考虑到该行为具有高度的危险性，故既不要求显示、出示、使用，对枪支、弹药或者爆炸物的数量亦无要求。之所以强调"用于掩护",旨在从用途和目的上加以限制,对于只携带子弹而没有携带枪支,不可能实现掩护目的的,不能认定为武装掩护。此外,对于枪支、弹药、爆炸物种类的认定,参照《最高人民法院关于审理非法制造、买卖、运输枪支、弹药、爆炸物等刑事案件具体应用法律若干问题的解释》执行。例如,枪支主要包括军用枪支、以火药为动力发射枪弹的非军用枪支、以压缩气体等为动力的其他非军用枪支等。

4. 关于第四条第(一)项"向多人贩卖毒品"是否一律认定为"情节严重"。起草过程中,有意见提出,实践中很多零包贩毒案件,被告人虽然具有向多人贩毒或者多次贩毒的情节,但累计贩卖毒品的数量却不足一克,如果将这种情况认定为情节严重,处三年以上七年以下有期徒刑,会出现罪刑不相适应,故应当设定最低毒品数量限制。经研究认为,向多人贩卖毒品或者多次走私、贩卖、运输、制造毒品的,具有较大的社会危害性,也体现了犯罪分子较深的主观恶性,应重点打击、从严惩处,故不再设定最低数量限制。

5. 关于第四条第(三)项"向在校学生贩卖毒品"。"在校学生"包括中小学、中等职业学校学生和普通高等学校中的本、专科学生(不包括研究生)。其中,中等职业学校包括中专、职高、技校,普通高等学校包括全日制大学、学院、职业技术学院、高等专科学校。本项规定与刑法第三百四十七条第六款"向未成年人出售

毒品的,从重处罚"的规定之间不存在矛盾,如果贩卖对象既是未成年人又是在校学生的,适用本项的规定处罚。

【司法指导文件 I 】

《最高人民法院关于常见犯罪的量刑指导意见》(法发〔2017〕7 号,20170401)

四、常见犯罪的量刑

(十五) 走私、贩卖、运输、制造毒品罪

1. 构成走私、贩卖、运输、制造毒品罪的,可以根据下列不同情形在相应的幅度内确定量刑起点:

(1) 走私、贩卖、运输、制造鸦片一千克,海洛因、甲基苯丙胺五十克或者其他毒品数量达到数量大起点的,量刑起点为十五年有期徒刑。依法应当判处无期徒刑以上刑罚的除外。

(2) 走私、贩卖、运输、制造鸦片二百克,海洛因、甲基苯丙胺十克或者其他毒品数量达到数量较大起点的,可以在七年至八年有期徒刑幅度内确定量刑起点。

(3) 走私、贩卖、运输、制造鸦片不满二百克,海洛因、甲基苯丙胺不满十克或者其他少量毒品的,可以在三年以下有期徒刑、拘役幅度内确定量刑起点情节严重的,可以在三年至四年有期徒刑幅度内确定量刑起点。

2. 在量刑起点的基础上,可以根据毒品犯罪次数、人次、毒品数量等其他影响犯罪构成的犯罪事实增加刑罚量,确定基准刑。

3. 有下列情节之一的,可以增加

基准刑的 10%—30%

（1）利用、教唆未成年人走私、贩卖、运输、制造毒品的；

（2）向未成年人出售毒品的；

（3）毒品再犯。

4. 有下列情节之一的，可以减少基准刑的 30% 以下：

（1）受雇运输毒品的；

（2）毒品含量明显偏低的；

（3）存在数量引诱情形的。

【司法指导文件Ⅱ】

《**最高人民法院、最高人民检察院、公安部办理毒品犯罪案件适用法律若干问题的意见**》（公通字〔2007〕84 号，20071218）

三、关于办理氯胺酮等毒品案件定罪量刑标准问题

（一）走私、贩卖、运输、制造、非法持有下列毒品，应当认定为刑法第三百四十七条第二款第（一）项、第三百四十八条规定的"其他毒品数量大"：

1. 二亚甲基双氧安非他明（MD-MA）等苯丙胺类毒品（甲基苯丙胺除外）100 克以上；

2.……、美沙酮 1 千克以上；

3. 三唑仑、安眠酮 50 千克以上；

4. 氯氮卓、艾司唑仑、地西泮、溴西泮 500 千克以上；

5. 上述毒品以外的其他毒品数量大的。

（二）走私、贩卖、运输、制造、非法持有下列毒品，应当认定为刑法第三百四十七条第三款、第三百四十八条规定的"其他毒品数量较大"：

1. 二亚甲基双氧安非他明（MD-MA）等苯丙胺类毒品（甲基苯丙胺除外）20 克以上不满 100 克的；

2.……、美沙酮 200 克以上不满 1 千克的；

3. 三唑仑、安眠酮 10 千克以上不满 50 千克的；

4. 氯氮卓、艾司唑仑、地西泮、溴西泮 100 千克以上不满 500 千克的；

5. 上述毒品以外的其他毒品数量较大的。

（三）走私、贩卖、运输、制造下列毒品，应当认定为刑法第三百四十七条第四款规定的"其他少量毒品"：

1. 二亚甲基双氧安非他明（MD-MA）等苯丙胺类毒品（甲基苯丙胺除外）不满 20 克的；

2.……、美沙酮不满 200 克的；

3. 三唑仑、安眠酮不满 10 千克的；

4. 氯氮卓、艾司唑仑、地西泮、溴西泮不满 100 千克的；

5. 上述毒品以外的其他少量毒品的。

（四）上述毒品品种包括其盐和制剂。毒品鉴定结论中毒品品名的认定应当以国家食品药品监督管理局、公安部、卫生部最新发布的《麻醉药品品种目录》、《精神药品品种目录》为依据。

【司法指导文件Ⅲ】

《**最高人民法院、最高人民检察院、公安部关于办理走私、非法买卖麻黄碱类复方制剂等刑事案件适用法**

律若干问题的意见》（法发〔2012〕12 号，20120618）

一、关于走私、非法买卖麻黄碱类复方制剂等行为的定性

以加工、提炼制毒物品制造毒品为目的，购买麻黄碱类复方制剂，或者运输、携带、寄递麻黄碱类复方制剂进出境的，依照刑法第三百四十七条的规定，以制造毒品罪定罪处罚。

以加工、提炼制毒物品为目的，购买麻黄碱类复方制剂，或者运输、携带、寄递麻黄碱类复方制剂进出境的，依照刑法第三百五十条第一款、第三款的规定，分别以非法买卖制毒物品罪、走私制毒物品罪定罪处罚。

将麻黄碱类复方制剂拆除包装、改变形态后进行走私或者非法买卖，或者明知是已拆除包装、改变形态的麻黄碱类复方制剂而进行走私或者非法买卖的，依照刑法第三百五十条第一款、第三款的规定，分别以走私制毒物品罪、非法买卖制毒物品罪定罪处罚。

非法买卖麻黄碱类复方制剂或者运输、携带、寄递麻黄碱类复方制剂进出境，没有证据证明系用于制造毒品或者走私、非法买卖制毒物品，或者未达到走私制毒物品罪、非法买卖制毒物品罪的定罪数量标准，构成非法经营罪、走私普通货物、物品罪等其他犯罪的，依法定罪处罚。

实施第一款、第二款规定的行为，同时构成其他犯罪的，依照处罚较重的规定定罪处罚。

二、关于利用麻黄碱类复方制剂加工、提炼制毒物品行为的定性

以制造毒品为目的，利用麻黄碱类复方制剂加工、提炼制毒物品的，依照刑法第三百四十七条的规定，以制造毒品罪定罪处罚。

以走私或者非法买卖为目的，利用麻黄碱类复方制剂加工、提炼制毒物品的，依照刑法第三百五十条第一款、第三款的规定，分别以走私制毒物品罪、非法买卖制毒物品罪定罪处罚。

三、关于共同犯罪的认定

明知他人利用麻黄碱类制毒物品制造毒品，向其提供麻黄碱类复方制剂，为其利用麻黄碱类复方制剂加工、提炼制毒物品，或者为其获取、利用麻黄碱类复方制剂提供其他帮助的，以制造毒品罪的共犯论处。

明知他人走私或者非法买卖麻黄碱类制毒物品，向其提供麻黄碱类复方制剂，为其利用麻黄碱类复方制剂加工、提炼制毒物品，或者为其获取、利用麻黄碱类复方制剂提供其他帮助的，分别以走私制毒物品罪、非法买卖制毒物品罪的共犯论处。

四、关于犯罪预备、未遂的认定

实施本意见规定的行为，符合犯罪预备或者未遂情形的，依照法律规定处罚。

五、关于犯罪嫌疑人、被告人主观目的与明知的认定

对于本意见规定的犯罪嫌疑人、被告人的主观目的与明知，应当根据物证、书证、证人证言以及犯罪嫌疑人、被告人供述和辩解等在案证据，结合犯罪嫌疑人、被告人的行为表现，重点考虑以下因素综合予以认定：

1. 购买、销售麻黄碱类复方制剂的价格是否明显高于市场交易价格;

2. 是否采用虚假信息、隐蔽手段运输、寄递、存储麻黄碱类复方制剂;

3. 是否采用伪报、伪装、藏匿或者绕行进出境等手段逃避海关、边防等检查;

4. 提供相关帮助行为获得的报酬是否合理;

5. 此前是否实施过同类违法犯罪行为;

6. 其他相关因素。

六、关于制毒物品数量的认定

实施本意见规定的行为,以走私制毒物品罪、非法买卖制毒物品罪定罪处罚的,应当以涉案麻黄碱类复方制剂中麻黄碱类物质的含量作为涉案制毒物品的数量。

实施本意见规定的行为,以制造毒品罪定罪处罚的,应当将涉案麻黄碱类复方制剂所含的麻黄碱类物质可以制成的毒品数量作为量刑情节考虑。

多次实施本意见规定的行为未经处理的,涉案制毒物品的数量累计计算。

七、关于定罪量刑的数量标准

实施本意见规定的行为,以走私制毒物品罪、非法买卖制毒物品罪定罪处罚的,涉案麻黄碱类复方制剂所含的麻黄碱类物质应当达到以下数量标准:麻黄碱、伪麻黄碱、消旋麻黄碱及其盐类五千克以上不满五十千克;去甲麻黄碱、甲基麻黄碱及其盐类十千克以上不满一百千克;麻黄浸膏、麻黄浸膏粉一百千克以上不满一千千克。达到上述数量标准上限的,认定

为刑法第三百五十条第一款规定的"数量大"。

实施本意见规定的行为,以制造毒品罪定罪处罚的,无论涉案麻黄碱类复方制剂所含的麻黄碱类物质数量多少,都应当追究刑事责任。

八、关于麻黄碱类复方制剂的范围

本意见所称麻黄碱类复方制剂是指含有《易制毒化学品管理条例》(国务院令第 445 号)品种目录所列的麻黄碱(麻黄素)、伪麻黄碱(伪麻黄素)、消旋麻黄碱(消旋麻黄素)、去甲麻黄碱(去甲麻黄素)、甲基麻黄碱(甲基麻黄素)及其盐类,或者麻黄浸膏、麻黄浸膏粉等麻黄碱类物质的药品复方制剂。

【司法指导文件Ⅳ】

《最高人民法院、最高人民检察院、公安部、农业部、食品药品监管总局关于进一步加强麻黄草管理严厉打击非法买卖麻黄草等违法犯罪活动的通知》(公通字〔2013〕16 号,20130521)

三、依法查处非法采挖、买卖麻黄草等犯罪行为

各地人民法院、人民检察院、公安机关要依法查处非法采挖、买卖麻黄草等犯罪行为,区别情形予以处置:

(一)以制造毒品为目的,采挖、收购麻黄草的,依照刑法第三百四十七条的规定,以制造毒品罪定罪处罚。

(二)以提取麻黄碱类制毒物品后进行走私或者非法贩卖为目的,采挖、收购麻黄草,涉案麻黄草所含的麻黄碱

类制毒物品达到相应定罪数量标准的，依照刑法第三百五十条第一款、第三款的规定，分别以走私制毒物品罪、非法买卖制毒物品罪定罪处罚。

（三）明知他人制造毒品或者走私、非法买卖制毒物品，向其提供麻黄草或者提供运输、储存麻黄草等帮助的，分别以制造毒品罪、走私制毒物品罪、非法买卖制毒物品罪的共犯论处。

（四）违反国家规定采挖、销售、收购麻黄草，没有证据证明以制造毒品或者走私、非法买卖制毒物品为目的，依照刑法第二百二十五条的规定构成犯罪的，以非法经营罪定罪处罚。

（五）实施以上行为，以制造毒品罪、走私制毒物品罪、非法买卖制毒物品罪定罪处罚的，涉案制毒物品的数量按照三百千克麻黄草折合一千克麻黄碱计算；以制造毒品罪定罪处罚的，无论涉案麻黄草数量多少，均应追究刑事责任。

【司法指导文件Ⅴ】

《最高人民法院研究室关于被告人对不同种毒品实施同一犯罪行为是否按比例折算成一种毒品予以累加后量刑的答复》（法研〔2009〕146 号，20090817）

根据《全国部分法院审理毒品犯罪案件工作座谈会纪要》的规定，对被告人一人走私、贩卖、运输、制造两种以上毒品的，不实行数罪并罚，量刑时可综合考虑毒品的种类、数量及危害，依法处理。故同意你院处理意见。①

【司法指导文件Ⅵ】

《最高人民法院研究室关于贩卖、运输经过取汁的罂粟壳废渣是否构成贩卖、运输毒品罪的答复》（法研〔2010〕168 号，20100927）

……对本案被告人不宜以贩卖、运输毒品罪论处。主要考虑：（1）被告人贩卖、运输的是经过取汁的罂粟壳废渣，吗啡含量只有 0.01%，含量极低，从技术和成本看，基本不可能用于提取吗啡；（2）国家对经过取汁的罂粟壳并无明文规定予以管制，实践中有关药厂也未按照管制药品对其进行相应处理；（3）无证据证明被告人购买、加工经过取汁的罂粟壳废渣是为了将其当作毒品出售，具有贩卖、运输毒品的故意。如果查明行为人有将罂粟壳废渣作为制售毒品原料予以利用的故意，可建议由公安机关予以治安处罚。

【公安文件Ⅰ】

《公安部关于在成品药中非法添加阿普唑仑和曲马多进行销售能否认定为制造贩卖毒品有关问题的批复》（公复字〔2009〕1 号，20090319）

一、阿普唑仑和曲马多为国家管制的二类精神药品。根据《中华人民共和国刑法》第三百五十五条的规定，如果行为人具有生产、管理、使用阿普唑仑和曲马多的资质，却将其掺加在其他药品中，违反国家规定向吸食、

_____

① 这里的"处理意见"指：应当将案件涉及的不同种毒品按一定比例折算后予以累加进行量刑。——编者注

注射毒品的人提供的，构成非法提供精神药品罪；向走私、贩卖毒品的犯罪分子或以牟利为目的向吸食、注射毒品的人提供的，构成走私、贩卖毒品罪。根据《中华人民共和国刑法》第三百四十七条的规定，如果行为人没有生产、管理、使用阿普唑仑和曲马多的资质，而将其掺加在其他药品中予以贩卖，构成贩卖、制造毒品罪。

二、在办案中应当注意区别为治疗、戒毒依法合理使用的行为与上述犯罪行为的界限。只有违反国家规定，明知是走私、贩卖毒品的人员而向其提供阿普唑仑和曲马多，或者明知是吸毒人员而向其贩卖或超出规定的次数、数量向其提供阿普唑仑和曲马多的，才可以认定为犯罪。

【公安文件Ⅱ】

《公安部禁毒局关于非法制造贩卖安钠咖立案问题的答复》（公禁毒〔2002〕434 号，20021105）

安钠咖属于刑法规定的毒品。根据刑法第三百四十七条第一款的规定，贩卖、制造毒品，无论数量多少，都应当追究刑事责任，予以刑事处罚。因此，对于非法制造、贩卖安钠咖的，不论查获的数量多少，公安机关都应当按照非法制造、贩卖毒品罪立案侦查。

……饭店经营者直接向顾客（主要是过往就餐的汽车司机）推销毒品，犯罪情节恶劣，严重危害社会治安，不仅可以致使顾客吸毒成瘾，而就餐的司机吸食安钠咖后驾驶汽车，其吸毒后产生的不良反应将给交通安全带来很大隐患，随时可能导致严重后果，危及人民生命财产。因此，公安机关应当依法严厉打击此类毒品犯罪活动。

【法院参考案例】

〔参考案例第 463 号：庄木根、刘平平、郑斌非法买卖枪支、贩卖毒品案〕非法买卖枪支时以毒品冲抵部分价款行为如何定性？

以毒品冲抵部分买卖枪支价款的行为构成贩卖毒品罪，该贩卖毒品行为与非法买卖枪支行为之间不存在牵连关系，应予数罪并罚。

〔参考案例第 486 号：朱海斌等制造、贩卖毒品案〕制造毒品失败的行为能否认定为犯罪未遂？

对于制毒行为已经完成，成品却已灭失，如被丢弃或吸食，制毒原材料无法提取的情形，因缺乏必要的毒品鉴定结论，亦没有充分证据证实所制造出的物品系毒品的，可分下列情况处理：（1）毒品灭失情况下，仅有被告人供述，亦缺乏相关证据材料证实被告人实施制毒犯罪的，不能仅靠被告人供述确定毒品数量并定案。（2）毒品灭失情况下，毒品交易双方或者毒品共犯的被告人均供认已经制造出"毒品"，且根据其他证据能够逻辑地推定制造出毒品的，应当认定犯罪既遂。毒品数量可根据双方一致的供认认定，若双方供述不一致，采取"就低不就高"，有利被告的原则认定。（3）毒品灭失情况下，毒品交易双方或者毒品共犯的被告人均供认制造毒品，但对毒品的品质有疑义，因成品灭失致使无法鉴定，也缺乏证据证明制毒原材料为何物的，按照排除合理怀疑的证明标准，可以认定为犯罪未遂。具体毒品数量应根据被告人供述，结合"就低不就高"原则确定。

〔**参考案例第 528 号：武汉同济药业有限公司等四单位及孙伟民等人贩卖、运输、制造毒品案**〕不明知他人购买咖啡因是用于贩卖给吸毒人员的情况下，违规大量出售咖啡因的行为如何定性？

制药单位在不明知他人购买咖啡因是用于贩卖给吸毒人员的情况下，违反国家对精神药品及咖啡因生产经营的管理规定，非法大量出售咖啡因的行为不构成贩卖毒品罪，应认定为非法经营罪。

〔**参考案例第 538 号：申时雄、汪宗智贩卖毒品案**〕如何认定毒品犯罪案件中的数量引诱？

2008 年《全国法院审理毒品犯罪案件工作座谈会纪要》提到："行为人本来只有实施数量较小的毒品犯罪的故意，在特情引诱下实施了数量较大甚至达到实际掌握的死刑数量标准的毒品犯罪的，属于'数量引诱'。"这里的"数量较小"形式上是相对于特情人员提出的毒品数量而言，但实质上是就被告人可能受到的惩罚严厉性而言，也就是其打算实施的毒品犯罪数量所应适用的刑罚幅度或刑种低于特情人员提出的数量所应适用的刑罚。

因此，如果被告人打算实施的毒品犯罪的数量原本就会导致对其判处死刑，即便特情提出的毒品数量相对大一些，也不能认为被告人"本来只有实施数量较小的毒品犯罪的故意"。反之，如果被告人本没有实施可判处重刑甚至死刑的毒品犯罪的故意，因受特情引诱才增加毒品数量，导致达到被判处重刑特别是死刑的标准，才可对其从轻处罚。

〔**参考案例第 550 号：周桂花运输毒品案**〕被告人以托运方式运输毒品的，如何认定其主观明知？

以虚假身份办理托运手续，在托运的物品中查获毒品，结合运输的方式、过程、托运人的年龄、阅历、智力等情况，可以推定托运人明知是毒品而运输。

〔**参考案例第 639 号：包占龙贩卖毒品案**〕在毒品犯罪案件中，如何区别侦查机关的"犯意引诱"和"数量引诱"？

"数量引诱"与"犯意引诱"的根本区别在于："数量引诱"系行为人在特情介入之前就已经具有毒品犯罪的主观故意，而"犯意引诱"系行为人在特情介入之前没有实施毒品犯罪的主观意图。"数量引诱"与"机会引诱"的相同点是在特情介入之前行为人已经具有实施毒品犯罪的主观故意。区别在于，"机会引诱"只是提供机会，不存在实质性引诱，而"数量引诱"不仅提供机会，而且毒品数量上还存在从小到大的实质性引诱。购毒者在侦查人员控制下，以非真实交易意思，明显超出其往常交易数额向贩毒者示意购买毒品，属于数量引诱。

〔**参考案例第 767 号：蒋泵源贩卖**

毒品案〕明知他人从事贩卖毒品活动而代为保管甲基苯丙胺的行为如何定性?

窝藏毒品罪和非法持有毒品罪的客观方面都可以表现为对毒品的非法持有,贩卖毒品罪的客观方面也往往包含非法持有毒品的行为表现。对于替他人藏匿毒品的行为,不能一概认定为窝藏毒品罪或非法持有毒品罪,而应当根据具体情况分析被告人的主观意图,准确适用法律。行为人明知对方系贩毒分子,仍应其要求先后两次代为保管甲基苯丙胺,实际上对贩毒行为起到了配合、帮助作用,据此应当认定二者形成毒品犯罪的共犯关系,应当以贩卖毒品罪追究其刑事责任。

〔参考案例第 800 号:凌万春、刘光普贩卖、制造毒品案〕在毒品中添加非毒品物质是否构成制造毒品罪?

行为人将"摇头丸""Y 仔"与"K 粉"混合后加入袋装"雀巢"咖啡内贩卖,主观目的并不是制造出一种新类型的毒品,而是通过这种混合的形式达到表面上似乎是贩卖咖啡以掩人耳目的目的,其主观目的是贩卖毒品。在客观行为上,这种物理混合的方式只是简单地把一些毒品和咖啡掺杂起来,既没有严格的比例配置规范要求,也没有专业化的配比工艺程序,还不足以达到改变毒品成分和效用的程度,没有形成新的混合型毒品,不属于制造毒品的行为。

〔参考案例第 1012 号:刘继芳贩卖毒品案〕为吸食者代购少量毒品的行为如何定性?

不以牟利为目的,为他人代购用于吸食的毒品,毒品数量未达到非法持有毒品罪的定罪标准的,不宜认定为犯罪。

〔参考案例第 1057 号:吴名强、黄桂荣等非法经营案〕非法生产、经营国家管制的第二类精神药品盐酸曲马多,应如何定性?

1. 临床上也在使用的精神药品,与常见的鸦片、海洛因、甲基苯丙胺等毒品还是有所不同的,特别是成瘾性、危害性相对较低的第二类精神药品,其同时具有毒品和临床药品的双重性质。盐酸曲马多药片属于第二类精神药品,目前在我国市场上仍然流通,药店里也能买到,只是对其实行严格的管理。作为毒品,盐酸曲马多药片可能被吸毒者吸食,或者在缺少海洛因、甲基苯丙胺时被犯罪分子作为替代品使用,但当以医疗等目的被生产、加工、使用时,它的本质仍然是药品。故实践中对于非法生产、销售盐酸曲马多的行为如何定罪处罚还须谨慎。

2. 无资质的行为主体单纯以生产药品供临床使用为目的,生产、经营国家管制的麻醉药品、精神药品,事实上所生产的药品也没有流向毒品市场的,不能认定为贩卖、制造毒品罪。对非法生产、销售国家管制的麻醉药品、精神药品的行为以制造、贩卖毒品罪定罪,必须同时符合以下条件:(1) 被告人明知所制造、贩卖的是麻醉药品、精神药品,并且制造、贩卖的目的是将其作为毒品的替代品,而不是作为治疗所用的药品。(2) 麻醉药品、精神药品的去向明确，即毒品市场或者吸食毒品群体。（3）获得了远远超出正常药品经营所能获得的利润。

〔**参考案例第1132号：易卜拉欣·阿卜杜西默德·阿布多什走私毒品案**〕恰特草在走私人国籍国是合法药品，将恰特草带入我国的行为如何定性？

2013年11月11日公布的《精神药品品种目录（2013年版）》中，将恰特草作为第一类精神药品进行管制。该目录自2014年1月1日起施行，故此后对于非法种植、非法持有、贩卖、走私、服食恰特草的行为均可按照违法犯罪行为处理。恰特草在被告人国籍国未被列入毒品范畴，但是对被告人非法携带恰特草入境我国的行为，仍然应以走私毒品罪论处。

〔**参考案例第1197号：汪辉运输毒品案**〕对吸毒人员异地购买毒品后运回住所地的行为，如何区分非法持有毒品罪与运输毒品罪？

对于吸毒人员购买并运输毒品的情形，在定性时有必要考虑吸毒人员的正常吸食量。具体可分为以下几种情形：

第一，查获毒品数量在吸毒人员个人正常吸食量以内，没有达到非法持有毒品罪的最低数量标准，行为人辩称系为自己吸食而购买、运输毒品的情形。如行为人没有毒品犯罪前科，没有证据证明其是为了实施贩卖毒品等其他犯罪，结合案情和现有证据不能排除其系为自己吸食而购买、运输毒品可能性的，由于吸毒行为本身不构成犯罪，故对此种情形可考虑不作为犯罪处理。

第二，查获毒品数量达到非法持有毒品罪最低数量标准，但超过该数量标准不多，仍属吸毒人员个人正常吸食量以内，行为人辩称系为自己吸食而购买、运输毒品的情形。如行为人没有毒品犯罪前科，没有证据证明其是为了实施贩卖毒品等其他犯罪，结合案情和现有证据不能排除其系为自己吸食而购买、运输毒品可能性的，同样基于吸毒行为本身不构成犯罪的道理，对此种情形也可考虑不作为犯罪处理。之所以可作此种处理，涉及非法持有毒品罪的立法初衷问题。一般认为，非法持有毒品罪与其他持有型犯罪类似，属于兜底性罪名，即当现有证据不能证明行为人构成走私、贩卖等毒品犯罪时，为有效惩治毒品犯罪，才将非法持有毒品罪作为兜底性罪名，并非仅因行为人持有毒品就径行认定为非法持有毒品罪。对于吸毒人员为自己吸食而购买、运输毒品的情形，尽管毒品数量已达到非法持有毒品罪的最低数量标准，但由于毒品没有流向社会之虞，一般也不宜认定为非法持有毒品罪，否则不符合该罪的立法初衷。

第三，查获毒品数量明显超出非法持有毒品罪最低数量标准，但未达到非法持有毒品罪数量大的标准，且超出吸毒人员个人正常吸食量，行为人辩称所购买、运输的毒品系用于自己吸食的情形。尽管案情和证据显示其极有可能不是完全为了自己吸食而购买、运输毒品，但没有证据证明其是为了实施贩卖毒品等其他犯罪，也不能直接推定查获的毒品将会流向社会，此种情况下，不宜（或者不能）认定为运输毒品罪，可以认定为非法持有毒品罪。

第四，查获毒品数量明显超出非法持有毒品罪最低数量标准，已经达到非法持有毒品罪数量大的标准，且明显超出吸毒人员个人正常吸食量，行为人辩称所购买、运输的毒品系用于自己吸食的情形。尽管没有证据证明其是为了实施贩卖毒品等其他犯罪，但结合案情可以认定查获的毒品有流向社会的极大可能性，此种情况下，基于罪责刑相适应原则，可以认定为运输毒品罪。

需要指出的是，对于吸毒人员购买并运输毒品的情形，行为人辩称所购买、运输的毒品系用于自己吸食的，认定查获毒品数量是否在个人正常吸食量以内时，需要考虑其吸毒史、日常吸毒量、经济来源、收入状况及日常消费等因素。对于吸毒人员没有积蓄，也没有正当收入来源的情况下，如果其购买、运输数量大的毒品，就表明其所运输的毒品具有进入社会流通环节的极大可能性，此种情况下，如不能直接认定行为人是为了实施贩卖毒品等其他犯罪，就可以认定为运输毒品罪。

〔参考案例第 1228 号：林清泉制造毒品案〕制造毒品案件中，公安机关缴获的含甲基苯丙胺的液态毒品与含甲基苯丙胺的晶体状毒品在毒品性质、毒品含量及社会危害性上均有区别，对适用死刑有无影响？

制造毒品案件中缴获的含甲基苯丙胺成分的液体或固液混合毒品与毒品消费、流通环节能直接吸食的成品毒品，在毒品性质上并不完全一样。含甲基苯丙胺的液态毒品的社会危害性相对较小，对缴获的毒品均呈液态的制造毒品案件，判处死刑应当特别慎重。

〔参考案例第 1231 号：姚明跃等贩卖毒品案〕对于有吸毒情节的被告人短期内购入大量毒品且大部分毒品去向不明时，如何认定其贩卖毒品的数量？

已被被告人吸食的部分毒品，不应计入被告人贩卖毒品的数量，但必须"确有证据证明"该部分毒品已被被告人吸食。被告人应当提供确切证据证明去向不明的毒品并非用于贩卖，仅有被告人本人供述和辩解，没有其他证据印证的，不属于"确有证据证明"。

第三百四十八条 【非法持有毒品罪】 非法持有鸦片一千克以上、海洛因或者甲基苯丙胺五十克以上或者其他毒品数量大的，处七年以上有期徒刑或者无期徒刑，并处罚金；非法持有鸦片二百克以上不满一千克、海洛因或者甲基苯丙胺十克以上不满五十克或者其他毒品数量较大的，处三年以下有期徒刑、拘役或者管制，并处罚金；情节严重的，处三年以上七年以下有期徒刑，并处罚金。

【立法·要点注释】

对于被查获的非法持有毒品者，

首先应当尽力调查犯罪事实，如果经查证是以走私、贩卖毒品为目的而非法持有毒品的，应当以走私、贩卖毒品罪定罪量刑。只有在确实难以查实犯罪分子走私、贩卖毒品证据的情况下，才能适用本条规定对犯罪分子进行处罚。

【司法解释Ⅰ】

《最高人民检察院、公安部关于公安机关管辖的刑事案件立案追诉标准的规定（三）》（公通字〔2012〕26号，20120516）

第二条〔非法持有毒品案（刑法第三百四十八条）〕明知是毒品而非法持有，涉嫌下列情形之一的，应予立案追诉：

（一）鸦片二百克以上、海洛因、可卡因或者甲基苯丙胺十克以上；

（二）二亚甲基双氧安非他明（MDMA）等苯丙胺类毒品（甲基苯丙胺除外）、吗啡二十克以上；

（三）度冷丁（杜冷丁）五十克以上（针剂100mg／支规格的五百支以上，50mg／支规格的一千支以上；片剂25mg／片规格的二千片以上，50mg／片规格的一千片以上）；

（四）盐酸二氢埃托啡二毫克以上（针剂或者片剂20mg／支、片规格的一百支、片以上）；

（五）氯胺酮、美沙酮二百克以上；

（六）三唑仑、安眠酮十千克以上；

（七）咖啡因五十千克以上；

（八）氯氮卓、艾司唑仑、地西泮、溴西泮一百千克以上；

（九）大麻油一千克以上，大麻脂二千克以上，大麻叶及大麻烟三十千克以上；

（十）罂粟壳五十千克以上；

（十一）上述毒品以外的其他毒品数量较大的。①

非法持有两种以上毒品，每种毒品均没有达到本条第一款规定的数量标准，但按前款规定的立案追诉数量比例折算成海洛因后累计相加达到十克以上的，应予立案追诉。

本条规定的"非法持有"，是指违反国家法律和国家主管部门的规定，占有、携带、藏有或者以其他方式持有毒品。

非法持有毒品主观故意中的"明知"，依照本规定第一条第八款的有关规定予以认定。

【司法解释Ⅱ】

《最高人民法院关于审理毒品犯罪案件适用法律若干问题的解释》（法释〔2016〕8号，20160411）②

第五条　非法持有毒品达到刑法第三百四十八条或者本解释第二条规定的"数量较大"标准，且具有下列情形之一的，应当认定为刑法第三百四十八条规定的"情节严重"：

————————

①　涉及氯胺酮、咖啡因、罂粟壳的追诉标准，应当按照第三百四十七条项下【司法解释Ⅱ】的规定执行。——编者注

②　关于第三百四十八条规定的"其他毒品数量大""其他毒品数量较大"的认定标准，参见第三百四十七条项下【司法解释Ⅱ】第一条、第二条。——编者注

（一）在戒毒场所、监管场所非法持有毒品的；

（二）利用、教唆未成年人非法持有毒品的；

（三）国家工作人员非法持有毒品的；

（四）其他情节严重的情形。

【法院参考案例】

〔参考案例第 853 号：高某贩卖毒品、宋某非法持有毒品案〕为他人代购数量较大的毒品用于吸食并在同城间运送的行为如何定性？

不以牟利为目的，为他人代购数量较大的用于吸食的毒品并在同城内运送的行为，构成非法持有毒品罪。

第三百四十九条　【包庇毒品犯罪分子罪】【窝藏、转移、隐瞒毒品、毒赃罪】 包庇走私、贩卖、运输、制造毒品的犯罪分子的，为犯罪分子窝藏、转移、隐瞒毒品或者犯罪所得的财物的，处三年以下有期徒刑、拘役或者管制；情节严重的，处三年以上十年以下有期徒刑。

缉毒人员或者其他国家机关工作人员掩护、包庇走私、贩卖、运输、制造毒品的犯罪分子的，依照前款的规定从重处罚。

犯前两款罪，事先通谋的，以走私、贩卖、运输、制造毒品罪的共犯论处。

【司法解释 I】

《最高人民检察院、公安部关于公安机关管辖的刑事案件立案追诉标准的规定（三）》（公通字〔2012〕26 号，20120516）

第三条〔包庇毒品犯罪分子案（刑法第三百四十九条）〕包庇走私、贩卖、运输、制造毒品的犯罪分子，涉嫌下列情形之一的，应予立案追诉：

（一）作虚假证明，帮助掩盖罪行的；

（二）帮助隐藏、转移或者毁灭证据的；

（三）帮助取得虚假身份或者身份证件的；

（四）以其他方式包庇犯罪分子的。

实施前款规定的行为，事先通谋的，以走私、贩卖、运输、制造毒品罪的共犯立案追诉。

第四条〔窝藏、转移、隐瞒毒品、毒赃案（刑法第三百四十九条）〕为走私、贩卖、运输、制造毒品的犯罪分子窝藏、转移、隐瞒毒品或者犯罪所得的财物的，应予立案追诉。

实施前款规定的行为，事先通谋的，以走私、贩卖、运输、制造毒品罪的共犯立案追诉。

【司法解释 II】

《最高人民法院关于审理毒品犯罪案件适用法律若干问题的解释》（法释〔2016〕8 号，20160411）

第六条　包庇走私、贩卖、运输、制造毒品的犯罪分子，具有下列情形之一的，应当认定为刑法第三百四十九条第一款规定的"情节严重"：

（一）被包庇的犯罪分子依法应当判处十五年有期徒刑以上刑罚的；

（二）包庇多名或者多次包庇走

私、贩卖、运输、制造毒品的犯罪分子的；

（三）严重妨害司法机关对被包庇的犯罪分子实施的毒品犯罪进行追究的；

（四）其他情节严重的情形。

为走私、贩卖、运输、制造毒品的犯罪分子窝藏、转移、隐瞒毒品或者毒品犯罪所得的财物，具有下列情形之一的，应当认定为刑法第三百四十九条第一款规定的"情节严重"：

（一）为犯罪分子窝藏、转移、隐瞒毒品达到刑法第三百四十七条第二款第一项或者本解释第一条第一款规定的"数量大"标准的；

（二）为犯罪分子窝藏、转移、隐瞒毒品犯罪所得的财物价值达到五万元以上的；

（三）为多人或者多次为他人窝藏、转移、隐瞒毒品或者毒品犯罪所得的财物的；

（四）严重妨害司法机关对该犯罪分子实施的毒品犯罪进行追究的；

（五）其他情节严重的情形。

包庇走私、贩卖、运输、制造毒品的近亲属，或者为其窝藏、转移、隐瞒毒品或者毒品犯罪所得的财物，不具有本条前两款规定的"情节严重"情形，归案后认罪、悔罪、积极退赃，且系初犯、偶犯，犯罪情节轻微不需要判处刑罚的，可以免予刑事处罚。

第三百五十条　【非法生产、买卖、运输制毒物品、走私制毒物品罪】违反国家规定，非法生产、买卖、运输醋酸酐、乙醚、三氯甲烷

或者其他用于制造毒品的原料、配剂，或者携带上述物品进出境，情节较重的，处三年以下有期徒刑、拘役或者管制，并处罚金；情节严重的，处三年以上七年以下有期徒刑，并处罚金；情节特别严重的，处七年以上有期徒刑，并处罚金或者没收财产。

明知他人制造毒品而为其生产、买卖、运输前款规定的物品的，以制造毒品罪的共犯论处。

单位犯前两款罪的，对单位判处罚金，并对其直接负责的主管人员和其他直接责任人员，依照前两款的规定处罚。

【修正前条文】

第三百五十条　【走私制毒物品罪】【非法买卖制毒物品罪】违反国家规定，非法运输、携带醋酸酐、乙醚、三氯甲烷或者其他用于制造毒品的原料或者配剂进出境的，或者违反国家规定，在境内非法买卖上述物品的，处三年以下有期徒刑、拘役或者管制，并处罚金；数量大的，处三年以上十年以下有期徒刑，并处罚金。

明知他人制造毒品而为其提供前款规定的物品的，以制造毒品罪的共犯论处。

单位犯前两款罪的，对单位判处罚金，并对其直接负责的主管人员和其他直接责任人员，依照前两款的规定处罚。

【修正说明】

刑法修正案（九）第四十一条对

原条文作出下述修改：一是增加规定了非法生产、运输制毒物品的犯罪。二是修改了本条的刑罚规定，将最高刑由十年有期徒刑提高至十五年有期徒刑，并增加了并处没收财产的规定。三是根据第一款的修改，相应将"明知他人制造毒品而为其提供前款规定的物品"修改为"明知他人制造毒品而为其生产、买卖、运输前款规定的物品"。

【司法解释 I】

《最高人民检察院、公安部关于公安机关管辖的刑事案件立案追诉标准的规定（三）》（公通字〔2012〕26 号，20120516）

第五条〔走私制毒物品案（刑法第三百五十条）〕……

非法运输、携带两种以上制毒物品进出国（边）境，每种制毒物品均没有达到本条第一款规定的数量标准，但按前款规定的立案追诉数量比例折算成一种制毒物品后累计相加达到上述数量标准的，应予立案追诉。

为了走私制毒物品而采用生产、加工、提炼等方法非法制造易制毒化学品的，以走私制毒物品罪（预备）立案追诉。

实施走私制毒物品行为，有下列情形之一，且查获了易制毒化学品，结合行为人的供述和其他证据综合审查判断，可以认定其"明知"是制毒物品而走私或者非法买卖，但有证据证明确属被蒙骗的除外：

（一）改变产品形状、包装或者使用虚假标签、商标等产品标志的；

（二）以藏匿、夹带、伪装或者其他隐蔽方式运输、携带易制毒化学品逃避检查的；

（三）抗拒检查或者在检查时丢弃货物逃跑的；

（四）以伪报、藏匿、伪装等蒙蔽手段逃避海关、边防等检查的；

（五）选择不设海关或者边防检查站的路段绕行出入境的

（六）以虚假身份、地址或者其他虚假方式办理托运、寄递手续的；

（七）以其他方法隐瞒真相，逃避对易制毒化学品依法监管的。

明知他人实施走私制毒物品犯罪，而为其运输、储存、代理进出口或者以其他方式提供便利的，以走私制毒物品罪的共犯立案追诉。

第六条〔非法买卖制毒物品案（刑法第三百五十条）〕……

非法买卖两种以上制毒物品，每种制毒物品均没有达到本条第一款规定的数量标准，但按前款规定的立案追诉数量比例折算成一种制毒物品后累计相加达到上述数量标准的，应予立案追诉。

违反国家规定，实施下列行为之一的，认定为本条规定的非法买卖制毒物品行为：

（一）未经许可或者备案，擅自购买、销售易制毒化学品的；

（二）超出许可证明或者备案证明的品种、数量范围购买、销售易制毒化学品的；

（三）使用他人的或者伪造、变造、失效的许可证明或者备案证明购买、销售易制毒化学品的；

（四）经营单位违反规定，向无购买许可证明、备案证明的单位、个人销售易制毒化学品的，或者明知购买者使用他人的或者伪造、变造、失效的许可证明或者备案证明，向其销售易制毒化学品的；

（五）以其他方式非法买卖易制毒化学品的。易制毒化学品生产、经营、使用单位或者个人未办理许可证明或者备案证明，购买、销售易制毒化学品，如果有证据证明确实用于合法生产、生活需要，依法能够办理只是未及时办理许可证明或者备案证明，且未造成严重社会危害的，可不以非法买卖制毒物品罪立案追诉。

为了非法买卖制毒物品而采用生产、加工、提炼等方法非法制造易制毒化学品的，以非法买卖制毒物品罪（预备）立案追诉。

非法买卖制毒物品主观故意中的"明知"，依照本规定第五条第四款的有关规定予以认定。

明知他人实施非法买卖制毒物品犯罪，而为其运输、储存、代理进出口或者以其他方式提供便利的，以非法买卖制毒物品罪的共犯立案追诉。

【司法解释Ⅱ】
《最高人民法院关于审理毒品犯罪案件适用法律若干问题的解释》（法释〔2016〕8 号，20160411）

第七条　违反国家规定，非法生产、买卖、运输制毒物品、走私制毒物品，达到下列数量标准的，应当认定为刑法第三百五十条第一款规定的"情节较重"：

（一）麻黄碱（麻黄素）、伪麻黄碱（伪麻黄素）、消旋麻黄碱（消旋麻黄素）一千克以上不满五千克；

（二）1-苯基-2-丙酮、1-苯基-2-溴-1-丙酮、3,4-亚甲基二氧苯基-2-丙酮、羟亚胺二千克以上不满十千克；

（三）3-氧-2-苯基丁腈、邻氯苯基环戊酮、去甲麻黄碱（去甲麻黄素）、甲基麻黄碱（甲基麻黄素）四千克以上不满二十千克；

（四）醋酸酐十千克以上不满五十千克；

（五）麻黄浸膏、麻黄浸膏粉、胡椒醛、黄樟素、黄樟油、异黄樟素、麦角酸、麦角胺、麦角新碱、苯乙酸二十千克以上不满一百千克；

（六）N-乙酰邻氨基苯酸、邻氨基苯甲酸、三氯甲烷、乙醚、哌啶五十千克以上不满二百五十千克；

（七）甲苯、丙酮、甲基乙基酮、高锰酸钾、硫酸、盐酸一百千克以上不满五百千克；

（八）其他制毒物品数量相当的。

违反国家规定，非法生产、买卖、运输制毒物品、走私制毒物品，达到前款规定的数量标准最低值的百分之五十，且具有下列情形之一的，应当认定为刑法第三百五十条第一款规定的"情节较重"：

（一）曾因非法生产、买卖、运输制毒物品、走私制毒物品受过刑事处罚的；

（二）二年内曾因非法生产、买卖、运输制毒物品、走私制毒物品受过行政处罚的；

（三）一次组织五人以上或者多次非法生产、买卖、运输制毒物品、走私制毒物品，或者在多个地点非法生产制毒物品的；

（四）利用、教唆未成年人非法生产、买卖、运输制毒物品、走私制毒物品的；

（五）国家工作人员非法生产、买卖、运输制毒物品、走私制毒物品的；

（六）严重影响群众正常生产、生活秩序的；

（七）其他情节较重的情形。

易制毒化学品生产、经营、购买、运输单位或者个人未办理许可证明或者备案证明，生产、销售、购买、运输易制毒化学品，确实用于合法生产、生活需要的，不以制毒物品犯罪论处。

第八条　违反国家规定，非法生产、买卖、运输制毒物品、走私制毒物品，具有下列情形之一的，应当认定为刑法第三百五十条第一款规定的"情节严重"：

（一）制毒物品数量在本解释第七条第一款规定的最高数量标准以上，不满最高数量标准五倍的；

（二）达到本解释第七条第一款规定的数量标准，且具有本解释第七条第二款第三项至第六项规定的情形之一的；

（三）其他情节严重的情形。

违反国家规定，非法生产、买卖、运输制毒物品、走私制毒物品，具有下列情形之一的，应当认定为刑法第三百五十条第一款规定的"情节特别严重"：

（一）制毒物品数量在本解释第七条第一款规定的最高数量标准五倍以上的；

（二）达到前款第一项规定的数量标准，且具有本解释第七条第二款第三项至第六项规定的情形之一的；

（三）其他情节特别严重的情形。

【司法指导文件 I 】

《最高人民法院、最高人民检察院、公安部关于办理制毒物品犯罪案件适用法律若干问题的意见》（公通字〔2009〕33 号，20090623）

一、关于制毒物品犯罪的认定

（一）本意见中的"制毒物品"，是指刑法第三百五十条第一款规定的醋酸酐、乙醚、三氯甲烷或者其他用于制造毒品的原料或者配剂，具体品种范围按照国家关于易制毒化学品管理的规定确定。

（二）违反国家规定，实施下列行为之一的，认定为刑法第三百五十条规定的非法买卖制毒物品行为：

1. 未经许可或者备案，擅自购买、销售易制毒化学品的；

2. 超出许可证明或者备案证明的品种、数量范围购买、销售易制毒化学品的；

3. 使用他人的或者伪造、变造、失效的许可证明或者备案证明购买、销售易制毒化学品的；

4. 经营单位违反规定，向无购买许可证明、备案证明的单位、个人销售易制毒化学品的，或者明知购买者使用他人的或者伪造、变造、失效的购买许可证明、备案证明，向其销售

易制毒化学品的;

5. 以其他方式非法买卖易制毒化学品的。

(三)易制毒化学品生产、经营、使用单位或者个人未办理许可证明或者备案证明,购买、销售易制毒化学品,如果有证据证明确实用于合法生产、生活需要,依法能够办理只是未及时办理许可证明或者备案证明,且未造成严重社会危害的,可以不以非法买卖制毒物品罪论处。

(四)为了制造毒品或者走私、非法买卖制毒物品犯罪而采用生产、加工、提炼等方法非法制造易制毒化学品的,根据刑法第二十二条的规定,按照其制造易制毒化学品的不同目的,分别以制造毒品、走私制毒物品、非法买卖制毒物品的预备行为论处。

(五)明知他人实施走私或者非法买卖制毒物品犯罪,而为其运输、储存、代理进出口或者以其他方式提供便利的,以走私或者非法买卖制毒物品罪的共犯论处。

(六)走私、非法买卖制毒物品行为同时构成其他犯罪的,依照处罚较重的规定定罪处罚。

二、关于制毒物品犯罪嫌疑人、被告人主观明知的认定

对于走私或者非法买卖制毒物品行为,有下列情形之一,且查获了易制毒化学品,结合犯罪嫌疑人、被告人的供述和其他证据,经综合审查判断,可以认定其"明知"是制毒物品而走私或者非法买卖,但有证据证明确属被蒙骗的除外:

1. 改变产品形状、包装或者使用

虚假标签、商标等产品标志的;

2. 以藏匿、夹带或者其他隐蔽方式运输、携带易制毒化学品逃避检查的;

3. 抗拒检查或者在检查时丢弃货物逃跑的;

4. 以伪报、藏匿、伪装等蒙蔽手段逃避海关、边防等检查的;

5. 选择不设海关或者边防检查站的路段绕行出入境的;

6. 以虚假身份、地址办理托运、邮寄手续的;

7. 以其他方法隐瞒真相,逃避对易制毒化学品依法监管的。

【司法指导文件Ⅱ】

《最高人民法院、最高人民检察院、公安部关于办理走私、非法买卖麻黄碱类复方制剂等刑事案件适用法律若干问题的意见》(法发〔2012〕12号,20120618)

一、关于走私、非法买卖麻黄碱类复方制剂等行为的定性

......

以加工、提炼制毒物品为目的,购买麻黄碱类复方制剂,或者运输、携带、寄递麻黄碱类复方制剂进出境的,依照刑法第三百五十条第一款、第三款的规定,分别以非法买卖制毒物品罪、走私制毒物品罪定罪处罚。

将麻黄碱类复方制剂拆除包装、改变形态后进行走私或者非法买卖,或者明知是已拆除包装、改变形态的麻黄碱类复方制剂而进行走私或者非法买卖的,依照刑法第三百五十条第一款、第三款的规定,分别以走私制

毒物品罪、非法买卖制毒物品罪定罪处罚。

非法买卖麻黄碱类复方制剂或者运输、携带、寄递麻黄碱类复方制剂进出境，没有证据证明系用于制造毒品或者走私、非法买卖制毒物品，或者未达到走私制毒物品罪、非法买卖制毒物品罪的定罪数量标准，构成非法经营罪、走私普通货物、物品罪等其他犯罪的，依法定罪处罚。

实施第一款、第二款规定的行为，同时构成其他犯罪的，依照处罚较重的规定定罪处罚。

二、关于利用麻黄碱类复方制剂加工、提炼制毒物品行为的定性

……

以走私或者非法买卖为目的，利用麻黄碱类复方制剂加工、提炼制毒物品的，依照刑法第三百五十条第一款、第三款的规定，分别以走私制毒物品罪、非法买卖制毒物品罪定罪处罚。

三、关于共同犯罪的认定

……

明知他人走私或者非法买卖麻黄碱类制毒物品，向其提供麻黄碱类复方制剂，为其利用麻黄碱类复方制剂加工、提炼制毒物品，或者为其获取、利用麻黄碱类复方制剂提供其他帮助的，分别以走私制毒物品罪、非法买卖制毒物品罪的共犯论处。

【司法指导文件Ⅱ·注释】

个人以药用目的，将少量麻黄碱类复方制剂拆除包装后携带进出境的，由于其中麻黄碱类物质的含量达不到

制毒物品犯罪的定罪数量标准，不应被作为犯罪处理。

【司法指导文件Ⅲ】

《最高人民法院、最高人民检察院、公安部关于办理邻氯苯基环戊酮等三种制毒物品犯罪案件定罪量刑数量标准的通知》（公通字〔2014〕32 号，20140905）

近年来，随着制造合成毒品犯罪的迅速增长，制毒物品流入非法渠道形势严峻。利用邻氯苯基环戊酮合成羟亚胺进而制造氯胺酮，利用 1 - 苯基 - 2 - 溴 - 1 - 丙酮（又名溴代苯丙酮、2 - 溴代苯丙酮、α - 溴代苯丙酮等）合成麻黄素和利用 3 - 氧 - 2 - 苯基丁腈（又名 α - 氰基苯丙酮、α - 苯乙酰基乙腈 、2 - 苯乙酰基乙腈等）合成 1 - 苯基 - 2 - 丙酮进而制造甲基苯丙胺（冰毒）等犯罪尤为突出。2012 年 9 月和 2014 年 5 月，国务院先后将邻氯苯基环戊酮、1 - 苯基 - 2 - 溴 - 1 - 丙酮和 3 - 氧 - 2 - 苯基丁腈增列为第一类易制毒化学品管制。为遏制上述物品流入非法渠道被用于制造毒品，根据刑法和《最高人民法院关于审理毒品案件定罪量刑标准有关问题的解释》《最高人民法院、最高人民检察院、公安部关于办理制毒物品犯罪案件适用法律若干问题的意见》等相关规定，现就办理上述三种制毒物品犯罪案件的定罪量刑数量标准通知如下：

一、违反国家规定，非法运输 、携带邻氯苯基环戊酮、1 - 苯基 - 2 - 溴 - 1 - 丙酮或者 3 - 氧 - 2 - 苯基丁

脯进出境，或者在境内非法买卖上述物品，达到下列数量标准的，依照刑法第三百五十条第一款的规定，处三年以下有期徒刑、拘役或者管制，并处罚金：

（一）邻氯苯基环戊酮二十千克以上不满二百千克；

（二）1－苯基－2－溴－1－丙酮、3－氧－2－苯基丁腈十五千克以上不满一百五十千克。

二、违反国家规定，实施上述行为，达到或者超过第一条所列最高数量标准的，应当认定为刑法第三百五十条第一款规定的"数量大"，处三年以上十年以下有期徒刑，并处罚金。

【法院公报案例】

〔谢杰威、梁雁玲走私制毒物品案，GB2007－9〕

一、判断某种物品是否为制毒物品，应当依据国家相关法律、行政法规的规定。国家相关法律、行政法规未规定为制毒物品的，即使该物品可以用于制造毒品，亦不能将其认定为制毒物品。

二、根据刑法第三百五十条的规定，构成走私制毒物品罪必须要求行为人具有明知是制毒物品而走私的犯罪故意。如果行为人确实不知道所走私的物品是制毒物品，且其走私目的系用于正当生产经营，则即使该物品可以用于制毒，亦不能认定行为人具有走私制毒物品的犯罪故意。

【法院参考案例】

〔**参考案例第802号：王小情、杨平先等非法买卖制毒物品案**〕利用麻黄碱类复方制剂加工、提炼制毒物品并非法贩卖的，如何定性？

以非法贩卖为目的，利用麻黄碱类复方制剂加工、提炼制毒物品的，应当认定为非法买卖制毒物品罪。

〔**参考案例第803号：解群英等非法买卖制毒物品、张海明等非法经营案**〕将麻黄碱类复方制剂拆借成粉末进行买卖的，如何定性？

将麻黄碱类复方制剂拆借成粉末进行买卖的，应当认定为非法买卖制毒物品罪。

第三百五十一条【非法种植毒品原植物罪】非法种植罂粟、大麻等毒品原植物的，一律强制铲除。有下列情形之一的，处五年以下有期徒刑、拘役或者管制，并处罚金：

（一）种植罂粟五百株以上不满三千株或者其他毒品原植物数量较大的；

（二）经公安机关处理后又种植的；

（三）抗拒铲除的。

非法种植罂粟三千株以上或者其他毒品原植物数量大的，处五年以上有期徒刑，并处罚金或者没收财产。

非法种植罂粟或者其他毒品原植物，在收获前自动铲除的，可以免除处罚。

【立法·要点注释】

"自动铲除"，是指非法种植毒品原植物的人主动进行铲除，而不是在执法人员的强制下铲除。如果行为人在铲除后利用被铲除的毒品原植物制造毒品的，则不能适用本条第三款的规定。

【司法解释 I】

《最高人民检察院、公安部关于公安机关管辖的刑事案件立案追诉标准的规定（三）》（公通字〔2012〕26号，20120516）

第七条〔非法种植毒品原植物案（刑法第三百五十一条）〕非法种植罂粟、大麻等毒品原植物，涉嫌下列情形之一的，应予立案追诉：

（一）非法种植罂粟五百株以上的；

（二）非法种植大麻五千株以上的；

（三）非法种植其他毒品原植物数量较大的；

（四）非法种植罂粟二百平方米以上、大麻二千平方米以上或者其他毒品原植物面积较大，尚未出苗的；

（五）经公安机关处理后又种植的；

（六）抗拒铲除的。

本条所规定的"种植"，是指播种、育苗、移栽、插苗、施肥、灌溉、割取津液或者收取种子等行为。非法种植毒品原植物的株数一般应以实际查获的数量为准。因种植面积较大，难以逐株清点数目的，可以抽样测算每平方米平均株数后按实际种植面积测算出种植总株数。

非法种植罂粟或者其他毒品原植物，在收获前自动铲除的，可以不予立案追诉。

【司法解释 II】

《最高人民法院关于审理毒品犯罪案件适用法律若干问题的解释》（法释〔2016〕8号，20160411）

第九条　非法种植毒品原植物，具有下列情形之一的，应当认定为刑法第三百五十一条第一款第一项规定的"数量较大"：

（一）非法种植大麻五千株以上不满三万株的；

（二）非法种植罂粟二百平方米以上不满一千二百平方米、大麻二千平方米以上不满一万二千平方米，尚未出苗的；

（三）非法种植其他毒品原植物数量较大的。

非法种植毒品原植物，达到前款规定的最高数量标准的，应当认定为刑法第三百五十一条第二款规定的"数量大"。

第三百五十二条　【非法买卖、运输、携带、持有毒品原植物种子、幼苗罪】非法买卖、运输、携带、持有未经灭活的罂粟等毒品原植物种子或者幼苗，数量较大的，处三年以下有期徒刑、拘役或者管制，并处或者单处罚金。

【立法·要点注释】

"未经灭活的罂粟等毒品原植物种子"，是指没有经过烘烤、放射线照射等处理手段，还能继续繁殖、发芽的罂粟等毒品原植物种子。

【司法解释 I】

《最高人民检察院、公安部关于公

安机关管辖的刑事案件立案追诉标准的规定（三）》（公通字〔2012〕26号，20120516）

第八条〔非法买卖、运输、携带、持有毒品原植物种子、幼苗案（刑法第三百五十二条）〕非法买卖、运输、携带、持有未经灭活的罂粟等毒品原植物种子或者幼苗，涉嫌下列情形之一的，应予立案追诉：

（一）罂粟种子五十克以上、罂粟幼苗五千株以上；

（二）大麻种子五十千克以上、大麻幼苗五万株以上；

（三）其他毒品原植物种子、幼苗数量较大的。

【司法解释Ⅱ】

《最高人民法院关于审理毒品犯罪案件适用法律若干问题的解释》（法释〔2016〕8号，20160411）

第十条　非法买卖、运输、携带、持有未经灭活的毒品原植物种子或者幼苗，具有下列情形之一的，应当认定为刑法第三百五十二条规定的"数量较大"：

（一）罂粟种子五十克以上、罂粟幼苗五千株以上的；

（二）大麻种子五十千克以上、大麻幼苗五万株以上的；

（三）其他毒品原植物种子或者幼苗数量较大的。

第三百五十三条　【引诱、教唆、欺骗他人吸毒罪】引诱、教唆、欺骗他人吸食、注射毒品的，处三年以下有期徒刑、拘役或者管制，并处罚金；情节严重的，处三年以上七年以下有期徒刑，并处罚金。

【强迫他人吸毒罪】强迫他人吸食、注射毒品的，处三年以上十年以下有期徒刑，并处罚金。

引诱、教唆、欺骗或者强迫未成年人吸食、注射毒品的，从重处罚。

【司法解释Ⅰ】

《最高人民检察院、公安部关于公安机关管辖的刑事案件立案追诉标准的规定（三）》（公通字〔2012〕26号，20120516）

第九条〔引诱、教唆、欺骗他人吸毒案（刑法第三百五十三条）〕引诱、教唆、欺骗他人吸食、注射毒品的，应予立案追诉。

第十条〔强迫他人吸毒案（刑法第三百五十三条）〕违背他人意志，以暴力、胁迫或者其他强制手段，迫使他人吸食、注射毒品的，应予立案追诉。

【司法解释Ⅱ】

《最高人民法院关于审理毒品犯罪案件适用法律若干问题的解释》（法释〔2016〕8号，20160411）

第十一条　引诱、教唆、欺骗他人吸食、注射毒品，具有下列情形之一的，应当认定为刑法第三百五十三条第一款规定的"情节严重"：

（一）引诱、教唆、欺骗多人或者多次引诱、教唆、欺骗他人吸食、注射毒品的；

（二）对他人身体健康造成严重危害的；

（三）导致他人实施故意杀人、故意伤害、交通肇事等犯罪行为的；

（四）国家工作人员引诱、教唆、欺骗他人吸食、注射毒品的；

（五）其他情节严重的情形。

第三百五十四条 【容留他人吸毒罪】 容留他人吸食、注射毒品的，处三年以下有期徒刑、拘役或者管制，并处罚金。

【立法·要点注释】

为他人吸毒提供场所，可以是自己的住所，也可以是其经管的场所，如酒吧等。其重点打击的应是以牟利为目的，为他人吸毒提供处所和集中为多人提供吸毒场所的行为。对于不知某人是吸毒人，而为其提供旅馆等场所住宿，吸毒人在其场所吸毒的，不应按犯罪处理。

【司法解释】

《最高人民法院关于审理毒品犯罪案件适用法律若干问题的解释》（法释〔2016〕8 号，20160411）

第十二条 容留他人吸食、注射毒品，具有下列情形之一的，应当依照刑法第三百五十四条的规定，以容留他人吸毒罪定罪处罚：

（一）一次容留多人吸食、注射毒品的；

（二）二年内多次容留他人吸食、注射毒品的；

（三）二年内曾因容留他人吸食、注射毒品受过行政处罚的；

（四）容留未成年人吸食、注射毒品的；

（五）以牟利为目的容留他人吸食、注射毒品的；

（六）容留他人吸食、注射毒品造成严重后果的；

（七）其他应当追究刑事责任的情形。

向他人贩卖毒品后又容留其吸食、注射毒品，或者容留他人吸食、注射毒品并向其贩卖毒品，符合前款规定的容留他人吸毒罪的定罪条件的，以贩卖毒品罪和容留他人吸毒罪数罪并罚。

容留近亲属吸食、注射毒品，情节显著轻微危害不大的，不作为犯罪处理；需要追究刑事责任的，可以酌情从宽处罚。

【司法解释·注释】

1. 2012 年《最高人民检察院、公安部关于公安机关管辖的刑事案件立案追诉标准的规定（三）》（以下简称《立案追诉标准三》）第十一条为容留他人吸毒罪设定了立案追诉标准，对该罪的定罪处罚起到一定规范作用。但近年来的实践情况表明，《立案追诉标准三》为容留他人吸毒罪设定的部分入罪条件偏低，加之一些地方机械执行这一标准，导致一些不完全符合该罪犯罪构成要件的行为，以及一些原本可以通过行政处罚手段处理的容留他人吸毒行为，也被按照刑事犯罪处理。本条吸收了《立案追诉标准三》的部分合理内容，结合司法实践情况，完善了容留他人吸毒罪的定罪标准。

2. 本条第一款第（一）项保留了

《立案追诉标准三》中一次容留三人以上吸食、注射毒品的规定，在表述上将"三人以上"调整为"多人"。第（二）项对《立案追诉标准三》中"容留他人吸食、注射毒品两次以上"的规定作了修改，增加了"二年内"的时间限制，并要求是多次容留他人吸食、注射毒品的才入罪，即二年内第三次容留他人吸食、注射毒品的才作为犯罪处理。第（三）项在《立案追诉标准三》原有规定的基础上增加了"二年内"的时间限制。第（四）项、第（五）项、第（六）项保留了《立案追诉标准三》的原有规定，因这三项均属于社会危害大、应予追究刑事责任的情形，故未在时间、人数、次数上设定条件。需要说明的是，第（五）项中的"以牟利为目的"主要是指为赚取场所使用费或者为了招揽生意而容留他人吸食、注射毒品的情形，如专门开设地下烟馆容留他人吸食、注射毒品并收取场地使用费，或者娱乐场所经营者、管理者为招揽生意而容许顾客在场所内吸食、注射毒品的。需要特别说明的是，在司法工作中，可以将行为人"曾因容留他人吸食、注射毒品受过刑事处罚的"认定为第一款第（七）项中"其他应当追究刑事责任的情形"。如果行为人不构成累犯的，依法定罪处罚；行为人构成累犯的，可以认定累犯但不予从重处罚，以免违反禁止重复评价原则。

3. 对于向他人贩卖毒品后容留其吸食、注射毒品，或者容留他人吸食、注射毒品并向其贩卖毒品的，有的地方以容留他人吸毒罪与贩卖毒品罪数罪并罚，也有的地方以贩卖毒品罪一罪定罪处罚。经研究认为，通常情况下贩卖毒品行为与容留他人吸毒行为并不具有刑法上的牵连关系，故原则上应单独评价，在容留他人吸毒行为达到定罪标准的情况下，与贩卖毒品罪数罪并罚。对于实践中常见的多次让他人在相关场所试吸毒品后又向其贩卖毒品的，因让他人试吸毒品的行为属于贩卖毒品的手段行为，故不宜认定为容留他人吸毒罪并数罪并罚。

4. 构成容留他人吸毒罪仅限于容留者拥有对场所的支配、控制权，而被容留者未经容留者允许，不享有场所使用权的情形。此外，对场所有共同居住、使用权的一方放任另一方在共同的住所内容留他人吸食、注射毒品的，因放任者不符合认定为犯罪的条件，对其亦不应以容留他人吸毒罪定罪处罚。

【法院参考案例】

〔参考案例第 1032 号：聂凯凯容留他人吸毒案〕旅馆经营者发现客人在房间内吸毒不予制止，是否构成容留他人吸毒罪？

1. 虽然容留他人吸毒罪的主观方面包括间接故意，但并非对于所有放任型的容留他人吸毒行为都要追究刑事责任。在个案处理上，要根据案件的具体情况区别对待。例如，房主出租房屋后，偶然发现他人在房屋内吸食、注射毒品未予制止或者报案的，一般不成立本罪；行为人放任共同生活的家庭成员在自家住所吸食、注射毒品的，一般也不成立本罪。

2. 旅馆经营者对于入住客人的吸毒行为有义务制止或者向公安机关报告。对于旅馆经营者发现入住客人在房间内吸食毒品不予制止的，尽管可以以容留他人吸毒罪追究刑事责任，但此种情形毕竟不同于事先明知他人吸食毒品而提供场所的行为，旅馆经营者也没有从吸毒人员处收取除应收房费外的其他费用，故量刑时可以酌情从轻处罚。

第三百五十五条 【非法提供麻醉药品、精神药品罪】【贩卖毒品罪】 依法从事生产、运输、管理、使用国家管制的麻醉药品、精神药品的人员，违反国家规定，向吸食、注射毒品的人提供国家规定管制的能够使人形成瘾癖的麻醉药品、精神药品的，处三年以下有期徒刑或者拘役，并处罚金；情节严重的，处三年以上七年以下有期徒刑，并处罚金。向走私、贩卖毒品的犯罪分子或者以牟利为目的，向吸食、注射毒品的人提供国家规定管制的能够使人形成瘾癖的麻醉药品、精神药品的，依照本法第三百四十七条的规定定罪处罚。

单位犯前款罪的，对单位判处罚金，并对其直接负责的主管人员和其他直接责任人员，依照前款的规定处罚。

【立法·要点注释】

对于以牟利为目的，违反国家规定，虽向他人提供国家管制的麻醉药品和精神药品，但用于医疗、教学、科研的，不能适用本条规定，而应依照其他有关法律追究责任。

【司法解释】

《最高人民法院关于审理毒品犯罪案件适用法律若干问题的解释》（法释〔2016〕8 号，20160411）

第十三条　依法从事生产、运输、管理、使用国家管制的麻醉药品、精神药品的人员，违反国家规定，向吸食、注射毒品的人提供国家规定管制的能够使人形成瘾癖的麻醉药品、精神药品，具有下列情形之一的，应当依照刑法第三百五十五条第一款的规定，以非法提供麻醉药品、精神药品罪定罪处罚：

（一）非法提供麻醉药品、精神药品达到刑法第三百四十七条第三款或者本解释第二条规定的"数量较大"标准最低值的百分之五十，不满"数量较大"标准的；

（二）二年内曾因非法提供麻醉药品、精神药品受过行政处罚的；

（三）向多人或者多次非法提供麻醉药品、精神药品的；

（四）向吸食、注射毒品的未成年人非法提供麻醉药品、精神药品的；

（五）非法提供麻醉药品、精神药品造成严重后果的；

（六）其他应当追究刑事责任的情形。

具有下列情形之一的，应当认定为刑法第三百五十五条第一款规定的"情节严重"：

（一）非法提供麻醉药品、精神药品达到刑法第三百四十七条第三款

或者本解释第二条规定的"数量较大"标准的;

（二）非法提供麻醉药品、精神药品达到前款第一项规定的数量标准，且具有前款第三项至第五项规定的情形之一的;

（三）其他情节严重的情形。

【司法解释·注释】

关于非法提供麻醉药品、精神药品罪的定罪标准，2012 年《最高人民检察院、公安部关于公安机关管辖的刑事案件立案追诉标准的规定（三）》（以下简称《立案追诉标准三》）作了相关规定。本条第一款结合实践情况，对《立案追诉标准三》的规定加以完善。第（一）项规定了非法提供麻醉药品、精神药品罪的定罪数量标准。因该罪系由吸食、注射毒品的人无偿提供麻精药品，被告人的主观恶性相对小于贩卖毒品罪，故在设定其定罪量刑数量标准时，需要注意与贩卖毒品罪的协调、衔接问题。《立案追诉标准三》将非法提供麻醉药品、精神药品的立案追诉标准设定为刑法第三百四十七条中数量较大标准最低值的 10%。但这样一来，在毒品（或者说是麻精药品）数量相同的情况下，非法提供麻醉药品、精神药品罪的量刑就与走私、贩卖、运输、制造毒品罪基本相当，这便与两类犯罪的罪行严重程度不相适应。基于上述考虑，本条将该罪的定罪数量起点上调至数量较大标准最低值的 50%。第（二）项至第（五）项规定的是非法提供麻醉药品、精神药品罪的定罪情节标准，即虽未达到定罪数量标准，但具有这几项所列情形之一的，也应当定罪处罚。

【司法指导文件】

《最高人民检察院法律政策研究室关于安定注射液是否属于刑法第三百五十五条规定的精神药品问题的答复》
（〔2002〕高检研发第 23 号，20021024）

根据《精神药品管理办法》等国家有关规定，"能够使人形成瘾癖"的精神药品，是指使用后能使人的中枢神经系统兴奋或者抑制连续使用能使人产生依赖性的药品。安定注射液属于刑法第三百五十五条第一款规定的"国家规定管制的能够使人形成瘾癖的"精神药品。鉴于安定注射液属于《精神药品管理办法》规定的第二类精神药品，医疗实践中使用较多，在处理此类案件时，应当慎重掌握罪与非罪的界限。对于明知他人是吸毒人员而多次向其出售安定注射液，或者贩卖安定注射液数量较大的，可以依法追究行为人的刑事责任。

第三百五十六条　【毒品再犯】因走私、贩卖、运输、制造、非法持有毒品罪被判过刑，又犯本节规定之罪的，从重处罚。

【立法·要点注释】

"从重处罚"，是指在法定量刑幅度内处以较重的刑种，较长的刑期。在执行中需要特别注意以下两点：第一，本条将先犯的罪限定为走私、贩卖、运输、制造、非法持有毒品五种犯罪，而对再犯的罪则取消了上述限制,只要再犯本节规定的任何一种罪,都应从重处罚;第二,行为人再犯的罪名不一定与其被判过刑的罪名一样,但只要符合本条规定的犯罪种类,就应从重处罚。

【司法指导文件Ⅰ】

《全国部分法院审理毒品犯罪案件工作座谈会纪要》(法〔2008〕324号,20081201)

八、毒品再犯问题

根据刑法第三百五十六条规定,只要因走私、贩卖、运输、制造、非法持有毒品罪被判过刑,不论是在刑罚执行完毕后,还是在缓刑、假释或者暂予监外执行期间,又犯刑法分则第六章第七节规定的犯罪的,都是毒品再犯,应当从重处罚。

因走私、贩卖、运输、制造、非法持有毒品罪被判刑的犯罪分子,在缓刑、假释或者暂予监外执行期间又犯刑法分则第六章第七节规定的犯罪的,应当在对其所犯新的毒品犯罪适用刑法第三百五十六条从重处罚的规定确定刑罚后,再依法数罪并罚。

对同时构成累犯和毒品再犯的被告人,应当同时引用刑法关于累犯和毒品再犯的条款从重处罚。

【司法指导文件Ⅱ】

《全国法院毒品犯罪审判工作座谈会纪要》(法〔2015〕129号,20150518)

二、关于毒品犯罪法律适用的若干具体问题

(六)累犯、毒品再犯问题

累犯、毒品再犯是法定从重处罚情节,即使本次毒品犯罪情节较轻,也要体现从严惩处的精神。尤其对于曾因实施严重暴力犯罪被判刑的累犯、刑满释放后短期内又实施毒品犯罪的再犯,以及在缓刑、假释、暂予监外执行期间又实施毒品犯罪的再犯,应当严格体现从重处罚。

对于因同一毒品犯罪前科同时构成累犯和毒品再犯的被告人,在裁判文书中应当同时引用刑法关于累犯和毒品再犯的条款,但在量刑时不得重复予以从重处罚。对于因不同犯罪前科同时构成累犯和毒品再犯的被告人,量刑时的从重处罚幅度一般应大于前述情形。

【司法指导文件Ⅲ】

《最高人民法院关于贯彻宽严相济刑事政策的若干意见》(法发〔2010〕9号,20100208)

11. 要依法从严惩处累犯和毒品再犯。凡是依法构成累犯和毒品再犯的,即使犯罪情节较轻,也要体现从严惩处的精神。尤其是对于前罪为暴力犯罪或被判处重刑的累犯,更要依法从严惩处。

【法院参考案例】

〔**参考案例第 542 号:贺建军贩卖、运输毒品案**〕保外就医期间再犯毒品犯罪的应当认定为毒品再犯?

被告人曾因犯贩卖毒品罪、非法持有毒品罪被判刑,在保外就医期间再犯贩卖、运输毒品罪,符合刑法第三百五十六条关于毒品再犯的规定,且不违背禁止重复评价的原则。

〔**参考案例第 1034 号:姚某贩卖毒品案**〕不满十八周岁的人因毒品犯

罪被判处五年有期徒刑以下刑罚，其再次实施毒品犯罪的，是否能够认定为毒品再犯？

不满十八周岁的人因毒品犯罪被判处五年有期徒刑以下刑罚，其再次实施毒品犯罪的，不能认定为毒品再犯而予以从重处罚。

第三百五十七条 【毒品定义与数量计算】本法所称的毒品，是指鸦片、海洛因、甲基苯丙胺（冰毒）、吗啡、大麻、可卡因以及国家规定管制的其他能够使人形成瘾癖的麻醉药品和精神药品。

毒品的数量以查证属实的走私、贩卖、运输、制造、非法持有毒品的数量计算，不以纯度折算。

【司法指导文件Ⅰ】

《最高人民法院、最高人民检察院、公安部办理毒品犯罪案件毒品提取、扣押、称量、取样和送检程序若干问题的规定》（公禁毒〔2016〕511号，20160701）

第三十三条 具有下列情形之一的，公安机关应当委托鉴定机构对查获的毒品进行含量鉴定：

（一）犯罪嫌疑人、被告人可能被判处死刑的；

（二）查获的毒品系液态、固液混合物或者系毒品半成品的；

（三）查获的毒品可能大量掺假的；

（四）查获的毒品系成分复杂的新类型毒品，且犯罪嫌疑人、被告人可能被判处七年以上有期徒刑的；

（五）人民检察院、人民法院认为含量鉴定对定罪量刑有重大影响而书面要求进行含量鉴定的。

进行含量鉴定的检材应当与进行成分鉴定的检材来源一致，且一一对应。

【司法指导文件Ⅱ】

《最高人民法院、最高人民检察院、公安部关于规范毒品名称表述若干问题的意见》（法〔2014〕224号，20140820）

一、规范毒品名称表述的基本原则

（一）毒品名称表述应当以毒品的化学名称为依据，并与刑法、司法解释及相关规范性文件中的毒品名称保持一致。刑法、司法解释等没有规定的，可以参照《麻醉药品品种目录》《精神药品品种目录》中的毒品名称进行表述。

（二）对于含有二种以上毒品成分的混合型毒品，应当根据其主要毒品成分和具体形态认定毒品种类、确定名称。混合型毒品中含有海洛因、甲基苯丙胺的，一般应当以海洛因、甲基苯丙胺确定其毒品种类；不含海洛因、甲基苯丙胺，或者海洛因、甲基苯丙胺的含量极低的，可以根据其中定罪量刑数量标准较低且所占比例较大的毒品成分确定其毒品种类。混合型毒品成分复杂的，可以用括号注明其中所含的一至二种其他毒品成分。

（三）为体现与犯罪嫌疑人、被告人供述的对应性，对于犯罪嫌疑人、被告人供述的毒品常见俗称，可以在文书中第一次表述该类毒品时用括号注明。

二、几类毒品的名称表述

（一）含甲基苯丙胺成分的毒品

1. 对于含甲基苯丙胺成分的晶体状毒品，应当统一表述为甲基苯丙胺（冰毒），在下文中再次出现时可以直接表述为甲基苯丙胺。

2. 对于以甲基苯丙胺为主要毒品成分的片剂状毒品，应当统一表述为甲基苯丙胺片剂。如果犯罪嫌疑人、被告人供述为"麻古""麻果"或者其他俗称的，可以在文书中第一次表述该类毒品时用括号注明，如表述为甲基苯丙胺片剂（俗称"麻古"）等。

3. 对于含甲基苯丙胺成分的液体、固液混合物、粉末等，应当根据其毒品成分和具体形态进行表述，如表述为含甲基苯丙胺成分的液体、含甲基苯丙胺成分的粉末等。

（二）含氯胺酮成分的毒品

1. 对于含氯胺酮成分的粉末状毒品，应当统一表述为氯胺酮。如果犯罪嫌疑人、被告人供述为"K 粉"等俗称的，可以在文书中第一次表述该类毒品时用括号注明，如表述为氯胺酮（俗称"K 粉"）等。

2. 对于以氯胺酮为主要毒品成分的片剂状毒品，应当统一表述为氯胺酮片剂。

3. 对于含氯胺酮成分的液体、固液混合物等，应当根据其毒品成分和具体形态进行表述，如表述为含氯胺酮成分的液体、含氯胺酮成分的固液混合物等。

（三）含 MDMA 等成分的毒品

对于以 MDMA、MDA、MDEA 等致幻性苯丙胺类兴奋剂为主要毒品成分的丸状、片剂状毒品，应当根据其主要毒品成分的中文化学名称和具体形态进行表述，并在文书中第一次表述该类毒品时用括号注明下文中使用的英文缩写简称，如表述为 3，4－亚甲二氧基甲基苯丙胺片剂（以下简称 MDMA 片剂）、3，4－亚甲二氧基苯丙胺片剂（以下简称 MDA 片剂）、3，4－亚甲二氧基乙基苯丙胺片剂（以下简称 MDEA 片剂）等。如果犯罪嫌疑人、被告人供述为"摇头丸"等俗称的，可以在文书中第一次表述该类毒品时用括号注明，如表述为 3，4－亚甲二氧基甲基苯丙胺片剂（以下简称 MDMA 片剂，俗称"摇头丸"）等。

（四）"神仙水"类毒品

对于俗称"神仙水"的液体状毒品，应当根据其主要毒品成分和具体形态进行表述。毒品成分复杂的，可以用括号注明其中所含的一至二种其他毒品成分，如表述为含氯胺酮（咖啡因、地西泮等）成分的液体等。如果犯罪嫌疑人、被告人供述为"神仙水"等俗称的，可以在文书中第一次表述该类毒品时用括号注明，如表述为含氯胺酮（咖啡因、地西泮等）成分的液体（俗称"神仙水"）等。

（五）大麻类毒品

对于含四氢大麻酚、大麻二酚、大麻酚等天然大麻素类成分的毒品，应当根据其外形特征分别表述为大麻叶、大麻脂、大麻油或者大麻烟等。

【司法指导文件Ⅲ】

《最高人民法院、最高人民检察院、公安部办理毒品犯罪案件适用法律若干问题的意见》（公通字〔2007〕84 号，20071218）

四、关于死刑案件的毒品含量鉴定问题

可能判处死刑的毒品犯罪案件，毒品鉴定结论中应有含量鉴定的结论。

【司法指导文件Ⅳ】

《全国部分法院审理毒品犯罪案件工作座谈会纪要》（法〔2008〕324 号，20081201）

四、制造毒品的认定与处罚问题

鉴于毒品犯罪分子制造毒品的手段复杂多样、不断翻新，采用物理方法加工、配制毒品的情况大量出现，有必要进一步准确界定制造毒品的行为、方法。制造毒品不仅包括非法用毒品原植物直接提炼和用化学方法加工、配制毒品的行为，也包括以改变毒品成分和效用为目的，用混合等物理方法加工、配制毒品的行为，如将甲基苯丙胺或者其他苯丙胺类毒品与其他毒品混合成麻古或者摇头丸。为便于隐蔽运输、销售、使用、欺骗购买者，或者为了增重，对毒品掺杂使假，添加或者去除其他非毒品物质，不属于制造毒品的行为。

已经制成毒品，达到实际掌握的死刑数量标准的，可以判处死刑；数量特别巨大的，应当判处死刑。已经制造出粗制毒品或者半成品的，以制造毒品罪的既遂论处。购进制造毒品的设备和原材料，开始着手制造毒品，但尚未制造出粗制毒品或者半成品的，以制造毒品罪的未遂论处。

五、毒品含量鉴定和混合型、新类型毒品案件处理问题

鉴于大量掺假毒品和成分复杂的新类型毒品不断出现，为做到罪刑相当、罚当其罪，保证毒品案件的审判质量，并考虑目前毒品鉴定的条件和现状，对可能判处被告人死刑的毒品犯罪案件，应当根据最高人民法院、最高人民检察院、公安部 2007 年 12 月颁布的《办理毒品犯罪案件适用法律若干问题的意见》，作出毒品含量鉴定；对涉案毒品可能大量掺假或者系成分复杂的新类型毒品的，亦应当作出毒品含量鉴定。

对于含有二种以上毒品成分的毒品混合物，应进一步作成分鉴定，确定所含的不同毒品成分及比例。对于毒品中含有海洛因、甲基苯丙胺的，应以海洛因、甲基苯丙胺分别确定其毒品种类；不含海洛因、甲基苯丙胺的，应以其中毒性较大的毒品成分确定其毒品种类；如果毒性相当或者难以确定毒性大小的，以其中比例较大的毒品成分确定其毒品种类，并在量刑时综合考虑其他毒品成分、含量和全案所涉毒品数量。对于刑法、司法解释等已规定了量刑数量标准的毒品，按照刑法、司法解释等规定适用刑罚；对于刑法、司法解释等没有规定量刑数量标准的毒品，有条件折算为海洛因的，参照国家食品药品监督管理局制定的《非法药物折算表》，折算成海洛因的数量后适用刑罚。

对于国家管制的精神药品和麻醉

药品，刑法、司法解释等尚未明确规定量刑数量标准，也不具备折算条件的，应由有关专业部门确定涉案毒品毒效的大小、有毒成分的多少、吸毒者对该毒品的依赖程度，综合考虑其致瘾癖性、戒断性、社会危害性等依法量刑。因条件限制不能确定的，可以参考案例涉案毒品非法交易的价格因素等，决定对被告人适用的刑罚，但一般不宜判处死刑立即执行。

【司法指导文件Ⅴ】

《全国法院毒品犯罪审判工作座谈会纪要》（法〔2015〕129 号，20150518）

二、关于毒品犯罪法律适用的若干具体问题

……

办理毒品犯罪案件，无论毒品纯度高低，一般均应将查证属实的毒品数量认定为毒品犯罪的数量，并据此确定适用的法定刑幅度，但司法解释另有规定或者为了隐蔽运输而临时改变毒品常规形态的除外。涉案毒品纯度明显低于同类毒品的正常纯度的，量刑时可以酌情考虑。

制造毒品案件中，毒品成品、半成品的数量应当全部认定为制造毒品的数量，对于无法再加工出成品、半成品的废液、废料则不应计入制造毒品的数量。对于废液、废料的认定，可以根据其毒品成分的含量、外观形态，结合被告人对制毒过程的供述等证据进行分析判断，必要时可以听取鉴定机构的意见。

【司法指导文件Ⅴ·注释】

1. 应当严格执行刑法有关毒品数量不以纯度折算的规定。但同时也需要注意两个例外情形：一是对度冷丁和盐酸二氢埃托啡针剂及片剂要按照有效药物成分的含量计算毒品数量。二是为了掩护运输而将毒品临时溶于液体的，可以将溶液蒸馏后得到的纯度较高的毒品数量作为量刑的依据，这也是司法实践中普遍接受的做法。此外，考虑到毒品犯罪的严峻形势和社会危害，对毒品含量极低的案件，尚不宜报送最高人民法院核准在法定刑以下判处刑罚。

2. 关于各类毒品的正常纯度，根据相关部门提供的数据，在终端消费市场，海洛因的正常纯度为 5%—60% 左右，甲基苯丙胺（冰毒）的正常纯度为 50%—99% 左右，甲基苯丙胺片剂的正常纯度为 5%—30% 左右，氯胺酮的正常纯度为 60%—99% 左右。明显低于上述纯度范围最低值的，量刑时可以酌情考虑。是否明显低于正常纯度，则要结合案件具体情况进行判断。

【公安文件Ⅰ】

《公安部关于认定海洛因有关问题的批复》（公禁毒〔2002〕236 号，20020628）

一、海洛因是以"二乙酰吗啡"或"盐酸二乙酰吗啡"为主要成分的化学合成的精制鸦片类毒品，"单乙酰吗啡"和"单乙酰可待因"是只有在化学合成海洛因过程中才会衍生的化学物质，属于同一种类的精制鸦片类毒品。海洛因在运输、贮存过程中，因湿度、光照等因素的影响，会出现

"二乙酰吗啡"自然降解为"单乙酰吗啡"的现象，即"二乙酰吗啡"含量呈下降趋势，"单乙酰吗啡"含量呈上升趋势，甚至出现只检出"单乙酰吗啡"成分而未检出"二乙酰吗啡"成分的检验结果。因此，不论是否检出"二乙酰吗啡"成分，只要检出"单乙酰吗啡"或"单乙酰吗啡和单乙酰可待因"的，根据化验部门出具的检验报告，均应当认定送检样品为海洛因。

二、根据海洛因的毒理作用，海洛因进入吸毒者的体内代谢后，很快由"二乙酰吗啡"转化为"单乙酰吗啡"，然后再代谢为吗啡。在海洛因滥用者或中毒者的尿液或其他检材检验中，只能检出少量"单乙酰吗啡"及吗啡成分，无法检出"二乙酰吗啡"成分。因此，在尿液及其他检材中，只要检验出"单乙酰吗啡"，即证明涉嫌人员服用了海洛因。

【公安文件Ⅱ】

《公安部禁毒局关于非法制造贩卖安钠咖立案问题的答复》（公禁毒〔2002〕434号，20021105）

安钠咖属于刑法规定的毒品。根据刑法第三百四十七条第一款的规定，贩卖、制造毒品，无论数量多少，都应当追究刑事责任，予以刑事处罚。因此，对于非法制造、贩卖安钠咖的，不论查获的数量多少，公安机关都应当按照非法制造、贩卖毒品罪立案侦查。

【公安文件Ⅲ】

《公安部、国家食品药品监督管理总局、国家卫生和计划生育委员会关于将卡芬太尼等四种芬太尼类物质列入非药用类麻醉药品和精神药品管制品种增补目录的公告》（20170301）

根据《麻醉药品和精神药品管理条例》《非药用类麻醉药品和精神药品列管办法》的有关规定，公安部、国家食品药品监督管理总局和国家卫生和计划生育委员会决定将卡芬太尼、呋喃芬太尼、丙烯酰芬太尼、戊酰芬太尼四种物质列入非药用类麻醉药品和精神药品管制品种增补目录。

第八节　组织、强迫、引诱、容留、介绍卖淫罪

第三百五十八条　【组织卖淫罪】【强迫卖淫罪】组织、强迫他人卖淫的，处五年以上十年以下有期徒刑，并处罚金；情节严重的，处十年以上有期徒刑或者无期徒刑，并处罚金或者没收财产。

组织、强迫未成年人卖淫的，依照前款的规定从重处罚。

犯前两款罪，并有杀害、伤害、强奸、绑架等犯罪行为的，依照数罪并罚的规定处罚。

【协助组织卖淫罪】为组织卖淫的人招募、运送人员或者有其他协助组织他人卖淫行为的，处五年以下有期徒刑，并处罚金；情节严重的，处五年以上十年以下有期徒刑，并处罚金。

【第二次修正前条文】

第三百五十八条　【组织卖淫

罪】【强迫卖淫罪】组织他人卖淫或者强迫他人卖淫的，处五年以上十年以下有期徒刑，并处罚金；有下列情形之一的，处十年以上有期徒刑或者无期徒刑，并处罚金或者没收财产：

（一）组织他人卖淫，情节严重的；

（二）强迫不满十四周岁的幼女卖淫的；

（三）强迫多人卖淫或者多次强迫他人卖淫的；

（四）强奸后迫使卖淫的；

（五）造成被强迫卖淫的人重伤、死亡或者其他严重后果的。

有前款所列情形之一，情节特别严重的，处无期徒刑或者死刑，并处没收财产。

【协助组织卖淫罪】为组织卖淫的人招募、运送人员或者有其他协助组织他人卖淫行为的，处五年以下有期徒刑，并处罚金；情节严重的，处五年以上十年以下有期徒刑，并处罚金。

【第一次修正前条文】

第三百五十八条　【组织卖淫罪】【强迫卖淫罪】组织他人卖淫或者强迫他人卖淫的，处五年以上十年以下有期徒刑，并处罚金；有下列情形之一的，处十年以上有期徒刑或者无期徒刑，并处罚金或者没收财产：

（一）组织他人卖淫，情节严重的；

（二）强迫不满十四周岁的幼女卖淫的；

（三）强迫多人卖淫或者多次强迫他人卖淫的；

（四）强奸后迫使卖淫的；

（五）造成被强迫卖淫的人重伤、死亡或者其他严重后果的。

有前款所列情形之一，情节特别严重的，处无期徒刑或者死刑，并处没收财产。

【协助组织卖淫罪】协助组织他人卖淫的，处五年以下有期徒刑，并处罚金；情节严重的，处五年以上十年以下有期徒刑，并处罚金。

【修正说明】

1. 刑法修正案（八）第四十八条对原条文第三款定作了修改，进一步明确列出为组织卖淫的人招募、运送人员这两种协助组织他人卖淫行为。

2. 刑法修正案（九）第四十二条对本条作出下述修改：一是取消了组织卖淫罪、强迫卖淫罪的死刑。二是将判处十年以上刑罚的具体列举的五项情形修改为"情节严重的"。三是增加组织、强迫未成年人卖淫的，从重处罚的规定。四是增加规定，对组织、强迫他人卖淫的，并有杀害、伤害、强奸、绑架等犯罪行为的，依照数罪并罚的规定处罚。

【立法·要点注释】

1. "强迫他人卖淫"，主要是指行为人采取暴力、威胁或者其他手段，违背他人意志，迫使他人卖淫的行为。这里所说的"强迫"，既包括直接使用暴力手段或者以暴力相威胁，也包括使用其他非暴力的逼迫手段，如以揭发他人隐私或者以可能使他人某种利害关系遭受损失相威胁，或者通过使用某种手段和方法，形成精神上的强制，在别无出路的情况下，违背自己的意愿从事卖淫活动。无论行为人采取哪一种强迫手段，都构成强迫他人卖淫罪。

2. "他人"，既包括妇女，也包括男性。强迫的对象，既可以是没有卖淫习性的人，也可以是由于某种原因不愿卖淫的有卖淫恶习的人。

3. "情节严重的"，主要是指长期组织他人卖淫，或卖淫集团的首要分子，或组织较多人员卖淫等；强迫未成年人卖淫，情节恶劣的；强迫多人卖淫或者多次强迫他人卖淫的；造成被强迫卖淫的人自残、自杀或其他严重后果的情形等。

4. "协助组织他人卖淫"，是指为组织卖淫的人招募、运送人员或者有其他协助行为的。这里所规定的"招募"，是指协助组织卖淫者招雇、征召、招聘、募集人员，但本身并不参与组织卖淫活动的行为；"运送"，是指为组织卖淫者通过提供交通工具接送、输送所招募的人员的行为。为组织卖淫者招募、运送人员，在有的情况下，招募、运送者可能只拿到几百元、上千元的所谓"人头费""介绍费"，但正是这些招募、运送行为，为卖淫场所输送了大量的卖淫人员，使这种非法活动得以发展延续。

5. "其他协助组织他人卖淫行为"，是指在组织他人卖淫的活动中，起协助、帮助作用的其他行为，如为"老鸨"充当保镖、打手，为组织卖淫活动看门望哨或者管账等。协助组织他人卖淫和活动，也是组织他人卖淫活动的一个环节，但其行为的性质、所起的作用与组织卖淫者具有很大的不同，不宜笼统地以组织卖淫罪的共犯处理。

【司法解释Ⅰ】

《最高人民检察院、公安部关于公安机关管辖的刑事案件立案追诉标准的规定（一）》〔公通字〔2008〕36号，20080625，经2017年4月27日发布的《最高人民检察院、公安部关于公安机关管辖的刑事案件立案追诉标准的规定（一）的补充规定》（公通字〔2017〕12号）修正〕

第七十五条〔组织卖淫案（刑法第三百五十八条第一款）〕以招募、雇佣、强迫、引诱、容留等手段，组织他人卖淫的，应予立案追诉。

第七十六条〔强迫卖淫案（刑法第三百五十八条第一款）〕以暴力、胁迫等手段强迫他人卖淫的，应予立案追诉。

第七十七条〔协助组织卖淫案（刑法第三百五十八条第四款）〕在组织卖淫的犯罪活动中，帮助招募、运送、培训人员三人以上，或者充当保镖、打手、管账人等，起帮助作用的，应予立案追诉。

【司法解释Ⅱ】

《最高人民法院、最高人民检察院关于办理组织、强迫、引诱、容留、介绍卖淫刑事案件适用法律若干问题的解释》（法释〔2017〕13号，20170725）

第一条 以招募、雇佣、纠集等手段，管理或者控制他人卖淫，卖淫人员在三人以上的，应当认定为刑法第三百五十八条规定的"组织他人卖淫"。

组织卖淫者是否设置固定的卖淫场所、组织卖淫者人数多少、规模大小，不影响组织卖淫行为的认定。

第二条 组织他人卖淫，具有下列情形之一的，应当认定为刑法第三百五十八条第一款规定的"情节严重"：

（一）卖淫人员累计达十人以上的；

（二）卖淫人员中未成年人、孕妇、智障人员、患有严重性病的人累计达五人以上的；

（三）组织境外人员在境内卖淫或者组织境内人员出境卖淫的；

（四）非法获利人民币一百万元以上的；

（五）造成被组织卖淫的人自残、自杀或者其他严重后果的；

（六）其他情节严重的情形。

第三条 在组织卖淫犯罪活动中，对被组织卖淫的人有引诱、容留、介绍卖淫行为的，依照处罚较重的规定定罪处罚。但是，对被组织卖淫的人以外的其他人有引诱、容留、介绍卖淫行为的，应当分别定罪，实行数罪并罚。

第四条 明知他人实施组织卖淫犯罪活动而为其招募、运送人员或者充当保镖、打手、管账人等的，依照刑法第三百五十八条第四款的规定，以协助组织卖淫罪定罪处罚，不以组织卖淫罪的从犯论处。

在具有营业执照的会所、洗浴中心等经营场所担任保洁员、收银员、保安员等，从事一般服务性、劳务性工作，仅领取正常薪酬，且无前款所列协助组织卖淫行为的，不认定为协助组织卖淫罪。

第五条 协助组织他人卖淫，具有下列情形之一的，应当认定为刑法第三百五十八条第四款规定的"情节严重"：

（一）招募、运送卖淫人员累计达十人以上的；

（二）招募、运送的卖淫人员中未成年人、孕妇、智障人员、患有严重性病的人累计达五人以上的；

（三）协助组织境外人员在境内卖淫或者协助组织境内人员出境卖淫的；

（四）非法获利人民币五十万元以上的；

（五）造成被招募、运送或者被组织卖淫的人自残、自杀或者其他严重后果的；

（六）其他情节严重的情形。

第六条 强迫他人卖淫，具有下列情形之一的，应当认定为刑法第三百五十八条第一款规定的"情节严重"：

（一）卖淫人员累计达五人以上的；

（二）卖淫人员中未成年人、孕妇、智障人员、患有严重性病的人累计达三人以上的；

（三）强迫不满十四周岁的幼女卖淫的；

（四）造成被强迫卖淫的人自残、自杀或者其他严重后果的；

（五）其他情节严重的情形。

行为人既有组织卖淫犯罪行为，又有强迫卖淫犯罪行为，且具有下列情形之一的，以组织、强迫卖淫"情节严重"论处：

（一）组织卖淫、强迫卖淫行为中具有本解释第二条、本条前款规定的"情节严重"情形之一的；

（二）卖淫人员累计达到本解释第二条第一、二项规定的组织卖淫"情节严重"人数标准的；

（三）非法获利数额相加达到本解释第二条第四项规定的组织卖淫"情节严重"数额标准的。

第七条　根据刑法第三百五十八条第三款的规定，犯组织、强迫卖淫罪，并有杀害、伤害、强奸、绑架等犯罪行为的，依照数罪并罚的规定处罚。协助组织卖淫行为人参与实施上述行为的，以共同犯罪论处。

根据刑法第三百五十八条第二款的规定，组织、强迫未成年人卖淫的，应当从重处罚。

……

第十条　组织、强迫、引诱、容留、介绍他人卖淫的次数，作为酌定情节在量刑时考虑。

……

第十三条　犯组织、强迫、引诱、容留、介绍卖淫罪的，应当依法判处犯罪所得二倍以上的罚金。共同犯罪的，对各共同犯罪人合计判处的罚金应当在犯罪所得的二倍以上。

对犯组织、强迫卖淫罪被判处无期徒刑的，应当并处没收财产。

【司法解释Ⅱ·注释】

1. 关于如何理解刑法意义上的"卖淫"一词，理论界有一定的争议，司法实践中争议更大。认识相对一致

的主要有：第一，对传统意义上的提供性交服务并收取财物的行为应当认定为卖淫。第二，男性也可以提供卖淫服务。随着社会的发展变迁，男性也存在为获取物质利益而与不特定的女性发生性关系的现象。将此现象理解为卖淫，已经得到了立法和司法的肯定。第三，肛交、口交应当列入卖淫的方式。这既是对传统卖淫概念的突破，也能被大众所认同，在男男可以卖淫、女女可以卖淫的现实情况及法律规定下，肛交、口交显然是同性卖淫的主要方式，且异性卖淫也可采取肛交、口交的方式。三者的共性都是一方生殖器进入另一方的体内，均属于进入式性活动。并且，从传播性病的角度看，此三种方式，均可引起性病的传播。

2. 刑法上卖淫的概念，严格说属于立法解释的权限范围，不宜由司法机关作出解释。但是，司法实践中应当明确如下几点：

第一，司法解释未对卖淫的概念作出解释，属于权限原因，但这并不影响各地司法实践的处理。

第二，行政违法不等同于刑事犯罪，违法概念也不等同于犯罪概念。违反行政法律、法规的行为不等同于构成犯罪。关于提供手淫等非进入式而是接触式的色情服务能否认定为刑法意义上的卖淫，《公安部关于对同性之间以钱财为媒介的性行为定性处理问题的批复》（公复字〔2001〕4号，20010218）可以作为行政处罚和相关行政诉讼案件的依据，但不能作为定罪依据。行政法规扩大解释可以把所

有的性行为方式都纳入卖淫行为方式并进行行政处罚，但刑法罪名的设立、犯罪行为的界定及解释应遵循谦抑性原则，司法解释对刑法不应进行扩张解释。因此，司法实践中对于如何认定刑法意义上的卖淫，应当依照刑法的基本含义，结合大众的普遍理解及公民的犯罪心理预期等进行认定，并严格遵循罪刑法定原则。据此，不宜对刑法上的卖淫概念作扩大解释，刑法没有明确规定手淫行为属于刑法意义上的"卖淫"，因而对相关行为就不宜入罪。

第三，在目前情况下，也不能将刑法意义上的卖淫局限于性交行为，对于性交之外的肛交、口交等进入式的性行为，应当依法认定为刑法意义上的卖淫。

第四，待条件成熟时，应当建议由立法机关作出相应解释或由立法直接规定。

【司法指导文件】

《最高人民法院、最高人民检察院、公安部、司法部关于依法惩治性侵害未成年人犯罪的意见》（法发〔2013〕12号，20131023）

26. 组织、强迫、引诱、容留、介绍未成年人卖淫构成犯罪的，应当从重处罚。强迫幼女卖淫、引诱幼女卖淫的，应当分别按照刑法第三百五十八条第一款第（二）项、第三百五十九条第二款的规定定罪处罚。

对未成年人负有特殊职责的人员、与未成年人有共同家庭生活关系的人员、国家工作人员，实施组织、强迫、引诱、容留、介绍未成年人卖淫等性侵害犯罪的，更要依法从严惩处。

【公安文件】

《公安部关于对同性之间以钱财为媒介的性行为定性处理问题的批复》（公复字〔2001〕4号，20010218）①

根据《中华人民共和国治安管理处罚条例》和《全国人民代表大会常务委员会关于严禁卖淫嫖娼的决定》的规定，不特定的异性之间或者同性之间以金钱、财物为媒介发生不正当性关系的行为，包括口淫、手淫、鸡奸等行为，都属于卖淫嫖娼行为，对行为人应当依法处理。

自本批复下发之日起，《公安部关于对以营利为目的的手淫、口淫等行为定性处理问题的批复》（公复字〔1995〕6号）同时废止。

附：《国务院法制办公室对浙江省人民政府法制办公室〈关于转送审查处理公安部公复字〔2001〕4号批复的请示〉的复函》（2003年5月22日，国法函〔2003〕155号）

我们征求了全国人大常委会法工委意见，他们认为，公安部对卖淫嫖娼的含义进行解释符合法律规定的权限，公安部公复字〔2001〕4号批复的内容与法律的规定是一致的，卖淫嫖娼是指通过金钱交易一方向另一方提供性服务，以满足对方性欲的行为，至于具体性行为采用什么方式，不影

---

① 刑事司法实践中，对这一文件的理解，应当参照本条【司法解释Ⅱ·注释】的内容。——编者注

响对卖淫嫖娼行为的认定。据此，公安部公复字〔2001〕4 号批复的规定是合法的。

【法院参考案例】

〔**参考案例第 303 号：李宁组织卖淫案**〕组织男性从事同性性交易，是否构成组织卖淫罪？

组织卖淫罪的对象可以是男性，组织男性从事同性性交易活动的，构成组织卖淫罪。

〔**参考案例第 768 号：蔡轶等组织卖淫、协助组织卖淫案**〕如何区分组织卖淫罪与协助组织卖淫罪？

在认定"组织卖淫"与"协助组织卖淫"行为时不能简单地以作用大小为标准，而应根据组织与协助组织行为的分工来认定。在组织卖淫活动中对卖淫者的卖淫活动直接进行安排、调度的，属于组织卖淫罪的行为人，应当以组织卖淫罪论处。其中起主要作用的是主犯，起次要作用的是从犯，从犯当然应当以组织卖淫罪论处。并且从犯的犯罪行为也是组织行为，即对卖淫者的卖淫行为直接进行策划、管理、指派，只是这种组织行为相对于主要组织者而言处于辅助地位。如果不是对卖淫者的卖淫活动直接进行安排、调度，而是在外围协助组织者实施其他行为，如充当保镖、打手、管账人或为直接组织者招募、雇佣、运送卖淫者，为卖淫者安排住处或为组织者充当管账人、提供反调查信息等行为的，则都不构成组织卖淫罪，而仅构成协助组织卖淫罪。

〔**参考案例第 1054 号：张桂方、冯晓明组织卖淫案**〕如何区分与认定组织卖淫罪与引诱、容留、介绍卖淫罪？

区分组织卖淫罪和容留、介绍、引诱卖淫罪的关键是行为人是否对卖淫者具有管理、控制等组织行为。如果行为人只是实施了容留、介绍甚至引诱卖淫的行为，没有对卖淫活动进行组织的，就不能以组织卖淫罪处罚。

第三百五十九条　【引诱、容留、介绍卖淫罪】 引诱、容留、介绍他人卖淫的，处五年以下有期徒刑、拘役或者管制，并处罚金；情节严重的，处五年以上有期徒刑，并处罚金。

【引诱幼女卖淫罪】 引诱不满十四周岁的幼女卖淫的，处五年以上有期徒刑，并处罚金。

【立法·要点注释】

1. "容留"他人卖淫，是指行为人故意为他人从事卖淫、嫖娼活动提供场所的行为。这里规定的"容留"既包括在自己所有的、管理的、使用的、经营的固定或者临时租借的场所容留卖淫、嫖娼人员从事卖淫、嫖娼活动，也包括在流动场所，如运输工具中容留他人卖淫、嫖娼。

2. 本条规定的引诱、容留、介绍他人卖淫的犯罪规定，是一个选择性规定，这三种行为只要实施了其中一种行为，即可构成犯罪。但如果兼有这三种行为的，一般不实行数罪并罚。

【司法解释 I 】

《最高人民检察院、公安部关于公

安机关管辖的刑事案件立案追诉标准的规定（一）》（公通字〔2008〕36 号，20080625）

第七十八条〔引诱、容留、介绍卖淫案（刑法第三百五十九条第一款）〕引诱、容留、介绍他人卖淫，涉嫌下列情形之一的，应予立案追诉：

（一）引诱、容留、介绍二人次以上卖淫的；

（二）引诱、容留、介绍已满十四周岁未满十八周岁的未成年人卖淫的；

（三）被引诱、容留、介绍卖淫的人患有艾滋病或者患有梅毒、淋病等严重性病。

（四）其他引诱、容留、介绍卖淫应予追究刑事责任的情形。

第七十九条〔引诱幼女卖淫案（刑法第三百五十九条第二款）〕引诱不满十四周岁的幼女卖淫的，应予立案追诉。

【司法解释Ⅱ】

《最高人民法院、最高人民检察院关于办理组织、强迫、引诱、容留、介绍卖淫刑事案件适用法律若干问题的解释》（法释〔2017〕13 号，20170725）

第八条　引诱、容留、介绍他人卖淫，具有下列情形之一的，应当依照刑法第三百五十九条第一款的规定定罪处罚：

（一）引诱他人卖淫的；

（二）容留、介绍二人以上卖淫的；

（三）容留、介绍未成年人、孕妇、智障人员、患有严重性病的人卖淫的；

（四）一年内曾因引诱、容留、介绍卖淫行为被行政处罚，又实施容留、介绍卖淫行为的；

（五）非法获利人民币一万元以上的。

利用信息网络发布招嫖违法信息，情节严重的，依照刑法第二百八十七条之一的规定，以非法利用信息网络罪定罪处罚。同时构成介绍卖淫罪的，依照处罚较重的规定定罪处罚。

引诱、容留、介绍他人卖淫是否以营利为目的，不影响犯罪的成立。

引诱不满十四周岁的幼女卖淫的，依照刑法第三百五十九条第二款的规定，以引诱幼女卖淫罪定罪处罚。

被引诱卖淫的人员中既有不满十四周岁的幼女，又有其他人员的，分别以引诱幼女卖淫罪和引诱卖淫罪定罪，实行并罚。

第九条　引诱、容留、介绍他人卖淫，具有下列情形之一的，应当认定为刑法第三百五十九条第一款规定的“情节严重”：

（一）引诱五人以上或者引诱、容留、介绍十人以上卖淫的；

（二）引诱三人以上的未成年人、孕妇、智障人员、患有严重性病的人卖淫，或者引诱、容留、介绍五人以上该类人员卖淫的；

（三）非法获利人民币五万元以上的；

（四）其他情节严重的情形。

第十条　组织、强迫、引诱、容留、介绍他人卖淫的次数，作为酌定情节在量刑时考虑。

......

第十三条第一款 犯组织、强迫、引诱、容留、介绍卖淫罪的，应当依法判处犯罪所得二倍以上的罚金。共同犯罪的，对各共同犯罪人合计判处的罚金应当在犯罪所得的二倍以上。

【法院参考案例】

〔**参考案例第193号：林庆介绍卖淫案**〕通过互联网发布卖淫信息如何定性？

通过互联网发布卖淫信息的行为，构成介绍卖淫罪，信息发送成功且为互联网访问者所知悉，即为既遂。

〔**参考案例第376号：吴祥海介绍卖淫案**〕介绍卖淫罪与介绍嫖娼行为的区别？

1. 所谓介绍卖淫，是指为卖淫人员介绍嫖客的淫媒行为，表现为替卖淫者寻找、招徕、介绍嫖客，在卖淫者和嫖客之间牵线搭桥、沟通撮合，使卖淫嫖娼活动得以实现的行为。所谓介绍嫖娼，严格意义上讲，主要是指为嫖客介绍何处有暗娼、如何联系或者直接将嫖客带往卖淫地点等。介绍卖淫和介绍嫖娼，总的来说都是一种淫媒行为，但二者也是有区别的。介绍卖淫者是直接为卖淫人员服务的，甚至干脆就是受雇于卖淫人员，常常会从卖淫人员那里收取介绍费或者借助其他方式获取利益，如娱乐服务业等介绍卖淫以招徕生意从中获取更多利润等。一般而言，介绍卖淫者与卖淫人员关系更为密切、利益相关，介绍卖淫者对卖淫者的情况更为知情，有固定联系，有的甚至对卖淫者有相

当的操控能力，可以招之即来。而单纯的介绍嫖娼行为，介绍嫖娼者往往不具备上述营利性、固定性、经常性等特点，多是偶发的。介绍他人卖淫同时还是妨害社会管理秩序、妨害社会风化的一种犯罪行为，依法应予刑事惩处。而单纯的介绍嫖娼行为则没有被规定为犯罪。介绍嫖娼行为尽管在客观上也会促进卖淫业，对社会管理秩序和社会风化也有一定的妨害性，但其危害程度远未达到动用刑罚进行处罚的必要。

2. 实践中，介绍他人卖淫与介绍嫖娼行为往往容易有重叠和混淆的现象。在处理介绍卖淫嫖娼的案件时，必须注意现实生活中介绍卖淫嫖娼行为的多样性和复杂性，正确区分某一行为到底是介绍卖淫行为还是介绍嫖娼行为，正确区分罪与非罪。例如：(1) 行为人往往临时起意为他人介绍嫖娼，自己与卖淫者并不相识。(2) 行为人根据市场讯息，自己介绍嫖客到某处进行嫖娼。(3) 行为人根据自己曾经嫖娼的经历所熟悉的处所，带领或者介绍嫖客到该处所进行嫖娼。(4) 行为人基于其与卖淫人员的约定，介绍嫖客与该卖淫人员进行卖淫嫖娼活动。(5) 行为人基于其与某介绍卖淫者的约定，介绍嫖客通过该介绍卖淫者与卖淫人员进行卖淫嫖娼活动。一般而言，前三种情形应认定行为人不构成犯罪，而后两种情形实际上是介绍嫖娼者与介绍卖淫者二者合二为一，行为人表现为具有双重身份，通常认为，行为人的行为可以构成介绍卖淫罪。

〔**参考案例第 689 号：杨某、米某容留卖淫案**〕明知他人在出租房内从事卖淫活动仍出租房屋的行为，如何定性？

明知他人在出租房内从事卖淫活动仍出租房屋的行为，应当认定为容留卖淫罪。

第三百六十条 【传播性病罪】明知自己患有梅毒、淋病等严重性病卖淫、嫖娼的，处五年以下有期徒刑、拘役或者管制，并处罚金。

【修正前条文】

第三百六十条 【传播性病罪】明知自己患有梅毒、淋病等严重性病卖淫、嫖娼的，处五年以下有期徒刑、拘役或者管制，并处罚金。

【嫖宿幼女罪】嫖宿不满十四周岁的幼女的，处五年以上有期徒刑，并处罚金。

【修正说明】

刑法修正案（九）第四十三条删去了原条文第二款，取消了嫖宿幼女罪。

【司法解释 Ⅰ】

《最高人民检察院、公安部关于公安机关管辖的刑事案件立案追诉标准的规定（一）》（公通字〔2008〕36 号，20080625）

第八十条〔传播性病案（刑法第三百六十条第一款）〕明知自己患有梅毒、淋病等严重性病卖淫、嫖娼的，应予立案追诉。

具有下列情形之一的，可以认定为本条规定的"明知"：

（一）有证据证明曾到医疗机构就医，被诊断为患有严重性病的；

（二）根据本人的知识和经验，能够知道自己患有严重性病的；

（三）通过其他方法能够证明是"明知"的。

【司法解释 Ⅱ】

《最高人民法院、最高人民检察院关于办理组织、强迫、引诱、容留、介绍卖淫刑事案件适用法律若干问题的解释》（法释〔2017〕13 号，20170725）

第十一条 具有下列情形之一的，应当认定为刑法第三百六十条规定的"明知"：

（一）有证据证明曾到医院或者其他医疗机构就医或者检查，被诊断为患有严重性病的；

（二）根据本人的知识和经验，能够知道自己患有严重性病的；

（三）通过其他方法能够证明行为人是"明知"的。

传播性病行为是否实际造成他人患上严重性病的后果，不影响本罪的成立。

刑法第三百六十条规定所称的"严重性病"，包括梅毒、淋病等。其他性病是否认定为"严重性病"，应当根据《中华人民共和国传染病防治法》《性病防治管理办法》的规定，在国家卫生与计划生育委员会规定实行性病监测的性病范围内，依照其危害、特点与梅毒、淋病相当的原则，从严掌握。

第十二条第一款 明知自己患有艾滋病或者感染艾滋病病毒而卖淫、

嫖娼的,依照刑法第三百六十条的规定,以传播性病罪定罪,从重处罚。

【司法解释Ⅱ·注释】

有的行为人虽然明知自己患有严重性病而卖淫、嫖娼,但注意采取了防护措施,又确实没有致他人染上严重性病的,一般不以传播性病罪处理。

【法院参考案例】

〔**参考案例第 1133 号:王某传播性病案**〕明知自己携带艾滋病病毒而卖淫的如何定性?

行为人明知自己为艾滋病病毒携带者,进行性交易时其会要求对方使用安全套,可见其并无恶意传播艾滋病病毒以报复社会的意图,根据在案证据尚不足以认定其行为造成了广泛社会危害,故不构成以危险方法危害公共安全罪。如有充分证据证实其得知自己系艾滋病病毒携带者后仍长期卖淫,与其进行性交易的人员众多,甚至导致艾滋病的进一步扩散,可认定其构成以危险方法危害公共安全罪。

第三百六十一条　【特定单位的人员组织、强迫、引诱、容留、介绍他人卖淫的处理】旅馆业、饮食服务业、文化娱乐业、出租汽车业等单位的人员,利用本单位的条件,组织、强迫、引诱、容留、介绍他人卖淫的,依照本法第三百五十八条、第三百五十九条的规定定罪处罚。

前款所列单位的主要负责人,犯前款罪的,从重处罚。

第三百六十二条　【包庇罪】旅馆业、饮食服务业、文化娱乐业、出租汽车业等单位的人员,在公安机关查处卖淫、嫖娼活动时,为违法犯罪分子通风报信,情节严重的,依照本法第三百一十条的规定定罪处罚。

【立法·要点注释】

1. "为违法犯罪分子通风报信",是指在公安机关依法查处卖淫、嫖娼活动时,将行动地点、时间、对象等情况以及其他有关的消息告知组织、强迫、引诱、容留、介绍他人卖淫以及卖淫、嫖娼的违法犯罪分子。

2. "在公安机关依法查处卖淫、嫖娼活动时",是指在公安机关依法查处的全过程中的任何阶段,既包括查处卖淫、嫖娼活动的部署阶段,也包括实施阶段。无论在哪个阶段向违法犯罪分子通风报信,以使他们及时隐藏、逃避查处的行为都应按本条的规定处罚。而不能仅仅理解为具体实施查处行动的时刻。

3. "通风报信"包括各种传递消息的方法和手段,如打电话、发送短信息、传呼信号和事先规定的各种联系暗号等。

4. 本条与第三百一十条规定相比较,有以下两点不同:第三百一十条规定的是窝藏犯罪分子和作假证明行为,本条规定的是为违法犯罪分子通风报信的行为;第三百一十条的对象仅限于犯罪分子,本条补充了违法人员,这里的"违法人员"主要指不构成犯罪的卖淫、嫖娼人员。

【司法解释】

《最高人民法院、最高人民检察院关于办理组织、强迫、引诱、容留、介绍卖淫刑事案件适用法律若干问题的解释》（法释〔2017〕13 号，20170725）

第十四条　根据刑法第三百六十二条、第三百一十条的规定，旅馆业、饮食服务业、文化娱乐业、出租汽车业等单位的人员，在公安机关查处卖淫、嫖娼活动时，为违法犯罪分子通风报信，情节严重的，以包庇罪定罪处罚。事前与犯罪分子通谋的，以共同犯罪论处。

具有下列情形之一的，应当认定为刑法第三百六十二条规定的"情节严重"：

（一）向组织、强迫卖淫犯罪集团通风报信的；

（二）二年内通风报信三次以上的；

（三）一年内因通风报信被行政处罚，又实施通风报信行为的；

（四）致使犯罪集团的首要分子或者其他共同犯罪的主犯未能及时归案的；

（五）造成卖淫嫖娼人员逃跑，致使公安机关查处犯罪行为因取证困难而撤销刑事案件的；

（六）非法获利人民币一万元以上的；

（七）其他情节严重的情形。

【司法解释·注释】

向仅是违法的卖淫嫖娼者通风报信，也可适用刑法第三百六十二条和第三百一十条。理由在于：对第三百六十二条规定的行为的定罪虽然引用第三百一十条，但其犯罪构成却是独立的，即犯罪构成不依照第三百一十条的规定，而是由第三百六十二条规定。公安机关查处卖淫、嫖娼活动未必仅查处组织、强迫、引诱、容留、介绍卖淫犯罪活动，也可能查处卖淫、嫖娼活动本身。而卖淫、嫖娼，除明知自己患有严重性病卖淫嫖娼的行为及嫖宿不满十四周岁的幼女构成犯罪以外，一般的卖淫嫖娼行为非犯罪行为，本来无所谓包庇的问题。但鉴于对这种违法行为的包庇性质较为严重，刑法作出与一般包庇犯罪所不同的规定，将包庇的对象界定为违法犯罪分子。

第九节　制作、贩卖、传播淫秽物品罪

第三百六十三条　**【制作、复制、出版、贩卖、传播淫秽物品牟利罪】**以牟利为目的，制作、复制、出版、贩卖、传播淫秽物品的，处三年以下有期徒刑、拘役或者管制，并处罚金；情节严重的，处三年以上十年以下有期徒刑，并处罚金；情节特别严重的，处十年以上有期徒刑或者无期徒刑，并处罚金或者没收财产。

【为他人提供书号出版淫秽书刊罪】为他人提供书号，出版淫秽书刊的，处三年以下有期徒刑、拘役或者管制，并处或者单处罚金；明知他人用于出版淫秽书刊而提供书号的，依照前款的规定处罚。

【立法·要点注释】

"制作"是指生产、录制、编写、译著、绘画、印刷、刻印、摄制、洗印等行为。"复制"是指通过翻印、翻拍、复印、复写、复录等方式对已有的淫秽物品进行重复制作的行为。"出版"是指编辑、印刷、出版、发行淫秽书刊。"贩卖"是指销售淫秽物品的行为，包括发行、批发、零售、倒卖等。"传播"是指通过播放、出租、出借、承运、邮寄等方式致使淫秽物品流传的行为。

【相关立法】

《全国人民代表大会常务委员会关于维护互联网安全的决定》(20001228)

第三条第（五）项　在互联网上建立淫秽网站、网页，提供淫秽站点链接服务，或者传播淫秽书刊、影片、音像、图片，构成犯罪的，依照刑法有关规定①追究刑事责任。

【司法解释Ⅰ】

《最高人民检察院、公安部关于公安机关管辖的刑事案件立案追诉标准的规定（一）》（公通字〔2008〕36号，20080625）

第八十二条〔制作、复制、出版、贩卖、传播淫秽物品牟利案（刑法第三百六十三条第一款、第二款）〕以牟利为目的，制作、复制、出版、贩卖、传播淫秽物品，涉嫌下列情形之一的，应予立案追诉：

（一）制作、复制、出版淫秽影碟、软件、录像带五十至一百张（盒）以上，淫秽音碟、录音带一百至二百张（盒）以上，淫秽扑克、书刊、画册一百至二百副（册）以上，淫秽照片、画片五百至一千张以上的；

（二）贩卖淫秽影碟、软件、录像带一百至二百张（盒）以上，淫秽音碟、录音带二百至四百张（盒）以上，淫秽扑克、书刊、画册二百至四百副（册）以上，淫秽照片、画片一千至二千张以上的；

（三）向他人传播淫秽物品达二百至五百人次以上，或者组织播放淫秽影、像达十至二十场次以上的；

（四）制作、复制、出版、贩卖、传播淫秽物品，获利五千至一万元以上的。

以牟利为目的，利用互联网、移动通讯终端制作、复制、出版、贩卖、传播淫秽电子信息，涉嫌下列情形之一的，应予立案追诉：

（一）制作、复制、出版、贩卖、传播淫秽电影、表演、动画等视频文件二十个以上的；

（二）制作、复制、出版、贩卖、传播淫秽音频文件一百个以上的；

（三）制作、复制、出版、贩卖、传播淫秽电子刊物、图片、文章、短信息等二百件以上的；

（四）制作、复制、出版、贩卖、传播的淫秽电子信息，实际被点击数达到一万次以上的；

（五）以会员制方式出版、贩卖、传播淫秽电子信息，注册会员达二百

————

① 即刑法第三百六十三条、第三百六十四条。——编者注

人以上的；

（六）利用淫秽电子信息收取广告费、会员注册费或者其他费用，违法所得一万元以上的；

（七）数量或者数额虽未达到本款第（一）项至第（六）项规定标准，但分别达到其中两项以上标准的百分之五十以上的；

（八）造成严重后果的。

利用聊天室、论坛、即时通信软件、电子邮件等方式，实施本条第二款规定行为的，应予立案追诉。

以牟利为目的，通过声讯台传播淫秽语音信息，涉嫌下列情形之一的，应予立案追诉：

（一）向一百人次以上传播的；

（二）违法所得一万元以上的；

（三）造成严重后果的。

明知他人用于出版淫秽书刊而提供书号、刊号的，应予立案追诉。

第八十三条〔为他人提供书号出版淫秽书刊案（刑法第三百六十三条第二款）〕为他人提供书号、刊号出版淫秽书刊，或者为他人提供版号出版淫秽音像制品的，应予立案追诉。

【司法解释Ⅱ】

《最高人民法院关于审理非法出版物刑事案件具体应用法律若干问题的解释》（法释〔1998〕30号，19981223）

第八条　以牟利为目的，实施刑法第三百六十三条第一款规定的行为，具有下列情形之一的，以制作、复制、出版、贩卖、传播淫秽物品牟利罪定罪处罚：

（一）制作、复制、出版淫秽影碟、软件、录像带五十至一百张（盒）以上，淫秽音碟、录音带一百至二百张（盒）以上，淫秽扑克、书刊、画册一百至二百副（册）以上，淫秽照片、画片五百至一千张以上的；

（二）贩卖淫秽影碟、软件、录像带一百至二百张（盒）以上，淫秽音碟、录音带二百至四百张（盒）以上，淫秽扑克、书刊、画册二百至四百副（册）以上，淫秽照片、画片一千至二千张以上的；

（三）向他人传播淫秽物品达二百至五百人次以上，或者组织播放淫秽影、像达十至二十场次以上的；

（四）制作、复制、出版、贩卖、传播淫秽物品，获利五千至一万元以上的。

以牟利为目的，实施刑法第三百六十三条第一款规定的行为，具有下列情形之一的，应当认定为制作、复制、出版、贩卖、传播淫秽物品牟利罪"情节严重"：

（一）制作、复制、出版淫秽影碟、软件、录像带二百五十至五百张（盒）以上，淫秽音碟、录音带五百至一千张（盒）以上，淫秽扑克、书刊、画册五百至一千副（册）以上，淫秽照片、画片二千五百至五千张以上的；

（二）贩卖淫秽影碟、软件、录像带五百至一千张（盒）以上，淫秽音碟、录音带一千至二千张（盒）以上，淫秽扑克、书刊、画册一千至二千副（册）以上，淫秽照片、画片五千至一万张以上的；

（三）向他人传播淫秽物品达一

千至二千人次以上，或者组织播放淫秽影、像达五十至一百场次以上的；

（四）制作、复制、出版、贩卖、传播淫秽物品，获利三万至五万元以上的。

以牟利为目的，实施刑法第三百六十三条第一款规定的行为，其数量（数额）达到前款规定的数量（数额）五倍以上的，应当认定为制作、复制、出版、贩卖、传播淫秽物品牟利罪"情节特别严重"。

第九条　为他人提供书号、刊号，出版淫秽书刊的，依照刑法第三百六十三条第二款的规定，以为他人提供书号出版淫秽书刊罪定罪处罚。

为他人提供版号，出版淫秽音像制品的，依照前款规定定罪处罚。

明知他人用于出版淫秽书刊而提供书号、刊号的，依照刑法第三百六十三条第一款的规定，以出版淫秽物品牟利罪定罪处罚。

……

第十六条　出版单位与他人事前通谋，向其出售、出租或者以其他形式转让该出版单位的名称、书号、刊号、版号，他人实施本解释第二条、第四条、第八条、第九条、第十条、第十一条规定的行为，构成犯罪的，对该出版单位应当以共犯论处。

【司法解释Ⅲ】

《最高人民法院、最高人民检察院关于办理利用互联网、移动通讯终端、声讯台制作、复制、出版、贩卖、传播淫秽电子信息刑事案件具体应用法律若干问题的解释》（法释〔2004〕11号，20040906）

第一条　以牟利为目的，利用互联网、移动通讯终端制作、复制、出版、贩卖、传播淫秽电子信息，具有下列情形之一的，依照刑法第三百六十三条第一款的规定，以制作、复制、出版、贩卖、传播淫秽物品牟利罪定罪处罚：

（一）制作、复制、出版、贩卖、传播淫秽电影、表演、动画等视频文件二十个以上的；

（二）制作、复制、出版、贩卖、传播淫秽音频文件一百个以上的；

（三）制作、复制、出版、贩卖、传播淫秽电子刊物、图片、文章、短信息等二百件以上的；

（四）制作、复制、出版、贩卖、传播的淫秽电子信息，实际被点击数达到一万次以上的；

（五）以会员制方式出版、贩卖、传播淫秽电子信息，注册会员达二百人以上的；

（六）利用淫秽电子信息收取广告费、会员注册费或者其他费用，违法所得一万元以上的；

（七）数量或者数额虽未达到第（一）项至第（六）项规定标准，但分别达到其中两项以上标准一半以上的；

（八）造成严重后果的。

利用聊天室、论坛、即时通信软件、电子邮件等方式，实施第一款规定行为的，依照刑法第三百六十三条第一款的规定，以制作、复制、出版、贩卖、传播淫秽物品牟利罪定罪处罚。

第二条　实施第一条规定的行为，

数量或者数额达到第一条第一款第（一）项至第（六）项规定标准五倍以上的，应当认定为刑法第三百六十三条第一款规定的"情节严重"；达到规定标准二十五倍以上的，应当认定为"情节特别严重"。

……

第五条　以牟利为目的，通过声讯台传播淫秽语音信息，具有下列情形之一的，依照刑法第三百六十三条第一款的规定，对直接负责的主管人员和其他直接责任人员以传播淫秽物品牟利罪定罪处罚：

（一）向一百人次以上传播的；

（二）违法所得一万元以上的；

（三）造成严重后果的。

实施前款规定行为，数量或者数额达到前款第（一）项至第（二）项规定标准五倍以上的，应当认定为刑法第三百六十三条第一款规定的"情节严重"；达到规定标准二十五倍以上的，应当认定为"情节特别严重"。

第六条　实施本解释前五条规定的犯罪，具有下列情形之一的，依照刑法第三百六十三条第一款、第三百六十四条第一款的规定从重处罚：

（一）制作、复制、出版、贩卖、传播具体描绘不满十八周岁未成年人性行为的淫秽电子信息的；

（二）明知是具体描绘不满十八周岁的未成年人性行为的淫秽电子信息而在自己所有、管理或者使用的网站或者网页上提供直接链接的；

（三）向不满十八周岁的未成年人贩卖、传播淫秽电子信息和语音信息的；

（四）通过使用破坏性程序、恶意代码修改用户计算机设置等方法，强制用户访问、下载淫秽电子信息的。

……

第八条　利用互联网、移动通讯终端、声讯台贩卖、传播淫秽书刊、影片、录像带、录音带等以实物为载体的淫秽物品的，依照《最高人民法院关于审理非法出版物刑事案件具体应用法律若干问题的解释》的有关规定定罪处罚。

【司法解释Ⅳ】

《最高人民法院、最高人民检察院关于办理利用互联网、移动通讯终端、声讯台制作、复制、出版、贩卖、传播淫秽电子信息刑事案件具体应用法律若干问题的解释（二）》（法释〔2010〕3号，20100204）

第一条　以牟利为目的，利用互联网、移动通讯终端制作、复制、出版、贩卖、传播淫秽电子信息的，依照《最高人民法院、最高人民检察院关于办理利用互联网、移动通讯终端、声讯台制作、复制、出版、贩卖、传播淫秽电子信息刑事案件具体应用法律若干问题的解释》第一条、第二条的规定定罪处罚。

以牟利为目的，利用互联网、移动通讯终端制作、复制、出版、贩卖、传播内容含有不满十四周岁未成年人的淫秽电子信息，具有下列情形之一的，依照刑法第三百六十三条第一款的规定，以制作、复制、出版、贩卖、传播淫秽物品牟利罪定罪处罚：

（一）制作、复制、出版、贩卖、

传播淫秽电影、表演、动画等视频文件十个以上的；

（二）制作、复制、出版、贩卖、传播淫秽音频文件五十个以上的；

（三）制作、复制、出版、贩卖、传播淫秽电子刊物、图片、文章等一百件以上的；

（四）制作、复制、出版、贩卖、传播的淫秽电子信息，实际被点击数达到五千次以上的；

（五）以会员制方式出版、贩卖、传播淫秽电子信息，注册会员达一百人以上的；

（六）利用淫秽电子信息收取广告费、会员注册费或者其他费用，违法所得五千元以上的；

（七）数量或者数额虽未达到第（一）项至第（六）项规定标准，但分别达到其中两项以上标准一半以上的；

（八）造成严重后果的。

实施第二款规定的行为，数量或者数额达到第二款第（一）项至第（七）项规定标准五倍以上的，应当认定为刑法第三百六十三条第一款规定的"情节严重"；达到规定标准二十五倍以上的，应当认定为"情节特别严重"。

……

第四条 以牟利为目的，网站建立者、直接负责的管理者明知他人制作、复制、出版、贩卖、传播的是淫秽电子信息，允许或者放任他人在自己所有、管理的网站或者网页上发布，具有下列情形之一的，依照刑法第三百六十三条第一款的规定，以传播淫

秽物品牟利罪定罪处罚：

（一）数量或者数额达到第一条第二款第（一）项至第（六）项规定标准五倍以上的；

（二）数量或者数额分别达到第一条第二款第（一）项至第（六）项两项以上标准二倍以上的；

（三）造成严重后果的。

实施前款规定的行为，数量或者数额达到第一条第二款第（一）项至第（七）项规定标准二十五倍以上的，应当认定为刑法第三百六十三条第一款规定的"情节严重"；达到规定标准一百倍以上的，应当认定为"情节特别严重"。

……

第六条 电信业务经营者、互联网信息服务提供者明知是淫秽网站，为其提供互联网接入、服务器托管、网络存储空间、通讯传输通道、代收费等服务，并收取服务费，具有下列情形之一的，对直接负责的主管人员和其他直接责任人员，依照刑法第三百六十三条第一款的规定，以传播淫秽物品牟利罪定罪处罚：

（一）为五个以上淫秽网站提供上述服务的；

（二）为淫秽网站提供互联网接入、服务器托管、网络存储空间、通讯传输通道等服务，收取服务费数额在二万元以上的；

（三）为淫秽网站提供代收费服务，收取服务费数额在五万元以上的；

（四）造成严重后果的。

实施前款规定的行为，数量或者数额达到前款第（一）项至第（三）

项规定标准五倍以上的，应当认定为刑法第三百六十三条第一款规定的"情节严重"；达到规定标准二十五倍以上的，应当认定为"情节特别严重"。

第七条 明知是淫秽网站，以牟利为目的，通过投放广告等方式向其直接或者间接提供资金，或者提供费用结算服务，具有下列情形之一的，对直接负责的主管人员和其他直接责任人员，依照刑法第三百六十三条第一款的规定，以制作、复制、出版、贩卖、传播淫秽物品牟利罪的共同犯罪处罚：

（一）向十个以上淫秽网站投放广告或者以其他方式提供资金的；

（二）向淫秽网站投放广告二十条以上的；

（三）向十个以上淫秽网站提供费用结算服务的；

（四）以投放广告或者其他方式向淫秽网站提供资金数额在五万元以上的；

（五）为淫秽网站提供费用结算服务，收取服务费数额在二万元以上的；

（六）造成严重后果的。

实施前款规定的行为，数量或者数额达到前款第（一）项至第（五）项规定标准五倍以上的，应当认定为刑法第三百六十三条第一款规定的"情节严重"；达到规定标准二十五倍以上的，应当认定为"情节特别严重"。

第八条 实施第四条至第七条规定的行为，具有下列情形之一的，应当认定行为人"明知"，但是有证据证明确实不知道的除外：

（一）行政主管机关书面告知后仍然实施上述行为的；

（二）接到举报后不履行法定管理职责的；

（三）为淫秽网站提供互联网接入、服务器托管、网络存储空间、通讯传输通道、代收费、费用结算等服务，收取服务费明显高于市场价格的；

（四）向淫秽网站投放广告，广告点击率明显异常的；

（五）其他能够认定行为人明知的情形。

第九条 一年内多次实施制作、复制、出版、贩卖、传播淫秽电子信息行为未经处理，数量或者数额累计计算构成犯罪的，应当依法定罪处罚。

第十条 单位实施制作、复制、出版、贩卖、传播淫秽电子信息犯罪的，依照《中华人民共和国刑法》、《最高人民法院、最高人民检察院关于办理利用互联网、移动通讯终端、声讯台制作、复制、出版、贩卖、传播淫秽电子信息刑事案件具体应用法律若干问题的解释》和本解释规定的相应个人犯罪的定罪量刑标准，对直接负责的主管人员和其他直接责任人员定罪处罚，并对单位判处罚金。

第十一条 对于以牟利为目的，实施制作、复制、出版、贩卖、传播淫秽电子信息犯罪的，人民法院应当综合考虑犯罪的违法所得、社会危害性等情节，依法判处罚金或者没收财产。罚金数额一般在违法所得的一倍以上五倍以下。

第十二条 《最高人民法院、最高人民检察院关于办理利用互联网、移动通讯终端、声讯台制作、复制、出版、贩卖、传播淫秽电子信息刑事案件具体应用法律若干问题的解释》和本解释所称网站，是指可以通过互联网域名、IP 地址等方式访问的内容提供站点。

以制作、复制、出版、贩卖、传播淫秽电子信息为目的建立或者建立后主要从事制作、复制、出版、贩卖、传播淫秽电子信息活动的网站，为淫秽网站。

第十三条 以前发布的司法解释与本解释不一致的，以本解释为准。

【司法解释V】

《最高人民法院、最高人民检察院关于利用网络云盘制作、复制、贩卖、传播淫秽电子信息牟利行为定罪量刑问题的批复》（法释〔2017〕19 号，20171201）

一、对于以牟利为目的，利用网络云盘制作、复制、贩卖、传播淫秽电子信息的行为，是否应当追究刑事责任，适用刑法和《最高人民法院、最高人民检察院关于办理利用互联网、移动通讯终端、声讯台制作、复制、出版、贩卖、传播淫秽电子信息刑事案件具体应用法律若干问题的解释》（法释〔2004〕11 号）、《最高人民法院、最高人民检察院关于办理利用互联网、移动通讯终端、声讯台制作、复制、出版、贩卖、传播淫秽电子信息刑事案件具体应用法律若干问题的解释（二）》（法释〔2010〕3 号）的有关规定。

二、对于以牟利为目的，利用网络云盘制作、复制、贩卖、传播淫秽电子信息的行为，在追究刑事责任时，鉴于网络云盘的特点，不应单纯考虑制作、复制、贩卖、传播淫秽电子信息的数量，还应充分考虑传播范围、违法所得、行为人一贯表现以及淫秽电子信息、传播对象是否涉及未成年人等情节，综合评估社会危害性，恰当裁量刑罚，确保罪责刑相适应。

【司法指导文件 I】

《最高人民法院研究室关于在局域网内制作、复制、传播淫秽电子信息行为适用法律问题的研究意见》（2012）

有关部门就利用互联网上网服务营业场所制作、复制、传播淫秽电子信息行为适用法律问题征求最高人民法院研究室意见。最高人民法院研究室经研究认为：

互联网是指直接进行国际联网的计算机信息网络。互联网上网服务营业场所内部局域网不属于互联网，在互联网上网服务营业场所内部局域网内制作、复制、传播淫秽电子信息的行为不适用《最高人民法院、最高人民检察院关于办理利用互联网、移动通讯终端、声讯台制作、复制、出版、贩卖、传播淫秽电子信息刑事案件具体应用法律若干问题的解释》的规定。

【司法指导文件 II】

《最高人民法院研究室关于淫秽视频个数如何认定的研究意见》（2012）

对淫秽视频以自然的个数计算认定，即不考虑各个视频的内容之间是否存在关联，只要行为人提供直接链接的视频是独立的视频文件，就认定为一个视频。

【公安文件】

《公安部关于对出售带有淫秽内容的文物的行为可否予以治安管理处罚问题的批复》（公复字〔2010〕3 号，20100522）

公安机关查获的带有淫秽内容的物品可能是文物的，应当依照《中华人民共和国文物保护法》等有关规定进行文物认定。经文物行政部门认定为文物的，不得对合法出售文物的行为予以治安管理处罚。

【法院参考案例】

〔**参考案例第 641 号：方惠茹传播淫秽物品牟利案**〕以牟利为目的与多人进行网络视频裸聊的行为如何定罪？

以牟利为目的，与多人进行网络视频裸聊的行为，应当以传播淫秽物品牟利罪定罪处罚。

〔**参考案例第 664 号：唐小明制作、贩卖淫秽物品牟利案**〕编写添加淫秽色情内容的手机网站建站程序并贩卖的行为应如何定罪？

编写添加淫秽色情内容的手机网站建站程序并贩卖的，依法以制作、贩卖淫秽物品牟利罪定罪处罚。

〔**参考案例第 666 号：李志雷贩卖淫秽物品牟利案**〕贩卖指向淫秽视频链接的行为定性和数量认定？

贩卖指向淫秽视频的网络链接，构成贩卖淫秽物品牟利罪。行为人在"淘宝网"上开设店铺贩卖内含上千淫秽视频链接的压缩文件，每次贩卖均以该压缩文件为最小单位，压缩文件所含内容亦基本相同，购买者无法选择里面的视频链接内容，只能以该压缩文件一件商品进行购买，故应当以内含淫秽视频链接的压缩文件为单位计算淫秽视频文件数量。

〔**参考案例第 667 号：魏大巍、戚本厚传播淫秽物品牟利案**〕以牟利为目的向淫秽网站投放广告的行为如何定罪？

明知是淫秽网站，利用淫秽网站投放广告销售产品，向淫秽网站直接或者间接地提供资金，应以传播淫秽物品牟利罪认定。

〔**参考案例第 669 号：罗刚等传播淫秽物品牟利案**〕如何正确把握淫秽电子信息的实际被点击数？

计算实际被点击数时，需要考虑的是排除人为设置的虚假计数、网站的自点击数、有证据证实的无效点击数以及因为手机 WAP 上网的特性导致的对同一电子文件设置的重复计数，从而得出实际被点击数。对于其他需要排除的计数方式，必须有必要和充分的证据证实才能予以排除，而且实践中这种排除的范围不能过大。一是排除的范围越精确，则法定的点击数越接近甚至等同于传播人数，这样定罪标准与传统介质相比显然过低，不利于对此犯罪行为的打击。二是计算的标准越复杂，越增加法律的适用成本，加大法律适用的难度，实践中更难以把握，且易引起不必要的争议。

〔**参考案例第 691 号：北京掌中时尚科技有限公司等传播淫秽物品牟利案**〕利用手机 WAP 网传播淫秽信息的

牟利行为，如何认定？

利用手机 WAP 网传播淫秽信息的牟利行为，构成传播淫秽物品牟利罪。

〔**参考案例第 723 号：杨勇传播淫秽物品牟利案**〕淫秽电子信息实际被点击数和注册会员数如何认定？

1. 行为人在所建网站上链接大量淫秽电子信息并在互联网和移动通信网络中传播，加入广告联盟后，利用淫秽电子信息增加广告点击量，以实现牟利目的，应当以传播淫秽物品牟利罪追究刑事责任。

2. 要区分包含淫秽信息的普通网站与淫秽网站。如果认定某个网站为淫秽网站，且该网站内的电子信息均为淫秽信息，那么，淫秽电子信息的实际被点击数就等同于截至案发当日该网站的实际被点击数。如果淫秽网站内的电子信息主要是淫秽信息，同时存在少量普通信息，那么淫秽电子信息的实际被点击数就可能略低于截至案发当日该网站的实际被点击数。相比之下，如果普通网站的某些板块存在淫秽电子信息，由于该网站同时存在普通信息与淫秽信息，在认定淫秽电子信息的实际被点击数时，就应当区分普通电子信息与淫秽电子信息的被点击数，不能笼统地将整个网站的实际被点击数认定为淫秽电子信息的实际被点击数。

3. 要区分"点击数"与"实际被点击数"。网站经营者出于牟利目的，通常会想方设法提高网站点击率，从而扩大网站影响，获取更多的广告费收入。因此，淫秽网站的点击数能够反映其社会危害性的大小。但在实践中，一些淫秽网站为了营造声势或者获取更多的非法利益，故意将点击率计数器的初始值设为 10 万次甚至更多，或者将点击率计数器计数办法设置为点击一次计数 10 次甚至更多，还有些网站管理者亲自或者指使、雇佣少数人持续点击淫秽电子信息，从而导致网站的点击数呈现虚增状态，不能真实反映淫秽网站的实际危害。为贯彻罪责刑相适应原则，准确认定淫秽网站的实际危害，在计算淫秽电子信息的实际被点击数时，如查明确实存在虚增点击数的情况，就应当扣除上述虚增的点击数。

〔**参考案例第 769 号：陈继明等传播淫秽物品牟利案**〕仅为提高浏览权限而担任淫秽网站版主的行为，如何定罪处罚？

明知他人建立淫秽网站牟利，为提高浏览权限申请为版主，对网站进行管理、编辑和维护，应当构成传播淫秽物品牟利罪的共犯。

〔**参考案例第 1192 号：深圳市快播科技有限公司、王欣等人传播淫秽物品牟利案**〕快播公司作为网络视频缓存加速服务提供者，免费提供视频缓存加速这一技术服务，是否应该适用"技术中立"原则而免责？

知识产权法领域基于"避风港"规则免责的"缓存"是指"断电即被清除的临时存储"。而快播公司涉案缓存服务器内存储的淫秽视频，均系根据视频点击量自动存储下来，只要在设定的周期内点击量达到要求，就能长期存储并随时提供用户使用，即其并非计算机信息系统中通常意义上

"断电即被清除的临时存储"，而是对符合设定条件内容的硬盘（服务器）存储，不属于适用"避风港"规则免责的"缓存"类型。

第三百六十四条　**【传播淫秽物品罪】**传播淫秽的书刊、影片、音像、图片或者其他淫秽物品，情节严重的，处二年以下有期徒刑、拘役或者管制。

【组织播放淫秽音像制品罪】组织播放淫秽的电影、录像等音像制品的，处三年以下有期徒刑、拘役或者管制，并处罚金；情节严重的，处三年以上十年以下有期徒刑，并处罚金。

制作、复制淫秽的电影、录像等音像制品组织播放的，依照第二款的规定从重处罚。

向不满十八周岁的未成年人传播淫秽物品的，从重处罚。

【司法解释Ⅰ】

《最高人民检察院、公安部关于公安机关管辖的刑事案件立案追诉标准的规定（一）》（公通字〔2008〕36号，20080625）

第八十四条〔传播淫秽物品案（刑法第三百六十四条第一款）〕传播淫秽的书刊、影片、音像、图片或者其他淫秽物品，涉嫌下列情形之一的，应予立案追诉：

（一）向他人传播三百至六百人次以上的；

（二）造成恶劣社会影响的。

不以牟利为目的，利用互联网、移动通讯终端传播淫秽电子信息，涉嫌下列情形之一的，应予立案追诉：

（一）数量达到本规定第八十二条第二款第（一）项至第（五）项规定标准二倍以上的；

（二）数量分别达到本规定第八十二条第二款第（一）项至第（五）项两项以上标准的；

（三）造成严重后果的。

利用聊天室、论坛、即时通信软件、电子邮件等方式，实施本条第二款规定行为的，应予立案追诉。

第八十五条〔组织播放淫秽音像制品案（刑法第三百六十四条第二款）〕组织播放淫秽的电影、录像等音像制品，涉嫌下列情形之一的，应予立案追诉：

（一）组织播放十五至三十场次以上的；

……

【司法解释Ⅱ】

《最高人民法院关于审理非法出版物刑事案件具体应用法律若干问题的解释》（法释〔1998〕30号，19981223）

第十条　向他人传播淫秽的书刊、影片、音像、图片等出版物达三百至六百人次以上或者造成恶劣社会影响的，属于"情节严重"，依照刑法第三百六十四条第一款的规定，以传播淫秽物品罪定罪处罚。

组织播放淫秽的电影、录像等音像制品达十五至三十场次以上或者造成恶劣社会影响的，依照刑法第三百六十四条第二款的规定，以组织播放淫秽音像制品罪定罪处罚。

【司法解释Ⅲ】

《最高人民法院、最高人民检察院关于办理利用互联网、移动通讯终端、声讯台制作、复制、出版、贩卖、传播淫秽电子信息刑事案件具体应用法律若干问题的解释》（法释〔2004〕11号，20040906）

第三条　不以牟利为目的，利用互联网或者移动通讯终端传播淫秽电子信息，具有下列情形之一的，依照刑法第三百六十四条第一款的规定，以传播淫秽物品罪定罪处罚：

（一）数量达到第一条第一款第（一）项至第（五）项规定标准二倍以上的；

（二）数量分别达到第一条第一款第（一）项至第（五）项两项以上标准的；

（三）造成严重后果的。

利用聊天室、论坛、即时通信软件、电子邮件等方式，实施第一款规定行为的，依照刑法第三百六十四条第一款的规定，以传播淫秽物品罪定罪处罚。

【司法解释Ⅳ】

《最高人民法院、最高人民检察院关于办理利用互联网、移动通讯终端、声讯台制作、复制、出版、贩卖、传播淫秽电子信息刑事案件具体应用法律若干问题的解释（二）》（法释〔2010〕3号，20100204）

第二条　利用互联网、移动通讯终端传播淫秽电子信息的，依照《最高人民法院、最高人民检察院关于办理利用互联网、移动通讯终端、声讯台制作、复制、出版、贩卖、传播淫秽电子信息刑事案件具体应用法律若干问题的解释》第三条的规定定罪处罚。

利用互联网、移动通讯终端传播内容含有不满十四周岁未成年人的淫秽电子信息，具有下列情形之一的，依照刑法第三百六十四条第一款的规定，以传播淫秽物品罪定罪处罚：

（一）数量达到第一条第二款第（一）项至第（五）项规定标准二倍以上的；

（二）数量分别达到第一条第二款第（一）项至第（五）项两项以上标准的；

（三）造成严重后果的。

第三条　利用互联网建立主要用于传播淫秽电子信息的群组，成员达三十人以上或者造成严重后果的，对建立者、管理者和主要传播者，依照刑法第三百六十四条第一款的规定，以传播淫秽物品罪定罪处罚。

……

第五条　网站建立者、直接负责的管理者明知他人制作、复制、出版、贩卖、传播的是淫秽电子信息，允许或者放任他人在自己所有、管理的网站或者网页上发布，具有下列情形之一的，依照刑法第三百六十四条第一款的规定，以传播淫秽物品罪定罪处罚：

（一）数量达到第一条第二款第（一）项至第（五）项规定标准十倍以上的；

（二）数量分别达到第一条第二款第（一）项至第（五）项两项以上

标准五倍以上的；

（三）造成严重后果的。

【公安文件】

《**公安部关于携带、藏匿淫秽 VCD 是否属于传播淫秽物品问题的批复**》（公复字〔1998〕6 号，19981109）

对于携带、藏匿淫秽 VCD 的行为，不能简单地视为"传播"，而应注意广泛搜集证据，根据主客观相统一的原则，来判断是否构成"传播"行为。如果行为人主观上没有"传播"故意，只是为了自己观看，不能认定为"传播淫秽物品"，但应当没收淫秽 VCD，并对当事人进行必要的法制教育。此外，还应注意扩大线索，挖掘来源，及时查获有关违法犯罪活动。

【法院参考案例】

〔**参考案例第 670 号：胡鹏等传播淫秽物品案**〕如何把握利用网络群组传播淫秽物品的犯罪？

设立群组主要用于传播淫秽电子信息，群组成员超过三十人或造成严重后果的，构成传播淫秽物品罪。

〔**参考案例第 671 号：冷继超传播淫秽物品案**〕如何认定网站版主传播淫秽物品的刑事责任？

1. 网站版主属于网站的直接管理者，明知是淫秽信息，又允许或放任其存在，涉及的淫秽信息数量达到法律规定的标准的，应当以传播淫秽物品罪认定。

2. 计算淫秽电子信息的数量应有一定的时间、空间界限：空间上，应以行为人参与管理的版块为限。由于版主的级别不同，所管理的版块层次也有所差别。对于最低层次的版主，其所涉及的淫秽电子信息数量自然只计算其所实际参与管理的版块；而对于较高层次的版主、总版主，则应既计算其直接管理的版块，也计算其通过监督下设子版主工作而间接参与管理的子版块的淫秽电子信息数量。时间上，应以行为人担任版主的期间作为计算区间。既要计算行为人在此期间由其本人上传和编辑的淫秽电子信息数量，也要计算在此期间虽然不是其主动上传和编辑，但因其采取默许态度而上传到其管理论坛中的淫秽电子信息。

〔**参考案例第 672 号：宋文传播淫秽物品、敲诈勒索案**〕将自己与他人性交的视频片段上传至网络空间的行为如何定性？

行为人将本人与他人性交的视频上传至网络空间，构成传播淫秽物品罪。

第三百六十五条 【组织淫秽表演罪】组织进行淫秽表演的，处三年以下有期徒刑、拘役或者管制，并处罚金；情节严重的，处三年以上十年以下有期徒刑，并处罚金。

【立法·要点注释】

1. 本罪主体是淫秽表演的组织者，有些可能是专门从事组织淫秽性表演的组织者，类似"穴头"；有些就是酒吧的老板，为招揽生意而组织淫秽性表演。表演者不构成本罪，对表演者应采用教育和行政措施使其认识错误，从事正当的生产活动。对于既是组织者又是表演者的，应按照组织者处理。对于明知他人组织淫秽表演，仍为其提供场所或者其他便利条件的，按照组织淫秽表演罪的共犯处理，应根据其在犯罪中的作用处罚。对于为组织淫秽表演活动卖票或者进行其他服务性活动的，应根据实际情况，区别对待，对于犯罪团伙、集团的成员应当按共犯处理，对于犯罪分子雇用的服务员，一般可不按照犯罪处理。

2. 行为人所雇用的演员的多少以及观众的多少，一般并不影响本罪的构成，而应作为犯罪情节考虑。实践中，这些淫秽表演大多以牟利为目的，但也有个别情况下，不是以牟利为目的。不论是否以牟利为目的，均不影响本罪的构成。

3. "组织"，是指策划表演过程，纠集、招募、雇用表演者，寻找、租用表演场地，招揽观众等组织演出的行为。"淫秽表演"是指关于性行为或者露骨宣扬色情的诲淫性的表演，如进行性交表演、手淫口淫表演、脱衣舞表演等。

4. "情节严重"，是指多次组织淫秽表演、造成非常恶劣影响，以暴力、胁迫的方式迫使他人进行淫秽表演以及犯罪集团首要分子等严重的情节。

5. 聚众进行淫乱活动中，也经常出现由数人进行性交表演，其他人观看的情况，这种表演属于聚众进行淫乱的一部分，对于这种行为，应按照本法关于聚众淫乱罪的规定来处理。

【司法解释】

《最高人民检察院、公安部关于公安机关管辖的刑事案件立案追诉标准的规定（一）》（公通字〔2008〕36号，20080625）

第八十六条〔组织淫秽表演案（刑法第三百六十五条）〕以策划、招募、强迫、雇用、引诱、提供场地、提供资金等手段，组织进行淫秽表演，涉嫌下列情形之一的，应予立案追诉：

（一）组织表演者进行裸体表演的；

（二）组织表演者利用性器官进行诲淫性表演的；

（三）组织表演者半裸体或者变相裸体表演并通过语言、动作具体描绘性行为的；

（四）其他组织进行淫秽表演应予追究刑事责任的情形。

【法院参考案例】

〔参考案例第 673 号：重庆访问科技有限公司等单位及郑立等人组织淫秽表演案〕利用网络视频组织淫秽表演的行为如何定罪量刑？

无论是传统的组织人员进行"现场面对面式"淫秽表演，还是借助网络视频以会员付费方式组织人员进行"视频面对面式"淫秽表演，均构成组织淫秽表演罪。

〔参考案例第 770 号：董志尧组织淫秽表演案〕招募模特和摄影者，要求模特摆出淫秽姿势供摄影者拍摄的，如何定性？

1. 模特在不特定的摄影者面前暴露生殖器、摆出淫秽姿势供其拍摄，属于刑法意义上的淫秽表演，该种拍摄活动的组织者应以组织淫秽表演罪认定。

2. 尽管模特进行淫秽表演的受众并非一般意义上的观众，而是拍摄淫秽图像的摄影者，但这些摄影者是组织者从互联网上公开招募而来，只要交纳拍摄费用，携带较为高端的相机，就能参与拍摄活动，成为该淫秽表演活动的受众。由此可见，参与摄影活动的人具有不特定性，且随着拍摄场次的增多，这类受众的人数也增多。因此，相关模特属于在不特定多数受众面前露骨宣扬色情，其表演行为属于刑法意义上的淫秽表演。

第三百六十六条 【单位犯本节规定之罪的处理】 单位犯本节第三百六十三条、第三百六十四条、第三百六十五条规定之罪的，对单位判处罚金，并对其直接负责的主管人员和其他直接责任人员，依照各该条的规定处罚。

第三百六十七条 【淫秽物品的界定】 本法所称淫秽物品，是指具体描绘性行为或者露骨宣扬色情的诲淫性的书刊、影片、录像带、录音带、图片及其他淫秽物品。

有关人体生理、医学知识的科学著作不是淫秽物品。

包含有色情内容的有艺术价值的文学、艺术作品不视为淫秽物品。

【立法·要点注释】

1. "具体描绘性行为"是指较详尽、具体地描写性行为的过程及其心理感受；具体描写通奸、淫乱、卖淫、乱伦、强奸的过程细节；描写少年儿童的性行为、同性恋的性行为或者其他性变态行为及与性变态有关的暴力、虐待、侮辱行为和令普通人不能容忍的对性行为等的淫秽描写。

2. "露骨宣扬色情"是指公然地、不加掩饰地宣扬色情淫荡形象；着力表现人体生殖器官；挑动人们的性欲；足以导致普通人的腐化堕落的具有刺激、挑逗性的文字和画面。

3. "有关人体生理、医学知识的科学著作"是指有关人体的解剖生理知识、生育知识、疾病防治和其他有关性知识、性道德、性社会等自然科学和社会科学作品。依本款规定，这类作品不是淫秽物品。

4. "有艺术价值"，是指在现实生活中以及文化艺术发展的历史长河中具有较高文学、艺术价值，同时也包含有对性行为、色情等内容的描绘的文学、艺术作品。如中国古典小说《金瓶梅》不仅在文学史上有一定的地位，而且在今天看来仍有较高的文学、艺术价值，是人类文化的遗产。

【司法解释】

《最高人民法院、最高人民检察院关于办理利用互联网、移动通讯终端、声讯台制作、复制、出版、贩卖、传播淫秽电子信息刑事案件具体应用法律若干问题的解释》（法释〔2004〕11号，20040906）

第九条 刑法第三百六十七条第一款规定的"其他淫秽物品"，包括具体描绘性行为或者露骨宣扬色情的诲淫性的视频文件、音频文件、电子刊物、图片、文章、短信息等互联网、移动通讯终端电子信息和声讯台语音信息。

有关人体生理、医学知识的电子信息和声讯台语音信息不是淫秽物品。包含色情内容的有艺术价值的电子文学、艺术作品不视为淫秽物品。

第七章　危害国防利益罪

第三百六十八条　【阻碍军人执行职务罪】以暴力、威胁方法阻碍军人依法执行职务的，处三年以下有期徒刑、拘役、管制或者罚金。

【阻碍军事行动罪】故意阻碍武装部队军事行动，造成严重后果的，处五年以下有期徒刑或者拘役。

第三百六十九条　【破坏武器装备、军事设施、军事通信罪】破坏武器装备、军事设施、军事通信的，处三年以下有期徒刑、拘役或者管制；破坏重要武器装备、军事设施、军事通信的，处三年以上十年以下有期徒刑；情节特别严重的，处十年以上有期徒刑、无期徒刑或者死刑。

【过失损坏武器装备、军事设施、军事通信罪】过失犯前款罪，造成严重后果的，处三年以下有期徒刑或者拘役；造成特别严重后果的，处三年以上七年以下有期徒刑。

战时犯前两款罪的，从重处罚。

【修正前条文】

第三百六十九条　【破坏武器装备、军事设施、军事通信罪】破坏武器装备、军事设施、军事通信的，处三年以下有期徒刑、拘役或者管制；破坏重要武器装备、军事设施、军事通信的，处三年以上十年以下有期徒

刑；情节特别严重的，处十年以上有期徒刑、无期徒刑或者死刑。战时从重处罚。

【修正说明】

刑法修正案（五）第三条增设了过失损坏武器装备、军事设施、军事通信罪。

【司法解释】

《最高人民法院关于审理危害军事通信刑事案件具体应用法律若干问题的解释》（法释〔2007〕13号，20070629）

第一条　故意实施损毁军事通信线路、设备，破坏军事通信计算机信息系统，干扰、侵占军事通信电磁频谱等行为的，依照刑法第三百六十九条第一款的规定，以破坏军事通信罪定罪，处三年以下有期徒刑、拘役或者管制；破坏重要军事通信的，处三年以上十年以下有期徒刑。

第二条　实施破坏军事通信行为，具有下列情形之一的，属于刑法第三百六十九条第一款规定的"情节特别严重"，以破坏军事通信罪定罪，处十年以上有期徒刑、无期徒刑或者死刑：

（一）造成重要军事通信中断或者严重障碍，严重影响部队完成作战任务或者致使部队在作战中遭受损失的；

（二）造成部队执行抢险救灾、军事演习或者处置突发性事件等任务的通信中断或者严重障碍，并因此贻

误部队行动，致使死亡 3 人以上、重伤 10 人以上或者财产损失 100 万元以上的；

（三）破坏重要军事通信三次以上的；

（四）其他情节特别严重的情形。

第三条 过失损坏军事通信，造成重要军事通信中断或者严重障碍的，属于刑法第三百六十九条第二款规定的"造成严重后果"，以过失损坏军事通信罪定罪，处三年以下有期徒刑或者拘役。

第四条 过失损坏军事通信，具有下列情形之一的，属于刑法第三百六十九条第二款规定的"造成特别严重后果"，以过失损坏军事通信罪定罪，处三年以上七年以下有期徒刑：

（一）造成重要军事通信中断或者严重障碍，严重影响部队完成作战任务或者致使部队在作战中遭受损失的；

（二）造成部队执行抢险救灾、军事演习或者处置突发性事件等任务的通信中断或者严重障碍，并因此贻误部队行动，致使死亡 3 人以上、重伤 10 人以上或者财产损失 100 万元以上的；

（三）其他后果特别严重的情形。

第五条 建设、施工单位直接负责的主管人员、施工管理人员，明知是军事通信线路、设备而指使、强令、纵容他人予以损毁的，或者不听管护人员劝阻，指使、强令、纵容他人违章作业，造成军事通信线路、设备损毁的，以破坏军事通信罪定罪处罚。

建设、施工单位直接负责的主管人员、施工管理人员，忽视军事通信线路、设备保护标志，指使、纵容他人违章作业，致使军事通信线路、设备损毁，构成犯罪的，以过失损坏军事通信罪定罪处罚。

第六条 破坏、过失损坏军事通信，并造成公用电信设施损毁，危害公共安全，同时构成刑法第一百二十四条和第三百六十九条规定的犯罪的，依照处罚较重的规定定罪处罚。

盗窃军事通信线路、设备，不构成盗窃罪，但破坏军事通信的，依照刑法第三百六十九条第一款的规定定罪处罚；同时构成刑法第一百二十四条、第二百六十四条和第三百六十九条第一款规定的犯罪的，依照处罚较重的规定定罪处罚。

违反国家规定，侵入国防建设、尖端科学技术领域的军事通信计算机信息系统，尚未对军事通信造成破坏的，依照刑法第二百八十五条的规定定罪处罚；对军事通信造成破坏，同时构成刑法第二百八十五条、第二百八十六条、第三百六十九条第一款规定的犯罪的，依照处罚较重的规定定罪处罚。

违反国家规定，擅自设置、使用无线电台、站，或者擅自占用频率，经责令停止使用后拒不停止使用，干扰无线电通讯正常进行，构成犯罪的，依照刑法第二百八十八条的规定定罪处罚；① 造成军事通信中断或者严重

---

① 刑法修正案（九）第三十条已经删除了"经责令停止使用后拒不停止使用"的入罪要求，实践中应当按修正后的条文执行。——编者注

障碍，同时构成刑法第二百八十八条、第三百六十九条第一款规定的犯罪的，依照处罚较重的规定定罪处罚。

第七条　本解释所称"重要军事通信"，是指军事首脑机关及重要指挥中心的通信，部队作战中的通信，等级战备通信，飞行航行训练、抢险救灾、军事演习或者处置突发性事件中的通信，以及执行试飞试航、武器装备科研试验或者远洋航行等重要军事任务中的通信。

本解释所称军事通信的具体范围、通信中断和严重障碍的标准，参照中国人民解放军通信主管部门的有关规定确定。

第三百七十条　【故意提供不合格武器装备、军事设施罪】明知是不合格的武器装备、军事设施而提供给武装部队的，处五年以下有期徒刑或者拘役；情节严重的，处五年以上十年以下有期徒刑；情节特别严重的，处十年以上有期徒刑、无期徒刑或者死刑。

【过失提供不合格武器装备、军事设施罪】过失犯前款罪，造成严重后果的，处三年以下有期徒刑或者拘役；造成特别严重后果的，处三年以上七年以下有期徒刑。

单位犯第一款罪的，对单位判处罚金，并对其直接负责的主管人员和其他直接责任人员，依照第一款的规定处罚。

【司法解释】

《最高人民检察院、公安部关于公安机关管辖的刑事案件立案追诉标准的规定（一）》（公通字〔2008〕36号，20080625）

第八十七条〔故意提供不合格武器装备、军事设施案（刑法第三百七十条第一款）〕明知是不合格的武器装备、军事设施而提供给武装部队，涉嫌下列情形之一的，应予立案追诉：

（一）造成人员轻伤以上的；

（二）造成直接经济损失十万元以上的；

（三）提供不合格的枪支三支以上、子弹一百发以上、雷管五百枚以上、炸药五千克以上或者其他重要武器装备、军事设施的；

（四）影响作战、演习、抢险救灾等重大任务完成的；

（五）发生在战时的；

（六）其他故意提供不合格武器装备、军事设施应予追究刑事责任的情形。

第八十八条〔过失提供不合格武器装备、军事设施案（刑法第三百七十条第二款）〕过失提供不合格武器装备、军事设施给武装部队，涉嫌下列情形之一的，应予立案追诉：

（一）造成死亡一人或者重伤三人以上的；

（二）造成直接经济损失三十万元以上的；

（三）严重影响作战、演习、抢险救灾等重大任务完成的；

（四）其他造成严重后果的情形。

第三百七十一条　【聚众冲击军事禁区罪】聚众冲击军事禁区，严重扰乱军事禁区秩序的，对首要分子，处五年以上十年以下有期徒刑；对其他积极参加的，处五年以下有期徒刑、拘役、管制或者剥夺政治权利。

【聚众扰乱军事管理区秩序罪】聚众扰乱军事管理区秩序，情节严重，致使军事管理区工作无法进行，造成严重损失的，对首要分子，处三年以上七年以下有期徒刑；对其他积极参加的，处三年以下有期徒刑、拘役、管制或者剥夺政治权利。

【司法解释】

《最高人民检察院、公安部关于公安机关管辖的刑事案件立案追诉标准的规定（一）》（公通字〔2008〕36号，20080625）

第八十九条〔聚众冲击军事禁区案（刑法第三百七十一条第一款）〕组织、策划、指挥聚众冲击军事禁区或者积极参加聚众冲击军事禁区，严重扰乱军事禁区秩序，涉嫌下列情形之一的，应予立案追诉：

（一）冲击三次以上或者一次冲击持续时间较长的；

（二）持械或者采取暴力手段冲击的；

（三）冲击重要军事禁区的；

（四）发生在战时的；

（五）其他严重扰乱军事禁区秩序应予追究刑事责任的情形。

第九十条〔聚众扰乱军事管理区秩序案（刑法第三百七十一条第二款）〕组织、策划、指挥聚众扰乱军事管理区秩序或者积极参加聚众扰乱

军事管理区秩序，致使军事管理区工作无法进行，造成严重损失，涉嫌下列情形之一的，应予立案追诉：

（一）造成人员轻伤以上的；

（二）扰乱三次以上或者一次扰乱持续时间较长的；

（三）造成直接经济损失五万元以上的；

（四）持械或者采取暴力手段的；

（五）扰乱重要军事管理区秩序的；

（六）发生在战时的；

（七）其他聚众扰乱军事管理区秩序应予追究刑事责任的情形。

第三百七十二条 【冒充军人招摇撞骗罪】冒充军人招摇撞骗的，处三年以下有期徒刑、拘役、管制或者剥夺政治权利；情节严重的，处三年以上十年以下有期徒刑。

第三百七十三条 【煽动军人逃离部队罪】【雇用逃离部队军人罪】煽动军人逃离部队或者明知是逃离部队的军人而雇用，情节严重的，处三年以下有期徒刑、拘役或者管制。

【司法解释】

《最高人民检察院、公安部关于公安机关管辖的刑事案件立案追诉标准的规定（一）》（公通字〔2008〕36号，20080625）

第九十一条〔煽动军人逃离部队案（刑法第三百七十三条）〕煽动军人逃离部队，涉嫌下列情形之一的，应予立案追诉：

（一）煽动三人以上逃离部队的；

（二）煽动指挥人员、值班执勤人员或者其他负有重要职责人员逃离部队的；

（三）影响重要军事任务完成的；

（四）发生在战时的；

（五）其他情节严重的情形。

第九十二条〔雇用逃离部队军人案（刑法第三百七十三条）〕明知是逃离部队的军人而雇用，涉嫌下列情形之一的，应予立案追诉：

（一）雇用一人六个月以上的；

（二）雇用三人以上的；

（三）明知是逃离部队的指挥人员、值班执勤人员或者其他负有重要职责人员而雇用的；

（四）阻碍部队将被雇用军人带回的；

（五）其他情节严重的情形。

第三百七十四条 【接送不合格兵员罪】 在征兵工作中徇私舞弊，接送不合格兵员，情节严重的，处三年以下有期徒刑或者拘役；造成特别严重后果的，处三年以上七年以下有期徒刑。

【司法解释】

《最高人民检察院、公安部关于公安机关管辖的刑事案件立案追诉标准的规定（一）》（公通字〔2008〕36号，20080625）

第九十三条〔接送不合格兵员案（刑法第三百七十四条）〕在征兵工作中徇私舞弊，接送不合格兵员，涉嫌下列情形之一的，应予立案追诉：

（一）接送不合格特种条件兵员一名以上或者普通兵员三名以上的；

（二）发生在战时的；

（三）造成严重后果的；

（四）其他情节严重的情形。

第三百七十五条 【伪造、变造、买卖武装部队公文、证件、印章罪】【盗窃、抢夺武装部队公文、证件、印章罪】 伪造、变造、买卖或者盗窃、抢夺武装部队公文、证件、印章的，处三年以下有期徒刑、拘役、管制或者剥夺政治权利；情节严重的，处三年以上十年以下有期徒刑。

【非法生产、买卖武装部队制式服装罪】 非法生产、买卖武装部队制式服装，情节严重的，处三年以下有期徒刑、拘役或者管制，并处或者单处罚金。

【伪造、盗窃、买卖、非法提供、非法使用武装部队专用标志罪】 伪造、盗窃、买卖或者非法提供、使用武装部队车辆号牌等专用标志，情节严重的，处三年以下有期徒刑、拘役或者管制，并处或者单处罚金；情节特别严重的，处三年以上七年以下有期徒刑，并处罚金。

单位犯第二款、第三款罪的，对单位判处罚金，并对其直接负责的主管人员和其他直接责任人员，依照各该款的规定处罚。

【修正前条文】

第三百七十五条 【伪造、变造、买卖武装部队公文、证件、印章罪，盗窃、抢夺武装部队公文、证件、印章罪】伪造、变造、买卖或者盗窃、抢夺武装部队公文、证件、印章的，处三年以下有期徒刑、拘役、管制或者剥夺政治权利；情节严重的，处三年以上十年以下有期徒刑。

【非法生产、买卖军用标志罪】非法生产、买卖武装部队制式服装、车辆号牌等专用标志，情节严重的，处三年以下有期徒刑、拘役或者管制，并处或者单处罚金。

单位犯第二款罪的，对单位判处罚金，并对其直接负责的主管人员和其他直接责任人员，依照该款的规定处罚。

【修正说明】

刑法修正案（七）第十二条对原条文作出下述修改：一是对本条第二款作了修改，将非法生产、买卖武装部队制式服装的犯罪及处罚单独作为一款规定；二是增加一款作为第三款，对伪造、盗窃、买卖或者非法提供、使用武装部队车辆号牌等专用标志的犯罪作了专门的规定；三是将原第三款作为第四款并作了相应的修改。

【司法解释Ⅰ】

《最高人民检察院、公安部关于公安机关管辖的刑事案件立案追诉标准的规定（一）》［公通字〔2008〕36号，20080625，经2017年4月27日发布的《最高人民检察院、公安部关于公安机关管辖的刑事案件立案追诉标准的规定（一）的补充规定》（公通字〔2017〕12号）修正］

第九十四条〔非法生产、买卖武装部队制式服装案（刑法第三百七十

五条第二款）〕非法生产、买卖武装部队制式服装，涉嫌下列情形之一的，应予立案追诉：

（一）非法生产、买卖成套制式服装30套以上，或者非成套制式服装100件以上的；

（二）非法生产、买卖帽徽、领花、臂章等标志服饰合计100件（副）以上的；

（三）非法经营数额2万元以上的；

（四）违法所得数额5千元以上的；

（五）其他情节严重的情形。

买卖仿制的现行装备的武装部队制式服装，情节严重的，应予立案追诉。

第九十四条之一〔伪造、盗窃、买卖、非法提供、非法使用武装部队专用标志案（刑法第三百七十五条第三款）〕伪造、盗窃、买卖或者非法提供、使用武装部队车辆号牌等专用标志，涉嫌下列情形之一的，应予立案追诉：

（一）伪造、盗窃、买卖或者非法提供、使用武装部队军以上领导机关车辆号牌1副以上或者其他车辆号牌3副以上的；

（二）非法提供、使用军以上领导机关车辆号牌之外的其他车辆号牌累计6个月以上的；

（三）伪造、盗窃、买卖或者非法提供、使用军徽、军旗、军种符号或者其他军用标志合计100件（副）以上的；

（四）造成严重后果或者恶劣影响的。

盗窃、买卖、提供、使用伪造、变造的武装部队车辆号牌等专用标志，情节严重的，应予立案追诉。

【司法解释Ⅱ】

《最高人民法院、最高人民检察院关于办理妨害武装部队制式服装、车辆号牌管理秩序等刑事案件具体应用法律若干问题的解释》（法释〔2011〕16 号，20110801）

第一条 伪造、变造、买卖或者盗窃、抢夺武装部队公文、证件、印章，具有下列情形之一的，应当依照刑法第三百七十五条第一款的规定，以伪造、变造、买卖武装部队公文、证件、印章罪或者盗窃、抢夺武装部队公文、证件、印章罪定罪处罚：

（一）伪造、变造、买卖或者盗窃、抢夺武装部队公文一件以上的；

（二）伪造、变造、买卖或者盗窃、抢夺武装部队军官证、士兵证、车辆行驶证、车辆驾驶证或者其他证件二本以上的；

（三）伪造、变造、买卖或者盗窃、抢夺武装部队机关印章、车辆牌证印章或者其他印章一枚以上的。

实施前款规定的行为，数量达到第（一）至（三）项规定标准五倍以上或者造成严重后果的，应当认定为刑法第三百七十五条第一款规定的"情节严重"。

第二条 非法生产、买卖武装部队现行装备的制式服装，具有下列情形之一的，应当认定为刑法第三百七十五条第二款规定的"情节严重"，以非法生产、买卖武装部队制式服装罪定罪处罚：

（一）非法生产、买卖成套制式服装三十套以上，或者非成套制式服装一百件以上的；

（二）非法生产、买卖帽徽、领花、臂章等标志服饰合计一百件（副）以上的；

（三）非法经营数额二万元以上的；

（四）违法所得数额五千元以上的；

（五）具有其他严重情节的。

第三条 伪造、盗窃、买卖或者非法提供、使用武装部队车辆号牌等专用标志，具有下列情形之一的，应当认定为刑法第三百七十五条第三款规定的"情节严重"，以伪造、盗窃、买卖、非法提供、非法使用武装部队专用标志罪定罪处罚：

（一）伪造、盗窃、买卖或者非法提供、使用武装部队军以上领导机关车辆号牌一副以上或者其他车辆号牌三副以上的；

（二）非法提供、使用军以上领导机关车辆号牌之外的其他车辆号牌累计六个月以上的；

（三）伪造、盗窃、买卖或者非法提供、使用军徽、军旗、军种符号或者其他军用标志合计一百件（副）以上的；

（四）造成严重后果或者恶劣影响的。

实施前款规定的行为，具有下列情形之一的，应当认定为刑法第三百七十五条第三款规定的"情节特别严重"：

（一）数量达到前款第（一）、（三）项规定标准五倍以上的；

（二）非法提供、使用军以上领导机关车辆号牌累计六个月以上或者其他车辆号牌累计一年以上的；

（三）造成特别严重后果或者特别恶劣影响的。

第四条 买卖、盗窃、抢夺伪造、变造的武装部队公文、证件、印章的，买卖仿制的现行装备的武装部队制式服装情节严重的，盗窃、买卖、提供、使用伪造、变造的武装部队车辆号牌等专用标志情节严重的，应当追究刑事责任。定罪量刑标准适用本解释第一至第三条的规定。

第五条 明知他人实施刑法第三百七十五条规定的犯罪行为，而为其生产、提供专用材料或者提供资金、账号、技术、生产经营场所等帮助的，以共犯论处。

第六条 实施刑法第三百七十五条规定的犯罪行为，同时又构成逃税、诈骗、冒充军人招摇撞骗等犯罪的，依照处罚较重的规定定罪处罚。

第七条 单位实施刑法第三百七十五条第二款、第三款规定的犯罪行为，对单位判处罚金，并对其直接负责的主管人员和其他直接责任人员，分别依照本解释的有关规定处罚。

第三百七十六条 【战时拒绝、逃避征召、军事训练罪】预备役人员战时拒绝、逃避征召或者军事训练，情节严重的，处三年以下有期徒刑或者拘役。

【战时拒绝、逃避服役罪】公民战时拒绝、逃避服役，情节严重的，处二年以下有期徒刑或者拘役。

【司法解释】

《最高人民检察院、公安部关于公安机关管辖的刑事案件立案追诉标准的规定（一）》（公通字〔2008〕36号，20080625）

第九十五条 〔战时拒绝、逃避征召、军事训练案（刑法第三百七十六条第一款）〕预备役人员战时拒绝、逃避征召或者军事训练，涉嫌下列情形之一的，应予立案追诉：

（一）无正当理由经教育仍拒绝、逃避征召或者军事训练的；

（二）以暴力、威胁、欺骗等手段，或者采取自伤、自残等方式拒绝、逃避征召或者军事训练的；

（三）联络、煽动他人共同拒绝、逃避征召或者军事训练的；

（四）其他情节严重的情形。

第九十六条 〔战时拒绝、逃避服役案（刑法第三百七十六条第二款）〕公民战时拒绝、逃避服役，涉嫌下列情形之一的，应予立案追诉：

（一）无正当理由经教育仍拒绝、逃避服役的；

（二）以暴力、威胁、欺骗等手段，或者采取自伤、自残等方式拒绝、逃避服役的；

（三）联络、煽动他人共同拒绝、逃避服役的；

（四）其他情节严重的情形。

第三百七十七条 【战时故意提供虚假敌情罪】战时故意向武装部队提供虚假敌情，造成严重后果的，处三年以上十年以下有期徒刑；造成特别严重后果的，处十年以上有期徒刑或者无期徒刑。

第三百七十八条 【战时造谣扰乱军心罪】战时造谣惑众，扰乱军心的，处三年以下有期徒刑、拘役或者管制；情节严重的，处三年以上十年以下有期徒刑。

第三百七十九条 【战时窝藏逃离部队军人罪】战时明知是逃离部队的军人而为其提供隐蔽处所、财物，情节严重的，处三年以下有期徒刑或者拘役。

【司法解释】

《最高人民检察院、公安部关于公安机关管辖的刑事案件立案追诉标准的规定（一）》（公通字〔2008〕36号，20080625）

第九十七条〔战时窝藏逃离部队军人案（刑法第三百七十九条）〕战时明知是逃离部队的军人而为其提供隐蔽处所、财物，涉嫌下列情形之一的，应予立案追诉：

（一）窝藏三人次以上的；

（二）明知是指挥人员、值班执勤人员或者其他负有重要职责人员而窝藏的；

（三）有关部门查找时拒不交出的；

（四）其他情节严重的情形。

第三百八十条 【战时拒绝、故意延误军事订货罪】战时拒绝或者故意延误军事订货，情节严重的，对单位判处罚金，并对其直接负责的主管人员和其他直接责任人员，处五年以下有期徒刑或者拘役；造成严重后果的，处五年以上有期徒刑。

【司法解释】

《最高人民检察院、公安部关于公安机关管辖的刑事案件立案追诉标准的规定（一）》（公通字〔2008〕36号，20080625）

第九十八条〔战时拒绝、故意延误军事订货案（刑法第三百八十条）〕战时拒绝或者故意延误军事订货，涉嫌下列情形之一的，应予立案追诉：

（一）拒绝或者故意延误军事订货三次以上的；

（二）联络、煽动他人共同拒绝或者故意延误军事订货的；

（三）拒绝或者故意延误重要军事订货，影响重要军事任务完成的；

（四）其他情节严重的情形。

第三百八十一条 【战时拒绝军事征收、征用罪】战时拒绝军事征收、征用，情节严重的，处三年以下有期徒刑或者拘役。

【相关立法】

《全国人民代表大会常务委员会关于修改部分法律的决定》（20090827）

二、对下列法律和法律解释中关于"征用"的规定作出修改

（一）将下列法律和法律解释中的"征用"修改为"征收、征用"

12.《中华人民共和国刑法》第三百八十一条、第四百一十条

【司法解释】

《最高人民检察院、公安部关于公安机关管辖的刑事案件立案追诉标准的规定（一）》〔公通字〔2008〕36 号，20080625，经 2017 年 4 月 27 日发布的《最高人民检察院、公安部关于公安机关管辖的刑事案件立案追诉标准的规定（一）的补充规定》（公通字〔2017〕12 号）修正〕

第九十九条〔战时拒绝军事征收、征用案（刑法第三百八十一条）〕战时拒绝军事征收、征用，涉嫌下列情形之一的，应予立案追诉：

（一）无正当理由拒绝军事征收、征用 3 次以上的；

（二）采取暴力、威胁、欺骗等手段拒绝军事征收、征用的；

（三）联络、煽动他人共同拒绝军事征收、征用的；

（四）拒绝重要军事征收、征用，影响重要军事任务完成的；

（五）其他情节严重的情形。

第八章　贪污贿赂罪

【司法解释 I】

《最高人民法院、最高人民检察院关于办理贪污贿赂刑事案件适用法律若干问题的解释》（法释〔2016〕9号，20160418）

第一条　贪污或者受贿数额在三万元以上不满二十万元的，应当认定为刑法第三百八十三条第一款规定的"数额较大"，依法判处三年以下有期徒刑或者拘役，并处罚金。

贪污数额在一万元以上不满三万元，具有下列情形之一的，应当认定为刑法第三百八十三条第一款规定的"其他较重情节"，依法判处三年以下有期徒刑或者拘役，并处罚金：

（一）贪污救灾、抢险、防汛、优抚、扶贫、移民、救济、防疫、社会捐助等特定款物的；

（二）曾因贪污、受贿、挪用公款受过党纪、行政处分的；

（三）曾因故意犯罪受过刑事追究的；

（四）赃款赃物用于非法活动的；

（五）拒不交待赃款赃物去向或者拒不配合追缴工作，致使无法追缴的；

（六）造成恶劣影响或者其他严重后果的。

受贿数额在一万元以上不满三万元，具有前款第二项至第六项规定的

情形之一，或者具有下列情形之一的，应当认定为刑法第三百八十三条第一款规定的"其他较重情节"，依法判处三年以下有期徒刑或者拘役，并处罚金：

（一）多次索贿的；

（二）为他人谋取不正当利益，致使公共财产、国家和人民利益遭受损失的；

（三）为他人谋取职务提拔、调整的。

第二条　贪污或者受贿数额在二十万元以上不满三百万元的，应当认定为刑法第三百八十三条第一款规定的"数额巨大"，依法判处三年以上十年以下有期徒刑，并处罚金或者没收财产。

贪污数额在十万元以上不满二十万元，具有本解释第一条第二款规定的情形之一的，应当认定为刑法第三百八十三条第一款规定的"其他严重情节"，依法判处三年以上十年以下有期徒刑，并处罚金或者没收财产。

受贿数额在十万元以上不满二十万元，具有本解释第一条第三款规定的情形之一的，应当认定为刑法第三百八十三条第一款规定的"其他严重情节"，依法判处三年以上十年以下有期徒刑，并处罚金或者没收财产。

第三条　贪污或者受贿数额在三百万元以上的，应当认定为刑法第三

百八十三条第一款规定的"数额特别巨大"，依法判处十年以上有期徒刑、无期徒刑或者死刑，并处罚金或者没收财产。

贪污数额在一百五十万元以上不满三百万元，具有本解释第一条第二款规定的情形之一的，应当认定为刑法第三百八十三条第一款规定的"其他特别严重情节"，依法判处十年以上有期徒刑、无期徒刑或者死刑，并处罚金或者没收财产。

受贿数额在一百五十万元以上不满三百万元，具有本解释第一条第三款规定的情形之一的，应当认定为刑法第三百八十三条第一款规定的"其他特别严重情节"，依法判处十年以上有期徒刑、无期徒刑或者死刑，并处罚金或者没收财产。

第四条　贪污、受贿数额特别巨大，犯罪情节特别严重、社会影响特别恶劣、给国家和人民利益造成特别重大损失的，可以判处死刑。

符合前款规定的情形，但具有自首，立功，如实供述自己罪行、真诚悔罪、积极退赃，或者避免、减少损害结果的发生等情节，不是必须立即执行的，可以判处死刑缓期二年执行。

符合第一款规定情形的，根据犯罪情节等情况可以判处死刑缓期二年执行，同时裁判决定在其死刑缓期执行二年期满依法减为无期徒刑后，终身监禁，不得减刑、假释。

……

第十条　刑法第三百八十八条之一规定的利用影响力受贿罪的定罪量刑适用标准，参照本解释关于受贿罪的规定执行。

刑法第三百九十条之一规定的对有影响力的人行贿罪的定罪量刑适用标准，参照本解释关于行贿罪的规定执行。

单位对有影响力的人行贿数额在二十万元以上的，应当依照刑法第三百九十条之一的规定以对有影响力的人行贿罪追究刑事责任。

……

第十二条　贿赂犯罪中的"财物"，包括货币、物品和财产性利益。财产性利益包括可以折算为货币的物质利益如房屋装修、债务免除等，以及需要支付货币的其他利益如会员服务、旅游等。后者的犯罪数额，以实际支付或者应当支付的数额计算。

……

第十六条　国家工作人员出于贪污、受贿的故意，非法占有公共财物、收受他人财物之后，将赃款赃物用于单位公务支出或者社会捐赠的，不影响贪污罪、受贿罪的认定，但量刑时可以酌情考虑。

特定关系人索取、收受他人财物，国家工作人员知道后未退还或者上交的，应当认定国家工作人员具有受贿故意。

……

第十八条　贪污贿赂犯罪分子违法所得的一切财物，应当依照刑法第六十四条的规定予以追缴或者责令退赔，对被害人的合法财产应当及时返还。对尚未追缴到案或者尚未足额退赔的违法所得，应当继续追缴或者责令退赔。

第十九条　对贪污罪、受贿罪判处三年以下有期徒刑或者拘役的，应当并处十万元以上五十万元以下的罚金；判处三年以上十年以下有期徒刑的，应当并处二十万元以上犯罪数额二倍以下的罚金或者没收财产；判处十年以上有期徒刑或者无期徒刑的，应当并处五十万元以上犯罪数额二倍以下的罚金或者没收财产。

对刑法规定并处罚金的其他贪污贿赂犯罪，应当在十万元以上犯罪数额二倍以下判处罚金。

第二十条　本解释自 2016 年 4 月 18 日起施行。最高人民法院、最高人民检察院此前发布的司法解释与本解释不一致的，以本解释为准。

【司法解释 I · 注释】

1. 《最高人民法院、最高人民检察院关于办理贪污贿赂刑事案件适用法律若干问题的解释》（以下简称《贪贿解释》）对贪污贿赂犯罪的定罪量刑标准作了较大调整，在选择适用新旧法律、新旧司法解释时，要注意正确理解和执行从旧兼从轻的法律和司法解释适用原则。

第一，对于 2015 年 10 月 31 日以前实施的贪污罪、受贿罪，一般适用新法、新解释。即：适用刑法修正案（九）修正后规定将判处更轻自由刑的，适用修正后刑法和《贪贿解释》规定。其中，修正前刑法未规定罚金刑但修正后刑法规定了罚金刑的，应当按照《贪贿解释》确定的判罚标准一并适用修正后刑法有关罚金刑的规定；一审在刑法修正案（九）实施之

前已经判处没收财产刑的，二审可以按照《贪贿解释》确定的判罚标准改判罚金刑。

第二，对于 2015 年 10 月 31 日以前实施的行贿罪，一般适用旧法新解释。由于刑法修正案（九）对行贿罪增加规定了罚金刑并对行贿罪规定了更加严格的从宽处罚适用条件，故一般应当适用修正前刑法。同时，由于刑法修正案（九）未对行贿罪的基础法定刑作出修改，《贪贿解释》有关行贿罪的主刑判罚标准可以溯及修正前的行贿罪刑法规定，较之于前述《行贿解释》，适用《贪贿解释》对被告人有利的，适用《贪贿解释》。

2. 对于贪污罪的定罪量刑情节，《贪贿解释》第一条第二款明确了五种具体情形，简要说明如下：

第（一）项"贪污救灾、抢险、防汛、优抚、扶贫、移民、救济、防疫、社会捐助等特定款物的"中的"等"字，实践中要注意从两个方面来把握：一是这里的"等"为"等外等"，这也是法律文件中"等"字的通常性理解，所以，特定款物不限于列明的九种款物；二是其他特定款物的认定要从严掌握，只有与所列举的款物具有实质相当性的款物才可以认定为特定款物，具体可以从事项重要性、用途特定性以及时间紧迫性等方面进行判断。

第（二）（三）项是曾因贪污、受贿、挪用公款受过党纪、行政处分或者因故意犯罪受过刑事追究的。适用本规定时需要注意以下两点：一是严格限定党纪、行政处分的事由为贪污、

受贿、挪用公款三种具体职务违纪违法行为。二是对刑事追究的理解。鉴于实践中受过刑事追究的仍有担任公职特别是在国家出资企业任职的情况，且由于工作衔接等原因，受过刑事追究的未必都进行过党纪、行政处分，故《贪贿解释》第（三）项对因故意犯罪受过刑事追究的情形一并作出规定。文字表述上之所以用"刑事追究"而非"刑事处罚"，主要是考虑到较轻的刑事犯罪还有不起诉或者免予刑事处罚等处理措施，"刑事追究"一词更具包容性。三是对故意犯罪的理解。故意犯罪侧重于主观恶性，不能因为一些过失犯罪的刑罚重于故意犯罪而对这里的故意犯罪人为设限。但是，综合全案情节，贪污、受贿行为确实属于情节显著轻微危害不大，符合刑法第十三条但书条款规定的，可以不作为犯罪处理。

第（四）项是赃款赃物用于非法活动的。适用本项规定时要注意避免绝对化理解：一方面，不要求赃款赃物全部或者大部分用于非法活动；另一方面，用于非法活动的赃款赃物数额需要达到一定程度，对于用于非法活动的赃款赃物比较小的，不宜适用本项规定。"度"的具体把握，实践中可以根据个案情况结合非法活动的比例数和绝对数综合判断。

第（六）项规定了造成恶劣影响或者其他严重后果的情节。作为兜底条款，本项规定对危害结果予以特别强调，本质上是结果加重情节，所以，在开放性程度上与其他司法解释文件的相关规定是有所不同的。具体适用

本项规定时，一方面要注意发挥其兜底性作用，这里的影响或者后果不局限于物质层面的损失；另一方面要注意结合《贪贿解释》的本意从严掌握，影响或者后果必须实际发生且为相关证据证明。

3. 对于受贿罪的定罪量刑情节，除《贪贿解释》第一条第二款规定的第二至六种情形外，《贪贿解释》第一条第三款针对受贿罪的特点另外规定了三种情形，分别说明如下：

第一，第（一）项是多次索贿。对于这里的"多次"，实践中要注意结合行为人的主观目的、索贿事由、对象等进行具体认定，避免单纯形式化的理解。比如，基于一笔款项10万元的索贿目的经多次索要才陆续得逞的，不宜认定为多次索贿；同时向多个不同的对象索贿的，也应当认定为多次索贿。此外，这里的"多次"没有时间限定，不论时间长短，凡是基于具体职务行为索要贿赂的，均应一并纳入犯罪处理。

第二，第（二）项是为他人谋取不正当利益，致使公共财产、国家和人民利益遭受损失。受贿罪以为他人谋取利益为法定要件，但是否实际为他人谋取利益、所谋取的利益正当与否均不影响受贿罪的认定。从损害结果的角度，受贿罪存在三种情形，分别是：收受财物后未实施相关职务行为；收受财物后正常履职；收受财物后违法行使职权为他人谋取不正当利益。第三种情形直接以妨害公权力正当行使、损害国家或者他人利益为交换条件，具有明显更为严重的危害性，

理应从严惩处。

第三，第（三）项是为他人谋取职务提拔、调整。适用本项规定时需要注意以下几点：一是为他人谋取职务提拔、调整不要求实际谋取，承诺、实施、实现三个阶段中任何一个阶段的行为均应认定为本项规定的情形。《贪贿解释》第七条关于行贿罪定罪量刑情节规定中的谋取职务提拔、调整也作此理解。二是职务调整包括职务的平级调整，但是，离职、退休等不再具有国家工作人员公职身份的调整一般不宜认定为这里的职务调整。

4. 死刑立即执行仅适用于极个别罪行极其严重的贪污受贿犯罪分子。《贪贿解释》第四条第一款规定的"特别重大损失"，包括但不限于物质损失。对于贪污、受贿犯罪判处死缓的，首先考虑适用的是一般死缓，而非终身监禁，以此避免实践中可能出现的、不加区分地一概适用终身监禁，从而加重原本就应当判处一般死缓的被告人刑罚的不当做法。终身监禁主要适用于原本可能判处死刑立即执行的情形；在一、二审作出死缓裁判的同时应当一并作出终身监禁的决定，而不能等到死缓执行期间届满再视情而定，以此强调终身监禁不受执行期间重大立功等服刑表现的影响。

5. 只有当贪污、受贿故意得以认定时，用于公务支出或者社会捐赠才不影响定罪。对于行为时犯罪故意不明确或者不能证明存在贪污或者个人受贿故意的，则应根据案件事实并结合赃款赃物具体去向实事求是地加以认定。

【司法解释Ⅱ】

《最高人民检察院关于贪污养老、医疗等社会保险基金能否适用〈最高人民法院、最高人民检察院关于办理贪污贿赂刑事案件适用法律若干问题的解释〉第一条第二款第一项规定的批复》（高检发释字〔2017〕1号，20170807）

养老、医疗、工伤、失业、生育等社会保险基金可以认定为《最高人民法院、最高人民检察院关于办理贪污贿赂刑事案件适用法律若干问题的解释》第一条第二款第一项规定的"特定款物"。

根据刑法和有关司法解释规定，贪污罪和挪用公款罪中的"特定款物"的范围有所不同，实践中应注意区分，依法适用。

【司法解释Ⅲ】

《最高人民法院、最高人民检察院关于办理妨害预防、控制突发传染病疫情等灾害的刑事案件具体应用法律若干问题的解释》（法释〔2003〕8号，20030515）

第十四条第一款 贪污、侵占用于预防、控制突发传染病疫情等灾害的款物或者挪用归个人使用，构成犯罪的，分别依照刑法第三百八十二条、第三百八十三条、第二百七十一条、第三百八十四条、第二百七十二条的规定，以贪污罪、侵占罪、挪用公款罪、挪用资金罪定罪，依法从重处罚。

【司法指导文件Ⅰ】

《最高人民法院、最高人民检察院

关于办理职务犯罪案件严格适用缓刑、免予刑事处罚若干问题的意见》（法发〔2012〕17号，20120808）

为进一步规范贪污贿赂、渎职等职务犯罪案件缓刑、免予刑事处罚的适用，确保办理职务犯罪案件的法律效果和社会效果，根据刑法有关规定并结合司法工作实际，就职务犯罪案件缓刑、免予刑事处罚的具体适用问题，提出以下意见：

一、严格掌握职务犯罪案件缓刑、免予刑事处罚的适用。职务犯罪案件的刑罚适用直接关系反腐败工作的实际效果。人民法院、人民检察院要深刻认识职务犯罪的严重社会危害性，正确贯彻宽严相济刑事政策，充分发挥刑罚的惩治和预防功能。要在全面把握犯罪事实和量刑情节的基础上严格依照刑法规定的条件适用缓刑、免予刑事处罚，既要考虑从宽情节，又要考虑从严情节；既要做到刑罚与犯罪相当，又要做到刑罚执行方式与犯罪相当，切实避免缓刑、免予刑事处罚不当适用造成的消极影响。

二、具有下列情形之一的职务犯罪分子，一般不适用缓刑或者免予刑事处罚：

（一）不如实供述罪行的；

（二）不予退缴赃款赃物或者将赃款赃物用于非法活动的；

（三）属于共同犯罪中情节严重的主犯的；

（四）犯有数个职务犯罪依法实行并罚或者以一罪处理的；

（五）曾因职务违纪违法行为受过行政处分的；

（六）犯罪涉及的财物属于救灾、抢险、防汛、优抚、扶贫、移民、救济、防疫等特定款物的；

（七）受贿犯罪中具有索贿情节的；

（八）渎职犯罪中徇私舞弊情节或者滥用职权情节恶劣的；

（九）其他不应适用缓刑、免予刑事处罚的情形。

三、不具有本意见第二条规定的情形，全部退缴赃款赃物，依法判处三年有期徒刑以下刑罚，符合刑法规定的缓刑适用条件的贪污、受贿犯罪分子，可以适用缓刑；符合刑法第三百八十三条第一款第（三）项的规定，依法不需要判处刑罚的，可以免予刑事处罚。

不具有本意见第二条所列情形，挪用公款进行营利活动或者超过三个月未还构成犯罪，一审宣判前已将公款归还，依法判处三年有期徒刑以下刑罚，符合刑法规定的缓刑适用条件的，可以适用缓刑；在案发前已归还，情节轻微，不需要判处刑罚的，可以免予刑事处罚。

四、人民法院审理职务犯罪案件时应当注意听取检察机关、被告人、辩护人提出的量刑意见，分析影响性案件案发前后的社会反映，必要时可以征求案件查办等机关的意见。对于情节恶劣、社会反映强烈的职务犯罪案件，不得适用缓刑、免予刑事处罚。

五、对于具有本意见第二条规定的情形之一，但根据全案事实和量刑情节，检察机关认为确有必要适用缓刑或者免予刑事处罚并据此提出量刑建议的，应经检察委员会讨论决定；审理法院认为确有必要适用缓刑或者免予刑事处罚的，应经审判委员会讨论决定。

【司法指导文件Ⅱ】

《最高人民检察院关于充分发挥检察职能依法保障和促进科技创新的意见》（高检发〔2016〕9号，20160707）

7. 准确把握法律政策界限。……办案中要正确区分罪与非罪界限：对于身兼行政职务的科研人员特别是学术带头人，要区分其科研人员与公务人员的身份，特别是要区分科技创新活动与公务管理，正确把握科研人员以自身专业知识提供咨询等合法兼职获利的行为，与利用审批、管理等行政权力索贿受贿的界限；要区分科研人员合法的股权分红、知识产权收益、科技成果转化收益分配与贪污、受贿之间的界限；要区分科技创新探索失败、合理损耗与骗取科研立项、虚增科研经费投入的界限；要区分突破现有规章制度，按照科技创新需求使用科研经费与贪污、挪用、私分科研经费的界限；要区分风险投资、创业等造成的正常亏损与失职渎职的界限。……

【司法指导文件Ⅲ】

《最高人民法院、最高人民检察院关于办理职务犯罪案件认定自首、立功等量刑情节若干问题的意见》（法发〔2009〕13号，20090312）

为依法惩处贪污贿赂、渎职等职务犯罪，根据刑法和相关司法解释的规定，结合办案工作实际，现就办理职务犯罪案件有关自首、立功等量刑情节的认定和处理问题，提出如下意见：

一、关于自首的认定和处理

根据刑法第六十七条第一款的规定，成立自首需同时具备自动投案和如实供述自己的罪行两个要件。犯罪事实或者犯罪分子未被办案机关掌握，或者虽被掌握，但犯罪分子尚未受到调查谈话、讯问，或者未被宣布采取调查措施或者强制措施时，向办案机关投案的，是自动投案。在此期间如实交代自己的主要犯罪事实，应当认定为自首。

犯罪分子向所在单位等办案机关以外的单位、组织或者有关负责人员投案的，应当视为自动投案。

没有自动投案，在办案机关调查谈话、讯问、采取调查措施或者强制措施期间，犯罪分子如实交代办案机关掌握的线索所针对的事实的，不能认定为自首。

没有自动投案，但具有以下情形之一的，以自首论：（1）犯罪分子如实交代办案机关未掌握的罪行，与办案机关已掌握的罪行属不同种罪行的；（2）办案机关所掌握线索针对的犯罪事实不成立，在此范围外犯罪分子交代同种罪行的。

单位犯罪案件中，单位集体决定或者单位负责人决定而自动投案，如实交代单位犯罪事实的，或者单位直接负责的主管人员自动投案，如实交代单位犯罪事实的，应当认定为单位自首。单位自首的，直接负责的主管人员和直接责任人员未自动投案，但如实交代自己知道的犯罪事实的，可以视为自首；拒不交代自己知道的犯罪事实或者逃避法律追究的，不应当认定为自首。单位没有自首，直接责任人员自动投案并如实交代自己知道的犯罪事实的，对该直接责任人员应当认定为自首。

对于具有自首情节的犯罪分子，办案机关移送案件时应当予以说明并移交相关证据材料。

对于具有自首情节的犯罪分子，应当根据犯罪的事实、性质、情节和对于社会的危害程度，结合自动投案的动机、阶段、客观环境，交代犯罪事实的完整性、稳定性以及悔罪表现等具体情节，依法决定是否从轻、减轻或者免除处罚以及从轻、减轻处罚的幅度。

二、关于立功的认定和处理

立功必须是犯罪分子本人实施的行为。为使犯罪分子得到从轻处理，犯罪分子的亲友直接向有关机关揭发他人犯罪行为，提供侦破其他案件的重要线索，或者协助司法机关抓捕其他犯罪嫌疑人的，不应当认定为犯罪分子的立功表现。

据以立功的他人罪行材料应当指明具体犯罪事实；据以立功的线索或者协助行为对于侦破案件或者抓捕犯罪嫌疑人要有实际作用。犯罪分子揭发他人犯罪行为时没有指明具体犯罪事实的；揭发的犯罪事实与查实的犯罪事实不具有关联性的；提供的线索或者协助行为对于其他案件的侦破或者其他犯罪嫌疑人的抓捕不具有实际作用的，不能认定为立功表现。

犯罪分子揭发他人犯罪行为，提供侦破其他案件重要线索的，必须经查证属实，才能认定为立功。审查是否构成立功，不仅要审查办案机关的说明材料，还要审查有关事实和证据以及与案件定性处罚相关的法律文书，如立案决定书、逮捕决定书、侦查终结报告、起诉意见书、起诉书或者判决书等。

据以立功的线索、材料来源有下列情形之一的，不能认定为立功：（1）本人通过非法手段或者非法途径获取的；（2）本人因原担任的查禁犯罪等职务获取的；（3）他人违反监管规定向犯罪分子提供的；（4）负有查禁犯罪活动职责的国家机关工作人员或者其他国家工作人员利用职务便利提供的。

犯罪分子检举、揭发的他人犯罪，提供侦破其他案件的重要线索，阻止他人的犯罪活动，或者协助司法机关抓捕的其他犯罪嫌疑人，犯罪嫌疑人、被告人依法可能被判处无期徒刑以上刑罚的，应当认定为有重大立功表现。其中，可能被判处无期徒刑以上刑罚，是指根据犯罪行为的事实、情节可能判处无期徒刑以上刑罚。案件已经判决的，以实际判处的刑罚为准。但是，根据犯罪行为的事实、情节应当判处无期徒刑以上刑罚，因被判刑人有法定情节经依法从轻、减轻处罚后判处有期徒刑的，应当认定为重大立功。

对于具有立功情节的犯罪分子，应当根据犯罪的事实、性质、情节和对于社会的危害程度，结合立功表现所起作用的大小、所破获案件的罪行轻重、所抓获犯罪嫌疑人可能判处的法定刑以及立功的时机等具体情节，依法决定是否从轻、减轻或者免除处罚以及从轻、减轻处罚的幅度。

三、关于如实交代犯罪事实的认定和处理

犯罪分子依法不成立自首，但如实交代犯罪事实，有下列情形之一的，可以酌情从轻处罚：（1）办案机关掌握部分犯罪事实，犯罪分子交代了同种其他犯罪事实的；（2）办案机关掌握的证据不充分，犯罪分子如实交代有助于收集定案证据的。

犯罪分子如实交代犯罪事实，有下列情形之一的，一般应当从轻处罚：（1）办案机关仅掌握小部分犯罪事实，犯罪分子交代了大部分未被掌握的同种犯罪事实的；（2）如实交代对于定案证据的收集有重要作用的。

四、关于赃款赃物追缴等情形的处理

贪污案件中赃款赃物全部或者大部分追缴的，一般应当考虑从轻处罚。

受贿案件中赃款赃物全部或者大部分追缴的，视具体情况可以酌定从轻处罚。

犯罪分子及其亲友主动退赃或者在办案机关追缴赃款赃物过程中积极配合的，在量刑时应当与办案机关查办案件过程中依职权追缴赃款赃物的有所区别。

职务犯罪案件立案后，犯罪分子及其亲友自行挽回的经济损失，司法机关或者犯罪分子所在单位及其上级主管部门挽回的经济损失，或者因客观原因减少的经济损失，不予扣减，但可以作为酌情从轻处罚的情节。

【司法指导文件Ⅳ】

《最高人民法院研究室关于对行为人通过伪造国家机关公文、证件担任国家工作人员职务并利用职务上的便利侵占本单位财物、收受贿赂、挪用本单位资金等行为如何适用法律问题的答复》（法研〔2004〕38 号，20040330）

行为人通过伪造国家机关公文、证件担任国家工作人员职务以后，又利用职务上的便利实施侵占本单位财物、收受贿赂、挪用本单位资金等行为，构成犯罪的，应当分别以伪造国家机关公文、证件罪和相应的贪污罪、受贿罪、挪用公款罪等追究刑事责任，实行数罪并罚。

第三百八十二条 【贪污罪】国家工作人员利用职务上的便利，侵吞、窃取、骗取或者以其他手段非法占有公共财物的，是贪污罪。

受国家机关、国有公司、企业、事业单位、人民团体委托管理、经营国有财产的人员，利用职务上的便利，侵吞、窃取、骗取或者以其他手段非法占有国有财物的，以贪污论。

与前两款所列人员勾结，伙同贪污的，以共犯论处。

【司法解释Ⅰ】

《最高人民检察院关于人民检察院直接受理立案侦查案件立案标准的规定（试行）》（高检发释字〔1999〕2 号，19990916）

一、贪污贿赂犯罪案件

（一）贪污案（第 382 条、第 383

条，第 183 条第 2 款，第 271 条第 2
款，第 394 条）

贪污罪是指国家工作人员利用职
务上的便利，侵吞、窃取、骗取或者
以其他手段非法占有公共财物的行为。

"利用职务上的便利"是指利用
职务上主管、管理、经手公共财物的
权力及方便条件。

受国家机关、国有公司、企业、
事业单位、人民团体委托管理、经营
国有财产的人员，利用职务上的便利，
侵吞、窃取、骗取或者以其他手段非
法占有国有财物的，以贪污罪追究其
刑事责任。

"受委托管理、经营国有财产"
是指因承包、租赁、聘用等而管理、
经营国有财产。

国有保险公司的工作人员和国有
保险公司委派到非国有保险公司从事
公务的人员利用职务上的便利，故意
编造未曾发生的保险事故进行虚假理
赔，骗取保险金归自己所有的，以贪
污罪追究刑事责任。

国有公司、企业或者其他国有单
位中从事公务的人员和国有公司、企
业或者其他国有单位委派到非国有公
司、企业以及其他非国有单位从事公
务的人员，利用职务上的便利，将本
单位财物非法占为己有的，以贪污罪
追究刑事责任。

国家工作人员在国内公务活动或
者对外交往中接受礼物，依照国家规
定应当交公而不交公，数额较大的，
以贪污罪追究刑事责任。

【司法解释Ⅱ】

《最高人民法院关于审理贪污、职
务侵占案件如何认定共同犯罪几个问
题的解释》（法释〔2000〕15 号，
20000708）

第一条　行为人与国家工作人员
勾结，利用国家工作人员的职务便利，
共同侵吞、窃取、骗取或者以其他手
段非法占有公共财物的，以贪污罪共
犯论处。

第二条　行为人与公司、企业或
者其他单位的人员勾结，利用公司、
企业或者其他单位人员的职务便利，
共同将该单位财物非法占为己有，数
额较大的，以职务侵占罪共犯论处。

第三条　公司、企业或者其他单
位中，不具有国家工作人员身份的人
与国家工作人员勾结，分别利用各自
的职务便利，共同将本单位财物非法
占为己有的，按照主犯的犯罪性质
定罪。

【司法指导文件Ⅰ】

《全国法院审理经济犯罪案件工
作座谈会纪要》（法〔2003〕167 号，
20031113）

二、关于贪污罪

（一）贪污罪既遂与未遂的认定

贪污罪是一种以非法占有为目的
的财产性职务犯罪，与盗窃、诈骗、
抢夺等侵犯财产罪一样，应当以行为
人是否实际控制财物作为区分贪污罪
既遂与未遂的标准。对于行为人利用
职务上的便利，实施了虚假平账等贪
污行为，但公共财物尚未实际转移，
或者尚未被行为人控制就被查获的，

应当认定为贪污未遂；行为人控制公共财物后，是否将财物据为己有，不影响贪污既遂的认定。

（二）"受委托管理、经营国有财产"的认定

刑法第三百八十二条第二款规定的"受委托管理、经营国有财产"，是指因承包、租赁、临时聘用等管理、经营国有财产。

（三）国家工作人员与非国家工作人员勾结共同非法占有单位财物行为的认定

对于国家工作人员与他人勾结，共同非法占有单位财物的行为，应当按照《最高人民法院关于审理贪污、职务侵占案件如何认定共同犯罪几个问题的解释》的规定定罪处罚。对于在公司、企业或者其他单位中，非国家工作人员与国家工作人员勾结，分别利用各自的职务便利，共同将本单位财物非法占有的，应当尽量区分主从犯，按照主犯的犯罪性质定罪。司法实践中，如果根据案件的实际情况，各共同犯罪人在共同犯罪中的地位、作用相当，难以区分主从犯的，可以贪污罪定罪处罚。

（四）共同贪污犯罪中"个人贪污数额"的认定

刑法第三百八十三条第一款规定的"个人贪污数额"，在共同贪污犯罪案件中应理解为个人所参与或者组织、指挥共同贪污的数额，不能只按个人实际分得的赃款数额来认定。对共同贪污犯罪中的从犯，应当按照其所参与的共同贪污的数额确定量刑幅度，并依照刑法第二十七条第二款的

规定，从轻、减轻处罚或者免除处罚。

【司法指导文件Ⅱ】

《最高人民法院、最高人民检察院关于办理国家出资企业中职务犯罪案件具体应用法律若干问题的意见》（法发〔2010〕49 号，20101126）

一、关于国家出资企业工作人员在改制过程中隐匿公司、企业财产归个人持股的改制后公司、企业所有的行为的处理

国家工作人员或者受国家机关、国有公司、企业、事业单位、人民团体委托管理、经营国有财产的人员利用职务上的便利，在国家出资企业改制过程中故意通过低估资产、隐瞒债权、虚设债务、虚构产权交易等方式隐匿公司、企业财产，转为本人持有股份的改制后公司、企业所有，应当依法追究刑事责任的，依照刑法第三百八十二条、第三百八十三条的规定，以贪污罪定罪处罚。贪污数额一般应当以所隐匿财产全额计算；改制后公司、企业仍有国有股份的，按股份比例扣除归于国有的部分。

所隐匿财产在改制过程中已为行为人实际控制，或者国家出资企业改制已经完成的，以犯罪既遂处理。

第一款规定以外的人员实施该款行为的，依照刑法第二百七十一条的规定，以职务侵占罪定罪处罚；第一款规定以外的人员与第一款规定的人员共同实施该款行为的，以贪污罪的共犯论处。

在企业改制过程中未采取低估资产、隐瞒债权、虚设债务、虚构产权

交易等方式故意隐匿公司、企业财产的，一般不应当认定为贪污；造成国有资产重大损失，依法构成刑法第一百六十八条或者第一百六十九条规定的犯罪的，依照该规定定罪处罚。

二、关于国有公司、企业在改制过程中隐匿公司、企业财产归职工集体持股的改制后公司所有的行为的处理

国有公司、企业违反国家规定，在改制过程中隐匿公司、企业财产，转为职工集体持股的改制后公司、企业所有的，对其直接负责的主管人员和其他直接责任人员，依照刑法第三百九十六条第一款的规定，以私分国有资产罪定罪处罚。

改制后的公司、企业中只有改制前公司、企业的管理人员或者少数职工持股，改制前公司、企业的多数职工未持股的，依照本意见第一条的规定，以贪污罪定罪处罚。

……

四、关于国家工作人员在企业改制过程中的渎职行为的处理

……

国家出资企业中的国家工作人员在公司、企业改制或者国有资产处置过程中徇私舞弊，将国有资产低价折股或者低价出售给特定关系人持有股份或者本人实际控制的公司、企业，致使国家利益遭受重大损失的，依照刑法第三百八十二条、第三百八十三条的规定，以贪污罪定罪处罚。贪污数额以国有资产的损失数额计算。

……

五、关于改制前后主体身份发生变化的犯罪的处理

国家工作人员在国家出资企业改制前利用职务上的便利实施犯罪，在其不再具有国家工作人员身份后又实施同种行为，依法构成不同犯罪的，应当分别定罪，实行数罪并罚。

国家工作人员利用职务上的便利，在国家出资企业改制过程中隐匿公司、企业财产，在其不再具有国家工作人员身份后将所隐匿财产据为己有的，依照刑法第三百八十二条、第三百八十三条的规定，以贪污罪定罪处罚。

……

【司法指导文件Ⅱ·注释】

1. 关于国家出资企业工作人员在改制过程中隐匿公司、企业财产归个人持股的改制后公司、企业所有的行为的定性处理。

（1）关于性质认定。

第一，本款规定的行为在客观方面须同时具备两个要件。一是行为人在改制后的企业拥有股份，否则一般应以渎职犯罪处理；二是属于个人或者少数管理层的行为，如出于改制前企业的单位意志，改制后职工均享利益的行为，一般应以私分国有资产罪论处。

第二，本款规定的行为在主观方面须出于故意。只有采取弄虚作假的手段故意隐匿、侵吞国有资产的行为才构成本款规定的犯罪。改制过程中因工作失误造成资产流失，比如因财务账册、资产管理方面的原因造成资产清查不全面、不准确，资产评估价格偏低或者漏估等，或者经地方政府

同意将国有资产处分给改制后企业，行为人未实施故意隐匿企业财产的行为，因不符合贪污罪的基本特征要件，不能以贪污罪定罪处罚，其中符合渎职犯罪构成要件的，可以渎职犯罪追究刑事责任。

第三，隐匿债权不影响贪污罪的认定。债权也可以成为贪污罪的对象。低估资产、隐瞒债权、虚设债务、虚构产权交易等均属隐匿企业财产的具体行为方式。

（2）关于贪污数额的计算。

第一，原则上应以行为人隐匿财产的全额计算贪污数额。个人所占股份比例情况，在量刑时可予酌情考虑，但不得据此随意更改数额认定的一般规则。此外，实践中还存在按照在案被起诉的共同参与人所占全部比例计算贪污数额的情形，此做法同样是错误的，应予纠正。

第二，作为例外，国有股份所占比例部分可予扣除。在坚持全额认定的基础上，对于改制后公司、企业仍保留有国有股份的，认定贪污数额时可按比例扣除归于国有的部分。其基本立足点在于是否造成了国有资产损失。

第三，行为人在改制前企业已经占有股份的，不影响贪污数额的认定。

（3）关于既遂、未遂的认定标准。

第一，贪污债权的既遂、未遂认定。根据现有规定，可以解决以债权为对象的贪污既遂、未遂的认定问题。首先，债权尚未实现的，通常可以认定为贪污未遂；其次，债权尚未实现，

但企业改制已经完成的，同样有必要认定为贪污既遂，因为，不同于其他情形的贪污行为，此种情形下国有资产的损失业已造成。所以，尽管以债权为对象的贪污行为具有一定的特殊性，但不能将贪污债权的行为一概按未遂处理。

第二，贪污不动产的既遂、未遂认定。贪污不动产的既遂、未遂认定，关键在于如何结合不动产移转的特殊性稳妥地把握和认定是否形成了实际控制。办理了变更登记手续或者在事实上转移了占有的，均可认定为贪污既遂，而不应在本意见规定之外另设标准。

2. 关于国有公司、企业在改制过程中隐匿公司、企业财产归职工集体持股的改制后公司所有的行为的定性处理。

私分国有资产罪和贪污罪的区分关键在于单位行为还是个人行为。企业领导集体研究决定并由单位统一组织实施，在企业内部一定程度公开，企业不同层面的多数人员获得利益的，一般应当认定为私分国有资产罪；少数人共同实施，企业其他人员不知情或者不知实情，分取利益范围以参与决策、具体实施贪污行为以及为贪污行为提供帮助等少数某一层面的人员如企业管理层为限的，一般应当认定为贪污罪。其中，部分共同贪污犯罪人未分取赃物或者将赃物交给共同犯罪人之外的个别其他人的，不影响贪污罪的认定。

【指导性案例・法院】

〔杨延虎等贪污案,FZD2012－11〕

（1）贪污罪中的"利用职务上的便利"，是指利用职务上主管、管理、经手公共财物的权力及方便条件，既包括利用本人职务上主管、管理公共财物的职务便利，也包括利用职务上有隶属关系的其他国家工作人员的职务便利。（2）土地使用权具有财产性利益，属于刑法第三百八十二条第一款规定中的"公共财物"，可以成为贪污的对象。

【法院公报案例】

〔上海市人民检察院第二分院诉王一兵贪污案，GB2004－5〕

在企业改制过程中，国有企业工作人员利用受委派在国有、集体联营企业中从事公务的职务便利，将国有、集体联营企业的公共财产转移至自己及亲属控股的个人股份制企业并非法占有，应认定构成贪污罪。

〔成都市人民检察院诉尚荣多等贪污案，GB2004－12〕

国有事业单位工作人员利用职务便利，截留并侵吞本单位违法收取的不合理费用，应根据刑法第三百八十二条的规定，以贪污罪论处。

【法院参考案例】

〔**参考案例第236号：彭国军贪污、挪用公款案**〕如何区分贪污罪与挪用公款罪？

贪污罪是以非法占有公共财物为目的，而挪用公款罪则是以非法使用公款为目的。两罪区别的关键在于行为人主观上是否以非法占有为目的，客观上是否实施了侵吞公款的行为。

〔**参考案例第216号：于继红贪污案**〕不动产能否成为贪污罪的犯罪对象？如何认定犯罪既遂？

不动产可以成为贪污罪的犯罪对象。只要行为人利用职务之便，采取欺骗等非法手段，使公有不动产脱离了公有产权人的实际控制，并被行为人现实地占有的，或者行为人已经就所有权的取得进行了变更登记的，即可认定为贪污罪的既遂。

〔**参考案例第275号：胡启能贪污案**〕如何区分截留并非法占有本单位利润款的贪污行为与收受回扣的受贿行为？

一般而言，通过犯罪对象，可以对贪污与受贿作出清楚的界定。行为人所取得的财物系他人（包括单位）的财物，即为受贿；所取得的财物系本单位的公共财物（包括本单位管理、使用或者运输中的私人财物），即为贪污。但是，在经济往来中，国家工作人员利用签订、履行合同的职务便利，经由交易对方以各种名义的回扣、手续费等形式给付其个人的财物，不能不加区别地一概认定为受贿行为，而应当结合交易的真实情况，具体分析行为人所获得的财物实际上是属于经济往来的对方单位，还是行为人单位，审慎加以区分，然后准确认定其行为的性质。

在购销活动中，如果购入方行为人收受的各种名义的回扣、手续费等实际上来源于虚增标的金额，或者卖出方行为人收受的各种名义的回扣、手续费，实际上来源于降低标的金额者，因该回扣或者手续费实质上属于本单位的额外支出或者应得利益，实际上侵犯的是本单位的财产权利，就应当特别注意是否是一种变相的贪污行为。

〔**参考案例第313号：杨代芳贪污、受贿案**〕〔**参考案例第377号：李祖清等被控贪污案**〕如何区分私分国有资产与共同贪污？

两种行为的差别主要是：

第一，实施主体方面。私分国有资产罪是单位犯罪，贪污罪则是自然人犯罪。不能因为刑法规定仅处罚相关责任人员以及非为单位谋取利益，而否认私分国有资产罪是单位犯罪，认定是否单位犯罪的关键在于行为的实施是否以单位的名义，代表单位的意志。

第二，行为方式方面。私分国有资产罪一般表现为本单位领导集体研究决定并由单位统一组织实施，尽管往往需要采取一定的欺骗手段以逃避有关部门的监管，但就本单位内部而言是相对公开的，因而具有较大程度和较大范围的公开性；贪污罪表现为行为人利用职务便利，以侵吞、窃取、骗取等不为人所知或者他人不知实情的方式实施，除了行为人或者共同行为人之外，其他人并不知情，因而具有相当的秘密性和隐蔽性。

第三，受益人员的数量、构成方面。私分国有资产属于集体私分行为，表现为单位多数员工甚至所有员工均实际分取了财物，在受益人员的数量上具有多数性特征，而且，一般不以

某一特定层面为限，在受益人员的构成上具有广泛性特征。在私分国有资产行为当中，决策和具体执行的人员可以不是实际受益人，但是，实际受益人员不能仅仅局限在决策和具体执行等少数人员。贪污罪属于个人侵占行为，分取赃物人与贪污行为人是直接对应的，具有一致性。在共同贪污犯罪中，分取赃物人仅限于参与决策、具体实施贪污行为以及为贪污行为提供帮助等共同犯罪人。实践中也存在部分共同贪污犯罪人未分取赃物或者将赃物交给共同犯罪人之外的其他人的情形，但这属于赃物的事后分割和处理问题。

〔**参考案例第334号：阎怀民、钱玉芳贪污、受贿案**〕国家工作人员利用职务上的便利以单位名义向有关单位索要"赞助款"并占为己有的行为是索贿还是贪污？

国家工作人员利用职务上的便利，以单位名义向有关单位索要"赞助款"，并占为己有的行为，应以贪污罪定罪处罚。

〔**参考案例第355号：朱洪岩贪污案**〕租赁国有企业的人员盗卖国有资产的行为如何处理？

租赁经营国有企业的行为，属于受委托管理、经营国有财产，行为人利用职务上的便利盗卖国有财产并私分的行为，应以贪污罪定罪处罚。

〔**参考案例第734号：王妙兴贪污、受贿、职务侵占案**〕对国有公司改制中利用职务便利隐匿并实际控制国有资产的行为，如何认定？

在国有公司改制过程中，利用职

务便利，隐匿并实际控制国有资产的行为应认定为贪污罪而非国有公司人员滥用职权罪。贪污罪和国有公司人员滥用职权罪虽然都可由国有公司人员构成，但存在明显区别：

第一，在造成国有资产损失的主观心理状态上，贪污罪是由直接故意构成，而国有公司人员滥用职权罪对国有资产造成的损失往往是非直接故意所致。

第二，在主观目的上，贪污罪是以非法占有为目的，而国有公司人员滥用职权罪一般不具有非法占有的目的。

第三，在客观表现上，贪污罪是以侵吞、窃取、骗取等方法非法占有公共财产，而国有公司人员滥用职权罪是以超越职权或者不适当行使职权，造成国有公司严重损失。

〔**参考案例第1087号：祝贵财等贪污案**〕如何区分非法经营同类营业罪和贪污罪？

区分获取购销差价的非法经营同类营业行为与增设中间环节截留国有财产的贪污行为的关键，在于行为人是采取何种方式取得非法利益的。如果行为人直接通过非法手段将国有公司、企业的财产转移到兼营公司、企业中，属于截留国有财产的贪污行为，构成贪污罪。如果行为人没有直接转移财产，而是利用职务便利将任职国有公司、企业的盈利性商业机会交由兼营公司、企业经营，获取数额巨大的非法利益的，则构成非法经营同类营业罪。

〔**参考案例第1088号：赵明贪污、挪用公款案**〕对采取虚列支出手段实施平账行为如何认定？

对采取虚列支出手段实施平账行为，但有后续归还行为的，不宜直接推定被告人犯罪故意转化为非法占有目的。非法占有目的是对被告人主观心态的评价，平账是指把各个分类账户的金额与其汇总账户的金额互相核算，将原本不相等的情况调整为相等，只是账目处理的一种技术性手段，不能取代对被告人的主观心态评价。在缺乏直接证据印证时，推定被告人具有非法占有目的，需要结合被告人实施犯罪过程中的具体行为，以对被告人的内心想法和真实目的作出综合性判断，合理评价实施虚开票据的平账行为应当遵循以下审查标准：第一，平账行为是否造成挪用的公款从单位账目上难以反映出来。第二，对财物账目的处理能否达到掩盖涉案款项去向效果。第三，从有无归还行为上判断被告人是否有非法占有目的。

〔**参考案例第1139号：周爱武、周晓贪污案**〕《贪贿解释》中规定的"特定款物"如何认定？

司法实践中认定犯罪对象是否属于特定款物，不仅要看具体体物的表现形式，还要通过贪污方式看其本质特征，只有在公款已经类型化为特定款物，且妨害了特定事项办理或者特殊群体权利的情况下，才可认定为特定款物。

〔**参考案例第1142号：王雪龙挪用公款、贪污案**〕如何认定"小金库"性质的公司？

1. 认定"小金库"性质的公司，

应当从其设置的知情面、设置的目的、公司的管理、经费的使用及受益方等方面进行综合考量。

第一，从公司设立知情面来看，虽然从表面上知情面较窄，具有一定隐蔽性，但由于"小金库"性质公司的设立体现的是单位意志，单位的决策管理层应当对该公司的设立知情，绝非仅个别领导知情。

第二，从公司设置目的来看，单位设立"小金库"一般用于安置单位违规收费、罚款、摊派的资金、以会议费等名义套取的资金、虚列支出转出的资金等，以便单位逃避监管违规发放工资、福利、接待等，也不排除部分资金用于弥补正常公务支出的差额。

第三，从公司管理来看，"小金库"及"小金库"性质公司的管理同样应体现单位意志，在"小金库"资金的收入、支出，或者"小金库"性质公司的人、财、物管理等方面都应体现出单位的集体决策。因为从本质来讲，单位"小金库"中的资金仍属于单位财产，即使成立了独立的"小金库"性质公司，该公司的财产也属于设立该公司的单位所有，公司事务也应由设立其的单位管理。

第四，从经费的使用及受益方来看，"小金库"或者"小金库"性质公司中的资金由设立其的单位支配、使用，受益方也是设立该"小金库"的单位，这是由"小金库"的性质决定的。

2. "小金库"在设立、管理、使用过程中均应经过单位的集体决策程序，体现单位意志，任何个人决定或者以个人名义截留公共款项设立的所谓"小金库"，均属于违纪、违法甚至犯罪行为，不应认定为本单位的"小金库"。

第三百八十三条　【对贪污罪的处罚】 对犯贪污罪的，根据情节轻重，分别依照下列规定处罚：

（一）贪污数额较大或者有其他较重情节的，处三年以下有期徒刑或者拘役，并处罚金。

（二）贪污数额巨大或者有其他严重情节的，处三年以上十年以下有期徒刑，并处罚金或者没收财产。

（三）贪污数额特别巨大或者有其他特别严重情节的，处十年以上有期徒刑或者无期徒刑，并处罚金或者没收财产；数额特别巨大，并使国家和人民利益遭受特别重大损失的，处无期徒刑或者死刑，并处没收财产。

对多次贪污未经处理的，按照累计贪污数额处罚。

犯第一款罪，在提起公诉前如实供述自己罪行、真诚悔罪、积极退赃，避免、减少损害结果的发生，有第一项规定情形的，可以从轻、减轻或者免除处罚；有第二项、第三项规定情形的，可以从轻处罚。

犯第一款罪，有第三项规定情形被判处死刑缓期执行的，人民法院根据犯罪情节等情况可以同时决定在其死刑缓期执行二年期满依法减为无期徒刑后，终身监禁，不得减刑、假释。

【修正前条文】

第三百八十三条 【对贪污罪的处罚】对犯贪污罪的,根据情节轻重,分别依照下列规定处罚:

(一)个人贪污数额在十万元以上的,处十年以上有期徒刑或者无期徒刑,可以并处没收财产;情节特别严重的,处死刑,并处没收财产。

(二)个人贪污数额在五万元以上不满十万元的,处五年以上有期徒刑,可以并处没收财产;情节特别严重的,处无期徒刑,并处没收财产。

(三)个人贪污数额在五千元以上不满五万元的,处一年以上七年以下有期徒刑;情节严重的,处七年以上十年以下有期徒刑。个人贪污数额在五千元以上不满一万元,犯罪后有悔改表现、积极退赃的,可以减轻处罚或者免予刑事处罚,由其所在单位或者上级主管机关给予行政处分。

(四)个人贪污数额不满五千元,情节较重的,处二年以下有期徒刑或者拘役;情节较轻的,由其所在单位或者上级主管机关酌情给予行政处分。

对多次贪污未经处理的,按照累计贪污数额处罚。

【修正说明】

刑法修正案(九)第四十四条对原条文作出下述修改:一是修改了贪污受贿犯罪的定罪量刑标准,取消了刑法第三百八十三条对贪污受贿犯罪定罪量刑的具体数额标准,采用数额加情节的标准,同时增加了罚金刑。二是进一步明确、严格了对贪污受贿犯罪从轻、减轻、免除处罚的条件。三是增加一款规定,对犯贪污罪,被判处死刑缓期执行的,人民法院根据犯罪情节等情况可以同时决定在其死刑缓期执行二年期满依法减为无期徒刑后,终身监禁,不得减刑、假释。

【立法·要点注释】

1. 贪污数额虽在五千元以下,但情节较重的,也应当定罪判刑。这里所说的"情节较重",主要是指贪污的情节较严重,如贪污党、团费,贪污扶贫、救灾款,或者贪污后拒不退赃等。"情节较轻"一般是指贪污的数额很小,系初犯,或者在案发前退赃,有悔改表现,社会危害性不大,不需要判处刑罚的。对于情节较轻的,由其所在单位或者上级主管部门酌情给予行政处分。"情节特别严重",通常是指因贪污犯罪使国家利益遭受特别重大损失的,或者贪污后拒不退赃、销毁罪证、订立攻守同盟等。

2. 本条第三款"如实供述自己罪行、真诚悔罪、积极退赃"是并列条件,要求全部具备。实践中,有些犯罪分子虽然如实供述了自己的罪行,但没有积极退赃的表现,有的甚至将所贪污受贿的财产转移,企图出狱后自己和家人仍继续享受这些财产,这种行为表明其不具有真诚悔罪的表现,不符合从宽处理的条件。

3. 本条第四款规定只是明确了可以适用"终身监禁"的人员的范围,并不是所有贪污受贿犯罪被判处死刑缓期执行的都要"终身监禁",是否"终身监禁",应由人民法院根据其所实施犯罪的具体情节等情况综合考虑。这里规定的"同时",是指被判处死刑缓期执行的同时,不是在死刑缓期执行二年期满以后减刑的"同时"。根据刑事诉讼法第二百六十五条的规定,可以暂予监外执行的对象是被判处有期徒刑和拘役的罪犯,因此,终身监禁的罪犯,不得减刑、假释,也不得暂予监外执行。

【司法解释】

《最高人民法院关于〈中华人民共和国刑法修正案(九)〉时间效力问题的解释》(法释〔2015〕19号,20151101)

第八条　对于2015年10月31日以前实施贪污、受贿行为,罪行极其严重,根据修正前刑法判处死刑缓期执行不能体现罪刑相适应原则,而根据修正后刑法判处死刑缓期执行同时决定在其死刑缓期执行二年期满依法减为无期徒刑后,终身监禁,不得减刑、假释可以罚当其罪的,适用修正后刑法第三百八十三条第四款的规定。根据修正前刑法判处死刑缓期执行足以罚当其罪的,不适用修正后刑法第三百八十三条第四款的规定。

【司法解释·注释】

对于2015年10月31日以前犯贪污罪、受贿罪,刑法修正案(九)生效后依法应当判处死刑缓期执行的,包括三种情形:一是依照修正前刑法本应判处死刑立即执行,但依照修正后刑法判处死缓同时决定终身监禁,可以罚当其罪的;二是依照修正前刑法判处死刑缓期执行足以罚当其罪的;三是除前两种情形以外的其他死缓犯,包含依据生效判决、裁定已经收押的死缓犯。考虑到终身监禁对被告人不利,对上述第二、三种情形,应适用修正前刑法的规定,不能判处终身监禁;而对上述第一种情形,适用修正后刑法可不判处死刑立即执行,有利于被告人,故可适用新法。

【法院参考案例】

〔参考案例第1139号:周爱武、周晓贪污案〕贪污罪的罚金刑是否适用于刑法修正案(九)实施前的贪污犯罪行为?

比较法定刑的轻重,首要的标准在于主刑的轻重,而不在于刑种的多少。在两个主刑存在轻重之分的情况下,有无附加刑不影响法定刑轻重的判断。主刑重的,属于处刑较重的;主刑轻的,属于处刑较轻的。因此,对于刑法修正案(九)实施之前的贪污犯罪行为,应当根据从旧兼从轻原则适用主刑处罚较轻的新法规定,同时适用新法规定的罚金刑。

第三百八十四条　【挪用公款罪】国家工作人员利用职务上的便利,挪用公款归个人使用,进行非法活动的,或者挪用公款数额较大、进行营利活动的,或者挪用公款数额较大、超过三个月未还的,是挪用公款罪,处五年以下有期徒刑或者拘役;情节严重的,处五年以上有期徒刑。挪用公款数额巨大不退还的,处十年以上有期徒刑或者无期徒刑。

挪用用于救灾、抢险、防汛、优抚、扶贫、移民、救济款物归个人使用的，从重处罚。

【立法·要点注释】

1. "挪用公款归个人使用"，包括挪用者本人使用或者给其他人使用；挪用公款后，为私利以个人名义将挪用的公款给其他单位使用的，应视为挪用公款归个人使用。

2. "进行非法活动"是指进行违法犯罪活动，如赌博、走私等。对挪用公款归个人使用进行非法活动的，不要求数额较大，也不论挪用时间长短，原则上都可构成本罪。

3. "进行营利活动"，是指进行经商办企业、投资股市、放贷等经营性活动。对这种情况，无论挪用时间长短，原则上也可以定罪。

4. 挪用公款数额较大的，归个人使用，超过三个月未还的。这种挪用主要指用于个人生活，如挪用公款盖私房、买车或者进行挥霍等。这里所说的"未还"，是指案发前（被司法机关、主管部门或者有关单位发现前）未还。如果挪用公款数额较大，超过三个月后在案发前已全部归还本息的，不作为犯罪处理。

【立法解释】

《全国人民代表大会常务委员会关于〈中华人民共和国刑法〉第三百八十四条第一款的解释》（20020428）

有下列情形之一的，属于挪用公款"归个人使用"：

（一）将公款供本人、亲友或者其他自然人使用的；

（二）以个人名义将公款供其他单位使用的；

（三）个人决定以单位名义将公款供其他单位使用，谋取个人利益的。

【立法解释·注释】

1. "以个人名义"是指打着个人的旗号，实践中多表现为在单位的出借款条上或者其他提供款项的文件上签的是个人的名字，且无单位的公章。这样，虽然把单位的公款借给了其他单位，但手续上反映的却是个人把钱借出。"供"是提供之意，包括借出或赠与。以个人名义将公款供其他单位使用的，无须再看是否谋取个人利益。

2. 实践中，有的人利用职权，个人决定以单位名义将公款供其他单位使用，自己又没有从中谋取个人利益，但用款单位无力还款，给单位造成重大损失的，对挪用人可以渎职罪追究刑事责任。

【司法解释 I】

《最高人民法院、最高人民检察院关于办理贪污贿赂刑事案件适用法律若干问题的解释》（法释〔2016〕9号，20160418）

第五条　挪用公款归个人使用，进行非法活动，数额在三万元以上的，应当依照刑法第三百八十四条的规定以挪用公款罪追究刑事责任；数额在三百万元以上的，应当认定为刑法第三百八十四条第一款规定的"数额巨大"。具有下列情形之一的，应当认定为刑法第三百八十四条第一款规定的"情节严重"：

（一）挪用公款数额在一百万元以上的；

（二）挪用救灾、抢险、防汛、优抚、扶贫、移民、救济特定款物，数额在五十万元以上不满一百万元的；

（三）挪用公款不退还，数额在五十万元以上不满一百万元的；

（四）其他严重的情节。

第六条　挪用公款归个人使用，进行营利活动或者超过三个月未还，数额在五万元以上的，应当认定为刑法第三百八十四条第一款规定的"数额较大"；数额在五百万元以上的，应当认定为刑法第三百八十四条第一款规定的"数额巨大"。具有下列情形之一的，应当认定为刑法第三百八十四条第一款规定的"情节严重"：

（一）挪用公款数额在二百万元以上的；

（二）挪用救灾、抢险、防汛、优抚、扶贫、移民、救济特定款物，数额在一百万元以上不满二百万元的；

（三）挪用公款不退还，数额在一百万元以上不满二百万元的；

（四）其他严重的情节。

【司法解释Ⅱ】

《最高人民法院关于审理挪用公款案件具体应用法律若干问题的解释》（法释〔1998〕9 号，19980509）

第二条　对挪用公款罪，应区分三种不同情况予以认定：

（一）挪用公款归个人使用，数额较大、超过三个月未还的，构成挪用公款罪。

挪用正在生息或者需要支付利息的公款归个人使用，数额较大，超过三个月但在案发前全部归还本金的，可以从轻处罚或者免除处罚。给国家、集体造成的利息损失应予追缴。挪用公款数额巨大，超过三个月，案发前全部归还的，可以酌情从轻处罚。

（二）挪用公款数额较大，归个人进行营利活动的，构成挪用公款罪，不受挪用时间和是否归还的限制。在案发前部分或者全部归还本息的，可以从轻处罚；情节轻微的，可以免除处罚。

挪用公款存入银行、用于集资、购买股票、国债等，属于挪用公款进行营利活动。所获取的利息、收益等违法所得，应当追缴，但不计入挪用公款的数额。

（三）挪用公款归个人使用，进行赌博、走私等非法活动的，构成挪用公款罪，不受"数额较大"和挪用时间的限制。

挪用公款给他人使用，不知道使用人用公款进行营利活动或者用于非法进行营利活动或者用于非法活动，数额较大、超过三个月未还的，构成挪用公款罪；明知使用人用于营利活动或者非法活动的，应当认定为挪用人挪用公款进行营利活动或者非法活动。

……

第四条　多次挪用公款不还，挪用公款数额累计计算；多次挪用公款，并以后次挪用的公款归还前次挪用的公款，挪用公款数额以案发时未还的实际数额认定。

第五条　"挪用公款数额巨大不

退还的"，是指挪用公款数额巨大，因客观原因在一审宣判前不能退还的。

第六条　携带挪用的公款潜逃的，依照刑法第三百八十二条、第三百八十三条的规定定罪处罚。

第七条　因挪用公款索取、收受贿赂构成犯罪的，依照数罪并罚的规定处罚。

挪用公款进行非法活动构成其他犯罪的，依照数罪并罚的规定处罚。

第八条　挪用公款给他人使用，使用人与挪用人共谋，指使或者参与策划取得挪用款的，以挪用公款罪的共犯定罪处罚。

【司法解释Ⅲ】

《最高人民法院关于挪用公款犯罪如何计算追诉期限问题的批复》（法释〔2003〕16 号，20031010）

根据刑法第八十九条、第三百八十四条的规定，挪用公款归个人使用，进行非法活动的，或者挪用公款数额较大、进行营利活动的，犯罪的追诉期限从挪用行为实施完毕之日起计算；挪用公款数额较大、超过三个月未还的，犯罪的追诉期限从挪用公款罪成立之日起计算。挪用公款行为有连续状态的，犯罪的追诉期限应当从最后一次挪用行为实施完毕之日或者犯罪成立之日起计算。

【司法解释Ⅳ】

《最高人民检察院关于挪用失业保险基金和下岗职工基本生活保障资金的行为适用法律问题的批复》（高检发释字〔2003〕1 号，20030130）

国家工作人员利用职务上的便利，挪用失业保险基金和下岗职工基本生活保障资金归个人使用，构成犯罪的，应当依照刑法第三百八十四条的规定，以挪用公款罪追究刑事责任。

【司法解释Ⅴ】

《最高人民检察院关于国家工作人员挪用非特定公物能否定罪的请示的批复》（高检发释字〔2000〕1 号，20000315）

刑法第三百八十四条规定的挪用公款罪中未包括挪用非特定公物归个人使用的行为，对该行为不以挪用公款罪论处。如构成其他犯罪的，依照刑法的相关规定定罪处罚。

【司法解释Ⅵ】

《最高人民检察院关于挪用国库券如何定性问题的批复》（高检发释字〔1997〕5 号，19971013）

国家工作人员利用职务上的便利，挪用公有或本单位的国库券的行为以挪用公款论；符合刑法第三百八十四条、第二百七十二第二款规定的情形构成犯罪的，按挪用公款罪追究刑事责任。

【司法指导文件Ⅰ】

《全国法院审理经济犯罪案件工作座谈会纪要》（法〔2003〕167 号，20031113）

四、关于挪用公款罪

（一）单位决定将公款给个人使用行为的认定

经单位领导集体研究决定将公款给个人使用，或者单位负责人为了单位的利益，决定将公款给个人使用的，不以挪用公款罪定罪处罚。上述行为致使单位遭受重大损失，构成其他犯罪的，依照刑法的有关规定对责任人员定罪处罚。

（二）挪用公款供其他单位使用行为的认定

根据《全国人大常委会关于〈中华人民共和国刑法〉第三百八十四条第一款的解释》的规定，"以个人名义将公款供其他单位使用的"、"个人决定以单位名义将公款供其他单位使用谋取个人利益的"，属于挪用公款"归个人使用"。在司法实践中，对于将公款供其他单位使用的，认定是否属于"以个人名义"，不能只看形式，要从实质上把握。对于行为人逃避财务监管，或者与使用人约定以个人名义进行，或者借款、还款都以个人名义进行，将公款给其他单位使用的，应认定为"以个人名义"。"个人决定"既包括行为人在职权范围内决定，也包括超越职权范围决定。"谋取个人利益"，既包括行为人与使用人事先约定谋取个人利益实际尚未获取的情况，也包括虽未事先约定但实际已获取了个人利益的情况，其中的"个人利益"，既包括不正当利益，也包括正当利益；既包括财产性利益，也包括非财产性利益，但这种非财产性利益应当是具体的实际利益，如升学、就业等。

（三）国有单位领导向其主管的具有法人资格的下级单位借公款归个人使用的认定

国有单位领导利用职务上的便利指令具有法人资格的下级单位将公款供个人使用的，属于挪用公款行为，构成犯罪的，应以挪用公款罪定罪处罚。

（四）挪用有价证券、金融凭证用于质押行为性质的认定

挪用金融凭证、有价证券用于质押，使公款处于风险之中，与挪用公款为他人提供担保没有实质的区别。符合刑法关于挪用公款罪规定的，以挪用公款罪定罪处罚，挪用公款数额以实际或者可能承担的风险数额认定。

（五）挪用公款归还个人欠款行为性质的认定

挪用公款归还个人欠款的，应当根据产生欠款的原因分别认定属于挪用公款的何种情形。归还个人进行非法活动或者进行营利活动产生的欠款，应当认定为挪用公款进行非法活动或者进行营利活动。

（六）挪用公款用于注册公司、企业行为性质的认定

申报注册资本是为进行生产经营活动作准备，属于成立公司、企业进行营利活动的组成部分。因此，挪用公款归个人用于公司、企业注册资本验资证明的，应当认定为挪用公款进行营利活动。

（七）挪用公款后尚未投入实际使用的行为性质的认定

挪用公款后尚未投入实际使用的，只要同时具备"数额较大"和"超过三个月未还"的构成要件，应当认定为挪用公款罪，但可以酌情从轻处罚。

（八）挪用公款转化为贪污的认定

挪用公款罪与贪污罪的主要区别

在于行为人主观上是否具有非法占有公款的目的。挪用公款是否转化为贪污,应当按照主客观相一致的原则,具体判断和认定行为人主观上是否具有非法占有公款的目的。在司法实践中,具有以下情形之一的可以认定行为人具有非法占有公款的目的:

1. 根据《最高人民法院关于审理挪用公款案件具体应用法律若干问题的解释》第六条的规定,行为人"携带挪用的公款潜逃的",对其携带挪用的公款部分,以贪污罪定罪处罚。

2. 行为人挪用公款后采取虚假发票平账、销毁有关账目等手段,使所挪用的公款已难以在单位财务账目上反映出来,且没有归还行为的,应当以贪污罪定罪处罚。

3. 行为人截取单位收入不入账,非法占有,使所占有的公款难以在单位财务账目上反映出来,且没有归还行为的,应当以贪污罪定罪处罚。

4. 有证据证明行为人有能力归还所挪用的公款而拒不归还,并隐瞒挪用的公款去向的,应当以贪污罪定罪处罚。

【司法指导文件Ⅱ】

《最高人民法院、最高人民检察院关于办理国家出资企业中职务犯罪案件具体应用法律若干问题的意见》(法发〔2010〕49 号,20101126)

三、关于国家出资企业工作人员使用改制公司、企业的资金担保个人贷款,用于购买改制公司、企业股份的行为的处理

国家出资企业的工作人员在公司、企业改制过程中为购买公司、企业股份,利用职务上的便利,将公司、企业的资金或者金融凭证、有价证券等用于个人贷款担保的,依照刑法第二百七十二条或者第三百八十四条的规定,以挪用资金罪或者挪用公款罪定罪处罚。

行为人在改制前的国家出资企业持有股份的,不影响挪用数额的认定,但量刑时应当酌情考虑。

经有关主管部门批准或者按照有关政策规定,国家出资企业的工作人员为购买改制公司、企业股份实施前款行为的,可以视具体情况不作为犯罪处理。

【司法指导文件Ⅲ】

《最高人民检察院关于认真贯彻执行全国人民代表大会常务委员会〈关于刑法第二百九十四条第一款的解释〉和〈关于刑法第三百八十四条第一款的解释〉的通知》(高检发研字〔2002〕11 号,20020513)

对于国家工作人员利用职务上的便利,实施《全国人民代表大会常务委员会关于刑法第三百八十四条第一款的解释》规定的挪用公款"归个人使用"的三种情形之一的,无论使用公款的是个人还是单位以及单位的性质如何,均应认定为挪用公款归个人使用,构成犯罪的,应依法严肃查处。

【司法指导文件Ⅳ】

《最高人民法院研究室关于挪用退休职工社会养老金行为如何适用法律问题的复函》(法研〔2004〕102 号,20040709)

退休职工养老保险金不属于我国刑法中的救灾、抢险、防汛、优抚、扶贫、移民、救济等特定款物的任何一种。因此，对于挪用退休职工养老保险金的行为，构成犯罪时，不能以挪用特定款物罪追究刑事责任，而应当按照行为人身份的不同，分别以挪用资金罪或者挪用公款罪追究刑事责任。

【法院公报案例】

〔河南省新郑市人民检察院诉歹进学挪用公款案，GB2005－5〕

一、国有企业工作人员因单位经营的需要，根据集体决定的意见，将公款划拨至名为个体实为集体的其他企业使用，没有从中谋取私人利益的，其行为不构成挪用公款罪。

二、工商行政管理机关核发的营业执照标明的企业性质，与企业的实际情况不一致时，应当根据企业的成立过程、资金来源、利润分配、管理经营方式等情况，如实认定企业性质。

【法院参考案例】

〔参考案例第75号：王正言挪用公款案〕以使用变价款为目的挪用公物的行为是否构成挪用公款罪？

行为人将公物变现，使公物转换为公款，并使用该款项从事营利行为的，挪用行为实际上追求的是公物的实际价值，这种情况下应按挪用公款罪定罪处罚。

〔参考案例第217号：万国英受贿、挪用公款案〕利用职务上的便利借用下级单位公款进行营利活动能否构成挪用公款罪？

1. 刑法第三百八十四条规定的挪用公款罪定罪条件中的"利用职务上的便利"，是指国家工作人员职务活动的一切便利，包括利用本人对下属单位领导、管理关系中的各种便利。担任单位领导职务的国家工作人员通过自己主管的下级部门的国家工作人员实施违法犯罪活动的，应当认定为"利用职务上的便利"。

2. 从我国国有企业的实际情况来看，大量的国有企业是由上级国有企业出资设立的，下级企业的主要领导也是由上级企业任命的，上下级企业虽然都具备公司法规定的独立法人资格，但实质上仍有较强的行政领导的特点。这就意味着上下级企业间的行政关系可以超越一般意义上独立法人之间相对平等的财产关系，使得上级法人享有对下级法人人事和经营活动的监督、管理的权力。由于这种隶属关系的存在，在司法实践中对刑法第三百八十五条第一款规定的"利用职务上的便利"，应当作出实事求是的理解，对那些担任领导职务的国家工作人员，即使其是通过属于自己主管的本单位或者下级单位的国家工作人员的职务挪用公款的，也应当认定为"利用职务上的便利"。与此相对应，挪用公款罪中的公款，应指国家工作人员利用职务便利能够挪用的所有公款，既包括国家工作人员依职务直接经管、支配的公款，也包括国家工作人员职务或者职权便利所涉及的下属单位经营、支配的公款。

3. 下级单位人员受上级单位的领导指使挪用公款，不一定都构成挪用公款罪的共犯。对下级单位人员应区分情况，依法分别处理。如果下级单位人员与上级单位领导共谋，给上级领导挪用公款出谋划策，帮助上级单位领导完成挪用公款的，下级单位人员已具有帮助上级单位领导挪用公款的主观故意和行为，应以挪用公款罪共犯论处；如果下级单位人员不知道上级单位领导划拨款项的真实意图，仅仅出于执行上级单位领导的指示而办理划拨手续的，下级单位人员不应承担刑事责任；如果上级单位的领导将挪用公款的意图告诉下级单位人员，下级单位人员迫于上级单位领导的压力而挪用公款归上级领导使用的，一般也不宜以挪用公款罪论处，构成犯罪的，可依照刑法其他有关规定处理。

〔**参考案例第 356 号：冯安华、张高祥挪用公款案**〕多次挪用公款的如何计算犯罪数额？

《最高人民法院关于审理挪用公款案件具体应用法律若干问题的解释》第四条规定："多次挪用公款不还，挪用公款数额累计计算；多次挪用公款，并以后次挪用的公款归还前次挪用的公款，挪用公款数额以案发时未还的实际数额认定。"实践中应注意：第一，挪用公款的时间以挪用公款达到构成犯罪的标准那天开始计算。第二，"案发时未还的实际数额"实际上是指案发时，行为人挪用公款的总额扣除了已归还的数额，不能简单理解为如果案发时行为人全部还款就无须定罪。第三，应正确认定"以后次挪用的公款归还前次挪用的公款"的情形。如行为人第一次挪用公款 5 万元，第二次又挪用了 5 万元，挪用 5 万元以后不是挪用后次还前次，而是挪用以后做生意，赚了钱后把前面那次还了。这种情况挪用公款的数额还是应累计计算，因为行为人通过赚的钱还款，不属于拆东墙补西墙的情形。

〔**参考案例第 385 号：鞠胤文挪用公款、受贿案**〕〔**参考案例第 805 号：姚太文贪污、受贿案**〕因挪用公款索取、收受贿赂或者行贿构成犯罪的，是择一重处还是两罪并罚？

1. 受贿罪和行贿罪是刑法意义上的对合犯，往往相伴相生，既然司法解释对挪用公款罪与受贿罪的牵连犯规定两罪并罚，对于挪用公款罪与行贿罪的牵连犯，也应按照这个原则处理，否则将可能出现一个案件中挪用公款罪的共犯，一方行贿另一方受贿，受贿者构成挪用公款罪和受贿罪两罪，而行贿者只构成挪用公款罪或者行贿罪一罪的不平等现象。

2. "挪用公款归个人使用"的含义分为三种类型：一是将公款供本人、亲友或者其他自然人使用的；二是以个人名义将公款供其他单位使用的；三是个人决定以单位名义将公款供其他单位使用，谋取个人利益的。如果挪用公款的行为属于前述第一、二种情形，则挪用公款罪的构成不以行为人谋取个人利益为要件，即无论是否收受他人财物，均不影响挪用公款罪的成立。如果在此过程中，行为人又乘机索要或者收受他人财物的，则行为人已超出挪用公款罪的犯罪故意，即产生新的受贿罪的犯意，根据《最高人民法院关于审理挪用公款案件具体应用法律若干问题的解释》第七条的规定，因挪用公款索取、收受贿赂构成犯罪的，依照数罪并罚的规定处罚。如果行为人挪用公款的行为属于前述第三种情形，则挪用公款罪的构成必须以行为人谋取个人利益为要件，该情形下收受贿赂的行为，可能同时被认定为谋取个人利益，即一行为同时构成挪用公款罪和受贿罪，应当按照想象竞合犯从一重处断原则，以受贿罪定罪处罚。如果在此种情况下仍然机械照搬适用前述司法解释第七条的规定，对行为人以挪用公款罪和受贿罪实行并罚，则实质上是对谋取个人利益的事实（包括挪用公款的事实）进行了双重评价，违反了刑法禁止重复评价的原则。

〔**参考案例第502号：张威同挪用公款案**〕个人决定以单位名义将公款借给其他单位使用，没有谋取个人利益的，应如何定性？

个人决定以单位名义将公款借给其他单位使用，没有谋取个人利益的，不构成挪用公款罪。

〔**参考案例第574号：杨培珍挪用公款案**〕利用职务便利将关系单位到期的银行承兑汇票转让用于清偿本单位的债务，同时将本单位等额的银行转账支票出票给关系单位的行为，应如何定性？

行为人作为国有某医院分管财务的副院长，在征得医药供应商同意的情况下，利用职务便利将关系单位到期的银行承兑汇票转让用于清偿本单位的债务，同时将本单位等额的银行转账支票出票给关系单位的行为，属

于违反财务纪律的违规行为，不构成贪污罪与挪用公款罪。

第三百八十五条　【受贿罪】国家工作人员利用职务上的便利，索取他人财物的，或者非法收受他人财物，为他人谋取利益的，是受贿罪。

国家工作人员在经济往来中，违反国家规定，收受各种名义的回扣、手续费，归个人所有的，以受贿论处。

【司法解释Ⅰ】

《最高人民法院、最高人民检察院关于办理贪污贿赂刑事案件适用法律若干问题的解释》（法释〔2016〕9号，20160418）

第十三条　具有下列情形之一的，应当认定为"为他人谋取利益"，构成犯罪的，应当依照刑法关于受贿犯罪的规定定罪处罚：

（一）实际或者承诺为他人谋取利益的；

（二）明知他人有具体请托事项的；

（三）履职时未被请托，但事后基于该履职事由收受他人财物的。

国家工作人员索取、收受具有上下级关系的下属或者具有行政管理关系的被管理人员的财物价值三万元以上，可能影响职权行使的，视为承诺为他人谋取利益。

……

第十五条　对多次受贿未经处理的，累计计算受贿数额。

国家工作人员利用职务上的便利为请托人谋取利益前后多次收受请托人财物,受请托之前收受的财物数额在一万元以上的,应当一并计入受贿数额。

……

第十七条 国家工作人员利用职务上的便利,收受他人财物,为他人谋取利益,同时构成受贿罪和刑法分则第三章第三节、第九章规定的渎职犯罪的,除刑法另有规定外,以受贿罪和渎职犯罪数罪并罚。

【司法解释 I · 注释】

1. 本解释第十三条第一款第(三)项是针对事后受贿作出的新规定。履行职责时没有受贿故意,双方亦未就请托事项进行意思沟通,但在履行职责后收取他人财物的,只要收受财物与其先前职务行为存在关联,其收受财物的行为同样侵犯了国家工作人员的职务廉洁性。适用本项规定时需要注意以下两点:一是根据此前司法解释等文件的规定,国家工作人员离职、退休后收受财物,认定受贿须以离职、退休之前即国家工作人员身份存续期间有事先约定为条件。本项规定同样受此约束,不能认为本项规定修改了此前文件的规定。二是事后的时间间隔没有限制,但收受财物与履职事项之间应存在实质关联。

2. 第十三条第二款规定的是受贿犯罪与"感情投资"的界限划分问题。纯粹的感情投资不能以受贿犯罪处理。同时,对于日常意义上的"感情投资",又有必要在法律上作进一步区分:一种是与行为人的职务无关的感情投资;另一种是与行为人职务行为有着具体关联的所谓的"感情投资"。对于后者,由于双方在职务活动中日常而紧密的关系,谋利事项要么已经通过具体的职务行为得以实现,要么可以推断出给付金钱有对对方职务行为施加影响的意图,这种情况下只要能够排除正常人情往来的,同样应认定为受贿。

3. 多次受贿未经处理的,累计计算受贿数额,这里的处理包括刑事处罚和党纪、行政处分,已经受过处理的原则上不再累计。受贿人长期连续收受财物,且超出正常人情往来,其间只要发生过具体请托事项,则可以把这些连续收受的财物视为一个整体行为,全额认定受贿数额。

4. 关于国家工作人员办事、"身边人"收钱行为的刑事定罪问题,本解释明确,特定关系人索取、收受他人财物,国家工作人员知道后未退还或者上交的,应当认定国家工作人员具有受贿故意。适用本规定时需要注意以下三点:一是此情形以国家工作人员接受特定关系人转请托为前提,特定关系人未将转请托事项告知国家工作人员的,不适用本规定。二是不同于刑法在影响力贿赂犯罪中规定的关系密切的人,对于特定关系人的认定范围,要依照《最高人民法院、最高人民检察院关于办理受贿刑事案件适用法律若干问题的意见》的相关规定从严掌握,即特定关系人仅指"与国家工作人员有近亲属、情妇(夫)以及其他共同利益关系的人"。三是知道后未退还或者上交强调的是主观故意的判断，因赃款赃物被特定关系人挥霍等，知道时确实已经不具备退还或者上交的客观条件的，则应当有所区别，慎重适用。四是影响力贿赂犯罪以国家工作人员不构成受贿罪为前提，在认定国家工作人员构成受贿罪的情况下，相关行贿犯罪的罪名适用应当保持协调一致，对特定关系人不得另以利用影响力受贿罪处理，对行贿人也不得以对有影响力的人行贿罪处理。

【司法解释Ⅱ】

《最高人民法院关于国家工作人员利用职务上的便利为他人谋取利益离退休后收受财物行为如何处理问题的批复》（法释〔2000〕21 号，20000721）

国家工作人员利用职务上的便利为请托人谋取利益，并与请托人事先约定，在其离退休后收受请托人财物，构成犯罪的，以受贿罪定罪处罚。

【司法解释Ⅲ】

《最高人民法院、最高人民检察院关于办理赌博刑事案件具体应用法律若干问题的解释》（法释〔2005〕3 号，20050513）

第七条　通过赌博或者为国家工作人员赌博提供资金的形式实施行贿、受贿行为，构成犯罪的，依照刑法关于贿赂犯罪的规定定罪处罚。

【司法指导文件Ⅰ】

《全国法院审理经济犯罪案件工作座谈会纪要》（法〔2003〕167 号，20031113）

三、关于受贿罪

（一）关于"利用职务上的便利"的认定

刑法第三百八十五条第一款规定的"利用职务上的便利"，既包括利用本人职务上主管、负责、承办某项公共事务的职权，也包括利用职务上有隶属、制约关系的其他国家工作人员的职权。担任单位领导职务的国家工作人员通过不属自己主管的下级部门的国家工作人员的职务为他人谋取利益的，应当认定为"利用职务上的便利"为他人谋取利益。

（二）"为他人谋取利益"的认定

为他人谋取利益包括承诺、实施和实现三个阶段的行为。只要具有其中一个阶段的行为，如国家工作人员收受他人财物时，根据他人提出的具体请托事项，承诺为他人谋取利益的，就具备了为他人谋取利益的要件。明知他人有具体请托事项而收受其财物的，视为承诺为他人谋取利益。

……

（四）离职国家工作人员收受财物行为的处理

参照《最高人民法院关于国家工作人员利用职务上的便利为他人谋取利益离退休后收受财物行为如何处理问题的批复》规定的精神，国家工作人员利用职务上的便利为请托人谋取利益，并与请托人事先约定，在其离职后收受请托人财物，构成犯罪的，以受贿罪定罪处罚。

（五）共同受贿犯罪的认定

根据刑法关于共同犯罪的规定，非国家工作人员与国家工作人员勾结伙同受贿的，应当以受贿罪的共犯追究刑事责任。非国家工作人员是否构成受贿罪共犯，取决于双方有无共同受贿的故意和行为，国家工作人员的近亲属向国家工作人员代为转达请托事项，收受请托人财物并告知该国家工作人员，或者国家工作人员明知其近亲属收受了他人财物，仍按照近亲属的要求利用职权为他人谋取利益的，对该国家工作人员应认定为受贿罪，其近亲属以受贿罪共犯论处。近亲属以外的其他人与国家工作人员通谋，由国家工作人员利用职务上的便利为请托人谋取利益，收受请托人财物后双方共同占有的，构成受贿罪共犯。国家工作人员利用职务上的便利为他人谋取利益，并指定他人将财物送给其他人，构成犯罪的，应以受贿罪定罪处罚。

（六）以借款为名索取或者非法收受财物行为的认定

国家工作人员利用职务上的便利以借为名向他人索取财物，或者非法收受财物为他人谋取利益的，应当认定为受贿。具体认定时，不能仅仅看是否有书面借款手续，应当根据以下因素综合判定：（1）有无正当、合理的借款事由；（2）款项的去向；（3）双方平时关系如何、有无经济往来；（4）出借方是否要求国家工作人员利用职务上的便利为其谋取利益；（5）借款后是否有归还的意思表示及行为；（6）是否有归还的能力；（7）未归还的原因；等等。

（七）涉及股票受贿案件的认定

在办理涉及股票的受贿案件时，应当注意：（1）国家工作人员利用职务上的便利，索取或非法收受股票，没有支付股本金，为他人谋取利益，构成受贿罪的，其受贿数额按照收受股票时的实际价格计算。（2）行为人支付股本金而购买较有可能升值的股票，由于不是无偿收受请托人财物，不以受贿罪论处。（3）股票已上市且已升值，行为人仅支付股本金，其"购买"股票时的实际价格与股本金的差价部分应认定为受贿。

【司法指导文件Ⅱ】

《最高人民法院、最高人民检察院关于办理受贿刑事案件适用法律若干问题的意见》（法发〔2007〕22号，20070708）

一、关于以交易形式收受贿赂问题

国家工作人员利用职务上的便利为请托人谋取利益，以下列交易形式收受请托人财物的，以受贿论处：

（1）以明显低于市场的价格向请托人购买房屋、汽车等物品的；

（2）以明显高于市场的价格向请托人出售房屋、汽车等物品的；

（3）以其他交易形式非法收受请托人财物的。

受贿数额按照交易时当地市场价格与实际支付价格的差额计算。

前款所列市场价格包括商品经营者事先设定的不针对特定人的最低优惠价格。根据商品经营者事先设定的各种优惠交易条件，以优惠价格购买商品的，不属于受贿。

二、关于收受干股问题

干股是指未出资而获得的股份。国家工作人员利用职务上的便利为请托人谋取利益，收受请托人提供的干股的，以受贿论处。进行了股权转让登记，或者相关证据证明股份发生了实际转让的，受贿数额按转让行为时股份价值计算，所分红利按受贿孳息处理。股份未实际转让，以股份分红名义获取利益的，实际获利数额应当认定为受贿数额。

三、关于以开办公司等合作投资名义收受贿赂问题

国家工作人员利用职务上的便利为请托人谋取利益，由请托人出资，"合作"开办公司或者进行其他"合作"投资的，以受贿论处。受贿数额为请托人给国家工作人员的出资额。

国家工作人员利用职务上的便利为请托人谋取利益，以合作开办公司或者其他合作投资的名义获取"利润"，没有实际出资和参与管理、经营的，以受贿论处。

四、关于以委托请托人投资证券、期货或者其他委托理财的名义收受贿赂问题

国家工作人员利用职务上的便利为请托人谋取利益，以委托请托人投资证券、期货或者其他委托理财的名义，未实际出资而获取"收益"，或者虽然实际出资，但获取"收益"明显高于出资应得收益的，以受贿论处。受贿数额，前一情形，以"收益"额计算；后一情形，以"收益"额与出资应得收益额的差额计算。

五、关于以赌博形式收受贿赂的认定问题

根据《最高人民法院、最高人民检察院关于办理赌博刑事案件具体应用法律若干问题的解释》第七条规定，国家工作人员利用职务上的便利为请托人谋取利益，通过赌博方式收受请托人财物的，构成受贿。

实践中应注意区分贿赂与赌博活动、娱乐活动的界限。具体认定时，主要应当结合以下因素进行判断：(1)赌博的背景、场合、时间、次数；(2)赌资来源；(3)其他赌博参与者有无事先通谋；(4)输赢钱物的具体情况和金额大小。

六、关于特定关系人"挂名"领取薪酬问题

国家工作人员利用职务上的便利为请托人谋取利益，要求或者接受请托人以给特定关系人安排工作为名，使特定关系人不实际工作却获取所谓薪酬的，以受贿论处。

七、关于由特定关系人收受贿赂问题

国家工作人员利用职务上的便利为请托人谋取利益，授意请托人以本意见所列形式，将有关财物给予特定关系人的，以受贿论处。

特定关系人与国家工作人员通谋，共同实施前款行为的，对特定关系人以受贿罪的共犯论处。特定关系人以外的其他人与国家工作人员通谋，由国家工作人员利用职务上的便利为请托人谋取利益，收受请托人财物后双方共同占有的，以受贿罪的共犯论处。

八、关于收受贿赂物品未办理权属变更问题

国家工作人员利用职务上的便利

为请托人谋取利益，收受请托人房屋、汽车等物品，未变更权属登记或者借用他人名义办理权属变更登记的，不影响受贿的认定。

认定以房屋、汽车等物品为对象的受贿，应注意与借用的区分。具体认定时，除双方交代或者书面协议之外，主要应当结合以下因素进行判断：（1）有无借用的合理事由；（2）是否实际使用；（3）借用时间的长短；（4）有无归还的条件；（5）有无归还的意思表示及行为。

九、关于收受财物后退还或者上交问题

国家工作人员收受请托人财物后及时退还或者上交的，不是受贿。

国家工作人员受贿后，因自身或者与其受贿有关联的人、事被查处，为掩饰犯罪而退还或者上交的，不影响认定受贿罪。

十、关于在职时为请托人谋利，离职后收受财物问题

国家工作人员利用职务上的便利为请托人谋取利益之前或者之后，约定在其离职后收受请托人财物，并在离职后收受的，以受贿论处。

国家工作人员利用职务上的便利为请托人谋取利益，离职前后连续收受请托人财物的，离职前后收受部分均应计入受贿数额。

十一、关于"特定关系人"的范围

本意见所称"特定关系人"，是指与国家工作人员有近亲属、情妇（夫）以及其他共同利益关系的人。

十二、关于正确贯彻宽严相济刑事政策的问题

依照本意见办理受贿刑事案件，要根据刑法关于受贿罪的有关规定和受贿罪权钱交易的本质特征，准确区分罪与非罪、此罪与彼罪的界限，惩处少数，教育多数。在从严惩处受贿犯罪的同时，对于具有自首、立功等情节的，依法从轻、减轻或者免除处罚。

【司法指导文件Ⅱ·注释】

1. 关于以赌博形式收取贿赂的认定问题。双方均有通过赌博方式实施行、受贿的意思，且行贿方预先设定了一个行贿数额，但因"客观"方面的原因，导致行贿方实际收受财物的数额大于原先设计的行贿数额。比如，原计划通过打麻将行贿10万元，但受贿者手气好，"赢取"了20万元，这种情况下，受贿金额应认定为20万元。

2. 关于特定关系人"挂名"领取薪酬的问题。理解本条规定时，应注意以下几点：第一，特定关系人是否实际从事工作，是一个实体判断问题，形式上、象征性的工作，如名义上的顾问等，不能认定为实际从事工作；第二，特定关系人不实际从事工作领取薪酬，须以基于国家工作人员的意思或者国家工作人员有主观明知为条件，否则，不能将特定关系人的行为人归之于国家工作人员。

3. 关于收受财物后退还或者上交问题。国家工作人员收受请托人财物后及时退还或者上交的，不是受贿。"及时"主要是基于受贿故意而言的，

"及时"不仅限于当时当刻,如果主观上有归还或者上交的意思,但因为客观方面的原因未能立即归还或者上交,在客观障碍消除后立即归还或者上交的,同样应当理解为"及时"。

4. 关于"特定关系人"的范围。认定是否属于"特定关系人",关键在于第三人是否与国家工作人员有共同利益关系。对于共同利益关系的理解,应注意把握两点:一是共同利益关系主要指经济利益关系,纯粹的同学、同事、朋友关系不属于共同利益关系;二是共同利益关系不限于共同财产关系,本意见规定的"特定关系人"范围,明显宽于《全国法院审理经济犯罪案件工作座谈会纪要》基于共同财产关系所确定的近亲属的范围。

【司法指导文件Ⅲ】

《最高人民法院、最高人民检察院关于办理商业贿赂刑事案件适用法律若干问题的意见》(法发〔2008〕33号,20081120)

四、医疗机构中的国家工作人员,在药品、医疗器械、医用卫生材料等医药产品采购活动中,利用职务上的便利,索取销售方财物,或者非法收受销售方财物,为销售方谋取利益,构成犯罪的,依照刑法第三百八十五条的规定,以受贿罪定罪处罚。

……

五、学校及其他教育机构中的国家工作人员,在教材、教具、校服或者其他物品的采购等活动中,利用职务上的便利,索取销售方财物,或者非法收受销售方财物,为销售方谋取

利益,构成犯罪的,依照刑法第三百八十五条的规定,以受贿罪定罪处罚。

……

六、……依法组建的评标委员会、竞争性谈判采购中谈判小组、询价采购中询价小组中国家机关或者其他国有单位的代表有前款行为的,依照刑法第三百八十五条的规定,以受贿罪定罪处罚。

七、商业贿赂中的财物,既包括金钱和实物,也包括可以用金钱计算数额的财产性利益,如提供房屋装修、含有金额的会员卡、代币卡(券)、旅游费用等。具体数额以实际支付的资费为准。

八、收受银行卡的,不论受贿人是否实际取出或者消费,卡内的存款数额一般应全额认定为受贿数额。使用银行卡透支的,如果由给予银行卡的一方承担还款责任,透支数额也应当认定为受贿数额。

十、办理商业贿赂犯罪案件,要注意区分贿赂与馈赠的界限。主要应当结合以下因素全面分析、综合判断:(1)发生财物往来的背景,如双方是否存在亲友关系及历史上交往的情形和程度;(2)往来财物的价值;(3)财物往来的缘由、时机和方式,提供财物方对于接受方有无职务上的请托;(4)接受方是否利用职务上的便利为提供方谋取利益。

十一、非国家工作人员与国家工作人员通谋,共同收受他人财物,构成共同犯罪的,根据双方利用职务便利的具体情形分别定罪追究刑事责任:(1)利用国家工作人员的职务便

利为他人谋取利益的，以受贿罪追究刑事责任。

（2）利用非国家工作人员的职务便利为他人谋取利益的，以非国家工作人员受贿罪追究刑事责任。

（3）分别利用各自的职务便利为他人谋取利益的，按照主犯的犯罪性质追究刑事责任，不能分清主从犯的，可以受贿罪追究刑事责任。

【司法指导文件Ⅳ】

《最高人民法院、最高人民检察院关于办理国家出资企业中职务犯罪案件具体应用法律若干问题的意见》（法发〔2010〕49 号，20101126）

四、关于国家工作人员在企业改制过程中的渎职行为的处理

……

国家出资企业中的国家工作人员因实施第一款、第二款行为收受贿赂，同时又构成刑法第三百八十五条规定之罪的，依照处罚较重的规定定罪处罚。

五、关于改制前后主体身份发生变化的犯罪的处理

国家工作人员在国家出资企业改制前利用职务上的便利实施犯罪，在其不再具有国家工作人员身份后又实施同种行为，依法构成不同犯罪的，应当分别定罪，实行数罪并罚。

……

国家工作人员在国家出资企业改制过程中利用职务上的便利为请托人谋取利益，事先约定在其不再具有国家工作人员身份后收受请托人财物，或者在身份变化前后连续收受请托人

财物的，依照刑法第三百八十五条、第三百八十六条的规定，以受贿罪定罪处罚。

【司法指导文件Ⅴ】

《最高人民法院、最高人民检察院、公安部、国家工商行政管理局关于依法查处盗窃、抢劫机动车案件的规定》（公通字〔1998〕31 号，19980508）

八、公安、工商行政管理人员利用职务上的便利，索取或者非法收受他人财物，为赃车入户、过户、验证构成犯罪的，依照刑法第三百八十五条、第三百八十六条的规定处罚。

【司法指导文件Ⅵ】

《最高人民检察院关于佛教协会工作人员能否构成受贿罪或者公司、企业人员受贿罪主体问题的答复》（〔2003〕高检研发第 2 号，20030113）

佛教协会属于社会团体，其工作人员除符合刑法第九十三条第二款的规定属于受委托从事公务的人员外，既不属于国家工作人员，也不属于公司、企业人员。根据刑法的规定，对非受委托从事公务的佛教协会的工作人员利用职务之便收受他人财物，为他人谋取利益的行为，不能按受贿罪或者公司、企业人员受贿罪追究刑事责任。

【司法指导文件Ⅶ】

《最高人民检察院法律政策研究室关于集体性质的乡镇卫生院院长利用职务之便收受他人财物的行为如何适用法律问题的答复》（〔2003〕高检研发第 9 号，20030402）

经过乡镇政府或者主管行政机关任命的乡镇卫生院院长,在依法从事本区域卫生工作的管理与业务技术指导,承担医疗预防保健服务工作等公务活动时,属于刑法第九十三条第二款规定的其他依照法律从事公务的人员。对其利用职务上的便利,索取他人财物的,或者非法收受他人财物,为他人谋取利益的,应当依照刑法第三百八十五条、第三百八十六条的规定,以受贿罪追究刑事责任。

【司法指导文件Ⅷ】

《最高人民法院研究室关于共同受贿案件中受贿数额认定问题的研究意见》(法研〔2012〕23 号,20120224)

对于共同受贿犯罪,被告人"受贿所得数额"原则上应当以其参与或者组织、指挥的共同受贿数额认定。但在难以区分主从犯的共同受贿案件中,行贿人的贿赂款分别或者明确送给多人,且按照各被告人实际所得数额处罚更能实现罪刑相适应的,依法按照被告人实际所得数额,并考虑共同受贿犯罪情况予以处罚。

【司法指导文件Ⅸ】

《最高人民法院关于被告人林少钦受贿请示一案的答复》(〔2016〕最高法刑他 5934 号,20170213)

追诉时效是依照法律规定对犯罪分子追究刑事责任的期限,在追诉时效期限内,司法机关应当依法追究犯罪分子刑事责任。对于法院正在审理的贪污贿赂案件,应当依据司法机关立案侦查时的法律规定认定追诉时效。依据立案侦查时的法律规定未过效,且已经进入诉讼程序的案件,在新的法律规定生效后应当继续审理。

【指导性案例·法院】

〔潘玉梅、陈宁受贿案,FZD2011 - 3〕

(1) 国家工作人员利用职务上的便利为请托人谋取利益,并与请托人以"合办"公司的名义获取"利润",没有实际出资和参与经营管理的,以受贿论处。(2) 国家工作人员明知他人有请托事项而收受其财物,视为承诺"为他人谋取利益",是否已实际为他人谋取利益或谋取到利益,不影响受贿的认定。(3) 国家工作人员利用职务上的便利为请托人谋取利益,以明显低于市场的价格向请托人购买房屋等物品的,以受贿论处,受贿数额按照交易时当地市场价格与实际支付价格的差额计算。(4) 国家工作人员收受财物后,因与其受贿有关联的人、事被查处,为掩饰犯罪而退还的,不影响认定受贿罪。

【法院公报案例】

〔北京市人民检察院第二分院诉程绍志受贿案,GB2004 - 1〕

国家工作人员,利用职务上的便利,为他人谋取利益,收受他人的银行卡并改动密码,至案发时虽未实际支取卡中存款,但主观上明显具有非法占有的故意,应视为收受钱款的行为已经实施终了,构成了受贿罪。

〔成都市人民检察院诉刘爱东贪污、受贿案,GB2004 - 9〕

根据刑法第三百八十五条第一款的规定,国家工作人员明知他人有具体请托事项,仍利用职务之便收受其财物的，虽尚未为他人谋取实际利益，其行为亦构成受贿罪。

〔上海市嘉定区人民检察院诉丁利康受贿案，GB2014 - 9〕

国有医疗机构中，从事医疗数据统计、传输、维护等信息管理工作的事业编制人员，其统计、传输、维护的信息和数据系国有医疗机构对医疗业务进行管理、监督、决策的重要依据，属于医保信息，工作内容具有公务性质，该人员系国有事业单位中从事公务的人员，应以国家工作人员论。该类人员利用从事信息管理的职务便利，非法收受医药营销人员财物，向其提供本医疗机构药品使用情况统计数据等信息，为相关药品生产、销售企业以不正当手段销售药品提供便利的行为，应当依照《中华人民共和国刑法》第三百八十五条第一款的规定，以受贿罪定罪处罚。

【法院参考案例】

〔参考案例第 218 号：姜杰受贿案〕逢年过节收受下级单位"慰问金"的行为如何定性？

在社会生活中，下级单位逢年过节期间出于各种不同的目的，以给上级单位及其工作人员发放所谓的"奖金""福利""慰问金"等名义送钱送物的情况较为普遍。收受钱物的一方是否构成受贿？对此，应当区分不同情况，结合受贿犯罪的构成要件即是否具有为他人谋取利益这一点来加以具体认定。仅仅出于人情往来，不具有为他人谋取利益的意图及行为，属于不正之风，应按一般的违纪处理，

不应认定为受贿犯罪；如借逢年过节这些传统节日之机，明知他人有具体请托事项，或者根据他人提出的具体请托事项、承诺为他人谋取利益而收受他人财物的，则不管是单位还是个人，均应认定为受贿行为。

〔参考案例第 384 号：胡发群受贿、巨额财产来源不明案〕国家工作人员利用职务便利索要高额投资回报的行为是否构成受贿罪？

国家工作人员假借投资合伙经营，在实际并未经营的情况下，利用职务便利强要"合伙"相对方高额投资回报的，属于索贿行为，构成受贿罪。

〔参考案例第 407 号：方俊受贿案〕国家工作人员以"劳务报酬"为名收受请托人财物的行为如何定性？

国家工作人员单纯利用个人技术、管理专长为他人提供服务，而收取合理报酬的，不宜认定为受贿。实践中，区分正当劳务报酬与受贿的界限，可从以下几方面综合把握：（1）国家工作人员是利用职务便利为他人谋取利益还是利用个人技术换取报酬；（2）是否确实提供了有关服务；（3）接受的财物是否与提供的服务等值。

〔参考案例第 470 号：马平、沈建萍受贿案〕以房产交易形式收受贿赂的犯罪数额如何认定？

以房产交易形式收受贿赂的，受贿数额应当按照交易时该房产的市场价格与实际支付价格的差额计算。这里的市场价格包括商品经营者事先设定的各种优惠交易条件，以优惠价格购买商品的，不属于受贿。

〔参考案例第 562 号：梁晓琦受贿

案〕收受无具体金额的会员卡、未出资而委托他人购买股票获利是否认定为受贿?

行为人收受无具体金额的会员卡,可以行为人凭卡免单消费的实际金额计算受贿金额。行为人未出资,委托他人购买股票获利的应认定为受贿。实践中,对于以投资理财名义收受贿赂的,可区分具体情况计算受贿金额:(1)国家工作人员未实际出资,由请托人出资以国家工作人员名义购买记名股票等证券,其受贿金额应当为请托人为购买该记名股票等证券的出资额。国家工作人员所得的股票收益,可按受贿孳息处理。(2)国家工作人员未实际出资,由请托人出资为其购买无记名股票等证券,如股票等证券获利后,请托人收回购买股票等证券的出资额,应以国家工作人员所持股票等证券的实际收益计算其受贿金额;如果请托人没有收回出资额,应以出资额加上实际收益计算受贿金额;案发时股票等证券还未转让出售的,应以案发时股票证券市场行情计算受贿金额;(3)国家工作人员并未实际出资,而委托请托人购买股票等证券,请托人也未交付股票等证券,而是直接将收益交付国家工作人员,这种情况下,无论请托人是否真正购买股票等证券,交付给国家工作人员的资金即为受贿金额。

〔参考案例第 608 号:李万、唐自成受贿案〕国有媒体的记者能否构成受贿罪主体?

国有媒体记者以威胁曝光为由,向有关单位索要钱财的行为,构成受贿罪。记者从事的新闻报道等业务活动属于职务行为,利用采访等实现舆论监督的手段索要财物的,属于"利用职务上的便利"。国有媒体记者对公务事务行使舆论监督权,属于从事公务活动。

〔参考案例第 652 号:黄德林滥用职权、受贿案〕滥用职权同时又受贿,是否实行数罪并罚?

行为人在实施滥用职权等渎职犯罪行为的同时又收受贿赂齐备两个犯罪的构成要件,除刑法有特别规定的以外,应当认定为两罪,实行数罪并罚。

〔参考案例第 724 号:朱永林受贿案〕如何认定以"合作投资房产"名义收受贿赂?

利用职务便利为他人谋取利益后,仅有投资之名但不承担投资风险,在项目获得利润后收受投资本金和收益的,应认定为受贿,受贿数额应为他人给国家工作人员的出资额。

〔参考案例第 855 号:杨孝理受贿、非国家工作人员受贿案〕

国家工作人员在国家出资企业改制前后利用职务上的便利实施犯罪,在其不具有国家工作人员身份后又实施同种行为,依法构成不同犯罪的,应当分别定罪,实行数罪并罚。

〔参考案例第 975 号:胡伟富受贿案〕如何区分国家工作人员以优惠价购买商品房与以交易形式收受贿赂?

交易型受贿中的"市场价格"包括"事先设定的不针对特定人的优惠价格"。应当从是否"事先设定"和"不针对特定人"两个基本方面,结合案件实际来判断国家工作人员所享受的"优惠价格"是正常市场优惠还是交易型受贿。

〔参考案例第 1019 号：凌吉敏受贿案〕明知他人有与自己职务相关的请托事项，仍然将自己房屋以明显高于市场的价格租给请托人的，是否可以认定为利用职务便利为他人谋取利益？

行为人明知对方有与其职权相关的请托事项，仍然以明显高于市场的价格向对方出租自己的房屋，实质上是收受请托人的财物，可以视为行为人默示同意为对方谋取利益。

〔参考案例第 1089 号：杨德林滥用职权、受贿案〕受贿既、未遂并存的如何处罚？

在受贿犯罪中，对于既遂与未遂并存的定罪处罚相对较复杂。实践中，可以借鉴并参照 2010 年 3 月《最高人民法院、最高人民检察院关于办理非法生产、销售烟草专卖品等刑事案件具体应用法律若干问题的解释》第二条第二款和 2011 年 4 月《最高人民法院、最高人民检察院关于办理诈骗刑事案件具体应用法律若干问题的解释》第六条的规则进行处理。具体言之，首先要分别根据被告人受贿的既遂数额和未遂数额判定其各自所对应的法定刑幅度；之后，如果既遂部分所对应的量刑幅度较重或者既遂、未遂部分所对应的量刑幅度相同的，则以既遂部分对应的量刑幅度为基础，酌情从重处罚；如果未遂部分对应的量刑幅度较重的，则以该量刑幅度为基础，酌情从重处罚。

〔参考案例第 1143 号：罗菲受贿案〕如何认定特定关系人是否成立受贿罪共犯？

非国家工作人员是否构成受贿罪共犯，取决于双方有无共同受贿的故意和行为。虽不具有代为转达请托事项行为，但特定关系人与国家工作人员具有受贿通谋和行为的，仍构成受贿罪共犯。

〔参考案例第 1145 号：朱渭平受贿案〕国家工作人员对特定关系人收受他人财物后知情且未退还，如何判定其是否具有受贿故意？国家工作人员收受请托人所送房产，后请托人又将该房产用于抵押贷款的，是受贿既遂还是未遂？

1. 国家工作人员和特定关系人在事先未通谋的情况下，利用职务上的便利为请托人谋取利益，在知道特定关系人索取、收受请托人财物后虽有退还的意思表示，但发现特定关系人未退还予以默认的，应当认定国家工作人员具有受贿故意，构成受贿罪。

2. 国家工作人员收受请托人所送房产，后请托人又将该房产用于抵押贷款的，应当认定构成受贿的既遂。

〔参考案例第 1147 号：吴六徕受贿案〕以欺骗方式主动让行贿人交付财物的，如何定性？

以虚构事实、隐瞒真相的方式向行贿人施加压力进而索要财物，并利用职务上的便利为行贿人谋取利益的行为，属于索贿。

第三百八十六条 【对受贿罪的处罚】对犯受贿罪的，根据受贿所得数额及情节，依照本法第三百八十三条的规定处罚。索贿的从重处罚。

第三百八十七条　【单位受贿罪】国家机关、国有公司、企业、事业单位、人民团体，索取、非法收受他人财物，为他人谋取利益，情节严重的，对单位判处罚金，并对其直接负责的主管人员和其他直接责任人员，处五年以下有期徒刑或者拘役。

前款所列单位，在经济往来中，在账外暗中收受各种名义的回扣、手续费的，以受贿论，依照前款的规定处罚。

【司法解释】

《最高人民检察院关于人民检察院直接受理立案侦查案件立案标准的规定（试行）》（高检发释字〔1999〕2号，19990916）

（四）单位受贿案（第387条）

单位受贿罪是指国家机关、国有公司、企业、事业单位、人民团体，索取、非法收受他人财物，为他人谋取利益，情节严重的行为。

索取他人财物或者非法收受他人财物，必须同时具备为他人谋取利益的条件，且是情节严重的行为，才能构成单位受贿罪。

国家机关、国有公司、企业、事业单位、人民团体，在经济往来中，在账外暗中收受各种名义的回扣、手续费的，以单位受贿罪追究刑事责任。

涉嫌下列情形之一的，应予立案：

1. 单位受贿数额在 10 万元以上的；

2. 单位受贿数额不满 10 万元，但具有下列情形之一的：

（1）故意刁难、要挟有关单位、个人，造成恶劣影响的；

（2）强行索取财物的；

（3）致使国家或者社会利益遭受重大损失的。

【司法指导文件】

《最高人民检察院法律政策研究室关于国有单位的内设机构能否构成单位受贿罪主体问题的答复》（〔2006〕高检研发 8 号，20060912）

国有单位的内设机构利用其行使职权的便利，索取、非法收受他人财物并归该内设机构所有或者支配，为他人谋取利益，情节严重的，依照刑法第三百八十七条的规定以单位受贿罪追究刑事责任。

上述内设机构在经济往来中，在账外暗中收受各种名义的回扣、手续费的，以受贿论。

第三百八十八条　【受贿罪】国家工作人员利用本人职权或者地位形成的便利条件，通过其他国家工作人员职务上的行为，为请托人谋取不正当利益，索取请托人财物或者收受请托人财物的，以受贿论处。

【司法指导文件】

《全国法院审理经济犯罪案件工作座谈会纪要》（法〔2003〕167号，20031113）

三、关于受贿罪

（三）"利用职权或地位形成的便

利条件"的认定

刑法第三百八十八条规定的"利用本人职权或者地位形成的便利条件",是指行为人与被其利用的国家工作人员之间在职务上虽然没有隶属、制约关系,但是行为人利用了本人职权或者地位产生的影响和一定的工作联系,如单位内不同部门的国家工作人员之间、上下级单位没有职务上隶属、制约关系的国家工作人员之间、有工作联系的不同单位的国家工作人员之间等。

【法院参考案例】

〔**参考案例第** 754 **号:陆某受贿案**〕国家工作人员通过其情人职务上的行为收取贿赂,为他人谋取不正当利益的行为如何定性?

只要国家工作人员同时具备本人的职权或者地位形成的便利条件和其与其他国家工作人员的密切关系,原则上应当依照刑法第三百八十八条的规定,以受贿罪论处,但确有证据证实国家工作人员仅利用了其与被其利用的其他国家工作人员的密切关系的,应当依照刑法第三百八十八条之一的规定,以利用影响力受贿罪论处。

第三百八十八条之一 【利用影响力受贿罪】国家工作人员的近亲属或者其他与该国家工作人员关系密切的人,通过该国家工作人员职务上的行为,或者利用该国家工作人员职权或者地位形成的便利条件,通过其他国家工作人员职务上的行为,为请托人谋取不正当利益,索

取请托人财物或者收受请托人财物,数额较大或者有其他较重情节的,处三年以下有期徒刑或者拘役,并处罚金;数额巨大或者有其他严重情节的,处三年以上七年以下有期徒刑,并处罚金;数额特别巨大或者有其他特别严重情节的,处七年以上有期徒刑,并处罚金或者没收财产。

离职的国家工作人员或者其近亲属以及其他与其关系密切的人,利用该离职的国家工作人员原职权或者地位形成的便利条件实施前款行为的,依照前款的规定定罪处罚。

【修正说明】

本罪由刑法修正案(七)第十三条增设。

【立法·要点注释】

本罪的犯罪主体是与国家工作人员有着某种特定关系的非国家工作人员,包括国家工作人员的近亲属或者其他与该国家工作人员关系密切的人。至于关系密切的人具体指哪些人,应当由司法机关根据案件的具体情况确定,也可以由司法机关依法作出司法解释。这里规定的近亲属主要是指夫、妻、父、母、子、女、同胞兄弟姐妹、祖父母、外祖父母、孙子女、外孙子女。

【司法解释】

《最高人民法院、最高人民检察院关于办理贪污贿赂刑事案件适用法律若干问题的解释》(法释〔2016〕9号,20160418)

第十条第一款刑法第三百八十八条之一规定的利用影响力受贿罪的定罪量刑适用标准，参照本解释关于受贿罪的规定执行。

第三百八十九条　【行贿罪】 为谋取不正当利益，给予国家工作人员以财物的，是行贿罪。

在经济往来中，违反国家规定，给予国家工作人员以财物，数额较大的，或者违反国家规定，给予国家工作人员以各种名义的回扣、手续费的，以行贿论处。

因被勒索给予国家工作人员以财物，没有获得不正当利益的，不是行贿。

【司法解释 I 】

《最高人民法院、最高人民检察院关于办理贪污贿赂刑事案件适用法律若干问题的解释》（法释〔2016〕9号，20160418）

第七条　为谋取不正当利益，向国家工作人员行贿，数额在三万元以上的，应当依照刑法第三百九十条的规定以行贿罪追究刑事责任。

行贿数额在一万元以上不满三万元，具有下列情形之一的，应当依照刑法第三百九十条的规定以行贿罪追究刑事责任：

（一）向三人以上行贿的；

（二）将违法所得用于行贿的；

（三）通过行贿谋取职务提拔、调整的；

（四）向负有食品、药品、安全生产、环境保护等监督管理职责的国家工作人员行贿，实施非法活动的；

（五）向司法工作人员行贿，影响司法公正的；

（六）造成经济损失数额在五十万元以上不满一百万元的。

第八条　犯行贿罪，具有下列情形之一的，应当认定为刑法第三百九十条第一款规定的"情节严重"：

（一）行贿数额在一百万元以上不满五百万元的；

（二）行贿数额在五十万元以上不满一百万元，并具有本解释第七条第二款第一项至第五项规定的情形之一的；

（三）其他严重的情节。

为谋取不正当利益，向国家工作人员行贿，造成经济损失数额在一百万元以上不满五百万元的，应当认定为刑法第三百九十条第一款规定的"使国家利益遭受重大损失"。

第九条　犯行贿罪，具有下列情形之一的，应当认定为刑法第三百九十条第一款规定的"情节特别严重"：

（一）行贿数额在五百万元以上的；

（二）行贿数额在二百五十万元以上不满五百万元，并具有本解释第七条第二款第一项至第五项规定的情形之一的；

（三）其他特别严重的情节。

为谋取不正当利益，向国家工作人员行贿，造成经济损失数额在五百万元以上的，应当认定为刑法第三百九十条第一款规定的"使国家利益遭受特别重大损失"。

【司法解释Ⅱ】

《最高人民法院、最高人民检察院关于办理行贿刑事案件具体应用法律若干问题的解释》（法释〔2012〕22号，20130101）

第十二条　行贿犯罪中的"谋取不正当利益"，是指行贿人谋取的利益违反法律、法规、规章、政策规定，或者要求国家工作人员违反法律、法规、规章、政策、行业规范的规定，为自己提供帮助或者方便条件。

违背公平、公正原则，在经济、组织人事管理等活动中，谋取竞争优势的，应当认定为"谋取不正当利益"。

【司法指导文件Ⅰ】

《最高人民法院、最高人民检察院关于办理商业贿赂刑事案件适用法律若干问题的意见》（法发〔2008〕33号，20081120）

九、在行贿犯罪中，"谋取不正当利益"，是指行贿人谋取违反法律、法规、规章或者政策规定的利益，或者要求对方违反法律、法规、规章、政策、行业规范的规定提供帮助或者方便条件。

在招标投标、政府采购等商业活动中，违背公平原则，给予相关人员财物以谋取竞争优势的，属于"谋取不正当利益"。

【司法指导文件Ⅱ】

《最高人民法院、最高人民检察院关于各地在办理受贿犯罪大要案的同时严肃查处严重行贿犯罪分子的通知》（高检会〔1999〕1号，19990304）

二、对于为谋取不正当利益而行贿，构成行贿罪、向单位行贿罪、单位行贿罪的，必须依法追究刑事责任。"谋取不正当利益"是指谋取违反法律、法规、国家政策和国务院各部门规章规定的利益，以及要求国家工作人员或者有关单位提供违反法律、法规、国家政策和国务院各部门规章规定的帮助或者方便条件。

对于向国家工作人员介绍贿赂，构成犯罪的案件，也要依法查处。

三、当前要特别注意依法严肃惩处下列严重行贿犯罪行为：

1. 行贿数额巨大、多次行贿或者向多人行贿的；

2. 向党政干部和司法工作人员行贿的；

3. 为进行走私、偷税（注：已变更为"逃税"）、骗税、骗汇、逃汇、非法买卖外汇等违法犯罪活动，向海关、工商、税务、外汇管理等行政执法机关工作人员行贿的；

4. 为非法办理金融、证券业务，向银行等金融机构、证券管理机构工作人员行贿，致使国家利益遭受重大损失的；

5. 为非法获取工程、项目的开发、承包、经营权，向有关主管部门及其主管领导行贿，致使公共财产、国家和人民利益遭受重大损失的；

6. 为制售假冒伪劣产品，向有关国家机关、国有单位及国家工作人员行贿，造成严重后果的；

7. 其他情节严重的行贿犯罪行为。

四、在查处严重行贿、介绍贿赂

犯罪案件中，既要坚持从严惩处的方针，又要注意体现政策。行贿人、介绍贿赂人具有刑法第三百九十条第二款、第三百九十二条第二款规定的在被追诉前主动交代行贿、介绍贿赂犯罪情节的，依法分别可以减轻或者免除处罚；行贿人、介绍贿赂人在被追诉后如实交代行贿、介绍贿赂行为的，也可以酌情从轻处罚。

第三百九十条　【对行贿罪的处罚】 对犯行贿罪的，处五年以下有期徒刑或者拘役，并处罚金；因行贿谋取不正当利益，情节严重的，或者使国家利益遭受重大损失的，处五年以上十年以下有期徒刑，并处罚金；情节特别严重的，或者使国家利益遭受特别重大损失的，处十年以上有期徒刑或者无期徒刑，并处罚金或者没收财产。

行贿人在被追诉前主动交待行贿行为的，可以从轻或者减轻处罚。其中，犯罪较轻的，对侦破重大案件起关键作用的，或者有重大立功表现的，可以减轻或者免除处罚。

【修正前条文】

第三百九十条　【对行贿罪的处罚】对犯行贿罪的，处五年以下有期徒刑或者拘役；因行贿谋取不正当利益，情节严重的，或者使国家利益遭受重大损失的，处五年以上十年以下有期徒刑；情节特别严重的，处十年以上有期徒刑或者无期徒刑，可以并处没收财产。

行贿人在被追诉前主动交待行贿

行为的，可以减轻处罚或者免除处罚。

【修正说明】

刑法修正案（九）第四十五条对原条文作出下述修改：一是对行贿罪增加规定罚金刑；二是进一步严格了对行贿罪从宽处罚的条件。

【司法解释 I】

《最高人民法院、最高人民检察院关于办理贪污贿赂刑事案件适用法律若干问题的解释》（法释〔2016〕9号，20160418）

第十四条　根据行贿犯罪的事实、情节，可能被判处三年有期徒刑以下刑罚的，可以认定为刑法第三百九十条第二款规定的"犯罪较轻"。

根据犯罪的事实、情节，已经或者可能被判处十年有期徒刑以上刑罚的，或者案件在本省、自治区、直辖市或者全国范围内有较大影响的，可以认定为刑法第三百九十条第二款规定的"重大案件"。

具有下列情形之一的，可以认定为刑法第三百九十条第二款规定的"对侦破重大案件起关键作用"：

（一）主动交待办案机关未掌握的重大案件线索的；

（二）主动交待的犯罪线索不属于重大案件的线索，但该线索对于重大案件侦破有重要作用的；

（三）主动交待行贿事实，对于重大案件的证据收集有重要作用的；

（四）主动交待行贿事实，对于重大案件的追逃、追赃有重要作用的。

【司法解释 II】

《最高人民法院、最高人民检察院

关于办理行贿刑事案件具体应用法律若干问题的解释》（法释〔2012〕22号，20130101）

第五条 多次行贿未经处理的，按照累计行贿数额处罚。

第六条 行贿人谋取不正当利益的行为构成犯罪的，应当与行贿犯罪实行数罪并罚。

......

第八条 行贿人被追诉后如实供述自己罪行的，依照刑法第六十七条第三款的规定，可以从轻处罚；因其如实供述自己罪行，避免特别严重后果发生的，可以减轻处罚。

第九条 行贿人揭发受贿人与其行贿无关的其他犯罪行为，查证属实的，依照刑法第六十八条关于立功的规定，可以从轻、减轻或者免除处罚。

第十条 实施行贿犯罪，具有下列情形之一的，一般不适用缓刑和免予刑事处罚：

（一）向三人以上行贿的；

（二）因行贿受过行政处罚或者刑事处罚的；

（三）为实施违法犯罪活动而行贿的；

（四）造成严重危害后果的；

（五）其他不适用缓刑和免予刑事处罚的情形。

具有刑法第三百九十条第二款规定的情形的，不受前款规定的限制。

第十一条 行贿犯罪取得的不正当财产性利益应当依照刑法第六十四条的规定予以追缴、责令退赔或者返还被害人。

因行贿犯罪取得财产性利益以外的经营资格、资质或者职务晋升等其他不正当利益，建议有关部门依照相关规定予以处理。

......

第十三条 刑法第三百九十条第二款规定的"被追诉前"，是指检察机关对行贿人的行贿行为刑事立案前。

第三百九十条之一 【对有影响力的人行贿罪】为谋取不正当利益，向国家工作人员的近亲属或者其他与该国家工作人员关系密切的人，或者向离职的国家工作人员或者其近亲属以及其他与其关系密切的人行贿的，处三年以下有期徒刑或者拘役，并处罚金；情节严重的，或者使国家利益遭受重大损失的，处三年以上七年以下有期徒刑，并处罚金；情节特别严重的，或者使国家利益遭受特别重大损失的，处七年以上十年以下有期徒刑，并处罚金。

单位犯前款罪的，对单位判处罚金，并对其直接负责的主管人员和其他直接责任人员，处三年以下有期徒刑或者拘役，并处罚金。

【修正说明】
本罪由刑法修正案（九）第四十六条增设。

【司法解释】
《最高人民法院、最高人民检察院关于办理贪污贿赂刑事案件适用法律若干问题的解释》（法释〔2016〕9号，20160418）

第十条第二款 刑法第三百九十

条之一规定的对有影响力的人行贿罪的定罪量刑适用标准，参照本解释关于行贿罪的规定执行。

第十条第三款　单位对有影响力的人行贿数额在二十万元以上的，应当依照刑法第三百九十条之一的规定以对有影响力的人行贿罪追究刑事责任。

第三百九十一条　【对单位行贿罪】为谋取不正当利益，给予国家机关、国有公司、企业、事业单位、人民团体以财物的，或者在经济往来中，违反国家规定，给予各种名义的回扣、手续费的，处三年以下有期徒刑或者拘役，并处罚金。

单位犯前款罪的，对单位判处罚金，并对其直接负责的主管人员和其他直接责任人员，依照前款的规定处罚。

【修正前条文】

第三百九十一条　【对单位行贿罪】为谋取不正当利益，给予国家机关、国有公司、企业、事业单位、人民团体以财物的，或者在经济往来中，违反国家规定，给予各种名义的回扣、手续费的，处三年以下有期徒刑或者拘役。

单位犯前款罪的，对单位判处罚金，并对其直接负责的主管人员和其他直接责任人员，依照前款的规定处罚。

【修正说明】

刑法修正案（九）第四十七条在原条文基础上增设了"并处罚金"的规定。

【司法解释】

《最高人民检察院关于人民检察院直接受理立案侦查案件立案标准的规定（试行）》（高检发释字〔1999〕2号，19990916）

（六）对单位行贿案（第 391 条）

对单位行贿罪是指为谋取不正当利益，给予国家机关、国有公司、企业、事业单位、人民团体以财物，或者在经济往来中，违反国家规定，给予上述单位各种名义的回扣、手续费的行为。

涉嫌下列情形之一的，应予立案：

1. 个人行贿数额在 10 万元以上、单位行贿数额在 20 万元以上的；

2. 个人行贿数额不满 10 万元、单位行贿数额在 10 万元以上不满 20 万元，但具有下列情形之一的：

（1）为谋取非法利益而行贿的；

（2）向 3 个以上单位行贿的；

（3）向党政机关、司法机关、行政执法机关行贿的；

（4）致使国家或者社会利益遭受重大损失的。

第三百九十二条　【介绍贿赂罪】向国家工作人员介绍贿赂，情节严重的，处三年以下有期徒刑或者拘役，并处罚金。

介绍贿赂人在被追诉前主动交待介绍贿赂行为的，可以减轻处罚或者免除处罚。

【修正前条文】

第三百九十二条　【介绍贿赂罪】向国家工作人员介绍贿赂，情节严重的，处三年以下有期徒刑或者拘役。

介绍贿赂人在被追诉前主动交待介绍贿赂行为的，可以减轻处罚或者免除处罚。

【修正说明】

刑法修正案（九）第四十八条在原条文基础上增设了"并处罚金"的规定。

【司法解释】

《最高人民检察院关于人民检察院直接受理立案侦查案件立案标准的规定（试行）》（高检发释字〔1999〕2号，19990916）

（七）介绍贿赂案（第392条）

介绍贿赂罪是指向国家工作人员介绍贿赂，情节严重的行为。

"介绍贿赂"是指在行贿人与受贿人之间沟通关系、撮合条件，使贿赂行为得以实现的行为。

涉嫌下列情形之一的，应予立案：

1. 介绍个人向国家工作人员行贿，数额在2万元以上的；介绍单位向国家工作人员行贿，数额在20万元以上的；

2. 介绍贿赂数额不满上述标准，但具有下列情形之一的：

（1）为使行贿人获取非法利益而介绍贿赂的；

（2）3次以上或者为3人以上介绍贿赂的；

（3）向党政领导、司法工作人员、行政执法人员介绍贿赂的；

（4）致使国家或者社会利益遭受重大损失的。

【司法指导文件】

《最高人民法院研究室关于向非国家工作人员介绍贿赂行为如何定性问题的研究意见》（2012）

对于向非国家工作人员介绍贿赂行为，根据罪刑法定原则，不宜定罪处罚。但对于确已明显构成行贿共犯或者受贿共犯的，予以定罪处罚，也依法有据，并不违反罪刑法定原则。

第三百九十三条 【单位行贿罪】单位为谋取不正当利益而行贿，或者违反国家规定，给予国家工作人员以回扣、手续费，情节严重的，对单位判处罚金，并对其直接负责的主管人员和其他直接责任人员，处五年以下有期徒刑或者拘役，并处罚金。因行贿取得的违法所得归个人所有的，依照本法第三百八十九条、第三百九十条的规定定罪处罚。

【修正前条文】

第三百九十三条 【单位行贿罪】单位为谋取不正当利益而行贿，或者违反国家规定，给予国家工作人员以回扣、手续费，情节严重的，对单位判处罚金，并对其直接负责的主管人员和其他直接责任人员，处五年以下有期徒刑或者拘役。因行贿取得的违法所得归个人所有的，依照本法第三百八十九条、第三百九十条的规定定罪处罚。

【修正说明】

刑法修正案（九）第四十九条在原条文基础上增设了"并处罚金"的

规定。

【司法解释】

《最高人民检察院关于人民检察院直接受理立案侦查案件立案标准的规定（试行）》（高检发释字〔1999〕2号，19990916）

（八）单位行贿案（第393条）

单位行贿罪是指公司、企业、事业单位、机关、团体为谋取不正当利益而行贿，或者违反国家规定，给予国家工作人员以回扣、手续费，情节严重的行为。

涉嫌下列情形之一的，应予立案：

1. 单位行贿数额在20万元以上的；

2. 单位为谋取不正当利益而行贿，数额在10万元以上不满20万元，但具有下列情形之一的：

（1）为谋取非法利益而行贿的；

（2）向3人以上行贿的；

（3）向党政领导、司法工作人员、行政执法人员行贿的；

（4）致使国家或者社会利益遭受重大损失的。

因行贿取得的违法所得归个人所有的，依照本规定关于个人行贿的规定立案，追究其刑事责任。

第三百九十四条 【贪污罪】国家工作人员在国内公务活动或者对外交往中接受礼物，依照国家规定应当交公而不交公，数额较大的，依照本法第三百八十二条、第三百八十三条的规定定罪处罚。

第三百九十五条 【巨额财产来源不明罪】国家工作人员的财产、支出明显超过合法收入，差额巨大的，可以责令该国家工作人员说明来源，不能说明来源的，差额部分以非法所得论，处五年以下有期徒刑或者拘役；差额特别巨大的，处五年以上十年以下有期徒刑。财产的差额部分予以追缴。

【隐瞒境外存款罪】国家工作人员在境外的存款，应当依照国家规定申报。数额较大、隐瞒不报的，处二年以下有期徒刑或者拘役；情节较轻的，由其所在单位或者上级主管机关酌情给予行政处分。

【修正前条文】

第三百九十五条 【巨额财产来源不明罪】国家工作人员的财产或者支出明显超过合法收入，差额巨大的，可以责令说明来源。本人不能说明其来源是合法的，差额部分以非法所得论，处五年以下有期徒刑或者拘役，财产的差额部分予以追缴。

【隐瞒境外存款罪】国家工作人员在境外的存款，应当依照国家规定申报。数额较大、隐瞒不报的，处二年以下有期徒刑或者拘役；情节较轻的，由其所在单位或者上级主管机关酌情给予行政处分。

【修正说明】

刑法修正案（七）第十四条对原条文作出下述修改：一是将本罪的法定最高刑由五年有期徒刑提高到十年有期徒刑。二是将原来的"国家工作人员的财产或者支出明显超过合法收人", 以及 "本人不能说明其来源是合法的", 分别修改为 "国家工作人员的财产、支出明显超过合法收入"和"可以责令该国家工作人员说明来源, 不能说明来源的", 使刑法条文在文字表述上更加严谨。

【立法·要点注释】

巨额财产来源不明罪, 是指国家工作人员的财产、支出明显超过合法收入, 差额巨大, 本人不能说明其来源的行为。这里所说的 "国家工作人员的财产", 是指国家工作人员私人所有的房屋、车辆、存款、现金、股票、生活用品等。"支出", 是指各种消费以及其他开支。"超过合法收入", 是指国家工作人员的财产、支出数额, 明显超过其工资、奖金、津贴以及其他依照国家规定取得的报酬的数额。"财产、支出明显超过合法收入", 不仅包括财产和支出两项总和明显超过其合法收入, 也包括财产或者支出其中一项明显超过合法收入的情况。本条所规定的 "不能说明来源的", 是指行为人不能说明其支出明显超过合法收入, 差额巨大的财产是如何获得的。这里既包括本人拒不向调查的司法机关说明, 也包括 "说明"的内容经调查证明是虚假的情况。

【司法解释】

《最高人民检察院关于人民检察院直接受理立案侦查案件立案标准的规定(试行)》(高检发释字〔1999〕2号, 19990916)

(九) 巨额财产来源不明案 (第395条第1款)

巨额财产来源不明罪是指国家工作人员的财产或者支出明显超出合法收入, 差额巨大, 而本人又不能说明其来源是合法的行为。

涉嫌巨额财产来源不明, 数额在30万元以上的, 应予立案。

(十) 隐瞒境外存款案 (第395条第2款)

隐瞒境外存款罪是指国家工作人员违反国家规定, 故意隐瞒不报在境外的存款, 数额较大的行为。

涉嫌隐瞒境外存款, 折合人民币数额在30万元以上的, 应予立案。

【司法指导文件】

《全国法院审理经济犯罪案件工作座谈会纪要》(法〔2003〕167号, 20031113)

五、关于巨额财产来源不明罪

(一) 行为人不能说明巨额财产来源合法的认定

刑法第三百九十五条第一款规定的 "不能说明", 包括以下情况: (1) 行为人拒不说明财产来源; (2) 行为人无法说明财产的具体来源; (3) 行为人所说的财产来源经司法机关查证并不属实; (4) 行为人所说的财产来源因线索不具体等原因, 司法机关无法查实, 但能排除存在来源合法的可能性和合理性的。

(二) "非法所得"的数额计算

刑法第三百九十五条规定的 "非法所得", 一般是指行为人的全部财产与能够认定的所有支出的总和减去能够证实的有真实来源的所得。在具体计算时, 应注意以下问题: (1) 应把国家工作人员个人财产和与其共同生活的家庭成员的财产、支出等一并计算，而且一并减去他们所有的合法收入以及确属与其共同生活的家庭成员个人的非法收入；（2）行为人所有的财产包括房产、家具、生活用品、学习用品及股票、债券、存款等动产和不动产；行为人的支出包括合法支出和不合法的支出，包括日常生活、工作、学习费用、罚款及向他人行贿的财物等；行为人的合法收入包括工资、奖金、稿酬、继承等法律和政策允许的各种收入；（3）为了便于计算犯罪数额，对于行为人的财产和合法收入，一般可以从行为人有比较确定的收入和财产时开始计算。

第三百九十六条 【私分国有资产罪】国家机关、国有公司、企业、事业单位、人民团体，违反国家规定，以单位名义将国有资产集体私分给个人，数额较大的，对其直接负责的主管人员和其他直接责任人员，处三年以下有期徒刑或者拘役，并处或者单处罚金；数额巨大的，处三年以上七年以下有期徒刑，并处罚金。

【私分罚没财物罪】司法机关、行政执法机关违反国家规定，将应当上缴国家的罚没财物，以单位名义集体私分给个人的，依照前款的规定处罚。

【立法·要点注释】

"以单位名义将国有资产集体私分给个人"是指由单位负责人决定，或者单位决策机构集体讨论决定，分给单位所有职工。如果不是分给所有职工，而是几个负责人暗中私分，则不应以本条定罪处罚，而应以贪污罪追究私分者的刑事责任。

【司法解释】

《最高人民检察院关于人民检察院直接受理立案侦查案件立案标准的规定（试行）》（高检发释字〔1999〕2号，19990916）

（十一）私分国有资产案（第396条第1款）

私分国有资产罪是指国家机关、国有公司、企业、事业单位、人民团体，违反国家规定，以单位名义将国有资产集体私分给个人，数额较大的行为。

涉嫌私分国有资产，累计数额在10万元以上的，应予立案。

（十二）私分罚没财物案（第396条第2款）

私分罚没财物罪是指司法机关、行政执法机关违反国家规定，将应当上缴国家的罚没财物，以单位名义集体私分给个人的行为。

涉嫌私分罚没财物，累计数额在10万元以上，应予立案。

【司法指导文件Ⅰ】

《最高人民法院、最高人民检察院关于办理国家出资企业中职务犯罪案件具体应用法律若干问题的意见》（法发〔2010〕49号，20101126）

二、关于国有公司、企业在改制过程中隐匿公司、企业财产归职工集体持股的改制后公司所有的行为的处理

国有公司、企业违反国家规定，在改制过程中隐匿公司、企业财产，

转为职工集体持股的改制后公司、企业所有的，对其直接负责的主管人员和其他直接责任人员，依照刑法第三百九十六条第一款的规定，以私分国有资产罪定罪处罚。

【司法指导文件Ⅱ】

《最高人民法院研究室关于如何理解私分国有资产问题的研究意见》（2012）

县交通局稽查队代征的车船使用税、代办的个体工商管理费的返还款均属于利用国家公权力收取的费用，虽然系违法代收，但仍无法改变款项的公款性质。县交通局稽查队收到的停车费也属于公款。因此，县交通局稽查队代征的车船使用税、代办的个体工商管理费的返还款及停车费属于刑法第三百九十六条第一款所规定的"国有资产"。

【法院参考案例】

〔参考案例第 125 号：刘忠伟私分国有资产案〕〔参考案例第 313 号：杨代芳贪污、受贿案〕〔参考案例第 377 号：李祖清等被控贪污案〕集体私分国有资产行为与共同贪污行为如何区分？

"以单位名义集体私分"是私分国有资产罪区别于贪污罪最本质的特征，表现为：

第一，行为方式不同。共同贪污国有资产通常表现为非法占有国有资产的人共同利用职务上的便利，共同实施，一般是秘密进行的，并且想方设法将有关账目抹平，以掩盖非法占有国有资产的事实。而私分国有资产行为则表现为在单位意志的支配下，

集体共同私分，而大多数分得财产的人对是否私分没有决定权，并且在单位内部往往是公开的，有的还做了详细的财务记录。

第二，承担刑事责任的主体范围不同。参与共同贪污的人，均应依法承担刑事责任。而私分国有资产罪只能由对私分国有资产直接负责的主管人员和其他直接责任人员构成，被动分得国有资产的人依法不构成犯罪，只承担返还所分得财产的民事责任。

〔参考案例第 293 号：张金康、夏琴私分国有资产案〕如何区分变相集体私分国有资产犯罪与违反财经纪律超标准、超范围发放奖金、福利等行为的界限？

下列情形一般可认定为私分国有资产行为：第一，在单位没有经营效益甚至经营亏损的情况下，变卖分配国有财产等严重违背国有财产的经营管理职责，妨害国有公司、企业的正常生产、经营活动的；第二，单位将无权自主支配、分配的钱款通过巧立名目、违规做账等手段从财务账上支出，或者将应依法上缴财务入账的正常或者非正常收入予以截留，编造各种栏目进行私分发放等，严重破坏国家财政收支政策的贯彻落实的。

〔参考案例第 939 号：徐国桢等私分国有资产罪案〕在仅能由单位构成犯罪的情形下，能否认定非适格主体与单位构成共犯？

对于非适格主体参与实施私分国有资产行为，只要非适格主体与适格单位共同实施了私分国有资产的行为，就可以成立共同犯罪。

第九章　渎职罪

【立法解释】

《全国人民代表大会常务委员会关于〈中华人民共和国刑法〉第九章渎职罪主体适用问题的解释》(20021228)

在依照法律、法规规定行使国家行政管理职权的组织中从事公务的人员，或者在受国家机关委托代表国家机关行使职权的组织中从事公务的人员，或者虽未列入国家机关人员编制但在国家机关中从事公务的人员，在代表国家机关行使职权时，有渎职行为，构成犯罪的，依照刑法关于渎职罪的规定追究刑事责任。

【司法解释Ⅰ】

《最高人民法院、最高人民检察院关于办理渎职刑事案件适用法律若干问题的解释（一）》（法释〔2012〕18号，20130109）

第二条　国家机关工作人员实施滥用职权或者玩忽职守犯罪行为，触犯刑法分则第九章第三百九十八条至第四百一十九条规定的，依照该规定定罪处罚。

国家机关工作人员滥用职权或者玩忽职守，因不具备徇私舞弊等情形，不符合刑法分则第九章第三百九十八条至第四百一十九条的规定，但依法构成第三百九十七条规定的犯罪的，以滥用职权罪或者玩忽职守罪定罪处罚。

第三条　国家机关工作人员实施渎职犯罪并收受贿赂，同时构成受贿罪的，除刑法另有规定外，以渎职犯罪和受贿罪数罪并罚。

第四条　国家机关工作人员实施渎职行为，放纵他人犯罪或者帮助他人逃避刑事处罚，构成犯罪的，依照渎职罪的规定定罪处罚。

国家机关工作人员与他人共谋，利用其职务行为帮助他人实施其他犯罪行为，同时构成渎职犯罪和共谋实施的其他犯罪共犯的，依照处罚较重的规定定罪处罚。

国家机关工作人员与他人共谋，既利用其职务行为帮助他人实施其他犯罪，又以非职务行为与他人共同实施该其他犯罪行为，同时构成渎职犯罪和其他犯罪的共犯的，依照数罪并罚的规定定罪处罚。

第五条　国家机关负责人员违法决定，或者指使、授意、强令其他国家机关工作人员违法履行职务或者不履行职务，构成刑法分则第九章规定的渎职犯罪的，应当依法追究刑事责任。

以"集体研究"形式实施的渎职犯罪，应当依照刑法分则第九章的规定追究国家机关负有责任的人员的刑事责任。对于具体执行人员，应当在综合认定其行为性质、是否提出反对意见、危害结果大小等情节的基础上决定是否追究刑事责任和应当判处的刑罚。

第六条　以危害结果为条件的渎职犯罪的追诉期限，从危害结果发生之日起计算；有数个危害结果的，从最后一个危害结果发生之日起计算。

第七条　依法或者受委托行使国家行政管理职权的公司、企业、事业单位的工作人员，在行使行政管理职权时滥用职权或者玩忽职守，构成犯罪的，应当依照《全国人民代表大会常务委员会关于〈中华人民共和国刑法〉第九章渎职罪主体适用问题的解释》的规定，适用渎职罪的规定追究刑事责任。

第八条　本解释规定的"经济损失"，是指渎职犯罪或者与渎职犯罪相关联的犯罪立案时已经实际造成的财产损失，包括为挽回渎职犯罪所造成损失而支付的各种开支、费用等。立案后至提起公诉前持续发生的经济损失，应一并计入渎职犯罪造成的经济损失。

债务人经法定程序被宣告破产，债务人潜逃、去向不明，或者因行为人的责任超过诉讼时效等，致使债权已经无法实现的，无法实现的债权部分应当认定为渎职犯罪的经济损失。

渎职犯罪或者与渎职犯罪相关联的犯罪立案后，犯罪分子及其亲友自行挽回的经济损失，司法机关或者犯罪分子所在单位及其上级主管部门挽回的经济损失，或者因客观原因减少的经济损失，不予扣减，但可以作为酌定从轻处罚的情节。

第九条　负有监督管理职责的国家机关工作人员滥用职权或者玩忽职守，致使不符合安全标准的食品、有毒有害食品、假药、劣药等流入社会，对人民群众生命、健康造成严重危害后果的，依照渎职罪的规定从严惩处。

第十条　最高人民法院、最高人民检察院此前发布的司法解释与本解释不一致的，以本解释为准。

【司法解释Ⅱ】

《最高人民法院、最高人民检察院关于办理贪污贿赂刑事案件适用法律若干问题的解释》（法释〔2016〕9号，20160418）

第十七条　国家工作人员利用职务上的便利，收受他人财物，为他人谋取利益，同时构成受贿罪和刑法分则第三章第三节、第九章规定的渎职犯罪的，除刑法另有规定外，以受贿罪和渎职犯罪数罪并罚。

【司法指导文件Ⅰ】

《全国法院审理经济犯罪案件工作座谈会纪要》（法〔2003〕167号，20031113）

六、关于渎职罪

（一）渎职犯罪行为造成的公共财产重大损失的认定

根据刑法规定，玩忽职守、滥用职权等渎职犯罪是以致使公共财产、国家和人民利益遭受重大损失为构成要件的。其中，公共财产的重大损失，通常是指渎职行为已经造成的重大经济损失。在司法实践中，有以下情形之一的，虽然公共财产作为债权存在，但已无法实现债权的，可以认定为行为人的渎职行为造成了经济损失：（1）债务人已经法定程序被宣告破产；（2）债务人潜逃，去向不明；

（3）因行为人责任，致使超过诉讼时效；（4）有证据证明债权无法实现的其他情况。

（二）玩忽职守罪的追诉时效

玩忽职守行为造成的重大损失当时没有发生，而是玩忽职守行为之后一定时间发生的，应从危害结果发生之日起计算玩忽职守罪的追诉期限。

（三）国有公司、企业人员渎职犯罪的法律适用

对于 1999 年 12 月 24 日《中华人民共和国刑法修正案》实施以前发生的国有公司、企业人员渎职行为（不包括徇私舞弊行为），尚未处理或者正在处理的不能按照刑法修正案追究刑事责任。

（四）关于"徇私"的理解

徇私舞弊型渎职犯罪的"徇私"应理解为徇个人私情、私利。国家机关工作人员为了本单位的利益，实施滥用职权、玩忽职守行为，构成犯罪的，依照刑法第三百九十七条第一款的规定定罪处罚。

【司法指导文件Ⅱ】

《最高人民法院关于进一步加大力度，依法严惩危害食品安全及相关职务犯罪的通知》（20110527）

2011 年 4 月 30 日以前实施食品安全监管渎职行为，依法构成滥用职权罪、玩忽职守罪或其他渎职犯罪，在 5 月 1 日以后审理的，适用修正前刑法的规定定罪处罚。5 月 1 日以后实施食品安全监管渎职行为，未导致发生重大食品安全事故或者造成其他严重后果，不构成食品监管渎职罪，但符合其他渎职犯罪构成要件的，依照刑法相关规定对其定罪处罚。

【指导性案例·检察】

〔崔某环境监管失职案，JZD2012 - 4〕

实践中，一些国有公司、企业和事业单位经合法授权从事具体的管理市场经济和社会生活的工作，拥有一定管理公共事务和社会事务的职权，这些实际行使国家行政管理职权的公司、企业和事业单位工作人员，符合渎职罪主体要求；对其实施渎职行为构成犯罪的，应当依照刑法关于渎职罪的规定追究刑事责任。

〔杨某玩忽职守、徇私枉法、受贿案，JZD2012 - 8〕

如果负有监管职责的国家机关工作人员没有认真履行其监管职责，从而未能有效防止危害结果发生，那么，这些对危害结果具有"原因力"的渎职行为，应认定与危害结果之间具有刑法意义上的因果关系。对于国家机关工作人员实施渎职犯罪并收受贿赂，同时构成受贿罪的，除刑法第三百九十九条有特别规定的外，以渎职犯罪和受贿罪数罪并罚。

第三百九十七条　【滥用职权罪】【玩忽职守罪】国家机关工作人员滥用职权或者玩忽职守，致使公共财产、国家和人民利益遭受重大损失的，处三年以下有期徒刑或者拘役；情节特别严重的，处三年以上七年以下有期徒刑。本法另有规定的，依照规定。

国家机关工作人员徇私舞弊，

犯前款罪的，处五年以下有期徒刑或者拘役；情节特别严重的，处五年以上十年以下有期徒刑。本法另有规定的，依照规定。

【相关立法】

《全国人民代表大会常务委员会关于惩治骗购外汇、逃汇和非法买卖外汇犯罪的决定》（19981229）

六、海关、外汇管理部门的工作人员严重不负责任，造成大量外汇被骗购或者逃汇，致使国家利益遭受重大损失的，依照刑法第三百九十七条的规定定罪处罚。

【司法解释Ⅰ】

《最高人民法院、最高人民检察院关于办理渎职刑事案件适用法律若干问题的解释（一）》（法释〔2012〕18号，20130109）

第一条　国家机关工作人员滥用职权或者玩忽职守，具有下列情形之一的，应当认定为刑法第三百九十七条规定的"致使公共财产、国家和人民利益遭受重大损失"：

（一）造成死亡 1 人以上，或者重伤 3 人以上，或者轻伤 9 人以上，或者重伤 2 人、轻伤 3 人以上，或者重伤 1 人、轻伤 6 人以上的；

（二）造成经济损失 30 万元以上的；

（三）造成恶劣社会影响的；

（四）其他致使公共财产、国家和人民利益遭受重大损失的情形。

具有下列情形之一的，应当认定为刑法第三百九十七条规定的"情节特别严重"：

（一）造成伤亡达到前款第（一）项规定人数 3 倍以上的；

（二）造成经济损失 150 万元以上的；

（三）造成前款规定的损失后果，不报、迟报、谎报或者授意、指使、强令他人不报、迟报、谎报事故情况，致使损失后果持续、扩大或者抢救工作延误的；

（四）造成特别恶劣社会影响的；

（五）其他特别严重的情节。

【司法解释Ⅱ】

《最高人民检察院关于企业事业单位的公安机构在机构改革过程中其工作人员能否构成渎职侵权犯罪主体问题的批复》（高检发释字〔2002〕3号，20020516）

企业事业单位的公安机构在机构改革过程中虽尚未列入公安机关建制，其工作人员在行使侦查职责时，实施渎职侵权行为的，可以成为渎职侵权犯罪的主体。

【司法解释Ⅲ】

《最高人民法院、最高人民检察院关于办理妨害预防、控制突发传染病疫情等灾害的刑事案件具体应用法律若干问题的解释》（法释〔2003〕8号，20030515）

第十五条　在预防、控制突发传染病疫情等灾害的工作中，负有组织、协调、指挥、灾害调查、控制、医疗救治、信息传递、交通运输、物资保障等职责的国家机关工作人员，滥用职权或者玩忽职守，致使公共财产、国家和人民利益遭受重大损失的，依照刑法第三百九十七条的规定，以滥用职权罪或者玩忽职守罪定罪处罚。

【司法解释 IV】

《最高人民法院、最高人民检察院关于办理非法制造、买卖、运输、储存毒鼠强等禁用剧毒化学品刑事案件具体应用法律若干问题的解释》（法释〔2003〕14 号，20031001）

第四条　对非法制造、买卖、运输、储存毒鼠强等禁用剧毒化学品行为负有查处职责的国家机关工作人员，滥用职权或者玩忽职守，致使公共财产、国家和人民利益遭受重大损失的，依照刑法第三百九十七条的规定，以滥用职权罪或者玩忽职守罪追究刑事责任。

【司法解释 V】

《最高人民法院、最高人民检察院关于办理盗窃油气、破坏油气设备等刑事案件具体应用法律若干问题的解释》（法释〔2007〕3 号，20070119）

第七条　国家机关工作人员滥用职权或者玩忽职守，实施下列行为之一，致使公共财产、国家和人民利益遭受重大损失的，依照刑法第三百九十七条的规定，以滥用职权罪或者玩忽职守罪定罪处罚：

（一）超越职权范围，批准发放石油、天然气勘查、开采、加工、经营等许可证的；

（二）违反国家规定，给不符合法定条件的单位、个人发放石油、天然气勘查、开采、加工、经营等许可证的；

（三）违反《石油天然气管道保护条例》等国家规定，在油气设备安全保护范围内批准建设项目的；

（四）对发现或者经举报查实的未经依法批准、许可擅自从事石油、天然气勘查、开采、加工、经营等违法活动不予查封、取缔的。

【司法解释 VI】

《最高人民法院、最高人民检察院关于办理危害生产安全刑事案件适用法律若干问题的解释》（法释〔2015〕22 号，20151216）

第十五条　国家机关工作人员在履行安全监督管理职责时滥用职权、玩忽职守，致使公共财产、国家和人民利益遭受重大损失的，或者徇私舞弊，对发现的刑事案件依法应当移交司法机关追究刑事责任而不移交，情节严重的，分别依照刑法第三百九十七条、第四百零二条的规定，以滥用职权罪、玩忽职守罪或者徇私舞弊不移交刑事案件罪定罪处罚。

公司、企业、事业单位的工作人员在依法或者受委托行使安全监督管理职责时滥用职权或者玩忽职守，构成犯罪的，应当依照《全国人民代表大会常务委员会关于〈中华人民共和国刑法〉第九章渎职罪主体适用问题的解释》的规定，适用渎职罪的规定追究刑事责任。

【司法解释 VII】

《最高人民法院、最高人民检察院关于办理与盗窃、抢劫、诈骗、抢夺机动车相关刑事案件具体应用法律若干问题的解释》（法释〔2007〕11 号，20070511）

第三条 国家机关工作人员滥用职权,有下列情形之一,致使盗窃、抢劫、诈骗、抢夺的机动车被办理登记手续,数量达到三辆以上或者价值总额达到三十万元以上的,依照刑法第三百九十七条第一款的规定,以滥用职权罪定罪,处三年以下有期徒刑或者拘役:

(一)明知是登记手续不全或者不符合规定的机动车而办理登记手续的;

(二)指使他人为明知是登记手续不全或者不符合规定的机动车办理登记手续的;

(三)违规或者指使他人违规更改、调换车辆档案的;

(四)其他滥用职权的行为。

国家机关工作人员疏于审查或者审查不严,致使盗窃、抢劫、诈骗、抢夺的机动车被办理登记手续,数量达到五辆以上或者价值总额达到五十万元以上的,依照刑法第三百九十七条第一款的规定,以玩忽职守罪定罪,处三年以下有期徒刑或者拘役。

国家机关工作人员实施前两款规定的行为,致使盗窃、抢劫、诈骗、抢夺的机动车被办理登记手续,分别达到前两款规定数量、数额标准五倍以上的,或者明知是盗窃、抢劫、诈骗、抢夺的机动车而办理登记手续的,属于刑法第三百九十七条第一款规定的"情节特别严重",处三年以上七年以下有期徒刑。

国家机关工作人员徇私舞弊,实施上述行为,构成犯罪的,依照刑法第三百九十七条第二款的规定定罪处罚。

【司法解释Ⅷ】

《最高人民检察院关于对林业主管部门工作人员在发放林木采伐许可证之外滥用职权玩忽职守致使森林遭受严重破坏的行为适用法律问题的批复》(高检发释字〔2007〕1号,20070516)

林业主管部门工作人员违法发放林木采伐许可证,致使森林遭受严重破坏的,依照刑法第四百零七条的规定,以违法发放林木采伐许可证罪追究刑事责任;以其他方式滥用职权或者玩忽职守,致使森林遭受严重破坏的,依照刑法第三百九十七条的规定,以滥用职权罪或者玩忽职守罪追究刑事责任,立案标准依照《最高人民检察院关于渎职侵权犯罪案件立案标准的规定》第一部分渎职犯罪案件第十八条第三款的规定执行。

【司法解释Ⅸ】

《最高人民法院、最高人民检察院关于办理扰乱无线电通讯管理秩序等刑事案件适用法律若干问题的解释》(法释〔2017〕11号,20170701)

第七条第一款 负有无线电监督管理职责的国家机关工作人员滥用职权或者玩忽职守,致使公共财产、国家和人民利益遭受重大损失的,应当依照刑法第三百九十七条的规定,以滥用职权罪或者玩忽职守罪追究刑事责任。

【司法解释Ⅹ】

《最高人民法院、最高人民检察院关于办理药品、医疗器械注册申请材料造假刑事案件适用法律若干问题的解释》

（法释〔2017〕15 号，20170901）

　　第七条　对药品、医疗器械注册申请负有核查职责的国家机关工作人员，滥用职权或者玩忽职守，导致使用虚假证明材料的药品、医疗器械获得注册，致使公共财产、国家和人民利益遭受重大损失的，应当依照刑法第三百九十七条规定，以滥用职权罪或者玩忽职守罪追究刑事责任。

【司法指导文件Ⅰ】

　　《最高人民检察院关于镇财政所所长是否适用国家机关工作人员的批复》（高检发研字〔2000〕9 号，20000504）

　　对于属行政执法事业单位的镇财政所中按国家机关在编干部管理的工作人员，在履行政府行政公务活动中，滥用职权或玩忽职守构成犯罪的，应以国家机关工作人员论。

【司法指导文件Ⅱ】

　　《最高人民检察院关于合同制民警能否成为玩忽职守罪主体问题的批复》（高检发研字〔2000〕20 号，20001009）

　　根据刑法第九十三条第二款的规定，合同制民警在依法执行公务期间，属其他依照法律从事公务的人员，应以国家机关工作人员论。对合同制民警在依法执行公务活动中的玩忽职守行为，符合刑法第三百九十七条规定的玩忽职守罪构成条件的，依法以玩忽职守罪追究刑事责任。

【司法指导文件Ⅲ】

　　《最高人民检察院关于属工人编制的乡（镇）工商所所长能否依照刑法第三百九十七条的规定追究刑事责任问题的批复》（高检发研字〔2000〕23 号，20001031）

　　根据刑法第九十三条第二款的规定，经人事部门任命，但为工人编制的乡（镇）工商所所长，依法履行工商行政管理职责时，属其他依照法律从事公务的人员，应以国家机关工作人员论。如果玩忽职守，致使公共财产、国家和人民利益遭受重大损失，可适用刑法第三百九十七条的规定，以玩忽职守罪追究刑事责任。

【司法指导文件Ⅳ】

　　《最高人民检察院研究室关于买卖尚未加盖印章的空白〈边境证〉行为如何适用法律问题的答复》（〔2002〕高检研发第 19 号，20020925）

　　对买卖尚未加盖发证机关的行政印章或者通行专用章印鉴的空白《中华人民共和国边境管理区通行证》的行为，不宜以买卖国家机关证件罪追究刑事责任。国家机关工作人员实施上述行为，构成犯罪的，可以按滥用职权等相关犯罪依法追究刑事责任。

【司法指导文件Ⅴ】

　　《最高人民检察院关于对海事局工作人员如何适用法律问题的答复》（〔2003〕高检研发第 1 号，20030113）

　　根据国办发〔1999〕90 号、中编办函〔2000〕184 号等文件的规定，海事局负责行使国家水上安全监督和防止船舶污染及海上设施检验、航海保障的管理职权，是国家执法监督机构。海事局及其分支机构工作人员在从事上述公务活动中，滥用职权或者玩忽职守，致使公共财产、国家和人民利益遭受重大损失的，应当依照刑法第三百九十七条的规定，以滥用职权罪或者玩忽职守罪追究刑事责任。

【司法指导文件Ⅵ】

《最高人民检察院关于加强查办危害土地资源渎职犯罪工作的指导意见》(高检发渎检字〔2008〕12 号，20081106)

二、准确确定损失后果。在查办案件中，对损失后果的认定，既要考虑被破坏的土地资源的经济价值，按照有关部门做出的鉴定结论，以经济损失计算损失后果，也要充分考虑土地作为特殊资源，被破坏土地的性质、地理位置、实际用处等差异所产生的土地价值，受损后无法用经济价值数额衡量的特殊性，可以采取经济标准或者面积标准认定损失后果，准确适用《中华人民共和国刑法》第三百九十七条和第四百一十条的规定以及相关司法解释查处犯罪。

三、严格区分责任。在查办案件中，要分清渎职行为对危害后果所起的作用大小，正确区分主要责任人与次要责任人、直接责任人与间接责任人。对多因一果的有关责任人员，要分清主次，分别根据他们在造成危害土地资源损失结果发生过程中所起的作用，确定其罪责。

要正确区分决策者与实施人员、监管人员的责任。对于决策者滥用职权、玩忽职守、徇私舞弊违法决策，严重破坏土地资源的，或者强令、胁迫其他国家机关工作人员实施破坏土地资源行为的，或者阻挠监管人员执法，导致国家土地资源被严重破坏的，

应当区分决策者和实施人员、监管人员的责任大小，重点查处决策者的渎职犯罪；实施人员、监管人员贪赃枉法、徇私舞弊，隐瞒事实真相，提供虚假信息，影响决策者的正确决策，造成危害后果发生的，要严肃追究实施人员和监管人员的责任；实施人员、监管人员明知决策者决策错误，而不提出反对意见，或者不进行纠正、制止、查处，造成国家土地资源被严重破坏的，应当视其情节追究渎职犯罪责任；对于决策者与具体实施人员、监管人员相互勾结，共同实施危害土地资源渎职犯罪的，要依法一并查处。

要严格区分集体行为和个人行为的责任。对集体研究做出的决定违反法律法规的，要具体案件具体分析。对于采取集体研究决策形式，实为个人滥用职权、玩忽职守、贪赃枉法、徇私舞弊等，构成危害土地资源渎职犯罪，应当依法追究决策者的刑事责任。

四、正确把握法律政策界限。严格区分罪与非罪的界限。……对一时难以区分罪与非罪的，要放到具体时代背景、政策环境中去研究判断，对当时国家有关土地管理法律政策界限不清，以土地资源换取国家和集体经济发展的行为，要慎重对待，一般不作犯罪处理。

……

【司法指导文件Ⅶ】

《最高人民法院、最高人民检察院、公安部、国家工商行政管理局关于依法查处盗窃、抢劫机动车案件的规定》(公

通字〔1998〕31号，19980508)

九、公安、工商行政管理人员或者其他国家机关工作人员滥用职权或者玩忽职守、徇私舞弊，致使赃车入户、过户、验证的，给予行政处分；致使公共财产、国家和人民利益遭受重大损失的，依照《刑法》第三百九十七条的规定处罚。

【司法指导文件Ⅷ】

《最高人民法院、最高人民检察院、公安部关于严格执行刑事诉讼法，切实纠防超期羁押的通知》(法〔2003〕163号，20031112)

五、严格执行超期羁押责任追究制度。超期羁押侵犯犯罪嫌疑人、被告人的合法权益，损害司法公正，对此必须严肃查处，绝不姑息。本通知发布以后，凡违反刑事诉讼法和本通知的规定，造成犯罪嫌疑人、被告人超期羁押的，对于直接负责的主管人员和其他直接责任人员，由其所在单位或者上级主管机关依照有关规定予以行政或者纪律处分；造成犯罪嫌疑人、被告人超期羁押，情节严重的，对于直接负责的主管人员和其他直接责任人员，依照刑法第三百九十七条的规定，以玩忽职守罪或者滥用职权罪追究刑事责任。

【司法指导文件Ⅸ】

《最高人民法院研究室关于对重大责任事故和玩忽职守案件造成经济损失需追究刑事责任的数额标准应否做出规定问题的电话答复》(19871020)

一、重大责任事故和玩忽职守这两类案件的案情往往比较复杂，二者造成经济损失的数额标准只是定罪量刑的重要依据之一，不宜以此作为定罪的唯一依据。在实践中，因重大责任事故和玩忽职守所造成的严重损失，既有经济损失、人身伤亡，也有的还造成政治上的不良影响。其中，有些是不能仅仅用经济数额来衡量的。在审理这两类案件时，应当根据每个案件的情况作具体分析，认定是否构成犯罪。

【指导性案例·检察】

〔陈某、林某、李甲滥用职权案，JZD2012-5〕

随着我国城镇建设和社会主义新农村建设逐步深入推进，村民委员会、居民委员会等基层组织协助人民政府管理社会发挥越来越重要的作用。实践中，对村民委员会、居民委员会等基层组织人员协助人民政府从事行政管理工作时，滥用职权、玩忽职守构成犯罪的，应当依照刑法关于渎职罪的规定追究刑事责任。

〔罗甲、罗乙、朱某、罗丙滥用职权案，JZD2012-6〕

根据刑法规定，滥用职权罪是指国家机关工作人员滥用职权，致使"公共财产、国家和人民利益遭受重大损失"的行为。实践中，对滥用职权"造成恶劣社会影响的"，应当依法认定为"致使公共财产、国家和人民利益遭受重大损失"。

【法院参考案例】

〔参考案例第327号：包智安受贿、滥用职权案〕滥用职权行为与损失后果之间没有必然因果关系的是否构成滥用职权罪？

滥用职权行为与损失后果之间不具有刑法上的因果关系，不构成滥用职权罪，行为人只就其超越职权行为导致的后果承担行政领导责任。

〔**参考案例第 345 号：王刚强、王鹏飞过失致人死亡案**〕交通运输管理站工作人员在稽查路费过程中追赶逃费车辆致人身亡的应如何定罪？

交通运输管理站工作人员在稽查路费过程中，超越职权，追赶逃费车辆致人身亡的行为，应按滥用职权罪处理。

〔**参考案例第 563 号：张群生滥用职权案**〕国家机关工作人员以单位名义擅自出借公款给其他单位使用，造成巨大损失的行为如何处理？

国家机关工作人员以单位名义擅自出借公款给其他单位使用，造成巨大损失的行为，应按滥用职权罪处理。

〔**参考案例第 652 号：黄德林滥用职权、受贿案**〕滥用职权同时又受贿是否实行数罪并罚？

行为人在实施滥用职权等渎职犯罪行为的同时又收受贿赂齐备两个犯罪的构成要件，除刑法有特别规定的以外，实行数罪并罚。

〔**参考案例第 1089 号：杨德林滥用职权、受贿案**〕滥用职权造成恶劣社会影响的如何认定？

司法实践中对国家机关工作人员渎职犯罪"造成恶劣社会影响"的认定，在正确认识渎职犯罪行为侵犯的是国家机关公务的合法、公正、有效执行以及人民群众对此的信赖这一法益的基础上，一般可从以下几个方面予以把握：（1）渎职行为严重损害国家机关形象，致使政府公信力下降的；（2）渎职行为引发新闻媒体广泛关注，引起强烈社会反响的；（3）渎职行为造成大规模上访、暴力冲突等事件，影响国家机关正常职能活动的；（4）渎职行为诱发民族矛盾纠纷，严重影响民族团结、社会稳定的；（5）渎职行为造成其他恶劣社会影响的。

〔**参考案例第 1134 号：沈某某滥用职权案**〕滥用职权罪追诉时效期限的起算点应如何认定？

以危害结果为条件的渎职犯罪的追诉期限，从危害结果发生之日起计算；数个危害结果的，从最后一个危害结果发生之日起计算。滥用职权罪属于状态犯，而非继续犯。滥用职权罪的犯罪行为实行终了后产生不法状态，即侵害结果，此后，侵害结果虽然一直存在，但滥用职权行为本身已经实行终了，没有持续，因此，追诉期限仍应从滥用职权行为造成的侵害结果发生之日起算，而不能以侵害结果终了之日起算。

第三百九十八条　【故意泄露国家秘密罪】【过失泄露国家秘密罪】 国家机关工作人员违反保守国家秘密法的规定，故意或者过失泄露国家秘密，情节严重的，处三年以下有期徒刑或者拘役；情节特别严重的，处三年以上七年以下有期徒刑。

非国家机关工作人员犯前款罪的，依照前款的规定酌情处罚。

【司法解释 I】

《最高人民检察院关于渎职侵权犯

罪案件立案标准的规定》（高检发释字〔2006〕2号，20060726）

（三）故意泄露国家秘密案（第三百九十八条）

故意泄露国家秘密罪是指国家机关工作人员或者非国家机关工作人员违反保守国家秘密法，故意使国家秘密被不应知悉者知悉，或者故意使国家秘密超出了限定的接触范围，情节严重的行为。

涉嫌下列情形之一的，应予立案：

1. 泄露绝密级国家秘密1项（件）以上的；

2. 泄露机密级国家秘密2项（件）以上的；

3. 泄露秘密级国家秘密3项（件）以上的；

4. 向非境外机构、组织、人员泄露国家秘密，造成或者可能造成危害社会稳定、经济发展、国防安全或者其他严重危害后果的；

5. 通过口头、书面或者网络等方式向公众散布、传播国家秘密的；

6. 利用职权指使或者强迫他人违反国家保守秘密法的规定泄露国家秘密的；

7. 以牟取私利为目的泄露国家秘密的；

8. 其他情节严重的情形。

（四）过失泄露国家秘密案（第三百九十八条）

过失泄露国家秘密罪是指国家机关工作人员或者非国家机关工作人员违反保守国家秘密法，过失泄露国家秘密，或者遗失国家秘密载体，致使国家秘密被不应知悉者知悉或者超出了限定的接触范围，情节严重的行为。

涉嫌下列情形之一的，应予立案：

1. 泄露绝密级国家秘密1项（件）以上的；

2. 泄露机密级国家秘密3项（件）以上的；

3. 泄露秘密级国家秘密4项（件）以上的；

4. 违反保密规定，将涉及国家秘密的计算机或者计算机信息系统与互联网相连接，泄露国家秘密的；

5. 泄露国家秘密或者遗失国家秘密载体，隐瞒不报、不如实提供有关情况或者不采取补救措施的；

6. 其他情节严重的情形。

【司法解释Ⅱ】

《最高人民法院关于审理为境外窃取、刺探、收买、非法提供国家秘密、情报案件具体应用法律若干问题的解释》（法释〔2001〕4号，20010122）

第六条　通过互联网将国家秘密或者情报非法发送给境外的机构、组织、个人的，依照刑法第一百一十一条的规定定罪处罚；将国家秘密通过互联网予以发布，情节严重的，依照刑法第三百九十八条的规定定罪处罚。

【法院参考案例】

〔参考案例第258号：李宝安等故意泄露国家秘密案〕利用中考命题工作的便利，将考前辅导内容作为中考试题的行为能否构成故意泄露国家秘密罪？

利用参加中考命题工作的便利，将考前辅导内容作为正式试题，情节严重的，应当以故意泄露国家秘密罪定罪处罚。

第三百九十九条 【徇私枉法罪】司法工作人员徇私枉法、徇情枉法，对明知是无罪的人而使他受追诉、对明知是有罪的人而故意包庇不使他受追诉，或者在刑事审判活动中故意违背事实和法律作枉法裁判的，处五年以下有期徒刑或者拘役；情节严重的，处五年以上十年以下有期徒刑；情节特别严重的，处十年以上有期徒刑。

【民事、行政枉法裁判罪】在民事、行政审判活动中故意违背事实和法律作枉法裁判，情节严重的，处五年以下有期徒刑或者拘役；情节特别严重的，处五年以上十年以下有期徒刑。

【执行判决、裁定失职罪】【执行判决、裁定滥用职权罪】在执行判决、裁定活动中，严重不负责任或者滥用职权，不依法采取诉讼保全措施、不履行法定执行职责，或者违法采取诉讼保全措施、强制执行措施，致使当事人或者其他人的利益遭受重大损失的，处五年以下有期徒刑或者拘役；致使当事人或者其他人的利益遭受特别重大损失的，处五年以上十年以下有期徒刑。

司法工作人员收受贿赂，有前三款行为的，同时又构成本法第三百八十五条规定之罪的，依照处罚较重的规定定罪处罚。

【修正前条文】

第三百九十九条 【徇私枉法罪】司法工作人员徇私枉法、徇情枉法，对明知是无罪的人而使他受追诉、对明知是有罪的人而故意包庇不使他受追诉，或者在刑事审判活动中故意违背事实和法律作枉法裁判的，处五年以下有期徒刑或者拘役；情节严重的，处五年以上十年以下有期徒刑；情节特别严重的，处十年以上有期徒刑。

【枉法裁判罪】在民事、行政审判活动中故意违背事实和法律作枉法裁判，情节严重的，处五年以下有期徒刑或者拘役；情节特别严重的，处五年以上十年以下有期徒刑。

司法工作人员贪赃枉法，有前两款行为的，同时又构成本法第三百八十五条规定之罪的，依照处罚较重的规定定罪处罚。

【修正说明】

刑法修正案（四）第八条在原条文基础上增补了第三款，增设了执行判决、裁定失职罪与执行判决、裁定滥用职权罪。

【司法解释】

《最高人民检察院关于渎职侵权犯罪案件立案标准的规定》（高检发释字〔2006〕2 号，20060726）

（五）徇私枉法案（第三百九十九条第一款）

徇私枉法罪是指司法工作人员徇私枉法、徇情枉法，对明知是无罪的人而使他受追诉、对明知是有罪的人而故意包庇不使他受追诉，或者在刑事审判活动中故意违背事实和法律作枉法裁判的行为。

涉嫌下列情形之一的，应予立案：

1. 对明知是没有犯罪事实或者其他依法不应当追究刑事责任的人，采取伪造、隐匿、毁灭证据或者其他隐瞒事实、违反法律的手段，以追究刑事责任为目的立案、侦查、起诉、审判的；

2. 对明知是有犯罪事实需要追究刑事责任的人，采取伪造、隐匿、毁灭证据或者其他隐瞒事实、违反法律的手段，故意包庇使其不受立案、侦查、起诉、审判的；

3. 采取伪造、隐匿、毁灭证据或者其他隐瞒事实、违反法律的手段，故意使罪重的人受较轻的追诉，或者使罪轻的人受较重的追诉的；

4. 在立案后，采取伪造、隐匿、毁灭证据或者其他隐瞒事实、违反法律的手段，应当采取强制措施而不采取强制措施，或者虽然采取强制措施，但中断侦查或者超过法定期限不采取任何措施，实际放任不管，以及违法撤销、变更强制措施，致使犯罪嫌疑人、被告人实际脱离司法机关侦控的；

5. 在刑事审判活动中故意违背事实和法律，作出枉法判决、裁定，即有罪判无罪、无罪判有罪，或者重罪轻判、轻罪重判的；

6. 其他徇私枉法应予追究刑事责任的情形。

（六）民事、行政枉法裁判案（第三百九十九条第二款）

民事、行政枉法裁判罪是指司法工作人员在民事、行政审判活动中，故意违背事实和法律作枉法裁判，情节严重的行为。

涉嫌下列情形之一的，应予立案：

1. 枉法裁判，致使当事人或者其近亲属自杀、自残造成重伤、死亡，或者精神失常的；

2. 枉法裁判，造成个人财产直接经济损失 10 万元以上，或者直接经济损失不满 10 万元，但间接经济损失 50 万元以上的；

3. 枉法裁判，造成法人或者其他组织财产直接经济损失 20 万元以上，或者直接经济损失不满 20 万元，但间接经济损失 100 万元以上的；

4. 伪造、变造有关材料、证据，制造假案枉法裁判的；

5. 串通当事人制造伪证，毁灭证据或者篡改庭审笔录而枉法裁判的；

6. 徇私情、私利，明知是伪造、变造的证据予以采信，或者故意对应当采信的证据不予采信，或者故意违反法定程序，或者故意错误适用法律而枉法裁判的；

7. 其他情节严重的情形。

（七）执行判决、裁定失职案（第三百九十九条第三款）

执行判决、裁定失职罪是指司法工作人员在执行判决、裁定活动中，严重不负责任，不依法采取诉讼保全措施、不履行法定执行职责，或者违法采取保全措施、强制执行措施，致使当事人或者其他人的利益遭受重大损失的行为。

涉嫌下列情形之一的，应予立案：

1. 致使当事人或者其近亲属自杀、自残造成重伤、死亡，或者精神失常的；

2. 造成个人财产直接经济损失 15

万元以上，或者直接经济损失不满 15 万元，但间接经济损失 75 万元以上的；

3. 造成法人或者其他组织财产直接经济损失 30 万元以上，或者直接经济损失不满 30 万元，但间接经济损失 150 万元以上的；

4. 造成公司、企业等单位停业、停产 1 年以上，或者破产的；

5. 其他致使当事人或者其他人的利益遭受重大损失的情形。

（八）执行判决、裁定滥用职权案（第三百九十九条第三款）

执行判决、裁定滥用职权罪是指司法工作人员在执行判决、裁定活动中，滥用职权，不依法采取诉讼保全措施、不履行法定执行职责，或者违法采取保全措施、强制执行措施，致使当事人或者其他人的利益遭受重大损失的行为。

涉嫌下列情形之一的，应予立案：

1. 致使当事人或者其近亲属自杀、自残造成重伤、死亡，或者精神失常的；

2. 造成个人财产直接经济损失 10 万元以上，或者直接经济损失不满 10 万元，但间接经济损失 50 万元以上的；

3. 造成法人或者其他组织财产直接经济损失 20 万元以上，或者直接经济损失不满 20 万元，但间接经济损失 100 万元以上的；

4. 造成公司、企业等单位停业、停产 6 个月以上，或者破产的；

5. 其他致使当事人或者其他人的利益遭受重大损失的情形。

【司法指导文件】

《最高人民检察院法律政策研究室关于非司法工作人员是否可以构成徇私枉法罪共犯问题的答复》（〔2003〕高检研发第 11 号，20030416）

非司法工作人员与司法工作人员勾结，共同实施徇私枉法行为，构成犯罪的，应当以徇私枉法罪的共犯追究刑事责任。

第三百九十九条之一　【枉法仲裁罪】依法承担仲裁职责的人员，在仲裁活动中故意违背事实和法律作枉法裁决，情节严重的，处三年以下有期徒刑或者拘役；情节特别严重的，处三年以上七年以下有期徒刑。

【修正说明】

本罪由刑法修正案（六）第二十条增设。

【立法・要点注释】

本罪主体为特殊主体，即"依法承担仲裁职责的人员"。根据仲裁法第十三条的规定，仲裁委员会应当从公道正派的人员中聘任仲裁员。仲裁员应当符合下列条件之一：（1）从事仲裁工作满八年的；（2）从事律师工作满八年的；（3）曾任审判员满八年的；（4）从事法律研究、教学工作并具有高级职称的；（5）具有法律知识、从事经济贸易等专业工作并具有高级职称或者具有同等专业水平的。具备上述条件人员经仲裁委员会聘任并登记注册，即可承担仲裁职责，其如有枉法仲裁行为的，构成本罪主体。

除此之外，本罪中"依法承担仲裁职责的人员"还包括根据劳动法、公务员法、体育法、著作权法、《反兴奋剂条例》等法律、行政法规的规定，在由政府行政主管部门代表参加组成的仲裁机构中对法律、行政法规规定的特殊争议承担仲裁职责的人员。

第四百条 【私放在押人员罪】司法工作人员私放在押的犯罪嫌疑人、被告人或者罪犯的，处五年以下有期徒刑或者拘役；情节严重的，处五年以上十年以下有期徒刑；情节特别严重的，处十年以上有期徒刑。

【失职致使在押人员脱逃罪】司法工作人员由于严重不负责任，致使在押的犯罪嫌疑人、被告人或者罪犯脱逃，造成严重后果的，处三年以下有期徒刑或者拘役；造成特别严重后果的，处三年以上十年以下有期徒刑。

【司法解释Ⅰ】

《最高人民检察院关于渎职侵权犯罪案件立案标准的规定》（高检发释字〔2006〕2号，20060726）

（九）私放在押人员案（第四百条第一款）

私放在押人员罪是指司法工作人员私放在押（包括在羁押场所和押解途中）的犯罪嫌疑人、被告人或者罪犯的行为。

涉嫌下列情形之一的，应予立案：

1. 私自将在押的犯罪嫌疑人、被告人、罪犯放走，或者授意、指使、强迫他人将在押的犯罪嫌疑人、被告人、罪犯放走的；

2. 伪造、变造有关法律文书、证明材料，以使在押的犯罪嫌疑人、被告人、罪犯逃跑或者被释放的；

3. 为私放在押的犯罪嫌疑人、被告人、罪犯，故意向其通风报信、提供条件，致使该在押的犯罪嫌疑人、被告人、罪犯脱逃的；

4. 其他私放在押的犯罪嫌疑人、被告人、罪犯应予追究刑事责任的情形。

（十）失职致使在押人员脱逃案（第四百条第二款）

失职致使在押人员脱逃是指司法工作人员由于严重不负责任，不履行或者不认真履行职责，致使在押（包括在羁押场所和押解途中）的犯罪嫌疑人、被告人、罪犯脱逃，造成严重后果的行为。

涉嫌下列情形之一的，应予立案：

1. 致使依法可能判处或者已经判处10年以上有期徒刑、无期徒刑、死刑的犯罪嫌疑人、被告人、罪犯脱逃的；

2. 致使犯罪嫌疑人、被告人、罪犯脱逃3人次以上的；

3. 犯罪嫌疑人、被告人、罪犯脱逃以后，打击报复报案人、控告人、举报人、被害人、证人和司法工作人员等，或者继续犯罪的；

4. 其他致使在押的犯罪嫌疑人、被告人、罪犯脱逃，造成严重后果的情形。

【司法解释Ⅱ】

《最高人民法院关于未被公安机关正式录用的人员、狱医能否构成失职致使在押人员脱逃罪主体问题的批复》（法释〔2000〕28 号，20000922）

对于未被公安机关正式录用，受委托履行监管职责的人员，由于严重不负责任，致使在押人员脱逃，造成严重后果的，应当依照刑法第四百条第二款的规定定罪处罚。

不负监管职责的狱医，不构成失职致使在押人员脱逃罪的主体。但是受委派承担了监管职责的狱医，由于严重不负责任，致使在押人员脱逃，造成严重后果的，应当依照刑法第四百条第二款的规定定罪处罚。

【司法解释Ⅲ】

《最高人民检察院关于工人等非监管机关在编监管人员私放在押人员行为和失职致使在押人员脱逃行为适用法律问题的解释》（高检发释字〔2001〕2 号，20010302）

工人等非监管机关在编监管人员在被监管机关聘用受委托履行监管职责的过程中私放在押人员的，应当依照刑法第四百条第一款的规定，以私放在押人员罪追究刑事责任；由于严重不负责任，致使在押人员脱逃，造成严重后果的，应当依照刑法第四百条第二款的规定，以失职致使在押人员脱逃罪追究刑事责任。

第四百零一条　【徇私舞弊减刑、假释、暂予监外执行罪】 司法工作人员徇私舞弊，对不符合减刑、假释、暂予监外执行条件的罪犯，予以减刑、假释或者暂予监外执行的，处三年以下有期徒刑或者拘役；情节严重的，处三年以上七年以下有期徒刑。

【司法解释】

《最高人民检察院关于渎职侵权犯罪案件立案标准的规定》（高检发释字〔2006〕2 号，20060726）

（十一）徇私舞弊减刑、假释、暂予监外执行案（第四百零一条）

徇私舞弊减刑、假释、暂予监外执行罪是指司法工作人员徇私舞弊，对不符合减刑、假释、暂予监外执行条件的罪犯予以减刑、假释、暂予监外执行的行为。

涉嫌下列情形之一的，应予立案：

1. 刑罚执行机关的工作人员对不符合减刑、假释、暂予监外执行条件的罪犯，捏造事实，伪造材料，违法报请减刑、假释、暂予监外执行的；

2. 审判人员对不符合减刑、假释、暂予监外执行条件的罪犯，徇私舞弊，违法裁定减刑、假释或者违法决定暂予监外执行的；

3. 监狱管理机关、公安机关的工作人员对不符合暂予监外执行条件的罪犯，徇私舞弊，违法批准暂予监外执行的；

4. 不具有报请、裁定、决定或者批准减刑、假释、暂予监外执行权的司法工作人员利用职务上的便利，伪造有关材料，导致不符合减刑、假释、暂予监外执行条件的罪犯被减刑、假释、暂予监外执行的；

5. 其他徇私舞弊减刑、假释、暂予监外执行应予追究刑事责任的情形。

第四百零二条 【**徇私舞弊不移交刑事案件罪**】行政执法人员徇私舞弊，对依法应当移交司法机关追究刑事责任的不移交，情节严重的，处三年以下有期徒刑或者拘役；造成严重后果的，处三年以上七年以下有期徒刑。

【司法解释】

《最高人民检察院关于渎职侵权犯罪案件立案标准的规定》（高检发释字〔2006〕2号，20060726）

（十二）徇私舞弊不移交刑事案件案（第四百零二条）

徇私舞弊不移交刑事案件罪是指工商行政管理、税务、监察等行政执法人员，徇私舞弊，对依法应当移交司法机关追究刑事责任的案件不移交，情节严重的行为。

涉嫌下列情形之一的，应予立案：

1. 对依法可能判处3年以上有期徒刑、无期徒刑、死刑的犯罪案件不移交的；

2. 不移交刑事案件涉及3人次以上的；

3. 司法机关提出意见后，无正当理由仍然不予移交的；

4. 以罚代刑，放纵犯罪嫌疑人，致使犯罪嫌疑人继续进行违法犯罪活动的；

5. 行政执法部门主管领导阻止移交的；

6. 隐瞒、毁灭证据，伪造材料，改变刑事案件性质的；

7. 直接负责的主管人员和其他直接责任人员为牟取本单位私利而不移交刑事案件，情节严重的；

8. 其他情节严重的情形。

【法院参考案例】

〔参考案例第209号：丁锡方徇私舞弊不移交刑事案件案〕认定徇私舞弊不移交刑事案件罪是否应以未移交的犯罪嫌疑人已被生效判决确定有罪为前提？

认定徇私舞弊不移交刑事案件罪不以未移交的犯罪嫌疑人已被生效判决确定有罪为前提。

第四百零三条 【**滥用管理公司、证券职权罪**】国家有关主管部门的国家机关工作人员，徇私舞弊，滥用职权，对不符合法律规定条件的公司设立、登记申请或者股票、债券发行、上市申请，予以批准或者登记，致使公共财产、国家和人民利益遭受重大损失的，处五年以下有期徒刑或者拘役。

上级部门强令登记机关及其工作人员实施前款行为的，对其直接负责的主管人员，依照前款的规定处罚。

【司法解释】

《最高人民检察院关于渎职侵权犯罪案件立案标准的规定》（高检发释字〔2006〕2号，20060726）

（十三）滥用管理公司、证券职权案（第四百零三条）

滥用管理公司、证券职权罪是指

工商行政管理、证券管理等国家有关主管部门的工作人员徇私舞弊，滥用职权，对不符合法律规定条件的公司设立、登记申请或者股票、债券发行、上市申请予以批准或者登记，致使公共财产、国家和人民利益遭受重大损失的行为，以及上级部门、当地政府强令登记机关及其工作人员实施上述行为的行为。

涉嫌下列情形之一的，应予立案：

1. 造成直接经济损失 50 万元以上的；

2. 工商行政管理部门的工作人员对不符合法律规定条件的公司设立、登记申请，违法予以批准、登记，严重扰乱市场秩序的；

3. 金融证券管理机构的工作人员对不符合法律规定条件的股票、债券发行、上市申请，违法予以批准，严重损害公众利益，或者严重扰乱金融秩序的；

4. 工商行政管理部门、金融证券管理机构的工作人员对不符合法律规定条件的公司设立、登记申请或者股票、债券发行、上市申请违法予以批准或者登记，致使犯罪行为得逞的；

5. 上级部门、当地政府直接负责的主管人员强令登记机关及其工作人员，对不符合法律规定条件的公司设立、登记申请或者股票、债券发行、上市申请予以批准或者登记，致使公共财产、国家或者人民利益遭受重大损失的；

6. 其他致使公共财产、国家和人民利益遭受重大损失的情形。

第四百零四条 【徇私舞弊不征、少征税款罪】税务机关的工作人员徇私舞弊，不征或者少征应征税款，致使国家税收遭受重大损失的，处五年以下有期徒刑或者拘役；造成特别重大损失的，处五年以上有期徒刑。

【立法·要点注释】

实践中，如果行为人在征税工作中不认真负责，计算有误，没有征收或者少征了应征税款，致使国家税收遭受重大损失的，可按玩忽职守罪追究其刑事责任。如果行为人与纳税人相勾结，帮助纳税人偷税，如为其出主意，然后不征或少征其应缴的税款，应按逃税罪的共犯追究其刑事责任。

【司法解释】

《最高人民检察院关于渎职侵权犯罪案件立案标准的规定》（高检发释字〔2006〕2 号，20060726）

（十四）徇私舞弊不征、少征税款案（第四百零四条）

徇私舞弊不征、少征税款罪是指税务机关工作人员徇私舞弊，不征、少征应征税款，致使国家税收遭受重大损失的行为。

涉嫌下列情形之一的，应予立案：

1. 徇私舞弊不征、少征应征税款，致使国家税收损失累计达 10 万元以上的；

2. 上级主管部门工作人员指使税务机关工作人员徇私舞弊不征、少征应征税款，致使国家税收损失累计达 10 万元以上的；

3. 徇私舞弊不征、少征应征税款不满 10 万元，但具有索取或者收受贿赂或者其他恶劣情节的；

4. 其他致使国家税收遭受重大损失的情形。

【法院参考案例】

〔参考案例第 809 号：杜战军徇私舞弊不征税款、受贿案〕徇私舞弊不征税款罪的税收损失数额的认定？

在计算徇私舞弊不征税款罪造成的税款损失时，要以纳税人已经实现的实际所得额作为基础。

第四百零五条 【徇私舞弊发售发票、抵扣税款、出口退税罪】税务机关的工作人员违反法律、行政法规的规定，在办理发售发票、抵扣税款、出口退税工作中，徇私舞弊，致使国家利益遭受重大损失的，处五年以下有期徒刑或者拘役；致使国家利益遭受特别重大损失的，处五年以上有期徒刑。

【违法提供出口退税凭证罪】其他国家机关工作人员违反国家规定，在提供出口货物报关单、出口收汇核销单等出口退税凭证的工作中，徇私舞弊，致使国家利益遭受重大损失的，依照前款的规定处罚。

【司法解释】

《最高人民检察院关于渎职侵权犯罪案件立案标准的规定》（高检发释字〔2006〕2 号，20060726）

（十五）徇私舞弊发售发票、抵扣税款、出口退税案（第四百零五条第一款）

徇私舞弊发售发票、抵扣税款、出口退税罪是指税务机关工作人员违反法律、行政法规的规定，在办理发售发票、抵扣税款、出口退税工作中徇私舞弊，致使国家利益遭受重大损失的行为。

涉嫌下列情形之一的，应予立案：

1. 徇私舞弊，致使国家税收损失累计达 10 万元以上的；

2. 徇私舞弊，致使国家税收损失累计不满 10 万元，但发售增值税专用发票 25 份以上或者其他发票 50 份以上或者增值税专用发票与其他发票合计 50 份以上，或者具有索取、收受贿赂或者其他恶劣情节的；

3. 其他致使国家利益遭受重大损失的情形。

（十六）违法提供出口退税凭证案（第四百零五条第二款）

违法提供出口退税凭证罪是指海关、外汇管理等国家机关工作人员违反国家规定，在提供出口货物报关单、出口收汇核销单等出口退税凭证的工作中徇私舞弊，致使国家利益遭受重大损失的行为。

涉嫌下列情形之一的，应予立案：

1. 徇私舞弊，致使国家税收损失累计达 10 万元以上的；

2. 徇私舞弊，致使国家税收损失累计不满 10 万元，但具有索取、收受贿赂或者其他恶劣情节的；

3. 其他致使国家利益遭受重大损失的情形。

【司法指导文件】

《最高人民法院研究室关于违反经

行政法规授权制定的规范一般纳税人资格的文件应否认定为"违反法律、行政法规的规定"问题的答复》（法研〔2012〕59 号，20120503）

国家税务总局《关于加强新办商贸企业增值税征收管理有关问题的紧急通知》（国税发明电〔2004〕37号）和《关于加强新办商贸企业增值税征收管理有关问题的补充通知》（国税发明电〔2004〕62 号），是根据1993 年制定的《中华人民共和国增值税暂行条例》的规定对一般纳税人资格认定的细化，且 2008 年修订后的《中华人民共和国增值税暂行条例》第十三条明确规定："小规模纳税人以外的纳税人应当向主管税务机关申请资格认定。具体认定办法由国务院主管部门制定。"因此，违反上述两个通知关于一般纳税人资格的认定标准及相关规定，授予不合格单位一般纳税人资格的，相应违反了《中华人民共和国增值税暂行条例》的有关规定，应当认定为刑法第四百零五条第一款规定的"违反法律、行政法规的规定"。

第四百零六条　【国家机关工作人员签订、履行合同失职被骗罪】国家机关工作人员在签订、履行合同过程中，因严重不负责任被诈骗，致使国家利益遭受重大损失的，处三年以下有期徒刑或者拘役；致使国家利益遭受特别重大损失的，处三年以上七年以下有期徒刑。

【司法解释】

《最高人民检察院关于渎职侵权犯罪案件立案标准的规定》（高检发释字〔2006〕2 号，20060726）

（十七）国家机关工作人员签订、履行合同失职被骗案（第四百零六条）

国家机关工作人员签订、履行合同失职被骗罪是指国家机关工作人员在签订、履行合同过程中，因严重不负责任，不履行或者不认真履行职责被诈骗，致使国家利益遭受重大损失的行为。

涉嫌下列情形之一的，应予立案：

1. 造成直接经济损失 30 万元以上，或者直接经济损失不满 30 万元，但间接经济损失 150 万元以上的；

2. 其他致使国家利益遭受重大损失的情形。

【法院参考案例】

〔参考案例第 270 号：高原、梁汉钊信用证诈骗，签订、履行合同失职被骗案〕如何理解签订、履行合同失职被骗罪的客观条件？

国家机关工作人员签订、履行合同失职被骗罪的客观构成应符合以下三个方面的要件：一是本体要件，严重不负责任，在签订、履行合同过程中不履行职责，即通常所谓的失职行为；二是后果要件，失职行为给国家利益造成重大损失之现实后果；三是中介要件，或者说是附加要件，造成重大损失后果之直接原因系合同对方的诈骗行为。其中，失职行为包括当为、能为、不为三个层面的蕴意，即具有法定或者职务上的避免损失，仍不履行或者不正确履行义务；损失后果指的是现实的、具体的经济的损失。

可能的、间接的、潜在的或者非经济性的损失一般不能视为这里的损失后果。

诈骗行为需要以构成犯罪为充足，不能将一般的民事欺诈行为理解为这里的诈骗行为，但无须为合同对方已经被人民法院判决构成诈骗犯罪行为认定本案当事人构成签订、履行合同失职被骗罪的前提，在程序上仅需认定对方当事人的行为已经涉嫌构成诈骗犯罪即可。

第四百零七条　【违法发放林木采伐许可证罪】林业主管部门的工作人员违反森林法的规定，超过批准的年采伐限额发放林木采伐许可证或者违反规定滥发林木采伐许可证，情节严重，致使森林遭受严重破坏的，处三年以下有期徒刑或者拘役。

【司法解释Ⅰ】

《最高人民检察院关于渎职侵权犯罪案件立案标准的规定》（高检发释字〔2006〕2 号，20060726）

（十八）违法发放林木采伐许可证案（第四百零七条）

违法发放林木采伐许可证罪是指林业主管部门的工作人员违反森林法的规定，超过批准的年采伐限额发放林木采伐许可证或者违反规定滥发林木采伐许可证，情节严重，致使森林遭受严重破坏的行为。

涉嫌下列情形之一的，应予立案：

1. 发放林木采伐许可证允许采伐数量累计超过批准的年采伐限额，导

致林木被超限额采伐 10 立方米以上的；

2. 滥发林木采伐许可证，导致林木被滥伐 20 立方米以上，或者导致幼树被滥伐 1000 株以上的；

3. 滥发林木采伐许可证，导致防护林、特种用途林被滥伐 5 立方米以上，或者幼树被滥伐 200 株以上的；

4. 滥发林木采伐许可证，导致珍贵树木或者国家重点保护的其他树木被滥伐的；

5. 滥发林木采伐许可证，导致国家禁止采伐的林木被采伐的；

6. 其他情节严重，致使森林遭受严重破坏的情形。

林业主管部门工作人员之外的国家机关工作人员，违反森林法的规定，滥用职权或者玩忽职守，致使林木被滥伐 40 立方米以上或者幼树被滥伐 2000 株以上，或者致使防护林、特种用途林被滥伐 10 立方米以上或者幼树被滥伐 400 株以上，或者致使珍贵树木被采伐、毁坏 4 立方米或者 4 株以上，或者致使国家重点保护的其他植物被采伐、毁坏后果严重的，或者致使国家严禁采伐的林木被采伐、毁坏情节恶劣的，按照刑法第 397 条的规定以滥用职权罪或者玩忽职守罪追究刑事责任。

【司法解释Ⅱ】

《最高人民法院关于审理破坏森林资源刑事案件具体应用法律若干问题的解释》（法释〔2000〕36号，20001211）

第十二条　林业主管部门的工作人员违反森林法的规定，超过批准的

年采伐限额发放林木采伐许可证或者违反规定滥发林木采伐许可证，具有下列情形之一的，属于刑法第四百零七条规定的"情节严重，致使森林遭受严重破坏"，以违法发放林木采伐许可证罪定罪处罚：

（一）发放林木采伐许可证允许采伐数量累计超过批准的年采伐限额，导致林木被采伐数量在十立方米以上的；

（二）滥发林木采伐许可证，导致林木被滥伐二十立方米以上的；

（三）滥发林木采伐许可证，导致珍贵树木被滥伐的；

（四）批准采伐国家禁止采伐的林木，情节恶劣的；

（五）其他情节严重的情形。

【司法解释Ⅲ】

《最高人民检察院关于对林业主管部门工作人员在发放林木采伐许可证之外滥用职权、玩忽职守致使森林遭受严重破坏的行为适用法律问题的批复》（高检发释字〔2007〕1号，20070516）

林业主管部门工作人员违法发放林木采伐许可证，致使森林遭受严重破坏的，依照刑法第四百零七条的规定，以违法发放林木采伐许可证罪追究刑事责任；……

【法院参考案例】

〔参考案例第694号：李明违法发放林木采伐许可证案〕如何理解违法发放林木采伐许可证罪中的"致使"？

"致使森林遭受严重破坏"中，"致使"的含义：行为人的危害行为导致了森林遭受严重破坏的危害结果发生，也即二者之间应当具有刑法上的因果关系。

第四百零八条　【环境监管失职罪】负有环境保护监督管理职责的国家机关工作人员严重不负责任，导致发生重大环境污染事故，致使公私财产遭受重大损失或者造成人身伤亡的严重后果的，处三年以下有期徒刑或者拘役。

【司法解释】

《最高人民法院、最高人民检察院关于办理环境污染刑事案件适用法律若干问题的解释》（法释〔2016〕29号，20170101）

第二条　实施刑法第三百三十九条、第四百零八条规定的行为，致使公私财产损失三十万元以上，或者具有本解释第一条第十项至第十七项规定情形之一的，应当认定为"致使公私财产遭受重大损失或者严重危害人体健康"或者"致使公私财产遭受重大损失或者造成人身伤亡的严重后果"。

第四百零八条之一　【食品监管渎职罪】负有食品安全监督管理职责的国家机关工作人员，滥用职权或者玩忽职守，导致发生重大食品安全事故或者造成其他严重后果的，处五年以下有期徒刑或者拘役；造成特别严重后果的，处五年以上十年以下有期徒刑。

徇私舞弊犯前款罪的，从重处罚。

【修正说明】

本罪由刑法修正案（八）第四十九条增设。

【司法解释】

《最高人民法院、最高人民检察院关于办理危害食品安全刑事案件适用法律若干问题的解释》（法释〔2013〕12 号，20130504）

第十六条　负有食品安全监督管理职责的国家机关工作人员，滥用职权或者玩忽职守，导致发生重大食品安全事故或者造成其他严重后果，同时构成食品监管渎职罪和徇私舞弊不移交刑事案件罪、商检徇私舞弊罪、动植物检疫徇私舞弊罪、放纵制售伪劣商品犯罪行为罪等其他渎职犯罪的，依照处罚较重的规定定罪处罚。

负有食品安全监督管理职责的国家机关工作人员滥用职权或者玩忽职守，不构成食品监管渎职罪，但构成前款规定的其他渎职犯罪的，依照该其他犯罪定罪处罚。

负有食品安全监督管理职责的国家机关工作人员与他人共谋，利用其职务行为帮助他人实施危害食品安全犯罪行为，同时构成渎职犯罪和危害食品安全犯罪共犯的，依照处罚较重的规定定罪处罚。

【指导性案例·检察】

〔胡林贵等人生产、销售有毒、有害食品，行贿；骆梅等人销售伪劣产品；朱伟全等人生产、销售伪劣产品；黎达文等人受贿，食品监管渎职案，JZD2014 - 15〕

负有食品安全监督管理职责的国家机关工作人员，滥用职权，向生产、销售有毒、有害食品的犯罪分子通风报信，帮助逃避处罚的，应当认定为食品监管渎职罪；在渎职过程中受贿的，应当以食品监管渎职罪和受贿罪实行数罪并罚。

〔赛跃、韩成武受贿、食品监管渎职案，JZD2014 - 16〕

负有食品安全监督管理职责的国家机关工作人员，滥用职权或玩忽职守，导致发生重大食品安全事故或者造成其他严重后果的，应当认定为食品监管渎职罪。在渎职过程中受贿的，应当以食品监管渎职罪和受贿罪实行数罪并罚。

第四百零九条　【传染病防治失职罪】从事传染病防治的政府卫生行政部门的工作人员严重不负责任，导致传染病传播或者流行，情节严重的，处三年以下有期徒刑或者拘役。

【司法解释 I】

《最高人民检察院关于渎职侵权犯罪案件立案标准的规定》（高检发释字〔2006〕2 号，20060726）

（二十）传染病防治失职案（第四百零九条）

传染病防治失职罪是指从事传染病防治的政府卫生行政部门的工作人员严重不负责任，不履行或者不认真履行传染病防治监管职责，导致传染病传播或者流行，情节严重的行为。

涉嫌下列情形之一的，应予立案：

1. 导致甲类传染病传播的；

2. 导致乙类、丙类传染病流行的；

3. 因传染病传播或者流行，造成人员重伤或者死亡的；

4. 因传染病传播或者流行，严重影响正常的生产、生活秩序的；

5. 在国家对突发传染病疫情等灾害采取预防、控制措施后，对发生突发传染病疫情等灾害的地区或者突发传染病病人、病原携带者、疑似突发传染病病人，未按照预防、控制突发传染病疫情等灾害工作规范的要求做好防疫、检疫、隔离、防护、救治等工作，或者采取的预防、控制措施不当，造成传染范围扩大或者疫情、灾情加重的；

6. 在国家对突发传染病疫情等灾害采取预防、控制措施后，隐瞒、缓报、谎报或者授意、指使、强令他人隐瞒、缓报、谎报疫情、灾情，造成传染范围扩大或者疫情、灾情加重的；

7. 在国家对突发传染病疫情等灾害采取预防、控制措施后，拒不执行突发传染病疫情等灾害应急处理指挥机构的决定、命令，造成传染范围扩大或者疫情、灾情加重的；

8. 其他情节严重的情形。

【司法解释Ⅱ】

《最高人民法院、最高人民检察院关于办理妨害预防、控制突发传染病疫情等灾害的刑事案件具体应用法律若干问题的解释》（法释〔2003〕8号，20030515）

第十六条　在预防、控制突发传染病疫情等灾害期间，从事传染病防治的政府卫生行政部门的工作人员，或者在受政府卫生行政部门委托代表政府卫生行政部门行使职权的组织中从事公务的人员，或者虽未列入政府卫生行政部门人员编制但在政府卫生行政部门从事公务的人员，在代表政府卫生行政部门行使职权时，严重不负责任，导致传染病传播或者流行，情节严重的，依照刑法第四百零九条的规定，以传染病防治失职罪定罪处罚。

在国家对突发传染病疫情等灾害采取预防、控制措施后，具有下列情形之一的，属于刑法第四百零九条规定的“情节严重”：

（一）对发生突发传染病疫情等灾害的地区或者突发传染病病人、病原携带者、疑似突发传染病病人，未按照预防、控制突发传染病疫情等灾害工作规范的要求做好防疫、检疫、隔离、防护、救治等工作，或者采取的预防、控制措施不当，造成传染范围扩大或者疫情、灾情加重的；

（二）隐瞒、缓报、谎报或者授意、指使、强令他人隐瞒、缓报、谎报疫情、灾情，造成传染范围扩大或者疫情、灾情加重的；

（三）拒不执行突发传染病疫情等灾害应急处理指挥机构的决定、命令，造成传染范围扩大或者疫情、灾情加重的；

（四）具有其他严重情节的。

第四百一十条　**【非法批准征收、征用、占用土地罪】【非法低价出让国有土地使用权罪】**国家机关工作人员徇私舞弊，违反土地管理法规，滥用职权，非法批准征收、征用、占用土地，或者非法低价出让国有土地使用权，情节严重的，处三年以下有期徒刑或者拘役；致使国家或者集体利益遭受特别重大损失的，处三年以上七年以下有期徒刑。

【相关立法】

《全国人民代表大会常务委员会关于修改部分法律的决定》（20090827）

二、对下列法律和法律解释中关于"征用"的规定作出修改

（一）将下列法律和法律解释中的"征用"修改为"征收、征用"

12.《中华人民共和国刑法》第三百八十一条、第四百一十条

……

14. 全国人民代表大会常务委员会关于《中华人民共和国刑法》第二百二十八条、第三百四十二条、第四百一十条的解释

【立法解释】

《全国人民代表大会常务委员会关于〈中华人民共和国刑法〉第二百二十八条、第三百四十二条、第四百一十条的解释》（20090827）

刑法第二百二十八条、第三百四十二条、第四百一十条规定的"违反土地管理法规"，是指违反土地管理法、森林法、草原法等法律以及有关行政法规中关于土地管理的规定。

刑法第四百一十条规定的"非法批准征收、征用、占用土地"，是指非法批准征收、征用、占用耕地、林地

等农用地以及其他土地。

【司法解释 I】

《最高人民检察院关于渎职侵权犯罪案件立案标准的规定》（高检发释字〔2006〕2 号，20060726）

（二十一）非法批准征用、占用土地案（第四百一十条）

非法批准征用、占用土地罪是指国家机关工作人员徇私舞弊，违反土地管理法、森林法、草原法等法律以及有关行政法规中关于土地管理的规定，滥用职权，非法批准征用、占用耕地、林地等农用地以及其他土地，情节严重的行为。

涉嫌下列情形之一的，应予立案：

1. 非法批准征用、占用基本农田 10 亩以上的；

2. 非法批准征用、占用基本农田以外的耕地 30 亩以上的；

3. 非法批准征用、占用其他土地 50 亩以上的；

4. 虽未达到上述数量标准，但造成有关单位、个人直接经济损失 30 万元以上，或者造成耕地大量毁坏或者植被遭到严重破坏的；

5. 非法批准征用、占用土地，影响群众生产、生活，引起纠纷，造成恶劣影响或者其他严重后果的；

6. 非法批准征用、占用防护林地、特种用途林地分别或者合计 10 亩以上的；

7. 非法批准征用、占用其他林地 20 亩以上的；

8. 非法批准征用、占用林地造成直接经济损失 30 万元以上，或者造成

防护林地、特种用途林地分别或者合计 5 亩以上或者其他林地 10 亩以上毁坏的；

9. 其他情节严重的情形。

（二十二）非法低价出让国有土地使用权案（第四百一十条）

非法低价出让国有土地使用权罪是指国家机关工作人员徇私舞弊，违反土地管理法、森林法、草原法等法律以及有关行政法规中关于土地管理的规定，滥用职权，非法低价出让国有土地使用权，情节严重的行为。

涉嫌下列情形之一的，应予立案：

1. 非法低价出让国有土地 30 亩以上，并且出让价额低于国家规定的最低价额标准的百分之六十的；

2. 造成国有土地资产流失价额 30 万元以上的；

3. 非法低价出让国有土地使用权，影响群众生产、生活，引起纠纷，造成恶劣影响或者其他严重后果的；

4. 非法低价出让林地合计 30 亩以上，并且出让价额低于国家规定的最低价额标准的百分之六十的；

5. 造成国有资产流失 30 万元以上的；

6. 其他情节严重的情形。

【司法解释Ⅱ】

《最高人民法院关于审理破坏土地资源刑事案件具体应用法律若干问题的解释》（法释〔2000〕14 号，20000622）

第四条 国家机关工作人员徇私舞弊，违反土地管理法规，滥用职权，非法批准征用、占用土地，具有下列情形之一的，属于非法批准征用、占用土地"情节严重"，依照刑法第四百一十条的规定，以非法批准征用、占用土地罪定罪处罚：

（一）非法批准征用、占用基本农田十亩以上的；

（二）非法批准征用、占用基本农田以外的耕地三十亩以上的；

（三）非法批准征用、占用其他土地五十亩以上的；

（四）虽未达到上述数量标准，但非法批准征用、占用土地造成直接经济损失三十万元以上；造成耕地大量毁坏等恶劣情节的。

第五条 实施第四条规定的行为，具有下列情形之一的，属于非法批准征用、占用土地"致使国家或者集体利益遭受特别重大损失"：

（一）非法批准征用、占用基本农田二十亩以上的；

（二）非法批准征用、占用基本农田以外的耕地六十亩以上的；

（三）非法批准征用、占用其他土地一百亩以上的；

（四）非法批准征用、占用土地，造成基本农田五亩以上，其他耕地十亩以上严重毁坏的；

（五）非法批准征用、占用土地造成直接经济损失五十万元以上等恶劣情节的。

第六条 国家机关工作人员徇私舞弊，违反土地管理法规，非法低价出让国有土地使用权，具有下列情形之一的，属于"情节严重"，依照刑法第四百一十条的规定，以非法低价出让国有土地使用权罪定罪处罚：

（一）出让国有土地使用权面积

在三十亩以上，并且出让价额低于国家规定的最低价额标准的百分之六十的；

（二）造成国有土地资产流失价额在三十万元以上的。

【司法解释Ⅲ】

《最高人民法院关于审理破坏林地资源刑事案件具体应用法律若干问题的解释》（法释〔2005〕15号，20051230）

第二条　国家机关工作人员徇私舞弊，违反土地管理法规，滥用职权，非法批准征用、占用林地，具有下列情形之一的，属于刑法第四百一十条规定的"情节严重"，应当以非法批准征用、占用土地罪判处三年以下有期徒刑或者拘役：

（一）非法批准征用、占用防护林地、特种用途林地数量分别或者合计达到十亩以上的；

（二）非法批准征用、占用其他林地数量达到二十亩以上的；

（三）非法批准征用、占用林地造成直接经济损失数额达到三十万元以上，或者造成本条第（一）项规定的林地数量分别或者合计达到五亩以上或者本条第（二）项规定的林地数量达到十亩以上毁坏。

第三条　实施本解释第二条规定的行为，具有下列情形之一的，属于刑法第四百一十条规定的"致使国家或者集体利益遭受特别重大损失"，应当以非法批准征用、占用土地罪判处三年以上七年以下有期徒刑：

（一）非法批准征用、占用防护林地、特种用途林地数量分别或者合计达到二十亩以上；

（二）非法批准征用、占用其他林地数量达到四十亩以上；

（三）非法批准征用、占用林地造成直接经济损失数额达到六十万元以上，或者造成本条第（一）项规定的林地数量分别或者合计达到十亩以上或者本条第（二）项规定的林地数量达到二十亩以上毁坏。

第四条　国家机关工作人员徇私舞弊，违反土地管理法规，非法低价出让国有林地使用权，具有下列情形之一的，属于刑法第四百一十条规定的"情节严重"，应当以非法低价出让国有土地使用权罪判处三年以下有期徒刑或者拘役：

（一）林地数量合计达到三十亩以上，并且出让价额低于国家规定的最低价额标准的百分之六十；

（二）造成国有资产流失价额达到三十万元以上。

第五条　实施本解释第四条规定的行为，造成国有资产流失价额达到六十万元以上的，属于刑法第四百一十条规定的"致使国家和集体利益遭受特别重大损失"，应当以非法低价出让国有土地使用权罪判处三年以上七年以下有期徒刑。

第六条　单位实施破坏林地资源犯罪的，依照本解释规定的相关定罪量刑标准执行。

第七条　多次实施本解释规定的行为依法应当追诉且未经处理的，应当按照累计的数量、数额处罚。

【司法解释Ⅳ】

《最高人民法院关于审理破坏草原资源刑事案件具体应用法律若干问题的解释》（法释〔2012〕15 号，20121122）

第三条 国家机关工作人员徇私舞弊，违反草原法等土地管理法规，具有下列情形之一的，应当认定为刑法第四百一十条规定的"情节严重"：

（一）非法批准征收、征用、占用草原四十亩以上的；

（二）非法批准征收、征用、占用草原，造成二十亩以上草原被毁坏的；

（三）非法批准征收、征用、占用草原，造成直接经济损失三十万元以上，或者具有其他恶劣情节的。

具有下列情形之一，应当认定为刑法第四百一十条规定的"致使国家或者集体利益遭受特别重大损失"：

（一）非法批准征收、征用、占用草原八十亩以上的；

（二）非法批准征收、征用、占用草原，造成四十亩以上草原被毁坏的；

（三）非法批准征收、征用、占用草原，造成直接经济损失六十万元以上，或者具有其他特别恶劣情节的。

【司法指导文件】

《最高人民检察院关于加强查办危害土地资源渎职犯罪工作的指导意见》（高检发渎检字〔2008〕12 号，20081106）

为充分发挥检察机关在保护土地资源中的职能作用，进一步加大检察机关查办危害土地资源渎职犯罪案件工作力度，确保办案质量和办案效果，推动办案工作健康有序地开展，特就当前和今后一个时期做好查办危害土地资源渎职犯罪案件工作提出如下指导意见：

一、突出查办案件的重点。在查办案件中，要严格执行法律，始终做到"一要坚决、二要慎重，务必搞准"。要突出办案重点，严肃查办国家机关工作人员滥用职权，玩忽职守，非法批准征收、征用、占用土地和非法低价出让国有土地使用权案件，集中精力办好社会高度关注、党委和上级人民检察院交办的渎职犯罪案件；人民群众反映强烈，引发群体性事件的渎职犯罪案件；经新闻媒体曝光，造成恶劣社会影响的渎职犯罪案件；充当黑恶势力犯罪"保护伞"，为其破坏土地资源犯罪提供保护的渎职犯罪案件。

二、准确确定损失后果。在查办案件中，对损失后果的认定，既要考虑被破坏的土地资源的经济价值，按照有关部门做出的鉴定结论，以经济损失计算损失后果，也要充分考虑土地作为特殊资源，被破坏土地的性质、地理位置、实际用处等差异所产生的土地价值，受损后无法用经济价值数额衡量的特殊性，可以采取经济标准或者面积标准认定损失后果，准确适用《中华人民共和国刑法》第三百九十七条和第四百一十条的规定以及相关司法解释查处犯罪。

三、严格区分责任。在查办案件中，要分清渎职行为对危害后果所起的作用大小，正确区分主要责任人与次要责任人、直接责任人与间接责任人。对多因一果的有关责任人员，要分清主次，分别根据他们在造成危害土地资源损失结果发生过程中所起的作用，确定其罪责。

要正确区分决策者与实施人员、监管人员的责任。对于决策者滥用职权、玩忽职守、徇私舞弊违法决策，严重破坏土地资源的，或者强令、胁迫其他国家机关工作人员实施破坏土地资源行为的，或者阻挠监管人员执法，导致国家土地资源被严重破坏的，应当区分决策者和实施人员、监管人员的责任大小，重点查处决策者的渎职犯罪；实施人员、监管人员贪赃枉法、徇私舞弊，隐瞒事实真相，提供虚假信息，影响决策者的正确决策，造成危害后果发生的，要严肃追究实施人员和监管人员的责任；实施人员、监管人员明知决策者决策错误，而不提出反对意见，或者不进行纠正、制止、查处，造成国家土地资源被严重破坏的，应当视其情节追究渎职犯罪责任；对于决策者与具体实施人员、监管人员相互勾结，共同实施危害土地资源渎职犯罪的，要依法一并查处。

要严格区分集体行为和个人行为的责任。对集体研究做出的决定违反法律法规的，要具体案件具体分析。对于采取集体研究决策形式，实为个人滥用职权、玩忽职守、贪赃枉法、徇私舞弊等，构成危害土地资源渎职犯罪的，应当依法追究决策者的刑事责任。

四、正确把握法律政策界限。严格区分罪与非罪的界限。要正确把握相关的法律、行政法规及政策，准确把握工作失误与渎职犯罪的界限，坚持具体案件具体分析，严查擅权渎职、徇私舞弊型渎职犯罪案件，找准法律与政策的结合点，确保办案的法律效果、政治效果和社会效果的有机统一。对一时难以区分罪与非罪的，要放到具体时代背景、政策环境中去研究判断，对当时国家有关土地管理法律政策界限不清，以土地资源换取国家和集体经济发展的行为，要慎重对待，一般不作犯罪处理。

在查办案件中，要严格依法办案，既要认真执行国家刑事法律，也要认真掌握国土资源管理方面的规章制度和规范性文件。国家颁布实施的有关土地管理的行政法规和规范性文件，既是贯彻落实国家关于土地宏观调控政策的具体措施和工作要求，也是检察机关认定国家机关工作人员危害土地资源渎职责任的重要根据。要认真学习掌握《中华人民共和国土地管理法》和 2004 年颁布的《国务院关于深化改革严格土地管理的决定》以及国家有关保护土地资源的规定，对违反法律和有关土地管理文件禁止性规定的渎职犯罪行为，要严格依法查办；对《国务院关于深化改革严格土地管理的决定》颁布以前的危害土地资源行为，要着力查办有徇私舞弊行为的滥用职权，玩忽职守，非法批准征收、征用、占用土地和非法低价出让国有土地使用权的渎职犯罪案件。

五、认真贯彻宽严相济刑事政策。在查办危害土地资源渎职犯罪案件中，要贯彻落实宽严相济刑事政策，对犯罪情节轻微、有悔罪表现的犯罪嫌疑人，要落实教育、感化、挽救方针，可以依法从轻处理；对毁灭、伪造证据，干扰作证，串供，可能存在案中案的犯罪嫌疑人，要依法采取羁押性强制措施，确保办案工作顺利进行。

第四百一十一条 【放纵走私罪】海关工作人员徇私舞弊，放纵走私，情节严重的，处五年以下有期徒刑或者拘役；情节特别严重的，处五年以上有期徒刑。

【司法解释】

《最高人民检察院关于渎职侵权犯罪案件立案标准的规定》（高检发释字〔2006〕2号，20060726）

（二十三）放纵走私案（第四百一十一条）

放纵走私罪是指海关工作人员徇私舞弊，放纵走私，情节严重的行为。

涉嫌下列情形之一的，应予立案：

1. 放纵走私犯罪的；

2. 因放纵走私致使国家应收税额损失累计达10万元以上的；

3. 放纵走私行为3起次以上的；

4. 放纵走私行为，具有索取或者收受贿赂情节的；

5. 其他情节严重的情形。

【司法指导文件】

《最高人民法院、最高人民检察院、海关总署关于办理走私刑事案件适用法律若干问题的意见》（法〔2002〕139号，20020708）

十六、关于放纵走私罪的认定问题

依照刑法第四百一十一条的规定，

负有特定监管义务的海关工作人员徇私舞弊，利用职权，放任、纵容走私犯罪行为，情节严重的，构成放纵走私罪。放纵走私行为，一般是消极的不作为。如果海关工作人员与走私分子通谋，在放纵走私过程中以积极的行为配合走私分子逃避海关监管或者在放纵走私之后分得赃款的，应以共同走私犯罪追究刑事责任。

海关工作人员收受贿赂又放纵走私的，应以受贿罪和放纵走私罪数罪并罚。

第四百一十二条 【商检徇私舞弊罪】国家商检部门、商检机构的工作人员徇私舞弊，伪造检验结果的，处五年以下有期徒刑或者拘役；造成严重后果的，处五年以上十年以下有期徒刑。

【商检失职罪】前款所列人员严重不负责任，对应当检验的物品不检验，或者延误检验出证、错误出证，致使国家利益遭受重大损失的，处三年以下有期徒刑或者拘役。

【司法解释】

《最高人民检察院关于渎职侵权犯罪案件立案标准的规定》（高检发释字〔2006〕2号，20060726）

（二十四）商检徇私舞弊案（第四百一十二条第一款）

商检徇私舞弊罪是指出入境检验检疫机关、检验检疫机构工作人员徇私舞弊，伪造检验结果的行为。

涉嫌下列情形之一的，应予立案：

1. 采取伪造、变造的手段对报检

的商品的单证、印章、标志、封识、质量认证标志等作假的证明或者出具不真实的证明结论的;

2. 将送检的合格商品检验为不合格,或者将不合格商品检验为合格的;

3. 对明知是不合格的商品,不检验而出具合格检验结果的;

4. 其他伪造检验结果应予追究刑事责任的情形。

(二十五)商检失职案(第四百一十二条第二款)

商检失职罪是指出入境检验检疫机关、检验检疫机构工作人员严重不负责任,对应当检验的物品不检验,或者延误检验出证、错误出证,致使国家利益遭受重大损失的行为。

涉嫌下列情形之一的,应予立案:

1. 致使不合格的食品、药品、医疗器械等商品出入境,严重危害生命健康的;

2. 造成个人财产直接经济损失 15 万元以上,或者直接经济损失不满 15 万元,但间接经济损失 75 万元以上的;

3. 造成公共财产、法人或者其他组织财产直接经济损失 30 万元以上,或者直接经济损失不满 30 万元,但间接经济损失 150 万元以上的;

4. 未经检验,出具合格检验结果,致使国家禁止进口的固体废物、液态废物和气态废物等进入境内的;

5. 不检验或者延误检验出证、错误出证,引起国际经济贸易纠纷,严重影响国家对外经贸关系,或者严重损害国家声誉的;

6. 其他致使国家利益遭受重大损失的情形。

第四百一十三条 【动植物检疫徇私舞弊罪】 动植物检疫机关的检疫人员徇私舞弊,伪造检疫结果的,处五年以下有期徒刑或者拘役;造成严重后果的,处五年以上十年以下有期徒刑。

【动植物检疫失职罪】 前款所列人员严重不负责任,对应当检疫的检疫物不检疫,或者延误检疫出证、错误出证,致使国家利益遭受重大损失的,处三年以下有期徒刑或者拘役。

【司法解释】

《最高人民检察院关于渎职侵权犯罪案件立案标准的规定》(高检发释字〔2006〕2 号,20060726)

(二十六)动植物检疫徇私舞弊案(第四百一十三条第一款)

动植物检疫徇私舞弊罪是指出入境检验检疫机关、检验检疫机构工作人员徇私舞弊,伪造检疫结果的行为。

涉嫌下列情形之一的,应予立案:

1. 采取伪造、变造的手段对检疫的单证、印章、标志、封识等作虚假的证明或者出具不真实的结论的;

2. 将送检的合格动植物检疫为不合格,或者将不合格动植物检疫为合格的;

3. 对明知是不合格的动植物,不检疫而出具合格检疫结果的;

4. 其他伪造检疫结果应予追究刑事责任的情形。

(二十七)动植物检疫失职案

（第四百一十三条第二款）

动植物检疫失职罪是指出入境检验检疫机关、检验检疫机构工作人员严重不负责任，对应当检疫的检疫物不检疫，或者延误检疫出证、错误出证，致使国家利益遭受重大损失的行为。

涉嫌下列情形之一的，应予立案：

1. 导致疫情发生，造成人员重伤或者死亡的；

2. 导致重大疫情发生、传播或者流行的；

3. 造成个人财产直接经济损失 15 万元以上，或者直接经济损失不满 15 万元，但间接经济损失 75 万元以上的；

4. 造成公共财产或者法人、其他组织财产直接经济损失 30 万元以上，或者直接经济损失不满 30 万元，但间接经济损失 150 万元以上的；

5. 不检疫或者延误检疫出证、错误出证，引起国际经济贸易纠纷，严重影响国家对外经贸关系，或者严重损害国家声誉的；

6. 其他致使国家利益遭受重大损失的情形。

第四百一十四条 【放纵制售伪劣商品犯罪行为罪】对生产、销售伪劣商品犯罪行为负有追究责任的国家机关工作人员，徇私舞弊，不履行法律规定的追究职责，情节严重的，处五年以下有期徒刑或者拘役。

【司法解释Ⅰ】

《最高人民检察院关于渎职侵权犯罪案件立案标准的规定》（高检发释字〔2006〕2 号，20060726）

（二十八）放纵制售伪劣商品犯罪行为案（第四百一十四条）

放纵制售伪劣商品犯罪行为罪是指对生产、销售伪劣商品犯罪行为负有追究责任的国家机关工作人员徇私舞弊，不履行法律规定的追究职责，情节严重的行为。

涉嫌下列情形之一的，应予立案：

1. 放纵生产、销售假药或者有毒、有害食品犯罪行为的；

2. 放纵生产、销售伪劣农药、兽药、化肥、种子犯罪行为的；

3. 放纵依法可能判处 3 年有期徒刑以上刑罚的生产、销售伪劣商品犯罪行为的；

4. 对生产、销售伪劣商品犯罪行为不履行追究职责，致使生产、销售伪劣商品犯罪行为得以继续的；

5. 3 次以上不履行追究职责，或者对 3 个以上有生产、销售伪劣商品犯罪行为的单位或者个人不履行追究职责的；

6. 其他情节严重的情形。

【司法解释Ⅱ】

《最高人民法院、最高人民检察院关于办理生产、销售伪劣商品刑事案件具体应用法律若干问题的解释》（法释〔2001〕10 号，20010410）

第八条 国家机关工作人员徇私舞弊，对生产、销售伪劣商品犯罪不履行法律规定的查处职责，具有下列情形之一的，属于刑法第四百一十四条规定的"情节严重"：

（一）放纵生产、销售假药或者有毒、有害食品犯罪行为的；

（二）放纵依法可能判处二年有期徒刑以上刑罚的生产、销售、伪劣商品犯罪行为的；

（三）对三个以上有生产、销售伪劣商品犯罪行为的单位或者个人不履行追究职责的；

（四）致使国家和人民利益遭受重大损失或者造成恶劣影响的。

第四百一十五条 【办理偷越国（边）境人员出入境证件罪】【放行偷越国（边）境人员罪】负责办理护照、签证以及其他出入境证件的国家机关工作人员，对明知是企图偷越国（边）境的人员，予以办理出入境证件的，或者边防、海关等国家机关工作人员，对明知是偷越国（边）境的人员，予以放行的，处三年以下有期徒刑或者拘役；情节严重的，处三年以上七年以下有期徒刑。

【司法解释】

《最高人民检察院关于渎职侵权犯罪案件立案标准的规定》（高检发释字〔2006〕2 号，20060726）

（二十九）办理偷越国（边）境人员出入境证件案（第四百一十五条）

办理偷越国（边）境人员出入境证件罪是指负责办理护照、签证以及其他出入境证件的国家机关工作人员，对明知是企图偷越国（边）境的人员，予以办理出入境证件的行为。

负责办理护照、签证以及其他出入境证件的国家机关工作人员涉嫌在办理护照、签证以及其他出入境证件的过程中，对明知是企图偷越国（边）境的人员而予以办理出入境证件的，应予立案。

（三十）放行偷越国（边）境人员案（第四百一十五条）

放行偷越国（边）境人员罪是指边防、海关等国家机关工作人员，对明知是偷越国（边）境的人员予以放行的行为。

边防、海关等国家机关工作人员涉嫌在履行职务过程中，对明知是偷越国（边）境的人员而予以放行的，应予立案。

第四百一十六条 【不解救被拐卖、绑架妇女、儿童罪】对被拐卖、绑架的妇女、儿童负有解救职责的国家机关工作人员，接到被拐卖、绑架的妇女、儿童及其家属的解救要求或者接到其他人的举报，而对被拐卖、绑架的妇女、儿童不进行解救，造成严重后果的，处五年以下有期徒刑或者拘役。

【阻碍解救被拐卖、绑架妇女、儿童罪】负有解救职责的国家机关工作人员利用职务阻碍解救的，处二年以上七年以下有期徒刑；情节较轻的，处二年以下有期徒刑或者拘役。

【司法解释】

《最高人民检察院关于渎职侵权犯罪案件立案标准的规定》（高检发释字〔2006〕2 号，20060726）

（三十一）不解救被拐卖、绑架妇女、儿童案（第四百一十六条第一款）

不解救被拐卖、绑架妇女、儿童罪是指对被拐卖、绑架的妇女、儿童负有解救职责的公安、司法等国家机关工作人员接到被拐卖、绑架的妇女、儿童及其家属的解救要求或者接到其他人的举报，而对被拐卖、绑架的妇女、儿童不进行解救，造成严重后果的行为。

涉嫌下列情形之一的，应予立案：

1. 导致被拐卖、绑架的妇女、儿童或者其家属重伤、死亡或者精神失常的；

2. 导致被拐卖、绑架的妇女、儿童被转移、隐匿、转卖，不能及时进行解救的；

3. 对被拐卖、绑架的妇女、儿童不进行解救3人次以上的；

4. 对被拐卖、绑架的妇女、儿童不进行解救，造成恶劣社会影响的；

5. 其他造成严重后果的情形。

（三十二）阻碍解救被拐卖、绑架妇女、儿童案（第四百一十六条第二款）

阻碍解救被拐卖、绑架妇女、儿童罪是指对被拐卖、绑架妇女、儿童负有解救职责的公安、司法等国家机关工作人员利用职务阻碍解救被拐卖、绑架的妇女、儿童的行为。

涉嫌下列情形之一的，应予立案：

1. 利用职权，禁止、阻止或者妨碍有关部门、人员解救被拐卖、绑架的妇女、儿童的；

2. 利用职务上的便利，向拐卖、绑架者或者收买者通风报信，妨碍解救工作正常进行的；

3. 其他利用职务阻碍解救被拐卖、绑架的妇女、儿童应予追究刑事责任的情形。

第四百一十七条 【帮助犯罪分子逃避处罚罪】有查禁犯罪活动职责的国家机关工作人员，向犯罪分子通风报信、提供便利，帮助犯罪分子逃避处罚的，处三年以下有期徒刑或者拘役；情节严重的，处三年以上十年以下有期徒刑。

【立法·要点注释】

1. "有查禁犯罪活动职责的国家机关工作人员"是指对犯罪活动负有查禁职责的国家机关工作人员，主要是指有查禁犯罪活动职责的公安机关、国家安全机关、检察机关、审判机关中的司法工作人员。

2. "通风报信"是指向犯罪分子有意泄露或者直接告知犯罪分子有关部门查禁活动的部署、措施、时间、地点等情况的行为；"提供便利"是指为犯罪分子提供隐藏处所、交通工具、通信设备或其他便利条件，协助其逃避法律追究的行为。这里规定的通风报信、提供便利条件的行为是一种故意行为，即行为人在主观上必须具有使犯罪分子逃避处罚的目的，而故意实施向犯罪分子通风报信、提供便利的，才能适用本条的规定。如果行为人是无意中泄露有关情况，或者是在不知情的情况下，为犯罪分子提供了便利，则不能适用本条的规定。

【司法解释I】

《最高人民检察院关于渎职侵权犯

罪案件立案标准的规定》（高检发释字〔2006〕2 号，20060726）

（三十三）帮助犯罪分子逃避处罚案（第四百一十七条）

帮助犯罪分子逃避处罚罪是指有查禁犯罪活动职责的司法及公安、国家安全、海关、税务等国家机关工作人员，向犯罪分子通风报信、提供便利，帮助犯罪分子逃避处罚的行为。

涉嫌下列情形之一的，应予立案：

1. 向犯罪分子泄漏有关部门查禁犯罪活动的部署、人员、措施、时间、地点等情况的；

2. 向犯罪分子提供钱物、交通工具、通讯设备、隐藏处所等便利条件的；

3. 向犯罪分子泄漏案情的；

4. 帮助、示意犯罪分子隐匿、毁灭、伪造证据，或者串供、翻供的；

5. 其他帮助犯罪分子逃避处罚应予追究刑事责任的情形。

【司法解释Ⅱ】

《最高人民法院、最高人民检察院关于办理扰乱无线电通讯管理秩序等刑事案件适用法律若干问题的解释》（法释〔2017〕11 号，20170701）

第七条第二款　有查禁扰乱无线电管理秩序犯罪活动职责的国家机关工作人员，向犯罪分子通风报信、提供便利，帮助犯罪分子逃避处罚的，应当依照刑法第四百一十七条的规定，以帮助犯罪分子逃避处罚罪追究刑事责任；事先通谋的，以共同犯罪论处。

【司法指导文件】

《最高人民法院、最高人民检察院、公安部、国家工商行政管理局关于依法查处盗窃、抢劫机动车案件的规定》（公通字〔1998〕31 号，19980508）

十、公安人员对盗窃、抢劫的机动车辆，非法提供机动车牌证或者为其取得机动车牌证提供便利，帮助犯罪分子逃避处罚的，依照《刑法》第四百一十七条规定处罚。

【法院公报案例】

〔上海市静安区人民检察院诉黄春海帮助犯罪分子逃避处罚、销售假冒注册商标的商品案，GB2009－6〕

一、根据《全国人民代表大会常务委员会关于〈中华人民共和国刑法〉第九章渎职罪主体适用问题的解释》的规定，在依照法律、法规规定行使国家行政管理职权的组织中从事公务的人员，或者在受国家机关委托代表国家机关行使职权的组织中从事公务的人员，或者虽未列入国家机关人员编制但在国家机关中从事公务的人员，在代表国家机关行使职权时，有渎职行为，构成犯罪的，依照刑法关于渎职罪的规定追究刑事责任。烟草专卖局系接受有关国家行政机关的委托，代表有关国家机关依法行使烟草专卖市场稽查和查处违反烟草专卖行为等行政执法权的组织。因此，烟草专卖局的工作人员在代表国家机关行使职权时，有渎职行为，构成犯罪的，应当依照刑法关于渎职罪的规定追究刑事责任。

二、根据刑法第四百一十七条的规定，帮助犯罪分子逃避处罚罪是指有查禁犯罪活动职责的国家机关工作人员，向犯罪分子通风报信、提供便利，帮助犯罪分子逃避处罚的行为。该条规定的"查禁犯罪活动职责"，不仅是指司法机关依法负有的刑事侦查、检察、审判、刑罚执行等职责，也包括法律赋予相关行政机关的查禁犯罪活动的职责。烟草专卖局接受有关国家行政机关的委托，代表有关国家行政机关依法行使烟草专卖市场稽查和查处违反烟草专卖行为等行政执法权。……烟草专卖局稽查队的工作人员在履职过程中，采用通风报信的手法，多次将突击检查假烟销售行动的部署安排透露给销售假烟的犯罪分子，致使犯罪分子逃避刑事处罚的，构成帮助犯罪分子逃避处罚罪。

【法院参考案例】

〔**参考案例第129号：杨有才帮助犯罪分子逃避处罚案**〕参与案件侦查工作的公安机关借用人员是否属于司法工作人员？

刑法所称的司法工作人员，是指具有侦查、检察、审判、监管职责的工作人员，只要借用人员履行了上述职责，便可认定系司法工作人员。

〔**参考案例第186号：李刚等帮助犯罪分子逃避处罚案**〕执行法官能否成为帮助犯罪分子逃避处罚罪的主体？

执行法官并不承担查禁犯罪活动的职责，一般不能成为帮助犯罪分子逃避处罚罪的主体，行为人如果存在帮助伪造证据行为的，可按帮助伪造证据罪处理。

〔**参考案例第357号：潘楠博帮助犯罪分子逃避处罚、受贿案**〕帮助逃

避行政处罚的行为能否构成帮助犯罪分子逃避处罚罪？

有查禁犯罪活动职责的警察，向行政违法者通风报信、提供便利，帮助其逃避行政处罚，即使行政违法者实际犯有其他罪行，但违规警察实施帮助行为时并不明知的，不构成帮助犯罪分子逃避处罚罪。

第四百一十八条　【招收公务员、学生徇私舞弊罪】国家机关工作人员在招收公务员、学生工作中徇私舞弊，情节严重的，处三年以下有期徒刑或者拘役。

【司法解释】

《最高人民检察院关于渎职侵权犯罪案件立案标准的规定》（高检发释字〔2006〕2号，20060726）

（三十四）招收公务员、学生徇私舞弊案（第四百一十八条）

招收公务员、学生徇私舞弊罪是指国家机关工作人员在招收公务员、省级以上教育行政部门组织招收的学生工作中徇私舞弊，情节严重的行为。

涉嫌下列情形之一的，应予立案：

1. 徇私舞弊，利用职务便利，伪造、变造人事、户口档案、考试成绩或者其他影响招收工作的有关资料，或者明知是伪造、变造的上述材料而予以认可的；

2. 徇私舞弊，利用职务便利，帮助5名以上考生作弊的；

3. 徇私舞弊招收不合格的公务员、学生3人次以上的；

4. 因徇私舞弊招收不合格的公务员、学生，导致被排挤的合格人员或

者其近亲属自杀、自残造成重伤、死亡，或者精神失常的；

5. 因徇私舞弊招收公务员、学生，导致该项招收工作重新进行的；

6. 其他情节严重的情形。

第四百一十九条 【失职造成珍贵文物损毁、流失罪】 国家机关工作人员严重不负责任，造成珍贵文物损毁或者流失，后果严重的，处三年以下有期徒刑或者拘役。

【司法解释Ⅰ】

《最高人民法院、最高人民检察院关于办理妨害文物管理等刑事案件适用法律若干问题的解释》（法释〔2015〕23 号，20160101）

第十条 国家机关工作人员严重不负责任，造成珍贵文物损毁或者流失，具有下列情形之一的，应当认定为刑法第四百一十九条规定的"后果严重"：

（一）导致二级以上文物或者五件以上三级文物损毁或者流失的；

（二）导致全国重点文物保护单位、省级文物保护单位的本体严重损毁或者灭失的；

（三）其他后果严重的情形。

【司法解释Ⅱ】

《最高人民检察院关于渎职侵权犯罪案件立案标准的规定》（高检发释字〔2006〕2 号，20060726）

（三十五）失职造成珍贵文物损毁、流失案（第四百一十九条）

失职造成珍贵文物损毁、流失罪是指文物行政部门、公安机关、工商行政管理部门、海关、城乡建设规划部门等国家机关工作人员严重不负责任，造成珍贵文物损毁或者流失，后果严重的行为。

涉嫌下列情形之一的，应予立案：

1. 导致国家一、二、三级珍贵文物损毁或者流失的；

2. 导致全国重点文物保护单位或者省、自治区、直辖市级文物保护单位损毁的；

3. 其他后果严重的情形。

第十章　军人违反职责罪

【司法解释】

《最高人民检察院、解放军总政治部军人违反职责罪案件立案标准的规定》（政检〔2013〕1 号，20130328）

第三十二条　本规定适用于中国人民解放军的现役军官、文职干部、士兵及具有军籍的学员和中国人民武装警察部队的现役警官、文职干部、士兵及具有军籍的学员以及执行军事任务的预备役人员和其他人员涉嫌军人违反职责犯罪的案件。

第三十三条　本规定所称"战时"，是指国家宣布进入战争状态、部队受领作战任务或者遭敌突然袭击时。部队执行戒严任务或者处置突发性暴力事件时，以战时论。

第三十四条　本规定中的"违反职责"，是指违反国家法律、法规，军事法规、军事规章所规定的军人职责，包括军人的共同职责，士兵、军官和首长的一般职责，各类主管人员和其他从事专门工作的军人的专业职责等。

第三十五条　本规定所称"以上"，包括本数；有关犯罪数额"不满"，是指已达到该数额百分之八十以上。

第三十六条　本规定中的"直接经济损失"，是指与行为有直接因果关系而造成的财产损毁、减少的实际价值；"间接经济损失"，是指由直接经济损失引起和牵连的其他损失，包括失去在正常情况下可能获得的利益和为恢复正常管理活动或者为挽回已经造成的损失所支付的各种费用等。

第三十七条　本规定中的"武器装备"，是实施和保障军事行动的武器、武器系统和军事技术器材的统称。

第三十八条　本规定中的"军用物资"，是除武器装备以外专供武装力量使用的各种物资的统称，包括装备器材、军需物资、医疗物资、油料物资、营房物资等。

第三十九条　本规定中财物价值和损失的确定，由部队驻地人民法院、人民检察院和公安机关指定的价格事务机构进行估价。武器装备、军事设施、军用物资的价值和损失，由部队军以上单位的主管部门确定；有条件的，也可以由部队驻地人民法院、人民检察院和公安机关指定的价格事务机构进行估价。

第四十条　本规定自 2013 年 3 月 28 日起施行。2002 年 10 月 31 日总政治部发布的《关于军人违反职责罪案件立案标准的规定（试行）》同时废止。

第四百二十条　**【军人违反职责罪的界定】**军人违反职责，危害国家军事利益，依照法律应当受刑罚处罚的行为，是军人违反职责罪。

第四百二十一条 【战时违抗命令罪】战时违抗命令，对作战造成危害的，处三年以上十年以下有期徒刑；致使战斗、战役遭受重大损失的，处十年以上有期徒刑、无期徒刑或者死刑。

【司法解释】

《最高人民检察院、解放军总政治部军人违反职责罪案件立案标准的规定》（政检〔2013〕1 号，20130328）

第一条　战时违抗命令案（刑法第四百二十一条）

战时违抗命令罪是指战时违抗命令，对作战造成危害的行为。

违抗命令，是指主观上出于故意，客观上违背、抗拒首长、上级职权范围内的命令，包括拒绝接受命令、拒不执行命令，或者不按照命令的具体要求行动等。

战时涉嫌下列情形之一的，应予立案：

（一）扰乱作战部署或者贻误战机的；

（二）造成作战任务不能完成或者迟缓完成的；

（三）造成我方人员死亡一人以上，或者重伤二人以上，或者轻伤三人以上的；

（四）造成武器装备、军事设施、军用物资损毁，直接影响作战任务完成的；

（五）对作战造成其他危害的。

第四百二十二条 【隐瞒、谎报军情罪】【拒传、假传军令罪】故意隐瞒、谎报军情或者拒传、假传军令，对作战造成危害的，处三年以上十年以下有期徒刑；致使战斗、战役遭受重大损失的，处十年以上有期徒刑、无期徒刑或者死刑。

【司法解释】

《最高人民检察院、解放军总政治部军人违反职责罪案件立案标准的规定》（政检〔2013〕1 号，20130328）

第二条　隐瞒、谎报军情案（刑法第四百二十二条）

隐瞒、谎报军情罪是指故意隐瞒、谎报军情，对作战造成危害的行为。

涉嫌下列情形之一的，应予立案：

（一）造成首长、上级决策失误的；

（二）造成作战任务不能完成或者迟缓完成的；

（三）造成我方人员死亡一人以上，或者重伤二人以上，或者轻伤三人以上的；

（四）造成武器装备、军事设施、军用物资损毁，直接影响作战任务完成的；

（五）对作战造成其他危害的。

第三条　拒传、假传军令案（刑法第四百二十二条）

拒传军令罪是指负有传递军令职责的军人，明知是军令而故意拒绝传递或者拖延传递，对作战造成危害的行为。

假传军令罪是指故意伪造、篡改军令，或者明知是伪造、篡改的军令而予以传达或者发布，对作战造成危害的行为。

涉嫌下列情形之一的，应予立案：

（一）造成首长、上级决策失误的；

（二）造成作战任务不能完成或者迟缓完成的；

（三）造成我方人员死亡一人以上，或者重伤二人以上，或者轻伤三人以上的；

（四）造成武器装备、军事设施、军用物资损毁，直接影响作战任务完成的；

（五）对作战造成其他危害的。

第四百二十三条　【投降罪】在战场上贪生怕死，自动放下武器投降敌人的，处三年以上十年以下有期徒刑；情节严重的，处十年以上有期徒刑或者无期徒刑。

投降后为敌人效劳的，处十年以上有期徒刑、无期徒刑或者死刑。

【立法·要点注释】

"投降"是向敌对一方表示屈服的行为。要将自动放下武器投降敌人与被俘区分开来。对不是由于贪生怕死放下武器投降的，不应当追究刑事责任。

【司法解释】

《最高人民检察院、解放军总政治部军人违反职责罪案件立案标准的规定》（政检〔2013〕1 号，20130328）

第四条　投降案（刑法第四百二十三条）

投降罪是指在战场上贪生怕死，自动放下武器投降敌人的行为。

凡涉嫌投降敌人的，应予立案。

第四百二十四条　【战时临阵脱逃罪】战时临阵脱逃的，处三年以下有期徒刑；情节严重的，处三年以上十年以下有期徒刑；致使战斗、战役遭受重大损失的，处十年以上有期徒刑、无期徒刑或者死刑。

【司法解释】

《最高人民检察院、解放军总政治部军人违反职责罪案件立案标准的规定》（政检〔2013〕1 号，20130328）

第五条　战时临阵脱逃案（刑法第四百二十四条）

战时临阵脱逃罪是指在战斗中或者在接受作战任务后，逃离战斗岗位的行为。

凡战时涉嫌临阵脱逃的，应予立案。

第四百二十五条　【擅离、玩忽军事职守罪】指挥人员和值班、值勤人员擅离职守或者玩忽职守，造成严重后果的，处三年以下有期徒刑或者拘役；造成特别严重后果的，处三年以上七年以下有期徒刑。

战时犯前款罪的，处五年以上有期徒刑。

【司法解释】

《最高人民检察院、解放军总政治部军人违反职责罪案件立案标准的规定》（政检〔2013〕1 号，20130328）

第六条　擅离、玩忽军事职守案（刑法第四百二十五条）

擅离、玩忽军事职守罪是指指挥人员和值班、值勤人员擅自离开正在履行职责的岗位，或者在履行职责的岗位上，严重不负责任，不履行或者不正确履行职责，造成严重后果的行为。

指挥人员，是指对部队或者部属负有组织、领导、管理职责的人员。专业主管人员在其业务管理范围内，视为指挥人员。

值班人员，是指军队各单位、各部门为保持指挥或者履行职责不间断而设立的、负责处理本单位、本部门特定事务的人员。

值勤人员，是指正在担任警卫、巡逻、观察、纠察、押运等勤务，或者作战勤务工作的人员。

涉嫌下列情形之一的，应予立案：

（一）造成重大任务不能完成或者迟缓完成的；

（二）造成死亡一人以上，或者重伤三人以上，或者重伤二人、轻伤四人以上，或者重伤一人、轻伤七人以上，或者轻伤十人以上的；

（三）造成枪支、手榴弹、爆炸装置或者子弹十发、雷管三十枚、导火索或者导爆索三十米、炸药一千克以上丢失、被盗，或者不满规定数量，但后果严重的，或者造成其他重要武器装备、器材丢失、被盗的；

（四）造成武器装备、军事设施、军用物资或者其他财产损毁，直接经济损失三十万元以上，或者直接经济损失、间接经济损失合计一百五十万元以上的；

（五）造成其他严重后果的。

第四百二十六条　【阻碍执行军事职务罪】 以暴力、威胁方法，阻碍指挥人员或者值班、值勤人员执行职务的，处五年以下有期徒刑或者拘役；情节严重的，处五年以上十年以下有期徒刑；情节特别严重的，处十年以上有期徒刑或者无期徒刑。战时从重处罚。

【修正前条文】

第四百二十六条　**【阻碍执行军事职务罪】** 以暴力、威胁方法，阻碍指挥人员或者值班、值勤人员执行职务的，处五年以下有期徒刑或者拘役；情节严重的，处五年以上有期徒刑；致人重伤、死亡的，或者有其他特别严重情节的，处无期徒刑或者死刑。战时从重处罚。

【修正说明】

刑法修正案（九）第五十条废除了本罪的死刑规定。

【司法解释】

《最高人民检察院、解放军总政治部军人违反职责罪案件立案标准的规定》（政检〔2013〕1 号，20130328）

第七条　阻碍执行军事职务案（刑法第四百二十六条）

阻碍执行军事职务罪是指以暴力、威胁方法，阻碍指挥人员或者值班、值勤人员执行职务的行为。

凡涉嫌阻碍执行军事职务的，应予立案。

第四百二十七条　【指使部属违反职责罪】 滥用职权，指使部属进行违反职责的活动，造成严重后果的，处五年以下有期徒刑或者拘役；

情节特别严重的，处五年以上十年以下有期徒刑。

【司法解释】

《最高人民检察院、解放军总政治部军人违反职责罪案件立案标准的规定》（政检〔2013〕1号，20130328）

第八条 指使部属违反职责案（刑法第四百二十七条）

指使部属违反职责罪是指指挥人员滥用职权，指使部属进行违反职责的活动，造成严重后果的行为。

涉嫌下列情形之一的，应予立案：

（一）造成重大任务不能完成或者迟缓完成的；

（二）造成死亡一人以上，或者重伤二人以上，或者重伤一人、轻伤三人以上，或者轻伤五人以上的；

（三）造成武器装备、军事设施、军用物资或者其他财产损毁，直接经济损失二十万元以上，或者直接经济损失、间接经济损失合计一百万元以上的；

（四）造成其他严重后果。

第四百二十八条 【违令作战消极罪】指挥人员违抗命令，临阵畏缩，作战消极，造成严重后果的，处五年以下有期徒刑；致使战斗、战役遭受重大损失或者有其他特别严重情节的，处五年以上有期徒刑。

【司法解释】

《最高人民检察院、解放军总政治部军人违反职责罪案件立案标准的规定》（政检〔2013〕1号，20130328）

第九条 违令作战消极案（刑法第四百二十八条）

违令作战消极罪是指指挥人员违抗命令，临阵畏缩，作战消极，造成严重后果的行为。

违抗命令，临阵畏缩，作战消极，是指在作战中故意违背、抗拒执行首长、上级的命令，面临战斗任务而畏难怕险，怯战怠战，行动消极。

涉嫌下列情形之一的，应予立案：

（一）扰乱作战部署或者贻误战机的；

（二）造成作战任务不能完成或者迟缓完成的；

（三）造成我方人员死亡一人以上，或者重伤二人以上，或者轻伤三人以上的；

（四）造成武器装备、军事设施、军用物资或者其他财产损毁，直接经济损失二十万元以上，或者直接经济损失、间接经济损失合计一百万元以上的；

（五）造成其他严重后果的。

第四百二十九条 【拒不救援友邻部队罪】在战场上明知友邻部队处境危急请求救援，能救援而不救援，致使友邻部队遭受重大损失的，对指挥人员，处五年以下有期徒刑。

【司法解释】

《最高人民检察院、解放军总政治部军人违反职责罪案件立案标准的规定》（政检〔2013〕1号，20130328）

第十条 拒不救援友邻部队案（刑法第四百二十九条）

拒不救援友邻部队罪是指指挥人员在战场上，明知友邻部队面临被敌人包围、追击或者阵地将被攻陷等危急情况请求救援，能救援而不救援，致使友邻部队遭受重大损失的行为。

能救援而不救援，是指根据当时自己部队（分队）所处的环境、作战能力及所担负的任务，有条件组织救援却没有组织救援。

涉嫌下列情形之一的，应予立案：

（一）造成战斗失利的；

（二）造成阵地失陷的；

（三）造成突围严重受挫的；

（四）造成我方人员死亡三人以上，或者重伤十人以上，或者轻伤十五人以上的；

（五）造成武器装备、军事设施、军用物资损毁，直接经济损失一百万元以上的；

（六）造成其他重大损失的。

第四百三十条 【军人叛逃罪】 在履行公务期间，擅离岗位，叛逃境外或者在境外叛逃，危害国家军事利益的，处五年以下有期徒刑或者拘役；情节严重的，处五年以上有期徒刑。

驾驶航空器、舰船叛逃的，或者有其他特别严重情节的，处十年以上有期徒刑、无期徒刑或者死刑。

【司法解释】

《最高人民检察院、解放军总政治部军人违反职责罪案件立案标准的规定》（政检〔2013〕1 号，20130328）

第十一条 军人叛逃案（刑法第四百三十条）

军人叛逃罪是指军人在履行公务期间，擅离岗位，叛逃境外或者在境外叛逃，危害国家军事利益的行为。

涉嫌下列情形之一的，应予立案：

（一）因反对国家政权和社会主义制度而出逃的；

（二）掌握、携带军事秘密出境后滞留不归的；

（三）申请政治避难的；

（四）公开发表叛国言论的；

（五）投靠境外反动机构或者组织的；

（六）出逃至交战对方区域的；

（七）进行其他危害国家军事利益活动的。

第四百三十一条 【非法获取军事秘密罪】 以窃取、刺探、收买方法，非法获取军事秘密的，处五年以下有期徒刑；情节严重的，处五年以上十年以下有期徒刑；情节特别严重的，处十年以上有期徒刑。

【为境外窃取、刺探、收买、非法提供军事秘密罪】 为境外的机构、组织、人员窃取、刺探、收买、非法提供军事秘密的，处十年以上有期徒刑、无期徒刑或者死刑。

【司法解释】

《最高人民检察院、解放军总政治部军人违反职责罪案件立案标准的规定》（政检〔2013〕1 号，20130328）

第十二条 非法获取军事秘密案（刑法第四百三十一条第一款）

非法获取军事秘密罪是指违反国家和军队的保密规定，采取窃取、刺探、收买方法，非法获取军事秘密的行为。

军事秘密，是关系国防安全和军事利益，依照规定的权限和程序确定，在一定时间内只限一定范围的人员知悉的事项。内容包括：

（一）国防和武装力量建设规划及其实施情况；

（二）军事部署，作战、训练以及处置突发事件等军事行动中需要控制知悉范围的事项；

（三）军事情报及其来源，军事通信、信息对抗以及其他特种业务的手段、能力，密码以及有关资料；

（四）武装力量的组织编制，部队的任务、实力、状态等情况中需要控制知悉范围的事项，特殊单位以及师级以下部队的番号；

（五）国防动员计划及其实施情况；

（六）武器装备的研制、生产、配备情况和补充、维修能力，特种军事装备的战术技术性能；

（七）军事学术和国防科学技术研究的重要项目、成果及其应用情况中需要控制知悉范围的事项；

（八）军队政治工作中不宜公开的事项；

（九）国防费分配和使用的具体事项，军事物资的筹措、生产、供应和储备等情况中需要控制知悉范围的事项；

（十）军事设施及其保护情况中不宜公开的事项；

（十一）对外军事交流与合作中不宜公开的事项；

（十二）其他需要保密的事项。

凡涉嫌非法获取军事秘密的，应予立案。

第十三条　为境外窃取、刺探、收买、非法提供军事秘密案（刑法第四百三十一条第二款）

为境外窃取、刺探、收买、非法提供军事秘密罪是指违反国家和军队的保密规定，为境外的机构、组织、人员窃取、刺探、收买、非法提供军事秘密的行为。

凡涉嫌为境外窃取、刺探、收买、非法提供军事秘密的，应予立案。

第四百三十二条　【故意泄露军事秘密罪】【过失泄露军事秘密罪】违反保守国家秘密法规，故意或者过失泄露军事秘密，情节严重的，处五年以下有期徒刑或者拘役；情节特别严重的，处五年以上十年以下有期徒刑。

战时犯前款罪的，处五年以上十年以下有期徒刑；情节特别严重的，处十年以上有期徒刑或者无期徒刑。

【司法解释】

《最高人民检察院、解放军总政治部军人违反职责罪案件立案标准的规定》（政检〔2013〕1号，20130328）

第十四条　故意泄露军事秘密案（刑法第四百三十二条）

故意泄露军事秘密罪是指违反国家和军队的保密规定，故意使军事秘密被不应知悉者知悉或者超出了限定的接触范围，情节严重的行为。

涉嫌下列情形之一的，应予立案：

（一）泄露绝密级或者机密级军事秘密一项（件）以上的；

（二）泄露秘密级军事秘密三项（件）以上的；

（三）向公众散布、传播军事秘密的；

（四）泄露军事秘密造成严重危害后果的；

（五）利用职权指使或者强迫他人泄露军事秘密的；

（六）负有特殊保密义务的人员泄密的；

（七）以牟取私利为目的泄露军事秘密的；

（八）执行重大任务时泄密的；

（九）有其他情节严重行为的。

第十五条　过失泄露军事秘密案（刑法第四百三十二条）

过失泄露军事秘密罪是指违反国家和军队的保密规定，过失泄露军事秘密，致使军事秘密被不应知悉者知悉或者超出了限定的接触范围，情节严重的行为。

涉嫌下列情形之一的，应予立案：

（一）泄露绝密级军事秘密一项（件）以上的；

（二）泄露机密级军事秘密三项（件）以上的；

（三）泄露秘密级军事秘密四项（件）以上的；

（四）负有特殊保密义务的人员泄密的；

（五）泄露军事秘密或者遗失军事秘密载体，不按照规定报告，或者不如实提供有关情况，或者未及时采取补救措施的；

（六）有其他情节严重行为的。

第四百三十三条　【战时造谣惑众罪】战时造谣惑众，动摇军心的，处三年以下有期徒刑；情节严重的，处三年以上十年以下有期徒刑；情节特别严重的，处十年以上有期徒刑或者无期徒刑。

【修正前条文】

第四百三十三条　【战时造谣惑众罪】战时造谣惑众，动摇军心的，处三年以下有期徒刑；情节严重的，处三年以上十年以下有期徒刑。

勾结敌人造谣惑众，动摇军心的，处十年以上有期徒刑或者无期徒刑；情节特别严重的，可以判处死刑。

【修正说明】

刑法修正案（九）第五十一条将原条文两款合并为一款，并废除了本罪的死刑。

【司法解释】

《最高人民检察院、解放军总政治部军人违反职责罪案件立案标准的规定》（政检〔2013〕1 号，20130328）

第十六条　战时造谣惑众案（刑法第四百三十三条）

战时造谣惑众罪是指在战时造谣惑众，动摇军心的行为。

造谣惑众，动摇军心，是指故意编造、散布谣言，煽动怯战、厌战或者恐怖情绪，蛊惑官兵，造成或者足以造成部队情绪恐慌、士气不振、军心涣散的行为。

凡战时涉嫌造谣惑众，动摇军心的，应予立案。

第四百三十四条　【战时自伤罪】战时自伤身体，逃避军事义务的，处三年以下有期徒刑；情节严重的，处三年以上七年以下有期徒刑。

【司法解释】

《最高人民检察院、解放军总政治部军人违反职责罪案件立案标准的规定》（政检〔2013〕1 号，20130328）

第十七条　战时自伤案（刑法第四百三十四条）

战时自伤罪是指在战时为了逃避军事义务，故意伤害自己身体的行为。

逃避军事义务，是指逃避临战准备、作战行动、战场勤务和其他作战保障任务等与作战有关的义务。

凡战时涉嫌自伤致使不能履行军事义务的，应予立案。

第四百三十五条　【逃离部队罪】违反兵役法规，逃离部队，情节严重的，处三年以下有期徒刑或者拘役。

战时犯前款罪的，处三年以上七年以下有期徒刑。

【司法解释Ⅰ】

《最高人民检察院、解放军总政治部军人违反职责罪案件立案标准的规定》（政检〔2013〕1 号，20130328）

第十八条　逃离部队案（刑法第四百三十五条）

逃离部队罪是指违反兵役法规，逃离部队，情节严重的行为。

违反兵役法规，是指违反国防法、兵役法和军队条令条例以及其他有关兵役方面的法律规定。

逃离部队，是指擅自离开部队或者经批准外出逾期拒不归队。

涉嫌下列情形之一的，应予立案：

（一）逃离部队持续时间达三个月以上或者三次以上或者累计时间达六个月以上的；

（二）担负重要职责的人员逃离部队的；

（三）策动三人以上或者胁迫他人逃离部队的；

（四）在执行重大任务期间逃离部队的；

（五）携带武器装备逃离部队的；

（六）有其他情节严重行为的。

【司法解释Ⅱ】

《最高人民法院、最高人民检察院关于对军人非战时逃离部队的行为能否定罪处罚问题的批复》（法释〔2000〕39 号，20001208）

军人违反兵役法规，在非战时逃离部队，情节严重的，应当依照刑法第四百三十五条第一款的规定定罪处罚。

第四百三十六条　【武器装备肇事罪】违反武器装备使用规定，情节严重，因而发生责任事故，致人重伤、死亡或者造成其他严重后果的，处三年以下有期徒刑或者拘役；后果特别严重的，处三年以上七年以下有期徒刑。

【司法解释】

《最高人民检察院、解放军总政治部军人违反职责罪案件立案标准的规定》（政检〔2013〕1 号，20130328）

第十九条　武器装备肇事案（刑法第四百三十六条）

武器装备肇事罪是指违反武器装备使用规定，情节严重，因而发生责任事故，致人重伤、死亡或者造成其他严重后果的行为。

情节严重，是指故意违反武器装备使用规定，或者在使用过程中严重不负责任。

涉嫌下列情形之一的，应予立案：

（一）影响重大任务完成的；

（二）造成死亡一人以上，或者重伤二人以上，或者轻伤三人以上的；

（三）造成武器装备、军事设施、军用物资或者其他财产损毁，直接经济损失三十万元以上，或者直接经济损失、间接经济损失合计一百五十万元以上的；

（四）严重损害国家和军队声誉，造成恶劣影响的；

（五）造成其他严重后果的。

第四百三十七条　【擅自改变武器装备编配用途罪】 违反武器装备管理规定，擅自改变武器装备的编配用途，造成严重后果的，处三年以下有期徒刑或者拘役；造成特别严重后果的，处三年以上七年以下有期徒刑。

【司法解释】

《最高人民检察院、解放军总政治部军人违反职责罪案件立案标准的规定》（政检〔2013〕1 号，20130328）

第二十条　擅自改变武器装备编配用途案（刑法第四百三十七条）

擅自改变武器装备编配用途罪是指违反武器装备管理规定，未经有权机关批准，擅自将编配的武器装备改作其他用途，造成严重后果的行为。

涉嫌下列情形之一的，应予立案：

（一）造成重大任务不能完成或者迟缓完成的；

（二）造成死亡一人以上，或者重伤三人以上，或者重伤二人、轻伤四人以上，或者重伤一人、轻伤七人以上，或者轻伤十人以上的；

（三）造成武器装备、军事设施、军用物资或者其他财产损毁，直接经济损失三十万元以上，或者直接经济损失、间接经济损失合计一百五十万元以上的；

（四）造成其他严重后果的。

第四百三十八条　【盗窃、抢夺武器装备、军用物资罪】 盗窃、抢夺武器装备或者军用物资的，处五年以下有期徒刑或者拘役；情节严重的，处五年以上十年以下有期徒刑；情节特别严重的，处十年以上有期徒刑、无期徒刑或者死刑。

盗窃、抢夺枪支、弹药、爆炸物的，依照本法第一百二十七条的规定处罚。

【司法解释】

《最高人民检察院、解放军总政治部军人违反职责罪案件立案标准的规定》（政检〔2013〕1 号，20130328）

第二十一条　盗窃、抢夺武器装备、军用物资案（刑法第四百三十八条）

盗窃武器装备罪是指以非法占有为目的，秘密窃取武器装备的行为。

抢夺武器装备罪是指以非法占有为目的，乘人不备，公然夺取武器装备的行为。

凡涉嫌盗窃、抢夺武器装备的，应予立案。

盗窃军用物资罪是指以非法占有为目的，秘密窃取军用物资的行为。

抢夺军用物资罪是指以非法占有为目的，乘人不备，公然夺取军用物资的行为。

凡涉嫌盗窃、抢夺军用物资价值二千元以上，或者不满规定数额，但后果严重的，应予立案。

第四百三十九条　【非法出卖、转让武器装备罪】非法出卖、转让军队武器装备的，处三年以上十年以下有期徒刑；出卖、转让大量武器装备或者有其他特别严重情节的，处十年以上有期徒刑、无期徒刑或者死刑。

【司法解释】

《最高人民检察院、解放军总政治部军人违反职责罪案件立案标准的规定》（政检〔2013〕1 号，20130328）

第二十二条　非法出卖、转让武器装备案（刑法第四百三十九条）

非法出卖、转让武器装备罪是指非法出卖、转让武器装备的行为。

出卖、转让，是指违反武器装备管理规定，未经有权机关批准，擅自用武器装备换取金钱、财物或者其他利益，或者将武器装备馈赠他人的行为。

涉嫌下列情形之一的，应予立案：

（一）非法出卖、转让枪支、手榴弹、爆炸装置的；

（二）非法出卖、转让子弹十发、雷管三十枚、导火索或者导爆索三十米、炸药一千克以上，或者不满规定数量，但后果严重的；

（三）非法出卖、转让武器装备零部件或者维修器材、设备，致使武器装备报废或者直接经济损失三十万元以上的；

（四）非法出卖、转让其他重要武器装备的。

第四百四十条　【遗弃武器装备罪】违抗命令，遗弃武器装备的，处五年以下有期徒刑或者拘役；遗弃重要或者大量武器装备的，或者有其他严重情节的，处五年以上有期徒刑。

【司法解释】

《最高人民检察院、解放军总政治部军人违反职责罪案件立案标准的规定》（政检〔2013〕1 号，20130328）

第二十三条　遗弃武器装备案（刑法第四百四十条）

遗弃武器装备罪是指负有保管、使用武器装备义务的军人，违抗命令，故意遗弃武器装备的行为。

涉嫌下列情形之一的，应予立案：

（一）遗弃枪支、手榴弹、爆炸装置的；

（二）遗弃子弹十发、雷管三十枚、导火索或者导爆索三十米、炸药一千克以上，或者不满规定数量，但后果严重的；

（三）遗弃武器装备零部件或者维修器材、设备，致使武器装备报废或者直接经济损失三十万元以上的；

（四）遗弃其他重要武器装备的。

第四百四十一条　【遗失武器装备罪】遗失武器装备，不及时报告或者有其他严重情节的，处三年以下有期徒刑或者拘役。

【司法解释】

《最高人民检察院、解放军总政治部军人违反职责罪案件立案标准的规定》（政检〔2013〕1 号，20130328）

第二十四条　遗失武器装备案（刑法第四百四十一条）

遗失武器装备罪是指遗失武器装备，不及时报告或者有其他严重情节的行为。

其他严重情节，是指遗失武器装备严重影响重大任务完成的；给人民群众生命财产安全造成严重危害的；遗失的武器装备被敌人或者境外的机构、组织和人员或者国内恐怖组织和人员利用，造成严重后果或者恶劣影响的；遗失的武器装备数量多、价值高的；战时遗失的，等等。

凡涉嫌遗失武器装备不及时报告或者有其他严重情节的，应予立案。

第四百四十二条　【擅自出卖、转让军队房地产罪】违反规定，擅自出卖、转让军队房地产，情节严重的，对直接责任人员，处三年以下有期徒刑或者拘役；情节特别严重的，处三年以上十年以下有期徒刑。

【司法解释】

《最高人民检察院、解放军总政治部军人违反职责罪案件立案标准的规定》（政检〔2013〕1 号，20130328）

第二十五条　擅自出卖、转让军队房地产案（刑法第四百四十二条）

擅自出卖、转让军队房地产罪是指违反军队房地产管理和使用规定，未经有权机关批准，擅自出卖、转让军队房地产，情节严重的行为。

军队房地产，是指依法由军队使用管理的土地及其地上地下用于营房保障的建筑物、构筑物、附属设施设备，以及其他附着物。

涉嫌下列情形之一的，应予立案：

（一）擅自出卖、转让军队房地产价值三十万元以上的；

（二）擅自出卖、转让军队房地产给境外的机构、组织、人员的；

（三）擅自出卖、转让军队房地产严重影响部队正常战备、训练、工作、生活和完成军事任务的；

（四）擅自出卖、转让军队房地产给军事设施安全造成严重危害的；

（五）有其他情节严重行为的。

第四百四十三条　【虐待部属罪】滥用职权，虐待部属，情节恶劣，致人重伤或者造成其他严重后果的，处五年以下有期徒刑或者拘役；致人死亡的，处五年以上有期徒刑。

【司法解释】

《最高人民检察院、解放军总政治部军人违反职责罪案件立案标准的规

定》（政检〔2013〕1 号，20130328）

第二十六条　虐待部属案（刑法第四百四十三条）

虐待部属罪是指滥用职权，虐待部属，情节恶劣，致人重伤、死亡或者造成其他严重后果的行为。

虐待部属，是指采取殴打、体罚、冻饿或者其他有损身心健康的手段，折磨、摧残部属的行为。

情节恶劣，是指虐待手段残酷的；虐待三人以上的；虐待部属三次以上的；虐待伤病残部属的，等等。

其他严重后果，是指部属不堪忍受虐待而自杀、自残造成重伤或者精神失常的；诱发其他案件、事故的；导致部属一人逃离部队三次以上，或者二人以上逃离部队；造成恶劣影响的，等等。

凡涉嫌虐待部属，情节恶劣，致人重伤、死亡或者造成其他严重后果的，应予立案。

第四百四十四条　【遗弃伤病军人罪】在战场上故意遗弃伤病军人，情节恶劣的，对直接责任人员，处五年以下有期徒刑。

【司法解释】

《最高人民检察院、解放军总政治部军人违反职责罪案件立案标准的规定》（政检〔2013〕1 号，20130328）

第二十七条　遗弃伤病军人案（刑法第四百四十四条）

遗弃伤病军人罪是指在战场上故意遗弃我方伤病军人，情节恶劣的行为。

涉嫌下列情形之一的，应予立案：

（一）为挟嫌报复而遗弃伤病军人的；

（二）遗弃伤病军人三人以上的；

（三）导致伤病军人死亡、失踪、被俘的；

（四）有其他恶劣情节的。

第四百四十五条　【战时拒不救治伤病军人罪】战时在救护治疗职位上，有条件救治而拒不救治危重伤病军人的，处五年以下有期徒刑或者拘役；造成伤病军人重残、死亡或者有其他严重情节的，处五年以上十年以下有期徒刑。

【司法解释】

《最高人民检察院、解放军总政治部军人违反职责罪案件立案标准的规定》（政检〔2013〕1 号，20130328）

第二十八条　战时拒不救治伤病军人案（刑法第四百四十五条）

战时拒不救治伤病军人罪是指战时在救护治疗职位上，有条件救治而拒不救治危重伤病军人的行为。

有条件救治而拒不救治，是指根据伤病军人的伤情或者病情，结合救护人员的技术水平、医疗单位的医疗条件及当时的客观环境等因素，能够给予救治而拒绝抢救、治疗。

凡战时涉嫌拒不救治伤病军人的，应予立案。

第四百四十六条　【战时残害居民、掠夺居民财物罪】战时在军事行动地区，残害无辜居民或者掠夺无辜居民财物的，处五年以下有期徒刑；情节严重的，处五年以上十年以下有期徒刑；情节特别严重的，

处十年以上有期徒刑、无期徒刑或者死刑。

【司法解释】

《最高人民检察院、解放军总政治部军人违反职责罪案件立案标准的规定》（政检〔2013〕1号，20130328）

第二十九条　战时残害居民、掠夺居民财物案（刑法第四百四十六条）

战时残害居民罪是指战时在军事行动地区残害无辜居民的行为。

无辜居民，是指对我军无敌对行动的平民。

战时涉嫌下列情形之一的，应予立案：

（一）故意造成无辜居民死亡、重伤或者轻伤三人以上的；

（二）强奸无辜居民的；

（三）故意损毁无辜居民财物价值五千元以上，或者不满规定数额，但手段恶劣、后果严重的。

战时掠夺居民财物罪是指战时在军事行动地区抢劫、抢夺无辜居民财物的行为。

战时涉嫌下列情形之一的，应予立案：

（一）抢劫无辜居民财物的；

（二）抢夺无辜居民财物价值二千元以上，或者不满规定数额，但手段恶劣、后果严重的。

第四百四十七条　【私放俘虏罪】私放俘虏的，处五年以下有期徒刑；私放重要俘虏、私放俘虏多人或者有其他严重情节的，处五年以上有期徒刑。

【司法解释】

《最高人民检察院、解放军总政治部军人违反职责罪案件立案标准的规定》（政检〔2013〕1号，20130328）

第三十条　私放俘虏案（刑法第四百四十七条）

私放俘虏罪是指擅自将俘虏放走的行为。

凡涉嫌私放俘虏的，应予立案。

第四百四十八条　【虐待俘虏罪】虐待俘虏，情节恶劣的，处三年以下有期徒刑。

【司法解释】

《最高人民检察院、解放军总政治部军人违反职责罪案件立案标准的规定》（政检〔2013〕1号，20130328）

第三十一条　虐待俘虏案（刑法第四百四十八条）

虐待俘虏罪是指虐待俘虏，情节恶劣的行为。

涉嫌下列情形之一的，应予立案：

（一）指挥人员虐待俘虏的；

（二）虐待俘虏三人以上，或者虐待俘虏三次以上的；

（三）虐待俘虏手段特别残忍的；

（四）虐待伤病俘虏的；

（五）导致俘虏自杀、逃跑等严重后果的；

（六）造成恶劣影响的；

（七）有其他恶劣情节的。

第四百四十九条　【战时缓刑】在战时，对被判处三年以下有期徒刑没有现实危险宣告缓刑的犯罪军人，允许其戴罪立功，确有立功表现时，可以撤销原判刑罚，不以犯罪论处。

【立法·要点注释】

战时对犯罪军人的缓刑与对一般犯罪人的缓刑不同。本条规定，对于战时被宣告缓刑的犯罪军人，如果确有立功表现的，可以撤销原判刑罚，并且不以犯罪论处。就是说，这个军人不再被认为曾经犯罪。

第四百五十条 【关于本章适用范围的规定】 本章适用于中国人民解放军的现役军官、文职干部、士兵及具有军籍的学员和中国人民武装警察部队的现役警官、文职干部、士兵及具有军籍的学员以及执行军事任务的预备役人员和其他人员。

第四百五十一条 【战时的概念】 本章所称战时，是指国家宣布进入战争状态、部队受领作战任务或者遭敌突然袭击时。

部队执行戒严任务或者处置突发性暴力事件时，以战时论。

附 则

第四百五十二条 【生效日期和有关法律文件效力的规定】本法自 1997 年 10 月 1 日起施行。

列于本法附件一的全国人民代表大会常务委员会制定的条例、补充规定和决定，已纳入本法或者已不适用，自本法施行之日起，予以废止。

列于本法附件二的全国人民代表大会常务委员会制定的补充规定和决定予以保留。其中，有关行政处罚和行政措施的规定继续有效；有关刑事责任的规定已纳入本法，自本法施行之日起，适用本法规定。

附件一：

全国人民代表大会常务委员会制定的下列条例、补充规定和决定，已纳入本法或者已不适用，自本法施行之日起，予以废止：

1. 中华人民共和国惩治军人违反职责罪暂行条例

2. 关于严惩严重破坏经济的罪犯的决定

3. 关于严惩严重危害社会治安的犯罪分子的决定

4. 关于惩治走私罪的补充规定

5. 关于惩治贪污罪贿赂罪的补充规定

6. 关于惩治泄露国家秘密犯罪的补充规定

7. 关于惩治捕杀国家重点保护的珍贵、濒危野生动物犯罪的补充规定

8. 关于惩治侮辱中华人民共和国国旗国徽罪的决定

9. 关于惩治盗掘古文化遗址古墓葬犯罪的补充规定

10. 关于惩治劫持航空器犯罪分子的决定

11. 关于惩治假冒注册商标犯罪的补充规定

12. 关于惩治生产、销售伪劣商品犯罪的决定

13. 关于惩治侵犯著作权的犯罪的决定

14. 关于惩治违反公司法的犯罪的决定

15. 关于处理逃跑或者重新犯罪的劳改犯和劳教人员的决定

附件二：

全国人民代表大会常务委员会制定的下列补充规定和决定予以保留，其中，有关行政处罚和行政措施的规定继续有效；有关刑事责任的规定已纳入本法，自本法施行之日起，适用本法规定：

1. 关于禁毒的决定①

2. 关于惩治走私、制作、贩卖、传播淫秽物品的犯罪分子的决定

3. 关于严禁卖淫嫖娼的决定

4. 关于严惩拐卖、绑架妇女、儿童的犯罪分子的决定

5. 关于惩治偷税、抗税犯罪的补充规定

6. 关于严惩组织、运送他人偷越

————

① 根据禁毒法第七十一条的规定，该决定自 2008 年 6 月 1 日起废止。——编者注

国（边）境犯罪的补充规定①
　　7. 关于惩治破坏金融秩序犯罪的决定

　　8. 关于惩治虚开、伪造和非法出售增值税专用发票犯罪的决定

附 录

全国人民代表大会常务委员会
关于惩治骗购外汇、逃汇和非法买卖外汇犯罪的决定

(1998 年 12 月 29 日第九届全国人民代表大会常务委员会第六次
会议通过 1998 年 12 月 29 日中华人民共和国主席令
第 14 号公布 自公布之日起施行)

为了惩治骗购外汇、逃汇和非法买卖外汇的犯罪行为，维护国家外汇管理秩序，对刑法作如下补充修改：

一、有下列情形之一，骗购外汇，数额较大的，处五年以下有期徒刑或者拘役，并处骗购外汇数额百分之五以上百分之三十以下罚金；数额巨大或者有其他严重情节的，处五年以上十年以下有期徒刑，并处骗购外汇数额百分之五以上百分之三十以下罚金；数额特别巨大或者有其他特别严重情节的，处十年以上有期徒刑或者无期徒刑，并处骗购外汇数额百分之五以上百分之三十以下罚金或者没收财产：

（一）使用伪造、变造的海关签发的报关单、进口证明、外汇管理部门核准件等凭证和单据的；

（二）重复使用海关签发的报关单、进口证明、外汇管理部门核准件等凭证和单据的；

（三）以其他方式骗购外汇的。

伪造、变造海关签发的报关单、进口证明、外汇管理部门核准件等凭证和单据，并用于骗购外汇的，依照前款的规定从重处罚。

明知用于骗购外汇而提供人民币资金的，以共犯论处。

单位犯前三款罪的，对单位依照第一款的规定判处罚金，并对其直接负责的主管人员和其他直接责任人员，处五年以下有期徒刑或者拘役；数额巨大或者有其他严重情节的，处五年以上十年以下有期徒刑；数额特别巨大或者有其他特别严重情节的，处十年以上有期徒刑或者无期徒刑。

二、买卖伪造、变造的海关签发的报关单、进口证明、外汇管理部门核准件等凭证和单据或者国家机关的其他公文、证件、印章的，依照刑法第二百八十条的规定定罪处罚。

三、将刑法第一百九十条修改为：公司、企业或者其他单位，违反国家规定，擅自将外汇存放境外，或者将境内的外汇非法转移到境外，数额较大的，对单位判处逃汇数额百分之五以上百分之三十以下罚金，并对其直接负责的主管人员和其他直接责任人员处五年以下有期徒刑或者拘役；数额巨大或者有其他严重情节的，对单位判处逃汇数额百分之五以上百分之三十以下罚金，并对其直接负责的主管人员和其他直接责任人员处五年以上有期徒刑。

四、在国家规定的交易场所以外非法买卖外汇，扰乱市场秩序，情节严重的，依照刑法第二百二十五条的规定定罪处罚。

单位犯前款罪的，依照刑法第二百三十一条的规定处罚。

五、海关、外汇管理部门以及金融机构、从事对外贸易经营活动的公司、企业或者其他单位的工作人员与骗购外汇或者逃汇的行为人通谋，为其提供购买外汇的有关凭证或者其他便利的，或者明知是伪造、变造的凭证和单据而售汇、付汇的，以共犯论，依照本决定从重处罚。

六、海关、外汇管理部门的工作人员严重不负责任，造成大量外汇被骗购或者逃汇，致使国家利益遭受重大损失的，依照刑法第三百九十七条的规定定罪处罚。

七、金融机构、从事对外贸易经营活动的公司、企业的工作人员严重不负责任，造成大量外汇被骗购或者逃汇，致使国家利益遭受重大损失的，依照刑法第一百六十七条的规定定罪处罚。

八、犯本决定规定之罪，依法被追缴、没收的财物和罚金，一律上缴国库。

九、本决定自公布之日起施行。

中华人民共和国刑法修正案

（1999 年 12 月 25 日第九届全国人民代表大会常务委员会
第十三次会议通过　1999 年 12 月 25 日中华人民共和国
主席令第 27 号公布　自公布之日起施行）

为了惩治破坏社会主义市场经济秩序的犯罪，保障社会主义现代化建设的顺利进行，对刑法作如下补充修改：

一、第一百六十二条后增加一条，作为第一百六十二条之一："隐匿或者故意销毁依法应当保存的会计凭证、会计账簿、财务会计报告，情节严重的，处五年以下有期徒刑或者拘役，并处或者单处二万元以上二十万元以下罚金。

"单位犯前款罪的，对单位判处罚金，并对其直接负责的主管人员和其他直接责任人员，依照前款的规定处罚。"

二、将刑法第一百六十八条修改为："国有公司、企业的工作人员，由于严重不负责任或者滥用职权，造成国有公司、企业破产或者严重损失，致使国家利益遭受重大损失的，处三年以下有期徒刑或者拘役；致使国家利益遭受特别重大损失的，处三年以上七年以下有期徒刑。

"国有事业单位的工作人员有前款行为，致使国家利益遭受重大损失的，依照前款的规定处罚。

"国有公司、企业、事业单位的工作人员，徇私舞弊，犯前两款罪的，依照第一款的规定从重处罚。"

三、将刑法第一百七十四条修改为："未经国家有关主管部门批准，擅自设立商业银行、证券交易所、期货交易所、证券公司、期货经纪公司、保险公司或者其他金融机构的，处三年以下有期徒刑或者拘役，并处或者单处二万元以上二十万元以下罚金；情节严重的，处三年以上十年以下有期徒刑，并处五万元以上五十万元以下罚金。

"伪造、变造、转让商业银行、证券交易所、期货交易所、证券公司、期货经纪公司、保险公司或者其他金融机构的经营许可证或者批准文件的，依照前款的规定处罚。

"单位犯前两款罪的，对单位判处罚金，并对其直接负责的主管人员和其他直接责任人员，依照第一款的规定处罚。"

四、将刑法第一百八十条修改为："证券、期货交易内幕信息的知情人员或者非法获取证券、期货交易内幕信息的人员，在涉及证券的发行，证券、期货交易或者其他对证券、期货交易价格有重大影响的信息尚未公开前，买入或者卖出该证券，或者从事与该内幕信息有关的期货交易，或者泄露该信息，情节严重的，处五年以下有期徒刑或者拘役，并处或者单处违法所得一倍以上五倍以下罚金；情节特别严重的，处五年以上十年以下有期徒刑，并处违法所得一倍以上五倍以下罚金。

"单位犯前款罪的，对单位判处罚金，并对其直接负责的主管人员和其他直接责任人员，处五年以下有期徒刑或者拘役。

"内幕信息、知情人员的范围，依照法律、行政法规的规定确定。"

五、将刑法第一百八十一条修改为："编造并且传播影响证券、期货交易的虚假信息，扰乱证券、期货市场，造成严重后果的，处五年以下有期徒刑或者拘役，并处或者单处一万元以上十万元以下罚金。

"证券交易所、期货交易所、证券公司、期货经纪公司的从业人员，证券业协会、期货业协会或者证券期货监督管理部门的工作人员，故意提供虚假信息或者伪造、变造、销毁交易记录，诱骗投资者买卖证券、期货合约，造成严重后果的，处五年以下有期徒刑或者拘役，并处或者单处一万元以上十万元以下罚金；情节特别恶劣的，处五年以上十年以下有期徒刑，并处二万元以上二十万元以下罚金。

"单位犯前两款罪的，对单位判处

罚金，并对其直接负责的主管人员和其他直接责任人员，处五年以下有期徒刑或者拘役。"

六、将刑法第一百八十二条修改为："有下列情形之一，操纵证券、期货交易价格，获取不正当利益或者转嫁风险，情节严重的，处五年以下有期徒刑或者拘役，并处或者单处违法所得一倍以上五倍以下罚金：

（一）单独或者合谋，集中资金优势、持股或者持仓优势或者利用信息优势联合或者连续买卖，操纵证券、期货交易价格的；

（二）与他人串通，以事先约定的时间、价格和方式相互进行证券、期货交易，或者相互买卖并不持有的证券，影响证券、期货交易价格或者证券、期货交易量的；

（三）以自己为交易对象，进行不转移证券所有权的自买自卖，或者以自己为交易对象，自买自卖期货合约，影响证券、期货交易价格或者证券、期货交易量的；

（四）以其他方法操纵证券、期货交易价格的。

"单位犯前款罪的，对单位判处罚金，并对其直接负责的主管人员和其他直接责任人员，处五年以下有期徒刑或者拘役。"

七、将刑法第一百八十五条修改为："商业银行、证券交易所、期货交易所、证券公司、期货经纪公司、保险公司或者其他金融机构的工作人员利用职务上的便利，挪用本单位或者客户资金的，依照本法第二百七十二条的规定定罪处罚。

"国有商业银行、证券交易所、期货交易所、证券公司、期货经纪公司、保险公司或者其他国有金融机构的工作人员和国有商业银行、证券交易所、期货交易所、证券公司、期货经纪公司、保险公司或者其他国有金融机构委派到前款规定中的非国有机构从事公务的人员有前款行为的，依照本法第三百八十四条的规定定罪处罚。"

八、刑法第二百二十五条增加一项，作为第三项："未经国家有关主管部门批准，非法经营证券、期货或者保险业务的；"原第三项改为第四项。

九、本修正案自公布之日起施行。

中华人民共和国刑法修正案（二）

（2001 年 8 月 31 日第九届全国人民代表大会常务委员会
第二十三次会议通过 2001 年 8 月 31 日中华人民共和国
主席令第 56 号公布 自公布之日起施行）

为了惩治毁林开垦和乱占滥用林地的犯罪，切实保护森林资源，将刑法第三百四十二条修改为：

"违反土地管理法规，非法占用耕地、林地等农用地，改变被占用土地用途，数量较大，造成耕地、林地等农用地大量毁坏的，处五年以下有期徒刑或者拘役，并处或者单处罚金。"

本修正案自公布之日起施行。

中华人民共和国刑法修正案（三）

（2001 年 12 月 29 日第九届全国人民代表大会常务委员会
第二十五次会议通过　2001 年 12 月 29 日中华人民共和国
主席令第 64 号公布　自公布之日起施行）

为了惩治恐怖活动犯罪，保障国家和人民生命、财产安全，维护社会秩序，对刑法作如下补充修改：

一、将刑法第一百一十四条修改为："放火、决水、爆炸以及投放毒害性、放射性、传染病病原体等物质或者以其他危险方法危害公共安全，尚未造成严重后果的，处三年以上十年以下有期徒刑。"

二、将刑法第一百一十五条第一款修改为："放火、决水、爆炸以及投放毒害性、放射性、传染病病原体等物质或者以其他危险方法致人重伤、死亡或者使公私财产遭受重大损失的，处十年以上有期徒刑、无期徒刑或者死刑。"

三、将刑法第一百二十条第一款修改为："组织、领导恐怖活动组织的，处十年以上有期徒刑或者无期徒刑；积极参加的，处三年以上十年以下有期徒刑；其他参加的，处三年以下有期徒刑、拘役、管制或者剥夺政治权利。"

四、刑法第一百二十条后增加一条，作为第一百二十条之一："资助恐怖活动组织或者实施恐怖活动的个人的，处五年以下有期徒刑、拘役、管制或者剥夺政治权利，并处罚金；情节严重的，处五年以上有期徒刑，并处罚金或者没收财产。

"单位犯前款罪的，对单位判处罚金，并对其直接负责的主管人员和其他直接责任人员，依照前款的规定处罚。"

五、将刑法第一百二十五条第二款修改为："非法制造、买卖、运输、储存毒害性、放射性、传染病病原体等物质，危害公共安全的，依照前款的规定处罚。"

六、将刑法第一百二十七条修改为："盗窃、抢夺枪支、弹药、爆炸物的，或者盗窃、抢夺毒害性、放射性、传染病病原体等物质，危害公共安全的，处三年以上十年以下有期徒刑；情节严重的，处十年以上有期徒刑、无期徒刑或者死刑。

"抢劫枪支、弹药、爆炸物的，或者抢劫毒害性、放射性、传染病病原体等物质，危害公共安全的，或者盗窃、抢夺国家机关、军警人员、民兵的枪支、弹药、爆炸物的，处十年以上有期徒刑、无期徒刑或者死刑。"

七、将刑法第一百九十一条修改为："明知是毒品犯罪、黑社会性质的组织犯罪、恐怖活动犯罪、走私犯罪的违法所得及其产生的收益，为掩饰、隐瞒其来源和性质，有下列行为之一的，没收实施以上犯罪的违法所得及其产生的收益，处五年以下有期徒刑或者拘役，并处或者单处洗钱数额百分之五以上百分之二十以下罚金；情节严重的，处五年以上十年以下有期徒刑，并处洗钱数额百分之五以上百分之二十以下罚金：（一）提供资金账户的；（二）协助将财产转换为现金或者金融票据的；（三）通过转账或者其他结算方式协助资金转移的；（四）协助将资金汇往境外的；（五）

以其他方法掩饰、隐瞒犯罪的违法所得及其收益的来源和性质的。

"单位犯前款罪的，对单位判处罚金，并对其直接负责的主管人员和其他直接责任人员，处五年以下有期徒刑或者拘役；情节严重的，处五年以上十年以下有期徒刑。"

八、刑法第二百九十一条后增加一条，作为第二百九十一条之一："投放虚假的爆炸性、毒害性、放射性、传染病病原体等物质，或者编造爆炸威胁、生化威胁、放射威胁等恐怖信息，或者明知是编造的恐怖信息而故意传播，严重扰乱社会秩序的，处五年以下有期徒刑、拘役或者管制；造成严重后果的，处五年以上有期徒刑。"

九、本修正案自公布之日起施行。

中华人民共和国刑法修正案（四）

（2002 年 12 月 28 日第九届全国人民代表大会常务委员会
第三十一次会议通过　2002 年 12 月 28 日中华人民共和国
主席令第 83 号公布　自公布之日起施行）

为了惩治破坏社会主义市场经济秩序、妨害社会管理秩序和国家机关工作人员的渎职犯罪行为，保障社会主义现代化建设的顺利进行，保障公民的人身安全，对刑法作如下修改和补充：

一、将刑法第一百四十五条修改为："生产不符合保障人体健康的国家标准、行业标准的医疗器械、医用卫生材料，或者销售明知是不符合保障人体健康的国家标准、行业标准的医疗器械、医用卫生材料，足以严重危害人体健康的，处三年以下有期徒刑或者拘役，并处销售金额百分之五十以上二倍以下罚金；对人体健康造成严重危害的，处三年以上十年以下有期徒刑，并处销售金额百分之五十以上二倍以下罚金；后果特别严重的，处十年以上有期徒刑或者无期徒刑，并处销售金额百分之五十以上二倍以下罚金或者没收财产。"

二、在第一百五十二条中增加一款作为第二款："逃避海关监管将境外固体废物、液态废物和气态废物运输进境，情节严重的，处五年以下有期徒刑，并处或者单处罚金；情节特别严重的，处五年以上有期徒刑，并处罚金。"

原第二款作为第三款，修改为："单位犯前两款罪的，对单位判处罚金，并对其直接负责的主管人员和其他直接责任人员，依照前两款的规定处罚。"

三、将刑法第一百五十五条修改为："下列行为，以走私罪论处，依照本节的有关规定处罚：（一）直接向走私人非法收购国家禁止进口物品的，或者直接向走私人非法收购走私进口的其他货物、物品，数额较大的；（二）在内海、领海、界河、界湖运输、收购、贩卖国家禁止进出口物品的，或者运输、收购、贩卖国家限制进出口货物、物品，数额较大，没有合法证明的。"

四、刑法第二百四十四条后增加一条，作为第二百四十四条之一："违反劳动管理法规，雇用未满十六周岁的未成年人从事超强度体力劳动的，或者从事高空、井下作业的，或者在爆炸性、易燃性、放射性、毒害性等危险环境下从事劳动，情节严重的，对直接责任人员，处三年以下有期徒刑或者拘役，并处罚金；情节特别严重的，处三年以上七年以下有期徒刑，并处罚金。

"有前款行为，造成事故，又构成其他犯罪的，依照数罪并罚的规定处罚。"

五、将刑法第三百三十九条第三款修改为："以原料利用为名，进口不能用作原料的固体废物、液态废物和气态废物的，依照本法第一百五十二条第二款、第三款的规定定罪处罚。"

六、将刑法第三百四十四条修改为："违反国家规定，非法采伐、毁坏珍贵树木或者国家重点保护的其他植物的，或者非法收购、运输、加工、出售珍贵树木或者国家重点保护的其他植物及其制品的，处三年以下有期徒刑、拘役或者管制，并处罚金；情节严重的，处三年以上七年以下有期徒刑，并处罚金。"

七、将刑法第三百四十五条修改为："盗伐森林或者其他林木，数量较大的，处三年以下有期徒刑、拘役或者管制，并处或者单处罚金；数量巨大的，处三年以上七年以下有期徒刑，并处罚金；数量特别巨大的，处七年以上有期徒刑，并处罚金。

"违反森林法的规定，滥伐森林或者其他林木，数量较大的，处三年以下有期徒刑、拘役或者管制，并处或者单处罚金；数量巨大的，处三年以上七年以下有期徒刑，并处罚金。

"非法收购、运输明知是盗伐、滥伐的林木，情节严重的，处三年以下有期徒刑、拘役或者管制，并处或者单处罚金；情节特别严重的，处三年以上七年以下有期徒刑，并处罚金。

"盗伐、滥伐国家级自然保护区内的森林或者其他林木的，从重处罚。"

八、将刑法第三百九十九条修改为："司法工作人员徇私枉法、徇情枉法，对明知是无罪的人而使他受追诉、对明知是有罪的人而故意包庇不使他受追诉，或者在刑事审判活动中故意违背事实和法律作枉法裁判的，处五年以下有期徒刑或者拘役；情节严重的，处五年以上十年以下有期徒刑；情节特别严重的，处十年以上有期徒刑。

"在民事、行政审判活动中故意违背事实和法律作枉法裁判，情节严重的，处五年以下有期徒刑或者拘役；情节特别严重的，处五年以上十年以下有期徒刑。

"在执行判决、裁定活动中，严重不负责任或者滥用职权，不依法采取诉讼保全措施、不履行法定执行职责，或者违法采取诉讼保全措施、强制执行措施，致使当事人或者其他人的利益遭受重大损失的，处五年以下有期徒刑或者拘役；致使当事人或者其他人的利益遭受特别重大损失的，处五年以上十年以下有期徒刑。

"司法工作人员收受贿赂，有前三款行为的，同时又构成本法第三百八十五条规定之罪的，依照处罚较重的规定定罪处罚。"

九、本修正案自公布之日起施行。

中华人民共和国刑法修正案（五）

（2005 年 2 月 28 日第十届全国人民代表大会常务委员会
第十四次会议通过　2005 年 2 月 28 日中华人民共和国
主席令第 32 号公布　自公布之日起施行）

一、在刑法第一百七十七条后增加一条，作为第一百七十七条之一："有下列情形之一，妨害信用卡管理的，处三年以下有期徒刑或者拘役，并处或者单处一万元以上十万元以下罚金；数量巨大或者有其他严重情节的，处三年以上十年以下有期徒刑，并处二万元以上二十万元以下罚金：

"（一）明知是伪造的信用卡而持有、运输的，或者明知是伪造的空白信用卡而持有、运输，数量较大的；

"（二）非法持有他人信用卡，数量较大的；

"（三）使用虚假的身份证明骗领信用卡的；

"（四）出售、购买、为他人提供伪造的信用卡或者以虚假的身份证明骗领的信用卡的。

"窃取、收买或者非法提供他人信用卡信息资料的，依照前款规定处罚。

"银行或者其他金融机构的工作人员利用职务上的便利，犯第二款罪的，从重处罚。"

二、将刑法第一百九十六条修改为："有下列情形之一，进行信用卡诈骗活动，数额较大的，处五年以下有期徒刑或者拘役，并处二万元以上二十万元以下罚金；数额巨大或者有其他严重情节的，处五年以上十年以下有期徒刑，并处五万元以上五十万元以下罚金；数额特别巨大或者有其他特别严重情节的，处十年以上有期徒刑或者无期徒刑，并处五万元以上五十万元以下罚金或者没收财产：

"（一）使用伪造的信用卡，或者使用以虚假的身份证明骗领的信用卡的；

"（二）使用作废的信用卡的；

"（三）冒用他人信用卡的；

"（四）恶意透支的。

"前款所称恶意透支，是指持卡人以非法占有为目的，超过规定限额或者规定期限透支，并且经发卡银行催收后仍不归还的行为。

"盗窃信用卡并使用的，依照本法第二百六十四条的规定定罪处罚。"

三、在刑法第三百六十九条中增加一款作为第二款，将该条修改为："破坏武器装备、军事设施、军事通信的，处三年以下有期徒刑、拘役或者管制；破坏重要武器装备、军事设施、军事通信的，处三年以上十年以下有期徒刑；情节特别严重的，处十年以上有期徒刑、无期徒刑或者死刑。

"过失犯前款罪，造成严重后果的，处三年以下有期徒刑或者拘役；造成特别严重后果的，处三年以上七年以下有期徒刑。

"战时犯前两款罪的，从重处罚。"

四、本修正案自公布之日起施行。

中华人民共和国刑法修正案（六）

（2006 年 6 月 29 日第十届全国人民代表大会常务委员会
第二十二次会议通过　2006 年 6 月 29 日中华人民共和国
主席令第 51 号公布　自公布之日起施行）

一、将刑法第一百三十四条修改为："在生产、作业中违反有关安全管理的规定，因而发生重大伤亡事故或者造成其他严重后果的，处三年以下有期徒刑或者拘役；情节特别恶劣的，处三年以上七年以下有期徒刑。

"强令他人违章冒险作业，因而发生重大伤亡事故或者造成其他严重后果的，处五年以下有期徒刑或者拘役；情节特别恶劣的，处五年以上有期徒刑。"

二、将刑法第一百三十五条修改为："安全生产设施或者安全生产条件不符合国家规定，因而发生重大伤亡事故或者造成其他严重后果的，对直接负责的主管人员和其他直接责任人员，处三年以下有期徒刑或者拘役；情节特别恶劣的，处三年以上七年以下有期徒刑。"

三、在刑法第一百三十五条后增加一条，作为第一百三十五条之一："举办大型群众性活动违反安全管理规定，因而发生重大伤亡事故或者造成其他严重后果的，对直接负责的主管人员和其他直接责任人员，处三年以下有期徒刑或者拘役；情节特别恶劣的，处三年以上七年以下有期徒刑。"

四、在刑法第一百三十九条后增加一条，作为第一百三十九条之一："在安全事故发生后，负有报告职责的人员不报或者谎报事故情况，贻误事故抢救，情节严重的，处三年以下有期徒刑或者拘役；情节特别严重的，处三年以上七年以下有期徒刑。"

五、将刑法第一百六十一条修改为："依法负有信息披露义务的公司、企业向股东和社会公众提供虚假的或者隐瞒重要事实的财务会计报告，或者对依法应当披露的其他重要信息不按照规定披露，严重损害股东或者其他人利益，或者有其他严重情节的，对其直接负责的主管人员和其他直接责任人员，处三年以下有期徒刑或者拘役，并处或者单处二万元以上二十万元以下罚金。"

六、在刑法第一百六十二条之一后增加一条，作为第一百六十二条之二："公司、企业通过隐匿财产、承担虚构的债务或者以其他方法转移、处分财产，实施虚假破产，严重损害债权人或者其他人利益的，对其直接负责的主管人员和其他直接责任人员，处五年以下有期徒刑或者拘役，并处或者单处二万元以上二十万元以下罚金。"

七、将刑法第一百六十三条修改为："公司、企业或者其他单位的工作人员利用职务上的便利，索取他人财物或者非法收受他人财物，为他人谋取利益，数额较大的，处五年以下有期徒刑或者拘役；数额巨大的，处五年以上有期徒刑，可以并处没收财产。

"公司、企业或者其他单位的工作人员在经济往来中，利用职务上的便利，违反国家规定，收受各种名义的回扣、手续费，归个人所有的，依照前款的规定处罚。

"国有公司、企业或者其他国有单位中从事公务的人员和国有公司、企业或者其他国有单位委派到非国有公司、企业以及其他单位从事公务的人员有前两款行为的，依照本法第三百八十五条、第三百八十六条的规定定罪处罚。"

八、将刑法第一百六十四条第一款修改为："为谋取不正当利益，给予公司、企业或者其他单位的工作人员以财物，数额较大的，处三年以下有期徒刑或者拘役；数额巨大的，处三年以上十年以下有期徒刑，并处罚金。"

九、在刑法第一百六十九条后增加一条，作为第一百六十九条之一："上市公司的董事、监事、高级管理人员违背对公司的忠实义务，利用职务便利，操纵上市公司从事下列行为之一，致使上市公司利益遭受重大损失的，处三年以下有期徒刑或者拘役，并处或者单处罚金；致使上市公司利益遭受特别重大损失的，处三年以上七年以下有期徒刑，并处罚金：

"（一）无偿向其他单位或者个人提供资金、商品、服务或者其他资产的；

"（二）以明显不公平的条件，提供或者接受资金、商品、服务或者其他资产的；

"（三）向明显不具有清偿能力的单位或者个人提供资金、商品、服务或者其他资产的；

"（四）为明显不具有清偿能力的单位或者个人提供担保，或者无正当理由为其他单位或者个人提供担保的；

"（五）无正当理由放弃债权、承担债务的；

"（六）采用其他方式损害上市公司利益的。

"上市公司的控股股东或者实际控制人，指使上市公司董事、监事、高级管理人员实施前款行为的，依照前款的规定处罚。

"犯前款罪的上市公司的控股股东或者实际控制人是单位的，对单位判处罚金，并对其直接负责的主管人员和其他直接责任人员，依照第一款的规定处罚。"

十、在刑法第一百七十五条后增加一条，作为第一百七十五条之一："以欺骗手段取得银行或者其他金融机构贷款、票据承兑、信用证、保函等，给银行或者其他金融机构造成重大损失或者有其他严重情节的，处三年以下有期徒刑或者拘役，并处或者单处罚金；给银行或者其他金融机构造成特别重大损失或者有其他特别严重情节的，处三年以上七年以下有期徒刑，并处罚金。

"单位犯前款罪的，对单位判处罚金，并对其直接负责的主管人员和其他直接责任人员，依照前款的规定处罚。"

十一、将刑法第一百八十二条修改为："有下列情形之一，操纵证券、期货市场，情节严重的，处五年以下有期徒刑或者拘役，并处或者单处罚金；情节特别严重的，处五年以上十年以下有期徒刑，并处罚金：

"（一）单独或者合谋，集中资金优势、持股或者持仓优势或者利用信息优势联合或者连续买卖，操纵证券、期货交易价格或者证券、期货交易量的；

"（二）与他人串通，以事先约定的时间、价格和方式相互进行证券、期货交易，影响证券、期货交易价格或者证券、期货交易量的；

"（三）在自己实际控制的账户之间进行证券交易，或者以自己为交易对象，自买自卖期货合约，影响证券、期货交易价格或者证券、期货交易量的；

"（四）以其他方法操纵证券、期货市场的。

"单位犯前款罪的，对单位判处罚金，并对其直接负责的主管人员和其他直接责任人员，依照前款的规定处罚。"

十二、在刑法第一百八十五条后增加一条，作为第一百八十五条之一："商业银行、证券交易所、期货交易所、证券公司、期货经纪公司、保险公司或者其他金融机构，违背受托义务，擅自运用客户资金或者其他委托、信托的财产，情节严重的，对单位判处罚金，并对其直接负责的主管人员和其他直接责任人员，处三年以下有期徒刑或者拘役，并处三万元以上三十万元以下罚金；情节特别严重的，处三年以上十年以下有期徒刑，并处五万元以上五十万元以下罚金。

"社会保障基金管理机构、住房公积金管理机构等公众资金管理机构，以及保险公司、保险资产管理公司、证券投资基金管理公司，违反国家规定运用资金的，对其直接负责的主管人员和其他直接责任人员，依照前款的规定处罚。"

十三、将刑法第一百八十六条第一款、第二款修改为："银行或者其他金融机构的工作人员违反国家规定发放贷款，数额巨大或者造成重大损失的，处五年以下有期徒刑或者拘役，并处一万元以上十万元以下罚金；数额特别巨大或者造成特别重大损失的，处五年以上有期徒刑，并处二万元以上二十万元以下罚金。

"银行或者其他金融机构的工作人员违反国家规定，向关系人发放贷款的，依照前款的规定从重处罚。"

十四、将刑法第一百八十七条第一款修改为："银行或者其他金融机构的工作人员吸收客户资金不入账，数额巨大或者造成重大损失的，处五年以下有期徒刑或者拘役，并处二万元以上二十万元以下罚金；数额特别巨大或者造成特别重大损失的，处五年以上有期徒刑，并处五万元以上五十万元以下罚金。"

十五、将刑法第一百八十八条第一款修改为："银行或者其他金融机构的工作人员违反规定，为他人出具信用证或者其他保函、票据、存单、资信证明，情节严重的，处五年以下有期徒刑或者拘役；情节特别严重的，处五年以上有期徒刑。"

十六、将刑法第一百九十一条第一款修改为："明知是毒品犯罪、黑社会性质的组织犯罪、恐怖活动犯罪、走私犯罪、贪污贿赂犯罪、破坏金融管理秩序犯罪、金融诈骗犯罪的所得及其产生的收益，为掩饰、隐瞒其来源和性质，有下列行为之一的，没收实施以上犯罪的所得及其产生的收益，处五年以下有期徒刑或者拘役，并处或者单处洗钱数额百分之五以上百分之二十以下罚金；情节严重的，处五年以上十年以下有期徒刑，并处洗钱数额百分之五以上百分之二十以下罚金：

"（一）提供资金账户的；

"（二）协助将财产转换为现金、金融票据、有价证券的；

"（三）通过转账或者其他结算方式协助资金转移的；

"（四）协助将资金汇往境外的；

"（五）以其他方法掩饰、隐瞒犯罪所得及其收益的来源和性质的。"

十七、在刑法第二百六十二条后增加一条，作为第二百六十二条之一："以暴力、胁迫手段组织残疾人或者不满十四周岁的未成年人乞讨的，处三年以下有期徒刑或者拘役，并处罚金；情节严重的，处三年以上七年以下有期徒刑，并处罚金。"

十八、将刑法第三百零三条修改为："以营利为目的，聚众赌博或者以赌博为业的，处三年以下有期徒刑、拘役或者管制，并处罚金。

"开设赌场的，处三年以下有期徒刑、拘役或者管制，并处罚金；情节严重的，处三年以上十年以下有期徒刑，并处罚金。"

十九、将刑法第三百一十二条修改为："明知是犯罪所得及其产生的收益而予以窝藏、转移、收购、代为销售或者以其他方法掩饰、隐瞒的，处三年以下有期徒刑、拘役或者管制，并处或者单处罚金；情节严重的，处三年以上七年以下有期徒刑，并处罚金。"

二十、在刑法第三百九十九条后增加一条，作为第三百九十九条之一："依法承担仲裁职责的人员，在仲裁活动中故意违背事实和法律作枉法裁决，情节严重的，处三年以下有期徒刑或者拘役；情节特别严重的，处三年以上七年以下有期徒刑。"

二十一、本修正案自公布之日起施行。

中华人民共和国刑法修正案（七）

（2009年2月28日第十一届全国人民代表大会常务委员会
第七次会议通过　2009年2月28日中华人民共和国
主席令第10号公布　自公布之日起施行）

一、将刑法第一百五十一条第三款修改为："走私珍稀植物及其制品等国家禁止进出口的其他货物、物品的，处五年以下有期徒刑或者拘役，并处或者单处罚金；情节严重的，处五年以上有期徒刑，并处罚金。"

二、将刑法第一百八十条第一款修改为："证券、期货交易内幕信息的知情人员或者非法获取证券、期货交易内幕信息的人员，在涉及证券的发行，证券、期货交易或者其他对证券、期货交易价格有重大影响的信息尚未公开前，买入或者卖出该证券，或者从事与该内幕信息有关的期货交易，或者泄露该信息，或者明示、暗示他人从事上述交易活动，情节严重的，处五年以下有期徒刑或者拘役，并处或者单处违法所得一倍以上五倍以下罚金；情节特别严重的，处五年以上十年以下有期徒刑，并处违法所得一倍以上五倍以下罚金。"

增加一款作为第四款："证券交易所、期货交易所、证券公司、期货经纪公司、基金管理公司、商业银行、保险公司等金融机构的从业人员以及有关监管部门或者行业协会的工作人员，利用因职务便利获取的内幕信息以外的其他未公开的信息，违反规定，从事与该信息相关的证券、期货交易活动，或者明示、暗示他人从事相关交易活动，情节严重的，依照第一款的规定处罚。"

三、将刑法第二百零一条修改为："纳税人采取欺骗、隐瞒手段进行虚假纳税申报或者不申报，逃避缴纳税款数额较大并且占应纳税额百分之十以上的，处三年以下有期徒刑或者拘役，并处罚金；数额巨大并且占应纳税额百分之三十以上的，处三年以上七年以下有期徒刑，并处罚金。

"扣缴义务人采取前款所列手段，不缴或者少缴已扣、已收税款，数额较大的，依照前款的规定处罚。

"对多次实施前两款行为，未经处理的，按照累计数额计算。

"有第一款行为，经税务机关依法下达追缴通知后，补缴应纳税款，缴纳滞纳金，已受行政处罚的，不予追究刑事责任；但是，五年内因逃避缴纳税款受过刑事处罚或者被税务机关给予二次以上行政处罚的除外。"

四、在刑法第二百二十四条后增加一条，作为第二百二十四条之一："组织、领导以推销商品、提供服务等经营活动为名，要求参加者以缴纳费用或者购买商品、服务等方式获得加入资格，并按照一定顺序组成层级，直接或者间接以发展人员的数量作为计酬或者返利依据，引诱、胁迫参加者继续发展他人参加，骗取财物，扰乱经济社会秩序的传销活动的，处五年以下有期徒刑或者拘役，并处罚金；情节严重的，处五年以上有期徒刑，并处罚金。"

五、将刑法第二百二十五条第三项修改为："未经国家有关主管部门批准非法经营证券、期货、保险业务的，或者非法从事资金支付结算业务的；"

六、将刑法第二百三十九条修改为："以勒索财物为目的绑架他人的，或者绑架他人作为人质的，处十年以上有期徒刑或者无期徒刑，并处罚金或者没收财产；情节较轻的，处五年以上十年以下有期徒刑，并处罚金。

"犯前款罪，致使被绑架人死亡或者杀害被绑架人的，处死刑，并处没收财产。

"以勒索财物为目的偷盗婴幼儿的，依照前两款的规定处罚。"

七、在刑法第二百五十三条后增加一条，作为第二百五十三条之一："国家机关或者金融、电信、交通、教育、医疗等单位的工作人员，违反国家规定，将本单位在履行职责或者提供服务过程中获得的公民个人信息，出售或者非法提供给他人，情节严重的，处三年以下有期徒刑或者拘役，并处或者单处罚金。

"窃取或者以其他方法非法获取上述信息，情节严重的，依照前款的规定处罚。

"单位犯前两款罪的，对单位判处罚金，并对其直接负责的主管人员和其他直接责任人员，依照各该款的规定处罚。"

八、在刑法第二百六十二条之一后增加一条，作为第二百六十二条之二："组织未成年人进行盗窃、诈骗、抢夺、敲诈勒索等违反治安管理活动的，处三年以下有期徒刑或者拘役，并处罚金；情节严重的，处三年以上七年以下有期徒刑，并处罚金。"

九、在刑法第二百八十五条中增加两款作为第二款、第三款："违反国家规定，侵入前款规定以外的计算机信息系统或者采用其他技术手段，获取该计算机信息系统中存储、处理或者传输的数据，或者对该计算机信息系统实施非法控制，情节严重的，处三年以下有期徒刑或者拘役，并处或者单处罚金；情节特别严重的，处三年以上七年以下有期徒刑，并处罚金。

"提供专门用于侵入、非法控制计算机信息系统的程序、工具，或者明知他人实施侵入、非法控制计算机信息系统的违法犯罪行为而为其提供程序、工具，情节严重的，依照前款的规定处罚。"

十、在刑法第三百一十二条中增加一款作为第二款："单位犯前款罪的，对单位判处罚金，并对其直接负责的主管人员和其他直接责任人员，依照前款的规定处罚。"

十一、将刑法第三百三十七条第一款修改为："违反有关动植物防疫、检疫的国家规定，引起重大动植物疫情的，或者有引起重大动植物疫情危险，情节严重的，处三年以下有期徒刑或者拘役，并处或者单处罚金。"

十二、将刑法第三百七十五条第二款修改为："非法生产、买卖武装部队制式服装，情节严重的，处三年以下有期徒刑、拘役或者管制，并处或者单处罚金。"

增加一款作为第三款："伪造、盗窃、买卖或者非法提供、使用武装部队车辆号牌等专用标志，情节严重的，处三年以下有期徒刑、拘役或者管制，并处或者单处罚金；情节特别严重的，处三年以上七年以下有期徒刑，并处罚金。"

原第三款作为第四款，修改为："单位犯第二款、第三款罪的，对单位判处罚金，并对其直接负责的主管人员和其他直接责任人员，依照各该款的规定处罚。"

十三、在刑法第三百八十八条后增加一条作为第三百八十八条之一："国家工作人员的近亲属或者其他与该国家工作人员关系密切的人，通过该国家工作人员职务上的行为，或者利用该国家工作人员职权或者地位形成的便利条件，通过其他国家工作人员职务上的行为，为请托人谋取不正当利益，索取请托人财物或者收受请托人财物，数额较大或者有其他较重情节的，处三年以下有期徒刑或者拘役，并处罚金；数额巨大或者有其他严重情节的，处三年以上七年以下有期徒刑，并处罚金；数额特别巨大或者有其他特别严重情节的，处七年以上有期徒刑，并处罚金或者没收财产。

"离职的国家工作人员或者其近亲属以及其他与其关系密切的人，利用该离职的国家工作人员原职权或者地位形成的便利条件实施前款行为的，依照前款的规定定罪处罚。"

十四、将刑法第三百九十五条第一款修改为："国家工作人员的财产、支出明显超过合法收入，差额巨大的，可以责令该国家工作人员说明来源，不能说明来源的，差额部分以非法所得论，处五年以下有期徒刑或者拘役；差额特别巨大的，处五年以上十年以下有期徒刑。财产的差额部分予以追缴。"

十五、本修正案自公布之日起施行。

中华人民共和国刑法修正案（八）

（2011 年 2 月 25 日第十一届全国人民代表大会常务委员会
第十九次会议通过　2011 年 2 月 25 日中华人民共和国
主席令第 41 号公布　自 2011 年 5 月 1 日起施行）

一、在刑法第十七条后增加一条，作为第十七条之一："已满七十五周岁的人故意犯罪的，可以从轻或者减轻处罚；过失犯罪的，应当从轻或者减轻处罚。"

二、在刑法第三十八条中增加一款作为第二款："判处管制，可以根据犯罪情况，同时禁止犯罪分子在执行期间从事特定活动，进入特定区域、场所，接触特定的人。"

原第二款作为第三款，修改为："对判处管制的犯罪分子，依法实行社区矫正。"

增加一款作为第四款："违反第二款规定的禁止令的，由公安机关依照《中华人民共和国治安管理处罚法》的规定处罚。"

三、在刑法第四十九条中增加一款作为第二款："审判的时候已满七十五周岁的人，不适用死刑，但以特别残忍手段致人死亡的除外。"

四、将刑法第五十条修改为："判处死刑缓期执行的，在死刑缓期执行期间，如果没有故意犯罪，二年期满以后，减为无期徒刑；如果确有重大立功表现，二年期满以后，减为二十五年有期徒刑；如果故意犯罪，查证属实的，由最高人民法院核准，执行死刑。

"对被判处死刑缓期执行的累犯以及因故意杀人、强奸、抢劫、绑架、放火、爆炸、投放危险物质或者有组织的暴力性犯罪被判处死刑缓期执行的犯罪分子，人民法院根据犯罪情节等情况可以同时决定对其限制减刑。"

五、将刑法第六十三条第一款修改为："犯罪分子具有本法规定的减轻处罚情节的，应当在法定刑以下判处刑罚；本法规定有数个量刑幅度的，应当在法定量刑幅度的下一个量刑幅度内判处刑罚。"

六、将刑法第六十五条第一款修改为："被判处有期徒刑以上刑罚的犯罪分子，刑罚执行完毕或者赦免以后，在五年以内再犯应当判处有期徒刑以上刑罚之罪的，是累犯，应当从重处罚，但是过失犯罪和不满十八周岁的人犯罪的除外。"

七、将刑法第六十六条修改为："危害国家安全犯罪、恐怖活动犯罪、黑社会性质的组织犯罪的犯罪分子，在刑罚执行完毕或者赦免以后，在任何时候再犯上述任一类罪的，都以累犯论处。"

八、在刑法第六十七条中增加一款作为第三款："犯罪嫌疑人虽不具有前两款规定的自首情节，但是如实供述自己罪行的，可以从轻处罚；因其如实供述自己罪行，避免特别严重后果发生的，可以减轻处罚。"

九、删去刑法第六十八条第二款。

十、将刑法第六十九条修改为："判决宣告以前一人犯数罪的，除判处死刑和无期徒刑的以外，应当在总和刑期以下、数刑中最高刑期以上，酌情决定执行的刑期，但是管制最高不能超过三年，拘役最高不能超过一年，有期徒刑总和刑期不满三十五年的，最高不能超过二十年，总和刑期在三十五年以上的，最高不能超过二十五年。

"数罪中有判处附加刑的，附加刑仍须执行，其中附加刑种类相同的，合并执行，种类不同的，分别执行。"

十一、将刑法第七十二条修改为："对于被判处拘役、三年以下有期徒刑的犯罪分子，同时符合下列条件的，可以宣告缓刑，对其中不满十八周岁的人、怀孕的妇女和已满七十五周岁的人，应当宣告缓刑：

"（一）犯罪情节较轻；

"（二）有悔罪表现；

"（三）没有再犯罪的危险；

"（四）宣告缓刑对所居住社区没有重大不良影响。

"宣告缓刑，可以根据犯罪情况，同时禁止犯罪分子在缓刑考验期限内从事特定活动，进入特定区域、场所，接触特定的人。

"被宣告缓刑的犯罪分子，如果被判处附加刑，附加刑仍须执行。"

十二、将刑法第七十四条修改为："对于累犯和犯罪集团的首要分子，不适用缓刑。"

十三、将刑法第七十六条修改为："对宣告缓刑的犯罪分子，在缓刑考验期限内，依法实行社区矫正，如果没有本法第七十七条规定的情形，缓刑考验期满，原判的刑罚就不再执行，并公开予以宣告。"

十四、将刑法第七十七条第二款修改为："被宣告缓刑的犯罪分子，在缓刑考验期限内，违反法律、行政法规或者国务院有关部门关于缓刑的监督管理规定，或者违反人民法院判决中的禁止令，情节严重的，应当撤销缓刑，执行原判刑罚。"

十五、将刑法第七十八条第二款修改为："减刑以后实际执行的刑期不能少于下列期限：

"（一）判处管制、拘役、有期徒刑的，不能少于原判刑期的二分之一；

"（二）判处无期徒刑的，不能少于十三年；

"（三）人民法院依照本法第五十条第二款规定限制减刑的死刑缓期执行的犯罪分子，缓期执行期满后依法减为无期徒刑的，不能少于二十五年，缓期执行期满后依法减为二十五年有期徒刑的，不能少于二十年。"

十六、将刑法第八十一条修改为："被判处有期徒刑的犯罪分子，执行原判刑期二分之一以上，被判处无期徒刑的犯罪分子，实际执行十三年以上，如果认真遵守监规，接受教育改造，确有悔改表现，没有再犯罪的危险的，可以假释。如果有特殊情况，经最高人民法院核准，可以不受上述执行刑期的限制。

"对累犯以及因故意杀人、强奸、抢劫、绑架、放火、爆炸、投放危险物质或者有组织的暴力性犯罪被判处十年以上有期徒刑、无期徒刑的犯罪分子，不得假释。

"对犯罪分子决定假释时，应当考虑其假释后对所居住社区的影响。"

十七、将刑法第八十五条修改为："对假释的犯罪分子，在假释考验期限内，依法实行社区矫正，如果没有本法第八十六条规定的情形，假释考验期满，就认为原判刑罚已经执行完毕，并公开予以宣告。"

十八、将刑法第八十六条第三款修改为："被假释的犯罪分子，在假释考验期限内，有违反法律、行政法规或者国务院有关部门关于假释的监督管理规定的行为，尚未构成新的犯罪的，应当依照法定程序撤销假释，收监执行未执行完毕的刑罚。"

十九、在刑法第一百条中增加一款作为第二款："犯罪的时候不满十八周岁被判处五年有期徒刑以下刑罚的人，免除前款规定的报告义务。"

二十、将刑法第一百零七条修改为："境内外机构、组织或者个人资助实施本章第一百零二条、第一百零三条、第一百零四条、第一百零五条规定之罪的，对直接责任人员，处五年以下有期徒刑、拘役、管制或者剥夺政治权利；情节严重的，处五年以上有期徒刑。"

二十一、将刑法第一百零九条修改为："国家机关工作人员在履行公务期间，擅离岗位，叛逃境外或者在境外叛逃的，处五年以下有期徒刑、拘役、管制或者剥夺政治权利；情节严重的，处五年以上十年以下有期徒刑。

"掌握国家秘密的国家工作人员叛逃境外或者在境外叛逃的，依照前款的规定从重处罚。"

二十二、在刑法第一百三十三条后增加一条，作为第一百三十三条之一："在道路上驾驶机动车追逐竞驶，情节恶劣的，或者在道路上醉酒驾驶机动车的，处拘役，并处罚金。

"有前款行为，同时构成其他犯罪的，依照处罚较重的规定定罪处罚。"

二十三、将刑法第一百四十一条第一款修改为："生产、销售假药的，处三年以下有期徒刑或者拘役，并处罚金；对人体健康造成严重危害或者有其他严重情节的，处三年以上十年以下有期徒刑，并处罚金；致人死亡或者有其他特别严重情节的，处十年以上有期徒刑、无期徒刑或者死刑，并处罚金或者没收财产。"

二十四、将刑法第一百四十三条修改为："生产、销售不符合食品安全标准的食品，足以造成严重食物中毒事故或者其他严重食源性疾病的，处三年以下有期徒刑或者拘役，并处罚金；对人体健康造成严重危害或者有其他严重情节的，处三年以上七年以下有期徒刑，并处罚金；后果特别严重的，处七年以上有期徒刑或者无期徒刑，并处罚金或者没收财产。"

二十五、将刑法第一百四十四条修改为："在生产、销售的食品中掺入有毒、有害的非食品原料的，或者销售明知掺有有毒、有害的非食品原料的食品的，处五年以下有期徒刑，并处罚金；对人体健康造成严重危害或者有其他严重情节的，处五年以上十年以下有期徒刑，并处罚金；致人死亡或者有其他特别严重情节的，依照本法第一百四十一条的规定处罚。"

二十六、将刑法第一百五十一条修改为："走私武器、弹药、核材料或者伪造的货币的，处七年以上有期徒刑，并处罚金或者没收财产；情节特别严重的，处无期徒刑或者死刑，并处没收财产；情节较轻的，处三年以上七年以下有期徒刑，并处罚金。

"走私国家禁止出口的文物、黄金、白银和其他贵重金属或者国家禁止进出口的珍贵动物及其制品的，处五年以上十年以下有期徒刑，并处罚金；情节特别严重的，处十年以上有期徒刑或者无期徒刑，并处没收财产；情节较轻的，处五年以下有期徒刑，并处罚金。

"走私珍稀植物及其制品等国家禁止进出口的其他货物、物品的，处五年以下有期徒刑或者拘役，并处或者单处罚金；情节严重的，处五年以上有期徒刑，并处罚金。

"单位犯本条规定之罪的，对单位判处罚金，并对其直接负责的主管人员和其他直接责任人员，依照本条各款的规定处罚。"

二十七、将刑法第一百五十三条第一款修改为："走私本法第一百五十一条、第一百五十二条、第三百四十七条规定以外的货物、物品的，根据情节轻重，分别依照下列规定处罚：

"（一）走私货物、物品偷逃应缴税额较大或者一年内曾因走私被给予二次行政处罚后又走私的，处三年以下有期徒刑或者拘役，并处偷逃应缴税额一倍以上五倍以下罚金。

"（二）走私货物、物品偷逃应缴税额巨大或者有其他严重情节的，处三年以上十年以下有期徒刑，并处偷逃应缴税额一倍以上五倍以下罚金。

"（三）走私货物、物品偷逃应缴税额特别巨大或者有其他特别严重情节的，处十年以上有期徒刑或者无期徒刑，并处偷逃应缴税额一倍以上五倍以下罚金或者没收财产。"

二十八、将刑法第一百五十七条第一款修改为："武装掩护走私的，依照本法第一百五十一条第一款的规定从重处罚。"

二十九、将刑法第一百六十四条修改为："为谋取不正当利益，给予公司、企业或者其他单位的工作人员以财物，数额较大的，处三年以下有期徒刑或者拘役；数额巨大的，处三年以上十年以下有期徒刑，并处罚金。

"为谋取不正当商业利益，给予外国公职人员或者国际公共组织官员以财物的，依照前款的规定处罚。

"单位犯前两款罪的，对单位判处罚金，并对其直接负责的主管人员和其他直接责任人员，依照第一款的规定处罚。

"行贿人在被追诉前主动交待行贿行为的，可以减轻处罚或者免除处罚。"

三十、将刑法第一百九十九条修改为："犯本节第一百九十二条规定之罪，数额特别巨大并且给国家和人民利益造成特别重大损失的，处无期徒刑或者死刑，并处没收财产。"

三十一、将刑法第二百条修改为："单位犯本节第一百九十二条、第一百九十四条、第一百九十五条规定之罪的，对单位判处罚金，并对其直接负责的主管人员和其他直接责任人员，处五年以下有期徒刑或者拘役，可以并处罚金；数额巨大或者有其他严重情节的，处五年以上十年以下有期徒刑，并处罚金；数额特别巨大或者有其他特别严重情节的，处十年以上有期徒刑或者无期徒刑，并处罚金。"

三十二、删去刑法第二百零五条第二款。

三十三、在刑法第二百零五条后增加一条，作为第二百零五条之一："虚开本法第二百零五条规定以外的其他发票，情节严重的，处二年以下有期徒刑、拘役或者管制，并处罚金；情节特别严重的，处二年以上七年以下有期徒刑，并处罚金。

"单位犯前款罪的，对单位判处罚金，并对其直接负责的主管人员和其他直接责任人员，依照前款的规定处罚。"

三十四、删去刑法第二百零六条第二款。

三十五、在刑法第二百一十条后增加一条，作为第二百一十条之一：

"明知是伪造的发票而持有，数量较大的，处二年以下有期徒刑、拘役或者管制，并处罚金；数量巨大的，处二年以上七年以下有期徒刑，并处罚金。

"单位犯前款罪的，对单位判处罚金，并对其直接负责的主管人员和其他直接责任人员，依照前款的规定处罚。"

三十六、将刑法第二百二十六条修改为："以暴力、威胁手段，实施下列行为之一，情节严重的，处三年以下有期徒刑或者拘役，并处或者单处罚金；情节特别严重的，处三年以上七年以下有期徒刑，并处罚金：

"（一）强买强卖商品的；

"（二）强迫他人提供或者接受服务的；

"（三）强迫他人参与或者退出投标、拍卖的；

"（四）强迫他人转让或者收购公司、企业的股份、债券或者其他资产的；

"（五）强迫他人参与或者退出特定的经营活动的。"

三十七、在刑法第二百三十四条后增加一条，作为第二百三十四条之一："组织他人出卖人体器官的，处五年以下有期徒刑，并处罚金；情节严重的，处五年以上有期徒刑，并处罚金或者没收财产。

"未经本人同意摘取其器官，或者摘取不满十八周岁的人的器官，或者强迫、欺骗他人捐献器官的，依照本法第二百三十四条、第二百三十二条的规定定罪处罚。

"违背本人生前意愿摘取其尸体器

官，或者本人生前未表示同意，违反国家规定，违背其近亲属意愿摘取其尸体器官的，依照本法第三百零二条的规定定罪处罚。"

三十八、将刑法第二百四十四条修改为："以暴力、威胁或者限制人身自由的方法强迫他人劳动的，处三年以下有期徒刑或者拘役，并处罚金；情节严重的，处三年以上十年以下有期徒刑，并处罚金。

"明知他人实施前款行为，为其招募、运送人员或者有其他协助强迫他人劳动行为的，依照前款的规定处罚。

"单位犯前两款罪的，对单位判处罚金，并对其直接负责的主管人员和其他直接责任人员，依照第一款的规定处罚。"

三十九、将刑法第二百六十四条修改为："盗窃公私财物，数额较大的，或者多次盗窃、入户盗窃、携带凶器盗窃、扒窃的，处三年以下有期徒刑、拘役或者管制，并处或者单处罚金；数额巨大或者有其他严重情节的，处三年以上十年以下有期徒刑，并处罚金；数额特别巨大或者有其他特别严重情节的，处十年以上有期徒刑或者无期徒刑，并处罚金或者没收财产。"

四十、将刑法第二百七十四条修改为："敲诈勒索公私财物，数额较大或者多次敲诈勒索的，处三年以下有期徒刑、拘役或者管制，并处或者单处罚金；数额巨大或者有其他严重情节的，处三年以上十年以下有期徒刑，并处罚金；数额特别巨大或者有其他特别严重情节的，处十年以上有期徒

刑，并处罚金。"

四十一、在刑法第二百七十六条后增加一条，作为第二百七十六条之一："以转移财产、逃匿等方法逃避支付劳动者的劳动报酬或者有能力支付而不支付劳动者的劳动报酬，数额较大，经政府有关部门责令支付仍不支付的，处三年以下有期徒刑或者拘役，并处或者单处罚金；造成严重后果的，处三年以上七年以下有期徒刑，并处罚金。

"单位犯前款罪的，对单位判处罚金，并对其直接负责的主管人员和其他直接责任人员，依照前款的规定处罚。

"有前两款行为，尚未造成严重后果，在提起公诉前支付劳动者的劳动报酬，并依法承担相应赔偿责任的，可以减轻或者免除处罚。"

四十二、将刑法第二百九十三条修改为："有下列寻衅滋事行为之一，破坏社会秩序的，处五年以下有期徒刑、拘役或者管制：

"（一）随意殴打他人，情节恶劣的；

"（二）追逐、拦截、辱骂、恐吓他人，情节恶劣的；

"（三）强拿硬要或者任意损毁、占用公私财物，情节严重的；

"（四）在公共场所起哄闹事，造成公共场所秩序严重混乱的。

"纠集他人多次实施前款行为，严重破坏社会秩序的，处五年以上十年以下有期徒刑，可以并处罚金。"

四十三、将刑法第二百九十四条修改为："组织、领导黑社会性质的组

织的，处七年以上有期徒刑，并处没收财产；积极参加的，处三年以上七年以下有期徒刑，可以并处罚金或者没收财产；其他参加的，处三年以下有期徒刑、拘役、管制或者剥夺政治权利，可以并处罚金。

"境外的黑社会组织的人员到中华人民共和国境内发展组织成员的，处三年以上十年以下有期徒刑。

"国家机关工作人员包庇黑社会性质的组织，或者纵容黑社会性质的组织进行违法犯罪活动的，处五年以下有期徒刑；情节严重的，处五年以上有期徒刑。

"犯前三款罪又有其他犯罪行为的，依照数罪并罚的规定处罚。

"黑社会性质的组织应当同时具备以下特征：

"（一）形成较稳定的犯罪组织，人数较多，有明确的组织者、领导者，骨干成员基本固定；

"（二）有组织地通过违法犯罪活动或者其他手段获取经济利益，具有一定的经济实力，以支持该组织的活动；

"（三）以暴力、威胁或者其他手段，有组织地多次进行违法犯罪活动，为非作恶，欺压、残害群众；

"（四）通过实施违法犯罪活动，或者利用国家工作人员的包庇或者纵容，称霸一方，在一定区域或者行业内，形成非法控制或者重大影响，严重破坏经济、社会生活秩序。"

四十四、将刑法第二百九十五条修改为："传授犯罪方法的，处五年以下有期徒刑、拘役或者管制；情节严重的，处五年以上十年以下有期徒刑；情节特别严重的，处十年以上有期徒刑或者无期徒刑。"

四十五、将刑法第三百二十八条第一款修改为："盗掘具有历史、艺术、科学价值的古文化遗址、古墓葬的，处三年以上十年以下有期徒刑，并处罚金；情节较轻的，处三年以下有期徒刑、拘役或者管制，并处罚金；有下列情形之一的，处十年以上有期徒刑或者无期徒刑，并处罚金或者没收财产：

"（一）盗掘确定为全国重点文物保护单位和省级文物保护单位的古文化遗址、古墓葬的；

"（二）盗掘古文化遗址、古墓葬集团的首要分子；

"（三）多次盗掘古文化遗址、古墓葬的；

"（四）盗掘古文化遗址、古墓葬，并盗窃珍贵文物或者造成珍贵文物严重破坏的。"

四十六、将刑法第三百三十八条修改为："违反国家规定，排放、倾倒或者处置有放射性的废物、含传染病病原体的废物、有毒物质或者其他有害物质，严重污染环境的，处三年以下有期徒刑或者拘役，并处或者单处罚金；后果特别严重的，处三年以上七年以下有期徒刑，并处罚金。"

四十七、将刑法第三百四十三条第一款修改为："违反矿产资源法的规定，未取得采矿许可证擅自采矿，擅自进入国家规划矿区、对国民经济具有重要价值的矿区和他人矿区范围采矿，或者擅自开采国家规定实行保护性开采的特定矿种，情节严重的，处三年以下有期徒刑、拘役或者管制，并处或者单处罚金；情节特别严重的，处三年以上七年以下有期徒刑，并处罚金。"

四十八、将刑法第三百五十八条第三款修改为："为组织卖淫的人招募、运送人员或者有其他协助组织他人卖淫行为的，处五年以下有期徒刑，并处罚金；情节严重的，处五年以上十年以下有期徒刑，并处罚金。"

四十九、在刑法第四百零八条后增加一条，作为第四百零八条之一："负有食品安全监督管理职责的国家机关工作人员，滥用职权或者玩忽职守，导致发生重大食品安全事故或者造成其他严重后果的，处五年以下有期徒刑或者拘役；造成特别严重后果的，处五年以上十年以下有期徒刑。

"徇私舞弊犯前款罪的，从重处罚。"

五十、本修正案自2011年5月1日起施行。

中华人民共和国刑法修正案（九）

（2015 年 8 月 29 日第十二届全国人民代表大会常务委员会
第十六次会议通过　2015 年 8 月 29 日中华人民共和国
主席令第 30 号公布　自 2015 年 11 月 1 日起施行）

一、在刑法第三十七条后增加一条，作为第三十七条之一："因利用职业便利实施犯罪，或者实施违背职业要求的特定义务的犯罪被判处刑罚的，人民法院可以根据犯罪情况和预防再犯罪的需要，禁止其自刑罚执行完毕之日或者假释之日起从事相关职业，期限为三年至五年。

"被禁止从事相关职业的人违反人民法院依照前款规定作出的决定的，由公安机关依法给予处罚；情节严重的，依照本法第三百一十三条的规定定罪处罚。

"其他法律、行政法规对其从事相关职业另有禁止或者限制性规定的，从其规定。"

二、将刑法第五十条第一款修改为："判处死刑缓期执行的，在死刑缓期执行期间，如果没有故意犯罪，二年期满以后，减为无期徒刑；如果确有重大立功表现，二年期满以后，减为二十五年有期徒刑；如果故意犯罪，情节恶劣的，报请最高人民法院核准后执行死刑；对于故意犯罪未执行死刑的，死刑缓期执行的期间重新计算，并报最高人民法院备案。"

三、将刑法第五十三条修改为："罚金在判决指定的期限内一次或者分期缴纳。期满不缴纳的，强制缴纳。对于不能全部缴纳罚金的，人民法院在任何时候发现被执行人有可以执行的财产，应当随时追缴。

"由于遭遇不能抗拒的灾祸等原因缴纳确实有困难的，经人民法院裁定，可以延期缴纳、酌情减少或者免除。"

四、在刑法第六十九条中增加一款作为第二款："数罪中有判处有期徒刑和拘役的，执行有期徒刑。数罪中有判处有期徒刑和管制，或者拘役和管制的，有期徒刑、拘役执行完毕后，管制仍须执行。"

原第二款作为第三款。

五、将刑法第一百二十条修改为："组织、领导恐怖活动组织的，处十年以上有期徒刑或者无期徒刑，并处没收财产；积极参加的，处三年以上十年以下有期徒刑，并处罚金；其他参加的，处三年以下有期徒刑、拘役、管制或者剥夺政治权利，可以并处罚金。

"犯前款罪并实施杀人、爆炸、绑架等犯罪的，依照数罪并罚的规定处罚。"

六、将刑法第一百二十条之一修改为："资助恐怖活动组织、实施恐怖活动的个人的，或者资助恐怖活动培训的，处五年以下有期徒刑、拘役、管制或者剥夺政治权利，并处罚金；情节严重的，处五年以上有期徒刑，并处罚金或者没收财产。

"为恐怖活动组织、实施恐怖活动或者恐怖活动培训招募、运送人员的，依照前款的规定处罚。

"单位犯前两款罪的，对单位判处罚金，并对其直接负责的主管人员和其他直接责任人员，依照第一款的规定处罚。"

七、在刑法第一百二十条之一后增加五条，作为第一百二十条之二、第一百二十条之三、第一百二十条之四、第一百二十条之五、第一百二十条之六：

"第一百二十条之二 有下列情形之一的，处五年以下有期徒刑、拘役、管制或者剥夺政治权利，并处罚金；情节严重的，处五年以上有期徒刑，并处罚金或者没收财产：

"（一）为实施恐怖活动准备凶器、危险物品或者其他工具的；

"（二）组织恐怖活动培训或者积极参加恐怖活动培训的；

"（三）为实施恐怖活动与境外恐怖活动组织或者人员联络的；

"（四）为实施恐怖活动进行策划或者其他准备的。

"有前款行为，同时构成其他犯罪的，依照处罚较重的规定定罪处罚。

"第一百二十条之三 以制作、散发宣扬恐怖主义、极端主义的图书、音频视频资料或者其他物品，或者通过讲授、发布信息等方式宣扬恐怖主义、极端主义的，或者煽动实施恐怖活动的，处五年以下有期徒刑、拘役、管制或者剥夺政治权利，并处罚金；情节严重的，处五年以上有期徒刑，并处罚金或者没收财产。

"第一百二十条之四 利用极端主义煽动、胁迫群众破坏国家法律确立的婚姻、司法、教育、社会管理等制度实施的，处三年以下有期徒刑、拘役或者管制，并处罚金；情节严重的，处三年以上七年以下有期徒刑，并处罚金；情节特别严重的，处七年以上有期徒刑，并处罚金或者没收财产。

"第一百二十条之五 以暴力、胁迫等方式强制他人在公共场所穿着、佩戴宣扬恐怖主义、极端主义服饰、标志的，处三年以下有期徒刑、拘役或者管制，并处罚金。

"第一百二十条之六 明知是宣扬恐怖主义、极端主义的图书、音频视频资料或者其他物品而非法持有，情节严重的，处三年以下有期徒刑、拘役或者管制，并处或者单处罚金。"

八、将刑法第一百三十三条之一修改为："在道路上驾驶机动车，有下列情形之一的，处拘役，并处罚金：

"（一）追逐竞驶，情节恶劣的；

"（二）醉酒驾驶机动车的；

"（三）从事校车业务或者旅客运输，严重超过额定乘员载客，或者严重超过规定时速行驶的；

"（四）违反危险化学品安全管理规定运输危险化学品，危及公共安全的。

"机动车所有人、管理人对前款第三项、第四项行为负有直接责任的，依照前款的规定处罚。

"有前两款行为，同时构成其他犯罪的，依照处罚较重的规定定罪处罚。"

九、将刑法第一百五十一条第一款修改为："走私武器、弹药、核材料或者伪造的货币的，处七年以上有期徒刑，并处罚金或者没收财产；情节特别严重的，处无期徒刑，并处没收财产；情节较轻的，处三年以上七年以下有期徒刑，并处罚金。"

十、将刑法第一百六十四条第一款修改为："为谋取不正当利益，给予公司、企业或者其他单位的工作人员以财物，数额较大的，处三年以下有期徒刑或者拘役，并处罚金；数额巨大的，处三年以上十年以下有期徒刑，并处罚金。"

十一、将刑法第一百七十条修改为："伪造货币的，处三年以上十年以下有期徒刑，并处罚金；有下列情形之一的，处十年以上有期徒刑或者无期徒刑，并处罚金或者没收财产：

"（一）伪造货币集团的首要分子；

"（二）伪造货币数额特别巨大的；

"（三）有其他特别严重情节的。"

十二、删去刑法第一百九十九条。

十三、将刑法第二百三十七条修改为："以暴力、胁迫或者其他方法强制猥亵他人或者侮辱妇女的，处五年以下有期徒刑或者拘役。

"聚众或者在公共场所当众犯前款罪的，或者有其他恶劣情节的，处五年以上有期徒刑。

"猥亵儿童的，依照前两款的规定从重处罚。"

十四、将刑法第二百三十九条第二款修改为："犯前款罪，杀害被绑架人的，或者故意伤害被绑架人，致人重伤、死亡的，处无期徒刑或者死刑，并处没收财产。"

十五、将刑法第二百四十一条第六款修改为："收买被拐卖的妇女、儿童，对被买儿童没有虐待行为，不阻碍对其进行解救的，可以从轻处罚；按照被买妇女的意愿，不阻碍其返回原居住地的，可以从轻或者减轻处罚。"

十六、在刑法第二百四十六条中增加一款作为第三款："通过信息网络实施第一款规定的行为，被害人向人民法院告诉，但提供证据确有困难的，人民法院可以要求公安机关提供协助。"

十七、将刑法第二百五十三条之一修改为："违反国家有关规定，向他人出售或者提供公民个人信息，情节严重的，处三年以下有期徒刑或者拘役，并处或者单处罚金；情节特别严重的，处三年以上七年以下有期徒刑，并处罚金。

"违反国家有关规定，将在履行职责或者提供服务过程中获得的公民个人信息，出售或者提供给他人的，依照前款的规定从重处罚。

"窃取或者以其他方法非法获取公民个人信息的，依照第一款的规定处罚。

"单位犯前三款罪的，对单位判处罚金，并对其直接负责的主管人员和其他直接责任人员，依照各该款的规定处罚。"

十八、将刑法第二百六十条第三款修改为："第一款罪，告诉的才处理，但被害人没有能力告诉，或者因受到强制、威吓无法告诉的除外。"

十九、在刑法第二百六十条后增加一条，作为第二百六十条之一："对未成年人、老年人、患病的人、残疾人等负有监护、看护职责的人虐待被监护、看护的人，情节恶劣的，处三年以下有期徒刑或者拘役。

"单位犯前款罪的，对单位判处罚金，并对其直接负责的主管人员和其他直接责任人员，依照前款的规定处罚。

"有第一款行为，同时构成其他犯罪的，依照处罚较重的规定定罪处罚。"

二十、将刑法第二百六十七条第一款修改为："抢夺公私财物，数额较大的，或者多次抢夺的，处三年以下有期徒刑、拘役或者管制，并处或者单处罚金；数额巨大或者有其他严重情节的，处三年以上十年以下有期徒刑，并处罚金；数额特别巨大或者有其他特别严重情节的，处十年以上有期徒刑或者无期徒刑，并处罚金或者没收财产。"

二十一、在刑法第二百七十七条中增加一款作为第五款："暴力袭击正在依法执行职务的人民警察的，依照第一款的规定从重处罚。"

二十二、将刑法第二百八十条修改为："伪造、变造、买卖或者盗窃、抢夺、毁灭国家机关的公文、证件、印章的，处三年以下有期徒刑、拘役、管制或者剥夺政治权利，并处罚金；情节严重的，处三年以上十年以下有期徒刑，并处罚金。

"伪造公司、企业、事业单位、人民团体的印章的，处三年以下有期徒刑、拘役、管制或者剥夺政治权利，并处罚金。

"伪造、变造、买卖居民身份证、护照、社会保障卡、驾驶证等依法可以用于证明身份的证件的，处三年以下有期徒刑、拘役、管制或者剥夺政治权利，并处罚金；情节严重的，处三年以上七年以下有期徒刑，并处罚金。"

二十三、在刑法第二百八十条后增加一条作为第二百八十条之一："在依照国家规定应当提供身份证明的活动中，使用伪造、变造的或者盗用他人的居民身份证、护照、社会保障卡、驾驶证等依法可以用于证明身份的证件，情节严重的，处拘役或者管制，并处或者单处罚金。

"有前款行为，同时构成其他犯罪的，依照处罚较重的规定定罪处罚。"

二十四、将刑法第二百八十三条修改为："非法生产、销售专用间谍器材或者窃听、窃照专用器材的，处三年以下有期徒刑、拘役或者管制，并处或者单处罚金；情节严重的，处三年以上七年以下有期徒刑，并处罚金。

"单位犯前款罪的，对单位判处罚金，并对其直接负责的主管人员和其他直接责任人员，依照前款的规定处罚。"

二十五、在刑法第二百八十四条后增加一条，作为第二百八十四条之一："在法律规定的国家考试中，组织作弊的，处三年以下有期徒刑或者拘役，并处或者单处罚金；情节严重的，处三年以上七年以下有期徒刑，并处罚金。

"为他人实施前款犯罪提供作弊器材或者其他帮助的，依照前款的规定处罚。

"为实施考试作弊行为，向他人非法出售或者提供第一款规定的考试的试题、答案的，依照第一款的规定处罚。

"代替他人或者让他人代替自己参加第一款规定的考试的，处拘役或者管制，并处或者单处罚金。"

二十六、在刑法第二百八十五条中增加一款作为第四款："单位犯前三款罪的，对单位判处罚金，并对其直接负责的主管人员和其他直接责任人员，依照各该款的规定处罚。"

二十七、在刑法第二百八十六条中增加一款作为第四款："单位犯前三款罪的，对单位判处罚金，并对其直接负责的主管人员和其他直接责任人员，依照第一款的规定处罚。"

二十八、在刑法第二百八十六条后增加一条，作为第二百八十六条之一："网络服务提供者不履行法律、行政法规规定的信息网络安全管理义务，经监管部门责令采取改正措施而拒不

改正，有下列情形之一的，处三年以下有期徒刑、拘役或者管制，并处或者单处罚金：

"（一）致使违法信息大量传播的；

"（二）致使用户信息泄露，造成严重后果的；

"（三）致使刑事案件证据灭失，情节严重的；

"（四）有其他严重情节的。

"单位犯前款罪的，对单位判处罚金，并对其直接负责的主管人员和其他直接责任人员，依照前款的规定处罚。

"有前两款行为，同时构成其他犯罪的，依照处罚较重的规定定罪处罚。"

二十九、在刑法第二百八十七条后增加二条，作为第二百八十七条之一、第二百八十七条之二：

"第二百八十七条之一　利用信息网络实施下列行为之一，情节严重的，处三年以下有期徒刑或者拘役，并处或者单处罚金：

"（一）设立用于实施诈骗、传授犯罪方法、制作或者销售违禁物品、管制物品等违法犯罪活动的网站、通讯群组的；

"（二）发布有关制作或者销售毒品、枪支、淫秽物品等违禁物品、管制物品或者其他违法犯罪信息的；

"（三）为实施诈骗等违法犯罪活动发布信息的。

"单位犯前款罪的，对单位判处罚金，并对其直接负责的主管人员和其他直接责任人员，依照第一款的规

定处罚。

"有前两款行为，同时构成其他犯罪的，依照处罚较重的规定定罪处罚。

"第二百八十七条之二 明知他人利用信息网络实施犯罪，为其犯罪提供互联网接入、服务器托管、网络存储、通讯传输等技术支持，或者提供广告推广、支付结算等帮助，情节严重的，处三年以下有期徒刑或者拘役，并处或者单处罚金。

"单位犯前款罪的，对单位判处罚金，并对其直接负责的主管人员和其他直接责任人员，依照第一款的规定处罚。

"有前两款行为，同时构成其他犯罪的，依照处罚较重的规定定罪处罚。"

三十、将刑法第二百八十八条第一款修改为："违反国家规定，擅自设置、使用无线电台（站），或者擅自使用无线电频率，干扰无线电通讯秩序，情节严重的，处三年以下有期徒刑、拘役或者管制，并处或者单处罚金；情节特别严重的，处三年以上七年以下有期徒刑，并处罚金。"

三十一、将刑法第二百九十条第一款修改为："聚众扰乱社会秩序，情节严重，致使工作、生产、营业和教学、科研、医疗无法进行，造成严重损失的，对首要分子，处三年以上七年以下有期徒刑；对其他积极参加的，处三年以下有期徒刑、拘役、管制或者剥夺政治权利。"

增加二款作为第三款、第四款："多次扰乱国家机关工作秩序，经行政处罚后仍不改正，造成严重后果的，处三年以下有期徒刑、拘役或者管制。

"多次组织、资助他人非法聚集，扰乱社会秩序，情节严重的，依照前款的规定处罚。"

三十二、在刑法第二百九十一条之一中增加一款作为第二款："编造虚假的险情、疫情、灾情、警情，在信息网络或者其他媒体上传播，或者明知是上述虚假信息，故意在信息网络或者其他媒体上传播，严重扰乱社会秩序的，处三年以下有期徒刑、拘役或者管制；造成严重后果的，处三年以上七年以下有期徒刑。"

三十三、将刑法第三百条修改为："组织、利用会道门、邪教组织或者利用迷信破坏国家法律、行政法规实施的，处三年以上七年以下有期徒刑，并处罚金；情节特别严重的，处七年以上有期徒刑或者无期徒刑，并处罚金或者没收财产；情节较轻的，处三年以下有期徒刑、拘役、管制或者剥夺政治权利，并处或者单处罚金。

"组织、利用会道门、邪教组织或者利用迷信蒙骗他人，致人重伤、死亡的，依照前款的规定处罚。

"犯第一款罪又有奸淫妇女、诈骗财物等犯罪行为的，依照数罪并罚的规定处罚。"

三十四、将刑法第三百零二条修改为："盗窃、侮辱、故意毁坏尸体、尸骨、骨灰的，处三年以下有期徒刑、拘役或者管制。"

三十五、在刑法第三百零七条后增加一条，作为第三百零七条之一："以捏造的事实提起民事诉讼，妨害司法秩序或者严重侵害他人合法权益的，处三年以下有期徒刑、拘役或者管制，并处或者单处罚金；情节严重的，处三年以上七年以下有期徒刑，并处罚金。

"单位犯前款罪的，对单位判处罚金，并对其直接负责的主管人员和其他直接责任人员，依照前款的规定处罚。

"有第一款行为，非法占有他人财产或者逃避合法债务，又构成其他犯罪的，依照处罚较重的规定定罪从重处罚。

"司法工作人员利用职权，与他人共同实施前三款行为的，从重处罚；同时构成其他犯罪的，依照处罚较重的规定定罪从重处罚。"

三十六、在刑法第三百零八条后增加一条，作为第三百零八条之一："司法工作人员、辩护人、诉讼代理人或者其他诉讼参与人，泄露依法不公开审理的案件中不应当公开的信息，造成信息公开传播或者其他严重后果的，处三年以下有期徒刑、拘役或者管制，并处或者单处罚金。

"有前款行为，泄露国家秘密的，依照本法第三百九十八条的规定定罪处罚。

"公开披露、报道第一款规定的案件信息，情节严重的，依照第一款的规定处罚。

"单位犯前款罪的，对单位判处罚金，并对其直接负责的主管人员和其他直接责任人员，依照第一款的规定处罚。"

三十七、将刑法第三百零九条修改为："有下列扰乱法庭秩序情形之一的，处三年以下有期徒刑、拘役、管制或者罚金：

"（一）聚众哄闹、冲击法庭的；

"（二）殴打司法工作人员或者诉讼参与人的；

"（三）侮辱、诽谤、威胁司法工作人员或者诉讼参与人，不听法庭制止，严重扰乱法庭秩序的；

"（四）有毁坏法庭设施，抢夺、损毁诉讼文书、证据等扰乱法庭秩序行为，情节严重的。"

三十八、将刑法第三百一十一条修改为："明知他人有间谍犯罪或者恐怖主义、极端主义犯罪行为，在司法机关向其调查有关情况、收集有关证据时，拒绝提供，情节严重的，处三年以下有期徒刑、拘役或者管制。"

三十九、将刑法第三百一十三条修改为："对人民法院的判决、裁定有能力执行而拒不执行，情节严重的，处三年以下有期徒刑、拘役或者罚金；情节特别严重的，处三年以上七年以下有期徒刑，并处罚金。

"单位犯前款罪的，对单位判处罚金，并对其直接负责的主管人员和其他直接责任人员，依照前款的规定处罚。"

四十、将刑法第三百二十二条修改为："违反国（边）境管理法规，偷越国（边）境，情节严重的，处一年以下有期徒刑、拘役或者管制，并处罚金；为参加恐怖活动组织、接受恐怖活动培训或者实施恐怖活动，偷越国（边）境的，处一年以上三年以下有期徒刑，并处罚金。"

四十一、将刑法第三百五十条第

一款、第二款修改为："违反国家规定，非法生产、买卖、运输醋酸酐、乙醚、三氯甲烷或者其他用于制造毒品的原料、配剂，或者携带上述物品进出境，情节较重的，处三年以下有期徒刑、拘役或者管制，并处罚金；情节严重的，处三年以上七年以下有期徒刑，并处罚金；情节特别严重的，处七年以上有期徒刑，并处罚金或者没收财产。

"明知他人制造毒品而为其生产、买卖、运输前款规定的物品的，以制造毒品罪的共犯论处。"

四十二、将刑法第三百五十八条修改为："组织、强迫他人卖淫的，处五年以上十年以下有期徒刑，并处罚金；情节严重的，处十年以上有期徒刑或者无期徒刑，并处罚金或者没收财产。

"组织、强迫未成年人卖淫的，依照前款的规定从重处罚。

"犯前两款罪，并有杀害、伤害、强奸、绑架等犯罪行为的，依照数罪并罚的规定处罚。

"为组织卖淫的人招募、运送人员或者有其他协助组织他人卖淫行为的，处五年以下有期徒刑，并处罚金；情节严重的，处五年以上十年以下有期徒刑，并处罚金。"

四十三、删去刑法第三百六十条第二款。

四十四、将刑法第三百八十三条修改为："对犯贪污罪的，根据情节轻重，分别依照下列规定处罚：

"（一）贪污数额较大或者有其他较重情节的，处三年以下有期徒刑或者拘役，并处罚金。

"（二）贪污数额巨大或者有其他严重情节的，处三年以上十年以下有期徒刑，并处罚金或者没收财产。

"（三）贪污数额特别巨大或者有其他特别严重情节的，处十年以上有期徒刑或者无期徒刑，并处罚金或者没收财产；数额特别巨大，并使国家和人民利益遭受特别重大损失的，处无期徒刑或者死刑，并处没收财产。

"对多次贪污未经处理的，按照累计贪污数额处罚。

"犯第一款罪，在提起公诉前如实供述自己罪行、真诚悔罪、积极退赃，避免、减少损害结果的发生，有第一项规定情形的，可以从轻、减轻或者免除处罚；有第二项、第三项规定情形的，可以从轻处罚。

"犯第一款罪，有第三项规定情形被判处死刑缓期执行的，人民法院根据犯罪情节等情况可以同时决定在其死刑缓期执行二年期满依法减为无期徒刑后，终身监禁，不得减刑、假释。"

四十五、将刑法第三百九十条修改为："对犯行贿罪的，处五年以下有期徒刑或者拘役，并处罚金；因行贿谋取不正当利益，情节严重的，或者使国家利益遭受重大损失的，处五年以上十年以下有期徒刑，并处罚金；情节特别严重的，或者使国家利益遭受特别重大损失的，处十年以上有期徒刑或者无期徒刑，并处罚金或者没收财产。

"行贿人在被追诉前主动交待行贿行为的，可以从轻或者减轻处罚。其中，犯罪较轻的，对侦破重大案件起关键作用的，或者有重大立功表现的，可以减轻或者免除处罚。"

四十六、在刑法第三百九十条后增加一条，作为第三百九十条之一："为谋取不正当利益，向国家工作人员的近亲属或者其他与该国家工作人员关系密切的人，或者向离职的国家工作人员或者其近亲属以及其他与其关系密切的人行贿的，处三年以下有期徒刑或者拘役，并处罚金；情节严重的，或者使国家利益遭受重大损失的，处三年以上七年以下有期徒刑，并处罚金；情节特别严重的，或者使国家利益遭受特别重大损失的，处七年以上十年以下有期徒刑，并处罚金。

"单位犯前款罪的，对单位判处罚金，并对其直接负责的主管人员和其他直接责任人员，处三年以下有期徒刑或者拘役，并处罚金。"

四十七、将刑法第三百九十一条第一款修改为："为谋取不正当利益，给予国家机关、国有公司、企业、事业单位、人民团体以财物的，或者在经济往来中，违反国家规定，给予各种名义的回扣、手续费的，处三年以下有期徒刑或者拘役，并处罚金。"

四十八、将刑法第三百九十二条第一款修改为："向国家工作人员介绍贿赂，情节严重的，处三年以下有期徒刑或者拘役，并处罚金。"

四十九、将刑法第三百九十三条修改为："单位为谋取不正当利益而行贿，或者违反国家规定，给予国家工作人员以回扣、手续费，情节严重的，对单位判处罚金，并对其直接负责的主管人员和其他直接责任人员，处五年以下有期徒刑或者拘役，并处罚金。因行贿取得的违法所得归个人所有的，依照本法第三百八十九条、第三百九十条的规定定罪处罚。"

五十、将刑法第四百二十六条修改为："以暴力、威胁方法，阻碍指挥人员或者值班、值勤人员执行职务的，处五年以下有期徒刑或者拘役；情节严重的，处五年以上十年以下有期徒刑；情节特别严重的，处十年以上有期徒刑或者无期徒刑。战时从重处罚。"

五十一、将刑法第四百三十三条修改为："战时造谣惑众，动摇军心的，处三年以下有期徒刑；情节严重的，处三年以上十年以下有期徒刑；情节特别严重的，处十年以上有期徒刑或者无期徒刑。"

五十二、本修正案自 2015 年 11 月 1 日起施行。

中华人民共和国刑法修正案（十）

（2017 年 11 月 4 日第十二届全国人民代表大会常务委员会
第三十次会议通过　2017 年 11 月 4 日中华人民共和国
主席令第 80 号公布　自公布之日起施行）

为了惩治侮辱国歌的犯罪行为，切实维护国歌奏唱、使用的严肃性和国家尊严，在刑法第二百九十九条中增加一款作为第二款，将该条修改为：

"在公共场合，故意以焚烧、毁损、涂划、玷污、践踏等方式侮辱中华人民共和国国旗、国徽的，处三年以下有期徒刑、拘役、管制或者剥夺政治权利。

"在公共场合，故意篡改中华人民共和国国歌歌词、曲谱，以歪曲、贬损方式奏唱国歌，或者以其他方式侮辱国歌，情节严重的，依照前款的规定处罚。"

本修正案自公布之日起施行。

图书在版编目（CIP）数据

刑法注释书／何帆编著. —北京：中国民主法制出版社，2019.1

ISBN 978－7－5162－1941－6

Ⅰ.①刑… Ⅱ.①何… Ⅲ.①刑法－法律解释－中国 Ⅳ.①D924.05

中国版本图书馆CIP数据核字（2018）第294964号

图书出品人：刘海涛
出 版 统 筹：乔先彪
图 书 策 划：曾 健
责 任 编 辑：陈 曦 孙振宇

书名／刑法注释书
XINGFAZHUSHISHU
作者／何帆 编著

出版·发行/中国民主法制出版社
地址/北京市丰台区右安门外玉林里7号（100069）
电话/（010）63055259（总编室） 63057714（发行部）
传真/（010）63056975 63056983
http：//www.npcpub.com
E-mail：mzfz@npcpub.com
经销/新华书店
开本/32开 850毫米×1168毫米
印张/34.875 字数/1311千字
版本/2019年2月第1版 2020年10月第8次印刷
印刷/三河市华润印刷有限公司

书号/ISBN 978－7－5162－1941－6
定价/99.00元